FINANÇAS EMPRESARIAIS
─ ESSENCIAL ─

B512f Berk, Jonathan.
       Finanças empresariais : essencial / Jonathan Berk, Peter DeMarzo ; tradução Christiane de Brito Andrei. – Porto Alegre : Bookman, 2010.
       708 p.: il. ; 28 cm

       ISBN 978-85-7780-575-4

       1. Administração de empresas. I. DeMarzo, Peter. II. Título.

       CDU 658

Catalogação na publicação: Renata de Souza Borges CRB-10/1922

JONATHAN BERK
UNIVERSITY OF CALIFORNIA, BERKELEY

PETER DeMARZO
STANFORD UNIVERSITY

FINANÇAS EMPRESARIAIS
—ESSENCIAL—

Tradução:
Christiane de Brito Andrei

Consultoria, supervisão e revisão técnica desta edição:
Adriano Leal Bruni
Doutor e Mestre em Administração (FEA-USP)
Professor e pesquisador da Universidade Salvador

bookman

2010

Obra originalmente publicada sob o título
Corporate Finance: The Core, 1st Edition
ISBN 9780321540096

© 2009, Pearson Education Inc.

Tradução autorizada da edição em língua inglesa publicada por Pearson Education, Inc., sob o selo Prentice Hall.

Capa
Amarilis Barcelos

Leitura final
Théo Amon e Ronald Saraiva de Menezes

Editora Sênior
Arysinha Jacques Affonso

Projeto e editoração
Techbooks

Reservados todos os direitos de publicação, em língua portuguesa, à
ARTMED® EDITORA S.A.
(BOOKMAN® COMPANHIA EDITORA é uma divisão da ARTMED® EDITORA S.A.)
Av. Jerônimo de Ornelas, 670 - Santana
90040-340 Porto Alegre RS
Fone (51) 3027-7000 Fax (51) 3027-7070

É proibida a duplicação ou reprodução deste volume, no todo ou em parte, sob quaisquer formas ou por quaisquer meios (eletrônico, mecânico, gravação, fotocópia, distribuição na Web e outros), sem permissão expressa da Editora.

SÃO PAULO
Av. Angélica, 1091 - Higienópolis
01227-100 São Paulo SP
Fone (11) 3665-1100 Fax (11) 3667-1333

SAC 0800 703-3444

IMPRESSO NO BRASIL
PRINTED IN BRAZIL

Os Autores

Jonathan Berk é professor de Finanças da Haas School of Business, na University of California, Berkeley, e pesquisador membro no National Bureau of Economic Research. Atualmente ministra o curso introdutório de Finanças Empresariais para alunos do primeiro ano do MBA em Berkeley. Antes de obter seu Ph.D., trabalhou como associado na Goldman Sachs, onde seus estudos sobre finanças realmente começaram.

O professor Berk é editor associado do periódico *The Journal of Finance*. Seus interesses de pesquisa em finanças incluem avaliação de empresas, estrutura de capital, fundos mútuos, precificação de ativos, economia experimental e economia do trabalho. Seu trabalho já recebeu inúmeros prêmios de pesquisa, como o TIAA-CREF Paul A. Samuelson Award, o Smith Breeden Prize, Best Paper of the Year (Melhor Artigo do Ano) do periódico *The Review of Financial Studies* e o FAME Research Prize. Seu artigo "A Critique of Size Related Anomalies" foi recentemente selecionado como um dos dois melhores artigos já publicados no *The Review of Financial Studies*. Em reconhecimento de sua influência sobre a prática de finanças, Jonathan Berk recebeu os prêmios Bernstein-Fabozzi/Jacobs Levy Award, Graham and Dodd Award of Excellence, e Roger F. Murray Prize.

Nascido em Joanesburgo, África do Sul, o professor Berk é casado, tem duas filhas de 10 e 14 anos, e é um ávido esquiador e ciclista.

Peter DeMarzo é professor de Finanças do Mizuho Financial Group, na Stanford Graduate School of Business, e pesquisador membro do National Bureau of Economic Research. Atualmente ministra o curso fundamental "turbo" de finanças para alunos de primeiro ano do MBA da Stanford. Além de sua experiência na Stanford Graduate School of Business, o professor DeMarzo já lecionou na Haas School of Business e na Kellogg Graduate School of Management, além de ser National Fellow na Hoover Institution.

Peter DeMarzo e Jonathan Berk

DeMarzo recebeu os prêmios de excelência no ensino Sloan Teaching Excellence Award na Stanford em 2004 e 2006, e o Earl F. Cheit Outstanding Teaching Award na U.C. Berkeley em 1998. Foi editor associado dos periódicos *The Review of Financial Studies*, *Financial Management*, e *B. E. Journals in Economic Analysis and Policy*, além de Diretor da Western Finance Association. A pesquisa de DeMarzo é na área de finanças empresariais, securitização de ativos e *contracting*, além de estrutura e regulação de mercado. Seus trabalhos recentes têm examinado questões da otimização da carteira de valores mobiliários, a regulação do *insider trading* e das corretoras, e a influência das assimetrias da informação sobre o investimento empresarial. Recebeu inúmeros prêmios, incluindo o Western Finance Association Corporate Finance Award, e o prêmio de melhor artigo Barclays Global Investors/Michael Brenna da *The Review of Financial Studies*.

O professor DeMarzo nasceu em Whitestone, Nova York, é casado e pai de três meninos. Ele e sua família adoram escalada, ciclismo e esqui.

Créditos

Contracapa e pág. v: foto dos autores diante do Distrito Financeiro, San Francisco, CA: ©2006 Nancy Warner; **pág.414:** Prêmio Nobel William Sharpe fala sobre o CAPM, excertos de "Revisiting the Capital Asset Pricing Model," Jonathan Burton, Dow Jones Asset Manager, May/June 1998, pp. 20-28; **pág. 423:** Figura 13.1, "Prêmio de retorno de carteiras de grande porte (1926-2005)," dados históricos recolhidos do site de Kenneth French; **pág. 424:** Figura 13.2, "Prêmio de retorno das carteiras *book-to-market* (1926-2005)," dados históricos recolhidos do site de Kenneth French; **pág. 433:** Tabela 13.1: "Retornos mensais médios da carteira FFC (1926-2005)," dados históricos recolhidos do site de Kenneth French; **pág. 439:** Figura 13.5, "Como as empresas calculam o custo de capital," reproduzido de "Theory and Practice of Corporate Finance: Evidence from the Field," J. R. Graham and C. R. Harvey, *Journal of Financial Economics 60* (©2001) pp. 187-243, com autorização da Elsevier; **pág. 496:** Figura 15.7, "Índice capital de terceiros/valor da empresa $[D/(E+D)]$ de indústrias selecionadas," dados da Reuters, 2005; **pág. 581:** Figura 17.8, "Distribuição do preço das ações das empresas da NYSE (abril de 2005)," dados da Reuters, abril de 2005.

*A Rebecca, Natasha e Hannah,
pelo amor e pelo apoio.*

—J. B.

*A Kaui, Pono, Koa e Kai,
por todo o amor e pelas risadas.*

—P. D.

Prefácio

Quando dissemos a nossos amigos que tínhamos decidido escrever um livro didático de finanças empresariais, a maioria teve a mesma reação: *por que agora?* São três os principais motivos.

Pedagogia

Como qualquer estudioso do assunto confirmaria, finanças empresariais é um assunto desafiador. Consequentemente, com o aumento da popularidade das finanças empresariais, os autores de livros didáticos tentaram tornar o assunto mais acessível tirando a ênfase das ideias teóricas fundamentais para se concentrar mais nos resultados. Em nossos mais de 30 anos de experiência de ensino, descobrimos que deixar de lado esse material fundamental que é considerado "difícil demais", na verdade, torna o assunto ainda menos acessível. Os conceitos fundamentais de finanças são simples e intuitivos. O que torna o assunto desafiador é o fato de geralmente ser difícil para um iniciante distinguir entre essas ideias fundamentais e outras abordagens intuitivamente atraentes que, se empregadas na tomada de decisões financeiras, levarão a decisões incorretas. Tirando a ênfase dos conceitos fundamentais que servem de base para as finanças, privaríamos os alunos das ferramentas intelectuais essenciais de que eles precisam para diferenciar entre o que é bom e o que é ruim na tomada de decisões. Portanto, nossa principal motivação para escrever este livro foi equipar os alunos com uma base sólida nos principais conceitos e ferramentas fundamentais necessários para se tomar boas decisões.

Em nossa experiência, os alunos aprendem melhor quando o material de um curso é apresentado como um todo unificado em vez de uma série de ideias distintas. Como tal, este livro apresenta a disciplina de finanças empresariais como uma aplicação de um conjunto de ideias simples e poderosas. No cerne destes fundamentos encontra-se o principal deles, a ausência de oportunidades de arbitragem, ou a Lei do Preço Único. Utilizamos a Lei do Preço Único como uma bússola; ela mantém os responsáveis pela tomada de decisões no caminho certo.

Perspectiva

Os últimos 30 anos testemunharam uma evolução tanto na sofisticação dos alunos que assistem ao curso quanto no próprio campo de finanças. Os alunos de hoje chegam com conhecimentos de primeira mão sobre mercados financeiros, seja através de sua participação em mercados de ações, seja por sua interação com produtos financeiros amplamente disponíveis. Muitos alunos se deparam com conceitos financeiros em seus primeiros empregos depois da universidade; geralmente têm experiência em implementar decisões financeiras nas empresas para as quais trabalham, alguns recebem ações e opções como parte de sua remuneração, e quase todos têm a opção de aplicar em planos de aposentadoria. Tiramos proveito do *background* que os alunos trazem para a sala de aula em nossa escolha de terminologia e de exemplos, em nosso uso de dados reais, e ao relacionar metodologia e prática.

Grande parte da evidência empírica em economia financeira acumulada nos últimos 30 anos sustenta a teoria existente e fortalece a importância de se compreender e aplicar os princípios das finanças empresariais. Entretanto, em inúmeras aplicações, a evidência não sustentou a teoria. Apesar do surgimento de alguns quebra-cabeças, nenhum deles invalidou os princípios fundamentais das finanças empresariais nos quais se baseia este livro. Então, em vez de declarar a teoria como um fato, avaliamos cuidadosamente a evidência e aprofundamos a sofisticação que os alunos trazem consigo no primeiro dia de aula. Comunicando claramente essas sutilezas aos alunos, estaremos expondo-os ao dinamismo desse campo e evitando falsas impressões que contradigam suas próprias experiências.

Tecnologia

Apesar de a Internet hoje ser lugar comum, não achamos que ela tenha sido adequadamente explorada no campo da educação. O recurso tecnológico deste livro tem o potencial de mudar fundamentalmente o modo como os alunos aprendem. MyFinanceLab faz parte da experiência de aprendizagem tanto quanto as aulas expositivas e o próprio livro didático.

Este produto modifica fundamentalmente o modo como os alunos aprendem finanças. Na abordagem tradicional, os alunos aprendem solucionando problemas no fim de cada capítulo, porém o tempo decorrido entre a solução do problema e o *feedback* do professor marginaliza o benefício do *feedback*. MyFinanceLab remove completamente essa ineficiência fornecendo aos alunos *feedback* imediato no momento exato em que eles se encontram mais receptivos ao conhecimento.

Essas razões nos motivaram a escrever um livro didático na expectativa de que ele venha a moldar, por muitos anos ainda, a maneira como os alunos aprendem finanças empresariais.

Finanças Empresariais – uma nova versão

Talvez você esteja familiarizado com nosso outro livro didático de mesmo título, porém mais longo, com 31 capítulos. Ele é voltado para muitas escolas e programas que optam por um livro didático para o currículo inteiro de finanças empresariais; ou seja, um mesmo livro para turmas introdutórias, intermediárias e avançadas. Muitos professores têm seus tópicos favoritos, ligados talvez a temas de pesquisa que queiram cobrir no curso básico. Por isso, a versão estendida deste livro oferece a flexibilidade de escolha de tópicos e uma cobertura com a profundidade e o fôlego que eles procuram. Contudo, outros programas e professores desejam um livro mais fluido, feito sob medida para cobrir os tópicos de primeiro semestre. Para esses programas, é com satisfação que oferecemos esta nova versão de *Finanças Empresariais*.

A abordagem inovadora do *Finanças Empresariais*

Finanças Empresariais contrabalança cuidadosamente os últimos avanços em pesquisa e prática com uma cobertura completa dos tópicos principais de finanças. Vários temas e inovações fundamentais formam o diferencial deste livro.

1. Utilizar a Lei do Preço Único como princípio unificador de avaliação

Este livro apresenta finanças empresariais como uma aplicação de um pequeno conjunto de ideias fundamentais simples. A teoria e prática financeira moderna fundamentam-se na ideia da ausência de arbitragem (ou Lei do Preço Único) como o conceito unificador de avaliação. O Capítulo 3, "Arbitragem e Tomada de Decisões Financeiras", introduz explicitamente o conceito da Lei do Preço Único como a base para o NPV (valor presente líquido, ou *net present value*, no original)*, o valor do dinheiro no tempo e a avaliação de riscos. O resto do livro relaciona conceitos importantes à Lei do Preço Único, criando uma estrutura que servirá de base ao aluno-leitor. Cada parte do livro começa ressaltando sua relação com a Lei do Preço Único. Essa metodologia une diretamente teoria e prática e apresenta uma abordagem unificada para algo que, aos olhos dos alunos, pode parecer ideias díspares.

2. Aprimorar o básico: linhas do tempo e taxas de juros

Introduzimos o conceito de linhas do tempo no Capítulo 4, "O Valor do Dinheiro no Tempo", e enfatizamos a importância de se criar linhas do tempo para cada problema envolvendo fluxos de caixa. Os exemplos subsequentes que envolvem fluxos de caixa incluem em uma linha do tempo como o primeiro e decisivo passo.

---

* N. de T.: As siglas foram mantidas no original em inglês por muitas delas serem assim utilizadas em aulas de Finanças no Brasil e em outras bibliografias em português. Além disso, seu uso facilita o acesso do aluno a outras bibliografias, ou mesmo à Internet.

No Capítulo 5, "Taxas de Juros", apresentamos explicitamente aos alunos os mecanismos de ajuste de taxas de desconto para diferentes períodos de tempo, e explicamos como interpretar cotações de taxas de juros. Separar, de um lado, o mecanismo de como calcular a taxa de desconto, e, de outro, o conceito de valor do dinheiro no tempo, permite-nos comunicar essas ferramentas básicas com maior eficácia.

3. Enfatizar orçamento de capital e avaliação

A decisão de orçamento de capital é uma das mais importantes em finanças e, como tal, é o foco do curso de muitos instrutores. Apresentamos orçamento de capital e avaliação em duas etapas.

A primeira etapa aparece no início do livro e focaliza a identificação de fluxos de caixa. O Capítulo 7, "Fundamentos do Orçamento de Capital", examina a avaliação dos projetos de uma empresa e fornece uma apresentação clara e sistemática da diferença entre lucros e fluxos de caixa líquidos. Esses conceitos são então aplicados a ações no Capítulo 9, fornecendo um tratamento unificador dos projetos da empresa e da avaliação da empresa como um todo. Esta introdução inicial ao orçamento de capital nos permite apresentar conceitualmente a ideia do custo de capital, que, por sua vez, utilizamos para motivar a apresentação de modelos de risco e retorno. Dessa maneira, relacionamos o custo de capital ao risco e retorno, uma relação que, se apresentada de outra forma, é de difícil compreensão para alunos iniciantes de finanças.

A segunda etapa segue a discussão da precificação de risco e estrutura de capital. O Capítulo 18, "Orçamento de Capital e Avaliação com Alavancagem", apresenta os três principais métodos para orçamento de capital com alavancagem e imperfeições de mercado: o método do custo médio ponderado de capital (WACC, *weighted average cost of capital method*), o método do valor presente ajustado (APV, *adjusted present value method*) e o método de fluxo de caixa do acionista (FTE, *flow-to-equity method*). Comunicamos essas ideias tradicionalmente difíceis, mas importantes, enfatizando as suposições e princípios fundamentais por trás delas. Esta abordagem nos permite apresentar esses conceitos no contexto de políticas de captação progressivamente mais complexas para a empresa, o que permite que alunos e professores se aprofundem nessas técnicas apenas o quanto for adequado para suas necessidades. A seguir, o Capítulo 19, "Avaliação e Modelagem Financeira: Estudo de Caso", serve como capítulo culminante para as seis primeiras partes do livro e aplica as ferramentas financeiras desenvolvidas até então para construir um modelo de avaliação para um estudo de caso, Ideko Corp. Esse capítulo apresenta aos futuros gerentes financeiros o processo de construção de um modelo de avaliação financeira utilizando Excel.

4. Repensar o ensino de risco e retorno

O Capítulo 3 introduz rapidamente o conceito de risco e retorno. Utilizando somente o conceito de ausência de arbitragem, explicamos conceitualmente um dos princípios fundamentais de finanças: que o risco deve ser avaliado em relação a um *benchmark*. Mais adiante, a estrutura flexível da Parte IV permite que os professores adaptem a abordagem de risco e retorno da maneira adequada a seu curso.

Para aqueles que procuram uma breve introdução a risco e retorno antes de passar diretamente aos tópicos de finanças empresariais, o Capítulo 10, "Mercados de Capital e Precificação de Risco", fornece a intuição e motivação essenciais para se compreender a relação entre risco e retorno. O capítulo também explica a distinção entre risco diversificável e sistemático, e introduz o CAPM (modelo de precificação de ativos, ou *capital asset pricing model*) do modo em que ele é utilizado na prática, como um meio de se identificar risco sistemático e de se determinar prêmios de risco. Este tratamento abrangente, porém sucinto, permite que os instrutores pulem os capítulos subsequentes sobre risco e retorno sem sacrificar a continuidade do livro.

Aqueles que optarem por um tratamento mais aprofundado de risco e retorno podem incluir os seguintes capítulos:

- Capítulo 11, "Otimização de Carteiras", que desenvolve os detalhes da otimização de carteira por média-variância separadamente do CAPM, já que os dois possuem utilidades independentes.
- Capítulo 12, "O Modelo de Precificação de Ativos Financeiros (ou Modelo CAPM)", que apresenta o argumento de equilíbrio do CAPM, enfatizando o fato de o CAPM ser

simplesmente um meio de identificar a carteira de mercado como uma carteira eficiente, e discute diversas questões práticas que surgem na implementação do CAPM.

- Capítulo 13, "Modelos Alternativos de Risco Sistemático", vai além do CAPM, examinando os relativos pontos positivos e negativos de outros modelos, incluindo modelos multifatoriais e modelos de variáveis característicos. Como separamos a discussão da otimização por média-variância da CAPM nos Capítulos 11 e 12, esse capítulo consegue diferenciar claramente o conceito fundamental, que permanece válido, das aplicações questionadas por evidências empíricas. Isto é, o retorno esperado sobre uma ação ainda é dado por seu beta com uma carteira eficiente, mas essa carteira talvez não seja o padrão utilizado para a carteira de mercado.

5. Ressaltar a decisão de estrutura de capital

Damos forte ênfase à estrutura de capital da empresa nos Capítulos 14-17, mas também permitimos que os instrutores adaptem a abordagem como lhes for conveniente apresentando, inicialmente, Modigliani e Miller em um mundo perfeito, e então sobrepondo fricções nos capítulos subsequentes. Associamos os resultados clássicos de Modigliani e Miller à Lei do Preço Único e mantemos esse tema central durante toda a nossa discussão sobre estrutura de capital. O fato de termos abordado esse material de base em um capítulo inteiro ressalta sua importância para os alunos e prepara o terreno para o restante dessa parte do texto. Nosso olhar aprofundado sobre a função da cobrança de impostos, problemas financeiros e custos de agência prepara o gerente financeiro integralmente para lidar com as imperfeições de mercado do mundo real no processo de elaboração do orçamento de capital.

Organização

Finanças Empresariais aborda os tópicos mais importantes para alunos de nível introdutório de MBA, além de oferecer a profundidade necessária em um livro de referência para cursos mais avançados. Nosso foco está voltado para a tomada de decisões financeiras relacionadas à escolha empresarial de que investimentos fazer ou de como levantar o capital necessário para financiar um investimento.

Visão panorâmica

As Partes I e II dão os fundamentos para nosso estudo de finanças empresariais. No Capítulo 1, introduzimos a empresa e as diferentes formas de organização empresarial. Examinamos como os mercados de ações facilitam as negociações entre investidores, o papel do gerente financeiro, e os conflitos relacionados à posse e ao controle das empresas. O Capítulo 2 revisa os princípios básicos de contabilidade empresarial e os demonstrativos financeiros dos quais depende o gerente financeiro. O Capítulo 3, "Arbitragem e Tomada de Decisões Financeiras", introduz as ideias fundamentais sobre as quais se baseiam as finanças – a Lei do Preço Único, o valor presente líquido e o risco – que são a base da estrutura unificadora que guiará o aluno por todo o curso. Essa breve introdução ao conceito de risco é uma inovação importante que nos permite discutir risco nos capítulos iniciais, particularmente no contexto da introdução inicial ao orçamento de capital.

A Parte II apresenta as ferramentas básicas que são marcos das finanças empresariais. O Capítulo 4 introduz o valor do dinheiro no tempo e descreve métodos para estimar o *timing* dos fluxos de caixa e calcular o valor presente líquido de vários tipos de padrões de fluxo de caixa. O Capítulo 5, "Taxas de Juros", fornece uma ampla visão panorâmica de questões que surgem ao se estimar a taxa de desconto adequada. No Capítulo 6, "Regras de Decisão de Investimento", apresentamos e criticamos alternativas ao valor presente líquido para avaliar projetos.

A Parte III aplica esses recém-aprendidos princípios de avaliação para o desconto de fluxos de caixa desenvolvidos na Parte II a ativos reais e financeiros. Explicamos os conceitos básicos de avaliação de projetos de capital (Capítulo 7), títulos de dívida (Capítulo 8) e ações (Capítulo 9). No Capítulo 9, também discutimos a questão de eficiência de mercado e suas implicações para os gerentes financeiros.

Na Parte IV, vemos o conceito decisivo de risco e retorno. O Capítulo 10, "Mercados de Capital e Precificação de Risco", introduz a relação entre risco e retorno. Alguns professores podem escolher incluir em seu programa apenas este único capítulo sobre risco e retorno antes de prosseguir diretamente para a unidade sobre estrutura de capital. No Capítulo 11, "Otimização de Carteiras", introduzimos a otimização por média-variância. No Capítulo 12, deduzimos o modelo de precificação de ativos, ou CAPM. O Capítulo 13 examina os pontos positivos e negativos de modelos alternativos de risco e retorno.

A Parte V trata de como uma empresa deve levantar os fundos de que precisa para empreender seus investimentos e da estrutura de capital resultante da empresa. Focamo-nos, no Capítulo 14, em examinar como a escolha da estrutura de capital afeta o valor da empresa no mundo perfeito, e com fricções como impostos e problemas relacionados aos conflitos de agência, nos Capítulos 15 e 16. A política de *payout* é o foco do Capítulo 17.

Na Parte VI, voltamos à decisão de orçamento de capital com as complexidades do mundo real. O Capítulo 18, "Orçamento de Capital e Avaliação com Alavancagem", introduz os três principais métodos de orçamento de capital com alavancagem e imperfeições de mercado: o método do custo médio ponderado de capital (WACC), o método do valor presente ajustado (APV) e o método de fluxos de caixa do acionista (FTE). O Capítulo 19, "Avaliação e Modelagem Financeira: Estudo de Caso", é um capítulo culminante, com um caso que permite a aplicação das técnicas desenvolvidas até então para finalmente construir um modelo de avaliação de uma empresa.

Personalize sua abordagem

Embora *Finanças Empresariais* forneça os tópicos centrais para o curso introdutório, percebemos que muitos professores preferirão cobrir os capítulos seletivamente. Ao analisar centenas de programas de ensino durante o planejamento deste livro, percebemos que poucos professores trabalham linearmente com um livro didático, do início ao fim. A grande maioria dos professores personaliza suas aulas selecionando um subconjunto de capítulos que refletem os assuntos que eles consideram mais importantes. Portanto, projetamos o livro desde o início tendo em mente essa necessidade de flexibilidade. Os instrutores estão livres para enfatizar os tópicos que acharem mais interessantes.

Consideramos as Partes II a VI os capítulos centrais do livro. Acreditamos que a maioria dos programas de MBA incluirá esse material no programa dos cursos que oferecem. Entretanto, mesmo nesses capítulos centrais, os instrutores podem fazer escolhas. As universidades que oferecem aulas de finanças empresariais em um único trimestre provavelmente incluirão os Capítulos 3-15. Se o tempo permitir, ou se os alunos entrarem no curso já familiarizados com os conceitos de valor do dinheiro no tempo, os Capítulos 16-19 podem se somar a eles. Finalmente, o livro permite abordar apenas um recorte dos fundamentos de finanças para programas que possuam apenas um único curso de introdução a finanças. Neste caso, sugerimos incluir os Capítulos 3-10, 14, e talvez o 15, se o tempo permitir. Os professores interessados na cobertura de tópicos avançados, como opções, gestão de risco e finanças internacionais, e outros tópicos como capital de giro, estão convidados a consultar a versão estendida deste livro, com 31 capítulos, também chamada *Finanças Empresariais*.

Recursos para o instrutor e o aluno*

MyFinanceLab

MyFinanceLab é um componente essencial deste livro. Esse recurso, um produto especial disponível para venda em pacote, oferecerá aos alunos a prática e a ajuda tutorial de que eles precisam para aprender finanças eficientemente. Para mais detalhes, ver páginas xx-xxi.

Manual de Soluções

Este complemento essencial ao texto fornece soluções detalhadas e rigorosamente verificadas para os problemas de cada capítulo. Todas as soluções, bem como os próprios problemas, foram escritos pelos autores do texto, testados em aula por 10 turmas de MBA em finanças durante um semestre e revisadas por Mark Simonson, da Arizona State University, para garantir incomparável qualidade.

---

* N. de R.: Alguns destes materiais estão disponíveis somente em língua inglesa. Para conhecer os recursos oferecidos pela Bookman Editora, no Brasil, acesse a página do livro em www.bookman.com.br.

Guia de Estudos

Escrito por Mark Simonson, da Arizona State University, o Guia de Estudos oferece as ferramentas de aprendizagem necessárias para fixar a compreensão dos conceitos centrais. Os estudantes encontrarão uma sinopse correspondendo a cada capítulo, com uma visão geral dos conteúdos e uma revisão de conceitos e termos-chave selecionados para concentrar o tempo de estudo nos tópicos mais críticos. Um porção de exemplos trabalhados em cada capítulo com soluções paço a paço conduzem os estudantes pelo duro processo de se chegar a cada solução, instilando neles a intuição de que precisam para sozinhos resolverem acertadamente os problemas. Uma seção de 5-10 questões e problemas por capítulo testa a compreensão dos estudantes sobre os principais conceitos e sua capacidade de aplicá-los na resolução de problemas.

Manual do Instrutor

O Manual do Instrutor foi escrito por Janet Payne e William Chittenden, da Texas State University. Para cada capítulo, esses autores fornecem: uma revisão e um resumo do capítulo correlacionados às Notas de Aulas em apresentação de PowerPoint; objetivos de aprendizagem; um guia para novos exemplos desenvolvidos nas Notas de Aulas em apresentação de PowerPoint; e uma listagem de problemas de fim de capítulo com um ícone do Excel (EXCEL), para os quais há planilhas disponíveis através do Centro de Recursos do Instrutor *online* e do CD-ROM de Recursos do Instrutor.

Banco de Testes

Preparado por James Nelson, da East Carolina University, o Banco de Testes fornece uma variedade de testes verificados. Cada capítulo oferece uma grande seleção de questões de múltipla escolha, questões objetivas e questões discursivas. As questões são classificadas por nível de dificuldade e tipo de habilidade, e são correlacionadas aos tópicos dos capítulos. Os problemas que envolvem números incluem soluções passo-a-passo.

Agradecimentos

Agora que explicamos por que escolhemos escrever este livro e como utilizá-lo, podemos começar a agradecer a todos que o viabilizaram. Como qualquer autor de livros didáticos diria, não se pode escrever um livro desta abrangência sem uma quantidade substancial de ajuda. Primeiramente, agradecemos a Donna Battista, cuja liderança, talento e conhecimento de mercado estão impressos em todos os aspectos do projeto e foram essenciais para seu sucesso; a Denise Clinton, amiga e líder de fato, e não somente na teoria, cuja experiência e conhecimento são indispensáveis; a Rebecca Ferris-Caruso, por sua experiência incomparável no gerenciamento dos complexos processos de escrita, revisão e edição, e pela paciência em nos manter no caminho certo; a Dona Kenly, por ter liderado o trabalho de desenvolvimento de mercado; a Michelle Neil, por ter abraçado nosso sonho do MyFinanceLab; e a Kay Ueno, por seus incansáveis esforços durante a etapa final da maratona que foi este livro. Fomos abençoados em ser abordados pela melhor editora do mercado e estamos ambos realmente agradecidos pela indispensável ajuda que nos foi dada por estes e outros profissionais, como Nancy Fenton, Nancy Freihofer, Meredith Gertz, Marianne Groth, Roxanne Hoch, Christine Lyons, Heather McNally, Jason Miranda, Bridget Page, Margaret Monahan-Pashall, Susan Schoenberg, Charles Spaulding, Allison Stendardi e Sally Steele.

Sem a ajuda de Jennifer Koski, não teríamos conseguido realizar o que idealizamos para este livro. Assim como nós, ela acabou tendo muito mais trabalho do que imaginávamos, mas seremos eternamente gratos por sua disposição em continuar conosco e por nos fornecer seus comentários críticos e seu conhecimento, que conduziram o livro pelo segundo e pelo terceiro manuscritos. Sua crença neste projeto, seu incansável esforço e seu comprometimento garantiram que este livro alcançasse seus altíssimos padrões. Sem ela, não teria existido um livro.

Muitos dos capítulos finais, não-centrais, exigiram um conhecimento específico detalhado. Nigel Barradale, Reid Click, Jarrad Harford e Marianne Plunkert garantiram que este conhecimento fosse comunicado com eficácia. Joseph Vu e Vance P. Lesseig contribuíram com seu talento para as questões de Fixação de Conceitos e de Simulações de Casos, respectivamente.

Thomas Gilbert e Miguel Palacios trabalharam em cada exemplo e problema de fim de capítulo deste livro. Além disso, forneceram inúmeras ideias que melhoraram imensamente a exposição. Ambos foram indispensáveis, e somos muito gratos por sua ajuda. Criar um texto realmente livre de erros é um desafio que não poderíamos ter enfrentado sem nossa equipe de especialistas em verificação de erros. Anand Goel e Mark Simonson sujeitaram o texto a seus padrões minuciosos durante todo o processo de manuscrito e produção. Ting-Heng Chu, Robert James, Siddarth Tenneti e Joseph Vu também contribuíram com seus olhos treinados.

O desenvolvimento do MyFinanceLab foi um enorme empreendimento, às vezes comparável ao próprio livro. Mike Griffin gerenciou todo o processo; sem sua experiência financeira e sua atenção a detalhes, MyFinanceLab ainda seria apenas uma boa ideia. Além disso, Shannon Donovan, Patricia Bancroft, Hilary Bancroft, Arline Savage e Carla Bazan forneceram um apoio incalculável pelo qual estamos muito agradecidos.

Um livro didático de finanças empresariais é o produto do talento e do trabalho pesado de muitos colegas talentosos. Somos especialmente gratos pelo trabalho daqueles que desenvolveram um impressionante conjunto de suplementos impressos para acompanhar o livro: Mark Simonson, pelo *Manual de Soluções* e pelo *Guia de Estudos*; Janet Payne e William Chittenden, pelo Manual do Instrutor e pelas Apresentações em PowerPoint; e James Nelson, pelo Banco de Testes.

Agradecemos também o trabalho de Marlene Bellamy, que realizou as dinâmicas entrevistas que fornecem uma perspectiva essencialmente importante, além dos entrevistados, que graciosamente ofereceram seu tempo e suas ideias, como Andrew Balson, Lisa Black, John Bogle, Jonathan Clements, John Connors, Marilyn G. Fedak, Sue Frieden, Richard Grannis, Lawrence E. Harris, Randall P. Lert, Scott Mathews, Joseph L. Rice III, Joel Stern, Rex Sinquefield e David Viniar.

Como colega de nós dois, Mark Rubinstein nos inspirou com sua paixão a acertar na história das finanças, atribuindo corretamente as ideias importantes às pessoas que foram as primeiras a enunciá-las. Inspiração é uma coisa; realmente empreender a tarefa é outra história. Seu livro, *A History of the Theory of Investments: My Annotated Bibliography*, foi indispensável – ele forneceu as únicas referências disponíveis da história das finanças. Como ficará claro para qualquer leitor, nós as utilizamos extensamente neste livro, e nós, além da profissão como um todo, devemos a ele gratidão por ter dedicado seu tempo a colocar aquilo tudo no papel.

Não poderíamos ter escrito este texto se um dia não tivéssemos sido, nós mesmos, estudantes de finanças. Como qualquer estudante sabe, o segredo do sucesso é ter um ótimo professor. Em nosso caso, tivemos a sorte de ter sido ensinados e aconselhados pelas pessoas que ajudaram a criar as finanças modernas: Ken Arrow, Darrell Duffie, Mordecai Kurz, Stephen Ross e Richard Roll. Foi com eles que aprendemos a importância dos princípios fundamentais de finanças, como a Lei do Preço Único, sobre os quais se baseia este livro. O processo de aprendizagem não termina na graduação, e, como a maioria das pessoas, tivemos colegas e mentores que nos influenciaram especialmente, com os quais aprendemos muito ao longo de nossa carreira. Gostaríamos, então, de reconhecê-los explicitamente aqui: Mike Fishman, Richard Green, Vasant Naik, Art Raviv, Mark Rubinstein, Joe Williams e Jeff Zwiebel. Continuamos a aprender com todos os nossos colegas e somos gratos a todos eles. Por fim, gostaríamos de agradecer àqueles com quem já lecionamos finanças ao longo dos anos: Anat Admati, Ming Huang, Robert Korajczyk, Paul Pfleiderer, Sergio Rebelo, Richard Stanton e Raman Uppal. Suas ideias e suas estratégias de ensino sem dúvida influenciaram nosso próprio senso de pedagogia e chegaram, de alguma maneira, a este texto.

Finalmente, e de maior importância, nossa maior dívida de gratidão para com nossas esposas, Rebecca Schwartz e Kaui Chun DeMarzo. Pouco sabíamos do impacto que este projeto causaria em nossas vidas, e sem seu contínuo amor e apoio – e especialmente sua paciência e compreensão – este texto não teria sido concluído. Devemos um agradecimento especial a Kaui DeMarzo, por sua inspiração e apoio no início deste projeto e por sua disposição em ser nossa editora *in-house*, além de contribuidora, conselheira e avaliadora da qualidade geral de cada etapa de seu desenvolvimento.

Jonathan Berk
Peter DeMarzo

Colaboradores

Estamos realmente agradecidos por termos tido tantos revisores para o manuscrito, examinadores de aulas-teste e participantes de grupos de foco. Listamos abaixo todos esses contribuidores, mas Gordon Bodnar, James Conover, Anand Goel, James Linck, Evgeny Lyandres, Marianne Plunkert, Mark Simonson e Andy Terry foram tão além do que lhes foi pedido, que gostaríamos de destacá-los. Conseguimos incorporar a contribuição de todos e estamos muito gratos pelo tempo que cada pessoa dedicou para fazer comentários e sugestões. Este livro se beneficiou imensamente dessas contribuições.

Revisores do manuscrito

Ashok B. Abbot, *West Virginia University*
Michael Adams, *Jacksonville University*
Ibrahim Affaneh, *Indiana University of Pennsylvania*
Kevin Ahlgrim, *Illinois State University*
Confidence Amadi, *Florida A&M University*
Christopher Anderson, *University of Kansas*
Tom Arnold, *University of Richmond*
Nigel Barradale, *University of California, Berkeley*
Peter Basciano, *Augusta State University*
Thomas Bates, *University of Arizona*
Paul Bayes, *East Tennessee State University*
Gordon Bodnar, *Johns Hopkins University*
Waldo Born, *Eastern Illinois University*
Alex Boulatov, *Bauer College of Business, University of Houston*
George Chang, *Bradley University*
Ting-Heng Chu, *East Tennessee State University*
John H. Cochrane, *University of Chicago*
James Conover, *University of North Texas*
Henrik Cronqvist, *Ohio State University*
Maddur Daggar, *Citigroup*
Hazem Daouk, *Cornell University*
Daniel Deli, *Arizona State University*
Andrea DeMaskey, *Villanova University*
B. Espen Eckbo, *Dartmouth College*
Larry Eisenberg, *University of Southern Mississippi*
T. Hanan Eytan, *Baruch College*
Michael Gallmeyer, *Texas A&M University*
Diego Garcia, *University of North Carolina*
Tom Geurts, *Marist College*
Frank Ghannadian, *Mercer University*
Thomas Gilbert, *University of California, Berkeley*
Marc Goergen, *University of Sheffield*
David Goldenberg, *Rensselaer Polytechnic Institute*
Milton Harris, *University of Chicago*
Christopher Hennessy, *University of California, Los Angeles*
Vanessa Holmes, *Xavier University*
Wenli Huang, *Boston University School of Management*
Mark Hutchinson, *University College Cork*
Stuart Hyde, *University of Manchester*
Robert James, *Babson College*
Keith Johnson, *University of Kentucky*
Ayla Kayhan, *Louisiana State University*
Doseong Kim, *University of Akron*
Kenneth Kim, *State University of New York – Buffalo*
Halil Kiymaz, *Rollins College*
Brian Kluger, *University of Cincinnati*
John Knopf, *Seton Hall University*
George Kutner, *Marquette University*
Vance P. Lesseig, *Texas State University*
Martin Lettau, *New York University*
James Linck, *University of Georgia*
David Lins, *University of Illinois at Urbana-Champaign*
Michelle Lowry, *Pennsylvania State University*
Deborah Lucas, *Northwestern University*
Peng Lui, *University of California, Berkeley*
Evgeny Lyandres, *Rice University*
Balasundram Maniam, *Sam Houston State University*
Suren Mansinghka, *University of California, Irvine*
Daniel McConaughy, *Californa State University, Northridge*
Robert McDonald, *Northwestern University*
Mark McNabb, *University of Cincinnati*
Ilhan Meric, *Rider University*
Timothy Michael, *James Madison University*
Dag Michalsen, *Norwegian School of Management*
James Miles, *Penn State University*
Arjen Mulder, *RSM Erasmus University*
Michael Muoghalu, *Pittsburg State University*
Jeryl Nelson, *Wayne State College*
Tom Nelson, *University of Colorado*
Chee Ng, *Fairleigh Dickinson University*
Ben Nunnally, *University of North Carolina, Charlotte*
Frank O'Hara, *University of San Francisco*
Henry Oppenheimer, *University of Rhode Island*
Miguel Palacios, *University of California, Berkeley*
Mitchell Petersen, *Northwestern University*
Marianne Plunkert, *University of Colorado at Denver*
Paul Povel, *University of Minnesota*
Michael Provitera, *Barry University*
Brian Prucyk, *Marquette University*
P. Raghavendra Rau, *Purdue University*
Charu Raheja, *Vanderbilt University*
Latha Ramchand, *University of Houston*
William A. Reese, Jr., *Tulane University*
Ali Reza, *San Jose State University*
Steven P. Rich, *Baylor University*
Antonio Rodriguez, *Texas A&M International University*
Bruce Rubin, *Old Dominion University*
Mark Rubinstein, *University of California, Berkeley*
Harley E. Ryan, Jr., *Georgia State University*
Jacob A. Sagi, *University of California, Berkeley*
Harikumar Sankaran, *New Mexico State University*
Frederik Schlingemann, *University of Pittsburgh*
Mark Seasholes, *University of California, Berkeley*
Eduardo Schwartz, *University of California, Los Angeles*
Mark Shackleton, *Lancaster University*
Jay Shanken, *Emory University*
Dennis Sheehan, *Penn State University*
Anand Shetty, *Iona College*
Mark Simonson, *Arizona State University*
Rajeev Singhal, *Oakland University*
Erik Stafford, *Harvard Business School*
David Stangeland, *University of British Columbia*
Richard H. Stanton, *University of California, Berkeley*

Mark Hoven Stohs, *California State University, Fullerton*
Ilya A. Strebulaev, *Stanford University*
Ryan Stever, *Bank for International Settlements*
John Strong, *College of William and Mary*
Diane Suhler, *Columbia College*
Lawrence Tai, *Loyola Marymount University*
Mark Taranto, *University of Pennsylvania*
Amir Tavakkol, *Kansas State University*
Andy Terry, *University of Arkansas at Little Rock*
John Thornton, *Kent State University*
Alex Triantis, *University of Maryland*
Sorin Tuluca, *Fairleigh Dickinson University*
Joe Walker, *University of Alabama at Birmingham*
Edward Waller, *University of Houston, Clear Lake*
Peihwang Wei, *University of New Orleans*
Peter Went, *Bucknell University*
John White, *Georgia Southern University*
Michael Williams, *University of Denver*
Annie Wong, *Western Connecticut State University*
K. Matthew Wong, *St. John's University*
Bob Wood, Jr., *Tennessee Tech University*
Lifan Wu, *California State University, Los Angeles*
Tzyy-Jeng Wu, *Pace University*
Jaime Zender, *University of Colorado*
Jeffrey H. Zwiebel, *Stanford University*

Revisores de aulas-teste dos capítulos

Jack Aber, *Boston University*
John Adams, *University of South Florida*
James Conover, *University of North Texas*
Lou Gingerella, *Rensselaer Polytechnic Institute*
Tom Geurts, *Marist College*
Keith Johnson, *University of Kentucky*
Gautum Kaul, *University of Michigan*
Doseong Kim, *University of Akron*
Jennifer Koski, *University of Washington*
George Kutner, *Marquette University*
Larry Lynch, *Roanoke College*
Vasil Mihov, *Texas Christina University*
Jeryl Nelson, *Wayne State College*

Chee Ng, *Fairleigh Dickinson University*
Ben Nunnally, *University of North Carolina, Charlotte*
Michael Provitera, *Barry University*
Charu G. Raheja, *Vanderbilt University*
Bruce Rubin, *Old Dominion University*
Mark Seasholes, *University of California, Berkeley*
Dennis Sheehan, *Pennsylvania State University*
Ravi Shukla, *Syracuse University*
Mark Hoven Stohs, *California State University, Fullerton*
Andy Terry, *University of Arkansas*
Sorin Tuluca, *Fairleigh Dickinson University*
Joe Ueng, *University of Saint Thomas*
Bob Wood, *Tennessee Technological University*

Examinadores de aulas-teste dos problemas do fim de cada capítulo

James Angel, *Georgetown University*
Ting-Heng Chu, *East Tennessee State University*
Robert Kravchuk, *Indiana University*
George Kutner, *Marquette University*
James Nelson, *East Carolina University*
Don Panton, *University of Texas at Arlington*
P. Raghavendra Rau, *Purdue University*
Carolyn Reichert, *University of Texas at Dallas*
Mark Simonson, *Arizona State University*
Diane Suhler, *Columbia College*

Participantes dos grupos de foco

Christopher Anderson, *University of Kansas*
Chenchu Bathala, *Cleveland State University*
Matthew T. Billett, *University of Iowa*
Andrea DeMaskey, *Villanova University*
Anand Desai, *Kansas State University*
Ako Doffou, *Sacred Heart University*
Shannon Donovan, *Bridgewater State University*
Ibrahim Elsaify, *Goldey-Beacom College*
Mark Holder, *Kent State University*
Steve Isberg, *University of Baltimore*

Arun Khanna, *Butler University*
Brian Kluger, *University of Cincinnati*
Greg LaBlanc, *University of California, Berkeley*
Dima Leshchinskii, *Rensselaer Polytechnic University*
James S. Linck, *University of Georgia*
Larry Lynch, *Roanoke College*
David C. Mauer, *Southern Methodist University*
Alfred Mettler, *Georgia State University*
Stuart Michelson, *Stetson University*
Vassil Mihov, *Texas Christian University*
Jeryl Nelson, *Wayne State College*
Chee Ng, *Fairleigh Dickinson University*
Ben Nunnally, *University of North Carolina at Charlotte*
Sunny Onyiri, *Campbellsville University*
Janet Payne, *Texas State University*
Michael Provitera, *Barry University*
Avri Ravid, *Rutgers University*
William A. Reese, Jr., *Tulane University*
Mario Reyes, *University of Idaho*
Hong Rim, *Shippensburg University*
Robert Ritchey, *Texas Tech University*
Antonio Rodriguez, *Texas A&M International University*
Dan Rogers, *Portland State University*
Harley E. Ryan, Jr., *Georgia State University*
Harikumar Sankaran, *New Mexico State University*
Sorin Sorescu, *Texas A&M University*
David Stangeland, *University of Manitoba*
Jonathan Stewart, *Abilene Christian University*
Mark Hoven Stohs, *California State University, Fullerton*
Tim Sullivan, *Bentley College*
Olie Thorp, *Babson College*
Harry Turtle, *Washington State University*
Joseph Vu, *DePaul University*
Joe Walker, *University of Alabama at Brimingham*
Jill Wetmore, *Saginaw Valley State University*
Jack Wolf, *Clemson University*
Bob Wood, Jr., *Tennessee Tech University*
Donald H. Wort, *California State University, East Bay*
Scott Wright, *Ohio University*
Tong Yao, *University of Arizona*

LIGANDO TEORIA E PRÁTICA

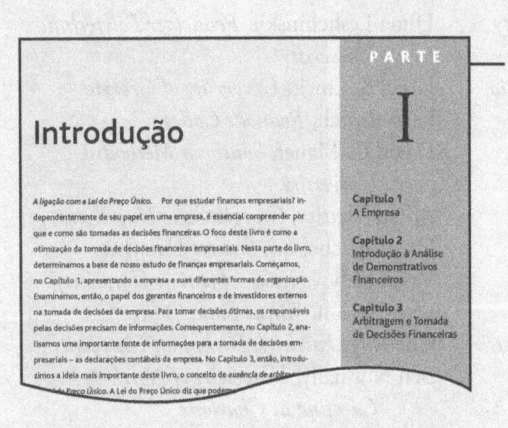

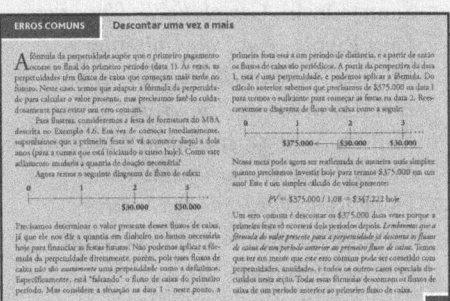

A Lei do Preço Único como estrutura unificadora de avaliação

A estrutura da Lei do Preço Único reflete a ideia moderna de que a ausência de arbitragem é o conceito unificador da avaliação. Esta importante ideia é introduzida no Capítulo 3, revisada na abertura de cada Parte e integrada a todo o texto – motivando todos os principais conceitos e ligando teoria e prática.

Material para o aluno focado na prática

Para ser bem-sucedido, os alunos precisam dominar os conceitos fundamentais e aprender a identificar e solucionar problemas enfrentados pelos profissionais de hoje.

- **Erros Comuns**. Quadros que alertam os alunos quanto a erros cometidos com frequência devido a uma má compreensão dos conceitos fundamentais ou a erros de cálculo, além de erros cometidos na prática.

- **Exemplos Desenvolvidos**. Acompanham cada conceito importante utilizando um procedimento passo-a-passo que ilustra o Problema e também a Solução. Títulos claros e destacados permitem que eles sejam facilmente encontrados. Muitos incluem uma planilha de cálculo do Excel.

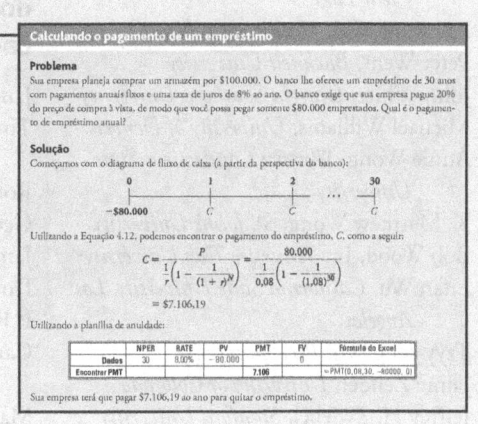

Aplicações que refletem a prática real

Em *Finanças Empresariais* figuram empresas e líderes verdadeiros da área.

- Exemplos de empresas reais abrem cada capítulo
- Entrevistas com profissionais de destaque estão presentes em muitos capítulos
- Quadros de Interesse Geral ressaltam materiais oportunos de publicações de finanças que lançam luz sobre problemas de negócios e a prática de empresas reais

Contexto brasileiro

Alguns dos principais pontos do livro foram ajustados à realidade brasileira, possibilitando a compreensão de aspectos peculiares das Finanças no Brasil.

ENSINANDO OS ALUNOS A PENSAR EM TERMOS DE FINANÇAS

Com consistência na apresentação e um conjunto inovador de material de suporte à aprendizagem, *Finanças Empresariais* atende ao mesmo tempo às necessidades de futuros gerentes financeiros e às de alunos com outros perfis. Este livro realmente mostra ao aluno como pensar em termos de finanças.

Apresentação simplificada da matemática

Uma das partes mais difíceis da aprendizagem de finanças é dominar o jargão, a matemática e as notações não-padronizadas. *Finanças Empresariais* utiliza sistematicamente:

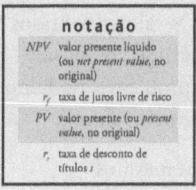

- **Quadros de Notação:** cada capítulo começa com um quadro de notação que define as variáveis e os acrônimos utilizados no capítulo e que serve como "legenda" para referência dos alunos.

- **Equações Numeradas e Intituladas:** na primeira vez em que uma equação completa é apresentada em forma notação, ela aparece numerada. As equações fundamentais encontram-se listadas por numeração e título no sumário e na guarda deste livro.

- **Tabelas de Planilhas:** tabelas selecionadas estão disponíveis no *site* do livro como arquivos de Excel, permitindo que os alunos modifiquem as entradas e manipulem os cálculos envolvidos.

Valor futuro de uma anuidade
$$FV(\text{anuidade}) = PV \times (1+r)^N$$
$$= \frac{C}{r}\left(1 - \frac{1}{(1+r)^N}\right) \times (1+r)^N$$
$$= C \times \frac{1}{r}((1+r)^N - 1) \quad (4.8)$$

Praticar finanças para aprender finanças

Resolver problemas é a maneira comprovada de fixar e demonstrar seus conhecimentos em finanças.

- **Questões de fixação de conceitos** que permitem que os alunos, ao final de cada seção, testem sua compreensão e direcionem seu estudo para as áreas que eles mais precisem revisar.

- **Problemas de fim de capítulo escritos por Jonathan Berk e Peter DeMarzo** que oferecem aos instrutores a oportunidade de passar para seus alunos, como trabalho de casa e prática, um material de excelente qualidade, com a confiança de que os problemas sejam consistentes com o conteúdo do capítulo. Problemas e soluções, também desenvolvidas pelos autores, foram testadas em sala de aula, com o intuito de garantir sua qualidade.

Materiais de fim de capítulo reforçam a aprendizagem

Testar a compreensão dos conceitos centrais é crucial para se aprender finanças.

- **Os Resumos do Capítulo e listas de Termos Fundamentais** são materiais vitais para o estudo e revisão.

- **As Simulações de Casos** apresentam situações detalhadas em um ambiente empresarial com questões desenvolvidas para guiar a análise dos alunos. Muitas questões envolvem o uso de recursos de Internet.

- **As Leituras Recomendadas** direcionam os alunos-leitores a estudos seminais e às pesquisas mais recentes para encorajá-los a estudar de maneira independente.

Em inglês

myfinancelab

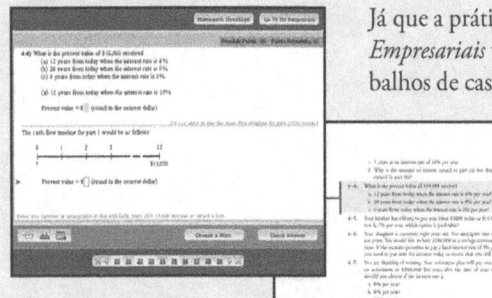

Já que a prática com temas de casa é crucial para aprender finanças, cada exemplar de *Finanças Empresariais* vem acompanhado do MyFinanceLab, um sistema totalmente integrado de trabalhos de casa e tutorial. MyFinanceLab revoluciona os trabalhos de casa e a prática com um incomparável sistema de dicas e créditos parciais, escrito e desenvolvido por Jonathan Berk e Peter DeMarzo.

Avaliação *online* utilizando os problemas de fim de capítulo

A integração total entre livro didático, materiais de avaliação e recursos *online* estabelece um novo padrão na educação em finanças empresariais.

- Problemas de fim de capítulo aparecem *online*. Os valores contidos nos problemas são gerados por algoritmos, oferecendo aos alunos muitas oportunidades de prática e domínio. Os problemas podem ser passados pelos professores e concluídos *online* pelos alunos.

- Ferramentas úteis de tutorial, juntamente com os mesmos materiais pedagógicos de suporte encontrados no texto, auxiliam os alunos em seu estudo. *Links* para o eText levam os alunos diretamente aos assuntos que eles mais precisam revisar.

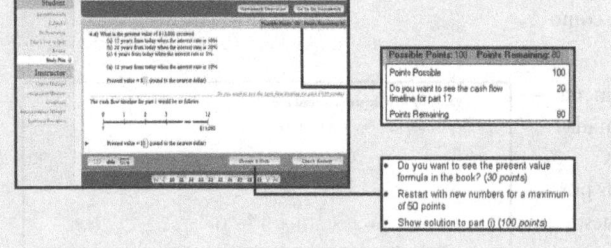

Revolucionário sistema de dicas e créditos parciais

MyFinanceLab fornece "dicas" que guiam os alunos na solução de problemas difíceis. Em vez de avaliar um problema inteiro como certo ou errado, o sistema de créditos parciais recompensa os alunos por seus esforços.

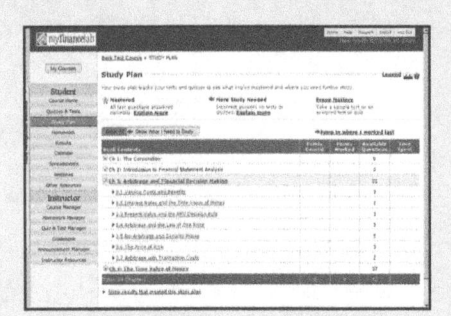

Prática direcionada e "com a mão na massa"

Os alunos podem fazer Testes Simulados com o conteúdo de cada capítulo, e os resultados de seus testes gerarão um Plano de Estudos individualizado. Com o Plano de Estudos, os alunos podem aprender a concentrar suas energias nos assuntos em que eles precisam ser bem sucedidos em sala de aula, em exames e, em última análise, em suas futuras carreiras.

Poderosas ferramentas para o instrutor

MyFinanceLab fornece ferramentas flexíveis que permitem aos instrutores personalizar com facilidade os materiais *online* do curso, adaptando-os às suas necessidades.

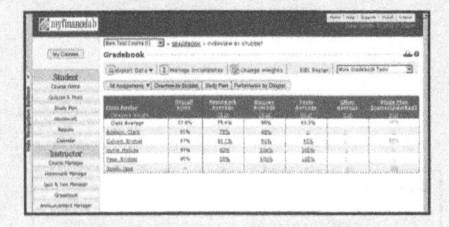

- **Gerenciador de trabalhos de casa de fácil utilização.** Os instrutores podem facilmente criar e passar testes, questionários e trabalhos de casa. Além das perguntas já carregadas no MyFinanceLab, o Banco de Testes também se encontra disponível para que os instrutores tenham uma variedade de materiais com os quais criar seus trabalhos.

- **Registro de Notas Flexível.** MyFinanceLab economiza tempo dando notas automaticamente para os trabalhos dos alunos e acompanhando os resultados em um Registro de Notas *online*.

- **Recursos de sala de aula que podem ser baixados da Internet.** Os instrutores também têm acesso a versões *online* de cada suplemento do instrutor, inclusive do Manual do Instrutor, das Notas de Aulas em Apresentação de PowerPoint e do Banco de Testes.

MyFinanceLab reúne recursos disponíveis apenas em língua inglesa, oferecidos em conjunto com a edição norte-americana desta obra, e que podem ser conhecidos no *site* www.myfinancelab.com

APRESENTAÇÕES PPT TOTALMENTE EM PORTUGUÊS

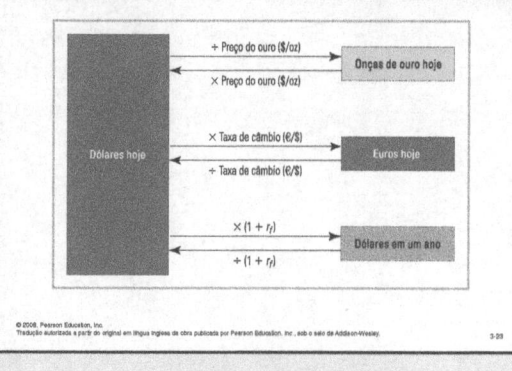

No site da Bookman Editora (www.bookman.com.br) os professores cadastrados vão encontrar apresentações em PowerPoint® capazes de auxiliá-los no planejamento e na montagem da sua disciplina.

As apresentações oferecem um resumo dos capítulos, reproduzindo os trechos mais importantes e as figuras e gráficos que merecem destaque na exposição aos alunos.

Sumário

PARTE I
Introdução

Capítulo 1	A Empresa	39
Capítulo 2	Introdução à Análise de Demonstrativos Financeiros	57
Capítulo 3	Arbitragem e Tomada de Decisões Financeiras	84

PARTE II
Ferramentas

Capítulo 4	O Valor do Dinheiro no Tempo	119
Capítulo 5	Taxas de Juros	158
Capítulo 6	Regras de Decisão de Investimento	182

PARTE III
Avaliação Básica

Capítulo 7	Fundamentos do Orçamento de Capital	209
Capítulo 8	Avaliando Títulos de Dívida	241
Capítulo 9	Avaliando Ações	274

PARTE IV
Risco e Retorno

Capítulo 10	Mercados de Capital e Precificação de Risco	311
Capítulo 11	Otimização de Carteiras	349
Capítulo 12	O Modelo de Precificação de Ativos Financeiros (ou Modelo CAPM)	385
Capítulo 13	Modelos Alternativos de Risco Sistemático	421

PARTE V
Estrutura de Capital

Capítulo 14	Estrutura de Capital em um Mercado Perfeito	447
Capítulo 15	Endividamento e Impostos	477
Capítulo 16	Dificuldades Financeiras, Incentivos Gerenciais e Informação	508
Capítulo 17	Política de *Payout*	549

PARTE VI
Avaliação

| Capítulo 18 | Orçamento de Capital e Avaliação com Alavancagem | 595 |
| Capítulo 19 | Avaliação e Modelagem Financeira: Estudo de Caso | 643 |

Sumário

PARTE I INTRODUÇÃO 37

Capítulo 1 A Empresa 39

1.1 Os quatro tipos de empresas 40
Empresas individuais 40
Sociedade por quotas 41
Sociedades de responsabilidade limitada (LLC) 41
■ Entrevista com David Viniar 42
Corporações 43
Implicações tributárias para entidades corporativas 45

1.2 Posse *versus* controle de corporações 48
A equipe de gerenciamento empresarial 48
Posse e controle de corporações 49
■ Ativismo e direito a voto dos acionistas 50

1.3 O mercado de ações 51
Os maiores mercados de ações 51
NYSE 52
Nasdaq 53
Resumo 54 • Termos fundamentais 54 • Leituras recomendadas 55 • Problemas 55

Capítulo 2 Introdução à Análise de Demonstrativos Financeiros 57

2.1 A publicação das informações financeiras 58
Preparação de demonstrativos financeiros 58
■ Padrões internacionais de relatórios financeiros 58
Tipos de demonstrativos financeiros 59

2.2 O balanço patrimonial 59
Ativos 59
Passivos 61
Patrimônio dos sócios 62
Análise do balanço patrimonial 63

2.3 O demonstrativo de resultados 65
Cálculo dos resultados 65
Análise do demonstrativo de resultados 66
■ Erros comuns: confusão nos índices 68

2.4 O demonstrativo de fluxos de caixa 69
Atividades operacionais 70
Atividades de investimento 71
Atividades de financiamento 71

2.5 Outras informações dos demonstrativos financeiros 72
Relatório da administração 72
Demonstrativo da equivalência patrimonial 72
Notas explicativas dos demonstrativos financeiros 72
■ Entrevista com Sue Frieden 73

2.6 Manipulação contábil 74
Enron 74
WorldCom 75
Lei Sarbanes-Oxley 75
Resumo 76 • Termos fundamentais 77 • Leituras recomendadas 78 • Problemas 78
Caso simulado 82

Capítulo 3 Arbitragem e Tomada de Decisões Financeiras 84

3.1 Avaliando custos e benefícios 85
Utilizando preços de mercado para determinar valores em dinheiro 85
Quando os preços de mercados competitivos não estão disponíveis 87

3.2 Taxas de juros e o valor do dinheiro no tempo 88
O valor do dinheiro no tempo 88
A taxa de juros: uma taxa cambial ao longo do tempo 88

3.3 Valor presente e a regra de decisão do NPV 90
Valor presente líquido 91
A regra de decisão do NPV 91
NPV e preferências individuais 93

3.4 Arbitragem e a Lei do Preço Único 95
■ Uma velha piada 95
Arbitragem 96
Lei do Preço Único 96

3.5 Ausência de arbitragem e preços de títulos 96
Avaliando um título 97
Determinando o preço sem possibilidades de arbitragem 98
- Os *SOES bandits* da Nasdaq 98

Determinando a taxa de juros a partir do preço dos títulos de dívida 99
O NPV da negociação de títulos 100
Avaliando uma carteira 101
- Arbitragem de índices da bolsa de valores 102

3.6 O preço do risco 103
Fluxos de caixa com risco *versus* livre de risco 103
Aversão a risco e o prêmio de risco 103
O preço de um título com risco sem possibilidade de arbitragem 104
Prêmios de risco dependem do risco 105
O risco é relativo ao mercado em geral 105
Risco, retorno e preços de mercado 106

3.7 Arbitragem com custos de transações 108
Resumo 109 • Termos fundamentais 110 • Leituras recomendadas 111 • Problemas 111

PARTE II FERRAMENTAS 117

Capítulo 4 O Valor do Dinheiro no Tempo 119

4.1 Diagramas de fluxo de caixa 120

4.2 As três regras da movimentação no tempo 121
Comparando e combinando valores 121
Movimentando fluxos de caixa para um ponto no futuro 121
Movimentando fluxos de caixa para um ponto no passado 122
Aplicando as regras da movimentação no tempo 124

4.3 O poder da composição: uma aplicação 126

4.4 Avaliando uma sequência de fluxos de caixa 127

4.5 O valor presente líquido de uma sequência de fluxos de caixa 129

4.6 Perpetuidades, anuidades e outros casos especiais 130
Perpetuidades 130
- Exemplos históricos de perpetuidades 132
- Erros comuns: descontar uma vez a mais 133

Anuidades 133
Fluxos de caixa crescentes 136

4.7 Solucionando problemas com um programa de planilha 140

4.8 Solução para encontrar outras variáveis além do valor presente ou do valor futuro 142
Encontrando fluxos de caixa 142
Taxa interna de retorno 145
Solução para encontrar o número de períodos 147
- Erro comum: as funções NPV (ou VPL) e IRR (ou TIR) do Excel 148
- Regra dos 72 150

Resumo 150 • Termos fundamentais 151 • Leituras recomendadas 151 • Problemas 152
Caso simulado 156

Capítulo 5 Taxas de Juros 158

5.1 Cotações e ajustes da taxa de juros 159
A taxa efetiva anual 159
Ajustando a taxa de desconto para diferentes períodos de tempo 159
Taxas percentuais anuais 160
Aplicação: taxas de desconto e empréstimos 162

5.2 Os determinantes das taxas de juros 164
Taxas de inflação e real *versus* taxa nominal 164
Política de investimentos e taxas de juros 165
A curva de rendimento e taxas de descontos 166
A curva de rendimento e a economia 168
- Erro comum: Utilizar a fórmula de anuidade quando as taxas de desconto variam 168

5.3 Risco e impostos 170
Risco e taxas de juros 170
Taxas de juros após os impostos 171

5.4 O custo de oportunidade de capital 173
Resumo 174 • Termos fundamentais 175 • Leituras recomendadas 175 • Problemas 175
APÊNDICE DO CAPÍTULO 5:
Taxas e fluxos de caixa contínuos 180

Capítulo 6 Regras de Decisão de Investimento 182

6.1 NPV e projetos individuais 183
A regra do NPV 183
Medindo a sensibilidade com a IRR 183
Regras alternativas *versus* a regra do NPV 183

6.2 Regras de decisão alternativas 184
A regra do *payback* 184
A regra da taxa interna de retorno 185
Lucro econômico ou EVA 189
■ Entrevista com Joel M. Stern 190
■ Por que persistem regras diferentes da regra NPV? 193

6.3 Oportunidades de investimento mutuamente excludentes 193
Diferenças de escala 193
Cronologia dos fluxos de caixa 196
A regra da IRR incremental 196

6.4 Seleção de projeto com restrições de recursos 198
Avaliação de projetos com diferentes exigências de recursos 198
Índice de lucratividade 199
Deficiências do índice de lucratividade 200
Resumo 201 • Termos fundamentais 201 • Leituras recomendadas 202 • Leitura recomendada no Brasil 202 • Problemas 202
Caso simulado 205

PARTE III AVALIAÇÃO BÁSICA 207

Capítulo 7 Fundamentos do Orçamento de Capital 209

7.1 Previsão de rendimentos 210
Estimativas de receita e custo 210
■ Entrevista com Dick Grannis 211
Previsão de lucros incrementais 212
Efeitos indiretos sobre os lucros incrementais 214
■ Erro comum: o custo de oportunidade de um ativo ocioso 214
Custos afundados e lucros incrementais 215
Complexidades do mundo real 216
■ A falácia do custo afundado 216

7.2 Determinando o fluxo de caixa livre e o NPV 217
Calculando o fluxo de caixa livre a partir dos rendimentos 217
Cálculo direto do fluxo de caixa livre 220
Calculando o NPV 220
Escolhendo entre alternativas 221
Outros ajustes relativos ao fluxo de caixa livre 223

7.3 Analisando o projeto 227
Análise do ponto de equilíbrio 227
Análise de sensibilidade 228
Análise de cenário 229
Resumo 230 • Termos fundamentais 231 • Leituras recomendadas 232 • Problemas 232
Caso simulado 237
APÊNDICE DO CAPÍTULO 7: Depreciação por MACRS 239

Capítulo 8 Avaliando Títulos de Dívida 241

8.1 Fluxos de caixa, preços e rendimentos de títulos de dívida 242
Terminologia dos títulos de dívida 242
Títulos de dívida de cupom zero 242
Títulos de dívida de cupom 244

8.2 Comportamento dinâmico dos preços de títulos de dívida 247
Deságios e ágios 247
Tempo e preços de títulos de dívida 248
Mudanças nas taxas de juros e preços de títulos de dívida 250
■ Preços limpos e sujos para títulos de dívida de cupom 251

8.3 A curva de rentabilidade e arbitragem de títulos 252
Reproduzindo um título de dívida de cupom 253
Avaliando um título de dívida de cupom utilizando rentabilidades de cupom zero 254
Rentabilidades de títulos de cupom 255
Curvas de rentabilidade de títulos do Tesouro 256

8.4 Títulos de dívida corporativos 257
Rentabilidade de títulos de dívida corporativos 257
■ Entrevista com Lisa Black 259
Classificação de títulos de dívida 260

Curvas de rendimento corporativo 260
Resumo 262 • Termos fundamentais 263 • Leituras recomendadas 264 • Problemas 264
Caso simulado 268
APÊNDICE DO CAPÍTULO 8:
Taxas de juros *forward* 270

Capítulo 9 Avaliando Ações 274

9.1 Preços de ações, retornos e o horizonte de investimento 275
Um investidor de um ano 275
Rentabilidades de dividendos, ganhos de capital e retornos totais 276
Um investidor de anos múltiplos 276

9.2 O modelo de desconto de dividendos 278
Dividendos de crescimento constante 278
Dividendos *versus* investimento e crescimento 279
Mudando as taxas de crescimento 281
■ Entrevista com Marilyn Fedak 282
Limitações do modelo de desconto de dividendos 283
■ *Teoria do Valor de Investimento* de John Burr Williams 284

9.3 Modelos de avaliação de *payout* total e de fluxos de caixa livres 284
Recompra de ações e o modelo de *payout* total 285
O modelo de fluxo de caixa livre descontado 286

9.4 Avaliação baseada em empresas comparáveis 290
Múltiplos de avaliação de empresas 290
Limitações dos múltiplos 292
Comparação com métodos de fluxo de caixa descontado 292
Técnicas de avaliação de ações: a última palavra 293

9.5 Informação, concorrência e preços de ações 294
Informações nos preços de ações 294
Concorrência e mercados eficientes 296
Lições dos investidores e gerentes de empresa 298
A hipótese de mercados eficientes *versus* ausência de arbitragem 299
Resumo 300 • Termos fundamentais 302 • Leituras recomendadas 302 • Leitura recomendada no Brasil 303 • Problemas 303
Caso simulado 307

PARTE IV RISCO E RETORNO 309

Capítulo 10 Mercados de Capital e Precificação de Risco 311

10.1 Um primeiro olhar sobre risco e retorno 312

10.2 Medidas comuns de risco e retorno 313
Distribuições de probabilidade 314
Retorno esperado 314
Variância e desvio padrão 315

10.3 Retornos históricos de ações e títulos de dívida 317
Calculando retornos históricos 317
Retornos anuais médios 320
A variância e a volatilidade dos retornos 320
Utilizando retornos passados para prever o futuro: erro de estimação 322
■ Retornos com média aritmética *versus* retornos com composição anual 323

10.4 O *tradeoff* histórico entre risco e retorno 324
Os retornos de grandes carteiras 324
Os retornos de ações individuais 324

10.5 Risco comum *versus* risco independente 326

10.6 Diversificação em carteiras de ações 329
Risco específico à empresa *versus* risco sistemático 329
Ausência de arbitragem e o prêmio de risco 330
■ Erro comum: a falácia da diversificação de longo prazo 333

10.7 Estimando o retorno esperado 334
Medindo o risco sistemático 334
Estimando o prêmio de risco 336

10.8 Risco e o custo de capital 338

10.9 Eficiência do mercado de capital 339
Noções de eficiência 339
Evidências empíricas sobre a concorrência no mercado de capital 339
■ Entrevista com Randall Lert 340
Resumo 341 • Termos fundamentais 343 • Leituras recomendadas 343 • Problemas 343
Caso simulado 346

Capítulo 11 Otimização de Carteiras 349

- 11.1 O retorno esperado de uma carteira 350
- 11.2 A volatilidade de uma carteira com dois grupos de ações 351
  - Combinando riscos 352
  - Determinando a covariância e a correlação 352
  - ■ Calculando a variância, a covariância e a correlação no Microsoft Excel 355
  - Calculando a variância e a volatilidade de uma carteira 355
- 11.3 A volatilidade de uma carteira grande 357
  - Diversificação com uma carteira igualmente ponderada de vários grupos de ações 357
  - Diversificação com carteiras gerais 359
- 11.4 Risco *versus* retorno: escolhendo uma carteira eficiente 360
  - Carteiras eficientes com dois grupos de ações 360
  - O efeito da correlação 363
  - Vendas a descoberto 363
  - ■ O mecanismo de uma venda a descoberto 365
  - Risco *versus* retorno: muitas ações 366
- 11.5 Aplicações e empréstimos livres de risco 369
  - Investindo em títulos livres de risco 369
  - Comprando e tomando ações emprestadas na margem 370
  - Identificando a carteira tangente 371
- 11.6 A carteira eficiente e o custo de capital 373
  - Como aprimorar uma carteira: o beta e o retorno exigido 373
  - Retornos esperados e a carteira eficiente 374
  - Custo de capital 376
  - ■ Entrevista com Jonathan Clements 377
  - Resumo 378 • Termos fundamentais 380 • Leituras recomendadas 381 • Problemas 381
  - Caso simulado 383

Capítulo 12 O Modelo de Precificação de Ativos Financeiros (ou Modelo CAPM) 385

- 12.1 A eficiência da carteira de mercado 386
  - As suposições do CAPM 386
  - A demanda por títulos tem que ser igual à oferta 387
  - Investimento otimizado: a linha do mercado de capitais 388
- 12.2 Determinando o prêmio de risco 389
  - Risco de mercado e beta 389
  - A linha do mercado de títulos 390
  - Alfa 393
  - Resumo do Modelo de Precificação de Ativos Financeiros 395
- 12.3 A carteira de mercado 396
  - Carteiras ponderadas por valor 396
  - Índices comuns da bolsa de valores 397
  - ■ Entrevista com John Bogle 399
- 12.4 Determinando o beta 400
  - Estimando o beta a partir de retornos históricos 401
  - Utilizando regressão linear 403
  - ■ Por que não estimar os retornos esperados diariamente 404
- 12.5 Estendendo o CAPM 404
  - Taxas de aplicações *versus* taxas de empréstimos 404
  - Informações dos investidores e expectativas racionais 406
- 12.6 O CAPM na prática 408
  - Previsão do beta 408
  - A linha do mercado de títulos 410
  - Evidências relativas ao CAPM 412
  - O veredito do CAPM 413
  - ■ Prêmio Nobel: William Sharpe sobre o CAPM 414
  - Resumo 415 • Termos fundamentais 416 • Leituras recomendadas 417 • Problemas 417
  - Caso simulado 419

Capítulo 13 Modelos Alternativos de Risco Sistemático 421

- 13.1 A eficiência da carteira de mercado 422
  - O efeito tamanho 422
  - Retornos passados 425
- 13.2 Implicações dos alfas positivos 426
  - Erro de *proxy* 427
  - Riqueza não-negociável 427
  - ■ Erro comum: investir em ações da própria empresa 428
- 13.3 Modelos multifatoriais de risco 428
  - Utilizando carteiras fatoriais 429
  - Construindo um modelo multifatorial 430
  - Selecionando as carteiras 431
  - ■ Entrevista com Rex A. Sinquefield 432

Calculando o custo de capital utilizando a especificação de fator de Fama-French-Carhart 433

13.4 Modelos de retornos esperados de variáveis características 434

13.5 Métodos utilizados na prática 438
Resumo 440 • Termos fundamentais 441 • Leituras recomendadas 441 • Problemas 441

PARTE V ESTRUTURA DE CAPITAL 445

Capítulo 14 Estrutura de Capital em um Mercado Perfeito 447

14.1 Financiamento com capital próprio *versus* por endividamento 448
Financiando uma empresa com capital próprio 448
Financiando uma empresa por endividamento e capital próprio 449
O efeito da alavancagem sobre o risco e o retorno 450

14.2 Modigliani-Miller I: alavancagem, arbitragem e valor da empresa 452
MM e a Lei do Preço Único 452
Alavancagem feita em casa 452
■ MM e o mundo real 449
O balanço patrimonial a valor de mercado 455
Aplicação: uma recapitalização alavancada 456

14.3 Modigliani-Miller II: alavancagem, risco e custo de capital 457
Alavancagem e custo de capital próprio 457
Orçamento de capital e custo médio ponderado de capital 458
■ Erro comum: o capital de terceiros é melhor do que o capital próprio 460
Calculando o WACC com múltiplos valores mobiliários 461
Betas alavancados e não-alavancados 461
Dinheiro e dívida líquida 463
■ Dividendos, dinheiro e beta da Microsoft 464

14.4 As falácias da estrutura de capital 464
Alavancagem e lucros por ação 465
Emissões de ações e diluição 467

14.5 MM: além das proposições 468
■ Prêmio Nobel: Franco Modigliani e Merton Miller 469

Resumo 469 • Termos fundamentais 471 • Leituras recomendadas 471 • Problemas 471
Caso simulado 475

Capítulo 15 Endividamento e Impostos 477

15.1 A dedução das despesas com juros dos impostos 478

15.2 Avaliando a dedução tributária das despesas com juros 480
A dedução tributária das despesas com juros e o valor da empresa 480
A dedução tributária das despesas com juros com dívida permanente 481
■ Pizza e impostos 482
O custo médio ponderado de capital com impostos 483
A dedução tributária das despesas com juros com um índice capital de terceiros/capital próprio (*debt-equity ratio*) pré-determinado 484

15.3 Recapitalizando para captar a dedução tributária 485
A dedução tributária 486
A recompra de ações 486
Precificação na ausência de arbitragem 486
Analisando a recapitalização: o balanço patrimonial a valor de mercado 487

15.4 Impostos pessoais 488
Incluindo impostos sobre a pessoa física na dedução tributária das despesas com juros 489
Avaliando a dedução tributária das despesas com juros com impostos pessoais 491
Determinando a vantagem tributária real da dívida 492
■ Cortando a alíquota de impostos sobre dividendos 493

15.5 Estrutura de capital ótima com impostos 494
As empresas preferem o endividamento? 494
Limites à dedução tributária da dívida 495
Crescimento e endividamento 497
Outros benefícios fiscais 498
O quebra-cabeça da baixa alavancagem 499
■ Opções de ações para funcionários 500
■ Entrevista com Andrew Balson 501
Resumo 502 • Termos fundamentais 503 • Leituras recomendadas 503 • Problemas 504
Caso simulado 507

Capítulo 16 Dificuldades Financeiras, Incentivos Gerenciais e Informação 508

16.1 Inadimplência e falência em um mercado perfeito 509
Armin Industries: alavancagem e o risco de inadimplência 509
Falência e estrutura de capital 510

16.2 Os custos da falência e das dificuldades financeiras 511
A lei de falência 511
Custos diretos da falência 512
Custos indiretos das dificuldades financeiras 513

16.3 Custos das dificuldades financeiras e valor da empresa 515
Armin Industries: o impacto dos custos de dificuldades financeiras 515
Quem paga os custos das dificuldades financeiras? 516

16.4 Estrutura de capital ótima: a teoria do *tradeoff* 517
Determinantes do valor presente dos custos das dificuldades financeiras 518
Alavancagem ótima 518

16.5 Explorando os titulares de dívida: os custos de agência da alavancagem 520
Superinvestimento 520
Subinvestimento 521
Fazendo um *cash-out* 522
Custos de agência e o valor da alavancagem 522
Vencimento da dívida e cláusulas 522

16.6 Motivando os gerentes: os benefícios de agência da alavancagem 523
Concentração proprietária 524
Redução de investimentos esbanjadores 525
■ Privilégios excessivos e escândalos corporativos 526
Alavancagem e compromisso 526

16.7 Custos de agência e a teoria do *tradeoff* 527
O nível ótimo de endividamento 527
Níveis de endividamento na prática 528

16.8 Informações assimétricas e estrutura de capital 529
Alavancagem como um sinal de credibilidade 529
Emissão de ações e seleção adversa 530
■ Prêmio Nobel: o Prêmio Nobel de Economia de 2001 531
Implicações da emissão de ações 533
Implicações para a estrutura de capital 534

16.9 Estrutura de capital: a palavra final 536
Resumo 539 • Termos fundamentais 541 • Leituras recomendadas 541 • Leitura recomendada no Brasil 542 • Problemas 543

Capítulo 17 Política de *Payout* 549

17.1 Distribuições aos acionistas 550
Dividendos 550
Recompras de ações 552

17.2 Comparação de dividendos e recompras de ações 553
Política alternativa 1: pagar dividendo com excesso monetário 553
Política alternativa 2: recompra de ações (sem dividendos) 554
■ Erro comum: recompras e a oferta de ações 556
Política alternativa 3: dividendo alto (emissão de ações) 556
Modigliani-Miller e a irrelevância da política de dividendos 556
■ Erro comum: a falácia do pássaro na mão 558
Política de dividendos com mercados de capitais perfeitos 558

17.3 A desvantagem tributária dos dividendos 558
Impostos sobre dividendos e ganhos de capital 559
Política de dividendos ótima com impostos 560

17.4 Captura de dividendo e clientela tributária 561
A alíquota efetiva de impostos sobre dividendos 561
Diferenças tributárias entre investidores 563
Efeitos de clientela 564

17.5 *Payout versus* retenção de dinheiro 567
Retenção de dinheiro com mercados de capitais perfeitos 567
Impostos e retenção de dinheiro 568
Ajustes para incluir os impostos do investidor 568
Custos de emissão e de dificuldades financeiras 570
Custos de agência da retenção de dinheiro 570

17.6 Sinalização com a política de payout 572
Uniformização de dividendos 572
Sinalização dos dividendos 573
- Corte no dividendo da Royal & SunAlliance 574
Sinalização e recompra de ações 575

17.7 Bonificações em ações, desdobramentos de ações e cisões 577
Bonificações em ações e desdobramentos 577
- Ações A e B da Berkshire Hathaway 578
- Entrevista com John Connors 579
Cisões (spin-offs) 580
Resumo 583 • Termos fundamentais 585 • Leituras recomendadas 585 • Leitura recomendada no Brasil 586 • Problemas 587
Caso simulado 590

PARTE VI AVALIAÇÃO 593

Capítulo 18 Orçamento de Capital e Avaliação com Alavancagem 595

18.1 Panorama 596

18.2 O método do custo médio ponderado de capital 597
Utilizando o WACC para avaliar um projeto 597
Resumo do método do WACC 599
Implementando um índice capital de terceiros/ capital próprio constante 599

18.3 O método do valor presente ajustado 601
O valor não-alavancado do projeto 602
Avaliando a dedução tributária das despesas com juros 603
Resumo do método do APV 604

18.4 O método do fluxo de caixa do acionista 605
Calculando o fluxo de caixa livre do acionista 605
Avaliando fluxos de caixa do acionista 607
Resumo do método do fluxo de caixa do acionista 607
- O que conta como "dívida"? 609

18.5 Custos de capital baseados em projetos 609
Estimando o custo de capital não-alavancado 609

A alavancagem do projeto e o custo de capital próprio 610
Determinando a alavancagem incremental de um projeto 611
- Erro comum: realavancando o WACC 612

18.6 APV com outras políticas de alavancagem 613
Índice constante de cobertura de juros 614
Níveis de endividamento pré-determinados 614
Uma comparação de métodos 616

18.7 Outros efeitos do financiamento 617
Custos de emissão e outros custos de financiamento 617
- Garantias de empréstimo a companhias aéreas após o 11 de setembro de 2001 618
Má precificação de títulos 618
Dificuldades financeiras e custos de agência 618

18.8 Tópicos avançados em orçamento de capital 620
Ajuste periódico da dívida 621
Alavancagem e o custo de capital 622
O método do WACC ou do FTE com alavancagem variável 624
Impostos pessoais 626
Resumo 628 • Termos fundamentais 630 • Leituras recomendadas 630 • Problemas 630
Caso simulado 637
APÊNDICE DO CAPÍTULO 18: Fundamentos e mais detalhes 639

Capítulo 19 Avaliação e Modelagem Financeira: Estudo de Caso 643

19.1 Avaliação utilizando comparáveis 644

19.2 O plano de negócios 646
Melhorias operacionais 646
Desembolsos de capital: uma expansão necessária 647
Gerenciamento do capital de giro 648
Mudanças na estrutura de capital: aumentando a alavancagem 648

19.3 Construindo o modelo financeiro 649
Previsão dos resultados 649
Exigências de capital de giro 650
Previsão do fluxo de caixa livre 652
O balanço patrimonial e demonstrativo dos fluxos de caixa (opcional) 653

19.4 Estimando o custo de capital 656
Estimação baseada no CAPM 656
Desalavancando o beta 657
O custo de capital não-alavancado da Ideko 658

19.5 Avaliando o investimento 659
A abordagem dos múltiplos para calcular o valor de continuação 659
A abordagem do fluxo de caixa descontado para calcular o valor de continuação 660
Avaliação do patrimônio líquido da Ideko pelo método do APV 661
■ Erro comum: valores de continuação e crescimento no longo prazo 662
Um "teste" 663
■ Erro comum: ativos ou passivos pendentes 663
IRR e múltiplos de caixa 664

19.6 Análise de sensibilidade 665
■ Entrevista com Joseph L. Rice, III 666
Resumo 667 • Termos fundamentais 668 • Leituras recomendadas 668 • Problemas 669
APÊNDICE DO CAPÍTULO 19:
Recompensas à gerência 671

Glossário 673

Índice 685

FINANÇAS EMPRESARIAIS
—ESSENCIAL—

PARTE I

Introdução

Capítulo 1
A Empresa

Capítulo 2
Introdução à Análise de Demonstrativos Financeiros

Capítulo 3
Arbitragem e Tomada de Decisões Financeiras

A ligação com a Lei do Preço Único. Por que estudar finanças empresariais? Independentemente de seu papel em uma empresa, é essencial compreender por que e como são tomadas as decisões financeiras. O foco deste livro é como a otimização da tomada de decisões financeiras empresariais. Nesta parte do livro, determinamos a base de nosso estudo de finanças empresariais. Começamos, no Capítulo 1, apresentando a empresa e suas diferentes formas de organização. Examinamos, então, o papel dos gerentes financeiros e de investidores externos na tomada de decisões da empresa. Para tomar decisões ótimas, os responsáveis pelas decisões precisam de informações. Consequentemente, no Capítulo 2, analisamos uma importante fonte de informações para a tomada de decisões empresariais – as declarações contábeis da empresa. No Capítulo 3, então, introduzimos a ideia mais importante deste livro, o conceito de *ausência de arbitragem* ou *Lei do Preço Único*. A Lei do Preço Único diz que podemos utilizar os preços de mercado para determinar o valor de uma oportunidade de investimento para a empresa.

Demonstraremos que a Lei do Preço Único é o princípio unificador que está por trás de toda a economia financeira e que liga todas as ideias deste livro. Retornaremos a esse tema durante todo o nosso estudo de Finanças Empresariais.

CAPÍTULO 1

A Empresa

A empresa norte-americana moderna nasceu em um tribunal de Washington, D.C., no dia 2 de fevereiro de 1819. Neste dia, a Suprema Corte de Justiça norte-americana estabeleceu o precedente legal de que o patrimônio de uma empresa, assim como o de uma pessoa, é privado e tem direito a proteção pela Constituição dos EUA. Hoje em dia é difícil conceber que o patrimônio privado de uma empresa não seja protegido pela Constituição. Entretanto, antes da sentença de 1819 da Suprema Corte, os proprietários de uma empresa estavam expostos à possibilidade de que o Estado tomasse seus negócios. Esta preocupação era suficientemente real para evitar que a maioria das empresas se "corporatizasse", e ela, de fato, foi concretizada em 1816: o Estado desapropriou o Dartmouth College.

O Dartmouth College foi "corporatizado" em 1769 como uma instituição educacional privada dirigida por um conselho curador autoperpetuante. Em 1816, este conselho era formado em grande parte por federalistas (o partido político mais intimamente ligado a George Washington), mas o governo estadual de New Hampshire era dominado por republicanos (o partido político de Thomas Jefferson, que posteriormente viria a se tornar o Partido Democrata). Insatisfeito com as inclinações políticas da universidade, o legislativo estadual tomou controle efetivo do Dartmouth, aprovando uma lei que estabelecia um conselho fiscal nomeado pelo governo para administrar a escola. A lei teve o efeito de transformar uma universidade privada, de controle privado, em uma universidade estadual, controlada pelo Estado. Se tal ato fosse constitucional, ficaria implícito que qualquer Estado (ou o governo federal) poderia, a bel-prazer, nacionalizar qualquer empresa.

O Dartmouth abriu um processo em prol de sua independência e o caso chegou à Suprema Corte em 1818. O Chefe de Justiça da época, John Marshall, postergou a decisão até 1819 para ganhar tempo para conquistar opiniões e conseguir um veredicto quase unânime, de 5-1. Ele percebeu a importância dessa decisão e queria que o tribunal falasse em uníssono. O tribunal primeiramente sentenciou que uma corporação era um "contrato". Então, segundo o Artigo 1 da Constituição, o tribunal observou que "os legislativos estaduais eram proibidos de aprovar qualquer lei que prejudicasse a obrigação de contratos" e anulou a lei de New Hampshire.[1] O precedente era claro: um proprietário de empresa poderia "corporatizá-la" e, dessa maneira, gozar da proteção do patrimônio privado, além da proteção contra a desapropriação, ambas garantidas pela Constituição norte-americana. Nascia a empresa moderna.

O efeito desta decisão foi drástico. Em 1800, era apenas oito o número de empresas que produziam bens em todo os EUA. Em 1830, mais de 1.400 empresas estavam envolvidas em comércio e produção apenas na Nova Inglaterra. Em 1890, o número de empresas registradas havia se elevado para 50.000. Hoje, as estruturas empresariais estão por toda parte, não somente nos EUA (onde são responsáveis por 85% dos rendimentos de negócios), mas em todo o mundo.

Este livro trata de como as empresas tomam suas decisões financeiras. O propósito deste capítulo é introduzir a empresa, além de explicar formas organizacionais alternativas de negócios. Um fator decisivo no sucesso das empresas é a capacidade de negociar com facilidade quotas de propriedade. Vamos explicar também o papel dos mercados de ações na facilitação das negociações entre os investidores de uma empresa e as implicações destes mercados na posse e no controle das empresas.

1.1 Os quatro tipos de empresas

Começaremos com uma introdução dos quatro principais tipos de empresas: empresas individuais, sociedades por quotas, sociedades de responsabilidade limitada e corporativa. Explicaremos cada forma organizacional separadamente, mas nosso foco principal será sobre a mais importante delas – a corporação. Além de descrevermos o que é uma corporação, também mostraremos por que elas são tão bem sucedidas.

Empresas individuais

Uma **empresa individual** é uma empresa constituída e administrada por uma só pessoa. As empresas individuais geralmente são muito pequenas e possuem poucos funcionários, ou mesmo nenhum. Apesar de elas não responderem por uma grande parte da receita de vendas na economia, são o tipo de empresa mais comum no mundo, como mostra a Figura 1.1. Estatísticas indicam que 72% das empresas dos Estados Unidos são empresas individuais, apesar de gerarem apenas 5% da receita.[2] Compare estes dados com os das corporações, que compõem apenas 20% das empresas, mas que são responsáveis por 85% da receita norte-americana. Outras formas organizacionais, como sociedades por quotas e sociedades de responsabilidade limitada, perfazem os 8% restantes das empresas e são responsáveis por 10% da receita norte-americana.

A vantagem das empresas individuais é sua facilidade de estabelecimento. Consequentemente, muitas novas empresas utilizam essa forma organizacional. A principal limitação de uma empresa individual é que não há separação entre a empresa e o proprietário – a empresa só pode possuir um proprietário. Se houver outros investidores, eles não podem ter participação no patrimônio na empresa. O proprietário tem uma responsabilidade pessoal ilimitada por quaisquer dívidas da empresa. Isto é, se a empresa for inadimplente em qualquer pagamento de dívida, o credor pode exigir (e o fará) que o proprietário quite o empréstimo com seus ativos pessoais. Se o proprietário não puder quitar o empréstimo, ele terá que declarar falência pessoal. Além disso, a vida de uma empresa individual é limitada à vida do proprietário. É também difícil transferir sua titularidade.

---

[1] O texto integral da decisão de John Marshall pode ser encontrado na página Web http://www.constitution.org/dwebster/dartmouth_decision.htm.

[2] Esta informação, além de outras estatísticas sobre pequenas empresas, pode ser encontrada na página Web www.bizstats.com/businesses.htm. Ver sua página de publicação de informações para uma descrição de sua metodologia.

FIGURA 1.1

Tipos de firmas norte-americanas
Existem quatro diferentes tipos de empresas nos Estados Unidos. Como mostram os gráficos (a) e (b), apesar de a maioria das empresas norte-americanas ser de empresas individuais, elas geram apenas uma pequena fração da receita total, em oposição às corporações.

Fonte: www.bizstats.com

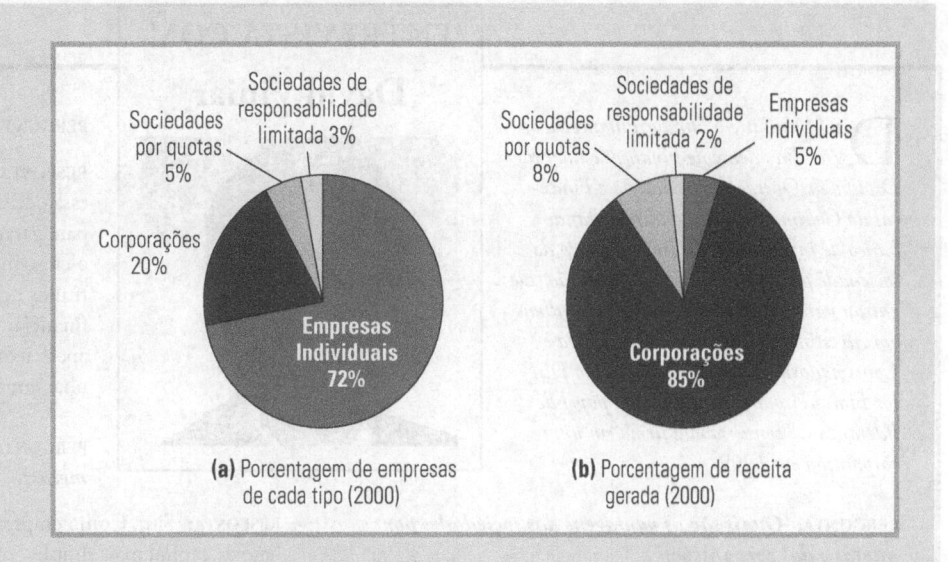

(a) Porcentagem de empresas de cada tipo (2000)
- Sociedades por quotas 5%
- Sociedades de responsabilidade limitada 3%
- Corporações 20%
- Empresas Individuais 72%

(b) Porcentagem de receita gerada (2000)
- Sociedades por quotas 8%
- Sociedades de responsabilidade limitada 2%
- Empresas individuais 5%
- Corporações 85%

Para a maioria das empresas, as desvantagens de uma empresa individual superam as vantagens. Assim que a empresa alcança o ponto em que pode contrair empréstimos sem o proprietário ter que concordar em ser pessoalmente responsável, os proprietários tipicamente convertem a empresa a uma forma que limita sua responsabilidade.

Sociedade por quotas

Uma **sociedade por quotas** é como uma empresa individual, mas com mais de um proprietário. Em uma sociedade por quotas, *todos* os sócios são responsáveis pela dívida da empresa. Isto é, um credor pode exigir que *qualquer* sócio quite todas as dívidas a pagar da empresa. A sociedade por quotas se desfaz caso qualquer um dos sócios venha a falecer ou deseje dela se desligar. Entretanto, os sócios podem evitar a liquidação se o contrato social previr alternativas como um *buyout* no caso de falecimento ou desligamento de um sócio.

Algumas empresas antigas e estabelecidas permanecem como sociedade por quotas ou empresas individuais. Geralmente, são do tipo de empresa em que a reputação pessoal dos proprietários é a base dos negócios. Por exemplo, empresas de advocacia, grupos de médicos e empresas de contabilidade geralmente são organizadas como sociedade por quotas. Para tais empreendimentos, a responsabilidade pessoal dos sócios aumenta a confiança dos clientes no fato de que os sócios continuarão a trabalhar para manter sua reputação.

Uma **sociedade por quotas limitada** é uma parceria com dois tipos de proprietários, sócios solidários e sócios comanditários. Os sócios solidários têm os mesmos direitos e privilégios que os sócios em uma sociedade por quotas (ilimitada) – são pessoalmente responsáveis pelas obrigações sociais da empresa. Os sócios comanditários, porém, possuem uma **responsabilidade limitada** – isto é, sua responsabilidade é limitada ao seu investimento. Seu patrimônio particular não pode ser desapropriado para quitar as dívidas da empresa. Além disso, o falecimento ou desligamento de um sócio comanditário não dissolve a sociedade por quotas, e seu envolvimento é transferível. Entretanto, um sócio comanditário não possui autoridade administrativa e não pode ser legalmente envolvido na tomada de decisões gerenciais da empresa.

Sociedades de responsabilidade limitada (LLC)

Uma **sociedade de responsabilidade limitada** (LLC, ou *limited liability companies*, no original) é uma sociedade por quotas limitada sem um sócio solidário. Isto é, todos os proprietários possuem responsabilidade limitada, mas, ao contrário dos sócios comanditários, eles também podem gerenciar e administrar a empresa.

ENTREVISTA COM
David Viniar

David Viniar é o Diretor Financeiro ou Vice-Presidente de Finanças e líder da Divisão de Operações, Tecnologia e Finanças do Goldman Sachs – o último grande banco de investimentos a ser convertido de sociedade por quotas em uma corporação. Ele entrou para a empresa em 1980 e trabalhou em Investimentos Bancários, Tesouraria e Controladoria. Em sua atuação como Diretor Financeiro, desempenhou um papel de liderança na conversão da firma em uma corporação em 1999.

PERGUNTA: *Quais são as vantagens das sociedades por quotas e das corporações?*

RESPOSTA: Debatemos essa questão extensamente quando estávamos decidindo se nos tornaríamos uma empresa de capital aberto ou se manteríamos a sociedade por quotas, em meados da década de 1990. Havia bons argumentos a favor de ambos os lados, e pessoas inteligentes estavam se posicionando fortemente a favor e contra.

Aqueles a favor de nos tornarmos uma empresa de capital aberto argumentavam que precisávamos de maior flexibilidade financeira e estratégica para alcançar nossas metas de crescimento maciço e liderança de mercado. Como empresa de capital aberto, teríamos uma base mais sólida de patrimônio líquido para sustentar o crescimento e dispersar os riscos; um maior acesso a grandes mercados de dívidas públicas; títulos negociados na bolsa de valores, com os quais poderíamos empreender aquisições e recompensar e motivar nossos funcionários; e uma estrutura mais simples e transparente, com a qual poderíamos aumentar a escala e o alcance global.

Os que eram contra argumentavam que nossa estrutura de sociedade por quotas funcionava bem e nos permitiria alcançar nossas metas financeiras e estratégicas. Como sociedade por quotas, poderíamos gerar capital suficiente internamente e nos mercados de colocação privada para financiar o crescimento; ter uma visão de mais longo prazo do retorno sobre nossos investimentos com um foco menor sobre a volatilidade dos resultados, o que não é valorizado em empresas de capital aberto; e reter o controle de votação e o alinhamento dos interesses dos sócios aos da empresa.

Uma grande vantagem percebida de nossa sociedade por quotas era seu senso de distinção e mística, que reforçava nossa cultura de trabalho em equipe e excelência e ajudava-nos a nos diferenciar de nossos concorrentes. Muitos questionaram se as qualidades especiais de nossa cultura sobreviveriam se a empresa se tornasse de capital aberto.

PERGUNTA: *O que motivou a conversão?*

RESPOSTA: Em última análise, tomamos essa decisão por três principais motivos: para garantirmos capital permanente para o crescimento; para podermos utilizar títulos negociados na bolsa de valores para financiar aquisições estratégicas; e para aperfeiçoar a cultura de propriedade e ganhar em flexibilidade de remuneração.

PERGUNTA: *A conversão alcançou suas metas?*

RESPOSTA: Sim. Como empresa de capital aberto, temos uma base de capital mais simples, maior e mais permanente, incluindo uma maior capacidade de contrair empréstimos de longo prazo nos mercados de dívidas públicas. Temos tirado proveito de recursos de capital substanciais para atender nossos clientes, aproveitar novas oportunidades de negócios e ter um maior controle de nosso próprio destino, apesar das inconstantes condições econômicas e de negócios. Temos sido capazes de utilizar ações para financiar aquisições importantes e oferecer suporte a grandes investimentos estratégicos e financeiros. Dadas as mudanças dos interesses em nossa indústria e o crescimento das demandas de capital, termos nos tornado uma empresa de capital aberto quando o fizemos felizmente nos posicionou de modo a competir com eficácia durante este ciclo.

Nossa cultura distinta de trabalho em equipe e de excelência teve êxito na forma de capital aberto, e nossos programas de remuneração por ações acabaram sendo melhores do que jamais pudemos imaginar. Transformar todos no Goldman Sachs em proprietários, em vez de apenas 221 sócios, encheu nossos funcionários de energia. Foram o tamanho e abrangência crescentes de nossos negócios – e não a mudança para a forma de capital aberto – que apresentaram os maiores desafios aos aspectos positivos de nossa cultura.

PERGUNTA: *O Goldman Sachs foi o último dos grandes bancos a fazer a conversão. Por quê? Essa decisão deveria ter ocorrido antes?*

RESPOSTA: Fomos muito bem sucedidos como sociedade por quotas, e levou tempo para que os sócios chegassem a um consenso de que uma oferta pública inicial (IPO, ou *initial public offering*, no original) nos permitiria alcançar um sucesso ainda maior. Examinamos o processo de nos tornarmos uma empresa de capital aberto muitas vezes ao longo dos anos que levaram à nossa conversão – e acreditamos termos escolhido o momento certo para a IPO, tendo em vista nossas necessidades empresariais, financeiras e estratégicas.

A LLC é um fenômeno relativamente novo nos EUA. O primeiro estado a aprovar um estatuto permitindo a criação de uma LLC foi Wyoming, em 1977; o último foi o Havaí, em 1997. Internacionalmente, as empresas com responsabilidade limitada são muito mais antigas e estabelecidas. A LLC tornou-se proeminente primeiramente na Alemanha há mais de 100 anos como uma *Gesellschaft mit beschränkter Haftung* (GmbH), e posteriormente em outros países europeus e latino-americanos. As LLCs são conhecidas na França por *Société à responsabilité limitée* (SAR), e por nomes similares na Itália (SRL) e na Espanha (SL).

Corporações

O elemento diferencial de uma **corporação** é o fato de que ela é um "ser" artificial e legalmente definido (uma pessoa jurídica ou entidade legal), separado de seus proprietários. Como tal, possui muitos dos poderes legais que as pessoas possuem. Pode figurar em contratos, adquirir ativos, incorrer em obrigações, e, como já discutimos, goza da proteção da Constituição norte-americana contra a desapropriação de seu patrimônio. Por ser uma entidade legal separada e distinta de seus proprietários, uma empresa é responsável somente por suas próprias obrigações. Consequentemente, os proprietários de uma empresa (ou seus funcionários, clientes etc.) não são responsáveis por nenhuma obrigação pessoal de seus proprietários.

Formação de uma corporação. As corporações devem ser formadas legalmente, o que significa que o estado na qual ela é "corporatizada" tem que dar seu consentimento formal à empresa, registrando-a. Estabelecer uma corporação é consideravelmente mais dispendioso do que estabelecer uma empresa individual. O estado de Delaware possui um ambiente legal particularmente atraente para as empresas, então muitas delas escolhem se "corporatizar" lá. Para efeito de jurisdição, uma corporação é um cidadão do estado em que foi "corporatizado". A maioria das firmas contrata escritórios de advocacia para criar um registro corporativo que inclua um contrato social formal e um regimento interno. O registro especifica as regras iniciais que ditam como a empresa será administrada.

Posse de uma corporação. Não há limite para o número de proprietários que uma corporação pode ter. Como a maioria das corporações possui muitos proprietários, cada um deles tem apenas uma fração da empresa. A participação no patrimônio total de uma corporação é dividida em quotas conhecidas por **ações**. A coleção de todas as quotas de ações de uma empresa é conhecida como o **patrimônio líquido** ou capital próprio. Um proprietário de uma quota de ações é conhecido como **quotista**, **acionista** ou **titular de ações**, e tem direito a receber **pagamentos de dividendos**, isto é, pagamentos feitos a critério da empresa a seus acionistas. Estes geralmente recebem uma quota de pagamentos de dividendos proporcional à quantidade de ações que possuem. Por exemplo, um acionista que possua 25% das ações terá direito a 25% do total do pagamento de dividendos.

Um elemento que distingue uma corporação das outras formas de negócios é o fato de não haver limitações quanto aos proprietários de suas ações. Isto é, um proprietário de uma empresa não precisa ter conhecimentos específicos ou qualificações. Esta característica permite a livre negociação das ações da empresa e é uma das vantagens mais importantes da SA em relação à empresa individual, sociedade por quotas ou LLC. As corporações podem levantar quantidades substanciais de capital por poderem vender quotas de propriedade para investidores externos anônimos.

A disponibilidade de recursos externos permitiu que as empresas dominassem a economia (ver Figura 1.1b). Tomemos como exemplo uma das maiores empresas do mundo, a Microsoft Corporation. A Microsoft declarou uma receita anual de $39,8 bilhões* durante os 12 meses compreendidos entre julho de 2004 e junho de 2005. O valor total da empresa (a riqueza da empresa que

---

* N. de T.: Em todo este livro, os autores utilizam valores em dólares ($), a menos que seja indicado o contrário, no caso de outras moedas como euros (€) ou ienes (¥).

os proprietários possuíam coletivamente) em setembro de 2005 era de $284,7 bilhões. A empresa empregava 61.000 pessoas. Vejamos o que isso quer dizer. Os $39,8 bilhões em produto interno bruto (PIB) em 2004 colocaria a Microsoft (juntamente com o Cazaquistão) como o 59º país mais rico (dentre mais de 200).[3] O Cazaquistão possui quase 15 milhões de habitantes, aproximadamente 250 vezes a mais do que o número de funcionários da Microsoft. Na verdade, se o número de funcionários fosse considerado como a "população" da Microsoft, ela estaria colocada, juntamente com as Ilhas Marshall, como o décimo país menos populoso da Terra!

NO BRASIL

Tipos de empresas

A Lei 10.406/02, que instituiu o Novo Código Civil, passou a estabelecer os tipos de empresa no Brasil. Para a lei brasileira, uma sociedade se constitui quando duas ou mais pessoas se obrigam a contribuir, com bens ou serviços, para o exercício de atividade econômica e a partilha, entre si, dos resultados, correspondendo a uma pessoa jurídica de direito privado. Existem duas espécies de sociedades, empresária ou simples.

a. **Sociedade Empresária:** é aquela onde se exerce profissionalmente atividade econômica organizada para a produção ou circulação de bens ou de serviços, constituindo elemento de empresa (art. 981). O representante legal da empresa passa a ser o Administrador, o qual substitui a antiga figura do Sócio-Gerente. Os tributos existentes sobre essa pessoa jurídica são os mesmos existentes para qualquer outro tipo de sociedade, e variam dentro de regimes estipulados, de acordo com o ramo de atividade e com o faturamento da empresa, na esfera federal, estadual e municipal.

   A inscrição da sociedade empresária é obrigatória e deve ser feita no Registro Público de Empresas Mercantis antes do início da atividade. As sociedades empresárias poderão adotar uma das seguintes espécies societárias:

   - **Sociedade em Nome Coletivo:** sociedade que deve ser constituída somente por pessoas físicas, sendo que todos os sócios respondem solidária e ilimitadamente pelas obrigações sociais.
   - **Sociedade em Comandita Simples:** sociedade que possui dois tipos de sócios: os comanditados, pessoas físicas responsáveis solidária e ilimitadamente pelas obrigações sociais; e os comanditários, obrigados somente pelo valor de sua quota.
   - **Sociedade Limitada:** corresponde ao tipo mais comum de sociedade. É aquela em que a responsabilidade de cada sócio é restrita ao valor de suas quotas, mas todos respondem solidariamente pela integralização do capital social. O capital social divide-se em quotas, iguais ou desiguais, cabendo uma ou diversas a cada sócio. A sociedade será gerenciada por uma ou mais pessoas designadas no contrato social ou em ato separado, denominada(s) Administrador(es).
   - **Sociedade Anônima ou por Ações:** tem o capital dividido em ações, e a responsabilidade dos sócios ou acionistas será limitada ao preço de emissão das ações subscritas ou adquiridas.
   - **Sociedade em Comandita por Ações:** tem o capital dividido em ações, regendo-se pelas normas relativas às sociedades anônimas.

b. **Sociedade Simples:** é aquela formada por pessoas que exercem profissão intelectual, de natureza científica, literária ou artística, mesmo se contar com auxiliares ou colaboradores. Seu objetivo será somente a prestação de serviços relacionados à habilidade profissional e intelectual pessoal dos sócios, sendo vedado o enquadramento das empresas com atividade de comércio e indústria nessa espécie de sociedade. A responsabilidade de cada sócio é ilimitada e os sócios respondem, ou não, subsidiariamente pelas obrigações sociais, conforme previsão no Contrato Social. Os tributos existentes sobre essa pessoa jurídica são os mesmos existentes para qualquer outro tipo de sociedade, e variam dentro de regimes estipulados, de acordo com o ramo de atividade e com o faturamento da empresa, na esfera federal, estadual e municipal. A inscrição da Sociedade Simples deve ser feita no Registro Civil das Pessoas Jurídicas do local da sua sede, e não na Junta Comercial como as sociedades empresárias.

---

[3] Banco de dados de Indicadores de Desenvolvimento Mundial, 15 de julho de 2005. Para tabelas de referência rápida sobre PIB, visite http://www.worldbank.org/data/quickreference.html.

> A Lei 10.406/02 estabelece ainda duas novas figuras, além das duas espécies societárias:
>
> c. **Empresário individual:** é aquele que exerce profissionalmente atividade econômica organizada para a produção ou circulação de bens ou de serviços, ou melhor, é a pessoa física, individualmente considerada, sendo obrigatória a sua inscrição no Registro Público de Empresas Mercantis antes do início da atividade. Sua característica fundamental reside no fato de que o patrimônio particular do sócio confunde-se com o da empresa, o que pode motivar a busca de outro tipo de forma jurídica ou sociedade para evitar esta situação. O empresário é equiparado a uma pessoa jurídica, sendo obrigatória a inscrição na Receita Federal através do Cadastro Nacional de Pessoas Jurídicas, CNPJ, e os tributos incidentes são os mesmos existentes para qualquer outro tipo de sociedade.
>
> d. **Autônomo:** é aquele que exerce profissão intelectual, de natureza científica, literária ou artística, mesmo se contar com colaboradores, salvo se o exercício da profissão constituir elemento de empresa. Deve ser exclusivamente prestador de serviços e não possuir CNPJ, sendo vedada a possibilidade do exercício do comércio ou de atividade industriais sem o devido registro como empresário ou como sociedade empresária. A atividade do profissional autônomo deve ser formalizada mediante alvará da Prefeitura Municipal e inscrição no INSS como tal.

Implicações tributárias para entidades corporativas

Uma importante diferença entre os tipos de formas organizacionais é a maneira como elas são tributadas. Por se tratar de uma entidade legal distinta, os lucros da corporação estão sujeitos a tributos distintos das obrigações tributárias de seus proprietários. Com efeito, os acionistas de uma corporação pagam impostos duas vezes. Em primeiro lugar, a corporação paga impostos sobre seus lucros, e então, quando os lucros restantes são distribuídos aos acionistas, eles pagam seu imposto de renda pessoal sobre esta renda. Este sistema às vezes é chamado de dupla tributação.

EXEMPLO 1.1

Tributação dos rendimentos empresariais

Problema
Você é acionista de uma empresa. A empresa ganha $5 por ação antes dos impostos. Após ter pagado seus impostos, ela distribui o resto de seus rendimentos para você como dividendos. O dividendo é renda para você, então você pagará impostos sobre ele. A alíquota corporativa é de 40%, e a sua alíquota sobre dividendos é de 15%. Quanto sobrará dos rendimentos quando todos os impostos tiverem sido pagos?

Solução
Primeiro, a empresa paga impostos. Ela ganhou $5 por ação, mas tem que pagar $0{,}40 \times \$5 = \$2$ ao governo em impostos da empresa. Ficam $3 a serem distribuídos. Entretanto, você tem que pagar $0{,}15 \times \$3 = 45$ centavos em imposto de renda sobre este valor, e assim sobram $\$3 - \$0{,}45 = \$2{,}25$ por ação quando todos os impostos tiverem sido pagos. Como acionista, você acaba com apenas $2,55 dos $5 originais; o restante, $\$2 + \$0{,}45 = \$2{,}45$, é pago em impostos. Assim, efetivamente, sua alíquota total é de 2,45 / 5 = 49%.

Na maioria dos países, há abatimentos fiscais sobre a dupla tributação. Trinta países formam a Organização para a Cooperação e Desenvolvimento Econômico (OECD), e destes apenas a Irlanda e a Suíça não oferecem nenhum abatimento fiscal sobre a dupla tributação. Os Estados Unidos oferecem um abatimento fiscal cobrando uma alíquota menor sobre a renda de dividendos do que sobre outras fontes de renda. A partir de 2005, a renda de dividendos passou a ser tributada com uma alíquota de 15%, o que, para a maioria dos investidores, é significativamente inferior à alíquota paga sobre sua renda pessoal. Alguns países, como a Austrália, Finlândia, México, Nova Zelândia e Noruega, oferecem um abatimento fiscal total ao efetivamente não cobrar impostos sobre dividendos.

A estrutura empresarial é a única estrutura organizacional sujeita à dupla tributação. Mas a Receita Federal norte-americana permite isenção da dupla tributação para certas empresas. Estas são chamadas de **corporações "S"** por optarem pelo subcapítulo S do regime tributário. Sob este regime, os ganhos (e perdas) da empresa não estão sujeitos a impostos, mas, em vez disso, são alocados diretamente aos acionistas com base em sua quota de propriedade. Os acionistas têm que incluir esses lucros como renda em seu imposto de renda individual (mesmo que não tenham recebido dinheiro). Entretanto, após os acionistas terem pagado o imposto de renda sobre esses lucros, estarão quites com a Receita.

EXEMPLO 1.2

Tributação dos rendimentos das Corporações S

Problema
Refaça o Exemplo 1.1 supondo que a empresa desse exemplo tenha optado pelo subcapítulo S do regime tributário e que os impostos sobre rendimentos não provenientes de dividendos seja de 30%.

Solução
Neste caso, a empresa não paga impostos. Ela ganhou $5 por ação. Qualquer que tenha sido a decisão da empresa, distribuir ou reter este valor, você tem que pagar $0,30 \times \$5 = \$1,50$ em imposto de renda, que é um valor substancialmente inferior aos $2,45 que você pagou no Exemplo 1.1.

O governo impõe rígidas limitações sobre a opção pelo subcapítulo S do regime tributário. Em particular, os acionistas de tais empresas têm que ser cidadãos norte-americanos ou residentes nos EUA, e não pode haver mais de 75 deles. Como a maioria das empresas não possui restrições sobre quem pode ser proprietário de suas ações ou sobre o número máximo de acionistas, elas não se qualificam para o subcapítulo S do regime. Assim, a maioria das empresas são **corporações "C"**, sujeitas ao pagamento de impostos.

FIXAÇÃO DE CONCEITOS

1. Quais são as vantagens e desvantagens de organizar uma empresa como uma corporação?
2. O que é uma empresa de responsabilidade limitada (LLC)? Como ela difere de uma sociedade por quotas?

NO BRASIL

Principais tributos a considerar em análises financeiras

A realidade tributária no Brasil caracteriza-se pela presença de uma quantidade muito grande de tributos. Alguns destes tributos exercem considerável importância nas análises e estudos financeiros aqui feitos. Alguns destes principais tributos estão llistados a seguir.

Tributos importantes em análises financeiras no Brasil

Tributo	Características
De esfera federal	
PIS	Programa de Integração Social. Incide sobre as receitas e pode apresentar duas sistemáticas distintas: (a) cumulativa, aplicável às pessoas jurídicas que apuram o imposto de renda trimestral com base no lucro presumido ou arbitrado e às microempresas e empresas de pequeno porte, optantes pelo Simples/Federal, com alíquota igual a 0,65% das receitas; (b) não-cumulativa, aplicável às demais entidades (de modo geral, empresas tributadas pelo imposto de renda pelo lucro real, trimestral ou anual) com alíquota igual a 1,65%.

COFINS	Contribuição para o Financiamento da Seguridade Social. De forma similar ao PIS, incide sobre as receitas e permite duas sistemáticas distintas: (a) cumulativa, com alíquota igual a 3%; (b) não-cumulativa, com alíquota igual a 7,6% das receitas.
IR ou IRPJ	Imposto de Renda Pessoa Jurídica. Incide sobre o lucro das empresas, considerando três diferentes possibilidades para a apuração dos lucros: real, presumido ou arbitrado, tributando-os de maneira diferenciada. Sua alíquota básica é igual a 15%. Porém, a parcela do lucro trimestral (real, presumido ou arbitrado) que exceder R$60.000,00 está sujeita à incidência de adicional de imposto de renda, com alíquota igual a 10%.
CS ou CSSL	Contribuição Social Sobre o Lucro. Incide de forma similar ao IR. Se o lucro real for apurado, sua alíquota básica é igual a 9%.
De esfera estadual	
ICMS	Imposto sobre a Circulação de Mercadorias e Prestação de Serviços de Transporte Interestadual e Intermunicipal e de Comunicação. Geralmente é não-cumulativo. Possui diferentes alíquotas, que incidem sobre as receitas. Para uma operação dentro de um mesmo estado, as alíquotas costumam ser 18% (SP, RJ ou MG) e 17% (demais estados). Operações envolvendo estados diferentes têm alíquotas diferentes, como também operações de exportação, que costumam apresentar alíquotas nulas.
De esfera municipal	
ISS	Imposto Sobre Serviços. Suas alíquotas são geralmente iguais a 5%, podendo variar de município para município, de acordo com seus interesses no desenvolvimento de certas atividades. É do tipo não-cumulativo.

Analisando dois dos principais tributos, o IR e a CS, em relação às formas de incidência, é preciso considerar que as empresas podem ser tributadas de duas grandes e distintas formas: em função do lucro real obtido, ou em função de um lucro presumido, calculado sob a forma de um percentual das vendas.

Na primeira situação, com tributação sobre lucro real, a empresa precisa apresentar suas receitas e seus gastos devidamente comprovados com documentação hábil e idônea, conforme manda a lei. Subtraindo os gastos das receitas, tem-se o lucro real. Sobre o lucro real apurado, incidem o Imposto de Renda e a Contribuição Social.

NO BRASIL

Imposto de Renda e Contribuição Social

Tributo	Alíquota
IR	*Lucro real:* 15% + adicional de 10% para grandes faturamentos, que resulta em um total igual a 25% do lucro real para projetos analisados por grandes empresas.
	Lucro real: 15% + adicional de 10% para grandes faturamentos, que resulta em um total igual a 25% do lucro real para projetos analisados por grandes empresas.
CS	*Lucro real:* geralmente 9% do lucro real.
	Lucro presumido: a depender dos serviços prestados pela empresa, incide com uma alíquota igual a 9% sobre a base de cálculo definida em lei. Para alguns serviços, por exemplo, a base de cálculo é igual a 32% das receitas. Assim, o percentual da CS será igual a 9% de 32% das receitas, ou 2,88% das receitas.

Na segunda alternativa, com a opção da tributação sobre o lucro presumido, a legislação permite que algumas empresas com características específicas, conforme apresentado no Quadro BR3, calculem seu lucro mediante a aplicação de um percentual sobre as vendas, conforme apresentado em legislação específica. Nesta situação, não existiria a necessidade de comprovação dos gastos, já que IR e CS incidem diretamente sobre as receitas.

NO BRASIL

Pessoas jurídicas que podem optar pelo lucro presumido (desde 1999)

Podem optar pelo lucro presumido as pessoas jurídicas que:

a. no ano-calendário anterior tiverem receita bruta total que, acrescida das demais receitas e dos ganhos de capital, não seja superior a R$ 24.000.000,00, (RIR/99, art. 516). Para os fatos geradores ocorridos nos anos de 1996 e 1997, o limite era de R$ 12.000.000,00; e

b. que não estejam obrigadas à tributação pelo lucro real em função da atividade exercida ou da sua constituição societária ou natureza jurídica.

c. as demais pessoas jurídicas que não se enquadrem nas condições a que se referem o item "b" anterior, observado o limite de receita bruta, poderão, a partir de 01/01/99, exercer a opção pela sistemática do lucro presumido, inclusive: as sociedade civis de profissão regulamentada; as pessoas jurídicas que exploram atividade rural; as sociedade por ações, de capital aberto; as empresas que se dediquem à compra e à venda, ao loteamento, à incorporação ou à construção de imóveis e à execução de obras da construção civil; as empresas que tenham sócio ou acionista residente ou domiciliado no exterior; as empresas constituídas sob qualquer forma societária, de cujo capital participem entidades da administração pública, direta ou indireta, federal, estadual ou municipal; que sejam filiais, sucursais, agências ou representações, no país, de pessoas jurídicas com sede no exterior; as empresas que vendam bens importados, qualquer que seja o valor da receita auferida com a venda desses produtos; as corretoras de seguro, por serem consideradas empresas de intermediação de negócios.

A escolha da melhor forma de tributação dependerá do porte da empresa, das atividades prestadas, da estrutura de gastos formais, com a existência de documentação comprobatória legal válida, e do percentual destes gastos em relação às receitas. Destaca-se, porém, que a legislação proíbe que empresas de diversos tipos optem do regime de lucro presumido. Naturalmente, a melhor escolha financeira deve recair sobre a alternativa que permite, sob o ponto de vista legal, o pagamento da menor carga fiscal.

1.2 Posse *versus* controle de corporações

Ao contrário do proprietário de uma empresa individual, que possui controle direto sobre a empresa, geralmente não é possível que os proprietários de uma corporação tenham controle direto sobre a empresa por haver muitos deles, cada um podendo negociar livremente suas ações. Isto é, em uma corporação, o controle direto e a posse geralmente são separados. São o *conselho de administração* e o *principal executivo*, e não os proprietários, que possuem controle direto sobre a corporação. Nesta seção, explicaremos como as responsabilidades pela corporação são divididas entre estas duas entidades.

A equipe de gerenciamento empresarial

Os acionistas de uma empresa exercem seu controle através da eleição de um **conselho de administração**, um grupo de pessoas que possui a autoridade máxima na tomada de decisões. Na maioria das empresas, uma quota de ações dá ao acionista o direito a um voto na eleição do conselho de administração, logo, os investidores que detêm mais ações exercem maior influência. Quando um ou dois acionistas possuem uma proporção muito grande das ações em circulação, eles podem eles mesmo fazer parte do conselho de administração, ou podem ter o direito de nomear determinado número de diretores.

O conselho de administração estabelece as regras de como a empresa deve ser gerenciada (inclusive como seus altos gerentes são remunerados), determinam políticas e monitoram o seu desempenho. O conselho de administração delega a maior parte das decisões que envolvem o gerenciamento diário da empresa à sua gerência executiva, que é liderada pelo **principal executivo** (ou **CEO**, *chief executive officer*, no original). Este profissional é encarregado de gerenciar a empresa instituindo as regras e políticas determinadas pelo conselho de administração. O tamanho do resto da equipe de gerenciamento varia de uma empresa para outra. A separação dos poderes nas empresas nem sempre é distinta. Na verdade, não é incomum um CEO ser também o diretor-presidente do conselho de administração.

Posse e controle de corporações

Teoricamente, a meta de uma empresa deve ser determinada por seus proprietários. Uma empresa individual possui um único proprietário que a gerencia, então suas metas são as mesmas metas do proprietário. Em formas organizacionais com múltiplos proprietários, porém, a meta da empresa não é tão clara.

Muitas corporações possuem milhares de proprietários (acionistas). Cada um deles tem diferentes interesses e prioridades. De quem são os interesses e prioridades que determinam as metas da corporação? Posteriormente, neste livro, veremos esta questão mais detalhadamente. Entretanto, podemos ficar surpresos ao saber que os interesses dos acionistas estão alinhados com muitas, senão com a maioria, das decisões importantes. Por exemplo, se a decisão envolver desenvolver ou não um produto que será um investimento rentável para a empresa, é provável que todos os acionistas concordem que seja uma boa ideia desenvolvê-lo.

Mesmo quando todos os proprietários de uma empresa concordam sobre suas metas, elas têm que ser implementadas. Em uma forma organizacional simples como a empresa individual, o proprietário, que gerencia a empresa, pode garantir que as metas da empresa sejam idênticas às suas próprias. Mas uma SA é gerenciada por uma equipe distinta de seus proprietários. Como os proprietários podem garantir que a equipe de gerenciamento implementará suas metas?

Conflitos de agência. Muitas pessoas afirmam que, devido à separação entre posse e controle de uma empresa, os gerentes têm pouco incentivo para trabalhar a favor dos interesses dos acionistas quando isso significa trabalhar contra os seus próprios. Os economistas chamam este problema de **conflitos de agência**. A maneira mais comum de solucioná-lo na prática é minimizar o número de decisões tomadas pelos gerentes que exijam o confronto de seus próprios interesses com os dos acionistas. Por exemplo, os contratos de remuneração dos gerentes são projetados para garantir que a maioria das decisões de interesse dos acionistas também seja de interesse deles; os acionistas geralmente associam a remuneração dos altos gerentes aos lucros da empresa ou talvez ao preço de suas ações. Porém, há uma limitação para esta estratégia. Ao associar muito intimamente remuneração e desempenho, os acionistas podem exigir que os gerentes assumam mais riscos do que eles se sentem confortáveis em assumir, e então os gerentes podem não tomar as decisões que os acionistas desejam, ou pode ser difícil encontrar gerentes talentosos que estejam dispostos a aceitar o cargo.

O desempenho do CEO. Uma outra maneira através da qual os acionistas podem encorajar os gerentes a trabalhar a favor de seus interesses é puni-los se não o fizerem. Se os acionistas estiverem insatisfeitos com o desempenho de um CEO, eles podem, a princípio, pressionar o conselho para afastá-lo. Entretanto, os diretores e os altos executivos raramente são substituídos por causa de uma "rebelião" dos acionistas. Em vez disso, os investidores insatisfeitos geralmente optam por vender suas ações. Obviamente, alguém deve estar disposto a comprar as ações dos acionistas insatisfeitos. Se um número suficiente de acionistas estiver insatisfeito, a única maneira de seduzir investidores a comprar (ou manter) as ações é oferecê-las a um preço menor. Da mesma forma, os investidores que virem uma empresa bem administrada terão interesse em comprar suas ações, o que estimula o aumento do preço das ações. Assim, o preço das ações da empresa é um barômetro para os administradores, fornecendo-lhes um contínuo *feedback* sobre a opinião dos acionistas sobre seu desempenho.

Quando o desempenho das ações está baixo, o conselho de administração pode reagir substituindo o CEO. Em algumas empresas, porém, os altos executivos ficam entrincheirados porque os conselhos de administração não estão dispostos a substituí-los. Geralmente, a relutância em demitir resulta do fato de o conselho ser formado por amigos íntimos do CEO, e, assim, lhes falta objetividade. Em empresas em que o CEO está entrincheirado e fazendo um trabalho ruim, a expectativa de que o fraco desempenho continue fará com que o preço das ações seja baixo. Ações com preços baixos criam uma oportunidade de lucro. Em uma **compra hostil**, um indivíduo ou organização – às vezes chamado de especulador agressivo – pode comprar uma grande fração das ações e, ao fazê-lo, conseguir votos suficientes para substituir o conselho de administração e o CEO. Com uma equipe de gerenciamento nova e superior, as ações tornam-se um investimento muito mais atraente, o que provavelmente resultará em um aumento de preço e em lucro para o especulador agressivo e para os outros acionistas. Apesar de as palavras "hostil" e "agressivo" terem conotações negativas, os especuladores agressivos oferecem um importante serviço aos acionistas. A mera ameaça de ter sua participação retirada como resultado de uma compra hostil geralmente é suficiente para punir maus gerentes e motivar os conselhos de administração a tomar decisões difíceis. Consequentemente, o fato de as ações de uma empresa poderem ser negociadas na bolsa de valores cria um "mercado de controle corporativo" que encoraja os gerentes e os conselhos de administração a agir de acordo com os interesses dos acionistas.

Falência empresarial. Por ser uma entidade legal distinta, quando a empresa deixa de pagar suas dívidas, as pessoas que fizeram empréstimos para a empresa, os titulares de dívidas, têm direito a desapropriar os ativos da empresa para compensar sua insolvência. Para evitar tal desapropriação, a empresa pode tentar renegociar com os titulares de dívidas, ou pedir proteção contra falência junto a um Tribunal Federal. Descreveremos os detalhes do processo de falência e suas implicações nas decisões empresariais com maiores detalhes na Parte V deste livro, porém, devido à sua importância para a tomada de decisões, é de grande utilidade compreender alguns dos principais aspectos da inadimplência e da falência empresarial mesmo nesta etapa inicial.

Na falência, é dada à gerência a oportunidade de reorganizar a empresa e renegociar com os titulares de dívidas. Se este processo falhar, o controle da empresa geralmente é passado aos titulares de dívidas. Na maioria dos casos, os acionistas originais ficam com uma pequena ou nenhuma parti-

Ativismo e direito a voto dos acionistas

Em reação ao baixo desempenho no mercado de ações e vários escândalos contábeis, o número de *iniciativas dos acionistas* (quando os acionistas exigem que determinada política ou decisão da empresa seja levada à votação direta de todos os titulares de ações) aumentou drasticamente nos últimos anos. Segundo o Centro de Pesquisas de Responsabilidade do Investidor (Investor Responsibility Research Center), o número de propostas de acionistas aumentou de aproximadamente 800 durante o ano de 2002 para mais de 1.100 durante 2004. As iniciativas dos acionistas incluem uma variedade de tópicos, como seu direito a voto, provisões a favor e contra a aquisição de controle acionário, eleição de membros do conselho de administração e mudanças de horários ou locais de suas reuniões.

Uma das tendências mais recentes no ativismo dos acionistas é a de suprimir o apoio ao voto em indicados para o conselho de administração. Em março de 2004, acionistas suprimiram o apoio a Michael Eisner (o CEO da Disney) como diretor-presidente do conselho. Consequentemente, ele perdeu a presidência do conselho, mas manteve seu cargo de CEO. O Fundo de Pensão de Funcionários Públicos da Califórnia (Calpers), o maior fundo de aposentadoria do mundo, já suprimiu os votos de pelo menos um dos diretores em 90% das 2.700 empresas em que investe.

Fonte: Adaptado de John Goff, "Who's the Boss?", *CFO Magazine*, September 1, 2004, pp. 56-66.

cipação na empresa. Assim, quando uma empresa deixa de pagar suas dívidas, o resultado final geralmente é uma mudança nos proprietários da empresa, com o controle sendo passado dos acionistas para os titulares de dívidas. É importante observar que a falência não precisa resultar na **liquidação** da empresa, o que envolve fechar suas portas e vender seus ativos. Mesmo se o controle for passado aos titulares de dívidas, é do interesse destes gerenciar a empresa da forma mais rentável possível. Fazê-lo significa manter os negócios em operação. Por exemplo, em 1990, a Federated Department Stores declarou falência. Um de seus ativos mais conhecidos na época era a Bloomingdale's, uma loja de departamentos conhecida nacionalmente nos EUA. Por se tratar de uma empresa rentável, nem seus acionistas nem seus titulares de dívidas desejavam fechar suas portas, e ela continuou a operar em falência. Em 1992, quando a Federated Department Stores foi reorganizada e saiu da falência, seus acionistas originais tinham perdido sua participação na Bloomingdale's, mas sua cadeia carro-chefe continuou a ter um bom desempenho para seus novos proprietários, e seu valor como empresa não foi afetado adversamente pela falência.

Assim, uma maneira útil de se compreender as empresas é pensar na existência de dois conjuntos de investidores com pretensões a seus fluxos de caixa – os titulares de dívidas e os acionistas. Enquanto a empresa puder atender às pretensões dos titulares de dívidas, a propriedade permanece nas mãos dos acionistas. Se a empresa deixar de atender a tais pretensões, os titulares de dívidas podem assumir o controle da empresa. Assim, a falência empresarial pode ser pensada como uma *mudança de proprietários* da empresa, e não necessariamente um fracasso dos negócios subjacentes à empresa.

FIXAÇÃO DE CONCEITOS
1. O que é o conflito de agência que pode existir em uma empresa?
2. Como o conselho de administração controla uma empresa?
3. Como um pedido de falência empresarial afeta a propriedade de uma empresa?

1.3 O mercado de ações

Do ponto de vista de um investidor externo, a *liquidez* é um elemento importante de um investimento no patrimônio líquido de uma empresa. Um investimento é chamado **líquido** se for possível vendê-lo facilmente por um valor próximo ao preço pelo qual se pode comprá-lo naquele momento. As ações de muitas empresas são líquidas por poderem ser negociadas em mercados organizados chamados **mercados de ações** (ou **bolsas de valores**). Estes tipos de empresas são chamados de **empresas de capital aberto**.

O investidor de uma empresa de capital aberto pode fácil e rapidamente converter seu investimento em dinheiro através da simples venda de suas ações nesses mercados. Entretanto, nem todas as empresas são de capital aberto. Algumas corporações chamadas **empresas de capital fechado** não permitem ou limitam a negociação a transações privadas de corretagem entre os investidores.

Os maiores mercados de ações

O mercado de ações mais conhecido dos EUA, e o maior do mundo, é a Bolsa de Valores de Nova York (NYSE, ou New York Stock Exchange). Bilhões de dólares em ações são negociados todos os dias na NYSE. Outros mercados de ações norte-americanos incluem a American Stock Exchange (AMEX), Nasdaq (que é a abreviação de National Association of Security Dealers Automated Quotation), e bolsas regionais como a Midwest Stock Exchange. A maioria dos outros países possui pelo menos um mercado de ações. Fora dos Estados Unidos, os maiores mercados de ações são a Bolsa de Valores de Londres e a Bolsa de Valores de Tóquio.

A Figura 1.2 classifica os maiores mercados de ações do mundo de acordo com duas medidas comuns: o valor total de todas as empresariais domésticas listadas na bolsa e o volume anual total de ações negociadas na bolsa.

FIGURA 1.2

Mercados de ações de todo o mundo classificados segundo duas medidas comuns

Os 10 maiores mercados de ações do mundo classificados (a) segundo o valor total de todas as empresas domésticas listadas na bolsa no fim de 2004 e (b) segundo o volume total de ações negociadas na bolsa em 2004.

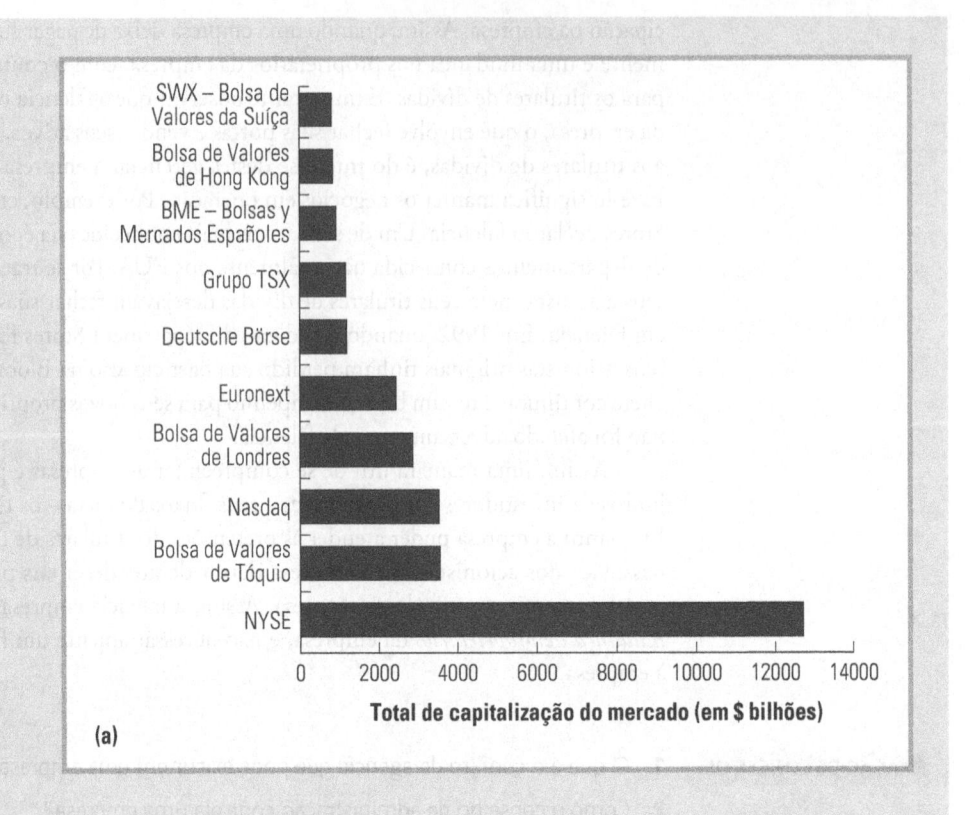

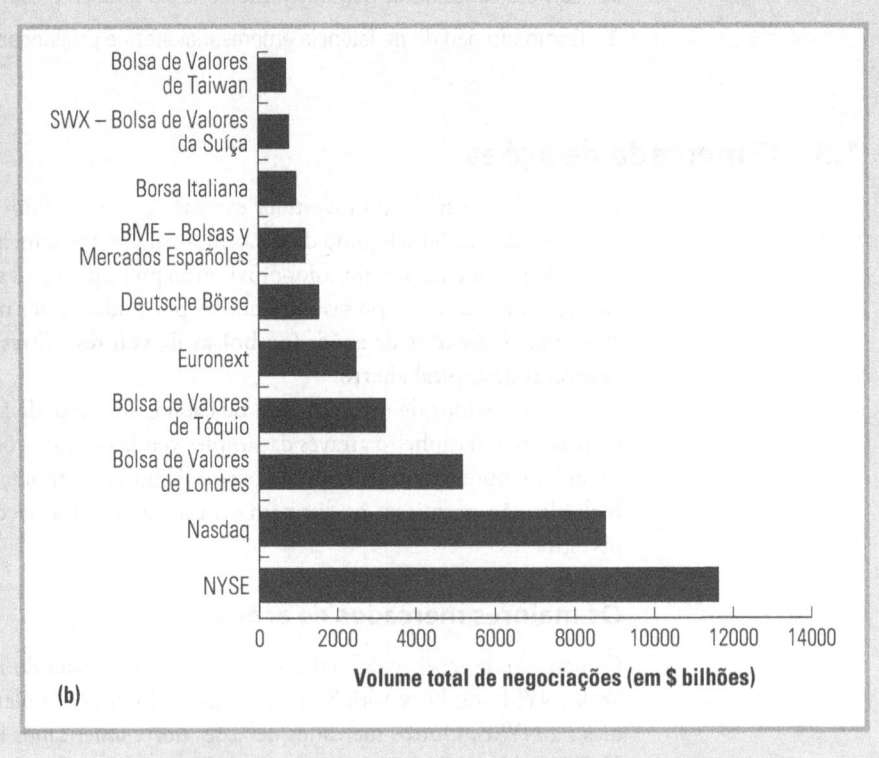

Fonte: www.world-exchanges.org

(a) Total de capitalização do mercado (em $ bilhões)

- SWX – Bolsa de Valores da Suíça
- Bolsa de Valores de Hong Kong
- BME – Bolsas y Mercados Españoles
- Grupo TSX
- Deutsche Börse
- Euronext
- Bolsa de Valores de Londres
- Nasdaq
- Bolsa de Valores de Tóquio
- NYSE

(b) Volume total de negociações (em $ bilhões)

- Bolsa de Valores de Taiwan
- SWX – Bolsa de Valores da Suíça
- Borsa Italiana
- BME – Bolsas y Mercados Españoles
- Deutsche Börse
- Euronext
- Bolsa de Valores de Tóquio
- Bolsa de Valores de Londres
- Nasdaq
- NYSE

NYSE

A NYSE é um local físico. Na NYSE, os *market makers* ou **criadores de mercado** (operadores independentes, chamados na NYSE de **especialistas**) promovem a ligação entre compradores e vendedores. Eles indicam dois preços para cada grupo de ações em que criam um mercado: o preço pelo qual estariam dispostos a comprar uma ação (o **preço de compra**) e um preço pelo qual estariam dispostos a vender a ação (o **preço de venda**). Se um cliente chega a eles querendo fechar negócio por esses preços, eles os honram (até um número limitado de ações) e fecham o negócio mesmo que não tenham outro cliente disposto a assumir o outro lado da negociação. Dessa maneira, garantem que o mercado seja líquido, pois os clientes podem sempre ter a certeza de poderem negociar pelos preços indicados. A bolsa possui regras que tentam garantir que os preços de compra e venda não se afastem demais um do outro e que grandes variações de preço se dêem através de uma série de pequenas flutuações, em vez de em um grande salto.

Os preços de venda excedem os preços de compra. A diferença é chamada de *bid-ask spread* ou *spread* **de compra e venda**. Como os clientes sempre compram pelo preço de venda (o maior preço) e vendem pelo preço de compra (o menor preço), o *spread* de compra e venda é um **custo de transação** que os investidores têm que pagar para fechar um negócio. Como os especialistas de um mercado físico como a NYSE assumem o lado oposto ao de seus clientes nas negociações, este custo vira lucro para eles. É a compensação que eles exigem por oferecer um mercado líquido estando prontos para honrar qualquer preço cotado. Os investidores também pagam outras formas de custos de transações, como comissões.

Nasdaq

Na economia de hoje, um mercado de ações não precisa ter uma localização física. As transações envolvendo ações podem ser feitas (talvez com mais eficiência) pelo telefone ou através de uma rede de computadores. Consequentemente, alguns mercados de ações são uma coleção de corretoras ou *market makers* conectados via computador e telefone. O mais famoso exemplo de tal mercado

---

NO BRASIL

Principais bolsas

No Brasil, basicamente, duas grandes bolsas se destacam: a Bolsa de Valores de São Paulo (Bovespa) e a Bolsa de Mercadorias e Futuros (BM&F).

Bolsa de Valores de São Paulo. Foi fundada em 1890. Até meados da década de 60, a Bovespa e as demais bolsas brasileiras eram entidades oficiais corporativas, vinculadas às secretarias de finanças dos governos estaduais e compostas por corretores nomeados pelo poder público. Com as reformas do sistema financeiro nacional e do mercado de capitais implementadas em 1965/66, as bolsas assumiram a característica institucional que mantêm até hoje, transformando-se originalmente em associações civis sem fins lucrativos, com autonomia administrativa, financeira e patrimonial, e, posteriormente, em empresas de capital aberto. A Bovespa é uma entidade auto-reguladora que opera sob a supervisão da Comissão de Valores Mobiliários (CVM).

Bolsa de Mercadorias e Futuros. Foi fundada em 1917 por empresários paulistas ligados à exportação, ao comércio e à agricultura. Sua primeira denominação foi Bolsa de Mercadorias de São Paulo (BMSP). Primeira no Brasil a introduzir operações a termo, a BMSP alcançou, ao longo dos anos, rica tradição na negociação de contratos agropecuários, particularmente café, boi gordo e algodão. Em julho de 1985, surge a Bolsa Mercantil & de Futuros, a BM&F. Em 1991, BM&F e BMSP fecharam acordo para unir suas atividades operacionais, surgindo a Bolsa de Mercadorias & Futuros, mantendo a sigla BM&F. Seu objetivo consiste em efetuar o registro, a compensação e a liquidação, física e financeira, das operações realizadas em pregão ou em sistema eletrônico, bem como desenvolver, organizar e operacionalizar mercados livres e transparentes, para negociação de títulos ou contratos que possuam como referência ativos financeiros, índices, indicadores, taxas, mercadorias e moedas, nas modalidades à vista e de liquidação futura. Para tanto, ela mantém local e sistemas de negociação, registro, compensação e liquidação adequados à realização de operações de compra e de venda, dotando-os de todas as facilidades e aprimoramentos tecnológicos necessários a fim de divulgar as transações com rapidez e abrangência.

Em maio de 2008 os acionistas da Bovespa e da BM&F aprovaram a fusão das duas empresas, com a criação da nova BM&F Bovespa S.A. – Bolsa de Valores, Mercadorias e Futuros. A nova companhia se tornou a terceira maior bolsa do mundo e a segunda das Américas em valor de mercado. Também se tornou líder na América Latina nos segmentos de ações e derivativos, com participação de aproximadamente 80% do volume médio diário negociado com ações e mais de US$ 67 bilhões de negócios diários no mercado futuro.

é a Nasdaq. Uma importante diferença entre a NYSE e a Nasdaq é que na NYSE cada ação possui apenas um *market maker*. Na Nasdaq, os grupos de ações podem ter e têm múltiplos *market makers* que competem uns com os outros. Cada *market maker* deve indicar preços de compra e de venda na rede da Nasdaq, onde eles podem ser vistos por todos os participantes. O sistema da Nasdaq lista os melhores preços primeiro e cumpre transações de acordo com eles. Este processo garante aos investidores o melhor preço possível em determinado momento, estejam eles comprando ou vendendo.

FIXAÇÃO DE CONCEITOS
1. O que é a Bolsa de Valores de Nova York (NYSE)?
2. Que vantagem um mercado de ações traz para os investidores corporativos?

Resumo

1. Existem quatro tipos de empresas nos Estados Unidos: empresas individuais, sociedades por quotas, empresas de responsabilidade limitada e corporações.

2. As empresas com responsabilidade pessoal ilimitada incluem as empresas individuais e as sociedades por quotas.

3. As empresas com responsabilidade limitada incluem as sociedades por quotas limitadas, as empresas de responsabilidade limitada, e as corporações.

4. Uma corporação é um ser artificial e legalmente definido (uma pessoa jurídica ou entidade legal) que possui muitos dos poderes legais de uma pessoa física. Pode figurar em contratos, adquirir ativos, incorrer em obrigações, e goza da proteção da Constituição norte-americana contra a desapropriação de seu patrimônio.

5. Os acionistas de uma corporação C têm efetivamente que pagar impostos duas vezes. A corporação paga imposto uma vez, e então os investidores têm que pagar imposto individual sobre quaisquer fundos que sejam distribuídos.

6. As corporações S são isentas do imposto sobre rendimentos corporativos.

7. A posse de uma corporação é dividida em quotas de ações conhecidas coletivamente como patrimônio líquido ou capital próprio. Os investidores dessas ações são chamados quotistas, acionistas ou titulares de ações.

8. A propriedade e o controle de uma corporação são distintos. Os acionistas exercem seu controle indiretamente através de um conselho de administração.

9. A falência da corporação pode ser pensada como uma mudança na propriedade e no controle da corporação. Os titulares de ações desistem de sua propriedade e controle em favor dos titulares de dívidas.

10. As ações da empresa de capital aberto são negociadas nas bolsas de valores. As ações da empresa de capital fechado não são negociáveis em uma bolsa de valores.

Termos fundamentais

acionista *p. 43*
ações *p. 43*
bid-ask spread ou *spread* de compra e venda *p. 53*
compra hostil *p. 50*
conflito de agência *p. 49*
conselho de administração *p. 48*
corporação *p. 43*
corporações "C" *p. 46*
corporações "S" *p. 46*
custos de transação *p. 53*
empresa de capital aberto *p. 51*

empresa de capital fechado *p. 51*
empresa individual *p. 40*
especialistas *p. 52*
liquidação *p. 51*
líquido *p. 51*
market makers ou criadores de mercado *p. 52*
mercados de ações (ou bolsas de valores) *p. 51*
pagamento de dividendos *p. 43*
patrimônio líquido ou capital próprio *p. 43*
preço de compra *p. 53*
preço de venda *p. 53*

Principal Executivo (ou CEO) *p. 49*
quotista *p. 43*
responsabilidade limitada *p. 41*

sociedade por quotas *p. 41*
sociedade por quotas limitada *p. 41*
titulares de ações *p. 43*

Leituras recomendadas

Os leitores interessados na decisão de John Marshall relativa ao caso do Dartmouth College podem encontrar uma descrição detalhada da decisão em J. E. Smith, *John Marshall: Definer of a Nation* (Nova York: Henry Holt, 1996), pp. 433-38.

Uma discussão informativa que descreve o objetivo de uma SA pode ser encontrada em M. Jensen, "Value Maximization, Stakeholder Theory, and The Corporate Objective Function", *Journal of Applied Corporate Finance* (Fall 2001), pp. 8-21.

Os leitores interessados em o que determina as metas dos gerentes e como elas diferem das metas dos acionistas podem esperar até discutirmos essas questões mais detalhadamente ou podem ler M. C. Jensen e W. Meckling, "Theory of the Firm: Managerial Behavior, Agency Costs and Ownership Structure", *Journal of Financial Economics* 3 (4), 1976: pp. 305-60; J. E. Core, W. R. Guay e D. F. Larker, "Executive Equity Compensation and Incentives: A Survey", *Federal Reserve Bank of New York Economic Policy Review* 9 (April 2003): pp. 27-50.

Os artigos a seguir explicam governança e propriedade SA em todo o mundo: F. Barca e M. Becht, *The Control of Corporate Europe* (Oxford University Press, 2001); D. K. Denis e J. S. McConnel, "International Corporate Governance", *Journal of Financial Quantitative Analysis* 38 (March 2003); R. La Porta, F. Lopez-De-Silanes e A. Schleifer, "Corporate Ownership Around the World", *Journal of Finance* 54 (2) (1999): pp. 471-517. Os leitores interessados em uma discussão mais detalhada sobre como os impostos afetam a "corporatização" podem consultar J. K. Mackie-Mason e R. H. Gordon, "How Much Do Taxes Discourage Incorporation?" *Journal of Finance* 52 (2) (1997): pp. 477-505.

Problemas

Os números destacados com ■ *indicam problemas disponíveis no MyFinanceLab.*

Os quatro tipos de empresas

1. Qual é a diferença mais importante entre uma corporação e *todas* as outras formas de organização?
2. O que a expressão *responsabilidade limitada* significa em um contexto corporativo?
3. Que formas organizacionais dão a seus proprietários *responsabilidade limitada*?
4. Quais são as principais vantagens e desvantagens de se organizar uma empresa como uma corporação?
5. Explique a diferença entre as corporações S e C.
6. Você é acionista de uma corporação C. A corporação ganha $2 por ação antes dos impostos. Uma vez tendo pagado os impostos, ela distribui o resto de seus rendimentos a você como dividendo. A alíquota corporativa é de 40%, e a alíquota de impostos de renda (de dividendos e não-dividendos) individual é de 30%. Quanto lhe sobra após todos os impostos serem pagos?
7. Repita o Problema 6 supondo que a corporação seja uma corporação S.

Propriedade *versus* controle de uma corporação

8. Os gerentes trabalham para os proprietários de uma SA. Consequentemente, eles devem tomar decisões que sejam do interesse dos proprietários, em vez de seu próprio. Que estratégias estão disponíveis aos acionistas para ajudar a assegurar que os gerentes sejam motivados a agir dessa maneira?
9. Qual é a diferença entre uma SA de capital aberto e uma SA de capital fechado?
10. Explique por que o *spread* de compra e venda é um custo de transação.

11. A seguinte cotação das ações do Yahoo! apareceu no dia 30 de agosto de 2004 no Yahoo! Finance:

YAHOO! INC (NasdaqNM: YHOO) Dados da cotação por Reuters				Editar
Última transação:	**28,69**	Variação do dia:	28,35 — 29,07	YHOO 30-Ago @ 11:45am (C)Yahoo!
Hora da transação:	11:42AM EST	Em 52 semanas:	16,56 — 36,51	
Variação:	↓0,61 (2,08%)	Volume:	7.374.448	
Fechamento prévio:	29,30	Vol. Médio (3m)	20.232.318	
Abertura:	29,04	Capitalização do Mercado:	39,03B	1d 5d 3m 6m 1a 2a 5a máx
Oferta:	28,69 × 1000	Preço/Ganho (ttm)	112,51	Relatório Anual do YHOO
Venda:	28,70 × 5800	Ganhos por ação (ttm)	0,255	
Objetivo estimado em 1 ano	36,53	Dividendos e Rendimentos:	N/A (N/A%)	

Se você quisesse comprar Yahoo!, que preço você pagaria? Quanto você receberia se você quisesse vender Yahoo!?

CAPÍTULO 2

Introdução à Análise de Demonstrativos Financeiros

Como discutimos no Capítulo 1, uma das grandes vantagens da forma organizacional de uma empresa é que ela não impõe restrições a quem pode ser proprietário de suas ações. Qualquer pessoa com dinheiro é um potencial investidor. Consequentemente, as empresas geralmente têm muitos proprietários, com investidores que variam de indivíduos titulares de apenas 100 ações a fundos mútuos e instituições com milhões de ações. Por exemplo, em 2004, a International Business Machines Corporation (IBM) possuía mais de 1,6 bilhão de ações circulando nas mãos de mais de 670 mil sócios. Apesar de a estrutura da empresa facilitar enormemente o acesso da empresa a capital de investimento, significa também que a posse de ações é a única ligação que a maioria dos investidores possui com a empresa. Como, então, os investidores podem se informar o suficiente sobre uma empresa para saber se devem ou não investir nela? Como os gerentes financeiros avaliam o sucesso de sua própria empresa e o comparam ao dos concorrentes? Uma maneira de as empresas avaliarem seu desempenho e comunicar esta informação aos investidores é através de seus *demonstrativos financeiros*.

As empresas emitem demonstrativos financeiros regularmente para comunicar informações financeiras à comunidade de investidores. A descrição detalhada da preparação e da análise destes demonstrativos é tão complicada que para lhe fazer justiça seria necessário um livro inteiro. Aqui, analisaremos o assunto resumidamente, enfatizando apenas o material de que investidores e gerentes financeiros precisam para tomar as decisões financeiras que discutiremos neste livro.

Analisaremos os quatro principais tipos de demonstrativos financeiros, apresentaremos exemplos desses demonstrativos em uma empresa e discutiremos onde um investidor ou gerente pode encontrar vários tipos de informações sobre a empresa. Discutiremos também alguns dos índices financeiros que os investidores e analistas utilizam para avaliar o desempenho e o valor de uma empresa. Fecharemos o capítulo analisando os escândalos dos relatórios financeiros da Enron e da WorldCom, que tiveram uma enorme exposição na mídia.

2.1 A publicação das informações financeiras

Os **demonstrativos financeiros** são relatórios contábeis emitidos periodicamente pela empresa (normalmente de frequência trimestral e anual) que contêm informações sobre seu desempenho passado. Exige-se das empresas de capital aberto norte-americanas arquivar seus demonstrativos financeiros junto à Comissão de Valores Mobiliários dos EUA (SEC, o órgão regulador do mercado de capitais norte-americano) trimestralmente, com o formulário **10-Q**, e anualmente, com o formulário **10-K**. Elas também têm que enviar a seus sócios um **relatório anual** contendo seus demonstrativos financeiros. As empresas de capital fechado geralmente também preparam demonstrativos financeiros, mas elas não têm que revelar estas informações ao público. Os demonstrativos financeiros são ferramentas importantes através das quais investidores, analistas financeiros e outras partes interessadas externas (como credores) obtêm informações sobre uma corporação. São úteis também para os gerentes da própria empresa como fonte de informações para as decisões financeiras corporativas. Nesta seção, examinaremos as diretrizes para a preparação dos demonstrativos financeiros e os tipos de demonstrativos financeiros.

Preparação de demonstrativos financeiros

Os relatórios sobre o desempenho de uma empresa devem ser compreensíveis e precisos. Os **Princípios Contábeis Geralmente Aceitos (GAAP)** fornecem um conjunto de regras comuns e um formato padrão para uso das empresas de capital aberto durante a preparação de seus relatórios. Esta padronização também facilita a comparação dos resultados financeiros de diferentes empresas.

Padrões Internacionais de Relatórios Financeiros

Pelo fato de os Princípios Contábeis Geralmente Aceitos (GAAP) diferirem de um país para outro, as empresas enfrentam enormes complexidades contábeis ao operar internacionalmente. Os investidores também enfrentam dificuldades para interpretar os demonstrativos financeiros de empresas estrangeiras, o que geralmente é considerado uma grande barreira à mobilidade internacional de capital. Porém, à medida que as empresas e os mercados de capital vão se tornando mais globais, aumenta também o interesse na harmonização dos padrões contábeis entre os países.

O mais importante projeto de harmonização teve início em 1973, quando representantes de dez países (inclusive dos Estados Unidos) estabeleceram o International Accounting Standards Committee. Este esforço levou à criação do International Accounting Standards Board (IASB) em 2001, sediado em Londres. O IASB foi responsável pela emissão de um conjunto de Padrões Internacionais de Relatórios Financeiros (IFRS).

O IFRS está se enraizando em todo o mundo. A União Européia (UE) aprovou um regulamento contábil em 2002 exigindo que todas as empresas de capital aberto da UE seguissem o IFRS em seus demonstrativos financeiros consolidados a partir de 2005. Muitos outros países adotaram o IFRS para todas as empresas listadas, inclusive a Austrália e vários países da América Latina e da África. De fato, todas as principais bolsas de valores do mundo aceitam o IFRS, exceto os Estados Unidos e o Japão, que mantêm seu GAAP local.

A principal diferença conceitual entre o GAAP norte-americano e o IFRS é que o GAAP se baseia primordialmente em regras de contabilidade com orientações específicas para sua aplicação, enquanto que o IFRS se baseia mais em princípios que exigem a avaliação profissional de contadores, com orientações específicas limitadas. No que concerne à implementação, a principal diferença diz respeito ao modo como os ativos e os passivos são avaliados. Enquanto o GAAP norte-americano se baseia primordialmente na contabilidade do custo histórico, o IFRS dá ênfase ao "justo valor" dos ativos e passivos, ou estimativas dos valores de mercado.

Houve um esforço incentivado pela Lei Sarbanes-Oxley de 2002 nos Estados Unidos para alcançar a convergência entre o GAAP (EUA) e o IFRS. Este ato incluía uma provisão de que os padrões contábeis norte-americanos se aproximassem da convergência internacional sobre padrões contábeis de alta qualidade. Atualmente, os regulamentos do SEC exigem que as empresas que utilizam o IFRS estejam em conformidade com o GAAP (EUA) para que sejam listadas nos mercados financeiros norte-americanos, mas em 2005 o SEC e a UE chegaram a um acordo para eliminar esta exigência, possivelmente em 2007, mas não mais tarde do que 2009.

Os investidores também precisam de alguma garantia de que os demonstrativos financeiros sejam preparados com precisão. É necessário que as empresas contratem terceiros neutros, conhecidos como **auditores**, para checar os demonstrativos financeiros anuais, assegurar que eles estejam sendo preparados em conformidade com o GAAP e verificar se as informações são confiáveis.

Tipos de demonstrativos financeiros

Toda empresa de capital aberto tem que produzir quatro tipos de demonstrativos financeiros: o *balanço patrimonial*, o *demonstrativo de resultados*, o *demonstrativo de fluxos de caixa* e o *demonstrativo de equivalência patrimonial*. Estes documentos fornecem aos investidores e credores uma visão panorâmica do desempenho financeiro da empresa. Nas seções a seguir, veremos mais detalhadamente o conteúdo desses demonstrativos financeiros.

FIXAÇÃO DE CONCEITOS

1. Quais são os quatro tipos de demonstrativos financeiros que todas as empresas de capital aberto têm que produzir?
2. Qual é o papel do auditor?

2.2 O balanço patrimonial

O **balanço patrimonial** lista os *ativos* e *passivos* da empresa, fornecendo um quadro da posição financeira da empresa em um determinado momento. A Tabela 2.1 exibe o balanço patrimonial de uma empresa fictícia, a Global Conglomerate Corporation. Observe que o balanço patrimonial divide-se em duas partes ("lados"): os ativos no lado esquerdo e os passivos no lado direito. Os **ativos** listam caixa, estoque, imóveis, instalações e equipamentos, e outros investimentos que a empresa tenha feito; os **passivos** exibem as obrigações da empresa junto aos credores. Juntamente com os passivos, do lado direito do balanço patrimonial, é exibido o *patrimônio dos sócios*. O **patrimônio dos sócios**, a diferença entre os ativos e os passivos da empresa, é uma medida contábil do patrimônio líquido da empresa.

Os ativos do lado esquerdo exibem como a empresa emprega seu capital (seus investimentos), e o lado direito sumariza as fontes de capital, ou como a empresa levanta o dinheiro de que precisa. Devido à forma como o patrimônio dos sócios é calculado, lados esquerdo e direito têm que se equilibrar:

A igualdade do balanço patrimonial

$$\text{Ativos} = \text{Passivos} + \text{Patrimônio dos sócios} \qquad (2.1)$$

Na Tabela 2.1, os ativos totais de 2005 ($177,77 milhões) são iguais aos passivos totais ($155,5 milhões) mais o patrimônio dos sócios ($22,2 milhões).

Agora veremos os ativos, passivos e o patrimônio dos sócios mais detalhadamente. Finalmente, avaliaremos a posição financeira da empresa analisando as informações contidas no balanço patrimonial.

Ativos

Na Tabela 2.1, os ativos da Global são divididos em ativos circulantes e o ativo realizável a longo prazo. Discutiremos cada um deles separadamente.

Ativos circulantes. **Ativos circulantes** são dinheiro ou ativos que poderiam ser convertidos em dinheiro dentro de um ano. Esta categoria inclui:

1. Dinheiro e outros **títulos negociáveis**, que são investimentos de curto prazo e baixo risco que podem ser facilmente vendidos e convertidos em dinheiro (por exemplo, investimentos no mercado aberto, como dívidas públicas que vencem no prazo de um ano);

2. **Contas a receber**, que são valores devidos à empresa por clientes que compraram bens ou serviços a prazo;
3. **Estoques**, que são compostos por matérias-primas, além de bens acabados e bens não-acabados;
4. Outros ativos em circulação, que é uma categoria abrangente que inclui itens como despesas antecipadas (como aluguel ou seguros que tenham sido pagos adiantados).

Ativos realizáveis de longo prazo. A primeira categoria do ativo realizável de longo prazo é a de propriedades, instalações e equipamentos líquidos. Estes incluem ativos como imóveis ou maquinário que produza benefícios tangíveis por mais de um ano. Se a Global gastar $2 milhões em novos equipamentos, estes $2 milhões serão incluídos em propriedades, instalações e equipamentos no balanço patrimonial. Pelo fato de os equipamentos terem a tendência a se desgastar ou se tornar obsoletos com o tempo, a Global irá reduzir o valor registrado para os equipamentos a cada exercício, deduzindo um valor chamado de **depreciação**. A empresa reduz o valor dos ativos permanentes (com exceção de terras) ao longo do tempo segundo um esquema de depreciação que depende da vida útil do ativo. A depreciação não é de fato uma despesa paga pela empresa; é uma maneira de reconhecer que imóveis e equipamentos sofrem desgastes e obsolescências, assim, tornam-se menos valiosos com o passar do tempo. O **valor contábil** de um ativo é igual a seu custo de aquisição menos a depreciação acumulada. As propriedades, instalações e equipamentos líquidos exibem o valor contábil total desses ativos.

Quando uma empresa adquire uma outra, ela adquire um conjunto de ativos que, então, serão listados em seu balanço patrimonial. Em muitos casos, porém, a empresa pode pagar mais pela outra empresa do que o valor contábil total dos ativos que está adquirindo. Neste caso, a diferença entre o preço pago pela outra empresa e o valor contábil atribuído a seus ativos é registrada como **fundo de comércio**. Por exemplo, a Global pagou $25 milhões em 2005 por uma empresa cujos

TABELA 2.1 — Balanço patrimonial da Global Conglomerate Corporation em 2004 e 2005

GLOBAL CONGLOMERATE CORPORATION Balanço patrimonial consolidado Exercício terminado em 31 de dezembro (em $ milhões)					
Ativos	2005	2004	Passivos e patrimônio dos sócios	2005	2004
Ativo circulante			Exigíveis de curto prazo		
Caixa	21,2	19,5	Contas a pagar	29,2	24,5
Contas a receber	18,5	13,2	Títulos a pagar/Dívidas de curto prazo	3,5	3,2
Estoques	15,3	14,3	Vencimentos no curto prazo de dívidas de	13,3	12,3
Outros circulantes	2,0	1,0	longo prazo	2,0	4,0
Total ativo circulante	57,0	48,0	Outros exigíveis de curto prazo	48,0	44,0
			Total passivo circulante		
Ativo realizáveis de longo prazo			Exigíveis de longo prazo		
Terras	22,2	20,7	Dívidas de longo prazo	99,9	56,3
Edifícios	36,5	30,5	Obrigações de *leasing* financeiro	—	—
Equipamentos	39,7	33,2	Total de dívidas	99,9	56,3
(menos) depreciação acumulada	(18,7)	(17,5)	Impostos diferidos	7,6	7,4
Propriedades, instalações e equipamentos líquidos	79,7	66,9	Outros exigíveis de longo prazo	—	—
			Total de exigíveis de longo prazo	107,5	63,7
Fundo de comércio	20,0	—	Total do passivo	155,5	107,7
Outros realizáveis de longo prazo	21,0	14,0	Patrimônio dos sócios	22,2	21,2
Total dos ativos real. de longo prazo	120,7	80,9			
Total do ativo	177,7	128,9	Total do passivo e patrimônio dos sócios	177,7	128,9

ativos tinham um valor contábil de $5 milhões. Assim, $20 milhões são registrados como fundo de comércio na Tabela 2.1. O fundo de comércio representa o valor de outros "bens intangíveis" que a empresa adquiriu através da aquisição da outra empresa. Se o valor desses ativos intangíveis diminuir com o tempo, o valor do fundo de comércio listado no balanço patrimonial será reduzido por uma taxa de **amortização** que representa a mudança de valor dos ativos adquiridos. Assim como a depreciação, a amortização não é de fato um desembolso de caixa.

Outros ativos realizáveis no longo prazo podem incluir itens como imóveis não utilizados em operações empresariais, custos de *start-up* relativos a um novo negócio, marcas registradas e patentes, e imóveis reservados para venda. A soma de todos os ativos da empresa é o total do ativo no lado esquerdo inferior do balanço patrimonial na Tabela 2.1.

Passivos

Examinaremos agora os passivos exibidos do lado direito do balanço patrimonial, que são divididos entre *exigíveis a curto prazo* e *exigíveis a longo prazo*.

Exigíveis a curto prazo. Os passivos que serão satisfeitos dentro de um ano são chamados de **exigíveis a curto prazo**. Eles incluem:

1. **Contas a pagar**, os valores devidos a fornecedores por produtos ou serviços comprados a prazo;
2. Títulos a pagar, dívidas de curto prazo e vencimentos de curto prazo de dívidas de longo prazo, que são todos os pagamentos de dívidas que ocorrerão no próximo exercício;
3. Itens como salário ou impostos devidos mas que ainda não foram pagos, e receitas diferidas ou a apropriar, que são receitas que já foram recebidas por produtos que ainda não foram entregues.

A diferença entre ativos circulantes e passivos circulantes é o **capital de giro líquido** da empresa, o capital disponível no curto prazo para dirigir a empresa. Por exemplo, em 2005, o capital de giro líquido da Global totalizou $9,0 milhões ($57 milhões em ativos circulantes – $48 milhões em passivos circulantes). As empresas com um capital de giro líquido baixo (ou negativo) podem enfrentar uma falta de fundos.

Exigíveis a longo prazo. Os exigíveis a longo prazo são passivos que se estendem além do exercício presente. Descrevemos os principais tipos a seguir:

1. **Dívidas de longo prazo** são qualquer empréstimo ou obrigação de dívida com um resgate de mais de um ano. Quando uma empresa precisa levantar fundos para adquirir um ativo ou fazer um investimento, ela pode tomar emprestados esses fundos através de um empréstimo de longo prazo.
2. *Leasings* **financeiros** são contratos de *leasing* de longo prazo que obrigam a empresa a fazer pagamentos de *leasing* regulares em troca do uso de um ativo.[1] Eles permitem que a empresa faça uso de um ativo fazendo um *leasing* junto ao seu proprietário. Por exemplo, uma empresa pode fazer um *leasing* de um edifício para servir como sua sede.
3. **Impostos diferidos** são impostos incorridos, mas que ainda não foram pagos. As empresas geralmente mantêm dois conjuntos de demonstrativos financeiros: um para relatórios financeiros e outro com finalidade tributária. Ocasionalmente, as regras dos dois tipos de demonstrativos financeiros diferem. Geralmente surgem passivos de impostos diferidos quando os resultados financeiros de uma empresa excedem seus resultados com finalidade tributária. Como os impostos diferidos serão pagos posteriormente, eles aparecem como passivo no balanço patrimonial.[2]

---

[1] Ver Capítulo 25 para uma definição precisa de *leasing* financeiro.

[2] Uma empresa também pode ter ativos de impostos diferidos relacionados a devoluções de impostos às quais ela tenha direito e que receberá no futuro.

Patrimônio dos sócios

A soma dos passivos circulantes e dos exigíveis no longo prazo é igual ao total de passivo. A diferença entre os ativos e passivos da empresa é igual à equivalência patrimonial, que também é chamada de **valor contábil do patrimônio dos sócios ou do patrimônio líquido**. Como afirmamos anteriormente, ele representa o patrimônio líquido da empresa a partir de uma perspectiva contábil.

Idealmente, o balanço patrimonial nos forneceria uma avaliação precisa do verdadeiro valor do patrimônio líquido da empresa. Infelizmente, é improvável que isso aconteça. Em primeiro lugar, muitos dos ativos listados no balanço patrimonial são avaliados com base em seu custo histórico, em vez de em seu verdadeiro valor atual. Por exemplo, um edifício comercial é listado no balanço patrimonial de acordo com seu custo histórico menos sua depreciação. Mas o verdadeiro valor do edifício comercial hoje pode ser muito diferente deste valor, e ele pode ser muito *mais* do que o valor que a empresa pagou por ele há anos. O mesmo é válido para outras propriedades, instalações e equipamentos, além de para o fundo de comércio: o valor verdadeiro atual de um ativo pode ser muito diferente de seu valor contábil, e até mesmo excedê-lo. Um segundo, e talvez mais importante, problema é o fato de que *muitos dos ativos valiosos da empresa não são incluídos no balanço patrimonial*. Por exemplo, a experiência dos funcionários da empresa, a reputação da empresa no mercado, suas relações com os clientes e fornecedores, e a qualidade de sua equipe de gerenciamento são todos ativos que aumentam o valor da empresa, mas que não aparecem no balanço patrimonial.

Por esses motivos, o valor contábil do patrimônio dos sócios é uma avaliação imprecisa do verdadeiro valor do patrimônio líquido de uma empresa. Assim, não é de se surpreender que ele geralmente seja substancialmente diferente do valor que os investidores estão dispostos a pagar pelas ações. O valor de mercado total das ações de uma empresa é igual ao preço de mercado por ação vezes o número de ações, chamado de **capitalização de mercado** da empresa. O valor de mercado de uma ação não depende do custo histórico dos ativos da empresa; ao contrário, depende de o que os investidores esperam que esses ativos produzam no futuro.

EXEMPLO 2.1

Valor de mercado *versus* valor contábil

Problema
Se a Global possui 3,6 milhões de ações em circulação, e essas ações estão sendo negociadas pelo preço de $14 por ação, qual é sua capitalização de mercado? Como a capitalização de mercado se compara ao seu valor contábil de patrimônio?

Solução
A capitalização de mercado da Global é de (3,6 milhões de ações) × ($14 / ação) = $50,4 milhões. Esta capitalização de mercado é significativamente maior do que seu valor contábil de patrimônio, que é igual a $22,2 milhões. Na verdade, o coeficiente entre seu valor de mercado e seu valor contábil é 50,4 / 22,2 = 2,27, o que significa que os investidores estão dispostos a pagar mais do que o dobro do que o que suas ações "valem" de acordo com seu valor contábil.

Finalmente, observamos que o valor contábil do patrimônio dos sócios pode ser negativo (passivos excedem ativos), e que um valor contábil de patrimônio negativo não é necessariamente um indicativo de mau desempenho. Empresas bem-sucedidas muitas vezes são capazes de contrair empréstimos superiores ao valor contábil de seus ativos porque os credores reconhecem que o valor de mercado dos ativos é muito maior. Por exemplo, em junho de 2005, a Amazon.com tinha um total de passivos de $2,6 bilhões e um valor contábil de patrimônio de − $64 milhões. Ao mesmo tempo, o valor de mercado de seu patrimônio líquido era superior a $15 bilhões. Claramente, os investidores reconheciam que os ativos da Amazon.com valiam muito mais do que seu valor contábil.

Análise do balanço patrimonial

O que podemos aprender com a análise do balanço patrimonial de uma empresa? Apesar de o valor contábil de seu patrimônio líquido não ser uma boa estimativa de seu valor real, ele às vezes é utilizado como uma estimativa do **valor de liquidação** da empresa, o valor que sobraria se seus ativos fossem vendidos e seus passivos, pagos. Com o balanço patrimonial de uma empresa, também podemos descobrir muitas informações úteis que vão além do valor contábil de seu patrimônio líquido. Discutiremos agora a análise do balanço patrimonial de uma empresa para avaliar seu valor, sua alavancagem e suas necessidades monetárias no curto prazo.

Índice *market-to-book*. No Exemplo 2.1, calculamos para a Global o **índice *market-to-book*** (também chamado de **índice *price-to-book* [P/B]**), que é o quociente da divisão de sua capitalização de mercado pelo valor contábil do patrimônio dos sócios.

$$\text{Índice } market\text{-}to\text{-}book = \frac{\text{Valor de mercado do patrimônio líquido}}{\text{Valor contábil do patrimônio líquido}} \quad (2.2)$$

Este é um dos muitos índices financeiros utilizados pelos analistas para avaliar uma empresa. O índice *market-to-book* das empresas mais bem-sucedidas excede substancialmente 1, indicando que o valor dos ativos da empresa, ao serem colocados em uso, excede seu custo histórico (ou valor de liquidação). Variações deste índice refletem diferenças nas características fundamentais da empresa, assim como no valor agregado pela gerência.

No início de 2006, a General Motors Company (GM) tinha um índice *market-to-book* de 0,5, um reflexo da avaliação dos investidores de que muitas das fábricas da GM e outros ativos não tinham chance de ser rentáveis e valiam menos do que seu valor contábil. Ao mesmo tempo, o índice médio *market-to-book* da indústria automobilística era de aproximadamente 1,5, e, para as grandes empresas norte-americanas, estava próximo de 4,0. Ao contrário, o índice *market-to-book* do Google (GOOG) era de mais de 15, e a média das empresas de tecnologia era de aproximadamente 6,0. Os analistas geralmente classificam as empresas com baixos índices *market-to-book* de ***value stocks*** (ações de valor) e aquelas com altos índices *market-to-book* de ***growth stocks*** (ações de crescimento).

Índice capital de terceiros/capital próprio. Outra importante informação que podemos obter a partir do balanço patrimonial de uma empresa é a **alavancagem** da empresa, ou até que ponto ela depende de dívidas como fonte de financiamento. O **índice capital de terceiros/capital próprio** é um índice comum utilizado para avaliar a alavancagem de uma empresa. Calculamos este índice dividindo o valor total de dívidas a curto e longo prazo (inclusive os vencimentos no curto prazo) pelo patrimônio líquido total:

$$\text{Índice capital de terceiros/Capital próprio} = \frac{\text{Dívida total}}{\text{Patrimônio líquido total}} \quad (2.3)$$

Podemos calcular este índice utilizando valores contábeis ou valores de mercado para o patrimônio líquido e a dívida. Na Tabela 2.1, observe que a dívida da Global em 2005 inclui títulos a pagar ($3,5 milhões), vencimentos no curto prazo de dívidas de longo prazo ($13,3 milhões), e dívidas de longo prazo ($99,9 milhões), somando $116,7 milhões. Portanto, seu índice capital de terceiros/capital próprio *contábil* é igual a 116,7 / 22,2 = 5,3, utilizando o valor contábil de patrimônio. Observe o grande aumento em relação a 2004, quando o índice capital de terceiros/capital próprio era de apenas (3,2 + 12,3 + 56,3) / 21,2 = 3,4.

Devido à dificuldade de interpretação do valor contábil de patrimônio, o índice capital de terceiros/capital próprio contábil não é especialmente útil. É mais informativo comparar a dívida da empresa com o valor de mercado de seu patrimônio líquido. O índice capital de terceiros/capital próprio da Global em 2005, utilizando o valor de mercado do patrimônio líquido (do Exemplo 2.1) é igual a 116,7 / 50,4 = 2,3, o que significa que sua dívida é um pouco maior do que duas vezes o valor de mercado de seu patrimônio líquido.[3] Como veremos posteriormente neste capítulo, o índice capital de terceiros/capital próprio *de mercado* de uma empresa possui consequências importantes para o risco e retorno de suas ações.

Valor de empresa. A capitalização de mercado de uma empresa mede o valor de mercado de seu patrimônio líquido, ou o valor que sobra após a empresa ter pagado suas dívidas. Mas qual é o valor dos negócios propriamente ditos? O **valor de empresa** avalia o valor dos ativos dos negócios subjacentes, desimpedido da dívida e separado de qualquer caixa ou títulos negociáveis. Calculamos o valor de empresa como:

$$\text{Valor de empresa} = \text{Valor de mercado do patrimônio líquido} + \text{Dívida} - \text{Caixa} \quad (2.4)$$

Por exemplo, dada sua capitalização de mercado do Exemplo 2.1, o valor de empresa da Global em 2005 é de 50,4 + 116,7 − 21,2 = $145,9 milhões. O valor de empresa pode ser interpretado como o custo de se assumir os negócios através de uma aquisição. Isto é, custaria 50,4 + 116,7 = $167,1 milhões para se comprar todo o patrimônio líquido da Global e quitar todas as suas dívidas, mas como a adquiriríamos por $21,2 milhões em dinheiro, o custo líquido seria de apenas 167,1 − 21,2 = $145,9 milhões.

EXEMPLO 2.2

Cálculo do valor de empresa

Problema

Em abril de 2005, a H. J. Heinz Co. (HNZ) tinha ações a um preço de $36,87, 347,6 milhões de ações em circulação, um índice *market-to-book* de 4,93, um índice capital de terceiros/capital próprio de 1,80, e um caixa de $1,08 bilhão. Qual era sua capitalização de mercado? Qual era seu valor de empresa?

Solução

A Heinz tinha uma capitalização de mercado de $36,87 × 347,6 milhões de ações = $12,82 bilhões. Dividimos o valor de mercado do patrimônio líquido por seu índice *market-to-book* para calcular seu valor contábil de patrimônio: 12,82 / 4,93 = $2,60 bilhões. Dado o índice capital de terceiros/capital próprio de 1,80, a Heinz tinha uma dívida total de 1,80 × 2,60 = $4,68 bilhões. Assim, seu valor de empresa era de 12,82 + 4,68 − 1,08 = $16,42 bilhões.

Outras informações do balanço patrimonial. Os credores sempre comparam o ativo circulante e o passivo circulante de uma empresa para avaliar se ela possui capital de giro suficiente para atender às suas necessidades de curto prazo. Essa comparação às vezes é resumida no **índice de liquidez corrente** da empresa, a razão entre ativo circulante e passivo circulante, ou em seu **índice de liquidez seca**, a razão entre o ativo circulante menos os estoques e o passivo circulante. Índices de liquidez corrente ou seca mais altos implicam em menos risco da empresa experimentar uma falta de caixa em um futuro próximo.

Os analistas também utilizam as informações do balanço patrimonial para procurar tendências que possam fornecer informações relativas ao desempenho futuro da empresa. Por exemplo, um aumento incomum nos estoques poderia ser um indicador de que a empresa está tendo dificuldade em vender seus produtos.

FIXAÇÃO DE CONCEITOS

1. O valor contábil dos ativos de uma empresa geralmente não é igual ao valor de mercado desses ativos. Quais os motivos dessa diferença?
2. O que é o valor de empresa de uma empresa?

---

[3] Neste cálculo, comparamos o valor de mercado do patrimônio líquido ao valor contábil da dívida. Na verdade, seria melhor utilizar o valor de mercado da dívida. Porém, como este geralmente não é muito diferente de seu valor contábil, essa distinção é muitas vezes ignorada na prática.

2.3 O demonstrativo de resultados

Quando queremos que alguém chegue logo ao que interessa, talvez lhe perguntemos qual é o "resultado final". Esta expressão vem do *demonstrativo de resultados*. O **demonstrativo de resultados** lista as receitas e despesas da empresa ao longo de determinado período. A última linha do demonstrativo de resultados mostra o **lucro líquido** da empresa, que é uma medida de sua rentabilidade durante o período. O demonstrativo de resultados às vezes é chamado de demonstrativo de lucros e perdas, e o lucro líquido também é chamado **resultado** da empresa. Nesta seção, examinaremos os componentes do demonstrativo de resultados detalhadamente e introduziremos índices que podem ser utilizados para analisar esses dados.

Cálculo dos resultados

Enquanto o balanço patrimonial exibe os ativos e passivos da empresa em determinado momento, o demonstrativo de resultados exibe o fluxo de receitas e despesas geradas por esses ativos e passivos entre duas datas. A Tabela 2.2 exibe o demonstrativo de resultados da Global em 2005. Examinaremos cada categoria do demonstrativo.

Lucro bruto. As duas primeiras linhas do demonstrativo de resultados listam as receitas da venda de produtos e os custos incorridos para produzi-los e vendê-los. A terceira linha é o **lucro bruto**, a diferença entre as receitas de vendas e os custos.

Despesas operacionais. O grupo seguinte de itens chama-se despesas operacionais. São despesas decorrentes das atividades comuns necessárias para se dirigir a empresa e que não estão diretamente ligadas à produção dos produtos e serviços sendo vendidos. As despesas operacionais incluem despesas administrativas e despesas gerais, salários, custos de *marketing*, e despesas com pesquisa

TABELA 2.2 — Demonstrativo de resultados da Global Conglomerate Corporation nos anos de 2005 e 2004

GLOBAL CONGLOMERATE CORPORATION Demonstrativo de resultados Exercício terminado em 31 de dezembro (em $ milhões)		
	2005	2004
Total de vendas	186,7	176,1
Custo das vendas	(153,4)	(147,3)
Lucro bruto	**33,3**	**28,8**
Despesas de vendas, gerais e administrativas	(13,5)	(13,0)
Pesquisa e desenvolvimento	(8,2)	(7,6)
Depreciação e amortização	(1,2)	(1,1)
Resultado operacional	**10,4**	**7,1**
Outras receitas	—	—
Lucro antes de juros e impostos (EBIT)	**10,4**	**7,1**
Resultado de juros (despesa)	(7,7)	(4,6)
Resultado antes dos impostos	**2,7**	**2,5**
Impostos	(0,7)	(0,6)
Lucro líquido	**2,0**	**1,9**
Lucros por ação:	$0,556	$0,528
Lucros diluídos por ação:	$0,526	$0,500

e desenvolvimento. O terceiro tipo de despesa operacional, depreciação e amortização, não é de fato uma despesa de caixa, mas representa uma estimativa dos custos que surgem do desgaste ou da obsolescência dos ativos da empresa.[4] O lucro bruto menos despesas operacionais é chamado de **resultado operacional**.

Lucro antes de juros e de impostos. Incluímos, agora, outras fontes de receitas ou despesas que possam surgir das atividades que não são a parte central dos negócios de uma empresa. Os fluxos de caixa dos investimentos financeiros de uma empresa são um exemplo de outra fonte de receita que seria listada aqui. Após termos feito os ajustes relativos às outras fontes de receitas ou despesas, temos o lucro antes de juros e impostos, ou **EBIT** (ou *earnings before interests and taxes*, no original) da empresa.

Lucro antes dos impostos e lucro líquido. Do EBIT, deduzimos os juros pagos sobre dívidas em circulação para calcular o lucro antes dos impostos da Global, e então deduzimos os impostos corporativos para determinar o lucro líquido da empresa.

O lucro líquido representa os rendimentos totais dos sócios da empresa. Geralmente, é declarado com base em cada ação, como o **lucro por ação** (**EPS**, ou *earnings per share*, no original). Calculamos o EPS dividindo o lucro líquido pelo número total de ações em circulação:

$$\text{EPS} = \frac{\text{Lucro líquido}}{\text{Ações em circulação}} = \frac{\$2,0 \text{ milhões}}{3,6 \text{ milhões de ações}} = \$0,556 \text{ por ação} \qquad (2.5)$$

Apesar de a Global possuir apenas 3,6 milhões de ações em circulação quando do fim do exercício de 2005, o número de ações em circulação pode aumentar se ela remunerar seus funcionários ou executivos com **opções de ações**, que dão ao titular o direito de comprar determinado número de ações até determinada data, por determinado preço. Se as opções forem "exercidas", a empresa emitirá novas ações e o número de ações em circulação aumentará. O número de ações também pode aumentar se a empresa emitir **títulos conversíveis**, uma forma de dívida que pode ser convertida em ações. Como haverá mais ações para dividir os mesmos rendimentos, este crescimento no número de ações é chamado de **diluição**. As empresas informam o potencial de diluição de ações que elas concederam incluindo no relatório o **EPS diluído**, que exibe os rendimentos por ação que a empresa teria se as opções de ações fossem exercidas. Por exemplo, se a Global conceder 200.000 opções de ações a seus principais executivos, seu EPS diluído será de $2,0 milhões / 3,8 milhões de ações = $0,526.

Análise do demonstrativo de resultados

O demonstrativo de resultados fornece informações muito úteis quanto à rentabilidade dos negócios de uma empresa e como eles estão ligados ao valor de suas ações. Discutiremos agora vários índices que geralmente são utilizados para avaliar o desempenho e o valor de uma empresa.

Índices de rentabilidade. A **margem operacional** de uma empresa é a razão entre o resultado operacional e suas receitas:

$$\text{Margem operacional} = \frac{\text{Resultado operacional}}{\text{Total de vendas}} \qquad (2.6)$$

A margem operacional revela quanto uma empresa lucra antes dos juros e impostos para cada dólar em vendas. A margem operacional da Global em 2005 foi de 10,4 / 186,7 = 5,57%, um aumento em relação à sua margem operacional de 2004, de 7,1 / 176,1 = 4,03%. Comparando-se as margens operacionais de diferentes empresas de uma indústria, podemos avaliar a eficiência

---

[4] Apenas certos tipos de amortização são dedutíveis como despesa pré-tributária (por exemplo: amortização do custo de uma patente adquirida). A amortização do fundo de comércio não é uma despesa pré-tributária e geralmente é incluída como um item extraordinário após a dedução dos impostos.

relativa das operações das empresas. Por exemplo, em 2004, a American Airlines (AMR) possuía uma margem operacional de −0,77% (isto é, perdia 77 centavos para cada cem dólares em receitas). Por outro lado, sua concorrente Southwest Airlines (LUV) possuía uma margem operacional de 8,48%.

As diferenças nas margens operacionais também podem resultar de diferenças estratégicas. Por exemplo, em 2004, a varejista de alta qualidade Neiman Marcus possuía uma margem operacional de 9,8%; o Wal Mart Stores possuía uma margem operacional de apenas 5,9%. Neste caso, a margem inferior do Wal Mart não era resultado de sua ineficiência, mas parte de uma estratégia de oferecer preços mais baixos para vender produtos comuns em grandes volumes. De fato, as vendas do Wal Mart eram mais de 80 vezes maiores do que as da Neiman Marcus.

A **margem de lucro líquido** é a razão entre o lucro líquido e as receitas:

$$\text{Margem de lucro líquido} = \frac{\text{Lucro líquido}}{\text{Total de vendas}} \qquad (2.7)$$

A margem de lucro líquido exibe a fração de cada dólar de receita que está disponível aos sócios após a empresa ter pago juros e impostos. A margem de lucro líquido da Global em 2005 foi de 2,0 / 186,7 = 1,07%. As diferenças nas margens de lucro líquido podem ocorrer devido a diferenças na eficiência, mas também podem ser resultantes de diferenças na alavancagem, que determina o valor dos pagamentos de juros.

Capital de giro em dias. Podemos utilizar as informações expressas no demonstrativo de resultados e no balanço patrimonial conjuntamente para aferir o grau de eficiência com que a empresa está utilizando seu capital de giro líquido. Por exemplo, podemos expressar as contas a receber da empresa em termos de um valor em número de dias de vendas que elas representam, chamado de **prazo de recebimento em dias**:[5]

$$\text{Prazo de recebimento em dias} = \frac{\text{Contas a receber}}{\text{Vendas médias diárias}} \qquad (2.8)$$

Dadas vendas médias diárias de $186,7 milhões / 365 = $0,51 milhão em 2005, o prazo de recebimento da Global, no valor de $18,5 milhões, representa 18,5 / 0,51 = 36 dias de vendas. Em outras palavras, a Global leva, em média, pouco mais do que um mês para recolher o pagamento de seus clientes. Em 2004, o prazo de recebimento de suas contas a pagar representava apenas 27 dias de vendas. Apesar de esse número de dias poder flutuar sazonalmente, um aumento significativo pode ser um motivo de preocupação (que talvez indique que a empresa não está fazendo um bom trabalho de recolhimento de contas a pagar junto aos seus clientes, ou que está tentando esquentar as vendas oferecendo crédito com prazos generosos). As contas a pagar, bem como os estoques, também podem ser expressas em termos do valor do custo dos bens vendidos em número de dias.

EBITDA. A análise financeira geralmente calcula o lucro da empresa antes de juros, impostos, depreciação e amortização, ou **EBITDA** (ou *earnings before interest, taxes, depreciation and amortization*, no original). Como a depreciação e a amortização não são despesas de caixa para a empresa, o EBITDA reflete o caixa que uma empresa obteve através de suas operações. O EBITDA da Global em 2005 foi de 10,4 + 1,2 = $11,6 milhões.

Índices de alavancagem. Os credores geralmente avaliam a alavancagem de uma empresa calculando um **índice de cobertura de juros**. Os índices comuns consideram o resultado operacional, o EBIT ou o EBITDA como um múltiplo das despesas com juros da empresa. Quando o índice é alto, ele indica que a empresa está lucrando muito mais do que é necessário para cobrir seus pagamentos de juros necessários.

---

[5] O prazo de recebimento em dias também pode ser calculado com base na média de contas a receber no fim do exercício atual e do anterior.

Retorno sobre patrimônio líquido. Os analistas geralmente avaliam o retorno sobre os investimentos de uma empresa comparando seus resultados a seus investimentos utilizando índices como o **retorno sobre patrimônio líquido** (**ROE,** ou *return on equity*, no original):[6]

$$\text{Retorno sobre patrimônio líquido} = \frac{\text{Lucro líquido}}{\text{Valor contábil do patrimônio líquido}} \qquad (2.9)$$

O ROE da Global em 2005 foi de 2,0 / 22,2 = 9,0%. O ROE fornece uma medida do retorno que uma empresa obteve sobre seus investimentos passados. Um ROE alto pode indicar que a empresa é capaz de encontrar oportunidades de investimento que sejam muito rentáveis. Obviamente, uma fraqueza desta medida é a dificuldade de interpretação do valor contábil de patrimônio. Uma outra medida comum é o **retorno sobre ativos** (**ROA,** ou *return on assets*, no original), que é o lucro líquido dividido pelo ativo total.

Índices de avaliação. Os analistas utilizam diversos índices para aferir o valor de mercado da empresa. O mais importante é o **índice preço-lucro** (**P/E,** ou *price-earnings ratio*, no original):

$$\text{Índice P/E} = \frac{\text{Capitalização de mercado}}{\text{Lucro líquido}} = \frac{\text{Preço das ações}}{\text{Rendimentos por ação}} \qquad (2.10)$$

Isto é, o índice P/E é a razão entre o valor do patrimônio líquido e os rendimentos da empresa, seja com base no total de ações, seja com base no valor por cada ação. Por exemplo, o índice P/E da Global em 2005 foi de 50,4 / 2,0 = 14 / 0,56 = 25,2. O índice P/E é uma medida simples que é utilizada para avaliar se uma ação está sendo super ou subvalorizada, com base na ideia de que o valor de uma ação deve ser proporcional ao nível de rentabilidade que ela pode gerar para seus sócios. Os índices P/E podem variar amplamente de uma indústria para outra e tendem a ser mais altos para indústrias com altas taxas de crescimento. Por exemplo, em 2005, a grande empresa norte-americana comum tinha um índice P/E de aproximadamente 21. Mas as empresas de biotecnologia, que possuem baixos rendimentos correntes, mas a promessa de altos rendimentos futuros se desenvolverem fármacos bem-sucedidos, tinham um índice P/E de 48.

O índice P/E considera o valor do patrimônio líquido da empresa e, dessa forma, depende de sua alavancagem. Para avaliar o valor de mercado dos negócios subjacentes, é comum considerar os índices de avaliação com base no valor de empresa da empresa. Índices comuns incluem a razão entre o valor de empresa e a receita, ou o valor de empresa e o resultado operacional ou EBITDA. Estes índices comparam o valor da empresa às suas vendas, rendimentos operacionais ou fluxo de caixa. Assim como o índice P/E, estes índices são utilizados para fazer comparações de como diferentes empresas em uma indústria têm seu preço avaliado no mercado.

ERROS COMUNS — **Confusão nos índices**

Ao considerar os índices de avaliação (e outros), certifique-se de que os itens sendo comparados representem, ambos, valores relativos a toda a empresa, ou que ambos representem valores relativos apenas os sócios. Por exemplo, o preço das ações e a capitalização de mercado de uma empresa são valores associados a seu patrimônio líquido. Assim, faz sentido compará-los aos rendimentos por ação ou ao lucro líquido da empresa, que são valores para os sócios após o pagamento de juros aos titulares de dívidas. Temos que ter cuidado, porém, se compararmos a capitalização de mercado de uma empresa às suas receitas, seu resultado operacional ou a seu EBITDA, pois estes valores estão relacionados a toda a empresa, e os titulares, tanto de dívidas, quanto de ações, têm direitos sobre eles. Assim, é melhor comparar receitas, resultado operacional ou EBITDA ao valor de empresa da empresa, que inclui tanto dívida quanto patrimônio líquido.

---

[6] Como o lucro líquido é medido ao longo do ano em exercício, o ROE também pode ser calculado com base na média do valor contábil de patrimônio no final do exercício atual e do anterior.

O índice P/E não é útil quando o rendimento da empresa é negativo. Neste caso, é comum avaliar o valor de empresa da empresa em relação às vendas. O risco em fazê-lo, porém, é que o rendimento pode ser negativo devido ao fato de o modelo de negócios adotado pela empresa ser fundamentalmente falho, como aconteceu com muitas empresas de Internet no final da década de 1990.

EXEMPLO 2.3

Cálculo dos índices de rentabilidade e de avaliação

Problema

Considere os seguintes dados de 2004 para o Wal Mart Stores e a Target Corporation (em $ bilhões)

	Wal Mart Stores (WMT)	Target Corporation (TGT)
Vendas	288	47
Resultado operacional	17	3,6
Lucro líquido	10	1,9
Capitalização de mercado	228	45
Caixa	5	1
Dívidas	32	9

Compare a margem operacional, a margem de lucro líquido, o índice P/E, e a razão entre o valor de empresa e resultado operacional, e a razão entre o valor de empresa e vendas do Wal-Mart e da Target.

Solução

O Wal-Mart possui uma margem operacional de 17 / 288 = 5,9%, uma margem de lucro líquido de 10 / 288 = 3,5%, e um índice P/E de 228 / 10 = 22,8. Seu valor de empresa era de 228 + 32 − 5 = $255 bilhões, que possui um índice de 255 / 17 = 15,0 em relação ao resultado operacional, e de 255 / 288 = 0,89 em relação a vendas.

A Target possui uma margem operacional de 3,6 / 47 = 7,7%, uma margem de lucro líquido de 1,9 / 47 = 4,0%, e um índice P/E de 45 / 1,9 = 23,7. Seu valor de empresa era de 45 + 9 − 1 = $53 bilhões, que possui um índice de 53 / 3,6 = 14,7 em relação ao resultado operacional, e de 53 / 47 = 1,13 em relação a vendas.

Observe que, apesar de sua grande diferença de tamanho, o índice P/E e a razão entre valor de empresa e resultado operacional das duas empresas eram muito similares. Entretanto, a rentabilidade da Target era um pouco maior do que a do Wal-Mart, o que explica a diferença na razão entre valor de empresa e vendas.

FIXAÇÃO DE CONCEITOS

1. O que são lucros diluídos por ação?
2. Como se utiliza o índice preço-lucro (P/E) para se aferir o valor de mercado de uma empresa?

2.4 O demonstrativo de fluxos de caixa

O demonstrativo de resultados fornece uma medida dos rendimentos da empresa em determinado período. Entretanto, ele não indica o valor de *caixa* que a empresa obteve. Há dois motivos pelos quais o demonstrativo de resultados não corresponde ao caixa obtido. Em primeiro lugar, há entradas que não correspondem ao caixa no demonstrativo de resultados, como depreciação e amortização. Em segundo lugar, certos usos de caixa, como a compra de um imóvel ou desembolsos com estoque, não entram no demonstrativo de resultados. O **demonstrativo de fluxos de caixa** de uma empresa utiliza as informações do demonstrativo de resultados e do balanço patrimonial para demonstrar quanto de dinheiro em caixa a empresa gerou e como esse dinheiro foi alocado durante certo período. Como veremos, na perspectiva de um investidor tentando avaliar uma empresa, o demonstrativo de fluxos de caixa fornece as informações mais importantes dos quatro demonstrativos financeiros.

O demonstrativo de fluxos de caixa divide-se em três seções: atividades operacionais, atividades de investimento, e atividades de financiamento. A primeira seção, de atividades operacionais, começa com o lucro líquido proveniente do demonstrativo de resultados. Depois, ela corrige este valor somando todas as entradas não-correspondentes ao caixa relativas às atividades operacionais da empresa. A seção seguinte, de atividades de investimento, lista o caixa utilizado em investimentos. A terceira seção, de atividades de financiamento, exibe o fluxo de caixa entre a empresa e seus investidores. O demonstrativo de fluxos de caixa da Global Conglomerate é exibido na Tabela 2.3. Nesta seção, observaremos mais detalhadamente cada componente do demonstrativo de fluxos de caixa.

Atividades operacionais

A primeira seção do demonstrativo de fluxos de caixa da Global soma ao lucro líquido todos os itens não-correspondentes ao caixa relacionados às atividades operacionais. Por exemplo, a depreciação é deduzida ao calcularmos o lucro líquido, mas não é uma despesa de caixa real. Assim, somamo-la de volta ao lucro líquido ao determinarmos o valor em dinheiro que a empresa gerou. Da mesma forma, também somamos de volta quaisquer outras despesas não-correspondentes a dinheiro (por exemplo, impostos diferidos).

Em seguida, corrigimos as alterações no capital de giro líquido que surgem das alterações nas contas a receber, contas a pagar, ou estoque. Quando uma empresa vende um produto, ela registra a receita como renda, apesar de talvez não receber o dinheiro desta venda imediatamente. Em vez disso, ela pode oferecer crédito ao cliente e deixá-lo pagar no futuro. A obrigação do cliente entra

TABELA 2.3 — Demonstrativo de fluxos de caixa da Global Conglomerate Corporation nos anos de 2005 e 2004

GLOBAL CONGLOMERATE CORPORATION Demonstrativo de fluxos de caixa Exercício terminado em 31 de dezembro (em $ milhões)		
	2005	2004
Atividades operacionais		
Lucro líquido	2,0	1,9
Depreciação e amortização	1,2	1,1
Outros itens não-correspondentes ao caixa	(2,8)	(1,0)
Efeito de caixa em alterações em		
Contas a receber	(5,3)	(0,3)
Contas a pagar	4,7	(0,5)
Estoque	(1,0)	(1,0)
Caixa das atividades operacionais	**(1,2)**	**0,2**
Atividades de investimento		
Desembolso de capital	(14,0)	(4,0)
Aquisições e outras atividades de investimento	(27,0)	(2,0)
Caixa das atividades de investimento	**(41,0)**	**(6,0)**
Atividades de financiamento		
Dividendos pagos	(1,0)	(1,0)
Venda ou compra de ações	—	—
Aumento nos empréstimos de curto prazo	1,3	3,0
Aumento nos empréstimos de longo prazo	43,6	2,5
Caixa de atividades de financiamento	**43,9**	**4,5**
Alterações no caixa e equivalentes de caixa	**1,7**	**(1,3)**

nas contas a receber da empresa. Como esta venda foi registrada como parte do lucro líquido, mas o dinheiro ainda não foi recebido do cliente, temos que corrigir os fluxos de caixa *deduzindo* os aumentos em contas a receber. Este aumento representa novos empréstimos oferecidos pela empresa a seus clientes, e reduz o dinheiro disponível em caixa para a empresa. De maneira similar, *adicionamos* os aumentos nas contas a pagar. As contas a pagar representam os empréstimos contraídos pela empresa de seus fornecedores. Este empréstimo aumenta o dinheiro disponível em caixa para a empresa. Finalmente, *deduzimos* os aumentos nos estoques. Aumentos nos estoques não são registrados como despesa e não contribuem ao lucro líquido (o custo dos bens são incluídos no lucro líquido somente quando os bens são de fato vendidos). Entretanto, o custo de se aumentar os estoques é uma despesa de caixa para a empresa e tem que ser deduzida.

As alterações nesses itens do capital de giro podem ser retiradas do balanço patrimonial. Por exemplo, da Tabela 2.1, temos que as contas a receber da Global aumentaram de $13,2 milhões em 2004 para $18,5 milhões em 2005. Deduzimos o aumento de $18,5 − $13,2 = $5,3 milhões no demonstrativo de fluxos de caixa. Observe que, apesar de a Global ter exibido um lucro líquido positivo no demonstrativo de resultados, ela na verdade teve um fluxo de caixa negativo de $1,2 milhão em despesas operacionais, em grande parte devido ao aumento nas contas a receber.

Atividades de investimento

A seção seguinte do demonstrativo de fluxos de caixa exibe o dinheiro necessário para as atividades de investimento. A aquisição de novas propriedades, instalações e equipamentos é chamada de **desembolsos de capital**. Lembremos que os desembolsos de capital não aparecem imediatamente como despesas no demonstrativo de resultados. Em vez disso, a empresa deprecia esses ativos e deduz as despesas de depreciação ao longo do tempo. Para determinar o fluxo de caixa de uma empresa, já somamos de volta a depreciação, pois ela não é uma despesa de caixa de fato. Agora, subtraímos outros ativos adquiridos ou investimentos feitos pela empresa, como aquisições. Na Tabela 2.3, vemos que em 2005 a Global gastou $41 milhões do caixa em atividades de investimento.

Atividades de financiamento

A última seção do demonstrativo de fluxos de caixa exibe os fluxos de caixa das atividades de financiamento. Dividendos pagos a sócios são uma saída de caixa. A Global pagou $1 milhão a seus sócios como dividendos em 2005. A diferença entre o lucro líquido de uma empresa e o valor que ela gasta em dividendos é chamada pela empresa de **lucros retidos** daquele ano:

$$\text{Lucros retidos} = \text{Lucro líquido} - \text{Dividendos} \qquad (2.11)$$

A Global reteve $2 milhões − $1 milhão = $1 milhão, ou 50% de seus lucros em 2005.

Também é listado como atividade de financiamento qualquer dinheiro que a empresa tenha recebido da venda de suas próprias ações, ou que tenha sido gasto comprando (recomprando) suas próprias ações. A Global não emitiu ou recomprou ações durante esse exercício.

Os últimos itens a serem incluídos nesta seção resultam de alterações nos empréstimos de curto prazo e de longo prazo da Global. A Global levantou dinheiro criando dívidas, então os aumentos nos empréstimos de curto e de longo prazo representam influxos de caixa. A última linha do demonstrativo de fluxos de caixa soma os fluxos de caixa dessas três atividades para calcular a alteração geral no balanço de caixa da empresa no exercício do demonstrativo. Neste caso, a Global teve fluxos de caixa positivos de $1,7 milhões. Observando o demonstrativo na Tabela 2.3 como um todo, podemos determinar que a Global escolheu contrair empréstimos (principalmente na forma de financiamentos de longo prazo) para cobrir os custos de suas atividades de investimento e de suas atividades operacionais. Apesar de o balanço de caixa da empresa ter aumentado, os fluxos de caixa operacionais negativos da Global e os desembolsos relativamente altos em atividades de investimento podem dar aos investidores alguns motivos de preocupação. Se este padrão continuar, a Global terá que continuar a contrair empréstimos para permanecer em atividade.

> **EXEMPLO 2.4**
>
> **O impacto da depreciação sobre o fluxo de caixa**
>
> **Problema**
>
> Suponha que a Global possua uma despesa extra de $1 milhão em depreciação em 2005. Se a alíquota sobre o lucro antes dos impostos for de 26%, qual será o impacto dessa despesa sobre seus rendimentos? Qual seria seu impacto sobre o caixa da empresa no fim do ano em exercício?
>
> **Solução**
>
> A depreciação é uma despesa operacional, então o resultado operacional, o EBIT e o lucro antes dos impostos da Global teriam uma queda de $1 milhão. Esta diminuição no lucro antes dos impostos reduziria seus impostos a declarar em 26% × $1 milhão = $0,26 milhão.
>
> No demonstrativo do fluxo de caixa, a receita líquida cairia $0,74 milhão, mas acresceríamos a depreciação adicional de $1milhão, porque este não é um desembolso de caixa. Assim o caixa das atividades operacionais aumentaria de -0,74 + 1 = $0,26 milhão. Portanto, o balanço de caixa da Global no final do ano aumentaria em $0,26 milhão, o valor de economia tributária resultante da dedução extra da depreciação.

FIXAÇÃO DE CONCEITOS

1. Por que o lucro líquido de uma empresa não corresponde ao caixa obtido?
2. Quais são os componentes do demonstrativo de fluxos de caixa?

2.5 Outras informações dos demonstrativos financeiros

Os elementos mais importantes dos demonstrativos financeiros de uma empresa são o balanço patrimonial, o demonstrativo de resultados e o demonstrativo de fluxos de caixa, que já discutimos. Várias outras informações contidas nos demonstrativos financeiros merecem uma breve menção: o relatório da administração, o demonstrativo da equivalência patrimonial, e as notas explicativas do demonstrativo financeiro.

Relatório da administração

O **relatório da administração** (**MD&A**, ou *management discussion and analysis*, no original) é um prefácio aos demonstrativos financeiros nos quais a gerência da empresa discute o último ano (ou trimestre), fornecendo os antecedentes da empresa e quaisquer eventos significativos que tenham ocorrido. A gerência também pode discutir o ano seguinte e traçar metas e novos projetos.

A gerência também deve discutir quaisquer riscos importantes que a empresa enfrente ou gere e que possam afetar sua liquidez ou seus recursos. Possui também a incumbência de revelar quaisquer **transações fora do balanço patrimonial**, que são transações ou acordos que podem causar um impacto material sobre o desempenho futuro da empresa, mas que não aparecem no balanço patrimonial. Por exemplo, se uma empresa tiver feito garantias de que irá recompensar um comprador por perdas relacionadas a um ativo dela comprado, essas garantias representam um potencial passivo futuro para a empresa que tem que ser revelado como parte do MD&A.

Demonstrativo da equivalência patrimonial

O **demonstrativo da equivalência patrimonial** divide o patrimônio líquido dos sócios calculado no balanço patrimonial em valor proveniente da emissão de novas ações *versus* lucros retidos. Como o valor contábil do patrimônio líquido não é uma avaliação útil do valor para propósitos financeiros, as informações contidas no demonstrativo da equivalência patrimonial não são particularmente inspiradoras.

Notas explicativas dos demonstrativos financeiros

Além dos quatro demonstrativos financeiros, as empresas fornecem extensas notas explicativas com maiores detalhes sobre as informações neles contidas. Por exemplo, as notas explicativas documen-

ENTREVISTA COM
Sue Frieden

Sue Frieden é Sócia-Gerente Global de Qualidade e Gerenciamento de Risco da Ernst & Young. Membro do Conselho Executivo Global, é responsável por cada aspecto de qualidade e gerenciamento de risco – funcionários, serviços, procedimentos e clientes.

PERGUNTA: *Os demonstrativos financeiros de hoje em dia oferecem ao público investidor o que ele precisa?*

RESPOSTA: Globalmente, estamos vendo um esforço no que diz respeito a fornecer informações mais objetivas aos investidores. Mas perguntas fundamentais, como o quanto os investidores compreendem os demonstrativos financeiros e até onde eles os lêem por completo, permanecem sem resposta. Pesquisas mostram que a maioria dos investidores não confia muito nos demonstrativos financeiros. Precisamos determinar como os demonstrativos financeiros e os modelos de relatórios podem ser aperfeiçoados. Para fazê-lo, precisamos de um diálogo que envolva investidores, reguladores, analistas, auditores, bolsas de valores, profissionais do mundo acadêmico e outros profissionais para garantir que os demonstrativos financeiros e outros modelos de relatório sejam o mais relevantes possível.

PERGUNTA: *A Ernst & Young é uma organização global. Como os padrões contábeis dos EUA podem ser comparados aos padrões de outros países?*

RESPOSTA: Em janeiro de 2005, 100 países fora dos EUA iniciaram o processo de adotar novos padrões contábeis (Padrões Internacionais de Relatórios Financeiros, ou IFRS) que se baseariam mais em princípios do que em regras. À medida que os mercados globais vão se tornando mais complexos, fica claro que todos precisamos seguir as mesmas regras, mas, como um primeiro passo, precisamos ter consistência de um país para o outro. Certamente existem desafios a serem vencidos na reconciliação dos sistemas baseados em princípios com os sistemas baseados em regras, mas estamos otimistas de que estes desafios inevitavelmente serão resolvidos. Ao mesmo tempo, existem esforços em andamento no sentido de assegurar que os padrões de auditoria sejam globalmente consistentes. Em última análise, demonstrativos financeiros preparados sob padrões globais e auditados sob padrões de auditoria globais consistentes serão de maior utilidade aos investidores.

PERGUNTA: *Que papel a empresa de auditoria desempenha em nossos mercados financeiros, e como isso tem mudado desde a falência da Arthur Anderson?*

RESPOSTA: Todos nós – toda a comunidade empresarial – passamos por um momento histórico importantíssimo. E certamente a profissão de contador também tem testemunhado mudanças sem precedentes nos últimos anos. A aprovação do Sarbanes-Oxley e outras mudanças estão ajudando a restaurar a confiança pública. As coisas certamente estão diferentes do que conhecíamos antes. Agora estamos nos engajando regularmente com uma maior variedade de interessados – empresas, conselhos, criadores de políticas, líderes de opinião, investidores e o mundo acadêmico. E tivemos a chance de parar e nos perguntar por que fazemos o que fazemos como profissionais de contabilidade, e qual é a importância do que fazemos. Em termos dos serviços que oferecemos, grande parte do que fazemos ajuda as empresas a se enquadrar nos regulamentos, se resguardar contra riscos indevidos e implementar transações sólidas. E parte do valor do que fazemos é fornecer a base para todos os interessados compreenderem se as empresas estão seguindo as regras – sejam as regras de contabilidade, as regras dos demonstrativos financeiros ou as regras tributárias. Ajudamos a criar confiança nos dados financeiros. O público pode não compreender exatamente o que os auditores fazem, ou como o fazemos, mas eles se importam com nossa existência, pois ela fornece a eles a confiança de que tanto precisam e que tanto desejam.

PERGUNTA: *Como uma empresa de contabilidade global como a Ernst & Young garante que cada um de seus parceiros adote os padrões adequados?*

RESPOSTA: As pessoas geralmente me dizem, como líder global de qualidade e de gerenciamento de risco, como meu trabalho é difícil e o quanto dele recai sobre meus ombros. A verdade é que fazer a coisa certa – adotar e, muitas vezes, exceder os padrões esperados de nós como auditores públicos independentes – recai sobre os ombros de todos na organização. Todos os nossos mais de 107.000 funcionários em todo o mundo sabem que é sua responsabilidade fazer isso acontecer. Além disso, eles sabem que é de sua responsabilidade levantar questões quando têm preocupações. Talvez ainda mais importante seja o fato de que todo o nosso pessoal sabe que nenhum cliente é grande demais para nos deixar se sentirmos que a gerência da empresa não está comprometida em fazer a coisa certa.

tam importantes suposições contábeis utilizadas na preparação dos demonstrativos. Geralmente fornecem informações específicas às subsidiárias de uma empresa ou suas diversas linhas de produtos. Mostram também os detalhes dos planos de remuneração por ações para os funcionários da empresa e os diferentes tipos de dívidas que possui em circulação. Detalhes de aquisições, cisões, *leasings*, impostos e atividades de gerenciamento de risco também são fornecidos. As informações contidas nas notas explicativas geralmente são muito importantes para que os demonstrativos financeiros sejam integralmente interpretados.

EXEMPLO 2.5 — Venda por categoria de produto

Problema

Nas notas explicativas de seus demonstrativos financeiros, a H. J. Heinz (HNZ) declarou as seguintes receitas de vendas por categoria de produto (em $ milhões):

	2005	2004
Ketchup, condimentos e molhos	$3.234.229	$3.047.662
Alimentos congelados	2.209.586	1.947.777
Refeições rápidas	2.005.468	1.874.272
Alimentos infantis	855.558	908.469
Outros	607.456	636.358

Que categoria exibiu maior crescimento percentual? Se a Heinz mantivesse o mesmo crescimento percentual por categoria de 2005 para 2006, qual seria sua receita total em 2006?

Solução

O crescimento percentual na venda de ketchup e condimentos foi de (3.234.229 − 3.047.662) / 3.047.662 = 6,1%. Da mesma forma, o crescimento dos alimentos congelados foi de 13,4%, e o de refeições rápidas foi de 7,0%. Entretanto, as vendas de alimentos infantis teve uma queda de 5,8%, e as vendas de outros produtos caíram 4,5%. Assim, os alimentos congelados exibiram o maior crescimento.

Se essa taxa de crescimento continuar por mais um ano, as vendas de ketchup e condimentos serão de 3.234.229 × 1,061 = $3,43 bilhões, e as vendas das outras categorias serão de $2,51 bilhões, $2,15 bilhões, $0,81 bilhão e $0,58 bilhão, respectivamente, somando uma receita total de $9,48 bilhões.

FIXAÇÃO DE CONCEITOS

1. Onde aparecem as transações fora do balanço patrimonial no demonstrativo financeiro de uma empresa?
2. Que informações fornecem as notas explicativas do demonstrativo financeiro?

2.6 Manipulação contábil

Os vários demonstrativos financeiros que examinamos são de enorme importância para os investidores, bem como para gerentes financeiros. Mesmo com salvaguardas como o GAAP e auditores, abusos envolvendo relatórios financeiros de fato ocorrem. Agora analisaremos dois dos mais infames exemplos recentes.

Enron

A Enron vivenciou o mais famoso dos escândalos contábeis do início da década de 2000. Tendo iniciado suas atividades como operadora de dutos de gás natural, evoluiu para uma empresa global que fornecia diversos produtos como gás, petróleo, eletricidade, e até mesmo capacidade de banda larga de Internet. Uma série de eventos se desenrolaram, levando a Enron a entrar com o maior pedido de falência da história dos Estados Unidos em dezembro de 2001. No final de 2001, o valor de mercado de suas ações tinham sofrido uma queda de mais de $60 bilhões.

É interessante que, no decorrer de 1990 e até o final de 2001, a Enron era promovida como uma das mais bem-sucedidas e lucrativas empresas da América do Norte. A revista *Fortune* a classificou como "Empresa mais Inovadora da América do Norte" por seis anos consecutivos, de 1995 a 2000. Mas apesar de muitos aspectos de seus negócios serem bem-sucedidos, as investigações subsequentes sugerem que seus executivos estavam manipulando os demonstrativos financeiros da empresa para enganar os investidores e artificialmente inflacionar o preço de suas ações e manter seu índice de solvência. Em 2000, por exemplo, 96% dos lucros declarados pela Enron eram resultado de manipulações contábeis.[7]

Apesar de as manipulações contábeis utilizadas pela Enron serem bastante sofisticadas, a essência da maioria das transações enganosas era surpreendentemente simples. A Enron vendia ativos a preços inflacionados para outras empresas (ou, em muitos casos, para entidades empresariais que seu próprio CFO, Andrew Fastow, havia criado), juntamente com a promessa de comprar esses ativos de volta a preços futuros ainda mais altos. Assim, a empresa estava efetivamente contraindo empréstimos, recebendo dinheiro hoje em troca da promessa de pagar mais dinheiro no futuro, mas registrava o influxo de caixa como receita, e então escondia as promessas de compra dos ativos de volta de diversas maneiras.[8] Ao final, grande parte do crescimento de sua receita e lucros no fim da década de 1990 era resultante desse tipo de manipulação.

WorldCom

No dia 21 de julho de 2002, a WorldCom entrou com o maior pedido de falência de todos os tempos. Em seu ápice, a WorldCom tinha uma capitalização de mercado de $120 bilhões. Novamente, uma série de manipulações contábeis iniciadas em 1998 escondiam os problemas financeiros da empresa do conhecimento de seus investidores.

No caso da WorldCom, a fraude foi reclassificar $3,85 bilhões em despesas operacionais como investimento de longo prazo. O impacto imediato desta alteração foi impulsionar seus lucros declarados: as despesas operacionais eram deduzidas dos lucros imediatamente, enquanto que os investimentos de longo prazo eram depreciados lentamente com o tempo. Obviamente, esta manipulação não viria a aumentar seus fluxos de caixa, porque os investimentos de longo prazo têm que ser deduzidos no demonstrativo de fluxos de caixa no momento em que são feitos.

Alguns investidores estavam preocupados com os excessivos investimentos da WorldCom em comparação ao resto da indústria. Como um consultor de investimentos comentou: "As bandeiras vermelhas [foram] coisas como grandes desvios entre os lucros declarados e excesso de fluxo de caixa... [e] excessivos desembolsos de capital por um longo período. Foi isso que nos tirou da WorldCom em 1999".[9]

Lei Sarbanes-Oxley

A Enron e a WorldCom ressaltam a importância para os investidores de que os demonstrativos financeiros das empresas em que eles escolhem investir sejam precisos e atualizados. Em 2002, o Congresso aprovou a Lei Sarbanes-Oxley, que exige, entre outras coisas, que os CEOs e CFOs verifiquem a precisão e a adequação dos demonstrativos financeiros de suas empresas, além de aumentar as penalidades contra eles se ficar provado posteriormente que os demonstrativos financeiros são fraudulentos.[10]

FIXAÇÃO DE CONCEITOS

1. Descreva as transações que a Enron utilizava para aumentar seus lucros declarados.
2. O que é a Lei Sarbanes-Oxley?

---

[7] John R. Kroger, "Enron, Fraud and Securities Reform: An Enron Prosecutor's Perspective", *University of Colorado Law Review* (December 2005): pp. 57-138.

[8] Em alguns casos, essas promessas eram chamadas de "responsabilidades de gerenciamento de risco de preços" e escondidas junto a outras atividades comerciais; em outros casos, eram transações fora do balanço patrimonial que não eram totalmente reveladas.

[9] Robert Olstein, como declarado no *Wall Street Journal*, August 23, 2002.

[10] Discutimos esses e outros assuntos relacionados de governança corporativa posteriormente, no Capítulo 29.

Resumo

1. Demonstrativos financeiros são relatórios contábeis emitidos periodicamente por uma empresa para descrever seu desempenho passado.

2. Os investidores, analistas financeiros, gerentes e outras partes interessadas, como credores, dependem dos demonstrativos financeiros para obter informações confiáveis a respeito de uma empresa.

3. Os principais tipos de demonstrativos financeiros são o balanço patrimonial, o demonstrativo de resultados e o demonstrativo de fluxos de caixa.

4. O balanço patrimonial exibe a posição financeira (ativos, passivos e patrimônio líquido dos sócios) da empresa em determinado momento.

5. Os dois lados do balanço patrimonial têm que estar equilibrados:

$$\text{Ativos} = \text{Passivos} + \text{Patrimônio dos sócios} \quad (2.1)$$

6. O patrimônio dos sócios é o valor contábil do patrimônio líquido da empresa. Difere do valor de mercado do patrimônio líquido da empresa, ou sua capitalização de mercado, devido ao modo como os ativos e os passivos são registrados para propósitos contábeis. O índice *market-to-book* de uma empresa bem-sucedida tipicamente excede 1.

7. Um índice comum utilizado para avaliar a alavancagem de uma empresa é

$$\text{Índice capital de terceiros/capital próprio} = \text{Dívida total / Patrimônio líquido total} \quad (2.3)$$

Este índice é mais informativo quando calculado utilizando o valor de mercado do patrimônio líquido. Ele indica o grau de alavancagem da empresa.

8. O valor de empresa de uma empresa é o valor total de suas operações de negócios subjacentes:

$$\text{Valor de empresa} = \text{Valor de mercado do patrimônio líquido} + \text{Dívida} - \text{Caixa} \quad (2.4)$$

9. O demonstrativo de resultados declara as receitas e despesas da empresa, e calcula o resultado final do lucro líquido, ou rendimentos.

10. O lucro líquido geralmente é declarado com base em cada ação, como os lucros por ação da empresa:

$$\text{Lucros por ação (EPS)} = \text{Lucro líquido / Ações em circulação} \quad (2.5)$$

Calculamos o EPS diluído adicionando ao número de ações em circulação o possível aumento no número de ações provenientes do exercício de opções de ações que a empresa tenha concedido.

11. Os índices de rentabilidade exibem a receita operacional ou o lucro líquido da empresa como uma fração das vendas, e são uma indicação da eficiência de uma empresa e de sua estratégia de precificação.

12. Os índices de capital de giro expressam o capital de giro de uma empresa como um número de dias de vendas (de contas a receber) ou custo de vendas (de estoques ou contas a pagar).

13. Os índices de cobertura de juros indicam a razão entre os rendimentos ou fluxos de caixa e suas despesas com juros, e são uma medida de força financeira.

14. Os índices de retorno sobre investimento, como o ROE ou o ROA, expressam o lucro líquido da empresa como um retorno sobre o valor contábil de seu patrimônio líquido ou total de ativos.

15. Os índices de avaliação calculam a capitalização de mercado ou valor de empresa da empresa em relação a seus rendimentos ou sua receita operacional.

16. O índice P/E calcula o valor de uma ação em relação ao EPS da empresa. Os índices P/E tendem a ser altos para empresas em rápido crescimento.

17. Ao compararmos índices de avaliação, é importante certificar-se de que tanto numerador quanto denominador batam em termos de incluir dívidas.

18. O demonstrativo de fluxos de caixa declara as fontes e os usos do dinheiro da empresa. Ele mostra as correções no lucro líquido de despesas não-correspondentes ao caixa e alterações no capital de giro líquido, além do caixa utilizado (ou fornecido) pelas atividades de investimento e de financiamento.

19. A seção sobre o relatório da administração contém uma visão panorâmica do desempenho da empresa, além da publicação dos riscos que a empresa enfrenta, inclusive aqueles provenientes de transações fora do balanço patrimonial.

20. O demonstrativo da equivalência patrimonial divide o patrimônio líquido dos sócios calculado no balanço patrimonial em valor proveniente da emissão de novas ações *versus* lucros retidos. O valor contábil de patrimônio não é uma avaliação particularmente útil do valor para propósitos financeiros.

21. As notas explicativas dos demonstrativos financeiros de uma empresa geralmente contêm importantes detalhes relativos aos números utilizados nos demonstrativos principais.

22. Os recentes escândalos contábeis chamaram a atenção para a importância dos demonstrativos financeiros. Novas legislações aumentaram as penalidades por fraude e tornaram mais severos os procedimentos que as empresas têm que utilizar a fim de garantir a precisão dos demonstrativos.

Termos fundamentais

10-K *p. 58*
10-Q *p. 58*
alavancagem *p. 63*
amortização *p. 61*
ativo circulante *p. 59*
ativos *p. 59*
auditor *p. 59*
balanço patrimonial *p. 59*
capital de giro líquido *p. 61*
capitalização de mercado *p. 62*
contas a pagar *p. 61*
contas a receber *p. 60*
demonstrativo da equivalência patrimonial *p. 72*
demonstrativo de fluxos de caixa *p. 69*
demonstrativo de resultados *p. 65*
demonstrativos financeiros *p. 58*
depreciação *p. 60*
desembolsos de capital *p. 71*
diluição *p. 66*
discussão e relatório da administração (MD&A) *p. 72, 74*
dívida de longo prazo *p. 61*
EBIT *p. 66*
EBITDA *p. 67*
EPS diluído *p. 66*
estoques *p. 60*
exigíveis a curto prazo *p. 61*
fundo de comércio *p. 60*
growth stocks ou ações de crescimento *p. 63*
impostos diferidos *p. 61*
índice capital de terceiros/capital próprio *p. 63*
índice de cobertura de juros *p. 67*
índice de liquidez corrente *p. 64*
índice de liquidez seca *p. 64*
índice *market-to-book* (índice *price-to-book* [P/B]) *p. 63*
índice preço-lucro (P/E) *p. 68*
leasing financeiro *p. 61*
lucro bruto *p. 65*
lucro líquido *p. 65*
lucros por ação (EPS) *p. 66*
lucros retidos *p. 71*
margem de lucro líquido *p. 67*
margem operacional *p. 66*
opções de ações *p. 66*
passivos *p. 59*
patrimônio dos sócios *p. 59*
prazo de recebimento em dias *p. 67*
Princípios Contábeis Geralmente Aceitos (GAAP) *p. 58*
relatório anual *p. 58*
relatório da administração *p. 72*
resultado operacional *p. 66*
retorno sobre ativo fixo (ROA) *p. 68*
retorno sobre patrimônio líquido (ROE) *p. 68*
títulos conversíveis *p. 66*
títulos negociáveis *p. 59*
transações fora do balanço patrimonial *p. 72*
valor contábil de patrimônio *p. 62*
valor contábil *p. 60*
valor de empresa *p. 64*
valor de liquidação *p. 63*
value stocks ou ações de valor *p. 63*

Leituras recomendadas

Para uma abordagem introdutória sobre demonstrativos financeiros, ver T. R. Ittelson, *Financial Statements: A Step-By-Step Guide to Understanding and Creating Financial Reports*, 1ª ed. (Career Press, 1998).

Para maiores informações sobre contabilidade financeira, há muitos livros didáticos introdutórios em nível de MBA. Dois deles são J. Pratt, *Financial Accounting in an Economic Context*, 5ª ed. (John Wiley & Sons, 2003); e C. Stickney and R. Weil, *Financial Accounting*, 10ª ed. (Thomson/South-Western, 2003).

Para saber mais sobre análise de demonstrativos financeiros, ver K. G. Palepu, P. M. Healy, V. L. Bernard, *Business Analysis and Valuation: Using Financial Statements* (South-Western College Pub, 2003); e L. Revsine, D. W. Collins, W. B. Johnson, *Financial Reporting & Analysis* (Prentice Hall, 1999).

Encontra-se disponível uma grande quantidade de informações públicas relativas aos supostos escândalos contábeis na Enron Corporation. Um bom ponto de partida é um relatório produzido por um comitê estabelecido pelo próprio conselho de diretoria da Enron: *Report of the Special Investigative Committee of the Board of Directors of Enron* (*Powers Report*), publicado no dia 2 de fevereiro de 2002 (disponível *online*).

Problemas

Os números destacados com ■ indicam problemas disponíveis no MyFinanceLab. Um asterisco (*) indica problemas com um nível mais alto de dificuldade.

A publicação das informações

1. Que quatro demonstrativos financeiros podem ser encontrados no arquivo 10-K de uma empresa? Quais são os tipos de verificação sobre a precisão desses demonstrativos?

2. Quem lê os demonstrativos financeiros? Liste pelo menos três diferentes categorias de pessoas. Para cada categoria, dê um exemplo do tipo de informação em que elas podem estar interessadas e discuta por quê.

3. Encontre os demonstrativos financeiros mais recentes da corporação Starbuck's (SBUX) utilizando as seguintes fontes:

   a. o *website* da empresa, www.starbucks.com (*Dica*: procure "*investor relations*", ou relações com os investidores).

   b. o *website* da SEC, www.sec.gov (*Dica*: procure arquivos de empresas no banco de dados EDGAR)

   c. o *website* do Yahoo finance, finance.yahoo.com.

   d. pelo menos uma outra fonte diferente (*Dica*: procure "SBUX 10K" em www.google.com).

O balanço patrimonial

4. Considere os seguintes eventos potenciais que poderiam ter ocorrido à Global Conglomerate no dia 30 de dezembro de 2005. Para cada um deles, indique que itens do balanço patrimonial da Global seriam afetados, e em quanto. Indique também a alteração no valor contábil de patrimônio da empresa.

   a. A Global utilizou $20 milhões de seu dinheiro disponível para pagar $20 milhões de suas dívidas de longo prazo.

   b. Um incêndio no armazém de depósito da Global destruiu $5 milhões em estoques não-segurados.

   c. A Global utilizou $5 milhões em dinheiro e $5 milhões em novas dívidas de longo prazo para comprar um edifício de $10 milhões.

   d. Um grande cliente que deve $3 milhões por produtos já recebidos declara falência, não deixando nenhuma possibilidade de que a Global algum dia receba o pagamento.

e. Os engenheiros da Global descobrem um novo processo de fabricação que cortará o custo de seu produto carro-chefe em mais de 50%.

f. Um concorrente chave anuncia uma nova e radical política de precificação que irá oferecer preços drasticamente mais baixos do que os da Global.

5. Qual foi a mudança no valor contábil de patrimônio da Global de 2004 para 2005, de acordo com a Tabela 2.1? Isso significa que o preço de mercado das ações da Global aumentou em 2005? Explique.

6. Em março de 2005, a General Electric (GE) tinha um valor contábil de patrimônio de $113 bilhões, 10,6 bilhões de ações em circulação, e um preço de mercado de $36 por ação. A GE também tinha $13 bilhões em caixa e uma dívida total de $370 bilhões.

   a. Qual era a capitalização de mercado da GE? Qual era o índice *market-to-book* da GE?

   b. Qual era o índice capital de terceiros/capital próprio da GE? Qual era o índice capital de terceiros/capital próprio de mercado da GE?

   c. Qual era o valor de empresa da GE?

7. Encontre *online* o relatório anual 10-K da Peet's Coffee and Tea (PEET) arquivado em março de 2005. Responda às perguntas abaixo de acordo com seu balanço patrimonial:

   a. Quanto a Peet's tinha em caixa no início de 2005?

   b. Qual era o total de ativos da Peet's?

   c. Qual era o total de passivos da Peet's? Qual era o valor da dívida da Peet's?

   d. Qual era o valor contábil do patrimônio da Peet's?

O demonstrativo de resultados

8. Encontre *online* o relatório anual 10-K da Peet's Coffee and Tea arquivado em março de 2005. Responda às perguntas abaixo de acordo com seu demonstrativo de resultados:

   a. Qual foi a receita da Peet's em 2004? Qual foi o crescimento percentual dessa receita em relação à de 2003?

   b. Qual foi a margem de lucro operacional da Peet's em 2004? E a margem de lucro líquido? Qual é a relação dessas margens com as de 2003?

   c. Quais foram os rendimentos diluídos por ação da Peet's em 2004? Em que número de ações esse EPS se baseia?

EXCEL 9. Suponha que em 2006 a Global tenha lançado uma campanha de *marketing* agressiva que impulsiona as vendas em 15%. Entretanto, sua margem operacional diminuiu de 5,57% para 4,50%. Suponha que eles não tenham nenhuma outra renda, que as despesas com juros permaneçam inalteradas, e que os impostos sejam a mesma porcentagem da renda antes dos impostos de 2005.

   a. Qual seria o EBIT da Global em 2006?

   b. Qual foi a renda da Global em 2006?

   c. Se o índice P/E e o número de ações em circulação da Global permanecessem inalterados, qual seria o preço de suas ações em 2006?

EXCEL 10. Suponha que a alíquota de impostos que incidem sobre uma empresa seja de 35%.

   a. Que efeito uma despesa operacional de $10 milhões teria sobre os rendimentos desse ano? Que efeito tal despesa teria sobre os rendimentos do ano seguinte?

   b. Que efeito uma despesa de capital de $10 milhões teria sobre os rendimentos desse ano, se o capital sofresse uma depreciação de $2 milhões ao ano por 5 anos? Que efeito tal despesa teria sobre os rendimentos do ano seguinte?

*11. A Quisco Systems possui 6,5 bilhões de ações em circulação e um preço de $18 por ação. Ela está pensando em desenvolver *in house* um novo produto de rede a um custo de $500 milhões. Como alternativa, ela pode realizar a aquisição de uma empresa que já possui a tecnologia por $900 milhões (no preço corrente) em ações da Quisco. Suponha que, desconsiderando a despesa com a nova tecnologia, a Quisco tenha um EPS de $0,80.

a. Suponha que a Quisco desenvolva o produto *in house*. Que impacto o custo de desenvolvimento teria sobre seu EPS? Suponha que todos os custos sejam incorrido esse ano e sejam tratados como uma despesa com P&D, que a alíquota dos impostos que incidem sobre a Quisco seja de 35%, e que o número de ações em circulação permaneça inalterado.

b. Suponha que a Quisco não desenvolva o produto *in house*, mas, em vez disso, adquira a tecnologia. Que efeito a aquisição teria sobre seu EPS desse ano? (Observe que as despesas de aquisição não aparecem diretamente no demonstrativo de resultados. Suponha que a empresa adquirida não possua receitas ou despesas próprias, de modo que o único efeito sobre o EPS seja devido à mudança no número de ações em circulação).

c. Que método de aquisição da tecnologia teria o menor impacto sobre os rendimentos? Este método é o mais barato? Explique.

12. Em julho de 2005, a American Airlines (AMR) tinha uma capitalização de mercado de $2,3 bilhões, uma dívida de $14,3 bilhões, e $3,1 bilhões em caixa. A American Airlines tinha uma receita de $18,9 bilhões. A British Airways (BAB) tinha uma capitalização de mercado de $5,2 bilhões, uma dívida de $8,0 bilhões, $2,9 bilhões em caixa, e uma receita de $13,6 bilhões.

a. Compare a razão entre capitalização de mercado e receita (também chamada de índice preço-venda) para a American Airlines e a British Airways.

b. Compare a razão entre valor de empresa e receita para a American Airlines e a British Airways.

c. Qual dessas comparações é mais significativa? Explique.

O demonstrativo de fluxos de caixa

13. Encontre *online* o relatório anual 10-K da Peet's Coffee and Tea arquivado em março de 2005. Responda às perguntas abaixo de acordo com seu demonstrativo de fluxos de caixa:

a. Que valor de caixa a Peet's gerou com suas atividades operacionais em 2004?

b. Qual foi a despesa com depreciação da Peet's em 2004?

c. Que valor de caixa foi investido em novas propriedades e equipamentos (subtraindo quaisquer vendas) em 2004?

d. Quanto a Peet's levantou com a venda de ações (subtraindo quaisquer compras) em 2004?

14. Uma empresa com lucro líquido positivo pode ficar sem caixa? Explique.

15. Observe o demonstrativo de fluxos de caixa da H. J. Heinz (HNZ) (em $ milhões):

Demonstrativo de fluxos de caixa:	27 abr 05	26 jan 05	27 out 04	28 jul 04
Lucro líquido	206.487	152.411	198.965	194.836
Atividades operacionais, fluxos de caixa gerados por ou gastos em				
Depreciação	67.752	65.388	60.229	59.083
Correções no lucro líquido	150.588	12.616	−43.557	62.140
Mudanças nas contas a receber	−84.612	55.787	−55.303	129.979
Mudanças nos passivos	135.732	−206.876	223.953	−202.123
Mudanças nos estoques	140.434	51.280	−210.093	−6.936
Mudanças nas atividades operacionais	38.266	−4.022	47.384	−50.799
Total do fluxo de caixa das atividades operacionais	654.647	126.584	221.578	186.180
Atividades de investimento, fluxos de caixa gerados por ou gastos em				
Despesas de capital	−109.647	−48.404	−44.180	−38.440
Investimentos	40.000	—	−19.179	19.179
Outros fluxos de caixa provenientes de atividades de investimento	−69.275	−24.197	45.296	−15.207
Total do fluxo de caixa das atividades de investimento	−138.922	−72.601	−18.063	−34.468

Atividades de financiamento, fluxos de caixa gerados por ou gastos em				
Dividendos pagos	−99.617	−99.730	−99.552	−99.970
Compra e venda de ações	−102.286	20.903	−63.357	−67.225
Empréstimos líquidos	−11.409	−440.029	1.955	−4.520
Outros fluxos de caixa provenientes das atividades de financiamento	2.629	—	—	11.323
Total de fluxos de caixa das atividades de financiamento	−210.683	−518.856	−160.954	−160.392
Efeito de mudanças na taxa de câmbio	−16.098	31.984	51.496	2.278
Alterações em caixa e equivalentes	$288.944	($432.889)	$94.057	($6.402)

a. Quais foram os rendimentos acumulados nestes quatro trimestres? Quais foram os fluxos de caixa acumulados provenientes das atividades operacionais?

b. Que fração do caixa das atividades operacionais foi utilizado para investimento ao longo dos quatro trimestres?

c. Que fração do caixa das atividades operacionais foi utilizado para atividades de financiamento ao longo destes quatro trimestres?

16. Suponha que sua empresa receba um pedido no valor de $5 milhões no último dia do ano. Você atende ao pedido com $2 milhões em estoques. O cliente recebe os produtos no mesmo dia e paga $1 milhão à vista em dinheiro; você também lança uma promissória para o cliente pagar os $4 milhões restantes em 30 dias. Suponha que a alíquota de impostos que incidem sobre sua empresa seja de 0% (isto é, ignore os impostos). Determine as consequências desta transação para cada um dos seguintes itens:

   a. Receitas
   b. Rendimentos
   c. Contas a receber
   d. Estoque
   e. Caixa

17. A Nokela Industries compra um conversor de ciclo de $40 milhões. O conversor de ciclo será depreciado em $10 milhões ao ano por quatro anos, a começar neste ano. Suponha que a alíquota de impostos que incidem sobre a Nokela seja de 40%.

   a. Que impacto o custo da compra terá sobre os rendimentos de cada um dos 4 próximos anos?
   b. Que impacto o custo da compra terá sobre o fluxo de caixa da empresa nos 4 próximos anos?

Outras informações dos demonstrativos financeiros

18. As informações do balanço patrimonial da Clorox Co. (CLX) em 2004-2005 é exibido aqui, com dados em milhões de dólares:

Balanço patrimonial:	31 mar 05	31 dez 04	30 set 04	30 jun 04
Ativos				
Ativo circulante				
Caixa e equivalentes de caixa	293.000	300.000	255.000	232.000
Contas a receber líquido	401.000	362.000	385.000	460.000
Estoques	374.000	342.000	437.000	306.000
Outros ativos circulantes	60.000	43.000	53.000	45.000
Total de ativos circulantes	1.128.000	1.047.000	1.130.000	1.043.000
Investimentos de longo prazo	128.000	97.000	—	200.000
Propriedade, instalações e equipamentos	979.000	991.000	995.000	1.052.000
Fundo de comércio	744.000	748.000	736.000	742.000
Outros ativos	777.000	827.000	911.000	797.000
Total de ativos	3.756.000	3.710.000	3.772.000	3.834.000

Passivos				
Passivos circulantes				
Contas a pagar	876.000	1.467.000	922.000	980.000
Dívidas de curto prazo / atuais de longo prazo	410.000	2.000	173.000	288.000
Outros passivos circulantes	—	—	—	—
Total de passivos circulantes	1.286.000	1.469.000	1.095.000	1.268.000
Dívidas de longo prazo	2.381.000	2.124.000	474.000	475.000
Outros passivos	435.000	574.000	559.000	551.000
Total de passivos	4.102.000	4.167.000	2.128.000	2.294.000
Total do patrimônio do sócio	−346.000	−457.000	1.644.000	1.540.000
Total de passivos & patrimônio do sócio	$3.756.000	$3.710.000	$3.772.000	$3.834.000

    a. Que mudança no valor contábil do patrimônio líquido da Clorox aconteceu no fim de 2004?

    b. O índice *market-to-book* da Clorox é significativo? E seu índice capital de terceiros/capital próprio, é significativo? Explique.

    c. Encontre *online* os demonstrativos financeiros da Clorox daquela época. Qual foi a causa da mudança no valor contábil do patrimônio líquido da Clorox no fim de 2004?

    d. O valor contábil do patrimônio da Clorox em 2005 significa que a empresa não seja lucrativa? Explique.

19. Encontre *online* o relatório anual 10-K da Peet's Coffee and Tea arquivado em março de 2005. Responda às perguntas abaixo de acordo com as notas explicativas de seus demonstrativos financeiros:

    a. Sob o plano de remuneração por ações, qual foi o lucro líquido da Peet's em 2004 após deduzir o justo valor das opções concedidas aos funcionários?

    b. Qual foi o estoque de matérias-primas da Peet's no fim de 2004?

    c. Qual foi o valor justo dos títulos públicos negociáveis portados pela Peet's no fim de 2004?

    d. De que propriedades a Peet's faz *leasing*?

    e. Quais são os pagamentos de *leasing* mínimos com vencimento em 2005?

    f. Que fração das vendas de 2004 da Peet's é proveniente de grãos de café ou de chá? Que fração é proveniente de bebidas e doces finos?

Manipulação contábil

20. Encontre *online* o relatório anual 10-K da Peet's Coffee and Tea (PEET) arquivado em março de 2005.

    a. Que empresa de auditoria autenticou esses demonstrativos financeiros?

    b. Que executivos da Peet's autenticaram os demonstrativos financeiros?

21. A WorldCom reclassificou $3,85 bilhões em despesas operacionais como desembolsos de capital. Explique que efeito esta reclassificação teria sobre seus fluxos de caixa. (*Dica*: considere os impostos.) As ações da WorldCom foram ilegais e com o claro objetivo de enganar os investidores. Mas se uma empresa pudesse legitimamente escolher como classificar uma despesa com propósitos tributários, que escolha seria realmente melhor para seus investidores?

Caso simulado

Esta é a sua segunda entrevista com uma prestigiada empresa de corretagem para um emprego como analista de patrimônio. Você sobreviveu às entrevistas do turno da manhã com o gerente de departamento e o vice-presidente de patrimônio. Tudo correu tão bem que eles querem testar sua capacidade como analista. Você está sentado em uma sala com um computador e uma lista com os nomes de duas empresas – Ford (F) e Microsoft (MSFT). Você tem 90 minutos para concluir as tarefas abaixo:

1. Faça um *download* dos demonstrativos de resultados, balanços patrimoniais e demonstrativos de fluxos de caixa para os quatro últimos anos fiscais do *website* da MarketWatch (www.marketwatch.com). Entre com o símbolo da bolsa de valores de cada empresa e então vá para "financials". Exporte os demonstrativos para o Excel clicando com o botão direito do mouse enquanto o cursor se encontra sobre cada demonstrativo.

2. Encontre preços históricos das ações de cada empresa no *website* do Yahoo! Finance (http://finance.yahoo.com). Entre com o símbolo da bolsa de valores, clique em "Historical Prices" na coluna da esquerda e entre com o período adequado, que cubra o último dia do mês correspondente à data de cada demonstrativo financeiro. Utilize os preços de fechamento das ações (e não o fechamento ajustado). Para calcular a capitalização de mercado das empresas em cada data, multiplicamos o número de ações em circulação (ver "Basic Weighted Shares Outstanding", ou média ponderada de ações em circulação no demonstrativo de resultados) pelo preço histórico das ações da empresa.

3. Para cada um dos quatro anos de demonstrativos, calcule os seguintes índices para cada empresa:

   Índices de avaliação

   Índice preço-lucro (como EPS, utilize o EPS diluído total)

   Índice *market-to-book*

   Índice de valor de empresa-EBITDA

   (para dívidas, inclua as de curto e as de longo prazo; para caixa, inclua títulos negociáveis).

   Índices de rentabilidade

   Margem operacional (utilize a receita operacional após a depreciação)

   Margem de lucro líquido

   Retorno sobre patrimônio líquido

   Índices de força financeira

   Índice de liquidez corrente

   Índice de capital de terceiros/capital próprio contábil

   Índice de capital de terceiros/capital próprio de mercado

   Índice de cobertura de juros (EBIT ÷ despesas com juros)

4. Obtenha as médias da indústria para cada empresa no *website* da Reuters (http://today.reuters.com/investing/default.aspx).[11] Entre com o símbolo da bolsa de valores de cada empresa no alto da página e então clique sobre "Ratios" na coluna da esquerda.

   a. Compare os índices de cada empresa aos índices disponíveis da indústria do ano mais recente. (Ignore a coluna "Company", já que seus cálculos serão diferentes).

   b. Analise o desempenho de cada empresa em relação à indústria e comente sobre quaisquer tendências no desempenho individual de cada uma delas. Identifique os pontos positivos ou negativos que você encontrou em cada empresa.

5. Examine os índices *market-to-book* que você calculou para cada empresa. Qual das duas empresas, se houver, pode ser considerada uma "empresa de crescimento", e qual, se houver, pode ser considerada uma "empresa de valores"?

6. Compare os índices de avaliação entre as duas empresas. Como você interpreta a diferença entre elas?

7. Considere o valor de empresa de cada empresa para cada um dos quatro anos. Como os valores de cada empresa mudaram ao longo do período em questão?

---

[11] A Reuters exige um cadastro gratuito para acessar o *site*. Professores podem desejar criar uma conta com *e-mail* e senha de turma.

CAPÍTULO 3

Arbitragem e Tomada de Decisões Financeiras

notação

NPV   valor presente líquido (ou *net present value*, no original)

r_f taxa de juros livre de risco

PV   valor presente (ou *present value*, no original)

r_s taxa de desconto de títulos *s*

Em julho de 2005, Jeff Fettig, CEO da Whirpool, empresa fabricante de eletrodomésticos, fez uma oferta de $1,43 bilhão em dinheiro e ações pela rival Maytag. No mesmo mês, o CEO da Hewlett-Packard, Mark Hurd, anunciou que a HP faria, nos 18 meses seguintes, um corte de 14.500 empregos, ou 10% de sua equipe que trabalhava tempo integral, a fim de reduzir custos. E Tom Gahan, CEO da Deutsche Bank Securities, autorizou seus traders da empresa a comprar e vender mais de $600 bilhões em ações das maiores empresas norte-americanas em uma estratégia chamada de "arbitragem de índices de bolsa de valores". Como esses CEOs decidiram que estas eram boas decisões para suas empresas?

Toda decisão tem consequências futuras, e estas consequências podem ser benéficas ou não. Por exemplo, após elevar sua oferta, a Whirpool teve êxito em sua tentativa de adquirir a Maytag. Além do custo à vista de $1,73 bilhão pela aquisição, a Whirpool também incorrerá nos custos contínuos de pagar os funcionários da Maytag, e desenvolver e produzir seus novos produtos, entre outros. Os benefícios da aquisição incluem as receitas de vendas futuras que os produtos da Maytag irão gerar e o possível aumento nas vendas da Whirpool em decorrência da concorrência reduzida. Adquirir a Maytag terá sido uma boa decisão se os benefícios futuros justificarem os custos à vista e futuros. Se os benefícios excederem os custos, a decisão aumentará o valor da empresa e, portanto, a riqueza de seus investidores.

Comparar custos e benefícios é complicado, porque geralmente eles ocorrem em diferentes pontos no tempo, podem ser em diferentes moedas, ou podem ter diferentes riscos a eles associados. Para uma comparação válida, temos que utilizar ferramentas de finanças para expressar todos os custos e benefícios em termos comuns. Em particular, as ferramentas que desenvolveremos nos permitirão tomar custos e benefícios que ocorrem em diferentes pontos no tempo, em diferentes moedas ou com diferentes riscos, e expressá-los em termos de dinheiro hoje. Poderemos, então, avaliar uma decisão respondendo a esta pergunta: *o valor em dinheiro hoje de seus benefícios excede o de seus custos?* Além disso, veremos que a diferença entre o valor em dinheiro dos benefícios e dos custos indica o valor líquido pelo qual a decisão irá aumentar a riqueza.

Neste capítulo, apresentaremos o conceito de *valor presente líquido (NPV)* como uma forma de comparar os custos e benefícios de um projeto em termos de uma unidade comum – a saber, o número de dólares hoje. Utilizamos essas mesmas ferramentas para determinar os preços de oportunidades de investimento negociáveis no mercado. Mais fundamentalmente, ao deduzir essas ferramentas, discutimos estratégias chamadas de *arbitragem*, que nos permitem explorar situações em que os preços de oportunidades de investimento publicamente disponíveis não se conformam aos valores que determinaremos. Como os investidores negociam rapidamente para tirar proveito das oportunidades de arbitragem, discutiremos que as oportunidades de investimento em negociação simultaneamente em mercados competitivos têm que ter o mesmo preço. Esta *Lei do Preço Único* é o tema unificador de avaliação que utilizaremos em todo este livro.

3.1 Avaliando custos e benefícios

O primeiro passo na avaliação de um projeto é identificar seus custos e benefícios. Suponhamos que nossa empresa seja uma importadora de frutos do mar congelados, e que encontremos a seguinte oportunidade: podemos adquirir $1.000 em camarões congelados hoje e revendê-los imediatamente a um cliente por $1.500. Se tivéssemos certeza desses custos e benefícios, a decisão certa seria óbvia: deveríamos aproveitar esta oportunidade porque a empresa ganhará $1.500 – $1.000 = $500. Assim, tomar esta decisão contribuiria em $500 ao valor da empresa, na forma de dinheiro que pode ser pago imediatamente aos investidores da empresa.

É claro que as oportunidades do mundo real são geralmente muito mais complexas do que a deste exemplo, e os custos e benefícios são muito mais difíceis de serem quantificados. A análise geralmente envolverá habilidades de outras disciplinas de gerenciamento, como nos exemplos abaixo:

Marketing: para determinar o aumento nas receitas resultantes de uma campanha publicitária.

Economia: para determinar o aumento na demanda resultante da diminuição do preço de um produto.

Comportamento organizacional: para determinar o efeito de mudanças na estrutura de gerenciamento sobre a produtividade.

Estratégia: para determinar a resposta de um concorrente ao aumento de preço.

Operações: para determinar os custos de produção após a modernização das instalações de uma fábrica.

No restante deste livro, suporemos que a análise dessas outras disciplinas para quantificar os custos e benefícios associados a uma decisão tenha sido concluída. Uma vez que esta tarefa tenha sido realizada, o gerente financeiro terá que comparar os custos e benefícios e determinar se a oportunidade vale a pena. Nesta seção, nos focaremos no uso de preços de mercado para determinar o valor corrente em dinheiro de diferentes custos e benefícios.

Utilizando preços de mercado para determinar valores em dinheiro

Para nosso negociante de camarões, custos e benefícios foram expressos em termos de dinheiro hoje: $1.000 investidos e $1.500 recebidos hoje. Na prática, benefícios e custos geralmente são expressos em termos diferentes, e temos que convertê-los a um valor equivalente em dinheiro.

Suponhamos que um fabricante de joias tenha a oportunidade de negociar 10 onças* de platina e receber 20 onças de ouro hoje. Como uma onça de ouro difere em valor de uma onça de platina, é incorreto comparar 20 onças a 10 onças e concluir que a quantidade maior é melhor.

---

* N. de T.: Onça (*ounce*, no original, cuja abreviatura é "oz") é uma medida de peso inglesa que equivale a 28,349 g.

Em vez disso, para compararmos custos e benefícios, primeiramente temos que convertê-los a uma unidade comum.

Consideremos o ouro. Qual é o seu valor em dinheiro hoje? Suponhamos que o ouro possa ser comprado e vendido por um preço de mercado corrente de $250 por onça. Então, as 20 onças de ouro que recebemos possuem um valor em dinheiro de[1]

(20 onças de ouro hoje) × ($250 hoje / onças de ouro hoje) = $5.000 hoje

Da mesma forma, se o preço de mercado corrente de platina for de $550 por onça, então as 10 onças de platina que preterimos possuem um valor em dinheiro de

(10 onças de platina hoje) × ($550 hoje / onça de platina hoje) = $5.500 hoje

Portanto, a oportunidade do joalheiro possui um benefício de $5.000 hoje e um custo de $5.500 hoje. Como os benefícios e custos estão na mesma unidade, eles são comparáveis. Neste caso, o valor líquido do projeto é de $5.000 − $5.500 = −$500 hoje. Por serem negativos, os custos excedem os benefícios e o joalheiro deve recusar o negócio. Se ele o fizesse, seria o mesmo que perder $500 hoje.

Observemos que, tanto para o ouro quanto para a platina, utilizamos o preço de mercado corrente para converter onças de metal em dólares. Não nos preocupamos com a possibilidade de o joalheiro ter achado o preço justo ou se ele iria utilizar o ouro ou a platina. Tais considerações importam? Suponhamos, por exemplo, que o joalheiro não precise do ouro, ou que ele ache que o preço atual do ouro esteja excessivamente alto. Ele avaliaria o ouro em menos de $5.000? A resposta é não – ele sempre poderá vender o ouro pelo preço de mercado corrente e receber $5.000 imediatamente. Da mesma forma, mesmo se ele realmente precisar do ouro ou achar que o preço do ouro está excessivamente baixo, ele sempre poderá comprar 20 onças de ouro por $5.000 e, então, não deve avaliá-lo por mais do que esse valor.

Como o joalheiro pode comprar e vender ouro por seu preço de mercado corrente, suas preferências pessoais ou uso de ouro e sua opinião sobre o preço justo são irrelevantes na avaliação do valor desta oportunidade. Em geral, sempre que determinados bens são negociados em um **mercado competitivo** – quer dizer, um mercado em que esses bens podem ser comprados *e* vendidos pelo mesmo preço – esse preço determina o valor em dinheiro dos bens. Essa ideia extremamente poderosa e geral é um dos fundamentos de toda a disciplina de finanças.

EXEMPLO 3.1

Os preços do mercado competitivo determinam valores

Problema
Suponha que o joalheiro possa produzir $10.000 em jóias a partir de 20 onças de ouro, mas apenas $6.000 em jóias a partir de 10 onças de platina. Se o joalheiro tiver uma oportunidade única de trocar 10 onças de platina por 20 onças de ouro, ele deveria fazê-lo?

Solução
Dado o valor das jóias que ele pode produzir, o joalheiro deve trocar sua platina por ouro. Porém, em vez de aceitar a oportunidade de negócio, ele pode se sair melhor utilizando o mercado para negociar. A preços de mercado correntes, o joalheiro poderia vender sua platina por $5.500. Ele poderia, então, utilizar esse dinheiro para comprar $5.500 ÷ ($250 / onça de ouro) = 22 onças de ouro. Esta quantidade é maior do que as 20 onças que ele receberia se ele se envolvesse na negociação direta. Como enfatizamos anteriormente, a atratividade desse negócio dependerá de seu valor líquido em dinheiro utilizando preços de mercado. Como este valor é negativo, o negócio não é atraente, independentemente daquilo que o joalheiro possa produzir com os materiais.

---

[1] Talvez você tenha que se preocupar com comissões ou outros custos de transação em que se incorre ao comprar ou vender ouro, além do preço de mercado. Por enquanto, ignoraremos custos de transação, e discutiremos seu efeito na Seção 3.7.

Como existem mercados competitivos para a maioria das mercadorias e ativos financeiros, podemos utilizá-los para determinar valores em dinheiro e avaliar decisões na maioria das situações. Consideremos outro exemplo.

EXEMPLO 3.2 — Cálculo de valores em dinheiro utilizando preços de mercado

Problema

É oferecida a você a seguinte oportunidade de investimento: em troca de $20.000 hoje, você receberá 200 ações da Coca-Cola Company hoje e 11.000 euros hoje. O preço de mercado corrente é de $40 por ação da Coca-Cola, e a taxa de câmbio corrente é de €0,80 por dólar. Você deve aceitar esta oportunidade? Qual é o seu valor? Sua decisão mudaria se você acreditasse que o valor do euro cairia no mês seguinte?

Solução

Precisamos converter os custos e benefícios em seus valores em dinheiro. Supondo que os preços de mercado sejam competitivos, temos

$$(200 \text{ ações}) \times (\$40 \text{ / ação hoje}) = \$8.000 \text{ hoje}$$
$$(€11.000) \div (€0,80 \text{ / \$ hoje}) = \$13.750 \text{ hoje}$$

O valor líquido da oportunidade é de $8.000 + $13.750 − $20.000 = $1.750 hoje. Como o valor líquido é positivo, devemos aceitá-la. Este valor depende apenas dos preços de mercado *correntes* das ações da Coca-Cola e do euro. Mesmo se achássemos que o valor do euro estivesse para cair, como podemos vender euros imediatamente pela taxa de câmbio corrente de 0,80€ / $, o valor deste investimento permaneceria inalterado. Nossa opinião sobre as perspectivas futuras do euro e da Coca-Cola Company não altera o valor da decisão hoje.

Quando os preços de mercados competitivos não estão disponíveis

Os preços de mercados competitivos nos permitem calcular o valor de uma decisão sem nos preocuparmos com os gostos e opiniões do responsável pela tomada de decisões. Quando não há preços competitivos disponíveis, não podemos mais fazer isso. Os preços em lojas de varejo, por exemplo, são unilaterais: pode-se comprar pelo preço anunciado, mas não se podem vender os bens para a loja pelo mesmo preço. Não podemos utilizar estes preços unilaterais para determinar o valor exato em dinheiro. Eles determinam o valor máximo dos bens (já que ela sempre pode ser comprada por esse preço), mas um indivíduo pode avaliá-la por muito menos dependendo de suas preferências.

EXEMPLO 3.3 — Quando o valor depende das preferências

Problema

O representante local da Lexus o contrata como figurante em um comercial. Como parte de sua remuneração, o representante oferece vender-lhe hoje um Lexus novo por $33.000. O melhor preço de varejo disponível para um Lexus é de $40.000, e o preço pelo qual você poderia vendê-lo no mercado de carros usados é de $35.000. Como você avaliaria esta remuneração?

Solução

Se você já planejava comprar um Lexus de qualquer maneira, então o valor do automóvel para você é de $40.000, o preço que pagaria por ele no mercado. Neste caso, o valor da oferta do representante é de $40.000 − $33.000 = $7.000. Mas suponha que você não queira ou não precise de um Lexus. Se você o comprasse do representante e depois o revendesse, o valor de fechar o acordo seria de $35.000 − $33.000 = $2.000. Assim, dependendo de seu desejo de possuir ou não um Lexus, a oferta do representante vale algo entre $2.000 (caso não queira um Lexus) e $7.000 (caso realmente o queira). Como o preço do Lexus não é competitivo (não se pode comprá-lo e vendê-lo pelo mesmo preço), o valor da oferta é ambíguo e depende de suas preferências.

FIXAÇÃO DE CONCEITOS

1. Se petróleo bruto é negociado em um mercado competitivo, uma refinaria de petróleo que utiliza petróleo bruto o valorizaria de maneira diferente de um outro investidor?

3.2 Taxas de juros e o valor do dinheiro no tempo

Para a maioria das decisões financeiras, ao contrário dos exemplos apresentados até este momento, os custos e benefícios ocorrem em diferentes pontos no tempo. Por exemplo, projetos de investimento típicos incorrem em custos à vista e fornecem benefícios no futuro. Nesta seção, mostraremos como lidar com esta diferença de tempo ao avaliar um projeto.

O valor do dinheiro no tempo

Consideremos uma oportunidade de investimento com os seguintes fluxos de caixa garantidos:

Custo: $100.000 hoje

Benefício: $105.000 em um ano

Como ambos são expressos em termos de dólares, pode parecer que custo e benefício são diretamente comparáveis, de modo que o valor líquido do projeto seja de $105.000 − $100.000 = $5.000. Mas este cálculo ignora a cronologia do custo e benefício, e trata dinheiro hoje como equivalente a dinheiro em um ano.

Em geral, um dólar hoje vale mais do que um dólar em um ano. Se você possui $1 hoje, pode investi-lo. Por exemplo, se você depositá-lo em uma conta bancária que paga 7% de juros, terá $1,07 ao fim de um ano. Chamamos a diferença de valor entre dinheiro hoje e dinheiro no futuro de **valor do dinheiro no tempo**.

A taxa de juros: uma taxa cambial ao longo do tempo

Ao depositarmos dinheiro em uma conta de poupança, podemos converter dinheiro hoje em dinheiro no futuro sem nenhum risco. Da mesma forma, ao contrairmos um empréstimo de um banco, podemos trocar dinheiro no futuro por dinheiro hoje. A taxa pela qual podemos trocar dinheiro hoje por dinheiro no futuro é determinada pela taxa de juros corrente. Da mesma maneira que uma taxa cambial nos permite converter dinheiro de uma moeda para outra, a taxa de juros nos permite converter dinheiro de um ponto no tempo para outro. Em essência, a taxa de juros é como uma taxa cambial ao longo do tempo. Ela nos diz o preço de mercado hoje de dinheiro no futuro.

Suponhamos que a taxa de juros anual seja de 7%. Ao fazermos investimentos ou contrairmos empréstimos a esta taxa, podemos trocar $1,07 em um ano por cada dólar hoje. Em termos mais gerais, definimos a **taxa de juros livre de risco**, r_f, para um dado período como a taxa de juros pela qual se pode contrair ou conceder empréstimos livre de risco naquele mesmo período. Podemos trocar $(1 + r_f)$ dólares no futuro por cada dólar hoje, e vice-versa, livre de risco. Chamamos $(1 + r_f)$ de **fator da taxa de juros** para fluxos de caixa livre de risco; ele define a taxa de câmbio ao longo do tempo, e possui unidades de "dólares em um ano / dólares hoje".

Assim como outros preços de mercado, a taxa de juros livre de risco depende da oferta e da demanda. Particularmente, com uma taxa de juros livre de risco, a oferta de poupança é igual à demanda de empréstimos. Após conhecermos a taxa de juros livre de risco, podemos utilizá-la para avaliar outras decisões em que custos e benefícios sejam separados no tempo sem conhecer as preferências do investidor.

Reavaliemos o investimento que consideramos anteriormente, considerando, desta vez, o valor do dinheiro no tempo. Se a taxa de juros é de 7%, então podemos expressar nossos custos como

Custo = ($100.000 hoje) × ($1,07 em um ano / $ hoje)
= $107.000 em um ano

Pensemos neste valor como o custo de oportunidade de gastar $100.000 hoje: abrimos mão dos $107.000 que teríamos em um ano se tivéssemos deixado o dinheiro no banco. Por outro lado, se tivéssemos contraído um empréstimo de $100.000, estaríamos devendo $107.000 em um ano.

Custos e benefícios são apresentados agora em termos de "dólares em um ano", de modo que possamos compará-los e calcular o valor líquido do investimento:

$$\$105.000 - \$107.000 = -\$2.000 \text{ em um ano}$$

Em outras palavras, poderíamos ganhar $2.000 a mais em um ano colocando nossos $100.000 no banco em vez de fazer este investimento. Devemos recusar o investimento: se o fizéssemos, em um ano estaríamos $2.000 mais pobres do que se o recusássemos.

O cálculo anterior expressou o valor dos custos e benefícios em termos de dólares em um ano. Como alternativa, podemos utilizar o fator da taxa de juros para converter esse valor para dólares hoje. Considere o benefício de $105.000 em um ano. Qual é o valor equivalente em termos de dólares hoje? Isto é, quanto precisaríamos ter no banco hoje para termos $105.000 no banco em um ano? Encontramos este valor dividindo o benefício pelo fator da taxa de juros:

$$\text{Benefício} = (\$105.000 \text{ em um ano}) \div (\$1,07 \text{ em um ano} / \$ \text{ hoje})$$
$$= \$98.130,84 \text{ hoje}$$

Este também é o valor que o banco nos emprestaria hoje se prometêssemos pagar $105.000 em um ano.[2] Assim, este é o valor de mercado competitivo pelo qual podemos "comprar" ou "vender" $105.000 em um ano.

Agora estamos prontos para calcular o valor líquido do investimento:

$$\$98.130,84 - \$100.000 = -\$1.869,16 \text{ hoje}$$

Mais uma vez, o resultado negativo indica que devemos recusar o investimento. Fazê-lo nos deixaria $1.869,16 mais pobres hoje, porque teríamos aberto mão de $100.000 por algo que vale somente $98.130,84.

Assim, nossa decisão é a mesma quer expressemos o valor do investimento em termos de dólares em um ano, quer o expressemos em dólares hoje: devemos recusá-lo. De fato, se convertermos de dólares hoje para dólares em um ano,

$$(-\$1.869,16 \text{ hoje}) \times (\$1,07 \text{ em um ano} / \$ \text{ hoje}) = -\$2.000 \text{ em um ano}$$

veremos que os dois resultados são equivalentes, mas expressos como valores em diferentes pontos no tempo.

No cálculo anterior, podemos interpretar

$$\frac{1}{1+r} = \frac{1}{1,07} = 0,93458$$

como o *preço* hoje de $1 em um ano. Observe que o valor é menor do que $1 – dinheiro no futuro vale menos do que hoje, então seu preço reflete um desconto. Como ele fornece o desconto pelo qual podemos comprar dinheiro no futuro, o valor $1 / 1 + r$ é chamado de **fator de desconto** de um ano. A taxa de juros livre de risco também é chamada de **taxa de desconto** para um investimento livre de risco.

EXEMPLO 3.4

Comparando custos em diferentes pontos no tempo

Problema

O custo de se reconstruir a Ponte da Baía de São Francisco para torná-la à prova de terremotos era de aproximadamente $3 bilhões em 2004. Na época, engenheiros estimaram que se o projeto fosse adiado para 2005, o custo aumentaria em 10%. Se a taxa de juros era de 2%, qual era o custo de um adiamento em termos de dólares em 2004?

---

[2] Estamos supondo que o banco contrairia e concederia empréstimos pela taxa de juros livre de risco. Discutiremos o caso em que essas taxas diferem na Seção 3.7.

> **Solução**
> Se o projeto fosse adiado, custaria $3 bilhões × (1,10) = $3,3 bilhões em 2005. Para comparar este valor com o custo de $3 bilhões em 2004, devemos convertê-lo utilizando a taxa de juros de 2%:
>
> $3,3 bilhões em 2005 ÷ ($1,02 em 2005 / $ em 2004) = $3,235 bilhões em 2004
>
> Portanto, o custo de um adiamento de um ano seria de
>
> $3,235 bilhões − $3 bilhões = $235 milhões em 2004
>
> Isto é, adiar o projeto por um ano equivalia a perder $235 milhões em dinheiro.

Podemos utilizar a taxa de juros livre de risco para determinar valores da mesma maneira que utilizamos os preços de mercados competitivos. A Figura 3.1 ilustra como utilizamos preços de mercados competitivos, taxas de câmbio e taxas de juros para fazer conversões entre dólares hoje e outros bens, moedas ou dólares no futuro.

FIXAÇÃO DE CONCEITOS

1. O valor do dinheiro hoje a ser recebido em um ano quando as taxas de juros são altas é maior ou menor do que quando as taxas de juros são baixas?
2. Como podemos comparar custos em diferentes pontos no tempo?

3.3 Valor presente e a regra de decisão do NPV

Na Seção 3.2, convertemos entre dinheiro hoje e dinheiro no futuro utilizando a taxa de juros livre de risco. Enquanto convertermos custos e benefícios para o mesmo ponto no tempo, poderemos compará-los para tomar uma decisão. Por uma questão prática, porém, a maioria das empresas prefere medir valores em termos de dinheiro hoje utilizando o *valor presente líquido*, o foco desta seção.

FIGURA 3.1

Conversão entre dólares hoje e ouro, euros ou dólares no futuro
Podemos converter dólares hoje em diferentes bens, moedas ou pontos no tempo utilizando o preço de mercado competitivo, taxa de câmbio e taxa de juros.

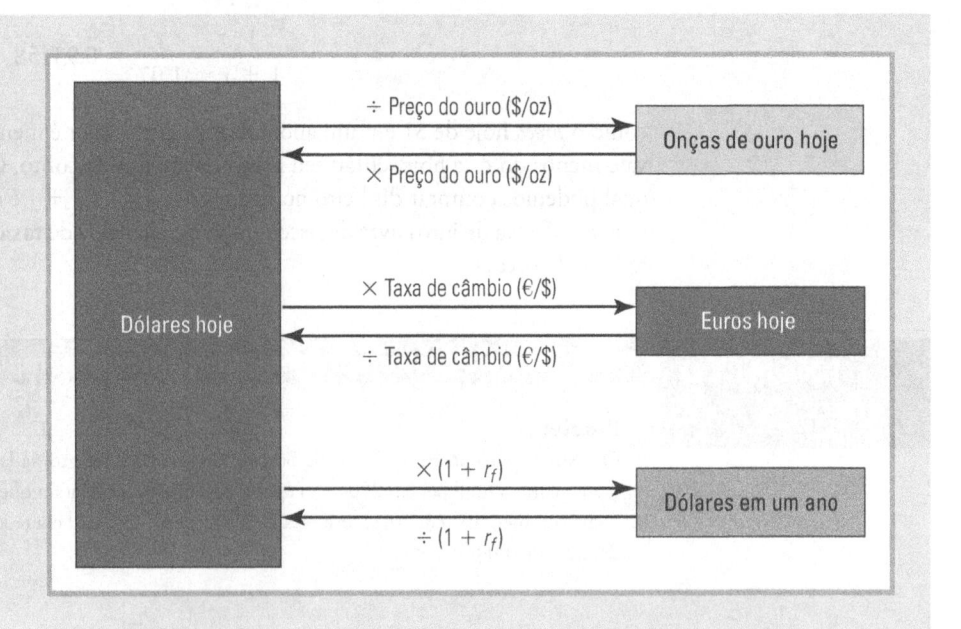

Dólares hoje ⇄ Onças de ouro hoje
÷ Preço do ouro ($/oz)
× Preço do ouro ($/oz)

Dólares hoje ⇄ Euros hoje
× Taxa de câmbio (€/$)
÷ Taxa de câmbio (€/$)

Dólares hoje ⇄ Dólares em um ano
× (1 + r_f)
÷ (1 + r_f)

Valor presente líquido

Quando o valor de um custo ou benefício é calculado em termos de dinheiro hoje, o chamamos de **valor presente (PV)**. Da mesma forma, definimos o **valor presente líquido (NPV)** de um projeto ou investimento como a diferença entre o valor presente de seus benefícios e o valor presente de seus custos:

Valor presente líquido

$$NPV = PV(\text{Benefícios}) - PV(\text{Custos}) \qquad (3.1)$$

Se utilizarmos os fluxos de caixa positivos para representar os benefícios e os fluxos de caixa negativos para representar os custos, e calcularmos o valor presente de múltiplos fluxos de caixa como a soma de valores presentes de fluxos de caixa individuais, poderemos escrever esta definição como

$$NPV = PV(\text{Todos os fluxos de caixa do projeto}) \qquad (3.2)$$

Isto é, o NPV é o total dos valores presentes de todos os fluxos de caixa do projeto.

Consideremos um exemplo simples. Suponha que seja oferecida a você a seguinte oportunidade de investimento: em troca de $500 hoje, você receberá $550 em um ano com certeza. Se a taxa de juros livre de risco é de 8% ao ano, então

$$PV(\text{Benefício}) = (\$550 \text{ em um ano}) \div (\$1,08 \text{ em um ano} / \$ \text{ hoje})$$
$$= \$509,26 \text{ hoje}$$

Este PV é o valor que teríamos que colocar no banco hoje para gerar $550 em um ano ($509,26 × 1,08 = $550). Em outras palavras, *o valor presente é o custo em dinheiro hoje para "fazer por si próprio" – é o valor que você precisa investir à taxa de juros corrente para recriar o fluxo de caixa.*

Uma vez que os custos e benefícios estejam expressos em termos de valor presente, podemos calcular o NPV do investimento:

$$NPV = \$509,26 - \$500 = \$9,26 \text{ hoje}$$

Mas e se não possuirmos os $500 para cobrir o custo inicial do projeto? O projeto ainda terá o mesmo valor? Porque calculamos o valor utilizando preços de mercados competitivos, ele não dependerá de nosso gosto ou da quantidade de dinheiro que possuímos no banco. Se não possuímos os $500, suponhamos a contração de um empréstimo de $509,26 de um banco com uma taxa de juros de 8%, e então façamos o investimento. Quais serão nossos fluxos de caixa neste caso?

Hoje: $509,26 (empréstimo) − $500 (investidos no projeto) = $9,26

Em um ano: $550 (do projeto) − $509,26 × 1,08 (composição do empréstimo) = $0

Esta transação nos deixa com exatamente $9,26 a mais em nosso bolso hoje e nenhuma obrigação líquida no futuro. Então, investir no projeto é como ter $9,26 a mais em dinheiro à vista. Assim, o NPV expressa o valor de uma decisão de investimento como um valor em dinheiro recebido hoje.

A regra de decisão do NPV

O NPV representa o valor de um projeto em termos de dinheiro hoje. Portanto, os bons projetos são aqueles com um NPV positivo – eles deixam o investidor mais rico. Projetos com NPV negativo têm custos que excedem seus benefícios, e realizá-los equivale a perder dinheiro hoje.

Como o NPV é expresso em termos de dinheiro hoje, ele simplifica a tomada de decisões. As decisões que aumentam a riqueza são melhores do que aquelas que a diminuem. Observe que não precisamos saber nada sobre as preferências do investidor para chegarmos a essa conclusão: contanto que tenhamos descrito corretamente todos os fluxos de caixa de um projeto, ser mais ricos aumenta nossas opções[3] e nos coloca em uma situação melhor, quaisquer que sejam nossas preferências. Descrevemos esta lógica na **regra de decisão do NPV**:

Ao tomar uma decisão de investimento, escolha a alternativa com maior NPV. Escolher esta alternativa equivale a receber seu NPV em dinheiro hoje.

---

[3] Inclusive doar a riqueza extra, se assim o desejarmos.

Realizar ou recusar um projeto. Realizar ou recusar um projeto é uma decisão financeira comum. Como recusar um projeto geralmente significa que NPV = 0 (não realizar o projeto não traz novos custos ou benefícios), a regra de decisão do NPV implica que devemos:

- Realizar os projetos com NPV positivo, pois realizá-los equivale a receber seu NPV em dinheiro hoje; e
- Recusar os projetos com NPV negativo; ao realizá-los, estaríamos diminuindo a riqueza dos investidores, enquanto que recusá-los não nos traz custo algum (NPV = 0).

EXEMPLO 3.5 — O NPV equivale a dinheiro hoje

Problema

É oferecida a você uma oportunidade de investimento em que receberá $9.500 hoje em troca do pagamento de $10.000 em um ano. Suponha que a taxa de juros livre de risco seja de 7% ao ano. Este investimento é um bom negócio? Mostre que seu NPV representa dinheiro em seu bolso.

Solução

O benefício de $9.500 hoje já está em termos de PV. O custo, porém, está em termos de dólares em um ano. Convertemos o custo, portanto, pela taxa de juros livre de risco:

$$PV(\text{Custo}) = (\$10.000 \text{ em um ano}) \div (\$1,07 \text{ em um ano} / \$ \text{ hoje}) = \$9.345,79 \text{ hoje}$$

O NPV é a diferença entre os benefícios e os custos:

$$NPV = \$9.500 - \$9.345,79 = \$154,21 \text{ hoje}$$

O NPV é positivo, então o investimento é um bom negócio. Na verdade, realizar este investimento é como ter $154,21 a mais em seu bolso hoje. Suponha que você realize o investimento e poupe, $9.345,79 dele em um banco que paga 7% de juros. Então, seus fluxos de caixa líquidos serão os seguintes:

	Data 0	Data 1
Investimento	+$ 9.500,00	–$ 10.000
Poupança	–$ 9.345,79	+$ 10.000
Fluxo de caixa líquido	$ 154,21	$ 0

Portanto, este investimento equivale a receber $154,21 hoje, sem nenhuma obrigação líquida futura.

Escolher entre projetos. Podemos também utilizar a regra de decisão do NPV para escolher entre projetos. Suponha que tenhamos que escolher apenas um dentre três projetos que possuam os fluxos de caixa livre de risco descritos na Tabela 3.1. Se a taxa de juros livre de risco é de 20%, que projeto representa a melhor escolha?

TABELA 3.1 — Fluxos de caixa de três projetos possíveis

Projeto	Fluxo de caixa hoje ($)	Fluxo de caixa em um ano ($)
A	42	42
B	–20	144
C	–100	225

Podemos encontrar o melhor projeto comparando o NPV de cada um deles. Veja os cálculos na Tabela 3.2. Todos os três projetos têm NPV positivo, e realizaríamos os três, se possível. Mas se tivermos que escolher apenas um projeto, o Projeto B possui o maior NPV ($100), sendo, portanto, a melhor escolha. Tal escolha equivale a receber $100 em dinheiro hoje.

TABELA 3.2	Cálculo do NPV de cada projeto		
Projeto	Fluxo de caixa hoje ($)	PV do fluxo de caixa em um ano ($)	NPV ($ hoje)
A	42	42 ÷ 1,20 = 35	42 + 35 = 77
B	−20	144 ÷ 1,20 = 120	−20 + 120 = 100
C	−100	225 ÷ 1,20 = 187,5	−100 + 187,5 = 87,5

NPV e preferências individuais

Quando comparamos projetos com diferentes padrões de fluxos de caixa presentes e futuros, podemos ter preferências em relação a quando receber o dinheiro. Alguns podem precisar do dinheiro hoje; outros podem preferir economizar para o futuro. Apesar de o Projeto B ter o maior NPV no último exemplo, ele exige um desembolso de $20. Suponhamos que seja preferível evitar o desembolso de fluxo de caixa negativo hoje. O Projeto A seria uma escolha melhor, neste caso? Caso contrário, se preferíssemos economizar para o futuro, o Projeto C seria uma escolha melhor? Em outras palavras, nossas preferências individuais relativas a fluxos de caixa presentes versus futuros devem afetar nossa escolha de projetos?

Assim como para o joalheiro ao considerar trocar platina por ouro na Seção 3.1, a resposta é novamente não. Se pudermos conceder e contrair empréstimos com a taxa de juros livre de risco, o Projeto B é melhor, quaisquer que sejam nossas preferências em relação à cronologia dos fluxos de caixa. Para entender o porquê, suponhamos que iremos investir no Projeto B e tomar $62 emprestados com a taxa de juros livre de risco de 20%. Nossos fluxos de caixa totais são exibidos na Tabela 3.3. Compare esses fluxos de caixa aos do Projeto A. Essa associação gera o mesmo fluxo de caixa inicial que o Projeto A, mas com um fluxo de caixa final mais alto ($69,60 versus $42). Assim, nos sairemos melhor se investirmos no Projeto B pedindo um empréstimo de $62 hoje do que se investirmos no Projeto A.

TABELA 3.3	Fluxos de caixa da associação do Projeto B a empréstimo	
	Fluxo de caixa hoje ($)	Fluxo de caixa em um ano ($)
Projeto B	−20	144
Empréstimo	62	−62 × (1,20) = −74,4
Total	42	69,6

Da mesma forma, podemos associar o Projeto B a poupar $80 com taxa de juros livre de risco de 20% (ver Tabela 3.4). Esta associação possui o mesmo fluxo de caixa inicial que o Projeto C (ver Tabela 3.2), mas, novamente, possui um fluxo de caixa final mais alto.

Assim, independentemente de que padrão de fluxo de caixa prefiramos, o Projeto B é uma escolha melhor. Este exemplo ilustra o seguinte princípio geral:

Independentemente de nossas preferências por dinheiro hoje versus dinheiro no futuro, devemos sempre maximizar o NPV primeiro. Podemos, então, contrair ou conceder um empréstimo para variar os fluxos de caixa ao longo do tempo, e encontrar nosso padrão preferido de fluxos de caixa.

Ilustramos este resultado na figura 3.2. Na Figura, os três projetos são colocados no gráfico de modo que o eixo horizontal representa dinheiro hoje e o eixo vertical representa dinheiro em um

TABELA 3.4	Fluxos de caixa da associação do Projeto B com poupança	
	Fluxo de caixa hoje ($)	Fluxo de caixa em um ano ($)
Projeto B	−20	144
Poupança	−80	80 × (1,20) = 96
Total	−100	240

ano. Determinamos o NPV de cada projeto convertendo os fluxos de caixa em um ano em fluxos de caixa hoje com a taxa de juros livre de risco de 20%, representada na Figura 3.2 por uma linha com inclinação −1,20, o que corresponde à taxa de conversão de ($1,20 em um ano / $1 hoje). O Projeto B possui fluxos de caixa de −$20 hoje e +$144 em um ano. Se seguirmos a linha com inclinação −1,20 do Projeto B até o eixo horizontal, veremos o valor do Projeto B expresso em dólares hoje, um NPV de $100.

Devemos observar que todos os pontos sobre esta linha podem ser obtidos através da associação do Projeto B a um valor adequado de contração ou concessão de empréstimo. Da mesma forma, todos os pontos sobre a linha que cruza o Projeto A podem ser obtidos através da associação

FIGURA 3.2

Comparando os Projetos A, B e C

A linha que passa por cada projeto representa a associação dos fluxos de caixa hoje e em um ano, e pode ser obtida através da associação do projeto com empréstimos ou aplicações. Ao fazermos uma aplicação, diminuímos os fluxos de caixa hoje e aumentamos nossos fluxos de caixa em um ano. Ao contrairmos empréstimos, aumentamos os fluxos de caixa hoje e diminuímos os fluxos de caixa em um ano. O NPV dos projetos é o valor do projeto expresso somente em termos de dinheiro hoje. As associações que podem ser obtidas com o projeto de maior NPV excedem todas as outras.

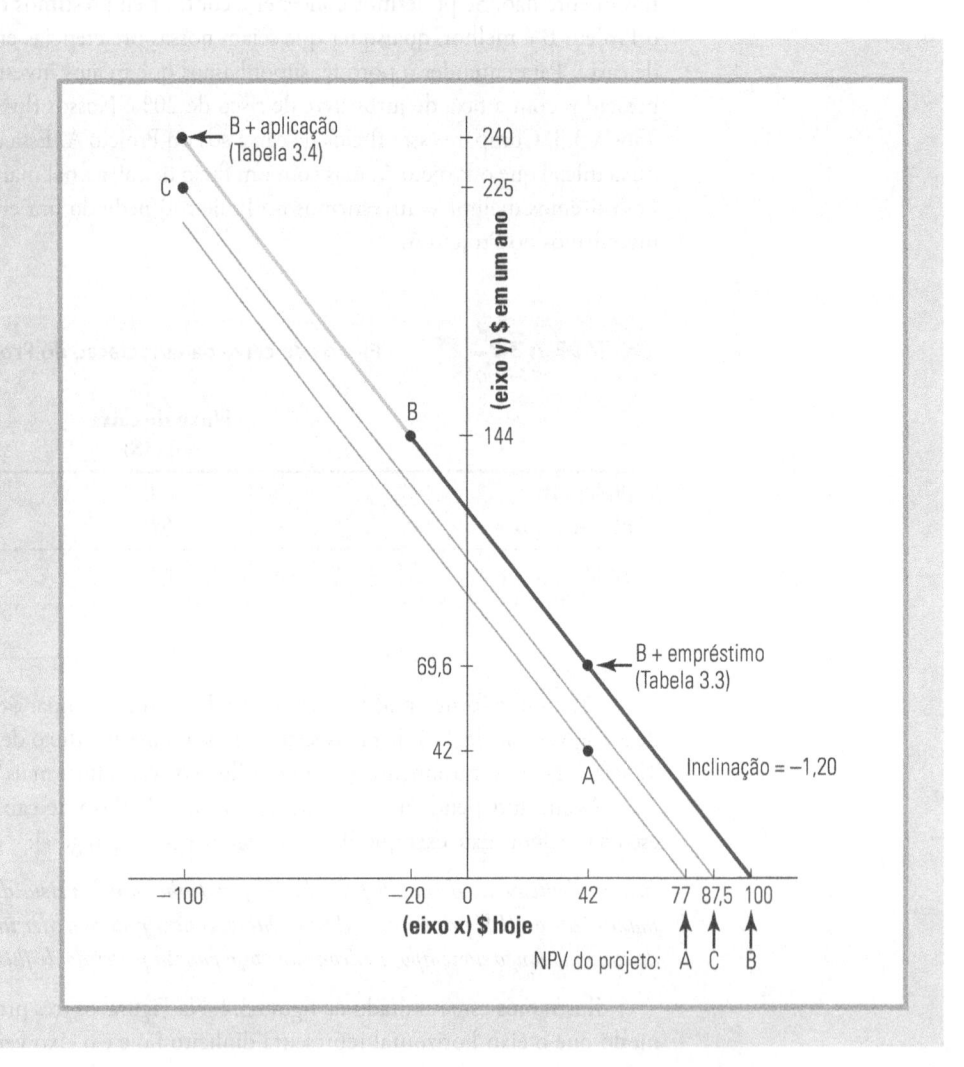

do Projeto A à contração ou concessão de empréstimos, e todos os pontos sobre a linha que cruza o Projeto C representam associações do Projeto C com contração ou concessão de empréstimo a uma taxa de juros de 20%. O projeto com maior NPV, o Projeto B, aparece na linha mais alta na Figura 3.2, logo, fornece a melhor alternativa qualquer que seja nossa preferência em relação ao padrão de fluxos de caixa.

FIXAÇÃO DE CONCEITOS

1. O que é a regra de decisão do NPV?
2. Por que a regra de decisão do NPV não depende das preferências do investidor?

3.4 Arbitragem e a Lei do Preço Único

Até agora, enfatizamos a importância de se utilizar preços de mercados competitivos para calcular o NPV. Mas sempre existe apenas *um* preço assim? E se os mesmos bens forem negociados por diferentes preços em diferentes mercados? Consideremos o ouro. O ouro é negociado em muitos mercados diferentes, sendo os maiores em Nova York e Londres. Para avaliar uma onça de ouro, poderíamos procurar o preço competitivo em qualquer um desses mercados. Mas suponhamos que o ouro esteja sendo negociado por $250 por onça em Nova York e por $300 por onça em Londres. Que preço devemos utilizar?

Felizmente, tais situações não ocorrem, e é fácil perceber por quê. Lembre-se que estes são preços de mercados competitivos, pelos quais é possível comprar *e* vender. Assim, pode-se fazer dinheiro nessa situação simplesmente comprando ouro por $250 por onça em Nova York e vendendo-o imediatamente por $300 por onça em Londres.[4] Obteríamos $300 – $250 = $50 por cada onça comprada e vendida. Ao negociarmos 1 milhão de onças por esses preços, obteríamos $50 milhões livre de risco ou investimento! Este é um caso em que aquele velho ditado, "compre barato, venda caro", poderia ser seguido perfeitamente.

Obviamente, não seríamos os únicos a realizar essas transações. Todos que vissem esses preços iriam querer negociar o máximo de onças possível. Dentro de segundos, o mercado de Nova York seria inundado de ordens de compra e o mercado de Londres seria inundado de ordens de venda. Apesar de algumas onças (negociadas pelos felizardos que encontraram esta oportunidade primeiro)

Uma velha piada

Há uma velha piada que muitos professores de finanças gostam de contar a seus alunos. É mais ou menos assim:

Um professor de finanças e um aluno estão andando em uma rua. O aluno vê uma nota de $100 no chão e se abaixa para pegá-la. O professor de finanças imediatamente intervém e diz: "Não se dê ao trabalho; nada vem de graça. Se fosse uma nota de $100 verdadeira aí no chão, alguém já a teria encontrado!".

Esta piada invariavelmente gera muita risada porque brinca com o princípio da ausência de arbitragem em mercados competitivos. Mas quando os risos cessam, o professor pergunta, então, se alguém *realmente* já achou uma nota de $100 no chão. O silêncio que se segue é a verdadeira lição por trás da piada.

Esta piada resume o foco em mercados onde não existem oportunidades de arbitragem. Notas de $100 gratuitamente no chão, assim como oportunidades de arbitragem, são extremamente raras, por dois motivos: (1) por ser uma grande quantia de dinheiro, as pessoas são especialmente cuidadosas para não perder notas de $100, e (2) no raro evento de alguém inadvertidamente deixar cair uma nota de $100, a probabilidade de você encontrá-la antes de outra pessoa é extremamente pequena.

---

[4] Não há necessidade de transportar o ouro de Nova York para Londres, pois os investidores desses mercados negociam direitos de propriedade a ouro que está armazenado em segurança em outro lugar.

poderem até ser negociadas por esses preços, o preço do ouro em Nova York subiria rapidamente em resposta a todos os pedidos, e o preço em Londres cairia rapidamente.[5] Os preços continuariam a mudar até se igualarem em algum ponto médio, como $275 por onça. Este exemplo ilustra uma *oportunidade de arbitragem*, o foco desta seção.

Arbitragem

A prática de comprar e vender bens equivalentes em mercados diferentes para tirar proveito de uma diferença de preços chama-se **arbitragem**. De maneira mais geral, chamamos de **oportunidade de arbitragem** qualquer situação em que seja possível obter lucro sem assumir nenhum risco ou fazer nenhum investimento. Como uma oportunidade de arbitragem possui um NPV positivo, sempre que ela surge nos mercados financeiros os investidores correm para tirar proveito dela. Aqueles investidores que identificarem a oportunidade primeiro e que puderem negociar rapidamente poderão explorá-la. Uma vez tendo feito suas negociações, os preços responderão, fazendo a oportunidade de arbitragem desaparecer.

Oportunidades de arbitragem são como notas de dinheiro caídas na rua; uma vez encontradas, desaparecem rapidamente. Assim, a situação normal nos mercados deve ser não existirem oportunidades de arbitragem. Um mercado competitivo onde não há oportunidades de arbitragem chama-se **mercado normal**.[6]

Lei do Preço Único

Em um mercado normal, o preço do ouro em qualquer ponto no tempo será o mesmo em Londres e em Nova York. A mesma lógica se aplica de modo mais geral sempre que oportunidades de investimento equivalentes são negociadas em dois diferentes mercados competitivos. Se os preços diferirem nos dois mercados, os investidores lucrarão imediatamente comprando no mercado em que o preço está mais baixo e vendendo no mercado em que está mais alto. Ao fazê-lo, eles irão igualar os preços. Consequentemente, os preços não irão diferir (pelo menos não por muito tempo). Esta importante propriedade é a **Lei do Preço Único**:

Se oportunidades de investimento equivalentes forem negociadas simultaneamente em diferentes mercados competitivos, elas terão que ser negociadas pelo mesmo preço em ambos os mercados.

Uma consequência útil da Lei do Preço Único é que, ao avaliarmos custos e benefícios para calcularmos um valor presente líquido, podemos utilizar qualquer preço competitivo para determinar um valor em dinheiro, sem verificar o preço em todos os mercados possíveis.

FIXAÇÃO DE CONCEITOS

1. Se a Lei do Preço Único fosse violada, como os investidores poderiam lucrar?
2. Quando os investidores exploram uma oportunidade de arbitragem, como suas ações afetam os preços?

3.5 Ausência de arbitragem e preços de títulos

Uma oportunidade de investimento negociável em um mercado financeiro chama-se **título financeiro** (ou, de maneira mais simples, **título**). As noções de arbitragem e a Lei do Preço Único possuem importantes implicações nos preços dos títulos.

---

[5] Como diriam os economistas, a oferta não seria igual à demanda nesses mercados. Em Nova York, a demanda seria infinita porque todos iriam querer comprar. Para que o equilíbrio fosse restaurado de modo que a oferta fosse igual à demanda, o preço em Nova York teria que subir. Da mesma forma, em Londres haveria uma oferta infinita até que o preço lá caísse.

[6] O termo *mercado eficiente* também é utilizado às vezes para descrever um mercado que, juntamente com outras propriedades, não apresente oportunidades de arbitragem. Evitamos este termo por ele ser, de maneira geral, definido vaga e inconsistentemente.

Avaliando um título

Consideremos um título simples que prometa um pagamento único a seu portador no valor de $1.000 em um ano. Suponhamos que não haja nenhum risco de que o pagamento não seja feito. Um exemplo deste tipo de título é um *bônus* ou *título de dívida*, um título vendido pelo governo e por corporações para levantar dinheiro de investidores hoje em troca da promessa de um pagamento futuro. Se a taxa de juros livre de risco é de 5%, o que podemos concluir sobre o preço deste título em um mercado normal?

Para respondermos esta pergunta, consideremos um investimento alternativo que geraria o mesmo fluxo de caixa que o título. Suponhamos que tenhamos investido dinheiro no banco com a taxa de juros livre de risco. Quanto precisamos investir hoje para receber $1.000 em um ano? Como vimos na Seção 3.3, o custo hoje de recriarmos sozinhos um fluxo de caixa futuro é o seu valor presente:

$$PV(\$1.000 \text{ em um ano}) = (\$1.000 \text{ em um ano}) \div (\$1,05 \text{ em um ano} / \$ \text{ hoje})$$
$$= \$952,38 \text{ hoje}$$

Se investirmos $952,38 hoje com a taxa de juros livre de risco de 5%, teremos $1.000 em um ano livre de risco.

Temos, então, duas maneiras de receber o mesmo fluxo de caixa: (1) comprar o título de dívida ou (2) investir $952,38 com a taxa de juros livre de risco de 5%. Como estas transações produzem fluxos de caixa equivalentes, a Lei do Preço Único implica que, em um mercado normal, elas têm que ter o mesmo preço (ou custo). Portanto,

$$\text{Preço (título de dívida)} = \$952,38$$

Lembremos que a Lei do Preço Único baseia-se na possibilidade de arbitragem: se o título de dívida tivesse um preço diferente, haveria uma oportunidade de arbitragem. Por exemplo, suponhamos que o título de dívida fosse negociado pelo preço de $940. Como poderíamos lucrar nesta situação?

Neste caso, podemos comprar o título de dívida por $940 e ao mesmo tempo contrair um empréstimo de $952,38 do banco. Dada a taxa de juros de 5%, deveremos ao banco $952,38 × 1,05 = $1.000 em um ano. Nossos fluxos de caixa gerais deste par de transações são exibidos na Tabela 3.5. Utilizando esta estratégia, podemos obter $12,38 em dinheiro hoje por cada título de dívida comprado, sem assumir nenhum risco ou pagar qualquer dinheiro nosso no futuro. Obviamente, quando nós – e outros que tiverem esta oportunidade – começarmos a comprar os títulos de dívida, seu preço subirá rapidamente até chegar a $952,38 e a oportunidade de arbitragem desaparecer.

TABELA 3.5	Fluxos de caixa líquidos da compra de títulos de dívida e empréstimo	
	Hoje ($)	Em um ano ($)
Comprar o título de dívida	−940,00	+1.000,00
Contrair empréstimo do banco	+952,38	−1.000,00
Fluxo de caixa líquido	+12,38	0,00

Uma oportunidade de arbitragem similar surge se o preço do título de dívida for mais alto do que $952,38. Por exemplo, suponha que ele esteja sendo negociado por $960. Neste caso, devemos vendê-lo e investir $952,38 no banco. Como mostra a Tabela 3.6, obteremos, então, $7,62 em dinheiro hoje, mantendo nossos fluxos de caixa futuros inalterados ao substituirmos os $1.000 que teríamos recebido do título de dívida pelos $1.000 que receberemos do banco. Mais uma vez, quando as pessoas começarem a vender os títulos de dívida para explorar esta oportunidade, o preço cairá até chegar a $952,38 e a oportunidade de arbitragem desaparecer.

TABELA 3.6 — Fluxos de caixa líquido da venda de títulos de dívida e investimento

	Hoje ($)	Em um ano ($)
Vender o título de dívida	+960,00	−1.000,00
Investir no banco	−952,38	+1.000,00
Fluxo de caixa líquido	+7,62	0,00

Quando o preço do título de dívida está supervalorizado, a estratégia de arbitragem envolve vendê-lo e investir parte dos recursos. Mas se a estratégia envolve vender o título de dívida, isso significa que apenas seus titulares atuais podem explorá-lo? A resposta é não; em mercados financeiros, é possível vender um título que você não possui fazendo uma *venda a descoberto*. Em uma **venda a descoberto**, a pessoa que pretende vender o título primeiro o capta de alguém que o possua. Mais tarde, essa pessoa tem que ou devolver o título, comprando-o de volta, ou pagar ao portador os fluxos de caixa que ele teria recebido. Por exemplo, poderíamos vender a descoberto o título de dívida do exemplo prometendo pagar de volta ao portador atual $1.000 em um ano. Ao executar uma venda a descoberto, é possível explorar a oportunidade de arbitragem quando o título de dívida está supervalorizado mesmo sem o possuir.

Determinando o preço sem possibilidades de arbitragem

Mostramos que a qualquer preço diferente de $952,38, há uma oportunidade de arbitragem para nosso título de dívida. Assim, em um mercado normal, seu preço tem que ser de $952,38. Chamamos este preço do título de dívida de **preço sem possibilidades de arbitragem**.

Podemos aplicar o argumento que utilizamos para o título de dívida simples descrito anteriormente para determinar o preço de outros títulos. Primeiramente, identificamos os fluxos de caixa que serão pagos pelo título. Então, determinamos o custo de reproduzir esses fluxos de caixa

Os *SOES bandits* da Nasdaq

A bolsa de valores da Nasdaq difere de outros mercados de ações, como a NYSE, por incluir diversos corretores que negociam uma mesma ação. Por exemplo, em um determinado dia, dez ou mais corretores podem indicar preços pelos quais querem negociar as ações da Apple Computer (AAPL). A Nasdaq também possui um Sistema de Execução de Pedidos Pequenos (*Small Order Execution System*, no original, ou SOES) que permite que investidores individuais executem negócios de até 1.000 ações instantaneamente através de um sistema eletrônico.

Um tipo de negociante às vezes chamado de "*SOES bandit*" explora a capacidade de executar negócios instantaneamente. Estes negociantes observam as cotações de diferentes corretores, esperando que surjam oportunidades de arbitragem. Se um corretor estiver oferecendo vender AAPL por $20,25 e um outro estiver disposto a comprar por $20,30, o *SOES bandit* pode lucrar comprando 1.000 ações instantaneamente a $20,25 do primeiro corretor e vendendo 1.000 ações a $20,30 ao segundo corretor. Tal transação gera um lucro de arbitragem de $1.000 \times \$0,05 = \$50$.

No passado, estes negociantes conseguiam ganhar uma boa quantia de dinheiro realizando transações como esta muitas vezes ao dia. Não demorou muito para que suas atividades forçassem os corretores a monitorar suas próprias cotações muito mais ativamente, de modo a evitar ser "pego" por eles. Hoje, este tipo de oportunidade de arbitragem raramente aparece.*

---

*Os *SOES bandits* ainda podem lucrar negociando informações antes de os corretores atualizarem suas cotações. Ver J. Harris e P. Schultz, "The Trading Profits of SOES Bandits", *Journal of Financial Economics* 50 (2) (October 1998): pp. 39-62.

sozinhos. Este custo de "fazer por conta própria" é o valor presente dos fluxos de caixa do título. A menos que o preço do título seja igual a este valor presente, surgirá uma oportunidade de arbitragem. Assim, a fórmula geral é

Preço de um título sem possibilidade de arbitragem

$$\text{Preço (Título)} = PV(\text{Todos os fluxos de caixa pagos pelo título}) \tag{3.3}$$

EXEMPLO 3.6

Cálculo do preço sem possibilidade de arbitragem

Problema

Considere um título que paga a seu portador $100 hoje e $100 em um ano, sem nenhum risco. Suponha que a taxa de juros livre de risco seja de 10%. Qual é o preço do título hoje na ausência de arbitragem (antes de os primeiros $100 serem pagos)? Se o título estiver sendo negociado por $195, que oportunidade de arbitragem estará disponível?

Solução

Precisamos calcular o valor presente dos fluxos de caixa do título. Neste caso, há dois fluxos de caixa: $100 hoje, que já se encontra em termos de valor presente, e $100 em um ano. O valor presente do segundo fluxo de caixa é:

$$\$100 \text{ em um ano} \div (\$1{,}10 \text{ em um ano} / \$ \text{ hoje}) = \$90{,}91 \text{ hoje}$$

Portanto, o valor presente total dos fluxos de caixa é $100 + $90,91 = $190,91 hoje, que é o preço do título na ausência de arbitragem.

Se o título estiver sendo negociado por $195, podemos explorar esta supervalorização do preço vendendo-o por $195. Podemos, então, utilizar os $100 resultantes da venda para substituir os $100 que teríamos recebido do título hoje, e investir os $90,91 resultantes da venda a 10% para substituir os $100 que teríamos recebido um ano depois. Os $195 − $100 − $90,91 = $4,09 restantes seriam um lucro de arbitragem.

Determinando a taxa de juros a partir do preço dos títulos de dívida

Dada a taxa de juros livre de risco, o preço sem possibilidade de arbitragem de um título de dívida livre de risco é determinado pela Equação 3.3. O oposto também é verdadeiro: se sabemos o preço de um título de dívida livre de risco, podemos utilizar a Equação 3.3 para determinar qual será a taxa de juros livre de risco caso não haja oportunidades de arbitragem.

Por exemplo, suponhamos que um título de dívida livre de risco que paga $1.000 em um ano esteja sendo negociado a um preço de mercado competitivo de $929,80 hoje. Da Equação 3.3, sabemos que o preço do título de dívida é igual ao valor presente do fluxo de caixa de $1.000 que ele pagará:

$$\$929{,}80 \text{ hoje} = (\$1.000 \text{ em um ano}) \div (1 + r_f \$ \text{ em um ano} / \$ \text{ hoje})$$

Podemos reordenar esta equação para determinar a taxa de juros livre de risco:

$$1 + r_f = \frac{\$1.000 \text{ em um ano}}{\$929{,}80 \text{ hoje}} = \$1{,}0755 \text{ em um ano} / \$ \text{ hoje}$$

Isto é, se não houver nenhuma oportunidade de arbitragem, a taxa de juros livre de risco será de 7,55%.

Na prática, este método é a maneira pela qual as taxas de juros são realmente calculadas. Quando serviços de notícias financeiras anunciam as taxas de juros correntes, eles deduziram essas taxas com base nos preços correntes dos títulos de dívida públicos livre de risco em negociação no mercado.

Observe que a taxa de juros livre de risco é igual ao ganho percentual proveniente do investimento no título de dívida, o que se chama de **retorno** do título de dívida:

$$\text{Retorno} = \frac{\text{Ganho no fim do ano}}{\text{Custo inicial}}$$

$$= \frac{1.000 - 929{,}80}{929{,}80} = \frac{1.000}{929{,}80} - 1 = 7{,}55\% \tag{3.4}$$

Assim, se não houver arbitragem, a taxa de juros livre de risco é igual ao retorno sobre o investimento em um título de dívida livre de risco. Se o título de dívida oferecesse um retorno mais alto, os investidores obteriam lucro contraindo um empréstimo com a taxa de juros livre de risco e investindo nele. Se o título de dívida tivesse um retorno mais baixo, os investidores o venderiam e investiriam os recursos a uma taxa de juros livre de risco. A ausência de arbitragem equivale, portanto, à ideia de que *todo investimento livre de risco deve oferecer aos investidores o mesmo retorno*.

O NPV da negociação de títulos

Quando títulos são negociados a preços sem possibilidade de arbitragem, o que podemos concluir sobre o valor de sua negociação? Podemos pensar na compra de um título como uma decisão de investimento. O custo da decisão é o preço que pagamos pelo título, e o benefício representa os fluxos de caixa que receberemos por sermos portadores do título. Da Equação 3.3, estes dois são iguais em um mercado normal, e então o NPV da compra de um título é zero:

NPV (Compra de título) = PV (Todos os fluxos de caixa pagos pelo título) − Preço (Título)
= 0

Da mesma forma, se vendemos um título, o preço que recebemos é o benefício, e o custo representa os fluxos de caixa que perdemos. Novamente, o NPV é zero:

NPV (Venda de título) = Preço (Título) − PV (Todos os fluxos de caixa pagos pelo título)
= 0

Assim, o NPV de se negociar um título em um mercado normal é zero. Este resultado não é nenhuma surpresa. Se o NPV da compra de um título fosse positivo, então comprá-lo seria equivalente a receber dinheiro hoje – isto é, tal compra apresentaria uma oportunidade de arbitragem. Como estas não existem em mercados normais, o NPV de todas as negociações envolvendo títulos tem que ser zero.

Uma outra maneira de compreender este resultado é lembrar que toda negociação envolve um comprador e um vendedor. Se a negociação oferecesse um NPV positivo para um deles, estaria gerando um NPV negativo para o outro. Mas então uma das partes não concordaria com o negócio. Como todas as negociações são voluntárias, elas têm que ocorrer a preços pelos quais nenhuma das partes saia perdendo e, portanto, para os quais o NPV da negociação seja zero.

Em mercados normais, negociar títulos não cria nem destrói valor. Cria-se valor através de verdadeiros projetos de investimento em que a empresa se envolva, como desenvolver novos produtos, abrir novas lojas, ou criar métodos de produção mais eficientes. As transações financeiras não são fontes de valor, mas servem meramente para ajustar a cronologia e o risco dos fluxos de caixa de modo a melhor atender às necessidades da empresa ou de seus investidores.

Uma importante consequência deste resultado é a ideia de que podemos avaliar uma decisão focando-nos em seus componentes reais, em vez de em seus componentes financeiros. Isto é, podemos separar a decisão de investimento da empresa de sua escolha de financiamento. Chamamos este conceito de **Princípio da Separação**:

Transações que envolvam títulos em mercados normais não criam nem destroem valor por si próprias. Portanto, podemos avaliar o NPV de uma decisão de investimento separadamente da decisão que a empresa toma em relação a como financiar o investimento ou quaisquer outras transações envolvendo títulos que a empresa esteja considerando.

EXEMPLO 3.7 — Separando investimento e financiamento

Problema

Sua empresa está considerando um projeto que exigirá um investimento à vista de $10 milhões hoje e produzirá $12 milhões em fluxo de caixa para a empresa em um ano, livre de risco. Em vez de pagar pelo investimento de $10 milhões utilizando apenas seu próprio dinheiro, a empresa está pensando em levantar fundos extras emitindo um título que pagará aos investidores $5,5 milhões em um ano. Suponha que a taxa de juros livre de risco seja de 10%. Seria uma boa decisão levar este projeto adiante sem emitir o novo título? Seria uma boa decisão com o novo título?

Solução

Sem o novo título, o custo do projeto é de $10 milhões hoje, e o benefício é de $12 milhões em um ano. Convertendo o benefício para um valor presente

$$\$12 \text{ milhões em um ano} \div (\$1,10 \text{ em um ano} / \$ \text{ hoje}) = \$10,91 \text{ milhões hoje}$$

vemos que o projeto possui NPV = $10,91 milhões – $10 milhões = $0,91 milhão hoje.

Agora suponha que a empresa emita o novo título. Em um mercado normal, o preço deste título será o valor presente de seu fluxo de caixa futuro:

$$\text{Preço (Título)} = \$5,5 \text{ milhões} \div 1,10 = \$5 \text{ milhões hoje}$$

Assim, após levantar $5 milhões através da emissão do novo título, a empresa somente precisará investir outros $5 milhões para levar o projeto adiante.

Para calcular o NPV do projeto neste caso, observe que, em um ano, a empresa receberá o rendimento do projeto de $12 milhões, mas estará devendo $5,5 milhões aos investidores do novo título, deixando $6,5 milhões para a empresa. Esta quantia possui um valor presente de

$$\$6,5 \text{ milhões em um ano} \div (\$1,10 \text{ em um ano} / \$ \text{ hoje}) = \$5,91 \text{ milhões hoje}$$

Assim, o projeto possui NPV = $5,91 milhões – $5 milhões = $0,91 milhão hoje, como antes.

Em qualquer dos casos, temos o mesmo resultado para o NPV. O princípio da separação indica que obteremos o mesmo resultado para qualquer escolha de financiamento para a empresa que ocorra em um mercado normal. Podemos, portanto, avaliar o projeto sem considerar explicitamente as diferentes possibilidades de financiamento dentre os quais a empresa pode escolher.

Avaliando uma carteira

Até agora, discutimos o preço na ausência de arbitragem de títulos individuais. A Lei do Preço Único também possui implicações para pacotes de títulos. Considere dois títulos, A e B. Suponha que um terceiro título, C, tenha os mesmos fluxos de caixa que A e B juntos. Neste caso, o título C equivale a uma **carteira** ou associação dos títulos A e B. O que podemos concluir sobre o preço do título C em comparação aos preços de A e B?

Como o título C equivale à carteira de A e B, pela Lei do Preço Único, eles têm que ter o mesmo preço. Esta ideia leva ao princípio conhecido como **aditividade de valor**; isto é, o preço de C é igual ao preço da carteira, que é o preço associado de A e B:

Aditividade de valor

$$\text{Preço (C)} = \text{Preço (A + B)} = \text{Preço (A)} + \text{Preço (B)} \quad (3.5)$$

Como o título C possui fluxos de caixa iguais à soma de A e B, seu valor ou preço será igual à soma dos valores de A e B. Caso contrário, haveria uma óbvia oportunidade de arbitragem. Por exemplo, se o preço total de A e B fosse menor do que o preço de C, então poderíamos obter lucro comprando A e B e vendendo C. Esta atividade de arbitragem rapidamente faria subir os preços até que o preço do título C fosse igual ao preço total de A e B.

Arbitragem de índices da bolsa de valores

A aditividade de valor é o princípio por trás de uma atividade comercial conhecida como arbitragem de índices da bolsa de valores. Índices comuns da bolsa de valores (como a Média Industrial Dow Jones e o índice Standard and Poor's 500) representam carteiras de ações individuais. É possível negociar as ações individuais em um índice na Bolsa de Valores de Nova York e na NASDAQ. Também é possível negociar todo o índice (como um único título) na bolsa de futuros financeiros de Chicago. Quando o preço do índice em Chicago for menor do que o preço total das ações individuais, os negociantes comprarão o índice e venderão as ações para lucrar com a diferença de preço. Da mesma forma, quando o preço do índice em Chicago for maior do que o preço total das ações individuais, os negociantes venderão o índice e comprarão as ações individuais. Os bancos de investimento que se envolvem em arbitragem de índices da bolsa de valores automatizam o processo acompanhando os preços e submetendo os pedidos via computador; consequentemente, esta atividade também é chamada de "negociação eletrônica" ou *program trading*. Não é incomum que 5% a 10% do volume diário de transações na NYSE sejam atribuídos à atividade de arbitragem de índices da bolsa de valores. As ações desses arbitradores garantem que os preços de índices em Chicago e os preços de ações individuais acompanhem uns aos outros de perto.

De maneira mais geral, a aditividade de valor implica que o valor de uma carteira seja igual à soma dos valores de suas partes. Isto é, o preço "*à la carte*" e o preço do pacote têm que coincidir. Este elemento dos mercados financeiros não são válidos em muitos outros mercados não-competitivos.[7]

EXEMPLO 3.8 Avaliando um ativo em uma carteira

Problema
A Holbrook Holdings é uma empresa de capital aberto com apenas dois ativos: é proprietária de 60% da cadeia de restaurantes Harry's Hotcakes e de um time de hóquei no gelo. Suponha que o valor de mercado da Holbrook Holdings seja de $160 milhões e que o valor de mercado de toda a cadeia da Harry's Hotcakes (que também é de capital aberto) seja de $120 milhões. Qual é o valor de mercado do time de hóquei?

Solução
Podemos pensar na Holbrook como uma carteira que consiste em uma participação de 60% na Harry's Hotcakes e no time de hóquei. Pela aditividade de valor, a soma do valor da participação na Harry's Hotcakes e do time de hóquei tem que ser igual ao valor de mercado de $160 milhões da Holbrook. Como a participação de 60% na Harry's Hotcakes vale 60% × $120 milhões = $72 milhões, o time de hóquei possui o valor de $160 milhões − $72 milhões = $88 milhões.

A aditividade de valor possui uma importante consequência para o valor de toda uma empresa. Os fluxos de caixa da empresa são iguais aos fluxos de caixa totais de todos os projetos e investimentos dentro da empresa. Portanto, pela aditividade de valor, o preço ou valor de toda a empresa é igual à soma dos valores de todos os projetos e investimentos dentro dela. Em outras palavras, nossa regra de decisão do NPV coincide com a maximização do valor de toda a empresa:

Para maximizar o valor de toda uma empresa, os gerentes devem tomar decisões que maximizem o NPV. O NPV da decisão representa sua contribuição para o valor total da empresa.

---

[7] Por exemplo, uma passagem aérea de ida e volta geralmente custa muito menos do que duas passagens separadas só de ida. Obviamente, passagens aéreas não são vendidas em um mercado competitivo – não se pode comprar *e* vender as passagens pelos preços listados. Apenas as empresas aéreas podem vender as passagens, e elas têm regras rígidas contra revender as passagens. Caso contrário, seria possível ganhar dinheiro comprando passagens de ida e volta e vendendo-as a pessoas que precisassem de passagens apenas de ida.

FIXAÇÃO DE CONCEITOS

1. Se uma empresa fizer um investimento que possui um NPV positivo, como o valor da empresa muda?
2. O que é o princípio da separação?

3.6 O preço do risco

Até agora consideramos apenas fluxos de caixa sem nenhum risco. Mas em muitas situações, os fluxos de caixa apresentam um risco. Nesta seção, veremos como determinar o valor presente de um fluxo de caixa com risco.

Fluxos de caixa com risco *versus* livre de risco

Suponhamos que a taxa de juros livre de risco seja de 4% e que no próximo ano a economia tenha as mesmas chances de se fortalecer ou de enfraquecer. Consideremos um investimento em um título de dívida livre de risco, e um outro em um índice da bolsa de valores (uma carteira de todas as ações no mercado). O título de dívida livre de risco, além de ser livre de risco, pagará $1.100, qualquer que seja a situação econômica. O fluxo de caixa de um investimento no índice da bolsa de valores, porém, depende da força da economia. Suponhamos que o índice de mercado valerá $1.400 se a economia estiver forte, mas apenas $800 se a economia estiver fraca. A Tabela 3.7 resume esses rendimentos.

TABELA 3.7 Fluxos de caixa e preços de mercado (em dólares) de um título de dívida livre de risco e de um investimento na carteira do mercado

Título	Preço de mercado hoje	Fluxo de caixa em um ano	
		Economia fraca	Economia forte
Título livre de risco	1.058	1.100	1.100
Índice de mercado	1.000	800	1.400

Na Seção 3.5, vimos que o preço de um título sem possibilidade de arbitragem é igual ao valor presente de seus fluxos de caixa. Por exemplo, o preço do título de dívida livre de risco corresponde à taxa de juros livre de risco de 4%:

Preço (Título de dívida livre de risco) = PV (Fluxos de caixa)

= ($1.100 em um ano) ÷ ($1,04 em um ano / $ hoje)

= $1.058 hoje

Agora consideremos o índice de mercado. Um investidor que comprá-lo hoje, poderá vendê-lo em um ano por um fluxo de caixa de $800 ou $1.400, com um rendimento médio de $\frac{1}{2}$ ($800) + $\frac{1}{2}$ ($1.400) = $1.100. Apesar de este rendimento médio ser igual ao título de dívida livre de risco, o índice de mercado possui um preço menor hoje. Ele paga $1.100 em média, mas seu fluxo de caixa real apresenta risco, então os investidores estão dispostos a pagar apenas $1.000 por ele hoje, em vez de $1.058. O que explica esse preço mais baixo?

Aversão a risco e o prêmio de risco

Intuitivamente, os investidores pagam menos para receber $1.100 em média do que para receber $1.100 com certeza porque eles não gostam de risco. Isto é, *o custo pessoal de se perder um dólar em maus momentos é maior do que o benefício de um dólar a mais em bons momentos*. Assim, o benefício de se receber $300 a mais ($1.400 *versus* $1.100) quando a economia está forte é menos importante do que a perda de $300 ($800 *versus* $1.100) quando a economia está fraca. Consequentemente, os investidores preferem receber $1.100 com certeza.

A noção de que os investidores preferem ter uma renda certa em vez de uma renda com risco da mesma quantia média chama-se **aversão ao risco**. É um aspecto das preferências de um investidor, e diferentes investidores podem ter diferentes graus de aversão a risco. Quanto mais avessos a risco forem os investidores, menor será o preço corrente do índice de mercado comparado a um título de dívida livre de risco com o mesmo rendimento médio.

Como os investidores se importam com riscos, não podemos utilizar taxas de juros livre de risco para calcular o valor presente de um fluxo de caixa futuro com risco. Ao investir em um projeto com risco, os investidores esperam um retorno que os compense adequadamente pelo risco. Por exemplo, os investidores que comprarem o índice de mercado por seu preço corrente de $1.000 receberão $1.100 em média no fim do ano, que é um ganho médio de $100, ou um retorno de 10% sobre seu investimento inicial. Quando calculamos o retorno de um título com base no rendimento que esperamos receber em média, o chamamos de **retorno esperado**:

$$\text{Retorno esperado de um investimento com risco} = \frac{\text{Ganho esperado no fim do ano}}{\text{Custo inicial}} \quad (3.6)$$

Obviamente, apesar de o retorno esperado do índice de mercado ser de 10%, seu retorno *real* será mais alto ou mais baixo. Se a economia estiver forte, o índice de mercado subirá para 1.400, o que representa um retorno de

$$\text{Retorno de mercado se a economia estiver forte} = (1.400 - 1.000) / 1.000 = 40\%$$

Se a economia estiver fraca, o índice cairá para 800, para um retorno de

$$\text{Retorno de mercado se a economia estiver fraca} = (800 - 1.000) / 1.000 = -20\%$$

Também podemos calcular o retorno esperado de 10% calculando a média desses retornos reais: $\frac{1}{2}(40\%) + \frac{1}{2}(-20\%) = 10\%$.

Assim, os investidores do índice de mercado obtêm um retorno esperado de 10%, em vez de a taxa de juros livre de risco de 4% sobre seu investimento. A diferença de 6% entre esses retornos chama-se **prêmio de risco** do índice de mercado. O prêmio de risco de um título representa o retorno adicional que os investidores esperam obter para compensá-los por seu risco. Como os investidores são avessos a riscos, o preço de um título com risco não pode ser calculado simplesmente descontando seu fluxo de caixa esperado à taxa de juros livre de risco. Em vez disso,

Quando um fluxo de caixa apresenta risco, para calcular seu valor presente, temos que descontar o fluxo de caixa que esperamos em média a uma taxa igual à taxa de juros livre de risco, mais um prêmio de risco adequado.

O preço de um título com risco sem possibilidade de arbitragem

Assim como a taxa de juros livre de risco é determinada pelas preferências dos investidores por economizar ou consumir, o prêmio de risco do índice de mercado é determinado pelas preferências dos investidores em relação ao risco. O prêmio de risco é grande somente o suficiente para que a demanda por investimentos no índice de mercado seja igual à oferta disponível.

Da mesma maneira que utilizamos a taxa de juros livre de risco para determinar o preço na ausência de arbitragem de outros títulos livre de risco, podemos utilizar o prêmio de risco do índice de mercado para avaliar outros títulos com risco. Por exemplo, suponha que o título A pague $600 aos investidores se a economia estiver forte e nada se estiver fraca. Vejamos como podemos determinar o preço de mercado do título A utilizando a Lei do Preço Único.

Como mostra a Tabela 3.8, se associarmos o título A a um título de dívida livre de risco que paga $800 em um ano, os fluxos de caixa da carteira em um ano serão idênticos aos fluxos de caixa do índice de mercado. Pela Lei do Preço Único, o valor de mercado total do título de dívida e do título A tem que ser igual a $1.000, o valor do índice de mercado. Dada uma taxa de juros livre de risco de 4%, o preço de mercado do título de dívida é de

($800 em um ano) ÷ ($1,04 em um ano / $ hoje) = $769 hoje

Portanto, o preço de mercado inicial do título A é de $1.000 − $769 = $231. Se o preço do título for maior ou menor do que $231, então o valor da carteira do título de dívida e do título A seria diferente do valor do índice de mercado, violando a Lei do Preço Único e criando, assim, uma oportunidade de arbitragem.

TABELA 3.8 Determinando o preço de mercado do título A (fluxos de caixa em dólares)

Título	Preço de mercado hoje	Fluxo de caixa em um ano	
		Economia fraca	Economia forte
Título de dívida livre de risco	769	800	800
Título A	?	0	600
Índice de mercado	1.000	800	1.400

Prêmios de risco dependem do risco

Dado um preço inicial de $231 e um rendimento esperado de ½ (0) + ½ (600) = 300, o título A possui um retorno esperado de

$$\text{Retorno esperado do título A} = \frac{300 - 231}{231} = 30\%$$

Observemos que este retorno esperado excede o retorno esperado de 10% da carteira de mercado. Os investidores do título A obtêm um prêmio de risco de 30% − 4% = 26% sobre a taxa de juros livre de risco, em comparação a um prêmio de risco de 6% para a carteira de mercado. Por que os prêmios de risco são tão diferentes?

O motivo da diferença fica claro se compararmos os retornos reais de dois títulos. Quando a economia está fraca, os investidores do título A perdem tudo, com um retorno de −100%, e quando a economia está forte, eles obtêm um retorno de (600 − 231) / 231 = 160%. Ao contrário, o índice de mercado perde 20% em uma economia fraca e ganha 40% em uma economia forte. Dados seus retornos muito mais variáveis, não é surpreendente que o título A deva pagar aos investidores um prêmio de risco mais alto.

O risco é relativo ao mercado em geral

O exemplo do título A sugere que o prêmio de risco de um título dependerá da variabilidade de seus retornos. Mas, antes de chegarmos a qualquer conclusão, vale considerar um outro exemplo.

Os resultados do título B são muito surpreendentes. Ao se observar os títulos A e B separadamente, eles parecem muito similares – ambos têm a mesma chance de pagar $600 ou $0. Contudo, o título A possui um preço de mercado muito mais baixo do que o título B ($231 *versus* $346). Em termos de retornos, o título A paga aos investidores um retorno esperado de 30%; o título B paga −13,3%. Por que seus preços e retornos esperados são tão diferentes? E por que investidores avessos a riscos estariam dispostos a comprar um título com risco com um retorno esperado abaixo da taxa de juros livre de risco?

Para compreender este resultado, observemos que o título A paga $600 se a economia estiver forte, e B paga $600 se a economia estiver fraca. Lembremos de que nossa definição de

EXEMPLO 3.9 — Um prêmio de risco negativo

Problema

Suponha que o título B pague $600 se a economia estiver fraca e $0 se a economia estiver forte. Qual é seu preço na ausência de arbitragem, seu retorno esperado e seu prêmio de risco?

Solução

Se associarmos o índice de mercado ao título B em uma carteira, obteremos o mesmo rendimento que um título de dívida livre de risco que pague $1.400, como exibido abaixo (fluxos de caixa em dólares):

Título	Preço de mercado hoje	Fluxo de caixa em um ano	
		Economia fraca	Economia forte
Índice de mercado	1.000	800	1.400
Título B	?	600	0
Título de dívida livre de risco	1.346	1.400	1.400

Como o preço de mercado do título de dívida livre de risco é $1.400 ÷ 1,04 = $1.346 hoje, podemos concluir, pela Lei do Preço Único, que o título B tem que ter um preço de mercado de $1.346 − 1.000 = $346 hoje.

Se a economia estiver fraca, o título B pagará um retorno de (600 − 346) / 346 = 73,4%. Se a economia estiver forte, o título B não pagará nada, com um retorno de −100%. O retorno esperado do título B é, portanto, ½ (73,4%) + $\frac{1}{2}$ (−100%) = −13,3%. Seu prêmio de risco é −13,3% − 4% = −17,3%; isto é, o título B paga aos investidores 17,3% *a menos* em média do que a taxa de juros livre de risco.

aversão ao risco afirma que os investidores dão mais valor a um dólar a mais de renda em maus momentos do que em bons momentos. Assim, como o título B paga $600 se a economia estiver fraca e o índice de mercado estiver com um desempenho baixo, ele vale a pena quando a riqueza dos investidores está baixa e eles valorizam mais o dinheiro. Na verdade, o título B não é realmente "arriscado" do ponto de vista de um investidor; ao contrário, o título B é uma apólice de seguro contra uma retração econômica. Sendo portadores de um título B juntamente com o índice de mercado, podemos eliminar nosso risco oriundo de flutuações de mercado. Os investidores avessos ao risco estão dispostos a pagar por este seguro aceitando um retorno abaixo da taxa de juros livre de risco.

Este resultado ilustra um princípio extremamente importante. O risco de um título não pode ser avaliado isoladamente. Mesmo quando os retornos de um título são bastante variáveis, se os retornos variarem de uma maneira que contrabalance outros riscos que os investidores estiverem correndo, o título irá reduzir, e não aumentar, o risco do investidor. Consequentemente, o risco somente pode ser avaliado em relação a outros riscos que os investidores enfrentam; isto é,

O risco de um título deve ser avaliado em relação às flutuações de outros investimentos na economia. O prêmio de risco de um título será tanto maior quanto mais seus retornos tenderem a variar com a economia geral e com o índice de mercado. Se os retornos variam na direção oposta do índice de mercado, o título oferece segurança e terá um prêmio de risco negativo.

A Tabela 3.9 compara o risco e os prêmios de risco para os diferentes títulos que consideramos até então. Para cada título, calculamos a diferença entre seus retornos quando a economia está forte ou fraca. Observe que o prêmio de risco de cada título é proporcional a esta diferença, e o prêmio de risco é negativo quando os retornos variam na direção oposta do mercado.

Risco, retorno e preços de mercado

Mostramos que, quando os fluxos de caixa apresentam risco, podemos utilizar a Lei do Preço Único para calcular os valores presentes compondo uma carteira que produza fluxos de caixa com risco idêntico. Como mostra a Figura 3.3, calcular os preços dessa maneira equivale a converter fluxos de

TABELA 3.9 — Determinando o preço de mercado do título A (fluxos de caixa em dólares)

Título	Fluxo de caixa em um ano		Diferença entre retornos	Prêmio de risco
	Economia fraca	Economia forte		
Título de dívida livre de risco	4%	4%	0%	0%
Índice de mercado	−20%	40%	60%	6%
Título A	−100%	160%	260%	26%
Título B	73%	−100%	−173%	−17,3%

FIGURA 3.3

Conversão entre dólares hoje e dólares em um ano com risco

Quando os fluxos de caixa apresentam risco, a Equação (3.7) determina o retorno esperado, r_s, que podemos utilizar para converter preços ou valores presentes hoje em fluxo de caixa esperado no futuro.

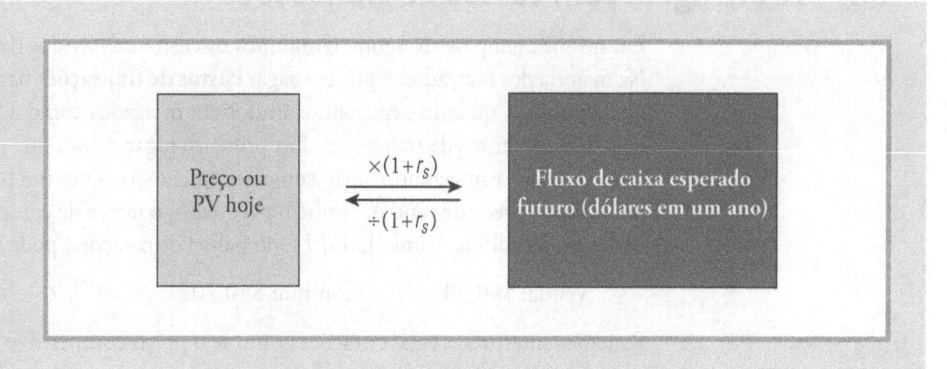

Preço ou PV hoje $\xrightarrow{\times(1+r_S)}_{\div(1+r_S)}$ Fluxo de caixa esperado futuro (dólares em um ano)

caixa hoje em fluxos de caixa *esperados* recebidos no futuro utilizando-se uma taxa de desconto r_s que inclui um prêmio de risco adequado ao risco do investimento:

$$r_s = r_f + (\text{prêmio de risco do investimento } s) \qquad (3.7)$$

Para a situação simples considerada aqui, com uma única fonte de risco (a força da economia), vimos que o prêmio de risco de um investimento depende da variabilidade de seus retornos segundo a economia geral. Na Parte IV deste livro, mostraremos que este resultado é válido para situações mais gerais, com muitas fontes de risco e mais de dois estados possíveis da economia.

EXEMPLO 3.10 — Utilizando o prêmio de risco para calcular um preço

Problema

Considere um título de dívida com risco com um fluxo de caixa de $1.100 quando a economia está forte e de $1.000 quando a economia está fraca. Suponha que um prêmio de risco de 1% seja adequado para este título de dívida. Se a taxa de juros livre de risco é de 4%, qual é o preço do título de dívida hoje?

Solução

Da Equação 3.7, a taxa de desconto adequada para o título de dívida é

$$r_b = r_f + (\text{Prêmio de risco do título de dívida}) = 4\% + 1\% = 5\%$$

O fluxo de caixa esperado do título de dívida é ½ ($1.100) + ½ ($1.000) = $1.050 em um ano. Assim, o preço do título de dívida hoje é

$$\text{Preço do Título de dívida} = (\text{Fluxo de caixa médio em um ano}) \div (1 + r_b \text{ \$ em um ano / \$ hoje})$$

$$= (\$1.050 \text{ em um ano}) \div (\$1,05 \text{ em um ano / \$ hoje})$$

$$= \$1.000 \text{ hoje}$$

Dado este preço, o retorno do título de dívida é de 10% quando a economia está forte e de 0% quando a economia está fraca. (Observe que a diferença entre os retornos é de 10%, o que é 1/6 tão variável quanto o índice de mercado; ver Tabela 3.9. De maneira correspondente, o prêmio de risco do título de dívida também é 1/6 o do índice de mercado.)

FIXAÇÃO DE CONCEITOS

1. Por que o retorno esperado de um título com risco difere, de maneira geral, da taxa de juros livre de risco? O que determina o tamanho de seu prêmio de risco?
2. Explique por que o risco de um título não deve ser avaliado isoladamente.

3.7 Arbitragem com custos de transações

Em nossos exemplos até agora, ignoramos os custos envolvidos na compra e venda de bens ou títulos. Na maioria dos mercados, é preciso pagar **custos de transações** para negociar títulos. Como discutimos no Capítulo 1, quando negociamos títulos em mercados como a NYSE e a Nasdaq, temos que pagar dois tipos de custos de transações. Em primeiro lugar, temos que pagar uma comissão pelo negócio ao nosso corretor. Em segundo lugar, como geralmente pagamos um preço um pouco mais alto ao comprar um título (o preço de venda), também pagaremos o *spread* de compra e venda. Por exemplo, uma quota de ações da Dell Inc. (símbolo DELL no painel de cotações) pode ser cotada da seguinte maneira:

Venda: $40,50   Compra: $40,70

Podemos interpretar essas cotações como se o preço competitivo da Dell fosse de $40,60, mas existe um custo de transação de 10 centavos por ação na compra ou venda.[8]

Que consequências esses custos de transação têm sobre os preços na ausência de arbitragem e sobre a Lei do Preço Único? Anteriormente, afirmamos que o preço do ouro em Nova York e Londres tem que ser idêntico em mercados competitivos. Suponhamos, porém, que custos totais de transações de $5 por onça sejam associados à compra de ouro em um mercado e à sua venda em outro. Então, se o preço do ouro é $250 por onça em Nova York e $252 por onça em Londres, a estratégia "compre barato e venda caro" não é mais válida:

Custo: $250 por onça (comprar ouro em Nova York) + $5 (custos de transações)

Benefício: $252 por onça (vender ouro em Londres)

NPV: $252 − $250 − $5 = −$3 por onça

De fato, não existe oportunidade de arbitragem neste caso até que os preços divirjam em mais de $5, o valor dos custos de transações.

Em geral, precisamos modificar nossas conclusões anteriores sobre os preços na impossibilidade de arbitragem anexando a frase "até os custos de transações". Neste exemplo, há apenas um preço competitivo para o ouro – até uma discrepância de $5 no custo de transações.

As outras conclusões deste capítulo têm a mesma restrição. O preço do "pacote" de títulos deve ser igual ao preço "*à la carte*" até os custos de transações associados ao empacotamento e desempacotamento. O preço de um título deve ser igual ao valor presente de seus fluxos de caixa até os custos de transação de se negociar o título e os fluxos de caixa.

Felizmente, na maioria dos mercados financeiros, estes custos são baixos. Por exemplo, em janeiro de 2005, os *spreads* de compra e venda típicos para grandes ações da NYSE eram de entre 2 e 5 centavos por ação. Como uma primeira aproximação, podemos ignorar esses *spreads* em nossa análise. Apenas em situações em que o NPV é pequeno (em relação aos custos de transações) uma discrepância fará alguma diferença. Neste caso, teremos que considerar cuidadosamente todos os custos de transações para decidir se o NPV é positivo ou negativo.

---

[8] Qualquer preço entre o preço de venda e o preço de compra poderia ser o preço competitivo, com diferentes custos de transação para compra e venda.

EXEMPLO 3.11 — A variação do preço na impossibilidade de arbitragem

Problema

Considere um título de dívida que pague $1.000 no fim do ano. Suponha que a taxa de juros de mercado para depósitos seja de 6%, mas a taxa de juros de mercado para empréstimos seja de 6,5%. Qual é a *variação* do preço na impossibilidade de arbitragem do título de dívida? Isto é, qual é o preço mais alto e mais baixo pelo qual o título de dívida poderia ser negociado sem se criar uma oportunidade de arbitragem?

Solução

O preço na impossibilidade de arbitragem do título de dívida é igual ao valor presente dos fluxos de caixa. Neste caso, podemos utilizar qualquer uma das duas taxas de juros para calcular o valor presente, dependendo de se estamos contraindo ou cedendo um empréstimo. Por exemplo, a quantia que precisaríamos colocar no banco hoje para receber $1.000 em um ano é

$$(\$1.000 \text{ em um ano}) \div (\$1{,}06 \text{ em um ano } / \$ \text{ hoje}) = \$943{,}40 \text{ hoje}$$

onde utilizamos a taxa de juros de 6% que obteremos mediante nosso depósito. A quantia que podemos pegar emprestada hoje se planejarmos pagar $1.000 de volta em um ano é

$$(\$1.000 \text{ em um ano}) \div (\$1{,}065 \text{ em um ano } / \$ \text{ hoje}) = \$938{,}97 \text{ hoje}$$

onde utilizamos a taxa mais alta de 6,5% que teremos que pagar se contrairmos o empréstimo.

Suponha que o preço do título de dívida P exceda $943,40. Então, você poderia lucrar vendendo o título de dívida por seu preço corrente e investindo $943,40 dos recursos à taxa de juros de 6%. Você ainda receberia $1.000 no fim do ano, mas poderia ficar com a diferença $(P - 943{,}40)$ hoje. Esta oportunidade de arbitragem evitará que o preço do título de dívida suba para além de $943,40.

Por outro lado, suponha que o preço do título de dívida P seja mais baixo que $938,97. Então, você poderia pegar um empréstimo de $938,97 a 6,5% e utilizar P para comprar o título de dívida. Isso o deixaria com $(938{,}97 - P)$ hoje, e nenhuma obrigação no futuro porque você pode utilizar os rendimentos de $1.000 do título de dívida para pagar o empréstimo. Esta oportunidade de arbitragem evitará que o preço do título de dívida caia para menos de $938,97.

Se o preço do título de dívida P estiver entre $938,97 e $943,40, então ambas as estratégias anteriores perderão dinheiro, e não há oportunidade de arbitragem. Assim, a ausência de arbitragem implica uma estreita variação dos preços possíveis do título de dívida (de $938,97 e $943,40), em vez de um preço exato.

Em resumo: quando há custos de transações, a arbitragem mantém os preços de bens e títulos equivalentes próximos uns dos outros. Os preços podem se desviar, mas não em muito mais do que o custo de transações da arbitragem.

FIXAÇÃO DE CONCEITOS

1. Na presença de custos de transações, por que diferentes investidores podem discordar sobre o valor de uma oportunidade de investimento?
2. Em quanto este valor poderia diferir?

Resumo

1. Para avaliar uma decisão, temos que avaliar os custos e benefícios incrementais a ela associados. Uma boa decisão é uma decisão na qual o valor dos benefícios excede o valor dos custos.
2. Para comparar custos e benefícios que ocorrem em diferentes pontos no tempo, em diferentes moedas ou com diferentes riscos, temos que colocar todos os custos e benefícios em termos comuns. Tipicamente, convertemos custos e benefícios em dinheiro hoje.
3. Um mercado competitivo é um mercado em que bens podem ser comprados e vendidos pelo mesmo preço. Utilizamos preços de mercados competitivos para determinar o valor em dinheiro de um bem.

4. O valor do dinheiro no tempo é a diferença de valor entre dinheiro hoje e dinheiro no futuro. A taxa com a qual podemos trocar dinheiro hoje por dinheiro no futuro contraindo empréstimos ou realizando investimentos é a taxa de juros de mercado. A taxa de juros livre de risco, r_f, é a taxa com a qual se pode contrair ou conceder empréstimos livre de risco.

5. O valor presente (PV) de um fluxo de caixa é seu valor em termos de dinheiro hoje.

6. O valor presente líquido (NPV) de um projeto é

$$PV(\text{Benefícios}) - PV(\text{Custos}) \qquad (3.1)$$

7. Um bom projeto possui valor presente líquido positivo. A Regra de Decisão do NPV afirma que, ao escolher dentre um conjunto de alternativas, deve-se escolher a de maior NPV. O NPV de um projeto equivale ao valor do projeto em dinheiro hoje.

8. Independentemente de nossas preferências por dinheiro hoje ou dinheiro no futuro, devemos sempre primeiro maximizar o NPV. Podemos, então, contrair ou conceder empréstimos para alterar os fluxos de caixa ao longo do tempo e encontrar nosso padrão preferido de fluxos de caixa.

9. Arbitragem é o processo de realizar negociações de modo a tirar proveito de bens equivalentes que tenham preços diferentes em diferentes mercados competitivos.

10. Um mercado normal é um mercado competitivo sem oportunidades de arbitragem.

11. A Lei do Preço Único afirma que, se bens ou títulos equivalentes estiverem sendo negociados simultaneamente em diferentes mercados competitivos, eles serão negociados pelo mesmo preço em cada mercado. Esta lei equivale a dizer que não devem existir oportunidades de arbitragem.

12. O preço de um título sem possibilidade de arbitragem é

$$PV(\text{Todos os fluxos de caixa pagos pelo título}) \qquad (3.3)$$

13. A aditividade de valor implica que o valor de uma carteira é igual à soma dos valores de suas partes.

14. Para maximizar o valor de toda uma empresa, os gerentes devem tomar decisões que maximizem o NPV. O NPV da decisão representa sua contribuição para o valor total da empresa.

15. O Princípio da Separação afirma que as transações de títulos em um mercado normal não criam nem destroem valor por si próprias. Consequentemente, podemos avaliar o NPV de uma decisão de investimento separadamente das transações de títulos que a empresa esteja considerando.

16. Quando os fluxos de caixa apresentam risco, não podemos utilizar a taxa de juros livre de risco para calcular valores presentes. Em vez disso, podemos determinar o valor presente compondo uma carteira que produza fluxos de caixa com risco idêntico, e então aplicar a Lei do Preço Único.

17. O risco de um título tem que ser avaliado em relação às flutuações de outros investimentos na economia. O prêmio de risco de um título será tanto mais alto quanto mais seus retornos tenderem a variar com a economia geral e com o índice de mercado. Se os retornos do título variarem na direção oposta do índice de mercado, eles oferecem segurança e terão um prêmio de risco negativo.

18. Quando há custos de transações, os preços de títulos equivalentes podem se desviar uns dos outros, mas não em mais do que os custos de transações da arbitragem.

Termos fundamentais

aditividade de valor *p. 101*
arbitragem *p. 96*
aversão ao risco *p. 104*
carteira *p. 101*
custos de transações *p. 108*
fator da taxa de juros *p. 88*
fator de desconto *p. 89*
Lei do Preço Único *p. 96*
mercado competitivo *p. 86*
mercado normal *p. 96*

oportunidade de arbitragem *p. 96*
preço sem possibilidade de arbitragem *p. 98*
prêmio de risco *p. 104*
Princípio da Separação *p. 100*
regra de decisão do NPV *p. 91*
retorno esperado *p. 104*
retorno *p. 100*
taxa de desconto *p. 89*
taxa de juros livre de risco *p. 88*
título de dívida *p. 97*

título financeiro *p. 96*
valor do dinheiro no tempo *p. 88*
valor presente (PV) *p. 91*
valor presente líquido (NPV) *p. 91*
venda a descoberto *p. 98*

Leituras recomendadas

Muitos dos princípios fundamentais deste capítulo foram desenvolvidos no texto clássico de I. Fisher, *The Theory of Interest: As Determined by Impatience to Spend Income and Opportunity to Invest It* (Nova York: Macmillan, 1930); reimpressão (Nova York: Augustus M. Kelley, 1955).

Para aprender mais sobre o princípio da impossibilidade de arbitragem e sua importância como a base da teoria moderna de finanças, ver S. A. Ross, *Neoclassical Finance* (Princeton, NJ: Princeton University Press, 2004).

Para uma discussão sobre arbitragem e negociação racional e seu papel na determinação de preços de mercado, ver M. Rubinstein, "Rational Markets: Yes or No? The Affirmative Case", *Financial Analysis Journal* (May/June 2001): pp. 15-29.

Para uma discussão sobre algumas das limitações à arbitragem que podem surgir na prática, ver Shleifer e Vishhny, "Limits of Arbitrage", *Journal of Finance*, 52 (1997): pp. 35-55.

Problemas

Todos os problemas deste capítulo estão disponíveis no MyFinanceLab. Um asterisco (*) indica problemas com maior nível de dificuldade.

Avaliando custos e benefícios

1. A Honda Motor Company está considerando oferecer um desconto de $2.000 em sua minivan, baixando o preço do veículo de $30.000 para $28.000. O grupo de *marketing* estima que este desconto irá aumentar as vendas no ano seguinte de 40.000 para 55.000 veículos. Suponha que a margem de lucro da Honda com o desconto seja de $6.000 por veículo. Se a mudança nas vendas for a única consequência desta decisão, quais são seus custos e benefícios? É uma boa ideia?

2. Você é um negociante internacional de camarão. Um produtor de alimentos da República Tcheca oferece lhe pagar 2 milhões de korunas tchecas hoje em troca de um ano de fornecimento de camarão congelado. Seu fornecedor tailandês lhe suprirá o mesmo fornecimento por 3 milhões de bahts tailandeses hoje. Se as taxas de câmbio correntes no mercado competitivo são de 25,50 korunas por dólar e 41,25 bahts por dólar, qual é o valor deste negócio?

3. Suponha que seu empregador lhe ofereça uma escolha entre um bônus de $5.000 e 100 ações da empresa. Qualquer que seja sua escolha, você a receberá hoje. As ações da empresa estão sendo negociadas por $63 cada.

    a. Suponha que se você receber o bônus em ações, você esteja livre para negociá-las. Que forma de bônus você deve escolher? Qual é o seu valor?

    b. Suponha que se você receber o bônus em ações, você tenha que mantê-las por pelo menos um ano. O que se pode dizer em relação ao valor do bônus em ações agora? De que dependerá sua decisão?

Taxas de juros e o valor do dinheiro no tempo

EXCEL 4. Suponha que a taxa de juros livre de risco seja de 4%.

   a. Ter $200 hoje é equivalente a ter que quantia em um ano?

   b. Ter $200 em um ano é equivalente a ter que quantia hoje?

   c. O que você preferiria, ter $200 hoje ou $200 em um ano? Sua resposta depende de quando você precisa do dinheiro? Por que, ou por que não?

5. Você tem uma oportunidade de investimento no Japão. Ela exige um investimento de $1 milhão hoje e produzirá um fluxo de caixa de ¥114 milhões em um ano, sem nenhum risco. Suponha que a taxa de juros livre de risco nos Estados Unidos seja de 4%, no Japão seja de 2%, e que a taxa de câmbio corrente no mercado competitivo seja de ¥110 por dólar. Qual é o NPV deste investimento? É uma boa oportunidade?

Valor presente e a Regra de Decisão do NPV

EXCEL 6. Você dirige uma empresa de construção. Você acaba de fechar um contrato para construir um edifício comercial público. Construí-lo exigirá um investimento de $10 milhões hoje e $5 milhões em um ano. O governo lhe pagará $20 milhões em um ano mediante a conclusão do edifício. Suponha que os fluxos de caixa e sua cronologia de pagamentos sejam garantidos, e que a taxa de juros livre de risco seja de 10%.

   a. Qual é o NPV desta oportunidade?

   b. Como a sua empresa pode transformar este NPV em dinheiro hoje?

7. Sua empresa identificou três projetos de investimento potenciais. Os projetos e seus fluxos de caixa são exibidos abaixo:

Projeto	Fluxo de caixa hoje ($)	Fluxo de caixa em um ano ($)
A	−10	20
B	5	5
C	20	−10

Suponha que todos os fluxos de caixa sejam garantidos e que a taxa de juros livre de risco seja de 10%.

   a. Qual é o NPV de cada projeto?

   b. Se a empresa puder escolher apenas um desses projetos, qual ela deve escolher?

   c. Se a empresa puder escolher dois desses projetos, quais ela deve escolher?

8. Sua empresa fabricante computadores tem que comprar 10.000 teclados de um fornecedor. Um fornecedor exige um pagamento de $100.000 hoje, mais $10 por teclado, pagáveis em um ano. Um outro fornecedor cobra $21 por teclado, também pagáveis em um ano. A taxa de juros livre de risco é de 6%.

   a. Qual é a diferença entre as ofertas em termos de dólares hoje? Que oferta sua empresa deve aceitar?

   b. Suponha que sua empresa não queira gastar dinheiro hoje. Como ela pode aceitar a primeira oferta e não gastar $100.000 de seu próprio capital hoje?

Arbitragem e a Lei do Preço Único

9. Suponha que o Banco Um ofereça uma taxa de juros livre de risco de 5,5% para poupança e empréstimos, e que o Banco Dois ofereça uma taxa de juros livre de risco de 6% para poupança e empréstimos.

   a. Que oportunidade de arbitragem está disponível?

   b. Que banco sofreria um aumento repentino na demanda por empréstimos? Que banco sofreria um aumento repentino em depósitos?

   c. O que você esperaria acontecer com as taxas de juros que os dois bancos estão oferecendo?

10. Durante a década de 1990, as taxas de juros no Japão eram menores do que as taxas de juros nos Estados Unidos. Consequentemente, muitos investidores japoneses ficaram tentados a contrair empréstimos no Japão e investir os recursos nos Estados Unidos. Explique por que esta estratégia não representa uma oportunidade de arbitragem.

11. Um American Depositary Receipt (**ADR**) é um título emitido por um banco norte-americano e negociado em uma bolsa de valores norte-americana que representa certo número de ações de uma bolsa estrangeira. Por exemplo, as ações da Nokia Corporation são negociadas como ADR com o símbolo NOK na NYSE. Cada ADR representa uma quota das ações da Nokia Corporation, negociada com o símbolo NOK1V na bolsa de valores de Helsinki. Se o ADR norte-americano da Nokia está sendo negociado a $17,96 por ação e suas ações estão sendo negociadas na bolsa de Helsinki a 14,78 € por ação, utilize a Lei do Preço Único para determinar a taxa de câmbio $ / € corrente.

Impossibilidade de arbitragem e preços de títulos

EXCEL 12. Os fluxos de caixa prometidos de três títulos estão listados abaixo. Se os fluxos de caixa são livres de risco e a taxa de juros livre de risco é de 5%, determine o preço sem possibilidade de arbitragem de cada título antes do primeiro fluxo de caixa ser pago.

Título	Fluxo de caixa hoje ($)	Fluxo de caixa em um ano ($)
A	500	500
B	0	1.000
C	1.000	0

13. Um Exchange-Traded Fund (ETF) é um título que representa uma carteira de ações individuais. Considere um ETF no qual cada ação representa uma carteira de duas ações da Hewlett-Packard (HP), uma ação da Sears, Roebuck (S), e três ações da Ford Motor (F). Suponha que os preços correntes de cada ação individual sejam como descreve a tabela abaixo:

Ação	Preço de mercado corrente
HP	$28
S	$40
F	$14

   a. Qual é o preço por ação do ETF em um mercado normal?
   b. Se o ETF está sendo negociado a $1,20, que oportunidade de arbitragem está disponível? Que negociações você faria?
   c. Se o ETF está sendo negociado a $1,50, que oportunidade de arbitragem está disponível? Que negociações você faria?

EXCEL 14. Considere dois títulos que pagam fluxos de caixa livre de risco nos dois próximos anos e que tenham os preços de mercado correntes exibidos abaixo:

Título	Preço hoje ($)	Fluxo de caixa em um ano ($)	Fluxo de caixa em dois anos ($)
B1	94	100	0
B2	95	0	100

   a. Qual é o preço sem possibilidade de arbitragem de um título que paga fluxos de caixa de $100 em um ano e $100 em dois anos?
   b. Qual é o preço na ausência de arbitragem de um título que paga fluxos de caixa de $100 em um ano e $500 em dois anos?
   c. Suponha que um título com fluxos de caixa de $50 em um ano e $100 em dois anos esteja sendo negociado a um preço de $130. Que oportunidade de arbitragem está disponível?

15. Suponha que um título com fluxo de caixa livre de risco de $150 em um ano esteja sendo negociado por $140 hoje. Se não há oportunidades de arbitragem, qual é a taxa de juros livre de risco corrente?

EXCEL 16. A Xia Corporation é uma empresa cujos únicos ativos são $100.000 em dinheiro e três projetos que irá empreender. Os projetos não apresentam risco e têm os seguintes fluxos de caixa:

Projeto	Fluxo de caixa hoje ($)	Fluxo de caixa em um ano ($)
A	−20.000	30.000
B	−10.000	25.000
C	−60.000	80.000

A Xia planeja investir qualquer dinheiro não empregado hoje com uma taxa de juros livre de risco de 10%. Em um ano, todo o dinheiro será pago aos investidores e a empresa fechará suas portas.

a. Qual é o NPV de cada projeto? Que projetos a Xia deveria empreender e que quantia de dinheiro ela deveria reter?

b. Qual é o valor total dos ativos da Xia (projetos e dinheiro) hoje?

c. Que fluxos de caixa receberão os investidores da Xia? Com base nestes fluxos de caixa, qual é seu valor hoje?

d. Suponha que a Xia pague aos investidores qualquer dinheiro não empregado hoje, em vez de investi-lo. Quais são os fluxos de caixa para os investidores neste caso? Qual é seu valor agora?

e. Explique a relação entre suas respostas das partes (b), (c) e (d).

O preço do risco

17. A tabela abaixo exibe os preços na impossibilidade de arbitragem dos títulos A e B que calculamos na Seção 3.6.

Título	Preço de mercado hoje	Fluxo de caixa em um ano	
		Economia fraca	Economia forte
Título A	230,77	0	600
Título B	346,77	600	0

a. Quais são os rendimentos de uma carteira de uma ação do título A e uma ação do título B?

b. Qual é o preço de mercado desta carteira? Que retorno esperado você obteria por ser portador desta carteira?

18. Suponha que o título C ofereça uma rendimento de $600 quando a economia está fraca e de $1.800 quando a economia está forte. A taxa de juros livre de risco é de 4%.

a. O título C possui os mesmos rendimentos que a carteira dos títulos A e B do problema 17?

b. Qual é o preço na impossibilidade de arbitragem do título C?

c. Qual é o retorno esperado do título C se ambos estados da economia são igualmente prováveis? Qual é seu prêmio de risco?

d. Qual é a diferença entre o retorno do título C quando a economia está forte e quando está fraca?

e. Se o título C possui um prêmio de risco de 10%, que oportunidade de arbitragem estaria disponível?

*19. Suponha que um título com risco pague um fluxo de caixa esperado de $80 em um ano. A taxa de juros livre de risco é de 4% e o retorno esperado sobre o índice de mercado é de 10%.

a. Se os retornos deste título são altos quando a economia está forte e baixos quando a economia está fraca, mas se eles variam apenas a metade da variação do índice de mercado, que prêmio de risco é adequado para este título?

b. Qual é o preço de mercado do título?

Arbitragem com custos de transações

20. Suponha que as ações da Hewlett-Packard (HP) estejam sendo negociadas na NYSE com um preço de compra de $28,00 e um preço de venda de $28,10. Ao mesmo tempo, um corretor da NASDAQ indica para a HP um preço de compra de $27,85 e um preço de venda de $27,95.

a. Há uma oportunidade de arbitragem neste caso? Em caso afirmativo, como você a exploraria?

b. Suponha que o corretor da NASDAQ altere sua cotação para um preço de compra de $27,95 e um preço de venda de $28,05. Há oportunidade de arbitragem agora? Em caso afirmativo, como você a exploraria?

c. Quais devem ser o valor máximo do preço de compra e o valor mínimo do preço de venda para que não haja oportunidade de arbitragem?

*21. Considere uma carteira de dois títulos: uma quota de ações do Citigroup e um título de dívida que pague $100 em um ano. Suponha que esta carteira esteja sendo negociada por um preço de compra de $131,65 e um preço de venda de $132,25, e que o título de dívida esteja sendo negociado com um preço de compra de $91,75 e um preço de venda de $91,95. Neste caso, qual é a faixa de preço sem possibilidade de arbitragem para as ações do Citigroup?

PARTE II

Ferramentas

A ligação com a Lei do Preço Único. Nesta parte do texto, introduziremos as ferramentas básicas para a tomada de decisões financeiras. Para um gerente financeiro, avaliar decisões financeiras envolve o cálculo do valor presente dos fluxos de caixa futuros de um projeto. No Capítulo 4, utilizamos a Lei do Preço Único para deduzir um conceito fundamental em economia financeira – o *valor do dinheiro no tempo*. Explicaremos como avaliar uma sequência de fluxos de caixa futuros e veremos alguns atalhos úteis para calcular o valor presente líquido de vários tipos de padrão de fluxo de caixa. O Capítulo 5 mostrará como utilizar taxas de juros de mercado para determinar a taxa de desconto adequada para um conjunto de fluxos de caixa. Aplicaremos a Lei do Preço Único para demonstrar que a taxa de desconto depende da taxa de retorno sobre os investimentos com resgate e risco similares aos dos fluxos de caixa em avaliação. Esta observação leva ao importante conceito do *custo de capital* de uma decisão de investimento. No Capítulo 6, vamos comparar a regra do valor presente líquido a outras regras de investimento que as empresas às vezes utilizam e explicaremos por que a regra do valor presente líquido é melhor.

Capítulo 4
O Valor do Dinheiro no Tempo

Capítulo 5
Taxas de Juros

Capítulo 6
Regras de Decisão de Investimento

CAPÍTULO 4

O Valor do Dinheiro no Tempo

Como discutido no Capítulo 3, para avaliar um projeto, um gerente financeiro tem que comparar seus custos e benefícios. Na maioria dos casos, os fluxos de caixa de investimentos financeiros envolvem mais do que um período futuro. Por exemplo, no início de 2003, a Boeing Company anunciou que estava desenvolvendo o 7E7, uma aeronave de longo percurso extremamente eficiente, capaz de acomodar de 200 a 250 passageiros. O projeto da Boeing envolve receitas e despesas que ocorrerão por muitos anos no futuro, ou até mesmo por décadas. Como os gerentes financeiros avaliam um projeto como o da aeronave 7E7?

Como aprendemos no Capítulo 3, a Boeing deve realizar o investimento no 7E7 se o NPV for positivo. Calcular o NPV exige ferramentas que avaliem fluxos de caixa com duração de vários períodos. Desenvolveremos essas ferramentas neste capítulo. A primeira ferramenta é um método visual para representar uma sequência de fluxos de caixa: o *diagrama de fluxo de caixa*. Após construir um diagrama de fluxo de caixa, estabeleceremos três importantes regras para movimentar fluxos de caixa para diferentes pontos no tempo. Utilizando estas regras, mostraremos como calcular os valores presentes e futuros dos custos e benefícios de uma sequência geral de fluxos de caixa, e como calcular o NPV. Apesar de estas técnicas poderem ser utilizadas para avaliar qualquer tipo de ativo, certos tipos de ativos têm fluxos de caixa que seguem um padrão regular. Desenvolveremos atalhos para *anuidades*, *perpetuidades* e outros casos especiais de ativos com fluxos de caixa com padrões regulares.

notação

r	taxa de juros
C	fluxo de caixa
FV_n	valor futuro na data n
PV	valor presente; notação da planilha de anuidade para a quantia inicial
C_n	fluxo de caixa na data n
N	data do último fluxo de caixa em uma sequência de fluxos de caixa
NPV	valor presente líquido
P	principal inicial ou depósito, ou valor presente equivalente
FV	(ou VF*) valor futuro; notação da planilha de anuidade para o pagamento final extra
g	taxa de crescimento
$NPER$	notação da planilha de anuidade para o número de períodos ou datas do último fluxo de caixa
$RATE$	(ou TAXA*) notação da planilha de anuidade para taxa de juros
PMT	(ou PGTO*) notação da planilha de anuidade para fluxo de caixa
IRR	(ou TIR*) taxa interna de retorno
PV_n	valor presente na data n

---

* As siglas entre parênteses representam as funções financeiras da planilha do Excel na versão em português. Observe que a função de número de períodos é a mesma (NPER) nas versões em português e em inglês.

4.1 Diagramas de fluxo de caixa

Começaremos nosso estudo de avaliação de fluxos de caixa com duração de vários períodos com seu vocabulário e ferramentas básicas. Uma série de fluxos de caixa com duração de vários períodos chama-se **sequência de fluxos de caixa**. Podemos representar uma sequência de fluxos de caixa em um **diagrama de fluxo de caixa**, uma representação linear da cronologia dos fluxos de caixa esperados. Os diagramas de fluxo de caixa são um primeiro passo importante na organização e na solução de um problema financeiro. Eles serão utilizados em todo este livro.

Para ilustrar como construir um diagrama de fluxo de caixa, suponha que um amigo lhe deva dinheiro. Ele concordou em pagar o empréstimo em duas parcelas de $10.000 no final de cada um dos dois próximos anos. Representamos esta informação em um diagrama de fluxo de caixa, como a seguir:

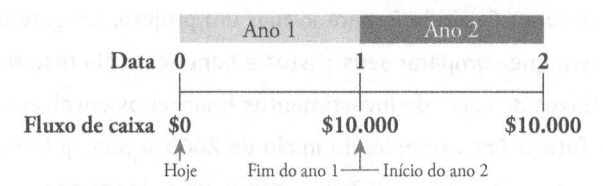

	Ano 1	Ano 2
Data	0	1	2
Fluxo de caixa	$0	$10.000	$10.000
	Hoje	Fim do ano 1 — Início do ano 2	

A data 0 representa o presente. A data 1 é um ano depois e representa o fim do primeiro ano. O fluxo de caixa de $10.000 embaixo da data 1 é o pagamento que iremos receber do fim do primeiro ano. A data 2 é daqui a dois anos; representa o fim do segundo ano. O fluxo de caixa de $10.000 sob a data 2 é o pagamento que iremos receber no fim do segundo ano.

Veremos que o diagrama de fluxo de caixa será mais útil para acompanhar fluxos de caixa se interpretarmos cada ponto nele como uma data específica. O espaço entre a data 0 e a data 1 representa, então, o período entre essas duas datas – neste caso, o primeiro ano do empréstimo. A data 0 é o início do primeiro ano e a data 1 é o fim do primeiro ano. Da mesma maneira, a data 1 é o início do segundo ano e a data 2 é o fim do segundo ano. Ao denotar o tempo dessa maneira, data 1 significa *tanto* o fim do ano 1 *quanto* o início do ano 2, o que faz sentido, já que essas datas são efetivamente o mesmo ponto no tempo.[1]

Neste exemplo, ambos os fluxos de caixa são entradas. Em muitos casos, porém, uma decisão financeira envolve entradas e saídas. Para diferenciar entre os dois tipos de fluxos de caixa, atribuímos um sinal diferente a cada um deles: as entradas são fluxos de caixa positivos, enquanto que as saídas são fluxos de caixa negativos.

Para ilustrar, suponha que você ainda esteja se sentindo generoso e tenha concordado em emprestar $10.000 a seu irmão hoje. Seu irmão concordou em pagar este empréstimo em duas parcelas de $6.000 no final de cada um dos dois próximos anos. O diagrama de fluxo de caixa é:

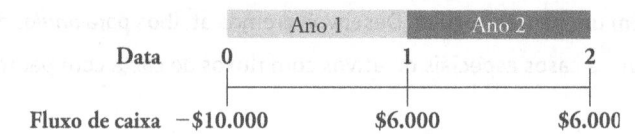

	Ano 1	Ano 2
Data	0	1	2
Fluxo de caixa	−$10.000	$6.000	$6.000

Observe que o primeiro fluxo de caixa na data 0 (hoje) é representado como −$10.000 porque é uma saída. Os fluxos de caixa subsequentes de $6.000 são positivos porque são entradas.

Até então, utilizamos os diagramas de fluxo de caixa para exibir os fluxos de caixa que ocorrem no final de cada ano. Na verdade, os diagramas de fluxo de caixa podem representar fluxos de caixa que ocorrem no final de qualquer período de tempo. Por exemplo, se pagamos aluguel todo mês, poderíamos utilizar um diagrama de fluxo de caixa como o de nosso primeiro exemplo para representar dois pagamentos de aluguel, mas substituindo o rótulo de "ano" pelo de "mês".

Muitos dos diagramas de fluxo de caixa incluídos neste capítulo são muito simples. Consequentemente, podemos sentir que construí-los não vale o tempo ou o esforço necessários. À me-

---

[1] Isto é, não existe nenhum diferença de tempo real entre um fluxo de caixa pago às 23:59 do dia 31 de dezembro e um pago às 00:01 do dia 1º de janeiro, apesar de poder haver algumas outras diferenças, como tributação, que não consideraremos agora.

dida que progredirmos para problemas mais difíceis, veremos que os diagramas de fluxo de caixa identificam eventos em uma transação ou investimento que facilmente poderiam ser ignorados. Se deixarmos de reconhecer esses fluxos de caixa, tomaremos decisões financeiras falhas. Portanto, é recomendável que *todos* os problemas sejam abordados traçando o diagrama de fluxo de caixa, como faremos neste capítulo.

EXEMPLO 4.1 — Construindo um diagrama de fluxo de caixa

Problema

Suponha que você tenha que pagar $10.000 em estudos por ano nos dois próximos anos. Os pagamentos de seus estudos devem ser feitos em parcelas iguais no início de cada semestre. Qual é o diagrama de fluxo de caixa dos pagamentos de seus estudos?

Solução

Supondo que hoje seja o início do primeiro semestre, seu primeiro pagamento ocorre na data 0 (hoje). Os pagamentos restantes ocorrem em intervalos de um semestre. Utilizando um semestre como o intervalo do período, podemos construir um diagrama de fluxo de caixa como a seguir:

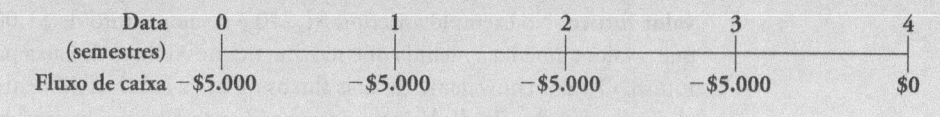

Data (semestres)	0	1	2	3	4
Fluxo de caixa	−$5.000	−$5.000	−$5.000	−$5.000	$0

FIXAÇÃO DE CONCEITOS

1. Quais são os elementos essenciais de um diagrama de fluxo de caixa?
2. Como é possível distinguir entradas e saídas em um diagrama de fluxo de caixa?

4.2 As três regras da movimentação no tempo

As decisões financeiras geralmente exigem comparar ou combinar fluxos de caixa que ocorrem em diferentes pontos no tempo. Nesta seção, introduziremos três importantes regras que são centrais às tomadas de decisões financeiras e que nos permitem comparar ou combinar valores.

Comparando e combinando valores

Nossa primeira regra é que somente é possível comparar ou combinar valores no mesmo ponto no tempo. Esta regra reafirma uma conclusão introduzida no Capítulo 3: somente fluxos de caixa expressos nas mesmas unidades podem ser comparados ou combinados. *Um dólar hoje* e *um dólar daqui a um ano* não são equivalentes. Ter dinheiro agora vale mais do que ter dinheiro no futuro; se temos o dinheiro hoje, podemos ganhar juros sobre ele.

Para comparar ou combinar fluxos de caixa que ocorrem em diferentes pontos no tempo, primeiro é preciso convertê-los nas mesmas unidades ou *movimentá-los* para o mesmo ponto no tempo. As duas próximas regras mostram como movimentar os fluxos de caixa sobre o diagrama de fluxo de caixa.

Movimentando fluxos de caixa para um ponto no futuro

Suponha que tenhamos $1.000 hoje e desejemos determinar a quantia equivalente em um ano. Se a taxa de juros de mercado corrente é de 10%, podemos utilizar esta taxa como uma taxa cambial para movimentar o fluxo de caixa para um ponto no futuro. Isto é,

($1.000 hoje) × ($1,10 em um ano / $ hoje) = $1.100 em um ano

Em geral, se a taxa de juros de mercado ao ano é r, então multiplicamos pelo fator da taxa de juros, $(1 + r)$, para movimentar o fluxo de caixa do início para o fim do ano. Este processo de movimentar um valor ou um fluxo de caixa para um ponto no futuro também é chamado de

composição. *Nossa segunda regra estipula que, para movimentar um fluxo de caixa para um ponto no futuro, é preciso compô-lo.*

Podemos aplicar esta regra repetidas vezes. Suponha que queiramos saber quanto os $1.000 valerão em dois anos. Se a taxa de juros do ano 2 também é de 10%, então convertemos da mesma maneira:

($1.100 em um ano) × ($1,10 em dois anos / $ em um ano) = $1.210 em dois anos

Representemos este cálculo em um diagrama de fluxo de caixa:

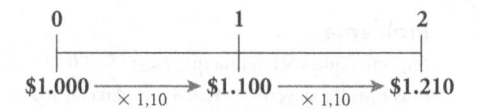

```
       0              1              2
       |              |              |
    $1.000 ──× 1,10──▶ $1.100 ──× 1,10──▶ $1.210
```

Dada uma taxa de juros de 10%, todos os fluxos de caixa – $1.000 na data 0, $1.100 na data 1, e $1.210 na data 2 – são equivalentes. Eles têm o mesmo valor, mas são expressos em diferentes unidades (diferentes pontos no tempo). Uma seta apontando para a direita indica que o valor está sendo movimentado para um ponto no futuro – isto é, sendo composto.

O valor de um fluxo de caixa que é movimentado para um ponto no futuro se chama de seu **valor futuro**. No exemplo anterior, $1.210 é o valor futuro de $1.000 daqui a dois anos. Observe que o valor aumenta à medida que movimentamos o fluxo de caixa para um ponto mais distante no futuro. O valor equivalente de dois fluxos de caixa em dois diferentes pontos no tempo às vezes é chamado de **valor do dinheiro no tempo**. Tendo dinheiro mais cedo, podemos investi-lo e acabar com mais dinheiro no futuro. Observe também que o valor equivalente cresce em $100 no primeiro ano, mas em $110 no segundo ano. No segundo ano, obtemos os juros sobre nossos $1.000 originais, mais os juros sobre os $100 de juros que recebemos no primeiro ano. O efeito da obtenção destes "juros sobre juros" chama-se **juros compostos.**

Como o valor futuro muda se movimentarmos o fluxo de caixa para daqui a três anos? Utilizando ainda a mesma abordagem, compomos o fluxo de caixa uma terceira vez. Supondo que a taxa de juros do mercado competitivo esteja fixa em 10%, temos

$$\$1.000 \times (1,10) \times (1,10) \times (1,10) = \$1.000 \times (1,10)^3 = \$1.331$$

Em geral, para movimentar um fluxo de caixa C em n períodos para o futuro, temos que compô-lo pelos n fatores da taxa de juros intervenientes. Se a taxa de juros r é constante, então este cálculo gera

Valor futuro de um fluxo de caixa

$$FV_n = C \times \underbrace{(1 + r) \times (1 + r) \times \cdots \times (1 + r)}_{n \text{ vezes}} = C \times (1 + r)^n \qquad (4.1)$$

Movimentando fluxos de caixa para um ponto no passado

A terceira regra descreve como movimentar fluxos de caixa para um ponto no passado. Suponha que quiséssemos calcular o valor hoje de $1.000 que prevemos receber em um ano. Se a taxa de juros de mercado corrente é de 10%, é possível calcular este valor convertendo unidades, como fizemos no Capítulo 3:

($1.000 em um ano) ÷ ($1,10 em um ano / $ hoje) = $909,09 hoje

Isto é, para movimentar o fluxo de caixa para um ponto no passado, dividimo-lo pelo fator da taxa de juros, $(1 + r)$, onde r é a taxa de juros. Este processo de movimentar um valor ou fluxo de caixa para um ponto no passado – encontrando o valor equivalente hoje de um fluxo de caixa futuro – é chamado de **desconto**. *Nossa terceira regra estipula que para movimentar um fluxo de caixa de volta a um ponto no passado, temos que descontá-lo.*

Para ilustrar, suponha que esperemos receber os $1.000 daqui a dois anos em vez de daqui a um ano. Se a taxa de juros para ambos os anos é de 10%, podemos preparar o seguinte diagrama de fluxo de caixa:

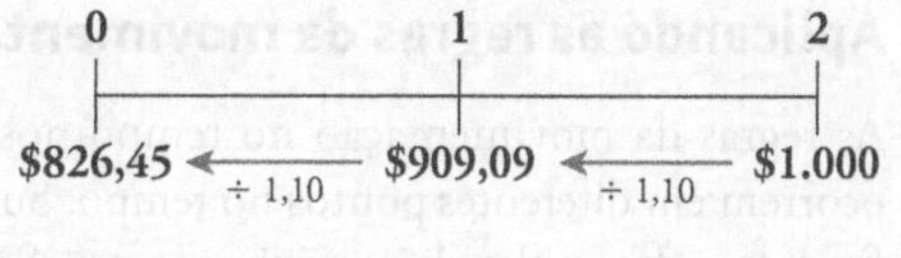

```
     0            1            2
     |────────────|────────────|
  $826,45  ←    $909,09  ←   $1.000
         ÷1,10         ÷1,10
```

Quando a taxa de juros é de 10%, todos os fluxos de caixa – $826,45 na data 0, $909,09 na data 1, e $1.000 na data 2 – são equivalentes. Eles representam o mesmo valor em diferentes unidades (em diferentes pontos no tempo). As setas apontando para a esquerda indicam que o valor está sendo movimentado para o passado, ou sendo descontado. Observe que o valor diminui à medida que movimentamos o fluxo de caixa para um ponto mais distante no passado.

O valor de um fluxo de caixa futuro em um ponto anterior no diagrama de fluxo de caixa é seu valor presente no ponto anterior. Isto é, $826,45 é o valor presente na data 0 de $1.000 em dois anos. Lembre-se, do Capítulo 3, que o valor presente é o preço de se produzir "por si mesmo" um fluxo de caixa futuro. Assim, se investíssemos $826,45 hoje por dois anos a juros de 10%, teríamos um valor futuro de $1.000, utilizando a segunda regra da movimentação no tempo:

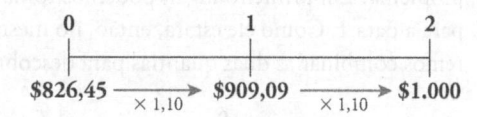

```
     0            1            2
     |────────────|────────────|
  $826,45  →    $909,09  →   $1.000
         ×1,10         ×1,10
```

Suponha que os $1.000 estivessem a três anos de distância e quiséssemos calcular o valor presente. Novamente, se a taxa de juros é de 10%, temos

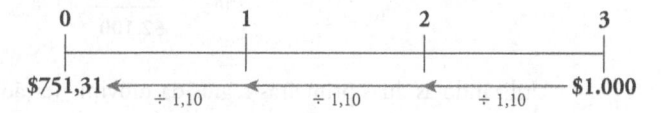

```
     0          1          2          3
     |──────────|──────────|──────────|
  $751,31 ← ────── ← ────── ← ──── $1.000
         ÷1,10     ÷1,10     ÷1,10
```

Isto é, o valor presente hoje de um fluxo de caixa de $1.000 em três anos é dado por

$$\$1.000 \div (1,10) \div (1,10) \div (1,10) = \$1.000 \div (1,10)^3 = \$751,31$$

Em geral, para movimentar um fluxo de caixa C em n períodos para o passado, temos que descontá-lo pelos n fatores de taxa de juros intervenientes. Se a taxa de juros r é constante, temos

Valor presente de um fluxo de caixa

$$PV = C \div (1 + r)^n = \frac{C}{(1 + r)^n} \qquad (4.2)$$

EXEMPLO 4.2 — Valor presente de um único fluxo de caixa

Problema

Você está considerando investir em um *título de capitalização* que pagará $15.000 em dez anos. Se a taxa de juros do mercado competitivo é fixa em 6% ao ano, quanto vale o título hoje?

Solução

Os fluxos de caixa deste título são representados pelo diagrama de fluxo de caixa abaixo:

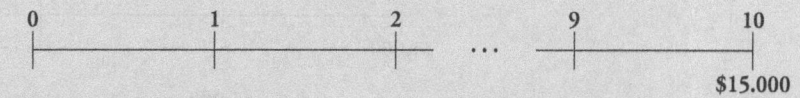

```
   0      1      2    ...    9      10
   |──────|──────|───────────|──────|
                                  $15.000
```

Assim, o título vale $15.000 daqui a dez anos. Para determinar o valor hoje, calculamos o valor presente:

$$PV = \frac{15.000}{1,06^{10}} = \$8.375,92 \text{ hoje}$$

O título vale muito menos hoje do que seu rendimento final devido ao valor do dinheiro no tempo.

Aplicando as regras da movimentação no tempo

As regras da movimentação no tempo nos permitem comparar e combinar fluxos de caixa que ocorrem em diferentes pontos no tempo. Suponha que planejemos aplicar $1.000 hoje e $1.000 no final de cada um dos dois próximos anos. Se obtivermos uma taxa de juros fixa de 10% sobre nossa aplicação, quanto teremos daqui a três anos?

Novamente, começamos com um diagrama de fluxo de caixa:

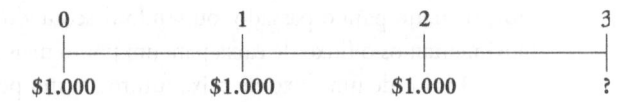

```
0           1           2           3
|-----------|-----------|-----------|
$1.000    $1.000    $1.000          ?
```

O diagrama de fluxo de caixa exibe os três depósitos que planejamos fazer. Precisamos calcular seu valor ao fim dos três anos.

Podemos utilizar as regras da movimentação no tempo de diversas maneiras para resolver este problema. Em primeiro lugar, podemos tomar o depósito na data 0 e movimentá-lo para o futuro, para a data 1. Como ele estará, então, no mesmo período de tempo que o depósito da data 1, poderemos combinar as duas quantias para descobrir o total no banco na data 1:

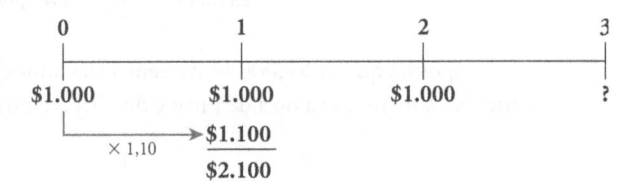

```
0           1           2           3
|-----------|-----------|-----------|
$1.000    $1.000    $1.000          ?
  └── ×1,10 →$1.100
              $2.100
```

Utilizando as duas primeiras regras da movimentação no tempo, vemos que nossa aplicação total na data 1 será de $2.100. Continuando este raciocínio, podemos solucionar o problema como a seguir:

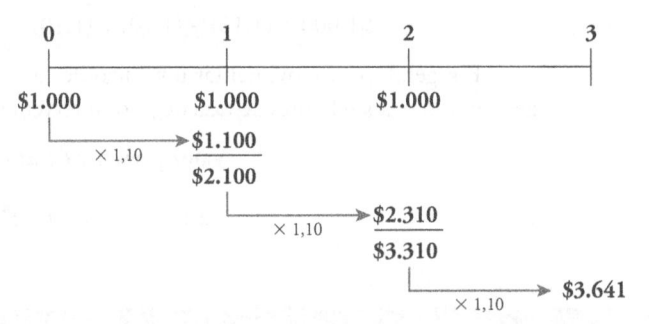

```
0           1           2           3
|-----------|-----------|-----------|
$1.000    $1.000    $1.000
  └── ×1,10 →$1.100
              $2.100
                └── ×1,10 →$2.310
                            $3.310
                              └── ×1,10 → $3.641
```

A quantia total que teremos no banco ao fim de três anos é de $3.641. Esta quantia é o valor futuro dos depósitos de $1.000 que aplicamos.

Uma outra abordagem ao problema é calcular o valor futuro no ano 3 de cada fluxo de caixa separadamente. Uma vez que as três quantias estejam expressas em termos de dólares em 3 anos, podemos combiná-las.

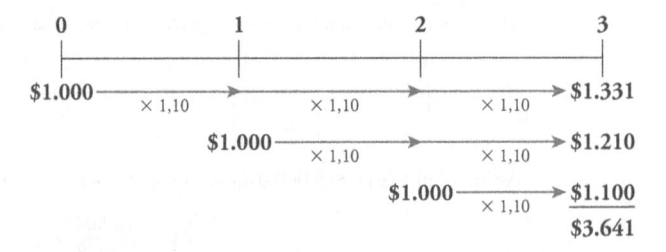

```
0           1           2           3
|-----------|-----------|-----------|
$1.000 ──×1,10──→ ──×1,10──→ ──×1,10──→ $1.331
            $1.000 ──×1,10──→ ──×1,10──→ $1.210
                        $1.000 ──×1,10──→ $1.100
                                          $3.641
```

Ambos os cálculos fornecem o mesmo valor futuro. Se seguirmos as regras, chegaremos ao mesmo resultado. A ordem em que aplicamos as regras não importa. O cálculo que escolhemos depende de qual é mais conveniente para o problema em questão. A Tabela 4.1 resume as três regras da movimentação no tempo e as fórmulas a elas associadas.

TABELA 4.1	As três regras da movimentação no tempo	
Regra 1	Apenas valores no mesmo ponto no tempo podem ser comparados ou combinados.	
Regra 2	Para movimentar um fluxo de caixa para um ponto no futuro, devemos compô-lo.	Valor futuro de um fluxo de caixa $FV_n = C \times (1 + r)^n$
Regra 3	Para movimentar um fluxo de caixa para um ponto no passado, devemos descontá-lo.	Valor presente de um fluxo de caixa $PV = C \div (1 + r)^n = \dfrac{C}{(1 + r)^n}$

EXEMPLO 4.3

Calculando o valor futuro

Problema

Revisemos o plano de aplicações que consideramos anteriormente. Planejamos aplicar $1.000 hoje e no final de cada um dos dois próximos anos. Com uma taxa de juros fixa de 10%, quanto teremos no banco daqui a três anos?

Solução

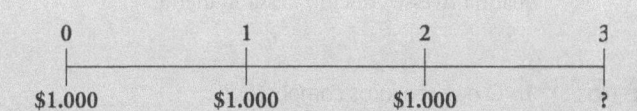

```
0           1           2           3
|-----------|-----------|-----------|
$1.000      $1.000      $1.000      ?
```

Vamos solucionar este problema de uma maneira diferente. Primeiro, calculemos o valor presente dos fluxos de caixa. Há várias maneiras de se realizar esse cálculo. Aqui, trataremos cada fluxo de caixa separadamente, e então combinaremos os valores presentes.

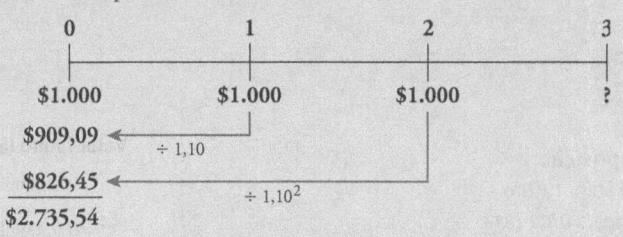

```
0           1           2           3
|-----------|-----------|-----------|
$1.000      $1.000      $1.000      ?
$909,09  ← ÷ 1,10
$826,45  ← ÷ 1,10²
$2.735,54
```

Aplicar $2.375,54 hoje equivale a aplicar $1.000 por ano por três anos. Agora calculemos seu valor futuro no ano 3:

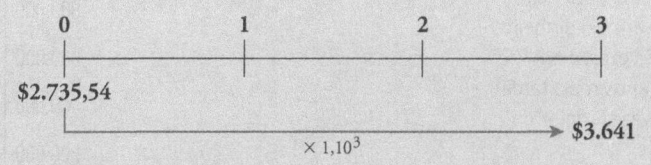

```
0           1           2           3
|-----------|-----------|-----------|
$2.735,54
              × 1,10³          → $3.641
```

A respsota $3.641 é precisamente o mesmo resultado encontrado anteriormente. Desde que apliquemos as três regras de conversão temporal, nós sempre teremos a resposta correta.

FIXAÇÃO DE CONCEITOS

1. É possível comparar e combinar fluxos de caixa que ocorrerão em diferentes momentos?
2. Como se movimenta um fluxo de caixa para um ponto no passado ou no futuro?

4.3 O poder da composição: uma aplicação

Quando colocamos dinheiro em uma conta poupança e decidimos deixar os juros obtidos na conta, obteremos juros sobre os pagamentos de juros passados. Apesar de inicialmente estes "juros sobre juros" serem pequenos, eles podem eventualmente se tornar muito grandes. Consideremos depositar $1.000 em uma conta poupança que gere juros fixos de 10% ao ano. Ao final do primeiro ano, receberemos $100 em juros, de modo que nosso saldo crescerá para $1.100. No segundo ano, os juros pagos serão de $110, então os "juros sobre juros" somam $10 a mais. E quanto ao vigésimo ano?

Utilizando a fórmula do valor futuro, vemos que após 20 anos o dinheiro terá crescido para

$$\$1.000 \times 1,10^{20} = \$6.727,50$$

Os juros pagos no vigésimo primeiro ano serão 10% de $6.727,50, ou $672,75. Desta quantia, $100 correspondem aos juros sobre o principal inicial de $1.000 e $572,75 correspondem a juros acumulados. Observe também que em 20 anos o dinheiro cresceu mais do que seis vezes o valor inicial. O que acontecerá ao longo dos vinte anos seguintes? Somos tentados a estimar um aumento de 12 vezes. Na verdade, em 40 anos, a quantia terá crescido para

$$\$1.000 \times 1,10^{40} = \$1.000 \times 1,10^{20} \times 1,10^{20} = \$45.259,26$$

Em vez de dobrar, o valor de cada dólar investido por 40 anos é o quadrado do valor após 20 anos ($6,7^2 \approx 45$). Este tipo de crescimento chama-se crescimento geométrico. A Figura 4.1 exibe o quanto este tipo de crescimento pode ser impressionante. Após 75 anos, $1.000 cresceriam para mais de $1 milhão. Imagine se um de seus avós tivesse lhe deixado $1.000 de herança há 75 anos, e essa quantia tivesse crescido dessa maneira!

FIXAÇÃO DE CONCEITOS

1. O que são juros compostos?
2. Por que o valor futuro de um investimento cresce mais rápido nos anos posteriores, como mostra a Figura 4.1?

FIGURA 4.1

O poder da composição
O gráfico ilustra o valor futuro de $1.000 investidos a uma taxa de juros de 10%. Como os juros são pagos sobre juros passados, o valor futuro cresce exponencialmente – após 50 anos o dinheiro terá crescido 117 vezes, e em 75 anos (apenas 25 anos mais tarde), ele estará 1.272 vezes maior do que seu valor hoje.

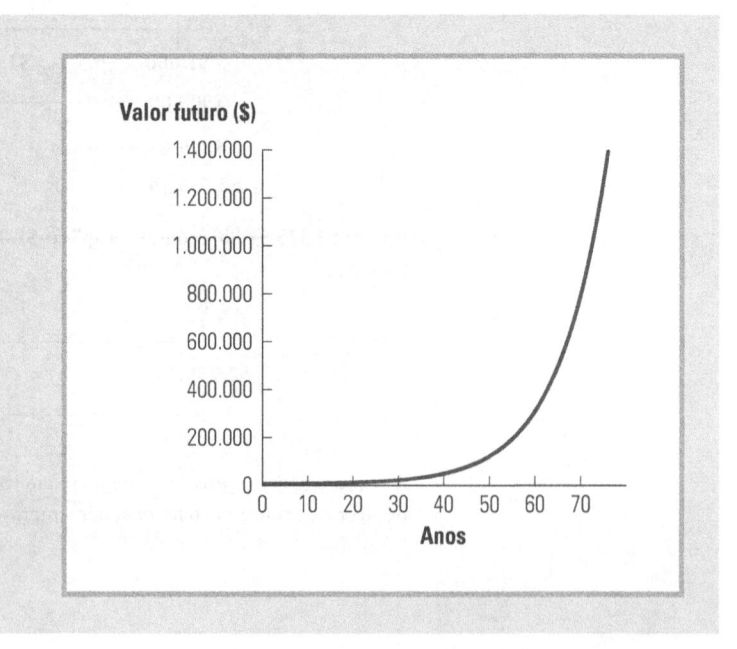

4.4 Avaliando uma sequência de fluxos de caixa

A maior parte das oportunidades de investimentos possui diversos fluxos de caixa que ocorrem em diferentes pontos no tempo. Na Seção 4.2, aplicamos as regras da movimentação no tempo para avaliar tais fluxos de caixa. Agora, formalizaremos esta abordagem deduzindo uma fórmula geral para avaliar uma sequência de fluxos de caixa.

Considere uma sequência de fluxos de caixa: C_0 na data 0, C_1 na data 1, e assim por diante, até C_N na data N. Representamos esta sequência de fluxos de caixa sobre um diagrama de fluxo de caixa a seguir:

```
0          1          2              N
|----------|----------|----  ...  ---|
C₀         C₁         C₂             Cₙ
```

Utilizando as técnicas de movimentação no tempo, calculamos o valor presente desta sequência de fluxos de caixa em dois passos. Primeiro, calculamos o valor presente de cada fluxo de caixa individual. Depois, uma vez que os fluxos de caixa estejam expressos em unidades comuns de dólares hoje, poderemos combiná-los.

Para determinada taxa de juros r, representamos esse processo sobre o diagrama de fluxo de caixa a seguir:

$$C_0 + \frac{C_1}{(1+r)} + \frac{C_2}{(1+r)^2} + \cdots + \frac{C_N}{(1+r)^N}$$

Este diagrama de fluxo de caixa fornece a fórmula geral do valor presente de uma sequência de fluxos de caixa:

$$PV = C_0 + \frac{C_1}{(1+r)} + \frac{C_2}{(1+r)^2} + \cdots + \frac{C_N}{(1+r)^N}$$

Também podemos escrever esta fórmula como um somatório:

Valor presente de uma sequência de fluxos de caixa

$$PV = \sum_{n=0}^{N} PV(C_n) = \sum_{n=0}^{N} \frac{C_n}{(1+r)^n} \tag{4.3}$$

O símbolo de somatório, Σ, significa "somar os elementos individuais de cada data n de 0 a N". Observe que $(1+r)^0 = 1$, então essa notação equivale precisamente à equação anterior. Isto é, o valor presente da sequência de fluxos de caixa é igual à soma dos valores presentes de cada fluxo de caixa. Lembre-se de como no Capítulo 3 definimos o valor presente como a quantia em dólares que teríamos que investir hoje para produzir um único fluxo de caixa no futuro. A mesma ideia vale neste contexto. O valor presente é a quantia que precisamos investir hoje para gerar a sequência de fluxos de caixa $C_0, C_1, C_2, \ldots, C_N$. Isto é, receber estes fluxos de caixa é o equivalente a ter seu valor presente no banco hoje.

EXEMPLO 4.4 — Valor presente de uma sequência de fluxos de caixa

Problema

Você acaba de se formar na universidade e precisa de dinheiro para comprar um carro novo. Henry, seu tio rico, lhe emprestará o dinheiro contanto que você concorde em pagá-lo de volta em quatro anos, e você oferece pagá-lo pela taxa de juros que ele receberia caso tivesse depositado seu dinheiro em uma conta poupança. Com base em sua renda e suas despesas diárias, você acha que conseguirá pagar-lhe $5.000 em um ano e depois $8.000 por ano pelos três anos seguintes. Se o tio Henry ganharia 6% ao ano com sua poupança, quanto você pode pegar emprestado com ele?

Solução

Os fluxos de caixa que você pode prometer ao tio Henry são os seguintes:

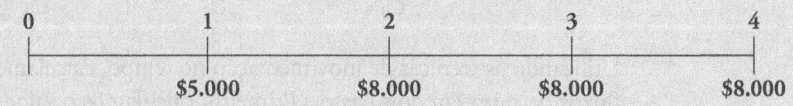

```
0           1           2           3           4
|-----------|-----------|-----------|-----------|
          $5.000      $8.000      $8.000      $8.000
```

Que quantia em dinheiro ele deveria estar disposto a lhe emprestar hoje em troca de sua promessa desses pagamentos? Ele deve estar disposto a lhe dar uma quantia equivalente a esses pagamentos em termos de valor presente. Esta é a quantia em dinheiro que seria necessária para produzir esses mesmos fluxos de caixa, que calculamos abaixo:

$$PV = \frac{5.000}{1,06} + \frac{8.000}{1,06^2} + \frac{8.000}{1,06^3} + \frac{8.000}{1,06^4}$$

$$= 4.716,98 + 7.119,97 + 6.716,95 + 6.336,75$$

$$= 24.890,65$$

Assim, o tio Henry deve estar disposto a lhe emprestar $24.890,65 em troca de sua promessa de pagamento. Esta quantia é menor do que o total que você lhe pagará ($5.000 + $8.000 + $8.000 = $29.000) devido ao valor do dinheiro no tempo.

Verifiquemos nossa resposta. Se seu tio deixasse seus $24.890,65 no banco hoje, obtendo 6% de juros, em quatro anos ele teria

$$FV = \$24.890,65 \times (1,06)^4 = \$31.423,87 \text{ em 4 anos}$$

Agora suponha que o tio Henry lhe emprestasse o dinheiro e então depositasse seus pagamentos no banco todo ano. Quanto ele terá daqui a quatro anos?

Precisamos calcular o valor futuro dos depósitos anuais. Uma maneira de fazê-lo é calcular o saldo no banco ao fim de cada ano:

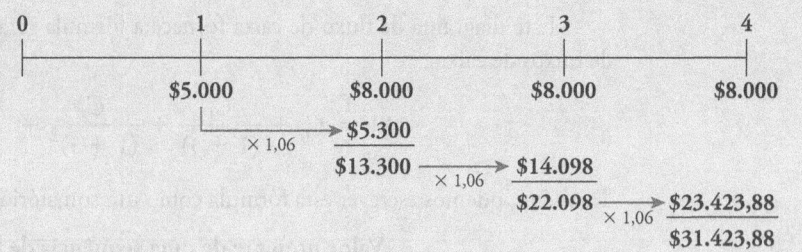

```
0           1           2           3           4
|-----------|-----------|-----------|-----------|
          $5.000      $8.000      $8.000      $8.000
            ──× 1,06──▶ $5.300
                       $13.300 ──× 1,06──▶ $14.098
                                          $22.098 ──× 1,06──▶ $23.423,88
                                                              $31.423,88
```

Obtemos a mesma resposta das duas maneiras (com a diferença de um centavo, devido a arredondamento).

A última seção do Exemplo 4.4 ilustra uma regra geral. Se quisermos calcular o valor futuro de uma sequência de fluxos de caixa, podemos fazê-lo diretamente (a segunda abordagem utilizada no Exemplo 4.4) ou podemos primeiro calcular o valor presente e então movimentá-lo para o futuro (a primeira abordagem). Como obedecemos às leis da movimentação no tempo em ambos os casos, obtivemos o mesmo resultado. Este princípio pode ser aplicado de maneira mais geral para escrever a seguinte fórmula para o valor futuro no ano *n* em termos do valor presente de um conjunto de fluxos de caixa:

Valor futuro de uma sequência de fluxos de caixa com um valor presente de PV

$$FV_n = PV \times (1 + r)^n \qquad (4.4)$$

FIXAÇÃO DE CONCEITOS
1. Como se calcula o valor presente de uma sequência de fluxos de caixa?
2. Como se calcula o valor futuro de uma sequência de fluxos de caixa?

4.5 O valor presente líquido de uma sequência de fluxos de caixa

Agora que estabelecemos as regras da movimentação no tempo e determinamos como calcular valores presentes e futuros, estamos prontos para tratar de nossa meta central: calcular o NPV de fluxos de caixa futuros para avaliar uma decisão de investimento. Lembre-se que no Capítulo 3 definimos o valor presente líquido (NPV) de uma decisão de investimento como a seguir:

$$NPV = PV(\text{benefícios}) - PV(\text{custos})$$

Neste contexto, os benefícios são as entradas de dinheiro e os custos são as saídas. Podemos representar qualquer decisão de investimento sobre um diagrama de fluxo de caixa como uma sequência de fluxos de caixa onde as saídas de dinheiro (investimentos) são fluxos de caixa negativos e as entradas são fluxos de caixa positivos. Assim, o NPV de uma oportunidade de investimento é também o *valor presente* da sequência de fluxos de caixa da oportunidade:

$$NPV = PV(\text{benefícios}) - PV(\text{custos}) = PV(\text{benefícios} - \text{custos})$$

EXEMPLO 4.5

Valor presente líquido de uma oportunidade de investimento

Problema
Foi oferecida a você a seguinte oportunidade de investimento: se você investir $1.000 hoje, receberá $500 no fim de cada um dos três próximos anos. Se você pudesse, alternativamente, obter 10% ao ano sobre seu dinheiro, você deveria aproveitar a oportunidade de investimento?

Solução
Como sempre, comece com um diagrama de fluxo de caixa. Denotamos o investimento à vista como um fluxo de caixa negativo (pois é dinheiro que precisamos gastar) e o dinheiro que recebemos como um fluxo de caixa positivo.

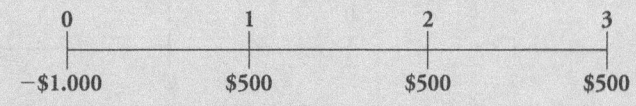

```
    0         1         2         3
 -$1.000    $500      $500      $500
```

Para decidir se devemos aproveitar esta oportunidade, calculamos o NPV calculando o valor presente da sequência:

$$NPV = -1.000 + \frac{500}{1,10} + \frac{500}{1,10^2} + \frac{500}{1,10^3} = \$243,43$$

Como o NPV é positivo, os benefícios excedem os custos e devemos realizar o investimento. De fato, o NPV nos diz que aproveitar esta oportunidade é como receber $243,43 extras que podem ser gastos hoje. Para ilustrar, suponhamos contrair um empréstimo de $1.000 para investir na oportunidade e outro de $243,43 para gastar hoje. Quanto deveríamos sobre o empréstimo de $1.243,43 em três anos? Com juros de 10%, a quantia devida seria

$$FV = (\$1.000 + \$243,43) \times (1,10)^3 = \$1.655 \text{ em 3 anos}$$

Ao mesmo tempo, a oportunidade de investimento gera fluxos de caixa. Se depositarmos estes fluxos de caixa em uma conta poupança, quanto teremos poupado daqui a três anos? O valor futuro da poupança é

$$FV = (\$500 \times 1,10^2) + (\$500 \times 1,10) + 500 = \$1.655 \text{ em 3 anos}$$

Como podemos ver, podemos utilizar a poupança do banco para pagar o empréstimo. Aceitar a oportunidade, portanto, permite gastarmos $243,43 hoje sem nenhum custo extra.

A princípio, explicamos como responder à pergunta que fizemos no início do capítulo: como os gerentes financeiros devem avaliar um projeto como o empreendimento do desenvolvimento da aeronave 7E7? Mostramos como calcular o NPV de uma oportunidade de investimento com duração de mais de um período, como a aeronave 7E7. Na prática, quando o número de fluxos de caixa excede quatro ou cinco (o que é muito provável), os cálculos podem se tornar tediosos. Felizmente, vários casos especiais não exigem que tratemos cada fluxo de caixa separadamente. Deduziremos esses atalhos na próxima seção.

FIXAÇÃO DE CONCEITOS

1. Como se calcula o valor presente líquido de uma sequência de fluxos de caixa?
2. Que benefício uma empresa recebe ao aceitar um projeto com um *NPV* positivo?

4.6 Perpetuidades, anuidades e outros casos especiais

As fórmulas que desenvolvemos até agora nos permitem calcular o valor presente ou futuro de qualquer sequência de fluxos de caixa. Nesta seção, consideraremos dois tipos de ativos, as *perpetuidades* e as *anuidades*, e aprenderemos atalhos para avaliá-los. Estes atalhos são possíveis porque os fluxos de caixa seguem um padrão regular.

Perpetuidades

Uma **perpetuidade** é uma sequência de fluxos de caixa iguais que ocorrem a intervalos regulares e que duram para sempre. Um exemplo é o título do governo britânico chamado **consol** (ou **título perpétuo**). Os títulos perpétuos prometem ao portador um fluxo de caixa fixo todo ano, para sempre.

Aqui temos uma linha do tempo de uma perpetuidade:

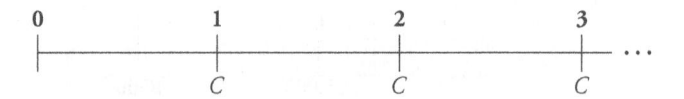

```
0        1        2        3
|--------|--------|--------|--- ...
         C        C        C
```

Observe, a partir do diagrama de fluxo de caixa, que o primeiro fluxo de caixa não ocorre imediatamente: *ele chega no final do primeiro período*. Esse fato às vezes é chamado de "pagamento em atraso", e é uma convenção padrão que adotamos em todo este livro.

Utilizando a fórmula do valor presente, o valor presente de uma perpetuidade com pagamento C e taxa de juros r é dado por

$$PV = \frac{C}{(1+r)} + \frac{C}{(1+r)^2} + \frac{C}{(1+r)^3} + \cdots = \sum_{n=1}^{\infty} \frac{C}{(1+r)^n}$$

Observe que $C_n = C$ na fórmula do valor presente porque o fluxo de caixa de uma perpetuidade é constante. Além disso, como o primeiro fluxo de caixa ocorre após um período, $C_0 = 0$.

Encontrar o valor de uma perpetuidade considerando um fluxo de caixa de cada vez levaria uma eternidade – literalmente! Você pode estar se perguntando como, mesmo com um atalho, a soma de um número infinito de termos positivos pode ser finita. A resposta é que os fluxos de caixa no futuro são descontados para um número crescente de períodos, então sua contribuição à soma em algum momento torna-se irrisória.[2]

Para deduzirmos o atalho, calculamos o valor de uma perpetuidade criando nossa própria perpetuidade. Podemos, então, calcular o valor presente da perpetuidade, pois, pela Lei do Preço Único, o valor da perpetuidade tem que ser o mesmo que o custo em que incorremos para criar nossa própria perpetuidade. Para ilustrar, suponhamos que pudéssemos investir $100 em uma conta poupança que pagasse 5% de juros ao ano para sempre. Ao final de um ano, teríamos $105 no banco – nossos $100 iniciais mais $5 oriundos dos juros. Suponhamos que saquemos os $5 em juros e reinvistamos os $100 por um segundo ano. Novamente teríamos $105 após um ano, e poderíamos sacar $5 e reinvestir $100 por outro ano. Fazendo isso ano após ano, poderíamos sacar $5 todo ano em perpetuidade:

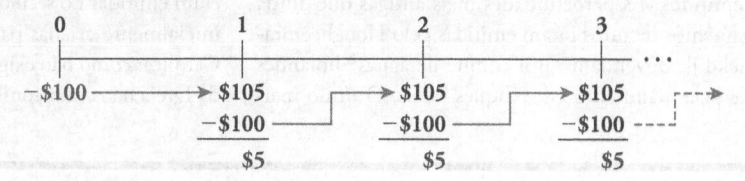

```
0              1              2              3
|              |              |              |         . . .
-$100 ——————▶ $105 ——————▶ $105 ——————▶ $105 ----▶
              -$100          -$100          -$100 ----
               $5             $5             $5
```

Ao investir $100 no banco hoje, podemos, com efeito, criar uma perpetuidade que paga $5 ao ano. Lembre-se que, no Capítulo 3, a Lei do Preço Único nos diz que os mesmos bens têm que ter o mesmo preço em todos os mercados. Como o banco irá nos "vender" (nos permitir criar) a perpetuidade por $100, o valor presente dos $5 ao ano em perpetuidade é este custo de $100 de "fazer por si mesmo".

Agora, generalizemos esse argumento. Suponhamos que tenhamos investido uma quantia P no banco. Todo ano podemos sacar os juros que obtivemos, $C = r \times P$, deixando o principal, P, no banco. O valor presente de receber C em perpetuidade é, portanto, o custo à vista $P = C / r$. Portanto,

Valor presente de uma perpetuidade

$$PV(C \text{ em perpetuidade}) = \frac{C}{r} \quad (4.5)$$

Ao depositarmos a quantia $\frac{C}{r}$ hoje, poderemos sacar os juros de $\frac{C}{r} \times r = C$ a cada período em perpetuidade.

Observemos a lógica de nosso argumento. Para determinarmos o valor presente de uma sequência de fluxos de caixa, calculamos o custo de se criar "por si mesmo" esses mesmos fluxos de caixa no banco. Esta é uma abordagem extremamente útil e poderosa – e é muito mais simples e rápida do que somar esses termos infinitos![3]

---

[2] Em termos matemáticos, esta é uma série geométrica, logo ela converge se $r > 0$.

[3] Existe uma outra dedução matemática deste resultado (ver o apêndice *online*), mas é menos intuitiva. Este caso é um bom exemplo de como a Lei do Preço Único pode ser utilizada para deduzir resultados úteis.

Exemplos históricos de perpetuidades

As empresas às vezes emitem títulos que elas chamam de perpetuidades, mas que na verdade não o são realmente. Por exemplo, segundo o *Dow Jones International News* (26 de fevereiro de 2004), em 2004 o Korea First Bank vendeu $300 milhões em dívida na "forma de um chamado 'título perpétuo' que não possui data fixa de resgate". Apesar de o título não ter data fixa de resgate, o Korea First Bank se reserva o direito de pagá-lo após 10 anos, em 2014. O Korea First Bank também tem o direito de estender o resgate do título por outros 30 anos após 2014. Assim, apesar de o título não possuir uma data fixa de resgate, ele eventualmente poderá ser resgatado – ou em 10, ou em 40 anos. O título não é realmente uma perpetuidade porque não paga juros para sempre.

Os títulos perpétuos foram uns dos primeiros tipos de títulos já emitidos. As perpetuidades mais antigas que ainda fazem pagamentos de juros foram emitidas pelo Hoogheemraadschap Lekdijk Bovendams, um comitê de águas* holandês responsável pela manutenção dos diques locais. O título mais antigo data de 1624. Dois professores de finanças da Universidade de Yale, William Goetzman e Geert Rouwenhorst, verificaram pessoalmente se esses títulos continuavam a pagar juros. Em nome de Yale, eles compraram um dos títulos no dia 1º de julho de 2003, e receberam 26 anos de juros atrasados. Em sua data de emissão em 1648, este título originalmente pagava juros em florins carolus. Nos 355 anos seguintes, a moeda de pagamento mudou para libras flamengas, florins holandeses e, mais recentemente, euros. Atualmente, o título paga juros de €11,34 anualmente.

Apesar de os títulos holandeses serem as perpetuidades mais antigas que ainda existem, as primeiras perpetuidades datam de uma época muito anterior. Por exemplo, as *cencus agreements* e as *rentes*, que eram formas de perpetuidades e anuidades, eram emitidas no século XII na Itália, França e Espanha. Foram inicialmente criadas para contornar as leis de usura da Igreja Católica: como não exigiam a devolução do principal, aos olhos da Igreja não eram considerados empréstimos.

EXEMPLO 4.6 — Doação de uma perpetuidade

Problema

Você deseja patrocinar uma festa anual de formatura de MBA na universidade em que você se formar. Você deseja que o evento seja memorável, então doa uma verba de $30.000 ao ano para sempre para a festa. Se a universidade obtém 8% ao ano sobre seus investimentos, e se a primeira festa será daqui a um ano, quanto você precisa doar para patrocinar a festa?

Solução

O diagrama de fluxo de caixa dos fluxos de caixa que você deseja prover é

```
0        1          2          3
|--------|----------|----------|---  ...
       $30.000   $30.000    $30.000
```

Esta é uma perpetuidade padrão de $30.000 ao ano. Os recursos que você teria que dar à universidade em perpetuidade é o valor presente desta sequência de fluxos de caixa. Da fórmula,

$$PV = C/r = \$30.000 / 0{,}08 = \$375.000 \text{ hoje}$$

Se você doar $375.000 hoje, e se a universidade investi-los a 8% ao ano para sempre, então os formandos terão $30.000 todo ano para sua festa.

---

* N. de T.: Organização regional encarregada de cuidar dos níveis de água de sua região.

ERROS COMUNS: Descontar uma vez a mais

A fórmula da perpetuidade supõe que o primeiro pagamento ocorre no final do primeiro período (data 1). Às vezes, as perpetuidades têm fluxos de caixa que começam mais tarde no futuro. Neste caso, temos que adaptar a fórmula da perpetuidade para calcular o valor presente, mas precisamos fazê-lo cuidadosamente para evitar um erro comum.

Para ilustrar, consideremos a festa de formatura do MBA descrita no Exemplo 4.6. Em vez de começar imediatamente, suponhamos que a primeira festa só vá acontecer daqui a dois anos (para a turma que está iniciando o curso hoje). Como este adiamento mudaria a quantia de doação necessária?

Agora temos o seguinte diagrama de fluxo de caixa:

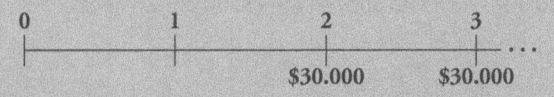

```
0        1        2         3
|--------|--------|---------|--- ...
                $30.000   $30.000
```

Precisamos determinar o valor presente desses fluxos de caixa, já que ele nos diz a quantia em dinheiro no banco necessária hoje para financiar as festas futuras. Não podemos aplicar a fórmula da perpetuidade diretamente, porém, pois esses fluxos de caixa não são *exatamente* uma perpetuidade como a definimos. Especificamente, está "faltando" o fluxo de caixa do primeiro período. Mas considere a situação na data 1 – neste ponto, a primeira festa está a um período de distância, e a partir de então os fluxos de caixa são periódicos. A partir da perspectiva da data 1, esta *é* uma perpetuidade, e podemos aplicar a fórmula. Do cálculo anterior, sabemos que precisamos de $375.000 na data 1 para termos o suficiente para começar as festas na data 2. Reescrevemos o diagrama de fluxo de caixa como a seguir:

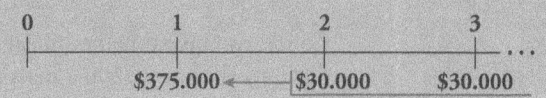

```
0         1          2          3
|---------|----------|----------|--- ...
       $375.000 ← $30.000   $30.000
```

Nossa meta pode agora ser reafirmada de maneira mais simples: quanto precisamos investir hoje para termos $375.000 em um ano? Este é um simples cálculo de valor presente:

$$PV = \$375.000 / 1,08 = \$347.222 \text{ hoje}$$

Um erro comum é descontar os $375.000 duas vezes porque a primeira festa só ocorrerá dois períodos depois. *Lembremos que a fórmula do valor presente para a perpetuidade já desconta os fluxos de caixa de um período anterior ao primeiro fluxo de caixa.* Temos que ter em mente que este erro comum pode ser cometido com perpetuidades, anuidades, e todos os outros casos especiais discutidos nesta seção. Todas essas fórmulas descontam os fluxos de caixa de um período anterior ao primeiro fluxo de caixa.

Anuidades

Uma **anuidade** é uma sequência de N fluxos de caixa iguais pagos em intervalos regulares. A diferença entre uma anuidade e uma perpetuidade é que uma anuidade termina após determinado número de pagamentos. A maioria dos financiamentos de automóveis, hipotecas e alguns títulos é uma anuidade. Representamos os fluxos de caixa de uma anuidade por meio de um diagrama de fluxo de caixa como a seguir.

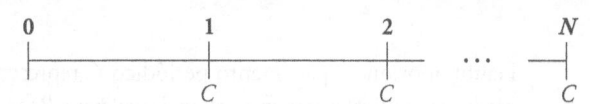

```
0        1        2             N
|--------|--------|---- ... ----|
         C        C             C
```

Observemos que, assim como a perpetuidade, adotamos a convenção de que o primeiro pagamento ocorre na data 1, daqui a um período. O valor presente de uma anuidade de N períodos com pagamento C e taxa de juros r é

$$PV = \frac{C}{(1+r)} + \frac{C}{(1+r)^2} + \frac{C}{(1+r)^3} + \cdots + \frac{C}{(1+r)^N} = \sum_{n=1}^{N} \frac{C}{(1+r)^n}$$

Para encontrarmos uma fórmula mais simples, utilizamos a mesma abordagem que seguimos com a perpetuidade: encontrar uma maneira de criar uma anuidade. Para ilustrar, suponhamos que investamos $100 em uma conta poupança que paga 5% de juros. Ao final de um ano, teremos $105 no banco – os $100 originais mais $5 em juros. Utilizando a mesma estratégia que utilizamos com as perpetuidades, suponhamos que saquemos os $5 e reinvistamos os $100 por um segundo ano. Novamente, teremos $105 após um ano, e podemos repetir o processo, sacando $5 e reinvestindo

$100 todos os anos. Para as perpetuidades, deixamos o principal no banco para sempre. Ao contrário, podemos decidir, depois de 20 anos, fechar a conta e sacar o principal. Neste caso, os fluxos de caixa serão os seguintes:

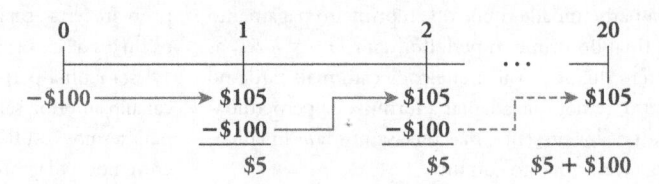

```
      0           1            2              20
      |-----------|------------|------ ... ---|
   -$100 ------> $105 -----> $105 ------> $105
                -$100        -$100         
                 $5           $5         $5 + $100
```

Com nosso investimento inicial de $100, criamos uma anuidade de 20 anos de $5 ao ano e, além disso, receberemos $100 a mais ao fim dos 20 anos. Pela Lei do Preço Único, como foi necessário um investimento inicial de $100 para criar os fluxos de caixa sobre o diagrama de fluxo de caixa, o valor presente desses fluxos de caixa é $100, ou

$$\$100 = PV(\text{anuidade de 20 anos de \$5 ao ano}) + PV(\$100 \text{ em 20 anos})$$

Reordenando seus termos, temos

$$PV(\text{anuidade de 20 anos de \$5 ao ano}) = \$100 - PV(\$100 \text{ em 20 anos})$$

$$= 100 - \frac{100}{(1,05)^{20}} = \$62,31$$

Então, o valor presente de $5 por 20 anos é $62,31. Intuitivamente, o valor da anuidade é o investimento inicial na conta poupança menos o valor presente do principal que será deixado na conta após 20 anos.

Podemos utilizar a mesma ideia para deduzir a fórmula geral. Primeiro, investimos P no banco, e sacamos somente os juros $C = r \times P$ de cada período. Após N períodos, fechamos a conta. Assim, para um investimento inicial de P, receberemos uma anuidade de N períodos de C por período, *além de* recebermos nosso P original no final. P é o valor presente total dos dois conjuntos de fluxos de caixa,[4] ou

$$P = PV(\text{anuidade de } C \text{ por } N \text{ períodos}) + PV(P \text{ no período } N)$$

Reordenando seus termos, calculamos o valor presente da anuidade:

$$PV(\text{anuidade de } C \text{ por } N \text{ períodos}) = P - PV(P \text{ no período } N)$$

$$= P - \frac{P}{(1+r)^N} = P\left(1 - \frac{1}{(1+r)^N}\right) \quad (4.6)$$

Lembremos que o pagamento periódico C representa os juros obtidos a cada período; isto é, $C = r \times P$, ou, equivalentemente, equacionar para P fornece o custo à vista em termos de C,

$$P = C/r$$

Ao fazermos essa substituição de P, na Equação 4.6, obtemos a fórmula do valor presente de uma anuidade de C por N períodos.

Valor presente de uma anuidade[5]

$$PV(\text{anuidade de } C \text{ por } N \text{ períodos com taxa de juros } r) = C \times \frac{1}{r}\left(1 - \frac{1}{(1+r)^N}\right) \quad (4.7)$$

---

[4] Aqui estamos utilizando a aditividade de valor (ver Capítulo 3) para separar o valor presente dos fluxos de caixa em partes separadas.

[5] Uma primeira dedução desta fórmula é atribuída ao astrônomo Edmond Halley ("Of Compound Interest", publicada após a morte de Halley por Henry Sherwin, *Sherwin's Mathematical Tables*, Londres: W. and J. Mount, T. Page and Son, 1761).

EXEMPLO 4.7 Valor presente de uma anuidade de prêmio de loteria

Problema

Você é o sortudo ganhador de $30 milhões pagos pela loteria estadual. Você pode receber o dinheiro de seu prêmio como (a) 30 pagamentos de $1 milhão por ano (começando hoje), ou (b) $15 milhões pagos hoje. Se a taxa de juros é de 8%, que opção você deve escolher?

Solução

A opção (a) fornece um prêmio de $30 milhões em dinheiro, mas pago ao longo do tempo. Para avaliá-lo corretamente, temos que convertê-lo a um valor presente. Aqui temos o diagrama de fluxo de caixa:

```
0           1           2          29
|———————————|———————————|———— ... ——|
$1 milhão   $1 milhão   $1 milhão   $1 milhão
```

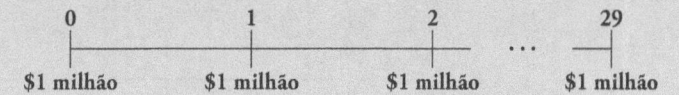

Como o primeiro pagamento começa hoje, o último pagamento ocorrerá daqui a 29 anos (para um total de 30 pagamentos).[6] O $1 milhão na data 0 já está declarado em termos de valor presente, mas precisamos calcular o valor presente dos pagamentos restantes. Felizmente, este caso parece uma anuidade de 29 anos de $1 milhão ao ano, então podemos utilizar a fórmula da anuidade:

$$PV(\text{anuidade de 29 anos de \$1 milhão}) = \$1 \text{ milhão} \times \frac{1}{0{,}08}\left(1 - \frac{1}{1{,}08^{29}}\right)$$

$$= \$1 \text{ milhão} \times 11{,}16$$

$$= \$11{,}16 \text{ milhões hoje}$$

Assim, o valor presente total dos fluxos de caixa é de $1 milhão + $11,16 milhões = $12,16 milhões. Em forma de diagrama de fluxo de caixa:

```
0              1           2          29
|——————————————|———————————|———— ... ——|
$1 milhão     $1 milhão   $1 milhão   $1 milhão
$11,16 milhões ◄┘
$12,16 milhões
```

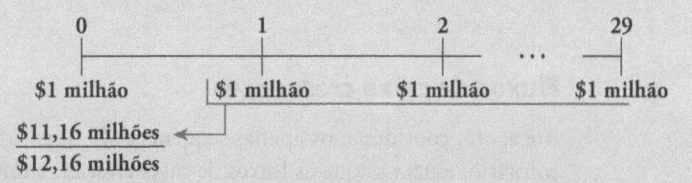

A opção (b), $15 milhões à vista, vale mais – apesar de a quantia total em dinheiro pago ser a metade do valor pago na opção (a). O motivo da diferença é o valor do dinheiro no tempo. Se possuímos $15 milhões hoje, podemos utilizar $1 milhão imediatamente e investir os $14 milhões restantes a uma taxa de juros de 8%. Esta estratégia nos dará $14 milhões × 8% = $1,12 milhões ao ano em perpetuidade! Alternativamente, podemos gastar $15 milhões – $11,16 milhões = $3,84 milhões hoje e investir os $11,16 milhões restantes, o que ainda nos permitirá sacar $1 milhão todo ano pelos próximos 29 anos antes de nossa conta ser esvaziada.

Agora que deduzimos uma fórmula simples para o valor presente de uma anuidade, é fácil encontrar uma fórmula simples também para o valor futuro. Se queremos saber o valor em N anos no futuro, movimentamos o valor presente N períodos para a frente no diagrama de fluxo de caixa; isto é, compomos o valor presente para N períodos com a taxa de juros r:

Valor futuro de uma anuidade

$$FV(\text{anuidade}) = PV \times (1 + r)^N$$

$$= \frac{C}{r}\left(1 - \frac{1}{(1 + r)^N}\right) \times (1 + r)^N$$

$$= C \times \frac{1}{r}\left((1 + r)^N - 1\right) \quad (4.8)$$

Esta fórmula é útil se quisermos saber como uma conta poupança aumenta ao longo do tempo.

---

[6] Uma anuidade cujo primeiro pagamento ocorre imediatamente às vezes é chamada de *anuidade antecipada*. Neste livro, sempre utilizaremos o termo "anuidade" para nos referirmos a uma anuidade paga portecipada.

EXEMPLO 4.8: Anuidade de plano de aposentadoria

Problema

Ellen tem 35 anos e decidiu que está na hora de planejar seriamente sua aposentadoria. No final de cada ano, até seus 65 anos, ela aplicará $10.000 em um plano de aposentadoria. Se o plano gera 10% ao ano, quanto Ellen terá economizado aos 65 anos?

Solução

Como sempre, começamos com uma linha do tempo. Neste caso, é útil acompanhar tanto as datas quanto a idade de Ellen:

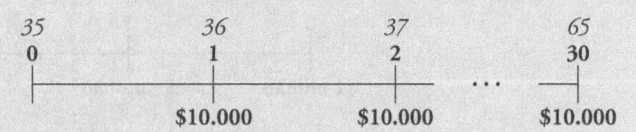

```
35          36          37              65
 0           1           2              30
 |-----------|-----------|----  ...  ---|
          $10.000     $10.000        $10.000
```

O plano de aplicação de Ellen parece uma anuidade de $10.000 ao ano por 30 anos. (*Dica*: é fácil se confundir quando observamos apenas a idade, em vez de datas e idade. Um erro comum é achar que serão feitos apenas 65 − 36 = 29 pagamentos. Escrevendo tanto as datas quanto a idade de Ellen, evitamos esse problema.)

Para determinarmos a quantia que Ellen terá no banco aos 65 anos, calculamos o valor futuro desta anuidade:

$$FV = \$10.000 \times \frac{1}{0,10}(1,10^{30} - 1)$$

$$= \$10.000 \times 164,49$$

$$= \$1,645 \text{ milhões aos 65 anos}$$

Fluxos de caixa crescentes

Até agora, consideramos apenas sequências de fluxos de caixa de valor fixo a cada período. Se, ao contrário, espera-se que os fluxos de caixa cresçam a uma taxa constante em cada período, também podemos deduzir uma fórmula simples para o valor presente de uma sequência futura.

Perpetuidade crescente. Uma **perpetuidade crescente** é uma sequência de fluxos de caixa que ocorrem a intervalos regulares e crescem a uma taxa constante para sempre. Por exemplo, uma perpetuidade crescente com um primeiro pagamento de $100 que cresce a uma taxa de 3% possui o seguinte diagrama de fluxo de caixa:

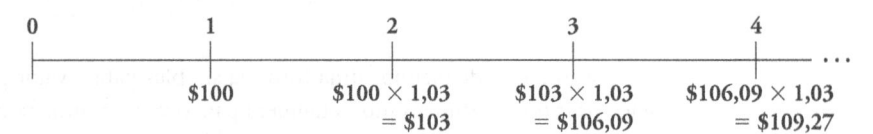

```
 0       1             2              3              4
 |-------|-------------|--------------|--------------|----  ...
       $100       $100 × 1,03     $103 × 1,03    $106,09 × 1,03
                   = $103          = $106,09       = $109,27
```

Em geral, uma perpetuidade crescente com um primeiro pagamento C e uma taxa de crescimento g terá a seguinte série de fluxos de caixa:

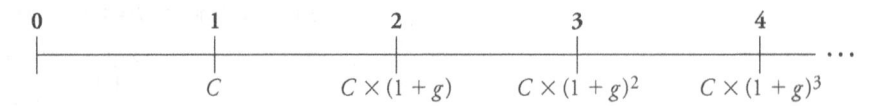

```
 0       1             2              3              4
 |-------|-------------|--------------|--------------|----  ...
         C         C × (1+g)      C × (1+g)²     C × (1+g)³
```

Assim como com as perpetuidades com fluxos de caixa iguais, adotamos a convenção de que o primeiro pagamento ocorre na data 1. Observe uma segunda importante convenção: *o primeiro pagamento não cresce*. Isto é, o primeiro pagamento é C, apesar de ocorrer a um período de distância. Da mesma forma, o fluxo de caixa do período n sofre apenas $n − 1$ períodos de crescimento. Substituindo os fluxos de caixa do diagrama de fluxo de caixa anterior na fórmula geral do valor presente de uma sequência de fluxos de caixa, temos

$$PV = \frac{C}{(1+r)} + \frac{C(1+g)}{(1+r)^2} + \frac{C(1+g)^2}{(1+r)^3} + \cdots = \sum_{n=1}^{\infty} \frac{C(1+g)^{n-1}}{(1+r)^n}$$

Suponhamos que $g \geq r$. Então, os fluxos de caixa crescem mais rapidamente do que são descontados; cada termo da soma fica maior, em vez de menor. Neste caso, a soma é infinita! O que significa um valor presente infinito? Lembremos de que o valor presente é o custo de se criar "por si mesmo" os fluxos de caixa. Um valor presente infinito significa que, independentemente da quantia com que se começa, é *impossível* reproduzir esses fluxos de caixa por si mesmo. Perpetuidades crescentes desse tipo não podem existir na prática, porque ninguém estaria disposto a oferecê-las por qualquer preço finito. Também é improvável manter (ou qualquer comprador esperto acreditar em) uma promessa de pagar uma quantia que crescesse para sempre mais rapidamente do que a taxa de juros.

As únicas perpetuidades crescentes viáveis são aquelas onde a taxa de crescimento é menor do que a taxa de juros, de modo que cada termo sucessivo da soma seja menor do que o termo anterior e a soma geral seja finita. Consequentemente, supomos que $g < r$ para uma perpetuidade crescente.

Para deduzirmos a fórmula do valor presente de uma perpetuidade crescente, seguimos a mesma lógica utilizada para uma perpetuidade regular: calcular a quantia que teríamos que depositar hoje para criar a perpetuidade por nós mesmos. No caso de uma perpetuidade regular, criamos um pagamento constante para sempre sacando os juros obtidos a cada ano e reinvestindo o principal. Para aumentar a quantia que podemos retirar a cada ano, o principal que reinvestimos a cada ano tem que crescer. Podemos conseguir isso sacando menos do que o valor total dos juros obtidos a cada período, utilizando os juros restantes para aumentar nosso principal.

Consideremos um caso específico. Suponhamos que queiramos criar uma perpetuidade crescente a 2%, e então invistamos $100 em uma conta poupança que paga 5% de juros. Ao final de um ano, teremos $105 no banco – os $100 originais mais $5 em juros. Se sacarmos apenas $3, teremos $102 para reinvestir – 2% a mais do que a quantia que tínhamos inicialmente. Esta quantia crescerá, então, para $102 × 1,05 = $107,10 no ano seguinte, e poderemos sacar $3 × 1,02 = $3,06, o que nos deixará com um principal de $107,10 – $3,06 = $104,04. Observe que $102 × 1,02 = $104,04. Isto é, tanto a quantia que sacamos quanto o principal que reinvestimos crescem em 2% a cada ano. Em um diagrama de fluxo de caixa, esses fluxos de caixa ficam da seguinte maneira:

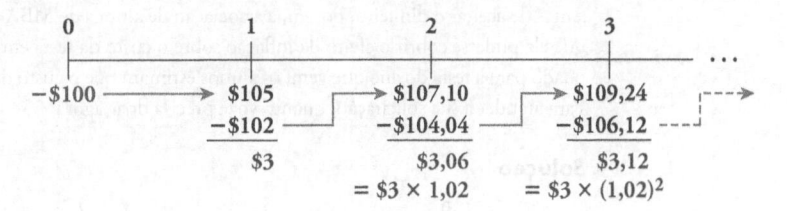

```
      0         1           2             3
      |---------|-----------|-------------|-------  ...
    -$100 ---> $105 ---> $107,10 ---> $109,24 ---->
              -$102     -$104,04      -$106,12 ---
               $3        $3,06         $3,12
                      = $3 × 1,02    = $3 × (1,02)²
```

Seguindo esta estratégia, teremos criado uma perpetuidade crescente que começa em $3 e cresce 2% ao ano. Esta perpetuidade crescente tem que ter um valor presente igual ao custo de $100.

Podemos generalizar este argumento. No caso de uma perpetuidade de pagamentos iguais, depositamos uma quantia P no banco e sacamos os juros a cada ano. Como sempre deixamos o principal P no banco, poderíamos manter este padrão para sempre. Se quisermos aumentar a quantia que sacamos do banco a cada ano em g, então o principal no banco terá crescido segundo o mesmo fator g. Isto é, em vez de reinvestir P no segundo ano, devemos reinvestir $P(1+g) = P + gP$. Com o intuito de aumentar nosso principal em gP, podemos sacar apenas $C = rP - gP = P(r-g)$.

```
      0         1              2                  3
      |---------|--------------|------------------|-------  ...
     -P ----> P(1+r) ----> P(1+g)(1+r) ----> P(1+g)²(1+r) ---->
             -P(1+g)      -P(1+g)(1+g)      -P(1+g)²(1+g) ---
              P(r-g)       P(1+g)(r-g)       P(1+g)²(r-g)
               = C          = C(1+g)          = C(1+g)²
```

A partir do diagrama de fluxo de caixa, vemos que após um período podemos sacar $C = P(r - g)$ e manter o saldo e o fluxo de caixa de nossa conta crescendo a uma taxa de g para sempre. Solucionando essa equação para encontrar P, temos

$$P = \frac{C}{r - g}$$

O valor presente da perpetuidade crescente com fluxo de caixa inicial de C é P, a quantia inicial depositada na conta bancária:

Valor presente de uma perpetuidade crescente

$$PV \text{(perpetuidade crescente)} = \frac{C}{r - g} \tag{4.9}$$

Para compreendermos a fórmula de uma perpetuidade crescente intuitivamente, começamos com a fórmula de perpetuidade. No caso anterior, tínhamos que colocar dinheiro suficiente no banco para garantir que os juros obtidos equivalessem aos fluxos de caixa da perpetuidade regular. No caso de uma perpetuidade crescente, precisamos colocar mais do que essa quantia no banco, pois temos que financiar o crescimento nos fluxos de caixa. Quanto a mais? Se o banco paga juros a uma taxa de 10%, então tudo o que resta para ser sacado se quisermos garantir que o principal cresça em 3% ao ano é a diferença 10% – 3% = 7%. Então, em vez de o valor presente da perpetuidade ser o primeiro fluxo de caixa dividido pela taxa de juros, agora é o primeiro fluxo de caixa dividido pela *diferença* entre a taxa de juros e a taxa de crescimento.

EXEMPLO 4.9 — Doação de uma perpetuidade crescente

Problema

No exemplo 4.6, você planejou doar dinheiro à universidade onde você se formou para financiar uma festa de formatura de MBA anual de $30.000. Dada uma taxa de juros de 8% ao ano, a doação necessária era o valor presente de

$$PV = \$30.000 / 0,08 = \$375.000 \text{ hoje}$$

Antes de aceitar o dinheiro, porém, a associação de alunos de MBA pediu que você aumentasse a doação para que ela pudesse cobrir o efeito da inflação sobre o custo da festa em anos futuros. Apesar de $30.000 ser adequado para a festa do ano que vem, os alunos estimam que o custo da festa aumente 4% ao ano daí em diante. Para atender à sua solicitação, quanto você precisa doar agora?

Solução

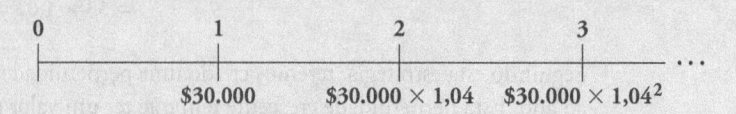

```
0           1              2                    3
|-----------|--------------|--------------------|----- ...
         $30.000      $30.000 × 1,04      $30.000 × 1,04²
```

O custo da festa no ano que vem será de $30.000, e então aumentará 4% ao ano para sempre. A partir do diagrama de fluxo de caixa, reconhecemos a forma de uma perpetuidade crescente. Para financiar o custo crescente, você precisa fornecer o valor presente hoje de

$$PV = \$30.000 / (0,08 - 0,04) = \$750.000 \text{ hoje}$$

Você precisa dobrar o valor de seu presente!

Anuidade crescente. Uma **anuidade crescente** é uma sequência de N fluxos de caixa crescentes, pagos a intervalos regulares. É uma perpetuidade crescente que um dia chega ao fim. O diagrama de fluxo de caixa a seguir exibe uma anuidade crescente com fluxo de caixa inicial C, crescente à taxa de g a cada período até o período N:

```
    0        1           2              N
    |_____|_____|_____ ... ____|
             C         C(1+g)        C(1+g)^(N-1)
```

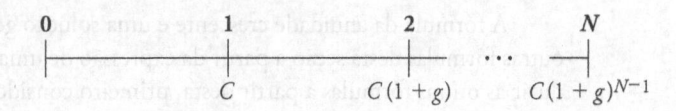

As convenções utilizadas anteriormente ainda se aplicam: (1) o primeiro fluxo de caixa chega ao final do primeiro período, e (2) o primeiro fluxo de caixa não cresce. O último fluxo de caixa, portanto, reflete apenas $N-1$ períodos de crescimento.

O valor presente de uma anuidade crescente de N períodos com fluxo de caixa inicial C, taxa de crescimento g e taxa de juros r é dada por

Valor presente de uma anuidade crescente

$$PV = C \times \frac{1}{r-g}\left(1 - \left(\frac{1+g}{1+r}\right)^N\right) \qquad (4.10)$$

Como a anuidade possui apenas um número finito de termos, a Equação 4.10 também funciona quando $g > r$.[7] O processo de derivar esta simples expressão para o valor presente de uma anuidade crescente é o mesmo que para uma anuidade regular. Leitores interessados podem consultar o apêndice *online* para maiores detalhes.

EXEMPLO 4.10

Plano de aposentadoria com anuidade crescente

Problema

No Exemplo 4.8, Ellen estava considerando aplicar $10.000 por ano em seu plano de aposentadoria. Apesar de $10.000 ser o máximo que Ellen pode economizar no primeiro ano, ela espera que seu salário aumente todo ano, de modo que ela possa aumentar sua aplicação em 5% ao ano. Com este plano, se ela obtiver 10% ao ano sobre sua aplicação, quanto terá economizado aos 65 anos?

Solução

Seu novo plano de aposentadoria é representado pelo seguinte diagrama de fluxo de caixa:

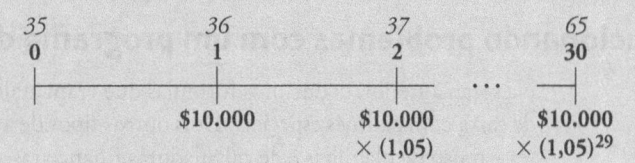

```
   35        36            37                65
   0         1             2                 30
   |_____|_____|_____ ... _____|
         $10.000       $10.000           $10.000
                      × (1,05)          × (1,05)^29
```

Este exemplo envolve uma anuidade crescente de 30 anos, com uma taxa de crescimento de 5% e um fluxo de caixa inicial de $10.000. O valor presente desta anuidade crescente é dado por

$$PV = \$10.000 \times \frac{1}{0,10 - 0,05}\left(1 - \left(\frac{1,05}{1,10}\right)^{30}\right)$$

$$= \$10.000 \times 15{,}0463$$

$$= \$150.463 \text{ hoje}$$

O plano de aposentadoria proposto por Ellen é equivalente a ter $150.463 no banco *hoje*. Para determinar a quantia que ela terá aos 65 anos, precisamos movimentar esta quantia 30 anos no futuro:

$$FV = \$150.463 \times 1{,}10^{30}$$

$$= \$2{,}625 \text{ milhões em 30 anos}$$

Ellen terá economizado $2,625 milhões aos 65 anos utilizando o novo plano de aposentadoria. Esta soma é quase $1 milhão maior do que o que ela teria sem os aumentos anuais em suas aplicações.

---

[7] A Equação 4.10 não funciona pra $g = r$. Mas neste caso o crescimento e o desconto se cancelam um ao outro, e o valor presente é equivalente ao recebimento de todos os fluxos de caixa na data 1 : $PV = C \times N/(1 + r)$.

A fórmula da anuidade crescente é uma solução geral. Na verdade, podemos deduzir todas as outras fórmulas desta seção a partir da expressão de uma anuidade crescente. Para vermos como deduzir as outras fórmulas a partir desta, primeiro consideremos uma perpetuidade crescente. É uma anuidade crescente com $N = \infty$. Se $g < r$, logo

$$\frac{1+g}{1+r} < 1$$

e então

$$\left(\frac{1+g}{1+r}\right)^N \to 0 \text{ quando } N \to \infty$$

A fórmula de uma anuidade crescente quando $N \to \infty$ é, portanto,

$$PV = \frac{C}{r-g}\left(1 - \left(\frac{1+g}{1+r}\right)^N\right) = \frac{C}{r-g}(1-0) = \frac{C}{r-g}$$

que é a fórmula de uma perpetuidade crescente. As fórmulas de anuidade e perpetuidade regulares também seguem esta fórmula se tivermos taxa de crescimento $g = 0$.

FIXAÇÃO DE CONCEITOS

1. Como se calcula o valor presente de uma
   a. perpetuidade?
   b. anuidade?
   c. perpetuidade crescente?
   d. anuidade crescente?
2. Qual é a relação entre as fórmulas do valor presente de uma perpetuidade, anuidade, perpetuidade crescente, e anuidade crescente?

4.7 Solucionando problemas com um programa de planilha

Na seção anterior, deduzimos fórmulas que eram atalhos para calcular os valores presentes de fluxos de caixa com padrões especiais. Dois outros tipos de atalho simplificam o cálculo dos valores presentes – o uso de planilhas e de calculadoras financeiras. Nesta seção, nos focaremos em planilhas.

Programas de planilha como o Excel possuem um conjunto de funções que realizam os cálculos que os profissionais da área de finanças mais utilizam. Em Excel, as funções se chamam NPER, RATE, PV, PMT e FV*. As funções baseiam-se todas no diagrama de fluxo de caixa de uma anuidade:

```
0           1           2      ...    NPER
|_____|_____|_____|
PV         PMT         PMT          PMT + FV
```

juntamente com uma taxa de juros, denotada por *RATE*. Assim, há um total de cinco variáveis: *NPER*, *RATE*, *PV*, *PMT* e *FV*. Cada função toma quatro dessas variáveis como *input* e retorna o valor da quinta, que garante que o NPV dos fluxos de caixa seja zero. Isto é, as funções todas solucionam o problema

$$NPV = PV + PMT \times \frac{1}{RATE}\left(1 - \frac{1}{(1+RATE)^{NPER}}\right) + \frac{FV}{(1+RATE)^{NPER}} = 0 \quad (4.11)$$

---

* N. de T.: Na versão em português do Excel, essas funções chamam-se NPER, TAXA, VP, PGTO e VF, respectivamente.

Em palavras, o valor presente dos pagamentos *PMT* da anuidade, mais o valor presente do pagamento final *FV*, mais a quantia inicial *PV*, possui um valor presente igual a zero. Vejamos alguns exemplos.

EXEMPLO 4.11

Calculando o valor futuro em Excel

Problema

Suponha que você planeje investir $20.000 em uma conta que paga 8% de juros. Quanto você terá na conta daqui a 15 anos?

Solução

Representamos este problema com o seguinte diagrama de fluxo de caixa:

```
        0              1              2              NPER = 15
        |──────────────|──────────────|────── ... ───|
   PV = -$20.000   PMT = $0          $0              FV = ?
```

Para calcular a solução, entramos com as quatro variáveis que conhecemos (*NPER* = 15, *RATE* = 8%, *PV* = –20.000, *PMT* = 0) e solucionamos para encontrar aquela que queremos determinar (*FV*) utilizando a função do Excel FV (RATE, NPER, PMT, PV). A planilha aqui calcula um valor futuro de $63.443.

	NPER	RATE	PV	PMT	FV	Fórmula do Excel
Dados	15	8,00%	–20.000	0		
Encontrar FV					6.3443	=FV(0,08,15,0,–20000)

Observe que entramos com *PV* como número negativo (a quantia que estamos colocando *no* banco), e *FV* é exibido como um número positivo (a quantia que podemos sacar *do* banco). Ao utilizar as funções de planilha, é importante utilizar os sinais corretamente para indicar a direção em que o dinheiro está fluindo.

Para verificar o resultado, podemos solucionar este problema diretamente:

$$FV = \$20.000 \times 1,08^{15} = \$63.443$$

Esta planilha de Excel no Exemplo 4.11 está disponível no *site* do livro e está preparada de modo a nos permitir calcular qualquer uma das cinco variáveis. Chamamos este tipo de planilha de **planilha de anuidade**. Simplesmente entramos com as quatro variáveis de *input* na linha de cima e deixamos a variável que desejamos calcular em branco. A planilha calcula a quinta variável e exibe a resposta na linha de baixo. A planilha também exibe a função do Excel que é utilizada para obter as respostas. Vejamos um exemplo mais complicado que ilustra a conveniência da planilha de anuidade.

EXEMPLO 4.12

Utilizando a planilha de anuidade

Problema

Suponha que você invista $20.000 em uma conta que paga 8% de juros. Você planeja sacar $2.000 no final de cada ano por 15 anos. Quanto dinheiro sobrará na conta após 15 anos?

Solução

Novamente, começamos com o diagrama de fluxo de caixa:

```
        0              1              2              NPER = 15
        |──────────────|──────────────|────── ... ───|
   PV = -$20.000   PMT = $2.000     $2.000         $2.000 + FV = ?
```

O diagrama de fluxo de caixa indica que os saques são pagamentos de anuidade que recebemos da conta poupança. Observe que *PV* é negativo (dinheiro que *entra* no banco), enquanto que *PMT* é positivo (dinheiro que *sai* do banco). Solucionamos para encontrar o saldo final na conta, *FV*, utilizando a planilha de anuidade:

	NPER	RATE	PV	PMT	FV	Fórmula do Excel
Dados	15	8,00%	−20.000	2000		
Encontrar FV					9.139	=FV(0,08,15,2000,−20000)

Teremos $9.139 no banco após 15 anos.

Também podemos calcular esta solução diretamente. Uma abordagem é pensar no depósito e nos saques como se fossem contas separadas. Na conta com o depósito de $20.000, nossa poupança crescerá para $63.443 em 15 anos, como calculamos no Exemplo 4.11. Utilizando a fórmula para calcular o valor futuro de uma anuidade, se pegarmos $2.000 emprestados por ano durante 15 anos a 8%, ao final nossa dívida terá crescido para

$$\$2.000 \times \frac{1}{0,08}(1,08^{15} - 1) = \$54.304$$

Após pagar nossa dívida, teremos $63.443 − $54.304 = $9.139 restantes após 15 anos.

É possível também utilizarmos uma calculadora financeira portátil para realizar os mesmos cálculos. As calculadoras funcionam de maneira muito parecida com a da planilha de anuidade. Entramos com quaisquer quatro das cinco variáveis e a calculadora retorna a quinta variável.

FIXAÇÃO DE CONCEITOS
1. Quais são os dois atalhos utilizados para simplificar o cálculo de valores presentes?
2. Como se utiliza uma planilha para simplificar os cálculos financeiros?

4.8 Solução para encontrar outras variáveis além do valor presente ou do valor futuro

Até agora, calculamos o valor presente ou o valor futuro de uma sequência de fluxos de caixa. Às vezes, porém, conhecemos o valor presente ou o valor futuro, mas não conhecemos uma das variáveis que anteriormente recebemos como *input*. Por exemplo, quando contraímos um empréstimo, podemos conhecer o valor que gostaríamos de pegar emprestado, mas talvez não conheçamos os pagamentos que serão necessários realizar para quitá-lo. Ou, se quisermos fazer um depósito em uma conta poupança, podemos querer calcular quanto tempo levará para que nosso saldo chegue a determinado nível. Em tais situações, utilizamos os valores presente e/ou futuro como *inputs*, e solucionamos a equação para encontrar a variável em que estamos interessados. Examinaremos vários casos especiais nesta seção.

Encontrando fluxos de caixa

Consideremos um exemplo em que conhecemos o valor presente de um investimento, mas não conhecemos os fluxos de caixa. O melhor exemplo é um empréstimo – sabemos quanto queremos pegar emprestado (o valor presente) e conhecemos a taxa de juros, mas não sabemos quanto teremos que pagar a cada ano. Suponha que você esteja abrindo um negócio que exija um investimento inicial de $100.000. O gerente de seu banco concordou em lhe emprestar este dinheiro. Os termos do empréstimo declaram que você fará pagamentos anuais fixos pelos dez próximos anos e pagará uma taxa de juros de 8%, sendo o vencimento do primeiro pagamento daqui a um ano. Qual é o seu pagamento anual?

Da perspectiva do banco, o diagrama de fluxo de caixa é assim:

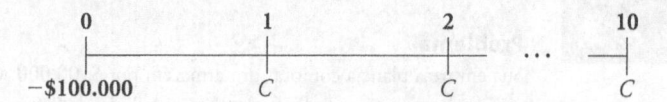

```
    0           1           2                10
    |           |           |     ...         |
-$100.000       C           C                 C
```

O banco lhe dará $100.000 hoje em troca de dez pagamentos fixos ao longo da próxima década. Você precisa determinar o valor de cada pagamento C que o banco exigirá. Para que o banco esteja disposto a lhe emprestar $100.000, os fluxos de caixa do empréstimo têm que ter um valor presente de $100.000 ao serem avaliados pelos juros do banco de 8%. Isto é,

$$\$100.000 = PV \text{ (anuidade de 10 anos de } C \text{ por ano, avaliada pela taxa de juros)}$$

Utilizando a fórmula do valor presente de uma anuidade,

$$\$100.000 = C \times \frac{1}{0,08}\left(1 - \frac{1}{1,08^{10}}\right) = C \times 6,71$$

Solucionando esta equação para encontrar C, temos

$$C = \frac{\$100.000}{6,71} = \$14.903$$

Você terá que fazer dez pagamentos anuais de $14.903 em troca de $100.000 hoje.

Podemos também resolver este problema com a planilha de anuidade:

	NPER	RATE	PV	PMT	FV	Fórmula do Excel
Dados	10	8,00%	100.000		0	
Encontrar PMT				−14.903		=PMT(0,08,10,100000, 0)

Em geral, ao solucionar o valor de um pagamento de um empréstimo, temos que pensar na quantia emprestada (o principal do empréstimo) como o valor presente dos pagamentos. Se os pagamentos do empréstimo são uma anuidade, podemos encontrar o pagamento do empréstimo invertendo a fórmula de anuidade. Escrevendo este procedimento formalmente, começamos com o diagrama de fluxo de caixa (a partir da perspectiva do banco) para um empréstimo com principal P que exige N pagamentos periódicos C com taxa de juros r:

```
    0           1           2                N
    |           |           |     ...         |
   -P           C           C                 C
```

Igualando o valor presente dos pagamentos ao principal,

$$P = PV \text{ (anuidade de } C \text{ por } N \text{ períodos)} = C \times \frac{1}{r}\left(1 - \frac{1}{(1 + r)^N}\right)$$

Solucionando esta equação para encontrar C, temos a fórmula geral para pagamento de empréstimo em termos do principal em circulação (quantia emprestada), P; taxa de juros, r; e número de pagamentos, N:

Pagamento de empréstimo

$$C = \frac{P}{\frac{1}{r}\left(1 - \frac{1}{(1 + r)^N}\right)} \qquad (4.12)$$

Podemos utilizar essa mesma ideia para solucionar a equação para encontrar fluxos de caixa quando conhecemos o valor futuro em vez de o valor presente. Para exemplificar, suponha que você

EXEMPLO 4.13 — Calculando o pagamento de um empréstimo

Problema

Sua empresa planeja comprar um armazém por $100.000. O banco lhe oferece um empréstimo de 30 anos com pagamentos anuais fixos e uma taxa de juros de 8% ao ano. O banco exige que sua empresa pague 20% do preço de compra à vista, de modo que você possa pegar somente $80.000 emprestados. Qual é o pagamento de empréstimo anual?

Solução

Começamos com o diagrama de fluxo de caixa (a partir da perspectiva do banco):

```
   0            1            2      ...    30
   |            |            |             |
-$80.000        C            C             C
```

Utilizando a Equação 4.12, podemos encontrar o pagamento do empréstimo, C, como a seguir:

$$C = \frac{P}{\frac{1}{r}\left(1 - \frac{1}{(1+r)^N}\right)} = \frac{80.000}{\frac{1}{0,08}\left(1 - \frac{1}{(1,08)^{30}}\right)}$$

$$= \$7.106,19$$

Utilizando a planilha de anuidade:

	NPER	RATE	PV	PMT	FV	Fórmula do Excel
Dados	30	8,00%	−80.000		0	
Encontrar PMT				7.106		=PMT(0,08,30,−80000,0)

Sua empresa terá que pagar $7.106,19 ao ano para quitar o empréstimo.

---

tenha acabado de ter uma filha. Você decide ser prudente e começa a economizar neste ano para os gastos com sua educação superior. Você gostaria de ter $60.000 aplicados quando ela tiver 18 anos. Se você puder obter 7% ao ano sobre suas aplicações, quanto você precisa aplicar por ano para alcançar seu objetivo?

O diagrama de fluxo de caixa para este exemplo é:

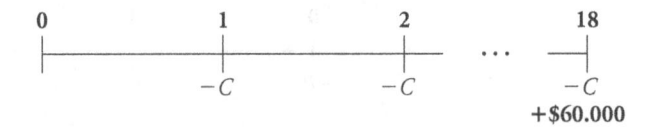

```
   0            1            2      ...    18
   |            |            |             |
               -C           -C            -C
                                        +$60.000
```

Isto é, você planeja aplicar uma quantia C por ano, e então resgatar $60.000 do banco daqui a 18 anos. Portanto, precisamos encontrar o pagamento de anuidade que possui um valor futuro de $60.000 em 18 anos. Utilizando a fórmula de valor futuro de uma anuidade da Equação 4.8,

$$60.000 = FV(\text{anuidade}) = C \times \frac{1}{0,07}(1,07^{18} - 1) = C \times 34$$

Portanto, $C = \frac{60.000}{34} = \$1.765$. Então, você precisa poupar $1.765 ao ano. Se você o fizer, então, com uma taxa de juros de 7%, suas economias crescerão para $60.000 quando sua filha tiver 18 anos.

Agora vamos solucionar este problema com a planilha de anuidade:

	NPER	RATE	PV	PMT	FV	Fórmula do Excel
Dados	18	7,00%	0		60.000	
Encontrar PMT				−1.765		=PMT(0,07,18,0,60000)

Novamente, descobrimos que temos que poupar $1.765 por 18 anos para acumular $60.000.

Taxa interna de retorno

Em algumas situações, conhecemos o valor presente e os fluxos de caixa de uma oportunidade de investimento, mas não conhecemos a taxa de juros. Esta taxa de juros chama-se **taxa interna de retorno** (**IRR**, ou *internal rate of return*, no original), definida como a taxa de juros que iguala o valor presente dos fluxos de caixa a zero.

Por exemplo, suponhamos que tenhamos uma oportunidade de investimento que exige um investimento de $1.000 hoje e paga $2.000 em seis anos. Em um diagrama de fluxo de caixa,

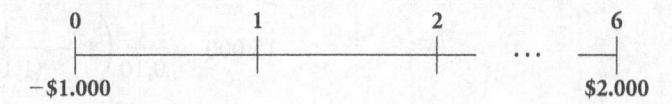

```
    0         1         2    ...    6
    |---------|---------|----------|
-$1.000                          $2.000
```

Uma forma de analisar este investimento é fazer a pergunta: que taxa de juros, r, precisaríamos obter para que o NPV deste investimento fosse zero?

$$NPV = -1.000 + \frac{2.000}{(1+r)^6} = 0$$

Reordenando, temos

$$1.000 \times (1+r)^6 = 2.000$$

Isto é, r é a taxa de juros que você precisa obter sobre seus $1.000 para chegar a um valor futuro de $2.000 em seis anos. Podemos encontrar r como a seguir:

$$1 + r = \left(\frac{2.000}{1.000}\right)^{1/6} = 1,1225$$

ou $r = 12,25\%$. Esta taxa é a IRR desta oportunidade de investimento. Fazer este investimento é como obter 12,25% ao ano sobre nosso dinheiro por seis anos.

Quando há apenas dois fluxos de caixa, como no exemplo anterior, é fácil calcular a IRR. Considere o caso geral em que investimos uma quantia P hoje e recebemos FV em N anos. Então

$$P \times (1 + IRR)^N = FV$$
$$1 + IRR = (FV/P)^{1/N}$$

Isto é, pegamos o total do retorno sobre o investimento durante N anos, FV/P, e o convertemos a uma taxa equivalente a um ano elevando-o à potência $1/N$.

Agora consideremos um exemplo mais sofisticado. Suponhamos que nossa empresa precise comprar uma nova empilhadeira. O vendedor nos oferece duas opções: (1) um preço para a empilhadeira caso ela seja paga em dinheiro, e (2) pagamentos anuais caso contraiamos um empréstimo com o vendedor. Para avaliar o empréstimo que o vendedor está nos oferecendo, é preciso comparar a taxa sobre o empréstimo à taxa que seu banco lhe ofereceria. Dado o pagamento de empréstimo oferecido pelo vendedor, como se calcula a taxa de juros cobrada por ele?

Neste caso, precisamos calcular a IRR do empréstimo do vendedor. Suponha que o preço em dinheiro da empilhadeira seja de $40.000, e que o vendedor ofereça um financiamento sem sinal e quatro pagamentos anuais de $15.000. Este empréstimo possui o seguinte diagrama de fluxo de caixa:

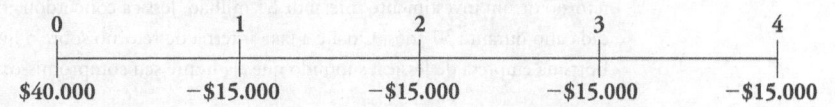

```
    0          1           2           3           4
    |----------|-----------|-----------|-----------|
$40.000    -$15.000    -$15.000    -$15.000    -$15.000
```

Pelo diagrama de fluxo de caixa fica claro que o empréstimo é uma anuidade de quatro anos com um pagamento de $15.000 ao ano e um valor presente de $40.000. Para igualar o NPV dos fluxos de caixa a zero, é necessário que o valor presente dos pagamentos seja igual ao preço de compra:

$$40.000 = 15.000 \times \frac{1}{r}\left(1 - \frac{1}{(1+r)^4}\right)$$

O valor r que soluciona esta equação, a IRR, é a taxa de juros cobrada sobre o empréstimo. Infelizmente, neste caso não há uma maneira simples de solucionar a equação para encontrar a taxa de juros r.[8] A única maneira de resolver esta equação é estimarmos valores para r até encontrarmos o correto.

Comecemos com $r = 10\%$. Neste caso, o valor da anuidade é

$$15.000 \times \frac{1}{0,10}\left(1 - \frac{1}{(1,10)^4}\right) = 47.548$$

O valor presente dos pagamentos é alto demais. Para diminuí-lo, temos que utilizar uma taxa de juros mais alta. Tentaremos 20% dessa vez:

$$15.000 \times \frac{1}{0,20}\left(1 - \frac{1}{(1,20)^4}\right) = 38.831$$

Agora o valor presente dos pagamentos está baixo demais, então temos que escolher uma taxa entre 10% e 20%. Continuamos a utilizar estimativas até encontrarmos a taxa correta. Tentemos 18,45%:

$$15.000 \times \frac{1}{0,1845}\left(1 - \frac{1}{(1,1845)^4}\right) = 40.000$$

A taxa de juros cobrada pelo vendedor é de 18,45%.

Uma solução mais fácil do que tentar estimar a IRR e calcular valores manualmente é utilizar uma planilha ou calculadora para automatizar o processo de estimação. Quando os fluxos de caixa são uma anuidade, como neste exemplo, podemos utilizar a planilha de anuidade do Excel para calcular a IRR. Lembremos que a planilha de anuidade resolve a Equação 4.11. Ela garante que o NPV do investimento na anuidade seja igual a zero. Quando a variável desconhecida é a taxa de juros, a planilha procurará a taxa de juros que iguala o NPV a zero – isto é, a IRR. Neste caso,

	NPER	RATE	PV	PMT	FV	Fórmula do Excel
Dados	4		40.000	−15.000	0	
Encontrar taxa de juros (*rate*)		18,45%				=RATE(4,-15000,40000, 0)

A planilha de anuidade calcula corretamente uma IRR de 18,45%.

EXEMPLO 4.14 — Cálculo da taxa interna de retorno com a planilha de anuidade do Excel

Problema

Jessica acaba de concluir seu MBA. Em vez de aceitar a oferta de emprego que foi feita por um prestigioso banco de investimento – Baker, Bellingham, and Botts – ela decidiu abrir um negócio próprio. Porém, o Baker, Bellingham, and Botts teve uma impressão tão boa de Jessica que decidiu financiar seu negócio. Em retorno de um investimento inicial de $1 milhão, Jessica concordou em pagar ao banco $125.000 ao final de cada ano durante 30 anos. Qual é a taxa interna de retorno sobre o investimento do Baker, Bellingham, and Botts na empresa de Jessica, supondo que ela honre seu compromisso?

---

[8] Com cinco ou mais períodos e fluxos de caixa gerais, *não existe* uma fórmula que forneça a solução para r; tentativa e erro (a mão ou por computador) é a *única* maneira de calcular a IRR.

Solução

Aqui temos o diagrama de fluxo de caixa, (a partir da perspectiva do Baker, Bellingham, and Botts):

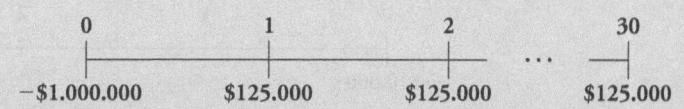

```
     0            1            2              30
     |------------|------------|------ ... ---|
  -$1.000.000  $125.000    $125.000       $125.000
```

O diagrama de fluxo de caixa mostra que os fluxos de caixa futuros representam uma anuidade de 30 anos. Igualando o NPV a zero, temos

$$1.000.000 = \frac{125.000 \times 1}{r}\left(1 - \frac{1}{(1+r)^{30}}\right)$$

Utilizando a planilha de anuidade para encontrar r,

	NPER	RATE	PV	PMT	FV	Fórmula do Excel
Dados	30		−1.000.000	125.000	0	
Encontrar taxa de juros (*rate*)		12,09%				=RATE(30,125000,−1000000,0)

A IRR sobre este investimento é 12,09%.

Em alguns casos, é possível solucionar diretamente para encontrar a IRR. O próximo exemplo demonstra um desses casos.

EXEMPLO 4.15 — Cálculo direto da taxa interna de retorno

Problema

Baker, Bellingham, and Botts oferece à Jessica uma segunda opção para o pagamento de seu empréstimo. Ela pode pagar $100.000 no primeiro ano, aumentar a quantia em 4% ao ano, e continuar a fazer esses pagamentos para sempre, em vez de por 30 anos. Qual é a IRR neste caso?

Solução

O diagrama de fluxo de caixa é

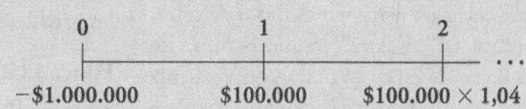

```
     0            1                 2
     |------------|-----------------|------ ...
  -$1.000.000  $100.000      $100.000 × 1,04
```

O diagrama de fluxo de caixa mostra que os fluxos de caixa futuros são uma perpetuidade crescente com uma taxa de crescimento de 4%. Para igualar o NPV a zero, é necessário que

$$1.000.000 = \frac{100.000}{r - 0,04}$$

Podemos resolver esta equação para r

$$r = 0,04 + \frac{100.000}{1.000.000} = 0,14$$

A IRR sobre este investimento é 14%.

Solução para encontrar o número de períodos

Além de encontrar fluxos de caixa ou taxa de juros, podemos encontrar o período de tempo que uma soma em dinheiro levará para alcançar determinado valor. Neste caso, a taxa de juros, o valor presente e o valor futuro são todos conhecidos. Precisamos calcular quanto tempo levará para o valor presente chegar ao valor futuro.

Suponhamos que tenhamos investido $10.000 em uma conta que paga 10% de juros, e que queiramos saber quanto tempo levará para a quantia chegar a $20.000.

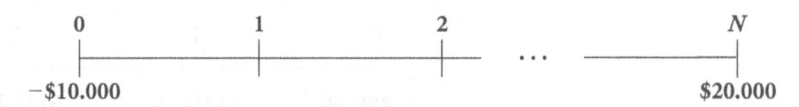

```
0           1           2                    N
|───────────|───────────|────── ... ─────────|
-$10.000                                  $20.000
```

Queremos determinar N.

Em termos de nossas fórmulas, precisamos encontrar N de modo que o valor futuro de nosso investimento seja igual a $20.000:

$$FV = \$10.000 \times 1{,}10^N = \$20.000 \tag{4.13}$$

Uma abordagem é utilizar tentativa e erro para encontrar N, como com a IRR. Por exemplo, com $N = 7$ anos, $FV = \$19.487$, então levará mais do que 7 anos. Com $N = 8$ anos, $FV = \$21.436$, então levará entre 7 e 8 anos.

ERRO COMUM — As funções NPV (ou VPL) e IRR (ou TIR) do Excel*

Apesar de as planilhas e calculadoras financeiras poderem simplificar o processo de solução de problemas, seus projetistas adotaram convenções específicas que você precisa conhecer para evitar cometer erros. Em particular, antes de utilizar qualquer função financeira interna, sempre leia cuidadosamente a documentação dessa função para conhecer o formato correto e quaisquer suposições que sejam feitas pelo *software*. Aqui descrevemos duas funções no Excel, NPV e IRR, e algumas armadilhas às quais devemos ficar atentos.

Função NPV (ou VPL)

O NPV do Excel possui o formato NPV = (rate, value1, value2, …) [ou taxa, valor1, valor2, …)] onde "rate" [ou "taxa"] é a taxa de juros por período utilizada para descontar os fluxos de caixa, e "value1", "value2" [ou "valor 1", "valor2"] etc. são os fluxos de caixa (ou amplitude de fluxos de caixa). A função NPV calcula o valor presente dos fluxos de caixa *supondo que o primeiro fluxo de caixa ocorre na data 1*. Portanto, se o primeiro fluxo de caixa de um projeto ocorre na data 0, não podemos utilizar apenas a função NPV para calcular o NPV. Podemos utilizar a função NPV para calcular o valor dos fluxos de caixa a partir da data 1, e então temos que somar o fluxo de caixa da data 0 a este resultado para calcular o NPV.

Outra armadilha que a função NPV apresenta é que os fluxos de caixa deixados em branco são tratados de maneira diferente dos fluxos de caixa que são iguais a zero. Se um fluxo de caixa é deixado em branco, *tanto o fluxo de caixa quanto o período são ignorados*. Por exemplo, a função NPV é utilizada para avaliar as duas sequências equivalentes de fluxos de caixa exibidas abaixo. No segundo caso, a função NPV ignora a célula em branco na data 2 e supõe que o fluxo de caixa seja 10 na data 1 e 110 na data 2, o que claramente não é o que se pretende e está incorreto.

NPVa10%	Data		
	1	2	3
$91,74	10	0	110
$100,00	10		110

Devido a essas idiossincrasias, evitamos utilizar a função NPV do Excel, e achamos mais confiável calcular o valor presente de cada fluxo de caixa separadamente no Excel, para depois somá-los para determinar o NPV.

Função IRR (ou TIR)

A função IRR [ou TIR] do Excel possui o formato IRR(values, guess) [ou TIR(valores, estimativa)], onde "values" [ou "valores"] é a amplitude que contém os fluxos de caixa e "guess" [ou "estimativa"] é uma estimativa inicial opcional onde o Excel inicia sua busca por uma IRR. Há duas observações a serem feitas sobre a função IRR. Em primeiro lugar, os valores dados à função IRR devem incluir todos os fluxos de caixa do projeto, inclusive o da data 0. Neste sentido, as funções IRR e NPV do Excel são inconsistentes. Em segundo lugar, assim como a função NPV, a função IRR ignora o período associado a qualquer célula deixada em branco.

---

* N. de T.: Neste quadro são fornecidas as nomenclaturas do Excel em inglês e em português para que o leitor possa fazer uma referência direta ao programa independentemente do idioma da versão que utiliza. As siglas em português encontram-se entre colchetes.

Alternativamente, este problema pode ser solucionado na planilha de anuidade. Neste caso, queremos encontrar N:

	NPER	RATE	PV	PMT	FV	Fórmula do Excel
Dados		10,00%	−10.000	0	20.000	
Encontrar NPER	7,27					=NPER(0,10,-10000, 20000)

Levará aproximadamente 7,3 anos para que nossa poupança chegue a $20.000.

Finalmente, este problema pode ser solucionado matematicamente. Dividindo ambos os lados da Equação 4.13 por $10.000, temos

$$1,10^N = 20.000 / 10.000 = 2$$

Para encontrar um expoente, tomamos o logaritmo de ambos os lados, e utilizamos o fato de que $\ln(x^y) = y \ln(x)$:

$$N \ln(1,10) = \ln(2)$$

$$N = \ln(2) / \ln(1,10) = 0,6931 / 0,0953 \approx 7,3 \text{ anos}$$

EXEMPLO 4.16 — Encontrando o número de períodos em um plano de aplicações

Problema

Você está economizando para fazer o pagamento do sinal da compra de uma casa. Você já possui $10.050 aplicados, e pode aplicar outros $5.000 ao ano ao fim de cada ano. Se você obtém 7,25% ao ano sobre suas aplicações, quanto tempo levará para você acumular $60.000?

Solução

O diagrama de fluxo de caixa deste problema é

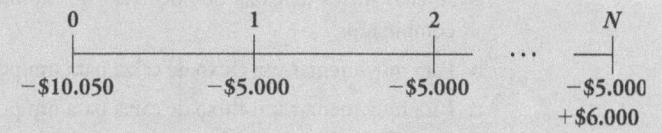

```
    0           1           2        …    N
    |-----------|-----------|--------------|
−$10.050    −$5.000     −$5.000        −$5.000
                                       +$6.000
```

Precisamos encontrar N de modo que o valor futuro de nossas aplicações atuais mais o valor futuro de nossas aplicações adicionais planejadas (que são uma anuidade) seja igual ao valor que desejamos:

$$10.050 \times 1,0725^N + 5.000 \times \frac{1}{0,0725}(1,0725^N - 1) = 60.000$$

Para resolver matematicamente, reordenemos esta equação de modo que

$$1,0725^N = \frac{60.000 \times 0,0725 + 5.000}{10.050 \times 0,0725 + 5.000} = 1,632$$

Podemos, então, encontrar N:

$$N = \frac{\ln(1,632)}{\ln(1,0725)} = 7 \text{ anos}$$

Levará 7 anos para se acumular o valor do sinal. Também podemos resolver este problema utilizando a planilha de anuidade:

	NPER	RATE	PV	PMT	FV	Fórmula do Excel
Dados		7,25%	−10.050	−5.000	60.000	
Encontrar N	7,00					=NPER(0,0725,−5000,−10050,60000)

Regra dos 72

Uma outra maneira de pensar sobre o efeito da composição e dos descontos é considerar quanto tempo nosso dinheiro levará para duplicar de valor, dadas diferentes taxas de juros. Suponhamos que queiramos saber quantos anos levará para que $1 chegue a um valor futuro de $2. Queremos o número de anos, N, para resolver

$$FV = \$1 \times (1 + r)^N = \$2$$

Se resolvermos esta fórmula para diferentes taxas de juros, encontraremos a seguinte aproximação:

Anos para duplicar de valor $\approx 72 \div$ (taxa de juros percentual)

Esta simples "regra dos 72" é bastante precisa (isto é, com erro de no máximo um ano em relação ao tempo exato que o dinheiro leva para duplicar de valor) para taxas de juros maiores do que 2%. Por exemplo, se a taxa de juros for 9%, o tempo necessário para duplicar um valor deve ser de aproximadamente $72 \div 9 = 8$ anos. De fato, $1,09^8 = 1,99$! Então, dada uma taxa de 9%, seu dinheiro aproximadamente duplicará a cada 8 anos.

FIXAÇÃO DE CONCEITOS

1. Como se calcula o fluxo de caixa de uma anuidade?
2. O que é taxa interna de retorno, e como ela é calculada?
3. Como se encontra o número de períodos para se pagar uma anuidade?

Resumo

1. Os diagramas de fluxo de caixa são um importante primeiro passo na organização dos fluxos de caixa de um problema financeiro.

2. São três as regras da movimentação no tempo:

    a. Apenas fluxos de caixa que ocorrem no mesmo ponto no tempo podem ser comparados ou combinados.

    b. Para movimentar um fluxo de caixa para um ponto no futuro, é necessário compô-lo.

    c. Para movimentar um fluxo de caixa para um ponto no passado, é necessário descontá-lo.

3. O valor futuro de um fluxo de caixa C daqui a n anos é

$$C \times (1 + r)^n \tag{4.1}$$

4. O valor presente hoje de um fluxo de caixa C recebido daqui a n anos é

$$C \div (1 + r)^n \tag{4.2}$$

5. O valor presente de uma sequência de fluxos de caixa é

$$PV = \sum_{n=0}^{N} \frac{C_n}{(1 + r)^n} \tag{4.3}$$

6. O valor futuro na data n de uma sequência de fluxos de caixa com um valor presente PV é

$$FV_n = PV \times (1 + r)^n \tag{4.4}$$

7. O NPV de uma oportunidade de investimento é PV (benefícios − custos).

8. Uma perpetuidade é um fluxo de caixa constante C pago a cada período, para sempre. O valor presente de uma perpetuidade é

$$\frac{C}{r} \tag{4.5}$$

9. Uma anuidade é um fluxo de caixa constante C pago por N períodos. O valor presente de uma anuidade é

$$C \times \frac{1}{r}\left(1 - \frac{1}{(1+r)^N}\right) \tag{4.7}$$

O valor futuro de uma anuidade ao final da anuidade é

$$C \times \frac{1}{r}\left((1+r)^N - 1\right) \tag{4.8}$$

10. Em uma perpetuidade ou anuidade crescente, os fluxos de caixa crescem a uma taxa constante g a cada período. O valor presente de uma perpetuidade crescente é

$$\frac{C}{r-g} \tag{4.9}$$

O valor presente de uma anuidade crescente é

$$C \times \frac{1}{r-g}\left(1 - \left(\frac{1+g}{1+r}\right)^N\right) \tag{4.10}$$

11. As fórmulas de anuidade e perpetuidade podem ser utilizadas para encontrar os pagamentos da anuidade quando ou o valor presente, ou o valor futuro é conhecido. O pagamento periódico em um empréstimo de N períodos com principal P e taxa de juros r é

$$C = \frac{P}{\frac{1}{r}\left(1 - \frac{1}{(1+r)^N}\right)} \tag{4.12}$$

12. A taxa interna de retorno (IRR) de uma oportunidade de investimento é a taxa de juros que iguala o NPV da oportunidade de investimento a zero.

13. As fórmulas de anuidade podem ser utilizadas para encontrarmos o número de períodos que levaríamos para poupar determinada quantia de dinheiro.

Termos fundamentais

anuidade crescente *p. 138*
anuidade *p. 133*
composição *p. 122*
desconto *p. 122*
juros compostos *p. 122*
diagrama de fluxo de caixa *p. 120*
perpetuidade crescente *p. 136*

perpetuidade *p. 130*
planilha de anuidade *p. 141*
sequência de fluxos de caixa *p. 120*
taxa interna de retorno (IRR) *p. 145*
título perpétuo ou consol *p. 130*
valor do dinheiro no tempo *p. 122*
valor futuro *p. 122*

Leituras recomendadas

O primeiro trabalho conhecido que introduz as ideias contidas neste capítulo foi publicado em 1202 pelo famoso matemático italiano Fibonacci (ou Leonardo de Pisa) em Liber Abaci (recentemente traduzido para o Inglês por Laurence Sigler, *Fibonacci's Liber Abaci, A Translation into Modern English of Leonardo Pisano's Book of Calculation*, Nova York: Springer-Verlag, 2002). Neste livro, Fibonacci fornece exemplos que demonstram as regras da movimentação no tempo para fluxos de caixa.

Os alunos interessados nas origens das finanças e no desenvolvimento histórico da fórmula da anuidade gostarão de ler (1) M. Rubinstein, *A History of the Theory of Investments: My Annotated Bibliography* (Hoboken: John Wiley and Sons, 2006) e (2) W. N. Goetzman e K. G. Rouwenhorst, orgs., *Origins of Value: Innovations in the History of Finance* (Nova York: Oxford University Press, 2005).

O material contido neste capítulo deve fornecer a base necessária para a compreensão do conceito de valor do dinheiro no tempo. Para maior auxílio na utilização do Excel, outros programas de planilha, ou calculadoras financeiras para calcular valores presentes, consulte os arquivos de ajuda disponíveis nos programas e os manuais de instruções, onde são encontradas maiores informações e exemplos.

Os alunos que tiverem a sorte de ter que decidir como receber um prêmio de loteria podem consultar A. B. Atkins e E. A. Dyl, "The Lotto Jackpot: The Lump Sum *versus* the Annuity", *Financial Practice and Education* (Fall/Winter 1995): 107-11.

Problemas

Todos os problemas deste capítulo estão disponíveis no MyFinanceLab. Um asterisco (*) indica problemas com maior nível de dificuldade.

O diagrama de fluxo de caixa

1. Você acaba de contrair um empréstimo de cinco anos em um banco para comprar um anel de noivado. O anel custa $5.000. Você planeja dar um sinal de $1.000 e tomar $4.000 emprestados. Você terá que fazer pagamentos anuais de $1.000 ao final de cada ano. Construa o diagrama de fluxo de caixa do empréstimo a partir da sua perspectiva. Como o diagrama de fluxo de caixa iria diferir se você o construísse a partir da perspectiva do banco?

2. Você atualmente possui uma hipoteca pendente de quatro anos para pagar sua casa própria e faz pagamentos mensais de $1.500. Você acaba de realizar um pagamento. Ainda faltam 26 anos para o término da hipoteca (isto é, o prazo original era de 30 anos). Construa o diagrama de fluxo de caixa a partir de sua perspectiva. Como o diagrama de fluxo de caixa iria diferir se você o construísse a partir da perspectiva do banco?

As três regras da movimentação no tempo

3. Calcule o valor futuro de $2.000 em

    a. 5 anos com uma taxa de juros de 5% ao ano.

    b. 10 anos com uma taxa de juros de 5% ao ano.

    c. 5 anos com uma taxa de juros de 10% ao ano.

    d. Por que o montante de juros obtidos na parte (a) é menos do que a metade do montante de juros obtidos na parte (b)?

4. Qual é o valor presente de $10.000 recebidos

    a. daqui a 12 anos, quando a taxa de juros é de 4% ao ano?

    b. daqui a 20 anos, quando a taxa de juros é de 8% ao ano?

    c. daqui a 6 anos, quando a taxa de juros é de 2% ao ano?

5. Seu irmão ofereceu lhe dar $5.000 hoje ou $10.000 daqui a dez anos. Se a taxa de juros é de 7% ao ano, qual opção é preferível?

O poder da composição: uma aplicação

6. Sua filha está com 8 anos. Você prevê que ela estará entrando na universidade daqui a dez anos. Você gostaria de ter $100.000 aplicados para financiar seus estudos quando chegar esse momento. Se a conta promete pagar uma taxa de juros fixa de 3% ao ano, quanto você precisa depositar na conta hoje para garantir que você tenha $100.000 daqui a dez anos?

7. Você está pensando em se aposentar. Seu plano de aposentadoria lhe pagará ou $250.000 imediatamente após sua aposentadoria, ou $350.000 cinco anos depois da data em que você se aposentar. Qual alternativa você deveria escolher se a taxa de juros for de

    a. 0% ao ano?

    b. 8% ao ano?

    c. 20% ao ano?

8. Seu avô depositou um dinheiro em uma conta para você no dia em que você nasceu. Agora você tem 18 anos e pode retirar o dinheiro pela primeira vez. A conta atualmente tem $3.996 e paga 8% de juros.

    a. Quanto você teria na conta se deixasse o dinheiro lá até seu 25º aniversário?

    b. E se você deixasse o dinheiro na conta até seu 65º aniversário?

    c. Que valor seu avô depositou originalmente na conta?

Avaliando uma sequência de fluxos de caixa

EXCEL 9. Você acaba de receber um *windfall** de um investimento que você fez nos negócios de um amigo. Ele lhe pagará $10.000 ao final deste ano, $20.000 ao final do ano seguinte e $30.000 ao final do terceiro ano. A taxa de juros é de 3,5% ao ano.

    a. Qual é o valor presente de seu *windfall*?

    b. Qual é o valor futuro de seu *windfall* daqui a três anos (na data do último pagamento)?

EXCEL 10. Você possui um empréstimo pendente. Ele exige que se façam três pagamentos de $1.000 cada ao final dos três próximos anos. Seu banco ofereceu lhe permitir não realizar os dois próximos pagamentos e, em vez disso, fazer um único pagamento no final do prazo do empréstimo, daqui a três anos. Se a taxa de juros sobre o empréstimo é de 5%, qual o valor do pagamento final que o banco exigirá de modo que para ele seja indiferente qual das duas formas de pagamento você escolherá?

O valor presente líquido de uma sequência de fluxos de caixa

EXCEL 11. Você recebeu a oferta de uma oportunidade de investimento única. Se você investir $10.000 hoje, você receberá $500 daqui a um ano, $1.500 daqui a dois anos e $10.000 daqui a dez anos.

    a. Qual é o NPV da oportunidade se a taxa de juros for de 6% ao ano? Você deveria aceitá-la?

    b. Qual é o NPV da oportunidade se a taxa de juros for de 2% ao ano? Você deveria aceitá-la agora?

EXCEL 12. Marian Plunket tem seu próprio negócio e está considerando um investimento. Se empreendê-lo, ele pagará $4.000 ao fim de cada ano pelos três próximos anos. A oportunidade exige um investimento inicial de $1.000 mais um investimento adicional no final do segundo ano no valor de $5.000. Qual é o NPV desta oportunidade se a taxa de juros é de 2% ao ano? Marian deve aceitá-la?

Perpetuidades, anuidades e outros casos especiais

13. Seu colega de engenharia mecânica inventou uma máquina de dinheiro. A principal desvantagem da máquina é ser lenta. Ela leva um ano pra produzir $100. Entretanto, uma vez construída, a máquina dura para sempre e não exige nenhuma manutenção. A máquina pode ser construída imediatamente, mas sua construção custará $1.000. Seu colega quer saber se deve investir o dinheiro para construí-la. Se a taxa de juros é de 9% ao ano, o que seu colega deve fazer?

14. Qual seria sua resposta para o Problema 4.13 se a máquina levasse um ano para ser construída?

15. O governo britânico possui um título perpétuo em circulação que paga £100 ao ano para sempre. Suponha que a taxa de juros corrente seja de 4% ao ano.

    a. Qual é o valor do título imediatamente após ser realizado um pagamento?

    b. Qual é o valor do título imediatamente antes de ser realizado um pagamento?

16. Qual é o valor presente de $1.000 pagos ao final de cada ano nos 100 próximos anos se a taxa de juros for de 7% ao ano?

*17. Você é o diretor do fundo de dedicação Schwartz Family Endowment for the Arts. Você decidiu financiar em perpetuidade uma escola de artes na área da Baía de São Francisco, Califórnia, EUA. A cada cinco anos, você dará $1 milhão à escola. O primeiro pagamento ocorrerá daqui a cinco anos. Se a taxa de juros é de 8% ao ano, qual é o valor presente de sua doação?

---

* N. de T.: *Windfall* significa uma sorte inesperada, isto é, ganhos excepcionais com algum investimento.

*18. Ao comprar sua casa, você fez uma hipoteca de pagamentos anuais por 30 anos com uma taxa de juros de 6% ao ano. O pagamento anual da hipoteca é de $1.200. Você acaba de fazer um pagamento e decidiu quitar a hipoteca pagando o saldo pendente. Que valor você deve pagar se

    a. você viveu na casa por 12 anos (e então ainda há 18 anos de hipoteca a pagar)?

    b. você viveu na casa por 20 anos (e então ainda há 10 anos de hipoteca a pagar)?

    c. você viveu na casa por 12 anos (e então ainda há 18 anos de hipoteca a pagar) e você decide quitar a hipoteca imediatamente *antes* do vencimento do décimo segundo pagamento?

EXCEL 19. Sua avó deposita $1.000 em uma conta poupança todo dia de seu aniversário, desde o seu primeiro (isto é, quando você completou 1 ano). A conta paga uma taxa de juros de 3%. Quanto haverá na conta no seu 18° aniversário imediatamente após sua avó ter feito o depósito deste aniversário?

EXCEL 20. Um parente rico lhe deixou de herança uma perpetuidade crescente. O primeiro pagamento ocorrerá em um ano, e será de $1.000. A cada ano, então, você receberá um pagamento no aniversário do último pagamento que será 8% maior do que o pagamento anterior. Este padrão de pagamentos continuará para sempre. Se a taxa de juros é de 12% ao ano:

    a. Qual é o valor da herança hoje?

    b. Qual é o valor da herança imediatamente após o primeiro pagamento ser feito?

*21. Você está pensando em construir uma nova máquina que lhe faz economizar $1.000 no primeiro ano. A máquina, então, começa a se desgastar de modo que as economias *diminuem* a uma taxa de 2% ao ano, para sempre. Qual é o valor presente das economias se a taxa de juros é de 5% ao ano?

22. Você trabalha para uma empresa farmacêutica que desenvolveu uma nova droga. A patente sobre a droga durará 17 anos. Espera-se que os lucros com a droga sejam de $2 milhões em seu primeiro ano e que essa quantia cresça a uma taxa de 5% ao ano pelos 17 próximos anos. Uma vez expirada a patente, outras empresas farmacêuticas poderão produzir a mesma droga e a concorrência provavelmente levará os lucros a zero. Qual é o valor presente da nova droga se a taxa de juros é de 10% ao ano?

EXCEL 23. Sua filha mais velha está para começar o jardim de infância em uma escola privada. Os estudos custam $10.000 ao ano, a serem pagos no *início* do ano escolar. Você espera manter sua filha na escola privada até o fim do ensino médio. Espera-se que o valor da anuidade desses estudos aumente a uma taxa de 5% ao ano em seus 13 anos de escolaridade. Qual é o valor presente dos pagamentos anuais se a taxa de juros é de 5% ao ano?

EXCEL 24. Uma tia rica lhe prometeu $5.000 daqui a um ano. Além disso, a cada ano posterior, ela lhe prometeu um pagamento (no aniversário do último pagamento) 5% maior do que o último. Ela continuará mostrando essa generosidade por 20 anos, fazendo um total de 20 pagamentos. Se a taxa de juros é de 5%, quanto vale sua promessa hoje?

EXCEL *25. Você está dirigindo uma bem-sucedida empresa de Internet. Analistas prevêem que seus lucros crescerão a 30% ao ano pelos cinco próximos anos. Após esse período, como a concorrência aumenta, espera-se que o crescimento dos lucros diminua para 2% ao ano e continue neste nível para sempre. Sua empresa acaba de anunciar lucros de $1.000.000. Qual é o valor presente de todos os lucros futuros se a taxa de juros é de 8%? (Suponha que todos os fluxos de caixa ocorram no final do ano.)

Solução para encontrar outras variáveis além do valor presente ou do valor futuro

26. Você decidiu comprar uma perpetuidade. O título faz um pagamento no final de cada ano para sempre e possui uma taxa de juros de 5%. Se você inicialmente colocar $1.000 no título, qual será o pagamento a cada ano?

EXCEL 27. Você está pensando em comprar uma casa. A casa custa $350.000. Você possui $50.000 em dinheiro que podem ser utilizados como sinal para a compra da casa, mas você precisa pegar emprestado o resto do valor da compra. O banco está oferecendo uma hipoteca de 30 anos que exige pagamentos anuais e possui uma taxa de juros de 7% ao ano. Qual será seu pagamento anual se você fizer essa hipoteca?

*28. Você está pensando em comprar uma obra de arte que custa $50.000. O *marchand* está propondo o seguinte negócio: ele lhe emprestará o dinheiro, e você pagará o empréstimo fazendo o mesmo pagamento a cada dois anos pelos 20 próximos anos (isto é, um total de 10 pagamentos). Se a taxa de juros é de 4%, quanto você terá que pagar a cada dois anos?

EXCEL ***29.** Você gostaria de comprar a casa e fazer a hipoteca descrita no Problema 4.27. Você só pode pagar $23.500 ao ano. O banco concorda em lhe permitir pagar esta quantia a cada ano, e ainda pegar $300.000 emprestados. Ao final da hipoteca (em 30 anos), você terá que fazer um pagamento balão; isto é você terá que quitar o saldo pendente da hipoteca. De quanto será este pagamento balão?

EXCEL **30.** Você está economizando para sua aposentadoria. Para viver confortavelmente, você decide que terá que economizar $2 milhões até os seus 65 anos. Hoje é seu 30º aniversário e você decide, começando hoje e continuando a cada aniversário até o 65º (inclusive), que você depositará a mesma quantia em uma conta poupança. Se a taxa de juros é de 5%, quanto você tem que economizar a cada ano para garantir que você tenha $2 milhões na conta em seu 65º aniversário?

EXCEL ***31.** Você percebe que o plano do Problema 4.30 apresenta uma falha. Como sua renda aumentará ao longo de sua vida, seria mais realista economizar menos agora e mais posteriormente. Em vez de economizar a mesma quantia por ano, você decide deixar a quantia que você economiza crescer a 7% ao ano. Com este plano, quanto você terá que depositar na conta hoje? (Lembre-se de que você está planejando fazer a primeira contribuição para a conta hoje.)

32. Você tem uma oportunidade de investimento que exige um investimento inicial de $5.000 hoje e pagará $6.000 em um ano. Qual é a IRR desta oportunidade?

33. Você está procurando um carro para comprar e lê o seguinte anúncio no jornal: "Tenha um novo Spitfire! Sem sinal. Quatro pagamentos anuais de apenas $10.000". Você anda pesquisando e sabe que é possível comprar um Spitfire em dinheiro por $32.500. Qual é a taxa de juros que o revendedor está anunciando (qual é a IRR do empréstimo do anúncio)? Suponha que você tenha que fazer os pagamentos anuais ao final de cada ano.

34. Um banco local colocou o seguinte anúncio no jornal: "Por apenas $1.000 lhe pagaremos $100 para sempre!". Os pormenores em letras miúdas diziam que para um depósito de $1.000, o banco pagaria $100 por ano em perpetuidade, a partir do ano seguinte ao que o depósito for feito. Que taxa de juros o banco está anunciando (qual é a IRR deste investimento)?

35. A Tillamook County Creamery Association fabrica o queijo cheddar Tillamook. Ela põe este queijo no mercado em quatro variedades: 2 meses, 9 meses, 15 meses e 2 anos de maturação. Na seção de laticínios, vende 2 libras de cada variedade pelos seguintes preços: $7,95, $9,49, $10,95 e $11,95, respectivamente. Considere a decisão da fabricante do queijo sobre se deve continuar a maturar determinado pedaço de queijo de 2 lb. Aos 2 meses, ela pode vender o queijo imediatamente ou deixá-lo maturar mais. Se vender agora, a fabricante receberá $7,95 imediatamente. Se maturar o queijo, ela terá que abrir mão dos $7,95 hoje para receber uma quantia mais alta no futuro. Qual é a IRR (expressa em percentual mensal) do investimento de se abrir mão de $79,50 hoje por deixar armazenados 20 lb de queijo que hoje tem 2 meses de maturação e então vender 10 lb deste queijo quando ele tiver 9 meses, 6 lb quando tiver 15 meses, e as 4 lb restantes quando ele tiver 2 anos de maturação?

*36. Sua avó comprou uma anuidade da Rock Solid Life Insurance Company por $200.000 quando se aposentou. Em troca dos $200.000, a Rock Solid irá fazer pagamentos vitalícios de $25.000 ao ano. A taxa de juros é de 5%. Quanto ela tem que viver após o dia de sua aposentadoria para sair na vantagem (isto é, obter mais *em valor* do que ela contribuiu)?

EXCEL ***37.** Você está pensando em fazer um investimento em uma nova fábrica. A fábrica gerará receitas de $1 milhão por ano pelo tempo que você fizer sua manutenção. Espera-se que o custo de manutenção comece em $50.000 por ano e aumente 5% ao ano daí em diante. Suponha que todas as receitas e custos de manutenção ocorram no final do ano. Você pretende administrar a fábrica enquanto ela continuar a gerar um fluxo de caixa positivo (enquanto o caixa gerado pela fábrica exceder seus custos de manutenção). A fábrica pode ser construída e entrar em operação imediatamente. Se a fábrica custa $10 milhões para ser construída e a taxa de juros é de 6% ao ano, você deve investir nela?

---

* N. de T.: Uma libra (lb) = 0,4536 quilos (kg).

EXCEL *38. Você acaba de fazer 30 anos, acaba de tirar seu MBA e aceitou seu primeiro emprego. Agora você tem que decidir quanto colocar em seu plano de aposentadoria. O plano funciona da seguinte maneira: cada dólar rende 7% ao ano. Não podem ser feitos resgates até você se aposentar no seu 65º aniversário. Após este ponto, você pode efetuar resgates como lhe convier. Você decide planejar viver até os 100 e trabalhar até seus 65 anos. Você estima que, para viver confortavelmente, você precisará de $100.000 ao ano, começando a partir do final do primeiro ano de aposentadoria e terminando no seu centésimo aniversário. Você contribuirá com a mesma quantia para o plano ao final de cada ano em que você trabalhar. De quanto precisa ser cada contribuição anual para financiar sua aposentadoria?

EXCEL *39. O Problema 4.38 não é muito realista, porque a maioria dos planos de aposentadoria não permite que se especifique uma quantia fixa de contribuição anual. Em vez disso, deve-se especificar uma porcentagem fixa de seu salário com a qual você deseja contribuir. Suponha que seu salário inicial seja de $75.000 anuais e que ele cresça 2% ao ano até você se aposentar. Supondo que todo o resto permaneça igual ao Problema 4.38, com que porcentagem de sua renda você precisa contribuir ao ano para o plano para financiar a mesma renda de aposentadoria?

Caso simulado

Suponha que hoje seja o dia 1º de agosto de 2006. Natasha Kingery tem 30 anos e possui um diploma de bacharelado em ciências da computação. Atualmente ela trabalha como representante de serviços de campo Nível 2 para uma empresa de telefonia localizada em Seattle, Washington, e ganha $38.000 por ano, para os quais ela prevê um crescimento de 3% ao ano. Natasha espera se aposentar aos 65 anos e recém começou a pensar no futuro.

Natasha possui $75.000 que herdou recentemente de sua tia. Ela investiu esse dinheiro em Títulos do Tesouro de 10 anos. Ela está pensando se deveria continuar sua instrução e utilizar a herança para financiar seus estudos.[9]

Ela investigou algumas opções e está pedindo sua ajuda como estagiário de planejamento financeiro para determinar as consequências financeiras associadas a cada opção. Natasha já foi aceita por ambos os programas e poderia começar qualquer um deles logo.

Uma alternativa que Natasha está considerando é obter uma certificação em desenvolvimento de redes. Esta certificação a promoveria automaticamente a representante de serviços de campo Nível 3 em sua empresa. A base salarial para um representante Nível 3 é de $10.000 a mais do que ela ganha atualmente, e ela prevê que esse salário diferencial cresça a uma taxa de 3% ao ano enquanto ela estiver trabalhando. O programa de certificação exige a conclusão de 20 cursos *online* e uma pontuação de 80% ou mais em um exame ao final do curso. Ela descobriu que o tempo médio necessário para concluir o programa é de um ano. O custo total do programa é de $5.000, a serem pagos na matrícula. Como ela fará todo o trabalho para certificação em seu tempo livre, ela não espera perder nenhuma renda durante a certificação.

Uma outra opção é voltar para a faculdade e tirar um diploma de MBA. Com um diploma de MBA, Natasha espera ser promovida para um cargo gerencial em sua própria empresa. O cargo gerencial paga $20.000 ao ano a mais do que seu cargo atual. Ela espera que este salário diferencial também cresça a uma taxa de 3% enquanto ela continuar trabalhando. O programa noturno, que levará três anos para ser concluído, custa $25.000 ao ano, a serem pagos no início de cada um dos três anos na faculdade. Como ela assistirá aulas à noite, Natasha espera não perder nenhuma renda enquanto faz o curso, se escolher cursar o MBA.

1. Determine a taxa de juros que ela está obtendo atualmente sobre sua herança indo ao Yahoo!Finance (http://finance.yahoo.com) e clicando sobre o *link* "10-Yr Bond" no "Market Summary". Vá então a "Historical Prices" e entre com a data adequada, "Aug 1, 2006", para obter os rendimentos ou a taxa de juros que ela está obtendo. Utilize esta taxa de juros como a taxa de desconto para o restante deste problema.

---

[9] Se Natasha não tivesse o dinheiro para pagar seus estudos à vista, ela poderia contrair um empréstimo. O que é mais intrigante é o fato de ela poder vender uma fração de seus rendimentos futuros, uma ideia que recebeu a atenção de pesquisadores e empreendedores; ver Miguel Palacios, *Investing in Human Capital: A Capital Markets Approach to Student Funding*, Cambridge University Press, 2004.

2. Crie um diagrama de fluxo de caixa no Excel para sua situação atual, incluindo as opções do programa de certificação ou do diploma de MBA, utilizando as seguintes suposições:

    - Os salários do ano são pagos apenas uma vez, no final do ano.
    - O aumento salarial se torna efetivo imediatamente após a graduação do programa de MBA ou da certificação. Isto é, como os aumentos tornam-se efetivos imediatamente, mas os salários são pagos no final do ano, o primeiro aumento salarial será pago exatamente um ano após a graduação ou certificação.

4. Calcule o valor presente do diferencial salarial para concluir o MBA. Calcule o valor presente do custo do programa de MBA. Com base em seus cálculos, determine o NPV de se realizar o MBA.

5. Com base em suas respostas para as Questões 3 e 4, que conselho você daria a Natasha? E se os dois programas fossem mutuamente exclusivos – se Natasha realizar um dos programas, não há nenhum benefício adicional em realizar o outro – seu conselho mudaria?

CAPÍTULO 5

Taxas de Juros

notação

EAR	taxa efetiva anual
r	taxa de juros ou taxa de desconto
PV	valor presente
FV	valor futuro
C	fluxo de caixa
APR	taxa percentual anual
k	número de períodos de composição por ano
r_r	taxa de juros real
i	taxa de inflação
NPV	valor presente líquido
C_n	fluxo de caixa que chega no período n
n	número de períodos
r_n	taxa de juros ou taxa de desconto para um prazo de n anos
τ	alíquota fiscal

No Capítulo 4, exploramos a mecânica do cálculo de valores presentes e valores futuros, dada uma taxa de juros de mercado. Mas como determinamos esta taxa de juros? Na prática, juros são pagos e taxas de juros são cotadas de diferentes maneiras. Por exemplo, em meados de 2006, a ING Direct estava oferecendo contas poupança com uma taxa de juros de 5,25% pagos ao final de um ano, enquanto que o New Century Bank oferecia uma taxa de juros de 5,12%, pagos diariamente. As taxas de juros também podem variar dependendo do horizonte de investimento. Em janeiro de 2004, os investidores estavam obtendo apenas aproximadamente 1% sobre investimentos sem risco de um ano, mas podiam obter mais do que 5% sobre investimentos sem risco de 15 anos. As taxas de juros também podem variar devido a riscos ou impostos. Por exemplo, o governo norte-americano consegue empréstimos com taxas de juros muito mais baixas do que as pagas pela General Motors Corporation.

Neste capítulo, consideraremos os fatores que afetam as taxas de juros e discutiremos como determinar a taxa de desconto adequada para determinado conjunto de fluxos de caixa. Começaremos vendo o modo como os juros são pagos e como as taxas de juros são cotadas, e mostraremos como calcular os juros efetivamente pagos em um ano, dadas diferentes convenções de cotação. Consideraremos então alguns dos principais determinantes das taxas de juros – a saber, a inflação e as políticas governamentais. Como as taxas de juros tendem a mudar com o tempo, os investidores exigem diferentes taxas de juros para diferentes horizontes de investimento com base em suas expectativas. Finalmente, examinaremos o papel do risco na determinação das taxas de juros e mostraremos como ajustar as taxas de juros para determinar a quantia realmente recebida (ou paga) após os impostos.

5.1 Cotações e ajustes da taxa de juros

Para determinar a taxa de desconto adequada a partir de uma taxa de juros, precisamos compreender as maneiras através das quais as taxas de juros são cotadas. Além disso, como as taxas de juros podem ser cotadas para diferentes intervalos de tempo, como mensal, semi-anual ou anual, geralmente é necessário ajustar a taxa de juros ao período que corresponde ao de nossos fluxos de caixa. Exploraremos esta mecânica das taxas de juros nesta seção.

A taxa efetiva anual

As taxas de juros geralmente são declaradas como uma **taxa efetiva anual** (**EAR**, ou *effective annual rate*, no original), que indica o valor total dos juros que serão obtidos ao final de um ano.[1] Este método de cotação da taxa de juros é o que utilizamos neste livro até agora, e no Capítulo 4 utilizamos a EAR como a taxa de desconto r em nossos cálculos de valor do dinheiro no tempo. Por exemplo, com uma EAR de 5%, um investimento de \$100.000 cresce para

$$\$100.000 \times (1 + r) = \$100.000 \times (1,05) = \$105.000$$

em um ano. Após dois anos, ele crescerá para

$$\$100.000 \times (1 + r)^2 = \$100.000 \times (1,05)^2 = \$110.250$$

Ajustando a taxa de desconto para diferentes períodos de tempo

O exemplo anterior mostra que obter uma taxa efetiva anual de 5% por dois anos equivale a obter 10,25% em juros totais durante todo o período:

$$\$100.000 \times (1,05)^2 = \$100.000 \times 1,1025 = \$110.250$$

Em geral, ao elevarmos o fator da taxa de juros $(1 + r)$ à potência adequada, podemos calcular uma taxa de juros equivalente por um período de tempo mais longo.

Podemos utilizar o mesmo método para encontrar a taxa de juros equivalente para períodos mais curtos do que um ano. Neste caso, elevamos o fator da taxa de juros $(1 + r)$ à potência fracionária adequada. Por exemplo, obter 5% de juros em um ano é o equivalente a receber

$$(1 + r)^{0,5} = (1,05)^{0,5} = \$1,0247$$

para cada \$1 investido a cada seis meses. Isto é, uma taxa efetiva anual de 5% equivale a uma taxa de juros de aproximadamente 2,47% obtidos a cada seis meses. Podemos verificar este resultado calculando os juros que obteríamos em um ano investindo por dois períodos de seis meses com essa taxa:

$$(1 + r)^2 = (1,0247)^2 = \$1,05$$

Em geral, podemos converter uma taxa de desconto r para um período em uma taxa de desconto equivalente para n períodos utilizando a seguinte fórmula:

$$\text{Taxa de desconto equivalente para } n \text{ períodos} = (1 + r)^n - 1 \quad (5.1)$$

Nesta fórmula, n pode ser maior que 1 (para calcular uma taxa para mais de um período) ou menor que 1 (para calcular uma taxa para uma fração de período). Ao calcularmos valores presentes ou futuros, é conveniente ajustar a taxa de desconto para que esta corresponda ao período de tempo dos fluxos de caixa. Este ajuste é *necessário* para aplicar as fórmulas de perpetuidade ou de anuidade, como no exemplo a seguir.

---

[1] A taxa efetiva anual geralmente é chamada de rentabilidade efetiva anual (EAY, ou *effective annual yield*, no original) ou de rentabilidade percentual anual (APY, ou *annual percentage yield*, no original).

EXEMPLO 5.1 Avaliando fluxos de caixa mensais

Problema

Suponha que sua conta poupança pague juros mensalmente com uma taxa efetiva anual de 6%. Que quantia de juros você obterá a cada mês? Se você não possui nenhum dinheiro no banco hoje, quanto você terá que aplicar no final de cada mês para acumular $100.000 em 10 anos?

Solução

A partir da Equação 5.1, uma EAR de 6% equivale a receber $(1,06)^{1/12} - 1 = 0,4868\%$ ao mês. Para determinar a quantia a ser aplicada na poupança por mês para alcançar a meta de $100.000 em 10 anos, temos que determinar a quantia C do pagamento mensal que terá um valor futuro de $100.000 em 10 anos, dada uma taxa de juros de 0,4868% ao mês. Podemos utilizar a fórmula da anuidade do Capítulo 4 para solucionar este problema se traçarmos o diagrama de fluxo de caixa para nosso plano de aplicação utilizando períodos *mensais*:

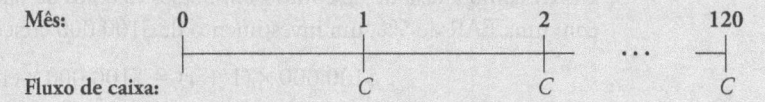

Mês:	0	1	2		120
Fluxo de caixa:		C	C	…	C

Isto é, podemos visualizar o plano de aplicação como uma anuidade com $10 \times 12 = 120$ pagamentos mensais. Do valor futuro da fórmula de uma anuidade, Equação 4.8:

$$FV(\text{anuidade}) = C \times \frac{1}{r}[(1+r)^n - 1]$$

Podemos encontrar o pagamento C utilizando a taxa de juros mensal equivalente $r = 0,4868\%$, e $n = 120$ meses:

$$C = \frac{FV(\text{anuidade})}{\frac{1}{r}[(1+r)^n - 1]} = \frac{\$100.000}{\frac{1}{0,004868}[(1,004868)^{120} - 1]} = \$615,47 \text{ por mês}$$

Também podemos calcular este resultado utilizando a planilha de anuidade:

	NPER	RATE	PV	PMT	FV	Fórmula do Excel
Dados	120	0,4868%	0		100.000	
Encontrar PMT				−615,47		= PMT(0,004868,120,0,100000)

Assim, se aplicarmos $615,47 por mês e obtivermos juros mensalmente a uma taxa efetiva anual de 6%, teremos $100.000 em 10 anos.

Taxas percentuais anuais

Os bancos também fazem a cotação de taxas de juros em termos de uma **taxa percentual anual** (**APR**, ou *annual percentage rate*, no original), que indica a quantia de **juros simples** obtidos em um ano, isto é, a quantia de juros obtida *sem* o efeito da composição. Por não incluir o efeito da composição, a cotação da APR é tipicamente menor do que a quantia real de juros que será obtida. Para calcular a quantia real que será obtida em um ano, a APR deve primeiramente ser convertida em uma taxa efetiva anual.

Por exemplo, suponha que o Granite Bank anuncie contas poupança com uma taxa de juros de "6% de APR com composição mensal". Neste caso, pode-se obter 6% / 12 = 0,5% todo mês. Então, um APR com composição mensal é, na verdade, uma maneira de se cotar uma taxa de juros *mensal*, em vez de anual. Como os juros são compostos todo mês, pode-se obter

$$\$1 \times (1,005)^{12} = \$1,061678$$

ao final de um ano, por uma taxa anual efetiva de 6,1678%. Os 6,1678% que são obtidos sobre o depósito inicial são maiores do que a APR cotada de 6% para a composição: nos meses posteriores, serão obtidos juros sobre os juros pagos nos meses anteriores.

É importante lembrar que, como a APR não reflete a verdadeira quantia que será obtida ao longo de um ano, *a APR propriamente dita não pode ser utilizada como taxa de desconto*. Em vez disso, a APR com k períodos de composição é uma maneira de cotar os juros reais obtidos a cada período de composição:

$$\text{Taxa de juros por período de composição} = \frac{APR}{k \text{ períodos/ano}} \qquad (5.2)$$

Uma vez tendo calculado os juros obtidos por período de composição a partir da Equação 5.2, podemos calcular a taxa de juros equivalente para qualquer outro intervalo de tempo utilizando a Equação 5.1. Assim, a taxa de juros anual efetiva que corresponde a uma APR com k períodos de composição por ano é dada pela seguinte fórmula de conversão:

Convertendo uma APR em uma EAR

$$1 + EAR = \left(1 + \frac{APR}{k}\right)^k \qquad (5.3)$$

A Tabela 5.1 mostra as taxas anuais efetivas que correspondem a uma APR de 6% com diferentes intervalos de composição. A EAR aumenta com a frequência das composições devido à possibilidade de se obter juros sobre juros mais cedo. Os investimentos podem ser compostos com uma frequência ainda maior do que diária. Em princípio, o intervalo de composição pode ser a cada hora ou mesmo a cada segundo. No limite, nos aproximamos da ideia de **composição contínua**, onde os juros são compostos a todo instante.[2] Por uma questão prática, composições com uma frequência maior do que diária possuem um impacto insignificante sobre a taxa anual efetiva, e raramente são observadas.

TABELA 5.1 — Taxas anuais efetivas para uma APR de 6% com diferentes períodos de composição

Intervalo de Composição	Taxa Anual Efetiva
Anual	$(1 + 0,06/1)^1 - 1 = 6\%$
Semestral	$(1 + 0,06/2)^2 - 1 = 6,09\%$
Mensal	$(1 + 0,06/12)^{12} - 1 = 6,1678\%$
Diário	$(1 + 0,06/365)^{365} - 1 = 6,1831\%$

Ao trabalhar com APRs, temos primeiro que converter a APR em uma taxa de desconto por intervalo de composição utilizando a Equação 5.2, ou em uma EAR utilizando a Equação 5.3, antes de avaliar o valor presente ou futuro de um conjunto de fluxos de caixa.

NO BRASIL

Caderneta de poupança: APR e EAR

Um bom exemplo de APR no Brasil corresponde aos juros da caderneta de poupança, que rende 6% ao ano, capitalizados mensalmente, mais a variação da Taxa Referencial. Como a taxa é capitalizada mensalmente, a taxa apresentada como 6% ao ano é uma APR. Para analisar o rendimento anual de fato registrado, o correto seria convertê-la em uma EAR.

$$1 + EAR = \left(1 + \frac{APR}{k}\right)^k$$

$$1 + EAR = \left(1 + \frac{0,06}{12}\right)^{12} - 1 = 6,1678\% \text{ ao ano}$$

Assim, encontramos que o rendimento anual da poupança é igual a 6,1678% ao ano.

---

[2] Uma APR de 6% com composição contínua resulta em uma EAR de aproximadamente 6,1837%, o que é quase o mesmo que composição diária. Ver o apêndice para uma discussão mais aprofundada sobre composição contínua.

EXEMPLO 5.2 Convertendo a APR a uma taxa de desconto

Problema

Sua empresa está comprando um novo sistema telefônico que durará quatro anos. Você pode comprar o sistema por um custo à vista de $150.000 ou fazer um *leasing* junto ao fabricante por $4.000 pagos ao fim de cada mês.[3] Sua empresa pode contrair empréstimos com uma taxa APR de 5% de composição semestral. Você deve comprar o sistema à vista ou pagar $4.000 por mês?

Solução

O custo de se fazer um *leasing* do sistema é uma anuidade de 48 meses de $4.000 por mês:

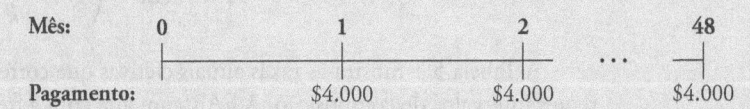

Mês:	0	1	2	...	48
Pagamento:		$4.000	$4.000		$4.000

Podemos calcular o valor presente dos fluxos de caixa do *leasing* utilizando a fórmula da anuidade, mas primeiro temos que calcular a taxa de desconto que corresponde a um período de um mês. Para fazê-lo, convertemos o custo do empréstimo de APR de 5% com composição semestral a uma taxa de desconto mensal. Utilizando a Equação 5.2, a APR corresponde a uma taxa de desconto de seis meses de 5% / 2 = 2,5%. Para convertermos uma taxa de desconto de seis meses em uma taxa de desconto de um mês, compomos a taxa de seis meses em 1/6 utilizando a Equação 5.1:

$$(1,025)^{1/6} - 1 = 0,4124\% \text{ por mês}$$

(Como alternativa, poderíamos primeiro utilizar a Equação 5.3 para converter a APR em uma EAR: $1 + EAR = (1 + 0,05/2)^2 = 1,050625$. Então, poderíamos converter a EAR em uma taxa mensal utilizando a Equação 5.1: $(1,050625)^{1/12} - 1 = 0,4124\%$ por mês).

Dada esta taxa de desconto, podemos utilizar a fórmula de anuidade (Equação 4.7) para calcular o valor presente dos pagamentos mensais:

$$PV = 4.000 \times \frac{1}{0,004124}\left(1 - \frac{1}{1,004124^{48}}\right) = \$173.867$$

Também podemos utilizar a planilha de anuidade:

	NPER	RATE	PV	PMT	FV	Fórmula do Excel
Dados	48	0,4124%		−4.000	0	
Encontrar PV			173.867			=PV(0,004124,48,−4000,0)

Assim, pagar $4.000 por mês por 48 meses equivale a pagar um valor presente de $173.867 hoje. Este custo é $173.867 − $150.000 = $23.867 mais alto do que o custo de comprar o sistema, então é melhor pagar $150.000 pelo sistema em vez de fazer um *leasing*. Uma maneira de interpretar este resultado é a seguinte: a uma APR de 5% com composição semestral, ao prometer pagar $4.000 por mês, sua empresa pode pegar emprestados $173.867 hoje. Com este empréstimo, é possível comprar o sistema de telefonia e ter $23.687 extras para utilizar com outros propósitos.

Aplicação: taxas de desconto e empréstimos

Agora que explicamos como calcular a taxa de desconto a partir de uma cotação de taxa de juros, aplicaremos o conceito para solucionar dois problemas financeiros comuns: calcular o pagamento de um empréstimo e calcular o saldo restante de um empréstimo.

Calculando pagamentos de empréstimos. Para calcularmos o pagamento de um empréstimo, primeiro calculamos a taxa de desconto a partir de sua taxa de juros, e então igualamos seu saldo pendente ao valor presente dos pagamentos e encontramos o pagamento de empréstimo.

---

[3] Além desses fluxos de caixa, pode ter que se considerar impostos e contabilidade ao se comparar uma compra a um *leasing*. Ignoramos essas complicações neste exemplo e consideraremos *leasings* detalhadamente no Capítulo 25.

Muitos empréstimos, como hipotecas e financiamentos de automóveis, possuem pagamentos mensais e são cotados em termos de uma APR com composição mensal. Esses tipos de empréstimos são chamados de **sistemas de amortização**, o que significa que a cada mês se paga juros sobre o empréstimo mais uma parte do saldo pendente. Cada pagamento mensal é igual, e o empréstimo é quitado mediante o pagamento final. Prazos típicos de um financiamento de automóvel podem ser "APR de 6,75% por 60 meses". Quando o intervalo de composição da APR não é declarado explicitamente, ele é igual ao intervalo entre os pagamentos, ou um mês, neste caso. Assim, essa cotação significa que o empréstimo será pago com 60 pagamentos mensais iguais, calculados utilizando-se uma APR de 6,75% com composição mensal. Considere o diagrama de fluxo de caixa de um financiamento de automóvel de $30.000 com esses prazos:

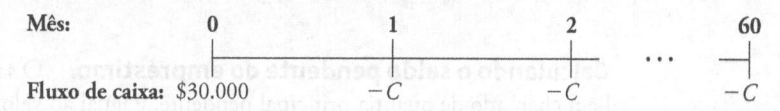

Mês: 0   1   2   60
Fluxo de caixa: $30.000 $-C$ $-C$ ... $-C$

O pagamento, C, é determinado de modo que o valor presente dos fluxos de caixa, avaliados utilizando a taxa de juros do empréstimo, seja igual à quantia do principal original de $30.000. Neste caso, a APR de 6,75% com composição mensal corresponde a uma taxa de desconto mensal de 6,75% / 12 = 0,5625%. Como os pagamentos de empréstimo são uma anuidade, podemos utilizar a Equação 4.12 para encontrar C:

$$C = \frac{P}{\frac{1}{r}\left(1 - \frac{1}{(1+r)^N}\right)} = \frac{30.000}{\frac{1}{0,005625}\left(1 - \frac{1}{(1+0,005625)^{60}}\right)} = \$590,50$$

Como alternativa, podemos encontrar o pagamento C utilizando a planilha de anuidade:

	NPER	RATE	PV	PMT	FV	Fórmula do Excel
Dados	60	0,5625%	30.000		0	
Encontrar PMT				−590,50		=PMT(0,005625,60,30000,0)

EXEMPLO 5.3 — Calculando o saldo pendente de um empréstimo

Problema

Há dez anos, sua empresa contraiu um empréstimo de $3 milhões para comprar um edifício comercial que tinha APR de 7,80% e pagamentos mensais por 30 anos. Quanto você deve em empréstimo hoje? Quanto de juros foi pago no ano passado?

Solução

O primeiro passo é encontrar o pagamento mensal do empréstimo. Aqui temos o diagrama de fluxo de caixa (em meses):

            0   1   2   360
$3 milhões $-C$ $-C$ ... $-C$

Uma APR de 7,80% com composição mensal equivale a 7,80% / 12 = 0,65% por mês. O pagamento mensal é, então,

$$C = \frac{P}{\frac{1}{r}\left(1 - \frac{1}{(1+r)^N}\right)} = \frac{3.000.000}{\frac{1}{0,0065}\left(1 - \frac{1}{(1,0065)^{360}}\right)} = \$21.596$$

O saldo restante do empréstimo é o valor presente dos 20 anos restantes, ou 240 meses, de pagamentos:

$$\text{Saldo após 10 anos} = \$21.596 \times \frac{1}{0,0065}\left(1 - \frac{1}{1,0065^{240}}\right) = \$2.620.759$$

Assim, após 10 anos, você deve $2.620.759 em empréstimo.

> Durante o ano passado, sua empresa fez um total de pagamentos de $\$21.596 \times 12 = \$259.152$ em empréstimo. Para determinar quanto desta quantia representa juros, é mais fácil primeiro determinar a quantia que foi utilizada para pagar o principal. Seu saldo de empréstimo há um ano, com 21 anos (252 meses) restantes, era de
>
> $$\text{Saldo após 9 anos} = \$21.596 \times \frac{1}{0{,}0065}\left(1 - \frac{1}{1{,}0065^{252}}\right) = \$2.673.248$$
>
> Portanto, o saldo diminuiu $\$2.673.248 - \$2.620.759 = \$52.489$ no ano passado. Do total de pagamentos realizados, $\$52.489$ foram utilizados para pagar o principal, e os $\$259.152 - \$52.489 = \$206.663$ restantes foram utilizados para pagar juros.

Calculando o saldo pendente do empréstimo. O saldo pendente de um empréstimo, também chamado de quantia principal pendente, é igual ao valor presente de seus pagamentos futuros, mais uma vez avaliados utilizando sua taxa de juros. Calculamos o saldo pendente do empréstimo determinando o valor presente dos pagamentos restantes utilizando sua taxa como taxa de desconto.

FIXAÇÃO DE CONCEITOS
1. Qual é a diferença entre a cotação de uma EAR e a de uma APR?
2. Por que a APR não pode ser utilizada como taxa de desconto?

5.2 Os determinantes das taxas de juros

Como são determinadas as taxas de juros? Fundamentalmente, as taxas de juros são determinadas no mercado com base na disposição dos indivíduos de conceder e contrair empréstimos. Nesta seção, veremos alguns dos fatores que podem influenciar as taxas de juros, como inflação, políticas governamentais e expectativas de rendimentos futuros.

Taxas de inflação e real *versus* taxa nominal

As taxas de juros que são cotadas por bancos e outras instituições financeiras, e que utilizamos para descontar fluxos de caixa, são chamadas **taxas de juros nominais**, que indicam a taxa pela qual seu dinheiro rende se investido por determinado período. Obviamente, se os preços na economia também estiverem crescendo devido à inflação, a taxa de juros nominal não representará o aumento no poder aquisitivo que resulta de investimentos. A taxa de crescimento de seu poder aquisitivo, após o ajuste pela inflação, é determinada pela **taxa de juros real**, que denotamos por r_r. Se r é a taxa de juros nominal e i é a taxa de inflação, podemos calcular a taxa de crescimento do poder aquisitivo como a seguir:

$$\text{Crescimento do poder aquisitivo} = 1 + r_r = \frac{1+r}{1+i} = \frac{\text{Crescimento do dinheiro}}{\text{Crescimento dos preços}} \quad (5.4)$$

Podemos reordenar a Equação 5.4 para encontrar a seguinte fórmula da taxa de juros real, juntamente com uma aproximação conveniente para a taxa de juros real quando as taxas de inflação são baixas:

A taxa de juros real
$$r_r = \frac{r-i}{1+i} \approx r - i \quad (5.5)$$

Isto é, a taxa de juros real é aproximadamente igual à taxa de juros nominal menos a taxa de inflação.[4]

---

[4] A taxa de juros real não deve ser utilizada como taxa de desconto para fluxos de caixa futuros. Ela só pode ser utilizada como taxa de desconto se os fluxos de caixa não são os fluxos de caixa esperados que serão pagos, mas sim os fluxos de caixa equivalentes antes de serem ajustados pela inflação (neste caso, dizemos que os fluxos de caixa são em *termos reais*). Entretanto, esta abordagem é suscetível a erros, então neste livro sempre faremos previsões de fluxos de caixa incluindo quaisquer crescimentos devido à inflação e descontos utilizando taxas de juros nominais.

| EXEMPLO 5.4 | **Calculando a taxa de juros real** |

Problema

No ano 2000, as taxas de títulos públicos norte-americanos de curto prazo eram de aproximadamente 5,8%, e a taxa de inflação era de aproximadamente 3,4%. Em 2003, as taxas de juros eram de aproximadamente 1%, e a inflação era de aproximadamente 1,9%. Qual era a taxa de juros real em 2000 e em 2003?

Solução

Utilizando a Equação 5.5, a taxa de juros real em 2000 era de (5,8% − 3,4%) / (1,034) = 2,32% (que é aproximadamente igual à diferença entre a taxa nominal e a inflação: 5,8% − 3,4% = 2,4%). Em 2003, a taxa de juros real era de (1% − 1,9%) / (1,019) = −0,88%. Observe que a taxa de juros real era negativa em 2003, indicando que as taxas de juros eram insuficientes para acompanhar a inflação: os investidores nos títulos públicos norte-americanos podiam comprar menos no final do ano do que no início do ano.

A Figura 5.1 exibe o histórico das taxas de juros nominais e taxas de inflação nos Estados Unidos desde 1955. Observemos que a taxa de juros nominal tende a acompanhar a inflação. Intuitivamente, a disposição dos indivíduos de poupar dependerá do crescimento do poder aquisitivo que eles podem esperar (dado pela taxa de juros real). Assim, quando a taxa de inflação é alta, é necessária uma taxa de juros nominal mais alta para induzir os indivíduos a poupar.

Política de investimentos e taxas de juros

As taxas de juros afetam não somente a propensão dos indivíduos a poupar, mas também o incentivo das empresas a levantar capital e investir. Consideremos uma oportunidade de investimento

FIGURA 5.1

Taxas de juros e taxas de inflação nos Estados Unidos, 1955-2005

As taxas de juros são taxas médias de Treasury Bills* de três meses, e as taxas de inflação são baseadas em aumentos anuais no índice de preços ao consumidor do U.S Bureau of Labor Statistics. Observe que as taxas de juros tendem a ser mais altas quando a inflação é alta.

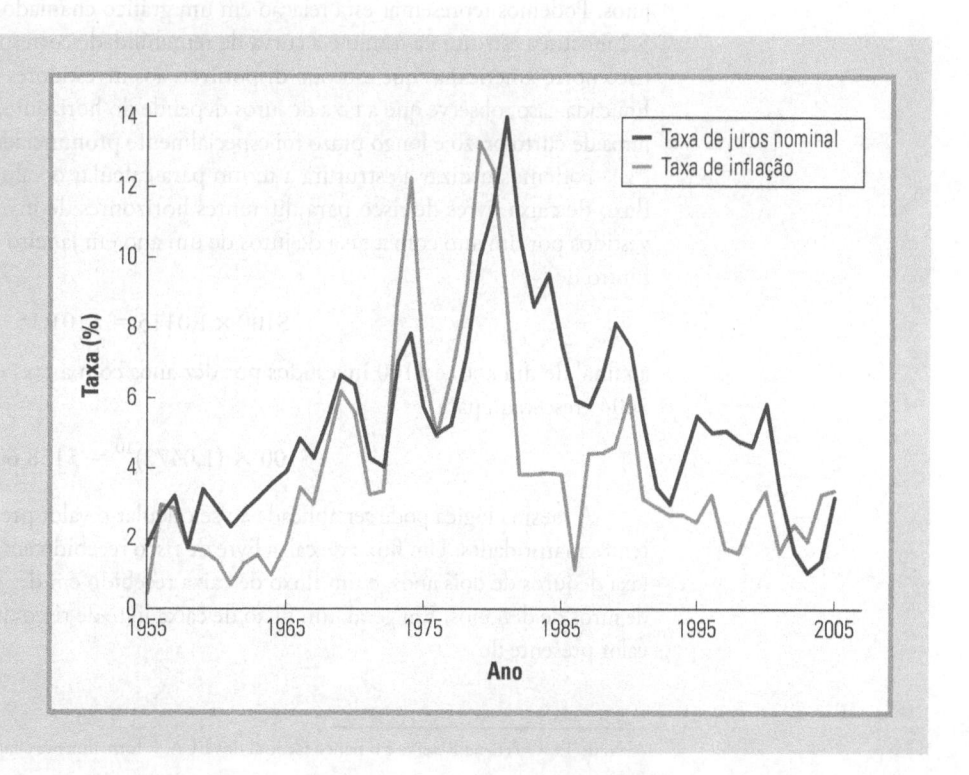

---

* N. de T.: Treasury Bills são títulos de curto prazo (até um ano) do Tesouro norte-americano, com valor de face de US$ 10 mil.

livre de risco que exige um investimento à vista de $10 milhões e gera um fluxo de caixa de $3 milhões por ano durante quatro anos. Se a taxa de juros sem risco é de 5%, este investimento possui um NPV de

$$NPV = -10 + \frac{3}{1,05} + \frac{3}{1,05^2} + \frac{3}{1,05^3} + \frac{3}{1,05^4} = \$0,638 \text{ milhão}$$

Se a taxa de juros é de 9%, o NPV cai para

$$NPV = -10 + \frac{3}{1,09} + \frac{3}{1,09^2} + \frac{3}{1,09^3} + \frac{3}{1,09^4} = -\$0,281 \text{ milhão}$$

e o investimento não é mais lucrativo. O motivo, obviamente, é que estamos descontando os fluxos de caixa positivos a uma taxa mais alta, o que reduz seu valor presente. Porém, o custo de $10 milhões ocorre hoje, então seu valor presente é independente de sua taxa de desconto.

De maneira mais geral, quando os custos de um investimento precedem os benefícios, um aumento na taxa de juros irá diminuir o NPV do investimento. Se tudo permanecer igual, taxas de juros mais altas tenderão, portanto, a diminuir o conjunto de investimentos de NPV positivo disponível às empresas. O Federal Reserve* e os bancos centrais de outros países utilizam essa relação entre as taxas de juros e os incentivos a investimentos ao tentar guiar a economia. Eles podem diminuir as taxas de juros para estimular os investimentos se a economia estiver esfriando, e podem elevar as taxas de juros para reduzir os investimentos se a economia estiver "superaquecendo" e a inflação estiver subindo.

A curva de rendimento e taxas de descontos

Você deve ter percebido que as taxas de juros que os bancos oferecem sobre os investimentos ou cobram sobre os empréstimos dependem do horizonte, ou *prazo*, do investimento ou empréstimo. A relação entre o prazo do investimento e a taxa de juros chama-se **estrutura a termo** das taxas de juros. Podemos representar esta relação em um gráfico chamado **curva de rentabilidade**. A Figura 5.2 mostra a estrutura a termo e a curva de rentabilidade correspondente de taxas de juros livres de risco norte-americanas que estavam disponíveis aos investidores em janeiro de 2004, 2005 e 2006. Em cada caso, observe que a taxa de juros depende do horizonte, e que a diferença entre as taxas de juros de curto prazo e longo prazo foi especialmente pronunciada em 2004.

Podemos utilizar a estrutura a termo para calcular o valor presente e o valor futuro de um fluxo de caixa livres de risco para diferentes horizontes de investimento. Por exemplo, $100 investidos por um ano com a taxa de juros de um ano em janeiro de 2004 cresceriam para um valor futuro de

$$\$100 \times 1,0115 = \$101,15$$

ao final de um ano, e $100 investidos por dez anos com a taxa de juros de dez anos em janeiro de 2004 cresceriam para[5]

$$\$100 \times (1,0472)^{10} = \$158,60$$

A mesma lógica pode ser aplicada ao se calcular o valor presente dos fluxos de caixa com diferentes maturidades. Um fluxo de caixa livre de risco recebido em dois anos deve ser descontado pela taxa de juros de dois anos, e um fluxo de caixa recebido em dez anos deve ser descontado pela taxa de juros de dez anos. Em geral, um fluxo de caixa livre de risco de C_n recebido em n anos possui um valor presente de

---

* N. de T.: O Federal Reserve é o Banco Central dos EUA. É formalmente chamado em inglês de Federal Reserve System.

[5] Poderíamos também investir por dez anos com a taxa de juros de um ano por dez anos seguidos. Entretanto, como não sabemos como serão as taxas de juros futuras, nosso resultado não seria livre de risco.

FIGURA 5.2 — Estrutura a termo de taxas de juros livres de risco norte-americanas, janeiro de 2004, 2005 e 2006

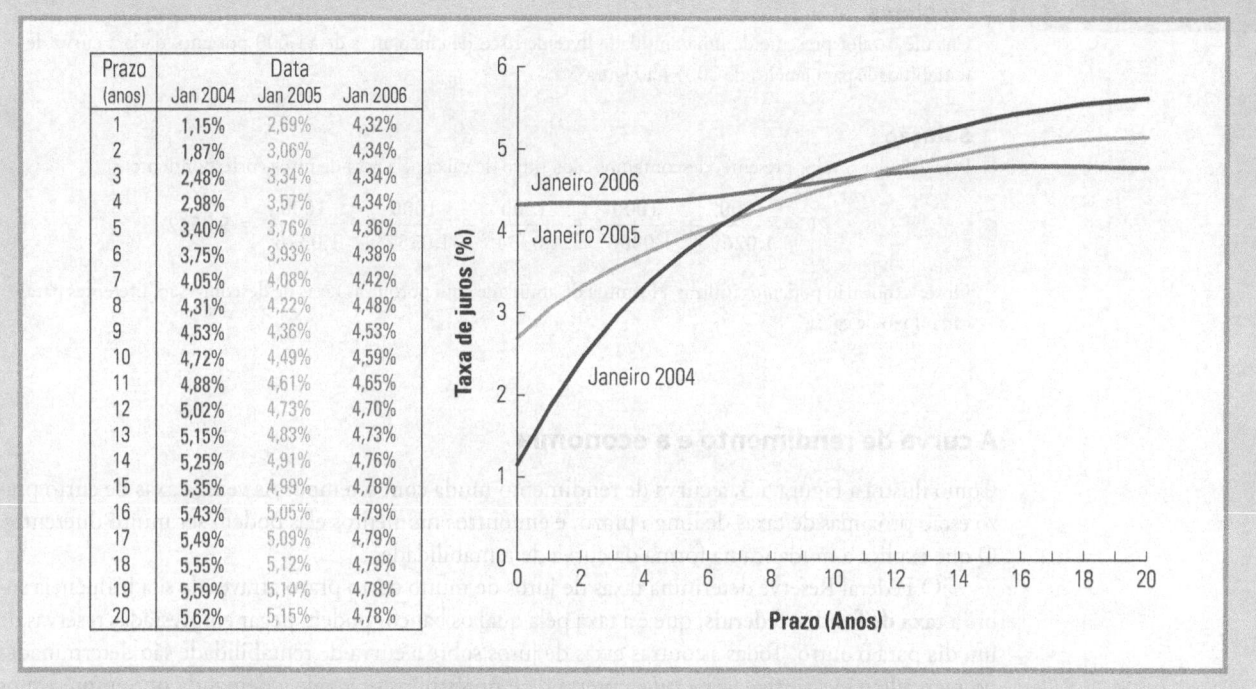

Prazo (anos)	Jan 2004	Jan 2005	Jan 2006
1	1,15%	2,69%	4,32%
2	1,87%	3,06%	4,34%
3	2,48%	3,34%	4,34%
4	2,98%	3,57%	4,34%
5	3,40%	3,76%	4,36%
6	3,75%	3,93%	4,38%
7	4,05%	4,08%	4,42%
8	4,31%	4,22%	4,48%
9	4,53%	4,36%	4,53%
10	4,72%	4,49%	4,59%
11	4,88%	4,61%	4,65%
12	5,02%	4,73%	4,70%
13	5,15%	4,83%	4,73%
14	5,25%	4,91%	4,76%
15	5,35%	4,99%	4,78%
16	5,43%	5,05%	4,79%
17	5,49%	5,09%	4,79%
18	5,55%	5,12%	4,79%
19	5,59%	5,14%	4,78%
20	5,62%	5,15%	4,78%

A figura exibe a taxa de juros disponível para investimentos em títulos livres de risco do Tesouro norte-americano com diferentes prazos de investimento. Em cada caso, as taxas de juros diferem dependendo do horizonte. (Dados do U.S Treasury STRIPS)

$$PV = \frac{C_n}{(1 + r_n)^n} \tag{5.6}$$

onde r é a taxa de juros livres de risco por um prazo de n anos. Em outras palavras, ao calcularmos um valor presente, temos que utilizar um prazo de fluxo de caixa e um prazo de taxa de desconto correspondentes.

Combinando a Equação 5.6 para fluxos de caixa em diferentes anos, temos a fórmula geral do valor presente de uma sequência de fluxos de caixa:

Valor presente de uma sequência de fluxos de caixa utilizando uma estrutura a termo de taxas de desconto

$$PV = \frac{C_1}{1 + r_1} + \frac{C_2}{(1 + r_2)^2} + \cdots + \frac{C_N}{(1 + r_N)^N} = \sum_{n=1}^{N} \frac{C_n}{(1 + r_n)^n} \tag{5.7}$$

Observe a diferença entre a Equação 5.7 e a Equação 4.3. Aqui, utilizamos uma taxa de desconto diferente para cada fluxo de caixa, com base na taxa da curva de rentabilidade com o mesmo prazo. Quando a curva de rentabilidade é relativamente plana, como em janeiro de 2006, esta distinção é relativamente menor e geralmente é ignorada realizando-se descontos utilizando uma única taxa de juros "média" r. Mas quando as taxas de juros de curto prazo e de longo prazo variam muito, como em 2004, deve-se utilizar a Equação 5.7.

Atenção: Todos os atalhos para se calcular valores presentes (fórmulas de anuidade e perpetuidade, planilha de anuidade) baseiam-se no desconto de todos os fluxos de caixa *pela mesma taxa*. Eles *não podem* ser utilizados em situações em que os fluxos de caixa precisam ser descontados por diferentes taxas.

EXEMPLO 5.5 — Utilizando a estrutura a termo para calcular valores presentes

Problema

Calcule o valor presente de uma anuidade livre de risco de cinco anos de $1.000 por ano, dada a curva de rentabilidade para janeiro de 2005 na Figura 5.2.

Solução

Para calcular o valor presente, descontamos cada fluxo de caixa pela taxa de juros correspondente:

$$PV = \frac{1000}{1,0269} + \frac{1000}{1,0306^2} + \frac{1000}{1,0334^3} + \frac{1000}{1,0357^4} + \frac{1000}{1,0376^5} = \$4.522$$

Observe que não podemos utilizar a fórmula de anuidade aqui porque as taxas de desconto são diferentes para cada fluxo de caixa.

A curva de rendimento e a economia

Como ilustra a Figura 5.3, a curva de rendimento muda com o tempo. Às vezes, taxas de curto prazo estão próximas de taxas de longo prazo, e em outros momentos elas podem ser muito diferentes. O que explica a mudança na forma da curva de rentabilidade?

O Federal Reserve determina taxas de juros de muito curto prazo através de sua influência sobre a **taxa de fundos federais**, que é a taxa pela qual os bancos podem pegar emprestadas reservas de um dia para o outro. Todas as outras taxas de juros sobre a curva de rentabilidade são determinadas no mercado e são ajustadas até que a oferta de empréstimos se iguale à demanda por empréstimos para cada prazo. Como veremos logo, as expectativas de mudanças nas taxas de juros futuras têm um grande efeito sobre a disposição dos investidores de contrair ou conceder empréstimos com prazos mais longos, e, portanto, sobre a forma da curva de rentabilidade.

Suponhamos que as taxas de juros de curto prazo sejam iguais às taxas de juros de longo prazo. Quando se espera que as taxas de juros aumentem no futuro, os investidores não se sentem dispostos a fazer investimentos de longo prazo. Em vez disso, eles ganhariam mais investindo no curto prazo e então reinvestindo quando as taxas de juros subissem. Assim, quando se espera que as taxas de juros aumentem, as taxas de juros de longo prazo tenderão a ser mais altas do que as taxas de juros de curto prazo para atrair investidores.

Da mesma maneira, quando se espera que as taxas de juros diminuam no futuro, os mutuários não se sentem dispostos a contrair empréstimos com taxas de longo prazo que sejam iguais a taxas de curto prazo. Eles ganhariam mais contraindo um empréstimo de curto prazo e então contraindo

ERRO COMUM — Utilizar a fórmula de anuidade quando as taxas de desconto variam

Ao calcularmos o valor presente de uma anuidade, um erro comum é utilizar a fórmula de anuidade com uma única taxa de juros apesar de as taxas de juros variarem com o horizonte de investimento. Por exemplo, *não podemos* calcular o valor presente da anuidade de cinco anos no Exemplo 5.5 utilizando a taxa de juros de cinco anos de janeiro de 2005:

$$PV \neq \$1000 \times \frac{1}{0,0376}\left(1 - \frac{1}{1,0376^5}\right) = \$4.482$$

Se quisermos encontrar a taxa de juros única que podemos utilizar para avaliar a anuidade, temos primeiro que calcular o valor presente da anuidade utilizando a Equação 5.7, e então solucioná-la para encontrar sua IRR. Para a anuidade no Exemplo 5.5, utilizamos a planilha de anuidade abaixo para encontrar sua IRR de 3,45%. A IRR da anuidade sempre se encontra entre as taxas de desconto mais alta e mais baixa utilizadas para calcular seu valor presente, como no caso deste exemplo.

	NPER	RATE	PV	PMT	FV	Excel Formula
Dados	5		−4.522	1.000	0	
Encontrar a taxa		3,45%				=RATE(5,1000,−4522,0)

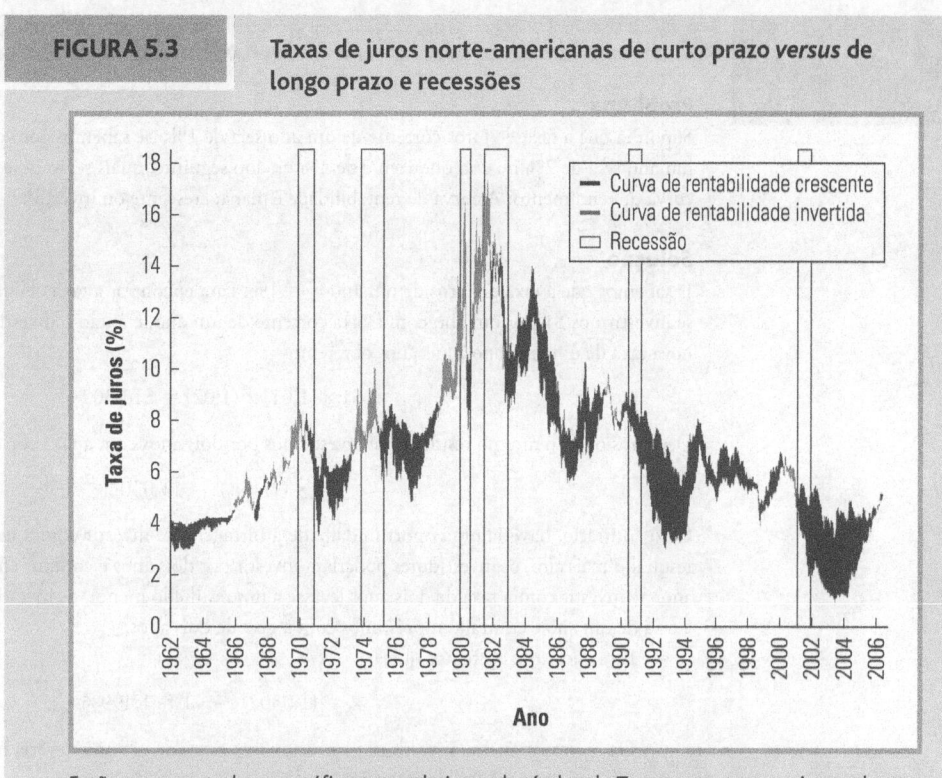

FIGURA 5.3 — Taxas de juros norte-americanas de curto prazo *versus* de longo prazo e recessões

Estão representadas no gráfico taxas de juros de títulos do Tesouro norte-americano de um ano e dez anos, com a diferença entre elas sendo representada pelo sombreado azul-escuro se a forma da curva é crescente (a taxa de um ano está abaixo da taxa de dez anos) e pelo sombreado azul-claro se a curva de rentabilidade é invertida (a taxa de um ano excede a de dez anos). As barras verticais mostram as datas de recessões norte-americanas como determinado pelo National Bureau of Economic Research. Observe que as curvas de rentabilidade invertidas tendem a preceder recessões. Em recessões, as taxas de juros tendem a cair, com as taxas de curto prazo caindo ainda mais. Consequentemente, a curva de rentabilidade tende a ser fortemente inclinada ao sair de uma recessão.

um novo empréstimo após as taxas diminuírem. Então, quando se espera que as taxas diminuam, as taxas de longo prazo tendem a ser menores do que as de curto prazo para atrair mutuários.

Estes argumentos implicam que a forma da curva de rentabilidade será fortemente influenciada pelas expectativas sobre as taxas de juros. Uma curva de rentabilidade fortemente crescente (*inclinada*), com taxas de longo prazo muito mais altas do que as taxas de curto prazo, geralmente indica que se espera que as taxas de juros subam no futuro. Uma curva de rentabilidade decrescente (*invertida*), com taxas de longo prazo menores do que as de curto prazo, geralmente indica uma expectativa de queda nas taxas de juros futuras. Como as taxas de juros tendem a cair em resposta a uma retração da economia, uma curva de rentabilidade invertida geralmente é interpretada como uma previsão negativa para o crescimento econômico. De fato, como ilustra a Figura 5.3, cada uma das seis últimas recessões nos Estados Unidos foi precedida por um período em que a curva de rentabilidade era invertida. Ao contrário, a curva de rentabilidade tende a se tornar inclinada à medida que a economia vai saindo de uma recessão e que se espera que as taxas de juros subam.[6]

Claramente, a curva de rentabilidade fornece informações extremamente importantes para um gerente financeiro. Além de especificar as taxas de desconto para fluxos de caixa livres de risco que ocorrem em diferentes horizontes, ela também é um dos principais indicadores potenciais de um crescimento econômico futuro.

---

[6] Outros fatores além das expectativas sobre as taxas de juros – mais notavelmente o risco – podem ter um impacto sobre a forma da curva de rentabilidade. Ver Capítulo 8, páginas 260-262 para uma discussão mais aprofundada.

EXEMPLO 5.6 — Comparando taxas de juros de curto prazo e de longo prazo

Problema

Suponha que a taxa de juros corrente de um ano seja de 1%. Se sabemos com certeza que a taxa de juros de um ano será de 2% no ano que vem e de 4% no ano seguinte, quais serão hoje as taxas de juros r_1, r_2 e r_3 da curva de rendimento? A curva de rentabilidade é plana, crescente ou invertida?

Solução

Já sabemos que a taxa de juros de um ano $r_1 = 1\%$. Para encontrar a taxa de juros de dois anos, observe que se investirmos $1 por um ano com a taxa corrente de um ano, e então reinvestirmos no próximo ano com a nova taxa de um ano, após dois anos obteremos

$$\$1 \times (1{,}01) \times (1{,}02) = \$1{,}0302$$

Devemos obter o mesmo resultado se investirmos por dois anos com a taxa corrente de dois anos, r_2:

$$\$1 \times (1 + r_2)^2 = \$1{,}0302$$

Caso contrário, haveria uma oportunidade de arbitragem: se investir com a taxa de dois anos levasse a um resultado mais alto, os investidores poderiam investir por dois anos e contrair empréstimos com a taxa de um ano. Se investir com a taxa de dois anos levasse a um resultado menor, os investidores poderiam investir com a taxa de um ano e contrair empréstimos com a taxa de dois anos.

Para encontrar r_2, temos que

$$r_2 = (1{,}0302)^{1/2} - 1 = 1{,}499\%$$

Da mesma maneira, investir por três anos com taxas de um ano deveria ter o mesmo resultado do que investir com a taxa corrente de três anos:

$$(1{,}01) \times (1{,}02) \times (1{,}04) = 1{,}0714 = (1 + r_3)^3$$

Podemos encontrar $r_3 = (1{,}0714)^{1/3} - 1 = 2{,}326\%$. Portanto, a curva de rentabilidade corrente possui $r_1 = 1\%$, $r_2 = 1{,}499\%$ e $r_3 = 2{,}326\%$. A curva de rentabilidade é crescente devido à expectativa de maiores taxas de juros no futuro.

FIXAÇÃO DE CONCEITOS

1. Qual é a diferença entre taxa de juros nominal e real?
2. Qual é a relação entre taxas de juros e o nível de investimento realizado pelas empresas?

5.3 Risco e impostos

Nesta seção, discutiremos dois outros fatores que são importantes para a avaliação das taxas de juros: risco e impostos.

Risco e taxas de juros

Já vimos que as taxas de juros variam com o horizonte de investimento. As taxas de juros também variam com base na identidade do mutuário. Por exemplo, a Tabela 5.2 lista as taxas de juros pagas por diversos mutuários diferentes em meados de 2006 por um empréstimo de cinco anos.

Por que essas taxas de juros variam tanto? A mais baixa é a taxa paga sobre os U.S. Treasury Notes.* Os títulos do Tesouro norte-americano são considerados livres de risco porque não há praticamente nenhuma chance de o governo norte-americano deixar de pagar juros e ser inadimplente com esses títulos. Assim, quando falamos de "taxas de juros livres de risco" estamos nos referindo a *treasuries* norte-americanos.**

---

* N. de T.: Os U.S. Treasury Notes são papéis de médio prazo (de 1 a 10 anos) do Tesouro norte-americano, com juros pagos a cada seis meses até seu vencimento.

** N. de T.: *Treasuries* é como são chamados quaisquer títulos de renda fixa emitidos pelo Tesouro dos EUA.

TABELA 5.2 — Taxas de juros de empréstimos de cinco anos para vários mutuários, junho de 2006

Mutuário	Taxa de juros
Governo norte-americano (U.S. Treasury Notes)	4,94%
J. P. Morgan Chase & Co.	5,44%
Abbott Laboratories	5,45%
Time Warner	5,86%
RadioShack Corp.	6,60%
General Motors Acceptance Corp.	8,22%
Goodyear Tire and Rubber Co.	8,50%

Todos os outros mutuários sofrem algum risco de inadimplência dos títulos. Para esses empréstimos, a taxa de juros declarada é o valor *máximo* que os investidores receberão. Eles podem receber menos se a empresa estiver em dificuldades financeiras e não conseguir pagar o empréstimo. Para compensar o risco de receber menos se a empresa for inadimplente, os investidores exigem uma taxa de juros mais alta do que a dos *treasuries* norte-americanos. A diferença entre a taxa de juros do empréstimo e a taxa dos *treasuries* dependerá da avaliação dos investidores da probabilidade de a empresa ser inadimplente.

Mais adiante neste livro, desenvolveremos ferramentas para avaliar o risco de diferentes investimentos e determinar a taxa de juros ou taxa de desconto que compensa os investidores adequadamente pelo nível de risco que eles estão assumindo. Por enquanto, devemos nos lembrar que, ao descontar fluxos de caixa futuros, é importante utilizar uma taxa de desconto que corresponda tanto ao horizonte quanto ao risco dos fluxos de caixa. Especificamente, *a taxa de desconto correta para um fluxo de caixa é a taxa de retorno disponível no mercado sobre outros investimentos de risco e prazo comparáveis.*

Taxas de juros após os impostos

Se os fluxos de caixa de um investimento são tributados, o fluxo de caixa real que o investidor poderá guardar será reduzido pela quantia paga em impostos. Discutiremos a tributação de inves-

---

EXEMPLO 5.7

Descontando fluxos de caixa arriscados

Problema

Suponha que o governo dos Estados Unidos deva $1.000 à sua empresa, a serem pagos em cinco anos. Com base nas taxas de juros da Tabela 5.2, qual é o valor presente deste fluxo de caixa? Suponha, em vez disso, que a Goodyear Tire and Rubber Company deva $1.000 dólares à sua empresa. Estime o valor presente neste caso.

Solução

Supondo que possamos considerar a obrigação do governo livre de risco (não há nenhuma chance de você não ser pago), descontamos o fluxo de caixa utilizando a taxa de juros livre de risco de 4,94%:

$$PV = \$1.000 \div (1,0494)^5 = \$785,77$$

A obrigação da Goodyear não é livre de risco. Não há nenhuma garantia de que a Goodyear não tenha dificuldades financeiras e deixe de pagar os $1.000. Como o risco desta obrigação pode ser comparável ao empréstimo de cinco anos cotado na Tabela 5.2, a taxa de juros de 8,50% é uma taxa de desconto mais adequada para calcular o valor presente neste caso:

$$PV = \$1.000 \div (1,0850)^5 = \$665,05$$

Observe o valor presente substancialmente menor neste caso, devido ao risco de inadimplência.

timentos empresariais detalhadamente em capítulos posteriores. Aqui, consideraremos o efeito dos impostos sobre os juros obtidos sobre aplicações (ou pagos sobre empréstimos). Os impostos reduzem a quantia em juros que o investidor pode guardar, e chamamos essa quantia reduzida de **taxa de juros após os impostos**.

Consideremos um investimento que paga 8% de juros (EAR) por um ano. Se investirmos $100 no início do ano, obteremos 8% × $100 = $8 em juros no final do ano. Estes juros podem ser tributáveis como renda.[7] Se estivermos em uma faixa de tributação de 40%, deveremos

(40% de alíquota tributária sobre a renda) × (8% de juros) = $3,20 de imposto devido

Assim, receberemos apenas $8 − $3,20 = $4,80 após pagar os impostos. Esta quantia equivale a receber 4,80% de juros e não ter que pagar impostos; portanto, a taxa de juros após os impostos é de 4,80%.

Em geral, se a taxa de juros é r e a alíquota fiscal é τ, então para cada $1 investido obtêm-se juros iguais a r e devem-se impostos de $\tau \times r$ sobre os juros. A taxa de juros equivalente após os impostos é, portanto,

Taxa de juros após os impostos

$$r - (\tau \times r) = r(1 - \tau) \tag{5.8}$$

Aplicando esta fórmula a nosso exemplo anterior com uma taxa de juros de 8% e uma alíquota fiscal de 40%, encontramos a taxa de juros de 8% × (1 − 0,40) = 4,80% após os impostos.

O mesmo cálculo pode ser aplicado a empréstimos. Em alguns casos, os juros sobre empréstimos são dedutíveis dos impostos.[8] Neste caso, o ônus de se pagar juros sobre o empréstimo é compensado pelo benefício da dedução fiscal. O resultado final é que quando os juros sobre um empréstimo são dedutíveis dos impostos de renda, a taxa de juros efetiva após os impostos é $r(1 - \tau)$. Em outras palavras, a possibilidade de dedução das despesas com juros diminui a taxa de juros efetiva após os impostos paga sobre o empréstimo.

EXEMPLO 5.8 Comparando taxas de juros após os impostos

Problema

Suponha que você possua um cartão de crédito com uma APR de 14% com composição mensal, uma conta poupança em um banco que paga uma EAR de 5%, e um empréstimo imobiliário com uma APR de 7% com composição mensal. A alíquota fiscal sobre sua renda é de 40%. Os juros obtidos na conta poupança são tributáveis, e os juros sobre o empréstimo imobiliário são dedutíveis dos impostos. Qual é a taxa de juros efetiva após os impostos de cada instrumento, expressa como uma EAR? Suponha que você esteja comprando um carro novo e lhe seja oferecido um financiamento de automóvel com uma APR de 4,8% com composição mensal (que não é dedutível dos impostos). Você deve fazer o financiamento?

Solução

Como os impostos tipicamente são pagos anualmente, primeiro convertemos cada taxa de juros em uma EAR para determinar a quantia real de juros obtidos ou pagos durante o ano. A conta poupança possui uma EAR de 5%. Utilizando a Equação 5.3, a EAR do cartão de crédito é de $(1 + 0,14/12)^{12} - 1 = 14,93\%$, e a EAR do empréstimo imobiliário é $(1 + 0,07/12)^{12} - 1 = 7,23\%$.

---

[7] Nos Estados Unidos, a renda proveniente de juros de pessoa física é tributável como renda a menos que o investimento esteja aplicado em um plano de aposentadoria ou tenha-se investido em títulos isentos de tributação (como títulos municipais). Os juros de títulos do Tesouro dos EUA são isentos de impostos estaduais e locais. A renda de juros obtida por pessoas jurídicas também é tributável através de uma alíquota corporativa.

[8] Nos Estados Unidos, os juros são dedutíveis dos impostos de pessoa física apenas para hipotecas ou financiamentos imobiliários (até determinados limites), alguns empréstimos a estudantes, e empréstimos realizados para a compra de títulos. Juros sobre outras formas de dívida do consumidor não são dedutíveis dos impostos de renda. Os juros sobre dívidas são dedutíveis de impostos para pessoas jurídicas.

Então, calculamos a taxa de juros após os impostos de cada um deles. Como os juros do cartão de crédito não são dedutíveis, sua taxa de juros após os impostos permanece a mesma, 14,93%. A taxa de juros após os impostos do empréstimo imobiliário, que é dedutível, é 7,23% × (1 − 0,40) = 4,34%. A taxa de juros após os impostos que obteremos da conta poupança é 5% × (1 − 0,40) = 3%.

Agora considere o financiamento do automóvel. Sua EAR é $(1 + 0{,}048/12)^{12} - 1 = 4{,}91\%$. Ele não é dedutível dos impostos, logo esta taxa também é a taxa de juros após os impostos. Portanto, o financiamento do automóvel não é nossa fonte mais barata de fundos. Seria melhor utilizar nossa poupança, que possui um custo de oportunidade já conhecido de juros após os impostos de 3%. Se não tivermos uma quantia suficiente, devemos utilizar o empréstimo imobiliário, que possui um custo após os impostos de 4,34%. E nunca devemos contrair empréstimos utilizando nosso cartão de crédito!

FIXAÇÃO DE CONCEITOS

1. Por que as corporações pagam juros mais altos sobre seus empréstimos do que o governo norte-americano?
2. Como os impostos afetam os juros obtidos sobre um investimento? E quanto aos juros pagos sobre um empréstimo?

NO BRASIL

Taxas de juros

De um modo geral, as operações financeiras devem apresentar rentabilidade compatível com o sacrifício da liquidez e com o risco incorrido. Conforme apresentado ao longo do texto, dois prêmios devem ser associados aos retornos esperados de uma operação financeira: o prêmio pelo tempo, representado por uma taxa livre de risco; e um prêmio pelo risco, discutido ao longo das próximas páginas do livro.

No Brasil, uma das principais taxas de juros empregadas na análise de operações financeiras corresponde à taxa decorrente das operações no Sistema Especial de Liquidação e Custódia (Selic), que registra as operações de compra e venda de títulos públicos. Das operações registradas no Selic nasce a taxa média Selic, ou taxa Selic, simplesmente.

A taxa Selic representa o custo de financiamento da nossa dívida interna federal. Como o governo federal é assumido conceitualmente em finanças como o agente de menor risco, a taxa Selic no Brasil representa a taxa livre de risco, de forma similar ao que ocorre com a taxa dos *treasuries* dos EUA discutidos no capítulo.

Um título público específico, a Letra Financeira do Tesouro, LFT, apresenta rendimento indexado à taxa Selic. Logo, a LFT pode ser assumida como uma aproximação brasileira para os conceitos relativos a títulos públicos do tesouro norte-americano apresentado no texto.

Assim, ao analisarmos uma operação financeira real no Brasil, podemos usar a rentabilidade das LFTs ou a taxa Selic como estimativa de taxa livre de risco.

5.4 O custo de oportunidade de capital

Como vimos neste capítulo, as taxas de juros que observamos no mercado variam com base em convenções de cotação, no prazo do investimento e no risco. O retorno real que fica para um investidor também dependerá de como os juros são tributados. Neste capítulo, desenvolvemos as ferramentas para explicar essas diferenças e compreendemos como as taxas de juros são determinadas.

No Capítulo 3, discutimos que a "taxa de juros de mercado" fornece a taxa cambial de que precisamos para calcular valores presentes e avaliar uma oportunidade de investimento. Mas com tantas taxas de juros dentre as quais escolher, o termo "taxa de juros de mercado" é inerentemente ambíguo. Portanto, à medida que avançarmos neste livro, basearemos a taxa de desconto utilizada para avaliar fluxos de caixa no **custo de oportunidade de capital** (ou, mais simplesmente, o **custo de capital**), que é *o melhor retorno esperado disponível oferecido no mercado sobre um investimento de risco e prazo comparáveis para o fluxo de caixa sendo descontado.*

O custo de oportunidade de capital é o retorno ao qual o investidor renuncia quando inicia um novo investimento. Para um projeto livre de risco, ele tipicamente corresponderá à taxa de juros sobre os títulos do Tesouro dos EUA com um prazo similar. Mas o custo de capital é um conceito muito mais geral que também pode ser aplicado a investimentos que envolvem risco.

FIXAÇÃO DE CONCEITOS

1. O que é o custo de oportunidade de capital?
2. Por que existem diferentes taxas de juros, mesmo em um mercado competitivo?

Resumo

1. A taxa efetiva anual (EAR) indica a quantia real de juros obtidos em um ano. A EAR pode ser utilizada como taxa de desconto para fluxos de caixa anuais.

2. Dado o r de uma EAR, a taxa de desconto equivalente para um intervalo de tempo de n anos, onde n pode ser uma fração, é

$$(1 + r)^n - 1 \tag{5.1}$$

3. Uma taxa percentual anual (APR) indica a quantia total de juros obtidos em um ano sem considerar o efeito da composição. APRs não podem ser utilizadas como taxas de desconto.

4. Precisamos conhecer o intervalo de composição, k, de uma APR para determinar a EAR:

$$1 + EAR = \left(1 + \frac{APR}{k}\right)^k \tag{5.3}$$

5. Para determinada APR, a EAR aumenta com a frequência de composição.

6. As taxas de empréstimos são tipicamente declaradas como APRs. O saldo pendente de um empréstimo é igual ao valor presente dos fluxos de caixa do empréstimo, quando avaliado utilizando a taxa de juros efetiva por intervalo de pagamento baseado na taxa do empréstimo.

7. As taxas de juros cotadas são taxas de juros nominais, que indicam a taxa de crescimento do dinheiro investido. A taxa de juros real indica a taxa de crescimento do poder aquisitivo de alguém após ajuste segundo a inflação.

8. Dada uma taxa de juros nominal r e uma taxa de inflação i, a taxa de juros real é

$$r_r = \frac{r - i}{1 + i} \approx r - i \tag{5.5}$$

9. As taxas de juros nominais tendem a ser altas quando a inflação é alta, e baixas quando a inflação é baixa.

10. Taxas de juros mais altas tendem a reduzir o NPV de projetos de investimento típicos. O Federal Reserve dos EUA eleva as taxas de juros para moderar o investimento e combater a inflação, e diminui as taxas de juros para estimular o investimento e o crescimento econômico.

11. As taxas de juros mudam com o horizonte de investimento segundo a estrutura a termo das taxas de juros. O gráfico que representa as taxas de juros em função do horizonte chama-se curva de rentabilidade.

12. Fluxos de caixa devem ser descontados utilizando-se a taxa de desconto adequada para seu horizonte. Assim, o PV de uma sequência de fluxos de caixa é

$$PV = \frac{C_1}{1 + r_1} + \frac{C_2}{(1 + r_2)^2} + \cdots + \frac{C_N}{(1 + r_N)^N} = \sum_{n=1}^{N} \frac{C_n}{(1 + r_n)^n} \tag{5.7}$$

13. As fórmulas de anuidade e perpetuidade não podem ser aplicadas quando as taxas de desconto variam com o horizonte.

14. A forma da curva de rentabilidade tende a variar com as expectativas do investidor em relação ao crescimento econômico e às taxas de juros. Ela tende a ser invertida antes de recessões e a ser fortemente inclinada ao sair de uma recessão.

15. As taxas do Tesouro do governo norte-americano são consideradas taxas de juros livres de risco. Como outros mutuários podem ser inadimplentes, eles pagam taxas de juros mais altas sobre seus empréstimos.

16. A taxa de desconto correta para um fluxo de caixa é o retorno esperado disponível no mercado sobre outros investimentos de risco e prazo comparáveis.

17. Se os juros sobre um investimento são tributados com alíquota τ, ou se os juros sobre um empréstimos são dedutíveis dos impostos, então a taxa de juros efetiva após os impostos é de

$$r(1-\tau) \tag{5.8}$$

Termos fundamentais

composição contínua *p. 161*
curva de rentabilidade *p. 166*
custo (de oportunidade) de capital *p. 173*
estrutura a termo *p. 166*
juros simples *p. 160*
sistemas de amortização *p. 163*

taxa de fundos federais *p. 168*
taxa de juros após os impostos *p. 172*
taxa de juros nominal *p. 164*
taxa de juros real *p. 164*
taxa efetiva anual (EAR) *p. 159*
taxa percentual anual (APR) *p. 160*

Leituras recomendadas

Uma versão interessante da história das taxas de juro nos quatro últimos milênios pode ser encontrada em S. Homer e R. Sylla, *A History of Interest Rates*, 4ª ed. (New Jersey: John Wiley & Sons, Inc., 2005).

Para uma maior compreensão das taxas de juros, como elas se comportam com as mudanças das condições do mercado e como o risco pode ser gerenciado, ver J. C. Van Horne, *Financial Market Rates and Flows*, 6ª ed. (Prentice Hall, 2000).

Para uma maior compreensão sobre a relação entre taxas de juros, inflação e crescimento econômico, ver um texto de macroeconomia como A. Abel e B. Bernanke, *Macroeconomics*, 5ª ed. (Boston: Pearson Addison Wesley, 2005).

Para uma análise mais aprofundada sobre a curva de rentabilidade e como ela é mensurada e modelada, ver M. Choudhry, *Analyzing and Interpreting the Yield Curve* (New Jersey, John Wiley & Sons, Inc., 2004).

Problemas

Todos os problemas deste capítulo estão disponíveis no MyFinanceLab. Um asterisco (*) indica problemas com maior nível de dificuldade.

Cotações e ajustes da taxa de juros

1. Seu banco está lhe oferecendo uma conta que pagará um total de 20% de juros por um depósito de dois anos. Determine a taxa de desconto equivalente para um período de
    a. seis meses.
    b. um ano.
    c. um mês.

EXCEL 2. O que você prefere: uma conta bancária que paga 5% ao ano (EAR) por três anos ou
    a. uma conta que paga 2,5 % a cada seis meses por três anos?
    b. uma conta que paga 7,5 % a cada 18 meses por três anos?
    c. uma conta que paga 0,5 % ao mês por três anos?

EXCEL 3. Muitas instituições acadêmicas oferecem uma política de concessão de licenças. A cada sete anos, um professor recebe um ano livre de dar aulas e de outras responsabilidades administrativas, recebendo salário integral. Para uma professora que recebe $70.000 por ano e que trabalha um total de 42 anos, qual é o valor presente da quantia que ela receberá durante a licença se a taxa de juros é de 6% (EAR)?

4. Você encontrou três opções de investimento para um depósito de um ano: APR de 10% com composição mensal, APR de 10% com composição anual, e uma APR de 9% com composição diária. Calcule a EAR de cada opção de investimento. (Suponha que haja 365 dias no ano.)

5. Sua conta bancária paga juros com uma EAR de 5%. Qual é a cotação da APR para esta conta com base em composição semestral? Qual é a APR com composição mensal?

6. Suponha que a taxa de juros seja de APR de 8% com composição mensal. Qual é o valor presente de uma anuidade que paga $100 a cada seis meses por cinco anos?

EXCEL 7. Seu filho entrou na faculdade. Esta faculdade garante que o valor dos estudos de seu filho não aumentará pelos quatro anos em que ele a frequentará. O primeiro pagamento semestral no valor de $10.000 vence daqui a seis meses. Depois, o mesmo pagamento terá vencimento a cada seis meses até você ter feito um total de oito pagamentos. A faculdade oferece uma conta bancária que lhe permite sacar dinheiro a cada seis meses e que possui uma APR fixa de 4% (semestral), com a garantia de que esta taxa permanecerá a mesma pelos quatro próximos anos. Quanto você tem que depositar hoje se você não pretende fazer nenhum outro depósito e gostaria de realizar todos os pagamentos dos estudos de seu filho a partir desta conta, deixando-a vazia quando o último pagamento for realizado?

8. Você realiza pagamentos mensais de sua hipoteca. Ela possui uma APR cotada em 5% (composição mensal). Que porcentagem do principal pendente você paga em juros por mês?

9. A Capital One está anunciando um financiamento de uma motocicleta de 60 meses com uma APR de 5,99%. Se você precisa pegar $8.000 emprestados para comprar a Harley Davidson dos seus sonhos, qual será seu pagamento mensal?

10. O Oppenheimer Bank está oferecendo uma hipoteca de 30 anos com uma EAR de $5\frac{3}{8}$%. Se você planeja pegar $150.000 emprestados, qual será seu pagamento mensal?

11. Você decidiu refinanciar sua hipoteca. Você planeja pegar emprestado o valor pendente em sua hipoteca atual. O pagamento mensal atual é de $2.356 e você fez todos os pagamentos em dia. O prazo original de sua hipoteca era de 30 anos, e a hipoteca tem exatamente 4 anos e 8 meses. Você acaba de realizar seu pagamento mensal. A taxa de juros da hipoteca é de $6\frac{3}{8}$% (APR). Quanto você deve à hipoteca hoje?

12. Você acaba de vender sua casa por $1.000.000 em dinheiro. Sua hipoteca era originalmente de 30 meses, com pagamentos mensais e um saldo inicial de $800.000. A hipoteca atualmente tem exatamente 18 anos e meio, e você acaba de realizar um pagamento. Se a taxa de juros sobre a hipoteca é de 5,25% (APR), quanto em dinheiro você obterá com a venda uma vez tendo quitado a hipoteca?

13. Você acaba de comprar uma casa e de fazer uma hipoteca de $500.000. A hipoteca possui um prazo de 30 anos, com pagamentos mensais e uma APR de 6%.
    a. Quanto você pagará em juros, e quanto você pagará em principal, durante o primeiro ano?
    b. Quanto você pagará em juros, e quanto você pagará em principal, durante o vigésimo ano (isto é, entre o 19º e o 20º ano)?

EXCEL *14. Você possui um empréstimo para estudantes com pagamentos exigidos de $500 por mês pelos quatro próximos anos. A taxa de juros sobre o empréstimo é APR de 9% (mensalmente). Você está considerando fazer um pagamento extra de $100 hoje (isto é, você pagará $100 extras que não lhe são exigidos). Se lhe for exigido continuar fazendo pagamentos de $500 por mês até o empréstimo ser quitado, qual será o valor de seu último pagamento? Que taxa efetiva de retorno (expressa como uma APR com composição mensal) você obtem sobre os $100?

EXCEL *15. Considere novamente a situação do Problema 14. Agora que você percebe que seu melhor investimento é pagar seu empréstimo adiantado, você decide adiantar o máximo que você puder por mês. Analisando seu orçamento, você pode pagar $250 a mais por mês além de seus pagamentos mensais exigidos de $500, ou um total de $750 por mês. Quanto tempo levará para o empréstimo ser quitado?

*16. Se você decidir fazer a hipoteca do Problema 10, o Oppenheimer Bank lhe oferecerá o seguinte negócio: em vez de fazer o pagamento mensal que você calculou naquele problema, você pode fazer metade do pagamento a cada duas semanas (de modo a serem feitos 52 / 2 = 26 pagamentos por ano). Quanto tempo levará para a hipoteca ser quitada se a EAR permanecer a mesma, a 5 $\frac{3}{8}$%?

EXCEL *17. Um amigo lhe conta ter um truque muito simples para cortar um terço do tempo que leva para quitar sua hipoteca: utilizar seu bônus de Natal para fazer um pagamento extra no dia 1º de janeiro de cada ano (isto é, fazer seu pagamento mensal que vence neste dia em dobro). Se você pedir sua hipoteca no dia 1º de julho, de modo que o primeiro pagamento mensal vença em 1º de agosto, e você fizer um pagamento extra todo dia 1º de janeiro, quanto tempo levará para a hipoteca ser quitada? Suponha que ela tenha um prazo original de 30 anos e uma APR de 12%.

EXCEL 18. Você precisa de um carro novo e um revendedor lhe ofereceu um preço de $20.000 com as seguintes opções de pagamento: (a) pagar em dinheiro e receber um desconto de $2.000, ou (b) pagar um sinal de $5.000 e financiar o restante com uma APR de 0% por 30 meses. Mas tendo acabado de largar seu emprego e iniciado um programa de MBA, você está endividado e acredita que continuará endividado por pelo menos mais dois anos e meio. Você planeja utilizar cartões de crédito para pagar suas despesas; por sorte, você possui um com uma taxa APR baixa (e fixa) de 15% (mensalmente). Que opção de pagamento é melhor para você?

19. A hipoteca de sua casa tem 5 anos. Ela exige pagamentos mensais de $1.402, tinha um prazo original de 30 anos e tinha uma taxa de juros de 10% (APR). Nos 5 anos decorridos, as taxas de juros caíram, e então você resolveu fazer um refinanciamento – isto é, você irá transferir o saldo pendente para uma nova hipoteca. A nova hipoteca possui um prazo de 30 anos, exige pagamentos mensais e possui uma taxa de juros de 6 $\frac{5}{8}$% (APR).

   a. Que pagamentos mensais serão exigidos com o novo financiamento?
   b. Se você ainda quiser quitar a hipoteca em 25 anos, que valor você deve pagar mensalmente após o refinanciamento?
   c. Suponha que você esteja disposto a continuar fazendo pagamentos mensais de $1.402. Quanto tempo você levará para quitar a hipoteca após o refinanciamento?
   d. Suponha que você esteja disposto a continuar fazendo pagamentos mensais de $1.402 e queira quitar a hipoteca em 25 anos. Que valor adicional você terá que pegar emprestado hoje como parte do refinanciamento?

20. Você possui uma dívida no cartão de crédito de $25.000 com uma APR (de composição mensal) de 15%. Cada mês você faz apenas o pagamento mínimo mensal. Você tem que pagar apenas os juros pendentes. Você recebeu uma oferta pelo correio de um cartão de crédito idêntico, exceto pela APR de 12%. Após considerar suas alternativas, você decide trocar de cartão, transferir o saldo pendente da dívida do cartão velho para o novo, e também pegar mais dinheiro emprestado. Quanto você pode pegar emprestado hoje do novo cartão sem mudar o pagamento mínimo que você terá que fazer?

Os determinantes das taxas de juros

21. Em 1975, as taxas de juros eram de 7,85% e a taxa de inflação era de 12,3% nos Estados Unidos. Qual era a taxa de juros real em 1975? Como o poder aquisitivo de suas aplicações teriam mudado ao longo do ano?

22. Se a taxa de inflação é de 5%, que taxa de juros nominal é necessária para que você obtenha uma taxa de juros real de 3% sobre seu investimento?

23. A taxa de juros nominal disponível a um investidor pode ser negativa? (*Dica*: considere a taxa de juros obtida ao se guardar dinheiro "embaixo do colchão".) A taxa de juros real pode ser negativa? Explique.

24. Considere um projeto que exige um investimento inicial de $100.000 e que produzirá um único fluxo de caixa de $150.000 em cinco anos.

   a. Qual é o NPV deste projeto se a taxa de juros de cinco anos for de 5% (EAR)?
   b. Qual é o NPV deste projeto se a taxa de juros de cinco anos for de 10% (EAR)?
   c. Qual é a maior taxa de juros de cinco anos de modo que este projeto ainda seja lucrativo?

EXCEL 25. Suponha que a estrutura a termo das taxas de juros livres de risco seja a seguinte:

Prazo	1 ano	2 anos	3 anos	5 anos	7 anos	10 anos	20 anos
Taxa (EAR, %)	1,99	2,41	2,74	3,32	3,76	4,13	4,93

a. Calcule o valor presente de um investimento que paga $1.000 em dois anos e $2.000 em cinco anos com certeza.

b. Calcule o valor presente de receber $500 por ano, com certeza, no final dos cinco próximos anos. Para encontrar as taxas dos anos faltantes na tabela, faça uma interpolação linear entre os anos dos quais você conhece as taxas. (Por exemplo, a taxa do ano 4 seria a média entre a taxa dos anos 3 e 5).

*c. Calcule o valor presente de receber $2.300 por ano, com certeza, pelos 20 próximos anos. Infira taxas para os anos faltantes utilizando interpolação linear. (*Dica*: utilize uma planilha.)

EXCEL 26. Utilizando a estrutura a termo do Problema 25, qual é o valor presente de um investimento que paga $100 no final de cada um dos anos 1, 2 e 3? Se você quisesse avaliar este investimento corretamente utilizando a fórmula da anuidade, que taxa de desconto você deveria utilizar?

EXCEL 27. Qual é a forma da curva de rentabilidade, dada a estrutura a termo do Problema 25? Que expectativas é provável que os investidores tenham sobre as taxas de juros futuras?

EXCEL 28. Suponha que a taxa de juros corrente de um ano seja 6%. Daqui a um ano, você acredita que a economia vá começar a esfriar e que a taxa de juros de um ano cairá para 5%. Em dois anos, você espera que a economia esteja no meio de uma recessão, fazendo o Federal Reserve cortar as taxas de juros drasticamente e levando a taxa de juros de um ano para 2%. A taxa de juros de um ano subirá, então, para 3% no ano seguinte, e continuará a subir 1% ao ano até retornar a 6%, onde permanecerá daí em diante.

a. Se você estivesse certo em relação a essas mudanças futuras nas taxas de juros, que taxa de juros de dois anos seria consistente com essas expectativas?

b. Que estrutura a termo corrente de taxas de juros, para os prazos de 1 a 10 anos, seria consistente com essas expectativas?

c. Faça o gráfico da curva de rendimento neste caso. Compare a taxa de juros de um ano com a taxa de juros de dez anos.

Risco e impostos

29. Com base nos dados da Tabela 5.2, o que você preferiria: $500 da General Motors Acceptance Corporation pagos hoje, ou uma promessa de que a empresa lhe pagará $700 em cinco anos? O que você escolheria se a J. P Morgan lhe oferecesse as mesmas alternativas?

30. Sua melhor oportunidade de investimento tributável possui uma EAR de 4%. Sua melhor oportunidade de investimento livre de impostos possui uma EAR de 3%. Se sua alíquota fiscal é de 30%, que oportunidade fornece a maior taxa de juros após os impostos?

31. Seu tio Fred acaba de comprar um barco novo. Ele se vangloria da baixa taxa de juros de 7% (APR, composição mensal) que ele conseguiu com o vendedor. A taxa é ainda mais baixa do que a que ele poderia conseguir em seu empréstimo imobiliário (8%, composição mensal). Se sua alíquota fiscal é de 25% e os juros sobre o empréstimo imobiliário são dedutíveis do imposto de renda, que empréstimo é realmente mais barato?

32. Você está se matriculando em um programa de MBA. Para pagar seu curso, você pode ou pegar um empréstimo padrão para estudantes (de modo que os pagamentos de juros não sejam dedutíveis do imposto de renda), que possui uma EAR de 5,5%, ou você pode utilizar um empréstimo imobiliário com uma APR (mensal) de 6%. Você prevê que estará em uma faixa de tributação muito baixa, então sua alíquota fiscal será de apenas 15%. Que empréstimo você deve utilizar?

33. Seu melhor amigo lhe consulta pedindo conselhos sobre investimentos. Você descobre que sua alíquota fiscal é de 35%, e ele possui os seguintes investimentos e dívidas:

    - Um financiamento de automóvel com um saldo pendente de $5.000 e uma APR de 4,8% (composição mensal).
    - Cartões de crédito com um saldo pendente de $10.000 e uma APR de 14,9% (composição mensal).
    - Uma conta-poupança regular com um saldo de $30.000, pagando uma EAR de 5,5%.
    - Uma conta-poupança no mercado aberto com um saldo de $100.000, pagando uma APR de 5,25% (composição diária).
    - Um empréstimo imobiliário dedutível do imposto de renda com um saldo pendente de $15.000 e uma APR de 5,0% (composição mensal).

    a. Que conta-poupança paga a maior taxa de juros após os impostos?
    b. Seu amigo deve utilizar suas economias para quitar alguma de suas dívidas pendentes? Explique.

34. Suponha que você possui uma dívida pendente com uma taxa de juros de 8% que pode ser paga a qualquer momento, e que a taxa de juros sobre títulos de renda fixa do Tesouro dos EUA seja de apenas 5%. Você planeja pagar sua dívida utilizando qualquer dinheiro que você não esteja investindo em outro lugar. Até sua dívida estar quitada, que custo de capital você deve utilizar ao avaliar uma nova oportunidade de investimento livre de risco? Por quê?

APÊNDICE DO CAPÍTULO 5

notação

e	2,71828...
ln	logaritmo natural
r_{cc}	taxa de desconto com composição contínua
g_{cc}	taxa de crescimento com composição contínua
$\overline{C}_1$	total de fluxos de caixa recebidos no primeiro ano

Taxas e fluxos de caixa contínuos

Neste apêndice, consideramos como descontar fluxos de caixa quando juros são pagos, ou fluxos de caixa são recebidos, continuamente.

Taxas de desconto para uma APR de composição contínua

Alguns investimentos têm composição mais frequente do que diária. À medida que avançamos de composição diária para composição a cada hora ($k = 24 \times 365$) e para composição a cada segundo ($k = 60 \times 60 \times 24 \times 365$), nos aproximamos do limite da composição contínua, em que compomos a cada instante ($k = \infty$). A Equação 5.3 na página 161 não pode ser utilizada para calcular a taxa de desconto de uma cotação da APR baseada em composição contínua. Neste caso, a taxa de desconto para um período de um ano – isto é, a EAR – é dada pela Equação 5A.1:

EAR para uma APR com composição contínua

$$(1 + EAR) = e^{APR} \tag{5A.1}$$

onde a constante matemática[9] $e = 2,71828...$. Uma vez conhecendo-se a EAR, pode-se calcular a taxa de desconto para qualquer período de composição utilizando-se a Equação 5.2.

Como alternativa, se conhecermos a EAR e quisermos encontrar a APR com composição contínua correspondente, podemos inverter a Equação 5A.1 tomando o logaritmo natural (ln) de ambos os lados:[10]

APR com composição contínua de uma EAR

$$APR = \ln(1 + EAR) \tag{5A.2}$$

As taxas com composição contínua não são muito utilizadas na prática. Às vezes, os bancos as oferecem como artifício de *marketing*, mas na verdade há pouca diferença entre a composição diária e a contínua. Por exemplo, com uma APR de 6%, a composição diária fornece uma EAR de $(1 + 0,06 / 365)^{365} - 1 = 6,18313\%$, enquanto que com a composição contínua, a EAR é $e^{0,06} - 1 = 6,18365\%$.

Fluxos de caixa que chegam continuamente

Como podemos calcular o valor presente de um investimento cujos fluxos de caixa chegam continuamente? Por exemplo, considere os fluxos de caixa de um varejista de livros *online*. Suponha que a empresa preveja fluxos de caixa de $10 milhões por ano. Os $10 milhões serão recebidos ao longo de cada ano, e não no final do ano, isto é, os $10 milhões serão pagos *continuamente* ao longo do ano.

Podemos calcular o valor presente de fluxos de caixa que chegam continuamente utilizando uma versão da fórmula de perpetuidade crescente. Se os fluxos de caixa chegam, começando imediatamente, a uma taxa inicial de C por ano, e se os fluxos de caixa crescem a uma taxa de g por ano, então dada uma taxa de desconto (expressa como uma EAR) de r por ano, o valor presente dos fluxos de caixa é

Valor presente de uma perpetuidade crescente contínua[11]

$$PV = \frac{C}{r_{cc} - g_{cc}} \tag{5A.3}$$

onde $r_{cc} = \ln(1 + r)$ e $g_{cc} = \ln(1 + g)$ são a taxa de desconto e a taxa de crescimento expressas como APRs compostas contínuas, respectivamente.

Existe outro método aproximado para lidar com fluxos de caixa contínuos. Seja $\overline{C}_1$ o total de fluxos de caixa que chegam durante o primeiro ano. Como os fluxos de caixa chegam ao longo do ano, podemos pensar neles como chegando "em média" no meio do ano. Neste caso, devemos descontar os fluxos de caixa em $\frac{1}{2}$ ano a menos:

---

[9] A constante e elevada a uma potência também é escrita como função *exp*. Isto é, $e^{APR} = exp(APR)$. Esta função se encontra definida na maioria das planilhas e calculadoras.

[10] Lembre-se que $\ln(e^x) = x$.

[11] Dada a fórmula de perpetuidade, podemos avaliar uma anuidade como a diferença entre duas perpetuidades.

$$\frac{C}{r_{cc} - g_{cc}} \approx \frac{\overline{C}_1}{r - g} \times (1 + r)^{1/2} \qquad (5A.4)$$

Na prática, a aproximação na Equação 5A.4 funciona muito bem. De maneira mais geral, ela implica que quando os fluxos de caixa chegam continuamente, podemos calcular os valores presentes razoavelmente fingindo que todos os fluxos de caixa do ano chegam no meio do ano.

EXEMPLO 5A.1 — Avaliando projetos com fluxos de caixa contínuos

Problema

Sua empresa está considerando comprar uma plataforma de prospecção. A plataforma inicialmente produzirá petróleo a uma taxa de 30 milhões de barris por ano. Você possui um contrato de longo prazo que lhe permite vender o petróleo com um lucro de $1,25 por barril. Se a taxa de produção de petróleo da plataforma diminui em 3% ao longo do ano e a taxa de desconto é de 10% ao ano (EAR), quanto você estaria disposto a pagar pela plataforma?

Solução

Segundo as estimativas, a plataforma gerará lucros a uma taxa inicial de (30 milhões de barris por ano) × ($1,25 / barril) = $37,5 milhões por ano. A taxa de desconto de 10% equivale a uma APR de composição contínua de $r_{cc} = \ln(1 + 0,10) = 9,531\%$; da mesma forma, a taxa de crescimento possui uma APR de $g_{cc} = \ln(1 - 0,03) = -3,046\%$. Da Equação 5A.3, o valor presente dos lucros da plataforma é

$$PV(\text{lucros}) = 37,5 / (r_{cc} - g_{cc}) = 37,5 / (0,09531 + 0,03046) = \$298,16 \text{ milhões}$$

Como alternativa, podemos fazer uma aproximação do valor presente como a seguir. A taxa de lucro inicial da plataforma é de $37,5 milhões por ano. No final do ano, a taxa de lucro terá diminuído em 3% para 37,5 × (1 − 0,03) = $36,375 milhões por ano. Portanto, a taxa de lucro médio durante o ano é de aproximadamente (37,5 + 36,375) / 2 = $36,938 milhões. Avaliando os fluxos de caixa como se eles ocorressem no meio do ano, temos

$$PV(\text{lucros}) = [36,938 / (r - g)] \times (1 + r)^{1/2}$$
$$= [36,938 / (0,10 + 0,03)] \times (1,10)^{1/2} = \$298,01 \text{ milhões}$$

Observe que ambos os métodos produzem resultados muito similares.

CAPÍTULO 6

Regras de Decisão de Investimento

notação

r	taxa de desconto
NPV	valor presente líquido
IRR	taxa interna de retorno
PV	valor presente
EVA_n	Valor Econômico Adicionado na data n
C_n	fluxo de caixa que chega na data n
I	investimento inicial ou capital inicial comprometido com o projeto
I_n	capital comprometido com o projeto na data n

Quando a Cisco Systems estava decidindo se comprava ou não o Linksys Group, em 2003, ela precisava considerar tanto os custos quanto os benefícios da aquisição proposta. Os custos incluíam o preço de compra inicial e os custos correntes de operação do negócio. Os benefícios seriam as receitas futuras provenientes das vendas dos produtos da Linksys. A maneira correta de a Cisco avaliar esta decisão era comparar o valor em dinheiro hoje dos custos ao valor em dinheiro hoje dos benefícios através do cálculo do NPV desta aquisição: a Cisco deveria empreender a aquisição somente se ela tivesse um NPV positivo.

Apesar de a regra de investimento do NPV maximizar o valor da empresa, algumas empresas, porém, utilizam outras técnicas para avaliar investimentos e decidir quais projetos empreender. Neste capítulo, explicaremos várias técnicas frequentemente utilizadas – a saber, a *regra do payback*, a *regra da taxa interna de retorno* e a *regra do lucro econômico* ou *EVA®* (no original, *Economic Value Added*). Em cada caso, definimos a regra de decisão e comparamos decisões baseadas nesta regra a decisões baseadas na regra do NPV. Também ilustraremos as circunstâncias em que é provável que algumas das regras alternativas levem a más decisões de investimento. Após estabelecer estas regras no contexto de um único projeto individual, ampliaremos nossa perspectiva para incluir decisões entre oportunidades de investimento mutuamente exclusivas. Concluímos vendo uma seleção de projetos quando a empresa enfrenta restrições de recursos.

6.1 NPV e projetos individuais

Começaremos nossa discussão sobre regras de decisão de investimento considerando a decisão de "pegar ou largar" um único projeto individual. Ao empreender este projeto, a empresa não restringe sua possibilidade de empreender outros projetos. Iniciaremos nossa análise com a familiar regra do NPV.

A regra do NPV

Os pesquisadores da Fredrick Feed and Farm (FFF) fizeram uma descoberta inovadora. Eles acreditam poder produzir um novo fertilizante não-poluente com uma economia substancial de custos em relação à linha de fertilizantes existente da empresa. O fertilizante exigirá uma nova fábrica que pode ser construída imediatamente a um custo de $250 milhões. Os gerentes financeiros estimam que os benefícios do novo fertilizante sejam de $35 milhões por ano, começando no final do primeiro ano e durando para sempre, como mostra o diagrama de fluxo de caixa a seguir:

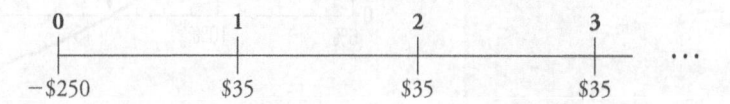

```
      0         1         2         3
      |---------|---------|---------|-----  ...
    -$250      $35       $35       $35
```

Como explicamos no Capítulo 4, o NPV desta sequência de fluxos de caixa, dada um taxa de desconto r, é

$$\text{NPV} = -250 + \frac{35}{r}$$

A Figura 6.1 mostra o NPV em função da taxa de desconto, r. Observemos que o NPV é positivo apenas para taxas de desconto menores do que 14%, a taxa interna de retorno (IRR). Para decidirmos se devemos investir (utilizando a regra do NPV), precisamos conhecer o custo de capital. Os gerentes financeiros responsáveis por este projeto estimam um custo de capital de 10% ao ano. Observando a Figura 6.1, vemos que, quando a taxa de desconto é de 10%, o NPV é $100 milhões, o que é positivo. A regra de investimento do NPV indica que, ao fazer o investimento, a FFF irá aumentar o valor da empresa em $100 milhões; então, a FFF deve empreender este projeto.

Medindo a sensibilidade com a IRR

Se não tivermos certeza da estimativa de custo de capital, é importante determinar a sensibilidade de nossa análise a erros nesta estimativa. A IRR pode fornecer esta informação. Para a FFF, se a estimativa do custo de capital for maior do que a IRR de 14%, o NPV será negativo (ver Figura 6.1). Em geral, *a diferença entre o custo de capital e a IRR é o valor máximo de erro de estimação na estimativa do custo de capital que pode existir sem se alterar a decisão original.*

Regras alternativas *versus* a regra do NPV

A regra do NPV indica que a FFF deve empreender o investimento em tecnologia de fertilizantes. Ao avaliarmos regras alternativas para a seleção de projetos, devemos ter em mente que às vezes outras regras de investimento podem fornecer a mesma resposta que a regra do NPV, mas em outros momentos elas podem discordar. Quando as regras entram em conflito, seguir a regra alternativa significa que não estamos empreendendo um projeto com NPV positivo e, assim, não estamos maximizando a riqueza. Nestes casos, as regras alternativas levam a más decisões.

FIXAÇÃO DE CONCEITOS
1. Explique a regra do NPV para projetos individuais.
2. Como se pode interpretar a diferença entre o custo de capital e a IRR?

FIGURA 6.1

NPV do novo projeto da FFF
O gráfico mostra o NPV em função da taxa de desconto. O NPV é positivo apenas para taxas de desconto menores do que 14%, a taxa interna de retorno (IRR). Dado o custo de capital de 10%, o projeto possui um NPV positivo de $100 milhões.

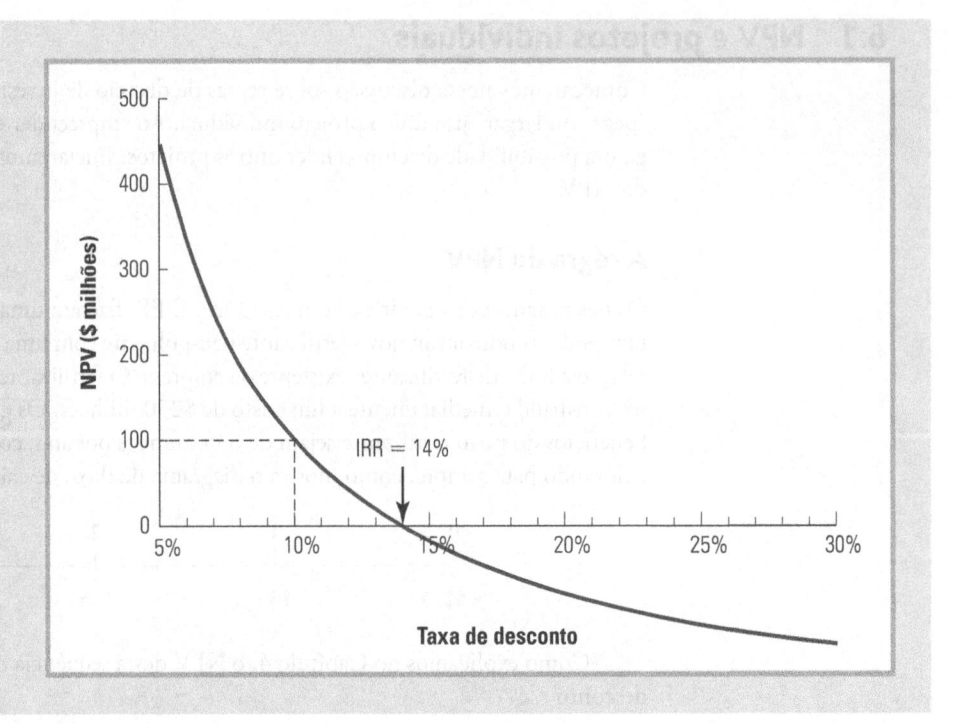

6.2 Regras de decisão alternativas

Em um estudo de 2001, John Graham e Campbell Harvey[1] descobriram que 74,9% das empresas que eles pesquisaram utilizavam a regra do NPV para tomar decisões de investimento. Este resultado é substancialmente diferente daquele encontrado em um estudo similar em 1977 por L. J. Gitman e J. R. Forrester,[2] que descobriram que apenas 9,8% das empresas utilizavam a regra do NPV. Os alunos de MBA dos últimos anos têm ouvido seus professores! Mesmo assim, o estudo de Graham e Harvey indica que um quarto das empresas norte-americanas ainda não utiliza a regra do NPV. Não fica claro exatamente por que, na prática, são utilizadas outras técnicas de orçamento de capital. Entretanto, como é possível encontrar essas técnicas no mundo empresarial, é necessário saber o que elas são, como utilizá-las e como compará-las à regra do NPV. Nesta seção, examinaremos regras de decisão alternativas para projetos individuais dentro da empresa. Aqui, nos focaremos na *regra do payback*, na *regra da IRR* e no *Valor Econômico Adicionado*.

A regra do *payback*

A regra de investimento mais simples é a **regra de investimento do *payback***, que se baseia na noção de que uma oportunidade que recupera seu investimento inicial rapidamente é uma boa idéia. Para aplicar a regra do *payback*, primeiro calcula-se o tempo necessário para se recuperar o investimento inicial, chamado de **período de *payback***. Se o período de *payback* for menor do que um período de tempo pré-determinado – normalmente alguns anos – aceita-se o projeto. Caso contrário, o projeto é recusado. Por exemplo, uma empresa pode querer adotar qualquer projeto com um período de *payback* de menos de dois anos.

---

[1] John Graham e Campbell Harvey, "The Theory and Practice of Corporate Finance: Evidence from the Field", *Journal of Financial Economics* 60 (2001): pp. 187-243.

[2] L. J. Gitman e J. R. Forrester, Jr., "A Survey of Capital Budgeting Techniques Used by Major U.S. Firms", *Financial Management* 6 (1977): pp.66-71.

EXEMPLO 6.1 Utilizando a regra do *payback*

Problema

Suponha que a FFF exija que todos os projetos tenham um período de *payback* de cinco anos ou menos. A empresa empreenderia o projeto do fertilizante segundo esta regra?

Solução

A soma dos fluxos de caixa do ano 1 ao ano 5 é $35 \times 5 = \$175$ milhões, o que não cobre o investimento inicial de $250 milhões. Como o período de *payback* deste projeto excede 5 anos, a FFF rejeitará o projeto.

Como consequência da análise da regra do *payback* no Exemplo 6.1, a FFF rejeitou o projeto. Entretanto, como vimos anteriormente, com um custo de capital de 10%, o NPV é de $100 milhões. Seguir a regra do *payback* seria um erro, porque deixaria a FFF com $100 milhões a menos.

A regra do *payback* não é confiável porque ignora o valor do dinheiro no tempo e não depende do custo de capital. Nenhuma regra que ignora o conjunto de oportunidades de investimento alternativas pode ser boa. Apesar desta falha, Graham e Harvey descobriram que aproximadamente 50% das empresas que eles pesquisaram relataram utilizar a regra do *payback* para tomar decisões.

Por que algumas empresas consideram a regra do *payback*? A resposta provavelmente está relacionada à sua simplicidade. Esta regra é tipicamente utilizada para pequenas decisões de investimento – por exemplo, se devemos comprar uma nova máquina copiadora ou se devemos consertar a antiga. Nestes casos, o custo de se tomar uma decisão errada pode não ser alto o suficiente para justificar o tempo necessário para calcular o NPV. O que torna a regra do *payback* atraente é que ela é tendenciosa a favor de projetos de curto prazo. Além disso, se o período de *payback* exigido for curto (1-2 anos), a maioria dos projetos que satisfazem a regra do *payback* terá um NPV positivo. Então, as empresas podem economizar esforços primeiramente aplicando a regra do *payback*, e só quando ela falhar gastar o tempo necessário para calcular o NPV.

A regra da taxa interna de retorno

Assim como a regra do *payback*, a regra de **investimento da taxa interna de retorno (IRR)** baseia-se em uma noção intuitiva: se o retorno sobre uma oportunidade de investimento sendo considerada for maior do que o retorno sobre outras alternativas no mercado com risco e maturidade (isto é, o custo de capital do projeto) equivalentes, deve-se empreender a oportunidade de investimento. Declaramos a regra formalmente a seguir:

Regra de investimento da IRR: aceitar qualquer oportunidade de investimento em que a IRR exceder o custo de oportunidade de capital. Rejeitar qualquer oportunidade cuja IRR seja menor do que o custo de oportunidade de capital.

A regra de investimento da IRR fornecerá a resposta correta (isto é, a mesma resposta que a regra do NPV) em muitas situações – mas não em todas. Por exemplo, ela fornece a resposta correta para a oportunidade do fertilizante da FFF. A partir da Figura 6.1, sempre que o custo de capital se encontra abaixo da IRR (14%), o projeto possui um NPV positivo e deve ser empreendido. Em geral, a regra da IRR funciona para um projeto individual se todos os seus fluxos de caixa negativos precederem seus fluxos de caixa positivos. Mas em outros casos a regra da IRR pode discordar da regra do NPV e, assim, ser incorreta. Examinemos várias situações em que a IRR falha.

Investimentos adiados. John Star, o co-fundador da SuperTech, a empresa mais bem-sucedida dos últimos 20 anos, acaba de se aposentar como CEO. Uma grande editora lhe ofereceu um acordo de $1 milhão para publicar um livro no estilo "o segredo do meu sucesso". Isto é, a editora lhe pagará $1 milhão à vista se Star concordar em escrever um livro sobre suas experiências. Ele estima que levará três anos para escrever o tal livro. O tempo que ele passar escrevendo o fará abdicar de fontes de renda alternativas que somam $500.000 por ano. Considerando o risco de suas fontes de renda alternativas e as oportunidades de investimento disponíveis, Star estima que seu custo de oportunidade de capital será de 10%. O diagrama de fluxo de caixa da oportunidade de investimento de Star é

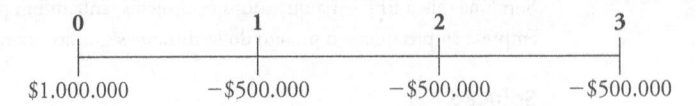

```
0              1              2              3
|              |              |              |
$1.000.000   -$500.000      -$500.000      -$500.000
```

O NPV da oportunidade de investimento de Star é

$$NPV = 1.000.000 - \frac{500.000}{1+r} - \frac{500.000}{(1+r)^2} - \frac{500.000}{(1+r)^3}$$

Igualando o NPV a zero e solucionando a equação em r, encontramos a IRR. Utilizando a planilha de anuidade:

	NPER	RATE	PV	PMT	FV	Fórmula do Excel
Dados	3		1.000.000	-500.000	0	
Encontrar l		23,38%				FV (3,500000,1000000,0)

A IRR de 23,38% é mais alta do que o custo de oportunidade de capital. Segundo a regra da IRR, Star deve assinar o acordo. Mas o que diz a regra do NPV?

$$NPV = 1.000.000 - \frac{500.000}{1,1} - \frac{500.000}{1,1^2} - \frac{500.000}{1,1^3} = -\$243.426$$

A uma taxa de desconto de 10%, o NPV é negativo, logo, assinar o contrato reduziria a riqueza de Star. Ele não deve assinar o contrato do livro.

A Figura 6.2 representa o NPV da oportunidade de investimento. Ela mostra que, independentemente do custo de capital, a regra da IRR e a regra do NPV fornecerão recomendações exatamente opostas. Isto é, o NPV é positivo somente quando o custo de oportunidade de capital for *mais alto* que 23,38% (a IRR). Star deve aceitar o investimento somente quando o custo de oportunidade de capital foi maior do que a IRR, o oposto do que recomenda a regra da IRR.

A Figura 6.2 também ilustra o problema utilizando a regra da IRR neste caso. Para a maioria das oportunidades de investimento, inicialmente ocorrem despesas e posteriormente recebe-se dinheiro. Neste caso, Star recebe dinheiro *à vista* e incorre nos custos de produzir o livro *posteriormente*. É como se Star estivesse tomando dinheiro emprestado, e quando fazemos isso preferimos a *menor* taxa possível. A regra ótima de Star é pegar dinheiro emprestado contanto que a taxa do empréstimo seja *menor* do que o custo de capital.

Apesar de a regra da IRR não dar a resposta correta neste caso, a IRR propriamente dita fornece informações úteis *em conjunção* com a regra do NPV. Como mencionado anteriormente, a IRR fornece informações sobre a sensibilidade a incertezas da decisão de investimento na estimativa do custo de capital. Neste caso, a diferença entre o custo de capital e a IRR é grande – 13,38%. Star teria que ter subestimado o custo de capital em 13,38% para tornar o NPV positivo.

IRR inexistente. Para a sorte de John Star, ele possui outras oportunidades disponíveis. Um agente o abordou e garantiu $1 milhão em cada um dos três próximos anos se ele concordar em dar quatro palestras por mês nesse período. Star estima que preparar e ministrar as palestras levaria aproximadamente o mesmo tempo que leva escrever o livro – isto é, o custo seria de $500.000 por ano. Portanto, seu fluxo de caixa líquido será de $500.000 por ano. Qual é a IRR desta oportunidade? Aqui temos o novo diagrama de fluxo de caixa:

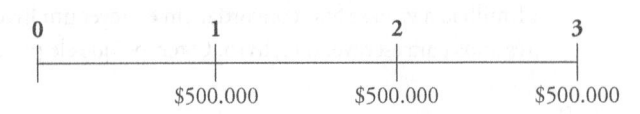

```
0              1              2              3
|              |              |              |
            $500.000       $500.000       $500.000
```

FIGURA 6.2

NPV do acordo de $1 milhão para o livro de Star
Quando os benefícios de um investimento ocorrem antes dos custos, o NPV é uma função *crescente* da taxa de desconto.

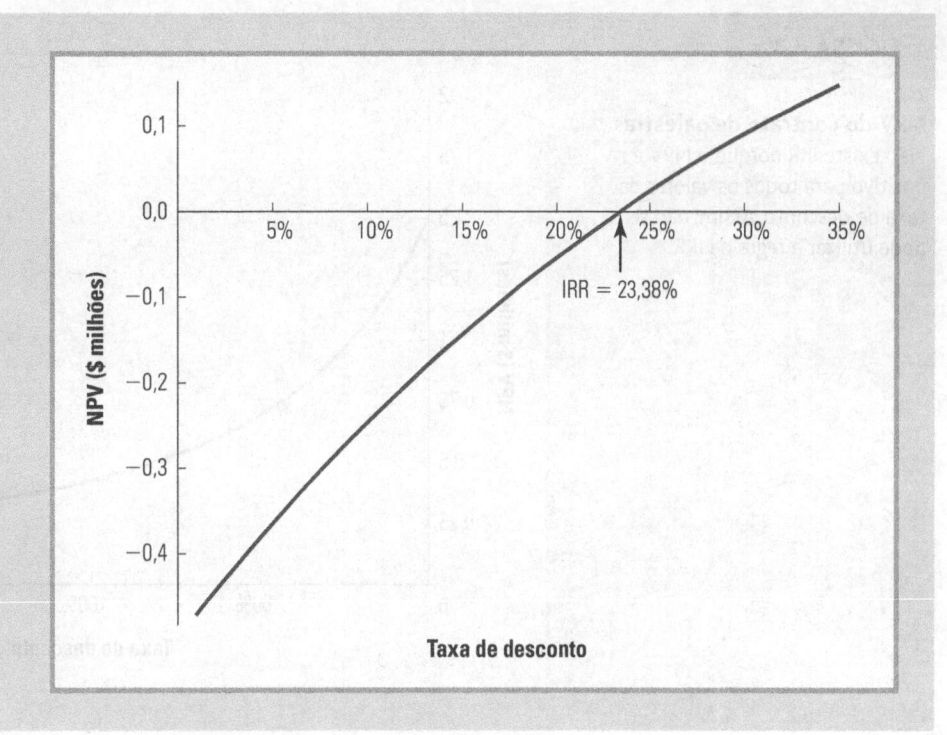

O NPV da nova oportunidade de investimento de Star é

$$NPV = \frac{500.000}{1+r} + \frac{500.000}{(1+r)^2} + \frac{500.000}{(1+r)^3}$$

Igualando o NPV a zero e solucionando a equação em r, encontramos a IRR. Neste caso, porém, *não existe* taxa de desconto que iguale o NPV a zero. Como mostra a Figura 6.3, o NPV desta oportunidade é sempre positivo, independentemente do custo de capital. Mas não seja levado a pensar que toda vez que não existir IRR, o NPV será sempre positivo. É bem provável que não exista IRR quando o NPV for sempre negativo (ver Problema 1).

Em tais situações, não podemos utilizar a regra da IRR porque ela não fornece nenhuma recomendação. Assim, nossa única escolha é confiar na regra do NPV.

Múltiplas IRRs. Infelizmente, o acordo de palestras de Star fracassou. Então, ele informou à editora que ela precisava suavizar o contrato antes que ele o aceitasse. Em resposta, a editora concordou em fazer pagamento de *royalties*. Star espera que esses pagamentos somem $20.000 por ano para sempre, começando a partir do momento em que o livro for publicado, daqui a três anos. Ele deve aceitar ou recusar a nova oferta?

Começamos com o novo diagrama de fluxo de caixa:

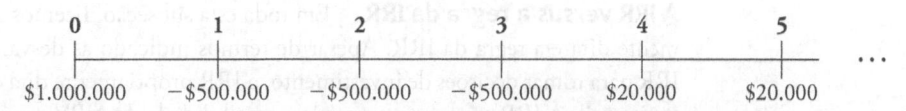

```
    0            1            2            3           4           5
    |------------|------------|------------|-----------|-----------|----...
$1.000.000   -$500.000   -$500.000   -$500.000   $20.000    $20.000
```

Utilizando as fórmulas de anuidade e perpetuidade, o NPV da nova oportunidade de investimento de Star é

$$NPV = 1.000.000 - \frac{500.000}{1+r} - \frac{500.000}{(1+r)^2} - \frac{500.000}{(1+r)^3} + \frac{20.000}{(1+r)^4} + \frac{20.000}{(1+r)^5} + \cdots$$

$$= 1.000.000 - \frac{500.000}{r}\left(1 - \frac{1}{(1+r)^3}\right) + \frac{1}{(1+r)^3}\left(\frac{20.000}{r}\right)$$

FIGURA 6.3

NPV do contrato de palestras
Não existe IRR porque o NPV é positivo para todos os valores da taxa de desconto. Assim, não se pode utilizar a regra da IRR.

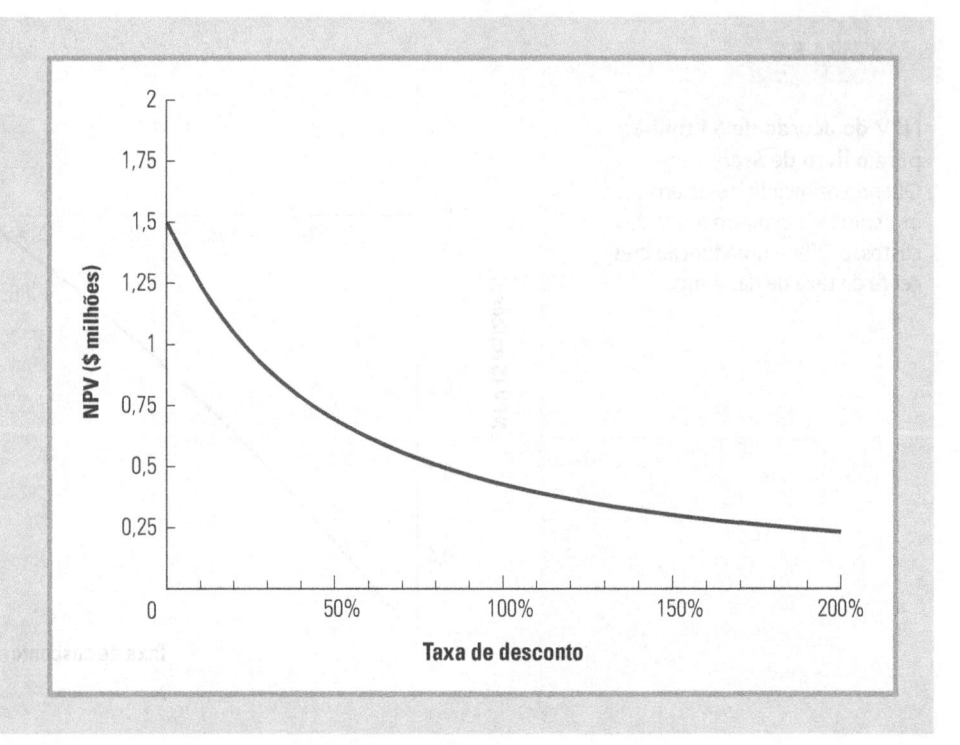

Igualando o NPV a zero e solucionando a equação em r, encontramos a IRR. Neste caso, há *duas* IRRs – isto é, há dois valores de r para NPV igual a zero. Este fato pode ser verificado substituindo-se as IRRs de 4,723% e 19,619% na equação. Como há mais de uma IRR, não podemos aplicar a regra da IRR.

Para uma maior orientação, voltemos à regra do NPV. A Figura 6.4 representa o NPV da oportunidade. Se o custo de capital for *ou* menor do que 4,723%, *ou* maior do que 19,619%, Star deve empreender a oportunidade. Caso contrário, ele deve recusá-la. Observemos que apesar de a regra da IRR falhar neste caso, as duas IRRs ainda são úteis como limites para o custo de capital. Se a estimativa do custo de capital estiver errada e for realmente menor do que 4,723% ou maior do que 19,619%, a decisão de não empreender o projeto mudará. Como esses limites estão longe do verdadeiro custo de capital de 10%, Star pode ter um alto grau de confiança em sua decisão de rejeitar o contrato.

Não há saída fácil para a regra da IRR quando há múltiplas IRRs. Apesar de o NPV ser negativo entre as IRRs neste exemplo, o contrário também é possível (ver Problema 9). Neste caso, o projeto teria um NPV positivo para taxas de desconto entre as IRRs em vez de para taxas de desconto menores ou maiores do que as IRRs. Além disso, há situações em que existem mais de duas IRRs.[3] Em tais situações, nossa única escolha é confiar na regra do NPV.

A IRR *versus* a regra da IRR. Em toda esta subseção, fizemos a distinção entre a IRR propriamente dita e a regra da IRR. Apesar de termos indicado as desvantagens de se utilizar a regra da IRR para tomar decisões de investimento, a IRR propriamente dita continua sendo uma ferramenta muito útil. A IRR não somente mede a sensibilidade do NPV a erros de estimação do custo de capital, mas também mede o retorno médio sobre o investimento.

---

[3] Em geral, pode haver tantas IRRs quantas forem as vezes em que os fluxos de caixa do projeto mudam de sinal ao longo do tempo.

FIGURA 6.4

NPV do acordo do livro de Star com *royalties*
Neste caso, há mais do que uma IRR, invalidando a regra da IRR. Se o custo de oportunidade de capital for *ou* menor do que 4,723%, *ou* maior do que 19,619%, Star deve fazer o investimento.

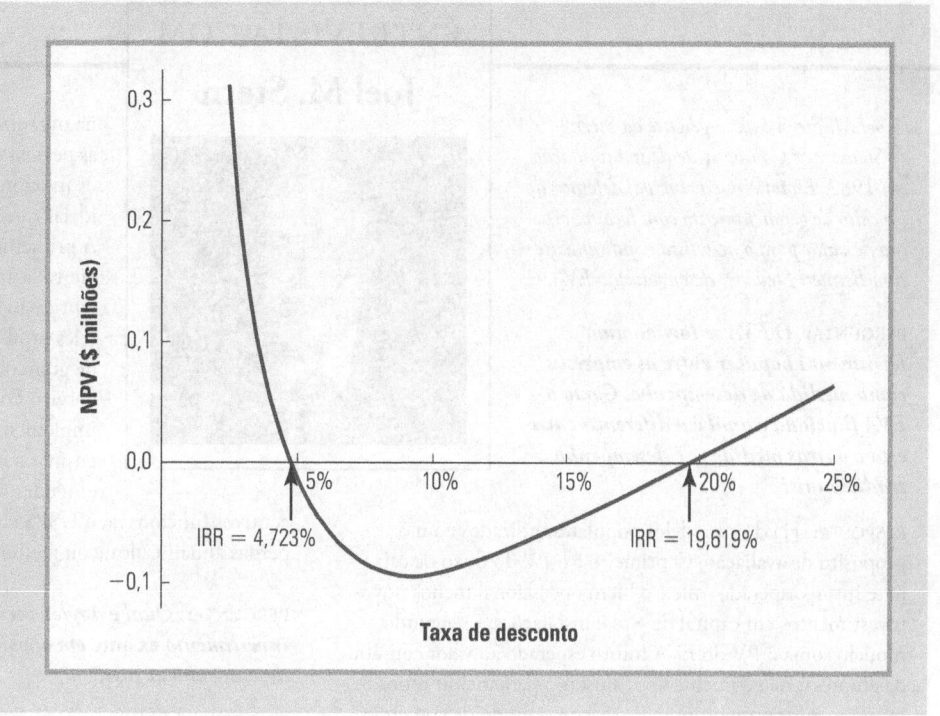

Lucro econômico ou EVA

O conceito de **lucro econômico** foi originalmente sugerido por Alfred Marshall há mais de 100 anos. Foi popularizado recentemente por uma empresa de consultoria, a Stern Stewart, especializada em aumentar a eficiência de empresas. Esta empresa renomeou o conceito de lucro econômico como **Valor Econômico Adicionado** e chegou até mesmo ao ponto de registrar o acrônimo EVA (no original, *Economic Value Added*) como marca registrada. O EVA não foi originalmente inventado como uma regra de investimento, e mesmo hoje este não é seu principal uso. No entanto, o EVA se baseia em muitos dos mesmos conceitos que estão por trás do cálculo do NPV. Definiremos uma regra de decisão de investimento baseada no EVA e a relacionaremos ao NPV.

EVA e lucro econômico. Joel Stern, da Stern Stewart, percebeu que algumas empresas estavam oferecendo gratificações a gerentes simplesmente porque eles ganhavam dinheiro para a empresa, sem levar em consideração os recursos utilizados ao ganhar esse dinheiro. A distinção entre simplesmente ganhar dinheiro e criar valor é a essência do cálculo do NPV. Por exemplo, um gerente poderia facilmente gerar $1 milhão por ano para uma empresa ao simplesmente colocar $20 milhões em uma conta bancária que esteja pagando uma taxa de juros de 5%. Assim, ele geraria dinheiro, mas não estaria criando valor: o NPV de colocar $20 milhões em uma conta bancária é zero. Enquanto que o NPV é uma medida de riqueza criada no decorrer da vida de um projeto, os gerentes recebem gratificações anualmente. Então, Stern passou para o conceito de Marshall de lucro econômico, que gratificava os gerentes com base no NPV que eles criavam a cada ano. O resultado, o EVA, mede o valor anual adicionado pelo gerente além e acima do custo de imobilizar e utilizar o capital que o projeto exige.

EVA quando o capital investido é constante. Consideremos um projeto que exige um investimento inicial em capital com um custo de I dólares. Suponha que o capital dure para sem-

ENTREVISTA COM
Joel M. Stern

Joel M. Stern é sócio-gerente da Stern Stewart & Company desde sua fundação em 1982. É pioneiro e principal defensor do conceito de gerenciamento com foco na criação de valor para o acionista e, juntamente com Bennett Stewart, desenvolveu o EVA.

PERGUNTA: *O EVA se tornou uma ferramenta popular entre as empresas como medida de desempenho. Como o EVA funciona e qual é a diferença entre esta e outras medidas de desempenho tradicionais?*

RESPOSTA: Há dois modelos populares utilizados com o propósito de avaliação. O primeiro é o PV do fluxo de caixa livre futuro esperado, que é o lucro operacional menos novos investimentos em capital de giro e instalações. O segundo modelo soma o PV do EVA futuro esperado ao valor contábil da empresa, mas somente após ajustá-lo para incluir todos os investimentos e ativos intangíveis, como fundo de comércio, aquisições, valor de marca, pesquisa e desenvolvimento, e o custo de desenvolvimento de treinamento de capital humano. Os dois modelos fornecem respostas idênticas porque o NPV e o EVA fornecem respostas idênticas. A pergunta muito mais interessante, então, é: por que se preocupar com o EVA? Com o NPV, não há maneira de se acompanhar ano a ano para ver se o projeto está gerando valor positivo naquele ano. Como podemos medir o EVA ano a ano e de maneira aprofundada em uma organização, ele pode ser utilizado para projetar planos de incentivos na remuneração em quase todos os níveis de uma organização.

Praticamente todos os métodos de avaliação do gerenciamento e de determinação de remuneração variável estão atrelados a ganhos contábeis. Estes números têm duas principais deficiências: não há encargos para o capital social nos lucros e perdas, e os ativos intangíveis contam como despesas. Os ativos intangíveis representam um investimento que cria valor de longo prazo, e devem ser tratados como tal. O EVA corrige esses problemas levando em consideração todos os custos de capital, avaliando um encargo para utilizar este capital, e capitalizando os ativos intangíveis. Os gerentes, então, se importam com o gerenciamento dos ativos além da renda.

O EVA fornece uma única e consistente medida financeira que liga toda a tomada de decisões à sua melhoria. Além disso, o EVA faz a estrutura de incentivos penetrar profundamente na organização. Em um sistema de EVA, as pessoas trabalham mais e melhor. *Todos* os funcionários têm incentivos para ter ideias que aumentem o valor da empresa. A primeira empresa a implementar o EVA em toda a organização, do pessoal da fábrica ao CEO, foi a Briggs and Statton (eles produzem motores para cortadores de grama), e o efeito foi inacreditável. O Serviço Postal Norte-Americano (USPS) implementou o EVA em 1996. Após ensinar a mais de 700.000 pessoas como entender o EVA e como o programa de incentivos funcionava, o USPS eliminou mais de $2,4 bilhões em perdas anuais e alcançou melhorias na eficiência operacional.

PERGUNTA: *Qual é a relevância do EVA como regra de investimento* ex ante *em oposição a uma medida de desempenho* ex post?

RESPOSTA: O NPV é um processo de *medição* muito trabalhoso *ex post*. Você esquematiza um caso hoje e espera fluxos de caixa no futuro. Como é possível avaliar se você teve um bom desempenho? Só é possível determinar isso observando os fluxos de caixa no decorrer da vida do projeto. Com a regra do NPV, não há como acompanhar ano a ano. O EVA pode ser medido com a mesma facilidade que o NPV, mas, ao contrário deste, permite que o conselho projete incentivos que encorajem a criação de riqueza.

PERGUNTA: *Quais são os desafios para a implementação do EVA em uma empresa?*

RESPOSTA: Para implementar o EVA, uma empresa tem que: (1) medi-lo corretamente, fazendo ajustes para incluir bens intangíveis no balanço patrimonial e aplicar encargos de capital; (2) treinar os funcionários sobre o EVA e como influenciar o próprio EVA e o sucesso da empresa aperfeiçoando suas próprias eficiências; (3) estabelecer as prioridades da empresa da maior para a menor oportunidade de EVA, de modo que a meta seja aumentá-lo; (4) utilizar o EVA como base de remuneração por incentivo além de desempenho; e (5) comunicar seu sistema de EVA e como ele foi projetado aos mercados. Tudo isso claramente exige uma mudança na mentalidade da gerência e na cultura da empresa, de "mais é melhor" para "valor é melhor", isto é, mais vale qualidade do que quantidade.

pre e gere um fluxo de caixa de C_n a cada data futura n. O EVA no ano n é o valor agregado do projeto além e acima do custo de oportunidade de imobilizar o capital exigido para empreender o projeto. Se o custo de capital é r, então o custo de imobilizar $\$I$ em capital no projeto em vez de investi-lo em outra coisa qualquer é $r \times I$ a cada período (este é o retorno esperado que poderíamos ter obtido). Chamamos o custo de oportunidade associado ao uso de capital pelo projeto de **encargos de capital**. O EVA no período n é a diferença entre o fluxo de capital do projeto e seus encargos de capital:

EVA no período n (quando o capital dura para sempre)

$$EVA_n = C_n - rI \qquad (6.1)$$

A **regra de investimento do EVA** pode ser declarada como: *aceitar qualquer oportunidade de investimento em que o valor presente de todos os EVAs futuros seja positivo quando calculamos o valor presente utilizando o custo de capital* r *do projeto*.

Como a regra de investimento do EVA pode ser comparada à regra do NPV? É preciso observar que se descontarmos os encargos de capital de rI a cada período pela taxa r, o valor presente será simplesmente $rI / r = I$. Assim, se descontarmos o EVA do projeto pelo seu custo de capital r, então $PV(EVA_n) = PV(C_n) - PV(rI) = PV(C_n) - I =$ NPV. Assim, a regra do EVA e a regra do NPV coincidem.

EXEMPLO 6.2 — Calculando o EVA quando o capital investido é constante

Problema

Calcule o EVA da oportunidade do fertilizante da FFF, que exigia um investimento à vista de $250 milhões e tinha um benefício de $35 milhões por ano. Utilizando estas informações, decida se a empresa deve ou não fazer o investimento.

Solução

O EVA em todos os anos é

$$C_n - 250r = 35 - 250r$$

Utilizando a fórmula de perpetuidade, o valor presente destes EVAs é

$$PV(EVA) = \sum_{n=1}^{\infty} \frac{35 - 250r}{(1+r)^n} = \frac{35 - 250r}{r} = \frac{35}{r} - 250$$

Este valor presente corresponde ao cálculo anterior do NPV do projeto que fizemos na Seção 6.1, e então a FFF deve fazer o investimento se o custo de capital for menor do que 14%.

EVA com mudanças no capital investido. Tipicamente, o capital investido em um projeto muda com o tempo. O capital existente tende a se tornar menos valioso com o tempo (por exemplo, máquinas se desgastam com o uso), e pode ser que sejam necessários novos investimentos. Seja I_{n-1} a quantia de capital alocada ao projeto na data $n-1$, que é o início do período n. Então, o encargo de capital no período n deve incluir o custo de oportunidade de imobilizar este capital, $r\,I_{n-1}$. Ele também deve levar em consideração o custo do desgaste devido ao uso do capital, que é em quanto o capital deprecia ao longo do período. Assim,

EVA no período n (quando o capital deprecia)

$$\text{EVA}_n = C_n - rI_{n-1} - (\text{Depreciação no período } n) \qquad (6.2)$$

Com esta definição do EVA, as regras do EVA e do NPV novamente coincidem.

EXEMPLO 6.3 — Calculando o EVA com mudanças no capital investido

Problema

Você está considerando instalar uma nova iluminação que economiza energia no depósito de sua empresa. A instalação custará $300.000, e você estima uma economia total de $75.000 por ano. As lâmpadas sofrerão uma depreciação uniforme ao longo de 5 anos, momento este em que elas devem ser trocadas. O custo de capital é de 7% ao ano. O que indicam as regras do EVA e do NPV sobre se você deve ou não instalar as lâmpadas?

Solução

A linha do tempo do investimento é (em milhares de $):

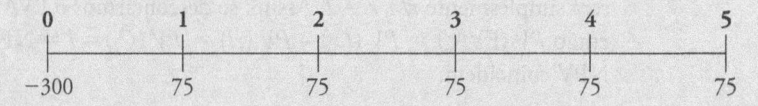

```
0       1      2      3      4      5
|-------|------|------|------|------|
-300    75     75     75     75     75
```

Portanto, o NPV é

$$NPV = -300 + \frac{75}{0{,}07}\left(1 - \frac{1}{(1{,}07)^5}\right) = \$7{,}51 \text{ mil}$$

Então, as lâmpadas devem ser instaladas. Vejamos se obtemos o mesmo resultado com o EVA. Se as lâmpadas sofrem depreciação de $300.000/5 = $60.000 por ano, então o EVA é calculado como a seguir:

Ano	0	1	2	3	4	5
Capital	300	240	180	120	60	0
Fluxo de caixa		75,0	75,0	75,0	75,0	75,0
Encargo de capital		(21,0)	(16,8)	(12,6)	(8,4)	(4,2)
Depreciação		(60,0)	(60,0)	(60,0)	(60,0)	(60,0)
EVA		−6,0	−1,8	2,4	6,6	10,8

Por exemplo, $\text{EVA}_1 = 75 - 7\%(300) - 60 = -6{,}0$, e $\text{EVA}_2 = 75 - 7\%(240) - 60 = -1{,}8$. O valor presente dos EVAs com o custo de capital do projeto de 7% é

$$PV(EVA) = -\frac{6{,}0}{1{,}07} + \frac{-1{,}8}{1{,}07^2} + \frac{2{,}4}{1{,}07^3} + \frac{6{,}6}{1{,}07^4} + \frac{10{,}8}{1{,}07^5} = \$7{,}51 \text{ mil}$$

FIXAÇÃO DE CONCEITOS

1. Quando outras regras de investimento não fornecem a mesma resposta que a regra do NPV, que regra deve ser seguida?
2. Explique o termo *Valor Econômico Adicionado* (EVA).

Por que persistem regras diferentes da regra do NPV?

Os professores Graham e Harvey descobriram que uma minoria considerável das empresas (25%) em seu estudo não utilizava de maneira alguma a regra do NPV. Além disso, aproximadamente 50% das empresas pesquisadas utilizavam a regra do *payback*. Além do mais, parece que a maioria das empresas utilizava a regra do NPV *e* a regra da IRR. Por que as empresas utilizam regras diferentes da do NPV se elas podem levar a decisões errôneas?

Uma possível explicação para este fenômeno é que os resultados da pesquisa de Graham e Harvey podem ser enganosos. Os CFOs que estavam utilizando a IRR como medida de sensibilidade em conjunção com a regra do NPV talvez tenham assinalado a caixa da IRR e a caixa do NPV na pesquisa. A pergunta que lhes tinha sido feita foi: "Com que frequência a sua empresa utiliza as seguintes técnicas ao decidir quais projetos ou aquisições empreender?". Ao calcular a IRR e utilizá-la juntamente com a regra do NPV para estimar a sensibilidade de seus resultados, eles podem ter sentido que estavam utilizando *ambas* as técnicas. No entanto, uma minoria significativa de gerentes pesquisados respondeu que utilizavam apenas a regra da IRR, então essa explicação não pode ser toda a história.

Uma razão comum dada pelos gerentes para utilizar exclusivamente a regra da IRR é que não é preciso saber o custo de oportunidade de capital para calcular a IRR. Superficialmente, isso é verdade: a IRR não depende do custo de capital. Pode não ser preciso saber o custo de capital para se *calcular* a IRR, mas certamente é preciso saber o custo de capital ao se *aplicar* a regra da IRR. Consequentemente, o custo de oportunidade é tão importante para a regra da IRR quanto para a regra do NPV.

Em nossa opinião, algumas empresas utilizam a regra da IRR exclusivamente porque a IRR reúne a atratividade da oportunidade de investimento em um único número, sem exigir que se façam cálculos para se fazer uma suposição sobre o custo de capital. Porém, se um CFO quiser um breve resumo de uma oportunidade de investimento, mas não quiser que seu funcionário faça uma suposição sobre o custo de capital, ele pode solicitar também um gráfico do NPV em função da taxa de desconto. Nem esta solicitação, nem a solicitação da IRR exigem que se conheça o custo de capital, mas o gráfico do NPV possui a distinta vantagem de ser muito mais informativo e confiável.

Se você trabalha para uma empresa que utiliza exclusivamente a regra da IRR, nosso conselho é sempre calcular o NPV. Se as duas regras concordarem, você pode se sentir seguro em fazer a recomendação da regra da IRR. Se elas não concordarem, você deve investigar por que a regra da IRR falhou utilizando os conceitos desta seção. Uma vez tendo identificado o problema, você poderá alertar seus superiores e talvez convencê-los a adotar a regra do NPV.

6.3 Oportunidades de investimento mutuamente excludentes

Até agora, consideramos apenas decisões em que a escolha consiste em aceitar ou rejeitar um único projeto individual. Às vezes, porém, uma empresa tem que escolher apenas um dentre diversos projetos possíveis. Por exemplo, um gerente pode estar avaliando campanhas de *marketing* alternativas para o lançamento de um único novo produto.

Quando os projetos, como campanhas de *marketing*, são mutuamente excludentes não é suficiente determinar quais projetos possuem um NPV positivo. Com **projetos mutuamente excludentes**, a meta do gerente é classificar os projetos e escolher o melhor deles. Nesta situação, a regra do NPV fornece uma resposta direta: *escolher o projeto com o maior NPV*.

Como a IRR é uma medida do retorno esperado sobre o investimento em um projeto, pode-se ficar tentado a estender a regra da IRR para o caso de projetos mutuamente excludentes escolhendo-se o projeto com a IRR mais alta. Infelizmente, escolher um projeto em detrimento de outro simplesmente porque ele possui uma IRR mais alta pode levar a erros. Os problemas aparecem quando os investimentos mutuamente excludentes têm diferenças de escala (exigem diferentes investimentos iniciais) e quando têm diferentes padrões de fluxos de caixa. Discutiremos cada uma dessas situações nesta seção.

Diferenças de escala

Se um projeto possui NPV positivo, então se dobrarmos seu tamanho, seu NPV dobrará: pela Lei do Preço Único, dobrar os fluxos de caixa de uma oportunidade de investimento deve fazê-la valer o dobro. Entretanto, a regra da IRR não possui essa propriedade – ela não é afetada pela escala da oportunidade de investimento porque a IRR mede o retorno médio sobre o investimento. Logo, a regra da IRR não pode ser utilizada para comparar projetos de diferentes escalas. Ilustremos este conceito no contexto de um exemplo.

Escala idêntica. Começaremos considerando dois projetos mutuamente excludentes com a mesma escala. Don está avaliando duas oportunidades de investimento. Se ele entrasse em sociedade com sua namorada, ele teria que investir $1.000 e o negócio geraria fluxos de caixa incrementais de $1.100 por ano, com uma desvalorização de 10%, para sempre. Como alternativa, ele poderia abrir uma lavanderia com somente uma máquina. A lavadora e a secadora custariam um total de $1.000 e gerariam $400 por ano, desvalorizando 20% ao ano para sempre devido a custos de manutenção. O custo de oportunidade de capital de ambas as oportunidades é de 12% e ambas exigirão todo o seu tempo, então Don tem que escolher entre elas. Qual ele deveria escolher?

O diagrama de fluxo de caixa do investimento com sua namorada é

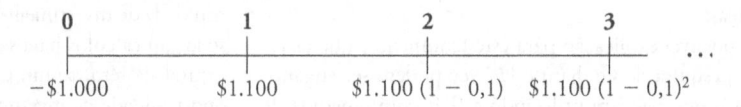

```
    0           1           2              3
    |           |           |              |        ...
 -$1.000      $1.100    $1.100 (1 - 0,1)  $1.100 (1 - 0,1)²
```

Os fluxos de caixa futuros são uma perpetuidade com uma taxa de crescimento de –10%, então o NPV da oportunidade de investimento quando $r = 12\%$ é

$$NPV = -1.000 + \frac{1.100}{r + 0,1} = -1.000 + \frac{1.100}{0,12 + 0,1} = \$4.000$$

Podemos determinar a IRR deste investimento igualando o NPV a zero e solucionando a equação em r:

$$1.000 = \frac{1.100}{r + 0,1} \quad \text{implica que } r = 100\%$$

Assim, a IRR do investimento de Don no negócio com sua namorada é de 100%.

O diagrama de fluxo de caixa de seu investimento na lavanderia é

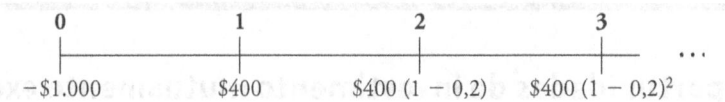

```
    0           1           2              3
    |           |           |              |        ...
 -$1.000      $400      $400 (1 - 0,2)  $400 (1 - 0,2)²
```

Novamente, os fluxos de caixa futuros são uma perpetuidade, dessa vez com uma taxa de crescimento negativa de –20%. O NPV da oportunidade de investimento é

$$NPV = -1.000 + \frac{400}{r + 0,2} = -1.000 + \frac{400}{0,12 + 0,2} = \$250$$

O NPV de $250 da lavanderia é menor do que o NPV de $4.000 do negócio que Don abriria com sua namorada, então eles deveriam abrir o negócio juntos. Por sorte, parece que Don não precisa escolher entre seu bolso e seu relacionamento!

Se compararmos IRRs, podemos observar que para a lavanderia, se igualarmos o NPV a zero e solucionarmos a equação em r, teremos uma IRR de 20%. A lavanderia tem uma IRR menor do que o investimento no negócio com sua namorada. Como mostra a Figura 6.5, neste caso o projeto com maior IRR possui o maior NPV.

Mudança de escala. O que acontece se mudarmos a escala de um dos projetos? O professor de finanças de Don ressalta que, dada a disponibilidade de espaço na loja, ele poderia com facilidade instalar 20 máquinas na lavanderia. O que ele deveria fazer agora?

Observe que a IRR não é afetada pela escala. Uma lavanderia com 20 máquinas possui exatamente a mesma IRR que uma lavanderia com apenas uma máquina, então o negócio da namorada ainda possui uma IRR maior do que a lavanderia. Entretanto, o NPV da lavanderia cresce em função da escala: é 20 vezes maior.

$$NPV = 20\left(-1.000 + \frac{400}{0,12 + 0,2}\right) = \$5.000$$

FIGURA 6.5

NPV das oportunidades de investimento de Don com a lavanderia de somente uma máquina

O NPV do negócio com sua namorada é sempre maior do que o NPV da lavanderia com somente uma máquina. O mesmo é válido para a IRR; a IRR do negócio com sua namorada é de 100%, enquanto que a IRR da lavanderia é de 20%.

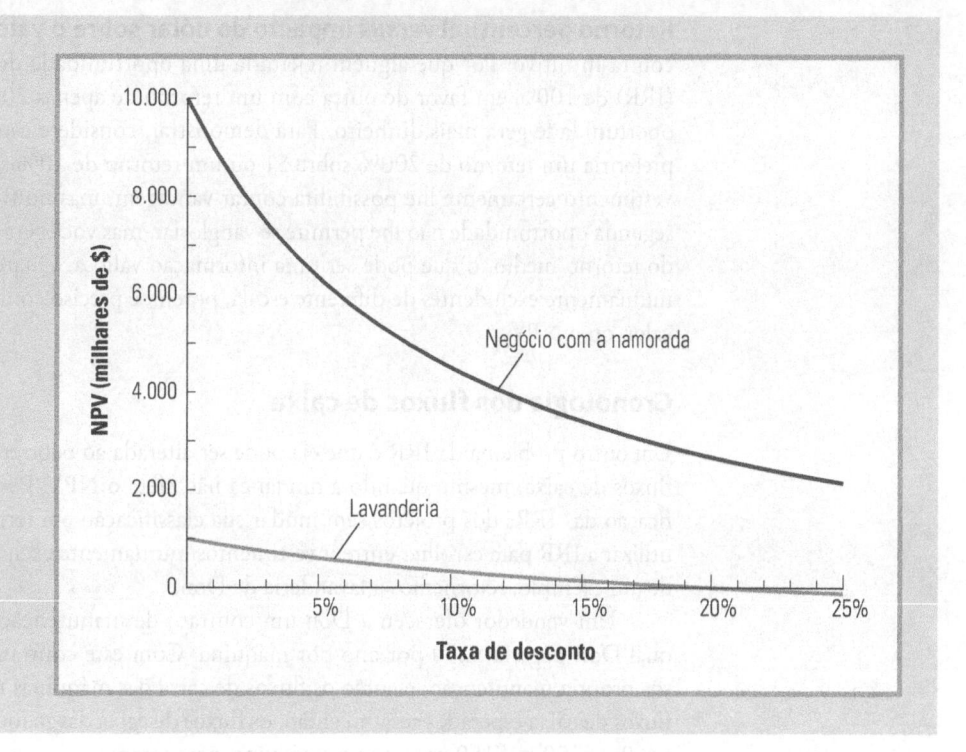

Agora Don deveria investir na lavanderia com 20 máquinas. Como mostra a Figura 6.6, o NPV da lavanderia com 20 máquinas excede o NPV de se tornar sócio de sua namorada sempre que o custo de capital for menor do que 13,9%. Neste caso, apesar de a IRR de se tornar sócio da namorada exceder a IRR da lavanderia, escolher a oportunidade de investimento com maior IRR não resulta em escolher a oportunidade com o maior NPV.

FIGURA 6.6

NPV das oportunidades de investimento de Don com a lavanderia com 20 máquinas

Assim como na Figura 6.5, a IRR do negócio com a namorada de Don é de 100%, enquanto que a IRR da lavanderia é de 20%. Mas neste caso, o NPV do negócio com sua namorada é maior do que o NPV da lavanderia com 20 máquinas somente para taxas de desconto acima de 13,9%.

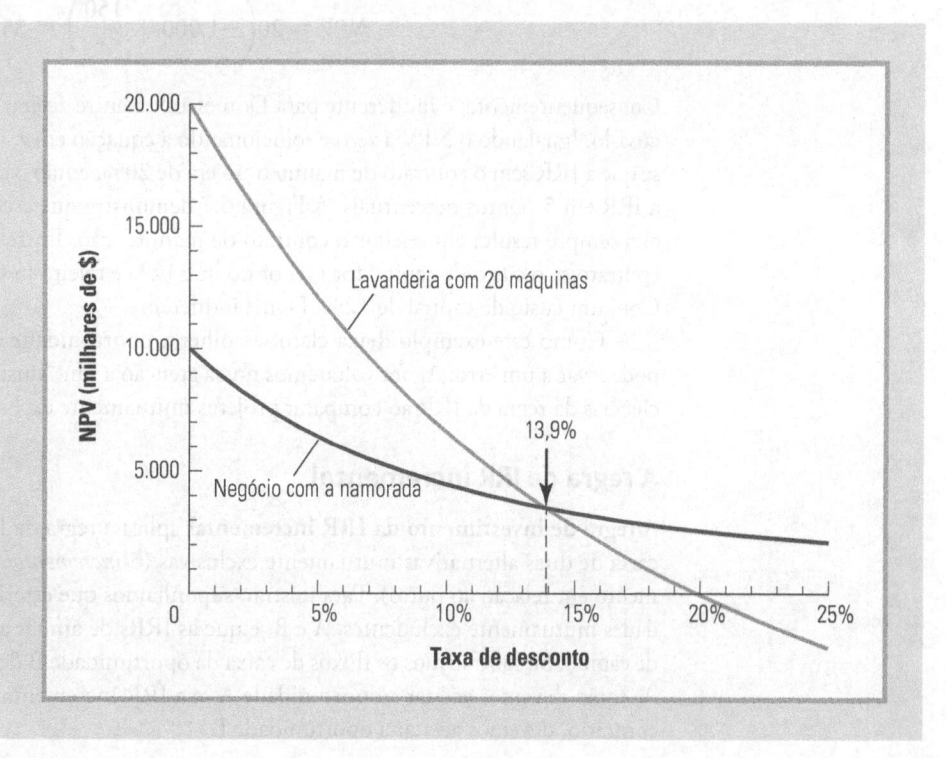

Retorno percentual *versus* impacto do dólar sobre o valor. Este resultado pode parecer contra-intuitivo. Por que alguém rejeitaria uma oportunidade de investimento com um retorno (IRR) de 100% em favor de outra com um retorno de apenas 20%? A resposta é que esta última oportunidade gera mais dinheiro. Para demonstrar, considere este conjunto de alternativas: você preferiria um retorno de 200% sobre $1 ou um retorno de 10% sobre $1 milhão? O primeiro investimento certamente lhe possibilita contar vantagem, mas no fim das contas você só gera $2. A segunda oportunidade não lhe permite se vangloriar, mas você gera $100.000. A IRR é uma medida do retorno médio, o que pode ser uma informação valiosa. Quando se está comparando projetos mutuamente excludentes de diferente escala, porém, é preciso conhecer o impacto do dólar sobre o valor, ou o NPV.

Cronologia dos fluxos de caixa

Um outro problema da IRR é que ela pode ser alterada ao ocorrerem mudanças na cronologia dos fluxos de caixa, mesmo quando a mudança não afeta o NPV. Portanto, é possível alterar a classificação das IRRs dos projetos sem mudar sua classificação em termos de NPV. Logo, não se pode utilizar a IRR para escolher entre investimentos mutuamente excludentes. Para ver isso no contexto de um exemplo, retornemos à lavanderia de Don.

Um vendedor ofereceu a Don um contrato de manutenção para suas máquinas segundo o qual Don pagaria $250 por ano por máquina. Com este contrato, Don não teria que pagar por sua própria manutenção, e então os fluxos de caixa das máquinas não sofreriam desvalorização. Os fluxos de caixa esperados seriam, então, os fluxos de caixa das máquinas menos o custo do contrato: $400 − $250 = $150 por ano por máquina, para sempre.

Don agora tem que decidir entre duas oportunidades de investimento mutuamente excludentes: a lavanderia com ou sem o contrato. Começamos com o diagrama de fluxo de caixa:

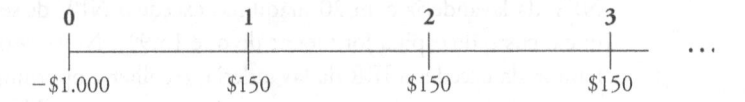

```
     0         1         2         3
     |         |         |         |     . . .
  −$1.000    $150      $150      $150
```

Observe que o contrato de manutenção não altera o NPV:

$$NPV = 20\left(-1.000 + \frac{150}{r}\right) = \$5.000 \qquad (6.3)$$

Consequentemente, é indiferente para Don escolher entre aceitar o contrato de manutenção ou recusá-lo. Igualando o NPV a zero e solucionando a equação em *r*, temos uma IRR de 15%. Lembre-se que a IRR sem o contrato de manutenção era de 20%, então o contrato de manutenção diminuiu a IRR em 5 pontos percentuais. A Figura 6.7 demonstra que escolher a alternativa com IRR mais alta sempre resulta em rejeitar o contrato de manutenção. Entretanto, a decisão correta é fechar o contrato se o custo de capital for menor do que 12% e rejeitá-lo se o custo de capital exceder 12%. Com um custo de capital de 12%, Don é indiferente.

Como este exemplo deixa claro, escolher a oportunidade de investimento com maior IRR pode levar a um erro. Agora voltaremos nossa atenção a um "ajuste" cujo objetivo é abordar as deficiências da regra da IRR ao comparar projetos mutuamente excludentes.

A regra da IRR incremental

A **regra de investimento da IRR incremental** aplica a regra da IRR à diferença entre os fluxos de caixa de duas alternativas mutuamente exclusivas (o *incremento* aos fluxos de caixa de um investimento em relação ao outro). Para ilustrar, suponhamos que estejamos comparando duas oportunidades mutuamente excludentes, A e B, e que as IRRs de ambas as oportunidades excedam o custo de capital. Se subtrairmos os fluxos de caixa da oportunidade B dos fluxos de caixa da oportunidade A, então devemos aceitar a oportunidade A se a IRR incremental exceder o custo de capital. Caso contrário, devemos aceitar a oportunidade B.

FIGURA 6.7

NPV com e sem o contrato de manutenção
O NPV sem o contrato de manutenção excede o NPV com o contrato para taxas de desconto acima de 12%. Entretanto, a IRR sem o contrato de manutenção (20%) é mais alta do que com ele (15%).

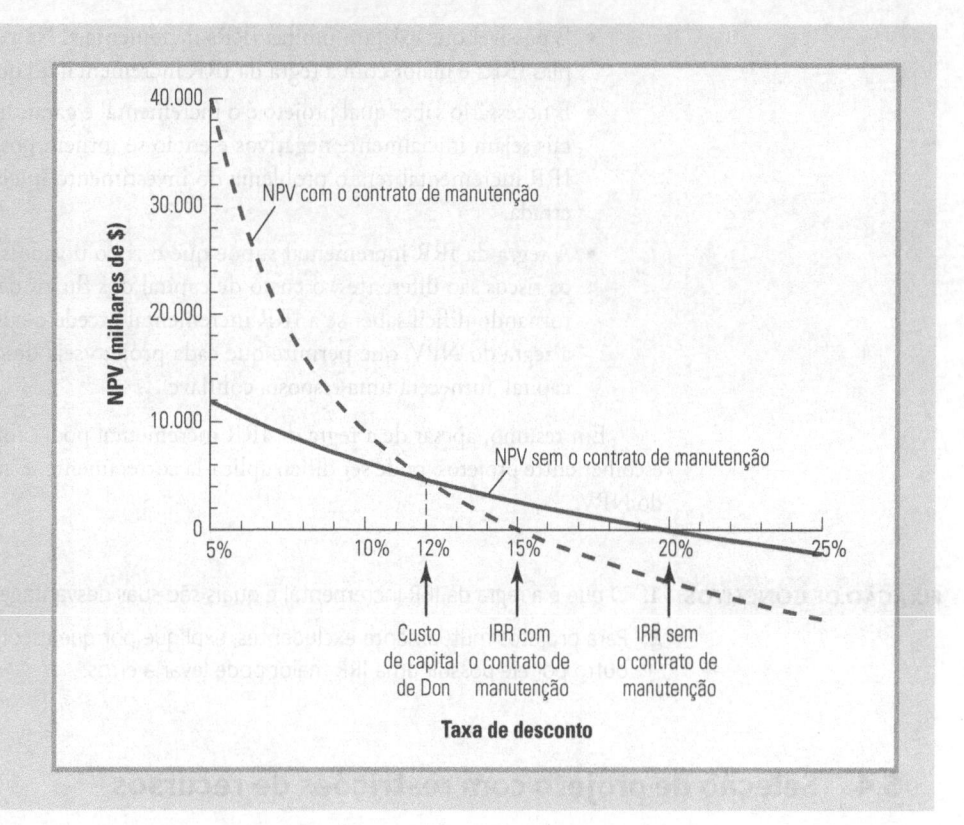

Aplicação da regra da IRR incremental. Apliquemos a regra da IRR incremental ao dilema de Don. O diagrama de fluxo de caixa a seguir ilustra os fluxos de caixa incrementais da lavanderia com contrato de manutenção em relação à lavanderia sem o mesmo contrato:

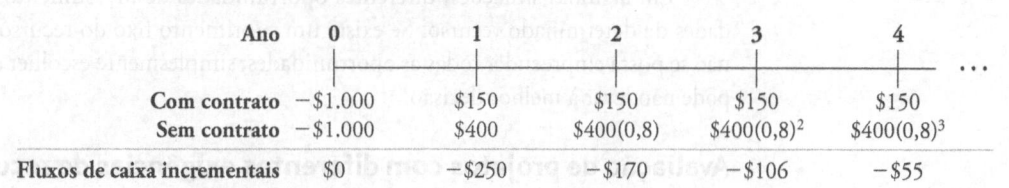

Ano	0	1	2	3	4	...
Com contrato	−$1.000	$150	$150	$150	$150	
Sem contrato	−$1.000	$400	$400(0,8)	$400(0,8)^2	$400(0,8)^3	
Fluxos de caixa incrementais	$0	−$250	−$170	−$106	−$55	

O NPV do fluxo de caixa incremental é muito difícil de calcular diretamente neste caso, porque ele não cresce a uma taxa constante. Podemos calculá-lo facilmente, porém, como a diferença do NPV com e sem o contrato:

$$NPV = \frac{150}{r} - \frac{400}{r + 0,2}$$

Igualando esta equação a zero e solucionando-a em r, temos uma IRR de 12%. Aplicando a regra da IRR incremental, Don deve aceitar o contrato quando o custo de capital for menor do que 12%. Como seu custo de capital é de 12%, ele é indiferente. Lembre-se que este resultado coincide com a regra do NPV, então, neste caso, a regra da IRR incremental fornece a resposta correta.

Deficiências da regra da IRR incremental. Apesar de a regra da IRR incremental resolver alguns problemas com investimentos mutuamente excludentes, ela ainda utiliza a regra da IRR sobre os fluxos de caixa incrementais. Consequentemente, ela compartilha vários problemas com a regra da IRR normal:

- O fato de que a IRR excede o custo de capital de ambos os projetos não implica que eles tenham um NPV positivo.
- A IRR incremental não necessariamente existe.

- É possível que existam muitas IRRs incrementais. Na verdade, a probabilidade de múltiplas IRRs é maior com a regra da IRR incremental do que com a regra normal.
- É necessário saber qual projeto é o incremental e garantir que os fluxos de caixa incrementais sejam inicialmente negativos e então se tornem positivos. Caso contrário, a regra da IRR incremental terá o problema do investimento inicial negativo e fornecerá a resposta errada.
- A regra da IRR incremental supõe que o risco dos dois projetos seja o mesmo. Quando os riscos são diferentes, o custo de capital dos fluxos de caixa incrementais não é óbvio, tornando difícil saber se a IRR incremental excede o custo de capital. Neste caso, apenas a regra do NPV, que permite que cada projeto seja descontado em seu próprio custo de capital, fornecerá uma resposta confiável.

Em resumo, apesar de a regra da IRR incremental poder fornecer um método confiável para escolher entre projetos, pode ser difícil aplicá-la corretamente. É muito mais simples utilizar a regra do NPV.

FIXAÇÃO DE CONCEITOS

1. O que é a regra da IRR incremental e quais são suas desvantagens?
2. Para projetos mutuamente excludentes, explique por que escolher um projeto em detrimento de outro por ele possuir uma IRR maior pode levar a erros.

6.4 Seleção de projeto com restrições de recursos

Na seção anterior, consideramos a decisão entre duas oportunidades de investimento mutuamente excludentes. Supomos implicitamente que ambos os projetos possuíam necessidades de recursos *idênticas* – por exemplo, que tanto a lavanderia quanto o negócio da namorada de Don exigissem 100% de seu tempo.

Em algumas situações, diferentes oportunidades de investimento exigem diferentes quantidades de determinado recurso. Se existe um suprimento fixo do recurso em questão de modo que não se possa empreender todas as oportunidades, simplesmente escolher aquela com NPV mais alto pode não levar à melhor decisão.

Avaliação de projetos com diferentes exigências de recursos

Suponha que estejamos considerando os três projetos da Tabela 6.1, dos quais todos exigem espaço em armazém. A Tabela 6.1 mostra o NPV de cada projeto e a quantidade de espaço em armazém disponível exigida por cada um deles. O Projeto A possui o maior NPV, mas esgota todo o recurso (o armazém); assim, seria um erro empreender esta oportunidade. Os Projetos B e C podem ser *ambos* empreendidos (conjuntamente, eles utilizam todo o espaço disponível), e seu NPV conjunto excede o NPV do projeto A; assim, devemos iniciá-los ambos. Seu NPV conjunto é de $150 milhões, comparados a apenas $100 milhões do projeto A individualmente.

TABELA 6.1 Possíveis projetos que exigem espaço em armazém

Projeto	NPV ($ milhões)	Fração necessária do armazém (%)	Índice de lucratividade
A	100	100	1
B	75	60	1,25
C	75	40	1,875

Índice de lucratividade

Neste exemplo simples, identificar a combinação ótima de projetos a serem empreendidos é um processo direto. Em situações reais, repletas de projetos e recursos, encontrar a combinação ótima pode ser difícil. Os profissionais geralmente utilizam o **índice de lucratividade** para identificar a combinação ótima de projetos a serem empreendidos nessas situações:

Índice de lucratividade

$$\text{Índice de lucratividade} = \frac{\text{Valor criado}}{\text{Recurso consumido}} = \frac{\text{NPV}}{\text{Recurso consumido}} \quad (6.4)$$

O índice de lucratividade mede o "valor de seu dólar" – isto é, o valor criado em termos de NPV por unidade de recurso consumido. Após calcular o índice de lucratividade, podemos classificar os projetos com base nele. Começando com o projeto de maior índice, vamos descendo pela classificação, empreendendo todos os projetos até que o recurso seja consumido. Na Tabela 6.1, calculamos o índice de lucratividade de cada um dos três projetos. Observe como a regra do índice de lucratividade selecionaria os projetos B e C.

EXEMPLO 6.4

Índice de lucratividade com uma restrição em recursos humanos

Problema

Sua divisão na NetIt, uma grande empresa de redes, redigiu uma proposta de projeto para desenvolver um novo roteador de redes residenciais. O NPV esperado do projeto é de $17,7 milhões, e o projeto exigirá 50 engenheiros de *software*. A NetIt possui um total de 190 engenheiros disponíveis, e o projeto do roteador precisa concorrer por esses engenheiros com os outros projetos a seguir:

Projeto	NPV ($ milhões)	Número de engenheiros
Roteador	17,7	50
Projeto A	22,7	47
Projeto B	8,1	44
Projeto C	14,0	40
Projeto D	11,5	61
Projeto E	20,6	58
Projeto F	12,9	32
Total	**107,5**	**332**

Como a NetIt deve priorizar esses projetos?

Solução

A meta é maximizar o NPV total que podemos criar com 190 funcionários (no máximo). Calculamos o índice de lucratividade de cada projeto, utilizando o número de engenheiros no denominador, e então ordenamos os projetos com base no índice:

Projeto	NPV ($ milhões)	Número de engenheiros (NE)	Índice de lucratividade (NPV dividido por NE)	NE total necessário
Projeto A	22,7	47	0,483	47
Projeto F	12,9	32	0,403	79
Projeto E	20,6	58	0,355	137
Roteador	17,7	50	0,354	187
Projeto C	14,0	40	0,350	
Projeto D	11,5	61	0,189	
Projeto B	8,1	44	0,184	

> Agora atribuímos o recurso aos projetos em ordem decrescente segundo o índice de lucratividade. A última coluna mostra o emprego cumulativo do recurso à medida que cada projeto é empreendido até o recurso ser esgotado. Para maximizar o NPV dentro da restrição de 190 funcionários, a NetIt deve escolher os quatro primeiros projetos da lista. A restrição do recurso força a NetIt a abdicar de outros três valiosos projetos.

Deficiências do índice de lucratividade

Apesar de o índice de lucratividade ser simples de se calcular e utilizar, em algumas situações ele não fornece uma resposta precisa. Por exemplo, suponha, no Exemplo 6.4, que a NetIt tenha um outro pequeno projeto com um NPV de apenas $100.000 que exige 3 engenheiros. O índice de lucratividade neste caso é de $0,1/3 = 0,03$, então este projeto apareceria no fim da lista. Entretanto, observe que 3 dos 190 funcionários não estão sendo utilizados depois de os quatro primeiros projetos terem sido selecionados. Consequentemente, faria sentido empreender este projeto apesar de ele ser classificado em último.

Um problema mais sério ocorre quando há múltiplas restrições de recursos. Neste caso, o índice de lucratividade pode falhar completamente. A única maneira garantida de encontrar a melhor combinação de projetos é procurar por todas elas. Apesar de este processo poder parecer gastar um tempo excessivo, técnicas de programação linear e programação em números inteiros foram desenvolvidas especificamente para enfrentar este tipo de problema. Utilizando estas técnicas em um computador, a solução geralmente pode ser obtida quase que instantaneamente (para referências, ver Leituras Recomendadas).

FIXAÇÃO DE CONCEITOS

1. Explique por que escolher o projeto com maior NPV pode não ser a opção ótima ao se avaliar projetos mutuamente excludentes com diferentes exigências de recursos.
2. Explique por que os profissionais geralmente utilizam o índice de lucratividade para identificar as combinações ótimas de projetos a serem empreendidos?

NO BRASIL

O uso de técnicas de avaliação de investimentos no Brasil

Uma análise do uso das técnicas de avaliação de investimentos no Brasil pode ser vista no trabalho de Benetti, Decourt e Terra (2007), que replicaram a pesquisa de Graham e Harvey (2002). Os autores enviaram questionários para 1.699 empresas brasileiras públicas e privadas, tendo recebido 160 respostas. Uma síntese dos principais resultados pode ser vista na

Tabela brasileira 6.1. Técnicas de avaliação de investimentos usadas por empresas brasileiras

Técnica	% de uso
VPL	62,8%
TIR	60,2%
Payback simples	53,5%
Análise de sensibilidade	48,9%
Taxa de corte	48,4%
Payback descontado	42,4%
Índice de rentabilidade	41,5%
Taxa de retorno contábil	41,0%
Abordagem de múltiplos de rendimentos	36,8%
VPL ajustado	33,7%
V@R ou outras técnicas de simulação	31,7%
Opções reais	18,5%

Fonte: Benetti, Decourt e Terra (2007).

> Os resultados de Benetti, Decourt e Terra (2007) indicam que as empresas empregam o VPL e a TIR como principais técnicas de avaliação de investimentos. Outra constatação importante dos autores ressalta a importância do ambiente institucional (mercados, instituições, instrumentos e economia) na prática de Finanças Corporativas no Brasil.

Resumo

1. Se seu objetivo é maximizar riqueza, a regra do NPV sempre fornece a resposta correta.

2. A diferença entre o custo de capital e a IRR é o valor máximo de erro de estimação que pode existir na estimativa do custo de capital sem alterar a decisão original.

3. Regra de investimento do *payback*: calcule quanto tempo leva para recuperar o investimento inicial (período de *payback*). Se o período de *payback* for menor do que um período de tempo pré-determinado, aceite o projeto. Caso contrário, rejeite-o.

4. Regra de investimento da IRR: aceite qualquer oportunidade de investimento cuja IRR exceda o custo de oportunidade de capital. Rejeite qualquer oportunidade cuja IRR seja menor do que o custo de oportunidade de capital.

5. A regra da IRR pode fornecer a resposta errada se os fluxos de caixa tiverem um pagamento à vista (investimento negativo). Quando há múltiplas IRRs ou quando não existe IRR, a regra da IRR não pode ser utilizada.

6. O EVA no ano n é o fluxo de caixa naquele ano menos o custo de se imobilizar e consumir o capital necessário para se realizar o projeto – é o valor adicionado naquele ano no decorrer da vida do projeto:

$$\text{EVA}_n = C_n - rI_{n-1} - (\text{Depreciação no período } n) \tag{6.2}$$

7. Regra de investimento do EVA: aceite qualquer oportunidade de investimento em que o valor presente, utilizando o custo de capital do projeto, r, de todos os EVAs futuros for positivo.

8. Ao escolher entre oportunidades de investimento mutuamente excludentes, escolha aquela com maior NPV. Não utilize a IRR para escolher entre oportunidades de investimento mutuamente excludentes.

9. Regra da IRR incremental: suponha que estejamos comparando duas oportunidades de investimento mutuamente excludentes, A e B, e que as IRRs de ambos os projetos excedam o custo de capital. Se subtrairmos os fluxos de caixa da oportunidade B dos fluxos de caixa da oportunidade A, então devemos aceitar a oportunidade A se a IRR incremental exceder o custo de capital. Caso contrário, devemos aceitar a oportunidade B.

10. Ao escolher entre projetos que concorrem pelo mesmo recurso, geralmente obtém-se o melhor resultado classificando-se os projetos em ordem decrescente segundo seus índices de lucratividade e escolhendo o conjunto de projetos com os maiores índices que ainda podem ser empreendidos, dada a limitação do recurso.

$$\text{Índice de lucratividade} = \frac{\text{Valor criado}}{\text{Recurso consumido}} = \frac{\text{NPV}}{\text{Recurso consumido}} \tag{6.4}$$

Termos fundamentais

encargos de capital *p. 191*
índice de lucratividade *p. 199*
lucro econômico *p. 189*
período de *payback* *p. 184*
projetos mutuamente excludentes *p. 192*
regra de investimento da IRR incremental *p. 196*
regra de investimento da taxa interna de retorno (IRR) *p. 185*
regra de investimento do EVA *p. 191*
regra de investimento do *payback* *p. 184*
Valor Econômico Adicionado *p. 189*

Leituras recomendadas

Para leitores que gostariam de aprender mais sobre lucro econômico (ou EVA) e como ele é utilizado, ver A. Ehrbar, *EVA: The Real Key to Creating Wealth*. (Nova York: John Wiley and Sons, 1998).

Os leitores que gostariam de saber mais sobre o que os gerentes realmente fazem devem consultar J. Graham e C. Harvey, "How CFOs Make Capital Budgeting and Capital Structure Decisions". *Journal of Applied Corporate Finance* 15 (1) (2002): 8-23; S. H. Kim, T. Crick e S. H. Kim, "Do Executives Practice What Academics Preach?" *Management Accounting* 68 (November 1986): pp. 49-52; e P. Ryan e G. Ryan, "Capital Budgeting Practices of the Fortune 1000: How Have Things Changed?" *Journal of Business and Management* 8 (4) (2002): pp. 355-364.

Para os leitores interessados em como selecionar entre projetos que concorrem pelo mesmo conjunto de recursos, as referências a seguir serão úteis: M. Vanhoucke, E. Demeulemeester e W. Heroelen, "On Maximizing the Net Present Value of a Project Under Renewable Resource Constraints", *Management Science* 47 (8) (2001): pp. 1113-1121; e H. M. Weingartner, *Mathematical Programming and the Analysis of Capital Budgeting Problems*. (Englewood Cliffs, NJ: Prentice-Hall, 1963).

Leitura recomendada no Brasil

BENETTI, Cristiane; DECOURT, Roberto Frota; TERRA, Paulo Renato Soares. The Practice of Corporate Finance in Brazil. XXX ENANPAD, Salvador, Anais ..., 2006 (em CD-ROM).

Problemas

Todos os problemas deste capítulo estão disponíveis no MyFinanceLab. Um asterisco (*) indica problemas com maior nível de dificuldade.

NPV e projetos individuais

1. Você está considerando abrir uma nova fábrica. A fábrica custará $100 milhões à vista e levará um ano para ser construída. Após isso, espera-se que ela produza lucros de $30 milhões no fim de cada ano de produção. Espera-se que os fluxos de caixa durem para sempre. Calcule o NPV desta oportunidade de investimento se seu custo de capital é 8%. Você deve realizar o investimento? Calcule a IRR e utilize-a para determinar o desvio máximo aceitável na estimativa do custo de capital para manter a decisão inalterada.

2. Diz-se que Bill Clinton tenha recebido $10 milhões para escrever seu livro *My Way*. O livro levou três anos para ser escrito. No tempo em que passou escrevendo, Clinton poderia ter sido pago para dar palestras. Dada sua popularidade, suponha que ele pudesse ganhar $8 milhões por ano (pagos no final de cada ano) com palestras, em vez de com o livro. Suponha que seu custo de capital seja de 10% ao ano.

   a. Qual é o NPV de concordar em escrever o livro (ignorando qualquer pagamento de *royalty*)?

   b. Suponha que, uma vez que o livro esteja pronto, a expectativa seja de gerar *royalties* de $5 milhões no primeiro ano (pagos no final do ano), e que se espere que esses *royalties* diminuam a uma taxa de 30% ao ano em perpetuidade. Qual é o NPV do livro com os pagamentos de *royalties*?

*3. A FastTrack Bikes, Inc., está pensando em desenvolver uma nova bicicleta urbana. O desenvolvimento levará seis anos e o custo será de $200.000 por ano. Uma vez em produção, espera-se que a bicicleta gere $300.000 por ano por 10 anos.

   a. Suponha que o custo de capital seja de 10%.

      i. Calcule o NPV desta oportunidade de investimento. A empresa deve fazer o investimento?

      ii. Calcule a IRR e utilize-a para determinar o desvio máximo aceitável na estimativa do custo de capital para manter a decisão inalterada.

      iii. Quanto deve durar o desenvolvimento para alterar a decisão?

b. Suponha que o custo de capital seja de 14%.

  i. Calcule o NPV desta oportunidade de investimento. A empresa deve fazer o investimento?

  ii. Quanto esta estimativa do custo de capital deve se desviar para alterar a decisão?

  iii. Quanto deve durar o desenvolvimento para alterar a decisão?

4. Você é um corretor imobiliário e está pensando em colocar uma placa anunciando seus serviços em um ponto de ônibus local. A placa custará $5.000 e ficará no local escolhido por um ano. Você espera que ela gere uma receita extra de $500 por mês. Qual é o período de *payback*?

5. A regra da IRR concorda com a regra do NPV no Problema 1?

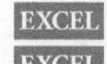

EXCEL 6. Quantas IRRs há na parte (a) do Problema 2? A regra da IRR fornece a resposta correta neste caso?

EXCEL 7. Quantas IRRs há na parte (b) do Problema 2? A regra da IRR funciona neste caso?

8. Foi oferecido o seguinte acordo à professora Wendy Smith: uma empresa de advocacia gostaria de contratá-la por um pagamento à vista de $50.000. Em troca disso, a empresa teria acesso a 8 horas de seu tempo por mês pelo próximo ano. O preço de Smith é de $550 por hora e seu custo de oportunidade de capital é de 15% (EAR). O que a regra da IRR sugere em relação a esta oportunidade? E a regra do NPV?

9. A Innovation Company está pensando em colocar no mercado um novo *software*. O custo à vista para desenvolver e colocar o produto no mercado é de $5 milhões. Espera-se que o produto gere lucros de $1 milhão por ano por dez anos. A empresa terá que fornecer um suporte ao produto cuja expectativa de custo é de $100.000 por ano em perpetuidade. Suponha que todos os lucros e despesas ocorram no final do ano.

  a. Qual é o NPV deste investimento se o custo de capital é de 6%? A empresa deve empreender o projeto? Repita a análise para taxas de desconto de 2% e 11%.

  b. Quantos IRR tem esta oportunidade de investimento?

  c. O que a regra da IRR indica em relação a este investimento?

10. Você é dono de uma empresa de mineração de carvão e está considerando abrir uma nova mina. A mina propriamente dita custará $120 milhões para ser aberta. Se esse dinheiro for gasto imediatamente, a mina gerará $20 milhões pelos próximos dez anos. Depois disso, o carvão se esgotará e o local terá que ser limpo e mantido segundo padrões ambientais. Espera-se que a limpeza e manutenção custem $2 milhões por ano em perpetuidade. O que a regra da IRR diz quanto a aceitar ou não esta oportunidade? Se o custo de capital é de 8%, o que diz a regra do NPV?

EXCEL *11. Você está considerando investir em uma mina de ouro na África do Sul. O ouro na África do Sul encontra-se enterrado em grandes profundidades, então a mina exige um investimento inicial de $250 milhões. Uma vez tendo realizado este investimento, espera-se que a mina produza receitas de $30 milhões por ano pelos 20 próximos anos. A operação da mina terá um custo de $10 milhões por ano. Após 20 anos, o ouro terá se esgotado. A mina deve, então, ser estabilizada continuamente, o que terá um custo de $5 milhões por ano em perpetuidade. Calcule a IRR deste investimento. (*Dica:* faça o gráfico do NPV em função da taxa de desconto.)

12. Calcule o valor presente dos EVAs do Problema 1 e determine se o resultado da regra do EVA concorda com o da regra do NPV.

EXCEL *13. Você está considerando construir uma nova fábrica para produzir um novo produto. Você prevê que a fábrica levará um ano para ser construída e custará $100 milhões à vista. Uma vez construída, ela gerará fluxos de caixa de $15 milhões no final de cada ano no decorrer da vida da fábrica. A fábrica se esgotará 20 anos após sua construção. Neste momento, você espera obter $10 milhões em valor residual pela fábrica. Utilizando um custo de capital de 12%, calcule o valor presente dos EVAs e verifique se eles são iguais ao NPV.

14. Você está considerando fazer um filme. Espera-se que o filme custe $10 milhões à vista e leve um ano para ser filmado. Depois disso, espera-se que ele gere $5 milhões no ano em que for lançado e $2 milhões

pelos quatro anos subsequentes. Qual é o período de *payback* deste investimento? Se você exigir um período de *payback* de dois anos, você fará o filme? O filme possui um NPV positivo se o custo de capital é de 10%?

15. Você trabalha para uma empresa que utiliza exclusivamente a IRR. A razão para fazê-lo é que o CEO não gosta de ler memorandos longos. Ele gosta de dizer: "Não gosto de economistas com 'dois lados'!"[4]. Ele gosta de resumir todas as decisões em um único número como a IRR. Seu chefe lhe pediu para calcular a IRR de um projeto. Ele se recusa a lhe fornecer o custo de capital do projeto, mas você sabe que uma vez tendo calculado a IRR, ele a comparará com o custo de capital e utilizará esta informação para tomar a decisão de investimento. O que você deve fazer?

Oportunidades de investimento mutuamente excludentes

16. Você está decidindo entre duas oportunidades de investimento mutuamente excludentes. Ambas exigem o mesmo investimento inicial de $10 milhões. O investimento A irá gerar $2 milhões por ano (a começar pelo final do primeiro ano) em perpetuidade. O investimento B irá gerar $1,5 milhões no final do primeiro ano, e a partir de então suas receitas crescerão a 2% ao ano.

   a. Qual investimento possui a maior IRR?
   b. Qual investimento possui o maior NPV quando o custo de capital é de 7%?
   c. Neste caso, quando escolher a maior IRR fornece a resposta correta em relação a qual investimento é a melhor oportunidade?

17. Utilize a regra da IRR incremental para escolher corretamente entre os investimentos do Problema 16 quando o custo de capital é de 7%.

18. Você trabalha para uma empresa que fabrica brinquedos de jardim e está tentando decidir entre dois projetos:

Projeto	Fluxos de caixa no final do ano (milhares de $)			
	0	1	2	IRR
Casinha de brinquedo	−30	15	20	10,4%
Forte	−80	39	52	8,6%

Você pode realizar apenas um projeto. Se seu custo de capital é de 8%, utilize a regra da IRR incremental para tomar a decisão correta.

Seleção de projetos com restrições de recursos

*19. A Kartman Corporation está avaliando quatro investimentos em imóveis. A gerência planeja comprar as propriedades hoje e vendê-las daqui a três anos. A taxa de desconto anual desses investimentos é de 15%. A tabela abaixo resume o custo inicial e o preço de venda daqui a três anos para cada propriedade.

	Custo hoje	Preço de venda no Ano 3
Parkside Acres	$500.000	$ = 900.000
Real Property Estates	800.000	1.400.000
Lost Lake Properties	650.000	1.050.000
Overlook	150.000	350.000

A Kartman possui um orçamento de capital total de $800.000 para investir em propriedades. Quais propriedades devem ser escolhidas?

---

[4] Dizem que o presidente norte-americano Harry Truman reclamou que o problema de todos os economistas é que eles sempre têm "dois lados". Quando se pedem conselhos a eles, eles sempre dizem: "Por um lado... mas por outro lado...".

*20. A Orchid Biotech Company está avaliando vários projetos de desenvolvimento para drogas experimentais. Apesar de os fluxos de caixa serem difíceis de prever, a empresa calculou as seguintes estimativas de exigências de capital inicial e NPVs dos projetos. Dada uma grande variedade de necessidade de pessoal, a empresa também estimou o número de cientistas pesquisadores necessários para cada projeto de desenvolvimento (todos os valores de custo são dados em milhões de dólares).

Número do Projeto	Capital inicial	Número de cientistas pesquisadores	NPV
I	$10	2	$10,1
II	15	3	19,0
III	15	4	22,0
IV	20	3	25,0
V	30	10	60,2

a. Suponha que a Orchid possua um orçamento de capital total de $60 milhões. Como ela deve priorizar esses projetos?

b. Suponha que a Orchid atualmente tenha 12 cientistas pesquisadores e não preveja ser capaz de contratar mais um em um futuro próximo. Como a Orchid deve priorizar esses projetos?

Caso simulado

No dia 6 de outubro de 2004, a Rádio Sirius Satellite anunciou que tinha feito um acordo com Howard Stern para transmitir seu programa de rádio exclusivamente em seu sistema. Como resultado deste pronunciamento, o preço das ações da Sirius subiu drasticamente. Você atualmente trabalha como analista do mercado de ações para uma grande empresa, e a Rádio XM, também uma empresa de rádio por satélite, é uma das empresas que você acompanha. Sua chefe quer estar preparada se a XM seguir a Sirius na tentativa de fechar contrato com uma grande personalidade. Portanto, ela quer que você estime os fluxos de caixa líquidos que o mercado tinha previsto em decorrência do contrato de Stern. Ela lhe aconselha a tratar o valor previsto pelo mercado como o NPV do contrato, e então trabalhar retroativamente a partir do NPV para determinar os fluxos de caixa anuais necessários para gerar este valor. Havia rumores sobre o acordo potencial algum tempo antes do pronunciamento. Consequentemente, o preço das ações da Sirius subiu por vários dias antes dele. Assim, sua chefe lhe aconselha que a melhor maneira de captar todo o valor é tomar a mudança no preço das ações de 28 de setembro de 2004 a 7 de outubro de 2004. Você balança a cabeça concordando, tentando aparentar ter compreendido como proceder. Você é relativamente novo no emprego e o termo NPV lhe é um tanto familiar.

1. Para determinar a mudança no preço das ações neste período, vá ao Yahoo! Finance (http://finance.yahoo.com) e entre com o símbolo das ações da Sirius (SIRI). Então, clique em "Historical Prices" e entre com as datas adequadas. Utilize os preços de fechamento ajustados para as duas datas.

2. Para determinar a mudança no valor, multiplique a mudança no preço das ações pelo número de ações em circulação. O número de ações em circulação nessas datas pode ser encontrado indo a finance.google.com e digitando "SIRI" na janela "Search Finance" (janela de busca). Selecione o *link* "Income Statement" (demonstrativo de resultados) do lado esquerdo da tela, e então selecione "Annual Data" (dados anuais) no canto direito superior da tela. Pode-se encontrar a "Diluted Weighted Average Shares" (média ponderada diluída das ações em circulação) na declaração de 12/31/2004 (31 de dezembro de 2004) nesta página.

3. Como a mudança no valor representa o NPV "esperado" do projeto, você terá que encontrar os fluxos de caixa líquidos anuais que forneceriam este NPV. Para esta análise, você precisará estimar o custo de capital do projeto. Mostraremos como calcular o custo de capital em capítulos subsequentes; por enquanto, utilize o *site* de custo de capital da New York University (NYU) (http:pages.stern.nyu.edu/~adamodar/New_Home_Page/datafile/wacc.htm). Localize o custo de capital na coluna mais à direita da indústria de "Entertainment Tech" (tecnologia de entretenimento).

4. Utilize o custo de capital do *site* da NYU e o NPV que você calculou para calcular o fluxo de caixa constante anual que fornece este NPV. Calcule fluxos de caixa para horizontes de 5, 10 e 15 anos.
5. Sua chefe mencionou que acredita que o contrato de Howard Stern pela Sirius foi muito bom para a XM porque indicou que a indústria tinha um valioso potencial de crescimento. Para ver se ela parece estar correta, encontre a reação percentual no preço das ações da XM (XMSR) neste mesmo período.

PARTE III

Avaliação Básica

Capítulo 7
Fundamentos do Orçamento de Capital

Capítulo 8
Avaliando Títulos de Dívida

Capítulo 9
Avaliando Ações

A ligação com a Lei do Preço Único. Agora que as ferramentas para a tomada de decisões financeiras já foram discutidas, podemos começar a aplicá-las. Uma das decisões mais importantes de um gerente financeiro diz respeito a escolha dos investimentos da empresa. O processo de alocação do capital para investimentos é conhecido como orçamento de capital, e no Capítulo 7 descreveremos em linhas gerais o método do fluxo de caixa descontado para a tomada de tais decisões. O Capítulo 7 fornece uma demonstração prática da força das ferramentas que foram introduzidas na Parte II.

As empresas levantam o capital de que precisam para realizar investimentos emitindo valores mobiliários como ações e títulos. Nos dois capítulos subsequentes, utilizaremos essas mesmas ferramentas para explicar como avaliar títulos e ações. No Capítulo 8, Avaliando Títulos de Dívida, a Lei do Preço Único nos permite ligar o preço dos títulos e seus rendimentos à estrutura a termo das taxas de juros de mercado. Da mesma maneira, no Capítulo 9, Avaliando Ações, mostramos como a Lei do Preço Único leva a vários métodos alternativos de avaliar o patrimônio de uma empresa considerando seus dividendos futuros, fluxos de caixa livres, ou como seu valor se compara ao de empresas de capital aberto similares.

CAPÍTULO 7

Fundamentos do Orçamento de Capital

No início de 2004, a Kellogg Company, a maior produtora mundial de cereais e outros produtos alimentícios, anunciou o lançamento dos cereais Sucrilhos e Froot Loops com menos açúcar. Como descreveu Jeff Montie, presidente da divisão norte-americana de alimentos matinais da Kellogg: "As extensões de marca Sucrilhos e Froot Loops representam uma nova grande opção para os pais e suas famílias. Pesquisas do consumidor indicam que os pais valorizam o fato de a Kellogg ter sido capaz de manter um excelente sabor sem adicionar adoçantes artificiais. Consequentemente, estamos confiantes de termos dois novos produtos que pais e filhos irão aceitar com entusiasmo". A decisão da Kellogg de introduzir extensões de marca de dois de seus cereais mais populares representa uma clássica decisão de orçamento de capital. Como a Kellogg quantificou os custos e os benefícios deste projeto e decidiu introduzir seus novos cereais? Desenvolveremos as ferramentas para avaliar projetos como este neste capítulo.

Uma importante responsabilidade dos gerentes financeiros empresariais é determinar quais projetos ou investimentos a empresa deve realizar. *Orçamento de capital* é o processo de análise de oportunidades de investimento e de decisão sobre quais levar adiante. O processo exige calcular o NPV e aceitar os projetos cujo NPV seja positivo. O primeiro passo neste processo é estimar os fluxos de caixa esperados do projeto fazendo previsões sobre suas receitas e custos. Utilizando estes fluxos de caixa, podemos calcular o NPV do projeto – sua contribuição para o valor do sócio. Finalmente, como as previsões de fluxos de caixa quase sempre contêm incerteza, demonstraremos como calcular a sensibilidade do NPV à incerteza nas previsões.

notação

IRR	(ou TIR) taxa interna de retorno
$EBIT$	lucros antes de juros e de impostos
τ_c	alíquota corporativa marginal
NPV	valor presente líquido
ΔNWC_t	aumento no capital de giro líquido entre o ano t e o ano $t-1$
NWC_t	capital de giro líquido no ano t
$CapEx$	desembolsos de capital
FCF_t	fluxo de caixa livre no ano t
PV	valor presente
r	custo projetado do capital

7.1 Previsão de rendimentos

Um **orçamento de investimento** lista os projetos e investimentos que uma empresa planeja realizar durante o ano seguinte. Para determinar esta lista, as empresas analisam projetos alternativos e decidem quais aceitar através de um processo chamado **orçamento de capital**. Este processo começa com previsões das futuras consequências para a empresa. Algumas destas consequências irão afetar as receitas da empresa; outras afetarão seus custos. Nossa meta última é determinar o efeito da decisão sobre os fluxos de caixa da empresa.

Como enfatizamos no Capítulo 2, *os rendimentos não são fluxos de caixa reais*. Entretanto, como questão prática, para deduzir os fluxos de caixa previstos de um projeto, os gerentes financeiros geralmente começam pela previsão dos rendimentos. Assim, *começaremos* determinando os **lucros incrementais** de um projeto – isto é, em quanto se espera que os rendimentos da empresa mudem como resultado da decisão de investimento. Então, na Seção 7.2, demonstraremos como utilizar os lucros incrementais para prever os *fluxos de caixa* do projeto.

Consideremos uma decisão hipotética de orçamento de capital enfrentada pelos gerentes da divisão Linksys da Cisco Systems, uma fabricante de hardware de redes para usuários domésticos. A Linksys está considerando o desenvolvimento de uma estrutura de rede wireless para usuários domésticos chamada HomeNet que fornecerá o hardware e o *software* necessários para se administrar toda uma casa a partir de qualquer conexão de Internet. Além de conectar PCs e impressoras, a HomeNet poderá controlar novos aparelhos de som capacitados para a Internet, filmadoras digitais, unidades de aquecimento e de ar-condicionado, os principais eletrodomésticos, sistemas de telefonia e de segurança, equipamentos de escritório, entre outros. A Linksys já dedicou $300.000 para a realização de um intensivo estudo de exequibilidade para avaliar a atratividade do novo produto.

Estimativas de receita e custo

Começaremos com um exame das estimativas de receita e de custo da HomeNet. Seu mercado alvo é residências e *home offices* "inteligentes" e de classe alta. Com base em extensas pesquisas de mercado, a previsão de vendas para a HomeNet é de 100.000 unidades por ano. Dado o ritmo das mudanças tecnológicas, a Linksys espera que o produto tenha uma vida de quatro anos. Será vendido em lojas sofisticadas de aparelhos eletrônicos e de som pelo preço de $375 no varejo, com um preço esperado de $260 no atacado.

Desenvolver o novo hardware será relativamente barato, já que as tecnologias existentes podem ser simplesmente reempacotadas em uma caixa com novo *design* e adequada para o uso doméstico. As equipes de *design* industrial tornarão a caixa e sua embalagem esteticamente agradáveis para o mercado residencial. A Linksys espera que os custos totais de engenharia e *design* cheguem a $5 milhões. Uma vez que o *design* esteja concluído, a produção propriamente dita será terceirizada pelo custo de $110 por unidade (incluindo a embalagem).

Além das exigências de hardware, a Linksys terá que criar um novo *software* aplicativo para possibilitar o controle virtual da residência a partir da Web. O desenvolvimento deste *software* exige coordenação com cada um dos fabricantes dos aparelhos e precisará de uma equipe dedicada de 50 engenheiros de *software* por um ano inteiro. O custo de um engenheiro de *software* (incluindo benefícios e custos relacionados) é de $200.000 por ano. Para verificar a compatibilidade de novos aparelhos de uso doméstico conectáveis à Internet com o sistema HomeNet à medida que eles forem surgindo, a Linksys também terá que construir um novo laboratório voltado para testes. Este laboratório ocupará instalações já existentes, mas exigirá $7,5 milhões em novos equipamentos.

O projeto do *software* e hardware será concluído e o laboratório poderá entrar em operação ao final de um ano. Neste momento, a HomeNet estará pronta para ser distribuída. A Linksys espera gastar $2,8 milhões por ano em *marketing* e suporte a este produto.

ENTREVISTA COM
Dick Grannis

Dick Grannis é Vice-Presidente Sênior e Tesoureiro da QUALCOMM Incorporated, líder mundial em tecnologia digital wireless de comunicações e semicondutores, sediada em San Diego, Califórnia, EUA. Ele entrou para a empresa em 1991 e cuida da carteira de investimentos da empresa, que vale $10 bilhões. Trabalha principalmente em transações com bancos de investimento, estrutura de capital e finanças internacionais.

PERGUNTA: *A QUALCOMM possui uma grande variedade de produtos em diferentes linhas de negócios. Como funciona seu processo de orçamento de capital para novos produtos?*

RESPOSTA: A QUALCOMM avalia novos projetos (como novos produtos, equipamentos, tecnologias, pesquisa e desenvolvimento, aquisições e investimentos estratégicos) utilizando medidas financeiras tradicionais, como os modelos de fluxos de caixa descontados, níveis de IRR, exigências de *fluidos*, o tempo necessário para alcançar fluxos de caixa cumulativos positivos, e o impacto do investimento no curto prazo em nosso lucro líquido declarado. Para investimentos estratégicos, consideramos o possível valor de melhorias financeiras, competitivas, tecnológicas e/ou de valor de mercado para nossos negócios essenciais – mesmo se esses benefícios não puderem ser quantificados. De maneira geral, tomamos decisões de orçamento de capital com base em diversas análises objetivas e na avaliação de nosso próprio negócio.

Não nos envolvemos em orçamento e análise de capital se o projeto representa uma exigência imediata e necessária para a operação de nossos negócios. Um exemplo é novos *software* ou equipamentos de produção para iniciar um projeto que já tenha sido aprovado.

Também ficamos atentos aos custos de oportunidade de alocar nossos recursos internos de engenharia em um projeto ou em outro. Vemos isso como um exercício constantemente desafiador, mas compensador, pois temos muitas oportunidades atraentes, mas recursos limitados para viabilizá-las.

PERGUNTA: *Com que frequência a QUALCOMM avalia suas taxas de retorno mínimo e que fatores são considerados ao determiná-las? Como vocês alocam capital entre as áreas e regiões e avaliam o risco de investimentos estrangeiros?*

RESPOSTA: A QUALCOMM encoraja seus planejadores financeiros a utilizar taxas de retorno mínimo (ou de desconto) que variem de acordo com o risco de determinado projeto. Esperamos uma taxa de retorno proporcional ao risco do projeto. Nossa equipe financeira considera uma grande variedade de taxas de desconto e escolhe uma que seja adequada ao perfil de risco esperado do projeto e ao horizonte de tempo. Elas podem variar de 6,00% a 8,00% para investimentos relativamente seguros no mercado doméstico até 50% ou mais para investimentos de patrimônio em mercados estrangeiros que possam ser ilíquidos e difíceis de prever. Reavaliamos nossas taxas de retorno mínimo pelo menos uma vez por ano.

Analisamos fatores essenciais como: (i) risco de adoção de mercado (se os clientes irão ou não comprar o novo produto ou serviço pelo preço e no volume que esperamos); (ii) risco de desenvolvimento de tecnologia (se podemos ou não desenvolver e patentear o novo produto ou serviço como esperamos); (iii) risco de execução (se podemos ou não lançar o novo produto ou serviço de maneira eficaz em termos de preço e na hora certa); e (iv) risco de ativo dedicado (a quantidade de recursos que terão que ser consumidos para concluir o trabalho).

PERGUNTA: *Como os projetos são classificados e como se determinam as taxas de retorno mínimo de novos projetos? O que aconteceria se a QUALCOMM simplesmente avaliasse todos os novos projetos com a mesma taxa mínima?*

RESPOSTA: Classificamos os projetos principalmente por nível de risco, mas também os classificamos pelo horizonte do tempo esperado. Consideramos projetos de curto e longo prazo para equilibrar nossas necessidades e alcançar nossos objetivos. Por exemplo, projetos e oportunidades imediatas podem exigir maior atenção, mas também mantemos o foco nos projetos de longo prazo porque eles geralmente criam um maior valor de longo prazo para os acionistas.

Se tivéssemos que avaliar todos os novos projetos com a mesma taxa de retorno mínimo, nossos planejadores, como padrão, escolheriam consistentemente investir nos projetos de mais alto risco, pois estes projetos pareceriam ter os maiores retornos esperados em modelos de fluxos de caixa descartados ou em análises de IRR. Esta abordagem provavelmente não funcionaria muito bem por muito tempo.

Previsão de lucros incrementais

Dadas as estimativas de receita e de custo, podemos prever os lucros incrementais da HomeNet, como mostra a planilha da Tabela 7.1. Após o produto ter sido desenvolvido no ano 0, ele gerará vendas de 100.000 unidades × $260 / unidade = $26 milhões a cada ano pelos próximos quatro anos. O custo de produzir essas unidades é de 100.000 unidades × $110 / unidade = $11 milhões por ano. Assim, a HomeNet irá produzir um lucro bruto de $26 milhões – $11 milhões = $15 milhões por ano, como mostra a linha 3 da planilha da Tabela 7.1.[1]

As despesas operacionais do projeto incluem $2,8 milhões por ano em *marketing* e custos de suporte, que são listados como despesas de venda, gerais e administrativas. No ano 0, a Linksys gastará $5 milhões em *design* e engenharia, juntamente com 50 × $200.000 = $10 milhões em *software*, somando um total de $15 milhões em despesas com pesquisa e desenvolvimento.

TABELA 7.1 PLANILHA — Fluxos de caixa de três projetos possíveis

	Ano	0	1	2	3	4	5
	Previsão dos lucros incrementais ($ mil)						
1	Vendas	—	26.000	26.000	26.000	26.000	—
2	Custo de mercadorias vendidas	—	(11.000)	(11.000)	(11.000)	(11.000)	—
3	**Lucro bruto**	—	15.000	15.000	15.000	15.000	—
4	Despesas com vendas, gerais e administrativas	—	(2.800)	(2.800)	(2.800)	(2.800)	—
5	Pesquisa e desenvolvimento	(15.000)	—	—	—	—	—
6	Depreciação	—	(1.500)	(1.500)	(1.500)	(1.500)	(1.500)
7	**EBIT**	(15.000)	10.700	10.700	10.700	10.700	(1.500)
8	Imposto de renda a 40%	6.000	(4.280)	(4.280)	(4.280)	(4.280)	600
9	**Lucro líquido não-alavancado**	(9.000)	6.420	6.420	6.420	6.420	(900)

Desembolsos de capital e depreciação. A HomeNet também precisa de $7,5 milhões em equipamentos para um novo laboratório. Lembremos, do Capítulo 2, que apesar de investimentos em instalações, propriedades e equipamentos serem um desembolso de capital, eles não são diretamente listados como despesas ao serem calculados os *rendimentos*. Em vez disso, a empresa deduz uma fração do custo desses itens a cada ano como depreciação. São utilizados vários métodos diferentes para calcular a depreciação. O mais simples deles é a **depreciação em linha reta**, em que o custo do ativo é dividido igualmente ao longo de sua vida (discutiremos outros métodos na Seção 7.2). Se supusermos uma depreciação em linha reta durante uma vida de cinco anos para os equipamentos do laboratório, a despesa da HomeNet com depreciação será de $1,5 milhão por ano. Deduzir essas despesas com depreciação leva à previsão dos lucros antes de juros e de impostos (EBIT) exibida na linha 7 da planilha da Tabela 7.1. Este tratamento dos desembolsos de capital é um dos principais motivos pelos quais os rendimentos não são uma representação precisa dos fluxos de caixa.

Despesas com juros. No Capítulo 2, vimos que, para calcular o lucro líquido de uma empresa, temos primeiro que deduzir as despesas com juros do EBIT. Ao avaliar uma decisão de orçamento de capital como o projeto da HomeNet, porém, geralmente *não incluímos as despesas com juros*. Quaisquer despesas incrementais com juros serão relacionadas à decisão da empresa em relação a como financiar o projeto. Aqui queremos avaliar o projeto individualmente, sepa-

---

[1] Apesar de as receitas e custos ocorrerem ao longo do ano, a convenção padrão, que adotamos aqui, é listar as receitas e custos no ano em que elas ocorrem. Assim, os fluxos de caixa que ocorrem no final de um ano serão listados em uma coluna diferente do que aqueles que ocorrem no início do ano seguinte, apesar de eles talvez ocorrerem com apenas semanas de diferença. Quando é necessária maior precisão, os fluxos de caixa geralmente são estimados trimestral ou mensalmente. (Ver também o Apêndice do Capítulo 5 para um método de conversão de fluxos de caixa que chegam continuamente em fluxos de caixa anuais.)

radamente da decisão de financiamento.[2] Assim, avaliaremos o projeto da HomeNet *como se* a Cisco não fosse criar nenhuma dívida para financiá-lo (seja este o caso ou não), e adiaremos a consideração de escolhas alternativas de financiamento até a Parte V deste livro. Por este motivo, chamaremos o lucro líquido que calculamos na planilha da Tabela 7.1 de **lucro líquido não-alavancado** do projeto, para indicar que ele não inclui nenhuma despesa com juros associada à alavancagem.

Impostos. As despesas finais que devemos considerar são os impostos da empresa. O índice correto a ser utilizado é a **alíquota marginal corporativa de impostos** da empresa, que ela pagará sobre um dólar *incremental* de lucro antes dos impostos. Na planilha da Tabela 7.1, supomos que a alíquota marginal corporativa de impostos do projeto HomeNet seja de 40% todo ano. A despesa com imposto de renda incremental é calculada na linha 8 como

$$\text{Imposto de renda} = \text{EBIT} \times \tau_c \qquad (7.1)$$

onde τ_c é a alíquota marginal corporativa de impostos da empresa.

No ano 1, a HomeNet irá contribuir com $10,7 milhões extras para o EBIT da Cisco, o que resultará em $10,7 milhões × 40% = $4,28 milhões em impostos extras devidos. Deduzimos esta quantia para determinar a contribuição da HomeNet para o lucro líquido após os impostos.

No ano 0, porém, o EBIT da HomeNet é negativo. Os impostos são relevantes neste caso? Sim. A HomeNet reduzirá o rendimento tributável da Cisco no ano 0 em $15 milhões. Desde que a Cisco obtiver rendimentos tributáveis de outra fonte no ano 0 com os quais ela possa compensar as perdas com a HomeNet, ela deverá $15 milhões × 40% = $6 milhões *a menos* em impostos no ano 0. A empresa deve creditar esta economia tributária no projeto da HomeNet. Um crédito similar caberia no ano 5, quando a empresa declara sua última despesa com depreciação dos equipamentos do laboratório.

EXEMPLO 7.1 — Tributando as perdas de projetos em empresas lucrativas

Problema

A Kellogg Company planeja lançar uma nova linha de produtos de café da manhã ricos em fibras e livres de gordura trans. As fortes despesas com propaganda associadas ao lançamento do novo produto irá gerar perdas operacionais de $15 milhões no próximo ano. Também no próximo ano, a Kellogg espera obter lucros antes dos impostos de $460 milhões de outras operações que não as dos novos produtos. Se a Kellogg paga uma alíquota de 40% em impostos sobre seus lucros antes dos impostos, quanto em impostos ela deverá no ano que vem sem o novo produto? Quanto ela deverá com o novo produto?

Solução

Sem o novo produto, a Kellogg deverá $460 milhões × 40% = $184 milhões em impostos no ano que vem. Com o novo produto, os lucros antes dos impostos da Kellogg no próximo ano serão de apenas $460 milhões − $15 milhões = $445 milhões, e ela deverá $445 milhões × 40% = $178 milhões em impostos. Assim, lançar o novo produto reduz os impostos da Kellogg no próximo ano em $184 milhões − $178 milhões = $6 milhões.

Cálculo do lucro líquido não-alavancado. Podemos expressar os dados na Planilha 7.1 como a seguinte fórmula do lucro líquido não-alavancado:

$$\begin{aligned}\text{Lucro líquido não-alavancado} &= \text{EBIT} \times (1 - \tau_c) \\ &= (\text{Receitas} - \text{Custos} - \text{Depreciação}) \times (1 - \tau_c)\end{aligned} \qquad (7.2)$$

---

[2] Esta abordagem é motivada pelo Princípio da Separação do Capítulo 3: quando os valores mobiliários têm preços justos, o valor presente líquido de um conjunto fixo de fluxos de caixa é independente de como esses fluxos de caixa são financiados. Mais adiante neste livro, consideraremos casos em que financiamentos podem influenciar o valor do projeto, e estenderemos nossas técnicas de orçamento de capital de acordo com isso no Capítulo 18.

Isto é, o lucro líquido não-alavancado de um projeto é igual às suas receitas incrementais menos os custos e a depreciação, avaliados com base nos lucros após os impostos.

Efeitos indiretos sobre os lucros incrementais

Ao calcular os lucros incrementais de uma decisão de investimentos, devemos incluir *todas* as mudanças entre os rendimentos de uma empresa com o projeto *versus* sem ele. Até agora, analisamos apenas os efeitos diretos do projeto da HomeNet. Mas a HomeNet pode ter consequências indiretas sobre outras operações da Cisco. Como esses efeitos indiretos também afetarão os rendimentos da Cisco, temos que incluí-los em nossa análise.

Custos de oportunidade. Muitos projetos utilizam um recurso que a empresa já possui. Como a empresa não precisa gastar dinheiro para adquirir este recurso para um novo projeto, é tentador supor que o recurso esteja disponível gratuitamente. Entretanto, em muitos casos, o recurso poderia gerar valor para a empresa em uma outra oportunidade ou projeto. O **custo de oportunidade** de utilizar um recurso é o valor que ele poderia ter gerado em sua melhor alternativa de uso.[3] Como este valor se perde quando o recurso é utilizado por um outro projeto, devemos incluir o custo de oportunidade como um custo incremental do projeto. No caso do projeto da HomeNet, o espaço será necessário para o novo laboratório. Apesar do laboratório futuramente ocupar instalações existentes, temos que incluir o custo de oportunidade de não utilizar o espaço de uma maneira alternativa.

EXEMPLO 7.2

O custo de oportunidade do espaço do laboratório da HomeNet

Problema

Suponha que o laboratório da HomeNet vá ocupar um espaço em armazém que a empresa poderia ter alugado por $200.000 por ano durante os anos 1-4. Como este custo de oportunidade afeta os lucros incrementais da HomeNet?

Solução

Neste caso, o custo de oportunidade do espaço no armazém é o aluguel de que se abdicou. Este custo reduziria os lucros incrementais da HomeNet durante os anos 1-4 em $200.000 \times (1 - 40\%) = 120.000.

Externalidades de projeto. **Externalidades de projeto** são efeitos indiretos do projeto que podem aumentar ou diminuir os lucros de outras atividades da empresa. Por exemplo, no caso da Kellogg descrito na introdução do capítulo, alguns consumidores do novo Sucrilhos com pouco açú-

---

ERRO COMUM — **O custo de oportunidade de um ativo ocioso**

Um erro comum é concluir que se um ativo se encontra atualmente ocioso, seu custo de oportunidade será zero. Por exemplo, a empresa pode ter um armazém que atualmente se encontra vazio, ou uma máquina que não está sendo utilizada. Geralmente, o ativo pode ter se tornado ocioso na expectativa do empreendimento do novo projeto, e, caso contrário, teria sido colocado em uso pela empresa. Mesmo se a empresa não tenha nenhum uso alternativo para o ativo, a empresa poderia escolher vendê-lo ou alugá-lo. O valor obtido com seu uso alternativo, sua venda ou seu aluguel representa um custo de oportunidade que tem que ser incluído como parte dos fluxos de caixa incrementais.

---

[3] No Capítulo 5, definimos o custo de oportunidade de capital como a taxa que se poderia obter sobre um investimento alternativo com risco equivalente. Similarmente, definimos o custo de oportunidade de se utilizar um ativo existente em um projeto como o fluxo de caixa gerado pela próxima melhor alternativa de uso que o ativo poderia ter.

car comprariam o Sucrilhos normal da Kellogg caso o novo produto não existisse. Quando as vendas de um novo produto desloca as vendas de um produto existente, a situação geralmente é chamada de **canibalização**. Suponha que aproximadamente 25% das vendas da HomeNet fossem provenientes de clientes que teriam comprado um roteador wireless já existente da Linksys se a HomeNet não estivesse disponível. Como esta redução nas vendas do roteador existente é uma consequência da decisão de desenvolver a HomeNet, temos que incluí-la ao calcular os lucros incrementais da HomeNet.

TABELA 7.2 PLANILHA Previsão de lucros incrementais da HomeNet incluindo canibalização e aluguel perdido

	Ano	0	1	2	3	4	5
	Previsão de lucros incrementais ($ mil)						
1	Vendas	—	23.500	23.500	23.500	23.500	—
2	Custo de mercadorias vendidas	—	(9.500)	(9.500)	(9.500)	(9.500)	—
3	**Lucro bruto**	—	14.000	14.000	14.000	14.000	—
4	Despesas com vendas, gerais e administrativas	—	(3.000)	(3.000)	(3.000)	(3.000)	—
5	Pesquisa e desenvolvimento	(15.000)	—	—	—	—	—
6	Depreciação	—	(1.500)	(1.500)	(1.500)	(1.500)	(1.500)
7	**EBIT**	(15.000)	9.500	9.500	9.500	9.500	(1.500)
8	Imposto de renda a 40%	6.000	(3.800)	(3.800)	(3.800)	(3.800)	600
9	**Lucro líquido não-alavancado**	**(9.000)**	**5.700**	**5.700**	**5.700**	**5.700**	**(900)**

A planilha na Tabela 7.2 recalcula a previsão dos lucros incrementais da HomeNet incluindo o custo de oportunidade do espaço do laboratório e a canibalização esperada do produto existente. O custo de oportunidade do espaço do laboratório do Exemplo 7.2 aumenta as despesas com vendas, gerais e administrativas de $2,8 milhões para $3,0 milhões. Para a canibalização, suponha que o roteador existente seja vendido no atacado por $100, de forma que as perdas esperadas nas vendas sejam de

$$25\% \times 100.000 \text{ unidades} \times \$100 / \text{unidade} = \$2,5 \text{ milhões}$$

Em comparação à planilha da Tabela 7.2, a previsão das vendas caiu de $26 milhões para $23,5 milhões. Além disso, suponha que o custo do roteador existente seja de $60 por unidade. Então, o custo das mercadorias vendidas é reduzido em

$$25\% \times 100.000 \text{ unidades} \times (\text{custo de } \$60 \text{ por unidade}) = \$1,5 \text{ milhão}$$

Assim, como a Cisco não irá mais precisar produzir tantos de seus roteadores wireless existentes, o custo incremental de mercadorias vendidas do projeto da HomeNet cai de $11 milhões para $9,5 milhões. O lucro bruto incremental da HomeNet cai, portanto, em $2,5 milhões – $1,5 milhão = $1 milhão uma vez que tenhamos incluído esta externalidade.

Logo, comparando as planilhas nas Tabelas 7.1 e 7.2, nossa previsão para o lucro líquido não-alavancado da HomeNet nos anos 1-4 diminui de $6,42 milhões para $5,7 milhões devido ao aluguel perdido do espaço do laboratório e às vendas perdidas do roteador existente.

Custos afundados e lucros incrementais

Um **custo afundado** é um custo irrecuperável pelo qual a empresa já é responsável. Os custos afundados foram ou serão pagos independentemente da decisão de se prosseguir ou não com o projeto. Portanto, eles não são incrementais com respeito à decisão atual e não devem ser incluídos em sua análise. Por este motivo, não incluímos em nossa análise os $300.000 já gastos em *marketing* e estudos de exequibilidade para a HomeNet. Como esses $300.000 já foram gastos, representam um custo afundado. Uma boa regra a ser lembrada é que *se nossa decisão não afeta um fluxo de caixa, então o fluxo de caixa não deve afetar nossa decisão*. A seguir, veremos alguns exemplos comuns de custos afundados que podem ser encontrados.

Despesas gerais fixas. As **despesas gerais** são associadas a atividades que não são diretamente atribuíveis a uma única atividade empresarial, mas que, em vez disso, afetam muitas áreas diferentes da corporação. Essas despesas geralmente são alocadas às diferentes atividades empresariais para fins contábeis. Na medida em que essas despesas gerais são fixas e ocorrerão de qualquer maneira, elas não são incrementais ao projeto e não devem ser incluídas. Devemos incluir como despesas incrementais apenas as despesas gerais *adicionais* que surgem devido à decisão de se empreender o projeto.

Pesquisas passadas e desembolsos com desenvolvimento. Quando uma empresa já dedicou recursos significativos para desenvolver um novo produto, pode haver uma tendência a continuar investindo no produto mesmo que as condições de mercado tenham mudado e que a viabilidade do produto seja improvável. A justificativa que às vezes é dada é que se o produto for abandonado, o dinheiro que já foi investido será "desperdiçado". Em outros casos, toma-se a decisão de abandonar um projeto porque ele não pode possivelmente ter êxito suficiente para recuperar o investimento que já tenha sido feito. Na verdade, nenhum argumento está correto: qualquer dinheiro que já tenha sido empregado é um custo afundado e, portanto, é irrelevante. A decisão de continuar ou abandonar deve se basear apenas nos custos e benefícios incrementais do produto que será lançado.

Complexidades do mundo real

Simplificamos o exemplo da HomeNet em um esforço de nos focarmos em tipos de efeitos que os gerentes financeiros consideram ao estimar os lucros incrementais de um projeto. Para um projeto real, porém, as estimativas dessas receitas e custos provavelmente serão muito mais complicadas. Por exemplo, é provável que nossa suposição de que o mesmo número de unidades da HomeNet será vendido a cada ano não seja realista. Um novo produto tipicamente possui vendas mais baixas no início, quando os clientes começam gradualmente a tomar conhecimento do produto. As vendas então se aceleram, chegam a um platô, e finalmente entram em declínio quando o produto se aproxima da obsolescência ou enfrenta maior concorrência.

Da mesma maneira, o preço médio de venda de um produto e seu custo de produção geralmente mudam com o tempo. Preços e custos tendem a subir com o nível geral da inflação na economia. Os preços de produtos tecnológicos, porém, geralmente caem com o tempo, à medida que surgem tecnologias novas e superiores e que os custos de produção diminuem. Para a maioria das indústrias, a concorrência tende a reduzir as margens de lucro com o passar do tempo. Esses fatores devem ser considerados ao se estimar as receitas e custos de um projeto.

A falácia do custo afundado

Falácia do custo afundado é um termo utilizado para descrever a tendência das pessoas a serem influenciadas pelos custos afundados e a "gastar dinheiro à toa". Isto é, às vezes as pessoas continuam a investir em um projeto que possui um NPV negativo porque já investiram uma grande quantia no projeto e sentem que, se não continuassem, estariam perdendo o que já foi investido. A falácia do custo afundado também pode ser chamada de "efeito Concorde", um termo que se refere à decisão dos governos britânico e francês em continuar financiando o desenvolvimento conjunto da aeronave Concorde mesmo depois de estar claro que as vendas do avião seriam muito menores do que o necessário para justificar a continuação de seu desenvolvimento. Apesar de o projeto ser visto pelo governo britânico como um desastre comercial e financeiro, as implicações políticas de interromper o projeto – e, dessa maneira, admitir publicamente que as despesas passadas não resultariam em nada – acabou evitando que os dois governos abandonassem o projeto.

EXEMPLO 7.3 — Adoção de produto e mudanças de preço

Problema

Suponha que as expectativas de vendas da HomeNet fossem de 100.000 unidades no ano 1, 125.000 unidades nos anos 2 e 3, e 50.000 unidades no ano 4. Suponha também que se esperasse que seu preço de venda e o custo de fabricação caíssem em 10% ao ano, como com outros produtos de rede. Em contraste, espera-se que as despesas com vendas, gerais e administrativas aumentem com a inflação em 4% ao ano. Atualize a previsão dos lucros incrementais da planilha da Tabela 7.2 para registrar esses efeitos.

Solução

Os lucros incrementais da HomeNet com essas novas suposições são exibidos na planilha abaixo:

	Ano	0	1	2	3	4	5
Previsão de lucros incrementais ($ mil)							
1	Vendas	—	23.500	26.438	23.794	8.566	—
2	Custo de mercadorias vendidas	—	(9.500)	(10.688)	(9.619)	(3.463)	—
3	Lucro bruto	—	14.000	15.750	14.175	5.103	—
4	Despesas com vendas, gerais e administrativas	—	(3.000)	(3.120)	(3.245)	(3.375)	—
5	Pesquisa e desenvolvimento	(15.000)	—	—	—	—	—
6	Depreciação	—	(1.500)	(1.500)	(1.500)	(1.500)	(1.500)
7	**EBIT**	(15.000)	9.500	11.130	9.430	228	(1.500)
8	Imposto de renda a 40%	6.000	(3.800)	(4.452)	(3.772)	(91)	600
9	**Lucro líquido não-alavancado**	(9.000)	5.700	6.678	5.658	137	(900)

Por exemplo, o preço de venda no ano 2 será de $260 × 0,90 = $234 por unidade para a HomeNet e $100 × 0,90 = $90 por unidade para o produto canibalizado. Assim, as vendas incrementais no ano 2 são iguais a 125.000 unidades ($234 por unidade) − 31.250 unidades canibalizadas × ($90 por unidade) = $26.438 milhões.

FIXAÇÃO DE CONCEITOS

1. Devemos incluir custos afundados nos fluxos de caixa de um projeto? Por quê, ou por que não?
2. Explique por que é necessário incluir o custo de oportunidade de se utilizar um recurso como custo incremental de um projeto.

7.2 Determinando o fluxo de caixa livre e o NPV

Como discutido no Capítulo 2, os rendimentos são uma medida contábil do desempenho da empresa. Eles não representam os lucros reais: a empresa não pode utilizar seus rendimentos para comprar bens, pagar funcionários, financiar novos investimentos, ou pagar dividendos aos acionistas. Para fazer essas coisas, uma empresa precisa de dinheiro em caixa. Assim, para avaliar uma decisão de orçamento de capital, temos que determinar suas consequências para o caixa disponível da empresa. O efeito incremental de um projeto sobre o capital disponível de uma empresa é o **fluxo de caixa livre** do projeto.

Nesta seção, preveremos o fluxo de caixa livre do projeto da HomeNet utilizando as previsões que desenvolvemos na Seção 7.1. Então, utilizaremos essa previsão para calcular o NPV do projeto.

Calculando o fluxo de caixa livre a partir dos rendimentos

Como discutido no Capítulo 2, há importantes diferenças entre rendimentos e fluxo de caixa. Rendimentos incluem débitos que não são de caixa, como depreciação, mas não incluem o custo do capital de investimento. Para determinar o fluxo de caixa livre da HomeNet a partir de seus lucros incrementais, temos que fazer ajustes para incluir essas diferenças.

Desembolsos de capital e depreciação. Depreciação não é uma despesa de caixa paga pela empresa. Em vez disso, é um método utilizado com fins contábeis e tributários para alocar o custo original da compra do ativo ao longo de sua vida. Como a depreciação não é um fluxo de caixa, não a incluímos na previsão dos fluxos de caixa. Em vez disso, incluímos o custo real em dinheiro do ativo quando ele é comprado.

Para calcular o fluxo de caixa livre da HomeNet, temos que somar de volta aos rendimentos a despesa de depreciação dos equipamentos de laboratório (um débito não de caixa) e subtrair o dispêndio de capital real de $7,5 milhões que serão pagos pelos equipamentos no ano 0. Exibimos esses ajustes nas linhas 10 e 11 da planilha da Tabela 7.3 (baseada na previsão dos lucros incrementais da planilha da Tabela 7.2).

TABELA 7.3 PLANILHA — Cálculo do fluxo de caixa livre da HomeNet (incluindo canibalização e aluguel perdido)

	Ano	0	1	2	3	4	5
Previsão de lucros incrementais ($ mil)							
1	Vendas	—	23.500	23.500	23.500	23.500	—
2	Custo de mercadorias vendidas	—	(9.500)	(9.500)	(9.500)	(9.500)	—
3	**Lucro bruto**	—	14.000	14.000	14.000	14.000	—
4	Despesas com vendas, gerais e administrativas	—	(3.000)	(3.000)	(3.000)	(3.000)	—
5	Pesquisa e desenvolvimento	(15.000)	—	—	—	—	—
6	Depreciação	—	(1.500)	(1.500)	(1.500)	(1.500)	(1.500)
7	**EBIT**	(15.000)	9.500	9.500	9.500	9.500	(1.500)
8	Imposto de renda a 40%	6.000	(3.800)	(3.800)	(3.800)	(3.800)	600
9	**Lucro líquido não-alavancado**	(9.000)	5.700	5.700	5.700	5.700	(900)
Fluxo de caixa livre ($ mil)							
10	Mais: Depreciação	—	1.500	1.500	1.500	1.500	1.500
11	Menos: Dispêndios de capital	(7.500)	—	—	—	—	—
12	Menos: Aumentos em NWC*	—	(2.100)	—	—	—	2.100
13	**Fluxo de caixa livre**	(16.500)	5.100	7.200	7.200	7.200	2.700

Capital de giro líquido (NWC)*. Definimos capital de giro líquido no Capítulo 2 como a diferença entre ativo circulante e passivo circulante. Os principais componentes do capital de giro líquido são dinheiro, estoque, contas a receber, e contas a pagar:

$$\text{Capital de giro líquido} = \text{Ativo circulante} - \text{Passivo circulante}$$
$$= \text{Dinheiro} + \text{Estoque} + \text{Contas a receber} - \text{Contas a pagar} \quad (7.3)$$

A maioria dos projetos exige que a empresa invista no capital de giro. As empresas podem precisar manter um saldo mínimo[4] para atender a dispêndios inesperados, e estoques de matérias-primas e de produtos acabados para acomodar incertezas de produção e flutuações de demanda. Além disso, os clientes podem não pagar imediatamente pelos bens que compram. Apesar de as vendas contarem imediatamente como parte dos rendimentos, a empresa não recebe nenhum dinheiro até que os clientes realmente paguem. Neste ínterim, a empresa inclui a quantia que os clientes devem em suas contas a receber. Assim, elas medem o crédito total que a empresa estendeu aos seus clientes. Da mesma maneira, as contas a pagar medem o crédito que a empresa recebeu de seus fornecedores. A diferença entre contas a receber e contas a pagar é a quantia líquida do capital da empresa que é consumido como consequência dessas transações de crédito, e é conhecida como **crédito comercial**.

---

* N. de R.: NWC significa capital de giro líquido (ou *net working capital*, do original).

[4] O dinheiro incluído no capital de giro líquido é dinheiro que *não* é investido para obter uma taxa de retorno de mercado. Ele inclui dinheiro mantido na conta corrente da empresa, em um cofre, em caixas registradoras (para lojas de varejo), e em outros lugares.

Suponha que a HomeNet não vá ter nenhum capital incremental ou exigências de estoque (os produtos serão enviados diretamente do fabricante contratado para os clientes). Porém, espera-se que as contas a receber relacionadas à HomeNet representem 15% das vendas anuais, e que as contas a pagar representem 15% do custo anual de mercadorias vendidas (COGS, ou *annual cost of goods sold*, no original).[5] As exigências de capital de giro líquido da HomeNet são exibidas na planilha da Tabela 7.4.

TABELA 7.4 PLANILHA — Exigências de capital de giro líquido da HomeNet

	Ano	0	1	2	3	4	5
	Previsão de lucros incrementais ($ mil)						
1	Exigências de dinheiro	—	—	—	—	—	—
2	Estoque	—	—	—	—	—	—
3	Contas a receber (15% das vendas)	—	3.525	3.525	3.525	3.525	—
4	Contas a pagar (15% do COGS)	—	(1.425)	(1.425)	(1.425)	(1.425)	—
5	**Capital de giro líquido**	—	**2.100**	**2.100**	**2.100**	**2.100**	—

A planilha da Tabela 7.4 mostra que o projeto da HomeNet não exigirá nenhum capital de giro líquido no ano 0, $2,1 milhões nos anos 1-4, e novamente nenhum no ano 5. Como essa exigência afeta o fluxo de caixa livre do projeto? Qualquer aumento no capital de giro líquido representa um investimento que reduz o dinheiro disponível para a empresa, e portanto, reduz o fluxo de caixa livre. Definimos o aumento no capital de giro líquido no ano t como

$$\Delta NWC_t = NWC_t - NWC_{t-1} \tag{7.4}$$

Podemos utilizar nossa previsão das exigências de capital de giro líquido da HomeNet para completar nossa estimativa de seu fluxo de caixa livre na planilha de Tabela 7.3. No ano 1, o capital de giro líquido aumenta em $2,1 milhões. Este aumento representa um custo para a empresa, como mostra a linha 12 da Planilha da Tabela 7.3. Esta redução no fluxo de caixa livre corresponde ao fato de que $3,525 milhões das vendas da empresa no ano 1, e $1,425 milhões de seus custos, ainda não foram pagos.

Nos anos 2-4, o capital de giro líquido não muda, então não são necessárias outras contribuições. No ano 5, quando o projeto é encerrado, o capital de giro líquido cai em $2,1 milhões conforme os pagamentos dos últimos clientes vão sendo recebidos e as últimas contas vão sendo pagas. Somamos esses $2,1 milhões ao fluxo de caixa livre no ano 5, como exibido na linha 12 da planilha da Tabela 7.3.

Agora que ajustamos o lucro líquido não-alavancado da HomeNet, incluindo depreciação, desembolsos de capital e aumentos no capital de giro líquido, calculamos seu fluxo de caixa livre, como exibido na linha 13 da planilha da Tabela 7.3. Observe que nos dois primeiros anos o fluxo de caixa livre é menor do que o lucro líquido não-alavancado, o que reflete o investimento à vista em equipamentos e o capital de giro líquido exigidos pelo projeto. Em anos posteriores, o fluxo de caixa livre excede o lucro líquido não-alavancado porque a depreciação não é uma despesa de dinheiro. No último ano, a empresa acaba recuperando o investimento em capital de giro líquido, incrementando ainda mais o fluxo de caixa livre.

---

[5] Se os clientes levam N dias para pagar, em média, então as contas a receber consistirão nas vendas que ocorreram nos N últimos dias. Se as vendas forem distribuídas uniformemente ao longo do ano, as contas a receber serão iguais a $(N/365)$ vezes vendas anuais. Assim, contas a receber iguais a 15% das vendas correspondem a um período médio de pagamento de $N = 15\% \times 365 = 55$ dias. O mesmo vale para as contas a pagar. (Ver também a Equação 2.8 no Capítulo 2.)

> **EXEMPLO 7.4**
>
> ### Capital de giro líquido com vendas inconstantes
>
> **Problema**
>
> Faça a previsão do investimento necessário em capital de giro líquido para a HomeNet na situação descrita no Exemplo 7.3.
>
> **Solução**
>
> Os investimentos necessários em capital de giro líquido são exibidos abaixo:
>
> | | Ano | 0 | 1 | 2 | 3 | 4 | 5 |
> |---|---|---|---|---|---|---|---|
> | **Previsão de lucros incrementais ($ mil)** | | | | | | | |
> | 1 | Contas a receber (15% das vendas) | — | 3.525 | 3.966 | 3.569 | 1.285 | — |
> | 2 | Contas a pagar (15% do COGS) | — | (1.425) | (1.603) | (1.443) | (519) | — |
> | 3 | **Capital de giro líquido** | — | **2.100** | **2.363** | **2.126** | **765** | — |
> | 4 | **Aumentos no NWC** | — | **2.100** | **263** | **(237)** | **(1.361)** | **(765)** |
>
> Neste caso, o capital de giro muda a cada ano. No ano 1, é necessário um grande investimento inicial em capital de giro, seguido por um pequeno investimento no ano 2 à medida que as vendas continuam a crescer. O capital de giro é recuperado nos anos 3-5, à medida que as vendas caem.

Cálculo direto do fluxo de caixa livre

Como observamos no início deste capítulo, como os profissionais normalmente começam o processo de orçamento de capital fazendo primeiramente uma previsão dos rendimentos, escolhemos fazer o mesmo. Entretanto, poderíamos ter feito um cálculo direto do fluxo de caixa livre da HomeNet utilizando a seguinte fórmula:

$$\text{Fluxo de caixa livre} = \overbrace{(\text{Receitas} - \text{Custos} - \text{Depreciação}) \times (1 - \tau_c)}^{\text{Lucro líquido não-alavancado}} \\ + \text{Depreciação} - \text{CapEx} - \Delta NWC \quad (7.5)$$

Observe que primeiro deduzimos a depreciação ao calcular os lucros incrementais do projeto, e então o adicionamos novamente (pois é uma despesa não de caixa) ao calcular o fluxo de caixa livre. Assim, o único efeito da depreciação é reduzir a renda tributável da empresa. De fato, podemos reescrever a Equação 7.5 como

$$\text{Fluxo de caixa livre} = (\text{Receitas} - \text{Custos}) \times (1 - \tau_c) - \text{CapEx} - \Delta NWC \\ + \tau_c \times \text{Depreciação} \quad (7.6)$$

O último termo da Equação 7.6, $\tau_c \times$ Depreciação, chama-se **benefício fiscal da depreciação incentivada**. É o que se economiza em impostos como resultado da possibilidade de deduzir a depreciação. Consequentemente, as despesas com depreciação possuem um impacto *positivo* sobre o fluxo de caixa livre. As empresas geralmente relatam diferentes despesas de depreciação para fins contábeis e tributários. Como somente as consequências tributárias da depreciação são relevantes para o fluxo de caixa livre, em nossa previsão devemos utilizar a despesa de depreciação que a empresa irá utilizar para fins tributários.

Calculando o NPV

Para calcular o NPV da HomeNet, temos que descontar seu fluxo de caixa livre do custo de capital adequado.[6] Como discutido no Capítulo 5, o custo de capital de um projeto é o retorno esperado

---

[6] Em vez de traçar um diagrama de fluxo de caixa separado para esses fluxos de caixa, podemos interpretar a última linha da planilha da Tabela 7.3 como o diagrama de fluxo de caixa.

que os investidores poderiam obter em seu melhor investimento alternativo com risco e maturidade similares. Desenvolveremos as técnicas necessárias para estimar o custo de capital na Parte V deste livro, onde discutiremos estrutura de capital. Por enquanto, suporemos que os gerentes da Cisco acreditam que o projeto da HomeNet terá um risco similar ao de outros projetos de sua divisão Linksys, e que o custo de capital adequado desses projetos seja de 12%.

Dado este custo de capital, calculamos o valor presente de cada fluxo de caixa livre no futuro. Como explicado no Capítulo 4, se o custo de capital $r = 12\%$, o valor presente do fluxo de caixa livre no ano t (ou FCF_t) é de

$$PV(FCF_t) = \frac{FCF_t}{(1+r)^t} = FCF_t \times \underbrace{\frac{1}{(1+r)^t}}_{t-\text{fator de desconto do ano}} \quad (7.7)$$

Calculamos o NPV do projeto da HomeNet na Tabela 7.5. A linha 3 da planilha calcula o fator de desconto, e a linha 4 multiplica o fluxo de caixa livre pelo fator de desconto para obter o valor presente. O NPV do projeto é a soma dos valores presentes de cada fluxo de caixa livre, exibidos na linha 5:

$$NPV = -16.500 + 4.554 + 5.740 + 5.125 + 4.576 + 1.532$$
$$= 5.027$$

Também podemos calcular o NPV utilizando a função NPV do Excel para calcular o valor presente dos fluxos de caixa nos anos 1 a 5, e então somamos o fluxo de caixa no ano 0 (isto é, " $= NPV(r, FCF_1:FCF_5) + FCF_0$ ").

TABELA 7.5 PLANILHA   Calculando o NPV da HomeNet

	Ano	0	1	2	3	4	5
	Valor presente líquido ($ mil)						
1	Fluxo de caixa livre	(16.500)	5.100	7.200	7.200	7.200	2.700
2	Custo de capital do projeto	12%					
3	Fator de desconto	1.000	0,893	0,797	0,712	0,636	0,567
4	**PV do fluxo de caixa livre**	(16.500)	4.554	5.740	5.125	4.576	1.532
5	**NPV**	**5.027**					

Com base em nossas estimativas, o NPV da HomeNet é de $5,027 milhões. Apesar de seu custo à vista ser de $16,5 milhões, o valor presente do fluxo de caixa livre extra que a Cisco receberá do projeto é de $21,5 milhões. Assim, empreender este projeto equivale à Cisco ter $5 milhões extras no banco hoje.

Escolhendo entre alternativas

Até agora, consideramos a decisão de orçamento de capital de lançar ou não a linha de produtos HomeNet. Para analisar a decisão, calculamos o fluxo de caixa livre do projeto e calculamos o NPV. Como *não* lançar a HomeNet produziria um NPV extra de zero para a empresa, lançá-la é a melhor decisão caso o NPV seja positivo. Em muitas situações, porém, temos que comparar alternativas mutuamente excludentes, cada uma das quais com suas consequências para os fluxos de caixa da empresa. Como explicamos no Capítulo 6, em casos como esse podemos tomar a melhor decisão calculando primeiramente o fluxo de caixa livre associado a cada alternativa e então escolhendo a alternativa com o maior NPV.

Avaliando alternativas de fabricação. Suponha que a Cisco esteja considerando um plano alternativo de fabricação para o produto HomeNet. O plano atual é terceirizar totalmente a produção a um custo de $110 por unidade. Como alternativa, a Cisco poderia montar o produto em suas instalações a um custo de $95 por unidade. Entretanto, esta última opção exigiria $5 milhões em despesas operacionais à vista para reorganizar as instalações de montagem, e a Cisco teria que manter estoques equivalentes a um mês de produção.

Para escolher entre essas duas alternativas, calculamos o fluxo de caixa livre associado a cada escolha e comparamos seus NPVs para ver qual é mais vantajoso para a empresa. Ao comparar alternativas, precisamos comparar apenas os fluxos de caixa que diferem entre elas. Podemos ignorar qualquer fluxo de caixa que seja igual em qualquer das duas situações (por exemplo, as receitas da HomeNet).

A planilha da Tabela 7.6 compara as duas opções de montagem, calculando o NPV dos custos de cada uma delas. A diferença em EBIT resulta do custo à vista de se preparar as instalações de montagem na própria empresa no ano 0 e dos diferentes custos de montagem: $110/unidade × 100.000 unidades/ano = $11 milhões/ano terceirizados, *versus* $95/unidade × 100.000 unidades/ano = $9,5 milhões/ano na própria empresa. Fazendo os ajustes relativos aos impostos, vemos as consequências para o lucro líquido não-alavancado nas linhas 3 e 9.

Como as opções não diferem em termos de desembolso de capital (não há nenhum desembolso associado à montagem), para comparar o fluxo de caixa livre de cada uma delas temos apenas que fazer os devidos ajustes relativos às suas diferentes exigências de capital de giro líquido. Se a montagem for terceirizada, as contas a pagar representam 15% do custo de mercadorias, ou 15% × $11 milhões = $1,65 milhão. Essa quantia é o crédito que a Cisco receberá de seu fornecedor no ano 1 e manterá até o ano 5. Como a Cisco tomará emprestada essa quantia de seu fornecedor, o capital de giro líquido *cai* em $1,65 milhão no ano 1, o que se somaria ao fluxo de caixa livre. No ano 5, o capital de giro líquido da Cisco aumentará à medida que a empresa for pagando seus fornecedores, e o fluxo de caixa livre cairá na mesma quantia.

Se a montagem for feita na própria empresa, as contas a pagar serão 15% × $9,5 milhões = $1,425 milhão. Entretanto, a Cisco terá que manter estoques equivalentes a um mês de produção, o que possui um custo de $9,5 milhão ÷ 12 = $0,792 milhão. Assim, o capital de giro líquido da Linksys diminuirá em $1,425 milhão – $0,792 milhão = $0,633 milhão no ano 1, e aumentará na mesma quantia no ano 5.

Comparando os fluxos de caixa livres das alternativas da Cisco. Incluindo os aumentos em capital de giro líquido, comparamos o fluxo de caixa livre de cada alternativa nas linhas 5 e

TABELA 7.6 PLANILHA — NPV do custo de montagem própria *versus* terceirizada ou *in-house* da HomeNet

	Ano	0	1	2	3	4	5
Montagem terceirizada ($ 000s)							
1	EBIT	—	(11.000)	(11.000)	(11.000)	(11.000)	—
2	Imposto de renda a 40%	—	4.400	4.400	4.400	4.400	—
3	**Lucro líquido não-alavancado**	—	(6.600)	(6.600)	(6.600)	(6.600)	—
4	Menos: aumentos no NWC	—	1.650	—	—	—	(1.650)
5	**Fluxo de caixa livre**	—	(4.950)	(6.600)	(6.600)	(6.600)	(1.650)
6	NPV a 12%	(19.510)					

	Ano	0	1	2	3	4	5
Montagem *in-house* ($ 000s)							
1	EBIT	(5.000)	(9.500)	(9.500)	(9.500)	(9.500)	—
2	Imposto de renda a 40%	2.000	3.800	3.800	3.800	3.800	—
3	**Lucro líquido não-alavancado**	(3.000)	(5.700)	(5.700)	(5.700)	(5.700)	—
4	Menos: aumentos no NWC	—	633	—	—	—	(633)
5	**Fluxo de caixa livre**	(3.000)	(5.067)	(5.700)	(5.700)	(5.700)	(633)
6	NPV a 12%	(20.107)					

11 e calculamos seu NPV utilizando o custo de capital do projeto, de 12%.[7] Em cada caso, o NPV é negativo, já que estamos avaliando apenas os custos de produção. A terceirização, porém, é um pouco mais barata, com um custo de valor presente de $19,5 milhões *versus* $20,1 milhões se as unidades forem produzidas na própria empresa.[8]

Outros ajustes relativos ao fluxo de caixa livre

Aqui descreveremos algumas complicações que podem surgir ao estimarmos o fluxo de caixa livre de um projeto.

Outros itens não de caixa. Em geral, outros itens não de caixa que possam aparecer como parte dos lucros incrementais não devem ser incluídos no fluxo de caixa livre do projeto. A empresa deve incluir apenas receitas e despesas realmente de caixa. Por exemplo, a empresa soma de volta qualquer amortização de ativos intangíveis (como patentes) ao lucro líquido não-alavancado quando calcula o fluxo de caixa livre.

Cronologia dos fluxos de caixa. Para maior simplicidade, tratamos os fluxos de caixa da HomeNet como se eles ocorressem a intervalos anuais. Na realidade, os fluxos de caixa estarão espalhados por todo o ano. Podemos prever o fluxo de caixa livre trimestral, mensal ou mesmo continuamente quando é necessária maior precisão.

Depreciação acelerada. Como a depreciação contribui positivamente com o fluxo de caixa da empresa através do benefício fiscal da depreciação incentivada, é do interesse da empresa utilizar o método mais acelerado possível de depreciação que seja permitido para fins tributários. Ao fazê-lo, a empresa irá acelerar suas economias tributárias e aumentar seu valor presente. Nos Estados Unidos, o método de depreciação mais acelerado permitido pelo IRS é a depreciação por MACRS (Sistema de Recuperação de Custo Acelerado Modificado, ou *Modified Accelerated Cost Recovery System*, no original). Com a **depreciação por MACRS**, a empresa primeiramente classifica os ativos de acordo com seu período de recuperação. Com base neste período de recuperação, as tabelas de depreciação por MACRS atribuem uma fração do preço de compra que a empresa pode recuperar a cada ano. No apêndice encontram-se tabelas MACRS e períodos de recuperação para ativos comuns.

Liquidação ou valor residual. Os ativos que não são mais necessários geralmente possuem um valor de revenda, ou algum valor residual se as peças forem vendidas para um ferro-velho. Alguns ativos podem ter um valor de liquidação negativo. Por exemplo, pode custar dinheiro remover e descartar o equipamento usado.

No cálculo de um fluxo de caixa ativo, incluímos o valor de liquidação de qualquer ativo que não seja mais necessário e que possa ser descartado. Quando um ativo é liquidado, qualquer ganho de capital é tributado como renda. Calculamos o ganho de capital como a diferença entre o preço de venda e o valor contábil do ativo:

$$\text{Ganho de capital} = \text{Preço de venda} - \text{Valor contábil} \tag{7.8}$$

O valor contábil é igual ao custo original do ativo menos a quantia que já foi depreciada para fins tributários:

$$\text{Valor contábil} = \text{Preço de compra} - \text{Depreciação acumulada} \tag{7.9}$$

---

[7] Os riscos dessas opções poderiam potencialmente diferir do risco do projeto como um todo e dos riscos das outras opções, exigindo um diferente custo de capital para cada caso. Ignoraremos tais diferenças aqui.

[8] Também é possível comparar esses dois casos em uma única planilha onde poderíamos calcular diretamente a diferença nos fluxos de caixa livre, em vez de calcular os fluxos de caixa livre separadamente para cada opção. Preferimos calculá-los separadamente, já que é mais claro e pode ser generalizado para o caso em que há mais de duas opções.

EXEMPLO 7.5 — Calculando a depreciação acelerada

Problema

Que dedução de depreciação seria permitida para os equipamentos do laboratório utilizando o método do MACRS, supondo que os equipamentos do laboratório tenham um período de recuperação de 5 anos?

Solução

A Tabela 7A.1 no apêndice fornece a porcentagem do custo que pode ser depreciada a cada ano. Com base na tabela, a despesa de depreciação permissível para os equipamentos do laboratório é exibida abaixo (em milhares de dólares):

	Ano	0	1	2	3	4	5
Depreciação por MACRS							
1	Custo dos equipamentos do laboratório	(7.500)					
2	Taxa de depreciação do MACRS		20,00%	32,00%	19,20%	11,52%	11,52%	5,76%
3	Despesa de depreciação		(1.500)	(2.400)	(1.440)	(864)	(864)	(432)

Se comparado à depreciação em linha reta, o método do MACRS permite maiores deduções de depreciação mais cedo na vida do ativo, o que aumenta o valor presente do benefício fiscal da depreciação incentivada, e assim irá aumentar o NPV do projeto. No caso da HomeNet, calcular o NPV utilizando a depreciação por MACRS leva a um NPV de $5,34 milhões.

EXEMPLO 7.6 — Somando o valor residual ao fluxo de caixa livre

Problema

Suponha que além dos $7,5 milhões em novos equipamentos necessários para o laboratório da HomeNet, outros equipamentos serão transferidos para o laboratório de outra fábrica da Linksys. Estes equipamentos possuem um valor de revenda de $2 milhões e um valor contábil de $1 milhão. Se os equipamentos forem mantidos em vez de vendidos, seu valor contábil restante pode ser depreciado no ano seguinte. Quando o laboratório for fechado no ano 5, os equipamentos terão um valor residual de $800.000. Que ajustes temos que fazer no fluxo de caixa livre da HomeNet neste caso?

Solução

Os equipamentos existentes poderiam ter sido vendidos por $2 milhões. Os recursos após os impostos provenientes desta venda são um custo de oportunidade de se utilizar o equipamento no laboratório da HomeNet. Assim, temos que reduzir o fluxo de caixa livre no ano 0 em $2 milhões − 40% × ($2 milhões − $1 milhão) = $1,6 milhão.

No ano 1, o valor contábil restante de $1 milhão dos equipamentos pode ser depreciado, criando um benefício fiscal de depreciação de 40% × $1 milhão = $400.000. No ano 5, a empresa venderá os equipamentos por um valor residual de $800.000. Como os equipamentos serão totalmente depreciados neste momento, toda essa quantia será tributável como um ganho de capital, então o fluxo de caixa após os impostos proveniente da venda é de $800.000 × (1 − 40%) = $480.000.

A planilha abaixo mostra esses ajustes no fluxo de caixa livre a partir da planilha da Tabela 7.3 e recalcula o fluxo de caixa livre da HomeNet e o NPV neste caso.

	Ano	0	1	2	3	4	5
Fluxo de caixa livre e NPV ($ mil)							
1	Fluxo de caixa livre sem equipamentos	(16.500)	5.100	7.200	7.200	7.200	2.700
	Ajustes pelo uso de equipamentos existentes						
2	Valor residual após os impostos	(1.600)	—	—	—	—	480
3	Benefício fiscal de depreciação	—	400	—	—	—	—
4	**Fluxo de caixa livre com equipamentos**	(18.100)	5.500	7.200	7.200	7.200	3.180
5	NPV a 12%	4.055					

Temos que ajustar o fluxo de caixa livre para incluir o fluxo de caixa após os impostos que resultaria da venda de um ativo:

$$\text{Fluxo de caixa após os impostos da venda de um ativo} = \text{Preço de venda} - (\tau_c \times \text{Ganho de capital}) \quad (7.10)$$

Valor terminal ou de continuação. Às vezes a empresa prevê explicitamente o fluxo de caixa livre em um horizonte mais curto do que o horizonte total do projeto ou investimento. Isso é necessariamente verdade para investimentos com uma vida indefinida, como uma expansão da empresa. Neste caso, estimamos o valor do fluxo de caixa restante para além do horizonte de previsão incluindo um fluxo de caixa extra único no final deste horizonte, que se chama **valor terminal** ou **valor de continuação** do projeto. Esta quantia representa o valor de mercado (a partir do último período de previsão) do fluxo de caixa livre do projeto em todas as datas futuras.

Dependendo da situação, utilizamos diferentes métodos para estimar o valor de continuação de um investimento. Por exemplo, ao analisar investimentos com vida longa, é comum calcular explicitamente o fluxo de caixa livre em um horizonte curto, e então supor que os fluxos de caixa cresçam a uma taxa constante além do horizonte de previsão.

EXEMPLO 7.7 — Valor de continuação com crescimento perpétuo

Problema

A Base Hardware está considerando abrir um grupo de novas lojas de varejo. As projeções de fluxo de caixa livre das novas lojas são exibidas abaixo (em milhões de dólares):

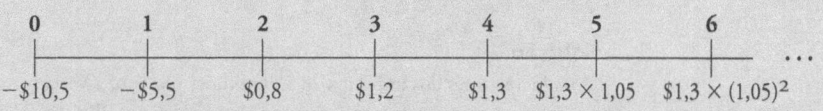

0	1	2	3	4	5	6	...
−$10,5	−$5,5	$0,8	$1,2	$1,3	$1,3 × 1,05	$1,3 × (1,05)²	

Após o ano 4, a Base Hardware espera que o fluxo de caixa livre das lojas aumente a uma taxa de 5% ao ano. Se o custo de capital adequado para este investimento for de 10%, que valor de continuação no ano 3 expressa o valor dos fluxos de caixa futuros do ano 4 em diante? Qual é o NPV das novas lojas?

Solução

O fluxo de caixa livre esperado da loja no ano 4 é de $1,30 milhão, com um fluxo de caixa livre futuro do ano 4 em diante que cresce a uma taxa de 5% ao ano. O valor de continuação no ano 3 do fluxo de caixa livre do ano 4 em diante pode, portanto, ser calculado como uma perpetuidade de crescimento constante:

Valor de continuação no ano 3 = PV (FCF do ano 4 em diante)

$$= \frac{FCF_4}{r - g} = \frac{\$1{,}30 \text{ milhão}}{0{,}10 - 0{,}05} = \$26 \text{ milhões}$$

Podemos recalcular o fluxo de caixa livre do investimento como a seguir (em milhares de dólares):

Ano	0	1	2	3
Fluxo de caixa livre (anos 0-3)	(10.500)	(5.500)	800	1.200
Valor de continuação				26.000
Fluxo de caixa livre	(10.500)	(5.500)	800	27.200

O NPV do investimento nas novas lojas é de

$$NPV = -10{.}500 - \frac{5{.}500}{1{,}10} + \frac{800}{1{,}10^2} + \frac{27{.}200}{1{,}10^3} = \$5{.}597$$

ou $5,597 milhões.

Prejuízos fiscais a compensar. Uma empresa geralmente identifica sua alíquota fiscal marginal determinando a faixa de tributação em que cai com base em seu nível geral de lucro antes dos impostos. Dois outros elementos do código fiscal, chamados de **prejuízos fiscais a compensar e compensação retroativa de prejuízos fiscais**, permitem que as empresas contrabalancem as perdas durante um ano corrente com os ganhos de anos vizinhos. Desde 1997, as empresas podem fazer "compensação retroativa" de perdas por dois anos e podem "adiar a compensação" de perdas por 20 anos. Esta regra fiscal significa que a empresa pode contrabalançar as perdas durante um ano com os lucros dos dois últimos anos, ou deixar que as perdas sejam contrabalançadas com lucros durante os 20 próximos anos. Quando uma empresa faz compensação retroativa de prejuízos fiscais, ela recebe uma restituição por impostos passados no ano corrente. Caso contrário, a empresa tem que adiar a compensação das perdas e utilizá-las para contrabalançar lucros tributáveis futuros. Quando uma empresa tem prejuízos fiscais a compensar muito acima de seus lucros correntes antes dos impostos, então o lucro adicional que ela obtém hoje simplesmente aumentará os impostos que ela deverá após exaurir seus adiamentos de compensação.

EXEMPLO 7.8 — Prejuízos fiscais a compensar

Problema

A Verian Industries possui prejuízos fiscais a compensar pendentes de $100 milhões provenientes de perdas dos seis últimos anos. Se a Verian passar a ganhar $30 milhões por ano de lucros antes dos impostos de agora em diante, quando ela pagará impostos pela primeira vez? Se a Verian ganhar $5 milhões extras no ano que vem, em que ano seus impostos aumentarão?

Solução

Com lucros antes dos impostos de $30 milhões por ano, a Verian será capaz de utilizar seus prejuízos fiscais a compensar para evitar pagar impostos até o ano 4 (em milhões de dólares):

Ano	1	2	3	4	5
Lucros antes dos impostos	30	30	30	30	30
Prejuízos fiscais a compensar	−30	−30	−30	−10	
Renda tributável	0	0	0	20	30

Se a Verian ganhar $5 milhões extras no primeiro ano, ela deverá impostos sobre esses $5 milhões extras no ano 4:

Ano	1	2	3	4	5
Lucros antes dos impostos	35	30	30	30	30
Prejuízos fiscais a compensar	−35	−30	−30	−5	
Renda tributável	0	0	0	25	30

Assim, quando uma empresa possui prejuízos fiscais a compensar, o impacto fiscal dos rendimentos correntes será adiado até que os prejuízos fiscais a compensar sejam exauridos. Este adiamento reduz o valor presente do impacto fiscal, e as empresas às vezes aproximam o efeito dos prejuízos fiscais a compensar utilizando uma alíquota fiscal marginal menor.

FIXAÇÃO DE CONCEITOS

1. Explique por que é vantajoso para uma empresa utilizar o plano de depreciação mais acelerado possível para fins tributários.
2. O que é o valor de continuação ou valor terminal de um projeto?

7.3 Analisando o projeto

Ao avaliar um projeto de orçamento de capital, os gerentes financeiros devem tomar a decisão que maximiza o NPV. Como já discutimos, para calcular o NPV de um projeto é preciso estimar os fluxos de caixa incrementais e determinar uma taxa de desconto. Dados esses *inputs*, o cálculo do NPV é relativamente fácil. A parte mais difícil do orçamento de capital é decidir como estimar os fluxos de caixa e o custo de capital. Essas estimativas geralmente estão sujeitas a uma incerteza significativa. Nesta seção, veremos métodos que avaliam a importância dessa incerteza e identificam os determinantes de valor do projeto.

Análise do ponto de equilíbrio

Quando não temos certeza em relação ao *input* de uma decisão de orçamento de capital, geralmente é útil determinar o **ponto de equilíbrio** desse *input*, que é o nível para o qual o investimento possui um NPV igual a zero. Um exemplo que já consideramos é o cálculo da taxa interna de retorno (IRR). Lembremos, do Capítulo 6, que a diferença entre a IRR e o custo de capital de um projeto nos diz que grandeza de erro no custo de capital seria necessária para mudar a decisão de investimento. Utilizando a função IRR [ou TIR] do Excel, a planilha da Tabela 7.7 calcula uma IRR de 24,1% para o fluxo de caixa livre do projeto da HomeNet.[9] Logo, o custo de capital real pode ser tão alto quanto 24,1% e o projeto ainda terá NPV positivo.

TABELA 7.7 PLANILHA — Cálculo da IRR da HomeNet

	Ano	0	1	2	3	4	5
	NPV ($ mil) e IRR						
1	Fluxo de caixa livre	(16.500)	5.100	7.200	7.200	7.200	2.700
2	NPV a 12%	5.027					
3	IRR	24,1%					

Não há motivo para limitar nossa atenção à incerteza na estimativa do custo de capital. Em uma **análise do ponto de equilíbrio**, para cada parâmetro calculamos o valor para o qual o NPV do projeto é igual a zero. A Tabela 7.8 mostra o ponto de equilíbrio de vários parâmetros importantes.

TABELA 7.8 — Pontos de equilíbrio da HomeNet

Parâmetro	Ponto de equilíbrio
Unidades vendidas	79.759 unidades por ano
Preço no atacado	$232 por unidade
Custo de mercadorias	$138 por unidade
Custo de capital	24,1%

---

[9] O formato do Excel é = IRR(FCF0:FCF5).

Por exemplo, com base nas suposições iniciais, o projeto da HomeNet chegará ao ponto de equilíbrio com um nível de venda pouco abaixo de 80.000 unidades por ano. Como alternativa, a um nível de vendas de 100.000 unidades por ano, o projeto irá alcançar o ponto de equilíbrio com um preço de $232 por unidade.

Examinamos os pontos de equilíbrio em termos do NPV do projeto, que é a perspectiva mais útil para a tomada de decisão. Outras noções contábeis de equilíbrio são às vezes consideradas, porém. Por exemplo, poderíamos calcular o **ponto de equilíbrio do EBIT** de vendas, que é o nível de vendas para o qual o EBIT do projeto é igual a zero. Apesar de o nível de vendas do ponto de equilíbrio da HomeNet ser de apenas 32.000 unidades por ano, dado o grande investimento à vista necessário para a HomeNet, seu NPV é de −$11,8 milhões neste nível de vendas.

Análise de sensibilidade

Uma outra ferramenta importante do orçamento de capital é a análise de sensibilidade. A **análise de sensibilidade** decompõe o cálculo do NPV em suas suposições e mostra como o NPV varia com a mudança das suposições por trás dele. Dessa maneira, a análise de sensibilidade nos permite explorar os efeitos de erros em nossas estimativas do NPV do projeto. Ao realizar uma análise de sensibilidade, descobrimos quais suposições são as mais importantes; podemos, então, investir mais recursos e esforços para refiná-las. Tal análise também revela quais aspectos do projeto são mais críticos quando estamos realmente o gerenciando.

Para ilustrar, consideremos as suposições por trás do cálculo do NPV da HomeNet. É provável que haja uma incerteza significativa em torno de cada suposição de receita e custo. A Tabela 7.9 mostra as suposições do caso-base, juntamente com o melhor e o pior caso para vários dos principais aspectos do projeto.

TABELA 7.9 Suposições de parâmetros da HomeNet no melhor e no pior caso

Parâmetro	Suposição inicial	Pior caso	Melhor caso
Unidades vendidas (milhares)	100	70	130
Preço de venda ($/unidade)	260	240	280
Custo de mercadorias ($/unidade)	110	120	100
NWC (milhares de $)	2.100	3.000	1.600
Canibalização	25%	40%	10%
Custo de capital	12%	15%	10%

Para determinar a importância desta incerteza, recalculamos o NPV do projeto da HomeNet utilizando as suposições de cada parâmetro no pior e no melhor caso. Por exemplo, se o número de unidades vendidas é de apenas 70.000 por ano, o NPV do projeto cai para −2,4 milhões. Repetimos este cálculo para cada parâmetro. O resultado é exibido na Figura 7.1, que revela que as suposições de parâmetros mais importantes são o número de unidades vendidas e o preço de venda por unidade. Essas suposições merecem grande cuidado durante o processo de estimação. Além disso, como os determinantes mais importantes do valor do projeto, esses fatores merecem uma grande atenção durante o gerenciamento do projeto.

FIGURA 7.1

NPV da HomeNet nas suposições de parâmetros no melhor e no pior caso

As barras azul-claras mostram a mudança no NPV na suposição de cada parâmetro no melhor caso; as barras azul-escuras mostram a mudança na suposição no pior caso. O gráfico também mostra os níveis do ponto de equilíbrio de cada parâmetro. Nas suposições iniciais, o NPV da HomeNet é de $5,0 milhões.

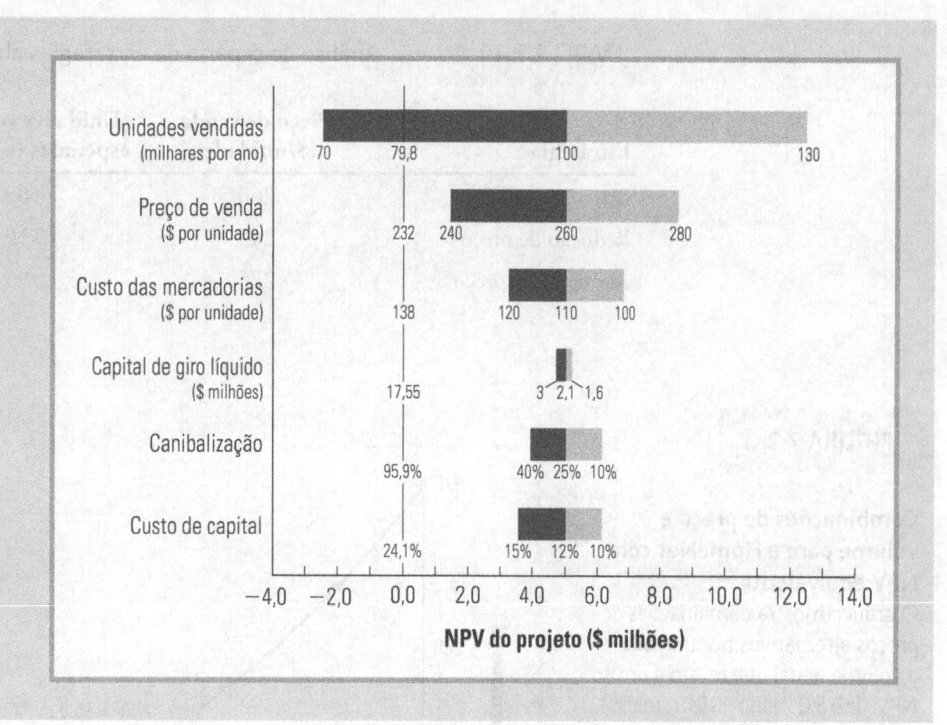

Parâmetro	Pior	Equilíbrio	Inicial	Melhor
Unidades vendidas (milhares por ano)	70	79,8	100	130
Preço de venda ($ por unidade)	232	240	260	280
Custo das mercadorias ($ por unidade)	138	120	110	100
Capital de giro líquido ($ milhões)	17,55	3	2,1	1,6
Canibalização	95,9%	40%	25%	10%
Custo de capital	24,1%	15%	12%	10%

EXEMPLO 7.9

Sensibilidade a custos de *marketing* e de suporte

Problema

A previsão corrente dos custos de *marketing* e de suporte é de $3 milhões por ano durante os anos 1-4. Suponha que os custos de *marketing* e de suporte possam chegar a $4 milhões por ano. Qual é o NPV da HomeNet neste caso?

Soluções

Podemos responder essa pergunta mudando as despesas de vendas, gerais e administrativas para $4 milhões na planilha da Tabela 7.3 e calculando o NPV do fluxo de caixa livre resultante. Também podemos calcular o impacto dessa mudança da seguinte maneira: um aumento de $1 milhão em custos de *marketing* e de suporte reduzirá o EBIT em $1 milhão e, portanto, diminuirá o fluxo de caixa livre da HomeNet em uma quantia após os impostos de $1 milhão × (1 − 40%) = $0,6 milhão por ano. O valor presente dessa diminuição é

$$PV = \frac{-0,6}{1,12} + \frac{-0,6}{1,12^2} + \frac{-0,6}{1,12^3} + \frac{-0,6}{1,12^4} = -\$1,8 \text{ milhão}$$

O NPV da HomeNet cairia para $5,0 milhões − $1,8 milhão = $3,2 milhões.

Análise de cenário

Na análise feita até agora, consideramos as consequências de variar apenas um parâmetro de cada vez. Na realidade, certos fatores podem afetar mais de um parâmetro. A **análise de cenário** considera o efeito da mudança de múltiplos parâmetros do projeto sobre o NPV. Por exemplo, diminuir o preço da HomeNet pode aumentar o número de unidades vendidas. Podemos utilizar a análise de cenário para avaliar estratégias alternativas de precificação para o produto da HomeNet na Tabela 7.10. Neste caso, a estratégia atual é ótima. A Figura 7.2 mostra as combinações de preço e volume que levariam ao mesmo NPV de $5 milhões para a HomeNet que a estratégia atual. Apenas estratégias com combinações de preço e volume acima da linha levarão a um NPV maior.

TABELA 7.10	Análise de cenário de estratégias alternativas de precificação		
Estratégia	Preço de venda ($/unidade)	Unidades vendidas esperadas (milhares)	NPV ($ milhares)
Estratégia atual	260	100	5.027
Redução de preço	245	110	4.582
Aumento de preço	275	90	4.937

FIGURA 7.2

Combinações de preço e volume para a HomeNet com NPV equivalente

O gráfico mostra combinações de preços alternativos por unidade e volume anual que levam a um NPV de $5,0 milhões. Estratégias de precificação com combinações acima desta linha levarão a um NPV maior e são melhores.

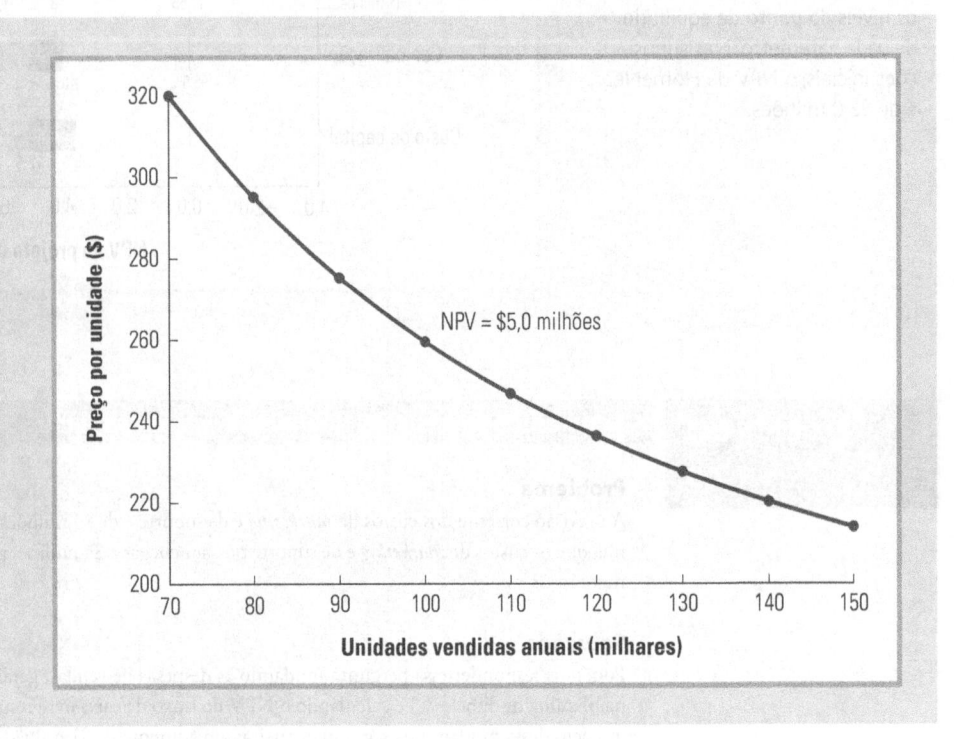

[Gráfico: curva decrescente mostrando NPV = $5,0 milhões, com Preço por unidade ($) no eixo Y (200-320) e Unidades vendidas anuais (milhares) no eixo X (70-150)]

FIXAÇÃO DE CONCEITOS

1. O que é análise de sensibilidade?
2. Como a análise de cenário difere da análise de sensibilidade?

Resumo

1. Orçamento de capital é o processo de analisar oportunidades de investimento e de decidir quais aceitar. Um orçamento de investimento é uma lista de todos os projetos que uma empresa planeja empreender durante o período seguinte.

2. Utilizamos a regra do NPV para avaliar decisões de orçamento de capital, tomando decisões que maximizem o NPV. Ao decidir aceitar ou rejeitar um projeto, aceitamos projetos com um NPV positivo.

3. Os lucros incrementais de um projeto compreendem a quantia com a qual se espera que o projeto afete os lucros da empresa.

4. Os lucros incrementais devem incluir todas as receitas e custos incrementais associados ao projeto, inclusive externalidades de projeto e custos de oportunidade, mas devem excluir custos históricos e despesas com juros.

a. Externalidades de projeto são fluxos de caixa que ocorrem quando um projeto afeta outras áreas dos negócios da empresa.
b. Um custo de oportunidade é o custo de se utilizar um ativo já existente.
c. Um custo histórico é um custo irrecuperável que já foi incorrido.
d. Juros e outras despesas relativas a financiamentos são excluídos para determinar o lucro líquido não-alavancado do projeto.

5. Estimamos os impostos utilizando a alíquota fiscal marginal, com base no lucro líquido gerado pelo resto das operações da empresa, além de qualquer compensação retroativa de prejuízos fiscais ou prejuízos fiscais a compensar.

6. Calculamos o fluxo de caixa livre dos lucros incrementais eliminando todas as despesas não de caixa e incluindo todo o investimento de capital.

a. A depreciação não é uma despesa de caixa, então é somada de volta.
b. Desembolsos de capital reais são deduzidos
c. Aumentos no capital de giro líquido são deduzidos. O capital de giro líquido é definido como

$$\text{Dinheiro} + \text{Estoques} + \text{Contas a receber} - \text{Contas a pagar} \quad (7.3)$$

7. O cálculo básico do fluxo de caixa livre é

$$\text{Fluxo de caixa livre} = \overbrace{(\text{Receitas} - \text{Custos} - \text{Depreciação}) \times (1 - \tau_c)}^{\text{Lucro líquido não-alavancado}} + \text{Depreciação} - \text{CapEx} - \Delta NWC \quad (7.5)$$

O fluxo de caixa livre também deve incluir a liquidação ou valor residual (após os impostos) de qualquer ativo que seja descartado. Pode também incluir um valor terminal (de continuação) se o projeto continuar para além do horizonte de previsão.

8. As despesas de depreciação afetam o fluxo de caixa livre somente através do benefício fiscal da depreciação. A empresa deve utilizar o plano de depreciação mais acelerado possível.

9. A taxa de desconto de um projeto é seu custo de capital: o retorno esperado de títulos com risco e horizonte comparáveis.

10. A análise do ponto de equilíbrio calcula o nível de um parâmetro que faz o NPV de um projeto ser igual a zero.

11. A análise de sensibilidade decompõe o cálculo do NPV em suas suposições, mostrando como ele varia em função da mudança das suposições por trás dele.

12. A análise de cenário considera o efeito da mudança simultânea de múltiplos parâmetros.

Termos fundamentais

alíquota marginal corporativa de impostos *p. 212*
análise de cenário *p. 229*
análise de sensibilidade *p. 228*
análise do ponto de equilíbrio *p. 227*
benefício fiscal da depreciação *p. 220*
canibalização *p. 214*
crédito comercial *p. 218*
custo de oportunidade *p. 214*
custo afundado *p. 215*
depreciação em linha reta *p. 212*
depreciação por MACRS *p. 223*

despesas gerais *p. 216*
externalidades de projeto *p. 214*
fluxo de caixa livre *p. 217*
lucro líquido não-alavancado *p. 213*
lucros incrementais *p. 210*
orçamento de capital *p. 210*
orçamento de investimentos *p. 210*
ponto de equilíbrio do EBIT *p. 228*
ponto de equilíbrio *p. 227*
prejuízo fiscal a compensar e compensação retroativa de prejuízos fiscais *p. 226*
valor terminal (de continuação) *p. 225*

Leituras recomendadas

Para um excelente panorama da história do conceito do valor presente e seu uso em orçamento de capital, ver M. Rubinstein, "Great Moments in Financial Economics: I. Present Value, *Journal of Investment Management* (First Quarter 2003).

Irving Fisher foi o primeiro a aplicar a Lei do Preço Único para propor que qualquer projeto de capital deve ser avaliado em termos de seu valor presente; ver I. Fisher, *The Rate of Interest: Its Nature, Determination and Relation to Economic Phenomena* (New York: Macmillan, 1907). I. Fisher, *The Theory of Interest: As Determined by Impatience to Spend Income and Opportunity to Invest It* (New York: Macmillan, 1930); reimpresso (New York: Augustus M. Kelley, 1955).

O uso dessa abordagem de orçamento de capital foi mais tarde popularizado no seguinte livro: J. Dean, *Capital Budgeting* (New York: Columbia University Press, 1951).

Revisitaremos os tópicos deste capítulo com maior profundidade na Parte VI deste livro. Outras leituras para tópicos mais avançados serão fornecidas lá.

Problemas

Todos os problemas deste capítulo estão disponíveis no MyFinanceLab. Um asterisco (*) indica problemas com maior nível de dificuldade.

Previsão de rendimentos

1. Pisa Pizza, uma empresa que vende pizza congelada, está considerando introduzir uma versão mais saudável de sua pizza, com baixo colesterol e livre de gorduras trans. A empresa espera que as vendas da nova pizza sejam de $20 milhões por ano. Apesar de muitas dessas vendas serem para novos clientes, a Pisa Pizza estima que 40% sejam provenientes de clientes que passarão a comprar a pizza mais saudável em vez de comprar a versão original.

    a. Suponha que os clientes gastem a mesma quantia em uma versão ou em outra. Que nível de vendas incrementais é associado à introdução da nova pizza?

    b. Suponha que 50% dos clientes que passarão a consumir a nova pizza mais saudável em vez de sua versão original fossem passar a consumir uma outra marca se a Pisa Pizza não introduzisse o novo produto. Que nível de vendas incrementais é associado à introdução da nova pizza neste caso?

2. A Kokomochi está considerando o lançamento de uma campanha publicitária para seu último produto de sobremesa, o Mini Mochi Munch. A Kokomochi planeja gastar $5 milhões em propagandas na TV, rádio e mídia impressa para a campanha neste ano. Espera-se que os anúncios impulsionem as vendas do Mini Mochi Munch em $9 milhões este ano e em $7 milhões no ano que vem. Além disso, a empresa acredita que seja provável que os novos consumidores que experimentarem o Mini Mochi Munch também experimentem outros de seus produtos. Consequentemente, espera-se que as vendas de outros produtos aumente em $2 milhões por ano.

    A margem de lucro bruto do Mini Mochi Munch é de 35%, e sua margem de lucro bruto para todos os seus outros produtos é, em média, de 25%. A alíquota marginal corporativa de impostos da empresa é de 35%, tanto neste quanto no próximo ano. Quais são os lucros incrementais associados à campanha publicitária?

3. A Home Builder Supply, uma varejista da indústria de benfeitorias domésticas, opera atualmente sete estabelecimentos de varejo na Geórgia e na Carolina do Sul. A gerência está contemplando construir uma oitava loja do outro lado da cidade de seu estabelecimento mais bem-sucedido. A empresa já possui o terreno para sua loja, onde atualmente se encontra um armazém abandonado. No mês passado, o departamento de *marketing* gastou $10.000 em pesquisa de mercado para determinar a extensão da demanda dos clientes pela nova loja. Agora, a Home Builder Supply tem que decidir se deve ou não construir e abrir a nova loja.

    Quais dos elementos a seguir devem ser incluídos como parte dos lucros incrementais da nova loja proposta?

    a. O custo do terreno onde a loja será localizada.

    b. O custo da demolição do armazém abandonado e da limpeza do lote.

c. A perda das vendas no estabelecimento existente, se os clientes que anteriormente cruzavam a cidade para comprar lá passarem a ser clientes da nova loja.

d. Os $10.000 em pesquisa de mercado gastos para avaliar a demanda dos clientes.

e. Os custos de construção da nova loja.

f. O valor do terreno, se vendido.

g. Despesas com juros sobre a dívida que se contraiu para pagar os custos de construção.

4. A Hyperion, Inc., atualmente vende sua impressora colorida de alta velocidade, a Hyper 500, por $350. A empresa planeja diminuir o custo para $300 no próximo ano. Seu custo de mercadorias vendidas para a Hyper 500 é de $200 por unidade, e espera-se que as vendas desse ano sejam de 20.000 unidades.

   a. Suponha que se a Hyperion diminuir o preço para $300 imediatamente, ela possa aumentar suas vendas desse ano em 25%, passando a vender 25.000 unidades. Qual seria o impacto incremental no EBIT desse ano de tal diminuição de preço?

   b. Suponha que, para cada impressora vendida, a Hyperion espere vendas extras de $75 por ano em cartuchos de tinta pelos três próximos anos, e que a Hyperion tenha um lucro bruto marginal de 70% sobre cartuchos de tinta. Qual é o impacto incremental sobre o EBIT nos três próximos anos de uma diminuição de preço neste ano?

EXCEL 5. A Castle View Games gostaria de investir em uma divisão de desenvolvimento de *software* para *videogames*. Para avaliar esta decisão, a empresa primeiro tenta projetar as necessidades de capital de giro dessa operação. Seu principal executivo financeiro desenvolveu as seguintes estimativas (em milhões de dólares):

	Ano 1	Ano 2	Ano 3	Ano 4	Ano 5
Dinheiro	6	12	15	15	15
Contas a receber	21	22	24	24	24
Estoques	5	7	10	12	13
Contas a pagar	18	22	24	25	30

Supondo que a Castle View atualmente não tenha nenhum capital de giro investido nessa divisão, calcule os fluxos de caixa associados às mudanças no capital de giro pelos cinco primeiros anos deste investimento.

Determinando o fluxo de caixa livre e o NPV

6. A Elmdale Enterprises está decidindo se deve expandir suas instalações de produção. Apesar de fluxos de caixa de longo prazo serem difíceis de estimar, a gerência projetou os seguintes valores para os dois primeiros anos (em milhões de dólares):

	Ano 1	Ano 2
Receita	125	160
Custo das mercadorias vendidas e despesas operacionais (exceto depreciação)	40	60
Depreciação	25	36
Aumento no capital de giro	5	8
Desembolsos de capital	30	40
Alíquota marginal corporativa de impostos	35%	35%

   a. Quais são os lucros incrementais deste projeto nos anos 1 e 2?

   b. Quais são os fluxos de caixa livre deste projeto nos dois primeiros anos?

EXCEL 7. Você é gerente da Percolated Fiber, que está considerando expandir suas operações de fabricação de fibras sintéticas. Seu chefe vem a seu escritório, joga o relatório de um consultor sobre sua mesa e reclama: "Devemos a esses consultores $1 milhão por este relatório, e não tenho certeza de que a análise deles faça sentido. Antes de gastarmos os $25 milhões em novos equipamentos necessários para este projeto, examine-o e me dê sua opinião". Você abre o relatório e encontra as seguintes estimativas (em milhares de dólares):

	Ano do projeto				
	1	2	...	9	10
Receita de vendas	30.000	30.000		30.000	30.000
− Custo das mercadorias vendidas	18.000	18.000		18.000	18.000
= Lucro bruto	12.000	12.000		12.000	12.000
− Despesas gerais, com vendas e administrativas	2.000	2.000		2.000	2.000
− Depreciação	2.500	2.500		2.500	2.500
= Receita operacional líquida	7.500	7.500		7.500	7.500
− Imposto de renda	2.625	2.625		2.625	2.625
= Lucro líquido	4.875	4.875		4.875	4.875

Todas as estimativas do relatório parecem corretas. Você percebe que os consultores utilizaram depreciação em linha reta para os novos equipamentos que serão comprados hoje (ano 0), que é o que o departamento de contabilidade recomendou. O relatório conclui que, como o projeto aumentará os lucros em $4,875 milhões por ano por dez anos, ele vale $48,75 milhões. Você pensa na feliz época em que você cursava finanças e percebe que há mais trabalho a ser feito!

Em primeiro lugar, você percebe que os consultores não levaram em consideração o fato de que o projeto exigirá $10 milhões em capital de giro à vista (ano 0), o que será integralmente recuperado no ano 10. Depois, você vê que eles atribuíram $2 milhões para despesas de vendas, gerais e administrativas, mas você sabe que $1 milhão dessa quantia é de despesas gerais fixas e que serão incorridos mesmo que o projeto não seja aceito. Finalmente, você sabe que focar os lucros contábeis não é o correto!

    a. Dadas as informações disponíveis, quais são os fluxos de caixa livre nos anos 0 a 10 que devem ser utilizados para avaliar o projeto proposto?

    b. Se o custo de capital deste projeto for de 14%, qual é a sua estimativa do valor do novo projeto?

8. A Celular Access, Inc., é uma empresa provedora de serviços de telefonia celular que declarou um lucro líquido de $250 milhões no último ano fiscal. A empresa tinha despesas de depreciação de $100 milhões, desembolsos de capital de $200 milhões, e nenhuma despesa com juros. O capital de giro aumentou em $10 milhões. Calcule o fluxo de caixa livre para a empresa no último ano fiscal.

9. A Markov Manufacturing gastou $15 milhões recentemente para comprar equipamentos usados para a fabricação de unidades de disco. A empresa espera que este equipamento tenha uma vida útil de cinco anos e sua alíquota marginal corporativa de impostos é de 35%. A empresa planeja utilizar depreciação em linha reta.

    a. Qual é a despesa anual de depreciação associada a estes equipamentos?

    b. Qual é o benefício fiscal da depreciação incentivada anual?

    c. Em vez de depreciação em linha reta, suponha que a Markov vá utilizar o método de depreciação por MACRS para a propriedade de cinco anos. Calcule o benefício fiscal da depreciação incentivada de cada ano para estes equipamentos com este plano de depreciação acelerado.

    d. Se a Markov pode escolher entre planos de depreciação em linha reta e depreciação por MACRS, e se a expectativa é de que sua alíquota marginal corporativa de impostos permaneça constante, qual ela deve escolher? Por quê?

    e. Como sua resposta da parte (d) mudaria se a Markov previsse que sua alíquota marginal corporativa de impostos fosse aumentar substancialmente durante os próximos cinco anos?

10. A Bay Properties está considerando iniciar uma divisão comercial de bens imobiliários. Ela preparou uma previsão de 4 anos para os fluxos de caixa livres desta divisão:

	Ano 1	Ano 2	Ano 3	Ano 4
Fluxo de caixa livre	−$185.000	−$12.000	$99.000	$240.000

Suponha que os fluxos de caixa após o ano 4 irão crescer a 3% ao ano, para sempre. Se o custo de capital desta divisão é de 14%, qual é o valor de continuação no ano 4 para os fluxos de caixa após o ano 4? Qual é o valor hoje desta divisão?

11. Sua empresa gostaria de avaliar uma proposta para uma nova divisão operacional. Você previu fluxos de caixa para esta divisão pelos próximos cinco anos, e estimou que o custo de capital é de 12%. Você gostaria de estimar um valor de continuação. Você fez as seguintes previsões para o último ano de seu horizonte de previsão de cinco anos (em milhões de dólares):

	Ano 5
Receitas	1.200
Receita operacional	100
Lucro líquido	50
Fluxos de caixa livres	110
Valor contábil do patrimônio	400

a. Você prevê que os fluxos de caixa futuros após o ano 5 crescerão a 2% ao ano, para sempre. Estime o valor de continuação no ano 5, utilizando a fórmula de perpetuidade crescente.

b. Você identificou várias empresas na mesma indústria que sua divisão operacional. O índice preço/lucro (P/E) médio dessas empresas é de 30. Estime o valor de continuação supondo que o índice preço/lucro de sua divisão no ano 5 seja igual ao de empresas comparáveis hoje.

c. O índice *market-to-book* médio para as empresas comparáveis é de 4,0. Estime o valor de continuação utilizando este índice.

EXCEL 12. Há um ano, sua empresa comprou uma máquina utilizada em fabricação por $110.000. Você descobriu que existe uma nova máquina que oferece muitas vantagens; você pode comprá-la por $150.000 hoje. Ela será depreciada em linha reta ao longo de dez anos, depois do que não terá valor residual. Você espera que a nova máquina produza um EBITDA adicional (ganhos antes dos juros, impostos, depreciação e amortização) de $40.000 por ano pelos dez próximos anos. Espera-se que a máquina atual produza uma margem bruta de $20.000 por ano. A máquina atual está sendo depreciada em linha reta ao longo de uma vida útil de 11 anos e depois não terá valor residual, então a despesa de depreciação da máquina atual é de $10.000 por ano. Todas as demais despesas das duas máquinas são idênticas. O valor de mercado hoje da máquina atual é de $50.000. A alíquota fiscal de sua empresa é de 45% e o custo de oportunidade de capital deste tipo de equipamento é de 10%. É lucrativo substituir sua antiga máquina?

EXCEL 13. A Beryl's Iced Tea atualmente aluga uma máquina de engarrafamento por $50.000 por ano, incluindo todas as despesas de manutenção. A empresa está considerando comprar uma máquina em vez de continuar alugando e está comparando duas opções:

a. Comprar por $150.000 a máquina que está alugando atualmente. Esta máquina exigirá $20.000 por ano em despesas de manutenção.

b. Comprar uma máquina nova mais avançada por $250.000. Esta máquina exigirá $15.000 por ano em despesas de manutenção e irá diminuir os custos do engarrafamento em $10.000 por ano. Além disso, será necessário um gasto à vista de $35.000 para treinar novos operadores para a máquina.

Suponha que a taxa de desconto adequada seja de 8% ao ano e que a máquina seja comprada hoje. Os custos de manutenção e de engarrafamento são pagos no final de cada ano, assim como o aluguel da máquina. Suponha também que as máquinas sejam depreciadas através do método de linha reta ao longo de sete anos e que elas tenham uma vida de dez anos com um valor residual desprezível. A alíquota marginal corporativa de impostos é de 35%. A Beryl's Iced Tea deve continuar a alugar, comprar sua máquina atual, ou comprar a máquina avançada?

Analisando o projeto

EXCEL 14. A Bauer Industries é uma fabricante de automóveis. A gerência está atualmente avaliando uma proposta para construir uma fábrica que produzirá caminhões leves. A Bauer planeja utilizar um custo de capital de 12% para avaliar este projeto. Com base em pesquisas extensas, ela preparou as seguintes projeções incrementais de fluxos de caixa livre (em milhões de dólares):

	Ano 0	Anos 1-9	Ano 10
Receitas		100,0	100,0
− Despesas de fabricação (exceto depreciação)		−35,0	−35,0
− Despesas com *marketing*		−10,0	−10,0
− Depreciação		−15,0	−15,0
= EBIT		40,0	40,0
− Impostos (35%)		−14,0	−14,0
= Lucro líquido não-alavancado		26,0	26,0
+ Depreciação		+15,0	+15,0
− Aumentos no capital de giro líquido		−5,0	−5,0
− Desembolsos de capital	−150,0		
+ Valor de continuação			+12,0
= Fluxo de caixa livre	−150,0	36,0	48,0

a. Para este cenário base, qual é o NPV da fábrica de caminhões leves?

b. Com base no *input* fornecido pelo departamento de *marketing*, a Bauer está incerta quanto à previsão de sua receita. Em particular, a gerência gostaria de examinar a sensibilidade do NPV à suposta receita. Qual é o NPV deste projeto se as receitas são 10% mais altas do que a previsão? Qual é o NPV se as receitas são 10% mais baixas do que a previsão?

c. Em vez de supor que os fluxos de caixa deste projeto são constantes, a gerência gostaria de explorar a sensibilidade de sua análise a um possível crescimento nas receitas e nas despesas operacionais. Especificamente, a gerência gostaria de supor que as receitas, as despesas de fabricação e as despesas de *marketing* sejam como as dadas na tabela para o ano 1 e cresçam em 2% ao ano começando no ano 2. A gerência também planeja supor que os desembolsos de capital inicial (e, portanto, a depreciação), os acréscimos ao capital de giro, e o valor de continuação permanecerão como inicialmente especificados na tabela. Qual é o NPV deste projeto considerando essas suposições alternativas? Como o NPV muda se as receitas e despesas operacionais crescerem em 5% por ano em vez de 2%?

d. Para examinar a sensibilidade deste projeto à taxa de desconto, a gerência gostaria de calcular o NPV para diferentes taxas de desconto. Crie um gráfico, com a taxa de desconto no eixo *x* e o NPV no eixo *y*, para taxas de desconto variando entre 5% e 30%. Para que intervalos de taxa de desconto o projeto possui um NPV positivo?

EXCEL *15. A Billingham Packaging está considerando expandir sua capacidade de produção comprando uma nova máquina, a XC-750. O custo da XC-750 é de $2,75 milhões. Infelizmente, a instalação dessa máquina levará vários meses e interromperá parcialmente a produção. A empresa acaba de concluir um estudo de exequibilidade de $50.000 para analisar a decisão de comprar a XC-750, o que resultou nas seguintes estimativas:

- *Marketing*: Uma vez que a XC-750 esteja em operação no ano que vem, espera-se que a capacidade extra gere $10 milhões por ano em vendas adicionais, o que continuará pelos dez anos de vida da máquina.

- *Operações*: A interrupção causada pela instalação irá diminuir as vendas em $5 milhões neste ano. Quando a máquina voltar a operar, no próximo ano, espera-se que o custo de mercadoria dos produtos produzidos pela XC-750 seja de 70% de seu preço de venda. A intensificação da produção também exigirá um estoque adicional de $1 milhão, que será acrescentado no ano 0 e esgotado no ano 10.

- *Recursos Humanos*: A expansão exigirá um aumento no número do pessoal de vendas e de administração a um custo de $2 milhões por ano.
- *Contabilidade*: A XC-750 será depreciada pelo método de linha reta ao longo dos dez anos de vida da máquina. A empresa espera que as contas a receber provenientes das novas vendas sejam de 15% da receita e que as contas a pagar sejam de 10% do custo das mercadorias vendidas. A alíquota marginal corporativa de impostos da Billingham é de 35%.

a. Determine os lucros incrementais provenientes da compra da XC-750.
b. Determine o fluxo de caixa livre proveniente da compra da XC-750.
c. Se o custo de capital adequado da expansão é de 10%, calcule o NPV da compra.
d. Apesar das novas vendas esperadas devido à expansão serem de $10 milhões por ano, as estimativas variam de $8 milhões a $12 milhões. Qual é o NPV no pior caso? E no melhor caso?
e. Qual é o ponto de equilíbrio das novas vendas? Qual é o ponto de equilíbrio do custo das mercadorias vendidas?
f. A Billingham poderia, alternativamente, comprar a XC-900, que oferece uma capacidade ainda maior. O custo da XC-900 é de $4 milhões. A capacidade extra não seria útil nos dois primeiros anos de operação, mas permitiria vendas adicionais nos anos 3-10. Que nível de vendas adicionais (acima dos $10 milhões esperados com a compra da XC-750) por ano nesses anos justificaria a compra da máquina maior?

Caso simulado

Você acaba de ser contratado pela Dell Computers para trabalhar em sua divisão de orçamento de capital. Sua primeira tarefa é determinar os fluxos de caixa líquidos e o NPV de um novo tipo proposto de computador portátil de tamanho similar a um Blackberry, aparelho popular entre muitos alunos de MBA, que possui a potência operacional de um sistema de desktop de alta qualidade.

O desenvolvimento do novo sistema exigirá um investimento inicial igual a 10% das propriedades, instalações e equipamentos líquidos (PPE) do ano fiscal terminado em 3 de fevereiro de 2006. O projeto então exigirá um investimento adicional igual a 10% do investimento inicial após o primeiro ano do projeto, um aumento de 5% após o segundo ano, e um aumento de 1% após o terceiro, quarto e quinto anos. Espera-se que o produto tenha uma vida de cinco anos. Espera-se que as receitas do primeiro ano provenientes da venda do novo produto sejam de 3% da receita total do ano fiscal da Dell terminado em 3 de fevereiro de 2006. Espera-se que as receitas do novo produto cresçam a 15% no segundo ano, e então a 10% no terceiro e a 5% anualmente nos dois anos finais da vida esperada do projeto. Seu trabalho é determinar o resto dos fluxos de caixa associados a este projeto. Seu chefe indicou que os custos operacionais e as exigências de capital de giro líquido são similares aos do resto da empresa e que a depreciação é em linha reta no que diz respeito ao orçamento de capital. Bem-vindo ao "mundo real". Como seu chefe não lhe ajudou muito, aqui estão algumas dicas para guiar sua análise:

1. Obtenha as declarações financeiras da Dell. (Se você "realmente" trabalhasse para a Dell, você já teria esses dados, mas pelo menos você não será demitido por sua análise estar imprecisa.) Faça o *download* dos demonstrativos de resultados anuais, balanços patrimoniais e demonstrativos de fluxos de caixa para os quatro últimos anos fiscais no MarketWatch (www.marketwatch.com). Entre com o símbolo da Dell e então vá a "financials". Exporte os demonstrativos para o Excel clicando com o botão direito do mouse enquanto o cursor estiver dentro de cada demonstrativo.

2. Agora você está pronto para determinar o fluxo de caixa livre. Calcule o fluxo de caixa livre de cada ano utilizando a Equação 7.5 deste capítulo:

$$\text{Fluxo de caixa livre} = \overbrace{(\text{Receitas} - \text{Custos} - \text{Depreciações}) \times (1 - \tau_c)}^{\text{Lucro líquido não-alavancado}}$$
$$+ \text{Depreciações} - \text{CapEx} - \Delta NWC$$

Construa o diagrama de fluxo de caixa e o cálculo do fluxo de caixa livre em colunas separadas e contíguas para cada ano de vida do projeto. Certifique-se de marcar saídas com sinal negativo e influxos com sinal positivo.

    a. Suponha que a lucratividade do projeto seja similar à dos projetos existentes da Dell em 2005, e estime (receitas – custos) de cada ano utilizando a margem EBITDA/lucro das vendas de 2005.

    b. Determine a depreciação anual supondo que a Dell deprecie esses ativos pelo método da linha reta ao longo de uma vida de 10 anos.

    c. Determine a alíquota fiscal da Dell utilizando a alíquota de impostos de 2005.

    d. Calcule o capital de giro líquido necessário a cada ano supondo que o nível de NWC seja uma porcentagem constante das vendas do projeto. Utilize o NWC/Vendas de 2005 da Dell para estimar a porcentagem necessária. (Utilize apenas contas a receber, contas a pagar, e estoques para medir o capital de giro. Outros componentes do ativo e passivo circulantes são mais difíceis de interpretar e não necessariamente refletem o NWC necessário do projeto – por exemplo, a retenção de dinheiro da Dell.)

    e. Para determinar o fluxo de caixa livre, calcule o investimento de capital *adicional* e a *mudança* no capital de giro líquido a cada ano.

3. Determine a IRR e o NPV do projeto a um custo de capital de 12% utilizando as funções do Excel. Para o cálculo do NPV, inclua os fluxos de caixa de 1 a 5 na função do NPV e então subtraia o custo inicial (isto é, $NPV(\text{rate}, CF_1:CF_5) + CF_0$). Para a IRR, inclua os fluxos de caixa de zero a cinco no intervalo dos fluxos de caixa.

APÊNDICE DO CAPÍTULO 7

Depreciação por MACRS

O sistema tributário dos EUA permite a depreciação acelerada da maioria dos ativos. O método de depreciação utilizado para qualquer ativo em particular é determinado pelas regras tributárias em vigor na época em que o ativo é colocado em serviço. (O Congresso norte-americano mudou as regras de depreciação muitas vezes ao longo dos anos, então muitas empresas que possuem propriedades mantidas por muito tempo podem utilizar diversos métodos de depreciação simultaneamente.)

Para a maioria das propriedades empresariais colocadas em serviço após 1986, a Receita Federal permite que as empresas depreciem o ativo utilizando o MACRS (Sistema de Recuperação de Custo Acelerado Modificado, ou *Modified Accelerated Cost Recovery System*, no original). Segundo este método, pode-se classificar cada ativo empresarial em uma classe de recuperação que determina o período de tempo ao longo do qual se pode amortizar seu custo. Os itens mais utilizados são classificados como a seguir:

- *Propriedade de 3 anos*: tratores, cavalos de corrida com mais de 2 anos, e cavalos com mais de 12 anos.
- *Propriedades de 5 anos*: automóveis, ônibus, caminhões, computadores e equipamentos periféricos, maquinário de escritório e qualquer propriedade utilizada em pesquisas e experimentação. Também inclui gado para procriação e gado leiteiro.
- *Propriedades de 7 anos*: móveis e utensílios de escritório e qualquer propriedade que não tenha sido designada como pertencente a alguma outra classe.
- *Propriedades de 10 anos*: equipamentos de transporte de água, estruturas agrícolas ou de horticultura de uso específico, e árvores ou videiras que produzam frutas ou oleaginosas.
- *Propriedades de 15 anos*: melhorias depreciáveis em terrenos, como cercas, estradas e pontes.
- *Propriedades de 20 anos*: construções de fazenda que não sejam estruturas agrícolas ou de horticultura.
- *Propriedades de 27,5 anos*: propriedades residenciais de aluguel.
- *Propriedades de 39 anos*: bens imobiliários não-residenciais, incluindo *home offices*. (Observe que o valor de terrenos pode não ser depreciado.)

De modo geral, bens imobiliários residenciais e não-residenciais são depreciados por meio do método linear, mas outras classes podem ser depreciadas mais rapidamente nos primeiros anos. A Tabela 7A.1 mostra as taxas de depreciação padrão para os ativos em outras classes de recuperação; ajustes dessa tabela podem ser feitos, dependendo do mês em que o ativo foi colocado em serviço (consulte as normas do IRS). A tabela indica a porcentagem do custo dos ativos que podem ser depreciados a cada ano, na qual um ano indica o ano em que o ativo foi utilizado pela primeira vez.

TABELA 7A.1 Tabela de depreciação por MACRS mostrando a porcentagem do custo dos ativos que pode ser depreciada a cada ano com base em seu período de recuperação

Taxa de depreciação por período de recuperação

Ano	3 anos	5 anos	7 anos	10 anos	15 anos	20 anos
1	33,33	20,00	14,29	10,00	5,00	3,750
2	44,45	32,00	24,49	18,00	9,50	7,219
3	14,81	19,20	17,49	14,40	8,55	6,677
4	7,41	11,52	12,49	11,52	7,70	6,177
5		11,52	8,93	9,22	6,93	5,713
6		5,76	8,92	7,37	6,23	5,285
7			8,93	6,55	5,90	4,888
8			4,46	6,55	5,90	4,522
9				6,56	5,91	4,462
10				6,55	5,90	4,461
11				3,28	5,91	4,462
12					5,90	4,461
13					5,91	4,462
14					5,90	4,461
15					5,91	4,462
16					2,95	4,461
17						4,462
18						4,461
19						4,462
20						4,461
21						2,231

CAPÍTULO 8

Avaliando Títulos de Dívida

Após um hiato de quatro anos, o governo norte-americano recomeçou a emitir *Treasury Bonds* de 30 anos em agosto de 2005. Apesar de provocada pela necessidade do governo de levantar fundos para financiar déficits orçamentários recordes, a decisão de emitir títulos de dívida de 30 anos respondeu à demanda dos investidores por títulos de longo prazo livres de risco garantidos pelo governo norte-americano. Essas novas letras do Tesouro dos EUA de 30 anos são parte de um mercado muito mais amplo de títulos negociados na bolsa de valores. Em 30 de dezembro de 2005, o valor da dívida do Tesouro dos EUA era de $4,17 trilhões, e o valor da dívida do mercado de títulos corporativos era de quase $5 trilhões. Se incluirmos títulos emitidos por municipalidades, agências governamentais e outros emissores, no final de 2005 os investidores tinham quase $25 trilhões investidos nos mercados de títulos de dívida norte-americanos.[1]

Neste capítulo, veremos os tipos básicos de títulos de dívida e sua respectiva avaliação. Compreender os títulos de dívida e sua precificação é útil por vários motivos. Em primeiro lugar, os preços dos títulos de dívida pública livres de risco podem ser utilizados para determinar as taxas de juros livres de risco que produzem a curva de rendimento discutida no Capítulo 5. Como vimos nesse capítulo, a curva de rentabilidade fornece informações importantes para a avaliação de fluxos de caixa livres de risco e de expectativas de inflação e crescimento econômico. Em segundo lugar, as empresas geralmente emitem títulos de dívida para financiar seus próprios investimentos, e os retornos que os investidores recebem sobre esses títulos é um dos fatores determinantes do custo de capital da empresa. Finalmente, os títulos de dívida fornecem uma oportunidade de começar nosso estudo de como se determinam os preços de títulos em um mercado competitivo. As ideias que desenvolveremos neste capítulo serão úteis quando passarmos ao tópico de avaliação de ações, no Capítulo 9.

Como explicamos no Capítulo 3, a Lei do Preço Único implica que o preço de um título em um mercado competitivo deve ser o valor presente dos fluxos de caixa que um investidor receberá por possuí-lo. Assim, começaremos o capítulo avaliando os fluxos de caixa prometidos para diferentes tipos de títulos de dívida.

notação

CPN	pagamento de cupom de um título de dívida
n	número de períodos
y	rentabilidade até o vencimento
P	preço inicial de um título de dívida
FV	valor de face de um título de dívida
YTM_n	rentabilidade até o vencimento de um título de dívida de cupom zero com n períodos até o vencimento
YTM	rentabilidade até o vencimento
r_n	taxa de juros ou taxa de desconto de um fluxo de caixa que chega no período n
PV	valor presente

---

[1] *Fonte*: www.bondmarkets.com.

Se um título de dívida não apresenta risco, de modo que os fluxos de caixa prometidos serão pagos com certeza, podemos utilizar a Lei do Preço Único para estabelecer uma relação direta entre o retorno de um título de dívida e seu preço. Também descreveremos como os preços de títulos de dívida mudam dinamicamente com o tempo e examinaremos a relação entre os preços e os retornos de diferentes títulos de dívida. Finalmente, consideraremos títulos de dívida para os quais há um risco de inadimplência, de modo que seus fluxos de caixa não são conhecidos com certeza.

8.1 Fluxos de caixa, preços e rendimentos de títulos de dívida

Nesta seção, veremos como os títulos de dívida são definidos, e então estudaremos a relação fundamental entre preços de títulos de dívida e seu rendimento até o vencimento.

Terminologia dos títulos de dívida

Lembremos, do Capítulo 3, que um título de dívida é um valor mobiliário vendido por governos e empresas para levantar dinheiro dos investidores hoje em troca de pagamentos futuros. Os prazos do título de dívida são descritos como parte do **certificado do título de dívida**, que indica as quantias e datas de todos os pagamentos a serem feitos. Esses pagamentos são feitos até uma data final de liquidação, chamada de **data de vencimento** do título de dívida. O tempo restante até a data de liquidação é conhecido como o **prazo** do título de dívida.

Os títulos de dívida tipicamente fazem dois tipos de pagamentos a seus portadores. Os pagamentos prometidos dos juros de um título são chamados de **cupons**. O certificado do título de dívida tipicamente especifica que os cupons serão pagos periodicamente (por exemplo, semestralmente) até sua data de vencimento. O principal ou **valor de face** de um título de dívida é a quantia teórica que utilizamos para calcular os pagamentos de juros. Normalmente, o valor de face é restituído no vencimento. Geralmente é denominado em incrementos padrão, como $1.000. Um título de dívida com valor de face de $1.000, por exemplo, geralmente é chamado de "título de dívida de $1.000".

A quantia de cada pagamento de cupom é determinada pela **taxa de cupom** do título de dívida. Esta taxa de cupom é determinada pelo emissor e declarada no certificado do título de dívida. Por convenção, a taxa de cupom é expressa como uma APR, então, a quantia de cada pagamento de cupom, CPN, é

$$CPN = \frac{\text{Pagamento de cupom}}{\text{Número de pagamentos de cupom por ano}} \quad \text{Taxa de cupom} \times \text{Valor de face} \tag{8.1}$$

Por exemplo, um "título de dívida de $1.000 com uma taxa de cupom de 10% e pagamentos semestrais" fará pagamentos de cupom de $1.000 × 10% / 2 = $50 a cada seis meses.

Títulos de dívida de cupom zero

O tipo mais simples de título de dívida é o **título de dívida de cupom zero**, que não faz pagamentos de cupom. O único pagamento em dinheiro que o investidor recebe é o valor de face do título na data de vencimento. Os *Treasury Bills*, que são letras do governo norte-americano com vencimento de até um ano, são títulos de dívida de cupom zero. Lembremos, do Capítulo 3, que o valor presente de um fluxo de caixa futuro é menor do que o fluxo de caixa propriamente dito. Consequentemente, antes de sua data de vencimento, o preço de um título de dívida de cupom zero é sempre menor do que seu valor de face. Isto é, eles sempre são negociáveis a um **desconto** (um preço menor do que o valor de face), então eles também são chamados de **títulos de desconto puro**.

Suponhamos que um título de dívida livre de risco de cupom zero com um valor de face de $100.000 tenha um preço inicial de $96.618,36. Se comprássemos este título e o detivéssemos até o vencimento, teríamos os seguintes fluxos de caixa:

```
       0              1
       |──────────────|
   −$96.618,36      $100.000
```

Apesar de o título não pagar "juros" diretamente, como investidor você é compensado pelo valor do seu dinheiro no tempo comprando-o com um desconto sobre seu valor de face.

Rentabilidade até o vencimento. Lembremos que a IRR de uma oportunidade de investimento é a taxa de desconto com a qual seu NPV é igual a zero. A IRR de um investimento em títulos de dívida de cupom zero é a taxa de retorno que os investidores obterão sobre seu dinheiro se comprarem o título por seu preço corrente e o detiverem até o vencimento. A IRR de um investimento em um título de dívida recebe um nome especial, a **rentabilidade até o vencimento** (**YTM**, ou *yield to maturity*, no original) ou apenas *rentabilidade*:

A rentabilidade até o vencimento de um título de dívida é a taxa de desconto que iguala o valor presente dos pagamentos prometidos pelo título a seu preço de mercado corrente.

Intuitivamente, a rentabilidade até o vencimento de um título de dívida de cupom zero é o retorno obtido por um investidor por mantê-lo até o vencimento e receber o pagamento prometido do valor de face.

Determinemos o rendimento até o vencimento do título de dívida de cupom zero de um ano discutido anteriormente. Segundo a definição, sua rentabilidade soluciona a seguinte equação:

$$96.618,36 = \frac{100.000}{1 + YTM_1}$$

Neste caso,

$$1 + YTM_1 = \frac{100.000}{96.618,36} = 1,035$$

Isto é, a rentabilidade até o vencimento deste título de dívida é de 3,5%. Como o título é livre de risco, investir nele e detê-lo até o vencimento é como obter 3,5% de juros sobre seu investimento inicial. Assim, pela Lei do Preço Único, a taxa de juros livre de risco em um mercado competitivo é de 3,5%, o que significa que todos os investimentos livres de risco devem render 3,5%.

Da mesma maneira, a rentabilidade até o vencimento de um título de dívida de cupom zero com n períodos até o vencimento, preço corrente P e valor de face FV (ou *face value*, no original) é[2]

$$P = \frac{FV}{(1 + YTM_n)^n} \tag{8.2}$$

Reordenando esta expressão, temos

Rentabilidade até o vencimento de um título de dívida de cupom zero de n anos

$$YTM_n = \left(\frac{FV}{P}\right)^{1/n} - 1 \tag{8.3}$$

A rentabilidade até o vencimento (YTM_n) na Equação 8.3 é a taxa de retorno por período que se obtém ao manter o título de dívida de hoje até o vencimento na data n.

---

[2] No Capítulo 4, utilizamos a noção de FV_n para o valor futuro na data n de um fluxo de caixa. Convenientemente, para um título de cupom zero, o valor futuro também é seu valor de face, então a abreviação FV é fácil de memorizar.

EXEMPLO 8.1 — Rentabilidades em diferentes vencimentos

Problema

Suponha que os títulos de dívida de cupom zero estejam sendo negociados pelos preços exibidos abaixo por cada valor de face de $100. Determine a rentabilidade até o vencimento correspondente para cada um deles.

Vencimento	1 ano	2 anos	3 anos	4 anos
Preço	$96,62	$92,45	$87,63	$83,06

Solução

Utilizando a Equação 8.3, temos

$$YTM_1 = (100 / 96{,}62) - 1 = 3{,}50\%$$
$$YTM_2 = (100 / 92{,}45)^{1/2} - 1 = 4{,}00\%$$
$$YTM_3 = (100 / 87{,}63)^{1/3} - 1 = 4{,}50\%$$
$$YTM_4 = (100 / 83{,}06)^{1/4} - 1 = 4{,}75\%$$

Taxas de juros livres de risco. Em capítulos anteriores, discutimos a taxa de juros em um mercado competitivo r_n disponível de hoje até a data n para fluxos de caixa livres de risco; utilizamos esta taxa de juros como o custo de capital para um fluxo de caixa livre de risco que ocorre na data n. Como um título de dívida de cupom zero livre de inadimplência que vence na data n fornece um retorno livre de risco ao longo do mesmo período, a Lei do Preço Único garante que a taxa de juros livre de risco seja igual ao rendimento até o vencimento de tal título.

Taxa de juros livre de risco com vencimento n

$$r_n = YTM_n \tag{8.4}$$

Consequentemente, muitas vezes chamaremos a rentabilidade até o vencimento do título de dívida livre de risco de cupom zero com vencimento adequado de a taxa de juros livre de risco. Alguns profissionais da área de finanças também utilizam o termo **taxas de juros *spot*** para se referir a esses rendimentos livres de risco de cupom zero.

No Capítulo 5, introduzimos a curva de rentabilidade, que representa a taxa de juros livres de risco de diferentes vencimentos. Essas taxas de juros livres de risco correspondem às rentabilidades dos títulos de dívida sem risco de cupom zero. Assim, a curva de rentabilidade apresentada no Capítulo 5 também é chamada de **curva de rentabilidade de cupom zero**.

Títulos de dívida de cupom

Assim como os títulos de cupom zero, os **títulos de dívida de cupom** pagam seu valor de face aos investidores no vencimento. Além disso, esses títulos fazem pagamentos regulares de juros. Atualmente são negociados dois tipos de cupom do Tesouro dos EUA em mercados financeiros: os *Treasury notes*, que têm vencimentos originais de um a dez anos, e os *Treasury bonds*, que têm vencimentos originais de mais de dez anos.

EXEMPLO 8.2 — Os fluxos de caixa de um título de dívida de cupom

Problema

O Tesouro dos EUA acaba de emitir um título de dívida de $1.000 de cinco anos com uma taxa de cupom de 5% e cupons semestrais. Que fluxos de caixa você receberá se detiver este título até o vencimento?

Solução

O valor de face deste título de dívida é $1.000. Como ele paga cupons semestralmente, pela Equação 8.1 você receberá um pagamento de cupom a cada seis meses de CPN = $1.000 × 5% / 2 = $25. Aqui temos o diagrama de fluxo de caixa, com base em um período de seis meses:

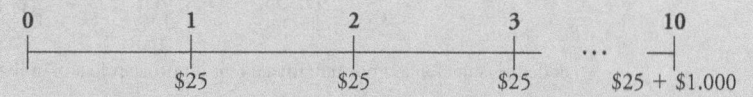

```
 0        1        2        3            10
 |--------|--------|--------|----...-----|
         $25      $25      $25       $25 + $1.000
```

Observe que o último pagamento ocorre daqui a cinco anos (dez períodos de seis meses) e é composto de um pagamento de cupom de $25 mais o pagamento do valor de face de $1.000.

Também podemos calcular a rentabilidade até o vencimento de um título de dívida de cupom. Lembremos que a rentabilidade até o vencimento de um título de dívida é a IRR de investir no título e detê-lo até o vencimento; é a *única* taxa de desconto que iguala o valor presente dos fluxos de caixa restantes do título de dívida a seu preço corrente, como mostra o diagrama de fluxo de caixa abaixo:

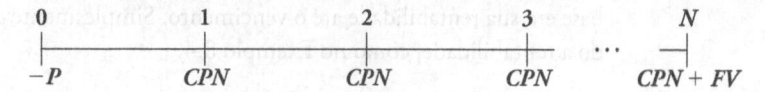

```
 0        1        2        3            N
 |--------|--------|--------|----...-----|
 -P      CPN      CPN      CPN        CPN + FV
```

Como os pagamentos de cupom representam uma anuidade, a rentabilidade até o vencimento é a taxa de juros y que soluciona a equação abaixo:[3]

Rentabilidade até o vencimento de um título de dívida de cupom

$$P = CPN \times \frac{1}{y}\left(1 - \frac{1}{(1+y)^N}\right) + \frac{FV}{(1+y)^N} \tag{8.5}$$

Infelizmente, ao contrário do caso dos títulos de dívida de cupom zero, não existe uma fórmula simples para encontrar diretamente a rentabilidade até o vencimento. Em vez disso, precisamos utilizar tentativa e erro ou a planilha de anuidade que mostramos no Capítulo 4 (ou a função IRR [ou TIR] do Excel).

Quando calculamos a rentabilidade até o vencimento de um título de dívida solucionando a Equação 8.5, a rentabilidade que calculamos será uma taxa *por intervalo de cupom*. Esta rentabilidade é tipicamente declarada como uma taxa anual multiplicando-a pelo número de cupons por ano, o que a converte, dessa maneira, em uma APR com o mesmo intervalo de composição que a taxa do cupom.

EXEMPLO 8.3 Calculando a rentabilidade até o vencimento de um título de dívida de cupom

Problema

Considere o título de dívida de $1.000 de cinco anos com uma taxa de cupom de 5% e cupons semestrais descrito no Exemplo 8.2. Se este título está sendo negociado hoje pelo preço de $957,35, qual é sua rentabilidade até o vencimento?

---

[3] Na Equação 8.5, supomos que o primeiro cupom será pago daqui a um período. Se o primeiro cupom estiver a menos de um período de distância, o preço do título pode ser encontrado através de um ajuste no preço da Equação 8.5 multiplicando-o por $(1+y)^f$, onde f é a fração do intervalo do cupom que já passou. (Além disso, os preços de títulos geralmente são cotados em termos de um *preço limpo*, que é calculado deduzindo do preço P uma quantia, chamada *juros acumulados*, igual a $f \times CPN$. Ver quadro na página 251.)

Solução

Como o título de dívida possui dez pagamentos de cupom restantes, calculamos sua rentabilidade y solucionando:

$$957{,}35 = 25 \times \frac{1}{y}\left(1 - \frac{1}{(1+y)^{10}}\right) + \frac{1.000}{(1+y)^{10}}$$

Podemos solucioná-la por tentativa e erro ou utilizando a planilha de anuidade:

	NPER	RATE	PV	PMT	FV	Fórmula do Excel*
Dados	10		−957,35	25	1.000	
Encontrar RATE		3,00%				=Rate(10,25,−957,35,1000)

Portanto, $y = 3\%$. Como o título de dívida paga cupons semestralmente, esta rentabilidade é relativa a um período de seis meses. Podemos convertê-la a uma APR multiplicando-a pelo número de pagamentos de cupom por ano. Assim, a rentabilidade até o vencimento é igual a uma APR de 6% com composição semestral.

Também podemos utilizar a Equação 8.5 para calcular o preço de um título de dívida com base em sua rentabilidade até o vencimento. Simplesmente descontamos os fluxos de caixa utilizando a rentabilidade, como no Exemplo 8.4.

EXEMPLO 8.4 — Calculando o preço de um título de dívida a partir de sua rentabilidade até o vencimento

Problema

Considere novamente o título de dívida de $1.000 de cinco anos com uma taxa de cupom de 5% e cupons semestrais do Exemplo 8.3. Suponha que lhe digam que sua rentabilidade até o vencimento tenha aumentado para 6,30% (expressa como uma APR com composição semestral). Por que preço o título de dívida está sendo negociado neste momento?

Solução

Dada a rentabilidade, podemos calcular o preço utilizando a Equação 8.5. Primeiro, observe que uma APR de 6,30% equivale a uma taxa semestral de 3,15%. Portanto, o preço do título de dívida é

$$P = 25 \times \frac{1}{0{,}0315}\left(1 - \frac{1}{1{,}0315^{10}}\right) + \frac{1.000}{1{,}0315^{10}} = \$944{,}98$$

Também podemos utilizar a planilha de anuidade:

	NPER	RATE	PV	PMT	FV	Fórmula do Excel
Dados	10	3,15%		25	1.000	
Encontrar PV			−944,98			=PV(0,0315,10,25,1000)

Como podemos converter qualquer preço em uma rentabilidade e vice-versa, os preços e as rentabilidades geralmente são intercambiáveis. Por exemplo, o título de dívida do Exemplo 8.4 poderia ser cotado como um título de rentabilidade de 6,30% ou com preço igual a $944,98 por valor de face de $1.000. De fato, os negociantes de títulos de dívida geralmente cotam as rentabilidades dos títulos, em vez de seus preços. Uma vantagem de cotar a rentabilidade até o vencimento em vez do preço é que a rentabilidade é independente do valor de face do título de dívida. Quando os

---

* N. de T.: Lembremos que na versão do Excel em português essas funções se chamam: NPER, TAXA, VP, PGTO e VF, respectivamente.

preços são cotados no mercado de títulos de dívida, eles são convencionalmente cotados como uma porcentagem de seu valor de face. Assim, o título do Exemplo 8.4 seria cotado como um título de dívida com preço de 94,498, o que implicaria em um preço real de $944,98 dado seu valor de face de $1.000.

FIXAÇÃO DE CONCEITOS

1. Qual é a relação entre o preço de um título de dívida e sua rentabilidade até o vencimento?
2. A taxa de juros livre de risco de um vencimento de *n* anos pode ser determinada a partir da rentabilidade de que tipo de título de dívida?

8.2 Comportamento dinâmico dos preços de títulos de dívida

Como mencionamos anteriormente, os títulos de dívida de cupom zero sempre são negociados com um desconto – isto é, antes de seu vencimento, seu preço é menor do que seu valor de face. Os títulos de dívida de cupom podem ser negociados a um deságio, a um **ágio** (um preço maior do que seu valor de face) ou **ao par** (um preço igual a seu valor de face). Nesta seção, identificaremos quando um título de dívida é negociado a um deságio ou a um ágio, além de como o preço do título muda com o passar do tempo e flutuações nas taxas de juros.

Deságios e ágios

Se o título de dívida é negociado com um deságio, um investidor que o compra obterá um retorno com o recebimento de cupons *e* com o recebimento de um valor de face que excede o preço pago pelo título. Consequentemente, se um título de dívida é negociado com deságio, sua rentabilidade até o vencimento irá exceder sua taxa de cupom. Dada a relação entre preços e rentabilidades de títulos de dívida, o inverso claramente também é válido: se a rentabilidade até o vencimento de um título de dívida de cupom excede sua taxa de cupom, o valor presente de seus fluxos de caixa na rentabilidade até o vencimento será menor do que seu valor de face e ele será negociado com um deságio.

Um título de dívida que paga um cupom também pode ser negociado com um ágio sobre seu valor de face. Neste caso, o retorno do investidor proveniente dos cupons é diminuído ao receber um valor de face menor do que o pago pelo título. Assim, um título de dívida é negociado com um ágio sempre que sua rentabilidade até o vencimento for menor do que sua taxa de cupom.

Quando um título de dívida é negociado por um preço igual ao seu valor de face, diz-se que ele é negociado ao par. Um título de dívida é negociado ao par quando sua taxa de cupom é igual a sua rentabilidade até o vencimento. Também se diz que um título de dívida que é negociado com um deságio é negociado abaixo do par e que um título de dívida negociado com um ágio é negociado acima do par.

A Tabela 8.1 lista essas propriedades dos preços de títulos de dívida de cupom.

TABELA 8.1 Preços de títulos de dívida imediatamente após o pagamento de um cupom

Quando o preço do título de dívida é...	maior do que o valor de face	igual ao valor de face	menor do que o valor de face
Dizemos que o título de dívida é negociado	"acima do par" ou "com ágio"	"ao par"	"abaixo do par" ou "com deságio"
Isso ocorre quando	Taxa de cupom > Rentabilidade até o vencimento	Taxa de cupom = Rentabilidade até o vencimento	Taxa de cupom < Rentabilidade até o vencimento

EXEMPLO 8.5 — Determinando o deságio ou ágio de um título de dívida de cupom

Problema

Considere três títulos de dívida de 30 anos com pagamentos de cupom anuais. Um título de dívida possui uma taxa de cupom de 10%, outro, de 5%, e o terceiro, de 3%. Se a rentabilidade até o vencimento de cada título é de 5%, qual é o preço de cada um deles por valor de face de $100? Qual título de dívida é negociado com um ágio, qual é negociado com um deságio, e qual é negociado ao par?

Solução

Podemos calcular o preço de cada título de dívida utilizando a Equação 8.5. Portanto, os preços dos títulos são

$$P(\text{cupom de 10\%}) = 10 \times \frac{1}{0,05}\left(1 - \frac{1}{1,05^{30}}\right) + \frac{100}{1,05^{30}} = \$176,86 \quad \text{(negociado com ágio)}$$

$$P(\text{cupom de 5\%}) = 5 \times \frac{1}{0,05}\left(1 - \frac{1}{1,05^{30}}\right) + \frac{100}{1,05^{30}} = \$100,00 \quad \text{(negociado ao par)}$$

$$P(\text{cupom de 3\%}) = 3 \times \frac{1}{0,05}\left(1 - \frac{1}{1,05^{30}}\right) + \frac{100}{1,05^{30}} = \$69,26 \quad \text{(negociado com deságio)}$$

A maioria dos emissores de títulos de dívida de cupom escolhe uma taxa de cupom de modo que os títulos *inicialmente* sejam negociados ao par (ou seja, pelo valor de face), ou muito próximo dele. Por exemplo, o Tesouro dos EUA determina as taxas de cupom sobre suas notas e títulos de dívida dessa maneira. Após a data de emissão, o preço de mercado de um título de dívida geralmente muda com o tempo por dois motivos. Em primeiro lugar, com o passar do tempo ele chega mais perto de sua data de vencimento. Mantendo fixa a rentabilidade até o vencimento, o valor presente dos fluxos de caixa restantes do título de dívida muda à medida que diminui o tempo até o vencimento. Em segundo lugar, em qualquer ponto no tempo, mudanças nas taxas de juros de mercado afetam a rentabilidade até o vencimento e o preço (o valor presente dos fluxos de caixa restantes) do título. Exploraremos esses dois efeitos no restante desta seção.

Tempo e preços de títulos de dívida

Consideremos o efeito do tempo sobre o preço de um título de dívida. Suponhamos que tenhamos comprado um título de dívida de cupom zero de 30 anos com rentabilidade até o vencimento de 5%. Por um valor de face de $100, o título inicialmente será negociado por

$$P(\text{30 anos até o vencimento}) = \frac{100}{1,05^{30}} = \$23,14$$

Agora consideremos o preço deste título cinco anos depois, quando ele possui 25 anos restantes até o vencimento. Se sua rentabilidade até o vencimento permanece em 5%, seu preço daqui a 5 anos será

$$P(\text{25 anos até o vencimento}) = \frac{100}{1,05^{25}} = \$29,53$$

Observe que seu preço é mais alto, portanto o desconto de seu valor de face é menor quando há menos tempo até o vencimento. O desconto diminui porque a rentabilidade não mudou, mas há menos tempo até o valor de face ser recebido. Se tivéssemos comprado o título de dívida por $23,14 e então o vendido após cinco anos por $29,53, a IRR de nosso investimento seria

$$\left(\frac{29,53}{23,14}\right)^{1/5} - 1 = 5,0\%$$

Isto é, nosso retorno é igual à rentabilidade até o vencimento do título de dívida. Este exemplo ilustra uma propriedade mais geral dos títulos. Se a rentabilidade até o vencimento de um título de dívida não muda, então a IRR de um investimento neste título é igual a sua rentabilidade até o vencimento, mesmo que o vendamos antes.

Esses resultados também são válidos para títulos de dívida de cupom. Entretanto, o padrão de mudança de preços com o passar do tempo é um pouco mais complicado para os títulos de dívida de cupom, pois à medida que o tempo passa a maior parte dos fluxos de caixa chega mais perto, mas alguns fluxos de caixa desaparecem à medida que os cupons vão sendo pagos. O Exemplo 8.6 ilustra esses efeitos.

EXEMPLO 8.6 — O efeito do tempo sobre o preço de um título de dívida de cupom

Problema

Considere um título de dívida de 30 anos com uma taxa de cupom de 10% (pagamentos anuais) e um valor de face de $100. Qual é o preço inicial deste título de dívida se ele possui uma rentabilidade até o vencimento de 5%? Se a rentabilidade até o vencimento permanecer inalterada, qual será o preço imediatamente antes e depois de o primeiro cupom ser pago?

Solução

Calculamos o preço deste título de dívida com 30 anos até o vencimento no Exemplo 8.5:

$$P = 10 \times \frac{1}{0{,}05}\left(1 - \frac{1}{1{,}05^{30}}\right) + \frac{100}{1{,}05^{30}} = \$176{,}86$$

Agora, consideramos seus fluxos de caixa em um ano, imediatamente antes de o primeiro cupom ser pago. O título de dívida agora possui 29 anos até vencer, e o diagrama de fluxo de caixa é o seguinte:

```
    0        1        2           29
    |        |        |    ...    |
   $10      $10      $10        $10 + $100
```

Novamente, calculamos o preço descontando os fluxos de caixa da rentabilidade até o vencimento. Observe que há um fluxo de caixa de $10 na data zero, o cupom que está para ser pago. Neste caso, é mais fácil tratar o primeiro cupom separadamente e avaliar os fluxos de caixa restantes como na Equação 8.5:

$$P(\text{logo antes do primeiro cupom}) = 10 + 10 \times \frac{1}{0{,}05}\left(1 - \frac{1}{1{,}05^{29}}\right) + \frac{100}{1{,}05^{29}} = \$185{,}71$$

Observe que o preço do título de dívida é maior do que inicialmente. Ele fará o mesmo número total de pagamentos de cupom, mas um investidor não precisa esperar tanto para receber o primeiro deles. Também poderíamos calcular o preço observando que, como a rentabilidade até o vencimento permanece a 5% para o título, seus investidores devem obter um retorno de 5% ao longo do ano: $176,86 × 1,05 = $185,71.

O que acontece com o preço do título de dívida logo depois de o primeiro cupom ser pago? O diagrama de fluxo de caixa é o mesmo que já fornecemos anteriormente, exceto pelo fato de que o novo proprietário do título não irá receber o cupom na data zero. Assim, logo após de o cupom ser pago, o preço do título de dívida (dada a mesma rentabilidade até o vencimento) será

$$P(\text{logo após o primeiro cupom}) = 10 \times \frac{1}{0{,}05}\left(1 - \frac{1}{1{,}05^{29}}\right) + \frac{100}{1{,}05^{29}} = \$175{,}71$$

Seu preço diminuirá na quantia do cupom ($10) imediatamente após ele ser pago, refletindo o fato de que o proprietário não mais o receberá. Neste caso, o preço é menor do que o preço inicial. Como há menos pagamentos de cupom restantes, o ágio que os investidores pagam pelo título de dívida diminui. Ainda assim, um investidor que o compra inicialmente, recebe o primeiro cupom e então o vende, obtém um retorno de 5% se a rentabilidade do título não mudar: (10 + 175,71) / 176,86 = 1,05.

A Figura 8.1 ilustra o efeito do tempo sobre os preços de títulos de dívida, supondo que a rentabilidade até o vencimento permaneça constante. Entre pagamentos de cupom, os preços de todos os títulos de dívida se elevam a uma taxa igual à rentabilidade até o vencimento, já que os fluxos de caixa restantes do título se tornam mais próximos. Mas à medida que cada cupom é pago, o preço de um título de dívida diminui na quantia do cupom. Quando o título está sendo negociado com um ágio, a queda do preço quando um cupom é pago será maior do que o aumento do preço entre os cupons, de modo que o prêmio do título tende a diminuir com o passar do tempo. Se o título de dívida estiver sendo negociado com um deságio, o aumento do preço entre cupons excederá a queda de preço quando um cupom for pago, de modo que o preço do título aumente e seu deságio diminua com o passar do tempo. Em última análise, os preços de todos os títulos de dívida se aproximam de seu valor de face quando os títulos vencem e seu último cupom é pago.

Para cada um dos títulos de dívida ilustrados na Figura 8.1, se a rentabilidade até o vencimento permanecer a 5%, os investidores obterão um retorno de 5% sobre seu investimento. Para o título de dívida de cupom zero, obtém-se este retorno somente devido à valorização de seu preço. Para o título de dívida de cupom de 10%, este retorno é proveniente da combinação de pagamentos de cupom e depreciação do preço com o passar do tempo.

Mudanças nas taxas de juros e preços de títulos de dívida

Quando as taxas de juros na economia flutuam, as rentabilidades que os investidores exigem para investir nos títulos de dívida também mudam. Avaliemos o efeito das flutuações da rentabilidade até o vencimento de um título sobre seu preço.

Considere novamente um título de dívida de cupom zero de 30 anos com uma rentabilidade até o vencimento de 5%. Para um valor de face de $100, ele será inicialmente negociado por

$$P(\text{rendimento até o vencimento de 5\%}) = \frac{100}{1,05^{30}} = \$23,14$$

FIGURA 8.1

O efeito do tempo sobre os preços de títulos de dívida
O gráfico ilustra os efeitos da passagem do tempo sobre os preços de títulos de dívida quando a rentabilidade permanece constante. O preço de um título de dívida de cupom zero cresce suavemente. O preço de um título de dívida de cupom também cresce entre os pagamentos de cupom, mas cai na data do cupom, refletindo a quantia do pagamento. Para cada título de dívida de cupom, a linha pontilhada exibe a tendência do preço do título logo após cada cupom ser pago.

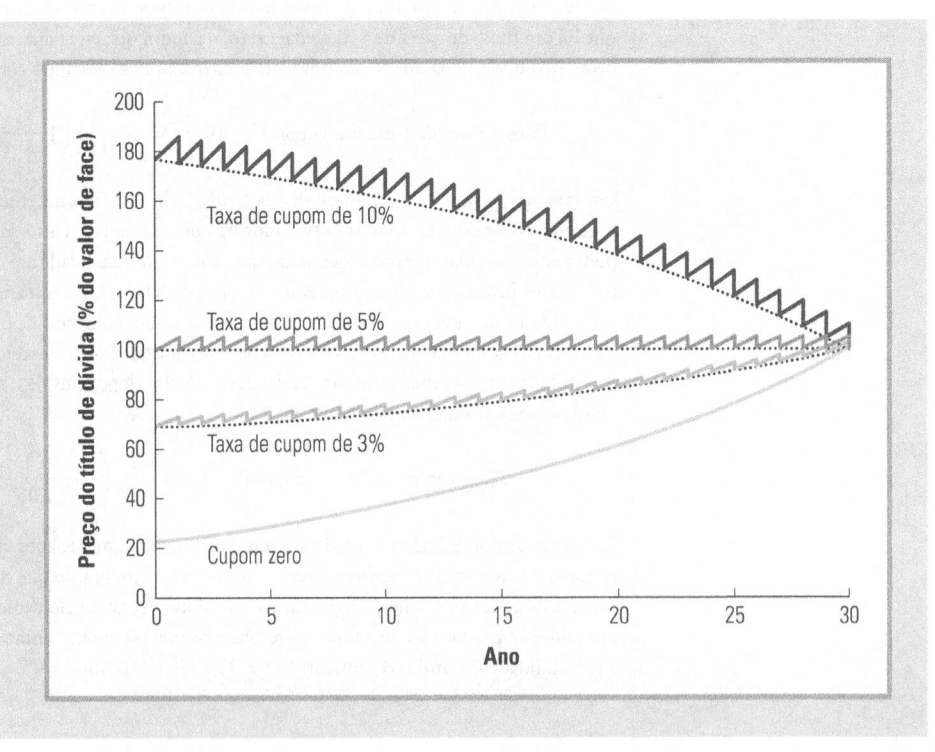

Preços limpos e sujos para títulos de dívida de cupom

Como ilustra a Figura 8.1, os preços dos títulos de dívida de cupom flutuam ao redor da data de cada pagamento seguindo um padrão de "onda dente de serra": seu valor sobe à medida que o próximo pagamento de cupom se aproxima, e então cai após ele ser pago. Esta flutuação ocorre mesmo se não houver mudança na rentabilidade até o vencimento.

Como os negociantes de títulos de dívida se preocupam mais com mudanças em seus preços que surgem devido a mudanças na rentabilidade até o vencimento, em vez de com esses padrões previsíveis em torno dos pagamentos de cupom, eles geralmente não cotam o preço de um título de dívida em termos de seu preço à vista real, o que também é chamado de **preço sujo** ou **preço de fatura** do título. Em vez disso, os títulos de dívida geralmente são cotados em termos de um **preço limpo**, que é seu preço à vista menos um ajuste de juros acumulados, a quantia do próximo pagamento de cupom que já se acumulou:

Preço limpo = Preço à vista (sujo) − Juros acumulados

Juros acumulados = Quantia do cupom ×
$\left(\dfrac{\text{dias desde o último pagamento de cupom}}{\text{dias no período corrente do cupom}} \right)$

Observe que imediatamente antes de um pagamento de cupom ser realizado os juros acumulados serão iguais à quantia total do cupom, enquanto que imediatamente após o pagamento de cupom ser realizado os juros acumulados serão zero. Assim, os juros acumulados sobem e descem em um padrão de onda de dente de serra à medida que cada pagamento de cupom vai passando:

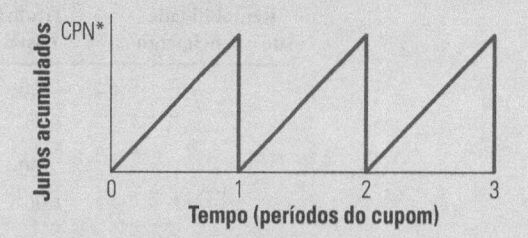

Se subtrairmos os juros acumulados do preço à vista do título de dívida e calcularmos o preço limpo, o padrão de onda de dente de serra é eliminado. Assim, se não houver mudanças na rentabilidade até o vencimento, seu preço limpo converge suavemente com o passar do tempo para seu valor de face, como mostram as linhas pontilhadas na Figura 8.1.

Mas suponhamos que as taxas de juros subam repentinamente, de modo que os investidores agora exijam uma rentabilidade até o vencimento de 6% antes de investirem neste título. Esta mudança na rentabilidade implica que seu preço cairá para

$$P(\text{rendimento até o vencimento de 6\%}) = \frac{100}{1,06^{30}} = \$17,41$$

Em relação ao preço inicial, o preço do título de dívida muda em (17,41 − 23,14) / 23,14 = −24,8%, uma queda substancial.

Este exemplo ilustra um fenômeno geral. Uma rentabilidade até o vencimento mais alto implica uma taxa de desconto maior para os fluxos de caixa restantes de um título de dívida, reduzindo seu valor presente e, portanto, seu preço. Portanto, *à medida que a taxa de juros e a rentabilidade de um título de dívida aumentam, seu preço diminuirá, e vice-versa*.

A sensibilidade do preço de um título de dívida a mudanças nas taxas de juros depende da cronologia de seus fluxos de caixa. Por ser descontado por um curto período, o valor presente de um fluxo de caixa que será recebido em um futuro próximo é menos drasticamente afetado pelas taxas de juros do que um fluxo de caixa em um futuro distante. Assim, títulos de dívida de cupom zero de menor prazo são menos sensíveis a mudanças nas taxas de juros do que os de mais longo prazo. Da mesma maneira, títulos de dívida com taxas de cupom mais altas – por pagarem fluxos de caixa mais altos à vista – são menos sensíveis a mudanças nas taxas de juros do que títulos idênticos, mas com taxas de cupom mais baixas. A sensibilidade do preço de um título de dívida a mudanças nas taxas de juros é medida pela **duração** do título.[4] Títulos de dívida com durações maiores são mais sensíveis a mudanças nas taxas de juros.

---

* N. de T.: CPN, do original *coupon payment on a bond*, significa pagamento de cupom de um título.

[4] Definiremos "duração" formalmente e discutiremos este conceito mais a fundo no Capítulo 30.

EXEMPLO 8.7 A sensibilidade dos títulos de dívida à taxa de juros

Problema

Considere um título de dívida de cupom zero de 15 anos e um título de dívida de cupom de 30 anos com cupons anuais de 10%. Em que porcentagem o preço de cada título muda se sua rentabilidade até o vencimento aumentar de 5% para 6%?

Solução

Primeiro calculamos o preço de cada título para cada rentabilidade até o vencimento:

Rentabilidade até o vencimento	Título de cupom zero de 15 anos	Título de cupom anual de 10% de 30 anos
5%	$\dfrac{100}{1{,}05^{15}} = \$48{,}10$	$10 \times \dfrac{1}{0{,}05}\left(1 - \dfrac{1}{1{,}05^{30}}\right) + \dfrac{100}{1{,}05^{30}} = \$176{,}86$
6%	$\dfrac{100}{1{,}06^{15}} = \$41{,}73$	$10 \times \dfrac{1}{0{,}06}\left(1 - \dfrac{1}{1{,}06^{30}}\right) + \dfrac{100}{1{,}06^{30}} = \$155{,}06$

O preço do título de dívida de cupom zero de 15 anos muda em $(41{,}73 - 48{,}10)/48{,}10 = -13{,}2\%$ se sua rentabilidade até o vencimento aumentar de 5% para 6%. Para o título de dívida de 30 anos com cupons anuais de 10%, a mudança no preço é de $(155{,}06 - 176{,}86)/176{,}86 = -12{,}3\%$. Apesar de o título de 30 anos ter um vencimento mais longo, devido à sua alta taxa de cupom sua sensibilidade a uma mudança na rentabilidade é, na verdade, menor do que a do título de dívida de cupom zero de 15 anos.

Na verdade, os preços de títulos de dívida estão sujeitos aos efeitos tanto da passagem do tempo quanto das mudanças nas taxas de juros. Os preços de títulos convergem para o valor de face do título devido ao efeito do tempo, mas simultaneamente aumentam e diminuem devido a mudanças imprevisíveis nas rentabilidades. A Figura 8.2 ilustra este comportamento demonstrando como o preço do título de dívida de cupom zero de 30 anos pode mudar ao longo de sua vida. Observe que o preço do título tende a convergir para seu valor de face à medida que ele se aproxima de sua data de vencimento, mas também aumenta quando sua rentabilidade diminui, e diminui quando sua rentabilidade aumenta.

Como demonstra a Figura 8.2, antes do vencimento o título de dívida é exposto a um risco da taxa de juros. Se um investidor decidir vender e a rentabilidade até o vencimento tiver diminuído, o investidor receberá um preço alto e obterá um retorno alto. Se a rentabilidade até o vencimento tiver aumentado, o preço do título de dívida estará baixo no momento da venda e o investidor obterá um retorno baixo. No apêndice deste capítulo, discutiremos uma maneira como as corporações gerenciam este tipo de risco.

FIXAÇÃO DE CONCEITOS

1. Se a rentabilidade até o vencimento de um título de dívida não mudar, como seu preço à vista mudará entre os pagamentos de cupom?
2. Que risco um investidor enfrenta com um título de dívida livre de inadimplência se ele planeja vendê-lo antes de seu vencimento?

8.3 A curva de rentabilidade e arbitragem de títulos

Até agora, nos focamos na relação entre o preço de um título de dívida individual e sua rentabilidade até o vencimento. Nesta seção, exploraremos a relação entre os preços e rentabilidades de diferentes títulos de dívida. Utilizando a Lei do Preço Único, mostramos que dadas as taxas de juros *spot*, que são as rentabilidades de títulos de dívida de cupom zero livres de inadimplência, podemos determinar o preço e a rentabilidade de qualquer outro título de dívida livre de inadimplência. Consequentemente, a curva de rentabilidade fornece informações suficientes para avaliar todos esses títulos de dívida.

FIGURA 8.2

Flutuações da rentabilidade até o vencimento e do preço do título de dívida com o passar do tempo

Os gráficos ilustram mudanças no preço e na rentabilidade de um título de dívida de cupom zero de 30 anos ao longo de sua vida. O gráfico de cima ilustra as mudanças na rentabilidade até o vencimento do título ao longo de sua vida. No gráfico de baixo, seu preço real é exibido em azul-escuro. Como a rentabilidade até o vencimento não permanece constante ao longo da vida do título, seu preço flutua à medida que ele converge para o valor de face com o passar do tempo. O gráfico também exibe os preços do título se sua rentabilidade até o vencimento permanecer fixa em 4%, 5% ou 6%.

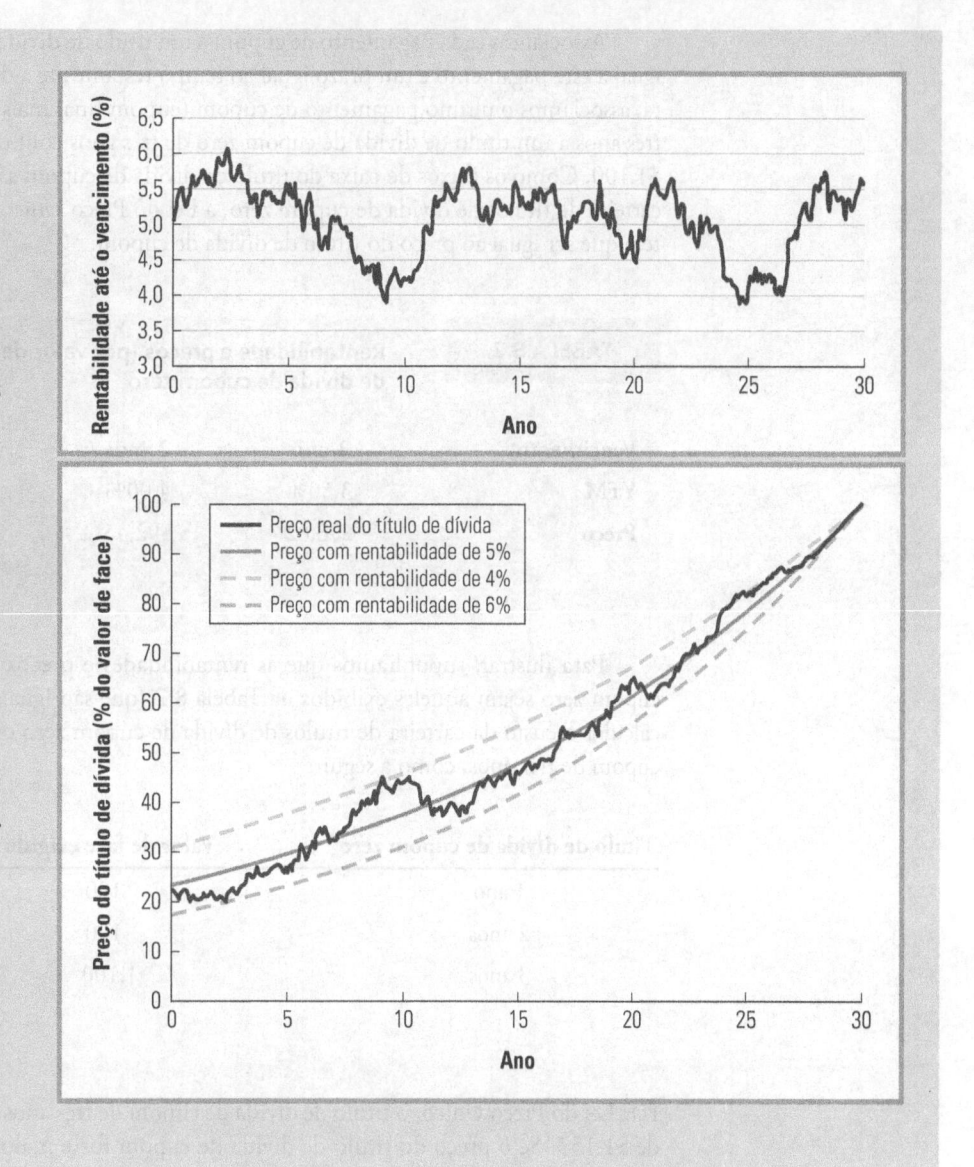

Reproduzindo um título de dívida de cupom

Como é possível reproduzir os fluxos de caixa de um título de dívida de cupom utilizando títulos de dívida de cupom zero, podemos utilizar a Lei do Preço Único para calcular o preço de um título de dívida de cupom a partir dos preços de títulos de dívida de cupom zero. Por exemplo, podemos reproduzir um título de dívida de $1.000 de três anos que paga cupons anuais de 10% utilizando três títulos de dívida de cupom zero, como a seguir:

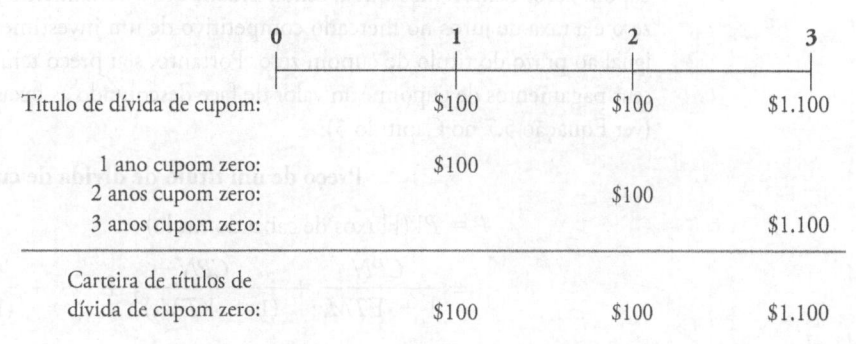

	0	1	2	3
Título de dívida de cupom:		$100	$100	$1.100
1 ano cupom zero:		$100		
2 anos cupom zero:			$100	
3 anos cupom zero:				$1.100
Carteira de títulos de dívida de cupom zero:		$100	$100	$1.100

Associamos cada pagamento de cupom a um título de dívida de cupom zero com valor de face igual a este pagamento e um prazo igual ao tempo restante até a data do cupom. Da mesma maneira, associamos o último pagamento de cupom (cupom final mais retorno do valor de face) daqui a três anos a um título de dívida de cupom zero de três anos com um valor de face correspondente a $1.100. Como os fluxos de caixa do título de dívida de cupom são idênticos aos fluxos de caixa da carteira de títulos de dívida de cupom zero, a Lei do Preço Único afirma que o preço desta carteira tem que ser igual ao preço do título de dívida de cupom.

TABELA 8.2   Rentabilidade e preços (por valor de face de $100) de títulos de dívida de cupom zero

Vencimento	1 ano	2 anos	3 anos	4 anos
YTM	3,50%	4,00%	4,50%	4,75%
Preço	$96,62	$92,45	$87,63	$83,06

Para ilustrar, suponhamos que as rentabilidades e preços correntes do título de dívida de cupom zero sejam aqueles exibidos na Tabela 8.2 (que são iguais aos do Exemplo 8.1). Podemos calcular o custo da carteira de títulos de dívida de cupom zero que reproduz o título de dívida de cupom de três anos, como a seguir:

Título de dívida de cupom zero	Valor de face exigido	Custo
1 ano	100	96,62
2 anos	100	92,45
3 anos	1.100	11 × 87,63 = 963,93
	Custo total:	$1.153,00

Pela Lei do Preço Único, o título de dívida de cupom de três anos tem que ser negociado pelo preço de $1.153. Se o preço do título de dívida de cupom fosse maior, poderíamos obter um lucro de arbitragem vendendo-o e comprando a carteira de títulos de dívida de cupom zero. Se fosse menor, poderíamos obter um lucro de arbitragem comprando-o e vendendo os títulos de dívida de cupom zero a descoberto.

Avaliando um título de dívida de cupom utilizando rentabilidades de cupom zero

Até agora, utilizamos os *preços* de um título de dívida de cupom zero para deduzir o preço de um título de dívida de cupom. Uma alternativa é utilizar as *rentabilidades* de um título de dívida de cupom zero. Lembremos que a rentabilidade até o vencimento de um título de dívida de cupom zero é a taxa de juros no mercado competitivo de um investimento livre de risco e com um prazo igual ao prazo do título de cupom zero. Portanto, seu preço tem que ser igual ao valor presente de seus pagamentos de cupom e ao valor de face descontados às taxas de juros de mercado competitivo (ver Equação 5.7 no Capítulo 5):

Preço de um título de dívida de cupom

$$P = PV(\text{Fluxos de caixa do título})$$
$$= \frac{CPN}{1 + YTM_1} + \frac{CPN}{(1 + YTM_2)^2} + \cdots + \frac{CPN + FV}{(1 + YTM_n)^n} \quad (8.6)$$

onde CPN é o pagamento de cupom do título, YTM_n é a rentabilidade até o vencimento de um título de dívida de cupom zero que vence na mesma data que o n-ésimo pagamento de cupom, e FV é o valor de face do título. Para o título de dívida de $1.000 de três anos com cupons anuais de 10% considerado anteriormente, podemos utilizar a Equação 8.6 para calcular seu preço utilizando os rendimentos de cupom zero da Tabela 8.2:

$$P = \frac{100}{1,035} + \frac{100}{1,04^2} + \frac{100 + 1.000}{1,045^3} = \$1.153$$

Este preço é idêntico ao preço que calculamos anteriormente através da reprodução do título de dívida. Assim, podemos determinar o preço na impossibilidade de arbitragem de um título de dívida de cupom descontando seus fluxos de caixa utilizando as rentabilidades de cupom zero. Em outras palavras, as informações na curva de rentabilidade do cupom zero são suficientes para determinar o preço de todos os outros títulos de dívida livres de risco.

Rentabilidades de títulos de cupom

Dadas as rentabilidades de títulos de dívida de cupom zero, podemos utilizar a Equação 8.6 para determinar seu preço. Na seção 8.1, vimos como calcular a rentabilidade até o vencimento de um título de dívida de cupom a partir de seu preço. Combinando esses resultados, podemos determinar a relação entre as rentabilidades de títulos de dívida de cupom zero e os títulos de dívida que pagam cupom.

Consideremos novamente o título de dívida de $1.000 de três anos com cupons anuais de 10%. Dadas as rentabilidades de cupom zero da Tabela 8.2, calculamos para este título um preço de $1.153. Da Equação 8.5, a rentabilidade até o vencimento deste título é a taxa y que satisfaz

$$P = 1.153 = \frac{100}{(1+y)} + \frac{100}{(1+y)^2} + \frac{100+1.000}{(1+y)^3}$$

Podemos encontrar a rentabilidade utilizando a planilha de anuidade:

	NPER	RATE	PV	PMT	FV	Fórmula do Excel
Dados	3		−1.153	100	1.000	
Encontrar RATE		4,44%				= RATE(3,100,−1153,1000)

Portanto, a rentabilidade até o vencimento do título é de 4,44%. Podemos verificar este resultado diretamente, como a seguir:

$$P = \frac{100}{1,0444} + \frac{100}{1,0444^2} + \frac{100 + 1.000}{1,0444^3} = \$1.153$$

Como o título de dívida de cupom fornece fluxos de caixa em diferentes pontos no tempo, a rentabilidade até o vencimento de um título de dívida de cupom é uma média ponderada das rentabilidades dos títulos de dívida de cupom zero de vencimentos iguais ou de prazo mais curto. Os pesos dependem (de uma maneira complexa) da magnitude dos fluxos de caixa de cada período. Neste exemplo, as rentabilidades dos títulos de dívida de cupom zero foram 3,5%, 4,0% e 4,5%. Para este título de cupom, a maior parte do valor no cálculo do valor presente vem do valor presente do terceiro fluxo de caixa, pois ele inclui o principal, de modo que a rentabilidade está mais próxima da rentabilidade de cupom zero de três anos, que é 4,5%.

O Exemplo 8.8 mostra que títulos de dívida de cupom com mesmo vencimento podem ter diferentes rentabilidades dependendo de suas taxas de cupom. A rentabilidade até o vencimento de um título de dívida de cupom é uma média ponderada das rentabilidades sobre os títulos de dívida de cupom zero. À medida que o cupom aumenta, os fluxos de caixa mais próximos tornam-se relativamente mais importantes do que os fluxos de caixa mais distantes no cálculo do valor presente. Se a curva de rentabilidade tiver uma inclinação ascendente (como nas rentabilidades do Exemplo 8.8), a rentabilidade até o vencimento resultante diminui com a taxa de cupom do título de dívida. Ao contrário, quando a curva de rentabilidade tiver uma inclinação descendente, a rentabilidade

EXEMPLO 8.8 Rentabilidades de títulos de dívida com mesmo vencimento

Problema

Dadas as rentabilidades de cupom zero abaixo, compare a rentabilidade até o vencimento de um título de dívida de cupom zero de três anos, de um título de dívida de cupons anuais de 4% de três anos, e de um título de dívida de cupons anuais de 10% de três anos. Todos esses títulos são livres de inadimplência.

Vencimento	1 ano	2 anos	3 anos	4 anos
YTM de cupom zero	3,50%	4,00%	4,50%	4,75%

Solução

A partir das informações fornecidas, a rentabilidade até o vencimento do título de dívida de cupom zero de três anos é de 4,50%. Além disso, como as rentabilidades correspondem às da Tabela 8.2, já calculamos a rentabilidade até o vencimento para o título de dívida de cupom de 10% como 4,44%. Para calcular a rentabilidade do título de dívida de cupom de 4%, primeiro precisamos calcular seu preço. Utilizando a Equação 8.6, temos

$$P = \frac{40}{1,035} + \frac{40}{1,04^2} + \frac{40 + 1.000}{1,045^3} = \$986,98$$

O preço do título de dívida com cupom de 4% é de $986,98. Da Equação 8.5, sua rentabilidade até o vencimento soluciona a seguinte equação:

$$\$986,98 = \frac{40}{(1+y)} + \frac{40}{(1+y)^2} + \frac{40 + 1.000}{(1+y)^3}$$

Podemos calcular a rentabilidade até o vencimento utilizando a planilha de anuidade:

	NPER	RATE	PV	PMT	FV	Fórmula do Excel
Dados	3		−986,98	40	1.000	
Encontrar RATE		4,47%				=RATE(3,40,−986,98,1000)

Em resumo, para os títulos de dívida de três anos considerados,

Taxa de cupom	0%	4%	10%
YTM	4,50%	4,47%	4,44%

até o vencimento aumentará com a taxa de cupom. Quando a curva de rentabilidade é plana, todos os títulos de cupom zero ou que pagam cupom terão a mesma rentabilidade, independente de seus vencimentos e de suas taxas de cupom.

Curvas de rentabilidade de títulos do Tesouro

Como mostramos nesta seção, podemos utilizar uma curva de rentabilidade de cupom zero para determinar o preço e o rendimento até o vencimento de outros títulos de dívida livres de risco. O gráfico das rentabilidades de títulos de dívida de cupom de diferentes vencimentos chama-se **curva de rentabilidade de títulos de dívida que pagam cupom**. Quando os *traders* de títulos de dívida norte-americanos se referem à "curva de rentabilidade", eles geralmente estão se referindo à curva de rentabilidade de títulos de dívida do Tesouro dos EUA que pagam cupom. Como mostramos no Exemplo 8.8, dois títulos de dívida que pagam cupom com mesmo vencimento podem ter diferentes rentabilidades. Por convenção, os profissionais de finanças sempre fazem o gráfico da rentabilidade dos títulos emitidos mais recentemente, chamados de **títulos de dívida *on-the-run***. Utilizando métodos similares àqueles empregados nesta seção, podemos aplicar a Lei do Preço Único para determinar as rentabilidades de títulos de dívida de cupom zero utilizando a curva de rentabilidade de títulos de dívida que pagam cupom (ver Problema 22). Assim, um ou outro tipo de curva de rentabilidade fornecem informações suficientes para avaliar todos os outros títulos livres de risco.

FIXAÇÃO DE CONCEITOS

1. Por que a curva de rentabilidade de cupom zero para títulos de dívida livres de inadimplência fornece informações suficientes para avaliar todos os outros títulos de dívida livres de risco?
2. Explique por que dois títulos de dívida de cupom com mesmo vencimento podem ter diferentes rentabilidades até o vencimento.

8.4 Títulos de dívida corporativos

Até agora neste capítulo, nos focamos em títulos de dívida livres de risco tais como letras do Tesouro dos EUA, para os quais os fluxos de caixa são conhecidos com certeza. Para outros títulos de dívida como os **títulos de dívida corporativos** (emitidos por empresas), o emissor pode ser inadimplente – isto é, pode não pagar de volta a quantia integral prometida em seu prospecto. O risco de inadimplência, conhecido como **risco de crédito** do título de dívida, significa que seus fluxos de caixa não são conhecidos com certeza.

Rentabilidade de títulos de dívida corporativos

Como o risco de crédito afeta os preços e as rentabilidades dos títulos de dívida? Como os fluxos de caixa prometidos pelo título de dívida são o máximo que os portadores podem esperar receber, os fluxos de caixa que o comprador de um título de dívida com risco de crédito *espera* receber podem ser menores do que essa quantia. Consequentemente, os investidores pagam menos por títulos de dívida com risco de crédito do que pagariam por títulos idênticos, mas livres de risco. Como a rentabilidade até o vencimento de um título de dívida é calculada utilizando-se os fluxos de caixa *prometidos*, a rentabilidade dos títulos de dívida com risco de crédito será maior do que o de outros títulos idênticos, mas livres de risco. Ilustremos o efeito do risco de crédito sobre as rentabilidades de títulos de dívida e sobre os retornos ao investidor comparando diferentes casos.

Sem inadimplência. Suponhamos que o *Treasury bill* de cupom zero de um ano tenha uma rentabilidade até o vencimento de 4%. Quais são o preço e a rentabilidade de um título de dívida de $1.000 de um ano emitido pela Avant Corporation? Primeiro, suponhamos que todos os investidores concordem que *não* haja possibilidade de que a Avant seja inadimplente no próximo ano. Neste caso, os investidores receberão $1.000 daqui a um ano com certeza, como prometido pelo título de dívida. Como este título é livre de risco, a Lei do Preço Único garante que ele tem que ter a mesma rentabilidade que o *Treasury bill* de cupom zero de um ano. O preço do título de dívida, portanto, será

$$P = \frac{1.000}{1 + YTM_1} = \frac{1.000}{1,04} = \$961,54$$

Inadimplência certa. Agora suponhamos que os investidores tenham certeza que a Avant será inadimplente ao final de um ano e será capaz de pagar apenas 90% de suas obrigações pendentes. Então, apesar de o título de dívida prometer $1.000 no final do ano, seus portadores sabem que receberão apenas $900. Os investidores podem prever perfeitamente este déficit, então o pagamento de $900 é livre de risco e o título ainda é um investimento de um ano livre de risco. Portanto, calculamos seu o preço descontando esse fluxo de caixa, utilizando a taxa de juros livre de risco como o custo de capital:

$$P = \frac{900}{1 + YTM_1} = \frac{900}{1,04} = \$865,38$$

A expectativa de inadimplência diminui o fluxo de caixa que os investidores esperam receber e, portanto, o preço que estão dispostos a pagar.

Dado o preço do título de dívida, podemos calcular sua rentabilidade até o vencimento. Ao calcular esta rentabilidade, utilizamos os fluxos de caixa *prometidos* em vez dos *reais*. Assim,

$$YTM = \frac{FV}{P} - 1 = \frac{1.000}{865,38} - 1 = 15,56\%$$

A rentabilidade até o vencimento de 15,56% do título de dívida da Avant é muito mais alta do que a do *Treasury bill* livre de risco. Mas este resultado não significa que os investidores que compram o título de dívida obterão um retorno de 15,56%. Como a Avant será inadimplente, seu retorno esperado é igual a seu custo de capital de 4%:

$$\frac{900}{865,38} = 1,04$$

Observe que *a rentabilidade até o vencimento de um título de dívida que pode ser inadimplente não é igual ao retorno esperado sobre o investimento no título*. Como calculamos a rentabilidade até o vencimento utilizando os fluxos de caixa prometidos em vez dos esperados, a rentabilidade será sempre mais alta do que o retorno esperado sobre o investimento no título.

Risco de inadimplência. Os dois exemplos da Avant foram casos extremos, é claro. No primeiro caso, supomos que a probabilidade de inadimplência era zero; no segundo caso, supomos que a Avant certamente seria inadimplente. Na realidade, a chance de que a Avant seja inadimplente encontra-se em algum lugar entre esses dois extremos (e para a maioria das empresas é provavelmente muito mais próxima de zero).

Para ilustrar, consideremos novamente o título de dívida de $1.000 de cupom zero de um ano emitido pela Avant. Desta vez, suponhamos que os pagamentos do título sejam incertos. Em particular, há uma chance de 50% de que o título pague seu valor de face integral e uma chance de 50% de que ele seja inadimplente e recebamos apenas $900. Assim, em média, receberemos $950.

Para determinar o preço deste título de dívida, temos que descontar este fluxo de caixa esperado utilizando um custo de capital igual ao retorno esperado de outros títulos de dívida com risco equivalente. Se a Avant tem mais chance de ser inadimplente se a economia estiver fraca do que se estiver forte, os resultados do Capítulo 3 sugerem que os investidores exigirão um prêmio de risco para investir nele. Assim, o custo de capital da Avant, que é o retorno esperado que os titulares de dívidas da Avant exigirão para compensá-los pelo risco dos fluxos de caixa do título, será mais alto do que a taxa de juros livre de risco de 4%.

Suponhamos que os investidores exijam um prêmio de risco de 1,1% para este título de dívida, de modo que o custo de capital adequado seja 5,1%. Então, o valor presente do fluxo de caixa do título é

$$P = \frac{950}{1,051} = \$903,90$$

Consequentemente, neste caso sua rentabilidade até o vencimento é de 10,63%:

$$YTM = \frac{FV}{P} - 1 = \frac{1.000}{903,90} - 1 = 1,1063$$

É claro que a rentabilidade prometida de 10,63% é o máximo que os investidores receberão. Se a Avant for inadimplente, eles receberão apenas $900, o que seria um retorno de 900 / 903,90 − 1 = −0,43%. O retorno médio é de 0,50(10,63%) + 0,50(-0,43%) = 5,1%, o custo de capital do título de dívida.

A Tabela 8.3 lista os preços, o retorno esperado e a rentabilidade até o vencimento do título de dívida da Avant nas várias suposições de inadimplência. Observe que o preço do título diminui e sua rentabilidade até o vencimento aumenta com uma maior probabilidade de inadimplência. Ao contrário, *o retorno esperado do título de dívida, que é igual ao custo de capital da dívida da empresa, é menor do que a rentabilidade até o vencimento se houver risco de inadimplência. Além disso, uma rentabilidade até o vencimento mais alta não necessariamente implica um retorno esperado mais alto*.

ENTREVISTA COM
Lisa Black

Lisa Black é Diretora Administrativa da Teachers Insurance and Annuity Association, uma grande empresa de serviços financeiros. Analista Financeira certificada, Lisa supervisiona uma variedade de fundos de renda fixa, que incluem mercado à vista, títulos intermediários, dívidas de mercados emergentes de alta rentabilidade, e fundos de títulos de dívida indexados pela inflação.

PERGUNTA: *Quando muitas pessoas pensam nos mercados financeiros, elas imaginam os mercados de ações. Qual é o tamanho e qual é o grau de atividade dos mercados de títulos de dívida em comparação aos mercados de ações?*

RESPOSTA: O volume em dólar dos títulos de dívida negociados diariamente é aproximadamente dez vezes maior do que o do mercado de ações. Por exemplo, uma única emissão de $15 bilhões de *Treasury bonds* de 10 anos é vendida em um dia. O Índice Universal Lehman Brothers de dívidas em circulação em dólar soma um total de quase $10 trilhões, e seu maior componente é o índice agregado norte-americano, um amplo índice de dívidas com grau de investimento. Isto inclui letras do Tesouro dos EUA, agências, títulos de dívida corporativos e certificados de recebíveis imobiliários. Outros setores importantes incluem títulos de dívida corporativos de alta rentabilidade, títulos de dívida em eurodólar, mercados emergentes, e colocações privadas.

PERGUNTA: *Como operam os mercados de títulos de dívida?*

RESPOSTA: As empresas e governos recorrem aos mercados de títulos de dívida quando precisam pegar dinheiro emprestado para financiar novos projetos de construção, cobrir déficits orçamentários, e outros motivos similares. Por outro lado, há instituições como a TIAA-CREF e fundações com fundos para investir. Os bancos de investimento de Wall Street servem como intermediários entre levantadores de recursos e investidores, associando mutuários a credores em termos de necessidades relativas a vencimentos e apetite para risco. Como fornecemos anuidades para professores universitários, por exemplo, investimos dinheiro por períodos mais longos do que uma empresa de seguros que precisa de fundos para pagar indenizações solicitadas. No mundo institucional, como os fundos de títulos de dívida que administramos, tipicamente negociamos blocos de títulos que variam de $5 milhões a $50 milhões de uma vez.

PERGUNTA: *O que impulsiona as mudanças nos valores dos Treasury bonds?*

RESPOSTA: A resposta é simplesmente que quando as taxas de juros aumentam, os preços dos títulos de dívida caem. O segredo é ir mais fundo nessa realidade para ver *por que* as taxas de juros aumentam e diminuem. Um grande fator é a expectativa dos investidores pela inflação e pelo crescimento econômico. Agora (julho de 2006) a taxa do Fed Funds (*overnight*) é de 5,25%. Um *Treasury bond* de 10 anos está rendendo aproximadamente 5 por cento, mais ou menos 0,25 por cento abaixo da taxa *overnight*. Esta curva de rentabilidade de inclinação descendente está dizendo que a inflação está em xeque e não irá erodir o valor deste rendimento de 5 por cento. Caso contrário, os investidores exigiriam um retorno esperado maior para emprestar por 10 anos.

As expectativas de crescimento econômico futuro têm uma importante influência sobre as taxas de juros – as taxas de juros geralmente sobem quando a expectativa é de que o crescimento irá acelerar, porque a inflação não ficará muito atrás. Em 2000, quando ocorreu o "estouro da bolha" e se temia que a economia entrasse em recessão, as taxas de juros caíram porque, com a expectativa de um crescimento mais lento, a perspectiva de inflação iria melhorar.

PERGUNTA: *Existem outros fatores que afetam os títulos de dívida corporativos?*

RESPOSTA: Os títulos de dívida corporativos possuem retornos assimétricos – você espera receber de volta o principal e juros ao longo da vida do título, mas a desvantagem é que se a empresa pedir falência, você pode receber apenas 30 ou 50 por cento por dólar investido. Portanto, um outro fator que afeta os valores dos títulos de dívida corporativos é as expectativas em relação à probabilidade de inadimplência. Quando a economia está muito bem, uma empresa financeiramente forte precisa oferecer apenas um pequeno *spread* de rendimento acima das letras do Tesouro. Por exemplo, a IBM pode precisar oferecer apenas 0,35% a mais do que as letras do Tesouro de 10 anos para atrair compradores para seus títulos de dívida.

Por outro lado, se um emissor possui problemas de crédito, o *spread* do rendimento de seus títulos de dívida sobre os do Tesouro terá que ser mais amplo. O *spread* do rendimento da GM foi drasticamente ampliado desde que a empresa anunciou suas altas perdas. Ela não pode mais emitir títulos de dívida a 2,5% acima da taxa das letras do Tesouro de 10 anos; agora os rendimentos sobre os títulos de dívida da GM são aproximadamente 5% mais altos do que sobre as letras do Tesouro. Os investidores exigem rendimentos mais altos para compensá-los pelo risco mais alto de que a GM possa ser inadimplente.

TABELA 8.3 Preço, retorno esperado e rentabilidade até o vencimento de um título de dívida da Avant de cupom zero de um ano com diferentes probabilidades de inadimplência

Título de dívida da Avant (cupom zero, 1 ano)	Preço do título	Rentabilidade até o vencimento	Retorno esperado
Sem risco de inadimplência	$961,54	4,00%	4%
50% de chance de inadimplência	$903,90	10,63%	5,1%
Inadimplência certa	$865,38	15,56%	4%

Classificação de títulos de dívida

Seria difícil e ineficiente para todos os investidores investigar privadamente o risco e a inadimplência de cada título de dívida. Consequentemente, várias empresas classificam a solvência de títulos e disponibilizam essas informações aos investidores. Ao consultar essas classificações, os investidores podem avaliar a solvência de determinado título. As classificações, portanto, encorajam a participação difundida de investidores e mercados relativamente líquidos. As duas agências mais conhecidas de classificação de títulos de dívida são a Standard & Poor's e a Moody's. A Tabela 8.4 lista as categorias de classificação utilizadas por cada agência. Os títulos de dívida com maior classificação são avaliados como sendo os de menor probabilidade de inadimplência.

Os títulos de dívida das quatro primeiras categorias geralmente são chamados de **títulos de dívida com grau de investimento** devido a seu baixo risco de inadimplência. Os títulos de dívida das cinco últimas categorias geralmente são chamados de **títulos de dívida de especulação**, títulos podres (*junk bonds*) ou títulos de alta rentabilidade, porque sua probabilidade de inadimplência é alta. A classificação depende do risco de falência, além da possibilidade do portador reivindicar os ativos da empresa no evento de tal falência. Assim, títulos de dívida com uma baixa prioridade de reivindicações na falência terão uma classificação mais baixa do que títulos de dívida da mesma empresa que tenham uma alta prioridade na falência ou que sejam garantidos por um ativo específico, como um edifício ou uma fábrica.

Curvas de rendimento corporativo

Assim como podemos construir uma curva de rentabilidade a partir de letras do Tesouro livres de risco, podemos traçar uma curva de rentabilidade similar para títulos de dívida corporativos. A Figura 8.3 mostra as rentabilidades médias dos títulos de dívida corporativos norte-americanos de cupom com três diferentes classificações na Standard & Poor's: duas curvas são para títulos de dívida com grau de investimento (AAA e BBB) e uma é para títulos podres (B). A Figura 8.3 também inclui a curva de rendimento de letras do Tesouro dos EUA (que pagam cupom). Chamamos a diferença entre as rentabilidades dos títulos de dívida corporativos e as rentabilidades das letras do Tesouro como *spread* **de inadimplência** ou *spread* **de crédito**. Os *spreads* de crédito flutuam com a mudança das percepções relativas à probabilidade de inadimplência. Observe que o *spread* de crédito é alto para títulos com baixas classificações e, portanto, uma maior probabilidade de inadimplência.

FIXAÇÃO DE CONCEITOS
1. Como a rentabilidade até o vencimento de um título varia com seu risco de inadimplência?
2. O que é um título podre?

TABELA 8.4 Classificação de títulos

Moody's	Standard & Poor's	Descrição (Moody's)
Dívidas com grau de investimento		
Aaa	AAA	Avaliados como de melhor qualidade. Carregam o menor grau de risco de investimento e geralmente são chamados de "*gild-edged*" (folhado a ouro). Pagamentos de juros são protegidos por uma margem grande ou excepcionalmente estável, e o principal permanece seguro. Apesar de os vários elementos protetores poderem sofrer mudanças, mudanças como as que podem ser visualizadas têm muito pouca probabilidade de prejudicar a posição fundamentalmente forte dessas emissões.
Aa	AA	Avaliados como de alta qualidade em todos os padrões. Juntamente com o grupo Aaa, constituem o que é conhecido de maneira geral como títulos de dívida de grau alto. São classificados mais abaixo do que os melhores títulos de dívida porque as margens de proteção podem não ser tão grandes quanto as dos títulos de dívida Aaa, porque a flutuação dos elementos protetores podem ser de maior amplitude, ou porque pode haver outros elementos presentes que tornem o risco a longo prazo parecer um tanto maior do que o dos títulos de dívida Aaa.
A	A	Possuem muitos atributos de investimento favoráveis e são considerados como obrigações de grau médio-superior. Os fatores que dão segurança ao principal e aos juros são considerados adequados, mas pode haver elementos que sugiram uma suscetibilidade a prejuízos em algum momento do futuro.
Baa	BBB	São considerados como obrigações de grau médio (isto é, não são nem extremamente bem protegidos, nem mal protegidos). A segurança dos pagamentos de juros e do principal parece adequada para o presente, mas certos elementos protetores podem estar ausentes ou podem ser caracteristicamente duvidosos ao longo de qualquer período longo. Tais títulos de dívida carecem de características de investimento excelentes e, na verdade, também possuem características especulativas.
Títulos de especulação		
Ba	BB	Possuem elementos especulativos; seu futuro não pode ser considerado como muito garantido. Geralmente, a proteção do pagamento de juros e do principal pode ser muito moderada e, dessa forma, sem muita salvaguarda durante bons ou maus períodos no futuro. A incerteza de posição caracteriza os títulos de dívida desta classe.
B	B	Geralmente carecem de características de investimento desejáveis. A garantia dos pagamentos de juros e do principal e a manutenção de outros termos do contrato por qualquer período longo podem ser pequenas.
Caa	CCC	Não têm muito prestígio. Tais títulos de dívida podem estar em inadimplência ou pode haver elementos de perigo no que diz respeito ao principal ou aos juros.
Ca	CC	Possuem um alto grau de especulação. Tais títulos de dívida geralmente estão em inadimplência ou possuem outras deficiências marcadas.
C	C, D	Classe mais baixa de títulos de dívida que podem ser considerados como de muito baixo potencial de algum dia alcançar qualquer prestígio real de investimento.

Source: www.moodys.com.

FIGURA 8.3

Curvas de rentabilidade corporativa para várias classificações, setembro de 2005

Esta figura mostra a curva de rentabilidade das letras do Tesouro dos EUA e as curvas de rentabilidade de títulos de dívida corporativos com diferentes classificações. Observe como a rentabilidade até o vencimento é maior para títulos de dívida com classificações mais baixas, que têm maior probabilidade de inadimplência.

Fonte: Reuters.

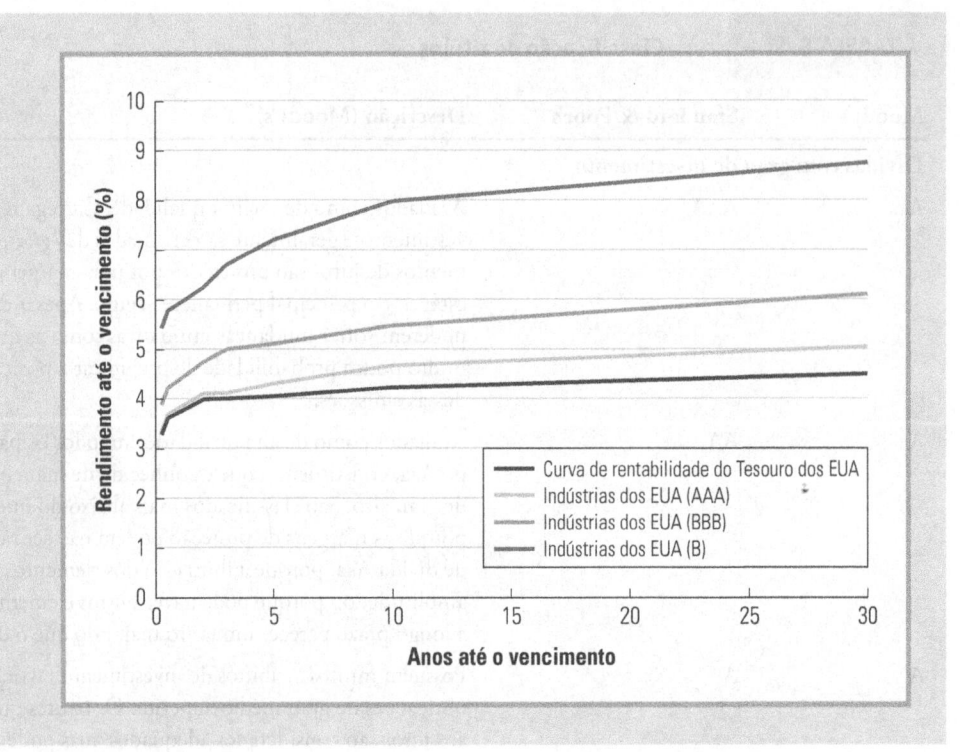

Resumo

1. Títulos de dívida fazem pagamentos de cupom e de principal (ou valor de face) aos investidores. Por convenção, a taxa de cupom de um título é expressa como uma APR, de modo que a quantia do pagamento de cada cupom, CPN, é

$$CPN = \frac{\text{Taxa de cupom} \times \text{Valor de face}}{\text{Número de pagamentos de cupom por ano}} \quad (8.1)$$

2. Títulos de dívida de cupom zero não fazem pagamentos de cupom, então os investidores recebem apenas seu valor de face.

3. A taxa interna de retorno de um título de dívida é chamada de sua rentabilidade até o vencimento (ou rentabilidade). A rentabilidade até o vencimento de um título de dívida é a taxa de desconto que iguala o valor presente dos pagamentos prometidos do título a seu preço de mercado corrente.

4. A rentabilidade até o vencimento de um título de dívida de cupom zero é dada por

$$YTM_n = \left(\frac{FV}{P}\right)^{1/n} - 1 \quad (8.3)$$

5. A taxa de juros livre de risco de um investimento até a data n é igual à rentabilidade até o vencimento de um cupom zero livre de risco que vence na data n. Um gráfico dessas taxas versus vencimento chama-se curva de rentabilidade de cupom zero.

6. A rentabilidade até o vencimento de um título de dívida de cupom é a taxa de desconto, y, que iguala o valor presente dos fluxos de caixa futuros do título a seu preço:

$$P = CPN \times \frac{1}{y}\left(1 - \frac{1}{(1+y)^N}\right) + \frac{FV}{(1+y)^N} \quad (8.5)$$

7. Um título de dívida é negociado com um ágio se sua taxa de cupom exceder sua rentabilidade até o vencimento. É negociado com um deságio se sua taxa de cupom for menor do que sua rentabilidade até o vencimento. Se sua taxa de cupom for igual a sua rentabilidade até o vencimento, ele é negociado ao par.

8. À medida que um título de dívida se aproxima de seu vencimento, seu preço se aproxima de seu valor de face.

9. Se a rentabilidade até o vencimento do título de dívida não mudar, então a IRR de um investimento neste título é igual a sua rentabilidade até o vencimento, mesmo se ele for vendido antes.

10. Os preços de títulos de dívida mudam com as taxas de juros. Quando as taxas de juros sobem, seus preços caem, e vice-versa.

    a. Títulos de dívida de cupom zero de longo prazo são mais sensíveis a mudanças nas taxas de juros do que títulos de dívida de cupom zero de curto prazo.

    b. Títulos de dívida com baixas taxas de cupom são mais sensíveis a mudanças nas taxas de juros do que títulos de dívida similares, mas com altas taxas de cupom.

    c. A duração de um título de dívida mede a sensibilidade de seu preço a mudanças nas taxas de juros.

11. Como podemos reproduzir um título de dívida que paga cupom utilizando uma carteira de títulos de dívida de cupom zero, o preço de um título de dívida de cupom pode ser determinado com base na curva de rentabilidade de cupom zero utilizando a Lei do Preço Único:

$$P = PV(\text{Fluxos de caixa do título})$$
$$= \frac{CPN}{1 + YTM_1} + \frac{CPN}{(1 + YTM_2)^2} + \cdots + \frac{CPN + FV}{(1 + YTM_n)^n} \quad (8.6)$$

12. Quando a curva de rentabilidade não é plana, os títulos de dívida com mesmo vencimento, mas com diferentes taxas de cupom, terão diferentes rentabilidade até o vencimento.

13. Quando um emissor de títulos de dívida não realiza um pagamento de título integralmente, o emissor é inadimplente.

    a. O risco de que possa ocorrer inadimplência é chamado de risco de inadimplência ou risco de crédito.

    b. As letras do Tesouro do EUA são livres de risco de inadimplência.

14. O retorno esperado de um título de dívida corporativo, que é o custo de capital da dívida da empresa, é igual à taxa de juros livre de risco mais um ágio de risco. O retorno esperado é menor do que a rentabilidade até o vencimento do título porque esta rentabilidade é calculada utilizando os fluxos de caixa prometidos, e não os fluxos de caixa esperados.

15. A classificação de títulos de dívida resume a solvência dos títulos para os investidores.

16. A diferença entre as rentabilidades sobre as letras do Tesouro dos EUA e as rentabilidades sobre títulos de dívida corporativos é chamada de *spread* de crédito ou *spread* de inadimplência. O *spread* de crédito compensa os investidores pela diferença entre fluxos de caixa prometidos e esperados e pelo risco de inadimplência.

Termos fundamentais

ágio *p. 247*
certificado de título de dívida *p. 242*
cupons *p. 242*
curva de rentabilidade de cupom zero *p. 244*
curva de rentabilidade de títulos de dívida que pagam cupom *p. 256*
data de vencimento *p. 242*
deságio *p. 242*
desconto *p. 242*
duração *p. 251*
par *p. 247*
prazo *p. 242*
preço de fatura *p. 250-251*

preço limpo *p. 250-251*
preço sujo *p. 250-251*
rentabilidade até o vencimento (YTM) *p. 243*
risco de crédito *p. 257*
spread de inadimplência (de crédito) *p. 260*
taxa de cupom *p. 242*
taxas de juros *spot* *p. 244*
título de dívida *on-the-run* *p. 256*
título de dívida de cupom zero *p. 242*
título de dívida de deságio puro *p. 242*
títulos de dívida com grau de investimento *p. 260*
títulos de dívida corporativos *p. 257*
títulos de dívida de cupom *p. 244*

títulos de dívida de especulação **p. 260**
Treasury bills **p. 242**
Treasury bonds **p. 244**
Treasury notes **p. 244**
valor de face **p. 242**

Leituras recomendadas

Para leitores interessados em mais detalhes sobre o mercado de títulos, os textos a seguir serão úteis: Z. Bodie, A. Kane e A. J. Marcus, *Investments*, 6ª ed. (Boston: McGraw-Hill/Irwin, 2004); F. Fabozzi, *The Handbook of Fixed Income Securities*, 7ª ed. (Boston: McGraw-Hill, 2005); W. F. Sharpe, G. J. Alexander e J. V. Bailey, *Investments*, 6ª ed. (Englewood Cliffs, NJ: Prentice-Hall, 1998); e B. Tuckman, *Fixed Income Securities: Tools for Today's Markets*, 2ª ed. (Hoboken, NJ: John Wiley & Sons, Inc., 2002).

Problemas

Todos os problemas deste capítulo estão disponíveis no MyFinanceLab. Um asterisco (*) indica problemas com maior nível de dificuldade.

Fluxos de caixa, preços e rentabilidade de títulos

1. Um título de dívida de 30 anos com valor de face de $1.000 possui uma taxa de cupom de 5,5%, com pagamentos semestrais.

    a. Qual é o pagamento de cupom deste título?

    b. Represente os fluxos de caixa do título em um diagrama de fluxo de caixa.

2. Suponha que um título de dívida fará pagamentos a cada seis meses, como mostra o diagrama de fluxo de caixa abaixo (utilizando períodos de seis meses):

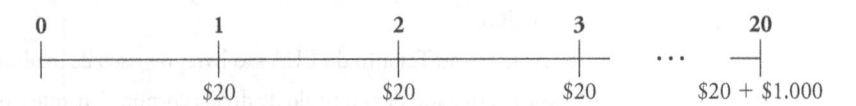

    ```
    0        1        2        3            20
    |        |        |        |    ...     |
             $20      $20      $20          $20 + $1.000
    ```

    a. Qual é o vencimento do título (em anos)?

    b. Qual é sua taxa de cupom (em porcentagem)?

    c. Qual é seu valor de face?

EXCEL 3. A tabela abaixo lista os preços (expressos como uma porcentagem do valor de face) de vários títulos de dívida de cupom zero livres de inadimplência:

Vencimento (anos)	1	2	3	4	5
Preço (por valor de face de $100)	$95,51	$91,05	$86,38	$81,65	$76,51

   a. Calcule a rentabilidade até o vencimento de cada título.

   b. Trace a curva de rentabilidade de cupom zero (para os cinco primeiros anos).

   c. A curva de rentabilidade possui inclinação ascendente, descendente ou plana?

EXCEL 4. Suponha a seguinte curva de rentabilidade de cupom zero para títulos de dívida livres de risco:

Vencimento (anos)	1	2	3	4	5
YTM	5,00%	5,50%	5,75%	5,95%	6,05%

   a. Qual é o preço por valor de face de $100 de um título de dívida livre de risco de cupom zero de dois anos?

   b. Qual é o preço por valor de face de $100 de um título de dívida livre de risco de cupom zero de quatro anos?

   c. Qual é a taxa de juros livre de risco para um vencimento de cinco anos?

5. Suponha que um título de dívida de $1.000 de dez anos com uma taxa de cupom de 8% e cupons semestrais esteja sendo negociado pelo preço de $1.034,74.

    a. Qual é a rentabilidade até o vencimento (expressa como uma APR com composição semestral) do título?

    b. Se a rentabilidade até o vencimento mudar para APR de 9%, qual será o preço do título?

6. Suponha que um título de dívida de $1.000 de cinco anos com cupons anuais tenha um preço de $900 e uma rentibilidade até o vencimento de 6%. Qual é a taxa de cupom do título?

Comportamento dinâmico de preços de títulos

7. Os preços de vários títulos de dívida com valor de face de $1.000 estão listados na tabela seguinte:

Título	A	B	C	D
Preço	$972,50	$1.040,75	$1.150,00	$1.000,00

    Para cada título, diga se ele é negociado com deságio, ao par ou a com ágio.

8. Explique por que a rentabilidade de um título de dívida que é negociado a um desconto excede sua taxa de cupom.

9. Suponha que um título de dívida de $1.000 de sete anos com uma taxa de cupom de 8% e cupons semestral esteja sendo negociado com uma rentabilidade até o vencimento de 6,75%.

    a. Este título está sendo negociado com deságio, ao par ou com ágio? Explique.

    b. Se a rentabilidade até o vencimento subir para 7,00% (APR com composição semetral), a que preço o título será negociado?

10. Suponha que a General Motors Acceptance Corporation tenha emitido um título de dívida com dez anos até o vencimento, um valor de face de $1.000 e uma taxa de cupom de 7% (pagamentos anuais). Quando foi emitido, a rentabilidade até o vencimento sobre este título era de 6%.

    a. Qual era seu preço quando foi emitido?

    b. Supondo que a rentabilidade até o vencimento permaneça constante, qual é o preço do título imediatamente antes de ele fazer seu primeiro pagamento de cupom?

    c. Supondo que a rentabilidade até o vencimento permaneça constante, qual é o preço do título imediatamente após ele fazer seu primeiro pagamento de cupom?

11. Suponha que você tenha comprado um título de dívida de dez anos com cupons anuais de 6%. Você o mantém por quatro anos e vende-o imediatamente após receber o quarto cupom. Se a rentabilidade até o vencimento de seu título era de 5% quando você o comprou e quando você o vendeu:

    a. Que fluxos de caixa você irá pagar e receber de seu investimento no título por cada valor de face de $100?

    b. Qual é a taxa interna de retorno de seu investimento?

EXCEL 12. Considere os seguintes títulos de dívida:

Título	Taxa de cupom (pagamentos anuais)	Vencimento (anos)
A	0%	15
B	0%	10
C	4%	15
D	8%	10

a. Qual é a mudança percentual no preço de cada título se suas rentabilidades até o vencimento caírem de 6% para 5%?

b. Qual dos títulos, A-D, é mais sensível a uma queda de 1% na taxa de juros de 6% para 5%, e por quê? Que título é menos sensível? De uma explicação intuitiva para sua resposta.

13. Suponha que você tenha comprado um título de dívida de cupom zero de 30 anos com rentabilidade até o vencimento de 6%. Você o mantém por cinco anos antes de vendê-lo.

   a. Se a rentabilidade até o vencimento do título é de 6% quando você o vende, qual é a taxa interna de retorno de seu investimento?

   b. Se a rentabilidade até o vencimento do título é de 7% quando você o vende, qual é a taxa interna de retorno de seu investimento?

   c. Se a rentabilidade até o vencimento do título é de 5% quando você o vende, qual é a taxa interna de retorno de seu investimento?

   d. Mesmo que um título não tenha chance de inadimplência, seu investimento é livre de risco se você planejar vender seu título antes do vencimento? Explique.

A curva de rentabilidade e arbitragem de títulos

Para os Problemas 14-19, suponha rentabilidades de obrigações boas sobre títulos livres de risco como as listadas na tabela abaixo:

Vencimento (anos)	1	2	3	4	5
YTM de cupom zero	4,00%	4,30%	4,50%	4,70%	4,80%

14. Qual é o preço hoje de um título de dívida livre de risco de dois anos com um valor de face de $1.000 e uma taxa de cupom anual de 6%? Este título é negociado com deságio, ao par ou com ágio?

15. Qual é o preço de um título de dívida livre de risco de cupom zero de cinco anos com um valor de face de $1.000?

16. Qual é o preço de um título de dívida livre de risco de três anos com um valor de face de $1.000 e uma taxa de cupom anual de 4%? Qual é a rentabilidade até o vencimento deste título?

17. Qual é o vencimento de um título de dívida livre de risco com pagamentos de cupom anuais e uma rentabilidade até o vencimento de 4%? Por quê?

*18. Considere um título de dívida livre de risco de quatro anos com pagamentos de cupom anuais e um valor de face de $1.000 emitido ao par. Qual é a taxa de cupom deste título?

19. Considere um título de dívida livre de risco de cinco anos com cupons anuais de 5% e um valor de face de $1.000.

   a. Sem fazer nenhum cálculo, determine se este título está sendo negociado com ágio ou com deságio. Explique.

   b. Qual é a rentabilidade até o vencimento deste título?

   c. Se a rentabilidade até o vencimento sobre este título aumentasse para 5,2%, qual seria seu novo preço?

*20. Os preços de títulos de dívida livres de risco de cupom zero com valores de face de $1.000 estão listados na tabela abaixo.

Vencimento (anos)	1	2	3
Preço (por valor de face de $1.000)	$970,87	$938,95	$904,56

Suponha que você tenha observado que um título de dívida livre de risco de três anos com taxa de cupom anual de 10% e valor de face de $1.000 tenha um preço hoje de $1.183,50. Há alguma oportunidade de arbitragem? Se houver, mostre especificamente como você tiraria proveito desta oportunidade. Caso contrário, por que não há?

*21. Suponha que haja quatro títulos de dívida livres de risco com os seguintes preços e fluxos de caixa futuros:

		Fluxos de caixa		
Título	Preço hoje	Ano 1	Ano 2	Ano 3
A	$ = 934,58	1.000	0	0
B	881,66	0	1.000	0
C	1.118,21	100	100	1.000
D	839,62	0	0	1.000

Esses títulos representam uma oportunidade de arbitragem? Em caso afirmativo, como você tiraria proveito desta oportunidade? Caso contrário, por que não?

EXCEL *22. Suponha que você tenha recebido as seguintes informações sobre a curva de rentabilidade de títulos de dívida que pagam cupom sem risco:

Vencimento (anos)	1	2	3	4
Taxa de cupom (pagamentos anuais)	0,00%	10,00%	6,00%	12,00%
YTM	2,000%	3,908%	5,840%	5,783%

a. Utilize arbitragem para determinar a rentabilidade até o vencimento de um título de dívida de cupom zero de dois anos.

b. Qual é a curva de rentabilidade de cupom zero para os anos 1 a 4?

Títulos corporativos

23. Explique por que o retorno esperado de um título de dívida corporativo não é igual a sua rentabilidade até o vencimento.

24. A tabela abaixo lista as rentabilidades até o vencimento de vários títulos de dívida de cupom zero de um ano:

Título	Rendimento (%)
Título do Tesouro dos EUA	3,1
Corporativo AAA	3,2
Corporativo BBB	4,2
Corporativo B	4,9

a. Qual é o preço (expresso como uma porcentagem do valor de face) de um título de dívida corporativo de cupom zero de um ano com classificação AAA?

b. Qual é o *spread* de crédito dos títulos de dívida corporativos com classificação AAA?

c. Qual é o *spread* de crédito dos títulos de dívida corporativos com classificação B?

d. Como o *spread* de crédito muda com a classificação do título? Por quê?

25. A Andrew Industries está contemplando emitir um título de dívida de 30 anos com uma taxa de cupom de 7% (pagamentos de cupom anuais) e um valor de face de $1.000. A Andrew acredita que seu título possa conseguir uma classificação A da Standard & Poor's. Entretanto, devido a recentes dificuldades financeiras na empresa, a Standard & Poor's informa que irá rebaixar a classificação dos títulos de dívida da Andrew Industries para BBB. As rentabilidades sobre títulos de longo prazo de classificação A são atualmente de 6,5%, e as rentabilidades sobre títulos de classificação BBB são de 6,9%.

a. Qual será o preço do título se a Andrew mantiver a classificação A para os títulos emitidos?

b. Qual será o preço do título se sua classificação for rebaixada?

26. A HMK Enterprises gostaria de levantar $10 milhões para investir em dispêndios de capital. A empresa planeja emitir títulos de dívida de cinco anos com um valor de face de $1.000 e uma taxa de cupom de 6,5% (pagamentos anuais). A tabela abaixo lista a rentabilidade até o vencimento de títulos de dívida corporativos de cupom (pagamento anual) de cinco anos com várias classificações:

Classificação	AAA	AA	A	BBB	BB
YTM	6,20%	6,30%	6,50%	6,90%	7,50%

a. Supondo que os títulos sejam classificados como AA, qual será seu preço?

b. Quanto da quantia principal total desses títulos a HMK precisa emitir para levantar $10 milhões hoje, supondo que os títulos sejam classificados como AA? (Como a HMK não pode emitir uma fração de um título, suponha que todas as frações sejam arredondadas para o número inteiro mais próximo.)

c. Qual precisa ser a classificação dos títulos para que eles possam ser vendidos ao par?

d. Suponha que, quando os títulos forem emitidos, o preço de cada título será de $959,54. Qual é a provável classificação dos títulos? Eles são títulos podres?

27. Um título de dívida corporativo com classificação BBB possui uma rentabilidade até o vencimento de 8,2%. Um título do Tesouro dos EUA possui uma rentabilidade até o vencimento de 6,5%. Essas rentabilidades são cotadas como APRs com composição semestral. Ambos os títulos pagam cupons semestrais a uma taxa de 7% e têm cinco anos até o vencimento.

a. Qual é o preço (expresso como uma porcentagem do valor de face) do *Treasury bond*?

b. Qual é o preço (expresso como uma porcentagem do valor de face) do título de dívida corporativo com classificação BBB?

c. Qual é o *spread* de crédito sobre os títulos de dívida BBB?

Caso simulado

Você é estagiário na Sirius Satellite Radio, em sua divisão de finanças empresariais. A empresa está planejando emitir $50 milhões de títulos de dívida de cupom anual de 12% com um vencimento de 10 anos. A empresa prevê um aumento no seu *rating* de títulos de dívida. Seu chefe quer que você determine o ganho sobre os recursos do novo título se ele for classificado acima da atual classificação de títulos de dívida da empresa. Para preparar estas informações, você terá que determinar a classificação atual da Sirius e a curva de rentabilidade para sua classificação particular. Estranhamente, ninguém na Sirius parece ter essas informações; aparentemente, eles ainda estão ocupados tentando entender quem decidiu que seria uma boa ideia contratar Howard Stern.

1. Comece descobrindo a curva de rentabilidade atual das letras do Tesouro dos EUA. No *site* do Tesouro dos EUA (www.treas.gov), faça uma busca utilizando o termo "yield curve" [curva de rentabilidade] e selecione "US Treasury – Daily Treasury Yield Curve" [Tesouro dos EUA – Curvas de rentabilidade diárias do Tesouro]. *Cuidado*: é provável que haja dois *links* com o mesmo nome. Observe a descrição abaixo do *link* e selecione a que NÃO diz "Real Yield..." [rentabilidade real]. Você deseja as taxas nominais. O *link* correto provavelmente será o primeiro *link* da página. Faça um *download* desta tabela para o Excel clicando com o botão direito do *mouse* quando o cursor estiver sobre a tabela e selecionando "Export to Microsoft Excel" [exportar para o Microsoft Excel].

2. Encontre os *spreads* de rendimento atuais para as várias classificações de títulos de dívida. Infelizmente, os *spreads* atuais só estão disponíveis mediante o pagamento de uma taxa, então você utilizará os antigos. Vá ao BondsOnline (www.bondsonline.com) e clique sobre "Today's Market" [mercado hoje]. Depois, clique sobre "Corporate Bond Spreads" [*spreads* de títulos de dívida corporativos]. Faça o *download* desta tabela para o Excel e a copie e cole para o mesmo arquivo em que se encontram os rendimentos das letras do Tesouro.

3. Encontre a classificação atual de títulos de dívida da Sirius. Vá ao *site* da Standard & Poor's (www.standardandpoors.com). Selecione "Find a Rating" [encontre uma classificação] da lista que se encontra no lado esquerdo da página, e então selecione "Credit Ratings Search" [busca de classificações de crédito]. Neste momento você terá que se registrar (é grátis) ou entrar com um *username* e senha fornecidos por seu instrutor. Depois, você poderá fazer uma busca por Organization Name [nome da organização] – digite Sirius e selecione Sirius Satellite Radio. Utilize a classificação de crédito da organização, e não as classificações específicas de cada emissão.

4. Volte ao Excel e crie um diagrama de fluxo de caixa com os fluxos de caixa e as taxas de desconto de que você precisará para avaliar a emissão dos novos títulos de dívida.

    a. Para criar as taxas *spot* necessárias para a emissão da Sirius, adicione o *spread* adequado à rentabilidade de letras do Tesouro com mesmo vencimento.

    b. A curva de rentabilidade e as taxas de *spread* que você encontrou não cobrem todos os anos de que você precisará para os novos títulos de dívida. Especificamente, você não possui os rendimentos ou *spreads* para vencimentos de quatro, seis, oito e nove anos. Encontre-os através de interpolação linear. Por exemplo, a taxa *spot* e o *spread* de quatro anos serão a média das taxas de três e de cinco anos. A taxa e o *spread* de seis anos serão a média das taxas de cinco e de sete anos. Para os anos oito e nove, você terá que dividir a diferença entre os anos sete e dez pelos dois anos.

    c. Para calcular as taxas *spot* para a classificação atual da Sirius, adicione o *spread* da rentabilidade à taxa das letras do Tesouro para cada vencimento. Porém, observe que o *spread* está expresso em pontos-base, que são 1/100 de um ponto percentual.

    d. Calcule os fluxos de caixa que seriam pagos aos portadores de títulos de dívida a cada ano e adicione-os ao diagrama de fluxo de caixa.

5. Utilize as taxas *spot* para calcular o valor presente de cada fluxo de caixa pago aos portadores de títulos de dívida.

6. Calcule o preço do título de dívida na emissão e sua rentabilidade até o vencimento inicial.

7. Repita os passos 4-6 com base na suposição de que a Sirius poderia elevar sua classificação de títulos de dívida em um nível. Calcule a nova rentabilidade com base na classificação superior e o novo preço do título de dívida resultante.

8. Calcule os recursos monetários adicionais que poderiam ser levantados com a emissão se a classificação melhorasse.

APÊNDICE DO CAPÍTULO 8

notação

f_n taxa *forward* de um ano para o ano n

Taxas de juros *forward*

Dado o risco associado às mudanças nas taxas de juros, os gerentes corporativos exigem ferramentas que ajudem a gerenciar este risco. Uma das mais importantes é o contrato prévio de taxa de juros futura. Um **contrato de taxa de juros *forward*** (também chamado de **acordo de taxa *forward***) é um contrato feito hoje que fixa as taxas de juros de um empréstimo ou investimento no futuro. Neste apêndice, explicaremos como deduzir taxas de juros *forward* a partir de rentabilidade de títulos de dívida de cupom zero.

Calculando taxas *forward*

Uma **taxa de juros *forward*** (ou **taxa *forward***) é uma taxa de juros que podemos garantir hoje para um empréstimo ou investimento que ocorrerá no futuro. Em toda esta seção, consideraremos apenas contratos de taxas de juros *forward* para investimentos de um ano. Por exemplo, quando nos referirmos à taxa *forward* para o ano 5, estaremos falando da taxa disponível *hoje* para um investimento de um ano que começa daqui a quatro anos e é pago daqui a cinco anos.

Podemos utilizar a Lei do Preço Único para calcular a taxa *forward* a partir da curva de rentabilidade de títulos de dívida de cupom zero. A taxa *forward* do ano 1 é a taxa sobre um investimento que começa hoje e é pago daqui a um ano; é equivalente a um investimento em um título de cupom zero de um ano. Portanto, pela Lei do Preço Único, essas taxas têm que coincidir:

$$f_1 = YTM_1 \tag{8A.1}$$

Agora considere a taxa *forward* de dois anos. Suponhamos que a rentabilidade de cupom zero de um ano seja de 5,5% e a rentabilidade de cupom zero de dois anos seja de 7,0%. Há duas maneiras de investir dinheiro sem risco por dois anos. Em primeiro lugar, podemos investir no título de cupom zero de dois anos a uma taxa de 7% e obter $\$(1{,}07)^2$ após dois anos por cada dólar investido. Uma segunda opção é investir no título de um ano a uma taxa de 5,5%, o que pagará $1,055 ao final de um ano, e simultaneamente garantir a taxa de juros que obteremos reinvestindo os $1,055 pelo segundo ano entrando em um contrato prévio de taxa de juros *forward* para o ano 2 a uma taxa de f_2. Neste caso, obteremos $\$(1{,}055)(1 + f_2)$ ao fim de dois anos.

Como ambas as estratégias são livres de risco, pela Lei do Preço Único elas têm que gerar o mesmo retorno:

$$(1{,}07)^2 = (1{,}055)(1 + f_2)$$

Reordenando, temos

$$(1 + f_2) = \frac{1{,}07^2}{1{,}055} = 1{,}0852$$

Portanto, neste caso a taxa *forward* para o ano 2 é $f_2 = 8{,}52\%$.

Em geral, podemos calcular a taxa *forward* para o ano n comparando um investimento em um título de cupom zero de n anos a um investimento em um título de cupom zero de $(n-1)$ anos, com a taxa de juros que será obtida no n-ésimo ano sendo garantida através de um contrato de taxa de juros *forward*. Como ambas as estratégias são livres de risco, elas têm que gerar os mesmos ganhos, caso contrário surgiria uma oportunidade de arbitragem. Comparando os ganhos dessas estratégias, temos

$$(1 + YTM_n)^n = (1 + YTM_{n-1})^{n-1}(1 + f_n)$$

Podemos reordenar esta equação para encontrar a fórmula geral da taxa de juros *forward*:

$$f_n = \frac{(1 + YTM_n)^n}{(1 + YTM_{n-1})^{n-1}} - 1 \tag{8A.2}$$

> **EXEMPLO 8A.1**
>
> **Calculando taxas *forward***
>
> **Problema**
> Calcule as taxas *forward* para os anos 1 a 5 a partir das seguintes rentabilidades de títulos de dívida de cupom zero:
>
> | Vencimento (anos) | 1 | 2 | 3 | 4 |
> |---|---|---|---|---|
> | YTM | 5,00% | 6,00% | 6,00% | 5,75% |
>
> **Solução**
> Utilizando as Equações 8A.1 e 8A.2,
>
> $$f_1 = YTM_1 = 5{,}00\%$$
>
> $$f_2 = \frac{(1+YTM_2)^2}{(1+YTM_1)} - 1 = \frac{1{,}06^2}{1{,}05} - 1 = 7{,}01\%$$
>
> $$f_3 = \frac{(1+YTM_3)^3}{(1+YTM_2)^2} - 1 = \frac{1{,}06^3}{1{,}06^2} - 1 = 6{,}00\%$$
>
> $$f_4 = \frac{(1+YTM_4)^4}{(1+YTM_3)^3} - 1 = \frac{1{,}0575^4}{1{,}06^3} - 1 = 5{,}00\%$$

Observe que quando a curva de rentabilidade é ascendente no ano n (isto é, quando $YTM_n > YTM_{n-1}$), a taxa *forward* é mais alta do que a rentabilidade de cupom zero, $f_n > YTM_n$. De maneira similar, quando a curva de rentabilidade é decrescente, a taxa *forward* é menor do que a rentabilidade de cupom zero. Quando a curva de rentabilidade é plana, a taxa *forward* é igual à rentabilidade de cupom zero.

Calculando rentabilidades de títulos de dívida a partir de taxas *forward*

A Equação 8A.2 calcula a taxa de juros *forward* utilizando rentabilidades de cupom zero. Para ver isso, observe que se utilizarmos contratos de taxas de juros *forward* para fixar uma taxa de juros para um investimento no ano 1, ano 2, e assim por diante até o ano n, podemos criar um investimento sem risco de n anos. O retorno desta estratégia tem que acompanhar o retorno de um título de cupom zero de n anos. Portanto:

$$(1+f_1) \times (1+f_2) \times \cdots \times (1+f_n) = (1 + YTM_n)^n \quad (8A.3)$$

Por exemplo, utilizando as taxas *forward* do Exemplo 8A.1, podemos calcular a rentabilidade de cupom zero de quatro anos:

$$1 + YTM_4 = [(1+f_1)(1+f_2)(1+f_3)(1+f_4)]^{1/4}$$
$$= [(1{,}05)(1{,}0701)(1{,}06)(1{,}05)]^{1/4}$$
$$= 1{,}0575$$

Taxas *forward* e taxas de juros futuras

Uma taxa *forward* é a taxa que contratamos hoje para um investimento no futuro. Como esta taxa pode ser comparada à taxa de juros que irá realmente prevalecer no futuro? É tentador acreditar que a taxa de juros *forward* deve ser um bom indicador de taxas de juros futuras. Na realidade, geralmente não é assim. Ao contrário, ela só é um bom indicador quando os investidores não se importam com riscos.

EXEMPLO 8A.2 — Taxas *forward* e taxas *spot* futuras

Problema

JoAnne Wilford é tesoureira da Wafer Thin Semiconductor. Ela tem que investir parte do dinheiro por dois anos em títulos de dívida livres de risco. A rentabilidade atual de cupom zero de um ano é de 5%. A taxa *forward* de um ano é de 6%. Ela está tentando decidir entre duas estratégias possíveis. A primeira estratégia é livre de risco – ela investiria o dinheiro por um ano e garantiria a taxa no segundo ano entrando em um contrato de taxa de juros *forward*. A segunda estratégia é arriscada – ela investiria em um ativo livre de risco por um ano, mas renunciaria ao contrato de taxa *forward*: em vez disso, ela correria o risco e simplesmente aceitaria qualquer taxa de um ano que prevalecesse no mercado depois de um ano. Sob que condições ela se sairia melhor caso escolhesse seguir a estratégia arriscada?

Solução

Primeiro encontramos a taxa futura que tornaria indiferente que situação escolher. A estratégia livre de risco retorna $(1,05)(1,06)$. A estratégia arriscada retorna $(1,05)(1 + r)$, onde r é a taxa de juros de um ano do ano que vem. Se a taxa de juros futura é de 6%, então as duas estratégias oferecerão o mesmo retorno. Assim, a Wafer Thin Semiconductor se sairá melhor com a estratégia arriscada se a taxa de juros do ano que vem for maior do que a taxa *forward* – 6% – e se sairá pior se a taxa de juros for menor que 6%.

Como o Exemplo 8A.2 deixa claro, podemos pensar na taxa *forward* como uma taxa de ponto de equilíbrio. Se esta taxa realmente prevalecer no futuro, será indiferente investir em um título de dívida de dois anos ou investir em um título de dívida de um ano e rolar a dívida daqui a um ano. Se os investidores não se importassem com riscos, seria indiferente para eles investir em qualquer das duas estratégias sempre que a taxa *spot* esperada de um ano fosse igual à taxa *forward* corrente. Entretanto, geralmente os investidores *se importam* com riscos. Se os retornos esperados de ambas as estratégias fossem os mesmos, os investidores prefeririam uma estratégia ou outra dependendo de se eles querem estar expostos ou não a risco de flutuações nas taxas de juros futuras. Em geral, a taxa de juros *spot* futura esperada reflete as preferências dos investidores em relação ao risco de flutuações nas taxas de juros futuras. Assim,

$$\text{Taxa de juros } spot \text{ futura esperada} = \text{Taxa de juros } forward + \text{Prêmio de risco} \tag{8A.4}$$

O prêmio de risco pode ser positivo ou negativo dependendo das preferências dos investidores.[5] Consequentemente, as taxas *forward* tendem a não ser bons indicadores de taxas *spot* futuras.

Termos fundamentais

taxa de juros *forward* (taxa *forward*) **p. 270**
acordo de taxa *forward* **p. 270**
contrato de taxa de juros *forward* **p. 270**

Problemas

Todos os problemas deste apêndice estão disponíveis no MyFinanceLab. Um asterisco (*) indica problemas com maior nível de dificuldade.

Os Problemas A.1 – A.4 referem-se à seguinte tabela:

Vencimento (anos)	1	2	3	4	5
YTM de cupom zero	4,0%	5,5%	5,5%	5,0%	4,5%

---

[5] Pesquisas empíricas sugerem que o prêmio de risco tende a ser negativo quando a curva de rendimento é ascendente, e positivo quando ela é descendente. Ver Eugene F. Fama e Robert R. Bliss, "The Information in Long-Maturity Forward Rates", *American Economic Review* 77(4) (1987): pp. 680-692; e John Y. Campbell e Robert J. Shiller, "Yield Spreads and Interest Rate Movements: A Bird's Eye View", *Review of Economic Studies* 58(3) (1991): pp. 495-514.

A.1. Qual é a taxa *forward* para o ano 2 (a taxa *forward* cotada hoje para um investimento que começa daqui a um ano e vence daqui a dois anos)?

A.2. Qual é a taxa *forward* para o ano 3 (a taxa *forward* cotada hoje para um investimento que começa daqui a dois anos e vence daqui a três anos)? O que você pode concluir a respeito das taxas *forward* quando a curva de rentabilidade é plana?

A.3. Qual é a taxa *forward* para o ano 5 (a taxa *forward* cotada hoje para um investimento que começa daqui a quatro anos e vence daqui a cinco anos)?

*A.4. Suponha que você quisesse fixar uma taxa de juros para um investimento que começa daqui a um ano e vence daqui a cinco anos. Que taxa você obteria se não houvesse oportunidades de arbitragem?

*A.5. Suponha que o rendimento de um título de dívida de cupom zero de um ano é de 5%. A taxa *forward* para o ano 2 é de 4% e a taxa *forward* para o ano 3 é de 3%. Qual é a rentabilidade até o vencimento de um título de dívida de cupom zero que vence em três anos?

CAPÍTULO 9

Avaliando Ações

notação

P_t preço das ações no final do ano t

r_E custo de capital próprio

N data terminal ou horizonte previsto

g taxa esperada de crescimento de dividendos

Div_t dividendos pagos no ano t

EPS_t rendimentos por ação na data t

PV valor presente

$EBIT$ lucros antes de juros e impostos

FCF_t fluxo de caixa livre na data t

V_t valor da empresa na data t

τ_c alíquota corporativa

r_{wacc} custo médio ponderado de capital

g_{FCF} taxa de crescimento esperada do fluxo de caixa livre

$EBITDA$ lucros antes de juros, impostos, depreciação e amortização

Em 16 de janeiro de 2006, a fabricante de calçados e vestuário Kenneth Cole Productions, Inc., anunciou que seu presidente, Paul Blum, havia renunciado para ir em busca de "outras oportunidades". O preço das ações já havia caído mais de 16% nos dois anos anteriores, e a empresa promovia uma grande reestruturação de sua marca. A notícia de que seu presidente, que estava na empresa há mais de 15 anos, renunciara foi vista como um mau sinal por muitos investidores. No dia seguinte, o preço das ações da Kenneth Cole caiu em mais de 6% na Bolsa de Valores de Nova York, para $26,75, com mais de 300.000 ações vendidas, volume superior ao dobro da média diária. Como um investidor pode decidir quando comprar ou vender ações como as da Kenneth Cole por este preço? Por que as ações valeriam repentinamente 6% menos após a veiculação da notícia? Que medidas os gerentes da Kenneth Cole podem tomar para aumentar o preço das ações?

Para responder a essas perguntas, recorremos à Lei do Preço Único. Como foi demonstrado no Capítulo 3, a Lei do Preço Único implica que o preço de um título tem que ser igual ao valor presente dos fluxos de caixa esperados que um investidor receberá por possuí-lo. Neste capítulo, aplicaremos esta idéia a ações. Assim, para avaliar ações, precisamos conhecer os fluxos de caixa esperados que um investidor receberá e o custo de capital adequado com o qual descontar estes fluxos de caixa. Ambos esses valores podem ser difíceis de estimar, e muitos dos detalhes necessários para fazê-lo serão desenvolvidos no restante deste livro. Neste capítulo, começaremos nosso estudo de avaliação de ações identificando os fluxos de caixa relevantes e desenvolvendo as principais ferramentas que os profissionais da área utilizam para avaliá-las.

Nossa análise começa considerando os dividendos e os ganhos de capital recebidos pelos investidores que detêm as ações por diferentes períodos. A partir daí, desenvolveremos o modelo de desconto de dividendos para a avaliação de ações. Depois, aplicaremos as ferramentas do Capítulo 7 para avaliar ações com base nos fluxos de caixa livres gerados pela empresa. Tendo desenvolvido esses métodos de avaliação de ações com base em fluxos de caixa descontados, os relacionaremos então à prática, utilizando múltiplos de avaliação baseados em empresas comparáveis. Concluiremos o capítulo discutindo o papel da concorrência nas informações contidas nos preços das ações e suas implicações para os investidores e gerentes de empresas.

9.1 Preços de ações, retornos e o horizonte de investimento

A Lei do Preço Único implica que, para avaliar papéis, temos que determinar os fluxos de caixa esperados que um investidor receberá por possuí-los. Assim, começaremos nossa análise de avaliação de ações considerando os fluxos de caixa de um investidor com um horizonte de investimento de um ano. Neste caso, mostraremos como o preço das ações e o retorno do investidor estão relacionados. Consideraremos, então, a perspectiva dos investidores com horizontes de investimento de longo prazo. Finalmente, mostraremos que se os investidores compartilharem as mesmas crenças, sua avaliação das ações não dependerá de seu horizonte de investimento.

Um investidor de um ano

Há duas fontes potenciais de fluxos de caixa quando possuímos ações. Em primeiro lugar, a empresa pode realizar pagamentos a seus acionistas na forma de um dividendo. Em segundo lugar, o investidor pode gerar dinheiro decidindo vender as ações em alguma data futura. A quantia total recebida em dividendos e com a venda das ações dependerá do horizonte de investimento do investidor. Comecemos considerando a perspectiva de um investidor de um ano.

Quando um investidor compra ações, ele paga o preço corrente de mercado, P_0. Enquanto detiver as ações, ele terá direito a quaisquer dividendos pagos por elas. Seja Div_1 o total de dividendos pagos por ação durante o ano. No final do ano, o investidor venderá suas ações pelo novo preço de mercado, P_1. Supondo, para maior simplicidade, que todos os dividendos sejam pagos no final do ano, temos o seguinte diagrama de fluxo de caixa para este investimento:

```
0                 1
-P₀            Div₁ + P₁
```

É claro que os pagamentos futuros de dividendos e o preço futuro das ações no diagrama de fluxo de caixa acima não são conhecidos com certeza; em vez disso, esses valores são baseados nas expectativas do investidor no momento em que as ações são compradas. Dadas essas expectativas, o investidor estará disposto a pagar um preço hoje até o ponto em que esta transação tenha um NPV igual a zero – isto é, até o ponto em que o preço corrente seja igual ao valor presente do dividendo futuro esperado e do preço de venda. Como esses fluxos de caixa são arriscados, não podemos descontá-los utilizando a taxa de juros livre de risco. Em vez disso, temos que descontá-los com base no **custo de capital próprio**, r_E, das ações, que é o retorno esperado de outros investimentos disponíveis no mercado com risco equivalente ao das ações da empresa. Fazê-lo leva à seguinte equação para o preço das ações:

$$P_0 = \frac{Div_1 + P_1}{1 + r_E} \quad (9.1)$$

Se o preço atual das ações for menor do que esta quantia, o investimento terá um NPV positivo. Portanto, seria de se esperar que os investidores corressem para comprá-las, fazendo o preço das ações subir. Se o preço das ações excedesse esta quantia, vendê-las teria um NPV positivo e o preço das ações cairia rapidamente.

Rentabilidades de dividendos, ganhos de capital e retornos totais

Podemos reinterpretar a Equação 9.1 se a multiplicarmos por $(1 + r_E)$, dividirmos por P_0, e subtrairmos 1 de ambos os lados:

Retorno total

$$r_E = \frac{Div_1 + P_1}{P_0} - 1 = \underbrace{\frac{Div_1}{P_0}}_{\text{Rentabilidade do dividendo}} + \underbrace{\frac{P_1 - P_0}{P_0}}_{\text{Taxa de ganho de capital}} \quad (9.2)$$

O primeiro termo do lado direito da Equação 9.2 é a **rentabilidade do dividendo** das ações, que é o dividendo anual esperado das ações dividido por seu preço atual. A rentabilidade do dividendo é o retorno percentual que o investidor espera obter do dividendo pago pelas ações. O segundo termo do lado direito da Equação 9.2 reflete o **ganho de capital** que o investidor obterá sobre as ações, que é a diferença entre o preço de venda esperado e o preço de compra das ações, $P_1 - P_0$. Dividimos o ganho de capital pelo preço atual das ações para expressar o ganho de capital como um retorno percentual, chamado de **taxa de ganho de capital**.

A soma da rentabilidade de dividendo e da taxa de ganho de capital chama-se **retorno total** das ações. O retorno total é o retorno esperado que o investidor obterá por investir nas ações por um ano. Assim, a Equação 9.2 declara que o retorno total das ações deve ser igual ao custo de capital próprio. Em outras palavras, *o retorno total esperado das ações deve ser igual ao retorno esperado de outros investimentos disponíveis no mercado com risco equivalente.*

Este resultado é o que devemos esperar: a empresa tem que pagar a seus acionistas um retorno proporcional ao que eles podem obter em outro lugar com o mesmo risco. Se as ações oferecessem um retorno mais alto do que outros papéis com mesmo risco, os investidores venderiam esses outros papéis e comprariam as ações. Esta atividade elevaria o preço atual das ações, diminuindo sua rentabilidade de dividendo e sua taxa de ganho de capital até a Equação 9.2 ser válida. Se as ações oferecessem um retorno esperado mais baixo, os investidores venderiam as ações e impulsionariam seu preço para baixo até que a Equação 9.2 fosse novamente satisfeita.

EXEMPLO 9.1

Preços e retornos de ações

Problema

Suponha que você espere que a Longs Drug Stores pague dividendos de $0,56 por ação no próximo ano e que as ações sejam negociadas por $45,50 cada no final do ano. Se os investimentos com risco equivalente ao das ações da Longs possuem um retorno esperado de 6,80%, qual é o máximo que você pagaria por elas hoje? Que rentabilidade de dividendo e taxa de ganho de capital você esperaria por este preço?

Solução

Utilizando a Equação 9.1, temos

$$P_0 = \frac{Div_1 + P_1}{1 + r_E} = \frac{0,56 + 45,50}{1,0680} = \$43,13$$

Por este preço, a rentabilidade de dividendo da Longs é de $Div_1 / P_0 = 0,56 / 43,13 = 1,30\%$. O ganho de capital esperado é de $\$45,50 - \$43,13 = \$2,37$ por ação, com uma taxa de ganho de capital de $2,37 / 43,13 = 5,50\%$. Portanto, por este preço o retorno total esperado da Longs é de $1,30\% + 5,50\% = 6,80\%$, que é igual ao seu custo de capital próprio.

Um investidor de anos múltiplos

A Equação 9.1 depende do preço esperados das ações em um ano, P_1. Mas suponhamos que tenhamos planejado detê-las por dois anos. Então, receberíamos dividendos tanto no ano 1 quanto no ano 2 antes de vender as ações, como mostra o diagrama de fluxo de caixa a seguir:

```
0           1              2
|———————————|——————————————|
-P₀        Div₁         Div₂ + P₂
```

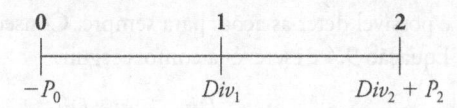

Igualar o preço das ações ao valor presente dos fluxos de caixa futuros neste caso implica[1]

$$P_0 = \frac{Div_1}{1 + r_E} + \frac{Div_2 + P_2}{(1 + r_E)^2} \qquad (9.3)$$

As Equações 9.1 e 9.3 são diferentes: como investidores de dois anos, nos importamos com o dividendo e o preço das ações no ano 2, mas esses termos não aparecem na Equação 9.1. Esta diferença implica que um investidor de dois anos avalia as ações de maneira diferente de um investidor de um ano?

A resposta para essa pergunta é não. Apesar de um investidor de um ano não se importar diretamente com o dividendo e o preço das ações no ano 2, ele se importa com eles indiretamente, pois eles afetarão o preço pelo qual ele poderá vender suas ações ao final do ano 1. Por exemplo, suponhamos que o investidor venda as ações para um outro investidor de um ano com as mesmas crenças. O novo investidor esperará receber o dividendo e o preço das ações ao final do ano 2, então ele estará disposto a pagar

$$P_1 = \frac{Div_2 + P_2}{1 + r_E}$$

pelas ações. Substituindo P_1 por esta expressão na Equação 9.1, temos o mesmo resultado que nos fornece a Equação 9.3:

$$P_0 = \frac{Div_1 + P_1}{1 + r_E} = \frac{Div_1}{1 + r_E} + \frac{1}{1 + r_E} \overbrace{\left(\frac{Div_2 + P_2}{1 + r_E}\right)}^{P_1}$$

$$= \frac{Div_1}{1 + r_E} + \frac{Div_2 + P_2}{(1 + r_E)^2}$$

Assim, a fórmula do preço das ações para um investidor de dois anos é a mesma que para uma sequência de dois investidores de um ano.

Podemos continuar este processo para qualquer número de anos substituindo o preço final das ações pelo valor que o próximo portador das ações estará disposto a pagar. Fazer isso leva ao **modelo de desconto de dividendos** geral para o preço das ações, onde o horizonte N é arbitrário:

Modelo de desconto de dividendos

$$P_0 = \frac{Div_1}{1 + r_E} + \frac{Div_2}{(1 + r_E)^2} + \cdots + \frac{Div_N}{(1 + r_E)^N} + \frac{P_N}{(1 + r_E)^N} \qquad (9.4)$$

A Equação 9.4 se aplica a um único investidor de N anos, que coletará dividendos por N anos e então venderá as ações, ou a uma série de investidores que detêm as ações por períodos mais curtos e então as revendem. Observe que a Equação 9.4 é válida para *qualquer* horizonte N. Assim, todos os investidores (com as mesmas crenças) atribuirão o mesmo valor às ações, independentemente de seus horizontes de investimento. É irrelevante saber por quanto tempo eles pretendem manter as ações e se eles coletarão seus retornos na forma de dividendos ou de ganhos de capital. No caso especial em que a empresa pagará dividendos em algum momento no futuro e nunca será adquirida,

---

[1] Utilizando o mesmo custo de capital próprio para ambos os períodos, estamos supondo que o custo de capital próprio não depende do prazo dos fluxos de caixa. Caso contrário, não precisaríamos fazer um ajuste para a estrutura a termo do custo de capital próprio (como fizemos com a curva de rentabilidade de fluxos de caixa livres de risco no Capítulo 5). Este passo complicaria a análise, mas não alteraria os resultados.

é possível deter as ações para sempre. Consequentemente, podemos deixar N tender ao infinito na Equação 9.4 e escrevê-la como a seguir:

$$P_0 = \frac{Div_1}{1 + r_E} + \frac{Div_2}{(1 + r_E)^2} + \frac{Div_3}{(1 + r_E)^3} + \cdots = \sum_{n=1}^{\infty} \frac{Div_n}{(1 + r_E)^n} \qquad (9.5)$$

Isto é, *o preço das ações é igual ao valor presente dos dividendos futuros esperados que elas pagarão.*

FIXAÇÃO DE CONCEITOS

1. Como calculamos o retorno total de ações?
2. Que taxa de desconto utilizamos para descontar os fluxos de caixa futuros de ações?

9.2 O modelo de desconto de dividendos

A Equação 9.5 expressa o valor das ações em termos dos dividendos futuros esperados que a empresa pagará. É claro que estimar estes dividendos – principalmente em um futuro distante – é difícil. Uma abordagem comum é supor que, no longo prazo, os dividendos crescerão a uma taxa constante. Nesta seção, consideraremos as implicações desta suposição para os preços de ações e exploraremos o *tradeoff** entre dividendos e crescimento.

Dividendos de crescimento constante

A previsão mais simples para os dividendos futuros de uma empresa declara que eles crescerão a uma taxa constante, g, para sempre. Este caso gera o seguinte diagrama de fluxo de caixa para os fluxos de caixa de um investidor que compra as ações hoje e as detém:

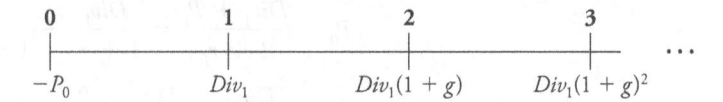

```
0           1              2                 3
|-----------|--------------|-----------------|--------  ...
-P_0       Div_1        Div_1(1+g)       Div_1(1+g)^2
```

Como os dividendos esperados são uma perpetuidade crescente constante, podemos utilizar a Equação 4.9 para calcular seu valor presente. Obtemos, então, a seguinte fórmula para o preço das ações:[2]

Modelo de dividendos de crescimento constante

$$P_0 = \frac{Div_1}{r_E - g} \qquad (9.6)$$

Segundo o **modelo de dividendos de crescimento constante**, o valor da empresa depende do nível atual de dividendos, dividido pelo custo de capital próprio ajustado pela taxa de crescimento.

Para uma outra interpretação da Equação 9.6, observe que podemos reordená-la como:

$$r_E = \frac{Div_1}{P_0} + g \qquad (9.7)$$

Comparando a Equação 9.7 com a Equação 9.2, vemos que g é igual à taxa de ganho de capital esperada. Em outras palavras, com um crescimento de dividendos esperados constante, a taxa de crescimento esperada do preço das ações é igual à taxa de crescimento dos dividendos.

---

* N. de T.: O termo *tradeoff* significa um impasse entre alternativas, onde há a escolha de uma em detrimento de outra.

[2] Como discutimos no Capítulo 4, esta fórmula exige que $g < r_E$. Caso contrário, o valor presente da perpetuidade crescente é infinito. A implicação aqui é que é impossível que os dividendos de ações cresçam a uma taxa $g > r_E$ *para sempre*. Se a taxa de crescimento exceder r_E, esse excesso tem que ser temporário, e o modelo do crescimento constante não pode ser aplicado em tal caso.

> ### EXEMPLO 9.2 Avaliando uma empresa com dividendos de crescimento constante
>
> **Problema**
>
> A Consolidated Edison, Inc. (Con Edison), é uma empresa de utilidade pública regulamentada que atende a área da cidade de Nova York. Suponha que a Con Edison planeje pagar $2,30 por ação em dividendos no próximo ano. Se o seu custo de capital próprio é de 7% e se a expectativa é de que os dividendos cresçam 2% ao ano no futuro, estime o valor das ações da Con Edison.
>
> **Solução**
>
> Se as expectativas são de que os dividendos crescerão perpetuamente a uma taxa de 2% ao ano, podemos utilizar a Equação 9.6 para calcular o preço das ações da Con Edison:
>
> $$P_0 = \frac{Div}{r_E - g} = \frac{\$2,30}{0,07 - 0,02} = \$46,00$$

Dividendos *versus* investimento e crescimento

Na Equação 9.6, o preço das ações da empresa aumenta com o nível atual de dividendos, Div_1, e a taxa de crescimento esperado, g. Para maximizar o preço de suas ações, uma empresa teria que aumentar ambos esses valores. Porém, geralmente a empresa enfrenta um *tradeoff*: aumentar o crescimento pode exigir investimento, e o dinheiro investido não pode ser utilizado para pagar dividendos. Podemos utilizar o modelo de dividendos de crescimento constante para compreender melhor este *tradeoff*.

Um modelo simples de crescimento. O que determina a taxa de crescimento dos dividendos de uma empresa? Se definirmos o *layout* dos dividendos ou a **taxa de pagamento de dividendos** de uma empresa como a fração de seus rendimentos que ela paga como dividendos a cada ano, então podemos escrever os dividendos por ação na data t para uma empresa como:

$$Div_t = \underbrace{\frac{\text{Lucros}_t}{\text{Ações em circulação}_t}}_{EPS_t} \times \text{Taxa de pagamento de dividendos}_t \qquad (9.8)$$

Isto é, os dividendos a cada ano são os rendimentos por ação (EPS) da empresa divididos por sua taxa de pagamento de dividendos. Assim, a empresa pode aumentar seus dividendos de três maneiras: (1) aumentando seus lucros (lucro líquido); (2) aumentando sua taxa de pagamento de dividendos; ou (3) diminuindo suas ações em circulação. Suponhamos por enquanto que a empresa não emita novas ações (ou compre de volta suas ações existentes), de modo que o número de ações em circulação seja fixado, e exploremos o *tradeoff* entre as opções 1 e 2.

Uma empresa pode fazer duas coisas com seus lucros: ela pode pagá-los a seus investidores ou ela pode retê-los e reinvesti-los. Ao investir dinheiro hoje, uma empresa pode aumentar seus dividendos futuros. Em nome da simplicidade, suponhamos que se não for feito nenhum investimento, a empresa não crescerá, então o nível atual de lucros gerados pela empresa permanecerá constante. Se todos os aumentos nos lucros futuros resultarem exclusivamente de novos investimentos feitos com lucros retidos, então

$$\text{Mudança nos lucros} = \text{Novos investimentos} \times \text{Retorno sobre os novos investimentos} \qquad (9.9)$$

Novos investimentos é igual a lucros multiplicados pela **taxa de retenção** da empresa, a fração de lucros correntes que a empresa retém:

$$\text{Novos investimentos} = \text{Lucros} \times \text{Taxa de retenção} \qquad (9.10)$$

Substituindo a Equação 9.10 em 9.9 e dividindo pelos lucros, temos uma expressão para a taxa de crescimento dos lucros:

$$\text{Taxa de crescimento dos lucros} = \frac{\text{Mudança nos lucros}}{\text{Lucros}}$$

$$= \text{Taxa de retenção} \times \text{Retorno sobre novos investimentos} \quad (9.11)$$

Se a empresa decidir manter sua taxa de pagamento de dividendos constante, então o crescimento nos dividendos será igual ao crescimento nos lucros:

$$g = \text{Taxa de retenção} \times \text{Retorno sobre novos investimentos} \quad (9.12)$$

Crescimento rentável. A Equação 9.12 mostra que uma empresa pode aumentar sua taxa de crescimento retendo uma parte maior de seus lucros. Entretanto, se a empresa retiver mais lucros, ela poderá usar menos desses lucros como pagamento de dividendos, o que, segundo a Equação 9.8, significa que a empresa terá que reduzir seus dividendos. Se uma empresa deseja aumentar o preço de suas ações, ela deve reduzir os dividendos e investir mais, ou ela deve reduzir os investimentos e aumentar seus dividendos? Não é de surpreender que a resposta dependa da rentabilidade dos investimentos da empresa. Consideremos um exemplo.

EXEMPLO 9.3 — Reduzindo dividendos para um crescimento rentável

Problema

A Crane Sporting Goods espera ter rendimentos por ação de $6 no próximo ano. Em vez de reinvestir esses lucros e crescer, a empresa planeja pagar todos os seus lucros como dividendos. Com essas expectativas de crescimento zero, o preço atual das ações da Crane é de $60.

Suponha que a Crane pudesse reduzir sua taxa de pagamento de dividendos para 75% para um futuro previsível e utilizasse os lucros retidos para abrir novas lojas. Espera-se que o retorno sobre seu investimento nessas lojas seja de 12%. Supondo que seu custo de capital próprio permaneça o mesmo, que efeito essa nova política teria sobre o preço das ações da Crane?

Solução

Primeiro, estimemos o custo de capital próprio da Crane. Atualmente, a Crane planeja pagar um dividendo igual a seus lucros de $6 por ação. Dado o preço das ações a $60, a rentabilidade do dividendo da Crane é de $6/$60 = 10%. Sem nenhum crescimento esperado ($g = 0$), podemos utilizar a Equação 9.7 para estimar r_E:

$$r_E = \frac{Div_1}{P_0} + g = 10\% + 0\% = 10\%$$

Em outras palavras, para justificar o preço das ações da Crane sob sua política atual, o retorno esperado das outras ações no mercado com risco equivalente tem que ser de 10%.

Então, consideramos as consequências da nova política. Se a Crane reduzir sua taxa de pagamento de dividendos para 75%, então, segundo a Equação 9.8, seus dividendos neste ano cairão para $Div_1 = EPS_1 \times 75\% = \$6 \times 75\% = \$4,50$. Ao mesmo tempo, como a empresa agora reterá 25% de seus lucros para investir em novas lojas, segundo a Equação 9.12, sua taxa de crescimento aumentará para

$$g = \text{Taxa de retenção} \times \text{Retorno sobre o novo investimento} = 25\% \times 12\% = 3\%$$

Supondo que a Crane possa continuar a crescer a esta taxa, podemos calcular o preço de suas ações sob a nova política utilizando o modelo de dividendos com crescimento constante da Equação 9.6:

$$P_0 = \frac{Div_1}{r_E - g} = \frac{\$4,50}{0,10 - 0,03} = \$64,29$$

Assim, o preço das ações da Crane deve subir de $60 para $64,29 se ela reduzir seus dividendos para aumentar o investimento e o crescimento, o que implica que o investimento possui um NPV positivo.

No Exemplo 9.3, reduzir o dividendo da empresa a favor do crescimento elevou o preço das ações da empresa. Mas isso nem sempre acontece, como demonstra o próximo exemplo.

EXEMPLO 9.4 — Crescimento não-rentável

Problema

Suponha que a Crane Sporting Goods decida reduzir sua taxa de pagamento de dividendos para 75% para investir em novas lojas, como no Exemplo 9.3. Mas agora suponha que o retorno sobre esses novos investimentos seja de 8%, em vez de 12%. Dados os lucros esperados por ação desse ano, de $6, e seu custo de capital próprio, de 10%, o que acontecerá com o preço atual das ações da Crane neste caso?

Solução

Assim como no Exemplo 9.3, os dividendos da Crane cairão para $6 × 75% = $4,50. Sua taxa de crescimento sob a nova política, dado o retorno inferior sobre o investimento, será agora de $g = 25\% \times 8\% = 2\%$. O novo preço das ações será, portanto,

$$P_0 = \frac{Div_1}{r_E - g} = \frac{\$4,50}{0,10 - 0,02} = \$56,25$$

Assim, apesar de a Crane crescer sob a nova política, os novos investimentos possuem um NPV negativo e o preço de suas ações cairá se ela reduzir seus dividendos para fazer novos investimentos com um retorno de apenas 8%.

Comparando o Exemplo 9.3 com o Exemplo 9.4, vemos que o efeito de reduzir os dividendos da empresa para que ela cresça depende crucialmente do retorno sobre o novo investimento. No Exemplo 9.3, o retorno sobre o novo investimento de 12% excede o custo de capital próprio da empresa, que é igual a 10%, de modo que o novo investimento possui um NPV positivo. No Exemplo 9.4, o retorno sobre o novo investimento é de apenas 8%, então o novo investimento possui um NPV negativo (apesar de ele levar a um crescimento nos lucros). Assim, *reduzir os dividendos da empresa para aumentar o investimento aumentará o preço das ações se, e somente se, o novo investimento possuir um NPV positivo*.

Mudando as taxas de crescimento

Empresas jovens e bem-sucedidas geralmente têm lucros e taxas de crescimento iniciais muito altas. Durante este período de grande crescimento, não é incomum que essas empresas retenham 100% de seus lucros para explorar oportunidades de investimento rentáveis. À medida que amadurecem, seu crescimento cai para taxas mais típicas de empresas estabelecidas. Neste momento, seus lucros excedem suas necesidades de investimento e elas começam a pagar dividendos.

Não podemos utilizar o modelo de dividendos de crescimento constante para avaliar as ações desse tipo de empresa, por vários motivos. Em primeiro lugar, elas geralmente não pagam *nenhum* dividendo quando são jovens. Em segundo lugar, sua taxa de crescimento continua a mudar com o tempo até elas amadurecerem. Entretanto, podemos utilizar a forma geral do modelo de descontos de dividendos para avaliar este tipo de empresa aplicando o modelo de dividendos de crescimento constante para calcular o futuro preço das ações P_N uma vez que a empresa tenha amadurecido e sua taxa de crescimento esperada tenha se estabilizado:

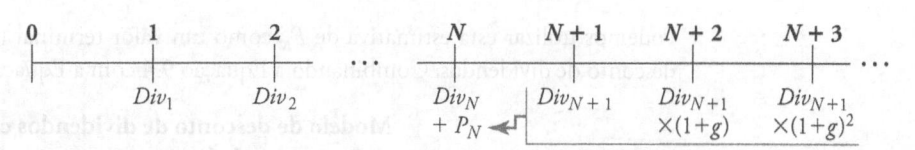

```
0        1        2       ...    N           N+1         N+2              N+3
|--------|--------|--------------|-----------|-----------|----------------|----- ...
        Div_1    Div_2          Div_N       Div_{N+1}   Div_{N+1}        Div_{N+1}
                                + P_N                   ×(1+g)           ×(1+g)^2
```

Especificamente, se a expectativa é de que a empresa cresça a uma taxa de longo prazo g após o ano $N + 1$, então, do modelo de dividendos de crescimento constante:

$$P_N = \frac{Div_{N+1}}{r_E - g} \qquad (9.13)$$

ENTREVISTA COM
Marilyn Fedak

Marilyn G. Fedak é Chefe de Ações de Valor Global na AllianceBernstein, uma empresa de capital aberto de gestão de ativos globais com aproximadamente $618 bilhões em ativos.

PERGUNTA: *Que métodos de avaliação você utiliza para identificar oportunidades de compra?*

RESPOSTA: Desde o início da década de 1980, estamos utilizando o modelo de desconto de dividendos para as ações norte-americanas de alta capitalização. Em seu nível mais básico, o modelo de desconto de dividendos fornece uma maneira de avaliar quanto precisamos pagar hoje pelos lucros futuros de uma empresa. Se todos os fatores permanecerem inalterados, procuramos comprar o máximo de poder de lucro pelo preço mais baixo possível.

É uma metodologia muito confiável, *se* você possui as previsões corretas para os lucros futuros das empresas. O segredo do sucesso na utilização do modelo de desconto de dividendos é realizar profundas pesquisas fundamentais – uma grande equipe de analistas que utilizam um processo consistente para a modelagem dos lucros. Pedimos a nossos analistas que nos forneçam previsões de cinco anos para as empresas que eles acompanham.

Para ações que não sejam norte-americanas ou ações de baixa capitalização, utilizamos modelos de retorno quantitativo que se baseiam nas características atuais das empresas em vez de em previsões. Os universos dessas classes de ativos são grandes demais para povoá-los com previsões de qualidade, mesmo com nossa equipe de pesquisa de 50 ou mais profissionais. Os modelos quantitativos englobam uma grande variedade de medidas avaliativas, como índices P/E e *price-to-book* e uma seleção de fatores de sucesso – por exemplo, ROE e *momentum* do preço. Classificamos as empresas em universos adequados a cada uma delas e nos focamos sobre as ações com melhor classificação. Então, o grupo de políticas de investimento se encontra com os analistas que acompanham esses papéis para determinar se a ferramenta quantitativa está refletindo corretamente o futuro financeiro provável de cada empresa.

PERGUNTA: *Existe alguma desvantagem no modelo de desconto de dividendos?*

RESPOSTA: Duas coisas tornam o modelo de desconto de dividendos difícil de ser utilizado na prática. Em primeiro lugar, é necesário um enorme departamento de pesquisas para gerar boas previsões para um grande universo de ações – só no universo das ações de alta capitalização isso significa mais de 650 empresas. Como esta é uma metodologia da avaliação relativa, é preciso ter tanta confiança na previsão das ações classificadas em 450º lugar como na das que são classificadas em 15º. Em segundo lugar, é muito difícil basear-se nos resultados do modelo de desconto de dividendos. No auge da bolha em 2000, por exemplo, esses modelos indicaram que as ações de tecnologia estavam extremamente supervalorizadas. Isso foi difícil para a maioria dos gerentes de carteira, porque a pressão para suprimir o modelo – dizer que ele não estava funcionando direito – era enorme. Essa situação foi extrema, mas um modelo de desconto de dividendos quase sempre nos coloca em uma posição contestatória – uma posição difícil de manter constantemente.

PERGUNTA: *Por que vocês se focaram em ações de valor?*

RESPOSTA: Não atribuímos rótulos às empresas. Nosso modelo de avaliação é tal que compraremos qualquer empresa que estiver sendo vendida barato em relação à nossa visão de seus lucros de longo prazo. Hoje, por exemplo, temos a Microsoft, a GE, a Time Warner – empresas que eram consideradas ações de crescimento *premier* há apenas alguns anos. Utilizando essa metodologia consistente e investindo fortemente em pesquisas, fomos capazes de produzir bons resultados de investimento para nossos clientes em longos períodos de tempo. E acreditamos que este processo contiuará a ter sucesso no futuro porque depende de características duradouras do comportamento humano (como aversão a perda) e dos fluxos de capital em um sistema econômico livre.

Podemos utilizar esta estimativa de P_N como um valor terminal (de continuação) no modelo de desconto de dividendos. Combinando a Equação 9.4 com a Equação 9.13, temos

Modelo de desconto de dividendos com crescimento de longo prazo constante

$$P_0 = \frac{Div_1}{1+r_E} + \frac{Div_2}{(1+r_E)^2} + \cdots + \frac{Div_N}{(1+r_E)^N} + \frac{1}{(1+r_E)^N}\left(\frac{Div_{N+1}}{r_E - g}\right) \quad (9.14)$$

EXEMPLO 9.5 — Avaliando uma empresa com duas taxas de crescimento diferentes

Problema
A Small Fry, Inc., acaba de inventar um salgadinho que possui aparência e gosto de uma batata frita palito. Dada a fenomenal resposta do mercado a este produto, a Small Fry está reinvestindo todos os seus lucros para expandir suas operações. Os lucros eram de $2 por ação no ano passado, e a expectativa é de que eles cresçam a uma taxa de 20% ao ano até o fim do ano 4. Neste ponto, é provável que outras empresas lancem produtos concorrentes. Os analistas projetam que no final do ano 4 a Small Fry reduza os investimentos e comece a pagar 60% de seus lucros como dividendos, e que seus crescimento irá se desacelerar para uma taxa de longo prazo de 4%. Se o custo de capital próprio da Small Fry é de 8%, qual é o valor das ações hoje?

Solução
Podemos utilizar as taxas projetadas de crescimento dos lucros e de pagamento de dividendos da Small Fry para prever seus lucros e dividendos futuros, como mostra a planilha abaixo:

Ano	0	1	2	3	4	5	6
Rendimentos							
1 Taxa de crescimento do EPS (versus ano anterior)		20%	20%	20%	20%	4%	4%
2 EPS	$2,00	$2,40	$2,88	$3,46	$4,15	$4,31	$4,49
Dividendos							
3 Taxa de pagamento de dividendos		0%	0%	0%	60%	60%	60%
4 Div		$ –	$ –	$ –	$2,49	$2,59	$2,69

Começando de $2,00 no ano 0, o EPS cresce em 20% ao ano até o ano 4, após o qual o crescimento diminui para 4%. A taxa de pagamento de dividendos da Small Fry é zero até o ano 4, quando a concorrência reduz suas oportunidades de investimento e sua taxa de pagamento de dividendos sobe para 60%. Multiplicando o EPS pelo índice de pagamento de dividendos, projetamos os dividendos futuros da empresa na linha 4.

Do ano 4 em diante, os dividendos da Small Fry crescerão à taxa esperada de longo prazo de 4% ao ano. Assim, podemos utilizar o modelo de dividendos de crescimento constante para projetar o preço das ações da Small Fry no final do ano 3. Dado seu custo de capital próprio de 8%,

$$P_3 = \frac{Div_4}{r_E - g} = \frac{\$2,49}{0,08 - 0,04} = \$62,25$$

Aplicamos, então, o modelo de desconto de dividendos (Equação 9.4) com este valor terminal:

$$P_0 = \frac{Div_1}{1 + r_E} + \frac{Div_2}{(1 + r_E)^2} + \frac{Div_3}{(1 + r_E)^3} + \frac{P_3}{(1 + r_E)^3} = \frac{\$62,25}{(1,08)^3} = \$49,42$$

Limitações do modelo de desconto de dividendos

O modelo de desconto de dividendos avalia as ações com base em uma previsão dos dividendos futuros pagos aos acionistas. Mas ao contrário de uma letra do Tesouro dos EUA, cujos fluxos de caixa são conhecidos com certeza absoluta, um enorme grau de incerteza é associado a qualquer previsão dos dividendos futuros de uma empresa.

Consideremos o exemplo da Kenneth Cole Productions (KCP), mencionado na introdução deste capítulo. No início de 2006, a KCP pagou dividendos anuais de $0,72. Com um custo de capital próprio de 11% e dividendos com crescimento esperado de 8%, o modelo de dividendos de crescimento constante implica um preço das ações da KCP de

$$P_0 = \frac{Div_1}{r_E - g} = \frac{\$0,72}{0,11 - 0,08} = \$24$$

que é razoavelmente próximo ao preço de $26,75 que as ações tinham na época. Com uma taxa de crescimento de dividendos de 10%, esta estimativa aumentaria para $72 por ação; com uma taxa de

> ### Teoria do Valor de Investimento de John Burr Williams
>
> A primeira dedução formal do modelo de desconto de dividendos apareceu na *Teoria do Valor de Investimento* escrita por John Burr Williams em 1938.* O livro foi um marco importante na história das finanças empresariais porque Williams demonstrou pela primeira vez que as finanças empresariais dependiam de certos princípios que poderiam ser deduzidos utilizando métodos analíticos formais. Como Williams escreveu no prefácio:
>
> > A verdade é que o método matemático é uma nova ferramenta de grande poder cujo uso promete levar a notáveis avanços em Análise de Investimentos. Sempre foi regra na história da ciência que a invenção de novas ferramentas é a chave para novas descobertas, e também podemos esperar que a mesma regra seja válida neste ramo da Economia.
>
> Quando Williams faleceu, em 1989, a importância do método matemático em finanças empresariais era indiscutível e as descobertas que resultaram desta "nova" ferramenta mudaram a prática desse ramo. Teóricos e profissionais agora confiam nos princípios desenvolvidos nos anos intervenientes cujas origens podem ser traçadas ao livro de William e ao método matemático que ele empregou.
>
> O que aconteceu com o próprio Williams? Seu livro compreendia sua dissertação de Ph.D. na Universidade de Harvard, que foi aceita em 1940 (conta a lenda que a banca de seu Ph.D. travou um vigoroso debate sobre se o trabalho realmente atendia aos padrões de Harvard, mas no final decidiram que atendia!). Após obter seu grau, Williams retornou à indústria de investimentos (em suas próprias palavras, ele se "afastara para tirar seu Ph.D. em Economia") e morreu muito rico, presumivelmente aplicando os princípios e descobertas que ele ajudou a iniciar.
>
> * Este livro contém muitas outras ideias que hoje são centrais às finanças modernas (ver Capítulo 14 para maiores referências).

crescimento de dividendos de 5%, a estimativa cai para $12 por ação. Como podemos ver, mesmo pequenas mudanças na taxa de crescimento suposta dos dividendos podem levar a grandes mudanças no preço estimado das ações.

Além disso, é difícil saber que estimativa da taxa de crescimento de dividendos é mais razoável. A KCP mais do que dobrou seus dividendos entre 2003 e 2005, mas os lucros permaneceram relativamente invariáveis nos últimos anos. Consequentemente, esta taxa de aumento não é sustentável. Segundo a Equação 9.8, prever dividendos exige prever lucros, taxa de pagamento de dividendos, e número futuro de ações da empresa. Mas os lucros futuros depedem das despesas com juros (que, por sua vez, dependem de o quanto a empresa toma emprestado), e o número de suas ações e a taxa de pagamento de dividendos dependem de se a empresa utiliza uma porção de seus lucros para recomprar ações. Como as decisões de empréstimos a serem tomados e de recompra são tomadas a critério da gerência, tais aspectos podem ser mais difíceis de prever com confiança do que outros aspectos mais fundamentais dos fluxos de caixa da empresa.[3] Veremos dois métodos alternativos que evitam algumas dessas dificuldades na seção a seguir.

FIXAÇÃO DE CONCEITOS

1. De que três maneiras uma empresa pode aumentar seus dividendos futuros por ação?
2. Sob que circunstâncias uma empresa pode aumentar o preço de suas ações reduzindo seus dividendos e investindo mais?

9.3 Modelos de avaliação de *payout* total e de fluxos de caixa livres

Nesta seção, descreveremos duas abordagens alternativas para avaliar as ações de uma empresa que evitam algumas das dificuldades do modelo de desconto de dividendos. Em primeiro lugar, consideraremos o modelo de *payout* total, que nos permite ignorar a escolha da empresa entre dividendos e recompras de ações. Então, consideraremos o modelo do fluxo de caixa livre descontado, que se foca

---

[3] Discutiremos a decisão da gerência de contrair empréstimos ou de recomprar ações na Parte V deste livro.

nos fluxos de caixa para todos os investidores da empresa, tanto para os titulares de dívidas quanto para os acionistas, e nos permite evitar estimar o impacto das decisões de tomada de empréstimo da empresa sobre os lucros.

Recompra de ações e o modelo de *payout* total

Em nossa discussão do modelo de desconto de dividendos, supomos implicitamente que qualquer dinheiro pago pela empresa aos acionistas assume a forma de um dividendo. Porém, nos últimos anos, um número crescente de empresas tem substituído os pagamentos de dividendos por recompra de ações. Em uma **recompra de ações**, uma empresa utiliza o excesso monetário para comprar de volta suas próprias ações. As recompras de ações têm duas consequências para o modelo de desconto de dividendos. Em primeiro lugar, quanto mais dinheiro a empresa utilizar para recomprar ações, menos ela terá disponível para pagar dividendos. Em segundo lugar, ao recomprar ações, a empresa diminui seu número de ações, o que aumenta seus lucros e dividendos por ação.

No modelo de desconto de dividendos, avaliamos uma ação a partir da perspectiva de um único acionista, descontando os dividendos que o acionista irá receber:

$$P_0 = PV(\text{Dividendos futuros por ação}) \qquad (9.15)$$

Um método alternativo que pode ser mais confiável quando uma empresa recompra ações é o **modelo de *payout* total**, que avalia *todas* as ações da empresa, em vez de uma ação individual. Para fazê-lo, descontamos os pagamentos totais que a empresa faz aos acionistas, que é a quantia total gasta em dividendos *e* em recompra de ações.[4] Então, dividimos pelo número corrente de ações em circulação para determinar o preço da ação:

Modelo de *payout* total

$$P_0 = \frac{PV(\text{Total de dividendos e recompras futuras})}{\text{Ações em circulação}_0} \qquad (9.16)$$

Podemos aplicar as mesmas simplificações que obtivemos supondo um crescimento constante na Seção 9.2 ao modelo de *payout* total. A única diferença é que *descontamos o total de dividendos e recompras de ações e utilizamos a taxa de crescimento dos lucros (em vez de os rendimentos por ação)*

EXEMPLO 9.6

Avaliação com recompra de ações

Problema

A Titan Industries possui 217 milhões de ações em circulação e espera lucros no final deste ano de $860 milhões. A Titan planeja pagar 50% de seus lucros no total, pagando 30% como dividendo e utilizando 20% para recomprar ações. Se a expectativa é de que os lucros da Titan cresçam em 7,5% ao ano e de que essas taxas de pagamento permaneçam constantes, determine o preço das ações da Titan supondo um custo de capital próprio de 10%.

Solução

A Titan terá um total de pagamentos neste ano de 50% × $860 milhões = $430 milhões. Com base no custo de capital próprio de 10% e em uma taxa esperada de crescimento dos lucros de 7,5%, o valor presente dos pagamentos futuros da Titan podem ser calculados como uma perpetuidade de crescimento constante:

$$PV(\text{Total de dividendos e recompras futuras}) = \frac{\$430 \text{ milhões}}{0,10 - 0,075} = \$17,2 \text{ bilhões}$$

---

[4] Podemos pensar nos pagamentos totais como a quantia que receberíamos se possuíssemos 100% das ações da empresa: receberíamos todos os dividendos, mais os resultados da venda das ações de volta à empresa na recompra de ações.

Este valor presente representa o valor total do patrimônio da Titan (isto é, sua capitalização de mercado). Para calcular o preço das ações, dividimos pelo número corrente de ações em circulação:

$$P_0 = \frac{\$17{,}2 \text{ bilhões}}{217 \text{ milhões de ações}} = \$79{,}26 \text{ por ação}$$

Utilizando o modelo de *payout* total, não precisaríamos saber como a empresa dividiu os pagamentos entre dividendos e recompras de ações. Para comparar este método com o modelo de desconto de dividendos, observe que a Titan pagará um dividendo de 30% × \$860 milhões / (217 milhões de ações) = \$1,19 por ação, o que gera um rendimento de dividendos de 1,19 / 79,26 = 1,50%. Segundo a Equação 9.7, a taxa de crescimento esperada do EPS, dividendo e preço das ações da Titan é $g = r_E - Div_1/P_0 = 8{,}50\%$. Esta taxa de crescimento excede a taxa de crescimento dos lucros de 7,50%, porque o número de ações irá diminuir com o tempo devido às recompras de ações.[5]

ao fazermos as previsões do crescimento dos pagamentos totais da empresa. Este método pode ser mais confiável e mais fácil de aplicar quando a empresa utiliza recompra de ações.

O modelo de fluxo de caixa livre descontado

No modelo de *payout* total, primeiro avaliamos o patrimônio da empresa, em vez de apenas uma ação. O **modelo de fluxo de caixa livre descontado** vai um passo além e começa determinando o valor total da empresa para todos os investidores – incluindo *tanto* os acionistas *quanto* os titulares de dívidas. Isto é, começamos estimando o valor da empresa, que definimos no Capítulo 2 como[6]

$$\text{Valor da empresa} = \text{Valor de mercado do patrimônio líquido} + \text{Dívida} - \text{Dinheiro em caixa} \quad (9.17)$$

O valor da empresa é o valor dos negócios subjacentes da empresa, livre de dívidas e separado de qualquer dinheiro em caixa ou papéis negociáveis. Podemos interpretar o valor da empresa como o custo líquido de adquirir o patrimônio da empresa, pegando seu dinheiro em caixa, quitando todas as dívidas e, assim, possuindo o negócio não-alavancado. A vantagem do modelo de fluxo de caixa livre descontado é nos permitir avaliar uma empresa sem explicitamente prever seus dividendos, recompras de ações ou seu uso de financiamentos.

Avaliando a empresa. Como podemos estimar o valor de uma empresa? Para estimar o valor do patrimônio da empresa, calculamos o valor presente dos pagamentos totais da empresa aos acionistas. Da mesma forma, para estimar o valor de uma empresa, calculamos o valor presente do *fluxo de caixa livre* (FCF) que a empresa possui disponível para pagar todos os investidores, tanto os titulares de dívidas quanto os acionistas. Vimos como calcular o fluxo de caixa livre de um projeto no Capítulo 7; agora realizamos o mesmo cálculo para toda a empresa:

$$\text{Fluxo de caixa livre} = \overbrace{EBIT \times (1 - \tau_c)}^{\text{Lucro líquido não-alavancado}} + \text{Depreciação}$$
$$- \text{Desembolsos de capital} - \text{Aumentos no capital de giro} \quad (9.18)$$

O fluxo de caixa livre mede o dinheiro em caixa gerado pela empresa antes de quaisquer pagamentos de dívida ou de acionistas serem considerados.

---

[5] Podemos verificar que uma taxa de crescimento de EPS de 8,5% é consistente com a taxa de crescimento dos lucros de 7,5% e com os planos de recompra de ações da Titan da seguinte maneira: dado um preço esperado por ação de \$79,26 × 1,085 = \$86,00 no ano que vem, a Titan irá recomprar 20% × \$860 milhões ÷ (\$86,00 por ação) = 2 milhões de ações no ano que vem. Com a diminuição no número de ações de 217 milhões para 215 milhões, o EPS cresce por um fator de 1,075 × (217/215) = 1,085 ou 8,5%.

[6] Para sermos precisos, por dinheiro queremos dizer o dinheiro da empresa além de suas necessidades de capital de giro, que é a quantia que a empresa possui investida a uma taxa de juros de mercado competitivo.

Assim, da mesma forma que determinamos o valor de um projeto calculando o NPV de seu fluxo de caixa livre, estimamos o valor corrente de uma empresa, V_0, calculando o valor presente do fluxo de caixa livre da empresa:

Modelo do fluxo de caixa livre descontado

$$V_0 = PV(\text{Fluxo de caixa livre futuro da empresa}) \tag{9.19}$$

Dado o valor da empresa, podemos estimar o preço das ações utilizando a Equação 9.17 para encontrar o valor do patrimônio e então dividí-lo pelo número total de ações em circulação:

$$P_0 = \frac{V_0 + \text{Dinheiro}_0 - \text{Dívida}_0}{\text{Ações em circulação}_0} \tag{9.20}$$

Intuitivamente, a diferença entre o modelo de fluxo de caixa livre descontado e o modelo de desconto de dividendos é que neste o dinheiro em caixa e a dívida da empresa são incluídos indiretamente através do efeito da receita de operações que rendem juros e das despesas sobre os lucros. No modelo de fluxo de caixa livre descontado, ignoramos a receita de operações que rendem juros e as despesas, pois o fluxo de caixa livre baseia-se no EBIT, mas depois ajustamos dinheiro em caixa e dívida diretamente na Equação 9.20.

Implementando o modelo. Uma importante diferença entre o modelo de fluxo de caixa livre descontado e os modelos considerados anteriormente é a taxa de desconto. Em cálculos anteriores, utilizamos o custo de capital próprio da empresa, r_E, porque estávamos descontando os fluxos de caixa para os acionistas. Aqui estamos descontando o fluxo de caixa livre que será pago para os titulares de dívidas e para os acionistas. Assim, devemos utilizar o **custo médio ponderado de capital (WACC)**, denotado por r_{wacc}; é o custo de capital que reflete o risco geral do negócio, que é o risco combinado do patrimônio e da dívida da empresa. Por enquanto, interpretaremos r_{wacc} como o retorno esperado que a empresa tem que pagar aos investidores para compensá-los pelo risco de manter coesos a dívida e o patrimônio da empresa. Se a empresa não possui nenhuma dívida, então $r_{wacc} = r_E$. Desenvolveremos métodos para calcular o WACC explicitamente nas Partes IV e V deste livro.[7]

Dado o custo médio ponderado de capital da empresa, implementamos o modelo de fluxo de caixa livre descontado da mesma maneira que fizemos com o modelo de desconto de dividendos. Isto é, prevemos o fluxo de caixa livre da empresa até determinado horizonte, juntamente com um valor terminal (de continuação) da empresa:

$$V_0 = \frac{FCF_1}{1 + r_{wacc}} + \frac{FCF_2}{(1 + r_{wacc})^2} + \cdots + \frac{FCF_N}{(1 + r_{wacc})^N} + \frac{V_N}{(1 + r_{wacc})^N} \tag{9.21}$$

Frequentemente, o valor terminal é estimado supondo uma taxa constante de crescimento de longo prazo g_{FCF} para fluxos de caixa livres posteriores ao ano N, de modo que

$$V_N = \frac{FCF_{N+1}}{r_{wacc} - g_{FCF}} = \left(\frac{1 + g_{FCF}}{r_{wacc} - g_{FCF}}\right) \times FCF_N \tag{9.22}$$

A taxa de crescimento de longo prazo g_{FCF} baseia-se tipicamente na taxa esperada de crescimento de longo prazo das receitas da empresa.

Ligação com o orçamento de capital. Existe uma importante ligação entre o modelo de fluxo de caixa livre descontado e a regra do NPV do orçamento de capital que desenvolvemos no Capítulo 7. Como o fluxo de caixa livre da empresa é igual à soma dos fluxos de caixa livres de seus investimentos correntes e futuros, podemos interpretar o valor da empresa como o NPV total que a empresa obterá por continuar seus projetos existentes e iniciar novos projetos. Logo, o NPV de qualquer projeto individual representa sua contribuição para o valor da empresa. Para maximizar o preço das ações da empresa, devemos aceitar projetos que tenham um NPV positivo.

---

[7] Também podemos interpretar o custo médio ponderado de capital como o custo médio de capital associado a todos os projetos da empresa. Neste sentido, o WACC reflete o risco médio dos investimentos da empresa.

EXEMPLO 9.7　Avaliando a Kenneth Cole utilizando fluxo de caixa livre

Problema

A Kenneth Cole (KCP) teve vendas de $518 milhões em 2005. Suponha que você espere que suas vendas cresçam a uma taxa de 9% em 2006, mas que esta taxa de crescimento desacelere em 1% ao ano até chegar a uma taxa de crescimento de longo prazo para a indústria de vestuário de 4% em 2011. Com base na rentabilidade passada e nas necessidades de investimento da KCP, você espera que o EBIT seja de 9% das vendas, que a necessidade de aumentos no capital de giro líquido seja de 10% de qualquer aumento nas vendas, e que os desembolsos de capital sejam iguais às despesas de depreciação. Se a KCP possui $100 milhões em dinheiro em caixa, $3 milhões em dívidas, 21 milhões de ações em circulação, uma alíquota fiscal de 37% e um custo médio ponderado de capital de 11%, qual é a sua estimativa do valor das ações da KCP no início de 2006?

Solução

Podemos estimar o fluxo de caixa livre futuro da KCP com base nas estimativas acima da seguinte maneira:

	Ano	2005	2006	2007	2008	2009	2010	2011
	Previsão do FCF ($ milhões)							
1	Vendas	518,0	564,6	609,8	652,5	691,6	726,2	755,3
2	*Crescimento versus Ano anterior*		9,0%	8,0%	7,0%	6,0%	5,0%	4,0%
3	**EBIT** (9% das vendas)		50,8	54,9	58,7	62,2	65,4	68,0
4	Menos: Imposto de renda		(18,8)	(20,3)	(21,7)	(23,0)	(24,2)	(25,1)
5	Mais: Depreciação		—	—	—	—	—	—
6	Menos: Desembolsos de capital		—	—	—	—	—	—
7	Menos: Renda em NWC (10% ΔVendas)		(4,7)	(4,5)	(4,3)	(3,9)	(3,5)	(2,9)
8	**Fluxo de caixa livre**		27,4	30,1	32,7	35,3	37,7	39,9

Observe que, como se espera que os desembolsos de capital sejam iguais à depreciação, as linhas 5 e 6 da planilha se cancelam, então podemos igualá-las ambas a zero em vez de prevê-las explicitamente. Como esperamos que o fluxo de caixa livre da KCP cresça a uma taxa constante após 2011, podemos utilizar a Equação 9.22 para calcular um valor terminal de empresa:

$$V_{2011} = \left(\frac{1 + g_{FCF}}{r_{wacc} - g_{FCF}}\right) \times FCF_{2011} = \left(\frac{1,04}{0,11 - 0,04}\right) \times 39,9 = \$592,8 \text{ milhões}$$

Segundo a Equação 9.21, o valor de empresa corrente da KCP é o valor presente de seus fluxos de caixa livres mais o valor terminal:

$$V_0 = \frac{27,4}{1,11} + \frac{30,1}{1,11^2} + \frac{32,7}{1,11^3} + \frac{35,3}{1,11^4} + \frac{37,7}{1,11^5} + \frac{39,9}{1,11^6} + \frac{592,8}{1,11^6} = \$456,9 \text{ milhões}$$

Podemos agora estimar o valor de uma ação da KCP utilizando a Equação 9.20:

$$P_0 = \frac{456,9 + 100 - 3}{21} = \$26,38$$

Lembremos também, do Capítulo 7, que são necessárias muitas previsões e estimativas para estimar os fluxos de caixa livres de um projeto. O mesmo é válido para a empresa: temos que prever vendas futuras, despesas operacionais, impostos, exigências de capital, e outros fatores. Por um lado, estimar o fluxo de caixa livre dessa maneira nos dá a flexibilidade de incorporar muitos detalhes específicos sobre as possibilidades futuras da empresa. Por outro lado, cada suposição inevitavelmente traz consigo alguma incerteza. Portanto, é importante realizar uma análise de sensibilidade, como foi descrito no Capítulo 7, para traduzir essa incerteza em uma faixa de valores potenciais para as ações.

EXEMPLO 9.8　Análise de sensibilidade para a avaliação das ações

Problema

No Exemplo 9.7, supomos que o EBIT da KCP é 9% das vendas. Se a KCP pode reduzir suas despesas operacionais e elevar seu EBIT para 10%, qual seria a nova estimativa para o valor das ações?

Solução

O EBIT aumenta em 1% em relação ao Exemplo 9.7. Assim, no ano 1, o EBIT será de 1% × $564,6 milhões = $5,6 milhões mais alto. Após os impostos, esse aumento elevará o FCF no ano 1 em (1 − 0,37) × $5,6 milhões = $3,5 milhões, para $30,9 milhões. Fazendo o mesmo cálculo para cada ano, teremos as seguintes estimativas revisadas para o FCF:

Ano	2006	2007	2008	2009	2010	2011
FCF	30,9	33,9	36,8	39,7	42,3	44,7

Agora podemos reestimar o preço das ações como fizemos no exemplo anterior. O valor terminal é $V_{2011} = [1,04 / (0,11 − 0,04)] \times 44,7 = \$664,1$ milhões, então

$$V_0 = \frac{30,9}{1,11} + \frac{33,9}{1,11^2} + \frac{36,8}{1,11^3} + \frac{39,7}{1,11^4} + \frac{42,3}{1,11^5} + \frac{44,7}{1,11^6} + \frac{664,1}{1,11^6} = \$512,5 \text{ milhões}$$

A nova estimativa para o valor das ações é $P_0 = (512,5 + 100 − 3) / 21 = \$29,02$ por ação, uma diferença de aproximadamente 10% em relação ao exemplo anterior.

A Figura 9.1 apresenta os diferentes métodos de avaliação que discutimos até agora. O valor das ações é determinado pelo valor presente de seus dividendos futuros. Podemos estimar a capitalização total de mercado do patrimônio líquido da empresa a partir do valor presente do total de pagamentos da empresa, que inclui dividendos e recompras de ações. Finalmente, o valor presente do fluxo de caixa livre da empresa, que é o dinheiro que a empresa possui disponível em caixa para fazer pagamentos a titulares de dívidas ou a acionistas, determina o valor da empresa.

FIGURA 9.1　Uma comparação dos modelos de fluxo de caixa descontado de avaliação de ações

O valor presente de...	Determina o...
Pagamentos de dividendos	Preço das ações
Total de pagamentos (todos os dividendos e recompras)	Valor do patrimônio líquido
Fluxo de caixa livre (dinheiro disponível para pagar todos os titulares de papéis)	Valor da empresa

Calculando o valor presente dos dividendos, o total de pagamentos, ou os fluxos de caixa livres da empresa, podemos estimar o valor das ações, o valor total do patrimônio líquido da empresa, ou seu valor de empresa.

FIXAÇÃO DE CONCEITOS

1. Como a taxa de crescimento utilizada no modelo de *payout* total difere da taxa de crescimento utilizada no modelo de desconto de dividendos?
2. Por que ignoramos os pagamentos de juros sobre a dívida da empresa no modelo de fluxo de caixa livre descontado?

9.4 Avaliação baseada em empresas comparáveis

Até agora, avaliamos uma empresa ou suas ações considerando o fluxos de caixa futuros esperados que ela irá fornecer a seu proprietário. A Lei do Preço Único nos diz que seu valor é o valor presente de seus fluxos de caixa futuros, pois o valor presente é a quantia que precisaríamos investir em outro lugar no mercado para reproduzir os fluxos de caixa com o mesmo risco.

Uma outra aplicação da Lei do Preço Único é o método de comparáveis. No **método de comparáveis** (ou "*comps*"), em vez de avaliar os fluxos de caixa de uma empresa diretamente, estimamos o valor da empresa com base no valor de outras empresas ou investimentos comparáveis que esperamos que gerem fluxos de caixa muito similares no futuro. Por exemplo, considere o caso de uma nova empresa que é *idêntica* a uma empresa de capital aberto existente. Se essas empresas irão gerar fluxos de caixa idênticos, a Lei do Preço Único implica que podemos utilizar o valor da empresa existente para determinar o valor da nova empresa.

É claro que não existem empresas idênticas. Mesmo duas empresas na mesma indústria que vendam os mesmos tipos de produtos, apesar de similares em muitos aspectos, provavelmente diferem em tamanho ou escala. Nesta seção, consideraremos maneiras de ajustar diferenças de escala para utilizar comparáveis para avaliar empresas com negócios similares, e então discutiremos os pontos fortes e fracos desta abordagem.

Múltiplos de avaliação de empresas

Podemos ajustar as diferenças em escala entre empresas expressando seu valor em termos de um **múltiplo de avaliação**, que é um índice do valor em relação a alguma medida da escala da empresa. Como analogia, consideremos a avaliação de um edifício comercial. Uma medida natural a ser considerada seria o preço por metro quadrado de outros edifícios vendidos recentemente na mesma área. Multiplicar o tamanho do edifício comercial em questão pelo preço médio por metro quadrado normalmente nos daria uma estimativa razoável do valor do edifício. Podemos aplicar esta mesma idéia a ações, substituindo o preço por metro quadrado por alguma medida mais adequada da escala da empresa.

O índice preço-lucro. O múltiplo de avaliação mais comum é o índice preço-lucro (P/E), que introduzimos no Capítulo 2. O índice P/E de uma empresa é igual ao preço das ações dividido por seus rendimentos por ação. A idéia por trás do uso deste índice é que quando compramos uma ação, estamos em certo sentido comprando os direitos aos lucros futuros da empresa, e que as diferenças nas escalas dos lucros das empresas têm grandes chances de persistirem. Portanto, temos que estar dispostos a pagar proporcionalmente mais por ações com lucros correntes mais altos. Assim, podemos estimar o valor de uma ação de uma empresa multiplicando os lucros correntes por ação pelo índice P/E médio de empresas comparáveis.

Podemos calcular o índice P/E de uma empresa utilizando ou os **resultados passados** (lucros durante os 12 meses anteriores), ou **resultados futuros** (lucros esperados nos 12 meses seguintes), com o índice resultante sendo chamado de **P/E passado** ou **P/E futuro**, respectivamente. Para os propósitos da avaliação, o P/E futuro geralmente é preferido, já que estamos mais preocupados com os lucros futuros.[8] Podemos interpretar o P/E futuro em termos do modelo de desconto de divi-

---

[8] Como estamos interessados nos componentes persistentes dos lucros da empresa, também é uma prática comum excluir itens extraordinários que não serão repetidos ao se calcular um índice P/E com fins de avaliação.

dendos ou do modelo de *payout* total que introduzimos anteriormente. Por exemplo, no caso dos dividendos de crescimento constante, dividindo a Equação 9.6 por EPS_1, chegamos a

$$\text{P/E futuro} = \frac{P_0}{EPS_1} = \frac{Div_1 / EPS_1}{r_E - g} = \frac{\text{Taxa de pagamento de dividendos}}{r_E - g} \quad (9.23)$$

A Equação 9.23 implica que se duas ações têm o mesmo pagamento de dividendo e taxa de crescimento de EPS, além de risco equivalente (e, portanto, o mesmo custo de capital próprio), então elas devem ter o mesmo P/E. Ela mostra também que empresas e indústrias com altas taxas de crescimento e que geram dinheiro além de sua necessidade de investimento, de modo que possam manter altas taxas de pagamento de dividendo, devem ter múltiplos P/E altos.

EXEMPLO 9.9 — Avaliação utilizando o índice preço-lucro

Problema

Suponha que o fabricante de móveis Herman Miller, Inc., tenha rendimentos por ação de $1,38. Se o P/E médio de ações de empresas comparáveis de móveis é de 21,3, estime um valor para a Herman Miller utilizando o P/E como múltiplo de avaliação. Quais são as suposições por trás desta estimativa?

Solução

Estimamos o preço das ações da Herman Miller multiplicando seu EPS pelo P/E de empresas comparáveis. Assim, $P_0 = \$1,38 \times 21,3 = \$29,39$. Esta estimativa supõe que a Herman Miller terá risco futuro, taxas de pagamento de dividendos e taxas de crescimento similares às de empresas similares na indústria.

Múltiplos de valor da empresa. Também é uma prática comum utilizar múltiplos de avaliação baseados no valor da empresa. Como discutimos na Seção 9.3, por representar o valor total dos negócios subjacentes de empresa em vez de apenas o valor do patrimônio, utilizar o valor de empreendimento é vantajoso se quisermos comparar empresas com diferentes graus de alavancagem.

Como o valor de empresa representa todo o valor da empresa antes de ela pagar suas dívidas, para formar um múltiplo adequado dividimo-lo por uma medida dos lucros ou fluxos de caixa antes de serem feitos os pagamentos de juros. Múltiplos comuns a serem considerados são valor de empreendimento por EBIT, EBITDA (lucros antes de juros, impostos, depreciação e amortização) e fluxo de caixa livre. Entretanto, como os desembolsos de capital podem variar substancialmente de um período para outro (por exemplo, a empresa pode precisar ampliar sua capacidade e construir uma nova fábrica em um ano, mas depois não precisar expandir mais por muitos anos), a maioria dos profissionais contam com os múltiplos de valor de empreendimento por EBITDA. Segundo a Equação 9.22, se o crescimento esperado do fluxo de caixa livre é constante, então

$$\frac{V_0}{EBITDA_1} = \frac{FCF_1 / EBITDA_1}{r_{wacc} - g_{FCF}} \quad (9.24)$$

Assim como com o múltiplo P/E, este múltiplo de avaliação é mais alto para empresas com altas taxas de crescimento e baixa exigência de capital (de modo que o fluxo de caixa livre seja alto em proporção ao EBITDA).

Outros múltiplos. É possível utilizar muitos outros múltiplos de avaliação. Ver o valor de empresa como um múltiplo das vendas pode ser útil se for razoável supor que as empresas manterão margens similares no futuro. Para empresas com ativos tangíveis substanciais, às vezes utiliza-se o índice de preço por valor contábil do patrimônio por ação. Alguns múltiplos são específicos de uma indústria. Na indústria de TV a cabo, por exemplo, é natural considerar valor de empresa por assinante.

> ### EXEMPLO 9.10 — Avaliação utilizando o múltiplo do valor de empreendimento
>
> **Problema**
> Suponha que a Rocky Shoes and Boots (RCKY) tenha lucros por ação de $3,20 e EBITDA de $30,7 milhões. A RCKY também possui 5,4 milhões de ações em circulação e uma dívida de $125 milhões (menos dinheiro em caixa). Você acredita que a Deckers Outdoor Corporation seja comparável à RCKY em termos de seus negócios subjacentes, mas a Deckers não possui dívida. Se a Deckers possui um P/E de 13,3 e um múltiplo de valor de empresa por EBITDA de 7,4, estime o valor das ações da RCKY utilizando ambos os múltiplos. Que estimativa é provavelmente a mais precisa?
>
> **Solução**
> Utilizando o P/E da Decker, estimaríamos um preço para as ações da RCKY de $P_0 = \$2,30 \times 13,3 = \$30,59$. Utilizando o múltiplo de valor de empresa por EBITDA, estimaríamos o valor de empresa da RCKY como $V_0 = \$30,7$ milhões $\times 7,4 = \$227,2$ milhões. Então, subtraímos a dívida e dividimos pelo número de ações para estimar o preço das ações da RCKY: $P_0 = (227,2 - 125) / 5,4 = \$18,93$. Devido à grande diferença de alavancagem entre as empresas, esperamos que a segunda estimativa, que se baseia no valor de empresa, seja mais confiável.

Limitações dos múltiplos

Se as comparáveis fossem idênticas, os múltiplos das empresas seriam exatamente correspondentes. Obviamente, as empresas não são idênticas. Assim, a utilidade de um múltiplo de avaliação dependerá da natureza das diferenças entre as empresas e das sensibilidades dos múltiplos a essas diferenças.

A Tabela 9.1 lista vários múltiplos de avaliação de empresas na indústria de calçados em janeiro de 2006. Também é exibida a média de cada múltiplo, juntamente com a variação em torno da média (em termos percentuais). Para todos os múltiplos, fica aparente um bom grau de dispersão em toda a indústria. Apesar de o múltiplo de valor de empresa por EBITDA mostrar a menor variação, mesmo com ele não podemos esperar obter uma estimativa precisa de valor.

As diferenças entre esses múltiplos provavelmente são diferenças nas taxas esperadas de crescimento futuro, risco (e, portanto, custos de capital), e, no caso da Puma, diferenças em convenções contábeis entre os Estados Unidos e a Alemanha. Os investidores no mercado compreendem que essas diferenças existem, então as ações são precificadas de maneira adequada. Mas, ao se avaliar uma empresa utilizando múltiplos, não existe um guia claro sobre como ajustar essas diferenças senão reduzindo o conjunto de comparáveis utilizadas.

Uma outra limitação das comparáveis é que elas fornecem apenas informações com respeito à empresa *relativas* às outras empresas no conjunto de comparação. Utilizar múltiplos não nos ajuda a determinar se uma indústria inteira é supervalorizada, por exemplo. Esta questão tornou-se especialmente importante durante o *boom* da Internet durante o final da década de 1990. Como muitas dessas empresas não tinham fluxos de caixa ou lucros positivos, foram criados novos múltiplos para avaliá-las (por exemplo, preço por "visualizações de página"). Apesar de esses múltiplos poderem justificar o valor dessas empresas em relação umas às outras, era muito mais difícil justificar os preços das ações de muitas delas utilizando uma estimativa realista dos fluxos de caixa e da abordagem do fluxo de caixa livre descontado.

Comparação com métodos de fluxo de caixa descontado

Utilizar um múltiplo de avaliação com base em comparáveis é mais bem compreendido como um "atalho" para os métodos de avaliação do fluxo de caixa descontado. Em vez de estimar separadamente o custo de capital de uma empresa e seus lucros ou fluxos de caixa livres futuros, dependemos da avaliação de mercado do valor de outras empresas com possibilidades futuras similares. Além de sua simplicidade, a abordagem dos múltiplos tem a vantagem de se basear em preços reais de empresas reais, em vez de em previsões não-realistas dos fluxos de caixa futuros.

Uma desvantagem da abordagem das comparáveis é que ela não leva em consideração as importantes diferenças entre as empresas. O fato de uma empresa ter uma equipe de gerência excepcional, ter desenvolvido um processo de fabricação eficiente, ou simplesmente ter registrado a patente de uma nova tecnologia é ignorado quando aplicamos um múltiplo de avaliação. Os métodos de fluxos de caixa descontados têm a vantagem de nos permitir incorporar informações específicas sobre o custo de capital ou o crescimento futuro da empresa. Assim, como o verdadeiro determinante de valor de qualquer empresa é sua capacidade de gerar fluxos de caixa para seus investidores, os métodos de fluxos de caixa descontados têm o potencial de ser mais precisos do que o uso de um múltiplo de avaliação.

TABELA 9.1 — Preços de ações e múltiplos da indústria de calçados, janeiro de 2006

Símbolo	Nome	Preço de uma ação ($)	Capitalização de mercado ($ milhões)	Valor de empresa ($ milhões)	P/E	Preço/ Valor contábil	Valor de empresa/ Vendas	Valor de empresa/ EBITDA
NKE	Nike	84,20	21.830	20.518	16,64	3,59	1,43	8,75
PMMAY	Puma AG	312,05	5.088	4.593	14,99	5,02	2,19	9,02
RBK	Reebok International	58,72	3.514	3.451	14,91	2,41	0,90	8,58
WWW	Wolverine World Wide	22,10	1.257	1.253	17,42	2,71	1,20	9,53
BWS	Brown Shoe Co.	43,36	800	1.019	22,62	1,91	0,47	9,09
SKX	Skechers U.S.A.	17,09	683	614	17,63	2,02	0,62	6,88
SRR	Stride Rite Corp.	13,70	497	524	20,72	1,87	0,89	9,28
DECK	Deckers Outdoor Corp.	30,05	373	367	13,32	2,29	1,48	7,44
WEYS	Weyco Group	19,90	230	226	11,97	1,75	1,06	6,66
RCKY	Rocky Shoes & Boots	19,96	106	232	8,66	1,12	0,92	7,55
DFZ	R.G. Barry Corp.	6,83	68	92	9,2	8,11	0,87	10,75
BOOT	LaCrosse Footwear	10,40	62	75	12,09	1,28	0,76	8,30
	Média				15,01	2,84	1,06	8,49
	Máximo				+51%	+186%	+106%	+27%
	Mínimo				−42%	−61%	−56%	−22%

Técnicas de avaliação de ações: a última palavra

No fim das contas, nenhuma técnica individual fornece uma resposta final ao problema do verdadeiro valor das ações. Todas as abordagens exigem suposições ou previsões que são incertas demais para fornecer uma avaliação definitiva do valor da empresa. A maioria dos profissionais utiliza, na vida real, uma combinação dessas abordagens e ganha confiança se os resultados forem consistentes entre uma variedade de métodos.

A Figura 9.2 compara as faixas de valores da Kenneth Cole Productions utilizando os diferentes métodos de avaliação que discutimos neste capítulo. O preço de $26,75 das ações da Kenneth Cole em janeiro de 2006 está dentro da faixa estimada por todos esses métodos. Logo, com base somente nesta evidência não poderíamos concluir que as ações estão obviamente sub ou supervalorizadas.

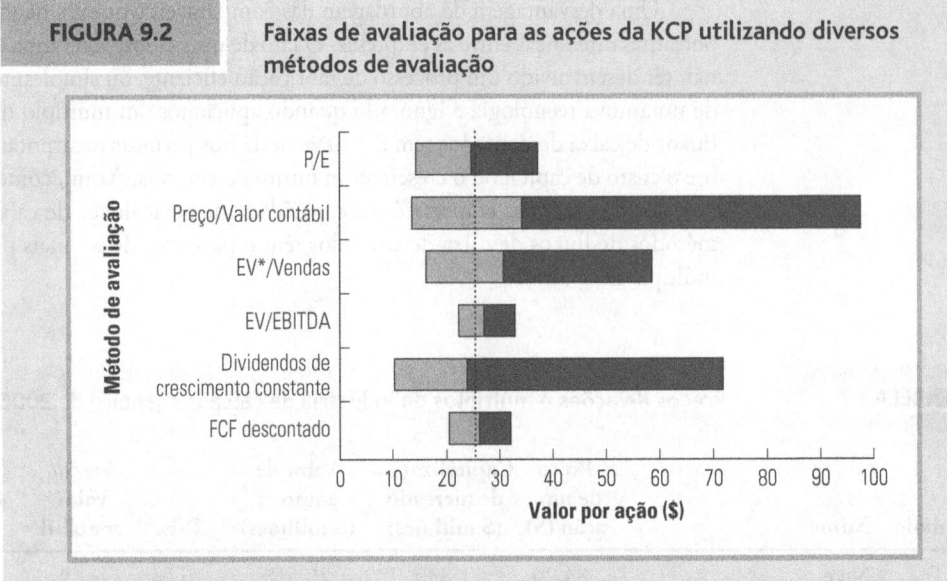

> **FIGURA 9.2** Faixas de avaliação para as ações da KCP utilizando diversos métodos de avaliação
>
> [Gráfico de barras mostrando faixas de avaliação para os métodos: P/E, Preço/Valor contábil, EV*/Vendas, EV/EBITDA, Dividendos de crescimento constante, FCF descontado. Eixo X: Valor por ação ($), de 0 a 100.]
>
> As avaliações a partir de múltiplos baseiam-se nos valores mínimo, máximo e médio das empresas comparáveis da Tabela 9.1 (ver Problemas 17 e 18). O modelo dos dividendos de crescimento constante baseia-se em um custo de capital próprio de 11% e taxas de crescimento de dividendos de 5%, 8% e 10%, como discutido no final da Seção 9.2. O modelo de fluxo de caixa livre descontado baseia-se no Exemplo 9.7, com a faixa de parâmetros do Problema 16. (Os pontos médios baseiam-se em múltiplos médios ou suposições de casos básicos. As regiões azuis mostram a variação entre o múltiplo mínimo/pior situação e o múltiplo máximo/melhor situação. O preço real das ações da KCP, $26,75, é indicado pela linha pontilhada.)

FIXAÇÃO DE CONCEITOS

1. Quais são alguns fixação de conceitos múltiplos de avaliação comuns?
2. Que suposições implícitas são feitas ao se avaliar uma empresa utilizando múltiplos com base em empresas comparáveis?

9.5 Informação, concorrência e preços de ações

Como mostra a Figura 9.3, os modelos descritos neste capítulo associam os fluxos de caixa futuros esperados de uma empresa a seu custo de capital (determinado por seu risco) e ao valor de suas ações. Mas que conclusões devemos tirar se o preço de mercado real de uma ação não parecer ser consistente com nossa estimativa de seu valor? É mais provável que a ação esteja com o preço errado ou que estejamos errados sobre seu risco e fluxos de caixa futuros? Fecharemos este capítulo com uma consideração a respeito desta questão e suas implicações para os gerentes de empresas.

Informações nos preços de ações

Considere a seguinte situação: você é o novo analista júnior designado para pesquisar as ações da Kenneth Cole Productions e avaliar seu valor. Você esmiúça os demonstrativos financeiros recentes da empresa, observa as tendências da indústria e prevê os lucros, dividendos e fluxos de caixa futuros da empresa. Você cuidadosamente estima o valor das ações em $30 por ação. No caminho para apresentar sua análise a seu chefe, você encontra uma colega um pouco mais experiente no elevador.

---

* N. de T.: EV = Valor da empresa (*enterprise value*, no original).

FIGURA 9.3   A tríade da avaliação

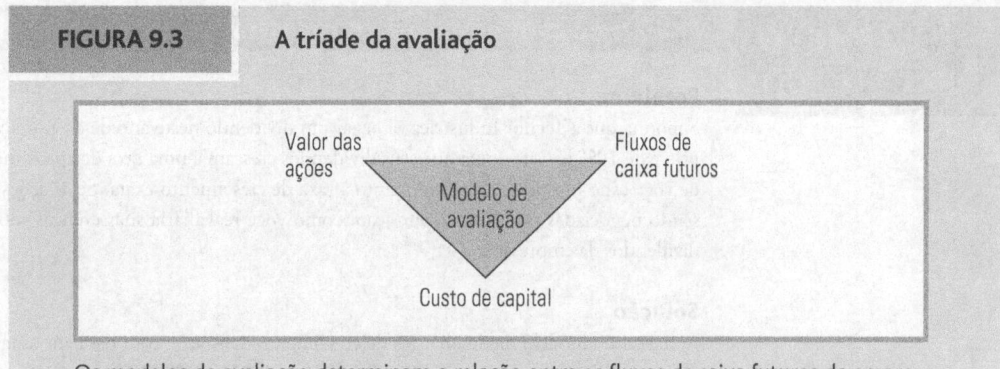

```
         Valor das              Fluxos de
         ações                  caixa futuros
                  Modelo de
                  avaliação
                Custo de capital
```

Os modelos de avaliação determinam a relação entre os fluxos de caixa futuros da empresa, seu custo de capital e o valor de suas ações. Os fluxos de caixa esperados das ações e o custo de capital podem ser utilizados para avaliar seu preço de mercado. Inversamente, o preço de mercado pode ser utilizado para avaliar os fluxos de caixa futuros ou o custo de capital da empresa.

Por acaso, sua colega também está pesquisando as mesmas ações. Porém, segundo a análise dela, o valor das ações é de apenas $20 por ação. O que você faria?

Apesar de você poder supor que sua colega está errada, a maioria de nós nesta situação reconsideraria nossa própria análise. O fato de que outra pessoa que estudou cuidadosamente as ações chegou a uma conclusão muito diferente é uma forte evidência de que talvez estejamos errados. Diante destas informações de nossa colega, provavelmente ajustaríamos para menos o valor de nossas ações. É claro que nossa colega talvez também revise sua opinião com base em nossa avaliação. Após compartilhar nossas análises, provavelmente acabaríamos chegando a uma estimativa consensual entre $20 e $30 por ação.

Este tipo de encontro acontece milhões de vezes todos os dias no mercado de ações. Quando um comprador procura comprar uma ação, a disposição de outras partes a vender a mesma ação sugere que as ações foram avaliadas de maneira diferente. Esta informação deveria levar vendedores e compradores a revisar suas avaliações. Em última análise, os investidores negociam até chegarem a um consenso em relação ao valor das ações. Dessa maneira, os mercados de ações agregam as informações e visões de muitos diferentes investidores.

Assim, se nosso modelo de avaliação sugerir que certas ações valem $30 por ação quando essa mesma ação está sendo negociada por $20 por ação no mercado, tal discrepância é equivalente a saber que milhares de investidores – muitos deles profissionais que têm acesso às melhores informações – discordam de nossa avaliação. Este conhecimento deve nos fazer reconsiderar nossa análise original. Seria necessário um motivo muito convincente para confiar em nossas próprias estimativas em face de opiniões tão contrárias.

Que conclusão podemos tirar dessa discussão? Lembremos da Figura 9.3, em que um modelo de avaliação estabelece uma relação entre os fluxos de caixa futuros de uma empresa, seu custo de capital e o preço de suas ações. Em outras palavras, dadas informações precisas sobre duas quaisquer dessas variáveis, um modelo de avaliação nos permite fazer inferências sobre a terceira. Assim, a maneira como utilizamos um modelo de avaliação dependerá da qualidade de nossas informações: o modelo nos dirá mais sobre a variável para a qual nossas informações anteriores são menos confiáveis.

Para uma empresa de capital aberto, seu preço de mercado já deve fornecer informações bastante precisas, agregadas por uma multiplicidade de investidores, a respeito do valor real de suas ações. Portanto, na maioria das situações, um modelo de avaliação é aplicado da melhor maneira para nos dizer algo sobre o valor dos fluxos de caixa futuros da empresa ou seu custo de capital, com base no preço atual de suas ações. Somente no caso relativamente raro em que temos informações superiores que os outros investidores desconhecem em relação aos fluxos de caixa ou custo de capital da empresa é que faria sentido tentar reavaliar o preço das ações.

> ### EXEMPLO 9.11 — Utilizando as informações contidas nos preços de mercado
>
> **Problema**
>
> Suponha que a Tecnor Industries vá pagar um dividendo neste ano de $5 por ação. Seu custo de capital próprio é de 10% e você espera que seus dividendos cresçam a uma taxa de aproximadamente 4% ao ano, apesar de você estar um pouco incerto quanto à taxa de crescimento exata. Se as ações da Tecnor estão atualmente sendo negociadas por $76,92 por ação, como você reavaliaria suas crenças sobre a taxa de crescimento de dividendos da empresa?
>
> **Solução**
>
> Aplicando o modelo de dividendos de crescimento constante com base em uma taxa de crescimento de 4%, podemos estimar um preço de $P_0 = 5 / (0,10 - 0,04) = \$83,33$ por ação. O preço de mercado de $76,92, entretanto, implica que a maioria dos investidores espera que os dividendos cresçam a uma taxa um pouco mais baixa. Se continuarmos a supor uma taxa de crescimento constante, podemos encontrar a taxa de crescimento que é consistente com o preço de mercado corrente utilizando a Equação 9.7:
>
> $$g = r_E - Div_1 / P_0 = 10\% - 5/76,92 = 3,5\%$$
>
> Assim, dado este preço de mercado para as ações, devemos baixar nossas expectativas em relação à taxa de crescimento de dividendos, a menos que tenhamos motivos muito fortes para confiar em nossa própria estimativa.

Concorrência e mercados eficientes

A idéia de que os mercados agregam as informações de muitos investidores, e de que essas informações se refletem nos preços dos papéis, é uma consequência natural da concorrência dos investidores. Se houvesse informações disponíveis que indicassem que comprar determinadas ações teria um NPV positivo, os investidores que tivessem essas informações decidiriam comprar as ações; suas tentativas de comprá-las, então, elevariam o preço dessas ações. Por uma lógica similar, os investidores que tivessem informações de que vender determinadas ações teria um NPV positivo venderiam-nas; e o preço dessas ações cairia.

A idéia de que a concorrência entre os investidores funciona no sentido de eliminar *todas* as oportunidades de negócios com um NPV positivo é chamada de **hipótese de mercados eficientes**. Ela implica que os papéis são negociados a um preço justo, baseado em seus fluxos de caixa futuros, dadas todas as informações que estão disponíveis aos investidores.

A lógica subjacente à hipótese de mercados eficientes é a presença de concorrência. E se fossem disponibilizadas novas informações que afetassem o valor da empresa? O grau de concorrência e, portanto, a precisão da hipótese de mercados eficientes dependerá do número de investidores que possuem tais informações. Consideremos dois importantes casos.

Informações públicas de fácil interpretação. As informações que estão disponíveis a todos os investidores incluem informações em reportagens, demonstrativos financeiros, *press releases*, ou em outras fontes públicas de dados. Se o impacto dessas informações sobre os fluxos de caixa futuros da empresa puder ser prontamente apurado, então todos os investidores poderão determinar seu efeito sobre o valor da empresa.

Nesta situação, esperamos que a concorrência entre os investidores seja feroz e que o preço das ações reaja quase que instantaneamente a tais informações. Alguns poucos investidores de sorte podem ser capazes de negociar uma pequena quantidade de ações antes que o preço seja completamente ajustado. A maioria dos investidores, porém, encontrariam preços que já estariam refletindo as novas informações antes que eles pudessem negociá-los. Em outras palavras, esperamos que a hipótese de mercados eficientes seja muito válida no que diz respeito a este tipo de informação.

EXEMPLO 9.12 — Reações do preço de ações a informações públicas

Problema

A Myox Labs anuncia que, devido à possibilidade de efeitos colaterais, está retirando do mercado um de seus principais medicamentos. Consequentemente, seu fluxo de caixa futuro esperado diminuirá em $85 milhões por ano pelos dez próximos anos. A Myox possui 50 milhões de ações em circulação, nenhuma dívida e um custo de capital próprio de 8%. Se esta notícia fosse uma total surpresa para os investidores, o que aconteceria com o preço das ações da Myox logo após seu anúncio?

Solução

Neste caso, podemos utilizar o método do fluxo de caixa livre descontado. Sem dívida, $r_{wacc} = r_E = 8\%$. Utilizando a fórmula de anuidade, a diminuição no fluxo de caixa livre esperado irá reduzir o valor de empresa da Myox em

$$\$85 \text{ milhões} \times \frac{1}{0{,}08}\left(1 - \frac{1}{1{,}08^{10}}\right) = \$570 \text{ milhões}$$

Assim, o preço das ações cairia em $570 / 50 = $11,40 por ação. Como esta notícia é pública e seu efeito sobre o fluxo de caixa livre esperado da empresa é óbvio, espera-se que o preço das ações tenha uma diminuição igual a esse valor quase que instantaneamente.

Informações privilegiadas ou de difícil interpretação. Algumas informações não são disponibilizadas publicamente. Por exemplo, um analista pode empregar tempo e esforço coletando informações dos funcionários, concorrentes, fornecedores ou clientes de uma empresa que sejam relevantes para seus fluxos de caixa futuros. Estas informações não serão disponibilizadas a outros investidores que não tenham dedicado um esforço similar para coletá-las.

Mesmo quando as informações são disponibilizadas publicamente, pode ser difícil interpretá-las. Pessoas não especializadas no campo podem achar difícil avaliar relatórios de pesquisa sobre novas tecnologias, por exemplo. Pode ser necessário um alto grau de esforço e experiência legal e contábil para compreender todas as consequências de uma transação de negócios extremamente complicada. Certos especialistas de consultoria podem ter uma idéia mais clara sobre o gosto dos consumidores e a probabilidade de aceitação de um produto. Nesses casos, apesar de as informações fundamentais poderem ser públicas, a interpretação de como essas informações afetarão os fluxos de caixa futuros da empresa é, em si, uma informação privilegiada.

Quando informações privilegiadas são relegadas às mãos de um número relativamente pequeno de investidores, eles podem ser capazes de tirar proveito negociando em cima delas.[9] Neste caso, a hipótese de mercados eficientes não será válida no sentido estrito. Entretanto, à medida que esses negociantes informados começarem a negociar, eles tenderão a movimentar os preços, então com o tempo os preços começarão a refletir suas informações também.

Se as oportunidades de tirar proveito de ter esse tipo de informação forem muitas, outros indivíduos tentarão obter o conhecimento especializado e dedicarão os recursos necessários para adquiri-lo. À medida que mais indivíduos vão se tornando mais bem informados, a concorrência para explorar estas informações aumenta. Assim, a longo prazo, devemos esperar que o grau de "ineficiência" no mercado seja limitado apenas pelos custos de obtenção dessas informações.

---

[9] Mesmo com informações privilegiadas, investidores informados podem achar difícil tirar proveito delas, pois eles têm que encontrar outros que estejam dispostos a negociar com eles; isto é, o mercado das ações em questão tem que ser suficientemente *líquido*. Um mercado líquido exige que outros investidores tenham motivos alternativos para negociar (por exemplo, vender ações para comprar uma casa) e por isso estejam dispostos a negociar mesmo enfrentando o risco de que outros investidores estejam mais bem informados.

EXEMPLO 9.13 — Reações do preço de ações a informações privilegiadas

Problema

A Phenyx Pharmaceuticals acaba de anunciar o desenvolvimento de um novo medicamento para o qual a empresa está pleiteando aprovação do Food and Drug Administration (FDA)*. Se aprovado, os lucros futuros do novo medicamento aumentarão o valor de mercado da Phenyx em $750 milhões, ou $15 por ação, dadas as suas 50 milhões de ações em circulação. Se o desenvolvimento deste medicamento foi uma surpresa aos investidores, e se a probabilidade média de aprovação pelo FDA é de 10%, o que deve acontecer ao preço das ações da Phenyx quando esta notícia for anunciada? O que pode acontecer com o preço das ações com o passar do tempo?

Solução

Como é provável que muitos investidores saibam que a chance de aprovação pelo FDA é de 10%, a concorrência deve levar a um salto imediato no preço das ações de 10% × $15 = $1,50 por ação. Com o tempo, porém, os analistas e especialistas do campo provavelmente farão suas próprias avaliações da provável eficácia do medicamento. Se eles concluírem que o medicamento parece mais promissor do que a média, eles começarão a negociar com base em suas informações privilegiadas e comprarão ações, e o preço tenderá a se elevar mais com o tempo. Se os especialistas concluírem que o medicamento parece menos promissor do que a média, eles tenderão a vender as ações, e seu preço diminuirá mais com o tempo. Exemplos de possíveis trajetos são exibidos na Figura 9.4.

FIGURA 9.4

Possíveis trajetos do preço das ações do Exemplo 9.13
O preço das ações da Phenyx salta com o anúncio com base na probabilidade média de aprovação. O preço das ações então aumenta (trajeto azul-claro) ou diminui (trajeto azul-escuro) à medida que os negociantes informados começam a negociar com base em suas avaliações mais precisas sobre a probabilidade de aprovação do medicamento.

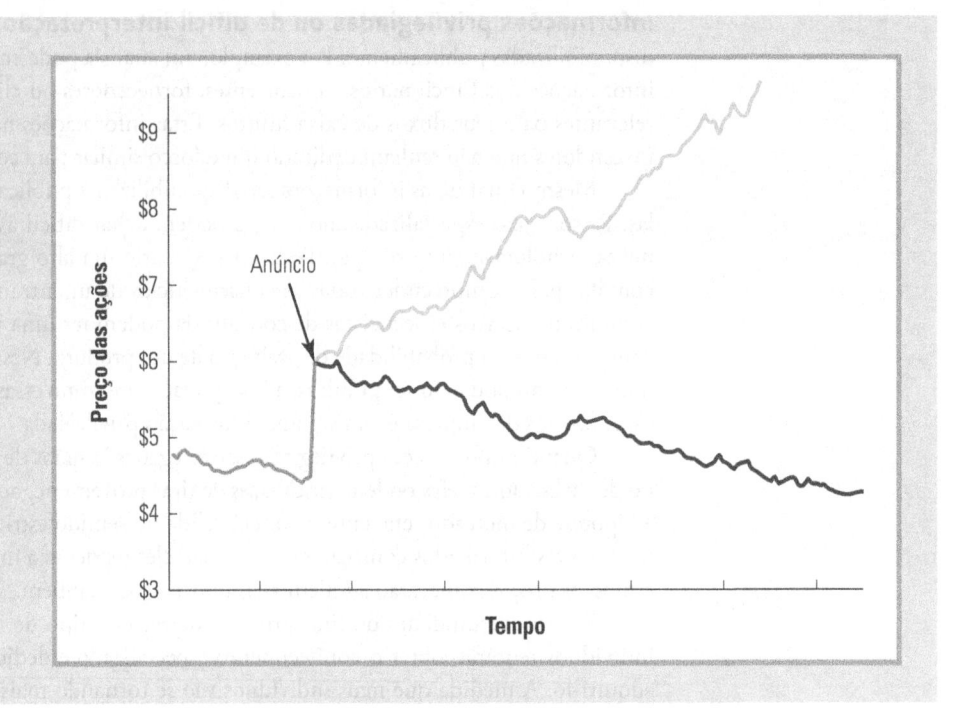

Lições dos investidores e gerentes de empresa

O efeito da concorrência baseada em informações sobre o preço das ações possui importantes consequências para os investidores e para os gerentes de empresa.

Consequências para os investidores. Assim como em outros mercados, os investidores devem ser capazes de identificar oportunidades de negócios com NPV positivo em mercados de papéis

---

* N. de T.: O FDA é o órgão regulador de alimentos e remédios nos EUA.

somente quando existe alguma barreira ou restrição à livre concorrência. A vantagem competitiva de um investidor pode assumir várias formas. O investidor pode ter conhecimento especializado ou acesso a informações conhecidas por poucas pessoas apenas. Uma alternativa é o investidor ter custos de negociação mais baixos do que outros participantes do mercado e então poder explorar oportunidades que outros não achariam lucrativas. Em todos os casos, porém, a fonte da oportunidade de negócios com NPV positivo precisa ser algo difícil de se reproduzir; caso contrário, quaisquer ganhos seriam "dissolvidos" pela concorrência.

Apesar de poder ser decepcionante o fato de oportunidades de negócios com NPV positivo serem difíceis de surgir, também há um lado bom. Se as ações tiverem um preço justo segundo nossos modelos de avaliação, então os investidores que compram ações podem esperar receber fluxos de caixa futuros que os compensarão de maneira justa pelo risco de seu investimento. Assim, nesses casos o investidor comum pode investir com confiança, mesmo se não estiver totalmente informado.

Implicações para os gerentes de empresa. Se as ações tiverem uma avaliação justa segundo os modelos que descrevemos, então o valor da empresa será determinado pelos fluxos de caixa que ela pode pagar a seus investidores. Este resultado possui várias implicações importantes para os gerentes de empresa:

- *Focar o NPV e os fluxos de caixa livres.* Um gerente que esteja procurando incrementar o preço das ações de sua empresa deve fazer investimentos que aumentem o valor presente de seu fluxo de caixa livre. Assim, os métodos de orçamento de capital descritos no Capítulo 7 são totalmente consistentes com o objetivo de maximizar o preço das ações da empresa.

- *Evitar ilusões contábeis.* Muitos gerentes cometem o erro de focar-se em lucros contábeis em vez de em fluxos de caixa livres. Com mercados eficientes, as consequências contábeis de uma decisão não afetam diretamente o valor da empresa e não devem guiar a tomada de decisões.

- *Utilizar transações financeiras para apoiar investimentos.* Com mercados eficientes, a empresa pode vender suas ações a um preço justo a novos investidores. Assim, a empresa não deve ser impedida de levantar capital para financiar oportunidades de investimento com NPV positivo.

A hipótese de mercados eficientes *versus* ausência de arbitragem

Pode-se traçar uma importante distinção entre a hipótese de mercados eficientes e a noção de um mercado normal que introduzimos no Capítulo 3, que se baseia na idéia de arbitragem. Uma oportunidade de arbitragem é uma situação em que dois papéis (ou carteiras) com fluxos de caixa *idênticos* têm diferentes preços. Como ninguém pode obter um lucro certo nesta situação comprando o papel de preço baixo e vendendo o de preço alto, esperamos que os investidores imediatamente explorem e eliminem essas oportunidades. Assim, em um mercado normal, não se encontram oportunidades de arbitragem.

A hipótese de mercados eficientes é expressa da melhor maneira em termos de retornos, como na Equação 9.2. Ela afirma que papéis com *risco equivalente* devem ter o mesmo *retorno esperado*. A hipótese de mercados eficientes é, portanto, incompleta sem uma definição de "risco equivalente". Além disso, diferentes investidores podem perceber riscos e retornos de maneira diferente (com base em suas informações e preferências). Não há motivos para esperar que a hipótese de mercados eficientes seja perfeitamente válida; ela é mais bem compreendida como uma aproximação idealizada para mercados altamente competitivos.

Para testar a validade da hipótese de mercados eficientes e, o que é mais importante, para implementar os métodos de fluxo de caixa descontado de avaliação de ações apresentados neste capítulo, precisamos de uma teoria de risco e retorno. Desenvolver esta teoria é o assunto da Parte IV deste livro, à qual nos dedicaremos a seguir.

FIXAÇÃO DE CONCEITOS

1. Defina a hipótese de mercados eficientes.
2. Quais são as implicações da hipótese de mercados eficientes para os gerentes corporativos?

NO BRASIL

O uso prático de técnicas de avaliação de ações no Brasil

O uso prático de técnicas de avaliação de ações no Brasil pode ser visto no trabalho de Soutes, Schvirck e Machado (2006), que analisaram o resultado de questionários encaminhado aos profissionais de investimentos associados à Associação dos Analistas e Profissionais de Investimento do Mercado de Capitais, APIMEC. Alguns dos resultados podem ser vistos na

Tabela brasileira 9.1. Métodos de avaliação mais utilizados por setor

Indústria	Comércio	Serviços	Financeiro
FCDE – 64%	FCDE – 54%	FCDA – 54%	ML – 43%
FCDA – 46%	FCDA – 54%	FCDE – 50%	FCDA – 32%
ML – 39%	ML – 32%	ML – 39%	MP – 32%

Legenda: FCDE – Fluxo de caixa descontado da empresa, FCDA – Fluxo de caixa descontado do acionista, ML – Múltiplos de lucro, MP – Múltiplos de patrimônio. Fonte: Soutes, Schvirck e Machado (2006).

Os resultados apontam para a maior utilização e confiabilidade dos modelos baseados no fluxo de caixa descontado, em especial o método do Fluxo de Caixa Descontado da Empresa, porém os modelos de avaliação relativa, ou de múltiplos, também são bastante utilizados pelos profissionais pesquisados.

Em outro trabalho, Cupertino, Da Costa Júnior, Coelho e Menezes (2006) compararam três modelos de avaliação, desconto de dividendos, desconto de fluxo de caixa e lucros residuais, usando dados financeiros e contábeis de companhia brasileiras entre 1995 e 2004. As conclusões indicaram que a abordagem do desconto de fluxo de caixa apresentou melhor acurácia e poder explicativo, tendo o preço corrente da ação como parâmetro de comparação.

Resumo

1. A Lei do Preço Único diz que o valor de uma ação é igual ao valor presente dos dividendos e ao preço de venda futuro que o investidor receberá. Como esses fluxos de caixa são arriscados, eles têm que ser descontados no custo de capital próprio, que é o retorno esperado de outros papéis disponíveis no mercado com um equivalente risco ao patrimônio da empresa.

2. O retorno total de uma ação é igual à rentabilidade do dividendo mais a taxa de ganho de capital. O retorno total esperado de uma ação deve ser igual ao seu custo de capital próprio:

$$r_E = \frac{Div_1 + P_1}{P_0} - 1 = \underbrace{\frac{Div_1}{P_0}}_{\text{Rentabilidade do dividendo}} + \underbrace{\frac{P_1 - P_0}{P_0}}_{\text{Taxa de ganho de capital}} \quad (9.2)$$

3. Quando os investidores têm as mesmas crenças, o modelo de desconto de dividendos diz que, para qualquer horizonte N, o preço das ações satisfaz a seguinte equação:

$$P_0 = \frac{Div_1}{1 + r_E} + \frac{Div_2}{(1 + r_E)^2} + \cdots + \frac{Div_N}{(1 + r_E)^N} + \frac{P_N}{(1 + r_E)^N} \quad (9.4)$$

4. Se as ações eventualmente pagarem dividendos e nunca forem adquiridas, o modelo de desconto de dividendos implica que o preço das ações é igual ao valor presente de todos os dividendos futuros.

5. O modelo dos dividendos de crescimento constante supõe que os dividendos cresçam a uma taxa constante esperada g. Neste caso, g é também a taxa esperada de ganho de capital, e

$$P_0 = \frac{Div_1}{r_E - g} \qquad (9.6)$$

6. Os dividendos futuros dependem dos lucros, do número de ações em circulação, e da taxa de pagamento de dividendos:

$$Div_t = \underbrace{\frac{\text{Lucros}_t}{\text{Ações em circulação}_t}}_{EPS_t} \times \text{Taxa de pagamento de dividendos}_t \qquad (9.8)$$

7. Se a taxa de pagamento de dividendos e o número de ações em circulação são constantes, e se os lucros mudam apenas como resultado de um novo investimento proveniente de lucros retidos, então a taxa de crescimento dos lucros, dividendos e preço das ações da empresa é calculada como a seguir:

$$g = \text{Taxa de retenção} \times \text{Retorno sobre o novo investimento} \qquad (9.12)$$

8. Reduzir o dividendo da empresa para aumentar seus investimentos eleva o preço das ações se, e somente se, os novos investimentos tiverem um NPV positivo.

9. Se a empresa possui uma taxa de crescimento de longo prazo de g após o período $N + 1$, então podemos aplicar o modelo de desconto e utilizar a fórmula dos dividendos de crescimento constante para estimar o valor terminal P_N das ações.

10. O modelo de desconto de dividendos é sensível à taxa de crescimento de dividendos, que é difícil de estimar com precisão.

11. Se a empresa empreender recompras de ações, é mais confiável utilizar o modelo de *payout* total para avaliá-la. Neste modelo, o valor do patrimônio é igual ao valor presente do total de dividendos e recompras futuras. Para determinar o preço das ações da empresa, dividimos o valor do patrimônio pelo número inicial de ações em circulação:

$$P_0 = \frac{PV(\text{Total de dividendos e recompras futuras})}{\text{Ações em circulação}_0} \qquad (9.16)$$

12. A taxa de crescimento do pagamento total da empresa é governada pela taxa de crescimento dos lucros, e não pelos lucros por ação.

13. Quando uma empresa possui alavancagem, é mais confiável utilizar o modelo de fluxo de caixa livre descontado. Neste modelo,

    a. O valor da empresa é igual ao valor presente de seu fluxo de caixa livre futuro:

    $$V_0 = PV(\text{Fluxo de caixa livre futuro da empresa}) \qquad (9.19)$$

    b. Descontamos os fluxos de caixa utilizando o custo médio ponderado de capital, que é o retorno esperado que a empresa tem que pagar aos investidores para compensá-los pelo risco de manter coesos sua dívida e seu patrimônio.

    c. Podemos estimar um valor de empresa terminal supondo que o fluxo de caixa livre cresça a uma taxa constante (tipicamente igual à taxa de crescimento de longo prazo das receitas da empresa).

    d. Determinamos o preço das ações subtraindo a dívida e então somando o dinheiro em caixa ao valor de empresa, e então dividindo pelo número inicial de ações em circulação da empresa:

    $$P_0 = \frac{V_0 + \text{Dinheiro}_0 - \text{Dívida}_0}{\text{Ações em circulação}_0} \qquad (9.20)$$

14. Também podemos avaliar ações utilizando múltiplos de avaliação com base em empresas comparáveis. Os múltiplos mais frequentemente utilizados com este propósito incluem o índice P/E e o índice do valor de empresa por EBITDA. Utilizar múltiplos supõe que empresas comparáveis têm o mesmo risco e crescimento futuro que a empresa em avaliação.

15. Nenhum modelo de avaliação fornece um valor definitivo para as ações. É melhor utilizar vários métodos para identificar uma faixa razoável para o valor.

16. Os preços de ações agregam as informações de muitos investidores. Portanto, se nossa avaliação discordar do preço de mercado das ações, é mais provável que isso seja uma indicação de que nossas suposições sobre os fluxos de caixa da empresa estejam erradas.

17. A concorrência entre os investidores tende a eliminar oportunidades de negociação com NPV positivo. A concorrência será mais forte quando as informações forem públicas e de fácil interpretação. Negociantes com acesso a informações privilegiadas podem ser capazes de tirar proveito de suas informações, que são refletidas apenas gradualmente nos preços.

18. A hipótese de mercados eficientes diz que a concorrência elimina todos os negócios com NPV positivo, o que equivale a afirmar que papéis com mesmo risco têm os mesmos retornos esperados.

19. Em um mercado eficiente, os investidores não encontram oportunidades de negócios com NPV positivo sem alguma fonte de vantagem competitiva. Ao contrário, o investidor normal obtém um retorno justo sobre seu investimento.

20. Em um mercado eficiente, para elevar o preço das ações, os gerentes corporativos devem se focar em maximizar o valor presente do fluxo de caixa livre proveniente dos investimentos da empresa, em vez de em consequências contábeis ou em políticas financeiras.

Termos fundamentais

custo de capital próprio *p. 275*
custo médio ponderado de capital (WACC) *p. 287*
ganho de capital *p. 276*
hipótese de mercados eficientes *p. 296*
método de comparáveis *p. 290*
modelo de desconto de dividendos *p. 277*
modelo de dividendos de crescimento constante *p. 278*
modelo de fluxo de caixa livre descontado *p. 286*
modelo de *payout* total *p. 2285*

múltiplo de avaliação *p. 290*
P/E futuro *p. 290*
P/E passado *p. 290*
recompra de ações *p. 285*
rentabilidade de dividendos *p. 276*
resultados futuros *p. 290*
resultados passados *p. 290*
retorno total *p. 276*
taxa de ganho de capital *p. 276*
taxa de pagamento de dividendos *p. 279*
taxa de retenção *p. 279*

Leituras recomendadas

Para uma discussão mais detalhada de diferentes métodos de avaliação de ações, ver T. Copeland, T. Koller e J. Murrin, *Valuation: Measuring and Managing the Value of Companies*, 3ª ed. (Hoboken: NJ: John Wiley & Sons, 2001).

Para uma comparação entre o modelo de fluxo de caixa livre descontado e o método de comparáveis para uma amostra de 51 transações com alto grau de alavancagem, ver S. N. Kaplan e R. S. Ruback, "The Valuation of Cash Flow Forecasts: An Empirical Analysis", *Journal of Finance* 50 (1995): pp. 1059-1093.

Uma introdução interessante a mercados eficientes pode ser encontrada no popular livro de B. Malkiel, *A Random Walk Down Wall Street: Completely Revised and Updated Eighth Edition* (Nova York: W. W. Norton, 2003).

Para uma discussão clássica sobre eficiência de mercado, os argumentos que a sustentam e importantes testes empíricos, ver E. F. Fama, "Efficient Capital Markets: A Review of Theory and Empirical Work", *Journal of Finance* 25 (1970): pp. 383-417, e "Efficient Capital Markets: II", *The Journal of Finance* 46 (5) (1991): pp. 1575-1617. Uma outra análise da literatura e de aparentes anomalias pode ser encontrada em R. Ball, "The Development, Accomplishments and Limitations of the Theory of Stock Market Efficiency", *Managerial Finance* 20 (2,3) (1994): pp. 3-48.

Para dois lados do debate sobre se o preço das empresas da Internet no final da década de 1990 podia ser justificado por um modelo de avaliação, ver: L. Pástor e P. Veronesi, "Was There a Nasdaq Bubble in the Late 1990s?" *Journal of Financial Economics* 2006 (no prelo); M. Richardson e E. Ofek, "DotCom Mania: The Rise and Fall of Internet Stock Prices", *Journal of Finance* 58 (2003): pp. 1113-1138.

Leitura recomendada no Brasil

CUPERTINO, César Medeiros; DA COSTA JÚNIOR, Newton Afonso Carneiro; COELHO, Reinaldo de Almeida; MENEZES, Emílio Araújo. Cash Flow, Earnings, and Dividends: a Comparison between Different Valuation Methods for Brazilian Companies. XXX ENANPAD, Salvador, Anais ..., 2006 (em CD-ROM).

SOUTES; Dione Olesczuk; SCHVIRCK, Eliandro; MACHADO, Marcia Regina Calvano. Métodos de avaliação utilizados pelos profissionais de investimento. XXX ENANPAD, Salvador, Anais ..., 2006 (em CD-ROM).

Problemas

Todos os problemas deste capítulo estão disponíveis no MyFinanceLab. Um asterisco (*) indica problemas com maior nível de dificuldade.

Preço de ações, retornos e o horizonte de investimento

1. Suponha que a Acap Corporation vá pagar um dividendo de $2,80 por ação no final deste ano e $3,00 por ação no próximo ano. Você espera que o preço das ações da Acap seja de $52,00 daqui a dois anos. Se o custo de capital próprio da Acap é de 10%:

   a. Que preço você estaria disposto a pagar por uma ação da Acap hoje, se planejasse detê-la por dois anos?

   b. Suponha, em vez disso, que você esteja planejando detê-la por um ano. Por que preço você esperaria ser capaz de vendê-la daqui a um ano?

   c. Dada a sua resposta na parte (b), que preço você estaria disposto a pagar por uma ação da Acap hoje, se você planejasse deter as ações por um ano? Como essa resposta pode ser comparada à sua resposta na parte (a)?

2. A Krell Industries possui um preço de $22,00 por ação hoje. Se a expectativa é de que a Krell vá pagar um dividendo de $0,88 neste ano, e que o preço de suas ações cresça para $23,54 no final do ano, qual é seu rendimento dos dividendos e seu custo de capital próprio?

O modelo de desconto de dividendos

3. A NoGrowth Corporation atualmente paga um dividendo de $0,50 por trimestre, e continuará a pagar este dividendo para sempre. Qual é o preço por ação se seu custo de capital próprio é de 15% por ano?

4. A Summit Systems irá pagar um dividendo de $1,50 neste ano. Se você espera que o dividendo da Summit cresça em 6% ao ano, qual é seu preço por ação se seu custo de capital próprio é de 11%?

5. A Dorpac Corporation possui uma rentabilidade de dividendo de 1,5%. Seu custo de capital próprio é de 8% e espera-se que seus dividendos cresçam a uma taxa constante.

   a. Qual é o crescimento esperado dos dividendos da Dorpac?

   b. Qual é a taxa de crescimento esperado do preço das ações da Dorpac?

6. A DFB, Inc., espera lucros neste ano de $5 por ação, e planeja pagar $3 em dividendos aos acionistas. A DFB irá reter $2 por ação de seus lucros para reinvestir em novos projetos com um retorno esperado de 15% ao ano. Suponha que a DFB irá manter no futuro a mesma taxa de pagamento de dividendos, taxa de retenção e retorno sobre novos investimentos, e que não vá mudar seu número de ações em circulação.

   a. Que taxa de crescimento dos lucros você preveria para a DFB?

   b. Se o custo de capital próprio da DFB é de 12%, que preço você estimaria para suas ações?

   c. Suponha agora que a DFB pagasse um dividendo de $4 por ação este ano e retivesse apenas $1 por ação em lucros. Se a DFB mantiver essa alta taxa de pagamento de dividendos no futuro, que preço você estimaria para suas ações? A DFB deve elevar seus dividendos?

7. A Cooperton Mining acaba de anunciar que reduzirá seus dividendos de $4 para $2,50 por ação e que irá utilizar fundos extras para expandir. Antes do anúncio, esperava-se que os dividendos da Cooperton crescessem a uma taxa de 5%. Que preço você esperaria para as ações da empresa após o anúncio? (Suponha que o risco da Cooperton não tenha sido alterado pela nova expansão.) A expansão é um investimento com NPV positivo?

8. A Gillette Corporation irá pagar um dividendo anual de $0,65 daqui a um ano. Os analistas esperam que este dividendo cresça a 12% ao ano até o quinto ano. A partir de então, o crescimento se estabilizará em 2% ao ano. Segundo o modelo de desconto de dividendos, qual é o valor de uma ação da Gillette se o custo de capital próprio da empresa é de 8%?

9. A Colgate-Palmolive Company acaba de pagar um dividendo anual de $0,96. Os analistas estão prevendo uma taxa de crescimento de 11% ao ano em lucros pelos próximos cinco anos. A partir de então, espera-se que os lucros da Colgate cresçam à média atual da indústria, de 5,2% ao ano. Se o custo de capital próprio da Colgate é de 8,5% e sua taxa de pagamento de dividendos permanece constante, por que preço o modelo de desconto de dividendos prevê que as ações da Colgate devem ser vendidas?

10. Qual é o valor de uma empresa com dividendo inicial Div, que cresce por n anos (isto é, até o ano $n + 1$) a uma taxa g_1 e, após esse período, a uma taxa g_2 para sempre, quando o custo de capital próprio é r?

11. A Halliford Corporation espera ter lucros no próximo ano de $3 por ação. A Halliford planeja reter todos os seus lucros pelos próximos dois anos. Nos dois anos subsequentes, a empresa reterá 50% de seus lucros. A partir de então, ela reterá 20% de seus lucros. Todo ano, os lucros retidos serão reinvestidos em novos projetos com um retorno esperado de 25% ao ano. Qualquer lucro que não seja retido será pago como dividendos. Suponha que o número de ações permaneça constante e que todo o crescimento nos lucros seja proveniente dos investimentos dos lucros retidos. Se o custo de capital próprio da Halliford é de 10%, que preço você estimaria para suas ações?

Modelos de avaliação do *payout* total e de fluxo de caixa livre

12. Suponha que a Cisco Systems não tenha pago dividendos, mas tenha gasto $5 bilhões em recompras de ações no último ano. Se o custo de capital próprio da Cisco é de 12% e se a expectativa é de que a quantia gasta com recompras cresça em 8% ao ano, estime a capitalização de mercado da Cisco. Se ela possui 6 bilhões de ações em circulação, a que preço de ações isso corresponde?

13. A Maynard Steel planeja pagar um dividendo de $3 este ano. A empresa possui uma taxa esperada de crescimento dos lucros de 4% ao ano e um custo de capital próprio de 10%.

    a. Supondo que a taxa de pagamento de dividendos e que a taxa de crescimento esperado permaneçam constantes, e que a Maynard não emita nem recompre ações, estime o preço das ações da empresa.

    b. Suponha que a Maynard decida pagar um dividendo de $1 neste ano e utilize os $2 restantes por ação para recomprar ações. Se a taxa de pagamento total da Maynard permanece constante, estime o preço das ações da empresa.

    c. Se a Maynard manter o dividendo e a taxa de pagamento total dados na parte (b), a que taxa espera-se que os dividendos e rendimentos por ação da empresa cresçam?

EXCEL 14. Espera-se que a Heavy Metal Corporation gere os seguintes fluxos de caixa livres pelos próximos cinco anos:

Ano	1	2	3	4	5
FCF ($ milhões)	53	68	78	75	82

Depois disso, espera-se que os fluxos de caixa livres cresçam à média da indústria de 4% ao ano. Utilizando o modelo de fluxo de caixa livre descontado e um custo médio ponderado de capital de 14%:

a. Estime o valor de empresa da Heavy Metal.

b. Se a Heavy Metal não tiver excesso monetário, e tiver uma dívida de $300 milhões e 40 milhões de ações em circulação, estime o preço de suas ações.

15. A Sora Industries possui 60 milhões de ações em circulação, $120 milhões em dívidas, $40 milhões em caixa e o seguinte fluxo de caixa livre projetado para os quatro próximos anos:

Ano		0	1	2	3	4
Lucros e previsão de FCF ($ milhões)						
1	Vendas	433,0	468,0	516,0	547,0	574,3
2	*Crescimento versus Ano anterior*		*8,1%*	*10,3%*	*6,0%*	*5,0%*
3	Custo de mercadorias vendidas		(313,6)	(345,7)	(366,5)	(384,8)
4	**Lucro bruto**		154,4	170,3	180,5	189,5
5	Despesas de venda, gerais e administrativas		(93,6)	(103,2)	(109,4)	(114,9)
6	Depreciação		(7,0)	(7,5)	(9,0)	(9,5)
7	**EBIT**		53,8	59,6	62,1	65,2
8	Menos: Imposto de renda a 40%		(21,5)	(23,8)	(24,8)	(26,1)
9	Mais: Depreciação		7,0	7,5	9,0	9,5
10	Menos: Desembolsos de capital		(7,7)	(10,0)	(9,9)	(10,4)
11	Menos: Aumento no NWC		(6,3)	(8,6)	(5,6)	(4,9)
12	**Fluxo de caixa livre**		25,3	24,6	30,8	33,3

a. Suponha que se espere que a receita e o fluxo de caixa livre da Sora cresçam a uma taxa de 5% depois do ano 4. Se o custo médio ponderado de capital da Sora é de 10%, qual é o valor das ações da empresa com base nessas informações?

b. Supõe-se que o custo de mercadorias vendidas da Sora seja de 67% das vendas. Se seu custo de mercadorias vendidas é na verdade de 70% das vendas, como a estimativa do valor das ações da empresa mudaria?

c. Voltemos à suposição da parte (a). Suponha que a Sora possa manter seu custo de mercadorias vendidas a 67% das vendas. Suponha agora que a empresa reduza suas despesas de venda, gerais e administrativas de 20% das vendas para 16% das vendas. Que preço você estimaria para as ações da empresa agora? (Suponha que nenhuma outra despesa além de impostos seja afetada.)

*d. As necessidades de capital de giro líquido (NWC) da Sora foram estimadas em 18% das vendas (que é seu nível atual no ano 0). Se a Sora pode reduzir essa exigência para 12% das vendas a partir do ano 1, mas se todas as outras suposições permanecem como na parte (a), que preço você estima para as ações da empresa? (*Dica*: esta mudança terá o maior impacto sobre o fluxo de caixa livre da empresa no ano 1.)

16. Considere a avaliação da Kenneth Cole Productions no Exemplo 9.7.

a. Suponha que você acredite que a taxa inicial de crescimento de receita da KCP esteja entre 7% e 11% (com crescimento reduzido linearmente para 4% no ano de 2011). Que faixa de preço das ações da KCP é consistente com essas previsões?

b. Suponha que você acredite que a margem inicial de receita de EBIT da KCP esteja entre 8% e 10%. Que faixa de preço das ações da KCP é consistente com essas previsões?

c. Suponha que você acredite que o custo médio ponderado de capital da KCP esteja entre 10,5% e 12%. Que faixa de preço das ações da KCP é consistente com essas previsões?

d. Que faixa de preço das ações da empresa será consistente se você variar as estimativas como nas partes (a), (b) e (c) simultaneamente?

Avaliação baseada em empresas comparáveis

17. Suponha que, em janeiro de 2006, a Kenneth Cole Productions tenha um EPS de $1,65 e um valor contábil do patrimônio de $12,05 por ação.

a. Utilizando o múltiplo P/E médio da Tabela 9.1, estime o preço das ações da KCP.

b. Que faixa de preços você estimaria para as ações da empresa com base nos múltiplos P/E máximo e mínimo da Tabela 9.1?

c. Utilizando o múltiplo do valor *price-to-book* médio da Tabela 9.1, estime o preço das ações da KCP.

d. Que faixa de preços você estimaria para as ações da empresa com base nos múltiplos de valor *price-to-book* máximo e mínimo da Tabela 9.1?

EXCEL 18. Suponha que, em janeiro de 2006, a Kenneth Cole Productions tenha vendas de $518 milhões, EBITDA de $55,6 milhões, excesso monetário de $100 milhões, $3 milhões em dívidas e 21 milhões de ações em circulação.

   a. Utilizando o múltiplo médio de valor de empresa por vendas da Tabela 9.1, estime o preço das ações da KCP.

   b. Que faixa de preços você estimaria para as ações da empresa com base nos múltiplos máximo e mínimo de valor de empresa por vendas da Tabela 9.1?

   c. Utilizando o múltiplo médio de valor de empresa por EBITDA da Tabela 9.1, estime o preço das ações da KCP.

   d. Que faixa de preços você estimaria para as ações da empresa com base nos múltiplos máximo e mínimo de valor de empresa por EBITDA da Tabela 9.1?

EXCEL 19. Além de calçados, a Kenneth Cole Productions projeta e vende bolsas, vestuário e outros acessórios. Você decide, portanto, considerar comparáveis à KCP fora da indústria de calçados.

   a. Suponha que a Fossil, Inc., tenha um múltiplo de valor de empresa por EBITDA de 9,73 e um múltiplo de P/E de 18,4. Que preço você estimaria para as ações da empresa utilizando cada um desses múltiplos, com base nos dados da KCP dos Problemas 17 e 18?

   b. Suponha que a Tommy Hilfiger Corporation tenha um múltiplo de valor de empresa por EBITDA de 7,19 e um múltiplo de P/E de 17,2. Que preço você estimaria para as ações da empresa utilizando cada um desses múltiplos, com base nos dados da KCP dos Problemas 17 e 18?

EXCEL 20. Considere os dados a seguir para a indústria de automóveis em meados de 2006 (EV = valor de empresa, BV = valor contábil, NS = não significativo porque o divisor é negativo). Discuta a utilidade de utilizar múltiplos para avaliar uma empresa de automóveis.

Nome da empresa	Cap. de mercado	EV	EV/Vendas	EV/EBITDA	EV/EBIT	P/E	P/BV
Honda Motor Co. Ltd.	55.694,1	77.212,4	0,9×	8,2×	10,8×	10,9×	1,6×
DaimlerChrysler AG	47.462,2	136.069,6	0,7×	6,6×	28,7×	13,2×	1,2×
Nissan Motor Co. Ltd.	44.463,2	93.138,3	1,2×	7,3×	11,8×	NS	NS
Volkswagen AG	25.215,6	84.922,0	0,7×	5,7×	22,3×	14,5×	1,2×
General Motors Corp.	15.077,9	274.336,9	1,4×	44,3×	NS	NS	1,1×
PSA Peugeot Citroen	13.506,7	44.015,1	0,6×	7,2×	18,6×	10,6×	1,3×
Ford Motor Co.	11.931,1	145.009,1	0,8×	11,9×	NS	490,8×	2,0×
Mitsubishi Motors Corp.	7.919,4	9.633,3	0,6×	207,2×	NS	NS	3,9×
Daihatsu Motor Co. Ltd.	3.666,3	6.913,8	0,6×	7,9×	17,7×	15,9×	1,6×

Fonte: Capital IQ.

Informação, concorrência e preços de ações

21. Em meados de 2006, a Coca-Cola Company tinha um preço de $43 por ação. Seu dividendo foi de $1,24 e você espera que a empresa eleve seu dividendo em aproximadamente 7% ao ano em perpetuidade.

   a. Se o custo de capital próprio da Coca-Cola é de 8%, que preço você esperaria para suas ações com base em sua estimativa da taxa de crescimento de dividendos?

   b. Dado o preço das ações da Coca-Cola, o que você concluiria sobre sua avaliação do futuro crescimento de dividendos da empresa?

22. A Roybus, Inc., uma fabricante de memória flash, acaba de relatar que sua principal fábrica em Taiwan foi destruída por um incêndio. Apesar de a fábrica estar totalmente segurada, a perda da produção irá reduzir o fluxo de caixa livre da Roybus em $180 milhões no final deste ano e em $60 milhões no final do próximo ano.

a. Se a Roybus possui 35 milhões de ações em circulação e um custo médio ponderado de capital de 13%, que mudança no preço das ações da Roybus você esperaria após esse anúncio?

b. Você esperaria ser capaz de vender ações da Roybus após ouvir esse anúncio, e obter lucro? Explique.

23. A Apnex, Inc., é uma empresa de biotecnologia que está para anunciar os resultados de seus experimentos clínicos de um possível medicamento contra câncer. Se os experimentos tiverem tido êxito, cada ação da Apnex valerá $70. Se os experimentos não tiverem sido bem sucedidos, as ações da Apnex valerão $18 por ação. Suponha que na manhã anterior ao anúncio a Apnex esteja negociando ações por $55 cada.

a. Com base no preço atual das ações, que tipo de expectativas os investidores parecem ter sobre o sucesso dos experimentos?

b. Suponha que o gerente de *hedge fund* Paul Kliner tenha contratado vários cientistas pesquisadores proeminentes para examinar os dados públicos sobre o medicamento e fazer sua própria avaliação de sua promessa. É provável que o fundo de Kliner lucre negociando as ações nas horas que antecedem o anúncio?

c. O que limitaria a capacidade do fundo de lucrar em cima dessas informações?

Caso simulado*

Como novo analista de uma grande empresa de corretagem, você está ansioso para demonstrar as habilidades que aprendeu em seu MBA e provar que você vale seu atraente salário. Sua primeira tarefa é analisar as ações da General Electric Corporation. Seu chefe recomenda determinar os preços com base no modelo de desconto de dividendos e nos métodos de avaliação do fluxo de caixa livre descontado. A GE utiliza um custo de capital próprio de 10,5% e um custo médio ponderado de capital após os impostos de 7,5%. O retorno esperado sobre novos investimentos é de 12%. Entretanto, você está um pouco preocupado porque seu professor de finanças havia lhe dito que esses dois métodos podem resultar em estimativas amplamente diferentes quando aplicados a dados reais. Você está realmente torcendo para que os dois métodos forneçam preços similares. Boa sorte!

1. Vá ao Yahoo!Finance (http://finance.yahoo.com) e digite o símbolo da General Electric (GE). Na primeira página da GE, colete as seguintes informações e digite-as em uma planilha:

    a. O preço atual das ações ("last trade" [última transação]) no alto da página.

    b. A quantia atual em dividendo ("Div & Yield" [dividendos e rentabilidades]), que é a célula em baixo e à direita da mesma tabela do preço das ações.

2. Depois, clique em "Key Statistics" [Principais Estatísticas] na lista do lado esquerdo da página. Na página de "Key Statistics", colete as seguintes informações e digite-as na mesma planilha:

    a. O número de ações em circulação.

    b. A política de *payout*.

3. Agora, clique em "Analyst Estimates" [Estimativa dos analistas] do lado esquerdo da página. A partir da página das "Analyst Estimates", encontre a taxa de crescimento esperado pelos próximos cinco anos e digite-a em sua planilha. Ela estará bem próxima da parte inferior da página (Growth Est – Next 5 years [Ganho estimado – próximos 5 anos]).

4. Depois, clique em "Income Statement" [Demonstrativo de resultados] próximo ao fim do menu do lado esquerdo. Coloque o cursor no meio das declarações e clique com o botão direito do mouse. Selecione "Export to Microsoft Excel" [Exportar para o Microsoft Excel]. Copie e cole todos os três anos de demonstrativo de resultados em uma nova planilha em seu arquivo existente do Excel. Repita este processo para as declarações "balance sheet" [folha de balanço] e "cash flow" [fluxo de caixa] da General Electric. Guarde todos os diferentes demonstrativos na mesma planilha do Excel.

---

* N. de T.: Neste caso simulado, as palavras entre colchetes [ ] indicam o correspondente em português das informações requisitadas, que podem ser obtidas em http://br.finance.yahoo.com digitando-se GE na caixa de busca de cotações e escolhendo do menu ao lado "mercados mundiais". Estas palavras nem sempre corresponderão à tradução feita neste livro dos mesmos termos em inglês; elas referem-se apenas ao *site* Yahoo! Brasil Finanças.

5. Para determinar o valor das ações com base no modelo de desconto de dividendos:

    a. Crie um diagrama de fluxo de caixa no Excel para cinco anos.

    b. Utilize o dividendo obtido no Yahoo!Finance como o dividendo atual para prever os cinco próximos dividendos anuais com base na taxa de crescimento de cinco anos.

    c. Determine a taxa de crescimento de longo prazo com base na taxa de *payout* (que é 1 menos a taxa de retenção) utilizando a Equação 9.12.

    d. Utilize a taxa de crescimento de longo prazo para determinar o preço das ações no ano cinco utilizando a Equação 9.13.

    e. Determine o preço atual das ações utilizando a Equação 9.14.

6. Para determinar o valor das ações com base no modelo do fluxo de caixa livre descontado:

    a. Faça a previsão dos fluxos de caixa livres utilizando os dados históricos dos demonstrativos financeiros baixados do Yahoo! para calcular a média de três anos dos seguintes índices:

        i. EBIT/Vendas

        ii. Alíquota de impostos (Despesa com imposto de renda / Lucro antes dos impostos)

        iii. Propriedades, instalações e equipamentos / Vendas

        iv. Depreciação / Propriedades, instalações e equipamentos

        v. Capital de giro líquido / Vendas

    b. Crie um diagrama de fluxo de caixa para os sete próximos anos.

    c. Faça uma previsão das vendas futuras com base na receita total do ano mais recente crescendo à taxa de crescimento de cinco anos dada pelo Yahoo! pelos cinco primeiros anos e à taxa de crescimento de longo prazo para os anos seis e sete.

    d. Utilize os índices médios calculados na parte (a) para fazer uma previsão do EBIT, propriedades, instalações e equipamentos, depreciação e capital de giro líquido pelos próximos sete anos.

    e. Faça uma previsão para o fluxo de caixa livre pelos próximos sete anos utilizando a Equação 9.18.

    f. Determine o valor de empresa no horizonte para o ano 5 utilizando a Equação 9.22.

    g. Determine o valor de empresa da empresa como o valor presente dos fluxos de caixa livres.

    h. Determine o preço das ações utilizando a Equação 9.20.

7. Compare os preços das ações resultantes dos dois métodos com o preço real. Que recomendações você pode fazer em relação a se os clientes devem comprar ou vender as ações da General Electric com base em suas estimativas de preço?

8. Explique para seu chefe por que as estimativas dos dois métodos de avaliação diferem. Aborde especificamente as suposições implícitas nos próprios modelos, além daquelas que você fez ao preparar sua análise. Por que essas estimativas diferem do preço real das ações da GE?

PARTE IV

Risco e Retorno

A ligação com a Lei do Preço Único. Aplicar a Lei do Preço Único exige que se comparem corretamente oportunidades de investimento de risco equivalente. O objetivo desta parte do livro é explicar como medir e comparar riscos entre oportunidades de investimento. O Capítulo 10 introduz a noção essencial de que os investidores só exigem um prêmio de risco para riscos que eles não podem eliminar sozinhos, sem custo, pela diversificação de suas carteiras. Logo, apenas riscos não-diversificáveis importarão ao comparar oportunidades de investimento. No Capítulo 11, quantificaremos essa ideia e, a partir dela, deduziremos a otimização de carteiras de investimentos dos investidores. No Capítulo 12, consideraremos as implicações da suposição de que todos os investidores escolhem sua carteira de investimentos de maneira otimizada. Esta suposição leva ao Modelo de Precificação de Ativos Financeiros (CAPM, ou *Capital Asset Pricing Model*, no original), o modelo central em economia financeira que quantifica o que é um risco equivalente, fornecendo, dessa maneira, a relação entre risco e retorno. No Capítulo 13, examinaremos os pontos fortes e fracos de modelos alternativos de risco e retorno.

Capítulo 10
Mercados de Capital e Precificação de Risco

Capítulo 11
Otimização de Carteiras

Capítulo 12
O Modelo de Precificação de Ativos Financeiros (ou Modelo CAPM)

Capítulo 13
Modelos Alternativos de Risco Sistemático

CAPÍTULO 10

Mercados de Capital e Precificação de Risco

Entre os anos de 2000 a 2004, os investidores da Anheuser Busch Companies, Inc., obtiveram um retorno médio de 4,4% ao ano. Dentro deste período houve alguma variação, com o retorno anual indo de quase 11% em 2003 a −2% em 2004. Nesse período, os investidores na Yahoo! Inc. obtiveram um retorno médio de 25,8%. Esses investidores, porém, perderam 41% em 2001 e ganharam 175% em 2003. Finalmente, os investidores em *Treasury bills* de três meses obtiveram um retorno médio de 1,8% durante o período, com um alto retorno de 3,3% em 2001 e um baixo retorno de 1,0% em 2003. Claramente, esses três investimentos ofereciam retornos muito diferentes em termos de seu nível médio e de sua variabilidade. O que explica essas diferenças?

Neste capítulo, explicaremos por que essas diferenças existem. Nossa meta é desenvolver uma teoria que explique a relação entre retornos médios e a variabilidade dos retornos e que, a partir daí, deduza o prêmio de risco que os investidores exigem para deter diferentes títulos e investimentos. Então, utilizamos nossa teoria para explicar como determinar o custo de capital de uma oportunidade de investimento.

Começaremos nossa investigação da relação entre risco e retorno examinando dados históricos e títulos negociados na bolsa de valores. Veremos, por exemplo, que apesar de as ações serem investimentos mais arriscados do que os títulos de dívida, elas também obtêm retornos médios mais altos. Podemos interpretar este retorno médio mais alto sobre as ações como uma compensação aos investidores pelo maior risco que eles assumem.

Mas também veremos que nem todos os riscos precisam ser compensados. Os investidores podem eliminar riscos específicos de papéis individuais mantendo uma carteira que contenha diferentes investimentos. São apenas os riscos que não podem ser eliminados dessa maneira que determinam o prêmio de risco exigido pelos investidores. Essas observações nos permitirão refinar nossa definição do que é risco, como ele pode ser medido, e como o custo de capital é determinado.

notação

p_R	probabilidade do retorno R
$Var(R)$	variância do retorno R
$SD(R)$	desvio padrão do retorno R
$E(R)$	esperança do retorno R
Div_t	dividendo pago na data t
P_t	preço na data t
R_t	retorno realizado ou total de um título da data $t-1$ a t
$\bar{R}$	retorno médio
β_s	beta do título s
r	custo de capital de uma oportunidade de investimento

10.1 Um primeiro olhar sobre risco e retorno

Suponha que seus bisavós tenham investido $100 em seu nome no final de 1925. Eles instruíram seu corretor a reinvestir quaisquer dividendos ou juros obtidos na conta até o começo de 2005. Como esses $100 teriam crescido se tivessem sido colocados em cada um dos investimentos a seguir?

1. Standard & Poor's 500 (S&P 500): uma carteira, construída pela Standard & Poor's, reunindo 90 ações norte-americanas até 1957, e 500 ações norte-americanas depois disso. As empresas representadas são líderes em suas respectivas indústrias e estão entre as maiores empresas negociadas no mercado dos EUA em termos de valor de mercado.

2. Ações de baixa capitalização: uma carteira de ações de empresas norte-americanas cujos valores de mercado estão entre os 10% mais baixos de todas as ações negociadas na NYSE. (À medida que os valores de mercado mudam, esta carteira é atualizada de modo que sempre consista nos 10% mais baixos das ações.)

3. Carteira mundial: uma carteira de ações internacionais de todos os principais mercados de ações do mundo na América do Norte, Europa e Ásia.[1]

4. Títulos de dívida corporativos: uma carteira de títulos de dívida corporativos norte-americanos de longo prazo com classificação AAA. Esses títulos de dívida têm vencimento de aproximadamente 20 anos.

5. *Treasury bills*: um investimento em letras do Tesouro dos EUA de três meses.

A Figura 10.1 mostra o resultado, até 2005, de investir $100 no final de 1925 em cada uma dessas carteiras de investimento, ignorando os custos de transações. O gráfico é surpreendente – se seus bisavós tivessem investido $100 na carteira de ações de baixa capitalização, o investimento valeria mais de $8 milhões em 2005! Ao contrário, se eles tivessem investido em *Treasury bills*, o investimento valeria apenas aproximadamente $2.000.

Para efeito de comparação, também mostramos como os preços mudaram durante o mesmo período utilizando o índice de preços ao consumidor (IPC). Durante este período, nos Estados Unidos, as ações de baixa capitalização tiveram o maior retorno de longo prazo, seguidas pelas ações de alta capitalização no S&P 500, ações internacionais na carteira mundial, títulos de dívida corporativos, e, finalmente, pelos *Treasury bills*. Todos os investimentos cresceram mais rápido do que a inflação (como medida pelo IPC).

Um segundo padrão também se torna evidente a partir da Figura 10.1. Apesar de a carteira de ações de baixa capitalização ter tido o melhor desempenho no longo prazo, seu valor também passou pelas maiores flutuações. Por exemplo, os investidores em ações de baixa capitalização tiveram a maior perda durante a era da Depressão da década de 1930: se seus bisavós tivessem colocado os $100 em uma carteira de ações de baixa capitalização para sua própria aposentadoria 15 anos mais tarde, em 1940, eles teriam tido apenas $175 com que se aposentar, comparados com $217 provenientes do mesmo investimento em títulos de dívida corporativos. Além disso, durante o período de 15 anos, eles teriam visto o valor de seu investimento cair até $33. Por outro lado, se eles tivessem investido em *Treasury bills*, eles não teriam sofrido nenhuma perda durante o período, mas, em vez disso, teriam obtido ganhos estáveis – embora modestos – todos os anos. De fato, se tivéssemos que classificar os investimentos pelo tamanho de seus acréscimos e decréscimos de valor, obteríamos a mesma classificação de antes: ações de baixa capitalização teriam os retornos mais variáveis, seguidas pelo S&P 500, a carteira mundial, títulos de dívida corporativos, e, finalmente, *Treasury bills*.

No Capítulo 3, explicamos por que os investidores são avessos a flutuações no valor de seus investimentos e por que investimentos mais arriscados têm retornos esperados mais altos. Os investidores não gostam de apanhar quando já estão no chão – quando os tempos estão ruins, eles não gostam de ter seus problemas aumentados sofrendo perdas em seus investimentos. Na verda-

---

[1] Este índice baseia-se no Índice da Morgan Stanley International Capital de 1970-2005. Antes de 1970, o índice é construído por dados da Global Financial, com pesos iniciais aproximados de 44% para a América do Norte, 44% para a Europa e 12% para Ásia, África e Austrália.

de, mesmo se seus bisavós tivessem realmente colocado $100 em uma carteira de ações de baixa capitalização em 1925, é improvável que você visse a cor desse dinheiro. É mais provável que, nas profundezas da Grande Depressão, seus bisavós fossem recorrer a seu investimento para ajudá-los a enfrentar aqueles momentos difíceis. Infelizmente, a carteira de ações de baixa capitalização não os teria ajudado muito neste sentido – em 1932, seu investimento original de $100 estaria valendo apenas $33. Com o benefício de 80 anos de retrospecto, a carteira de ações de baixa capitalização parece um ótimo investimento, mas em 1932 teria parecido um grande erro. Talvez este seja o motivo de seus bisavós não terem investido dinheiro para você em ações de baixa capitalização. O prazer de saber que um dia um bisneto seu talvez possa vir a ser um milionário pode não compensar a dor de um investimento falido exatamente no momento em que o dinheiro é necessário para outras coisas.

Apesar de compreendermos o princípio geral que explica por que os investidores não gostam de risco e exigem um prêmio de risco para assumi-lo, nossa meta neste capítulo é quantificar esta relação. Gostaríamos de explicar *quanto* os investidores exigem (em termos de um retorno esperado mais alto) para assumir determinado nível de risco. Para quantificar a relação, temos primeiro que desenvolver ferramentas que nos possibilitem medir risco e retorno. Este é o objetivo da próxima seção.

FIXAÇÃO DE CONCEITOS

1. De 1926 a 2005, qual dos seguintes investimentos teve o maior retorno: Standard & Poor's 500, ações de baixa capitalização, carteira mundial, títulos de dívida corporativos ou *Treasury bills*?

2. De 1926 a 2005, que investimento cresceu em valor todos os anos? Que investimento teve a maior variabilidade?

10.2 Medidas comuns de risco e retorno

Quando um gerente toma uma decisão de investimento ou quando um investidor compra títulos, eles têm alguma ideia do risco envolvido e do retorno provável que o investimento obterá. Assim, começaremos nossa discussão analisando a maneira padrão de se definir e medir riscos.

FIGURA 10.1

Valor de $100 investidos no final de 1925 em ações de alta capitalização norte-americanas (S&P 500), ações de baixa capitalização, ações mundiais, títulos de dívida corporativos, e *Treasury bills*. Esses retornos supõem que todos os dividendos e juros tenham sido reinvestidos e excluem custos de transações. Também é exibida a mudança no índice de preços ao consumidor (IPC).

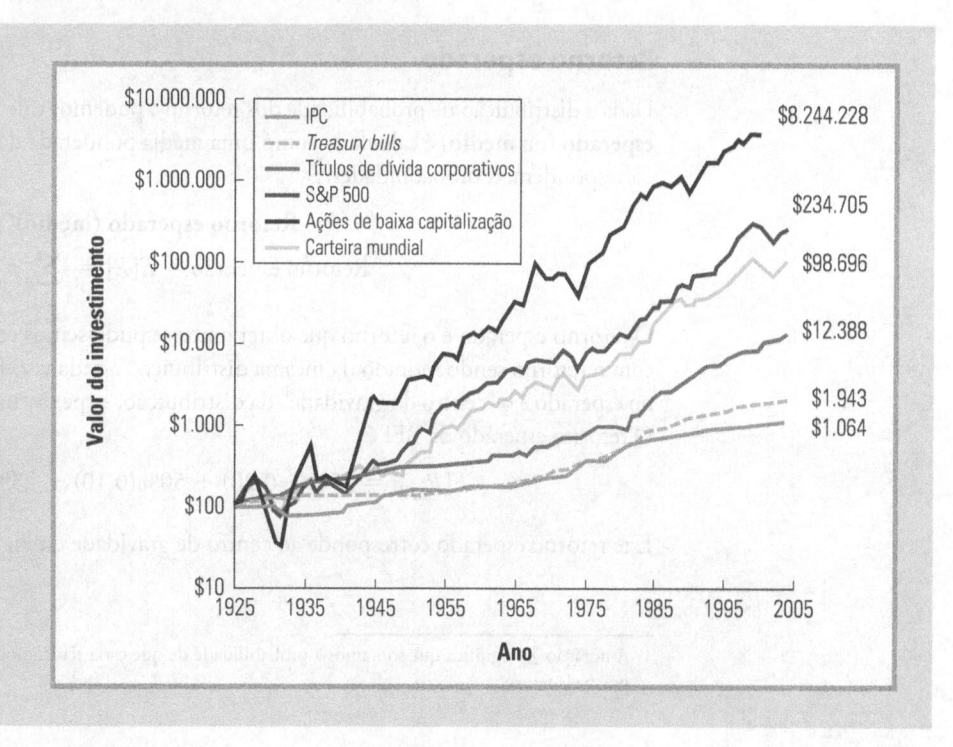

Distribuições de probabilidade

Diferentes títulos têm diferentes preços iniciais, pagam diferentes quantias como dividendos, e são vendidos por diferentes quantias futuras. Para torná-los comparáveis, expressamos seu desempenho em termos de seus retornos. O retorno indica o aumento percentual no valor de um investimento por dólar inicialmente investido no título. Quando um investimento é arriscado, há diferentes retornos que ele pode obter. Cada retorno possível possui uma probabilidade de ocorrência. Resumimos essas informações com uma **distribuição de probabilidade**, que atribui uma probabilidade, P_R, à ocorrência de cada retorno possível, R.

Consideremos um exemplo simples. Suponha que as ações da BFI estejam sendo negociadas atualmente por $100 cada. Você acredita que daqui a um ano existe uma chance de 25% de que o preço das ações seja de $140, uma chance de 50% de que seja $110, e uma chance de 25% de que seja $80. A BFI não paga dividendos, então esses pagamentos correspondem a retornos de 40%, 10% e −20%, respectivamente. A Tabela 10.1 resume a distribuição de probabilidade dos retornos da BFI.

TABELA 10.1 Distribuição de probabilidade dos retornos da BFI

Preço atual das ações ($)	Preço das ações em um ano ($)	Distribuição de probabilidade	
		Retorno, R	Probabilidade, P_R
	140	0,40	25%
100	110	0,10	50%
	80	−0,20	25%

Também podemos representar a distribuição de probabilidade com um histograma, como mostra a Figura 10.2.

Retorno esperado

Dada a distribuição de probabilidade dos retornos, podemos calcular o retorno esperado. O **retorno esperado** (ou **médio**) é calculado como uma média ponderada dos possíveis retornos, onde os pesos correspondem às probabilidades.[2]

Retorno esperado (médio)

$$\text{Retorno esperado} = E[R] = \sum_R P_R \times R \quad (10.1)$$

O retorno esperado é o retorno que obteríamos se pudéssemos repetir o investimento muitas vezes, com o retorno sendo retirado da mesma distribuição a cada vez. Em termos do histograma, o retorno esperado é o "centro de gravidade" da distribuição, se pensarmos nas probabilidades como pesos. O retorno esperado da BFI é

$$E[R_{BFI}] = 25\%(-0,20) + 50\%(0,10) + 25\%(0,40) = 10\%$$

Este retorno esperado corresponde ao centro de gravidade da Figura 10.2.

---

[2] A notação $\sum_R$ significa que somamos a probabilidade de que cada retorno ocorra, P_R, vezes o retorno, R, para todos os possíveis retornos.

FIGURA 10.2

Distribuição de probabilidade dos retornos da BFI
A altura de uma barra no histograma indica a probabilidade do resultado associado.

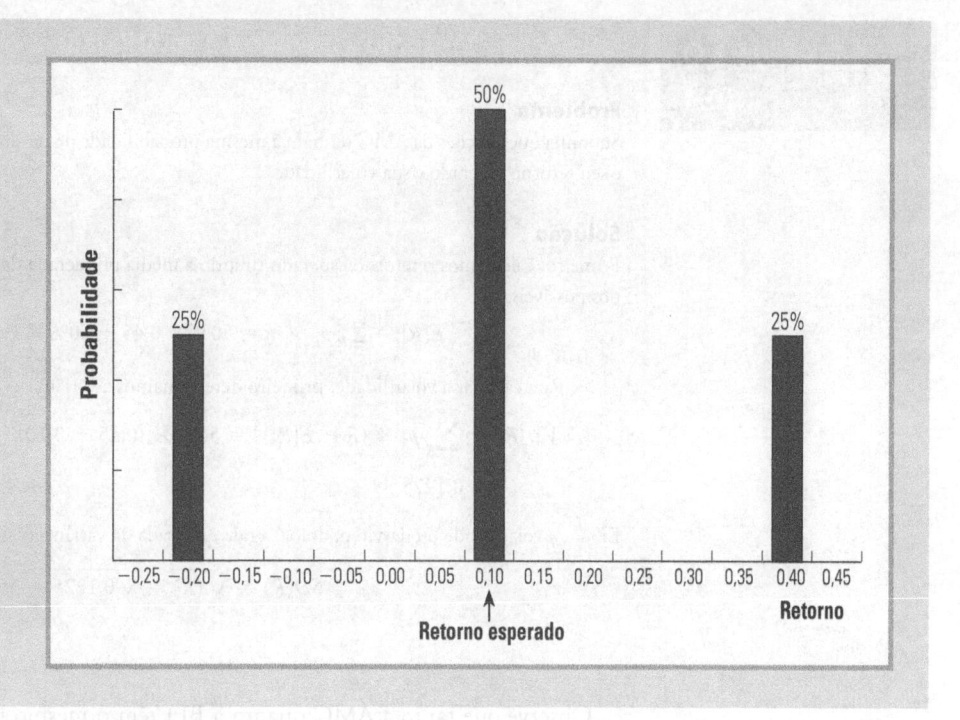

Variância e desvio padrão

Duas medidas comuns do risco de uma distribuição de probabilidade são sua variância e seu desvio padrão. A **variância** é o valor esperado ou a média dos desvios ao quadrado em torno da média, e o **desvio padrão** é a raiz quadrada da variância.

Variância e desvio padrão da distribuição do retorno

$$Var(R) = E[(R - E[R])^2] = \sum_R p_R \times (R - E[R])^2$$

$$SD(R) = \sqrt{Var(R)} \qquad (10.2)$$

Se o retorno não apresenta risco e nunca desvia de sua média, a variância é zero. Caso contrário, a variância aumenta com a magnitude dos desvios da média. Portanto, a variância é uma medida de "dispersão" da distribuição do retorno. A variância do retorno da BFI é

$$Var(R_{BFI}) = 25\% \times (-0{,}20 - 0{,}10)^2 + 50\% \times (0{,}10 - 0{,}10)^2$$
$$+ 25\% \times (0{,}40 - 0{,}10)^2 = 0{,}045$$

O desvio padrão do retorno é a raiz quadrada da variância, então, para a FBI,

$$SD(R) = \sqrt{Var(R)} = \sqrt{0{,}045} = 21{,}2\% \qquad (10.3)$$

Em finanças, o desvio padrão de um retorno também é chamado de **volatilidade**. Apesar de a variância e o desvio padrão ambos medirem a variabilidade dos retornos, o desvio padrão é mais fácil de interpretar por estar nas mesmas unidades que os próprios retornos.[3]

---

[3] Apesar de a variância e o desvio padrão serem as medidas mais comuns de risco, elas não diferenciam entre risco de alta e risco de baixa. Como os investidores não gostam apenas dos aspectos negativos da incerteza, foram desenvolvidas medidas alternativas que se focam somente no risco de baixa, como a semivariância (que mede a variância somente das perdas) e a perda esperada nas caudas (a perda esperada nos x% piores resultados). Essas medidas alternativas são mais complexas e difíceis de aplicar, e ainda assim, muitas aplicações produzem a mesma classificação de risco que o desvio padrão (como no Exemplo 10.1, ou se os retornos seguem uma distribuição normal). Assim, elas tendem a ser utilizadas apenas em aplicações especiais em que apenas o desvio padrão não é uma caracterização suficiente de risco.

EXEMPLO 10.1 Calculando o retorno esperado e a volatilidade

Problema

Suponha que as ações da AMC tenham a mesma probabilidade de ter um retorno de 45% ou de −25%. Qual é seu retorno esperado e sua volatilidade?

Solução

Primeiro, calculamos o retorno esperado tirando a média ponderada da probabilidade de cada um dos retornos possíveis:

$$E[R] = \sum_R p_R \times R = 50\% \times 0{,}45 + 50\% \times (-0{,}25) = 10{,}0\%$$

Para calcular a volatilidade, primeiro determinamos a variância:

$$Var(R) = \sum_R p_R \times (R - E[R])^2 = 50\% \times (0{,}45 - 0{,}10)^2 + 50\% \times (-0{,}25 - 0{,}10)^2 = 0{,}1225$$

Então, a volatilidade ou desvio padrão é a raiz quadrada da variância:

$$SD(R) = \sqrt{(R)} = \sqrt{0{,}1225} = 35\%$$

Observe que tanto a AMC quanto a BFI têm o mesmo retorno esperado, 10%. Porém, os retornos da AMC são mais dispersos do que os da BFI – os altos retornos são mais altos e os baixos retornos são mais baixos, como mostra o histograma na Figura 10.3. Consequentemente, a AMC possui maior variância e volatilidade do que a FBI.

Se pudéssemos observar as distribuições de probabilidade que os investidores prevêem para diferentes papéis, poderíamos calcular seus retornos esperados e volatilidades e explorar a relação entre eles. É claro que na maioria das situações não conhecemos a distribuição de probabilidade explícita, como conhecíamos no caso na BFI. Sem esta informação, como podemos estimar e comparar risco e retorno? Uma abordagem popular é extrapolar a partir de dados históricos, que é uma estratégia

FIGURA 10.3

Distribuição de probabilidade da BFI e retornos da AMC
Apesar de ambas as ações terem o mesmo retorno esperado, o retorno da AMC possui uma variância e um desvio padrão mais altos.

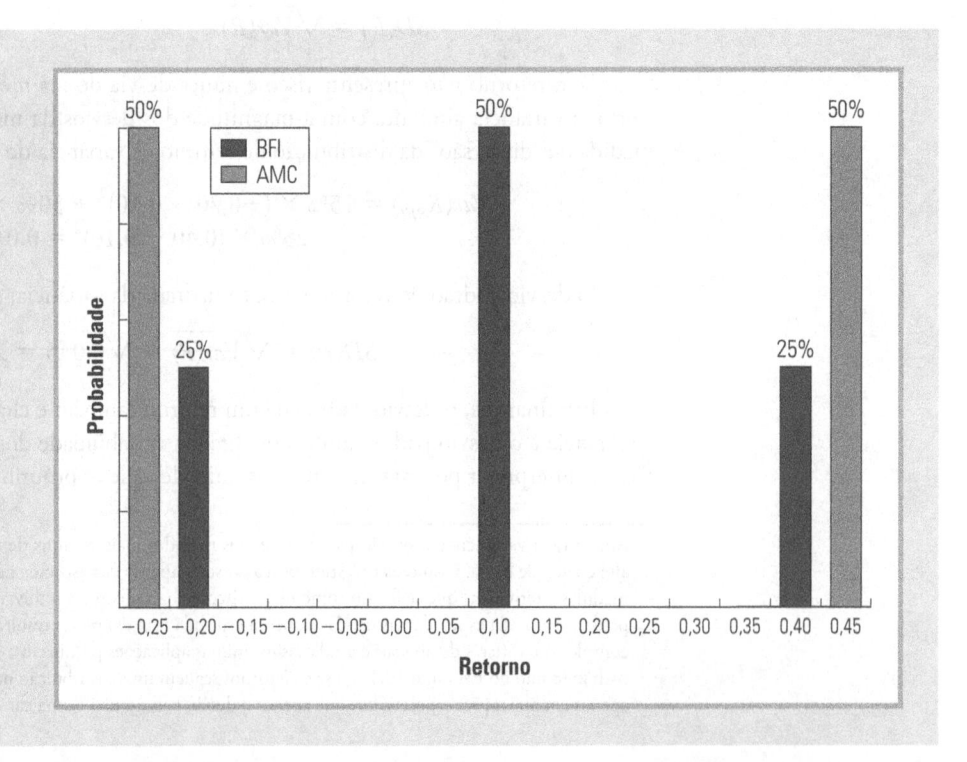

sensata se estivermos em um ambiente estável e acreditarmos que os retornos futuros refletirão os retornos passados. Vejamos os retornos históricos de ações e títulos de dívida para ver o que eles revelam sobre a relação entre risco e retorno.

FIXAÇÃO DE CONCEITOS

1. Como calculamos o retorno esperado de ações?
2. Quais são as duas medidas mais comuns de risco, e como elas se relacionam?

10.3 Retornos históricos de ações e títulos de dívida

Nesta seção, explicaremos como calcular retornos médios e volatilidades utilizando dados históricos do mercado de ações. A distribuição de retornos passados pode ser útil quando procuramos estimar a distribuição dos retornos que os investidores podem esperar no futuro. Começaremos primeiro explicando como calcular retornos históricos.

Calculando retornos históricos

De todos os possíveis retornos, o **retorno realizado** é aquele retorno que realmente ocorre em determinado período. Como medimos o retorno realizado de uma ação? Suponhamos que tenhamos investido em uma ação na data t pelo preço P_t. Se a ação paga um dividendo, Div_{t+1}, na data $t+1$, e tenhamos vendido a ação naquele momento pelo preço P_{t+1}, então o retorno realizado de seu investimento na ação de t a $t+1$ é

$$R_{t+1} = \frac{Div_{t+1} + P_{t+1}}{P_t} - 1 = \frac{Div_{t+1}}{P_t} + \frac{P_{t+1} - P_t}{P_t}$$

$$= \text{Rentabilidade dos dividendos} + \text{Taxa de ganho de capital} \quad (10.4)$$

Isto é, como discutimos no Capítulo 9, o retorno realizado, R_{t+1}, é o retorno total que podemos obter de dividendos e ganhos de capital, expressos como uma porcentagem do preço inicial da ação.[4]

Se mantivermos a ação até depois da data do primeiro vencimento, então, para calcular nosso retorno, temos que especificar como investimos quaisquer dividendos que recebermos neste ínterim. Para focar os retornos de um único título, suponhamos que *todos os dividendos sejam imediatamente reinvestidos e utilizados para comprar ações adicionais da mesma ação ou título*. Neste caso, podemos utilizar a Equação 10.4 para calcular o retorno das ações entre os pagamentos de dividendos, e então compor os retornos de cada intervalo entre dividendos para calcular o retorno ao longo de um horizonte maior. Por exemplo, se uma ação paga dividendos no final de cada trimestre, com os retornos realizados $R_{Q1}, ..., R_{Q4}$ a cada trimestre, então o retorno realizado anual, R_{anual}, é calculado como

$$1 + R_{anual} = (1 + R_{Q1})(1 + R_{Q2})(1 + R_{Q3})(1 + R_{Q4}) \quad (10.5)$$

O Exemplo 10.2 ilustra dois elementos dos retornos obtidos ao manter ações como as da GM. Em primeiro lugar, tanto dividendos quanto ganhos capitais contribuem com o retorno total realizado – ignorar um ou outro daria uma impressão muito enganosa do desempenho da GM. Em segundo lugar, os retornos são arriscados. Em anos como 1999, os retornos são bastante altos, mas em outros anos como 2004, são negativos, o que significa que os acionistas da GM perderam dinheiro no decorrer do ano.

Podemos calcular os retornos realizados de toda uma carteira acompanhando os pagamentos de juros e de dividendos feitos por ela durante o ano, além da mudança em seu valor de mercado.

---

[4] Podemos calcular o retorno realizado de qualquer título da mesma maneira, substituindo os pagamentos de dividendos por qualquer fluxo de caixa pago pelo título (por exemplo, com um título, os pagamentos de cupom substituiriam os dividendos).

EXEMPLO 10.2

Retornos realizados para as ações da GM

Problema

Quais foram os retornos realizados das ações da GM em 1999 e em 2004?

Solução

Primeiro vemos os dados sobre os preços das ações da GM no início e no final do ano, além de em qualquer data de dividendos (ver o *site* do livro para encontrar fontes *online* de preços de ações e dados relativos a dividendos). A partir desses dados, podemos construir a seguinte tabela:

Data	Preço ($)	Dividendo ($)	Retorno	Data	Preço ($)	Dividendo ($)	Retorno
31/12/98	71,56			31/12/03	53,40		
02/02/99	89,44	0,50	25,68%	11/02/04	49,80	0,50	−5,81%
11/05/99	85,75	0,50	−3,57%	12/05/04	44,48	0,50	−9,68%
28/05/99[5]	69,00	13,72	−3,53%	11/08/04	41,74	0,50	−5,04%
10/08/99	60,81	0,50	−11,14%	04/11/04	39,50	0,50	−4,17%
08/11/99	69,06	0,50	14,39%	31/12/04	40,06		1,42%
31/12/99	72,69		5,26%				

Calculamos o retorno de cada período utilizando a Equação 10.4. Por exemplo, o retorno de 31 de dezembro de 1998 até 2 de fevereiro de 1999 é igual a

$$\frac{0,50 + 89,44}{71,56} - 1 = 25,68\%$$

Determinamos, então, os retornos anuais utilizando a Equação 10.5:

$$R_{1999} = (1,2568)(0,9643)(0,9647)(0,8886)(1,1439)(1,0526) - 1 = 25,09\%$$

$$R_{2004} = (0,9419)(0,9032)(0,9496)(0,9583)(1,0142) - 1 = -21,48\%$$

Por exemplo, os retornos realizados do índice S&P 500 são exibidos na Tabela 10.2, que, para fins de comparação, também lista os retornos da GM e de *Treasury bills* de três meses.

Uma vez tendo calculado os retornos anuais realizados, podemos compará-los para ver que investimentos tiveram melhor desempenho em determinado ano. A partir da Tabela 10.2, podemos ver que as ações da GM tiveram um desempenho superior ao do S&P 500 em 1999 e de 2001 a 2003. Além disso, de 2000 a 2002, os *Treasury bills* tiveram um desempenho superior às ações da GM e do S&P 500. Observe a tendência geral do retorno da GM de se mover na mesma direção que o S&P 500.

Ao longo de qualquer período específico, fazemos apenas uma observação da distribuição de probabilidade de retornos. Se o retorno realizado de cada período é retirado da mesma distribuição de probabilidade, porém, podemos observar múltiplas retiradas observando o retorno realizado ao longo de múltiplos períodos. Contando o número de vezes que o retorno realizado cai em determinada faixa, podemos estimar a distribuição de probabilidade subjacente. Ilustremos este processo com os dados da Figura 10.1

---

[5] Este grande dividendo foi um dividendo especial relativo à cisão da GM da fabricante de peças de automóveis Delphi Automotive Systems. Para cada ação da GM, seus acionistas receberam 0,69893 em ações comuns da Delphi, que tinham um valor de $13,72 com base no preço de fechamento das ações da Delphi de $19,625. Quando calculamos o retorno anual da GM, supomos que essas ações da Delphi foram vendidas e o resultado da venda tenha sido imediatamente reinvestido na GM. Dessa maneira, os retornos refletem exclusivamente o desempenho da GM.

TABELA 10.2			Retorno realizado do S&P 500, GM e *Treasury bills*, 1996-2004		
Final do ano	Índice S&P 500	Dividendos pagos*	Retorno realizado do S&P 500	Retorno realizado da GM	Retorno das letras de 3 meses
1995	615,93				
1996	740,74	16,61	23,0%	8,6%	5,1%
1997	970,43	17,2	33,4%	19,6%	5,2%
1998	1.229,26	18,5	28,6%	21,3%	4,9%
1999	1.469,25	18,1	21,0%	25,1%	4,8%
2000	1.320,28	15,7	−9,1%	−27,8%	6,0%
2001	1.148,08	15,2	−11,9%	−1,0%	3,3%
2002	879,82	14,53	−22,1%	−20,8%	1,6%
2003	1.111,92	20,8	28,7%	52,9%	1,0%
2004	1.211,92	20,98	10,9%	−21,5%	1,4%

* O total de dividendos pagos pelas 500 ações da carteira, com base no número de ações de cada empresa no índice, ajustado até o final do ano, supondo que eles fossem reinvestidos quando pagos.

Fonte: Standard & Poor's, GM e Global Financial Data.

A Figura 10.4 representa em um histograma os retornos anuais de cada investimento norte-americano na Figura 10.1. A altura de cada barra representa o número de anos que os retornos anuais caíram em cada faixa indicada no eixo x. Quando traçamos o gráfico da distribuição de probabilidade dessa maneira utilizando dados históricos, o chamamos de **distribuição empírica** dos retornos.

FIGURA 10.4

A distribuição empírica dos retornos anuais de ações de alta capitalização norte-americanas (S&P 500), ações de baixa capitalização, títulos corporativos e *Treasury bills*, 1926-2004.
A altura de cada barra representa o número de anos em que os retorno anuais caíram em cada faixa de 5%. Observe a maior variabilidade dos retornos das ações (principalmente das de baixa capitalização) em comparação aos retornos de títulos de dívida corporativos ou de *Treasury bills*.

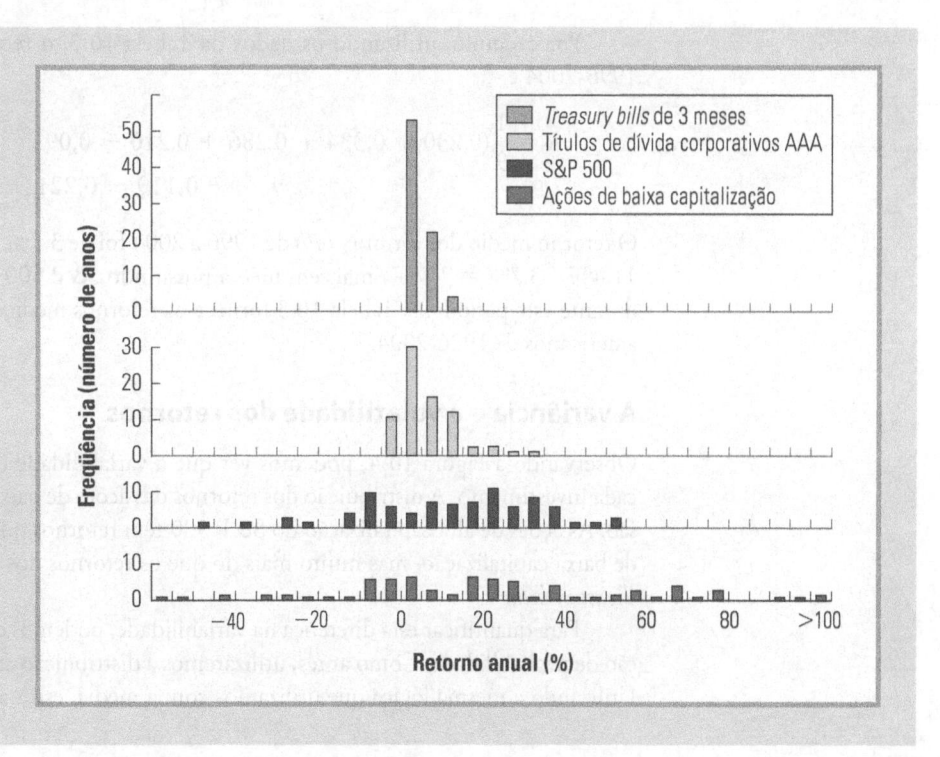

Retornos anuais médios

O **retorno anual médio** de um investimento durante determinado período histórico é simplesmente a média dos retornos realizados em cada ano. Isto é, se R_t é o retorno realizado de um título no ano t, então o retorno anual médio dos anos 1 a T é

Retorno anual médio de um papel

$$\bar{R} = \frac{1}{T}(R_1 + R_2 + \cdots + R_T) = \frac{1}{T}\sum_{t=1}^{T} R_t \qquad (10.6)$$

Observe que o retorno anual médio é o centro de gravidade da distribuição empírica – neste caso, a probabilidade de um retorno que ocorre em determinada faixa é medido pelo número de vezes que o retorno realizado cai nesta faixa. Portanto, se a distribuição de probabilidade dos retornos é a mesma com o passar do tempo, o retorno médio fornece uma estimativa do retorno esperado.

TABELA 10.3 Retorno anual médio de ações de baixa capitalização norte-americanas, ações de alta capitalização (S&P 500), títulos de dívida corporativos e *Treasury bills*, 1926 – 2004

Investimento	Retorno anual médio
Ações de baixa capitalização	22,11%
S&P 500	12,32%
Títulos de dívida corporativos	6,52%
Treasury bills	3,87%

Por exemplo, utilizando os dados da Tabela 10.2, o retorno médio do S&P 500 dos anos 1996-2004 é

$$\bar{R} = \frac{1}{9}(0{,}230 + 0{,}334 + 0{,}286 + 0{,}210 - 0{,}091$$
$$- 0{,}119 - 0{,}221 + 0{,}287 + 0{,}109) = 11{,}4\%$$

O retorno médio dos *Treasury bills* de 1996 a 2004 foi de 3,7%. Portanto, os investidores obtiveram 11,4% – 3,7% = 7,7% a mais em média possuindo S&P 500 do que investindo em *Treasury bills* durante este período. A Tabela 10.3 fornece os retornos médios de diferentes investimentos norte-americanos de 1926-2004.

A variância e a volatilidade dos retornos

Observando a Figura 10.4, podemos ver que a variabilidade dos retornos é muito diferente para cada investimento. A distribuição dos retornos das ações de baixa capitalização exibe a maior dispersão. As ações de alta capitalização do S&P 500 têm retornos que variam menos do que os das ações de baixa capitalização, mas muito mais do que os retornos dos títulos de dívida corporativos ou de *Treasury bills*.

Para quantificar esta diferença na variabilidade, podemos estimar o desvio padrão da distribuição de probabilidade. Como antes, utilizaremos a distribuição empírica para deduzir esta estimativa. Utilizando a mesma lógica que utilizamos com a média, estimamos a variância calculando a média dos desvios ao quadrado em torno da média. A única complicação é que não conhecemos a média real, então temos que utilizar a melhor estimativa da média – o retorno realizado médio.[6]

Estimativa da variância utilizando retornos realizados

$$Var(R) = \frac{1}{T-1} \sum_{t=1}^{T} (R_t - \bar{R})^2 \qquad (10.7)$$

Estimamos o desvio padrão ou a volatilidade como a raiz quadrada da variância.[7]

EXEMPLO 10.3 — Calculando uma volatilidade histórica

Problema

Utilizando os dados da Tabela 10.2, qual é a variância e a volatilidade dos retornos do S&P 500 nos anos 1996-2004?

Solução

Anteriormente calculamos o retorno anual médio do S&P 500 durante este período como 11,4%. Portanto,

$$Var(R) = \frac{1}{T-1} \sum_{t} (R_t - \bar{R})^2$$

$$= \frac{1}{9-1}[(0{,}230 - 0{,}114)^2 + (0{,}334 - 0{,}114)^2 + \cdots + (0{,}109 - 0{,}114)^2]$$

$$= 0{,}0424$$

A volatilidade ou desvio padrão é, portanto, $SD(R) = \sqrt{Var(R)} = \sqrt{0{,}0424} = 20{,}6\%$.

Podemos calcular o desvio padrão dos retornos para quantificar as diferenças na variabilidade das distribuições que observamos na Figura 10.4. Esses resultados são exibidos na Tabela 10.4.

TABELA 10.4 — Volatilidade de ações de baixa capitalização norte-americanas, ações de alta capitalização (S&P 500), títulos corporativos e *Treasury bills*, 1926-2004

Investimento	Volatilidade do retorno (desvio padrão)
Ações de baixa capitalização	42,75%
S&P 500	20,36%
Títulos de dívida corporativos	7,17%
Treasury bills	3,18%

---

[6] Se os retornos utilizados na Equação 10.7 não forem retornos anuais, a variância tipicamente é convertida em termos anuais multiplicando-se o número de períodos por ano. Por exemplo, ao utilizar retornos mensais, multiplicamos a variância por 12 e, equivalentemente, o desvio padrão por $\sqrt{12}$.

[7] Você pode ficar pensando por que dividimos por $T-1$ em vez de por T aqui. É porque não estamos calculando desvios do retorno esperado real; em vez disso, estamos calculando desvios do retorno médio estimado, $\bar{R}$. Como o retorno médio é deduzido dos mesmos dados, perdemos um grau de liberdade (em essência, eliminamos um dos pontos observados), de modo que, ao calcular a variância, temos realmente apenas $T-1$ pontos observados extras nos quais baseá-la.

Comparando as volatilidades na Tabela 10.4, vemos que, como esperado, as ações de baixa capitalização tiveram os retornos históricos mais variados, seguidas pelas ações de alta capitalização. Os retornos de títulos de dívida corporativos e *Treasury bills* são muito menos variáveis do que os das ações, sendo os *Treasury bills* a categoria de investimento menos volátil.

Utilizando retornos passados para prever o futuro: erro de estimação

Para estimar o custo de capital de um investimento, precisamos determinar o retorno esperado que os investidores exigem para compensá-los pelo risco deste investimento. Se supusermos que a distribuição de retornos passados e a distribuição de retornos futuros são iguais, uma abordagem que poderemos adotar é ver o retorno que os investidores esperavam obter no passado sobre os mesmos investimentos ou sobre investimentos similares e supor que eles exigirão o mesmo retorno no futuro.

Esta abordagem apresenta duas dificuldades. A primeira é que não sabemos o que os investidores esperaram no passado; podemos apenas observar os retornos reais que foram realizados. Em 2002, por exemplo, os investidores perderam mais de 22% investindo no S&P 500, o que certamente não é o que eles esperavam no início do ano (senão eles teriam investido em *Treasury bills*!). Porém, se acreditarmos que os investidores não são nem demasiadamente otimistas, nem demasiadamente pessimistas em média, então com o passar do tempo o retorno médio realizado deve corresponder ao retorno esperado dos investidores.

Armados desta suposição, podemos utilizar o retorno médio histórico de um título para estimar seu retorno esperado real. Mas aqui encontramos a segunda dificuldade – o retorno médio é apenas uma estimativa do retorno esperado. Assim como com todas as estatísticas, ocorrerá um erro de estimação. Dada a volatilidade dos retornos de ações, este erro de estimação será grande mesmo quando tivermos muitos anos de dados.

Medimos o grau do erro de estimação estatisticamente através do erro padrão da estimativa. O **erro padrão** é o desvio padrão do valor estimado da média da distribuição real em torno de seu valor real; isto é, é o desvio padrão do retorno médio. O erro padrão fornece uma indicação de o quanto a média amostral pode se desviar do retorno esperado. Se supusermos que a distribuição do retorno de ações é idêntica todo ano, e que o retorno de cada ano é independente dos retornos de anos anteriores,[8] então o erro padrão da estimativa do retorno esperado poderá ser encontrado a partir da fórmula abaixo:

Erro padrão da estimativa do retorno esperado

$$SD(\text{Média de riscos idênticos independentes}) = \frac{SD(\text{Riscos individuais})}{\sqrt{\text{Número de observações}}} \quad (10.8)$$

Como o retorno médio se encontrará dentro de dois desvios padrão do retorno esperado real em aproximadamente 95% das vezes,[9] o erro padrão pode ser utilizado para determinar uma faixa razoável para o valor esperado real. O **intervalo de confiança de 95%** do retorno esperado é definido como

$$\text{Retorno médio histórico} \pm (2 \times \text{Desvio padrão}) \quad (10.9)$$

Por exemplo, de 1926 a 2004, o retorno médio do S&P 500 foi de 12,3% com uma volatilidade de 20,36%. Supondo que seus retornos sejam retirados de uma distribuição independente e identicamente distribuída (IID) todo ano, o intervalo de confiança de 95% do retorno esperado do S&P 500 durante esse período é

---

[8] A suposição de que os retornos de um título são independentes e identicamente distribuídos (IID) significa que a probabilidade de que o retorno deste ano tenha determinado resultado é a mesma dos anos anteriores e não depende dos retornos passados, da mesma maneira que as chances de uma moeda cair com a face virada para cima não dependem dos lances passados. Esta é uma abordagem inicial razoável sobre retornos de ações.

[9] Se os retornos forem independentes e seguirem uma distribuição normal, então a média estimada se encontrará dentro de dois desvios padrão da média real em 95,44% das vezes. Mesmo se os retornos não seguirem uma distribuição normal, esta fórmula estará aproximadamente correta com um número suficiente de observações independentes.

$$12{,}3\% \pm 2\left(\frac{20{,}36\%}{\sqrt{79}}\right) = 12{,}3\% \pm 4{,}6\%$$

ou uma faixa de 7,7% a 16,9%. Assim, mesmo com 79 anos de dados, não podemos estimar o retorno esperado do S&P 500 com muita exatidão. Se acreditarmos que a distribuição possa ter mudado com o passar do tempo e pudermos utilizar apenas dados mais recentes para estimar o retorno esperado, então a estimativa será ainda menos precisa.

Ações individuais tendem a ser ainda mais voláteis do que grandes carteiras, e podem existir há apenas alguns anos, fornecendo poucos dados com que se estimar os retornos. Devido ao erro

Retornos com média aritmética *versus* retornos com composição anual

Calculamos os retornos anuais médios calculando uma média *aritmética*. Uma alternativa é o retorno com composição anual (também chamado de taxa de crescimento anual composta, ou CAGR*), que é calculado como a média *geométrica* dos retornos anuais $R_1, \ldots, R_T$:

Retorno anual composto =
$$[(1 + R_1) \times (1 + R_2) \times \cdots \times (1 + R_T)]^{1/T} - 1$$

Em outras palavras, calculamos o retorno do ano 1 ao T compondo os retornos anuais, e então convertemos o resultado a um rendimento anual elevando-o à potência $1/T$.

Para o S&P 500, o retorno anual entre 1926 e 2004 foi de 10,32%. Isto é, $1 investido a 10,32% ao ano pelos 79 anos de 1926 a 2004 cresceria para

$$\$100 \times (1{,}1032)^{79} = \$234.253$$

Isso equivale (passível de erro de arredondamento) ao crescimento no S&P 500 durante o mesmo período. Da mesma maneira, o retorno anual composto foi de 15,41% para ações de baixa capitalização, 6,29% para títulos de dívida corporativos, e 3,83% para *Treasury bills*.

Em cada caso, o retorno anual composto está abaixo do retorno anual médio exibido na Tabela 10.3. Esta diferença reflete o fato de que os retornos são voláteis. Para ver este efeito de volatilidade, suponhamos que um investimento tenha retornos anuais de +20% em um ano e de −20% no ano seguinte. O retorno anual médio é ½(20% − 20%) = 0%. Mas o valor de $1 investido após 2 anos é

$$\$1 \times (1{,}20) \times (0{,}80) = \$0{,}96$$

Isto é, o investidor teria perdido dinheiro. Por quê? Porque o ganho de 20% acontece sobre um investimento de $1, enquanto que a perda de 20% acontece sobre um investimento maior, de $1,20. Neste caso, o retorno anual composto é

$$(0{,}96)^{1/2} - 1 = -2{,}02\%$$

Esta lógica implica que o retorno anual composto estará sempre abaixo do retorno médio, e a diferença cresce com a volatilidade dos retornos anuais. (Tipicamente, a diferença é aproximadamente a metade da variância dos retornos.)

Qual das duas alternativas é uma melhor descrição do retorno de um investimento? O retorno anual composto é uma melhor descrição do desempenho *histórico* de um investimento de longo prazo. Ele descreve o retorno livre de risco equivalente que seria necessário para duplicar o desempenho do investimento ao longo do mesmo período de tempo. A classificação do desempenho de longo prazo de diferentes investimentos coincide com a classificação de seus retornos anuais compostos. Assim, o retorno anual composto é o retorno que é mais frequentemente utilizado com propósitos de comparação. Por exemplo, fundos mútuos geralmente declaram seus retornos anuais compostos ao longo dos últimos cinco ou dez anos.

Inversamente, devemos utilizar o retorno médio aritmético quando estamos tentando estimar o retorno *esperado* de um investimento ao longo de um horizonte *futuro* com base em seu desempenho passado. Se virmos os retornos passados como extraídos independentes da mesma distribuição, então o retorno médio aritmético oferece uma estimativa sem viés do verdadeiro retorno esperado. No entanto, para que cheguemos a esse resultado, devemos computar os retornos históricos considerando os mesmos intervalos de tempo do retorno esperado que estamos estimando. (Por exemplo: usamos a média dos retornos do mês anterior para estimar o retorno do mês seguinte, ou a média do retorno anual passado para estimar o retorno anual futuro.) Em função do erro de estimativa, os números para diferentes intervalos de tempo vão geralmente diferir do resultado obtido pela simples composição do retorno médio anual. Com dados suficientes, no entanto, os resultados vão coincidir. Por exemplo: se o investimento acima pode ter retornos anuais equiprováveis de +20% ou −20% no futuro, se observamos vários períodos de dois anos, o investimento de $1 tem chances iguais de crescer para

$$\$1 \times (1{,}20) \times (1{,}20) = \$1{,}44$$
$$\$1 \times (1{,}20) \times (0{,}80) = \$0{,}96$$
$$\$1 \times (0{,}80) \times (1{,}20) = \$0{,}96$$
$$\$1 \times (0{,}80) \times (0{,}80) = \$0{,}64$$

Assim, o retorno médio em dois anos será $1 × (1,44 + 0,96 + 0,96 + 0,64)/4 = $1

E ambos, o retorno médio anual e em dois anos, será de 0%.

---

* N. de T.: CAGR é, no original, *compound annual growth rate*.

de estimação relativamente grande nesses casos, o retorno médio que os investidores obtiveram no passado não é uma estimativa confiável para o retorno esperado de um título. Em vez disso, precisamos deduzir um método alternativo para estimar o retorno esperado – um que dependa de estimativas estatísticas mais confiáveis. No restante deste capítulo, a estratégia que adotaremos será primeiramente considerar como medir o risco de um título, e então utilizar a relação entre risco e retorno – que ainda temos que determinar – para estimar seu retorno esperado.

EXEMPLO 10.4 — A precisão das estimativas do retorno esperado

Problema
Utilizando os retornos do S&P 500 de 1996-2004 somente (ver Tabela 10.2), qual é o intervalo de confiança de 95% de nossa estimativa do retorno esperado do S&P 500?

Solução
Anteriormente, calculamos o retorno médio do S&P 500 durante esse período como 11,4%, com uma volatilidade de 20,6% (ver Exemplo 10.3). O erro padrão de nossa estimativa do retorno esperado é $20,6\% / \sqrt{9} = 6,9\%$, e o intervalo de confiança de 95% é $11,4\% \pm (2 \times 6,9\%)$, ou de $-2,4\%$ a $25,2\%$. Como mostra este exemplo, com apenas alguns anos de dados não podemos estimar confiavelmente os retornos esperados de ações.

FIXAÇÃO DE CONCEITOS

1. Como estimamos o retorno anual médio de um investimento?
2. Temos 79 anos de dados relativos aos retornos do S&P 500. Contudo, não conseguimos estimar seu retorno esperado com muita precisão. Por quê?

10.4 O *tradeoff* histórico entre risco e retorno

No Capítulo 3, discutimos a ideia de que os investidores são avessos a risco: o benefício que eles recebem de um aumento na renda é menor do que o custo pessoal de uma diminuição equivalente nela. Esta ideia sugere que os investidores não deteriam, por escolha própria, uma carteira mais volátil, a menos que eles esperassem obter um retorno mais alto. Nesta seção, quantificaremos a relação histórica entre volatilidade e retornos médios.

Os retornos de grandes carteiras

Nas Tabelas 10.3 e 10.4, calculamos os retornos médios históricos e as volatilidades de vários diferentes tipos de investimento. Associamos estes dados na Tabela 10.5, que lista a volatilidade e o "retorno em excesso" (ou prêmio de retorno) de cada investimento. O **retorno em excesso** ou prêmio de retorno é a diferença entre o retorno médio de um investimento e o retorno médio de *Treasury bills*, um investimento livre de risco.

Na Figura 10.5, traçamos o retorno médio versus a volatilidade de cada tipo de investimento dado na Tabela 10.5. Também incluímos dados de uma grande carteira com ações de média capitalização, ou ações de médio desempenho, no mercado norte-americano, além de um índice mundial das maiores ações negociadas nas bolsas de valores da América do Norte, Europa e Ásia. Observe a relação positiva: os investimentos com maior volatilidade recompensaram os investidores com maiores retornos médios. A Figura 10.5 é consistente com nossa visão de que os investidores são avessos a risco. Investimentos mais arriscados têm que oferecer aos investidores maiores retornos médios para compensá-los pelo risco extra que estão assumindo.

Os retornos de ações individuais

A Figura 10.5 sugere este simples modelo de prêmio de risco: os investimentos com maior volatilidade devem ter um prêmio de risco maior e, portanto, retornos maiores. De fato, ao olharmos para

| TABELA 10.5 | Volatilidade *versus* retorno em excesso de ações de baixa capitalização, ações de alta capitalização (S&P 500), títulos corporativos e *Treasury bills* norte-americanos, 1926 – 2004 |

Investimento	Volatilidade do retorno (desvio padrão)	Retorno em excesso (retorno médio em excesso em relação aos *Treasury bills*)
Ações de baixa capitalização	42,75%	18,24%
S&P 500	20,36%	8,45%
Títulos de dívida corporativos	7,17%	2,65%
Treasury bills	3,18%	0,00%

a Figura 10.5, é tentador traçar uma linha entre as carteiras e concluir que todos os investimentos devem estar sobre ou próximos a ela – isto é, o retorno esperado deve aumentar proporcionalmente à volatilidade. Esta conclusão parece ser aproximadamente verdadeira para as grandes carteiras que vimos até agora. Ela está correta? Pode ser aplicada a ações individuais?

Infelizmente, a resposta para as duas perguntas é não. A Figura 10.6 mostra que se olharmos a volatilidade e o retorno de ações individuais, não veremos nenhuma relação clara entre eles. Cada ponto representa os retornos de 1926 a 2004 do investimento na N-ésima maior ação negociada nos Estados Unidos (atualizadas trimestralmente) para $N = 1$ a 500.

Podemos fazer várias observações importantes a partir desses dados. Em primeiro lugar, existe uma relação entre tamanho e risco: ações maiores (de mais alta capitalização) têm uma volatilidade menor, de maneira geral. Além disso, mesmo as maiores ações são tipicamente mais voláteis do que uma carteira de grandes ações, o S&P 500. Finalmente, não existe nenhuma relação clara entre volatilidade e retorno. Apesar de as menores ações terem um retorno médio um pouco maior, muitas ações têm maior volatilidade e menores retornos médios do que outras. E todas elas parecem ter

FIGURA 10.5

O *tradeoff* histórico entre risco e retorno em grandes carteiras, 1926 – 2004

Também foi incluída uma carteira de ações de capitalização média composta de 10% de ações norte-americanas cujo tamanho está um pouco abaixo da mediana de todas as ações dos EUA, e de uma carteira mundial de ações de alta capitalização da América do Norte, Europa e Ásia. Observe a relação geralmente crescente entre a volatilidade histórica e o retorno médio dessas grandes carteiras.

Fonte: CRSP, Morgan Stanley Capital International e Global Financial Data.

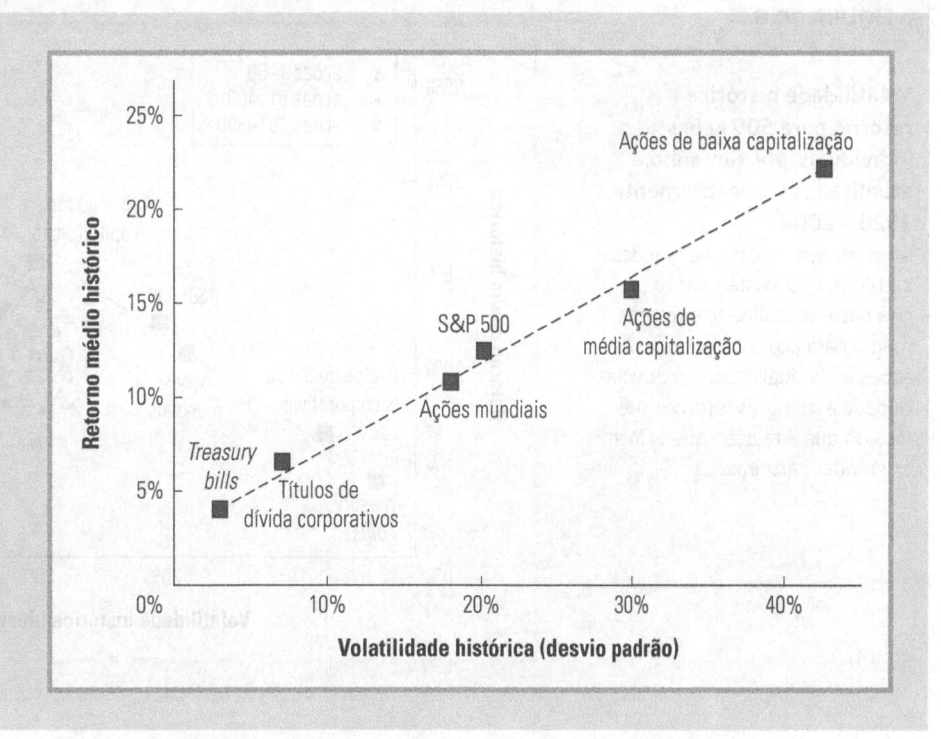

maior risco e menores retornos do que teríamos previsto a partir de uma simples extrapolação de nossos dados a partir de grandes carteiras.

Assim, apesar de a volatilidade parecer ser uma medida razoável de risco ao avaliarmos uma grande carteira, ela não é adequada para explicar os retornos de papéis individuais. O que podemos concluir desse fato? Por que os investidores não exigem um retorno mais alto de ações com maior volatilidade? E como é que o S&P 500 – uma carteira das 500 maiores ações – é tão menos arriscado do que todas as 500 ações individualmente? Para responder essas perguntas, precisamos pensar mais cuidadosamente em como medir o risco para um investidor.

FIXAÇÃO DE CONCEITOS

1. O que é retorno em excesso, ou prêmio de retorno?
2. É verdade que os retornos esperados de ações individuais crescem proporcionalmente à volatilidade?

10.5 Risco comum versus risco independente

Nesta seção, explicaremos por que o risco de um título individual difere do risco de uma carteira composta por papéis similares. Começaremos com um exemplo da indústria de seguros. Considere dois tipos de seguros residenciais: contra roubo e contra terremotos. Suponhamos, com o propósito de ilustração, que o risco de cada um desses dois perigos seja similar para determinada residência na área de São Francisco, Califórnia. Todo ano há uma chance de aproximadamente 1% de que a residência seja roubada e uma chance de 1% de que ela seja danificada por um terremoto.

Neste caso, a chance de a seguradora ter que pagar uma indenização para uma única residência é a mesma para ambos os tipos de apólice de seguros. Suponha que uma seguradora emita 100.000 apólices de seguro de cada tipo para proprietários de residências de São Francisco. Sabemos que os riscos de apólices individuais são similares, mas os riscos de carteiras de apólices também o são?

Primeiramente, consideremos o seguro contra roubo. Como a chance de roubo de qualquer residência específica é de 1%, espera-se que aproximadamente 1% das 100.000 residências sofra al-

FIGURA 10.6

Volatilidade histórica e retorno para 500 ações individuais, por tamanho, atualizadas trimestralmente, 1926 – 2004

Ao contrário do caso de grandes carteiras, não existe relação precisa entre volatilidade e retorno médio para ações individuais. As ações individuais têm maior volatilidade e menores retornos médios do que a relação que exibem as grandes carteiras.

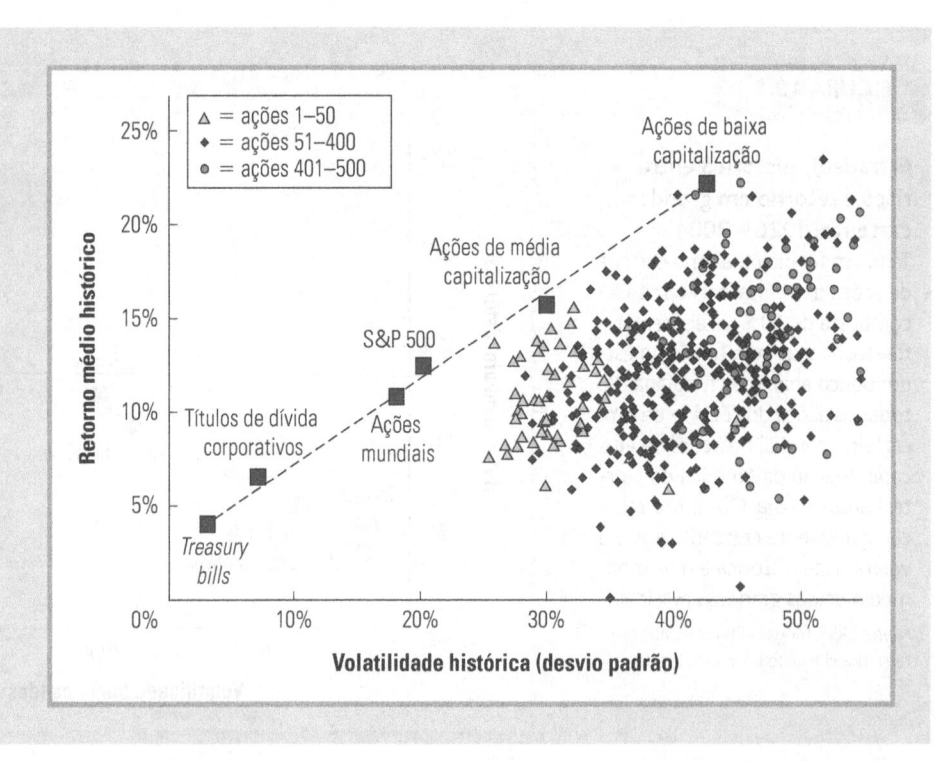

gum roubo. Assim, o número de indenizações será de aproximadamente 1.000 por ano. O número real de indenizações pode ser um pouco mais alto ou mais baixo a cada ano, mas não muito. De fato, a Figura 10.7 mostra a probabilidade de a seguradora receber diferentes números de pedidos de indenização, supondo que as ocorrências de roubo sejam independentes umas das outras (isto é, o fato de uma casa ser roubada não muda as chances de outras casas serem roubadas). A Figura 10.7 mostra que o número de pedidos de indenização por ano quase sempre estará entre 875 e 1.125 (0,875% e 1,125% do número de apólices seguradas). Neste caso, se a seguradora possui reservas suficientes para cobrir 1.200 indenizações, ela quase certamente terá o suficiente para atender às suas obrigações junto às apólices de seguro contra roubo.

Agora consideremos o seguro contra terremoto. Existe uma chance de 99% de que não ocorram terremotos. Todas as residências se localizam na mesma cidade, então, na ocorrência de um terremoto, é provável que todas as casas sejam afetadas e a seguradora pode esperar 100.000 pedidos de indenização. Consequentemente, a seguradora terá que ter reservas suficientes para cobrir indenizações para todas as 100.000 apólices por ela seguradas para que possa atender às suas obrigações no caso de um terremoto.

Assim, seguros contra terremoto e contra roubo levam a carteiras com características de risco muito diferentes. Para o seguro contra terremotos, o número de indenizações é muito arriscado. Ele muito provavelmente será zero, mas há uma chance de 1% de que a seguradora tenha que pagar indenizações para *todas* as apólices que emitiu. Neste caso, o risco da carteira de apólices de seguro não é diferente do risco de uma apólice qualquer – ainda é tudo ou nada. Ao contrário, para o seguro contra roubo, o número de indenizações em determinado ano é bastante previsível. Entra ano, sai ano, ele será muito próximo de 1% do número total de apólices emitidas, ou 1.000 indenizações. A carteira de apólices de seguro contra roubo não possui quase nenhum risco![10]

FIGURA 10.7

Probabilidade de diferentes números de pedidos de indenização para uma carteira de 100.000 apólices de seguro contra roubo
A distribuição supõe que haja 1% de chance de roubo para uma residência individual, e que a incidência de roubos seja independente entre as residências. O número de pedidos de indenização geralmente é muito próximo de 1.000, ou 1% das apólices seguradas. O número de pedidos de indenização quase sempre se encontra entre 875 e 1.125 (0,875% e 1,125% do número de apólices seguradas).

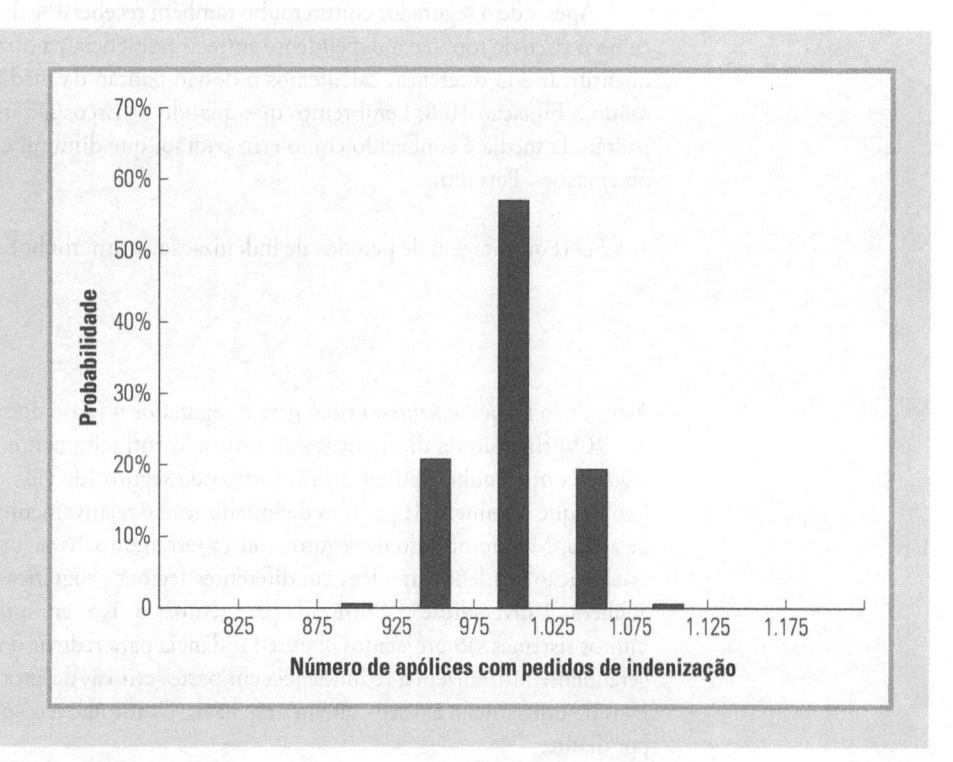

---

[10] No caso de seguros, essa diferença no risco – e, portanto, nas reservas necessárias – pode levar a uma diferença significativa no custo do seguro. De fato, os seguros contra terremotos são considerados mais caros na hora da compra, apesar de o risco para uma residência individual poder ser similar a outros riscos, como roubo ou incêndio.

Por que as carteiras de apólices de seguros são tão diferentes se as apólices individuais são tão similares? Intuitivamente, a principal diferença entre elas é que um terremoto afeta todas as casas simultaneamente, então o risco possui uma correlação perfeita entre as residências. Chamamos os riscos com correlação perfeita de **risco comum**. Ao contrário, supomos que roubos em diferentes residências não estejam relacionados uns aos outros, então o risco de roubo não possui correlação e é independente entre as residências. Chamamos este tipo de risco de **risco independente**. Quando os riscos são independentes, alguns proprietários individuais não têm sorte e outros têm, mas em geral o número de indenizações é bastante previsível. A compensação mútua de riscos independentes em uma grande carteira chama-se **diversificação**.[11]

Podemos quantificar esta diferença em termos do desvio padrão da porcentagem de indenizações. Primeiro, consideremos o desvio padrão de um proprietário de um imóvel individual. No início do ano, ele espera uma chance de 1% de ter que fazer um pedido de indenização para qualquer dos tipos de seguro. Mas no final do ano, ele terá feito um pedido (100%) ou não (0%). Utilizando a Equação 10.2, o desvio padrão é

$$SD(\text{Indenização}) = \sqrt{Var(\text{Indenização})}$$
$$\sqrt{0{,}99 \times (0 - 0{,}01)^2 + 0{,}01 \times (1 - 0{,}01)^2} = 9{,}95\%$$

Para o proprietário, este desvio padrão é o mesmo para uma perda decorrente de terremoto ou de roubo.

Agora consideremos o desvio padrão da porcentagem de indenizações da seguradora. No caso do seguro contra terremotos, como o risco é comum, a porcentagem de indenizações é 100% ou 0%, assim como para o proprietário. Assim, a porcentagem de pedidos de indenização recebidos pelo segurador também é 1% em média, com um desvio padrão de 9,95%.

Apesar de o segurador contra roubo também receber 1% de pedidos de indenização em média, como o risco de roubo é independente entre as residências, a carteira é muito menos arriscada. Para quantificar esta diferença, calculemos o desvio padrão da média de pedidos de indenização utilizando a Equação 10.8. Lembremos que quando os riscos são independentes e idênticos, o desvio padrão da média é conhecido como erro padrão, que diminui com a raiz quadrada do número de observações. Portanto,

$$SD \text{ (Porcentagem de pedidos de indenização contra roubo)} = \frac{SD \text{ (Pedidos individuais)}}{\sqrt{\text{Número de observações}}}$$
$$= \frac{9{,}95\%}{\sqrt{100{.}000}} = 0{,}03\%$$

Assim, não há quase *nenhum* risco para o segurador no caso do seguro contra roubo.

O princípio da diversificação é utilizado rotineiramente na indústria de seguros. Além do seguro contra roubo, muitas outras formas de seguro (de vida, saúde, automóvel) contam com o fato de que o número de pedidos de indenização é relativamente previsível em uma grande carteira de ações. Mesmo no caso de seguros contra terremotos, as seguradoras podem alcançar alguma diversificação vendendo apólices em diferentes regiões geográficas ou associando diferentes tipos de apólices. A diversificação é utilizada para reduzir o risco em muitos outros cenários. Por exemplo, muitos sistemas são projetados com redundância para reduzir o risco de contratempos: as empresas geralmente introduzem a redundância em partes críticas do processo de fabricação, a NASA coloca mais de uma antena em seus satélites espaciais, os automóveis contêm pneus sobressalentes, e assim por diante.

---

[11] Harry Markowitz foi o primeiro a formalizar o papel da diversificação na formação de uma carteira otimizada no mercado de ações. Ver H. M. Markowitz, "Portfolio Selection", *Journal of Finance* 7 (1952): pp. 77-91.

> ### EXEMPLO 10.5 Diversificação e "jogos de azar"
>
> **Problema**
>
> As roletas são tipicamente marcadas com os números 1 a 36, além de 0 e 00. Cada um desses resultados tem a mesma chance de ocorrer a cada vez que a roleta é girada. Se você apostar em qualquer número e ele sair, o *payoff* será de 35:1; isto é, se você apostar $1, receberá $36 se ganhar ($35 mais seu $1 original), e nada se você perder. Suponha que você tenha apostado $1 em seu número favorito. Qual é o lucro esperado do cassino? Qual é o desvio padrão desse lucro para uma única aposta? Suponha que sejam feitas 9 milhões de apostas similares em todo o cassino em um mês típico. Qual é o desvio padrão das receitas médias mensais do cassino por dólar apostado?
>
> **Solução**
>
> Como há 38 números na roleta, as chances de ganhar são de 1/38. O cassino perde $35 se você ganhar, e ganha $1 se você perder. Portanto, utilizando a Equação 10.1, o lucro esperado do cassino é
>
> $$E[Payoff] = (1/38) \times (-\$35) + (37/38) \times (\$1) = \$0{,}0526$$
>
> Isto é, para cada dólar apostado, o cassino ganha 5,26 centavos em média. Para uma única aposta, calculamos o desvio padrão deste lucro utilizando a Equação 10.2
>
> $$SD(Payoff) = \sqrt{(1/38) \times (-35 - 0{,}0526)^2 + (37/38) \times (1 - 0{,}0526)^2} = \$5{,}76$$
>
> Este desvio padrão é muito grande em relação à magnitude dos lucros. Mas se muitas apostas forem feitas, o risco será diversificado. Utilizando a Equação 10.8, o desvio padrão das receitas médias mensais por dólar apostado é apenas
>
> $$SD(Payoff\ \text{médio}) = \frac{\$5{,}76}{\sqrt{9.000.000}} = \$0{,}0019$$
>
> Em outras palavras, o intervalo de 95% de confiança dos lucros do cassino por dólar apostado é de $0,0526 $\pm$ (2 $\times$ 0,0019) = $0,0488 a $0,0564. Dados os $9 milhões em apostas feitas, os lucros mensais do cassino quase sempre estarão entre $439.000 e $508.000, o que é um risco muito baixo. A suposição fundamental, obviamente, é que o resultado de cada aposta seja independente. Se os $9 milhões fossem apostados em um único resultado, o risco do cassino seria grande – perder 35 $\times$ $9 milhões = $315 milhões se a aposta ganhar. Por este motivo, os cassinos sempre impõem limites sobre a quantia de qualquer aposta individual.

FIXAÇÃO DE CONCEITOS
1. Qual é a diferença entre risco comum e risco independente?
2. Sob que circunstâncias o risco será diversificado em uma grande carteira de contratos de seguro?

10.6 Diversificação em carteiras de ações

Assim como indica o exemplo dos seguros, o risco de uma carteira de contratos de seguros depende de se os riscos individuais nela contidos são comuns ou independentes. Os riscos independentes são diversificados em uma grande carteira, enquanto que os riscos comuns não o são. Consideremos as implicações desta distinção para o risco de carteiras de ações.

Risco específico à empresa *versus* risco sistemático

Ao longo de determinado período, o risco de deter ações é que os dividendos mais o preço final da ação seja maior ou menor do que o esperado, o que torna o retorno realizado arriscado. O que faz os dividendos ou o preço das ações e, portanto, os retornos, serem maiores ou menores do que o que esperamos? Normalmente, os preços e dividendos de ações flutuam devido a dois tipos de notícias:

1. *Notícia específica à empresa* é qualquer notícia boa ou ruim sobre a empresa propriamente dita. Por exemplo, uma empresa pode anunciar que teve êxito em aumentar sua fração de mercado em sua indústria.

2. *Notícia relativa a todo o mercado* é qualquer notícia sobre a economia como um todo e que, portanto, afeta todos os grupos de ações. Por exemplo, o Federal Reserve dos EUA pode anunciar que baixará as taxas de juros para aquecer a economia.

As flutuações do retorno de ações que ocorrem devido a notícias específicas às empresas são riscos independentes. Assim como o roubo de residências, esses riscos não estão relacionados entre os grupos de ações. Este tipo de risco também é chamado de **risco específico à empresa, idiossincrático, não-sistemático, único** ou **diversificável**.

As flutuações do retorno de ações que ocorrem devido a notícias relativas a todo o mercado representam riscos comuns. Assim como no caso dos terremotos, todos os grupos de ações são afetados simultaneamente pelas notícias. Este tipo de risco também é chamado de **risco sistemático, não-diversificável** ou **de mercado**.

Quando associamos muitos grupos de ações em uma grande carteira, os riscos específicos às empresas de cada grupo de ações compensarão uns aos outros e serão diversificados. Boas notícias afetarão alguns grupos de ações e más notícias afetarão outros, mas a quantidade de boas ou más notícias em geral será relativamente constante. O risco sistemático, porém, afetará todas as empresas – e, portanto, toda a carteira – e não será diversificado.

Consideremos um exemplo. Suponhamos que empresas do tipo S sejam afetadas *apenas* pela força da economia, um risco sistemático que possui uma chance de 50/50 de ser forte ou fraco. Se a economia estiver forte, as ações do tipo S terão um retorno de 40%; se a economia estiver fraca, seu retorno será de −20%. Como essas empresas enfrentam um risco sistemático (a força da economia), manter uma grande carteira de empresas do tipo S não diversificará o risco. Quando a economia estiver forte, a carteira terá o mesmo retorno de 40% que cada empresa do tipo S; quando a economia estiver fraca, a carteira também terá um retorno de −20%.

Agora consideremos empresas do tipo I, que são afetadas apenas por riscos idiossincráticos, específicos às empresas. Seus retornos têm as mesmas chances de serem 35% ou −25%, com bases em fatores específicos ao mercado local de cada empresa. Como esses riscos são específicos à empresa, se mantivermos uma carteira com as ações de muitas empresas do tipo I, o risco será diversificado. Aproximadamente metade das empresas terá retornos de 35% e metade terá retornos de −25%, de modo que o retorno da carteira será o retorno médio de 50% (0,35) + 50% (-0,25) = 5%.

A Figura 10.8 ilustra como a volatilidade diminui com o tamanho da carteira de empresas do tipo S e I. As empresas de tipo S têm somente risco sistemático. Assim como com o seguro contra terremotos, a volatilidade da carteira não muda com o aumento do número de empresas. As empresas do tipo I possuem somente risco idiossincrático. Assim como com o seguro contra roubo, o risco é diversificado à medida que o número de empresas aumenta e a volatilidade diminui. Como fica evidente com a Figura 10.8, com um grande número de empresas, o risco é essencialmente eliminado.

É claro que as empresas reais não são do tipo S nem do tipo I. As empresas são afetadas tanto por riscos sistemáticos, que afetam todo o mercado, quanto por riscos específicos a elas. A Figura 10.8 também mostra como a volatilidade muda com o tamanho de uma carteira que contém as ações de empresas típicas. Quando as empresas carregam ambos os tipos de risco, apenas o risco específico será diversificado quando associarmos as ações de muitas empresas em uma carteira. A volatilidade, portanto, irá diminuir até que somente o risco sistemático, que afeta todas as empresas, permaneça.

Este exemplo explica um dos enigmas da Figura 10.6. Nessa figura, vimos que o S&P 500 tinha uma volatilidade muito mais baixa do que quaisquer das ações individuais. Agora podemos ver por quê: as ações individuais contêm risco específico à empresa, que é eliminado quando as associamos em uma grande carteira. Assim, a carteira como um todo pode ter uma volatilidade mais baixa do que cada um dos grupos de ações nela contidos.

Ausência de arbitragem e o prêmio de risco

Consideremos novamente as empresas do tipo I, que são afetadas apenas por riscos específicos a elas. Como cada empresa individual do tipo I é arriscada, os investidores devem esperar obter um prêmio de risco ao investir nelas?

FIGURA 10.8

Volatilidade de carteiras de ações do tipo S e I

Como as empresas do tipo S possuem apenas risco sistemático, a volatilidade da carteira não muda. As empresas do tipo I possuem apenas risco idiossincrático, que é diversificado e eliminado com o aumento do número de empresas na carteira. Ações típicas carregam um misto de ambos os tipos de risco, de modo que o risco da carteira diminui à medida que o risco idiossincrático vai se diversificando, mas o risco sistemático ainda permanece.

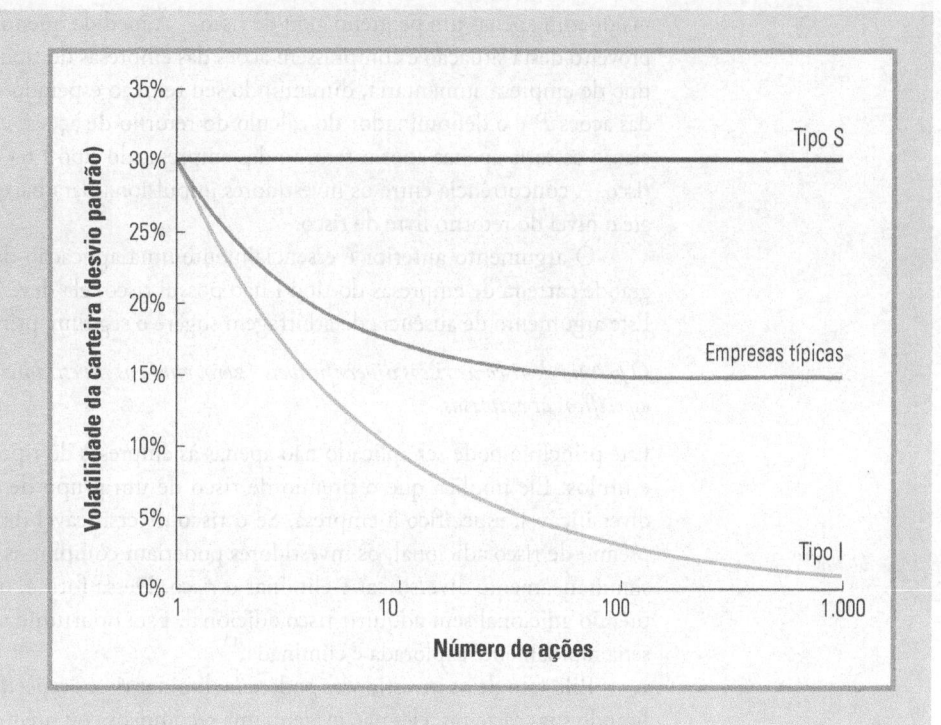

EXEMPLO 10.6

Volatilidade de carteiras

Problema

Qual é a volatilidade do retorno médio de dez empresas do tipo S? Qual é a volatilidade do retorno médio de dez empresas do tipo I?

Solução

As empresas S possuem retornos igualmente prováveis de 40% ou −20%. Seu retorno esperado é $\frac{1}{2}(40\%) + \frac{1}{2}(-20\%) = 10\%$, então

$$SD(R_S) = \sqrt{\tfrac{1}{2}(0{,}40 - 0{,}10)^2 + \tfrac{1}{2}(-0{,}20 - 0{,}10)^2} = 30\%$$

Como todas as empresas do tipo S possuem retornos altos ou baixos ao mesmo tempo, o retorno médio de dez empresas deste tipo também é de 40% ou −20%. Assim, o retorno delas possui a mesma volatilidade de 30%, como exibe a Figura 10.8.

As empresas do tipo I possuem retornos igualmente prováveis de 35% ou −25%. Seu retorno esperado é $\frac{1}{2}(35\%) + \frac{1}{2}(-25\%) = 5\%$, então

$$SD(R_I) = \sqrt{\tfrac{1}{2}(0{,}35 - 0{,}05)^2 + \tfrac{1}{2}(-0{,}25 - 0{,}05)^2} = 30\%$$

Como os retornos das empresas do tipo I são independentes, utilizando a Equação 10.8, o retorno médio de dez empresas deste tipo possui volatilidade de $30\% / \sqrt{10} = 9{,}5\%$, como mostra a Figura 10.8.

Em um mercado competitivo, a resposta é não. Para vermos o porquê, suponhamos que o retorno esperado das empresas do tipo I exceda a taxa de juros livre de risco. Então, ao manter uma grande carteira com muitas empresas do tipo I, os investidores podem diversificar o risco específico a cada uma dessas empresas e obter um retorno acima da taxa de juros livre de risco sem assumir nenhum risco significativo.

A situação que acabamos de descrever é muito próxima de uma oportunidade de arbitragem, o que os investidores achariam muito atraente. Eles tomariam dinheiro emprestado pela taxa de juros livre de risco e investiriam em uma grande carteira de empresas do tipo I, que oferece um retorno maior com apenas um pequeno grau de risco.[12] À medida que mais investidores começassem a tirar proveito desta situação e comprassem ações das empresas do tipo I, o preço corrente das ações deste tipo de empresa aumentaria, diminuindo seu retorno esperado – lembremos que o preço corrente das ações P_t é o denominador do cálculo do retorno de ações, como na Equação 10.4. Esta negociação cessaria apenas após o retorno das empresas do tipo I ter se igualado à taxa de juros livre de risco. A concorrência entre os investidores impulsiona para baixo o retorno das empresas do tipo I até o nível do retorno livre de risco.

O argumento anterior é essencialmente uma aplicação da Lei do Preço Único: como uma grande carteira de empresas do tipo I não possui risco, ela deve obter a taxa de juros livre de risco. Este argumento de ausência de arbitragem sugere o seguinte princípio mais geral:

O prêmio de risco de riscos diversificáveis é zero, então os investidores não são compensados por deter riscos específicos às empresas.

Este princípio pode ser aplicado não apenas às empresas do tipo I, mas a todos os grupos de ações e títulos. Ele implica que o prêmio de risco de um grupo de ações não é afetado por seu risco diversificável, específico à empresa. Se o risco diversificável de ações fosse compensado com um prêmio de risco adicional, os investidores poderiam comprar as ações, obter o prêmio adicional, e simultaneamente diversificar e eliminar o risco. Dessa forma, os investidores poderiam obter um prêmio adicional sem adquirir risco adicional. Esta oportunidade de obter algo em troca de nada seria rapidamente explorada e eliminada.[13]

Pelo fato de os investidores poderem eliminar riscos específicos às empresas "de graça" diversificando suas carteiras, eles não exigem uma recompensa ou prêmio de risco por detê-las. Entretanto, a diversificação não reduz riscos sistemáticos: mesmo mantendo uma grande carteira, um investidor será exposto a riscos que afetam toda a economia e, portanto, afetam todos os títulos. Por serem avessos a risco, os investidores exigirão um prêmio de risco para manter riscos sistemáticos; caso contrário, eles se sairiam melhor vendendo suas ações e investindo em títulos de dívida livres de risco. Como o risco idiossincrático poder ser eliminado de graça através da diversificação, enquanto que o risco sistemático só pode ser eliminado sacrificando-se os retornos esperados, é o risco sistemático de um título que determina o prêmio de risco que os investidores exigem para detê-lo. Este fato leva a um segundo princípio fundamental:

O prêmio de risco de um título é determinado por seu risco sistemático e não depende de seu risco diversificável.

Este princípio implica que a volatilidade de um grupo de ações, que é uma medida do risco total (isto é, risco sistemático mais risco diversificável), não é especialmente útil para a determinação do prêmio de risco que os investidores obterão. Por exemplo, consideremos novamente as empresas do tipo S e I. Como calculado no Exemplo 10.6, a volatilidade de uma única empresa S ou I é de 30%. Apesar de ambos os tipos de empresa terem a mesma volatilidade, as do tipo S possuem um retorno esperado de 10% e as do tipo I, de 5%. A diferença nos retornos esperados é proveniente da diferença no tipo de risco que cada empresa apresenta. As de tipo I possuem apenas riscos específicos à empresa, que não exigem um prêmio de risco, então seu retorno esperado de 5% é igual à taxa de juros livre de risco. As de tipo S possuem apenas riscos sistemáticos. Como os investidores exigem compensação por assumir esse tipo de risco, o retorno esperado de 10% fornece a eles um prêmio de risco de 5% acima da taxa de juros livre de risco.

Agora temos uma explicação para o segundo enigma da Figura 10.6. Apesar de a volatilidade poder ser uma medida razoável do risco de uma grande carteira, ela não é uma medida adequada para um título individual. Assim, não deveria haver uma relação clara entre a volatilidade e os retornos médios para títulos individuais. Consequentemente, para estimar o retorno esperado de um título, precisamos encontrar uma medida de seu risco sistemático.

---

[12] Se os investidores pudessem realmente manter uma grande carteira suficientemente grande e diversificar completamente o risco, então essa seria uma verdadeira oportunidade de arbitragem.

[13] O principal ponto deste argumento pode ser encontrado em S. Ross, "The Arbitrage Theory of Capital Asset Pricing", *Journal of Economic Theory* 13 (December 1976): pp. 341-360.

ERRO COMUM — A falácia da diversificação de longo prazo

Vimos que os investidores podem diminuir seu risco consideravelmente dividindo os dólares investidos entre muitos investimentos diferentes, eliminando o risco diversificável de suas carteiras. Às vezes discute-se que a mesma lógica se aplica ao passar do tempo: ao investirmos durante muitos anos, também podemos diversificar o risco que enfrentamos durante qualquer ano em particular. Isso está certo? A longo prazo, o risco ainda importa?

A Equação 10.8 nos diz que se os retornos a cada ano são independentes, a volatilidade do retorno anual médio diminui com o número de anos em que investimos. É claro que, como investidores de longo prazo, não nos importamos com a volatilidade de nosso retorno *médio*; em vez disso, o que importa é a volatilidade de nosso retorno *cumulativo* ao longo do período. Esta volatilidade cresce com o horizonte de investimento, como será ilustrado no próximo capítulo.

Em 1925, ações de alta capitalização norte-americanas aumentaram em valor em aproximadamente 30%. Na verdade, um investimento de $77 no início de 1925 teria crescido para $77 × 1,30 = $100 no final do ano. Vemos, a partir da Figura 10.1, que se esses $100 tivessem sido investidos no S&P 500 de 1926 em diante, eles teriam crescido para aproximadamente $234.000 no início de 2005. Mas suponhamos que greves nos setores de mineração e transportes tenham feito as ações caírem em 35% em 1925. Então os $77 iniciais estariam valendo apenas $77 × (1 − 35%) = $50 no início de 1926. Se os retornos daí em diante não mudassem, o investimento estaria valendo a metade em 2005, ou $117.000.

Assim, se os retornos futuros não são afetados pelo retorno de hoje, então um aumento ou uma diminuição no valor de nossa carteira hoje se traduzirá no mesmo aumento ou diminuição percentual no valor de nossa carteira no futuro, de modo que não há diversificação com o passar do tempo. A única maneira em que a extensão do horizonte de tempo pode reduzir o risco é se um retorno abaixo da média neste ano implicar que os retornos têm maiores chances de estarem acima da média no futuro (e vice-versa), um fenômeno às vezes chamado de *reversão média*. A reversão média implica que baixos retornos passados podem ser utilizados para prever altos retornos futuros na bolsa de valores.

Para horizontes curtos de apenas alguns anos, não há evidência de reversão média na bolsa de valores. Para horizontes mais longos, há alguma evidência de reversão média historicamente, mas não está claro o quanto esta evidência é confiável (não há décadas suficientes de dados precisos disponíveis sobre as bolsas de valores) ou se o padrão irá continuar. Mesmo que haja uma reversão média a longo prazo nos retornos de ações, uma estratégia de diversificação de "compra-e-manutenção" ainda não é ótima: como a reversão média implica que os retornos passados podem ser utilizados para prever retornos futuros, deve-se investir mais em ações quando se prevê que os retornos serão altos, e menos quando se prevê que eles serão baixos. Esta estratégia é muito diferente da diversificação que alcançamos ao manter muitos grupos de ações, onde não podemos prever que grupos de ações terão choques bons ou ruins específicos às empresas.

No Capítulo 3, utilizamos um exemplo simples para mostrar que o prêmio de risco de um investimento depende de como seus retornos se movem em relação à economia geral. Em particular, os investidores avessos a risco exigirão um prêmio para investir em títulos que terão um mau desempenho em épocas difíceis (lembremos, por exemplo, do desempenho das ações de baixa capitalização na Figura 10.1 durante a Grande Depressão). Esta ideia coincide com a noção de risco sistemático que definimos neste capítulo. O risco que afeta toda a economia – isto é, o risco das recessões e dos *booms* – é um risco sistemático que não pode ser diversificado. Portanto, um ativo que acompanha a economia contém risco sistemático e, portanto, exige um prêmio de risco.

EXEMPLO 10.7 — Risco diversificável *versus* sistemático

Problema

Qual dos riscos de ações a seguir são provavelmente riscos diversificáveis específicos às empresas, e quais são provavelmente riscos sistemáticos? Que riscos irão afetar o prêmio de risco exigido pelos investidores?

a. O risco de que o fundador e CEO se aposente.
b. O risco de que os preços do petróleo suba, aumentando os custos de produção.
c. O risco de que o projeto de um produto seja falho e a empresa tenha que realizar um *recall*.
d. O risco de que a economia esfrie, reduzindo a demanda pelos produtos da empresa.

> **Solução**
> Como os preços do petróleo e a saúde da economia afetam todas as ações, os riscos (b) e (d) são sistemáticos. Esses riscos não são diversificados em uma grande carteira, e então afetarão o prêmio de risco que os investidores exigem para investir em um grupo de ações. Os riscos (a) e (c) são específicos às empresas, e então são diversificáveis. Apesar de estes riscos deverem ser considerados ao se estimarem os fluxos de caixa futuros de uma empresa, eles não afetarão o prêmio de risco que os investidores exigirão e, portanto, não afetarão o custo de capital da empresa.

FIXAÇÃO DE CONCEITOS
1. Explique por que o prêmio de riscos diversificáveis é zero.
2. Por que o prêmio de risco de um título é determinado somente por seu risco sistemático?

10.7 Estimando o retorno esperado

Ao avaliar o risco de um investimento, um investidor levará em consideração seu risco sistemático, que não pode ser eliminado através da diversificação. Em troca de correr riscos sistemáticos, os investidores querem ser compensados obtendo retornos mais altos. Então, para determinar o retorno esperado que os investidores irão exigir para empreender um investimento, temos que dar dois passos:

1. Medir o risco sistemático do investimento.
2. Determinar o prêmio de risco exigido para compensar por este grau de risco sistemático.

Uma vez tendo concluído os passos (1) e (2), poderemos estimar o retorno esperado do investimento. Nesta seção, descreveremos em linhas gerais o principal método utilizado na prática.

Medindo o risco sistemático

Para medir o risco sistemático de um grupo de ações, temos que determinar o quanto da variabilidade de seu retorno é devido a riscos sistemáticos, que afetam todo o mercado, e o quanto é devido a riscos diversificáveis, específicos à empresa. Isto é, gostaríamos de saber o quanto as ações são sensíveis a choques sistemáticos, que afetam a economia como um todo.

Se quiséssemos determinar o grau de sensibilidade do retorno de um grupo de ações a mudanças nas taxas de juros, por exemplo, teríamos que ver quanto o retorno tende a mudar em média para cada alteração de 1% nas taxas de juros. Da mesma maneira, se quiséssemos determinar o grau de sensibilidade do retorno de ações aos preços do petróleo, teríamos que examinar a mudança média no retorno para cada alteração de 1% no preço do petróleo. Igualmente, se quiséssemos determinar o grau de sensibilidade de ações a riscos sistemáticos, teríamos que observar a mudança média no retorno para cada alteração de 1% no retorno de uma *carteira que flutua somente devido a riscos sistemáticos*.

Assim, o passo fundamental para medir o risco sistemático é encontrar uma carteira que contenha *somente* risco sistemático. Então, mudanças no preço desta carteira corresponderão a choques sistemáticos na economia. Chamamos esta carteira de **carteira eficiente**. Uma carteira eficiente não pode ser mais diversificada – isto é, não há nenhum modo de reduzir o risco da carteira sem diminuir seu retorno esperado.

Como veremos nos próximos capítulos, a melhor maneira de identificar uma carteira eficiente é uma das questões fundamentais das finanças modernas. Como a diversificação melhora com o número de ações mantido em uma carteira, uma carteira eficiente deve ser uma carteira grande que contenha muitos grupos diferentes de ações. Assim, é razoável considerar uma carteira que contenha todas as ações de todos os grupos de ações e títulos do mercado. Chamamos esta carteira de **carteira de mercado**. Como é difícil encontrar dados sobre os retornos de muitos títulos de dívida e ações de baixa capitalização, é comum na prática utilizar a carteira S&P 500 como uma aproximação para a carteira de mercado, sob a suposição de que o S&P 500 seja uma carteira suficientemente grande para ser totalmente diversificada.

Se supusermos que a carteira de mercado (ou o S&P 500) é eficiente, então mudanças no valor da carteira de mercado representam choques sistemáticos na economia. De posse desta informação, podemos medir o risco sistemático do retorno de um título por seu beta. O **beta** (β) de um título é a sensibilidade do retorno do título ao retorno do mercado em geral. Mais precisamente,

O beta é a mudança percentual esperada no retorno em excesso de um título para uma alteração de 1% no retorno em excesso da carteira de mercado.

EXEMPLO 10.8

Estimando o beta

Problema

Suponha que o retorno em excesso da carteira de mercado tenda a aumentar em 47% quando a economia está forte e diminuir em 25% quando está fraca. Qual é o beta de uma empresa do tipo S cujo retorno em excesso é de 40% em média quando a economia está forte e de −20% quando está fraca? Qual é o beta de uma empresa do tipo I que possui somente riscos idiossincráticos específicos à empresa?

Solução

O risco sistemático da força da economia produz uma mudança de 47% − (−25%) = 72% no retorno da carteira de mercado. O retorno da empresa de tipo S muda em 40% − (−20%) = 60% em média. Assim, o beta da empresa é β_S = 60% / 72% = 0,833%. Isto é, cada alteração de 1% no retorno da carteira de mercado leva a uma mudança de 0,833 em média no retorno da empresa de tipo S.

O retorno de uma empresa do tipo I que possui apenas riscos específicos à empresa, porém, não é afetado pela força da economia. Seu retorno é afetado somente por fatores que são específicos à empresa. Esteja a economia forte ou fraca, ela terá o mesmo retorno esperado, logo β_I = 0% / 72% = 0.

Veremos técnicas estatísticas para estimar o beta a partir de dados históricos no Capítulo 12. É importante observar que podemos estimar o beta com razoável precisão utilizando apenas alguns anos de dados (o que não ocorre com os retornos esperados, como vimos no Exemplo 10.4). Utilizando o S&P 500 para representar o retorno do mercado, a Tabela 10.6 mostra os betas de vários grupos de ações, além de os betas médios para grupos de ações de sua indústria, durante 2000-2005. Como exibe a tabela, cada alteração de 1% no retorno em excesso do mercado durante este período levou, em média, a uma mudança de 2,17% no retorno em excesso da Intel, mas a uma mudança de apenas 0,50% no retorno em excesso da Coca-Cola.

O beta mede a sensibilidade de um título a fatores de risco que afetam todo o mercado. Para um grupo de ações, este valor está relacionado ao grau de sensibilidade de suas receitas e fluxos de caixa subjacentes às condições econômicas gerais. As ações de indústrias cíclicas, em que as receitas tendem a variar significativamente ao longo do ciclo de negócios, têm mais chances de ser mais sensíveis a riscos sistemáticos e possuem maiores betas do que ações em indústrias menos sensíveis.

Por exemplo, observe os betas relativamente baixos da Edison International (uma empresa de serviços de eletricidade), da Anheuser-Busch (uma empresa de produção de cerveja) e da H. J. Heinz (uma fabricante de ketchup). As empresas de serviços de utilidade pública tendem a ser estáveis e altamente regulamentadas, e, assim, são insensíveis a flutuações no mercado como um todo. As empresas de fabricação de cerveja e de alimentos também são muito insensíveis – a demanda por seus produtos parece não estar relacionada aos altos e baixos da economia como um todo.

No outro extremo, as ações de tecnologia tendem a possuir os maiores betas; a média da indústria é próxima a 2, com os betas das ações de Internet (como as do Yahoo!) sendo ainda maiores. Os choques na economia possuem um impacto amplificado sobre essas ações: quando o mercado como um todo cresce, a Intel tende a se elevar quase o dobro; mas quando o mercado tropeça, ela tende a cair quase o dobro.

TABELA 10.6	Betas relativos ao S&P 500 para ações individuais e betas médios de ações em suas indústrias (com base em dados mensais entre 2000-2005)				
Indústria	Beta	Símbolo	Empresa		Beta
Ouro e prata	−0,04	NEM	Newmont Mining Corporation		0,02
Bebidas (alcoólicas)	0,23	BUD	Anheuser-Busch Companies, Inc.		0,10
Produtos pessoais e domésticos	0,25	PG	The Procter & Gamble Company		0,19
Processamento de alimentos	0,34	HNZ	H. J. Heinz Company		0,37
		HSY	The Hershey Company		−0,10
Bebidas (não-alcoólicas)	0,43	KO	The Coca-Cola Company		0,50
Serviços de eletricidade	0,48	EIX	Edison International		0,50
Principais medicamentos	0,48	PFE	Pfizer, Inc.		0,54
Restaurantes	0,69	SBUX	Starbucks Corporation		0,60
Varejo (compras para casa)	0,74	SWY	Safeway, Inc.		0,67
Conglomerados	0,84	GE	General Electric Company		0,85
Produtos florestais e de madeira	0,95	WY	Weyerhaeuser Company		0,96
Produtos recreativos	1,00	HDI	Harley-Davidson, Inc.		1,14
Vestuário/Acessórios	1,12	LIZ	Liz Claiborne, Inc.		0,90
Varejo (benfeitorias domésticas)	1,22	HD	Home Depot, Inc.		1,43
Fabricantes de automóveis e caminhões	1,44	GM	General Motors Corporation		1,20
Hardware de computadores	1,60	AAPL	Apple Computer, Inc.		1,35
Software e programação	1,74	ADBE	Adobe Systems, Inc.		1,84
		MSFT	Microsoft Corporation		1,12
Serviços de informática	1,77	YHOO	Yahoo! Inc.		2,80
Equipamentos de comunicação	2,20	CSCO	Cisco Systems, Inc.		2,28
Semicondutores	2,59	AMD	Advanced Micro Devices, Inc.		3,23
		INTC	Intel Corporation		2,17

Lembremos que o beta é diferente da volatilidade. A volatilidade mede o risco total – isto é, tanto os riscos de mercado quanto os específicos a cada empresa – de modo que não existe nenhuma relação necessária entre volatilidade e beta. Consideremos que a Pfizer (uma empresa de produtos farmacêuticos) e a Intel possam ter uma volatilidade similar. A Pfizer, porém, possui um beta muito mais baixo. Apesar de as empresas de produtos farmacêuticos enfrentarem um alto grau de risco relacionado ao desenvolvimento e aprovação de novas drogas, este risco não está relacionado com o resto da economia. E apesar de as despesas com saúde variarem um pouco de acordo com o estado da economia, variam muito menos do que as despesas com tecnologia.

Estimando o prêmio de risco

Uma oportunidade de investimento com um beta igual a 2 apresenta o dobro de risco sistemático do que um investimento no S&P 500. Isto é, para cada dólar que investimos na oportunidade, poderíamos investir o dobro dessa quantia no S&P 500 estando expostos ao mesmo grau de risco sistemático. Em geral, o beta de uma oportunidade de investimento mede sua amplificação do risco sistemático em comparação ao mercado como um todo, e os investidores exigirão um prêmio de risco proporcional para fazer tal investimento.

O prêmio de risco que os investidores podem obter por manter a carteira de mercado é a diferença entre o retorno esperado da carteira de mercado e a taxa de juros livre de risco:

$$\text{Prêmio de risco de mercado} = E[R_{Mkt}] - r_f$$

O prêmio de risco de mercado é a recompensa que os investidores esperam obter por manter uma carteira com beta igual a 1. Como o risco sistemático de qualquer título negociado é proporcional a seu beta, seu prêmio de risco será proporcional ao beta. Portanto, para compensar os investidores pelo valor de seu dinheiro no tempo e pelo risco sistemático que estão assumindo ao investir no título s, o retorno esperado do título negociado deve satisfazer a seguinte fórmula:

Estimando o retorno esperado de um título negociado a partir de seu beta

$$E[R] = \text{Taxa de juros livre de risco} + \text{Prêmio de risco}$$
$$= r_f + \beta \times (E[R_{Mkt}] - r_f) \tag{10.10}$$

Como exemplo, suponhamos que o prêmio de risco de mercado seja de 6% e a taxa de juros livre de risco seja de 5%. Segundo a Equação 10.10, o retorno esperado das ações do Yahoo! e da Anheuser-Busch é

$$E[R_{YHOO}] = 5\% + 2{,}80 \times 6\% = 21{,}8\%$$
$$E[R_{BUD}] = 5\% + 0{,}10 \times 6\% = 5{,}6\%$$

Assim, a diferença nos retornos médios desses dois grupos de ações que foi relatada na introdução deste capítulo não é tão surpreendente. Os investidores do Yahoo! esperam um retorno muito mais alto em média para compensá-los pelo risco sistemático muito maior que a empresa apresenta.

EXEMPLO 10.9 — **Retornos esperados e beta**

Problema
Suponha que a taxa de juros livre de risco seja de 5% e que a economia tenha as mesmas chances de estar forte ou fraca. Verifique se a Equação 10.10 é válida para as empresas do tipo S consideradas no Exemplo 10.8.

Solução
Se a economia tem chances iguais de estar forte ou fraca, o retorno esperado do mercado é $E[R_{MKT}] = 50\%(0{,}47) + 50\%(-0{,}25) = 11\%$, e o prêmio de risco de mercado é $E[R_{MKT}] - r_f = 11\% - 5\% = 6\%$. Dado o beta de 0,833 para as empresas do tipo S que calculamos no Exemplo 10.8, a estimativa do retorno esperado dessas empresas, a partir da Equação 10.10, é

$$E[R] = r_f + \beta \times (E[R_{MKT}] - r_f) = 5\% + 0{,}833 \times (11\% - 5\%) = 10\%$$

Isso corresponde a seu retorno esperado: $50\%(0{,}4) + 50\%(-0{,}2) = 10\%$.

O que acontece se um grupo de ações possuir um beta negativo? De acordo com a Equação 10.10, tal grupo de ações terá um prêmio de risco negativo – terá um retorno esperado abaixo da taxa de juros livre de risco. Apesar de isso não parecer razoável a princípio, observe que grupos de ações com beta negativo tenderão a ter um bom desempenho em maus tempos, então, possuí-las fornecerá um "seguro" contra o risco sistemático de outras ações na carteira. (Vimos um exemplo deste tipo de título no Exemplo 3.10 do Capítulo 3.) Os investidores avessos a risco estarão dispostos a pagar por este seguro aceitando um retorno abaixo da taxa de juros livre de risco.

FIXAÇÃO DE CONCEITOS
1. O que é a carteira de mercado?
2. Defina o beta de um título.

10.8 Risco e o custo de capital

Agora que temos um meio de medir o risco sistemático e determinar o retorno esperado de um título negociado, podemos passar à meta final deste capítulo: explicar como calcular o custo de capital de um investimento.

Lembremos que o custo de capital de uma empresa para um investimento ou projeto é o retorno esperado que os investidores poderiam obter sobre outros títulos com o mesmo risco e vencimento. Como o risco que determina os retornos esperados é o risco sistemático, que é medido pelo beta, o custo de capital de um investimento é o retorno esperado disponível sobre títulos com o mesmo beta. A Equação 10.10 fornece o retorno esperado do investimento em tal título negociado, logo, também é o custo de capital de investir no projeto. Logo, o custo de capital, r, de investir em um projeto com um beta, β, é

Custo de capital de um projeto

$$r = r_f + \beta \times (E[R_M] - r_f) \qquad (10.11)$$

Assim, para determinar o custo de capital de um projeto, precisamos estimar seu beta. Estimar o beta do projeto exige que conheçamos seu risco sistemático. É comum supor que o projeto tenha o mesmo risco que a empresa, ou que outras empresas cujos investimentos sejam similares. Se a empresa não possui dívida, podemos então utilizar o beta de seu patrimônio para estimar o beta do projeto.[14] Os betas de diferentes grupos de ações no mercado podem ser obtidos a partir de fontes *online* ou de empresas que se especializam em seu cálculo. No Capítulo 12, desenvolveremos métodos estatísticos para estimar betas a partir de retornos históricos.

EXEMPLO 10.10 — Calculando o custo de capital

Problema

Suponha que no próximo ano você espere que as ações da Microsoft tenham uma volatilidade de 23% e um beta de 1,28, e que as ações do McDonald's tenham uma volatilidade de 37% e um beta de 0,99. Qual grupo de ações apresenta mais risco total? Qual apresenta mais risco sistemático? Se a taxa de juros livre de risco é de 4% e o retorno esperado de mercado é de 10%, estime o custo de capital de um projeto com o mesmo beta que as ações do McDonald's e de um projeto com o mesmo beta que as ações da Microsoft. Que projeto possui maior custo de capital?

Solução

O risco total é medido pela volatilidade; portanto, as ações do McDonald's possuem mais risco total. O risco sistemático é medido pelo beta. A Microsoft possui um beta maior, então apresenta mais risco sistemático.

Dado o beta de 1,28 estimado para a Microsoft, esperamos que o preço das ações desta empresa se movimente em 1,28% para cada movimentação de 1% no mercado. Portanto, o prêmio de risco da Microsoft será 1,28 vezes o prêmio de risco do mercado, e o custo de capital para investir em um projeto com o mesmo risco que a empresa é

$$E[R_{MSFT}] = r_f + 1{,}28 \times 6\% = 4\% + 7{,}7\% = 11{,}7\%$$

As ações do McDonald's possuem um beta mais baixo, de 0,99. O custo de capital para investir em um projeto com o mesmo risco que as ações desta empresa é

$$E[R_{McD}] = r_f + 0{,}99 \times 6\% = 4\% + 5{,}9\% = 9{,}9\%$$

Como o risco sistemático não pode ser diversificado, é o risco sistemático que determina o custo de capital; assim, a Microsoft possui um custo de capital mais alto do que o McDonald's, apesar de ser menos volátil.

---

[14] Se a empresa possuir dívida, o beta de seu patrimônio será afetado por sua alavancagem. No Capítulo 14 mostraremos como ajustar betas para corrigi-los considerando a alavancagem da empresa.

As Equações 10.10 e 10.11 para estimar o retorno esperado e o custo de capital são geralmente chamadas de **Modelo de Precificação de Ativos Financeiros (CAPM,** ou *Capital Asset Pricing Model*, no original).[15] Este é o método mais importante utilizado na prática para estimar o custo de capital. Exploraremos o modelo detalhadamente nos dois próximos capítulos.

FIXAÇÃO DE CONCEITOS

1. Qual é o custo de capital de um projeto?
2. O custo de capital está relacionado ao risco sistemático ou ao risco não-sistemático?

10.9 Eficiência do mercado de capital

No Capítulo 9, introduzimos a hipótese dos mercados eficientes, que afirma que o retorno esperado de qualquer título deve ser igual ao seu custo de capital, e assim o NPV de se negociar um título é zero. Testar esta hipótese exige um método para determinar o custo de capital de um investimento, o que estabelecemos neste capítulo. De posse dessas informações, estamos preparados para reconsiderar a hipótese dos mercados eficientes.

Noções de eficiência

Neste capítulo, desenvolvemos duas importantes ideias relativas ao custo de capital. Em primeiro lugar, o custo de capital de um investimento deve depender somente de seu risco sistemático, e não de seu risco diversificável. Quando esta propriedade é válida, chamamos o mercado de **mercado de capital eficiente**.

Mas mesmo se o mercado de capital é eficiente, para determinar um custo de capital precisamos de um método para medir o risco sistemático. O Modelo CAPM fornece tal método e afirma que o retorno esperado de qualquer título, e, assim, o custo de capital de qualquer investimento, depende de seu beta com a carteira de mercado. A suposição que está por trás do CAPM é que *a carteira de mercado é uma carteira eficiente* – não há nenhuma maneira de reduzir o risco sem diminuir seu retorno. Observe que o CAPM formula uma hipótese muito mais forte do que a do mercado de capital eficiente. O CAPM afirma que o custo de capital depende somente do risco sistemático *e* que o risco sistemático pode ser medido precisamente pelo beta de um investimento com a carteira de mercado.

Evidências empíricas sobre a concorrência no mercado de capital

Nos três próximos capítulos, exploraremos as motivações teóricas por trás dessas noções de eficiência, além de sua sustentação empírica. Mas antes de fazê-lo, é útil discutir de maneira breve se a suposição de que a carteira de mercado é eficiente é ou não uma boa aproximação. Isto é, é razoável que um gerente corporativo confie no CAPM?

Intuitivamente, a eficiência da carteira de mercado deve resultar da concorrência. Se a carteira de mercado não fosse eficiente, os investidores poderiam encontrar estratégias que "superariam o mercado" com retornos médios mais altos e menor risco. Os investidores irão querer adotar essas estratégias. Mas nem todos os investidores podem superar o mercado, porque a soma das carteiras de todos os investidores *é* a carteira de mercado. Logo, os preços de títulos têm que mudar, e os retornos por ter se adotado essas estratégias têm que cair, de modo que essas estratégias não mais sejam superiores à carteira de mercado.

O desempenho de uma carteira ativa fornece evidências de que os mercados reais são muito competitivos. O gerente de uma carteira ativa mostra sua capacidade de escolher grupos de ações

---

[15] O CAPM foi primeiramente desenvolvido independentemente por Lintner e Sharpe. Ver L. Lintner, "The Valuation of Risk Assets and the Selection of Risky Investments in Stock Portfolios and Capital Budgets", *Review of Economics and Statistics* 47 (1965): pp. 13-37; e W. F. Sharpe, "Capital Asset Prices: A Theory of Market Equilibrium under Conditions of Risk", *Journal of Finance* 19 (1964): pp. 425-442.

ENTREVISTA COM
Randall Lert

Randall P. Lert é o principal estrategista de carteira do Russell International Group, os criadores do Índice Russell 2000®. Randy está envolvido na formação e implementação da política de investimentos da empresa, que administra mais de $170 bilhões em ativos (desde 30 de junho de 2006) e aconselha clientes que representam mais de $2,4 trilhões.

PERGUNTA: *Como a diversificação afeta a estratégia de carteira e o* tradeoff *entre risco e retorno?*

RESPOSTA: Manter uma grande carteira estrategicamente alocada entre muitas classes de ativos maximiza seu retorno para determinado nível de risco, pois mercados diferentes não são perfeitamente correlacionados uns aos outros. O *número* de ações em si não gera diversificação; a *ponderação* sim. Uma carteira contendo 1.000 grupos de ações com ponderações muito divergentes do índice de mercado terá mais risco idiossincrático do que uma carteira com 100 grupos de ações cujos pesos sejam próximos do índice. Se detenho 100 grupos de ações, mas as 50 maiores estão abaixo da ponderação de mercado, o que constitui metade da capitalização de mercado do índice, minha carteira divergirá mais do *benchmark* do que uma carteira de 100 grupos de ações cujas 50 maiores estejam próximas da ponderação de mercado, enquanto as outras 50 se encontram mais dispersas.

PERGUNTA: *Nos EUA, a história nos tem mostrado uma recompensa relativamente grande por se arriscar investir sistematicamente em ações, em vez de em títulos de dívida ou debêntures. Como sua empresa vê a evolução dessa recompensa pelo risco? Ela continuará no futuro?*

RESPOSTA: Acreditamos que a recompensa pelo risco será menor no futuro. O ambiente econômico é menos volátil, dado o clima regulador de hoje em dia e uma política mais estável dos bancos centrais em todo o mundo. Para fins de modelagem de alocação estratégica de ativos, definimos o prêmio de risco como o retorno esperado por se manter uma carteira bem diversificada menos a taxa de juros livre de risco. Supomos que haja um prêmio para títulos de dívida de vencimento de mais longo prazo e títulos de renda fixa com risco de crédito – atualmente, nós e outros da indústria acreditamos que o prêmio de risco seja de aproximadamente 3 por cento em relação ao caixa, e o prêmio de risco de ações relativo a títulos de dívida sejam outros 3%, para um prêmio de risco de aproximadamente 6%.

PERGUNTA: *Evidências históricas sugerem que é difícil para gerentes de fundos ativos "superar o mercado". Por que isso acontece?*

RESPOSTA: O gerenciamento ativo – tentar gerar desempenho além do índice de mercado – é um jogo de soma zero, porque "o mercado" nada mais é do que uma coleção de investidores participando de determinada classe de ativos. Antes dos custos de transação, o retorno médio do investidor tem que ser igual ao retorno de mercado. Quando comparados a um índice corretamente especificado, aproximadamente metade de todos os gerentes deve superá-lo e aproximadamente metade deve ter um desempenho inferior a ele. Entretanto, os gerentes ativos têm custos de transação muito mais altos do que um índice não-gerenciado, então o número de gerentes com desempenho abaixo do índice geralmente é maior. Porém, em um mundo onde todos estivessem indexados, não haveria atividade de mercado forçando os títulos a seus níveis atuais de avaliação. Este processo de gerenciamento ativo serve, então, como o mecanismo primário de descoberta de preços nos mercados de capital modernos.

PERGUNTA: *Dados esses desafios, como você administra o risco da carteira e ainda assim maximiza o desempenho?*

RESPOSTA: Os gerentes de carteiras ativas se focam em risco idiossincrático, que normalmente é medido como o desvio padrão do retorno de uma carteira em relação ao índice *benchmark*. A maioria estabelece um *orçamento de risco* que determine alvos para este risco, e então busca gerar os máximos retornos possíveis dentro desta faixa de risco. Os gerentes assumem este risco de duas maneiras. Eles podem investir em indústrias ou setores econômicos – por exemplo, a indústria de linhas aéreas – e concentrar sua carteira nesta indústria. Ou eles podem assumir uma visão mais ampla e manter o máximo de setores econômicos aproximadamente com a ponderação de mercado, escolhendo grupos de ações específicos que eles acham que irão ter um desempenho acima do índice de mercado – digamos, a Southwest Airlines. De maneira geral, um maior número de pequenos investimentos é melhor do que poucos grandes investimentos. Se você investe em dois setores e eles são os setores errados, você se dá mal. Diluir o investimento em muitos setores lhe dá uma maior chance de que alguns funcionem e equilibrem aqueles que não funcionarem. Isso diversifica seu risco de gerenciamento ativo.

com retornos médios que excedem o retorno necessário para compensar por seu risco sistemático. Ao manter uma carteira com tais ações, uma gerente de carteira deve ser capaz de superar o desempenho da carteira de mercado. Apesar de muitos gerentes terem alguma capacidade de superar o mercado,[16] uma vez que consideremos as taxas que são cobradas por esses fundos, as evidências empíricas de fato mostram que os gerentes de carteiras ativas parecem não ter nenhuma capacidade de fornecer a seus investidores retornos que superem o desempenho da carteira de mercado.[17]

A incapacidade dos gerentes de carteira de superar o mercado é provavelmente compelida pela concorrência. Os investidores se arrebanham para investir com fundos mútuos que tenham tido um bom desempenho passado. Consequentemente, os gerentes de carteiras ativas que têm um bom desempenho experimentam um influxo de novo capital.[18] Este influxo de capital, entretanto, reduz os retornos do fundo: agora os gerentes são forçados a fazer negociações maiores (que possuem maior impacto sobre os preços) ou a distribuir suas negociações entre mais (e potencialmente menos atraentes) grupos de ações. Na prática, fundos bem-sucedidos não continuam a superar o desempenho de outros fundos ativos, já que a concorrência entre os investidores empurra para baixo seus retornos futuros.[19]

Esses argumentos e resultados sugerem que os mercados de capital são competitivos, e então a carteira de mercado deveria ser aproximadamente eficiente. Consequentemente, para um gerente que não seja muito habilidoso como gerente de carteira, a suposição de que a carteira de mercado é eficiente é uma primeira aproximação razoável.

FIXAÇÃO DE CONCEITOS
1. O que é um mercado de capital eficiente?
2. Como o CAPM formula uma hipótese mais forte do que um mercado de capital eficiente?

Resumo

1. Uma distribuição de probabilidade resume as informações sobre possíveis diferentes retornos e sua probabilidade de ocorrência.

    a. O retorno esperado ou médio é o retorno que esperamos obter em média:
    $$\text{Retorno esperado} = E[R] = \sum_R p_R \times R \qquad (10.1)$$

    b. A variância ou desvio padrão mede a variabilidade dos retornos:
    $$Var(R) = E[(R - E[R])^2] = \sum_R p_R \times (R - E[R])^2$$
    $$SD(R) = \sqrt{Var(R)} \qquad (10.2)$$

    c. O desvio padrão de um retorno também é chamado de sua volatilidade.

---

[16] Para evidências recentes, ver, por exemplo, R. Wermers, "Mutual Fund Performance: An Empirical Decomposition into Stock-Picking Talent, Style, Transactions Costs and Expenses", *Journal of Finance* 55 (2000): pp. 1655-1695.

[17] Este resultado de ampla aceitação foi primeiramente documentado por I. Friend, F. E. Brown, E. S. Herman e D. Vickers, "A Study of Mutual Funds: Investment Policy and Investment Company Performance", Report No. 2274, 87th Congress, Second Session (August 28, 1962) e I. Horowitz, "The Varying Quality of Investment Trust Management", *Journal of the American Statistical Association* 58 (1963): pp. 1011-1032.

[18] Ver M. J. Gruber, "Another Puzzle: The Growth in Actively Managed Mutual Funds", *Journal of Finance* 51 (1996): pp. 783-810; E. R. Sirri e P. Tufano, "Costly Search and Mutual Funds Flow", *Journal of Finance* 53 (1998): pp. 1589-1622; J. Chevalier e G. Ellison, "Risk Taking by Mutual Funds as a Response to Incentives", *Journal of Political Economy* 105 (1997): pp. 1167-1200. Para um modelo teórico que considera o impacto sobre o equilíbrio desses fluxos dos fundos, ver J. B. Berk e R. C. Green, "Mutual Fund Flows and Performance in Rational Markets", *Journal of Political Economy* 112 (2004): pp. 1269-1295.

[19] Ver M. Carhart, "On Persistence in Mutual Fund Performance", *Journal of Finance* 52 (1997): pp. 57-82.

2. O retorno realizado ou total de um investimento é o total do rendimento de dividendos e a taxa de ganho de capital.

   a. Utilizando a distribuição empírica dos retornos realizados, podemos estimar o retorno esperado e a variância da distribuição dos retornos calculando o retorno anual médio e a variância dos retornos realizados:

$$\bar{R} = \frac{1}{T}(R_1 + R_2 + \cdots + R_T) = \frac{1}{T}\sum_{t=1}^{T} R_t \qquad (10.6)$$

$$Var(R) = \frac{1}{T-1} \sum_{t=1}^{T} (R_t - \bar{R})^2 \qquad (10.7)$$

   b. A raiz quadrada da variância estimada é uma estimativa da volatilidade dos retornos.

   c. Como o retorno médio histórico de um título é apenas uma estimativa de seu retorno esperado real, utilizamos o erro padrão da estimativa para medir o erro de estimação:

$$SD \text{ (Média de riscos idênticos independentes)} = \frac{SD \text{ (Risco individual)}}{\sqrt{\text{Número de observações}}} \qquad (10.8)$$

3. Com base em dados históricos, ações de baixa capitalização possuíram maior volatilidade e maiores retornos médios do que ações de alta capitalização, que possuíram maior volatilidade e maiores retornos médios do que os títulos de dívida.

4. Não existe relação clara entre a volatilidade e o retorno de ações individuais.

   a. Ações de mais alta capitalização tendem a ter uma volatilidade geral mais baixa, mas mesmo as ações de mais alta capitalização são tipicamente mais arriscadas do que uma carteira de ações de alta capitalização.

   b. Todos os grupos de ações parecem ter maior risco e menores retornos do que o que seria previsto com base em extrapolação de dados de grandes carteiras.

5. O risco total de um título representa tanto o risco idiossincrático quanto o risco sistemático.

   a. A variação no retorno de um grupo de ações devido a notícias específicas à empresa é chamada de risco idiossincrático. Este tipo de risco também é chamado de risco específico à empresa, não-sistemático, único ou diversificável.

   b. O risco sistemático é o risco devido a notícias relativas a todo o mercado que afetam todos os grupos de ações simultaneamente. O risco sistemático também é chamado de risco comum, de mercado ou não-diversificável.

6. A diversificação elimina o risco idiossincrático, mas não elimina o risco sistemático.

   a. Como os investidores podem eliminar o risco idiossincrático, eles não exigem um prêmio de risco por assumi-lo.

   b. Como os investidores não podem eliminar o risco sistemático, eles têm que ser compensados por assumi-lo. Consequentemente, o prêmio de risco de um grupo de ações depende do grau de seu risco sistemático, em vez de depender de seu risco total.

7. Uma carteira eficiente é uma carteira que contém apenas risco sistemático e não pode ser mais diversificada – isto é, não existe maneira de reduzir o risco da carteira sem diminuir seu retorno esperado.

8. A carteira de mercado é uma carteira que contém todas as ações de todos os grupos de ações e títulos do mercado. Geralmente supõe-se que a carteira de mercado seja eficiente.

9. Se a carteira de mercado é eficiente, podemos medir o risco sistemático de um título por seu beta (β). O beta de um título é a sensibilidade de seu retorno ao retorno do mercado como um todo.

10. O retorno esperado de um título arriscado é igual à taxa de juros livre de risco mais um prêmio de risco. O Modelo CAPM afirma que o prêmio de risco é igual ao beta do título vezes o prêmio de risco do mercado:

$$E[R] = r_f + \beta \times (E[R_{MKT}] - r_f) \qquad (10.10)$$

11. O custo de capital, r, de se investir em um projeto com um beta, β, é

$$r = r_f + \beta \times (E[R_{MKT}] - r_f) \tag{10.11}$$

12. A hipótese de mercados eficientes afirma que o retorno esperado de qualquer título deve ser igual a seu custo de capital. Em um mercado de capital eficiente, o custo de capital depende do risco sistemático, e não do risco diversificável.

13. O Modelo CAPM formula uma hipótese muito mais forte do que a dos mercados de capitais eficientes. Ele afirma que o risco sistemático de um investimento e, portanto, seu custo de capital, depende somente de seu beta com a carteira de mercado.

Termos fundamentais

beta (β) *p. 335*
carteira de mercado *p. 334*
carteira eficiente *p. 334*
desvio padrão *p. 315*
distribuição de probabilidade *p. 314*
distribuição empírica *p. 319*
diversificação *p. 328*
erro padrão *p. 322*
intervalo de confiança de 95% *p. 322*
mercado de capital eficiente *p. 339*
Modelo de Precificação de Ativos Financeiros (CAPM) *p. 339*

retorno (médio) esperado *p. 314*
retorno anual médio *p. 320*
retorno em excesso *p. 324*
retorno realizado *p. 317*
risco comum *p. 328*
risco específico à empresa, idiossincrático, não-sistemático, único ou diversificável *p. 330*
risco independente *p. 328*
risco sistemático, não-diversificável ou de mercado *p. 330*
variância *p. 315*
volatilidade *p. 315*

Leituras recomendadas

O trabalho original sobre diversificação foi desenvolvido nos seguintes artigos: H. M. Markowitz, "Portfolio Selection", *Journal of Finance* 7 (1952): pp. 77-91; A. D. Roy, "Safety First and the Holding of Assets", *Econometrica* 20, No. 3 (July 1952): pp. 431-449; e, no contexto de seguros, B. deFinetti, "Il problema de pieni", *Giornale dell'Istituto Italiano degli Attuari*, 11 (1940): pp. 1-88.

Os leitores que estiverem interessados em retornos históricos de diferentes tipos de ativos poderão encontrar informações úteis nas seguintes fontes: E. Dimson, P. R. Marsh e M. Staunton, *Triumph of the Optimist: 101 Years of Global Equity Returns* (Princeton, NJ: Princeton University Press, 2002); e Ibbotson Associates, Inc., *Stocks, Bonds, Bills, and Inflation*, 2005 Yearbook (Chicago: Ibbotson Associates, 2005).

Muitos livros abordam os assuntos deste capítulo mais detalhadamente: E. J. Elton, M. J. Gruber, S. J. Brown, e W. N. Goetzmann, *Modern Portfolio Theory and Investment Analysis*, 6th ed. (New York: John Wiley & Sons, 2002); J. C. Francis, *Investments: analysis and Management* (New York: Mc-Graw-Hill, 1991); R. C. Radcliffe, *Investment: Concepts, Analysis, and Strategy* (New York: Harper-Collins, 1994); e F. Reilly e K. C. Brown, *Investment Analysis and Portfolio Management* (Fort Worth, TX: Dryden Press, 1996).

Problemas

Todos os problemas deste capítulo estão disponíveis no MyFinanceLab. Um asterisco (*) indica problemas com maior nível de dificuldade.

Medidas comuns de risco e retorno

EXCEL 1. A figura abaixo mostra a distribuição do retorno de um ano para as ações da RCS. Calcule:

   a. O retorno esperado.

   b. O desvio padrão do retorno.

[Gráfico de barras: Probabilidade (%) vs Retorno, com valores aproximados: −25% → 10%, −10% → 20%, 0% → 15%, 10% → 25%, 25% → 30%]

EXCEL 2. A tabela abaixo mostra a distribuição do retorno de um ano da Startup Inc. Calcule:
   a. O retorno esperado.
   b. O desvio padrão do retorno.

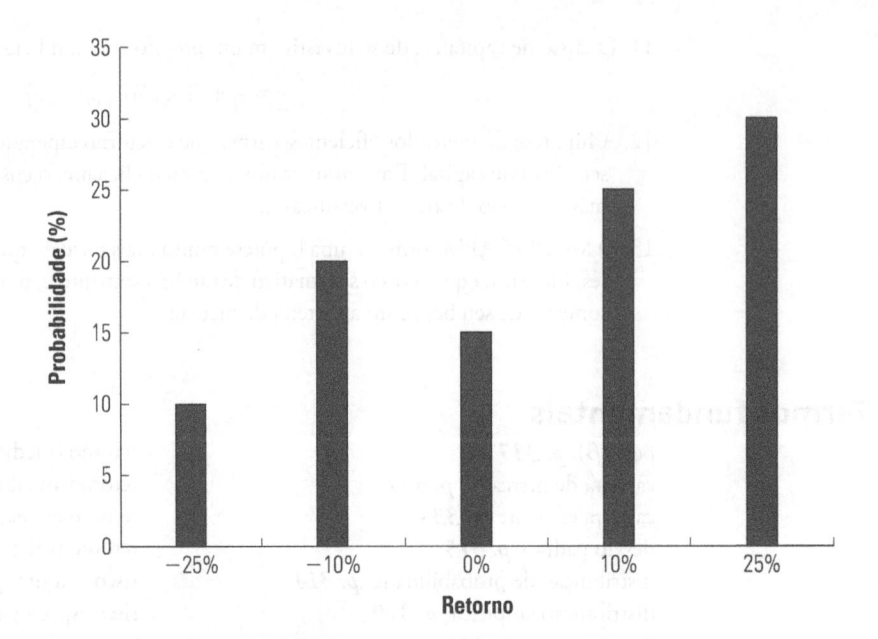

Retorno	Probabilidade
−100%	40%
−75%	20%
−50%	20%
−25%	10%
1.000%	10%

3. Caracterize a diferença entre os dois grupos de ações dos Problemas 1 e 2. Que *tradeoffs* você enfrentaria ao escolher um deles?

Retornos históricos de ações e títulos de dívida

EXCEL 4. Utilizando os dados da tabela abaixo, calcule o retorno do investimento nas ações da Boeing de 2 de janeiro de 2003 a 2 de janeiro de 2004, supondo que todos os dividendos sejam reinvestidos nas ações imediatamente.

Dados históricos sobre ações e dividendos da Boeing

Data	Preço	Dividendo
02/01/03	$ 33,88	
05/02/03	30,67	0,17
14/05/03	29,49	0,17
13/08/03	32,38	0,17
12/11/03	39,07	0,17
02/01/04	41,99	

EXCEL 5. Vá a www.aw-bc.com/berk_demarzo e faça o *download* de uma planilha que contém os preços e dividendos mensais históricos (pagos no final do mês) das ações da Ford Motor® Company (símbolo: F) de agosto de 1994 a agosto de 1998. Calcule o retorno realizado neste período, expressando sua resposta em termos de percentual mensal.

EXCEL 6. Utilizando os mesmos dados do Problema 5, calcule:

   a. O retorno mensal médio neste período.

   b. A volatilidade mensal (ou desvio padrão) neste período.

7. Explique a diferença entre o retorno médio que você calculou no Problema 6(a) e o retorno realizado que você calculou no Problema 5. Ambos os valores são úteis? Se forem, explique por quê.

EXCEL *8. Calcule o intervalo de confiança de 95% da estimativa do retorno mensal médio que você calculou no Problema 6(a).

O tradeoff histórico entre risco e retorno

9. Como a relação entre o retorno médio e a volatilidade histórica de grupos de ações individuais diferem da relação entre o retorno médio e a volatilidade histórica de grandes carteiras bem diversificadas?

Risco comum versus risco independente

10. Considere dois bancos locais. O Banco A possui 100 empréstimos a receber, cada um de $1 milhão, que ele espera serem pagos hoje. Cada empréstimo possui 5% de probabilidade de inadimplência, caso em que o banco não recebe nada. O Banco B possui apenas um empréstimo a receber de $100 milhões, que ele também espera que seja pago hoje. Ele também tem uma probabilidade de 5% de não ser pago. Explique a diferença entre o tipo de risco que cada banco enfrenta. Que banco enfrenta menos risco? Por quê?

*11. Utilizando os dados do Problema 10, calcule:

   a. O pagamento geral esperado por cada banco.

   b. O desvio padrão do pagamento geral a ser feito a cada banco.

Diversificação em carteiras de ações

12. Você é um investidor avesso a risco que está considerando investir em uma de duas economias. O retorno esperado e a volatilidade de todas as ações em ambas as economias são os mesmos. Na primeira economia, todas as ações se movimentam conjuntamente – em bons tempos os preços se elevam juntos, e em maus tempos eles caem todos juntos. Na segunda economia, os retornos sobre ações são independentes – um grupo de ações que sofre aumentos no preço não possui nenhum efeito sobre os preços de outros grupos de ações. Que economia você escolheria para investir? Explique.

13. Considere uma economia com dois tipos de empresa, S e I. As empresas S se movimentam todas juntas. As empresas I se movem independentemente. Para ambos os tipos de empresa, há uma probabilidade de 60% de que as empresas terão um retorno de 15% e uma probabilidade de 40% de que as empresas tenham um retorno de −10%. Qual é a volatilidade (desvio padrão) de uma carteira que consiste em um investimento igual em 20

   a. empresas do tipo S?

   b. empresas do tipo I?

*14. Utilizando os dados do Problema 13, faça um gráfico da volatilidade em função do número de empresas nas duas carteiras.

15. Explique por que o prêmio de risco de um grupo de ações não depende de seu risco diversificável.

16. Identifique cada um dos riscos abaixo como sistemático ou diversificável.

    a. O risco de que o CEO de sua empresa morra em um acidente aéreo.

    b. O risco de que a economia esfrie, diminuindo a demanda pelos produtos de sua empresa.

    c. O risco de que seus melhores funcionários sejam contratados por empresas concorrentes.

    d. O risco de que o novo produto que você espera que sua divisão de P&D produza não se materialize.

Estimando o custo de capital na prática

17. O que é uma carteira eficiente?

18. O que mede o beta de um grupo de ações?

19. Suponha que a carteira de mercado tenha chances iguais de aumentar em 30% ou diminuir em 10%.

    a. Calcule o beta de uma empresa que cresce em média 43% quando o mercado *sobe* e diminui em 17% quando o mercado *cai*.

    b. Calcule o beta de uma empresa que cresce em média 18% quando o mercado *cai* e diminui em 22% quando o mercado *sobe*.

    c. Calcule o beta de uma empresa que se espera que cresça 4% *independentemente* do mercado.

20. Suponha que a taxa de juros livre de risco seja de 4%.

    a. i. Utilize o beta que você calculou para as ações do Problema 19 (a) para estimar seu retorno esperado.

       ii. Como esse valor pode ser comparado ao retorno esperado anual das ações?

    b. i. Utilize o beta que você calculou para as ações do Problema 19 (b) para estimar seu retorno esperado.

       ii. Como esse valor pode ser comparado ao retorno esperado anual das ações?

EXCEL 21. Suponha que o prêmio de risco de mercado seja de 6% e a taxa de juros livre de risco seja de 4%. Utilizando os dados da Tabela 10.6, calcule o retorno esperado de investir

    a. em ações da H. J. Heinz.

    b. em ações da Cisco Systems.

    c. em ações da General Electric.

22. Suponha que o prêmio de risco de mercado seja de 6,5% e a taxa de juros livre de risco seja de 5%. Calcule o custo de capital de investir em um projeto com um beta de 1,2.

Eficiência do mercado de capital

23. Afirme se cada declaração a seguir é inconsistente com um mercado de capitais eficiente, com o CAPM, ou com ambos:

    a. Um título com risco diversificável apenas que tenha um retorno esperado que excede a taxa de juros livre de risco.

    b. Um título com um beta de 1 que teve um retorno de 15% no ano passado, quando o mercado teve um retorno de 9%.

    c. Ações de baixa capitalização com um beta de 1,5 que tendem a ter maiores retornos em média do que ações de alta capitalização com um beta de 1,5.

Caso simulado

Hoje é dia 24 de maio de 2006 e você acaba de começar em seu novo emprego em uma empresa de planejamento financeiro. Além de estudar para todos os seus exames de licença, lhe pediram que você revisasse uma porção da carteira de ações de um cliente para determinar os perfis de risco/retorno de 12 grupos de ações na carteira. Infelizmente, sua pequena empresa não pode arcar com os caros bancos de dados que forneceriam todas essas informações com apenas algumas teclas, mas é por isso que eles contrataram você. Especificamente, lhe pediram para determinar os retornos médios mensais e os desvios padrão de 12 grupos de ações nos últimos cinco anos. Nos capítulos a seguir, lhe pedirão para realizar análises mais extensas sobre essas mesmas ações.

As ações (com seus símbolos entre parênteses) são:
- Apple Computer (AAPL)
- Archer Daniels Midland (ADM)
- Boeing (BA)
- Citigroup (C)
- Caterpillar (CAT)
- Deere & Co. (DE)
- Hershey (HSY)
- Motorola (MOT)
- Proctor and Gamble (PG)
- Sirius Satellite Radio (SIRI)
- Wal-Mart (WMT)
- Yahoo! (YHOO)

1. Colete informações sobre o preço de cada grupo de ações no Yahoo!Finance (http://finance.yahoo.com) como a seguir:

   a. Digite o símbolo das ações. Na página deste grupo de ações, clique em "Historical Prices" [Preços históricos] do lado esquerdo da página.

   b. Digite a "start date" [data de início] como May 24, 2001 (24 de maio de 2001) e a "end date" [data final] como May 1, 2006 (1º de maio de 2006), cobrindo um período de 5 anos. Certifique-se de clicar sobre "Monthly" [Mensal] próximo à data.

   c. Após clicar em "Get Prices" [Veja os preços], role para o fim da primeira página e clique sobre "Download to Spreadsheet" [Download para a planilha]. Se lhe perguntarem se você deseja "open or save the file" [abrir ou salvar o arquivo], clique em "open" [abrir].

   d. Copie toda a planilha, abra o Excel e cole os dados da Web em uma planilha. Delete todas as colunas exceto "date" [data] e "adjusted close" [fechamento ajustado], a primeira e a última coluna.

   e. Mantenha o arquivo do Excel aberto, volte ao *site* do Yahoo!Finance e clique sobre o botão de voltar. Se lhe perguntarem se você deseja "save the data" [salvar os dados], clique em "No" [Não].

   f. Quando você retornar à página de preços, digite o próximo símbolo das ações e clique em "Get Prices" novamente. Não mude as datas ou a frequência, mas certifique-se de que você tenha as mesmas datas para todas as ações que você baixar. Novamente, clique em "Download to Spreadsheet" e novamente abra o arquivo. Copie a última coluna, "Adj. Close", cole-a no arquivo do Excel e mude "Adj. Close" para o símbolo das ações. Certifique-se de que o primeiro e o último preço estejam nas mesmas linhas que o primeiro grupo de ações.

   g. Repita esses passos para os dez grupos de ações restantes, colando cada preço de fechamento logo ao lado das outras ações, novamente sem esquecer de verificar se os preços corretos nas datas corretas aparecem todos nas mesmas linhas.

2. Converta esses preços para retornos mensais como a mudança percentual nos preços mensais. (*Dica*: crie uma planilha separada dentro do arquivo do Excel.) Observe que para calcular um retorno para cada mês, você precisa de um preço de início e de um preço final, então você não conseguirá calcular o retorno do primeiro mês.

3. Calcule os retornos médios mensais e os desvios padrão dos retornos mensais de cada um dos grupos de ações.[20] Converta as estatísticas mensais para estatísticas anuais para facilitar a interpretação (multiplique o retorno médio mensal por 12 e multiplique o desvio padrão mensal por $\sqrt{12}$).

---

[20] Na Equação 10.4, mostramos como calcular os retornos com dados sobre o preço e dividendos das ações. As séries "adjusted close" [fechamento ajustado] do Yahoo!Finance já está ajustada para dividendos e desdobramentos de ações, então podemos calcular os retornos com base na mudança percentual nos preços ajustados mensalmente.

4. Adicione uma coluna em sua planilha do Excel com o retorno médio de todas as ações de cada mês. Este é o retorno mensal em uma carteira igualmente ponderada para cada um desses 12 grupos de ações. Calcule a média e o desvio padrão dos retornos mensais da carteira igualmente ponderada. Certifique-se de que o retorno médio sobre esta carteira igualmente ponderada seja igual ao retorno médio de todos os grupos de ações individuais. Converta essas estatísticas mensais em estatísticas anuais (como descrito no Passo 3) para interpretação.

5. Utilizando as estatísticas anuais, crie um gráfico no Excel com desvio padrão (volatilidade) no eixo x e retorno médio no eixo y, como a seguir:

    a. Crie três colunas em sua planilha com as estatísticas que você criou nas questões 3 e 4 para cada um dos grupos de ações individuais e a carteira igualmente ponderada. A primeira coluna terá o símbolo, a segunda terá o desvio padrão anual, e a terceira terá o retorno médio anual.

    b. Realce os dados das duas últimas colunas (desvio padrão e média), escolha >Insert>Chart>XY Scatter Plot [>Inserir>Gráfico>Dispersão (XY)]. Complete o "chart wizard" [assistente de gráfico] para concluir o gráfico.

6. O que você percebe sobre as volatilidades dos grupos de ações individuais, em comparação à volatilidade da carteira igualmente ponderada?

CAPÍTULO 11

Otimização de Carteiras

Neste capítulo, quantificaremos as ideias introduzidas no Capítulo 10 e explicaremos como um investidor pode escolher uma carteira eficiente. Veremos como encontrar a carteira ótima para um investidor que queira obter o retorno mais alto possível, dependendo do nível de volatilidade que ele esteja disposto a aceitar. Para fazê-lo, desenvolveremos as técnicas estatísticas de *otimização de carteira da média-variância*. Estas técnicas foram desenvolvidas por Harry Markowitz, que recebeu o Prêmio Nobel em 1990 por seu trabalho, e são rotineiramente utilizadas por investidores profissionais, gerentes monetários e instituições financeiras.

Em nossa exploração desses conceitos, adotaremos a perspectiva de um investidor do mercado de ações. Esses conceitos, porém, também são importantes para gerentes financeiros de uma empresa. Afinal, eles investem dinheiro em nome de seus acionistas. Quando uma empresa faz um novo investimento, os gerentes financeiros devem garantir que o investimento tenha um NPV positivo. Isso exige conhecer o custo de capital da oportunidade de investimento, e, como vimos no Capítulo 10, calcular o custo de capital exige a identificação de uma carteira eficiente.

No Capítulo 10, explicamos como calcular o retorno esperado e a volatilidade de um único grupo de ações. Para encontrar a carteira eficiente, temos que compreender como fazer o mesmo para uma carteira de ações. Começaremos este capítulo explicando como calcular o retorno esperado e a volatilidade de uma carteira. De posse destas ferramentas estatísticas, descreveremos então como um investidor pode criar uma carteira eficiente a partir de grupos de ações individuais, e consideraremos as implicações para o custo de capital de um investimento.

notação

R_P retorno da carteira P

R_i retorno do título i

x_i fração investida no título i

$E[R]$ retorno esperado

r_f taxa de juros livre de risco

$Corr(R_i, R_j)$ correlação entre os retornos de i e de j

$Cov(R_i, R_j)$ covariância entre os retornos de i e de j

$SD(R)$ desvio padrão (volatilidade) do retorno R

$Var(R)$ variância do retorno R

R_{xP} retorno da carteira com fração x investida na carteira P e $(1 - x)$ investida no título livre de risco

β_i^P beta ou sensibilidade do investimento i às flutuações da carteira P

r_i retorno exigido ou custo de capital do título i

11.1 O retorno esperado de uma carteira

Para encontrar uma carteira ótima, precisamos de um método para definir uma carteira e analisar seu retorno. Podemos descrever uma carteira por seus **pesos de carteira**, a fração do investimento total mantida em cada investimento individual na carteira:

$$x_i = \frac{\text{Valor do investimento } i}{\text{Valor total da carteira}} \tag{11.1}$$

Esses pesos de carteira somam 1 (isto é, $\sum_i x_i = 1$), de forma que eles representam o modo como dividimos nosso dinheiro entre os diferentes investimentos individuais na carteira.

Como exemplo, consideremos uma carteira com 200 ações da Walt Disney Company, que valem $30 por ação, e 100 ações da Coca-Cola, que valem $40 por ação. O valor total da carteira é $200 \times \$30 + 100 \times \$40 = \$10.000$, e os pesos correspondentes da carteira, x_D e x_C, são

$$x_D = \frac{200 \times \$30}{10.000} = 60\%$$

$$x_C = \frac{100 \times \$40}{10.000} = 40\%$$

Dados os pesos da carteira, é fácil calcular seu retorno. Suponhamos que $x_1, ..., x_n$ sejam os pesos dos n investimentos de uma carteira e que estes investimentos tenham retornos de $R_1, ..., R_n$. Então, o retorno sobre a carteira, R_P, é a média ponderada dos retornos sobre os investimentos na carteira, onde os pesos correspondem aos pesos da carteira:

$$R_P = x_1 R_1 + x_2 R_2 + \cdots + x_n R_n = \sum_i x_i R_i \tag{11.2}$$

O retorno de uma carteira é fácil de calcular se conhecemos os retornos dos grupos de ações individuais e os pesos da carteira.

EXEMPLO 11.1 | **Calculando retornos de uma carteira**

Problema

Suponha que você invista $10.000 comprando 200 ações da Walt Disney Company a $30 por ação e 100 ações da Coca-Cola a $40 por ação. Se o preço das ações da Disney subir para $36 e o preço das ações da Coca-Cola cair para $38, qual será o novo valor da carteira e qual será o retorno obtido? Mostre que a Equação 11.2 é válida. Se você não comprar ou vender ações após a mudança de preço, quais serão os novos pesos da carteira?

Solução

O novo valor da carteira é $200 \times \$36 + 100 \times \$38 = \$11.000$, com um ganho de $1.000 ou um retorno de 10% sobre seu investimento inicial de $10.000. O retorno sobre as ações da Disney foi de $36/30 - 1 = 20\%$, e o da Coca-Cola foi de $38/40 - 1 = -5\%$. Dados os pesos iniciais de 60% Disney e 40% Coca-Cola, também podemos calcular o retorno da carteira a partir da Equação 11.2:

$$R_P = x_D R_D + x_C R_C = 60\% \times 0{,}2 + 40\% \times (-0{,}05) = 10\%$$

Após a mudança de preço, os novos pesos da carteira são

$$x_D = \frac{200 \times \$36}{11.000} = 65{,}45\%$$

$$x_C = \frac{100 \times \$38}{11.000} = 34{,}55\%$$

Não havendo negociação, os pesos da carteira aumentarão para as ações da carteira cujos retornos forem superior ao retorno geral da carteira.

A Equação 11.2 também nos permite calcular o retorno esperado de uma carteira. Utilizando os fatos de que a esperança de uma soma é simplesmente a soma das esperanças e que a esperança de um múltiplo conhecido é simplesmente o múltiplo de sua esperança, chegamos à seguinte fórmula para o retorno esperado de uma carteira:

$$E[R_P] = E\left[\sum_i x_i R_i\right] = \sum_i E[x_i R_i] = \sum_i x_i E[R_i] \quad (11.3)$$

Isto é, o retorno esperado de uma carteira é simplesmente a média ponderada dos retornos esperados dos investimentos nela contidos, utilizando os pesos da carteira.

EXEMPLO 11.2 — Retorno esperado de uma carteira

Problema

Suponha que você invista $10.000 nas ações da Ford e $30.000 nas ações da Tyco International. Você espera um retorno de 10% para a Ford e de 16% para a Tyco. Qual é o retorno esperado para sua carteira?

Solução

Você possui $40.000 investidos no total, então os pesos de sua carteira são 10.000 / 40.000 = 25% na Ford e 30.000/40.000 = 75% na Tyco. Portanto, o retorno esperado sobre sua carteira é

$$E[R_P] = x_F E[R_F] + x_T E[R] = 25\% \times 0{,}10 + 75\% \times 0{,}16 = 14{,}5\%$$

FIXAÇÃO DE CONCEITOS
1. O que são os *pesos de uma carteira*?
2. Como calculamos o retorno sobre uma carteira?

11.2 A volatilidade de uma carteira com dois grupos de ações

Como explicamos no Capítulo 10, quando combinamos ações em uma carteira, parte de seu risco é eliminado pela diversificação. O grau de risco que permanecerá depende do grau em que as ações são expostas a riscos comuns. Nesta seção, descreveremos as ferramentas estatísticas que podemos utilizar para quantificar o risco que as ações têm em comum e determinar a volatilidade de uma carteira.

TABELA 11.1 Retornos de três grupos de ações e carteiras de pares de grupos de ações

| | Retornos da carteira | | | Retornos das ações | |
| | | | | (1) | (2) |
Ano	North Air	West Air	Tex Oil	$1/2\,R_N + 1/2\,R_W$	$1/2\,R_W + 1/2\,R_T$
1998	21%	9%	−2%	15,0%	3,5%
1999	30%	21%	−5%	25,5%	8,0%
2000	7%	7%	9%	7,0%	8,0%
2001	−5%	−2%	21%	−3,5%	9,5%
2002	−2%	−5%	30%	−3,5%	12,5%
2003	9%	30%	7%	19,5%	18,5%
Retorno médio	10,0%	10,0%	10,0%	10,0%	10,0%
Volatilidade	13,4%	13,4%	13,4%	12,1%	5,1%

Combinando riscos

Comecemos com um simples exemplo de como o risco muda quando combinamos ações em uma carteira. A Tabela 11.1 mostra os retornos de três ações hipotéticas, juntamente com seus retornos médios e volatilidades. Apesar de os três grupos de ações terem a mesma volatilidade e retorno médio, o padrão de seus retornos difere. Quando as ações da linha aérea tiveram um bom desempenho, as ações do petróleo tenderam a ter um mau desempenho (ver 1998-1999), e quando a linha aérea teve um mau desempenho, as ações do petróleo tenderam a ter um bom desempenho (2001-2002).

A Tabela 11.1 também mostra os retornos de duas carteiras das ações. A primeira carteira consiste em investimentos idênticos nas duas linhas aéreas, North Air e West Air. A segunda carteira inclui investimentos idênticos na West Air e na Tex Oil. O retorno médio de ambas as carteiras é igual ao retorno médio das ações, o que é consistente com a Equação 11.3. Entretanto, suas volatilidades – 12,1% para a carteira 1 e 5,1% para a carteira 2 – são muito diferentes das ações individuais e uma da outra.

Este exemplo demonstra dois importantes fenômenos. Em primeiro lugar, combinando ações em uma carteira, reduzimos o risco através da diversificação. Como os preços das ações não se movimentam identicamente, parte do risco é equilibrado em uma carteira. Consequentemente, ambas as carteiras têm um risco menor do que o das ações individualmente.

Em segundo lugar, o grau de risco que é eliminado em uma carteira depende do grau em que as ações enfrentam riscos comuns e o quanto seus preços se movimentam juntos. Como as ações das duas linhas aéreas tendem a ter um bom ou mau desempenho ao mesmo tempo, sua carteira de ações possui uma volatilidade que é apenas um pouco mais baixa do que a de ações individuais. As ações da linha aérea e do petróleo, ao contrário, não se movimentam juntas; na verdade, elas tendem a se movimentar em direções opostas. Consequentemente, parte do risco é cancelado, tornando essa carteira muito menos arriscada.

Determinando a covariância e a correlação

Para encontrar o risco de uma carteira, precisamos conhecer mais do que o risco e o retorno das ações componentes: precisamos conhecer o grau em que as ações enfrentam riscos comuns e o quanto seus preços se movimentam juntos. Nesta seção, introduziremos duas medidas estatísticas, a covariância e a correlação, que nos permitem medir a comovimentação dos retornos.

A **covariância** é o produto esperado dos desvios de dois retornos em relação às suas médias. A covariância entre os retornos R_i e R_j é definida como:

Covariância entre os retornos R_i e R_j

$$Cov(R_i, R_j) = E[(R_i - E[R_i])(R_j - E[R_j])] \tag{11.4}$$

Ao estimar a covariância a partir de dados históricos, utilizamos a fórmula[1]

Estimativa da covariância a partir de dados históricos

$$Cov(R_i, R_j) = \frac{1}{T-1} \sum_t (R_{i,t} - \bar{R}_i)(R_{j,t} - \bar{R}_j) \tag{11.5}$$

Intuitivamente, se dois grupos de ações se movimentam juntos, seus retornos tenderão a estar acima ou abaixo da média ao mesmo tempo, e a covariância será positiva. Se os grupos de ações se movimentam em direções opostas, um tenderá a estar acima da média quando o outro estiver abaixo, e a covariância será negativa.

Apesar de o sinal da covariância ser fácil de interpretar, sua magnitude não o é. Ela será maior se as ações forem mais voláteis (e, portanto, tiverem maiores desvios de seus retornos esperados),

---

[1] Assim como com a Equação 10.7, de volatilidade histórica, dividimos por $T-1$ em vez de por T para compensar o fato de termos utilizado os dados para calcular os retornos médios $\bar{R}$, eliminando um grau de liberdade.

e será tanto maior quanto mais os grupos de ações se movimentarem juntos. A fim de controlar a volatilidade de cada grupo de ações e de quantificar a força da relação entre eles, podemos calcular a **correlação** entre os retornos dos dois grupos de ações, que é definida como a covariância dos retornos dividida pelo desvio padrão de cada retorno:

$$Corr(R_i, R_j) = \frac{Cov(R_i, R_j)}{SD(R_i)\, SD(R_j)} \qquad (11.6)$$

A correlação entre dois grupos de ações possui o mesmo sinal que sua covariância, logo, possui interpretação similar. Dividir pelas volatilidades garante que a correlação seja sempre -1 e $+1$, o que nos permite medir a força da relação entre os grupos de ações. Como mostra a Figura 1.1, a correlação é um barômetro do grau em que os retornos compartilham riscos comuns e do quanto tendem a se movimentar juntos. Quanto mais a correlação é próxima de $+1$, mais os retornos tendem a se movimentar juntos como consequência do risco comum. Quando a correlação (e, assim, a covariância) é igual a 0, os retornos são *não-correlacionados*; isto é, não possuem nenhuma tendência a se movimentar juntos ou em direções opostas. Riscos independentes não são correlacionados. Finalmente, quanto mais a correlação é próxima de -1, mais os retornos tendem a se movimentar em direções opostas.

FIGURA 11.1

Correlação
A correlação mede como os retornos se movimentam em relação um ao outro. É sempre entre $+1$ (retornos sempre se movimentam juntos) e -1 (retornos sempre se movimentam em direções opostas). Riscos independentes não possuem nenhuma tendência a se movimentar juntos, e portanto possuem correlação zero.

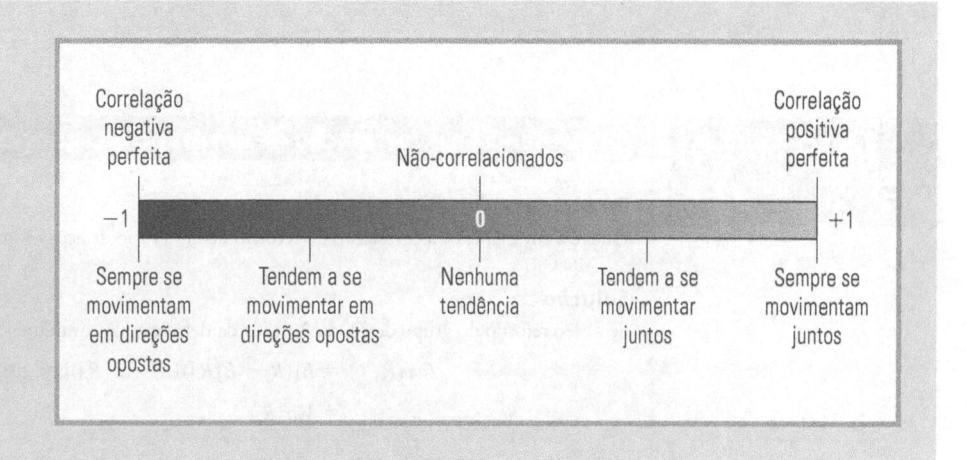

EXEMPLO 11.3

Calculando a covariância e a correlação

Problema
Utilizando os dados da Tabela 11.1, qual é a covariância e a correlação entre a North Air e a West Air? E entre a West Air e a Tex Oil?

Solução
Primeiro calculamos o desvio de cada retorno de sua média, subtraindo o retorno médio de cada grupo de ações (10%) dos retornos da Tabela 11.1. Então, calculamos o produto desses desvios entre os pares de grupos de ações, os somamos, e dividimos por $T - 1 = 5$ para calcular a covariância, como na Tabela 11.2.

A partir da tabela, podemos ver que a North Air e a West Air têm uma covariância positiva (0,0112), indicando uma tendência a se movimentarem juntos, enquanto que a West Air e a Tex Oil têm uma covariância negativa ($-0,0128$), indicando uma tendência a se movimentarem em direções opostas. Podemos determinar a força dessas tendências calculando a correlação, que obtemos dividindo a covariância pelo desvio padrão de cada grupo de ações (13,4%). A correlação entre a North Air e a West Air é de 62,4%; entre a West Air e a Tex Oil é de $-71,3\%$.

TABELA 11.2 — Calculando a covariância e a correlação entre pares de grupos de ações

Ano	Desvio da média $(R_N - \bar{R}_N)$	$(R_W - \bar{R}_W)$	$(R_T - \bar{R}_T)$	North Air e West Air $(R_N - \bar{R}_N)(R_W - \bar{R}_W)$	West Air e Tex Oil $(R_W - \bar{R}_W)(R_T - \bar{R}_T)$
1998	11%	−1%	−12%	−0,0011	0,0012
1999	20%	11%	−15%	0,0220	−0,0165
2000	−3%	−3%	−1%	0,0009	0,0003
2001	−15%	−12%	11%	0,0180	−0,0132
2002	−12%	−15%	20%	0,0180	−0,0300
2003	−1%	20%	−3%	−0,0020	−0,0060
	Soma = $\sum_t (R_{i,t} - \bar{R}_i)(R_{j,t} - \bar{R}_j) =$			0,0558	−0,0642
Covariância:	$Cov(R_i, R_j) = \frac{1}{T-1} \text{Soma} =$			0,0112	−0,0128
Correlação:	$Corr(R_i, R_j) = \frac{Cov(R_i, R_j)}{SD(R_i)\, SD(R_j)} =$			0,624	−0,713

EXEMPLO 11.4 — A covariância e a correlação de um grupo de ações com ele mesmo

Problema

Qual é a covariância e a correlação do retorno de um grupo de ações com ele mesmo?

Solução

Seja R_S o retorno do grupo de ações. A partir da definição da covariância,

$$Cov(R_s, R_s) = E[(R_s - E[R_s])(R_s - E[R_s])] = E[(R_s - E[R_s])^2]$$
$$= Var(R_s)$$

onde a última equação segue a partir da definição de variância. Isto é, a covariância entre um grupo de ações e ele mesmo é simplesmente sua variância. Então,

$$Corr(R_s, R_s) = \frac{Cov(R_s, R_s)}{SD(R_s)\, SD(R_s)} = \frac{Var(R_s)}{SD(R_s)^2} = 1$$

onde a última equação segue a partir da definição de desvio padrão. Isto é, o retorno de um grupo de ações possui uma correlação positiva perfeita com ele mesmo, já que ele sempre se movimenta junto consigo mesmo em perfeita sincronia.

Quando retornos de grupos de ações são altamente correlacionados um com o outro? Os retornos de ações tenderão a se movimentar juntos se forem afetados de maneiras similares por eventos econômicos. Assim, ações na mesma indústria tendem a ter retornos mais correlacionados do que ações em diferentes indústrias. Esta tendência é ilustrada na Tabela 11.3, que mostra a volatilidade de retornos de grupos de ações individuais e a correlação entre eles para vários grupos de ações comuns. A Anheuser-Busch, a única representante da indústria de fabricação de cerveja, possui a correlação mais baixa com todos os outros grupos. Quase todas as correlações são positivas, porém, ilustrando a tendência geral de as ações se movimentarem juntas.

Calculando a variância, a covariância e a correlação no Microsoft Excel

O programa de planilha Excel não calcula o desvio padrão, a variância, a covariância e a correlação de maneira consistente. As funções STDEV* e VAR do Excel utilizam corretamente a Equação 10.7 para estimar o desvio padrão e a variância a partir de dados históricos. Mas a função COVAR *não utiliza* a Equação 11.5; o Excel divide por T em vez de por $T - 1$. Portanto, para estimar a covariância a partir de uma amostra de retornos históricos utilizando a COVAR, é necessário corrigir a inconsistência multiplicando pelo número de observações e dividindo pelo número de observações menos um; isto é, COVAR*$T / (T - 1)$. Como alternativa, podemos utilizar a função CORREL para calcular a correlação. Como esta função é implementada de uma maneira consistente com a STDEV e a VAR, podemos estimar a covariância multiplicando a correlação pelo desvio padrão de cada retorno.

TABELA 11.3 Volatilidades anuais históricas e correlações entre grupos de ações selecionados (com base em retornos mensais, 1996-2004)

	Microsoft	Dell	Delta Air Lines	American Airlines	General Motors	Ford Motor	Anheuser-Busch
Volatilidade (Desvio padrão)	42%	54%	50%	72%	33%	37%	18%
Correlação com							
Microsoft	1,00	0,65	0,27	0,19	0,22	0,26	−0,07
Dell	0,65	1,00	0,19	0,18	0,32	0,32	0,10
Delta Air Lines	0,27	0,19	1,00	0,69	0,31	0,38	0,19
American Airlines	0,19	0,18	0,69	1,00	0,35	0,58	0,11
General Motors	0,22	0,32	0,31	0,35	1,00	0,64	0,11
Ford Motor	0,26	0,32	0,38	0,58	0,64	1,00	0,10
Anheuser-Busch	−0,07	0,10	0,19	0,11	0,11	0,10	1,00

EXEMPLO 11.5 Calculando a covariância a partir da correlação

Problema

Utilizando os dados da Tabela 11.3, qual é a covariância entre a Microsoft e a Dell?

Solução

Podemos reescrever a Equação 11.6 para encontrar a covariância:

$$Cov(R_{MSFT}, R_{DELL}) = Corr(R_{MSFT}, R_{DELL}) \, SD(R_{MSFT}) \, SD(R_{DELL})$$
$$= (0,65)(0,42)(0,54) = 0,1474$$

Calculando a variância e a volatilidade de uma carteira

Agora temos as ferramentas necessárias para calcular a variância de uma carteira. Lembremos, do Exemplo 11.4, que a variância de um retorno é igual à covariância entre um retorno e ele mesmo. Portanto, para uma carteira com dois grupos de ações com $R_p = x_1 R_1 + x_2 R_2$,

---

* N. de T.: Na versão do Excel em português, essa função se chama DESVPAD e se encontra na categoria "Estatística". Todas as outras funções, a menos que indicado aqui, têm a mesma abreviação que na versão do Excel em inglês.

$$Var(R_P) = Cov(R_P, R_P)$$
$$= Cov(x_1 R_1 + x_2 R_2, x_1 R_1 + x_2 R_2) \quad (11.7)$$
$$= x_1 x_1 Cov(R_1, R_1) + x_1 x_2 Cov(R_1, R_2) + x_2 x_1 Cov(R_2, R_1) + x_2 x_2 Cov(R_2, R_2)$$

Na última linha da Equação 11.7, utilizamos o fato de que, assim como com as esperanças, podemos mudar a ordem da covariância com somas e múltiplos.[2] Associando termos e reconhecendo que $Cov(R_i, R_i) = Var(R_i)$, chegamos a nosso principal resultado desta seção:

A variância de uma carteira com dois grupos de ações
$$Var(R_P) = x_1^2 Var(R_1) + x_2^2 Var(R_2) + 2x_1 x_2 Cov(R_1, R_2) \quad (11.8)$$

Como sempre, a volatilidade é a raiz quadrada da variância, $SD(R_P) = \sqrt{Var(R_P)}$.

Verifiquemos esta fórmula para as ações das linhas aéreas e do petróleo na Tabela 11.1. Consideremos a carteira que contém as ações da West Air e da Tex Oil. A variância de cada grupo de ações é igual ao quadrado de sua volatilidade, $0{,}134^2 = 0{,}018$. Do Exemplo 11.3, a covariância entre os grupos de ações é $-0{,}0128$. Portanto, a variância de uma carteira com 50% investidos em cada grupo de ações é

$$Var(\tfrac{1}{2}R_W + \tfrac{1}{2}R_T) = x_W^2 Var(R_W) + x_T^2 Var(R_T) + 2x_W x_T Cov(R_W, R_T)$$
$$= (\tfrac{1}{2})^2 (0{,}018) + (\tfrac{1}{2})^2 (0{,}018) + 2(\tfrac{1}{2})(\tfrac{1}{2})(-0{,}0128)$$
$$= 0{,}0026$$

A volatilidade da carteira é $\sqrt{0{,}0026} = 5{,}1\%$, o que corresponde ao cálculo da Tabela 11.1. Se repetirmos este cálculo para a carteira da North Air e West Air, o cálculo será o mesmo, exceto pela maior covariância entre os grupos de ações, de $0{,}112$, o que leva a uma volatilidade mais alta, de $12{,}1\%$.

Como vimos na Tabela 11.1, a Equação 11.8 mostra que a variância da carteira depende não somente da variância dos grupos de ações individuais, mas também da covariância entre eles. Também podemos reescrever a Equação 11.8 utilizando as volatilidades dos grupos de ações e calculando a covariância a partir da correlação, como no Exemplo 11.5:

$$Var(R_P) = x_1^2 SD(R_1)^2 + x_2^2 SD(R_2)^2 + 2x_1 x_2 Corr(R_1, R_2) SD(R_1) SD(R_2) \quad (11.9)$$

As Equações 11.8 e 11.9 demonstram que com uma quantia positiva investida em cada grupo de ações, quanto mais as ações se movimentarem juntas e quanto maior forem sua covariância ou sua correlação, mais variável será a carteira. A carteira terá variância máxima se os grupos de ações tiverem uma correlação positiva perfeita de $+1$.

EXEMPLO 11.6 — **Calculando a volatilidade de uma carteira com dois grupos de ações**

Problema

Utilizando os dados da Tabela 11.3, qual é a volatilidade de uma carteira com quantias iguais investidas nas ações da Microsoft e da Dell? Qual é a volatilidade de uma carteira com quantias iguais investidas nas ações da Dell e da Delta Air Lines?

Solução

Com pesos de carteira de 50% cada nas ações da Microsoft e da Dell, segundo a Equação 11.9 a variância da carteira é

$$Var(R_P) = x_{MSFT}^2 SD(R_{MSFT})^2 + x_{DELL}^2 SD(R_{DELL})^2$$
$$+ 2x_{MSFT} x_{DELL} Corr(R_{MSFT}, R_{DELL}) SD(R_{MSFT}) SD(R_{DELL})$$
$$= (0{,}50)^2 (0{,}42)^2 + (0{,}50)^2 (0{,}54)^2 + 2(0{,}50)(0{,}50)(0{,}65)(0{,}42)(0{,}54)$$
$$= 0{,}1907$$

A volatilidade é, portanto, $SD(R_P) = \sqrt{Var(R_P)} = \sqrt{0{,}1907} = 43{,}7\%$.

---

[2] Isto é, $Cov(A + B, C) = Cov(A, C) + Cov(B, C)$ e $Cov(mA, B) = m\,Cov(A, B)$

Para a carteira das ações da Dell e da Delta Air Lines (DAL),

$$Var(R_p) = x_{DELL}^2 SD(R_{DELL})^2 + x_{DAL}^2 SD(R_{DAL})^2$$
$$+ 2x_{DELL}x_{DAL}Corr(R_{DELL},R_{DAL})SD(R_{DELL})SD(R_{DAL})$$
$$= (0{,}50)^2(0{,}54)^2 + (0{,}50)^2(0{,}50)^2 + 2(0{,}50)(0{,}50)(0{,}19)(0{,}54)(0{,}50)$$
$$= 0{,}1610$$

A volatilidade neste caso é $SD(R_P) = \sqrt{Var(R_P)} = \sqrt{0{,}1610} = 40{,}1\%$

Observe que a carteira das ações da Dell e da Delta Air Lines é menos volátil do que qualquer um dos grupos de ações individualmente. Também é menos volátil do que a carteira das ações da Dell e da Microsoft. Apesar de as ações da Delta serem mais voláteis do que as da Microsoft, sua correlação muito mais baixa com as ações da Dell levam a uma maior diversificação da carteira.

FIXAÇÃO DE CONCEITOS

1. O que é a faixa da correlação?
2. A variância de uma carteira com dois grupos de ações depende somente das variâncias dos grupos de ações individuais?

11.3 A volatilidade de uma carteira grande

Podemos obter benefícios extras de diversificação mantendo mais de dois grupos de ações em nossa carteira. Consideremos como calcular a volatilidade de uma carteira grande, e determinemos o grau de diversificação que é possível se detivermos muitos grupos de ações.

Lembremos que o retorno sobre uma carteira de n grupos de ações é simplesmente a média ponderada dos retornos desses grupos de ações na carteira:

$$R_P = x_1R_1 + x_2R_2 + \cdots + x_nR_n = \sum_i x_i R_i$$

Utilizando as propriedades de covariância, podemos escrever a variância de uma carteira como a seguir:

$$Var(R_P) = Cov(R_P,R_P) = Cov(\sum_i x_i R_i, R_P) = \sum_i x_i Cov(R_i, R_P) \quad (11.10)$$

Esta equação indica que a *variância de uma carteira é igual à covariância média ponderada de cada grupo de ações na carteira*. Esta expressão revela que o risco de uma carteira depende de como o retorno de cada grupo de ações se movimenta em relação a ela.

Podemos reduzir a fórmula ainda mais substituindo o segundo R_P por uma média ponderada e simplificando:

$$Var(R_P) = \sum_i x_i Cov(R_i, R_P) = \sum_i x_i Cov(R_i, \sum_j x_j R_j)$$
$$= \sum_i \sum_j x_i x_j Cov(R_i, R_j) \quad (11.11)$$

Esta fórmula diz que a variância de uma carteira é igual à soma das covariâncias dos retornos de todos os pares de grupos de ações da carteira multiplicados por cada um de seus pesos de carteira.[3] Isto é, a variabilidade geral da carteira depende do co-movimento total do grupo de ações dentro dela.

Diversificação com uma carteira igualmente ponderada de vários grupos de ações

Podemos utilizar a Equação 11.11 para calcular a variância de uma carteira igualmente ponderada de tamanho n. Uma **carteira igualmente ponderada** é uma carteira em que a mesma quantia é

---

[3] Retrospectivamente, podemos ver que a Equação 11.11 generaliza o caso de dois grupos de ações na Equação 11.7.

investida em cada grupo de ações; assim, $x_i = 1/n$ para cada grupo de ações. Neste caso, temos a seguinte fórmula:[4]

Variância de uma carteira igualmente ponderada de n grupos de ações

$$Var(R_P) = \frac{1}{n}(\text{Variância média dos grupos de ações individuais})$$

$$+ \left(1 - \frac{1}{n}\right)(\text{Covariância média entre os grupos de ações}) \quad (11.12)$$

A Equação 11.12 demonstra que à medida que o número de ações, n, vai se tornando grande, a variância da carteira passa a ser determinada primordialmente pela covariância média entre os grupos de ações. Consideremos uma carteira de grupos de ações selecionados aleatoriamente da bolsa de valores. A volatilidade histórica do retorno de uma grande empresa típica na bolsa de valores é de aproximadamente 40%, e a correlação típica entre os retornos de grandes empresas é de 28%. Dadas estas estatísticas, como a volatilidade de uma carteira igualmente ponderada varia com o número de grupos de ações?

Segundo a Equação 11.12, a volatilidade de uma carteira de n grupo de ações é dada por

$$SD(R_P) = \sqrt{\frac{1}{n}(0{,}40^2) + \left(1 - \frac{1}{n}\right)(0{,}28 \times 0{,}40 \times 0{,}40)}$$

Traçamos o gráfico da volatilidade para diferentes números de grupos de ações na Figura 11.2. Observemos que a volatilidade diminui à medida que o número de grupos de ações na carteira aumenta. Na verdade, quase metade da volatilidade dos grupos de ações individuais é eliminada em uma carteira grande como consequência da diversificação. O benefício da diversificação é mais drástico inicialmente: a diminuição na volatilidade ao passar de um para dois grupos de ações é muito maior do que a diminuição ao passar de 100 para 101 – de fato, quase todo o benefício da diversificação

FIGURA 11.2

Volatilidade de uma carteira igualmente ponderada *versus* o número de grupos de ações
A volatilidade diminui à medida que o número de grupos ações em uma carteira aumenta. Mesmo em uma carteira muito grande, porém, o risco de mercado permanece.

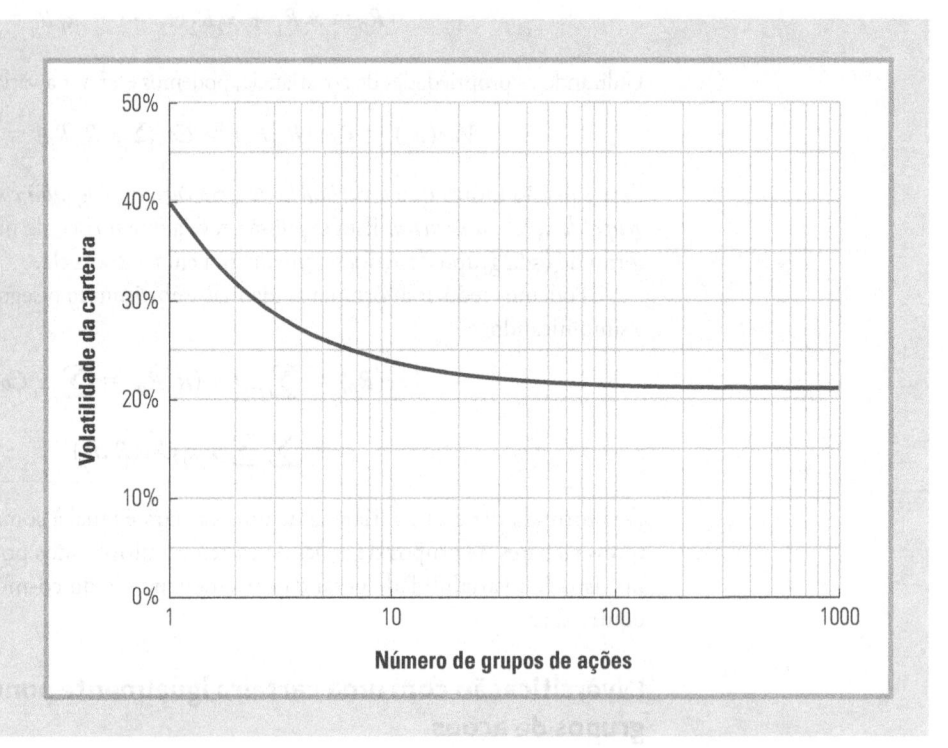

---

[4] Para uma carteira de n ações, há n termos de variância (*para qualquer período $i=j$* na Eq. 11.11) com peso $x_i^2 = 1/n^2$ em cada um, o que significa um peso de $n/n^2 = 1/n$ na média da variância. Há $n^2 - n$ termos de covariância (todos os termos menos n termos de variância) com peso $x_i x_j = 1/n^2$, o que determina um peso de $(n^2 - n)/n^2 = 1 - 1/n$ na média da covariância.

pode ser alcançado com aproximadamente 30 grupos de ações. Mesmo com uma carteira muito grande, porém, não podemos eliminar todo o risco. A variância da carteira converge para a covariância média, então a volatilidade diminui para $\sqrt{0,28 \times 0,4 \times 0,4} = 21,17\%$.[5]

EXEMPLO 11.7 — Diversificação utilizando diferentes tipos de grupos de ações

Problema

Grupos de ações dentro de uma mesma indústria tendem a ter uma maior correlação do que grupos de ações em indústrias diferentes. Da mesma forma, grupos de ações em países diferentes têm uma correlação mais baixa, em média, do que grupos de ações dentro dos Estados Unidos apenas. Qual é a volatilidade de uma carteira muito grande de ações dentro de uma mesma indústria em que os grupos de ações têm uma volatilidade de 40% e uma correlação de 60%? Qual é a volatilidade de uma carteira muito grande de ações internacionais com uma volatilidade de 40% e uma correlação de 10%?

Solução

Da Equação 11.12, a volatilidade da carteira da indústria quando $n \to \infty$ é dada por

$$\sqrt{\text{Covariância média}} = \sqrt{0,60 \times 0,40 \times 0,40} = 31,0\%$$

Esta volatilidade é maior do que quando utilizamos grupos de ações de indústrias diferentes, como na Figura 11.2. Combinar ações de uma mesma indústria que têm uma correlação mais alta fornece, portanto, menos diversificação. Podemos alcançar uma diversificação maior utilizando ações internacionais. Neste caso,

$$\sqrt{\text{Covariância média}} = \sqrt{0.10 \times 0.40 \times 0.40} = 12.6\%$$

A Equação 11.12 também pode ser utilizada para deduzir um dos principais resultados que discutimos no Capítulo 10: quando os riscos são independentes, todo o risco pode ser diversificado através de uma carteira grande.

EXEMPLO 11.8 — Volatilidade quando os riscos são independentes

Problema

Qual é a volatilidade de uma média igualmente ponderada de n riscos idênticos e independentes?

Solução

Se os riscos são independentes, eles são não-correlacionados e sua covariância é zero. Utilizando a Equação 11.12, a volatilidade de uma carteira igualmente ponderada dos riscos é

$$SD(R_p) = \sqrt{Var(R_p)} = \sqrt{\tfrac{1}{n}Var(\text{Risco Individual})} = \frac{SD(\text{Risco Individual})}{\sqrt{n}}$$

Este resultado coincide com a Equação 10.8, que utilizamos anteriormente para avaliar riscos independentes. Observe que quando $n \to \infty$, a volatilidade tende a 0 — isto é, uma carteira muito grande não terá *nenhum* risco. Neste caso, todo o risco pode ser eliminado porque não há risco comum.

Diversificação com carteiras gerais

Os resultados da última seção dependem de a carteira ser igualmente ponderada. Para uma carteira com pesos arbitrários, podemos reescrever a Equação 11.10 em termos da correlação como a seguir:

$$Var(R_p) = \sum_i x_i Cov(R_i, R_p) = \sum_i x_i SD(R_i) SD(R_p) Corr(R_i, R_p)$$

---

[5] Talvez você esteja se perguntando o que acontece se a covariância média for negativa. O que ocorre é que, apesar de a covariância entre um par de grupos de ações poder ser negativa, à medida que a carteira cresce a covariância média não pode ser negativa porque os retornos de todas as ações não podem se movimentar em direções opostas simultaneamente.

Ao dividirmos ambos os lados desta equação pelo desvio padrão da carteira, geramos a importante decomposição da volatilidade de uma carteira a seguir:

Volatilidade de uma carteira com pesos arbitrários

$$SD(R_p) = \sum_i \underbrace{x_i \times SD(R_i) \times Corr(R_i, R_p)}_{\text{Contribuição do título } i \text{ à volatilidade da carteira}} \quad (11.13)$$

onde x_i é a Quantia de i mantida, $SD(R_i)$ é o Risco total de i, e $Corr(R_i, R_p)$ é a Fração do risco de i que é comum a P.

A Equação 11.13 afirma que cada título contribui à volatilidade da carteira de acordo com sua volatilidade, ou risco total, dimensionado por sua correlação com a carteira, o que ajusta a fração do risco total que é comum à carteira. Portanto, ao combinarmos dois grupos de ações em uma carteira que coloca peso positivo em cada um deles, a menos que todos os grupos de ações tenham uma correlação positiva perfeita de +1 com a carteira (e, assim, uns com os outros), o risco da carteira será menor do que a volatilidade média ponderada dos grupos de ações individuais:

$$SD(R_p) = \sum_i x_i SD(R_i) \, Corr(R_i, R_p) < \sum_i x_i SD(R_i) \quad (11.14)$$

Contrastemos a Equação 11.14 com a Equação 11.13 em termos do retorno esperado. O retorno esperado de uma carteira é igual ao retorno esperado médio ponderado, mas a volatilidade de uma carteira é *menor do que* a volatilidade média ponderada: podemos eliminar parte da volatilidade através da diversificação.

FIXAÇÃO DE CONCEITOS

1. Como a volatilidade de uma carteira igualmente ponderada muda à medida que mais grupos de ações são adicionados a ela?
2. Como a volatilidade de uma carteira se compara com a volatilidade média ponderada do grupo de ações nela contido?

11.4 Risco *versus* retorno: escolhendo uma carteira eficiente

Agora que compreendemos como calcular o retorno esperado e a volatilidade de uma carteira, podemos voltar à meta principal do capítulo e explicar como um investidor pode criar uma carteira eficiente. Comecemos com o caso mais simples – um investidor que pode escolher apenas entre dois grupos de ações.

Carteiras eficientes com dois grupos de ações

Consideremos a Intel Corporation e a Coca-Cola Company. De 1996 a 2004, as ações da Intel tiveram um retorno médio anual de 25,6%, com uma volatilidade de 48%. Durante o mesmo período, a Coca-Cola teve um retorno médio de 6,3% e uma volatilidade de 27%. Além disso, os retornos da Intel e da Coca-Cola eram não-correlacionados.[6]

Grupo de ações	Retorno esperado	Volatilidade	Correlação com Intel	Correlação com Coca-Cola
Intel	26%	50%	1,0	0,0
Coca-Cola	6%	25%	0,0	1,0

---

[6] Com base em retornos mensais anualizados. Obviamente, a Coca-Cola e a Intel são excepcionais neste sentido – em sua maior parte, os grupos de ações são correlacionados uns aos outros.

Como o investidor deve escolher uma carteira contendo esses dois grupos de ações? Algumas carteiras são preferíveis a outras?

Calculemos o retorno esperado e a volatilidade de diferentes combinações dos grupos de ações. Consideremos uma carteira com 40% investidos nas ações da Intel e 60% investidos nas ações da Coca-Cola. Podemos calcular o retorno esperado a partir da Equação 11.3 como

$$E[R_{40-60}] = x_I E[R_I] + x_C E[R_C] = 0,40(26\%) + 0,60(6\%) = 14\%$$

Podemos calcular a variância utilizando a Equação 11.9,

$$Var(R_{40-60}) = x_I^2 SD(R_I)^2 + x_C^2 SD(R_C)^2 + 2x_I x_C Corr(R_I, R_C) SD(R_I) SD(R_C)$$
$$= 0,40^2(0,50)^2 + 0,60^2(0,25)^2 + 2(0,40)(0,60)(0)(0,50)(0,25) = 0,0625$$

de modo que a volatilidade seja $SD(R_{40-60}) = \sqrt{0,0625} = 25\%$. Os resultados de diferentes pesos de carteira são exibidos na Tabela 11.4.

TABELA 11.4 — Retornos esperados e volatilidade de diferentes carteiras com dois grupos de ações

Pesos de carteira		Retorno esperado (%)	Volatilidade (%)
x_I	x_C	$E[R_P]$	$SD[R_P]$
1,00	0,00	26,0	50,0
0,80	0,20	22,0	40,3
0,60	0,40	18,0	31,6
0,40	0,60	14,0	25,0
0,20	0,80	10,0	22,3
0,00	1,00	6,0	25,0

Devido à diversificação, é possível encontrar uma carteira com uma volatilidade ainda menor do que a de qualquer um dos dois grupos de ações: investir 20% nas ações da Intel e 80% nas ações da Coca-Cola, por exemplo, possui uma volatilidade de apenas 22,3%. Mas sabendo que os investidores se importam com a volatilidade *e* com o retorno esperado, temos que considerar ambos simultaneamente. Para fazê-lo, traçamos o gráfico da volatilidade e do retorno esperado de cada carteira na Figura 11.3. As carteiras da Tabela 11.4 são rotuladas com os pesos de carteira. A curva (uma hipérbole) representa o conjunto de carteiras que podemos criar utilizando pesos arbitrários.

Tendo em vista as opções da Figura 11.3, quais fazem sentido para um investidor preocupado tanto com o retorno esperado quanto com a volatilidade de sua carteira? Suponhamos que um investidor considere investir 100% em ações da Coca-Cola. Como podemos ver na Figura 11.3, outras carteiras – como a carteira com 20% em ações da Intel e 80% em ações da Coca-Cola – deixam o investidor em melhor situação *das duas maneiras*: (1) elas têm um retorno esperado mais alto e (2) menor volatilidade. Consequentemente, investir somente nas ações da Coca-Cola não é uma boa ideia.

De maneira mais geral, dizemos que uma carteira é uma **carteira ineficiente** sempre que for possível encontrar uma outra carteira que seja superior em termos tanto de retorno esperado quanto de volatilidade. Observando a Figura 11.3, uma carteira é ineficiente se há outras carteiras acima e à esquerda dela – isto é, a seu noroeste. Investir somente nas ações da Coca-Cola é ineficiente, e o mesmo é válido para todas as carteiras com mais de 80% nas ações desta empresa (a parte azul-escura da curva). Carteiras ineficientes não são ótimas para um investidor. Ao contrário, carteiras com pelo menos 20% nas ações da Intel são eficientes (a parte azul-clara da curva): não há nenhuma outra carteira que ofereça um retorno esperado mais alto com menor volatilidade.

FIGURA 11.3

Volatilidade *versus* retorno esperado de carteiras com ações da Intel e da Coca-Cola

Rótulos indicam os pesos de carteira (x_I, x_C) das ações da Intel e da Coca-Cola. As carteiras sobre a porção azul-clara da curva, com pelo menos 20% investidos nas ações da Intel, são eficientes. As carteiras sobre a porção azul-escura da curva, com menos de 20% investidos nas ações da Intel, são ineficientes – um investidor pode obter um retorno esperado mais alto com menos risco escolhendo uma carteira alternativa.

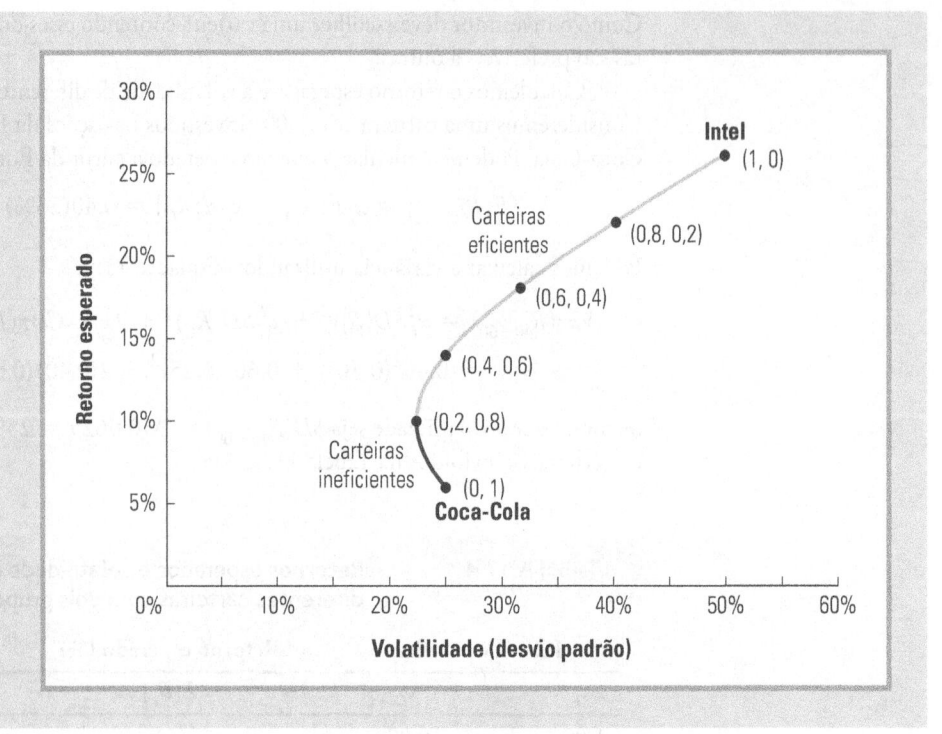

Um investidor que esteja procurando altos retornos e baixa volatilidade deve investir apenas em uma carteira eficiente, portanto podemos eliminar carteiras ineficientes porque elas representam escolhas de investimento inferiores. Entretanto, as carteiras eficientes não podem ser facilmente classificadas, porque os investidores escolherão entre elas com base em suas preferências em termos de retorno *versus* risco. Por exemplo, um investidor extremamente conservador que só se importe em minimizar o risco escolheria a carteira de menor volatilidade (20% Intel, 80% Coca-Cola). Um investidor agressivo talvez escolhesse investir 100% nas ações da Intel – apesar de esta abordagem ser mais arriscada, o investidor pode estar disposto a correr este risco para obter um maior retorno esperado.

EXEMPLO 11.9

Aprimorando os retornos com uma carteira eficiente

Problema

Sally Ferson investiu 100% de seu dinheiro nas ações da Coca-Cola e está procurando consultoria sobre investimentos. Ela gostaria de obter o maior retorno esperado possível sem aumentar sua volatilidade. Que carteira é recomendável para Sally?

Solução

Na Figura 11.3, podemos ver que Sally pode investir até 40% em ações da Intel sem aumentar sua volatilidade. Como as ações da Intel possuem um retorno esperado mais alto do que as ações da Coca-Cola, ela obterá retornos esperados mais altos investindo mais dinheiro nas ações da Intel. Portanto, você deve recomendar que Sally coloque 40% de seu dinheiro nas ações da Intel, deixando 60% nas ações da Coca-Cola. Esta carteira possui a mesma volatilidade de 25%, mas um retorno esperado de 14% em vez dos 6% que ela possui agora.

O efeito da correlação

Na Figura 11.3, supusemos que os retornos das ações da Intel e da Coca-Cola são não-correlacionados. Consideremos como as associações de risco e retorno no cálculo mudariam se as correlações fossem diferentes.

A correlação não possui efeito sobre o retorno esperado de uma carteira. Por exemplo, uma carteira de 40-60 ainda terá um retorno esperado de 14%. Entretanto, a volatilidade da carteira irá diferir dependendo da correlação, como vimos na Seção 11.2. Em particular, quanto menor a correlação, menor a volatilidade que podemos obter. Em termos da Figura 11.3, à medida que diminuímos a correlação e, portanto, a volatilidade das carteiras, a curva que mostra as carteiras se dobrará para a esquerda num grau maior. Este efeito é ilustrado na Figura 11.4.

FIGURA 11.4

Efeito sobre a volatilidade e retorno esperado de mudar a correlação entre as ações da Intel e as da Coca-Cola
Esta figura ilustra correlações de 1, 0,5, 0, −0,5 e −1. Quanto menor a correlação, menor o risco das carteiras.

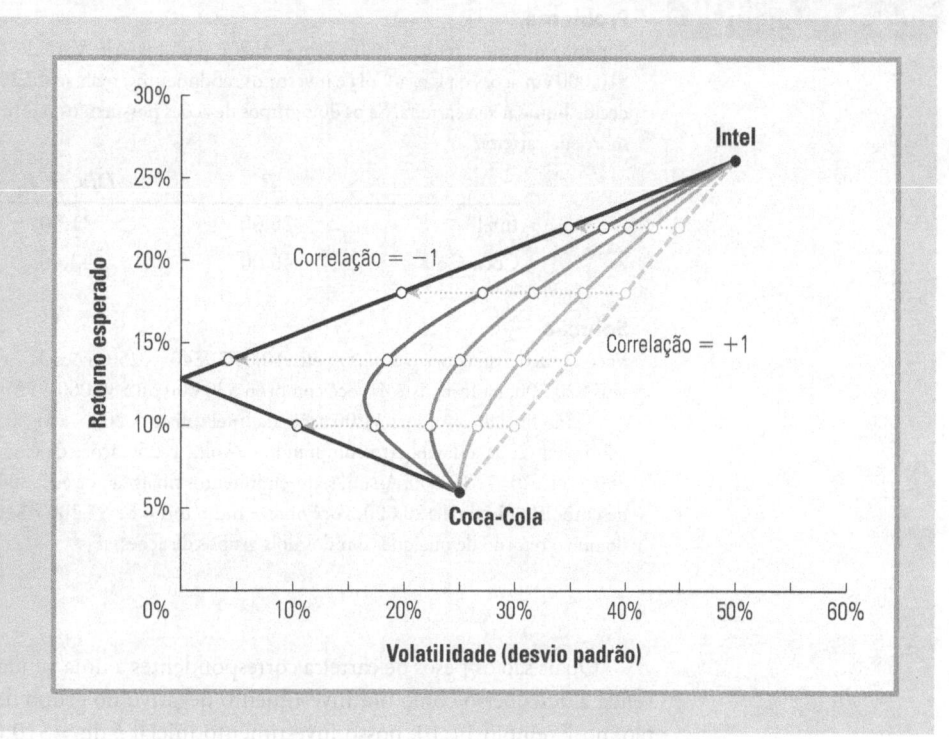

Quando as ações possuem uma correlação positiva perfeita, o conjunto de carteiras é identificado pela linha reta entre elas. Neste caso extremo (a linha tracejada na Figura 11.4), a volatilidade da carteira é igual à volatilidade média ponderada dos dois grupos de ações – não há o benefício da diversificação. Quando a correlação é menor do que 1, porém, a volatilidade das carteiras é reduzida devido à diversificação, e a curva se dobra para a esquerda. A redução em risco (e a dobra da curva) torna-se maior à medida que a correlação diminui. No outro extremo da relação negativa perfeita (linha azul-escura), a linha novamente se torna reta, dessa vez refletindo o eixo vertical. Em particular, quando os dois grupos de ações possuem uma correlação negativa perfeita, torna-se possível manter uma carteira que não apresenta absolutamente nenhum risco.

Vendas a descoberto

Até agora consideramos apenas carteiras em que investimos uma quantia positiva em cada grupo de ações. Um investimento positivo em um título pode ser chamado de **posição comprada** do título.

Mas também é possível investir uma quantia *negativa* em ações, o que é chamado de **posição vendida**, caso envolva em uma **venda a descoberto**, uma transação em que vendemos ações que não possuímos e então compramos essas ações de volta no futuro.

Vender a descoberto é uma estratégia vantajosa se, por exemplo, esperamos que o preço de certas ações vá cair no futuro. Neste caso, recebemos mais à vista pelas ações do que será necessário pagar por elas no futuro. Mas, como mostra o Exemplo 11.10, vender a descoberto também pode ser vantajoso mesmo se o preço das ações subir, contanto que a carteira tenha um outro grupo de ações em posição comprada com um retorno realizado mais alto.

EXEMPLO 11.10

Retornos de uma venda a descoberto

Problema

Suponha que você tenha $20.000 em dinheiro para investir. Você decide vender a descoberto um valor de $10.000 em ações da Coca-Cola e investir os rendimentos, mais seus $20.000, na Intel. No final do ano, você decide liquidar sua carteira. Se os dois grupos de ações possuem os retornos realizados abaixo, qual é o retorno sobre sua carteira?

	P_0	$Div_1 + P_1$	Retorno
Intel	25,00	31,50	26%
Coca-Cola	40,00	42,40	6%

Solução

Você vendeu a descoberto $10.000 ou $10.000 / $40 = 250 ações da Coca-Cola, e investiu os $10.000, mais seus $20.000, na Intel. Isto é, você comprou $30.000 ou $30.000 / $25 = 1.200 ações da Intel.

No final do ano, suas 1.200 ações da Intel valiam 1.200 × $31,50 = $37.800. Entretanto, você precisa cobrir sua venda a descoberto comprando de volta as 250 ações da Coca-Cola que você vendeu, o que custa 250 × $42,40 = $10.600. Assim, seus rendimentos finais são de $37.800 − $10.600 = $27.200. Dado o seu desembolso inicial de $20.000, você obteve um retorno de $7.200 / $20.000 = 36%, um retorno mais alto do que o retorno de qualquer um dos dois grupos de ações.

Quais são os pesos de carteira correspondentes a uma venda a descoberto? Interpretamos uma venda a descoberto como um investimento negativo no grupo de ações correspondente. Por exemplo, no Exemplo 11.10, nosso investimento inicial é de −$10.000 nas ações da Coca-Cola, e de +$30.000 nas ações da Intel, somando um investimento líquido total de $30.000 − $10.000 = $20.000. Os pesos de carteira correspondentes são

$$x_I = \frac{\text{Valor do investimento na Intel}}{\text{Valor total da carteira}} = \frac{30.000}{20.000} = 150\%$$

$$x_C = \frac{\text{Valor do investimento na Coca-Cola}}{\text{Valor total da carteira}} = \frac{-10.000}{20.000} = -50\%$$

Observe que os pesos da carteira ainda somam 100%. Utilizando esses pesos de carteira, podemos calcular o retorno da carteira utilizando a Equação 11.2:

$$R_P = \sum_i x_i R_i = (150\%)(26\%) + (-50\%)(6\%) = 36\%$$

Todas as equações neste capítulo continuam a ser válidas se interpretarmos a venda a descoberto dessa maneira. Em geral, dizemos que uma carteira tem posição comprada nos grupos de ações que têm pesos de carteira negativos e posição vendida nos grupos de ações que têm pesos de carteira positivos.

O mecanismo de uma venda a descoberto

Em meados de outubro de 2004, a Delta Air Lines chegou à beira da falência. Sua única esperança de evitar a falência em um futuro próximo era chegar a um acordo com o sindicato dos pilotos para cortar seus salários em um terço. Diante desta crise, o preço das ações caíra em mais de 70% no ano anterior. E muitos investidores aparentemente sentiram que as ações cairiam ainda mais – o *short interest* (número de ações vendidas a descoberto) na Delta excedeu 65 milhões, representando mais de 50% das ações em circulação da empresa.

Como podemos vender ações da Delta se nem mesmo as possuímos? Para vender ações a descoberto, é necessário contactar um corretor. O corretor tentará tomar as ações emprestadas de alguém que atualmente as possua. Suponhamos que Fulano atualmente possua ações da Delta em uma conta mantida por um corretor. Nosso corretor pode nos emprestar ações da conta de Fulano de modo que possamos vendê-las no mercado pelo preço corrente. É claro que em algum momento teremos que cobrir a venda a descoberto e devolver as ações a Fulano. Então, compraremos as ações no mercado, e nosso corretor as colocará na conta de Fulano. Nesse meio tempo, também temos que pagar a Fulano quaisquer dividendos que a Delta teria pagado a ele se não tivéssemos tomado suas ações emprestadas.*

O esquema ilustra os fluxos de caixa de uma venda a descoberto. Primeiro, recebemos o preço corrente das ações. Então, temos que pagar quaisquer dividendos. Finalmente, pagamos o preço futuro das ações. Isto é exatamente o inverso dos fluxos de caixa que receberíamos ao comprar ações:

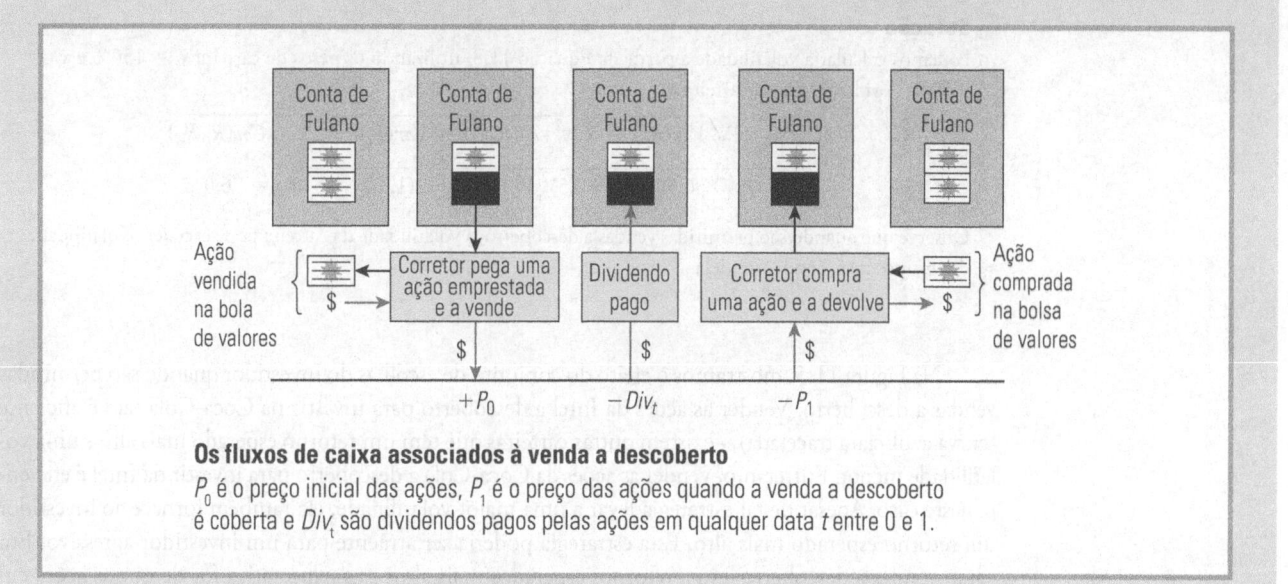

	Data 0	Data t	Data 1
Fluxos de caixa da compra de ações	$-P_0$	$+Div_t$	$+P_1$
Fluxos de caixa da venda de ações a descoberto	$+P_0$	$-Div_t$	$-P_1$

Como os fluxos de caixa são inversos, se vendermos ações a descoberto, em vez de recebermos seu retorno temos que *pagá-lo* à pessoa de quem tomamos emprestadas as ações. Dessa maneira, vender a descoberto é como tomar dinheiro emprestado a uma taxa de juros igual ao retorno sobre as ações (que é desconhecido até a transação estar concluída).[†] Os investidores que acreditaram que as ações da Delta teriam um retorno baixo ou negativo podem, portanto, decidir vender as ações a descoberto.

Os fluxos de caixa associados à venda a descoberto
P_0 é o preço inicial das ações, P_1 é o preço das ações quando a venda a descoberto é coberta e Div_t são dividendos pagos pelas ações em qualquer data t entre 0 e 1.

---

* Na prática, Fulano pode nem mesmo saber que suas ações foram emprestadas. Ele continua a receber dividendos como antes, e, caso ele precise das ações por qualquer motivo, o corretor as substituirá ou (1) tomando emprestadas ações de uma outra pessoa, ou (2) forçando o investidor que vendeu a descoberto a cobrir esta posição e comprar as ações no mercado.

† Tipicamente, o corretor cobrará uma taxa para encontrar as ações a serem emprestadas, e exigirá que o investidor que as venderá a descoberto faça um depósito como garantia de que ele será capaz de comprar as ações posteriormente. As taxas e o custo de oportunidade de fazer depósitos de garantia tendem a ser baixas, então as ignoramos em nossa análise.

> ### EXEMPLO 11.11 — Volatilidade com vendas a descoberto
>
> **Problema**
>
> Suponha que as ações da Intel tenham uma volatilidade de 50%, as da Coca-Cola, de 25%, e que os grupos de ações não estejam correlacionados. Qual é a volatilidade de uma carteira com $10.000 em posição comprada da Coca-Cola e $30.000 em posição vendida da Intel?
>
> **Solução**
>
> Podemos calcular a volatilidade a partir da Equação 11.8, utilizando os pesos de carteira $x_I = 150\%$ e $x_C = -50\%$. A volatilidade da carteira é
>
> $$SD(R_P) = \sqrt{Var(R_P)} = \sqrt{x_I^2 Var(R_I) + x_C^2 Var(R_C) + 2x_I x_C Cov(R_I, R_C)}$$
>
> $$= \sqrt{1{,}5^2 \times 0{,}50^2 + (-0{,}5)^2 \times 0{,}25^2 + 2(1{,}5)(-0{,}5)(0)} = 76{,}0\%$$
>
> Observe que quando são permitidas vendas a descoberto, a volatilidade da carteira pode exceder a volatilidade dos grupos de ações dentro dela.

Na Figura 11.5, mostramos o efeito do conjunto de escolhas do investidor quando são permitidas vendas a descoberto. Vender as ações da Intel a descoberto para investir na Coca-Cola não é eficiente (curva azul-clara tracejada) – existem outras carteiras que têm um retorno esperado mais alto *e* uma volatilidade menor. Entretanto, vender as ações da Coca-Cola a descoberto para investir na Intel é eficiente neste caso. Apesar de tal estratégia levar a uma maior volatilidade, ela também fornece ao investidor um retorno esperado mais alto. Esta estratégia poderia ser atraente para um investidor agressivo. Em geral, vender a descoberto leva a retornos esperados mais altos se a expectativa for de que as ações em posição comprada tenham retornos menores do que as ações em que a carteira tem posição vendida.

FIGURA 11.5

Carteira da Intel e Coca-Cola permitindo vendas a descoberto

Rótulos indicam os pesos de carteira (x_I, x_C) das ações da Intel e da Coca-Cola. Azul-escuro indica carteiras eficientes, azul-claro indica carteiras ineficientes. As curvas pontilhadas indicam posições que exigem vender a descoberto ou a Coca-Cola (azul-escuro), ou a Intel (azul-claro). Vender as ações da Intel a descoberto para investir na Coca-Cola é ineficiente. Vender as ações da Coca-Cola a descoberto para investir na Intel é eficiente e pode ser atraente para um investidor agressivo que esteja buscando altos retornos esperados.

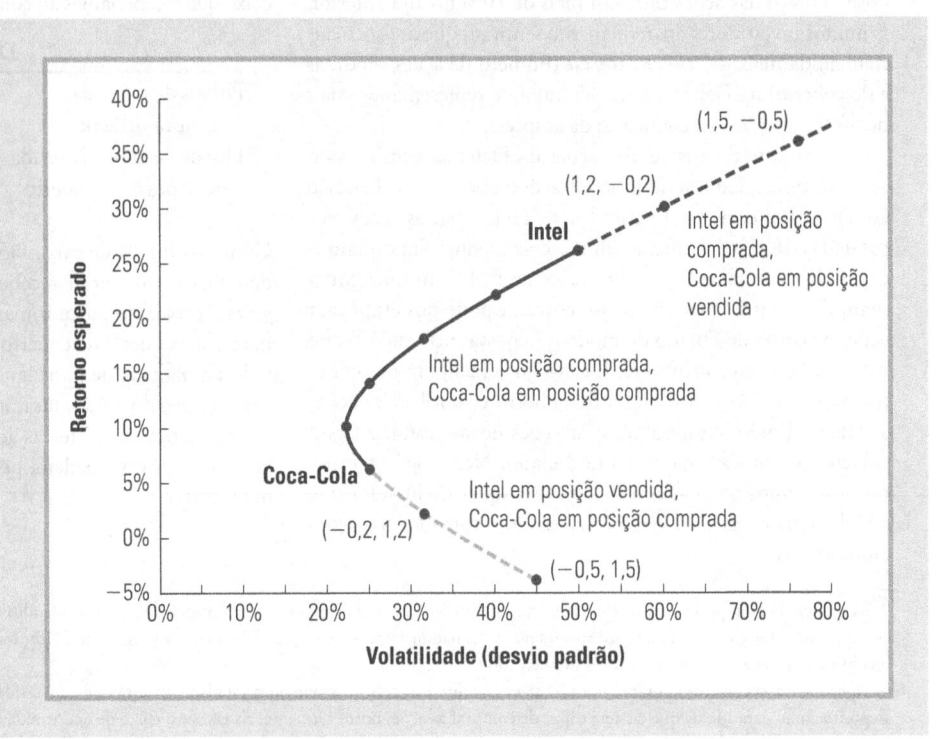

Risco *versus* retorno: muitas ações

Lembremos, da Seção 11.3, que adicionar mais grupos de ações a uma carteira reduz o risco através da diversificação. Consideremos o efeito de adicionar à nossa carteira mais um grupo de ações, da

Bore Industries, que não possui correlação com a Intel ou com a Coca-Cola, mas cuja expectativa é de ter um retorno muito baixo, de 2%:

Ações	Retorno esperado	Volatilidade	Correlação com Intel	Correlação com Coca-Cola	Correlação com Bore Ind.
Intel	26%	50%	1,0	0,0	0,0
Coca-Cola	6%	25%	0,0	1,0	0,0
Bore Industries	2%	25%	0,0	0,0	1,0

A Figura 11.6 ilustra as carteiras que podemos construir utilizando esses três grupos de ações.

Como as ações da Bore são inferiores às da Coca-Cola – possuem a mesma volatilidade, mas um retorno menor – poderíamos supor que nenhum investidor iria querer manter uma posição comprada na Bore. Entretanto, esta conclusão ignora as oportunidades de diversificação que a Bore fornece. A Figura 11.6 mostra os resultados de se associar a Bore com a Coca-Cola ou com a Intel (curvas azul-claras), ou de se associar a Bore com uma carteira 50-50 da Coca-Cola e Intel (curva azul-escura).[7] Podemos ver a partir da figura que algumas das carteiras que obtivemos combinando apenas a Intel e a Coca-Cola (curva tracejada) são inferiores a essas novas possibilidades.

Quando combinamos as ações da Bore a cada carteira da Intel e da Coca-Cola, e também permitimos vendas a descoberto, obtemos uma região inteira de possibilidades de risco e retorno em vez de apenas uma curva. Esta região é representada pela área sombreada na Figura 11.7. Mas observemos que a maior parte dessas carteiras são ineficientes. As carteiras eficientes – aquelas que oferecem o maior retorno esperado possível para determinado nível de volatilidade – são aquelas no limite a noroeste da região sombreada, que chamamos de **fronteira eficiente** desses três grupos de ações. Neste caso, nenhuma das ações, independentemente, se encontra na fronteira eficiente, então não seria eficiente colocar todo nosso dinheiro em um único grupo de ações.

FIGURA 11.6

Retorno esperado e volatilidade de carteiras selecionadas de ações da Intel, Coca-Cola e Bore Industries

Associando a Bore (B) com a Intel (I), com a Coca-Cola (C), e com carteiras da Intel e Coca-Cola, introduzimos novas possibilidades de risco e retorno. Também podemos ter resultados superiores àqueles com apenas a Coca-Cola e a Intel (curva tracejada). As carteiras da Bore e Coca-Cola (B + C) e Bore e Intel (B + I) são exibidas em azul-claro na figura. A curva azul-escura é uma associação da Bore com uma carteira da Intel e da Coca-Cola.

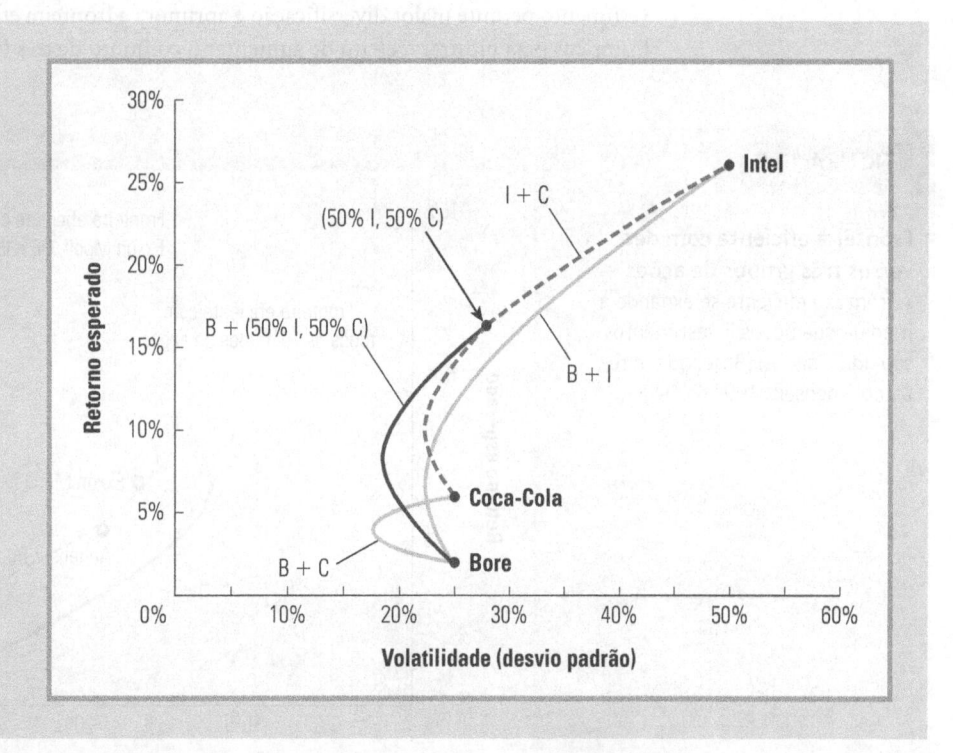

---

[7] Quando uma carteira inclui outra carteira, podemos calcular o peso de cada grupo de ações multiplicando os pesos da carteira. Por exemplo, uma carteira com 30% em ações da Bore e 70% na *carteira* de (50% Intel, 50% Coca-Cola) possui 30% em ações da Bore, 70% × 50% = 35% em ações da Intel, e 70% × 50% = 35% em ações da Coca-Cola.

FIGURA 11.7

A volatilidade e o retorno esperado de todas as carteiras de ações da Intel, Coca-Cola e Bore

Carteiras de todos os três grupos de ações, com a área azul-escura mostrando as carteiras sem vendas a descoberto e a área azul-clara mostrando carteiras que incluem vendas a descoberto. As melhores combinações de risco e retorno estão na fronteira eficiente (curva tracejada). A fronteira eficiente é aprimorada (passa a ter um retorno mais alto para cada nível de risco) quando passamos de dois para três grupos de ações.

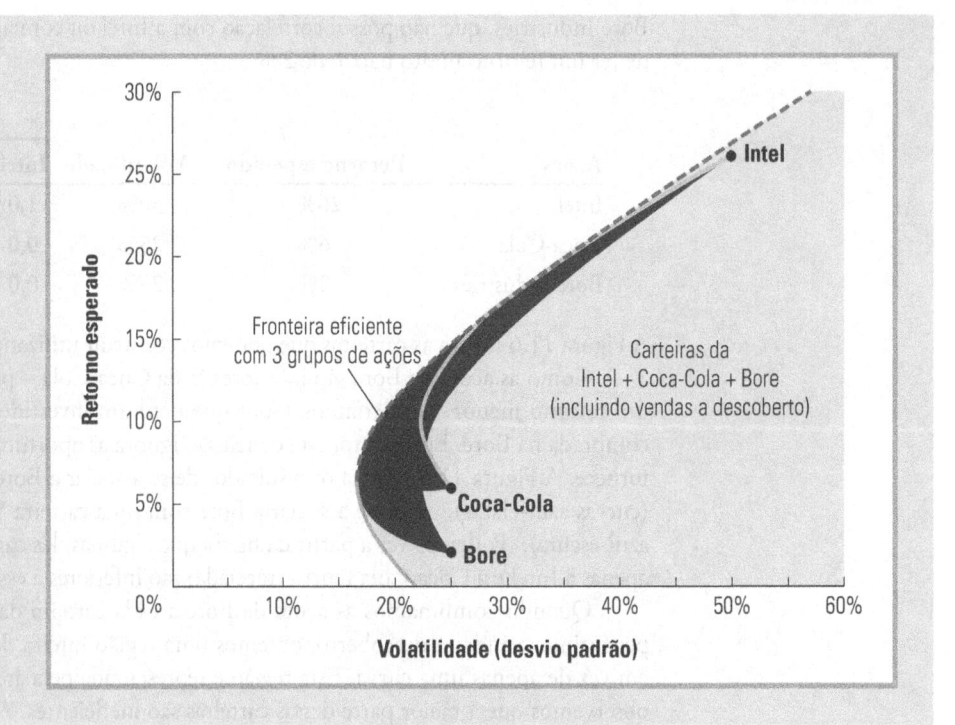

Quando o conjunto de oportunidades de investimento aumenta de dois para três grupos de ações, a fronteira eficiente é aprimorada. Visualmente, a fronteira antiga com quaisquer dois grupos de ações localiza-se dentro da nova fronteira. Em geral, adicionar novas oportunidades de investimento permite maior diversificação e aprimora a fronteira eficiente. A Figura 11.8 utiliza dados históricos para mostrar o efeito de aumentar o conjunto de três (Exxon Mobil, GE e IBM) para dez

FIGURA 11.8

Fronteira eficiente com dez versus três grupos de ações

A fronteira eficiente se expande à medida que novos investimentos são adicionados. (Baseado em retornos mensais, 1996-2004.)

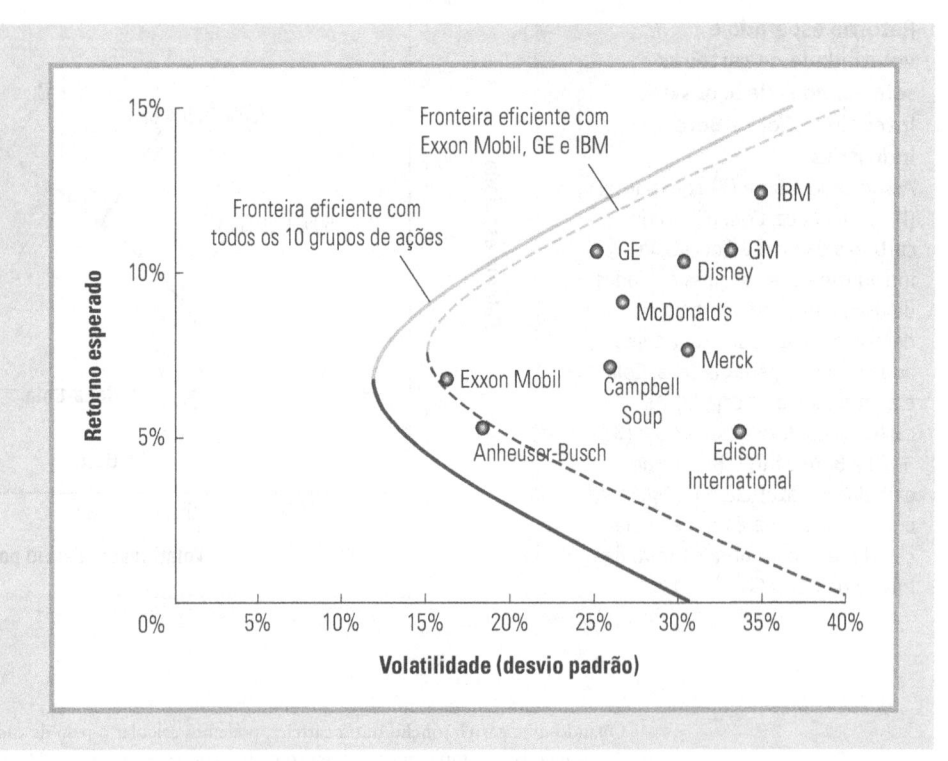

grupos de ações. Apesar de os grupos de ações adicionados parecerem oferecer combinações inferiores de risco-retorno independentemente, por permitirem maior diversificação, a fronteira eficiente é aprimorada com sua inclusão. Assim, para chegar ao melhor conjunto possível de oportunidades de risco e retorno, temos que continuar adicionando grupos de ações até todas as oportunidades de investimento serem representadas. Em última análise, com base em nossas estimativas de retornos, volatilidades e correlações, podemos construir a fronteira eficiente de *todos* os investimentos arriscados disponíveis mostrando as melhores combinações possíveis de risco e retorno que podem ser obtidas através da otimização da diversificação.

FIXAÇÃO DE CONCEITOS

1. Como a correlação entre dois grupos de ações afeta o risco e retorno das carteiras que os combinam?
2. O que é a fronteira eficiente, e como ela muda quando mais ações são utilizadas para construir carteiras?

11.5 Aplicações e empréstimos livres de risco

Até agora, consideramos as possibilidades de risco e retorno que resultam da combinação de investimentos arriscados em carteiras. Incluindo todos os investimentos na construção da fronteira eficiente, alcançamos diversificação máxima.

Há uma outra maneira de reduzir risco além da diversificação que ainda não consideramos: podemos manter parte de nosso dinheiro em um investimento seguro, como letras do Tesouro. É claro que, ao fazê-lo, estamos reduzindo nosso retorno esperado. Ao contrário, se formos um investidor agressivo em busca de retornos esperados altos, talvez decidamos contrair um empréstimo para investir ainda mais na bolsa de valores. Nesta seção, veremos que a capacidade de escolher a quantia a investir em títulos arriscados *versus* livres de risco nos permite determinar a *carteira ótima* de títulos arriscados para um investidor.

Investindo em títulos livres de risco

Consideremos uma carteira arbitrariamente arriscada com retornos R_P. Vejamos o efeito sobre o risco e retorno de colocar uma fração x de nosso dinheiro na carteira, deixando a fração restante $(1 - x)$ em letras do Tesouro norte-americano livre de risco com um rendimento de r_f.

Utilizando a Equação 11.3 e a Equação 11.8, calculamos o retorno esperado e a variância dessa carteira, cujo retorno denotaremos por R_{xP}. Em primeiro lugar, o retorno esperado é

$$E[R_{xP}] = (1 - x)r_f + xE[R_P]$$
$$= r_f + x(E[R_P] - r_f) \qquad (11.15)$$

A primeira equação simplesmente afirma que o retorno esperado é a média ponderada dos retornos esperados das letras do Tesouro e da carteira. (Como conhecemos de antemão a taxa de juros corrente paga sobre as letras do Tesouro, não precisamos calcular um retorno esperado para elas.) A segunda equação reordena a primeira para fornecer uma interpretação útil. Começando com um investimento somente em letras do Tesouro, podemos interpretar x como a fração de letras do Tesouro que substituímos com a carteira P, obtendo a diferença esperada em seus retornos. Esta diferença, $(E[R_P] - r_f)$, é o prêmio de risco ou retorno em excesso da carteira. Em resumo, nosso retorno esperado é igual à taxa livre de risco mais uma fração do prêmio de risco da carteira baseado na quantia que investimos nela.

Depois, calculemos a volatilidade. A volatilidade do investimento livre de risco é zero; a taxa r_f livre de risco é conhecida quando fazemos nosso investimento. Como nosso retorno sobre o investimento livre de risco é fixo e não se movimenta junto com (ou contra) nossa carteira, a covariância entre o investimento livre de risco e a carteira também é zero. Assim,

$$SD(R_{xP}) = \sqrt{(1-x)^2 Var(r_f) + x^2 Var(R_P) + 2(1-x)x\,Cov(r_f, R_P)}$$

$$= \sqrt{x^2 Var(R_P)}$$

$$= x\,SD(R_P) \tag{11.16}$$

Isto é, a volatilidade é apenas uma fração da volatilidade da carteira, com base na quantia que investimos nela.

A linha azul-clara na Figura 11.9 ilustra combinações de volatilidade e retorno esperado para diferentes escolhas de x. Observando as Equações 11.15 e 11.16, à medida que aumentamos a fração x investida em P, aumentamos tanto nosso risco quanto nosso prêmio de risco proporcionalmente. Logo, a linha é *reta* a partir do investimento livre de risco que passa por P.

FIGURA 11.9

As combinações risco-retorno da associação de um investimento livre de risco e uma carteira arriscada

Dada uma taxa livre de risco de 5%, o investimento livre de risco é representado no gráfico pelo ponto com volatilidade de 0% e um retorno esperado de 5%. A linha azul-clara mostra as carteiras obtidas investindo-se x na carteira P e $(1 - x)$ no investimento livre de risco. Investimentos com peso $x > 100\%$ na carteira P exigem que se contraiam empréstimos pela taxa de juros livre de risco.

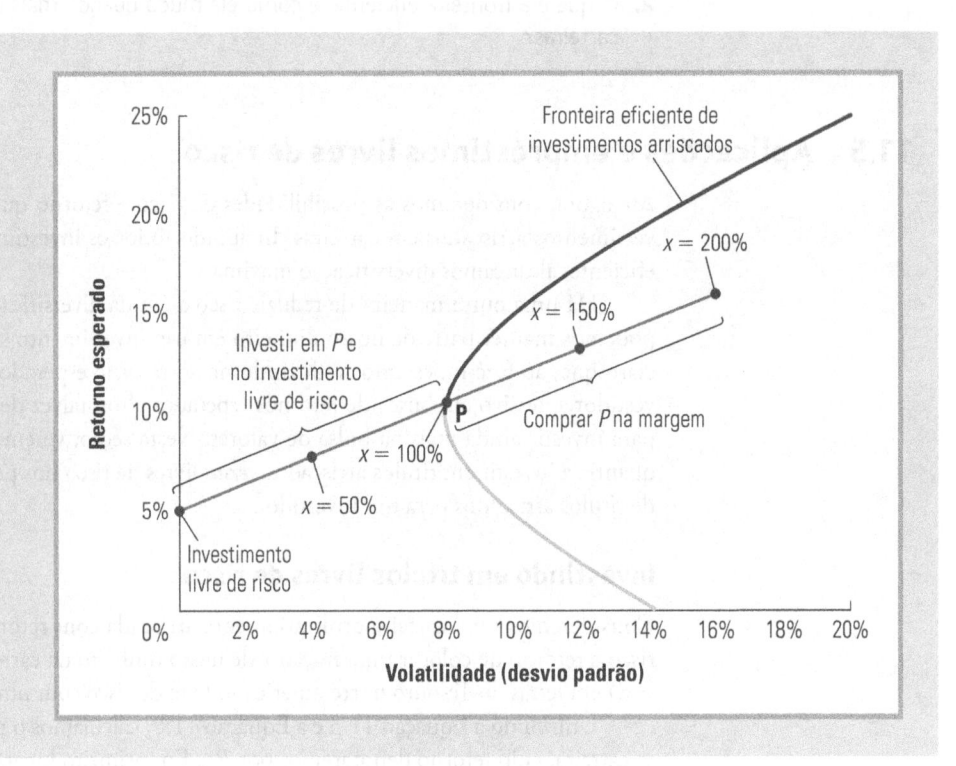

Comprando e tomando ações emprestadas na margem

À medida que aumentamos a fração x investida na carteira P de 0 para 100%, nos movimentamos sobre a linha da Figura 11.9 do investimento livre de risco para P. Se aumentarmos x além de 100%, obteremos pontos além de P no gráfico. Neste caso, estaremos vendendo a descoberto o investimento livre de risco, então teremos que pagar o retorno livre de risco. Isto é, vender a descoberto o investimento livre de risco é equivalente a tomar dinheiro emprestado pela taxa de juros livre de risco através de um empréstimo padrão.

Tomar dinheiro emprestado para investir em ações é chamado de **comprar ações na margem** ou utilizar alavancagem. Uma carteira que consiste em uma posição vendida no investimento livre de risco é chamada de carteira *alavancada*. Como é de se esperar, investir na margem é uma estratégia de investimento arriscada. Observe que a região da linha azul-clara na Figura 11.9 com $x > 100\%$ possui um risco maior do que a própria carteira P. Ao mesmo tempo, investir na margem pode fornecer retornos esperados mais altos do que investir em P utilizando apenas os fundos que temos disponíveis.

EXEMPLO 11.12

Investindo na margem

Problema

Suponha que você tenha $10.000 em dinheiro e que você decida tomar emprestados outros $10.000 a uma taxa de juros de 5% para investir na bolsa de valores. Você investe todos os $20.000 na carteira Q com um retorno esperado de 10% e uma volatilidade de 20%. Qual é o retorno esperado e a volatilidade de seu investimento? Qual é seu retorno realizado se Q subir em 30% no decorrer do ano? Que retorno você realizará se Q cair em 10% no decorrer do ano?

Solução

Você dobrou seu investimento em Q comprando ações na margem, então $x = 200\%$. Utilizando as Equações 11.15 e 11.16,

$$E[R_{xQ}] = r_f + x(E[R_Q] - r_f) = 5\% + 2 \times (10\% - 5\%) = 15\%$$

$$SD(R_{xQ}) = x\,SD(R_Q) = 2 \times (20\%) = 40\%$$

Você aumentou tanto seu retorno esperado quanto seu risco em relação à carteira Q.

Se Q subir em 30%, seu investimento valerá $26.000 no final do ano. Entretanto, você deverá $10.000 × 1,05 = $10.500 a seu empréstimo. Após quitar seu empréstimo, você terá $26.000 − $10.500 = $15.500. Como você inicialmente investiu $10.000 de seu próprio dinheiro, este é um retorno de 55%.

Se Q cair em 10%, você ficará com $18.000 − $10.500 = $7.500, e seu retorno é de −25%.

Observe que seus retornos são mais extremos do que os da carteira: 55% e −25% *versus* 30% e −10%, respectivamente. Na verdade, a faixa é dobrada para 55% − (−25%) = 80% de 30% − (−10%) = 40%. Esta duplicação corresponde à duplicação da volatilidade da carteira.

Identificando a carteira tangente

Observando novamente a Figura 11.9, podemos ver que a carteira P não é a melhor carteira a ser associada ao investimento livre de risco. Ao formar uma carteira a partir do ativo livre de risco e de uma carteira um tanto mais alta na fronteira eficiente do que a carteira P, obteremos uma linha mais íngreme do que a que passa por P. Se a linha é mais íngreme, então para qualquer nível de volatilidade obteremos um retorno esperado mais alto.

Para obter o retorno esperado mais alto possível para qualquer nível de volatilidade, temos que encontrar a carteira que gere a linha mais íngreme possível quando associada ao investimento livre de risco. A inclinação da linha que cruza determinada carteira P geralmente é chamada de **índice de Sharpe** da carteira:

$$\text{Índice de Sharpe} = \frac{\text{Retorno em excesso da carteira}}{\text{Volatilidade da carteira}} = \frac{E[R_P] - r_f}{SD(R_P)} \qquad (11.17)$$

O índice de Sharpe mede a razão entre a recompensa e a volatilidade fornecidas por uma carteira.[8] A carteira ótima para associar com o ativo livre de risco será aquela com o maior índice de Sharpe, já que ela levará à linha mais íngreme possível. A carteira com maior índice de Sharpe é a carteira em que a linha com o investimento livre de risco apenas toca e, portanto, é tangente à fronteira eficiente de investimentos arriscados, como mostra a Figura 11.10. A carteira que gera esta linha tangente é conhecida como **carteira tangente**. Todas as outras carteiras de ativos arriscados se encontram abaixo desta linha. Como a carteira tangente possui o índice de Sharpe maior do que qualquer carteira na economia, ela fornece a maior recompensa por unidade de volatilidade de qualquer carteira disponível.[9]

---

[8] O índice de Sharpe foi primeiramente introduzido por William Sharpe como uma medida para comparar o desempenho de fundos mútuos. Ver William Sharpe, "Mutual Fund Performance", *Journal of Business* (January 1966): pp. 119-138.

[9] Além da inclinação da linha na Figura 11.10, existe uma outra interpretação para o índice de Sharpe: é o número de desvios-padrão que o retorno da carteira teria que cair para ter um desempenho menor do que o do investimento sem risco. Assim, se os retornos seguem uma distribuição normal, a carteira com maior índice de Sharpe pode ser interpretada como a carteira com maior chance de obter um retorno acima da taxa de juros livre de risco.

FIGURA 11.10

A carteira tangente ou eficiente

A carteira tangente é a carteira com o maior índice de Sharpe. Os investimentos sobre a linha tracejada que conectam o investimento livre de risco e a carteira tangente fornecem o melhor *tradeoff* entre risco e retorno disponível a um investidor. Consequentemente, a carteira tangente também é chamada de carteira eficiente.

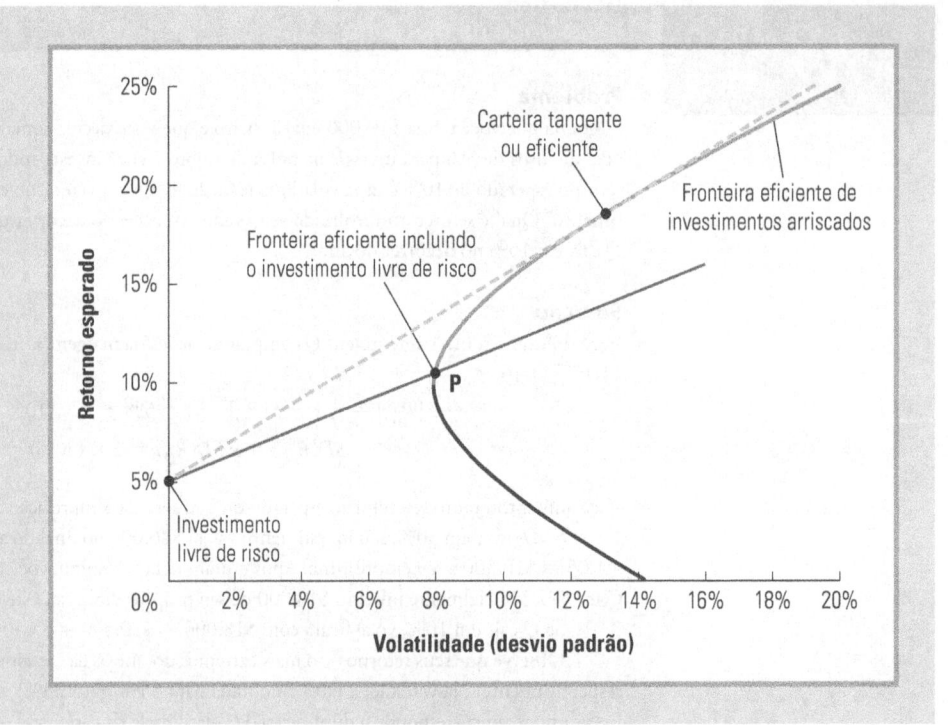

Como fica evidente na Figura 11.10, associações do ativo livre de risco com a carteira tangente fornecem o melhor *tradeoff* entre risco e retorno disponível a um investidor. Esta observação possui uma consequência extraordinária. Significa que a carteira tangente é eficiente e que, uma vez incluído o investimento livre de risco, todas as carteiras eficientes serão associações do investimento livre de risco e da carteira tangente. Isto é, nenhuma outra carteira que consista somente em ativos arriscados é eficiente. Portanto, a carteira ótima de investimentos *arriscados* não depende mais do quanto o investidor é conservador ou agressivo; todo investidor deve investir na carteira tangente *independentemente de seu gosto por risco*. As preferências do investidor determinarão apenas *quanto* investir na carteira tangente *versus* no investimento livre de risco. Investidores conservadores investirão uma pequena quantia, escolhendo uma carteira na linha próxima ao investimento livre de risco. Investidores agressivos investirão mais, escolhendo uma carteira que esteja próxima à carteira tangente ou mesmo além dela, comprando ações na margem. Ambos os tipos de investidores escolherão manter *a mesma* carteira de ativos arriscados, a carteira tangente.

EXEMPLO 11.13

Escolha de uma carteira ótima

Problema

Seu tio liga pedindo conselhos sobre investimentos. Atualmente, ele possui $100.000 investidos na carteira P, como mostra a Figura 11.10. Esta carteira possui um retorno esperado de 10,5% e uma volatilidade de 8%. Suponha que a taxa de juros livre de risco seja de 5%, e que a carteira tangente tenha um retorno esperado de 18,5% e uma volatilidade de 13%. Para maximizar o retorno esperado de seu tio sem aumentar sua volatilidade, que carteira você recomendaria? Se seu tio prefere manter seu retorno esperado o mesmo, mas minimizar o risco, que carteira você recomendaria?

Solução

Em qualquer caso, as melhores carteiras são associações do investimento livre de risco e da carteira tangente. Se investirmos uma quantia x na carteira tangente T, utilizando as Equações 11.15 e 11.16, o retorno esperado e a volatilidade são

> $$E[R_{xT}] = r_f + x(E[R_T] - r_f) = 5\% + x(18{,}5\% - 5\%)$$
>
> $$SD(R_{xT}) = xSD(R_T) = x(13\%)$$
>
> Então, para manter a volatilidade a 8%, $x = 8\% / 13\% = 61{,}5\%$. Neste caso, seu tio deve investir 61,5% de seu dinheiro ($61.500) na carteira tangente, e os 38,5% restantes ($38.500) no investimento livre de risco. Se retorno esperado será, então, de 5% + (61,5%)(13,5%) = 13,3%, o maior possível dado seu nível de risco.
>
> Como alternativa, para manter o retorno esperado igual ao valor corrente de 10,5%, x tem que satisfazer 5% + x(13,5%) = 10,5%, então $x = 40{,}7\%$. Agora seu tio deve investir $40.700 na carteira tangente e $59.300 no investimento livre de risco, diminuindo seu nível de volatilidade para (40.7%)(13%) = 5,29%, o menor possível dado seu retorno esperado.

Alcançamos uma das principais metas deste capítulo e explicamos como identificar a carteira eficiente de ativos arriscados. A **carteira eficiente** é a carteira tangente, a carteira com maior índice de Sharpe na economia. Associando-a com o investimento livre de risco, um investidor obterá o retorno esperado mais alto possível para qualquer nível de volatilidade que ele esteja disposto a tolerar.

FIXAÇÃO DE CONCEITOS
1. Explique o conceito de comprar ações na margem.
2. O que é o índice de Sharpe de uma carteira?
3. O que sabemos sobre o índice de Sharpe da carteira eficiente?

11.6 A carteira eficiente e o custo de capital

Agora que identificamos a carteira eficiente, vejamos como podemos utilizá-la para determinar o custo de capital de um investimento.

Como aprimorar uma carteira: o beta e o retorno exigido

Considere uma carteira de títulos arriscados, P. Se investirmos mais nesta carteira e menos no investimento livre de risco, nosso retorno esperado e volatilidade mudarão. O índice de Sharpe da carteira nos diz em quanto nosso retorno esperado aumentará para determinado aumento na volatilidade. A carteira P é eficiente se tiver o maior índice de Sharpe possível; isto é, se fornecer o maior aumento possível no retorno esperado para determinado aumento na volatilidade.

Para determinar se P possui o maior índice de Sharpe possível, consideremos se poderíamos elevá-lo adicionando mais de certo investimento i à carteira. Da Equação 11.13, a contribuição do investimento i à volatilidade da carteira depende do risco que i possui em comum com a carteira, que é medido pela volatilidade de i multiplicada por sua correlação com P. Se comprarmos mais do investimento i tomando empréstimos, obteremos o retorno esperado de i menos o retorno livre de risco. Assim, adicionar i à carteira P aprimorará nosso índice de Sharpe se[10]

$$\underbrace{E[R_i] - r_f}_{\text{Retorno adicional do investimento } i} > \underbrace{SD(R_i) \times Corr(R_i, R_P)}_{\text{Volatilidade incremental do investimento } i} \times \underbrace{\frac{E[R_P] - r_f}{SD(R_P)}}_{\substack{\text{Retorno por unidade} \\ \text{de volatilidade} \\ \text{disponível da carteira } P}} \qquad (11.18)$$

---

[10] Se $Corr(R_i, R_P)$ for positiva, podemos escrever a Equação 11.18 mais intuitivamente como uma comparação do índice de ganho em retorno esperado pela volatilidade incremental do título i com o índice de Sharpe da carteira:

$$\frac{E[R_i] - r_f}{SD(R_i) \times Corr(R_i, R_P)} > \frac{E[R_P] - r_f}{SD(R_P)}$$

Para fornecer uma outra interpretação para esta condição, definimos o beta de um investimento i com a carteira P:

Beta do investimento i com a carteira P

$$\beta_i^P \equiv \frac{SD(R_i) \times Corr(R_i, R_P)}{SD(R_P)} = \frac{Cov(R_i, R_P)}{Var(R_P)} \quad (11.19)$$

onde a segunda equação segue da definição da correlação em termos da covariância. β_i^P mede a sensibilidade do investimento i às flutuações da carteira P. Isto é, para cada 1% de mudança no retorno em excesso da carteira, espera-se que o retorno em excesso do investimento mude em β_i^P por cento devido a riscos que i tem em comum com P. Com esta definição, podemos reescrever a Equação 11.18 como a seguir:

$$E[R_i] > r_f + \beta_i^P \times (E[R_P] - r_f)$$

Portanto, aumentar a quantia investida em i aumentará o índice de Sharpe da carteira P se seu retorno esperado $E[R_i]$ exceder o retorno exigido r_i, que é dado por

Retorno exigido do investimento i dada a carteira atual P

$$r_i = r_f + \beta_i^P \times (E[R_P] - r_f) \quad (11.20)$$

O **retorno exigido** é o retorno esperado necessário para compensar pelo risco com que o investimento i contribui para a carteira. O retorno exigido de um investimento i é igual à taxa de juros livre de risco mais um prêmio de risco igual ao prêmio de risco da carteira atual do investidor, P, dimensionado por β_i^P. Se o retorno esperado de i exceder este retorno exigido, então adicionar mais dele aprimorará o desempenho da carteira.

EXEMPLO 11.14

O retorno exigido de um novo investimento

Problema

Você atualmente investe no Omega Fund, um fundo de base ampla que investe em ações e outros títulos com um retorno esperado de 15% e uma volatilidade de 20%, além de em letras do Tesouro livres de risco que pagam 3%. Seu corretor sugere que você adicione um fundo de investimento imobiliário à sua carteira atual. O fundo imobiliário possui um retorno esperado de 9%, uma volatilidade de 35% e uma correlação de 0,10 com o Omega Fund. Adicionar o fundo de investimento imobiliário irá aprimorar sua carteira?

Solução

Seja R_{re} o retorno do fundo de investimento imobiliário e R_O o retorno do Omega Fund. Segundo a Equação 11.19, o beta do fundo imobiliário com o Omega Fund é

$$\beta_{re}^O = \frac{SD(R_{re}) Corr(R_{re}, R_O)}{SD(R_O)} = \frac{35\% \times 0,10}{20\%} = 0,175$$

Podemos, então, utilizar a Equação 11.20 para determinar o retorno exigido que torna o fundo de investimento imobiliário uma adição atraente para nossa carteira:

$$r_{re} = r_f + \beta_{re}^O (E[R_O] - r_f) = 3\% + 0,175 \times (15\% - 3\%) = 5,1\%$$

O fundo de investimento imobiliário possui um retorno esperado de 9% que excede o retorno exigido de 5,1%. Portanto, podemos aprimorar o desempenho de nossa carteira atual investindo uma quantia no fundo de investimento imobiliário.

Retornos esperados e a carteira eficiente

Se o retorno esperado de um título exceder seu retorno exigido dada nossa carteira atual, então podemos aprimorar o desempenho de nossa carteira atual adicionando mais desse título. Mas quanto mais devemos adicionar? À medida que compramos ações do título i, sua correlação com nossa carteira aumenta, finalmente elevando seu retorno exigido até $E[R_i] = r_i$. Neste ponto, a proporção de título i que possuímos é ótima.

Da mesma maneira, se o retorno esperado do título i for menor do que o retorno esperado r_i, devemos reduzir nossa proporção de i. À medida que o fazemos, a correlação e o retorno exigido r_i caem até $E[R_i] = r_i$.

Assim, se não tivermos restrições sobre nossa capacidade de comprar ou vender títulos negociados no mercado, continuaremos a negociar até que o retorno esperado de cada título seja igual ao seu retorno exigido – isto é, até que $E[R_i] = r_i$ seja válido para todo i. Neste momento, nenhuma negociação pode possivelmente aprimorar a proporção risco-recompensa da carteira, e nossa carteira é a carteira ótima e eficiente. Isto é,

Uma carteira é eficiente se, e somente se, o retorno esperado de cada título disponível for igual ao seu retorno exigido.

Da Equação 11.20, este resultado implica a seguinte relação entre o retorno esperado de qualquer título e seu beta com a carteira eficiente:

Retorno esperado de um título

$$E[R_i] = r_i \equiv r_f + \beta_i^{eff} \times (E[R_{eff}] - r_f) \tag{11.21}$$

onde R_{eff} é o retorno da carteira eficiente, a carteira com índice de Sharpe maior do que qualquer outra carteira na economia.

EXEMPLO 11.15 — Identificando a carteira eficiente

Problema

Considere o Omega Fund e o fundo de investimento imobiliário do Exemplo 11.4. Suponha que você tenha $100 milhões investidos no Omega Fund. Além desta posição, quanto você deve investir no fundo de investimento imobiliário para formar uma carteira eficiente desses dois fundos?

Solução

Suponha que para cada $1 investido no Omega Fund, tomemos x_{re} dólares emprestados (ou vendamos x_{re} em letras do Tesouro) para investir no fundo de investimento imobiliário. Então, nossa carteira possui um retorno de $R_P = R_O + x_{re}(R_{re} - r_f)$, onde R_O é o retorno do Omega Fund e R_{re} é o retorno do fundo imobiliário. A Tabela 11.5 mostra a mudança no retorno esperado e na volatilidade de nossa carteira à medida que aumentamos o investimento x_{re} no fundo imobiliário, utilizando as fórmulas

$$E[R_P] = E[R_O] + x_{re}(E[R_{re}] - r_f)$$

$$Var(R_P) = Var[R_O + x_{re}(R_{re} - r_f)] = Var(R_O) + x_{re}^2 Var(R_{re}) + 2x_{re} Cov(R_{re}, R_O)$$

Adicionar o fundo imobiliário inicialmente aprimora o índice de Sharpe da carteira, como definido pela Equação 11.17. À medida que adicionamos mais do fundo imobiliário, porém, sua correlação com nossa carteira aumenta, calculada como

$$Corr(R_{re}, R_P) = \frac{Cov(R_{re}, R_P)}{SD(R_{re})SD(R_P)} = \frac{Cov(R_{re}, R_O + x_{re}(R_{re} - r_f))}{SD(R_{re})SD(R_P)}$$

$$= \frac{x_{re}Var(R_{re}) + Cov(R_{re}, R_O)}{SD(R_{re})SD(R_P)}$$

O beta do fundo de investimento imobiliário – calculado a partir da Equação 11.19 – também aumenta, aumentando o retorno exigido. O retorno exigido fica igual ao retorno esperado de 9% aproximadamente em $x_{re} = 11\%$, que é o mesmo nível de investimento que maximiza o índice de Sharpe. Assim, a carteira eficiente desses dois fundos inclui $0,11 no fundo de investimento imobiliário por cada $1 investido no Omega Fund.

TABELA 11.5 Índice de Sharpe e retorno exigido de diferentes investimentos no fundo de investimento imobiliário

x_{re}	$E[R_p]$	$SD(R_p)$	Índice de Sharpe	$Corr(R_{re}, R_p)$	β_{re}^P	Retorno exigido r_{re}
0%	15,00%	20,00%	0,6000	10,0%	0,18	5,10%
4%	15,24%	20,19%	0,6063	16,8%	0,29	6,57%
8%	15,48%	20,47%	0,6097	23,4%	0,40	8,00%
10%	15,60%	20,65%	0,6103	26,6%	0,45	8,69%
11%	15,66%	20,74%	0,6104	28,2%	0,48	9,03%
12%	15,72%	20,84%	0,6103	29,7%	0,50	9,35%
16%	15,96%	21,30%	0,6084	35,7%	0,59	10,60%

Custo de capital

Neste capítulo, nos focamos na decisão da escolha de uma carteira ótima enfrentada por um investidor individual. Os resultados desta seção fornecem a ligação entre a escolha da carteira ótima e o custo de capital de um investimento. Intuitivamente, para que um investidor se beneficie de um novo investimento, seu retorno esperado deve exceder seu retorno exigido como calculado na Equação 11.20. O retorno exigido depende do risco que o investimento possui em comum com a carteira atual do investidor. Como o investidor, na situação ótima, manterá uma carteira eficiente, *o risco de prêmio adequado de um investimento pode ser determinado a partir de seu beta com a carteira eficiente*:

Custo de capital do investimento i

$$r_i = r_f + \beta_i^{eff} \times (E[R_{eff}] - r_f) \tag{11.22}$$

Prêmios Nobel   Harry Markowitz e James Tobin

As técnicas de otimização de carteira da média-variância, que permitem que um investidor encontre a carteira com o maior retorno esperado para qualquer nível de variância (ou volatilidade), foram desenvolvidas em um artigo, "Portfolio Selection" [Seleção de Carteira], publicado no *Journal of Finance* em 1952 por Harry Markowitz. A abordagem de Markowitz evoluiu para um dos principais métodos de otimização de carteira utilizados em Wall Street. Em reconhecimento por sua contribuição para a área, Markowitz recebeu o Prêmio Nobel de economia em 1990. As mesmas ideias foram desenvolvidas concorrentemente por Andrew Roy em "Safety First and the Holding of Assets" [Segurança em Primeiro Lugar e a Manutenção de Ativos], publicado na *Econometrica* no mesmo ano em que surgiu o artigo de Markowitz. Em 1999, após ganhar o Prêmio Nobel, Markowitz escreveu: "Sempre sou chamado do pai da teoria moderna de carteiras, mas Roy pode exigir igual participação nesta honra".[*] Ironicamente, Mark Rubinstein[†] parece ter descoberto um outro artigo que desenvolve essas ideias publicamente doze anos antes, em 1940, de Bruno de Finetti, no periódico italiano *Giornale dell'Instituto Italiano degli Atuari*. Ele permaneceu na obscuridade talvez por ter sido traduzido para o inglês pela primeira vez somente em 2004 (por Luca Barone).[**]

James Tobin ampliou esta teoria com a importante ideia de que associando títulos arriscados a um investimento livre de risco, poderia se encontrar uma carteira tangente ótima que não dependesse da tolerância ao risco por parte do investidor. Em seu artigo "Liquidity Preference as Behaviour Toward Risk" [Preferência pela Liquidez como Comportamento Relativo ao Risco], publicado na *Review of Economic Studies* em 1958, Tobin provou um "Teorema da Separação", que mostrava que as técnicas de Markowitz poderiam ser aplicadas para encontrar a carteira tangente, e então os investidores poderiam escolher sua exposição ao risco variando seus investimentos na carteira tangente e no investimento livre de risco. Tobin recebeu o Prêmio Nobel de economia em 1981 por suas contribuições às finanças e à economia.

[*] H. M. Markowitz, "The Early History of Portfolio Theory: 1600 – 1960", *Financial Analysts Journal* 55 (1999): 5-16.
[†] M. Rubinstein, "A History of the Theory of Investments", (New Jersey: John Wiley and Sons, 2006): p. 349.
[**] Tradução para o Inglês no *Journal of Investment Management*, Third Quarter, 2006.

ENTREVISTA COM
Jonathan Clements

Jonathan Clements é o colunista de finanças pessoais do The Wall Street Journal. Sua coluna "Getting Going" ["Fazendo as Coisas Acontecer"], lançada em outubro de 1994, agora sai toda quarta-feira no Jornal e quase todo domingo em mais de 80 jornais norte-americanos.

PERGUNTA: *Você escreve há anos sobre finanças pessoais. Como a teoria acadêmica influencia o comportamento dos investidores?*

RESPOSTA: Quando comecei a escrever sobre fundos mútuos no final da década de 1980, os investidores perguntavam: "quais são seus fundos favoritos?". Hoje, é mais provável que eles digam: "estou procurando adicionar um fundo de ações estrangeiras à minha carteira. De que fundos desta categoria você gosta? Ou eu devo simplesmente indexar?".

Claramente nos afastamos da busca cega por retornos que superem o mercado, e há um foco maior sobre construção de carteiras e uma crescente disposição para considerar a indexação. Isso reflete o impacto das pesquisas acadêmicas.

O que tem realmente influenciado os investidores é o trabalho acadêmico pesado das quatro últimas décadas, que nos deu uma compreensão satisfatória de como são os retornos de mercado históricos. Graças às suas pesquisas, muitos investidores comuns têm uma maior compreensão do desempenho das ações em relação aos títulos de dívida. Eles percebem que a maior parte dos fundos mútuos de ações que são ativamente gerenciados não superam o mercado, e assim a indexação surge como possibilidade. Eles reconhecem que diferentes setores do mercado têm um bom desempenho em diferentes momentos, então há um verdadeiro valor na diversificação.

PERGUNTA: *Os acadêmicos falam de fronteiras eficientes e de carteiras ótimas. Como isso se traduz em conselhos para alguém que esteja procurando construir uma carteira?*

RESPOSTA: Apesar de a pesquisa acadêmica ter influenciado os investidores comuns, não podemos exagerar esta influência. Até certo ponto, a pesquisa meramente codificou o que os investidores já sabiam intuitivamente. Por exemplo, eles sempre pensaram sobre risco além de sobre retorno, e sempre foram inclinados a diversificar. A pesquisa acadêmica pode ter tornado os investidores um pouco mais rigorosos em suas ideias, mas não mudou radicalmente seu comportamento.

Além disso, onde a pesquisa não segue a intuição dos investidores, eles claramente a rejeitam. Os investidores ainda se comportam de maneiras que os estudiosos considerariam sub-ótimas. Eles não constroem carteiras bem diversificadas – para depois se focar no risco e retorno da carteira como um todo. Em vez disso, constroem carteiras moderadamente diversificadas – para depois prestar muita atenção ao risco e à recompensa de cada investimento que fizeram.

PERGUNTA: *Como a tolerância ao risco afeta o tipo de carteira que uma pessoa deve construir?*

RESPOSTA: Na teoria, os investidores devem manter a "carteira de mercado" globalmente diversificada e então, dependendo da tolerância ao risco, ou adicionar ativos livres de risco para reduzir a volatilidade, ou utilizar alavancagem para impulsionar os retornos. Mas quase ninguém investe dessa maneira. Na verdade, uma vez tentei descobrir como era a carteira de mercado – e descobri que ninguém sabe ao certo.

Em meio à grande maioria de investidores comuns, a ideia de utilizar alavancagem para comprar investimentos é um anátema. Na prática, é claro, muitos estão fazendo exatamente isso. Eles mantêm uma carteira de ativos, incluindo ações, títulos de dívida e imóveis, e têm uma coleção de dívidas, incluindo sua hipoteca, financiamentos de automóveis, e saldos de cartões de crédito. Mas a implicação – de que eles realmente teriam um investimento alavancado no mercado de ações – deixaria a maioria dos investidores horrorizados. A contabilidade mental ainda é dominante.

Apesar de ninguém parecer saber como é a carteira de mercado, os investidores se tornaram mais dispostos a considerar um conjunto mais amplo de ativos. Nos últimos anos, os investidores comuns norte-americanos aumentaram seu investimento em ações estrangeiras, empresas de investimentos imobiliários e *commodities*. Apesar de haver um elemento de busca de desempenho em tudo isso, acho que a tendência irá continuar, à medida que as pessoas perceberem que podem diminuir o nível de risco de sua carteira adicionando investimentos aparentemente arriscados.

Podemos interpretar a Equação 11.22 da seguinte maneira: a partir da Figura 11.10, os melhores investimentos disponíveis a um investidor no mercado são associações do ativo livre de risco e da carteira eficiente. Podemos construir uma carteira com o mesmo risco sistemático que a oportunidade de investimento investindo na fração $x = \beta_i^{eff}$ na carteira eficiente e a fração $(1 - x)$ no ativo livre de risco. Da Equação 11.15, esta carteira possui o retorno esperado dado na Equação 11.22. Portanto, *o custo de capital do investimento i é igual ao retorno esperado da melhor carteira disponível no mercado com a mesma sensibilidade a riscos sistemáticos, dado pela Equação 11.22.*

Deduzimos a mesma expressão para o custo de capital no Capítulo 10. Agora, porém, temos uma definição mais precisa para a carteira eficiente: é a carteira tangente, ou a carteira que possui o índice de Sharpe maior do que qualquer carteira do mercado. Esta carteira fornece o *benchmark* que identifica o risco sistemático presente na economia. Como todos os outros riscos são diversificáveis, é o beta de um investimento com respeito à carteira eficiente que mede sua sensibilidade ao risco sistemático e, portanto, determina seu custo de capital.

EXEMPLO 11.16 — Calculando o custo de capital de um projeto

Problema

A Alphatec está procurando levantar capital junto a um grande grupo de investidores para expandir suas operações. Suponha que a carteira S&P 500 seja a carteira eficiente de títulos arriscados (de modo que esses investidores tenham participações nesta carteira). A carteira S&P 500 possui uma volatilidade de 15% e um retorno esperado de 10%. Espera-se que o investimento tenha uma volatilidade de 40% e uma correlação de 50% com o S&P 500. Se a taxa de juros livre de risco é de 4%, qual é o custo de capital adequado para a expansão da Alphatec?

Solução

Primeiro, determinamos o beta do investimento relativo ao S&P 500 (a carteira eficiente):

$$\beta_A^{SP} = \frac{SD(R_A) \times Corr(R_A, R_{SP})}{SD(R_{SP})} = 0{,}50 \times \frac{40\%}{15\%} = 1{,}33$$

Então, utilizamos a Equação 11.20 para determinar o retorno exigido que torna o investimento uma adição atraente à carteira dos investidores:

$$r_A = r_f + \beta_A^{SP} \times (E[R_{SP}] - r_f) = 4\% + 1{,}33 \times (10\% - 4\%) = 12\%$$

Como os investidores da Alphatec exigirão este retorno, ele é o custo de capital adequado para a expansão.

FIXAÇÃO DE CONCEITOS

1. Defina o retorno exigido de um investimento.
2. O que determina o custo de capital de um investimento?

Resumo

1. O peso de carteira é a fração inicial x_i do dinheiro de um investidor investido em cada ativo. Os pesos de carteira somam 1.

$$x_i = \frac{\text{Valor do investimento } i}{\text{Valor total da carteira}} \quad (11.1)$$

2. O retorno esperado de uma carteira é a média ponderada dos retornos esperados dos investimentos nela contidos, utilizando os pesos da carteira.

$$E[R_p] = \sum_i x_i E[R_i]$$

3. Para encontrar o risco de uma carteira, precisamos saber o grau com que os retornos de cada grupo de ações se movimenta conjuntamente. A covariância e a correlação medem a comovimentação dos retornos.

   a. A covariância entre os retornos R_i e R_j é definida por

   $$Cov(R_i, R_j) = E[(R_i - E[R_i])(R_j - E[R_j])] \qquad (11.4)$$

   e é estimada a partir de dados históricos, utilizando

   $$Cov(R_i, R_j) = \frac{1}{T-1} \sum_t (R_{i,t} - \bar{R}_i)(R_{j,t} - \bar{R}_j) \qquad (11.5)$$

   b. A correlação é definida como a covariância dos retornos dividida pelo desvio padrão de cada retorno. A correlação é sempre entre -1 e $+1$. Ela representa a fração da volatilidade devida ao risco que é comum aos títulos.

   $$Corr(R_i, R_j) = \frac{Cov(R_i, R_j)}{SD(R_i)\, SD(R_j)} \qquad (11.6)$$

4. A variância de uma carteira depende da covariância dos grupos de ações nela contidos.

   a. Para uma carteira com dois grupos de ações, a variância é

   $$Var(R_P) = x_1^2 Var(R_1) + x_2^2 Var(R_2) + 2x_1 x_2 Cov(R_1, R_2) \qquad (11.8)$$

   b. Se os pesos da carteira são positivos, à medida que diminuímos a covariância entre os dois grupos de ações na carteira, diminuímos a variância da carteira.

5. A variância de uma carteira igualmente ponderada é

   $$Var(R_P) = \frac{1}{n}\,(\text{Variância média dos grupos de ações individuais})$$

   $$+ \left(1 - \frac{1}{n}\right)(\text{Covariância média entre os grupos de ações}) \qquad (11.12)$$

6. A diversificação elimina riscos independentes. A volatilidade de uma carteira grande resulta do risco comum entre os grupos de ações da carteira.

7. Cada título contribui à volatilidade da carteira de acordo com seu risco total dimensionado por sua correlação com a carteira, que ajusta a fração do risco total que é comum à carteira.

   $$SD(R_P) = \sum_i x_i \times SD(R_i) \times Corr(R_i, R_P) \qquad (11.13)$$

8. Carteiras eficientes oferecem aos investidores o retorno esperado mais alto possível para um determinado nível de risco. O conjunto de carteiras eficientes é chamado de fronteira eficiente. À medida que os investidores adicionam grupos de ações a uma carteira, a carteira eficiente é aprimorada.

   a. Um investidor que esteja buscando altos retornos esperados e baixa volatilidade deve investir somente em carteiras eficientes.

   b. Os investidores escolherão a partir do conjunto de carteiras eficientes com base em suas preferências pessoais por retorno *versus* risco.

9. Os investidores podem utilizar vendas a descoberto em suas carteiras. Uma carteira possui posição vendida nas ações com pesos de carteira negativos. Vender a descoberto amplia o conjunto de possíveis carteiras.

10. As carteiras podem ser formadas pela associação de um ativo livre de risco a uma carteira de ativos arriscados.

    a. O retorno esperado deste tipo de carteira é

    $$E[R_{xP}] = r_f + x(E[R_P] - r_f) \qquad (11.15)$$

b. A volatilidade deste tipo de carteira é

$$SD(R_{xP}) = x\,SD(R_P) \tag{11.16}$$

c. As combinações de risco-retorno do investimento livre de risco com uma carteira arriscada encontra-se sobre a linha reta que conecta os dois investimentos.

11. A meta de um investidor que está procurando obter o retorno esperado mais alto possível para qualquer nível de volatilidade é encontrar a carteira que gera a linha mais íngreme possível quando associada ao investimento livre de risco. A inclinação desta linha é chamada de índice de Sharpe da carteira.

$$\text{Índice de Sharpe} = \frac{\text{Retorno em excesso da carteira}}{\text{Volatilidade da carteira}} = \frac{E[R_P] - r_f}{SD(R_P)} \tag{11.17}$$

12. A carteira arriscada com maior índice de Sharpe é chamada de carteira eficiente. A carteira eficiente é a associação ótima de investimentos arriscados independentemente do apetite por risco do investidor. Um investidor pode selecionar um grau de risco desejado escolhendo a quantia a ser investida na carteira eficiente em relação ao investimento livre de risco.

13. O beta de um investimento com uma carteira é

$$\beta_i^P \equiv \frac{SD(R_i) \times Corr(R_i, R_P)}{SD(R_P)} = \frac{Cov(R_i, R_P)}{Var(R_P)} \tag{11.19}$$

O beta indica a sensibilidade do retorno do investimento a flutuações no retorno da carteira.

14. Comprar ações do título i aprimora o desempenho de uma carteira se seu retorno esperado exceder o retorno exigido:

$$r_i = r_f + \beta_i^P \times (E[R_P] - r_f) \tag{11.20}$$

15. Uma carteira é eficiente quando $E[R_i] = r_i$ para todos os títulos. Portanto, a relação a seguir é válida entre o beta e os retornos esperados de títulos negociados:

$$E[R_i] = r_i \equiv r_f + \beta_i^{\text{eff}} \times (E[R_{\text{eff}}] - r_f) \tag{11.21}$$

16. Como o investidor na situação ótima mantém uma carteira eficiente, o prêmio de risco de um investimento pode ser determinado a partir de seu beta com a carteira eficiente:

$$r_i = r_f + \beta_i^{\text{eff}} \times (E[R_{\text{eff}}] - r_f) \tag{11.22}$$

Este custo de capital do investimento i é igual ao retorno esperado da melhor carteira disponível no mercado com a mesma sensibilidade a riscos sistemáticos.

Termos fundamentais

carteira eficiente *p. 373*
carteira igualmente ponderada *p. 357*
carteira ineficiente *p. 361*
carteira tangente *p. 371*
comprar ações na margem *p. 370*
correlação *p. 353*
covariância *p. 352*
fronteira eficiente *p. 367*

índice de Sharpe *p. 371*
pesos de carteira *p. 350*
posição comprada *p. 363*
posição vendida *p. 364*
retorno exigido *p. 374*
short interest *p. 365*
venda a descoberto *p. 364*

Leituras recomendadas

O texto a seguir apresenta de maneira mais aprofundada a otimização da escolha de carteira: W. F. Sharpe, *Investments* (Upple Saddle River, NJ: Prentice Hall, 1999).

Dois artigos seminais sobre escolha de carteira ótima são: H. M. Markowitz, "Portfolio Selection", *Journal of Finance* 7 (March 1952): pp. 77-91; e J. Tobin, "Liquidity Preference as Behavior Toward Risk", *Review of Economic Studies* 25 (February 1958): pp. 65-86.

A ideia de que o retorno esperado de um título seja dado por seu beta com uma carteira eficiente foi deduzida pela primeira vez no seguinte artigo: R. Roll, "A Critique of the Asset Pricing Theory's Tests", *Journal of Financial Economics* 4 (1977): pp. 129-176.

O artigo a seguir fornece uma descrição histórica de como os pesquisadores reconheceram o impacto que as restrições de vendas a descoberto podem ter sobre o retorno esperado de ativos: M. Rubinstein, "Great Moments in Financial Economics: III. Short-Sales and Stock Prices", *Journal of Investment Management* 2(1) (First Quarter 2004): pp. 16-31.

Problemas

Todos os problemas deste capítulo estão disponíveis no MyFinanceLab. Um asterisco (*) indica problemas com maior nível de dificuldade.

O retorno esperado de uma carteira

1. Você está considerando como investir parte de suas economias de aposentadoria. Você decidiu colocar $200.000 em três grupos de ações: 50% do dinheiro na GoldFinger (atualmente a $25/ação), 25% do dinheiro na Moosehead (atualmente a $80/ação), e o restante na Venture Associates (atualmente a $2/ação). Se as ações da GoldFinger subirem para $30/ação, as ações da Moosehead caírem para $60/ação, e as da Venture Associates subirem para $3/ação:

    a. Qual será o novo valor da carteira?
    b. Que retorno a carteira obteve?
    c. Se você não comprar ou vender ações após a mudança de preço, quais serão os novos pesos de sua carteira?

2. Há duas maneiras de calcular o retorno esperado de uma carteira: ou calcular o retorno esperado utilizando o valor e o fluxo de dividendos da carteira como um todo, ou calcular a média ponderada dos retornos esperados dos grupos de ações individuais que compõem a carteira. Qual retorno é mais alto?

A volatilidade de uma carteira com dois grupos de ações

3. Se o retorno de dois grupos de ações possui uma correlação de 1, o que isso implica sobre a movimentação relativa nos preços das ações?

EXCEL 4. Utilizando os dados da tabela abaixo, estime (a) o retorno médio e a volatilidade de cada grupo de ações, (b) a covariância entre os grupos de ações, e (c) a correlação entre esses dois grupos de ações.

	Retornos realizados	
Ano	Ações do grupo A	Ações do grupo B
1998	−10%	21%
1999	20%	30%
2000	5%	7%
2001	−5%	−3%
2002	2%	−8%
2003	9%	25%

5. A planilha abaixo contém os retornos mensais da Coca-Cola (símbolo: KO) e da Exxon Mobil (símbolo XOM) em 1990. Utilizando estes dados, estime (a) o retorno médio mensal e a volatilidade de cada grupo de ações, (b) a covariância entre os grupos de ações, e (c) a correlação entre eles.

Data	KO	XOM
31011990	−10,84%	−6,00%
28021990	2,36%	1,28%
30031990	6,60%	−1,86%
30041990	2,01%	−1,90%
31051990	18,36%	7,40%
29061990	−1,22%	−0,26%
31071990	2,25%	8,36%
31081990	−6,89%	−2,46%
28091990	−6,04%	−2,00%
31101990	13,61%	0,00%
30111990	3,51%	4,68%
31121990	0,54%	2,22%

6. Utilizando os dados da Tabela 11.3, qual é a covariância entre as ações da American Air Lines e da Delta Air Lines?

7. Utilizando suas estimativas do Problema 4, calcule a volatilidade (desvio padrão) de uma carteira 70% investida nas ações A e 30% investida nas ações B.

8. Utilizando a planilha do Problema 5, calcule a volatilidade (desvio padrão) de uma carteira 55% investida nas ações da Coca-Cola e 45 % investida nas ações da Exxon Mobil. Calcule a volatilidade (a) utilizando a Equação 11.8, (b) utilizando a Equação 11.9, e (c) calculando os retornos mensais da carteira e calculando sua volatilidade diretamente. Compare seus resultados.

*9. Trace o gráfico da volatilidade (desvio padrão) de uma carteira com ações da Coca-Cola e da Exxon Mobil em função da fração investida na Coca-Cola. Utilize a planilha do Problema 5. Baseie qualquer estimativa estatística que você precisar nos dados da planilha.

A volatilidade de uma carteira grande

10. Como você calcularia a volatilidade (desvio padrão) de uma carteira que contém muitos grupos de ações?

11. Qual é a volatilidade (desvio padrão) de uma carteira muito grande com grupos de ações igualmente ponderados em uma indústria em que as ações têm uma volatilidade de 50% e uma correlação de 40%?

Risco *versus* retorno: escolhendo uma carteira eficiente

12. Suponha que a ação da Intel tenha um retorno esperado de 26% e uma volatilidade de 50% e a Coca-Cola tenha um retorno esperado de 6% e uma volatilidade de 25%. Se essas duas ações tivessem uma correlação negativa perfeita (isto é, seu coeficiente de correlação é −1)

   a. Calcule os pesos de carteira que removem todo o risco.
   b. Qual é a taxa de juros livre de risco nesta economia?

Para os problemas 13-15, suponha que a Johnson & Johnson e a Walgreen Company tenham os retornos esperados e as volatilidades exibidas abaixo, com uma correlação de 22%.

	$E[R]$	$SD[R]$
Johnson & Johnson	7%	16%
Walgreen Company	10%	20%

13. Calcule (a) o retorno esperado e (b) a volatilidade (desvio padrão) de uma carteira que tenha a mesma proporção de investimentos nas ações da Johnson & Johnson e da Walgreen.

14. Calcule (a) o retorno esperado e (b) a volatilidade (desvio padrão) de uma carteira que consista em uma posição comprada de $10.000 na Johnson & Johnson e uma posição vendida de $2.000 na Walgreen.

*15. Utilizando os mesmos dados que os dos Problemas 13 e 14, calcule o retorno esperado e a volatilidade (desvio padrão) de uma carteira que consista em ações da Johnson & Johnson e da Walgreen utilizando uma ampla faixa de pesos de carteira. Trace o gráfico do retorno esperado em função da volatilidade da carteira. Utilizando seu gráfico, identifique a faixa dos pesos da carteira da Johnson & Johnson que renda combinações eficientes dos dois grupos de ações, arredondados para o ponto percentual mais próximo.

Aplicações e empréstimos livres de risco

*16. Suponha que você tenha $100.000 em dinheiro, e que você decida tomar emprestados outros $15.000 a uma taxa de juros de 4% para investir na bolsa de valores. Você investe todos os $115.000 em uma carteira J com um retorno esperado de 15% e uma volatilidade de 25%.

   a. Qual é o retorno esperado e a volatilidade (desvio padrão) de seu investimento?

   b. Qual é o seu retorno realizado se J subir 25% no decorrer do ano?

   c. Qual é o seu retorno realizado se J cair 20% no decorrer do ano?

17. Suponha que todos os investidores queiram manter uma carteira que, para determinado nível de volatilidade, possui o maior retorno esperado possível. Explique por que, quando existir um ativo livre de risco, todos os investidores escolherão manter a mesma carteira de ações arriscadas.

Calculando o beta de um título negociado

18. Você atualmente investe no Farrallon Fund, um fundo de base ampla de ações e outros títulos com um retorno esperado de 12% e uma volatilidade de 25%. Atualmente, a taxa de juros livre de risco é de 4%. Seu corretor sugere que você adicione um fundo de capital de risco à sua carteira atual. O fundo de capital de risco possui um retorno esperado de 20%, uma volatilidade de 80%, e uma correlação de 0,2 com o Farrallon Fund. Calcule o retorno exigido e utilize-o para decidir se você deve adicionar o fundo de capital de risco à sua carteira.

19. Você percebeu uma oportunidade de investimento no mercado que, dada sua carteira atual, possui um retorno esperado que excede seu retorno exigido. O que você pode concluir sobre sua carteira atual?

20. A Kaui Surf Boards está procurando levantar capital junto a um grande grupo de investidores para expandir suas operações. Suponha que esses investidores atualmente mantenham a carteira S&P 500, que possui uma volatilidade de 15% e um retorno esperado de 10%. Espera-se que o investimento tenha uma volatilidade de 30% e uma correlação de 15% com o S&P 500. Se a taxa de juros livre risco é de 4%, qual é o custo de capital adequado para a expansão da Kaui Surf Boards?

Caso simulado

Seu gerente teve uma impressão tão boa com seu trabalho de análise dos retornos e desvios padrão dos doze grupos de ações do Capítulo 10 que ele gostaria que você continuasse sua análise. Especificamente, ele deseja que você atualize a carteira de ações:

- Reequilibrando a carteira com os pesos ótimos que fornecerão as melhores combinações de risco e retorno para a nova carteira de 12 grupos de ações.
- Determinando a melhoria no risco e retorno que resultaria desses pesos ótimos em comparação ao método atual de atribuir pesos iguais às ações na carteira.

Utilize a função Solver do Excel para realizar esta análise (a alternativa, que gasta muito tempo, é encontrar os pesos ótimos através de tentativa e erro).

1. Comece com a carteira igualmente ponderada analisada no Capítulo 10. Estabeleça os retornos para os grupos de ações da carteira utilizando uma fórmula que dependa dos pesos da carteira. Inicial-

mente, esses pesos serão todos iguais a 1/12. Você gostaria de permitir que os pesos da carteira variassem, então você precisará listar os pesos para cada grupo de ações em células separadas e estabelecer uma outra célula que some todos os pesos. Os retornos da carteira para cada mês PRECISAM fazer referência a esses pesos para o suplemento Solver do Excel ser de alguma utilidade.

2. Calcule os valores do retorno médio mensal e o desvio padrão da carteira. Converta esses valores para números anuais (como você fez no Capítulo 10) para maior facilidade de interpretação.

3. Calcule a fronteira eficiente quando não são permitidas vendas a descoberto. Para ativar a função Solver no Excel, clique em "Tools" [Ferramentas], selecione "Add-ins" [Suplementos], selecione "Solver Add-in" [Solver] na caixa de diálogo que aparecer, e então clique em "OK". (*Observação*: você pode ter que instalar a função Solver utilizando o Microsoft Disk 1.) Para ajustar os parâmetros do Solver:

    a. Estabeleça a célula-alvo como a célula de interesse, tornando-a a célula que calcula o desvio padrão (anual) da carteira. Minimize este valor.

    b. Estabeleça o "By Changing Cells" mantendo pressionada a tecla "Control" e clicando em cada uma das 12 células que contêm os pesos de cada grupo de ações.

    c. Adicione restrições clicando sobre o botão "Add" [adicionar] próximo à caixa "Subject to Constraints". Um conjunto de restrições será o peso de cada grupo de ações que é maior ou igual a zero. Calcule as restrições individualmente. Uma segunda restrição é que todos os pesos somem 1.

    d. Calcule a carteira com o menor desvio padrão para um determinado retorno esperado. Comece encontrando esta carteira com um retorno esperado de 5%. Para fazê-lo, adicione uma restrição de que o retorno (anual) da carteira seja igual a 0,05.

    e. Se os parâmetros forem determinados corretamente, você deverá obter uma solução quando clicar em "Solve". Se houver um erro, você precisará checar os parâmetros novamente, principalmente as restrições.

4. Registre o desvio padrão resultante para a carteira com "ponderação ótima" com um retorno de 0,05 em uma célula separada da planilha. Repita o passo 3 para encontrar a carteira com menor desvio padrão para diversas escolhas de retorno esperado: 0,1, 0,2, 0,3 e 0,4. Registre esses valores. Trace o gráfico da fronteira eficiente restringindo vendas a descoberto. Para fazê-lo, crie um "XY Scatter Plot" [Gráfico de Dispersão (XY)] (similar ao que você fez no Capítulo 10), com o desvio padrão da carteira no eixo x e o retorno no eixo y.

5. Refaça sua análise permitindo vendas a descoberto, removendo a restrição de que cada peso de carteira seja maior ou igual a zero. Utilize o Solver para calcular o desvio padrão (anual) da carteira quando seus retornos anuais são fixados em 0,05, 0,1, 0,2, 0,3 e 0,4. Trace o gráfico da fronteira eficiente sem restrições em um "XY Scatter Plot" [Dispersão (XY)]. Compare essas carteiras à média e ao desvio padrão da carteira igualmente ponderada analisada no Capítulo 10.

CAPÍTULO 12

O Modelo de Precificação de Ativos Financeiros (ou Modelo CAPM)

Quando os executivos da Intel Corporation avaliam um projeto de investimento de capital, eles têm que estimar o custo de capital adequado. O custo de capital deve incluir um prêmio de risco que compensa os investidores da Intel por assumir o risco do novo projeto. Como a Intel pode estimar este prêmio de risco e, portanto, o custo de capital?

No Capítulo 11, chegamos a uma resposta parcial para esta pergunta. Lá, mostramos que o custo de capital pode ser calculado a partir do beta de um investimento com uma carteira eficiente – isto é, uma carteira que tenha a menor volatilidade possível sem diminuir seu retorno esperado. A dificuldade com este resultado é que *identificar* uma carteira eficiente exige informações sobre os retornos esperados, volatilidades e correlações de todos os títulos, o que é muito mais informação do que um executivo de uma empresa como a Intel é capaz de possuir ao avaliar um projeto.

Neste capítulo, introduziremos as suposições extras do Modelo de Precificação de Ativos Financeiros (CAPM, ou *Capital Asset Pricing Model*, no original). Sob estas suposições, a carteira eficiente pode ser identificada como a carteira de mercado de todos os grupos de ações e títulos. O CAPM justifica o método para determinar o custo de capital que propusemos na conclusão do Capítulo 10, e é o principal método utilizado pela maioria das grandes empresas.[1]

O CAPM foi proposto como um modelo de risco e retorno por William Sharpe em um artigo de 1964, além de em artigos relacionados de Jack Treynor (1962), John Lintner (1965) e Jan Mossin (1966).[2] Tornou-se o modelo mais importante da relação entre risco e retorno. Por suas contribuições à teoria, William Sharpe recebeu o Prêmio Nobel de Economia em 1990.

notação

r_i	retorno exigido do título i
R_i	retorno do título i
$E[R_i]$	retorno esperado do título i
r_f	taxa de juros livre de risco
β_i^P	beta do título i em relação à carteira P
R_{xCML}	retorno da carteira CML com fração x investida no mercado
β_i^{Mkt} ou β_i	beta do título i em relação à carteira de mercado
$Corr(R_i, R_j)$	correlação entre os retornos de i e j
$Cov(R_i, R_j)$	covariância entre os retornos de i e j
P_i	preço por ação do título i
N_i	número de ações em circulação do título i
MV_i	capitalização de mercado total do título i
$SD(R_i)$	desvio padrão (volatilidade) do retorno do título i
α_i	alfa do título i

---

[1] Em uma pesquisa de CFOs, J. Graham e C. Harvey descobriram que mais de 70% utilizam o CAPM ["The Theory and Practice of Corporate Finance: Evidence from the Field", *Journal of Financial Economics* 60 (2001): pp. 187-243], e F. Bruner, K. Eades, R. Harris e R. Higgins relatam que 85% de uma amostra de grandes empresas o utiliza ["Best Practices in Estimating the Cost of Capital: Survey and Synthesis", *Financial Practice and Education* 8 (1998): pp. 13-28].

[2] W. F. Sharpe, "Capital Asset Prices: A Theory of Market Equilibrium under Conditions of Risk", *Journal of Finance* 19 (September 1964): pp. 425-442; Jack Treynor, "Toward a Theory of the Market Value of Risky Assets", manuscrito não publicado (1961); J. Lintner, "The Valuation of Risk Assets and the Selection of Risky Investments in Stock Portfolios and Capital Budgets", *Review of Economics and Statistics* 47 (February 1965): pp. 13-37; J. Mossin, "Equilibrium in a Capital Asset Market", *Econometrica* 34 (1966): pp. 768-783.

12.1 A eficiência da carteira de mercado

Para avaliar o NPV de um investimento, temos que determinar a taxa de desconto adequada, ou custo de capital, de tal investimento. Os resultados que deduzimos na conclusão do Capítulo 11 fornecem uma ligação entre a escolha ótima de carteira pelos investidores e o custo de capital do projeto de investimento de uma empresa. Lá, mostramos que o retorno esperado de qualquer título negociado é determinado por seu beta com a carteira eficiente:

$$E[R_i] = r_i = r_f + \beta_i^{eff} \times (E[R_{eff}] - r_f) \qquad (12.1)$$

Além disso, se os investidores mantiverem a carteira eficiente, o custo de capital de qualquer projeto de investimento é igual a seu retorno exigido r_i da Equação 12.1, novamente baseado em seu beta com a carteira eficiente.

Apesar de a Equação 12.1 fornecer uma maneira de calcular o custo de capital de um investimento, ao utilizá-la enfrentamos um importante desafio: como identificar a carteira eficiente? Como vimos no Capítulo 11, para identificar a carteira eficiente (de ativos arriscados), temos que conhecer os retornos esperados, volatilidades e correlações entre os investimentos. Esses valores são difíceis de prever. Além do mais, as crenças dos investidores podem diferir e não são necessariamente conhecidas pela empresa. Sob estas circunstâncias, como podemos determinar a carteira eficiente?

Para responder a esta pergunta, desenvolvemos o Modelo de Precificação de Ativos Financeiros (CAPM). Este modelo permite que os executivos identifiquem a carteira eficiente (de ativos arriscados) sem ter nenhum conhecimento do retorno esperado de cada título. Em vez disso, o CAPM utiliza as ações dos próprios investidores como *input*. Com esta ideia, o modelo identifica a carteira eficiente como **carteira de mercado** – a carteira de todos os grupos de ações e títulos do mercado. Para obter este resultado notável, fazemos três suposições em relação ao comportamento dos investidores.

As suposições do CAPM

São três as principais suposições por trás do CAPM. A primeira é uma suposição familiar que adotamos desde o Capítulo 3:

Os investidores podem comprar e vender todos os títulos por preços de mercado competitivo (sem impostos ou custos de transação) e podem tomar emprestado e emprestar dinheiro pela taxa de juros livre de risco.

A segunda suposição é a de que os investidores escolhem uma carteira de títulos negociáveis que ofereça o maior retorno esperado possível dado o nível de volatilidade que eles estejam dispostos a aceitar:

Os investidores mantêm somente carteiras eficientes de títulos negociáveis – carteiras que rendam o máximo retorno esperado para determinado nível de volatilidade.

No Capítulo 11, vimos as consequências que essas duas primeiras suposições trazem para a escolha de carteira. Descobrimos que, dadas as estimativas de volatilidades, correlações e retornos esperados de um investidor, existe uma combinação única de títulos arriscados, chamada de carteira eficiente. Associando a carteira eficiente a empréstimos concedidos ou tomados sem risco, o investidor pode obter o maior retorno esperado possível para qualquer que seja o nível de volatilidade que ele esteja preparado para aceitar.

É claro que há muitos investidores no mundo, e cada um pode ter suas próprias estimativas das volatilidades, correlações e retornos esperados dos títulos disponíveis. Mas os investidores não produzem essas estimativas arbitrariamente; eles as baseiam em padrões históricos e outras informações (inclusive preços de mercados) que se encontram amplamente disponíveis ao público. Se todos os investidores utilizam as fontes de informação publicamente disponíveis, então é provável que suas estimativas sejam similares. Consequentemente, parece razoável considerar um caso especial em que todos os investidores tenham as mesmas estimativas a respeito de investimentos e retornos futuros, o que chamamos de **expectativas homogêneas**. Apesar de as expectativas dos investidores não serem completamente idênticas na realidade, supô-las homogêneas deve ser uma aproximação razoável em muitos mercados, e representa a terceira suposição simplificadora do CAPM:

Os investidores têm expectativas homogêneas em relação às volatilidades, correlações e retornos esperados dos títulos.

A demanda por títulos tem que ser igual à oferta

Se os investidores têm expectativas homogêneas, cada investidor identificará a mesma carteira como possuidora do maior índice de Sharpe da economia. Assim, todos os investidores irão exigir a *mesma* carteira eficiente de títulos arriscados, ajustando somente seu investimento em títulos livres de risco para atender às particularidades de seu apetite por risco. Isso significa que cada investidor manterá diferentes títulos arriscados nas mesmas proporções. Sem mais nenhuma outra informação, podemos determinar a composição desta carteira?

A resposta é sim. Para vermos o porquê, consideremos o que acontece se combinarmos as carteiras mantidas por diferentes investidores. Como todos eles estão mantendo os títulos arriscados nas mesmas proporções que a carteira eficiente, suas carteiras combinadas também refletirão essas mesmas proporções. Por exemplo, se os investidores tiverem o dobro de investimento nas ações A do que nas ações B, juntos eles também terão nas ações A o dobro de investimento do que nas ações B. Pela mesma lógica, a carteira combinada de títulos arriscados de *todos* os investidores tem que ser igual à carteira eficiente.

Além disso, como cada título é possuído por alguém, a soma das carteiras de todos os investidores é igual à carteira de todos os títulos arriscados disponíveis no mercado, que definimos no Capítulo 10 como a carteira de mercado. Portanto, a carteira eficiente (a carteira que todos os investidores mantêm) tem que ser a mesma que a carteira de mercado de todos os títulos arriscados.

A ideia de que a carteira de mercado é eficiente é, na verdade, simplesmente a afirmação de que *a demanda tem que ser igual à oferta*. Todos os investidores demandam a carteira eficiente, e a oferta de títulos é a carteira de mercado; logo, as duas têm que coincidir. Se algum título não fizesse parte da carteira eficiente, nenhum investidor iria querer possuí-lo, e a demanda por ele não seria igual à sua oferta. O preço deste título cairia, fazendo com que seu retorno esperado subisse até se tornar um investimento atraente. Dessa maneira, os preços no mercado se ajustam de modo que a carteira eficiente e a carteira de mercado coincidam e que a demanda seja igual à oferta.

EXEMPLO 12.1

A carteira de mercado com dois grupos de ações

Problema
Suponha que estejamos no ano 2525 e que tenha havido uma grande onda de fusões que deixaram apenas dois grupos de ações em que os investidores possam investir: a Western Wares e a Eastern Enterprises. Cada um destes grupos possui 100 ações em circulação. Sob as suposições do CAPM, qual é a composição da carteira eficiente?

Solução
Sob as suposições do CAPM, todos os investidores pesquisaram cuidadosamente os grupos de ações e mantêm a carteira eficiente. Ao mesmo tempo, os investidores devem estar mantendo 100 ações de cada grupo no total, porque essas são as ações em circulação no mercado. Assim, a carteira eficiente é a carteira de mercado que contém 100 ações da Western Wares e 100 ações da Eastern Enterprises.

Investimento otimizado: a linha do mercado de capitais

Quando as suposições do CAPM são válidas, escolher uma carteira ótima é relativamente fácil: é uma associação do investimento livre de risco e da carteira de mercado. A Figura 12.1 ilustra este resultado. Como ressaltamos no Capítulo 11, a linha tangente representa graficamente o maior retorno esperado possível que pode ser alcançado para qualquer nível de volatilidade. Quando a linha tangente atravessa a carteira de mercado, ela é chamada de **linha do mercado de capitais** (**CML**, ou *capital market line*, no original).

Consideremos uma carteira sobre a CML, com uma fração x investida na carteira de mercado e a fração $(1 - x)$ restante investida no investimento livre de risco. Utilizando as Equações 11.15 e 11.16 do Capítulo 11 para associar uma carteira a empréstimos concedidos ou tomados, o retorno esperado e a volatilidade desta carteira da linha do mercado de capitais são os seguintes:

$$E[R_{xCML}] = (1 - x)r_f + xE[R_{Mkt}] = r_f + x(E[R_{Mkt}] - r_f) \quad (12.2)$$

$$SD(R_{xCML}) = x\,SD(R_{Mkt}) \quad (12.3)$$

Isto é, o prêmio de risco e a volatilidade da carteira são determinados pela fração x que é investida no mercado. Lembremos que quando x é maior do que 1, o investidor toma dinheiro emprestado para aumentar o investimento no mercado. Isto é, o investidor utiliza um empréstimo de margem para comprar a carteira de mercado.

FIGURA 12.1

A linha do mercado de capitais

Quando os investidores possuem expectativas homogêneas, a carteira de mercado e a carteira eficiente coincidem. Portanto, a linha do mercado de capitais (CML), que é a linha que parte do investimento livre de risco e intercepta a carteira de mercado, representa o maior retorno esperado possível disponível para qualquer nível de volatilidade. (Também são exibidos grupos de ações individuais da Figura 11.8.)

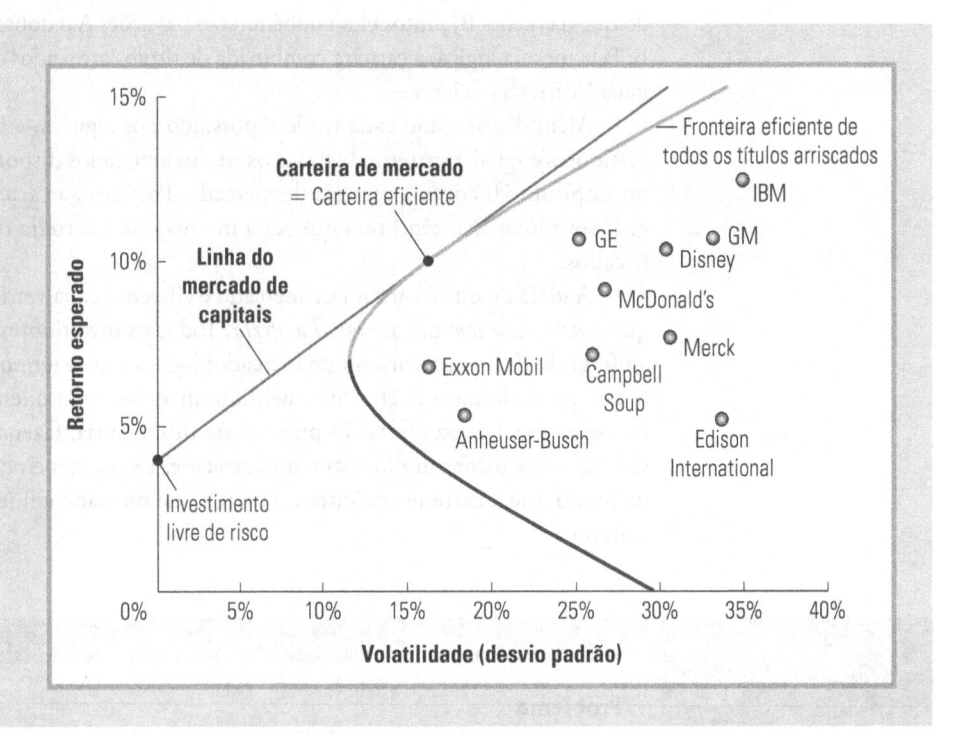

EXEMPLO 12.2 — Escolhendo uma carteira CML

Problema

A carteira de investimentos de seu cunhado consiste somente em $10.000 investidos em ações do McDonald's. Suponha que a taxa de juros livre de risco seja de 4%. As ações do McDonald's possuem um retorno esperado de 9% e uma volatilidade de 27%, e a carteira de mercado possui um retorno esperado de 10% e uma volatilidade de 16%. Sob as suposições do CAPM, que carteira possui a menor volatilidade possível, ainda mantendo o mesmo retorno esperado que as ações do McDonald's? Que carteira possui o maior retorno esperado possível mantendo a mesma volatilidade que as ações do McDonald's?

Solução

As suposições do CAPM implicam que as melhores combinações possíveis de risco-retorno são associações do investimento livre de risco com a carteira de mercado – carteiras sobre a linha do mercado de capitais. Primeiro, vamos encontrar a carteira CML que possui um retorno esperado de 9%, igual ao do McDonald's. Da Equação 12.2, precisamos determinar a fração x a ser investida no mercado de modo que

$$9\% = E[R_{xCML}] = r_f + x(E[R_{Mkt}] - r_f) = 4\% + x(10\% - 4\%)$$

Solucionando em x, temos $x = 0{,}8333$. Isto é, seu cunhado deve vender suas ações do McDonald's e investir $8.333 na carteira de mercado e os $1.667 restantes no investimento livre de risco. Utilizando a Equação 12.3, esta carteira possui uma volatilidade de apenas

$$SD(R_{xCML}) = 0{,}8333(16\%) = 13{,}3\%$$

Esta volatilidade é muito mais baixa do que a das ações do McDonald's, e é a menor volatilidade possível dado um retorno esperado de 9%.

Como alternativa, podemos escolher a carteira CML que corresponde à volatilidade do McDonald's de 27%. Para fazê-lo, utilizamos a Equação 12.3 para encontrar x tal que

$$27\% = SD(R_{xCML}) = x(16\%)$$

Neste caso, $x = 1{,}6875$, então o retorno esperado é

$$E[R_{xCML}] = 4\% + 1{,}6875(10\% - 4\%) = 14{,}1\%$$

Este retorno esperado é muito maior do que o das ações do McDonald's, e o maior retorno possível que podemos obter sem aumentar a volatilidade. Para alcançar esta carteira, seu cunhado precisa vender suas ações do McDonald's, adicionar (ou tomar emprestado) outros $6.875, e investir $16.875 na carteira de mercado.

A Figura 12.2 ilustra as duas alternativas a investir nas ações do McDonald's. Qualquer carteira sobre a linha do mercado de capitais entre essas duas carteiras (isto é, investir entre $8.333 e $16.875 no mercado) terá um retorno esperado mais alto e uma volatilidade mais baixa do que se poderia obter investindo somente nas ações do McDonald's.

FIXAÇÃO DE CONCEITOS
1. Explique por que a carteira de mercado é eficiente de acordo com o CAPM.
2. O que é a linha do mercado de capitais (CML)?

12.2 Determinando o prêmio de risco

Sob as suposições do CAPM, podemos identificar a carteira eficiente: é igual à carteira de mercado. O que é mais importante é que este resultado implica que podemos determinar o retorno esperado de um título e o custo de capital de uma oportunidade de investimento utilizando a carteira de mercado como *benchmark*.

Risco de mercado e beta

Na Equação 12.1, determinamos o retorno esperado de um investimento baseado em seu beta com a carteira eficiente. Mas se a carteira de mercado é eficiente, podemos reescrever a Equação 12.1 como

$$E[R_i] = r_i = r_f + \underbrace{\beta_i^{Mkt}(E[R_{Mkt}] - r_f)}_{\text{Prêmio de risco do título } i} \tag{12.4}$$

Em particular, o prêmio de risco de um título é igual ao prêmio de risco de mercado (o valor pelo qual o retorno esperado de mercado excede a taxa de juros livre de risco), multiplicado pelo valor de risco de mercado presente nos retornos do título, medido por seu beta com o mercado.

FIGURA 12.2

A linha do mercado de capitais oferece as melhores combinações possíveis de risco e retorno

Dadas as suposições do Exemplo 12.2, carteiras com 83% a 169% investidos no mercado (e o resto investido ou tomado emprestado pela taxa de juros livre de risco) oferecem um maior retorno esperado e uma menor volatilidade do que se fossem investidos 100% nas ações do McDonald's.

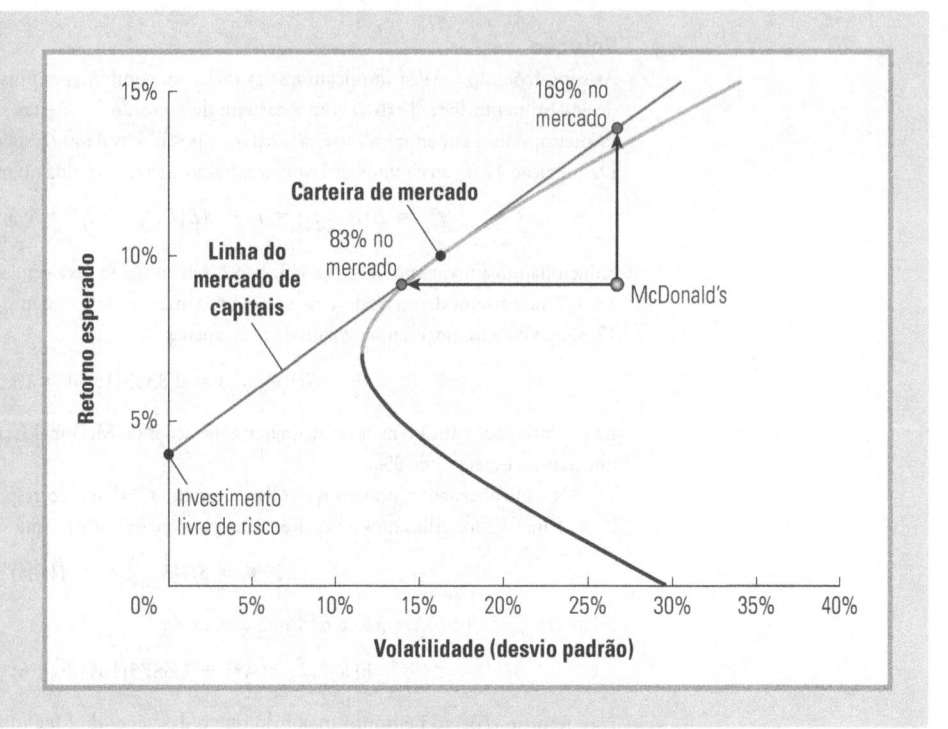

Chamaremos o beta de um título com a carteira de mercado simplesmente de beta do título, e escreveremos β_i, em vez de β_i^{Mkt}, definido como (utilizando a Equação 11.19)

$$\beta_i^{Mkt} \equiv \beta_i = \frac{\overbrace{SD(R_i) \times Corr(R_i, R_{Mkt})}^{\text{Volatilidade de } i \text{ que é comum ao mercado}}}{SD(R_{Mkt})} = \frac{Cov(R_i, R_{Mkt})}{Var(R_{Mkt})} \quad (12.5)$$

O beta de um título é a razão entre sua volatilidade devido ao risco de mercado e a volatilidade do mercado como um todo.

A linha do mercado de títulos

A Equação 12.4 fornece uma justificativa para o método que descrevemos no Capítulo 10 para estimar o retorno esperado de um investimento. Ela implica que há uma relação linear entre o beta de um grupo de ações e seu retorno esperado, como mostra a Figura 12.3. Esta linha é traçada no painel (b) da Figura 12.3 como a linha que atravessa o investimento livre de risco (com um beta de 0) e o mercado (com um beta de 1); ela se chama **linha do mercado de títulos** (**SML**, ou *security market line*, no original).

EXEMPLO 12.3

Beta de mercado e beta livre de risco

Problema

Qual é o beta da carteira de mercado? Qual é o beta do investimento livre de risco?

Solução

Utilizando a Equação 12.5, porque a correlação de um retorno com ele mesmo é igual a 1,

$$\text{Beta da carteira de mercado} = \beta_{Mkt} = \frac{SD(R_{Mkt}) Corr(R_{Mkt}, R_{Mkt})}{SD(R_{Mkt})} = 1$$

Como o retorno livre de risco é conhecido antecipadamente, ele não possui volatilidade nem correlação com o mercado. Portanto,

$$\text{Beta do investimento livre de risco} = \beta_{rf} = \frac{SD(r_f)\,Corr(r_f, R_{Mkt})}{SD(R_{Mkt})} = 0$$

Sob as suposições do CAPM, a carteira de mercado é eficiente, então o beta é uma medida de risco adequada para determinar o prêmio de risco de um título.

EXEMPLO 12.4

Calculando o retorno esperado de um grupo de ações

Problema

Suponha que o retorno livre de risco seja de 4% e que a carteira de mercado possua um retorno esperado de 10% e uma volatilidade de 16%. As ações da Campbell Soup possuem uma volatilidade de 26% e uma correlação com o mercado de 0,33. Qual é o beta da Campbell Soup com o mercado? Sob as suposições do CAPM, qual é o retorno esperado?

Solução

Para calcular o beta utilizando a Equação 12.5:

$$\beta_{CPB} = \frac{SD(R_{CPB})\,Corr(R_{CPB}, R_{Mkt})}{SD(R_{Mkt})} = \frac{26\% \times 0{,}33}{16\%} = 0{,}54$$

Portanto,

$$E[R_{CPB}] = r_f + \beta_{CPB}(E[R_{Mkt}] - r_f) = 4\% + 0{,}54(10\% - 4\%)$$
$$= 7{,}2\%$$

Os investidores exigirão um retorno esperado de 7,2% para compensá-los pelo risco associado às ações da Campbell Soup.

Sob as suposições do CAPM, a carteira de mercado é a carteira eficiente. Assim, se traçarmos o gráfico de títulos individuais de acordo com seu retorno esperado e beta, o CAPM implica que todos cairão sobre a SML, como mostra o painel (b).

Contraste este resultado com a linha do mercado de capitais exibida no painel (a) da Figura 12.3, onde não há relação clara entre a volatilidade de um grupo de ações individuais e seu retorno esperado. Como ilustramos para a Exxon Mobil (XOM), o retorno esperado de um grupo de ações se deve apenas à fração de sua volatilidade que é comum ao mercado – $Corr(R_{XOM}, R_{Mkt}) \times SD(R_{XOM})$; a distância de cada grupo de ações à direita da linha do mercado de capitais se deve a seus riscos diversificáveis. A relação entre risco e retorno de títulos individuais torna-se evidente somente quando medimos o risco de mercado em vez de o risco total.

Como a linha do mercado de títulos se aplica a todos os títulos, podemos aplicá-la à carteira também. Por exemplo, a carteira de mercado se encontra sobre a SML, e, de acordo com o CAPM, outras carteiras (como fundos mútuos) também se encontram sobre a SML. Portanto, o retorno esperado de uma carteira deve corresponder ao beta da carteira. Calculamos o beta de uma carteira $R_P = \sum_i x_i R_i$ como a seguir:

$$\beta_P = \frac{Cov(R_P, R_{Mkt})}{Var(R_{Mkt})} = \frac{Cov\left(\sum_i x_i R_i, R_{Mkt}\right)}{Var(R_{Mkt})} = \sum_i x_i \frac{Cov(R_i, R_{Mkt})}{Var(R_{Mkt})}$$
$$= \sum_i x_i \beta_i \qquad (12.6)$$

Em outras palavras, *o beta de uma carteira é o beta médio ponderado dos títulos da carteira.*

FIGURA 12.3 A linha do mercado de capitais e a linha do mercado de títulos

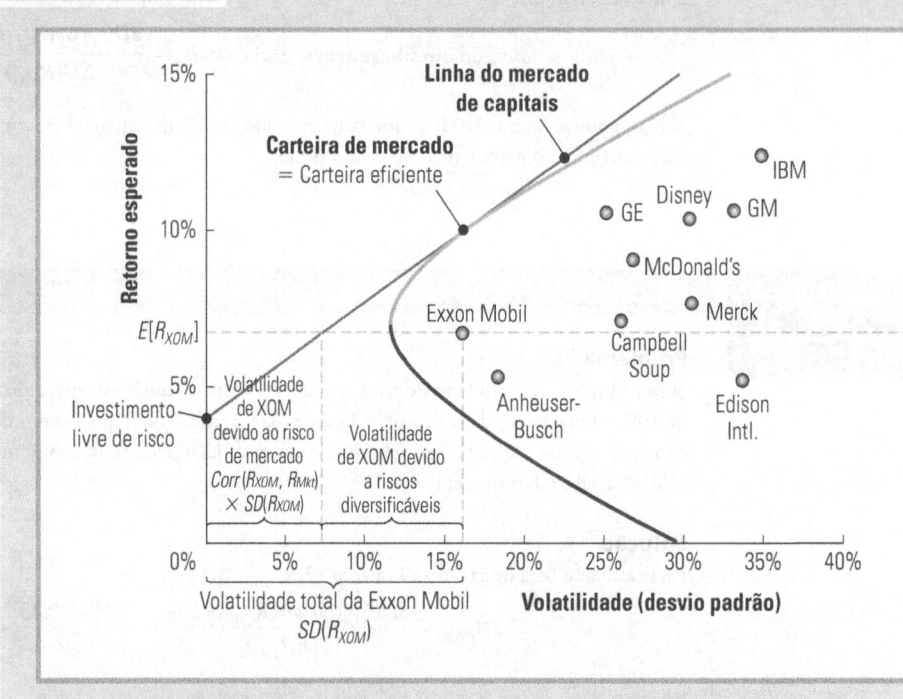

(a) A CML representa carteiras que associam o investimento livre de risco e a carteira eficiente e mostra o maior retorno esperado que pode ser alcançado para cada nível de volatilidade. De acordo com o CAPM, a carteira de mercado se encontra sobre a CML, e todos os outros grupos de ações e carteiras contêm riscos diversificáveis e se encontram à direita da CML, como ilustrado para a Exxon Mobil (XOM).

EXEMPLO 12.5

Um grupo de ações com beta negativo

Problema

Suponha que as ações da Bankruptcy Auction Services, Inc. (BAS), tenha um beta negativo de $-0,30$. Compare seu retorno exigido com a taxa de juros livre de risco, de acordo com o CAPM. Este resultado faz sentido?

Solução

Como o retorno esperado do mercado é maior do que a taxa de juros livre de risco, a Equação 12.4 implica que o retorno esperado da BAS estará *abaixo* da taxa de juros livre de risco. Por exemplo, se esta taxa é de 4% e o retorno esperado do mercado é de 10%,

$$E[R_{BAS}] = 4\% - 0,30(10\% - 4\%) = 2,2\%$$

(Ver Figura 12.3: a SML cai abaixo de r_f para $\beta > 0$.) Este resultado parece estranho: por que os investidores estariam dispostos a aceitar um retorno esperado de 2,2% sobre essas ações quando eles poderiam investir em um investimento seguro e obter 4%? A resposta é que um investidor experiente não manteria somente ações da BAS; em vez disso, ele as terá em associação a outros títulos como parte de uma carteira bem diversificada. Esses outros títulos tenderão a subir e cair juntamente com o mercado. Mas como a BAS possui um beta negativo, sua correlação com o mercado é negativa, o que significa que a empresa tende a ter um bom desempenho quando o resto do mercado está com um desempenho ruim. Portanto, ao manter ações da BAS, um investidor pode reduzir o risco de mercado geral de sua carteira. Em certo sentido, a BAS é um "seguro contra recessão" de uma carteira, e os investidores pagarão por este seguro aceitando um retorno baixo.

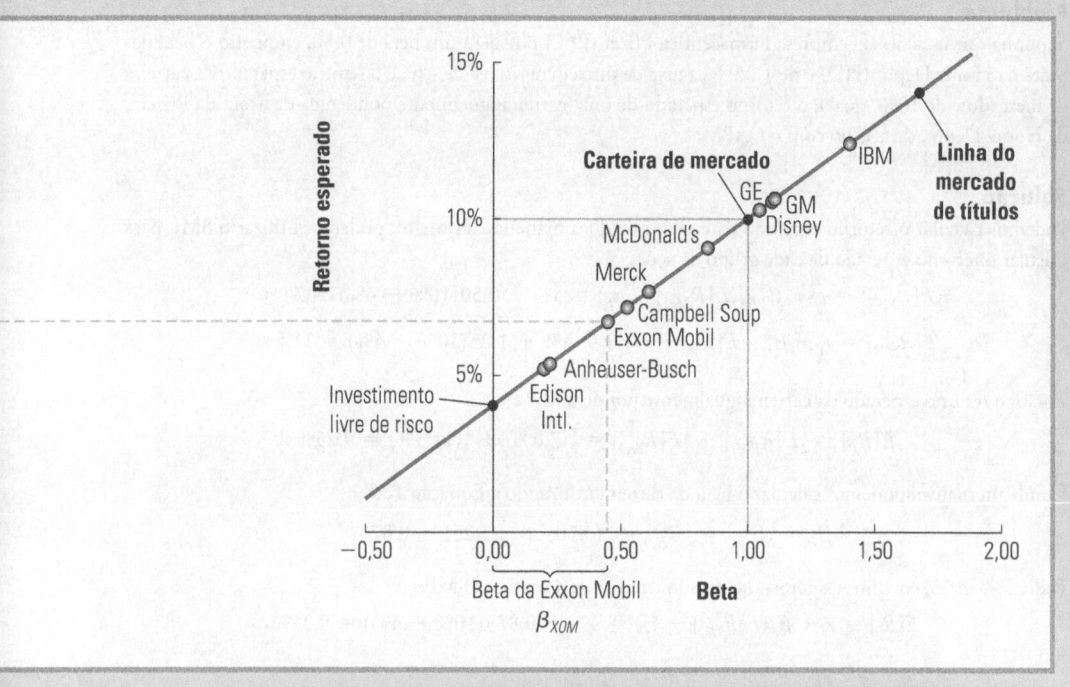

(b) A SML mostra o retorno exigido para cada título como função de seu beta com o mercado. De acordo com o CAPM, a carteira de mercado é eficiente, o que é equivalente ao retorno exigido ser igual ao retorno esperado para todos os títulos. De acordo com o CAPM, todos os grupos de ações e carteiras devem se encontrar sobre a SML.

Alfa

Considere a situação na Figura 12.3, e suponha que cheguem novas informações que elevem o retorno esperado futuro da GM e da Exxon Mobil e diminua o da IBM e da Anheuser-Busch. *Suponha que, se os preços de mercado permanecessem inalterados*, esta notícia elevaria o retorno esperado da GM e da Exxon Mobil em 2% e diminuiria o retorno esperado da IBM e da Anheuser-Busch em 2%, deixando o retorno esperado do mercado inalterado.[3] A Figura 12.4 ilustra o efeito dessa mudança sobre a fronteira eficiente. Como podemos ver, com as novas informações, a carteira de mercado não é mais eficiente. Carteiras alternativas oferecem um retorno esperado maior e uma volatilidade menor do que pode ser obtido mantendo a carteira de mercado. Os investidores que estiverem conscientes deste fato irão querer alterar seus investimentos a fim de tornar suas carteiras eficientes.

Para aprimorar o desempenho de suas carteiras, os investidores que estão mantendo a carteira de mercado irão comparar o retorno esperado de cada título com seu retorno exigido, a partir da linha do mercado de títulos (Equação 12.4). A Figura 12.5 mostra esta comparação. Observe que os grupos de ações cujos retornos mudaram não se encontram mais sobre a linha do mercado de títulos. A diferença entre o retorno esperado de um grupo de ações e seu retorno exigido de acordo com a linha do mercado de títulos é chamado de seu **alfa**:

$$\alpha_s = E[R_s] - r_s = E[R_s] - (r_f + \beta_s(E[R_{Mkt}] - r_f))$$

---

[3] Em geral, notícias sobre a GM, Exxon Mobil, IBM e Anheuser-Busch também alterariam um pouco o retorno esperado do mercado, pois estes quatro grupos de ações formam parte da carteira de mercado. Para maior simplicidade de exposição, ignoramos este efeito de segunda ordem e supomos que as mudanças nos retornos esperados dos quatro grupos de ações se cancelariam umas às outras na carteira de mercado, de modo que o retorno esperado do mercado permaneça inalterado.

EXEMPLO 12.6

O retorno esperado de uma carteira

Problema

Suponha que as ações da empresa farmacêutica Pfizer (PFE) possuem um beta de 0,50, enquanto o beta das ações da Home Depot (HD) é de 1,25. Se a taxa de juros livre risco é de 4%, e o retorno esperado da carteira de mercado é de 10%, qual é o retorno esperado de uma carteira igualmente ponderada de ações da Pfizer e da Home Depot, de acordo com o CAPM?

Solução

Podemos calcular o retorno esperado da carteira de duas maneiras. Primeiro, podemos utilizar o SML para calcular o retorno esperado de cada grupo de ações:

$$E[R_{PFE}] = r_f + \beta_{PFE}(E[R_{Mkt}] - r_f) = 4\% + 0{,}50(10\% - 4\%) = 7{,}0\%$$

$$E[R_{HD}] = r_f + \beta_{HD}(E[R_{Mkt}] - r_f) = 4\% + 1{,}25(10\% - 4\%) = 11{,}5\%$$

Então, o retorno esperado da carteira igualmente ponderada P é

$$E[R_P] = \tfrac{1}{2}E[R_{PFE}] + \tfrac{1}{2}E[R_{HD}] = \tfrac{1}{2}(7{,}0\%) + \tfrac{1}{2}(11{,}5\%) = 9{,}25\%$$

Como alternativa, podemos calcular o beta da carteira utilizando a Equação 12.6:

$$\beta_P = \tfrac{1}{2}\beta_{PFE} + \tfrac{1}{2}\beta_{HD} = \tfrac{1}{2}(0{,}50) + \tfrac{1}{2}(1{,}25) = 0{,}875$$

Podemos, então, encontrar o retorno esperado da carteira a partir da SML:

$$E[R_P] = r_f + \beta_P(E[R_{Mkt}] - r_f) = 4\% + 0{,}875(10\% - 4\%) = 9{,}25\%$$

Quando a carteira de mercado é eficiente, todos os grupos de ações se encontram sobre a linha do mercado de títulos e têm um alfa igual a zero. Quando o alfa de um grupo de ações não é igual a zero, os investidores podem aprimorar o desempenho da carteira de mercado. Como vimos no Capítulo 11, o índice de Sharpe de uma carteira aumenta se comprarmos ações cujo

FIGURA 12.4

Uma carteira de mercado ineficiente

Se a carteira de mercado não for igual à carteira eficiente, então o mercado não estará no equilíbrio do CAPM. A figura ilustra essa possibilidade se forem anunciadas notícias que elevem o retorno esperado das ações da GM e da Exon Mobil e diminuam o das ações da IBM e da Anheuser-Busch em comparação à situação ilustrada pela Figura 12.3.

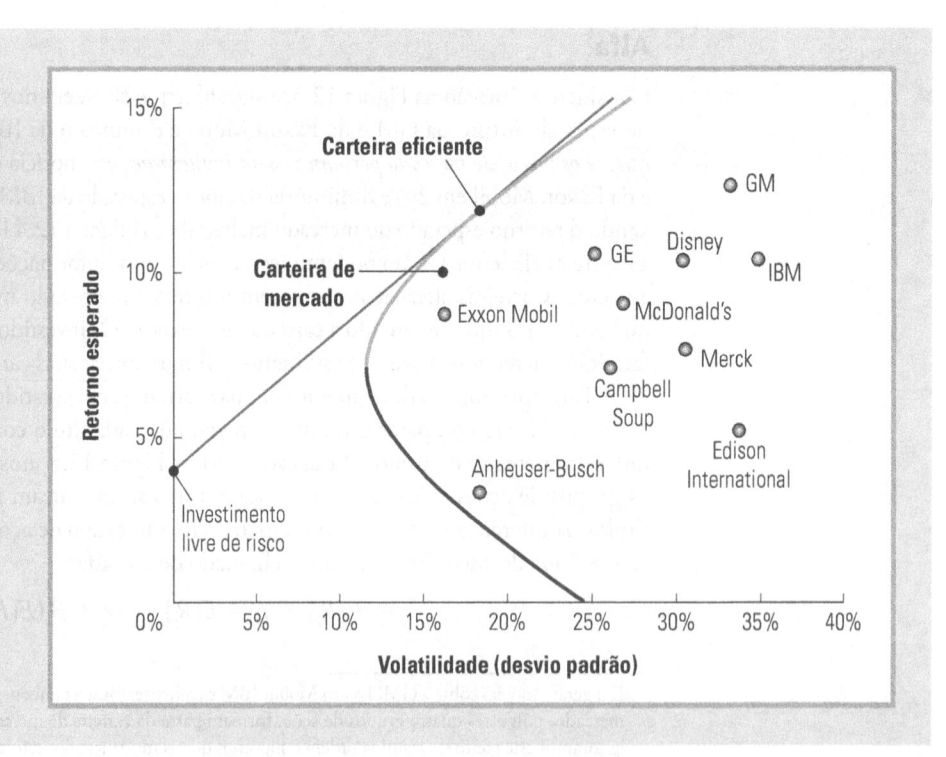

retorno esperado excede seu retorno exigido – isto é, se comprarmos ações com alfas positivos. Da mesma maneira, podemos aprimorar o desempenho de nossa carteira vendendo ações com alfas negativos.

Ao enfrentar a situação da Figura 12.5, investidores experientes que estão mantendo a carteira de mercado irão querer comprar ações da Exxon Mobil e da GM e vender ações da Anheuser-Busch e da IBM. A onda de ordens de compra de ações da Exxon Mobil e da GM fará com que o preço de suas ações suba, e a onda de ordens de venda de ações da Anheuser-Busch e da IBM fará com que o preço de suas ações caia. À medida que os preços das ações começam a mudar, mudam também os retornos esperados. Lembremos que o retorno total de um grupo de ações é igual ao rendimento de seu dividendo mais a taxa de ganho de capital. Se todos os outros fatores permanecerem inalterados, um aumento no preço corrente das ações diminuirá seu rendimento do dividendo e sua taxa de ganho de capital futuro, diminuindo, assim, seu retorno esperado. Assim, quando investidores experientes tentam negociar para aprimorar suas carteiras, eles elevam o preço e diminuem o retorno esperado das ações com alfa positivo, e diminuem o preço e elevam o retorno esperado de ações com alfa negativo, até que as ações se encontrem novamente sobre a linha do mercado de títulos e a carteira de mercado seja eficiente.

Resumo do Modelo de Precificação de Ativos Financeiros

Nas duas seções anteriores, exploramos as consequências das suposições do CAPM de que os mercados são competitivos, os investidores escolhem carteiras eficientes, e os investidores têm expectativas homogêneas. O CAPM leva a duas importantes conclusões:

- *A carteira de mercado é a carteira eficiente.* Portanto, as melhores combinações esperadas de retorno-volatilidade são as carteiras que se encontram sobre a linha do mercado de capitais descrita pelas Equações 12.2 e 12.3.
- *O prêmio de risco de qualquer título é proporcional a seu beta com o mercado.* Portanto, a relação entre risco e retorno exigido é dada pela linha do mercado de títulos descrita pelas Equações 12.4 e 12.5.

FIGURA 12.5

Desvios da linha do mercado de títulos

Se a carteira de mercado não é eficiente, os grupos de ações não se encontrarão todos sobre a linha do mercado de títulos. A distância de um grupo de ações acima ou abaixo da linha do mercado de títulos é o seu alfa. Podemos aprimorar a carteira de mercado comprando ações com alfas positivos e vendendo ações com alfas negativos.

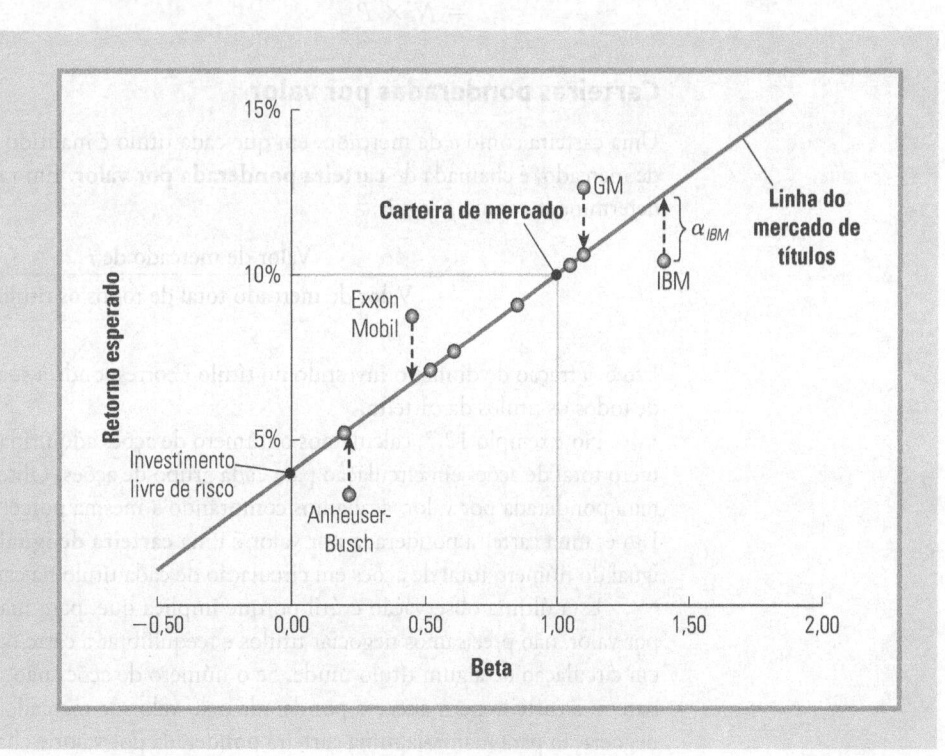

É claro que o modelo CAPM é apenas uma aproximação baseada em suposições bastante fortes. E algumas de suas conclusões não são totalmente precisas – certamente não é verdade que todos os investidores mantêm a carteira de mercado, por exemplo. Exploraremos o porquê disso mais detalhadamente no Capítulo 13, onde também consideraremos extensões propostas ao CAPM. Entretanto, economistas financeiros acham irrefutável a intuição qualitativa por trás do CAPM, então ele ainda é o modelo de risco mais amplamente utilizado.

Muitos profissionais acreditam ser sensato *utilizar* o CAPM e a linha do mercado de títulos como um meio prático para estimar o retorno esperado de um grupo de ações e, portanto, o custo de capital próprio de uma empresa. No restante deste capítulo, explicaremos como implementar este modelo. Veremos mais de perto a construção da carteira de mercado e desenvolveremos um meio de estimar betas.

FIXAÇÃO DE CONCEITOS
1. O que é a linha do mercado de títulos?
2. O que é o alfa de um grupo de ações?

12.3 A carteira de mercado

Para estimar o custo de capital próprio utilizando o CAPM, a primeira coisa que precisamos fazer é identificar a carteira de mercado. Definimos a carteira de mercado como a carteira de *todos* os investimentos arriscados. Mas em que proporções? Se você é um investidor na bolsa de valores dos EUA, por exemplo, quantas ações de cada título você deve comprar?

A resposta é simples: como a carteira de mercado é definida como a oferta total de títulos, as proporções devem corresponder exatamente à proporção do mercado total que cada título representa. Assim, a carteira de mercado contém mais das ações de alta capitalização e menos das ações de baixa capitalização. Especificamente, o investimento em cada título i é proporcional à sua **capitalização de mercado**, que é o valor de mercado total de suas ações em circulação:

$$MV_i = (\text{Número de ações de } i \text{ em circulação}) \times (\text{Preço de } i \text{ por ação})$$
$$= N_i \times P_i \tag{12.7}$$

Carteiras ponderadas por valor

Uma carteira como a de mercado, em que cada título é mantido em proporção à sua capitalização de mercado, é chamada de **carteira ponderada por valor**. Em tal carteira, os pesos de carteira são determinados como a seguir:

$$x_i = \frac{\text{Valor de mercado de } i}{\text{Valor de mercado total de todos os títulos}} = \frac{MV_i}{\sum_j MV_j}$$

Isto é, a fração de dinheiro investido no título i corresponde à sua fração do valor de mercado total de todos os títulos da carteira.

No Exemplo 12.7, calculamos o número de ações adquiridas como uma porcentagem do número total de ações em circulação para cada grupo de ações. Observemos que ao comprar uma carteira ponderada por valor, acabamos comprando a mesma porcentagem de ações de cada empresa. Isto é, uma carteira ponderada por valor é uma **carteira de igual participação**: temos uma fração igual do número total de ações em circulação de cada título na carteira.

Esta última observação é útil porque implica que, para mantermos uma carteira ponderada por valor, não precisamos negociar títulos e reequilibrar a carteira, a menos que o número de ações em circulação de algum título mude. Se o número de ações não mudar, mas apenas os preços mudarem, a carteira permanecerá ponderada pelo valor de mercado. Como é necessária muito pouca negociação para mantê-la, uma carteira ponderada por valor é chamada de **carteira passiva**.

EXEMPLO 12.7 — Uma carteira ponderada por valor

Problema

Suponha que tenhamos $100.000 para investir nos seguintes grupos de ações: Microsoft (MSFT), IBM, WalMart (WMT) e Southwest Airlines (LUV). Se os preços das ações e o número de ações em circulação são aqueles exibidos na tabela abaixo, que número de ações de cada devemos comprar para construir uma carteira ponderada por valor?

Grupo de ações	Ações em circulação (bilhões)	Preço das ações ($)
MSFT	10,70	24,92
IBM	1,69	79,00
WMT	4,41	47,30
LUV	0,775	13,02

Solução

Primeiro calculamos a capitalização de mercado de cada grupo de ações multiplicando o número de ações em circulação pelo preço corrente por ação. Por exemplo, a Microsoft tem uma capitalização de mercado de 10,70 bilhões × $24,92 = $267 bilhões. Depois, calculamos a capitalização de mercado total para os quatro grupos de ações e determinamos a porcentagem representada por cada.

Grupo de ações	Capitalização de mercado ($ bilhões)	Porcentagem do total	Investimento inicial	Ações adquiridas	Posse
MSFT	$267	43,1%	$43.100	1.730	0,000016%
IBM	134	21,6%	21.600	273	0,000016%
WMT	209	33,7%	33.700	712	0,000016%
LUV	10	1,6%	1.600	123	0,000016%
Total	$620	100,0%	$100.000		

Com base nos pesos de valor por empresa, podemos então determinar a quantia em dólar a investir em cada grupo de ações. Por exemplo, como a capitalização de mercado da Microsoft é de aproximadamente 43,1% do total, investimos 43,1% × $100.000 = $43.100 em ações da Microsoft. Dado o preço de $24,92 de suas ações, investir $43.100 corresponde a comprar $43.100 / $24,92 = 1.730 ações. Calculamos o número de ações de cada um dos outros grupos da mesma maneira.

Na última coluna da tabela, calculamos também a fração do número total de ações em circulação que iremos comprar. Da Microsoft, estamos comprando 1.730 de 10,70 bilhões de ações, ou 0,000016% do total em circulação. Observemos que a porcentagem é a mesma para cada grupo de ações.

Índices comuns da bolsa de valores

O CAPM afirma que investidores individuais devem manter a carteira de mercado, uma carteira ponderada por valor de todos os títulos arriscados do mercado. A que corresponde esta carteira na prática? Há alguma maneira de negociar a carteira de mercado diretamente?

Se focarmos nossa atenção nos grupos de ações dos EUA, descobriremos que vários índices populares de mercado tentam representar o desempenho da bolsa de valores norte-americana. Um **índice de mercado** representa o valor de determinada carteira de títulos. O índice de ações mais familiar nos Estados Unidos é a Média Industrial Dow Jones (DJIA), que consiste em uma carteira de 30 grupos de ações de alta capitalização. Apesar de esses grupos de ações serem escolhidos como representativos de diferentes setores da economia, eles claramente não representam todo o mercado. Além disso, a DJIA é uma carteira ponderada por preço (em vez de ponderada pelo valor de mercado). Uma **carteira ponderada por preço** mantém um número igual de ações de cada empresa, independentemente de sua participação no mercado. Apesar de não representar todo o mercado,

> **EXEMPLO 12.8**
>
> ### Mantendo uma carteira ponderada por valor
>
> **Problema**
>
> Começando com a carteira do Exemplo 12.7, suponha que o preço das ações da Microsoft caia para $21 por ação e que o preço das ações da Southwest Airlines suba para $26 por ação. Que negociações são necessárias para mantermos a carteira ponderada por valor de mercado?
>
> **Solução**
>
> Calculemos o valor de cada um dos títulos em carteira:
>
> | Grupo de ações | Preço das ações ($) | Ações em carteira | Valor das ações ($) | Porcentagem da carteira |
> |---|---|---|---|---|
> | MSFT | 21,00 | 1.730 | $36.330 | 38,3% |
> | IBM | 79,00 | 273 | 21.567 | 22,8% |
> | WMT | 47,30 | 712 | 33.678 | 35,5% |
> | LUV | 26,00 | 123 | 3.198 | 3,4% |
> | | | Total | $94.773 | 100,0% |
>
> O valor total da carteira caiu de $100.000 para $94.773, e cada um dos pesos da carteira mudou. Mas compare os pesos da carteira com os pesos do valor de mercado:
>
> | Grupo de ações | Ações em circulação (bilhões) | Preço das ações ($) | Capitalização de mercado ($ bilhões) | Porcentagem do total |
> |---|---|---|---|---|
> | MSFT | 10,70 | 21,00 | $225 | 38,3% |
> | IBM | 1,69 | 79,00 | 134 | 22,8% |
> | WMT | 4,41 | 47,30 | 209 | 35,5% |
> | LUV | 0,775 | 26,00 | 20 | 3,4% |
> | | | Total | $588 | 100,0% |
>
> Os pesos de carteira permanecem consistentes com os pesos do valor de mercado. Portanto, não são necessárias negociações para manter a carteira ponderada por valor.

a DJIA permanece amplamente citada porque é um dos mais antigos índices da bolsa de valores (primeiramente publicado em 1884).

Uma representação melhor da bolsa de valores norte-americana é o S&P 500, uma carteira ponderada por valor dos 500 grupos de ações de maior capitalização dos EUA.[4] O S&P 500 foi o primeiro índice ponderado pelo valor de mercado a ser publicado (o S&P começou a publicar seu índice em 1923, apesar de naquela época ele se basear em um número menor de grupos de ações), e tornou-se um *benchmark* para os investidores profissionais. Este índice é o mais amplamente citado ao se avaliar o desempenho geral da bolsa de valores norte-americana. Ele também é a carteira padrão utilizada para representar "o mercado" ao utilizar o CAPM na prática. Apesar de o S&P 500 incluir apenas 500 dos mais de 7.000 grupos de ações norte-americanos individuais que existem, como ele inclui os grupos de ações de maior capitalização, representa mais de 70% da bolsa de valores dos EUA em termos de capitalização de mercado.

---

[4] O Standard and Poor's periodicamente substitui grupos de ações que compõem o índice (em média aproximadamente sete ou oito grupos de ações por ano). Apesar de capitalização ser um critério, o Standard and Poor's também tenta manter uma representação adequada de diferentes segmentos da economia e escolhe empresas que sejam líderes em suas indústrias. Além disso, a partir de 2005, os pesos de valor de mercado do índice são baseados no número de ações disponíveis para a negociação na bolsa de valores.

ENTREVISTA COM John Bogle

John C. Bogle fundou o The Vanguard Group em 1974 e criou o primeiro fundo mútuo de índice, o Vanguard 500 Index Fund, em 1975. Trabalhou como Diretor e Principal Executivo da Vanguard até 1996 e como Diretor Sênior até 2000. Atualmente, é Presidente da Bogle Financial Markets Research Center.

PERGUNTA: *A Vanguard é conhecida por seus fundos de índice. Por que a indexação é tão popular?*

RESPOSTA: A indexação é popular porque funciona. O gerente comum de fundos mútuos não pode superar o mercado. Todos os gerentes de fundos gostam de dizer que eles irão superar o mercado; ao longo de uma década, quase 80% está errado. É o triunfo da esperança sobre a experiência. Nos 20 últimos anos, o retorno anual médio do S&P 500 foi de aproximadamente 13,2%. O fundo mútuo de ações comum tinha um retorno de vários pontos percentuais a menos devido a despesas, custos de rotatividade da carteira e cargas de cobrança iniciais.

Para piorar a situação, muitos investidores de fundos também sofrem penalidades por fazerem uma seleção inadequada no momento inadequado. Investem muito pouco quando o mercado está em baixa e muito quando está em alta. Compram os fundos errados – fundos de telecomunicações, de tecnologia, de novas economias – no pico do mercado. A história tem mostrado que, após a dedução de custos e perdas, a maioria dos investidores de fundos mútuos obtém retornos consideravelmente abaixo daqueles obtidos por fundos comuns. Um fundo de índice não possui cargas de venda e tem um custo *all in* de 0,15%, *versus* um custo *all in* de aproximadamente 3% para fundos de ações ativos. A indexação vence somente porque não há como perder.

PERGUNTA: *Como pioneiro da indexação, o senhor poderia explicar como teoria e evidências confluíram na década de 1970 sugerindo que a indexação era uma estratégia de investimento inteligente?*

RESPOSTA: A semente foi plantada na década de 1950, quando eu estava escrevendo minha dissertação de fim de curso de graduação em Princeton sobre fundos mútuos e realizei estudos mostrando que os fundos não poderiam ter um desempenho superior às médias de mercado. Quando a Vanguard foi fundada em 1974, juntei a fome com a vontade de comer. Tínhamos uma empresa para administrar, e a única maneira de superar o mercado era remover os custos da equação. Disse aos diretores que queria iniciar um fundo de índice como uma maneira de colocar a Vanguard no mapa. Paul Samuelson recentemente descreveu essa criação como o equivalente do alfabeto e da roda.

Podemos discutir sobre mercados eficientes para sempre. Eu diria que eles são fortemente eficientes, mas não perfeitamente. A indexação é uma boa estratégia de investimento porque é baseada na "hipótese de que o custo importa": retorno bruto – custos = retorno líquido aos investidores. Tiramos os custos da equação. Superar o mercado é um jogo de soma zero, em média. Subtraia os custos de intermediação e ele se tornará um jogo perdido. Indexação não é mágica. É diversificação infinita, custos infinitamente baixos, mínima rotatividade de carteira, e portanto alta eficiência de impostos. Mas levou muito tempo até que as pessoas aceitassem essa ideia.

PERGUNTA: *Os exchange-traded funds (ETFs) estão crescendo rapidamente. Quais são as vantagens e desvantagens entre um ETF e um fundo de índice tradicional?*

RESPOSTA: Ambos são essencialmente a mesma coisa. Os ETFs vêm em dois tipos distintos. Um é o ETF que envolve todo o mercado, como VIPERS e SPDRs (baseado no S&P 500), e o outro são fundos de setor – setores europeu, asiático, de tecnologia ou de energia. Não acredito em setores. Acredito na participação de todo o mercado. Arcamos com perdas quando investimos em papéis setoriais. Os ETFs também cobram comissões, então os custos aumentam se você quiser investir uma pequena quantia a cada mês ou negociá-los.

Não há nada de errado em comprar um SPDR ou VIPER, ou em comprar um fundo de índice Vanguard S&P ou um fundo de índice da bolsa de valores total, e mantê-lo para sempre. Entretanto, as pessoas tendem a manter seus fundos de índice por muito tempo e utilizar ETFs amplamente como veículos de negociação. Investimentos de longo prazo e especulação de curto prazo são lados opostos da mesma moeda. Acredito que os ETFs sejam para comprar e manter – para o que eles raramente são utilizados – e não acredito no uso de ETFs para fins de especulação e negociação.

Índices criados mais recentemente, como o Wilshire 5000, fornecem um índice de valor ponderado de *todos* os grupos de ações norte-americanos listados nas principais bolsas de valores.[5] Apesar de mais completo que o S&P 500 e, portanto, mais representativo do mercado geral, esses índices não compartilham a popularidade do S&P 500. Esta falta de popularidade pode dever-se em parte ao fato de que o S&P 500 e o Wilshire 5000 têm retornos muito similares; durante a década de 1990, a correlação entre seus retornos diários excedia 98%. Dada esta similaridade, muitos investidores veem o S&P 500 como uma medida adequada do desempenho de toda a bolsa de valores dos EUA.

Os índices S&P 500 e o Wilshire 5000 são ambos índices bem diversificados que correspondem de modo geral ao mercado de ações norte-americano (com o Wiltshire 5000 sendo um pouco mais representativo). Estes índices são não somente amplamente citados, mas são também de fácil investimento. Muitas empresas de fundos mútuos oferecem fundos, chamados de **fundos de índice**, que investem em uma dessas carteiras. Além disso, há também os *exchange-traded funds* que representam essas carteiras. Um **exchange-traded fund** (ETF) é um título negociado diretamente em uma bolsa, assim como ações, mas representa participação em uma carteira de ações. Por exemplo, os Recibos de Depósitos do Standard and Poor's (SPDR, cujo apelido é *"spiders"*, ou "aranhas") são negociados na American Stock Exchange (símbolo SPY) e representam participação no S&P 500. O Total Stock Market ETF da Vanguard (símbolo VTI, cujo apelido é *"viper"*, ou "víbora") baseia-se no índice Wilshire 5000. Ao investir em um índice ou em um *exchange-traded fund*, um investidor individual com apenas uma pequena quantia a ser investida pode facilmente alcançar os benefícios de uma ampla diversificação.

Apesar de os profissionais normalmente utilizarem o S&P 500 como carteira de mercado no CAPM, ninguém o faz devido a uma crença de que este índice seja realmente a carteira de mercado. Em vez disso, o índice é visto como um **proxy de mercado** – uma carteira cujo retorno eles acreditam acompanhar a verdadeira carteira de mercado. É claro que o grau de funcionamento do modelo dependerá da proximidade com que o *proxy* de mercado realmente acompanha a verdadeira carteira de mercado. Voltaremos a essa questão no Capítulo 13.

FIXAÇÃO DE CONCEITOS
1. Como se determina o peso de um grupo de ações na carteira de mercado?
2. O que é um *exchange-traded fund* (ETF)?

12.4 Determinando o beta

Tendo identificado o S&P 500 como um *proxy* de mercado, o próximo passo no cálculo do prêmio de risco de um título é determinar seu beta, que foi definido na Equação 12.5 como

$$\beta_i = \frac{SD(R_i)\,Corr(R_i,R_{Mkt})}{SD(R_{Mkt})} = \frac{Cov(R_i,R_{Mkt})}{Var(R_{Mkt})}$$

O beta mede o risco de mercado de um título, em oposição a seu risco diversificável, e é a medida adequada de risco de um título para um investidor que mantenha a carteira de mercado.

Uma dificuldade ao tentar estimar o beta de um título é que ele depende da correlação e da volatilidade dos retornos do título e do mercado *no futuro*. Isto é, o beta se baseia nas expectativas dos investidores. Entretanto, é uma prática comum estimar o beta com base na correlação e volatilidades históricas. Esta abordagem faz sentido se o beta de um grupo de ações permanecer relativamente estável com o passar do tempo.

---

[5] O Wilshire 5000 começou com aproximadamente 5.000 grupos de ações quando foi publicado pela primeira vez, em 1974. Apesar de seu nome não ter mudado, o número de grupos de ações no índice cresceu juntamente com os mercados de ações norte-americanos.

Muitas fontes de dados fornecem estimativas do beta com base em dados históricos. Tipicamente, estas fontes de dados estimam correlações e volatilidades de dois a cinco anos de retornos semanais ou mensais, e utilizam o S&P 500 como carteira de mercado. A Tabela 10.6 na página 336 mostra os betas estimados de várias grandes empresas e suas indústrias.

Como discutimos no Capítulo 10, as diferenças nos betas por indústria refletem a sensibilidade dos lucros de cada uma delas à saúde geral da economia. Por exemplo, a Intel e outros grupos de ações da indústria de tecnologia têm betas maiores (próximos a 2,0) porque a demanda por seus produtos normalmente varia com o ciclo de negócios: as empresas tendem a expandir e atualizar sua infra-estrutura de tecnologia de informações em bons tempos, mas fazem cortes nessas despesas quando a economia esfria. Ao contrário, a demanda por produtos pessoais e de uso doméstico possui muito pouca relação com o estado da economia. As empresas que produzem esses tipos de produtos, como a Procter & Gamble, tendem a ter betas muito baixos (abaixo de 0,50).

Estimando o beta a partir de retornos históricos

No Capítulo 10, interpretamos o beta como a sensibilidade do retorno em excesso de um título (a diferença entre o retorno do título e a taxa de juros livre de risco) ao mercado em geral. Especificamente,

O beta é a mudança percentual esperada no retorno em excesso de um título para cada 1% de mudança no retorno em excesso da carteira de mercado.

Isto é, o beta representa em quanto os riscos que afetam o mercado geral são ampliados para determinado grupo de ações ou investimento. Os títulos cujos retornos tendem a se movimentar conjuntamente com o mercado em média têm um beta igual a 1. Títulos que tendem a se movimentar mais do que o mercado têm betas maiores, enquanto os que se movimentam menos que o mercado têm betas mais baixos.

Vejamos as ações da Cisco Systems como exemplo. A Figura 12.6 mostra os retornos mensais da Cisco e os retornos mensais do S&P 500 do início de 1996 a 2005. Observe a tendência geral da Cisco a ter um retorno alto quando o mercado está em alta e um retorno baixo quando o mercado está em baixa. De fato, a Cisco tende a se movimentar na mesma direção do mercado, mas com maior amplitude. O padrão sugere que o beta da Cisco seja maior do que 1.

Em vez de traçar o gráfico dos retornos ao longo do tempo, podemos ver a sensibilidade da Cisco ao mercado ainda mais claramente traçando o gráfico de seu retorno em função do retorno do S&P 500, como mostra a Figura 12.7. Cada ponto na figura representa o retorno da Cisco e do S&P 500 de cada um dos meses da Figura 12.6. Por exemplo, em novembro de 2002, a Cisco teve uma alta de 33,5%, e o S&P 500, de 5,7%. Observe a linha de melhor ajuste traçada através desses pontos.[6]

Como o gráfico de dispersão deixa claro, os retornos da Cisco têm uma covariância positiva com o mercado: a Cisco tende a estar em alta quando o mercado está em alta, e vice-versa. Além disso, a partir da linha de melhor ajuste, podemos ver que uma mudança de 10% no retorno do mercado corresponde a uma mudança de aproximadamente 20% no retorno da Cisco. Isto é, o retorno da Cisco se movimenta aproximadamente a dois por um com o mercado em geral, então o beta da Cisco é de aproximadamente 2. De maneira mais geral,

O beta corresponde à inclinação da linha de melhor ajuste no gráfico dos retornos em excesso do título versus o retorno em excesso do mercado.

Para compreender totalmente este resultado, lembremos que o beta mede o risco de mercado de um título. A linha de melhor ajuste da Figura 12.7 se vale dos componentes do retorno de um título que podem ser explicados pelos fatores de risco do mercado. Em qualquer mês individual, os retornos do título serão maiores ou menores do que a linha de melhor ajuste. Tais desvios desta linha resultam de riscos que não são relacionados ao mercado como um todo. Esses desvios são zero

---

[6] Por "linha de melhor ajuste" entendemos a linha que minimiza a soma dos desvios quadrados da linha.

FIGURA 12.6

Retornos mensais das ações da Cisco e do S&P 500, 1996-2005

Os retornos da Cisco tendem a se movimentar na mesma direção, mas com maior amplitude, do que os do S&P 500.

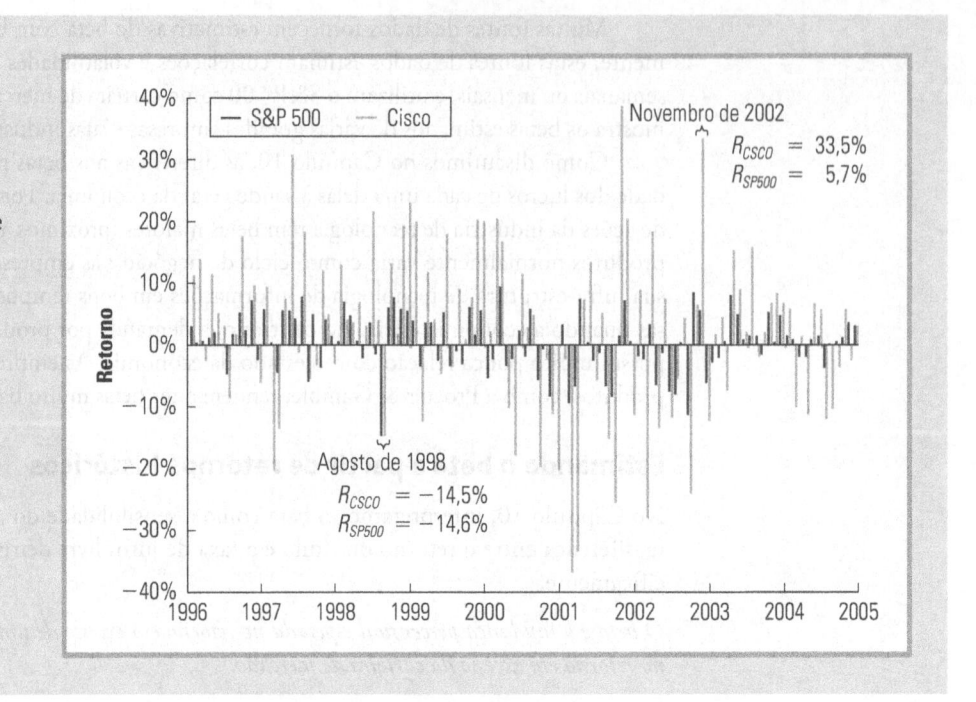

Novembro de 2002
$R_{CSCO} = 33,5\%$
$R_{SP500} = 5,7\%$

Agosto de 1998
$R_{CSCO} = -14,5\%$
$R_{SP500} = -14,6\%$

FIGURA 12.7

Gráfico de dispersão dos retornos em excesso mensais da Cisco *versus* do S&P 500, 1996 – 2005

O beta corresponde à inclinação da linha de melhor ajuste. O beta mede a mudança esperada no retorno em excesso da Cisco por cada 1% de mudança no retorno em excesso do mercado. Desvios da linha de melhor ajuste correspondem a riscos diversificáveis, não-relacionados ao mercado.

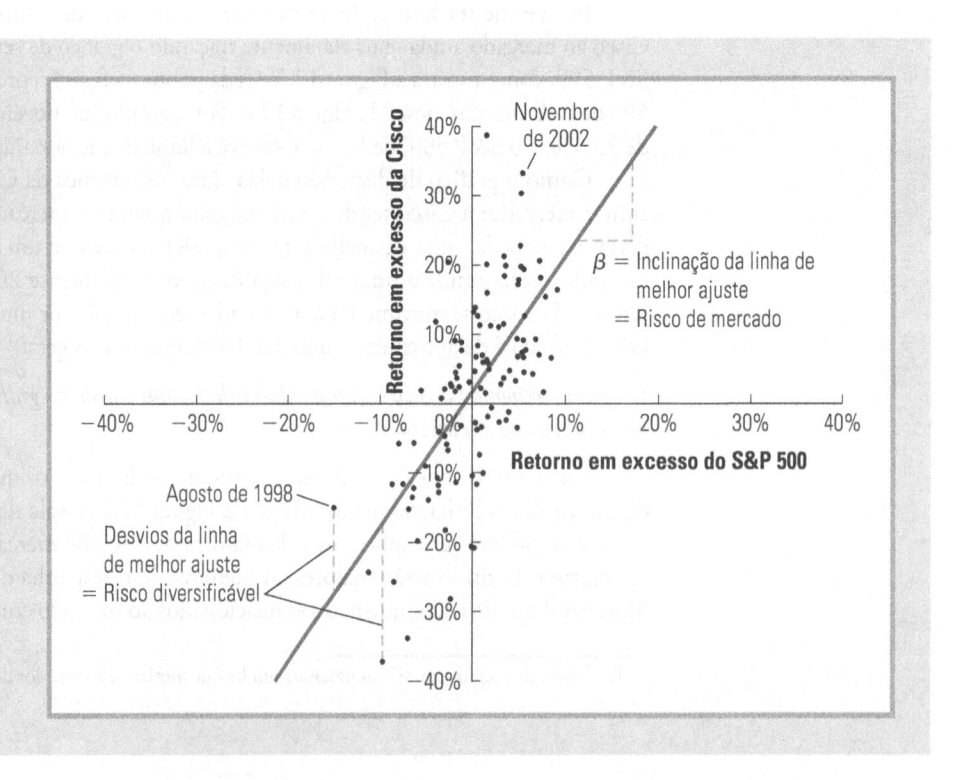

β = Inclinação da linha de melhor ajuste = Risco de mercado

Desvios da linha de melhor ajuste = Risco diversificável

em média no gráfico, já que os pontos acima da linha são contrabalançados pelos pontos abaixo da linha. Este risco específico à empresa é risco diversificável que é contrabalançado por outros em uma grande carteira.

Utilizando regressão linear

A técnica estatística que identifica a linha de melhor ajuste através de um conjunto de pontos é chamada de **regressão linear**. Na Figura 12.7, a regressão linear corresponde a escrever o retorno em excesso de um título como a soma de três componentes:

$$(R_i - r_f) = \alpha_i + \beta_i(R_{Mkt} - r_f) + \varepsilon_i \qquad (12.8)$$

O primeiro termo, α_i, é a constante ou termo de intercessão da regressão. O segundo termo, $\beta_i(R_{Mkt} - r_f)$, representa a sensibilidade das ações ao risco de mercado. Por exemplo, se o retorno em excesso do mercado for 1% maior, haverá um aumento de β_i% no retorno do título. Chamamos o último termo, ε_i, de **termo de erro**: se representa o desvio da linha de melhor ajuste e é igual a zero em média. (Se o erro médio não fosse zero na amostra, poderíamos melhorar o ajuste da linha aumentando α_i.) No CAPM, este termo de erro corresponde ao risco diversificável das ações, que não é relacionado ao mercado.

Se tomarmos as esperanças dos dois lados da Equação 12.8, porque a linha de regressão é calculada de modo que o erro médio seja zero (isto é, $E[\varepsilon_i] = 0$), temos

$$E[R_i] = \underbrace{r_f + \beta_i(E[R_{Mkt}] - r_f)}_{\text{Retorno esperado de } i \text{ a partir da SML}} + \underbrace{\alpha_i}_{\text{Distância acima/abaixo da SML}}$$

Assim, α_i mede o desempenho histórico do título em relação ao retorno esperado previsto pela SML. O termo constante α_i é a distância a que o retorno médio do grupo de ações se encontra para cima ou para baixo da SML. Se α_i é positivo, as ações tiveram um desempenho melhor do que o previsto pelo CAPM – seu retorno histórico se encontra acima da linha do mercado de títulos. Se α_i é negativo, o retorno histórico se encontra abaixo da SML. Assim, α_i representa uma medida de desempenho com risco corrigido para os retornos históricos. De acordo com o CAPM, α_i não deveria ser significativamente diferente de zero.[7]

Dados os valores de r_f, R_i, e R_{Mkt}, pacotes estatísticos para regressão linear (disponíveis na maioria dos programas de planilha) podem estimar β_i. A fórmula de β_i que esses programas utilizam corresponde à Equação 12.5, onde a covariância e a variância são estimadas a partir dos dados. Se realizarmos essa regressão para a Cisco utilizando os retornos mensais de 1996-2004, o beta estimado será de 1,94, indicando que os retornos da Cisco tendem a ser aproximadamente o dobro dos retornos do mercado durante esse período. O intervalo de confiança de 95% para a estimativa do beta é de 1,52 a 2,36. Supondo que o beta da Cisco permaneça estável com o passar do tempo, esperamos que ele se encontre nesta faixa em um futuro próximo.

A estimativa do alfa da Cisco a partir da regressão é de 1,2%. Em outras palavras, dado o seu beta, o retorno mensal médio foi 1,2% mais alto do que o exigido pela linha do mercado de títulos. O erro padrão da estimativa do alfa, porém, é de 1%, de modo que, estatisticamente, a estimativa não é significativamente distante de zero. Os alfas, como os retornos esperados, são difíceis de estimar com precisão sem uma longa série de dados. Além disso, os alfas de ações individuais apresentam uma regularidade muito baixa. Assim, apesar de o retorno da Cisco ter excedido seu retorno exigido no passado, ele não necessariamente o continuará fazendo.

FIXAÇÃO DE CONCEITOS

1. Como o beta de um grupo de ações pode ser estimado a partir de retornos históricos?
2. Como o alfa de um grupo de ações é definido, e qual sua interpretação?

---

[7] Quando utilizado desta maneira, α_i geralmente é chamado de alfa de Jensen. Utilizar essa regressão como um teste do CAPM foi introduzido por F. Black, M. Jensen e M. Scholes em "The Capital Asset Pricing Model: Some Empirical Tests", In M. Jensen, org., *Studies in the Theory of Capital Markets*. (New York: Praeger, 1972).

Por que não estimar os retornos esperados diretamente?

Se o CAPM exige que utilizemos dados históricos para estimar o beta e determinar o retorno esperado de um título (ou o custo de capital de um investimento), por que não simplesmente utilizar o retorno histórico médio do título como uma estimativa de seu retorno esperado? Este método certamente seria mais simples e mais direto.

Como vimos no Capítulo 10, porém, é extremamente difícil inferir o retorno médio de grupos de ações individuais a partir de dados históricos. Para um grupo de ações com uma volatilidade de 30%, mesmo com 100 anos de dados, o erro padrão de nossa estimativa seria 30% / $\sqrt{100}$ = 3%, levando a um intervalo de confiança de 95% com limites de ±6%. Ainda pior, poucas empresas existem há 100 anos, e as que existem provavelmente se parecem hoje muito pouco com as empresas que eram há 100 anos. Se utilizarmos 9 anos de dados, os limites de confiança serão de ±20%.

Ao mesmo tempo, como mostra nosso exemplo da Cisco, o beta pode ser inferido a partir de dados históricos com razoável precisão com apenas alguns anos de dados. Pelo menos em teoria, o CAPM pode fornecer estimativas muito mais precisas dos retornos esperados de ações do que poderíamos obter a partir de seu retorno histórico médio.

12.5 Estendendo o CAPM

Ao construir o CAPM, não fizemos distinção entre a taxa de juros de aplicações ou de empréstimos, e supomos que todos os investidores detinham as mesmas informações acerca do risco e retorno de um título. No mundo real, os mutuários pagam taxas de juros mais altas do que quem está economizando recebe, e os investidores têm diferentes informações sobre títulos. Nesta seção, demonstraremos que o CAPM ainda é válido (com algumas limitações) mesmo sob estas considerações.

Taxas de aplicações *versus* taxas de empréstimos

No Capítulo 11, supusemos que os investidores se deparavam com a mesma taxa de juros livre de risco que aqueles que realizavam aplicações ou contraíam empréstimos. Na prática, os investidores recebem uma taxa mais baixa por aplicações do que a que devem pagar quando contraem empréstimos. Por exemplo, empréstimos de margem de curto prazo oferecidos por um corretor são geralmente 1% ou 2% mais altos do que as taxas pagas por títulos de curto prazo do Tesouro. Bancos, fundos de pensão e outros investidores com grandes quantias de garantia podem tomar empréstimos por taxas que geralmente estão a 1% da taxa sobre títulos livres de risco, mas ainda há uma diferença. Essas diferenças nas taxas de juros afetam as conclusões do CAPM?

A fronteira eficiente com taxas diferentes para aplicações e empréstimos. A Figura 12.8 traça o gráfico das possibilidades de risco e retorno quando as taxas de juros de aplicações e empréstimos diferem. Neste gráfico, $r_S = 3\%$ é a taxa obtida sobre aplicações livres de risco ou empréstimos concedidos, e $r_B = 6\%$ é a taxa paga sobre empréstimos tomados. Cada taxa é associada a uma diferente carteira tangente, chamadas de T_S e T_B, respectivamente. Um investidor conservador, que deseje uma carteira de baixo risco, pode associar a carteira T_S com aplicações à taxa r_S para obter combinações de risco e retorno ao longo da linha azul-clara inferior. Um investidor agressivo, que deseje altos retornos esperados, pode investir na carteira T_B utilizando parte dos fundos tomados em empréstimo à taxa r_B. Ajustando o valor do empréstimo, o investidor pode alcançar combinações de risco e retorno que se encontrem sobre a linha azul-clara superior. As combinações da linha superior não são tão desejáveis quanto as que resultariam se o investidor pudesse tomar empréstimos à taxa r_S, mas o investidor é incapaz de tomar empréstimos pela taxa mais baixa. Finalmente, os investidores com preferências intermediárias podem escolher carteiras que se encontrem sobre a curva preta entre T_S e T_B, o que não envolveria contrair ou conceder empréstimos.

Se as taxas para conceder ou contrair empréstimos diferirem, então os investidores com preferências diferentes escolherão carteiras de títulos arriscados diferentes. Alguns escolherão T_S associada a aplicações, outros escolherão T_B associada à contração de empréstimos, e outros ainda escolherão

FIGURA 12.8

Carteiras tangentes com diferentes taxas para aplicações e empréstimos
Os investidores que fizerem aplicações à taxa r_S investirão na carteira T_S, e os investidores que tomarem empréstimos à taxa r_B investirão na carteira T_B. Alguns investidores podem nem aplicar, nem tomar empréstimos, e investir em uma carteira sobre a fronteira eficiente entre T_S e T_B.

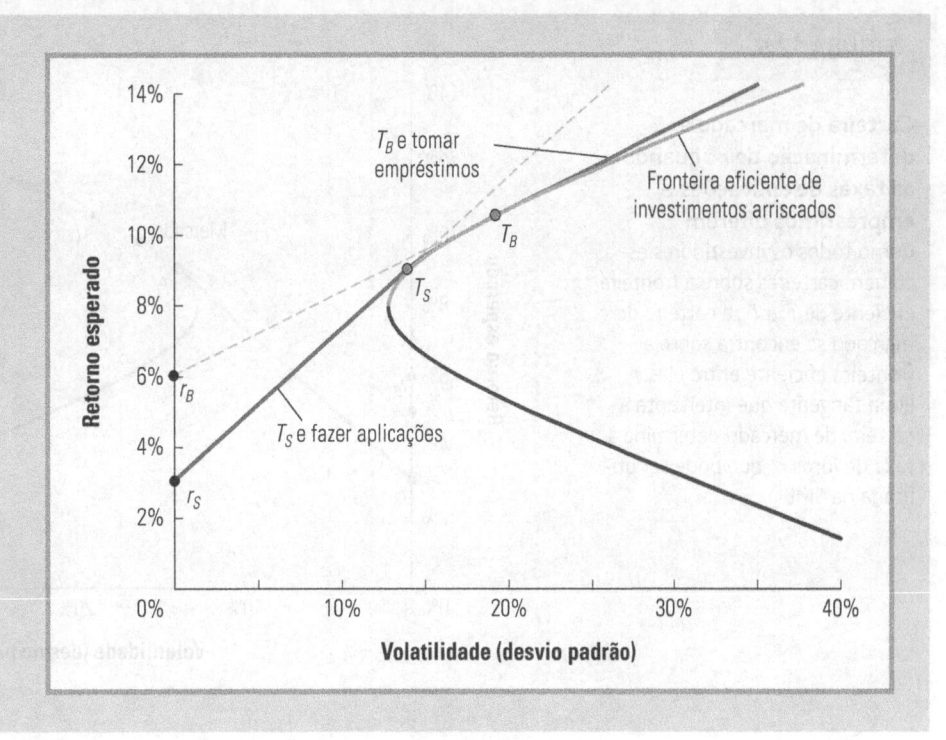

carteiras sobre a curva entre T_S e T_B. Então, a primeira conclusão do CAPM – de que a carteira de mercado é a única carteira eficiente de investimentos arriscados – não é mais válida.

A linha do mercado de títulos com diferentes taxas de juros. A conclusão mais importante do CAPM para as finanças empresariais é a linha do mercado de títulos, que relaciona o risco de um investimento a seu retorno exigido. No final das contas, a SML ainda é válida quando as taxas de juros diferem. Para ver o porquê, faremos uso do seguinte resultado:

Uma associação de carteiras que se encontram sobre a fronteira eficiente de investimentos arriscados também se encontra sobre a fronteira eficiente de investimentos arriscados.[8]

Como todos os investidores mantêm carteiras que se encontram sobre a fronteira eficiente entre T_S e T_B, e pelo fato de todos eles coletivamente manterem a carteira de mercado, então esta deve se encontrar sobre a fronteira entre T_S e T_B. Consequentemente, a carteira de mercado será tangente para alguma taxa de juros livre de risco r^* entre r_S e r_B, como ilustra a Figura 12.9. Como nossa determinação da linha do mercado de títulos depende somente de a carteira de mercado ser tangente a alguma taxa de juros, a SML ainda é válida na seguinte forma:

$$E[R_i] = r^* + \beta_i(E[R_{Mkt}] - r^*) \quad (12.9)$$

Isto é, a SML é válida apenas com alguma taxa r^* entre r_S e r_B, em vez de r_f. A taxa r^* depende da proporção de aplicadores e mutuários na economia. Mas mesmo sem conhecer essas proporções, como as taxas de aplicação e empréstimos tendem a estar próximas uma da outra, r^* tem que estar em uma faixa estreita e podemos utilizar a Equação 12.9 para fornecer estimativas razoáveis de retornos esperados.[9]

---

[8] Para compreendermos este resultado intuitivamente, observemos que as carteiras que se encontram sobre a fronteira eficiente não contêm risco diversificável (caso contrário, poderíamos reduzir o risco ainda mais sem diminuir o retorno esperado). Mas uma associação de carteiras que não contêm risco diversificável também não contém nenhum risco diversificável, sendo também eficiente.

[9] Este resultado foi provado por M. Brennan, "Capital Market Equilibrium with Divergent Borrowing and Lending Rates", *Journal of Financial and Quantitative Analysis* 6 (1971): pp. 1197-1205.

FIGURA 12.9

Carteira de mercado e determinação de r^* quando as taxas de aplicações e empréstimos diferem
Como todos os investidores escolhem carteiras sobre a fronteira eficiente de T_S a T_B, a carteira de mercado se encontra sobre a fronteira eficiente entre elas. A linha tangente que intercepta a carteira de mercado determina a taxa de juros r^* que pode ser utilizada na SML.

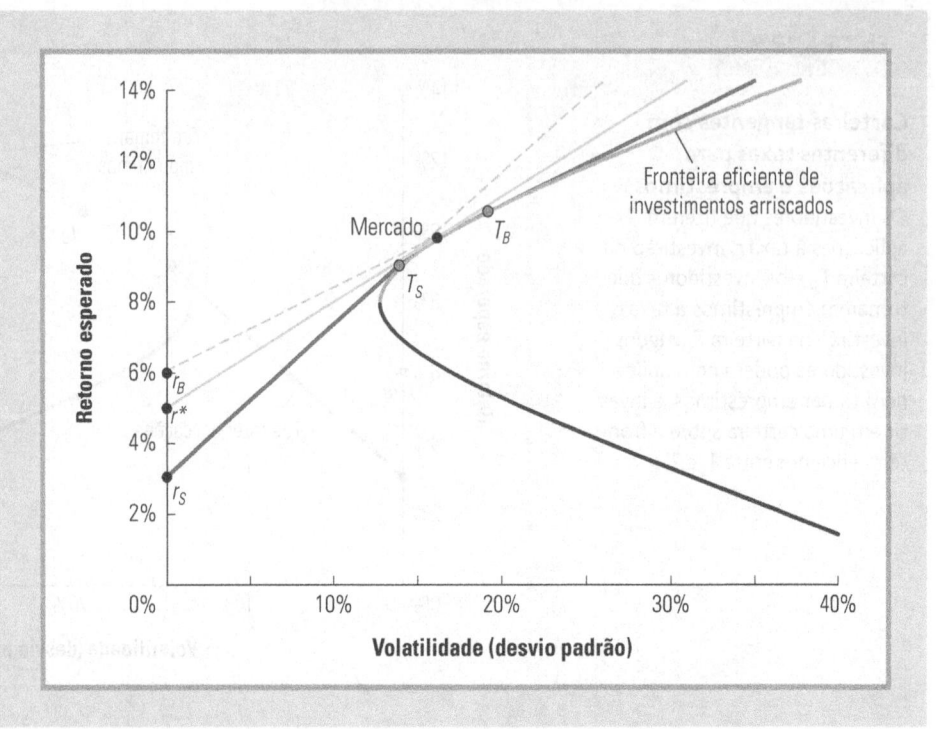

Podemos defender um argumento similar em relação à escolha de qual taxa livre de risco utilizar. Como discutido no Capítulo 8, a taxa livre de risco varia com o horizonte de investimento, de acordo com a curva de rendimento. Quando um investidor escolhe sua carteira ótima, ele o fará encontrando a linha tangente utilizando a taxa que corresponde a seu horizonte de investimento. Se todos os investidores tiverem o mesmo horizonte, a taxa livre de risco correspondente determinará a SML. Se os investidores possuem diferentes horizontes, (mas ainda têm expectativas homogêneas), então a SML (Equação 12.9) será válida para algum r^* sobre a curva de rendimento atual, com a taxa dependendo da proporção de investidores com cada horizonte de investimento.[10]

Informações dos investidores e expectativas racionais

Introduzimos o CAPM afirmando suas suposições de que todos os investidores eram igualmente sofisticados e que tinham as mesmas informações em relação aos retornos esperados, volatilidades e correlações de um título (isto é, que eles tinham expectativas homogêneas). Adotamos esta estratégia de modo que pudéssemos focar nossa atenção sobre as importantes implicações do modelo, e não por acreditar que ela fizesse uma descrição precisa do mundo. Na realidade, os investidores têm diferentes informações e dedicam diferentes níveis de esforço em pesquisa sobre diferentes grupos de ações. Mesmo assim, há motivos para se acreditar que, se os investidores não tiverem expectativas homogêneas, o CAPM será válido.

Uma importante conclusão do CAPM é que os investidores devem manter a carteira de mercado em associação a investimentos livres de risco. Observe que este conselho de investimento *não depende da qualidade das informações do investidor*. Mesmo investidores ingênuos sem nenhuma informação podem seguir este conselho. Mas e quanto aos investidores sofisticados? Como

---

[10] Os argumentos desta seção podem ser ainda mais generalizados para cenários em que não há ativos livres de risco; ver Fischer Black, "Capital Market Equilibrium with Restricted Borrowing", *Journal of Business* 45 (1972): pp. 444-455, e Mark Rubinstein, "The Fundamental Theorem of Parameter-Preference Security Valuation", *Journal of Financial and Quantitative Analysis* 1 (1973): pp. 61-69.

descrevemos na Seção 12.2, se a carteira de mercado não for eficiente, os investidores experientes que reconhecerem que a carteira de mercado não é ótima empurrarão preços e retornos esperados de volta ao equilíbrio. Por exemplo, se um investidor que está pesquisando as ações da eBay concluir que seu retorno esperado estará acima da SML e tentar comprar ações da empresa, sua compra fará o preço das ações subir e seu retorno esperado diminuir em direção à SML. Se ele for o único a realizar essas negociações, suas ações provavelmente não empurrarão o retorno de volta à SML. Mas não é provável que ele esteja sozinho. Se tais oportunidades existirem, outros investidores também estarão procurando por elas. Aqueles que a descobrirem concorrerão uns contra os outros para tirar proveito dela, e, conjuntamente, suas ações levarão o preço das ações da eBay de volta à SML. Assim, apesar de diferentes investidores poderem pesquisar diferentes grupos de ações, como discutimos no Capítulo 9, suas informações serão, em última análise, compartilhadas através de sua influência sobre os preços. Finalmente, todos os investidores irão querer manter a carteira de mercado.

Como vemos, o CAPM não exige que se faça a forte suposição de expectativas homogêneas. Uma noção mais plausível é a ideia de **expectativas racionais**, que estipulam que

Os investidores podem ter diferentes informações relativas aos retornos esperados, correlações e volatilidades, mas interpretam corretamente estas informações e as informações contidas nos preços de mercado e corrigem suas estimativas dos retornos esperados de maneira racional.

Os investidores podem obter diferentes informações através de suas próprias pesquisas e observações. Contanto que eles compreendam estas diferenças nas informações e obtenham informações de outros investidores observando os preços, as conclusões do CAPM – de que a carteira de mercado é a carteira eficiente, e que o beta determina os retornos esperados – ainda são verdadeiras.[11] A ideia intuitiva por trás deste resultado será explicada no Exemplo 12.9.

EXEMPLO 12.9 — Como evitar que nos "passem a perna" nos mercados financeiros

Problema

Suponha que você seja um investidor sem acesso a nenhuma informação relativa a ações. Você sabe que todos os outros investidores do mercado possuem uma grande quantidade de informações e as estão utilizando ativamente para selecionar uma carteira eficiente, encontrando a carteira que possui o maior retorno esperado possível dado o nível de volatilidade com que se sentem confortáveis. Você está preocupado que, devido à sua desvantagem informacional, sua carteira tenha um desempenho inferior às carteiras desses investidores informados. Como você pode evitar isso e garantir que sua carteira tenha um desempenho tão bom quanto o do investidor informado comum?

Solução

Você pode garantir para si o mesmo retorno que o investidor informado comum simplesmente mantendo a carteira de mercado. Como a média das carteiras de todos os investidores tem que ser igual à carteira de mercado (isto é, a demanda tem que ser igual à oferta), se você mantiver a carteira de mercado, então o investidor informado comum também o fará. Para entender o porquê, suponha que os investidores informados mantenham *mais* ações do Google do que sua fração da carteira de mercado. Para que a oferta seja igual à demanda, você deve estar mantendo *menos* ações da Google do que sua fração na carteira de mercado. Mas isso não pode ser verdade, já que você está mantendo a carteira de mercado.

Ao contrário, se você não mantém a carteira de mercado, então os investidores informados terão em menor concentração quaisquer ações que você tenha em maior concentração, e vice-versa. Como os investidores informados escolheram suas carteiras com base em suas informações superiores, suas carteiras devem ter um desempenho superior ao do mercado – isto é, suas carteiras têm um alfa positivo. Mas como sua carteira se desvia do mercado exatamente de maneira oposta, ela deve ter um alfa negativo.

---

[11] Ver, por exemplo, P. DeMarzo e C. Skiadas, "Aggregation, Determinacy, and Informational Efficiency for a Class of Economies with Asymmetric Information", *Journal of Economic Theory* 80 (1998): pp. 123-152.

O Exemplo 12.9 é muito forte. Ele implica que cada investidor, independentemente de seu nível de acesso a informações, pode garantir para si um alfa de zero mantendo a carteira de mercado (que se encontra sempre sobre a linha do mercado de títulos). Assim, nenhum investidor deve escolher uma carteira com alfa negativo. Entretanto, a carteira média de todos os investidores é a carteira de mercado, e o alfa médio de todos os investidores é zero. Se nenhum investidor obtiver um alfa negativo, nenhum investidor poderá obter um alfa positivo, e a carteira de mercado terá que ser eficiente.

A única maneira possível de se obter um alfa positivo e superar o mercado é alguns investidores manterem carteiras com alfas negativos. Como esses investidores poderiam ter obtido um alfa zero mantendo a carteira de mercado, chegamos à seguinte importante conclusão:

A carteira de mercado pode ser ineficiente somente se um número significativo de investidores ou

1. *interpretarem mal as informações e acreditarem que estão obtendo um alfa positivo quando estão na verdade obtendo um alfa negativo, ou*

2. *se importarem com aspectos outros de suas carteiras que não o retorno esperado e volatilidade, e então estiverem dispostos a manter carteiras ineficientes de títulos.*

FIXAÇÃO DE CONCEITOS

1. A carteira de mercado é a única carteira eficiente de investimentos arriscados quando as taxas de aplicações e de empréstimos são diferentes?

2. Sob que condições é possível obter um alfa positivo e superar o mercado?

12.6 O CAPM na prática

O CAPM é uma teoria significativa e elegante sobre a relação entre risco e retorno. Assim como com todas as teorias, temos que fazer várias escolhas práticas ao utilizá-lo. Nesta seção, discutiremos algumas considerações importantes que surgem quando utilizamos o CAPM para estimar o custo de capital de uma empresa.

Previsão do beta

Estimamos os betas de ações na prática fazendo a regressão de retornos passados de ações sobre os retornos da carteira de mercado. São escolhas importantes na estimação do beta: (1) o horizonte de tempo utilizado, (2) o índice utilizado como carteira de mercado, e (3) o método utilizado para extrapolar de betas passadas para betas futuros.

O horizonte de tempo. Ao estimarmos o beta utilizando retornos passados, há um *tradeoff* relativo a que horizonte de tempo utilizar para medir os retornos. Se utilizarmos um horizonte curto demais, nossa estimativa do beta não será confiável. Se utilizarmos dados muito antigos, eles podem não ser representativos do risco de mercado atual do título. Para ações, a prática comum é utilizar pelo menos dois anos de dados semanais sobre os retornos ou cinco anos de dados mensais.[12]

O *proxy* de mercado. O CAPM prevê que o retorno esperado de um título depende de seu beta em relação à carteira de mercado e *todos* os investimentos arriscados disponíveis aos investidores. Como mencionado anteriormente, o S&P 500 é utilizado na prática como o *proxy* de mercado. Outros *proxies*, como o Índice Composto da NYSE (um índice de valor ponderado de todos os grupos de ações da NYSE), o índice Wilshire 5000 de todos os grupos de ações norte-americanos, ou mesmo um índice de mercado mais amplo que inclua tanto ações como títulos de renda fixa, às

---

[12] Apesar de os retornos diários fornecerem ainda mais pontos amostrais, geralmente não os utilizamos devido à preocupação — especialmente para ações menos líquidas, de mais baixa capitalização — de que fatores de curto prazo possam influenciar retornos diários que não sejam representativos dos riscos de mais longo prazo que afetam o título. Idealmente, devemos utilizar um intervalo de retorno igual a nosso horizonte de investimento. A necessidade de dados suficientes, porém, torna os retornos mensais a escolha prática de mais longo prazo.

vezes são também utilizados. Ao avaliar ações internacionais, é prática comum utilizar um índice de mercado do país ou internacional.

Extrapolação do beta. Ao utilizar dados históricos, sempre existe a possibilidade de erros de estimação. Assim, devemos suspeitar de estimativas que são extremas em relação às normas da indústria; na verdade, muitos profissionais preferem utilizar os betas médios de cada indústria em vez de os betas individuais de cada grupo de ações. Além disso, evidências sugerem que os betas tendem a regredir em direção ao beta médio de 1,0 com o passar do tempo.[13] Por ambos esses motivos, muitos profissionais utilizam **betas corrigidos**, que são calculados tirando-se a média entre o beta estimado e 1,0. Por exemplo, a Bloomberg calcula betas corrigidos utilizando a seguinte fórmula:

$$\text{Beta corrigido do título } i = \tfrac{2}{3}\beta_i + \tfrac{1}{3}(1,0) \qquad (12.10)$$

As metodologias de estimação de três provedores de dados aparecem na Tabela 12.1. Cada um deles emprega uma metodologia exclusiva, o que leva a diferenças em seus betas divulgados.

TABELA 12.1	Metodologias de estimação utilizadas por provedores de dados selecionados		
	Value Line	Reuters	Bloomberg
Retornos	Semanal	Mensal	Semanal
Horizonte	5 anos	5 anos	2 anos
Índice de mercado	Composto da NYSE	S&P 500	S&P 500
Corrigido	Sim	Não	Sim

Observações extremas. As estimativas do beta que obtemos a partir de regressão linear podem ser muito sensíveis a observações extremas, que são retornos de magnitude extraordinariamente grande. Como exemplo, a Figura 12.10 mostra um gráfico de dispersão dos retornos mensais da Genentech *versus* o S&P 500 para 2002-2004. Com base nesses retornos, estimamos um beta de 1,21 para a Genentech. Observando os retornos mensais mais de perto, porém, encontramos dois pontos amostrais com retornos extraordinariamente altos: em abril de 2002, o preço das ações da Genentech caiu em aproximadamente 30%, e em maio de 2003, seu preço subiu em aproximadamente 65%. Em cada caso, as movimentações extremas foram uma reação à divulgação por parte da empresa de notícias relacionadas ao desenvolvimento de novas drogas. Em abril de 2002, a Genentech divulgou um contratempo no desenvolvimento da droga contra psoríase, chamada Raptiva. Em maio de 2003, a empresa divulgou um bem-sucedido teste clínico de sua droga anti-câncer chamada Avastin. É mais provável que esses dois retornos representassem riscos específicos à empresa do que riscos que afetam todo o mercado. Porém, como esses retornos grandes por acaso aconteceram em meses em que o mercado também se movimentou na mesma direção, eles influenciam a estimativa do beta que resulta de uma regressão padrão. Se refizermos a regressão substituindo os retornos da Genentech nesses dois meses pelo retorno médio de empresas similares de biotecnologia nos mesmos meses, obteremos uma estimativa muito mais baixa de 0,60 para o beta da Genentech, como mostra a Figura 12.10. Esta última estimativa é provavelmente uma avaliação muito mais precisa do risco de mercado durante este período.

Pode haver outras razões para excluir certos dados históricos como anômalos ao estimar o beta. Por exemplo, alguns profissionais defendem que se devem ignorar dados de 1998-2000 para evitar distorções relacionadas à bolha especulativa da indústria de tecnologia, mídia e telecomunicações.[14]

---

[13] Ver M. Blume, "Betas and Their Regression Tendencies", *Journal of Finance* 30 (1975): pp. 785-795.

[14] Ver, por exemplo, A. Annema e M. H. Goedhart, "Better Betas", *McKinsey on Finance* (Winter 2003): 10-13.

FIGURA 12.10

Estimação do beta com e sem observações extremas para a Genentech, utilizando retornos mensais de 2002-2004
Os retornos da Genentech em abril de 2002 e maio de 2003 são em grande parte devidos a notícias específicas à empresa. Substituindo esses retornos (pontos azul-escuros) por retornos que representam a média da indústria (pontos azul-claros), obtemos uma avaliação mais precisa do risco de mercado da Genentech durante esse período.

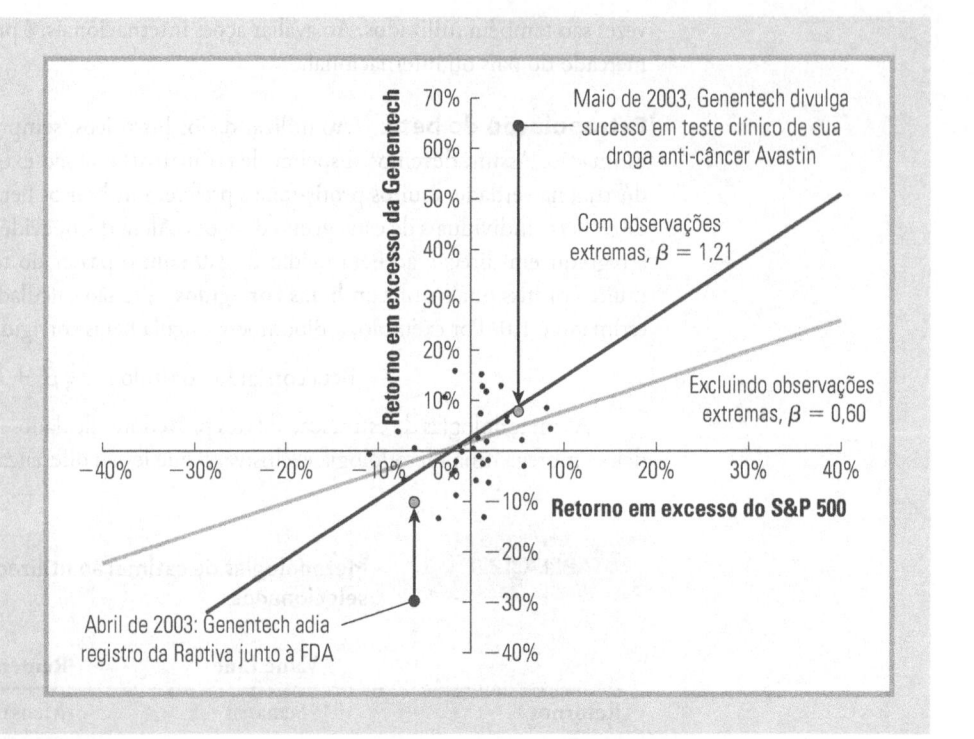

[Gráfico: eixo Y "Retorno em excesso da Genentech" de -40% a 70%; eixo X "Retorno em excesso do S&P 500" de -40% a 40%. Maio de 2003, Genentech divulga sucesso em teste clínico de sua droga anti-câncer Avastin. Com observações extremas, β = 1,21. Excluindo observações extremas, β = 0,60. Abril de 2003: Genentech adia registro da Raptiva junto à FDA.]

Outras considerações. Ao utilizar retornos históricos para prever betas futuros, temos que estar atentos a mudanças no ambiente que possam fazer com que o futuro seja diferente do passado. Por exemplo, se uma empresa trocasse de indústria, utilizar seu beta histórico geraria resultados inferiores do que se utilizássemos o beta de outras empresas na indústria nova. Também temos que ter em mente o fato de que muitos profissionais, ao prever o beta, analisam outras informações além dos retornos passados, como as características da indústria, tamanho e outras características financeiras de uma empresa. No final, prever betas, assim como a maior parte das outras previsões, é tanto arte quanto ciência, e as melhores estimativas exigem um conhecimento profundo das particularidades de uma empresa e de sua indústria.

A linha do mercado de títulos

Além do beta, estimar o custo de capital a partir de uma linha do mercado de títulos exige uma taxa de juros livre de risco e um prêmio de risco para o índice de mercado. Discutiremos agora algumas das considerações que determinam esses dados.

A taxa de juros livre de risco. A taxa de juros livre de risco é geralmente determinada utilizando os rendimentos dos títulos do Tesouro dos EUA, que são livres de risco de inadimplência. Entretanto, mesmo os títulos do Tesouro norte-americano estão sujeitos a riscos na taxa de juros a menos que selecionemos um vencimento igual a nosso horizonte de investimento. Que horizonte devemos escolher?

Como discutimos na Seção 12.5, o CAPM declara que devemos utilizar a taxa de juros livre de risco correspondente ao horizonte de investimento dos investidores da empresa. Também pode ser adequado utilizar uma taxa que exceda a taxa sobre títulos de dívida do governo para cobrir os custos de tomar empréstimos. Quando pesquisadas, a grande parte das grandes empresas e dos analistas financeiros disseram utilizar rentabilidade de títulos de dívida de longo prazo (de 10 a 30 anos) para determinar a taxa de juros livre de risco.[15]

---

[15] Ver Robert Bruner, et al., "Best Practices in Estimating the Cost of Capital: Survey and Synthesis", *Financial Practice and Education* 8 (1998): pp. 13-28.

O prêmio de risco de mercado. Para determinar o prêmio de risco de um grupo de ações utilizando a linha do mercado de títulos, precisamos de uma estimativa do prêmio de risco de mercado, $E[R_{Mkt}] - r_f$. Para estimar o retorno esperado do mercado, podemos utilizar uma variedade de abordagens. Por exemplo, podemos observar o retorno em excesso histórico médio do mercado acima da taxa de juros livre de risco.[16] Com esta abordagem, é importante utilizar retornos históricos para o mesmo índice de mercado utilizado para calcular o beta, e comparar o retorno ao longo do mesmo horizonte de tempo utilizado para a taxa de juros livre de risco.

Como estamos interessados no prêmio de risco de mercado *futuro*, novamente enfrentamos um *tradeoff* em termos da quantidade de dados que utilizamos. Como observamos no Capítulo 10, são necessários muitos anos de dados para que se produzam estimativas moderadamente precisas dos retornos esperados. Contudo, dados muito antigos podem ter pouca relevância para as expectativas dos investidores do prêmio de risco de mercado hoje.

A Tabela 12.2 exibe os retornos em excesso do S&P 500 *versus* taxas de títulos do Tesouro de um e de dez anos. Desde 1926, o S&P 500 tem tido um retorno médio de 8,0% acima da taxa de títulos do Tesouro de um ano. Entretanto, há evidências que indicam que o prêmio de risco de mercado diminuiu com o tempo. Desde 1955, o S&P 500 tem mostrado um retorno em excesso de apenas 5,7% acima da taxa de títulos do Tesouro de um ano. Comparados com os títulos do Tesouro de dez anos, o S&P 500 tem tido um retorno em excesso médio de apenas 4,5% (devido principalmente ao fato de que as taxas dos títulos de dívida do Tesouro de dez anos tendem a ser mais altas do que as taxas dos títulos de um ano). Uma explicação razoável para essa diminuição é que à medida que mais investidores começavam a participar da bolsa de valores e os custos de construir uma carteira diversificada diminuíam, os investidores tendiam a manter menos carteiras arriscadas, então o retorno que eles exigiam como compensação por assumir esse risco diminuía. Além disso, a volatilidade geral do mercado diminuiu com o tempo. Alguns pesquisadores acreditam ser provável que os retornos esperados futuros do mercado sejam ainda mais baixos do que esses valores históricos, em uma faixa de aproximadamente 3-5% acima dos *T-bills*.[17]

TABELA 12.2 Retornos em excesso históricos do S&P 500 comparados a *T-bills* de um ano e *T-notes* de dez anos

Título livre de risco	Período	Retorno em excesso do S&P 500
Título de um ano	1926-2005	8,0%
	1955-2005	5,7%
Título de dez anos*	1955-2005	4,5%

*Baseado em uma comparação de retornos compostos em um período de dez anos.

Utilizar dados históricos para estimar o prêmio de risco de mercado enfrenta dois obstáculos. Em primeiro lugar, apesar de utilizarem 50 anos (ou mais) de dados, os erros padrão das estimativas são grandes. (Por exemplo, mesmo utilizando dados a partir de 1926, o erro padrão do retorno em excesso acima de *T-bills* de um ano é de 2,3%, o que implica em um intervalo de confiança de ±4,6%.) Em segundo lugar, eles estão voltados para o passado, então não podemos ter certeza de que eles representam as expectativas atuais.

Como alternativa, podemos adotar uma abordagem fundamentalista na estimação do prêmio de risco de mercado. Dada uma avaliação dos fluxos de caixa futuros das empresas, podemos estimar

---

[16] Como estamos interessados no retorno esperado, a média correta a ser utilizada é a média aritmética. Ver Capítulo 10.

[17] Ver Ivo Welch, "The Equity Premium Consensus Forecast Revisited", Cowles Foundation Discussion Paper 1325 (2001), e John Graham e Campbell Harvey, "The Long-Run Equity Risk Premium", SSRN working paper (2005).

o retorno esperado do mercado encontrando a taxa de desconto que seja consistente com o nível atual do índice. Por exemplo, se utilizarmos o modelo de crescimento esperado constante apresentado no Capítulo 9, o retorno esperado de mercado será igual a

$$r_{Mkt} = \frac{Div_1}{P_0} + g = \text{Rendimento de dividendos} + \text{Taxa de crescimento esperado dos dividendos} \quad (12.11)$$

Apesar de este modelo ser extremamente impreciso para uma empresa individual, a suposição de um crescimento esperado constante é mais razoável ao considerarmos o mercado como um todo. Se, por exemplo, o S&P 500 tiver uma rentabilidade de dividendos atual de 2% e supormos a expectativa de que tanto as rentabilidades quanto os dividendos cresçam 6% ao ano, este modelo estimaria o retorno esperado do S&P 500 como 8%. Seguindo tais métodos, os pesquisadores geralmente divulgam estimativas na faixa de 3-5% para o prêmio de risco futuro de ações.[18]

Evidências relativas ao CAPM

Pesquisadores realizaram inúmeros estudos para avaliar o desempenho do CAPM. Dois dos primeiros e mais importantes estudos foram feitos por Black, Jensen e Scholes (1972) e por Fama e MacBeth (1973).[19] Eles compararam retornos médios reais com aqueles previstos pela linha do mercado de títulos e concluíram que os retornos esperados eram relacionados aos betas, como previsto pelo CAPM, em vez de a outras medidas de risco, como a volatilidade do título. Entretanto, eles descobriram algum desvio da linha do mercado de títulos. Em particular, a linha do mercado de títulos estimada empiricamente é um pouco mais plana do que a prevista pelo CAPM, como mostra a Figura 12.11. Isto é, ações com betas baixos tenderam a ter um desempenho um pouco melhor do que o CAPM previu, enquanto que as de beta mais alto tiveram um desempenho pior.

Apesar de poderem identificar algumas falhas, esses estudos sustentam as conclusões qualitativas do CAPM. Pesquisas mais recentes, porém, questionaram o desempenho deste modelo. Diversos artigos influentes publicados em 1992 e 1993 por Eugene Fama e Kenneth French[20] discutem, baseados em dados mais atuais e levando outras características de títulos em consideração, que o beta não é útil para explicar os retornos médios. Um dos debates atualmente em andamento entre os pesquisadores foca-se no uso de técnicas mais refinadas para determinar se o beta é uma medida adequada de risco. (Voltaremos a este debate no Capítulo 13, onde também descreveremos modificações propostas do CAPM.) Apesar de mais de uma década de pesquisas, não se chegou a nenhum consenso quanto à melhor maneira de se aperfeiçoar o CAPM. Diversas dificuldades surgem ao se tentar resolver esse debate:

- *Os betas não são acompanhados*. Se os betas mudam com o tempo, simples estimativas históricas não têm como ser precisas. Evidências contra o CAPM podem ser o resultado de uma má mensuração dos betas.
- *Os retornos esperados não são acompanhados*. Mesmo se o beta for uma medida perfeita de risco, os retornos médios não precisam corresponder aos retornos esperados. São necessários muitos anos de dados para obter medidas moderadamente precisas da verdadeira média dos retornos. Além disso, o retorno realizado médio não precisa corresponder às expectativas dos investidores; por exemplo, os investidores podem estar preocupados com riscos que não venham a ocorrer.

---

[18] Ver, por exemplo, Eugene Fama e Kenneth French, "The Equity Premium", *Journal of Finance* 57 (2002): pp. 637-659; Ravi Jagannathan, Ellen McGrattan e Anna Scherbina, "The Declining US Equity Premium", NBER working paper 8172 (2001); e Jeremy Siegel, "The Long-Run Equity Risk Premium", Conferências do CFA Institute *Points of Inflection: New Directions for Portfolio Management* (2004).

[19] Eugene F. Fama e James MacBeth, "Risk, Return and Equilibrium: Some Empirical Tests", *Journal of Political Economy* 8 (1973): pp. 607-636.

[20] Eugene Fama e Kenneth French, "The Cross-Section of Expected Stock Returns", *Journal of Finance* 47 (1992): pp. 427-465; e "Common Risk Factors in the Returns on Stocks and Bonds", *Journal of Financial Economics* 33 (1993): pp. 3-56.

FIGURA 12.11

SML empírica *versus* SML prevista pelo CAPM (Black, Jensen e Scholes, 1972)
Ações com betas baixos tendem a estar um pouco acima da SML, e ações com betas altos tendem a estar um pouco abaixo da SML.

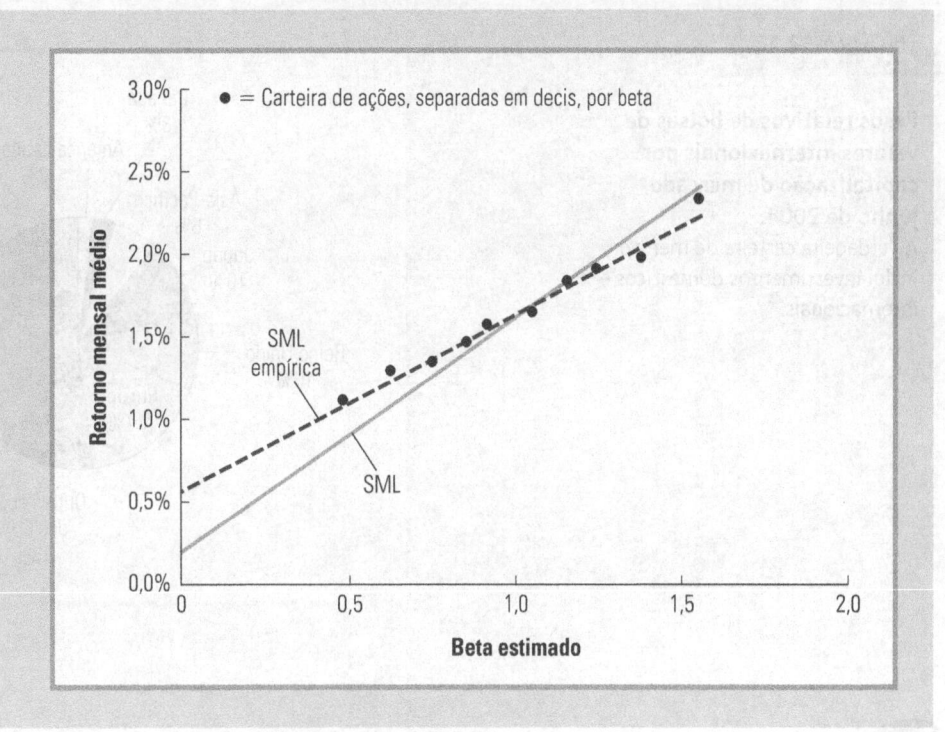

- *O proxy de mercado não está correto.* Apesar de o S&P 500 ser utilizado rotineiramente, ele não é a verdadeira carteira de mercado. Apesar de ele ser um *proxy* razoável para a bolsa de valores dos EUA, os investidores mantêm muitos outros ativos. A bolsa de valores engloba menos de 50% dos títulos negociados nos Estados Unidos se levarmos em consideração títulos de dívida do governo, títulos de dívida corporativos, e títulos relacionados a hipotecas. Além disso, devemos incluir empresas de capital fechado e investimentos imobiliários. Finalmente, a bolsa de valores dos EUA representa apenas aproximadamente 50% dos mercados de ações, como mostra a Figura 12.12. Assim, qualquer falha do CAPM pode simplesmente ser o resultado de nosso fracasso em encontrar uma boa medida da carteira de mercado.[21]

Métodos estatísticos melhores, que tentam tratar dessas questões além de permitir que os betas e os retornos esperados variem ao longo do tempo, podem provar evidências mais conclusivas em relação à precisão do CAPM e às melhores maneiras de aperfeiçoá-lo.

O veredito do CAPM

Apesar de o CAPM não ser perfeito, é improvável que um modelo realmente perfeito seja descoberto em um futuro previsível. Além disso, as imperfeições do CAPM podem não ser críticas no contexto do orçamento de capital e das finanças empresariais, onde erros na estimativa de fluxos de caixa de projetos provavelmente são muito mais importantes do que pequenas discrepâncias no custo de capital. Neste sentido, o CAPM pode ser suficientemente bom, especialmente em relação ao esforço exigido para se implementar um modelo mais sofisticado. O CAPM permanece sendo o modelo predominante utilizado na prática para determinar o custo de capital próprio.

Mesmo se o CAPM não estiver completamente correto, a linha do mercado de títulos ainda fornece o retorno exigido de qualquer investimento para um investidor que atualmente mantenha

---

[21] Esta observação foi feita originalmente em um artigo influente escrito por Richard Roll ["A Critique of the Asset Pricing Theory's Tests", *Journal of Financial Economics* 4 (1977): pp. 129-176], em que ele mostrou que, como nunca podemos saber o quanto a carteira que estamos utilizando se aproxima da verdadeira carteira de mercado, é *impossível* verificar empiricamente se a carteira de mercado é eficiente.

FIGURA 12.12

Pesos relativos de bolsas de valores internacionais por capitalização de mercado, junho de 2004.
A verdadeira carteira de mercado inclui investimentos domésticos e internacionais.

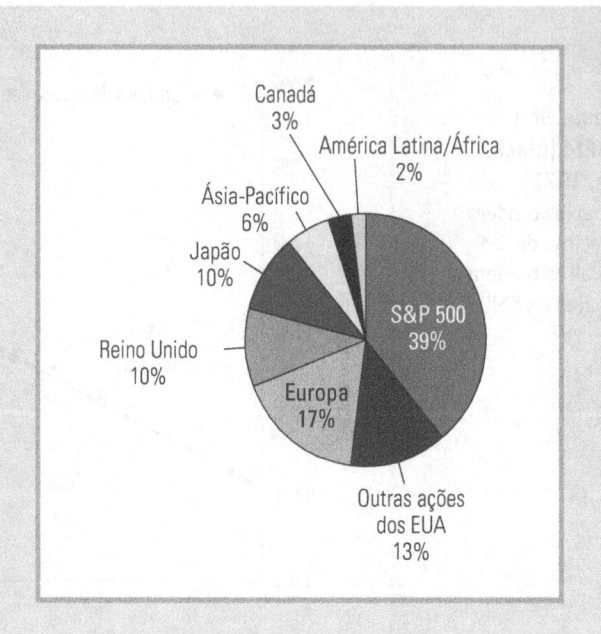

- Canadá 3%
- América Latina/África 2%
- Ásia-Pacífico 6%
- Japão 10%
- Reino Unido 10%
- Europa 17%
- Outras ações dos EUA 13%
- S&P 500 39%

Prêmio Nobel   William Sharpe sobre o CAPM

William Sharpe recebeu o Prêmio Nobel em 1990 por seu desenvolvimento do Modelo de Precificação de Ativos Financeiros. Aqui temos seus comentários sobre o CAPM em uma entrevista feita em 1998 por Jonathan Burton:*

A teoria de carteiras concentrava nas ações de um único investidor com uma carteira ótima. Eu disse: e se todos estivessem otimizando? Todos têm seus exemplares do Markowitz e estão fazendo o que ele diz. Então algumas pessoas decidem que querem ter mais ações da IBM, mas não há ações suficientes para atender à demanda. Então, pressionam a IBM em termos de preço, e ele sobe, ponto em que eles têm que mudar suas estimativas de risco e retorno, porque agora estão pagando mais pelas ações. Este processo de pressão para aumentar e diminuir os preços continua até que eles alcancem um equilíbrio e todos coletivamente queiram manter o que está disponível. Neste ponto, o que podemos dizer sobre a relação entre risco e retorno? A resposta é que o retorno esperado é proporcional ao beta em relação à carteira de mercado.

O CAPM foi e é uma teoria do equilíbrio. Por que alguém esperaria obter um maior rendimento investindo em um título e não em outro? Você precisa ser recompensado por ter um desempenho ruim em tempos difíceis. Um título que tenha um baixo desempenho exatamente quando você precisa de dinheiro é um título que você certamente odiaria e é preciso que haja alguma virtude compensadora, senão, quem iria querê-lo? Esta virtude compensadora tem que ser que, em tempos normais, se espera que o título tenha um desempenho melhor. A ideia principal do Modelo de Precificação de Ativos Financeiros é que retornos esperados mais altos andam de mãos dadas com o risco maior de se ter um mau desempenho em tempos difíceis. O beta é uma medida disso. Títulos ou classes de ativos com betas altos tendem a ter um desempenho pior em tempos difíceis do que aqueles com betas baixos.

O CAPM era um conjunto de suposições muito simples e muito forte que obtinha um bom resultado. E então, quase imediatamente, todos dissemos: "Vamos torná-lo mais complexo para tentar chegar mais perto do mundo real". As pessoas chegaram – eu e outros – ao que chamamos de Modelos "Estendidos" de Precificação de Ativos Financeiros, em que o retorno esperado depende do beta, de impostos, de liquidez, do rendimento de dividendos, e de outras coisas com as quais as pessoas possam se preocupar.

O CAPM evoluiu? É claro que sim. Mas a ideia fundamental permanece sendo a de que não há motivos para se esperar recompensas simplesmente por se assumir riscos. Caso contrário, se faria muito dinheiro em Las Vegas. Se há alguma recompensa pelo risco, ela precisa ser especial. É preciso que haja princípios econômicos por trás da recompensa, ou então o mundo é um lugar mundo louco. Não penso de forma alguma de maneira diferente em relação a essas ideias básicas.

---

*Jonathan Burton, "Revisiting the Capital Asset Pricing Model", *Dow Jones Asset Manager* (May/June 1998): pp. 20-28.

o índice de mercado e que se preocupe com o retorno esperado e a volatilidade. Dado o grande número de investidores que seguem uma estratégia de indexação, é provável que este público seja importante para a empresa. Além disso, o investidor comum só pode manter o índice de mercado, pois a soma de todas as carteiras dos investidores é igual à oferta total de todos os títulos. Assim, apesar de suas falhas potenciais, há motivos muito bons para se utilizar o CAPM como base para o cálculo do custo de capital.

FIXAÇÃO DE CONCEITOS

1. Para ações, por que utilizamos dados de retornos semanais ou mensais para estimar o beta?
2. Se o CAPM não é perfeito, por que continuamos a utilizá-lo em finanças empresariais?

Resumo

1. Três principais suposições sustentam o Modelo de Precificação de Ativos Financeiros (CAPM):

    a. Os investidores negociam títulos a preços de mercados competitivos (sem que incorram impostos ou custos de transação) e podem contrair e conceder empréstimos pela taxa de juros livre de risco.

    b. Os investidores escolhem carteiras eficientes.

    c. Os investidores têm expectativas homogêneas em relação às volatilidades, correlações e retornos esperados de títulos.

2. Como a oferta de títulos tem que ser igual à demanda por títulos, o CAPM implica que a carteira de mercado de todos os títulos arriscados é a carteira eficiente.

3. A linha do mercado de capitais (CML) é o conjunto de carteiras com o maior retorno esperado possível para qualquer nível de volatilidade.

    a. Sob as suposições do CAPM, a CML é a linha que intercepta o título livre de risco e a carteira de mercado.

    b. O retorno esperado e a volatilidade de uma carteira que se encontra sobre a CML com fração x investida na carteira de mercado e o restante investido no ativo livre de risco são calculados como a seguir:

    $$E[R_{xCML}] = (1-x)r_f + xE[R_{Mkt}] = r_f + x(E[R_{Mkt}] - r_f) \qquad (12.2)$$

    $$SD(R_{xCML}) = x SD(R_{Mkt}) \qquad (12.3)$$

4. Sob as suposições do CAPM, o prêmio de risco de qualquer título é igual ao prêmio de risco de mercado multiplicado pelo beta do título. Esta relação é chamada de linha do mercado de títulos (SML) e determina o retorno exigido de um investimento:

    $$E[R_i] = r_i = r_f + \underbrace{\beta_i^{Mkt}(E[R_{Mkt}] - r_f)}_{\text{Prêmio de risco do título } i} \qquad (12.4)$$

5. O beta de um título mede o grau de risco do título que é comum à carteira de mercado, ou risco de mercado.

    a. O beta é definido como a seguir:

    $$\beta_i^{Mkt} \equiv \beta_i = \frac{\overbrace{SD(R_i) \times Corr(R_i, R_{Mkt})}^{\text{Volatilidade de } i \text{ que é comum ao mercado}}}{SD(R_{Mkt})} = \frac{Cov(R_i, R_{Mkt})}{Var(R_{Mkt})} \qquad (12.5)$$

    b. O beta de uma carteira é o beta médio ponderado dos títulos da carteira.

6. A diferença entre o retorno esperado de um título e seu retorno exigido dado pela linha do mercado de títulos é o alfa do título. De acordo com o CAPM:

a. Todas as ações e títulos devem estar sobre a linha do mercado de títulos e ter um alfa igual a zero.

b. Se alguns títulos tiverem um alfa diferente de zero, a carteira de mercado não é eficiente, e seu desempenho pode ser aprimorado através da compra de títulos com alfas positivos e da venda dos títulos com alfas negativos.

7. Para estimar o retorno de um título utilizando o CAPM, temos que estimar os parâmetros do modelo.

   a. A carteira de mercado, na teoria, é um índice de valor ponderado de todos os investimentos arriscados. Na prática, geralmente utilizamos um índice da bolsa de valores, como o S&P 500, para representar o mercado.

   b. Para estimar o beta, geralmente utilizamos retornos históricos e supomos que os valores históricos sejam estimativas razoáveis dos retornos futuros. A maior parte das fontes de dados utiliza cinco anos de retornos mensais para estimar o beta.

   c. O beta corresponde à inclinação da linha de melhor ajuste no gráfico dos retornos de um título *versus* os retornos do mercado. Utilizamos uma regressão linear para encontrar a linha de melhor ajuste.

8. Se fizermos a regressão dos retornos em excesso de ações em relação aos retornos em excesso do mercado, o ponto de interseção é chamado de alfa das ações. Ele mede o desempenho histórico das ações em relação à linha do mercado de títulos.

9. Apesar de os betas tenderem a ser estáveis com o passar do tempo, os alfas não parecem ser persistentes.

10. Apesar de o retorno em excesso histórico do S&P 500 ter sido aproximadamente 8,4% maior do que o de *T-bills* desde 1926, o prêmio de risco de mercado adequado a ser utilizado na linha do mercado de títulos provavelmente será mais baixo. Desde 1955, o retorno em excesso médio do S&P 500 tem sido 5,7%, e pesquisas sugerem que os retornos em excesso futuros provavelmente serão ainda mais baixos.

11. Quando afrouxamos algumas das suposições do CAPM, a maior parte dos resultados ainda é válida.

    a. Se os investidores tomam e concedem empréstimos a taxas diferentes, a SML é válida na seguinte forma:

    $$r_i = r^* + \beta_i(E[R_{Mkt}] - r^*)$$

    O valor da taxa r^* se encontra entre as taxas de empréstimos contraídos e concedidos, e depende da proporção de aplicadores e mutuários na economia.

    b. Se os investidores tiverem expectativas racionais (em vez de expectativas homogêneas), a carteira de mercado é eficiente e o CAPM é válido.

    c. Para a carteira de mercado ser ineficiente, uma fração significativa de investidores tem que estar disposta a manter carteiras com alfas negativos.

12. Pesquisas recentes questionam a confiabilidade do beta na explicação dos retornos médios. Há algumas dificuldades para se solucionar este debate, mas o CAPM ainda é o método mais importante para estimar o custo de capital próprio.

Termos fundamentais

alfa *p. 393*
betas corrigidos *p. 409*
capitalização de mercado *p. 396*
carteira de igual participação *p. 396*
carteira de mercado *p. 386*
carteira passiva *p. 396*
carteira ponderada por preço *p. 397*
carteira ponderada por valor *p. 396*
exchange-traded fund *p. 400*

expectativas homogêneas *p. 387*
expectativas racionais *p. 407*
fundos de índice *p. 400*
índice de mercado *p. 397*
linha do mercado de capitais (CML) *p. 388*
linha do mercado de títulos (SML) *p. 390*
proxy de mercado *p. 400*
regressão linear *p. 403*
termo de erro *p. 403*

Leituras recomendadas

Os artigos clássicos a seguir desenvolveram o CAPM: J. Lintner, "The Valuation of Risk Assets and the Selection of Risky Investments in Stock Portfolios and Capital Budgets", *Review of Economics and Statistics* 47 (February 1965): pp. 13-37; J. Mossin, "Equilibrium in a Capital Asset Market", *Econometrica* 34 (1966): pp. 768-783; W. F. Sharpe, "Capital Asset Prices: A Theory of Market Equilibrium under Conditions of Risk", *Journal of Finance* 19 (September 1964): pp. 425-442; e J. Treynor, "Toward a Theory of the Market Value of Risky Assets", manuscrito não publicado (1961).

Os artigos a seguir fornecem algumas outras ideias sobre o CAPM: F. Black, "Beta and Return", *Journal of Portfolio Management* 20 (Fall 1993): pp. 8-18; e B. Rosenberg e J. Guy, "Beta and Investment Fundamentals", *Financial Analysts Journal* (May-June 1976): pp. 60-72.

Apesar de não ser o foco deste capítulo, há um extenso corpo de literatura sobre testes do CAPM. Além dos artigos mencionados no texto, aqui temos alguns outros que um leitor interessado pode querer consultar: W. E. Ferson e C. R. Harvey, "The Variation of Economic Risk Premiums", *Journal of Political Economy* 99 (1991): pp. 385-415; M. R. Gibbons, S. A. Ross e J. Shanken, "A Test of the Efficiency of a Given Portfolio", *Econometrica* 57 (1989): pp. 1121-1152; S. P. Kothari, Jay Shanken e Richard G. Sloan, "Another Look at the Cross-Section of Expected Stock Returns", *Journal of Finance* 50 (March 1995): pp. 185-224; e R. A. Levy, "On the Sort-Term Stationarity of Beta Coefficients", *Financial Analysts Journal* (November-December 1971): pp. 55-62.

Problemas

Todos os problemas deste capítulo estão disponíveis no MyFinanceLab. Um asterisco (*) indica problemas com maior nível de dificuldade.

A eficiência da carteira de mercado

1. Quando o CAPM determina corretamente o risco, a carteira de mercado é uma carteira eficiente. Explique por quê.

2. Sua carteira de investimento consiste em $15.000 investidos em apenas um grupo de ações – da Microsoft. Suponha que a taxa de juros livre de risco seja de 5%, que as ações da Microsoft tenham um retorno esperado de 12% e uma volatilidade de 40%, e que a carteira de mercado tenha um retorno esperado de 10% e uma volatilidade de 18%. Sob as suposições do CAPM,

    a. Qual alternativa de investimento possui a menor volatilidade possível, apesar de ter o mesmo retorno esperado que a Microsoft?

    b. Qual investimento possui o maior retorno esperado possível, apesar de ter a mesma volatilidade que a Microsoft?

3. Qual é a volatilidade da carteira da parte (a) do Problema 2?

4. Qual é o retorno esperado da carteira da parte (b) do Problema 2?

5. Trace o gráfico da linha do mercado de capitais a partir dos dados do Problema 2 e marque o conjunto de carteiras que tenha um retorno esperado mais alto e uma volatilidade menor do que investir somente nas ações da Microsoft.

Determinando o prêmio de risco

6. Suponha que o retorno livre de risco seja de 4% e que a carteira de mercado tenha um retorno esperado de 10% e uma volatilidade de 16%. As ações da Johnson & Johnson Corporation (símbolo: JNJ) possuem uma volatilidade de 20% e uma correlação com o mercado de 0,06.

    a. Qual é o beta da Johnson & Johnson em relação ao mercado?

    b. Sob as suposições do CAPM, qual é o retorno esperado?

7. Qual é o sinal de um prêmio de risco de um grupo de ações com beta negativo? Explique. (Suponha que o prêmio de risco da carteira de mercado seja positivo.)

8. Suponha que as ações da Intel tenham um beta de 2,16, e que as ações da Boeing tenham um beta de 0,69. Se a taxa de juros livre de risco é de 4% e o retorno esperado da carteira de mercado é de 10%, qual é o retorno esperado de uma carteira que consiste em 60% de ações da Intel e 40% de ações da Boeing, de acordo com o CAPM?

*9. Qual é o prêmio de risco de ações com beta igual a zero? Isto significa que você pode diminuir a volatilidade de uma carteira sem mudar o retorno esperado substituindo qualquer grupo de ações com beta zero na carteira pelo ativo livre de risco?

A carteira de mercado

EXCEL 10. Suponha que todas as possíveis oportunidades de investimento do mundo estejam limitadas aos cinco grupos de ações listados na tabela abaixo. Em que consiste a carteira de mercado?

Ações	Preço/Ação ($)	Número de ações em circulação (milhões)
A	10	10
B	20	12
C	8	3
D	50	1
E	45	20

EXCEL 11. Dados $100.000 para investir, construa uma carteira ponderada por valor dos quatro grupos de ações listados abaixo.

Ações	Preço/Ação ($)	Número de ações em circulação (milhões)
Golden Seas	13	1.000
Jacobs and Jacobs	22	1,25
MAG	43	30
PDJB	5	10

12. Se o preço de um grupo de ações em uma carteira ponderada por valor subir e todos os outros grupos de ações permanecerem inalterados, que negociações serão necessárias para mantermos a carteira ponderada por valor?

Determinando o beta

EXCEL *13. Vá a "Chapter Resources" no *MyFinanceLab* e utilize os dados da planilha fornecida para estimar o beta das ações da Nike utilizando regressão linear.

EXCEL *14. Utilizando os mesmos dados do Problema 13,

a. estime o alfa das ações da Nike no período coberto pelos dados.

b. calcule o intervalo de confiança de 95%. O alfa é significativamente diferente de zero?

Estendendo o CAPM

15. Suponha que todas as suposições que sustentam o CAPM sejam válidas, mas que os investidores tenham que contrair e conceder empréstimos a taxas diferentes. Os investidores manterão uma associação da carteira de mercado e de contração e concessão de empréstimos livres de risco?

16. Suponha que todas as suposições que sustentam o CAPM sejam válidas, mas que os investidores tenham que contrair e conceder empréstimos a taxas diferentes. A carteira de mercado será eficiente?

*17. Liste todas as condições sob as quais a carteira de mercado pode não ser eficiente.

O CAPM na prática

18. Descreva dois métodos para estimar o prêmio de risco de mercado.

*****19.** Suponha que o CAPM esteja correto. Dê um motivo pelo qual um teste empírico do CAPM pode indicar que o modelo não funciona – isto é, que as ações tenham alfas que sejam estatística e significativamente diferentes de zero.

Caso simulado

Você ainda está trabalhando para a empresa de planejamento financeiro com restrições orçamentárias. Seu chefe teve uma impressão tão boa com seu trabalho nos casos simulados dos Capítulos 10 e 11, relacionados a ações na carteira do cliente, que tem mais um pedido: utilizar o CAPM para calcular os retornos esperados de todos os doze grupos de ações da carteira do Capítulo 10. Especificamente, ele gostaria que você calculasse os betas de cada grupo de ações utilizando cinco anos de dados mensais e um retorno esperado utilizando o prêmio de risco histórico de 4,5%. Ele gostaria que você calculasse os betas utilizando os retornos em excesso como na Equação 12.5, com o S&P 500 como o índice de mercado e a taxa de um mês do Eurodólar como a taxa de juros livre de risco.[22] Além disso, ele quer que você calcule o retorno esperado do beta da carteira dos doze grupos de ações utilizando a carteira igualmente ponderada, e utilizando uma das carteiras eficientes deduzidas no Capítulo 11. Em particular, você deve considerar a carteira eficiente do Capítulo 11 com um retorno esperado de 10%, quando é permitida a venda a descoberto. Ao preparar sua análise, você precisará utilizar seus dados do Excel dos Capítulos 10 e 11.

1. Levante os retornos mensais do Caso simulado do Capítulo 10.

2. Obtenha os retornos do S&P 500 no Yahoo!Finance (http://finance.yahoo.com). Clique sobre S&P 500 no quadro chamado "Market Summary"* [Resumo do Mercado] do lado esquerdo da página principal. Clique, então, sobre "Historical Prices" [Preços Históricos] do lado esquerdo da página. Novamente, utilize May 24, 2001 [24 de maio de 2001] como "start date" [data de início] e May 1, 2006 [1º de maio de 2006] como "end date" [data final] para obter os preços. Lembre-se de selecionar "monthly" [mensal]. Faça, então, o *download* desses preços e adicione os preços do fechamento ajustado, "Adj. Close", para sua planilha.

3. Obtenha a taxa de um mês do Eurodólar no *site* do Federal Reserve (http://www.federalreserve.gov/releases/h15/data.htm). Clique em "Data Download" [Download de Dados]. Vá para "Select" [Selecionar] e escolha: 1.) "Series type" [Tipo de série] – "selected interest rates" [taxas de juros selecionadas]. 2.) "Instrument" [Instrumento] – ED Eurodollar deposits [Depósitos em Eurodólar] (Londres). 3.) "Maturity" [Vencimento] – "1 month" [1 mês]. 4.) "Frequency" [Frequência] – "monthly" [mensal]. Vá para "Format, Select Dates – From 2001 May to 2006 May, File Type – Excel" [Formatar, Selecionar datas – de maio de 2001 a maio de 2006, tipo de arquivo – Excel]. Vá para "Download", "open" [abrir] e então salve essas taxas em um arquivo do Excel.

4. Crie retornos mensais para o S&P 500 seguindo o procedimento que você utilizou para grupos de ações individuais. Para a taxa do Eurodólar, converta para uma taxa mensal, pegue o rendimento e divida-o por 100 para convertê-lo a um decimal. Divida, então, o decimal por 12. A taxa resultante será a taxa livre de risco utilizada no CAPM.

5. Crie colunas de retornos separadas que calculem os retornos em excesso de cada grupo de ações e do S&P 500. Lembre-se de que o retorno em excesso é o retorno mensal real menos a taxa sem juros.

6. Calcule o beta de cada grupo de ações utilizando a Equação 12.5 deste capítulo. Lembre-se de que o Excel calcula a covariância como a covariância da população, então você terá que calcular a correlação primeiro e então utilizar os desvios padrão das ações e o índice de mercado.

---

[22] Esta taxa é a taxa que os bancos de Londres cobram sobre empréstimos entre si. Ela reflete a taxa institucional de empréstimos e é utilizada como a taxa de juros livre de risco em algumas aplicações financeiras, como precificação de derivativos.

* N. do T.: As mesmas informações sobre o S&P 500 podem ser obtidas no Yahoo! Brasil Finanças (http://br.finance.yahoo.com/), no quadro chamado "Investimentos", do lado direito da página principal.

7. Utilizando a taxa corrente do Eurodólar e o prêmio de risco de mercado histórico, determine o retorno esperado de cada grupo de ações.

8. Determine os retornos esperados e os betas de carteira para a carteira igualmente ponderada e para a carteira eficiente do Capítulo 11 com um retorno esperado de 10% quando são permitidas vendas a descoberto.

   a. Alguma carteira é "melhor" do que a outra em termos de risco e retorno? Por que ou por que não?

   b. O que os resultados da carteira indicam sobre a decisão de investimento utilizando a SML em relação ao uso do desvio padrão?

CAPÍTULO 13

Modelos Alternativos de Risco Sistemático

No período de dez anos de 1995 a 2004, o retorno anual médio da carteira de mercado das ações norte-americanas foi de 12,5%. Durante este mesmo período, os 10% das ações de menor capitalização dos EUA tiveram um retorno anual de aproximadamente 20%. E, apesar de a carteira de ações de baixa capitalização ser muito mais volátil do que a carteira de mercado, seu beta durante este período foi um pouco menor do que 1. Porém, de acordo com o CAPM, ações de baixa capitalização não deveriam ter um desempenho superior ao do mercado. O que explica essa discrepância? O alfa positivo das ações de baixa capitalização dos EUA nesse período foi uma ocorrência aleatória ou foi indicativo de possíveis imprecisões sistemáticas inerentes ao CAPM? E, se o CAPM é impreciso, que métodos alternativos podem ser utilizados para estimar o retorno esperado de um título e o custo de capital de um investimento?

Este capítulo trata dessas questões. Começaremos descrevendo várias características de uma empresa que parecem estar relacionadas aos retornos. Quando critérios como o porte da empresa, o índice *market-to-book* e retornos passados são utilizados para formar carteiras, tais carteiras parecem ter alfas positivos – isto é, elas se encontram, no gráfico, acima da linha do mercado de títulos. Esta evidência indica que a carteira de mercado pode não ser eficiente. À luz desta evidência, explicaremos como calcular o custo de capital se a carteira de mercado não for eficiente. Deduziremos um modelo alternativo de risco – o modelo multifatorial de precificação de ativos. Finalmente, introduziremos uma abordagem alternativa para estimar o custo de capital – o modelo da variável característica.

notação

x_i peso de carteira do investimento em i

R_s retorno das ações s

r_f taxa de juros livre de risco

α_s alfa das ações s

β_s^i beta das ações s com carteira i

ε_s risco residual das ações s

w_s^i peso padronizado da i-ésima característica da empresa s

13.1 A eficiência da carteira de mercado

Comecemos revisando os resultados dos estudos empíricos que estudamos de que a carteira de mercado é eficiente. Como vimos no Capítulo 12, a carteira de mercado será eficiente se os retornos esperados estiverem relacionados aos betas de acordo com a linha do mercado de títulos. Isto é, se a carteira de mercado for eficiente, os títulos não deverão ter alfas significativamente diferentes de zero.

Não é difícil encontrar grupos de ações individuais que, *no passado*, não se encontravam sobre a SML. Por exemplo, durante o período 1996-2005, as ações da Cisco tinham um alfa positivo de 1,2% por mês, mas o erro padrão era de 1%, o que indicava um intervalo de confiança entre −0,8% a 3,2% por mês. A incerteza na estimativa do alfa da Cisco não é excepcional. Para a maioria das ações, seus erros padrão são grandes, então é impossível concluir que os alfas sejam estatisticamente diferentes de zero.

Se a carteira de mercado é eficiente, então todos os títulos e carteiras têm que estar sobre a SML, e não somente os grupos de ações individuais. Como os retornos esperados de carteiras grandes e bem diversificadas podem ser estimados com um grau maior de precisão, uma maneira de construir um teste melhor para o CAPM é ver se as carteiras de ações se encontram sobre a SML. Logo, em vez de testar se as ações individuais se encontram sobre a SML, os pesquisadores têm estudado se as carteiras de ações se encontram sobre esta linha.

Para tornar o teste do CAPM o mais poderoso possível, os pesquisadores têm procurado carteiras com grandes chances de ter alfas diferentes de zero. Já foram identificadas diversas características que podem ser utilizadas para escolher grupos de ações que produzam altos retornos médios, logo eles utilizaram os mesmos critérios para formar suas carteiras dedicadas a testes. Comecemos com a característica mais amplamente utilizada, a capitalização de mercado.

O efeito tamanho

Ações de baixa capitalização têm retornos médios mais altos. Este resultado empírico é chamado de **efeito tamanho**. Os pesquisadores têm analisado o efeito tamanho considerando o desempenho de carteiras com base nas capitalizações de mercado dos grupos de ações. Por exemplo, Eugene Fama e Kenneth French[1] mediram os prêmios de retorno de dez carteiras formadas todo ano reunindo os 10% (decil) dos grupos de ações de mais baixa capitalização na primeira carteira, os 10% seguintes na segunda carteira, e assim por diante até os 10% dos grupos de ações de mais alta capitalização, que formaram a décima carteira. Fama e French registraram, então, o prêmio de retorno de cada carteira em cada mês do ano seguinte. Repetiram este processo em todos os anos da amostra. Finalmente, calcularam o prêmio de retorno médio de cada carteira e o beta da carteira; a Figura 13.1 mostra o resultado. Como podemos ver, apesar de as carteiras com maiores betas renderem retornos mais altos, a maioria das carteiras se encontra acima da linha do mercado de títulos – todas, exceto uma carteira, tinham um alfa positivo. O efeito mais extremo é observado nos menores decis.

Como a Figura 13.1 deixa evidente, mesmo essas carteiras têm grandes erros padrão – nenhuma das estimativas do alfa é individualmente significativamente diferente de zero – todos os intervalos de confiança incluem o zero. Entretanto, nove dentre as dez carteiras se encontram acima da SML. Se os alfas positivos fossem devidos a um erro puramente estatístico, esperaríamos que aparecesse o mesmo número de carteiras acima da linha do que abaixo dela. Consequentemente, um teste para verificar se os alfas de todas as dez carteiras são todas, conjuntamente, iguais a zero pode ser estatisticamente rejeitado.

Os pesquisadores encontraram resultados similares quando utilizaram o **índice *book-to-market***, a razão entre o valor contábil e o valor de mercado do patrimônio, para formar grupos de ações em carteiras. A Figura 13.2 demonstra que oito das dez carteiras formadas utilizando os índices *book-to-market* das ações se encontram acima da SML (isto é, têm alfas positivos). Novamente, um teste conjunto para verificar se todas as dez carteiras têm um alfa igual a zero é rejeitado.

---

[1] Ver Eugene Fama e Kenneth French, "The Cross-Section of Stock Returns", *Journal of Finance* 47 (1992): pp. 427-465.

FIGURA 13.1 Prêmio de retorno de carteiras de grande porte, 1926-2005

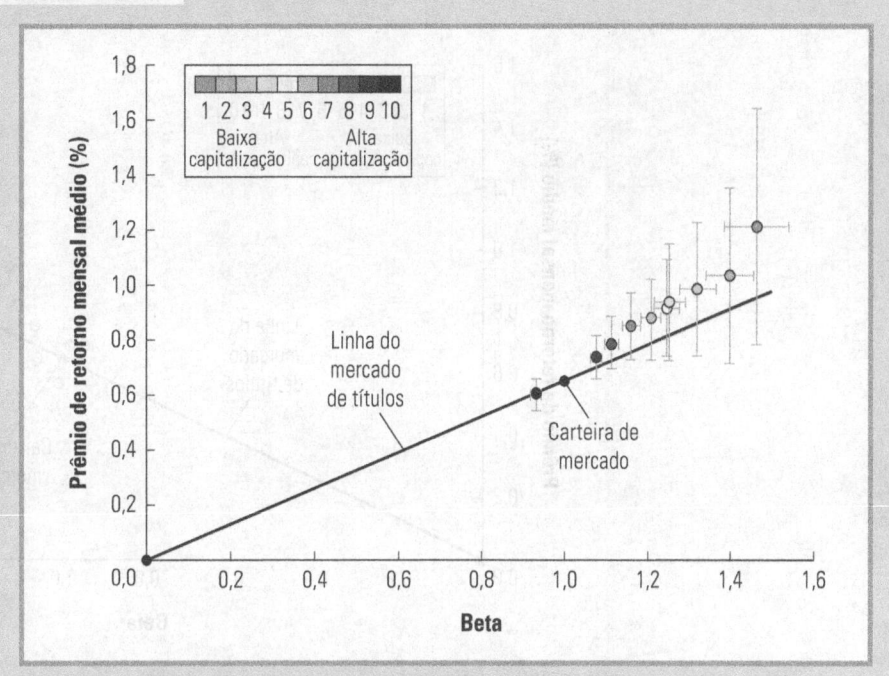

O gráfico mostra o prêmio de retorno médio (o retorno menos a taxa de juros livre de risco de três meses) de dez carteiras formadas a cada mês ao longo de 80 anos utilizando as capitalizações de mercado de cada empresa. O prêmio de retorno médio de cada carteira é representado no gráfico em função do beta da carteira (estimado ao longo do mesmo período de tempo). A linha preta é a linha do mercado de títulos. Se a carteira de mercado fosse eficiente e não houvesse erro de mensuração, todas as carteiras se encontrariam sobre esta linha. As barras de erro marcam as faixas do intervalo de confiança de 95% das estimativas do beta e dos prêmios de risco esperados.

Fonte: dados cedidos por Kenneth French.

O efeito tamanho – a observação de que ações de baixa capitalização (ou ações com um alto índice *book-to-market*) têm alfas positivos – foi descoberto em 1981 por Rolf Banz.[2] Na época, os pesquisadores não acharam as evidências convincentes porque os economistas financeiros houveram *examinado* os dados, procurando ações com alfas positivos. Como já ressaltamos, devido à existência de erros de estimação significativos, é sempre possível encontrar ações com alfas positivos; de fato, se procurarmos bastante, será sempre possível encontrar alguma coisa que essas ações tenham em comum. Consequentemente, muitos pesquisadores estavam inclinados a ver as descobertas de Banz como um **problema de *data snooping*,** que é a ideia de que, dadas características suficientes, sempre será possível encontrar alguma característica que por um mero acaso esteja correlacionada ao erro de estimação dos retornos médios.

Após a publicação do estudo de Banz, porém, surgiu um motivo teórico que explicava a relação entre a capitalização de mercado e os retornos esperados. Os economistas financeiros perceberam que quando a carteira de mercado não é eficiente, devemos *esperar* observar o efeito tamanho.[3] Para compreendermos por quê, suponhamos que a carteira de mercado não seja eficiente. Alguns grupos de ações irão, portanto, se encontrar acima da SML no gráfico, e alguns irão se encontrar abaixo

---

[2] Ver R. Banz, "The Relationship between Return and Market Values of Common Stock", *Journal of Financial Economics* 9 (1981): pp. 3-18. Uma relação similar entre o preço de ações (em vez de sua capitalização) e seu retorno futuro foi documentada anteriormente em M. E. Blume e F. Husic, "Price, Beta and Exchange Listing", *Journal of Finance* 28(2): pp. 283-299.

[3] Ver J. B. Berk, "A Critique of Size Related Anomalies", *Review of Financial Studies* 8 (1995): pp. 275-286.

FIGURA 13.2 Prêmio de retorno das carteiras *book-to-market*, 1926-2005

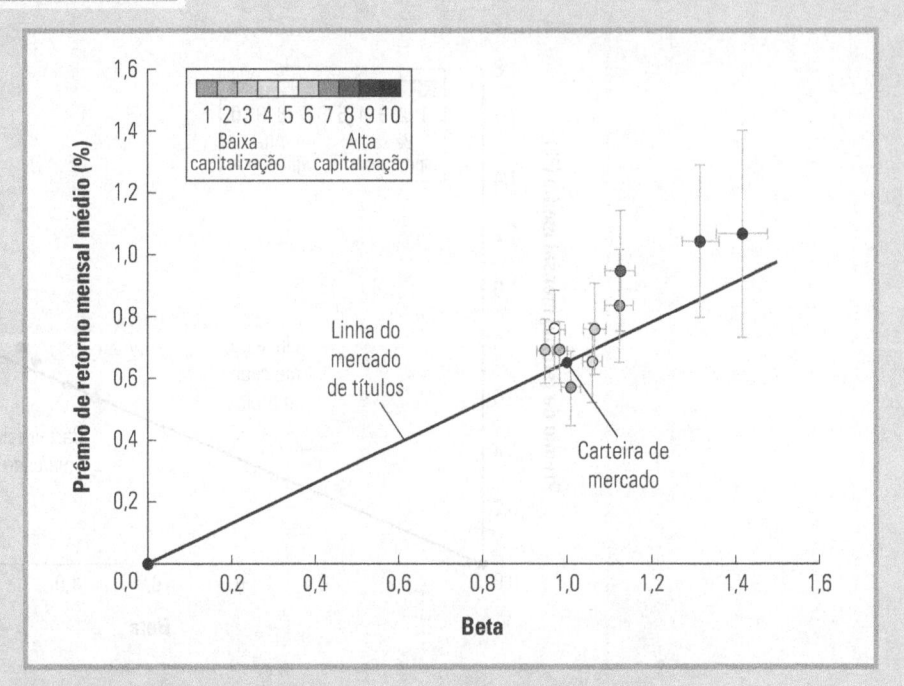

O gráfico mostra o prêmio de retorno médio (o retorno menos a taxa de juros livre de risco de três meses) de dez carteiras formadas a cada mês ao longo de 80 anos utilizando os índices *book-to-market* de cada empresa. O prêmio de retorno médio de cada carteira é representado no gráfico em função do beta da carteira (estimado ao longo do mesmo período de tempo). A linha preta é a linha do mercado de títulos. Se a carteira de mercado fosse eficiente e não houvesse erro de mensuração, todas as carteiras se encontrariam sobre esta linha. As barras de erro marcam as faixas do intervalo de confiança de 95% das estimativas do beta e dos prêmios de retorno esperados.

dela. Suponhamos que tomemos um grupo de ações que se encontre acima da linha (isto é, que tenha um alfa positivo). Se todos os fatores permanecerem constantes, um alfa positivo implica que o grupo de ações possui também um retorno esperado relativamente mais alto. Um retorno esperado mais alto implica um preço mais baixo – a única maneira de oferecer um retorno mais alto é os investidores comprarem o fluxo de dividendos das ações por um preço mais baixo. Um preço mais baixo significa uma capitalização de mercado mais baixa (e, da mesma maneira, um índice *book-to-market* mais alto – a capitalização de mercado está no *denominador* do índice *book-to-market*). Assim, quando um economista financeiro forma uma carteira de ações com baixas capitalizações de mercado (ou altos índices *book-to-market*), esta coleção contém ações que provavelmente terão retornos esperados mais altos e, se a carteira de mercado não for eficiente, alfas positivos. Da mesma maneira, um grupo de ações que se encontre abaixo da linha do mercado de títulos terá um retorno esperado mais baixo e, portanto, um preço mais alto, implicando uma capitalização de mercado mais alta e um índice *book-to-market* mais baixo. Logo, uma carteira de ações com altas capitalizações de mercado ou baixos índices *book-to-market* terão alfas negativos se a carteira de mercado não for eficiente. Ilustremos com um exemplo simples.

Quando a carteira de mercado não é eficiente, a teoria prevê que os grupos de ações com baixas capitalizações de mercado ou altos índices *book-to-market* terão alfas positivos. À luz dessa descoberta, ficou claro para a maioria dos pesquisadores que as evidências que Banz encontrara eram, de fato, evidências contra a eficiência da carteira de mercado.

EXEMPLO 13.1

Risco e o valor de mercado de ações

Problema

Considere duas empresas, SM Industries e BiG Corporation, que têm que pagar o mesmo fluxo de dividendos, $1 milhão por ano em perpetuidade. É claro que este fluxo de dividendos é esperado, não garantido: os dividendos reais partirão deste número. O fluxo de dividendos da SM é mais arriscado, então seu custo de capital é de 14% ao ano. O custo de capital da BiG é de 10%. Que empresa possui o maior valor de mercado? Que empresa possui o maior retorno esperado? Agora suponha que ambos os grupos de ações tenham o mesmo beta estimado, seja devido a um erro de estimação, seja devido ao fato de a carteira de mercado não ser eficiente. Com base neste beta, o CAPM atribuiria um retorno esperado de 12% a ambos os grupos de ações. Que empresa possui o maior alfa? Qual é a relação entre os valores de mercado das empresas e seus alfas?

Solução

O diagrama de fluxo de caixa dos dividendos é o mesmo para ambas as empresas:

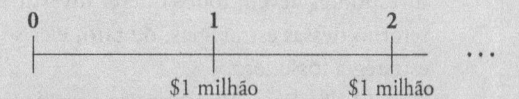

```
  0         1          2
  |─────────|──────────|────  ...
         $1 milhão  $1 milhão
```

Para calcular o valor de mercado da SM, calculamos o valor presente de seus dividendos esperados futuros utilizando a fórmula de perpetuidade e um custo de capital de 14%:

$$\text{Valor de mercado da SM} = \frac{1}{0,14} = \$7,143 \text{ milhões}$$

Da mesma maneira, o valor de mercado da BiG é

$$\text{Valor de mercado da BiG} = \frac{1}{0,10} = \$10 \text{ milhões}$$

SM possui o menor valor de mercado, e o maior retorno esperado (14% *versus* 10%). Também possui o maior alfa:

$$\alpha_{SM} = 0,14 - 0,12 = 2\%$$

$$\alpha_{BiG} = 0,10 - 0,12 = -2\%$$

Consequentemente, a empresa com o menor valor de mercado possui o maior alfa.

Retornos passados

Um segundo critério que tem sido utilizado para formar carteiras com alfas positivos são os retornos passados das ações. Por exemplo, nos anos de 1965 a 1989, Narishiman Jegadeesh e Sheridan Titman[4] classificaram ações todo mês segundo seus retornos realizados nos seis meses anteriores. Eles descobriram que as ações com melhores desempenhos tinham alfas positivos nos seis meses seguintes. Essas são evidências contra o CAPM: quando a carteira de mercado é eficiente, os retornos passados não deveriam prever alfas.

Ao longo dos anos, desde a descoberta do CAPM, foi se tornando cada vez mais claro para pesquisadores e profissionais que ao formar carteiras com base na capitalização de mercado, em índices *book-to-market*, e em retornos passados, pode-se construir estratégias de negociação que tenham alfas positivos. Por exemplo, pode-se comprar ações que tiveram retornos passados altos e vender ações (a descoberto) que tiveram retornos passados baixos. Muitos investidores utilizam tal **estratégia de *momentum***. Os pesquisadores descobriram que esta estratégia é lucrativa. Por exemplo, Jegadeesh e Titman mostraram que, ao longo do período de 1965-1989, ela teria produzido retornos positivos ajustados ao risco de 12,83% ao ano.

---

[4] Ver Narishiman Jegadeesh e Sheridan Titman, "Returns to Buying Winners and Selling Losers: Implications for Market Efficiency", *Journal of Finance* 48 (1993): pp. 65-91.

FIXAÇÃO DE CONCEITOS

1. O que é o efeito tamanho?
2. O que é uma estratégia de negociação de *momentum*?

13.2 Implicações dos alfas positivos

Quais são as implicações se as estratégias de negociação baseadas em alfas positivos realmente existirem? Podemos esperar que alguns investidores sejam capazes de gerar estratégias com alfas positivos devido a vantagens em termos de informações. Mas *qualquer um* pode implementar uma estratégia de negociação de *momentum* (elas não exigem nenhum tipo de informação especial, somente o conhecimento de retornos passados) e, portanto, gerar uma oportunidade de investimento com alfa positivo. Se o CAPM calcula corretamente o prêmio de risco, uma oportunidade de investimento com alfa positivo é uma oportunidade de investimento com NPV positivo, e os investidores devem todos querer investir em tais estratégias. Ao fazê-lo, eles forçariam a queda do retorno dessas estratégias; de fato, eles só parariam de investir quando esperassem que o alfa da estratégia fosse zero.

O alfa dessas estratégias de negociação, porém, não parece ser zero quando examinamos dados do mundo real. Se, de fato, esses alfas forem positivos, só nos resta tirar uma das duas conclusões a seguir:

1. Os investidores estão ignorando sistematicamente oportunidades de investimento com NPV positivo. Isto é, o CAPM calcula corretamente os prêmios de risco, mas os investidores estão ignorando as oportunidades de obter retornos extras sem correr nenhum risco a mais ou porque as desconhecem, ou porque os custos para implementá-las são maiores do que o NPV de empreendê-las.

2. As estratégias de negociação com alfa positivo contêm riscos que os investidores não estão dispostos a correr, mas que o CAPM não consegue captar. Isto é, o beta de um grupo de ações com a carteira de mercado não mede adequadamente o risco sistemático de um grupo de ações, e então o CAPM não calcula o prêmio de risco corretamente.

A única maneira de poder existir uma oportunidade com NPV positivo em um mercado é se alguma barreira à entrada restringir a concorrência. Neste caso, é muito difícil identificar quais podem ser essas barreiras. A existência da estratégia de negociação de *momentum* é muito conhecida há pelo menos dez anos. O fato de estarmos apresentando essas evidências em um livro de finanças empresariais implica que é muito improvável que simplesmente ninguém perceba que essas oportunidades existem. Além disso, os custos de implementar a estratégia não parecem excessivamente altos. As informações não somente são necessárias para formar as carteiras prontamente disponíveis sem custo algum, mas também há muitos fundos mútuos que seguem a estratégia de negociação de *momentum* e a estratégia baseada na capitalização de mercado/*book-to-market*. Logo, a primeira conclusão não parece provável.

Isso nos deixa com a segunda possibilidade: a carteira de mercado não é eficiente e, portanto, o beta de um grupo de ações com o mercado não é uma medida adequada de seu risco sistemático. Colocado de outra maneira, os chamados lucros (alfas positivos) da estratégia de negociação são, na verdade, retornos por assumir riscos aos quais os investidores são avessos e que o CAPM não capta. Há dois motivos pelos quais a carteira de mercado pode não ser eficiente. Em primeiro lugar, talvez estejamos utilizando a carteira *proxy* errada para calcular os alfas; a verdadeira carteira de mercado de toda a riqueza investida pode ser eficiente, mas a carteira *proxy* pode não representar muito bem o mercado real. Em segundo lugar, mesmo a carteira de mercado real pode não ser eficiente porque uma fração significativa dos investidores pode se importar com outros aspectos de suas carteiras que não sejam o retorno esperado e a volatilidade, e assim pode estar disposta a manter carteiras de investimento ineficientes. Examinemos cada possibilidade separadamente.

Erro de *proxy*

A carteira de mercado real consiste em toda a riqueza negociada em investimentos na economia. Ela contém, portanto, muito mais do que apenas ações – ela inclui títulos de dívidas, imóveis, arte, metais preciosos, e qualquer outro veículo de investimento disponível. Contudo, não podemos incluir a maior parte desses investimentos no *proxy* de mercado porque eles não são negociados em mercados competitivos. Em vez disso, os pesquisadores utilizam uma carteira *proxy* como o S&P 500 e supõem que ela terá uma alta correlação com a carteira de mercado real. Mas e se essa suposição for falsa?

Se a carteira de mercado real for eficiente, mas a carteira *proxy* não possuir uma alta correlação com o mercado real, então a *proxy* não será eficiente e as ações terão alfas diferentes de zero.[5] Neste caso, os alfas meramente indicam que está sendo utilizada a *proxy* errada; eles não indicam o abandono de oportunidades de investimento com NPV positivo.[6]

Riqueza não-negociável

Uma outra possibilidade é que a carteira de mercado real seja ineficiente – os investidores podem se importar com características outras que não os retornos esperados e a volatilidade de suas carteiras. Duas condições podem fazer os investidores se importarem com tais características: eles podem se importar com outras medidas de incerteza (por exemplo, a obliquidade da distribuição dos retornos), ou eles podem ter riquezas significativas em investimentos não-negociáveis. Consideremos um investidor que esteja disposto a sacrificar o retorno esperado e a volatilidade e, assim, escolha uma carteira eficiente de *todos* os seus investimentos, sejam eles negociáveis ou não. Apesar de toda a carteira ser eficiente, não há nenhum motivo para que apenas a parte negociável da carteira seja eficiente.

O exemplo mais importante de uma riqueza não-negociável é o capital humano.[7] As pessoas são naturalmente expostas ao risco na indústria em que trabalham. Um *investment banker* que trabalha para a Goldman Sachs é exposto a riscos no setor financeiro, enquanto que um engenheiro elétrico que trabalha no Vale do Silício é exposto a riscos no setor de alta tecnologia. Quando um investidor diversifica, ele deve levar em consideração essas exposições inerentes. O *investment banker* provavelmente terá uma baixa concentração de investimentos ou manterá uma posição vendida em ações de serviços financeiros; seu emprego já o expõe ao risco neste setor. Da mesma maneira, o engenheiro elétrico não deve ter ações de alta tecnologia. Assim, mesmo se ambos os investidores mantiverem carteiras eficientes, suas carteiras de títulos *negociáveis* não precisam ser eficientes e provavelmente não serão iguais. Além disso, é improvável que qualquer um dos investidores escolha manter a carteira de mercado de títulos negociáveis.

Se os investidores possuírem uma quantia significativa de riqueza não-negociável, esta riqueza será uma parte importante de suas carteiras, mas não será parte da carteira de mercado de títulos negociáveis. Em um mundo assim, a carteira de mercado de títulos negociáveis provavelmente não será eficiente. De fato, os pesquisadores encontraram evidências de que a presença

---

[5] Richard Roll e Stephen Ross mostraram que quando a carteira de mercado real é eficiente, mesmo uma pequena diferença entre a *proxy* e a carteira de mercado real pode levar a uma relação insignificante entre o beta e os retornos. Ver Richard Roll e Stephen A. Ross, "On the Cross-Sectional Relation between Expected Returns and Beta", *Journal of Finance* 49 (1) (March 1994): pp. 101-121.

[6] Se a *proxy* de mercado *é* eficiente, não podemos concluir que a carteira de mercado *real* é eficiente. Como o teste do CAPM exige descobrir que a carteira de mercado *real* é eficiente, a teoria do CAPM não é testável. Esta questão foi levantada pela primeira vez por Richard Roll, "A Critique of the Asset Pricing Theory's Tests", *Journal of financial Economics* 4 (1977): pp. 129-176. É claro que a partir da perspectiva de um gerente, o CAPM ser ou não testável é irrelevante – contanto que se possa identificar uma carteira eficiente, ele poderá utilizá-la para calcular o custo de capital.

[7] Apesar de raros, há novos e inovadores mercados que permitem que as pessoas negociem seu capital humano para financiar sua educação, ver Miguel Palacios, *Investing in Human Capital: A Capital Markets Approach to Student Funding*, Cambridge University Press, 2004.

> **ERRO COMUM** — **Investir em ações da própria empresa**
>
> Quando a Enron Corporation pediu falência em dezembro de 2001, 62% dos ativos mantidos nos planos de previdência 401 (k) consistiam em ações da própria empresa.* O valor desses ativos tinha diminuído enormemente quando as ações da Enron, que valiam $80 por ação um ano antes, passaram a ser negociadas por $0,70 um mês após a falência. Consequentemente, o colapso da empresa não somente tirou o emprego de muitos de seus funcionários, mas também limpou suas economias nos planos de aposentadoria.
>
> Por que os funcionários da Enron escolheram manter carteiras ineficientes, aumentando assim significativamente sua exposição ao risco idiossincrático da empresa? Uma explicação é que a Enron fazia contribuições combinadas ao plano na forma de ações da empresa que proibiam os funcionários com menos de 50 anos de as venderem. Entretanto, segundo a empresa, apenas 11% da riqueza investida em ações da Enron pode ser associada às suas contribuições combinadas ao fundo de pensão.
>
> Esta não foi a única empresa a encorajar seus funcionários a investir o dinheiro de sua aposentadoria em ações da própria empresa. Shlomo Benartzi** descobriu que aproximadamente um terço dos ativos de grandes planos de aposentadoria de contribuição definida é investido em ações da empresa.
>
> Tal comportamento é difícil de compreender. Os funcionários, através de seu capital humano, já têm uma significativa fração de sua riqueza presa ao destino da empresa para a qual trabalham. No mínimo, eles deveriam ter uma concentração de investimentos substancialmente baixa em ações de sua própria empresa. O motivo pelo qual estes funcionários escolhem manter carteiras ineficientes concentrando ainda mais sua riqueza nas ações de sua própria empresa é um mistério. De qualquer forma, esta evidência indica que nem todos os investidores diversificam adequadamente, e que, consequentemente, mantêm carteiras ineficientes.
>
> * Relatório de Serviços de Pesquisas do Congresso, 11 de março de 2002.
> ** "Excessive Extrapolation and the Allocation of 401 (k) Accounts to Company Stock", *Journal of Finance* 56 (2001): pp. 1747-1764.

de capital humano pode explicar pelo menos parte dos motivos da ineficiência das *proxies* mais normalmente utilizadas.[8]

À luz das evidências contra a eficiência da carteira de mercado, os pesquisadores desenvolveram modelos alternativos de risco. Na próxima seção, deduziremos o modelo multifatorial de risco.

FIXAÇÃO DE CONCEITOS

1. O que a existência de uma estratégia de negociação com alfa positivo implica?
2. Se os investidores possuem uma quantia significativa de riqueza não-negociável (mas arriscada), por que a carteira de mercado pode não ser eficiente?

13.3 Modelos multifatoriais de risco

No Capítulo 11, mostramos que o retorno esperado de qualquer título negociável no mercado pode ser escrito como uma função do retorno esperado da carteira eficiente:

$$E[R_s] = r_f + \beta_s^{eff} \times (E[R_{eff}] - r_f) \tag{13.1}$$

Quando a carteira de mercado não é eficiente, temos que encontrar um método para identificar uma carteira eficiente antes de podermos utilizar a Equação 13.1.

Em termos práticos, é extremamente difícil identificar carteiras que sejam eficientes porque não conseguimos medir o retorno esperado e o desvio padrão de uma carteira com grande precisão. Apesar de talvez não sermos capazes de identificar a carteira eficiente propriamente dita, conhecemos algumas de suas características. Em primeiro lugar, qualquer carteira eficiente será bem diversificada. Em segundo lugar, ela pode ser construída a partir de outras carteiras diversificadas. Esta

---

[8] Ver Ravi Jagannathan e Zhenu Wang, "The Conditional CAPM and the Cross-Sections of Expected Returns", *Journal of Finance* 51 (1996): pp. 3-53; e Ignacio Palacios-Huerta, "The Robustness of the Conditional CAPM with Human Capital", *Journal of Financial Econometrics* 1 (2003): pp. 272-289.

última observação pode parecer trivial, mas na verdade é bastante útil: implica que desde que uma carteira eficiente possa ser construída a partir de uma coleção de carteiras, a coleção em si pode ser utilizada para medir risco. *Não é realmente necessário identificar a carteira eficiente propriamente dita.* Tudo o que é necessário é identificar uma coleção de carteiras a partir da qual a carteira eficiente possa ser construída.

Utilizando carteiras fatoriais

Mantenhamos as coisas simples. Suponhamos que tenhamos identificado duas carteiras que possam ser associadas para formar uma carteira eficiente; chamemos essas carteiras de **carteiras fatoriais** e denotemos seus retornos por R_{F1} e R_{F2}. A carteira eficiente consiste em alguma combinação (desconhecida) dessas duas carteiras fatoriais, representadas pelos pesos de carteira x_1 e x_2:

$$R_{eff} = x_1 R_{F1} + x_2 R_{F2} \tag{13.2}$$

Para vermos que podemos utilizar essas carteiras fatoriais para medir risco, consideremos fazer a regressão dos prêmios de retorno de um grupo de ações s para os prêmios de retorno de *ambos* os fatores:

$$R_s - r_f = \alpha_s + \beta_s^{F1}(R_{F1} - r_f) + \beta_s^{F2}(R_{F2} - r_f) + \varepsilon_s \tag{13.3}$$

Esta técnica estatística é conhecida como **regressão múltipla** – é exatamente o mesmo que a técnica da regressão linear descrita no Capítulo 12, exceto pelo fato de que agora temos dois regressores, $R_{F1} - r_f$ e $R_{F2} - r_f$, enquanto que no Capítulo 12 tínhamos apenas um regressor, o prêmio de retorno da carteira de mercado. Caso contrário, a interpretação seria a mesma. O prêmio de retorno das ações s é escrito como a soma de uma constante, α_s, mais a variação nas ações relacionada a cada fator, e um termo de erro ε_s com esperança igual a zero e que não possui correlação com nenhum dos fatores. O termo de erro representa o risco das ações que não é relacionado a nenhum dos fatores.

Se as duas carteiras fatoriais podem ser utilizadas para construir a carteira eficiente, como na Equação 13.2, então o termo constante α_s na Equação 13.3 é igual a zero (até o erro de estimação). Para vermos o porquê, consideremos uma carteira em que compramos ações s e então vendemos uma fração β_s^{F2} da primeira carteira fatorial e β_s^{F1} da segunda carteira fatorial, e investimos os rendimentos dessas vendas no investimento livre de risco. Esta carteira, que chamamos de P, possui um retorno de

$$\begin{aligned} R_P &= R_s - \beta_s^{F1} R_{F1} - \beta_s^{F2} R_{F2} + (\beta_s^{F1} + \beta_s^{F2}) r_f \\ &= R_s - \beta_s^{F1}(R_{F1} - r_f) - \beta_s^{F2}(R_{F2} - r_f) \end{aligned} \tag{13.4}$$

Utilizando a Equação 13.3 para substituir R_s e simplificando, o retorno dessa carteira é

$$R_P = r_f + \alpha_s + \varepsilon_s \tag{13.5}$$

Isto é, a carteira P possui um prêmio de risco de α_s e um risco dado por ε_s. Agora, como ε_s não possui correlação com nenhum dos fatores, ele não poderá ter correlação com a carteira eficiente, isto é,

$$\begin{aligned} Cov(R_{eff}, \varepsilon_s) &= Cov(x_1 R_{F1} + x_2 R_{F2}, \varepsilon_s) \\ &= x_1 Cov(R_{F1}, \varepsilon_s) + x_2 Cov(R_{F2}, \varepsilon_s) \\ &= 0 \end{aligned} \tag{13.6}$$

Mas lembremos do Capítulo 11 que *o risco que não é correlacionado com a carteira eficiente é risco diversificável que não exige um prêmio de risco.* Portanto, o retorno esperado da carteira P é r_f, o que significa que α_s deve ser zero.[9]

---

[9] Isto é, a Equação 13.6 implica $\beta_P^{eff} = \frac{Cov(R_{eff}, \varepsilon_s)}{Var(R_{eff})} = 0$. Substituindo este resultado na Equação 13.1, temos $E[R_P] = r_f$. Mas, da Equação 13.5, $E[R_P] = r_f + \alpha_s$, e logo $\alpha_s = 0$.

Igualando α_s a zero, e tirando as esperanças dos dois lados da Equação 13.3, temos o seguinte modelo bi-fatorial de retornos esperados:

$$E[R_s] = r_f + \beta_s^{F1}(E[R_{F1}] - r_f) + \beta_s^{F2}(E[R_{F2}] - r_f) \tag{13.7}$$

A Equação 13.7 diz que o prêmio de risco de qualquer título negociável no mercado pode ser escrito como a soma do prêmio de risco de cada fator multiplicada pela sensibilidade das ações com aquele fator – os **betas fatoriais**. Nenhuma das carteiras propriamente ditas tem que ser eficiente; precisamos apenas ser capazes de construir a carteira eficiente a partir das duas carteiras.

Não há nada inconsistente entre a Equação 13.7, que fornece o retorno esperado em termos de dois fatores, e a Equação 13.1, que fornece o retorno esperado em termos apenas da carteira eficiente. *Ambas* as equações são válidas; a diferença entre elas é simplesmente as carteiras que utilizamos. Quando utilizamos uma carteira eficiente, ela sozinha captará todo o risco sistemático. Por isso, frequentemente nos referimos a este modelo como **modelo de fator único**. Se usamos mais de uma carteira como fator, então juntos esses fatores captarão todo o risco sistemático, mas observe que cada fator da Equação 13.7 capta diferentes componentes do risco sistemático. Quando utilizamos mais de uma carteira para captar o risco, o modelo é conhecido como **modelo multifatorial**. As próprias carteiras podem ser pensadas ou como um fator de risco propriamente dito, ou como uma carteira de ações correlacionadas a um fator de risco inobservável. Esta forma específica do modelo multifatorial foi originalmente desenvolvida por Stephen Ross, apesar de Robert Merton ter desenvolvido um modelo multifatorial alternativo anteriormente.[10] O modelo também é chamado de **Teoria de Precificação por Arbitragem** (**APT**, ou *Arbitrage Pricing Theory*, no original).

Construindo um modelo multifatorial

Apesar de termos deduzido a Equação 13.7 utilizando apenas duas carteiras, o modelo é facilmente ampliado para qualquer número de carteiras. De fato, geralmente faz sentido utilizar mais do que duas carteiras porque um número maior aumenta a probabilidade de que uma carteira eficiente seja construída a partir das carteiras. Se utilizarmos N carteiras fatoriais com retornos $R_{F1}, \ldots, R_{FN}$, o retorno esperado do ativo s será dado por

Modelo multifatorial de risco

$$\begin{aligned}E[R_s] &= r_f + \beta_s^{F1}(E[R_{F1}] - r_f) + \beta_s^{F2}(E[R_{F2}] - r_f) + \cdots + \beta_s^{FN}(E[R_{FN}] - r_f) \\ &= r_f + \sum_{n=1}^{N} \beta_s^{Fn}(E[R_{Fn}] - r_f)\end{aligned} \tag{13.8}$$

Aqui, $\beta_s^1, \ldots, \beta_s^N$ são os betas fatoriais, um para cada fator de risco, e têm a mesma interpretação que o beta do CAPM. Cada beta fatorial é a mudança percentual esperada no prêmio de risco de um título para uma mudança de 1% no prêmio de risco da carteira fatorial.

Podemos simplificar a Equação 13.8 ainda mais. Podemos pensar no prêmio retorno esperado de cada fator, $E[R_{Fn}] - r_f$, como o retorno esperado de uma carteira em que tomamos fundos emprestados à taxa de r_f para investir na carteira fatorial. Como esta carteira não apresenta nenhum custo para ser construída (estamos tomando fundos emprestados para investir), ela se chama **carteira autofinanciadora**. Também podemos construir uma carteira autofinanciadora colocando algumas ações em posição comprada e outras com igual valor de mercado em posição vendida. Em geral, uma carteira autofinanciadora é qualquer carteira com pesos de carteira que somem zero, em vez de um. Se exigirmos que todas as carteiras fatoriais sejam autofinanciadoras (ou tomando fundos emprestados, ou colocando ações em posição vendida), então poderemos reescrever a Equação 13.8 como

---

[10] Ver Stephen A. Ross, "The Arbitrage Theory of Capital Asset Pricing", *Journal of Economic Theory* 13 (1976): pp. 341-360.; e Robert C. Merton, "An Intertemporal Capital Asset Pricing Model", *Econometrica* 41 (1973): pp. 867-887.

Modelo multifatorial de risco com carteiras autofinanciadoras

$$E[R_s] = r_f + \beta_s^{F1}E[R_{F1}] + \beta_s^{F2}E[R_{F2}] + \cdots + \beta_s^{FN}E[R_{FN}]$$

$$= r_f + \sum_{n=1}^{N}\beta_s^{Fn}E[R_{Fn}] \tag{13.9}$$

Recapitulando, mostramos que é possível calcular o custo de capital sem ter realmente que identificar a carteira eficiente utilizando um modelo de risco multifatorial. Em vez de se apoiar na eficiência de uma única carteira (como a de mercado), os modelos multifatoriais se apóiam na condição mais fraca de que uma carteira eficiente possa ser construída a partir de uma coleção de carteiras ou fatores bem diversificados. Explicaremos a seguir como selecionar tais fatores.

Selecionando as carteiras

Nesta seção, explicaremos o método mais normalmente utilizado para identificar uma coleção de carteiras que contenha a carteira eficiente. A carteira mais óbvia a ser utilizada na coleção é a própria carteira de mercado. Historicamente, a carteira de mercado tem exigido um prêmio grande em relação aos dos investimentos livres de risco de curto prazo, como os *T-bills*. Mesmo que a carteira de mercado não seja eficiente, ela ainda capta pelo menos alguns dos componentes do risco sistemático. Como demonstram as Figuras 13.1 e 13.2, mesmo quando o modelo falha, carteiras com retornos médios mais altos *realmente* tendem a ter betas mais altos. Assim, a primeira carteira da coleção é o retorno da carteira de mercado menos a taxa de juros livre de risco.

Como procedemos na escolha das outras carteiras? Como indicamos anteriormente, foram desenvolvidas estratégias de negociação baseadas na capitalização de mercado, índices *book-to-market*, e *momentum*, que parecem ter alfas positivos. Um alfa positivo significa que as carteiras que implementam a estratégia de negociação captam riscos que não são captados pela carteira de mercado. Logo, essas carteiras são boas candidatas às outras carteiras do modelo multifatorial. Construiremos três carteiras adicionais a partir das estratégias de negociação que produziram historicamente retornos de risco corrigido positivos. A primeira estratégia de negociação seleciona ações com base em sua capitalização de mercado, a segunda utiliza o índice *book-to-market*, e a terceira utiliza retornos passados. Começaremos com a estratégia que utiliza a capitalização de mercado.

A cada ano, coloquemos empresas em uma das duas carteiras com base no valor de mercado de seu patrimônio: empresas com valores de mercado abaixo da mediana das empresas da NYSE naquele mês formam uma carteira igualmente ponderada, S, e empresas acima da mediana do valor de mercado formam uma carteira igualmente ponderada, B. Uma estratégia de negociação que todo ano compra a carteira S (ações de baixa capitalização) e financia esta posição vendendo a descoberto a carteira B (ações de alta capitalização) produz historicamente retornos com risco corrigido positivos. Esta carteira autofinanciadora é amplamente conhecida como **carteira SMB** ou *small-minus-big*.

Uma segunda estratégia de negociação que historicamente produziu retornos positivos ajustadas ao risco utiliza o índice *book-to-market* para selecionar ações. Todo ano, empresas com índices *book-to-market* menores do que o 30º percentil das empresas da NYSE formam uma carteira igualmente ponderada chamada de carteira baixa, L. As empresas com índices *book-to-market* maiores do que o 70º percentil das empresas da NYSE formam uma carteira igualmente ponderada chamada de carteira alta, H. Uma estratégia de negociação que a cada ano assume posição comprada na carteira H, que financia com uma posição vendida na carteira L, tem produzido retornos de risco corrigido positivos. Adicionamos esta carteira autofinanciadora (ações com alto menos ações com baixo *book-to-market*) à nossa coleção e a chamamos de **carteira HML** ou *high-minus-low*.

A terceira estratégia de negociação é uma estratégia de *momentum*. Todo ano as ações são classificadas segundo seu retorno nos últimos 12 meses,[11] e é construída uma carteira que assume

---

[11] Devido aos efeitos de negociação de curto prazo, o retorno do mês mais recente geralmente é descartado, então, na verdade, é utilizado um retorno de 11 meses.

ENTREVISTA COM
Rex A. Sinquefield

Rex A. Sinquefield é diretor, cofundador e antigo co-presidente e principal executivo de investimentos da Dimensional Fund Advisors, Inc. Um dos primeiros administradores de investimentos a aplicar com êxito as descobertas das finanças teóricas à administração de investimentos, formou muitos dos primeiros fundos de índice no American National Bank of Chicago no início da década de 1970.

PERGUNTA: *Nos últimos 25 anos, os pesquisadores descobriram várias características, como tamanho, índice* book-to-market *e* momentum, *que podem ser estendidas ao modelo CAPM tradicional. Como esta pesquisa mudou o modo como os profissionais pensam sobre risco?*

RESPOSTA: A maioria das pessoas hoje percebe que há três fontes de risco: risco do mercado geral, o fator valor/crescimento, e o risco de tamanho (o risco associado a pequenas empresas). O *momentum* é um verdadeiro enigma. É mais um caso de ações em queda continuarem a cair do que ações em alta continuarem a subir. E ocorre primordialmente no universo das ações de baixa capitalização, e não é prontamente explorável. Pode-se levá-lo em consideração ao administrar carteiras.

PERGUNTA: *Você acha que essas três características representam características de riscos reais, ou elas refletem más precificações no mercado?*

RESPOSTA: Acho que representam risco real. A ideia de má precificação não me convence, senão o mercado já teria aprendido. Esses padrões são sistemáticos demais. Eles têm ocorrido há quase 80 anos nos Estados Unidos e há 30 anos no resto do mundo. Encontramos o efeito tamanho e o efeito valor/crescimento em quase todos os países desenvolvidos e em mercados emergentes. A crença central da Dimensional é que o mercado não possui títulos mal avaliados. Os preços estão certos. Se você acredita em gerenciamento ativo, você está afirmando que as pessoas podem fazer julgamentos de avaliação que são superiores ao mercado.

PERGUNTA: *Como a Dimensional aplica esses modelos alternativos de precificação na construção de carteiras altamente diversificadas estruturadas ao redor de fatores de risco?*

RESPOSTA: Ao construirmos carteiras, na verdade não utilizamos os fatores de risco diretamente, mas em vez disso utilizamos características como o índice *book-to-market* das ações e a capitalização de mercado de uma empresa. Utilizamos esta técnica de construção para todos os tipos de fundos, tanto domésticos quanto internacionais. Esses fundos, que mantêm centenas ou mesmo milhares de títulos, acompanham uma parte específica do mercado. Eles são passivos – seus títulos em carteira não variam – então se mantêm fiéis ao que estão fazendo.

Uma vez que uma carteira esteja construída, podemos realizar análises de regressão múltipla utilizando o histórico de retornos da carteira para ver como ele se relaciona aos três fatores de risco. Então, podemos avaliar uma carteira ou compará-la a outra carteira.

Não acreditamos que os administradores de investimentos possam consistentemente superar o mercado selecionando ações ou o momento certo do mercado – e muitos estudos sustentam isso. As evidências de que os mercados funcionam muito, muito bem são claríssimas. A Dimensional utiliza fatores de risco primeiramente para determinar limites para identificar os títulos segundo uma característica como tamanho ou *book-to-market*. Então, estamos preparados para comprar quase todos os títulos dessa categoria. Portanto, não escolhemos ações no sentido convencional. Em segundo lugar, achamos que a melhor maneira de obter retornos acima do mercado é adicionar mais valor ou risco de tamanho. Os investidores podem então "inclinar" suas carteiras para obter retornos acima do mercado mantendo fundos de valor e de ações de baixa capitalização em proporções acima das do mercado, apesar de reconhecermos que isso exige assumir mais riscos.

---

posição comprada nos 30% superiores de ações e posição vendida nos 30% inferiores. Esta estratégia exige que esta carteira seja mantida por um ano; uma nova carteira autofinanciadora é então formada e mantida por outro ano. Este processo é repetido anualmente. A carteira autofinanciadora resultante é conhecida como a **carteira** *prior one-year momentum* **(PR1YR)**.

A coleção dessas quatro carteiras – o prêmio de risco do mercado (Mkt − r_f), SMB, HML e PR1YR – é atualmente a escolha mais popular para o modelo multifatorial. Utilizando esta coleção, o retorno esperado do título *s* é dado pela Equação 13.10:

Especificação de fator de Fama-French-Carhart

$$E[R_s] = r_f + \beta_s^{Mkt}(E[R_{Mkt}] - r_f) + \beta_s^{SMB}E[R_{SMB}]$$
$$+ \beta_s^{HML}E[R_{HML}] + \beta_s^{PR1\,YR}E[R_{PR1\,YR}] \qquad (13.10)$$

onde $\beta_s^{Mkt}, \beta_s^{SMB}, \beta_s^{HML}$ e $\beta_s^{PR1\,YR}$ são os betas fatoriais das ações s e medem a sensibilidade das ações a cada carteira. Como as quatro carteiras da Equação 13.10 foram identificadas por Eugene Fama, Kenneth French e Mark Carhart, chamaremos esta coleção de carteiras de **especificação de fator de Fama-French-Carhart (FFC)**.

Calculando o custo de capital utilizando a especificação de fator de Fama-French-Carhart

Os modelos multifatoriais têm uma vantagem distinta sobre os modelos de um único fator por ser muito mais fácil identificar uma coleção de carteiras que capte riscos sistemáticos do que apenas uma carteira. Porém, eles também têm uma desvantagem importante: temos que estimar o retorno esperado de cada carteira. Como os retornos esperados não são fáceis de estimar, cada carteira que é adicionada à coleção aumenta a dificuldade de se implementar o modelo. O que torna esta tarefa especialmente complexa é que não fica claro *qual* risco econômico as carteiras captam, então não podemos esperar conseguir uma estimativa razoável de o que seria o retorno (como fizemos com o CAPM) com base em um argumento econômico. Se queremos implementar o modelo, temos poucas escolhas além de utilizar retornos médios históricos sobre as carteiras.[12]

Como os retornos sobre as carteiras FFC são tão voláteis, utilizamos 80 anos de dados para estimar o retorno esperado. A Tabela 13.1 mostra o retorno médio mensal, além de as faixas do intervalo de confiança de 95%, das carteiras FFC (utilizamos uma carteira ponderada por valor de todas as ações da NYSE, AMEX e NASDAQ como o *proxy* da carteira de mercado). Mesmo com 80 anos de dados, porém, todas as estimativas dos retornos esperados são imprecisas.

TABELA 13.1 — Retornos mensais médios da carteira FFC, 1926-2005

Carteira fatorial	Retorno mensal médio (%)	Intervalo de confiança (%)
Mkt − r_f	0,64	±0,35
SMB	0,17	±0,21
HML	0,53	±0,23
PR1YR	0,76	±0,30

Fonte de dados: Kenneth French.

A especificação de fator FFC foi identificada há pouco mais de dez anos. Apesar de ser amplamente utilizada na literatura acadêmica para medir risco, ainda persistem os debates sobre ela ser realmente uma melhoria significativa em relação ao CAPM.[13] A área em que os pesquisadores descobriram que a especificação de fator parece funcionar melhor do que o CAPM é a medição do

---

[12] Há uma segunda e mais sutil desvantagem na maioria de modelos fatoriais. Como eles são projetados para precificar títulos negociados, não há garantia de que eles precifiquem com precisão riscos que não estejam sendo negociados atualmente (por exemplo, o risco associado a novas tecnologias). Na prática, supõe-se que qualquer risco não-negociável seja idiossincrático e, portanto, não exija prêmio de risco.

[13] Ver M. Cooper, R. Gutierrez, Jr., e B. Marcum, "On the Predictability of Stock Returns in Real Time", *Journal of Business* 78 (2005): pp. 469-500.

EXEMPLO 13.2 Utilizando a especificação de fator FFC para calcular o custo de capital

Problema

Você está considerando fazer um investimento em um projeto na indústria de alimentos e bebidas. Você determina que o projeto possui o mesmo nível de risco não-diversificável do que investir nas ações da Coca-Cola. Determine o custo de capital utilizando a especificação de fator FFC.

Solução

Você decide utilizar dados dos cinco últimos anos para estimar os betas fatoriais das ações da Coca-Cola (símbolo: KO). Você, portanto, faz a regressão do prêmio de risco mensal (o retorno realizado em cada mês menos a taxa de juros livre de risco) das ações de sua empresa sobre o retorno de cada carteira. As estimativas são os betas fatoriais. Aqui temos as estimativas dos quatro betas fatoriais baseados em dados dos anos 2000 a 2004:

$$\beta_{KO}^{Mkt} = 0{,}158$$

$$\beta_{KO}^{SMB} = 0{,}302$$

$$\beta_{KO}^{HML} = 0{,}497$$

$$\beta_{KO}^{PR1YR} = -0{,}276$$

Utilizando essas estimativas e a taxa livre de risco mensal atual de 5%/12 = 0,42%, você calcula o retorno esperado mensal de investir nas ações da Coca-Cola:

$$E[R_{KO}] = r_f + \beta_{KO}^{Mkt}(E[R_{Mkt}] - r_f) + \beta_{KO}^{SMB} E[R_{SMB}] + \beta_{KO}^{HML} E[R_{HML}] + \beta_{KO}^{PR1YR} E[R_{KO}]$$

$$= 0{,}42\% + 0{,}158 \times 0{,}64\% + 0{,}302 \times 0{,}17\% + 0{,}497 \times 0{,}53\% - 0{,}276 \times 0{,}76\%$$

$$= 0{,}626\%$$

O retorno esperado anual é 0,626% × 12 = 7,512%. O custo de capital anual da oportunidade de investimento é de aproximadamente 7,5%.

---

risco de fundos mútuos de administração ativa. Os pesquisadores descobriram que fundos com altos retornos no passado têm alfas positivos sob o CAPM.[14] Quando Mark Carhart repetiu o mesmo teste utilizando a especificação de fator FFC para calcular os alfas, não encontrou evidências de que os fundos mútuos com altos retornos passados tivessem alfas futuros positivos.[15]

FIXAÇÃO DE CONCEITOS
1. Qual é a vantagem de um modelo multifatorial em relação a um modelo com um único fator?
2. O que é a especificação de fator de Fama-French-Carhart?

13.4 Modelos de retornos esperados de variáveis características

Calcular o custo de capital utilizando modelos multifatoriais como a especificação de fator FFC ou o CAPM depende de estimativas precisas de prêmios de risco e betas. Com frequência, porém, é difícil estimar esses valores com precisão. São necessários muitos anos de dados para estimar prêmios de risco, e tanto prêmios de risco quanto betas podem não permanecer estáveis com o tempo. Consideremos, por exemplo, as estimativas do beta do CAPM da General Electric, General Motors, IBM e Procter & Gamble traçadas na Figura 13.3. Como a figura ilustra, a estimativa do beta pode variar substancialmente dependendo do período de tempo durante o qual o beta é estimado.

---

[14] Ver M. Grinblatt e S. Titman, "The Persistence of Mutual Fund Performance", *Journal of Finance* 47 (1992): pp. 1988-1984; e D. J. Hendricks, J. Patel e R. Zeckhauser, "Hot Hands in Mutual Funds: Short-Run Persistence of Performance 1974-1988", *Journal of Finance* 4 (1993): pp. 93-130.

[15] Ver M. Carhart, "On Persistence in Mutual Fund Performance", *Journal of Finance* 52 (1997): pp. 57-82.

Por que os betas de empresas como a IBM e a GM são tão variáveis? Um motivo é o erro estatístico. A Figura 13.3 traça no gráfico as estimativas do beta, e é provável que parte da variação reflita erros de mensuração. Entretanto, também há um motivo econômico pelo qual os betas de uma empresa podem variar – a própria empresa varia. Quando as empresas fazem novos investimentos em novas áreas ou encerram projetos não-lucrativos em áreas antigas, seus perfis de risco também mudam.[16] Assim, um economista que esteja tentando medir o beta de uma empresa enfrenta um *tradeoff* inevitável. Utilizar um período de tempo longo para estimar o beta reduz erros de mensuração, mas, como as empresas evoluem dinamicamente, dados antigos podem não refletir o perfil de risco atual da empresa.

Para tratar desses problemas, alguns profissionais desenvolveram uma abordagem diferente para medir risco, o **modelo da variável característica** de retornos. Em vez de tentar estimar o risco e o retorno esperado de uma empresa diretamente, esta abordagem vê as empresas como uma carteira de diferentes "características" mensuráveis que, juntas, determinam o risco e o retorno da empresa. Se a relação entre risco e essas características é estável com o tempo, então podemos utilizar uma longa série temporal para estimar o risco e o retorno associados a cada característica. Mas apesar de o risco e o retorno associados a cada característica poderem permanecer estáveis, porque as características de uma empresa podem mudar com o tempo, o mesmo pode ocorrer com o risco e o retorno esperado da empresa. Isto é, se virmos a empresa como uma carteira dessas características, com o tempo os pesos da carteira mudarão, e, logo, mudará também o risco da empresa.

Como exemplo desta abordagem, a Tabela 13.2 lista as características que são utilizadas por uma empresa que fornece dados para tal abordagem, a MSCI Barra. O modelo da MSCI Barra estima risco e retorno com base em 12 características de empresas, juntamente com 55 classificações de indústria. A MSCI Barra padroniza as variáveis das características medindo a característica de cada empresa como o número de desvios padrão com que a empresa se afasta da empresa média com respeito à característica em questão. A Tabela 13.3 lista esses valores para a Coca-Cola e a GE, com

FIGURA 13.3

Variação do beta do CAPM no tempo

O gráfico mostra as estimativas do beta do CAPM da General Electric (GE), General Motors (GM), IBM e Procter & Gamble (PG). As estimativas são tomadas ao longo dos cinco anos anteriores utilizando dados mensais. Utilizamos uma carteira ponderada por valor de todas as ações a NYSE, AMEX e NASDAQ como *proxy* da carteira de mercado.

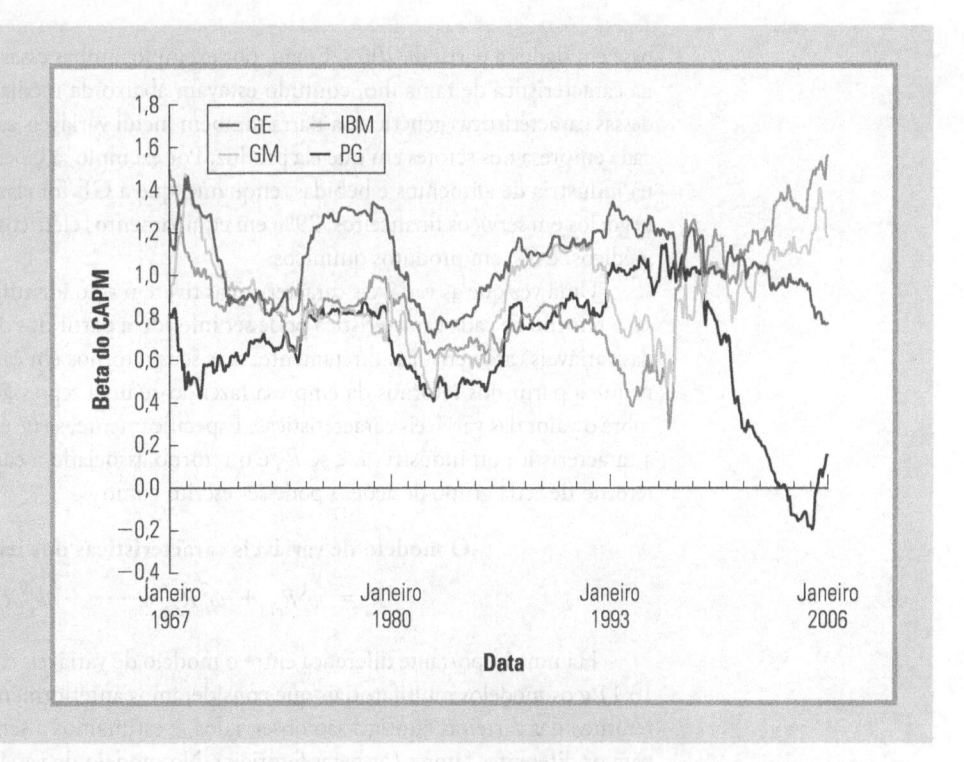

---

[16] Para um modelo da dinâmica de investimentos reais e seu efeito sobre o beta, ver J. B. Berk, R. C. Green e V. Naik, "Optimal Investment, Growth Options and Security Returns", *Journal of Finance* 54 (1999): pp. 1553-1607.

TABELA 13.2	Características das empresas utilizadas pela MSCI Barra
Característica	Descrição
Volatilidade	A volatilidade relativa das ações utilizando medidas de longo e de curto prazo de seu beta e da volatilidade históricos.
Momentum	O grau com que um grupo de ações teve retornos em excesso positivos no passado recente.
Tamanho	O logaritmo da capitalização de mercado das ações.
Não-linearidade do tamanho	O cubo do logaritmo da capitalização de mercado das ações (permite uma relação não-linear entre retornos e o logaritmo da capitalização de mercado).
Atividade de negócios	O grau de negociação em um grupo de ações com base em sua taxa de rotatividade de ações.
Crescimento	O crescimento dos rendimentos futuros esperados das ações, com base em seu crescimento histórico e medidas de lucratividade.
Rendimentos	Associa o índice rendimentos-preço atual, histórico, e o previsto por analistas.
Valor	O índice do valor contábil do patrimônio por capitalização de mercado.
Variabilidade dos ganhos	A variabilidade nos ganhos e fluxos de caixa utilizando medidas históricas e previsões de analistas.
Alavancagem	A alavancagem financeira de uma empresa.
Sensibilidade à moeda	A sensibilidade do retorno das ações de uma empresa ao retorno sobre uma cesta de moedas estrangeiras.
Rendimentos de dividendos	O rendimento de dividendos previsto de um grupo de ações utilizando o histórico passado de dividendos e o comportamento dos preços das ações no mercado.

base em dados a partir de 2005. Então, por exemplo, ambas essas empresas estavam acima da média na característica de tamanho, contudo estavam abaixo da média em relação ao crescimento. Além dessas características genéricas, a Barra também inclui variáveis características que medem o peso de cada empresa nos setores em que ela produz. Por exemplo, a Coca-Cola foi classificada como 100% na indústria de alimentos e bebidas, enquanto que a GE foi classificada como tendo 48% de seus negócios em serviços financeiros, 29% em equipamentos elétricos, 10% em mídia, 7% em produtos médicos, e 6% em produtos químicos.

Uma vez que as variáveis características tiverem sido identificadas e medidas para cada empresa, o retorno de cada característica pode ser inferido a partir dos dados. Não observamos os retornos das variáveis características diretamente, mas seus retornos em cada período são estimados indiretamente a partir dos retornos da empresa fazendo-se uma regressão do retorno de todas as empresas sobre o valor das variáveis características. Especificamente, se w_s^i é o índice (ou peso) das ações s para a característica ou indústria i, e se R_{ci} é o retorno associado à característica ou indústria i, então o retorno de cada grupo de ações s pode ser escrito como

O modelo de variáveis características dos retornos de ações

$$R_s = w_s^1 R_{c1} + w_s^2 R_{c2} + \cdots + w_s^N R_{cN} + \varepsilon_s \qquad (13.11)$$

Há uma importante diferença entre o modelo de variáveis características descrito pela Equação 13.11 e os modelos multifatoriais que consideramos anteriormente. Nos modelos multifatoriais, os retornos das carteiras fatoriais são observados, e estimamos a sensibilidade de cada grupo de ações para os diferentes fatores (os betas fatoriais). No modelo de variáveis características, o peso de cada grupo de ações em cada característica é observado, e estimamos o retorno R_{cn} associado a cada característica. A Tabela 13.3 mostra a estimativa do retorno mensal médio para as características do MSCI Barra durante 2000-2005.[17]

Há inúmeras maneiras em que as pessoas utilizam a relação estimada entre as variáveis características e os retornos. Talvez a abordagem mais direta seja simplesmente utilizar a relação para estimar o retorno esperado de cada ação. Isto é, se virmos um grupo de ações como uma carteira de variáveis características, então o retorno esperado das ações será a soma, em todas as variáveis, da proporção de cada variável característica que cada grupo de ações contém vezes o retorno esperado desta variável:[18]

$$E[R_s] = w_s^1 E[R_{c1}] + w_s^2 E[R_{c2}] + \cdots + w_s^N E[R_{cN}] \qquad (13.12)$$

Robert Haugen e Nardin Baker[19] avaliaram a utilidade da abordagem das variáveis características classificando ações com base em seu modelo de características; eles formaram as ações em dez carteiras ordenadas pela previsão do retorno esperado com base neste modelo. Então, mediram o retorno de cada carteira durante o mês seguinte. Se o modelo de características diferenciasse corretamente as ações, a ordem das carteiras seria preservada pelos retornos – a carteira classificada em primeiro lugar teria o retorno mais alto. Isso é exatamente o que Haugen e Baker encontraram, como ilustramos na Figura 13.4.

Uma outra abordagem é utilizar os retornos estimados das variáveis características para estimar a covariância entre pares de grupos de ações, ou entre um grupo de ações e o índice de mercado. A ideia por trás dessa abordagem é que se as características da empresa mudam com o tempo, a covariância entre seus retornos pode ser mais estável do que a covariância entre os próprios grupos de ações. Neste caso, geralmente supõe-se que o risco residual ε_s na Equação 13.11 seja específico à empresa, não correlacionado aos retornos das características ou aos retornos de outras empresas.

TABELA 13.3

Pesos das características e estimativas de retornos da MSCI Barra

O peso da característica de cada empresa é o número de desvios padrão com que a empresa se distancia da empresa mediana no que diz respeito à característica em questão. Os retornos das características são estimados como os coeficientes R_{cn} na Equação 13.11. A tabela registra os pesos de características em 2005 e os retornos médios das características entre 2000 e 2005.

	Peso da característica		Retorno da característica
Característica	Coca-Cola	GE	(% por mês)
Volatilidade	−0,498	−0,355	0,117
Momentum	−1,212	−0,216	−0,333
Tamanho	1,004	2,047	−0,481
Não-linearidade do tamanho	0,210	0,210	0,214
Atividade de negócios	−0,496	−0,577	−0,028
Crescimento	−0,625	−0,204	−0,026
Rendimentos	−0,223	−0,189	0,629
Valor	−0,665	−0,414	0,058
Variabilidade dos ganhos	−0,444	−0,627	−0,057
Alavancagem	−0,462	−0,158	0,045
Sensibilidade à moeda	−0,275	0,326	0,067
Rendimentos de dividendos	0,403	0,481	0,004

---

[17] Agradecemos à MSCI Barra (em particular, a Dan Stefek e a John Taymuree) por nos fornecer estes dados.

[18] A Equação 13.12 segue da Equação 13.11 se supormos que o risco residual, ε_s, possui média zero.

[19] R. A. Haugen e N. L. Baker, "Commonality in the Determination of Expected Stock Returns", *Journal of Financial Economics* 41 (1996): pp. 401-439.

FIGURA 13.4

Retornos das carteiras classificados pelo modelo das variáveis características

A figura mostra os retornos subsequentes de carteiras formadas a partir da ordenação de ações com base no modelo de retornos de variáveis características. As carteiras de ações com baixa classificação subsequentemente tiveram baixos retornos, e as carteiras de ações com alta classificação subsequentemente tiveram altos retornos.

Fonte: Adaptado da Figura 5-1 p. 52 de R. A. Haugen, *The Inefficient Market*, 2ª ed.

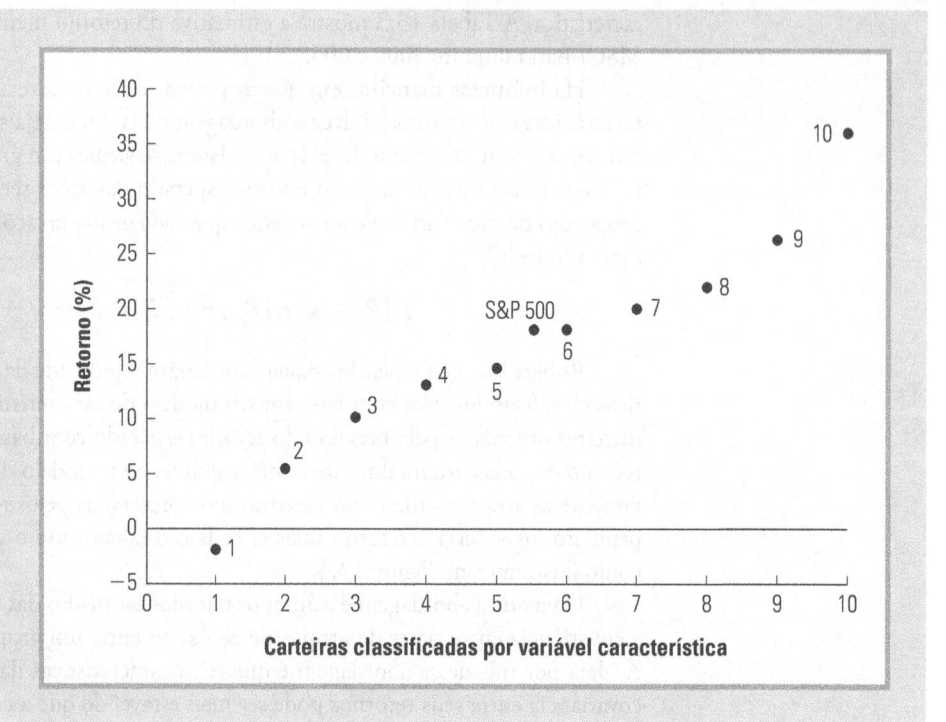

Então, vendo cada grupo de ações como uma carteira de características, podemos utilizar as técnicas do Capítulo 11 para calcular a covariância entre dois diferentes grupos de ações i e j como:

$$Cov(R_i, R_j) = \sum_{n=1}^{N} \sum_{m=1}^{N} w_i^n w_j^m Cov(R_{cn}, R_{cm}) \qquad (13.13)$$

Da mesma maneira, o beta de cada grupo de ações pode ser calculado a partir do beta de variáveis características da mesma maneira que o beta de uma carteira pode ser calculado a partir do beta de seus títulos constituintes: o beta de um grupo de ações é igual à média ponderada dos betas das variáveis características que as ações contêm. Como a proporção de cada variável característica de um grupo de ações contém mudanças à medida que a empresa evolui com o tempo, seu beta mudará adequadamente para refletir seu novo nível de risco.

FIXAÇÃO DE CONCEITOS

1. Qual é a diferença entre o modelo de variáveis características e o modelo multifatorial de retornos?
2. Como os modelos de variáveis características são utilizados?

13.5 Métodos utilizados na prática

Ao pesquisar 392 CFOs, John Graham e Campbell Harvey descobriram que 73,5% das empresas entrevistadas utilizam o CAPM para calcular o custo de capital, como indica a Figura 13.5. Eles também descobriram que empresas maiores utilizam o CAPM com maior frequência do que empresas menores.

E quanto às outras técnicas abordadas neste capítulo? Entre as empresas que Graham e Harvey pesquisaram, apenas aproximadamente um terço relatou utilizar um modelo multifatorial para

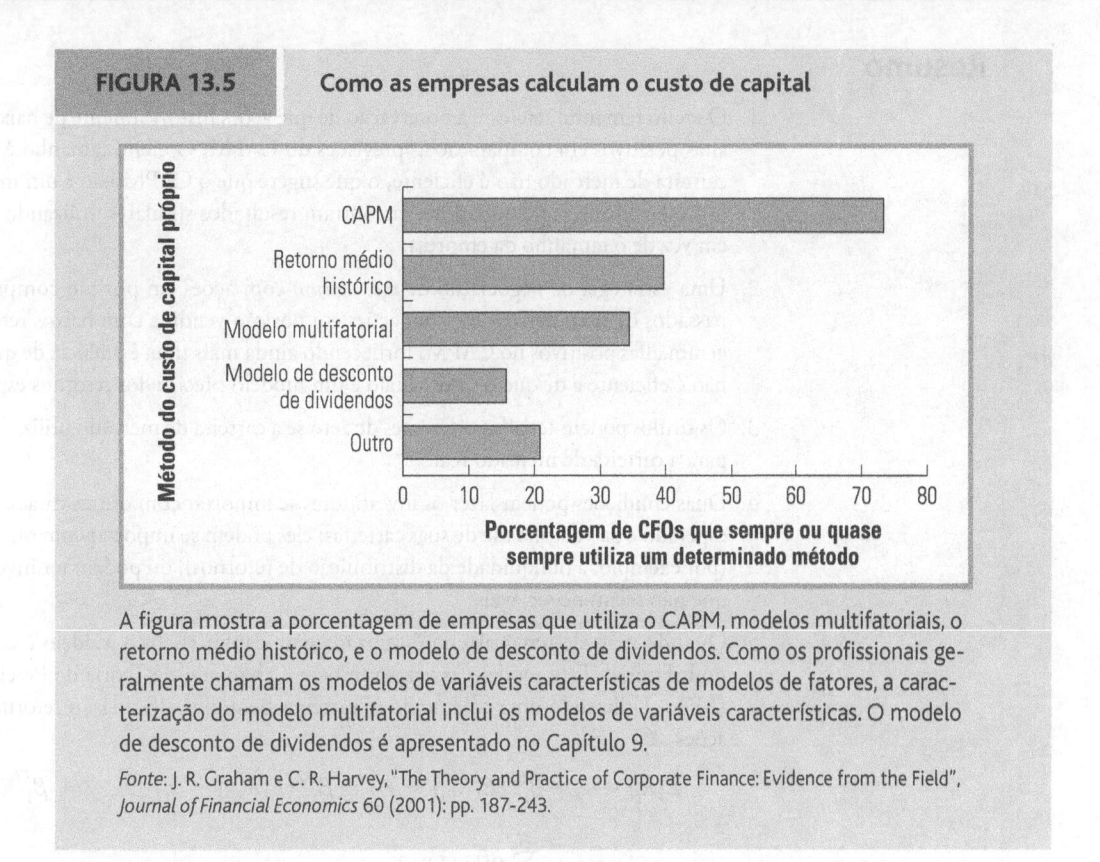

> **FIGURA 13.5** Como as empresas calculam o custo de capital
>
> [Gráfico de barras horizontais mostrando a porcentagem de CFOs que sempre ou quase sempre utiliza um determinado método:
> - CAPM: ~73%
> - Retorno médio histórico: ~40%
> - Modelo multifatorial: ~34%
> - Modelo de desconto de dividendos: ~16%
> - Outro: ~20%
>
> Eixo X: Porcentagem de CFOs que sempre ou quase sempre utiliza um determinado método (0 a 80)
> Eixo Y: Método do custo de capital próprio]
>
> A figura mostra a porcentagem de empresas que utiliza o CAPM, modelos multifatoriais, o retorno médio histórico, e o modelo de desconto de dividendos. Como os profissionais geralmente chamam os modelos de variáveis características de modelos de fatores, a caracterização do modelo multifatorial inclui os modelos de variáveis características. O modelo de desconto de dividendos é apresentado no Capítulo 9.
>
> *Fonte*: J. R. Graham e C. R. Harvey, "The Theory and Practice of Corporate Finance: Evidence from the Field", *Journal of Financial Economics* 60 (2001): pp. 187-243.

calcular o custo de capital. Como os profissionais geralmente chamam o modelo de variáveis características de modelo fatorial, este número provavelmente inclui tanto os modelos multifatoriais quanto os modelos de variáveis características.

Dois outros métodos que as empresas pesquisadas relataram utilizar são os retornos médios históricos (40%) e o modelo de desconto de dividendos (16%). Por modelo de desconto de dividendos, os profissionais entendem a Equação 9.7 do Capítulo 9: eles estimam a taxa esperada de crescimento futuro da empresa e somam o rendimento de dividendos atual para determinar o retorno total esperado das ações.

Em resumo, não há resposta clara para a pergunta de que técnica é utilizada para medir o risco na prática – depende muito da organização e do setor. Não é difícil ver por que há tão pouco consenso na prática sobre qual técnica utilizar. *Todas as técnicas que abordamos são imprecisas*. A economia financeira ainda não chegou a um ponto em que podemos fornecer uma teoria dos retornos esperados que gere uma estimativa precisa do custo de capital. Consideremos, também, o fato de que as técnicas não são igualmente simples de implementar. Como o *tradeoff* entre simplicidade e precisão varia entre os setores, os profissionais aplicam as técnicas mais adequadas às suas circunstâncias particulares.

Ao tomar uma decisão relativa ao orçamento de capital, o custo de capital é apenas uma das várias estimativas imprecisas que entram no cálculo do NPV. De fato, em muitos casos, a imprecisão na estimativa do custo de capital é menos importante do que a imprecisão na estimativa dos fluxos de caixa futuros. Geralmente, os modelos menos complicados de implementar são utilizados mais frequentemente – o CAPM ou mesmo os retornos médios históricos.

FIXAÇÃO DE CONCEITOS
1. Qual é o método mais popular utilizado pelas empresas para calcular o custo de capital?
2. Que outras técnicas as empresas utilizam para calcular o custo de capital?

Resumo

1. O efeito tamanho refere-se à observação de que ações historicamente de baixa capitalização possuem alfas positivos em comparação às previsões do CAPM. O efeito tamanho é uma evidência de que a carteira de mercado não é eficiente, o que sugere que o CAPM não é um modelo preciso dos retornos esperados. Os pesquisadores encontram resultados similares utilizando o índice *book-to-market* em vez de o tamanho da empresa.

2. Uma estratégia de negociação de *momentum* com ações em posição comprada com altos retornos passados de risco corrigido e com ações em posição vendida com baixos retornos passados também geram alfas positivos no CAPM, fornecendo ainda mais uma evidência de que a carteira de mercado não é eficiente e de que o CAPM não é um modelo preciso dos retornos esperados.

3. Os títulos podem ter alfas diferentes de zero se a carteira de mercado utilizada não for uma boa *proxy* para a carteira de mercado real.

4. Duas condições podem fazer os investidores se importar com outras características além do retorno esperado e da volatilidade de suas carteiras: eles podem se importar com outras medidas de incerteza (por exemplo, a obliquidade da distribuição de retornos), ou podem ter investimentos significativos que não sejam negociáveis.

5. Quando mais de uma carteira é utilizada para captar risco, o modelo é conhecido como modelo multifatorial. Este modelo às vezes também é chamado de Teoria de Precificação por Arbitragem (APT). Utilizando uma coleção de N carteiras bem diversificadas, o retorno esperado do grupo de ações s é

$$E[R_s] = r_f + \beta_s^{F1}(E[R_{F1}] - r_f) + \beta_s^{F2}(E[R_{F2}] - r_f) + \cdots + \beta_s^{FN}(E[R_{FN}] - r_f)$$

$$= r_f + \sum_{n=1}^{N} \beta_s^{Fn}(E[R_{Fn}] - r_f) \quad (13.8)$$

6. Uma maneira mais simples de escrever modelos multifatoriais é expressar os prêmios de risco como o retorno esperado de uma carteira autofinanciadora. Uma carteira autofinanciadora é uma carteira que não custa nada para ser construída. Utilizando os retornos esperados de carteiras autofinanciadoras, o retorno esperado de um grupo de ações pode ser expresso como

$$E[R_s] = r_f + \beta_s^{F1} E[R_{F1}] + \beta_s^{F2} E[R_{F2}] + \cdots + \beta_s^{FN} E[R_{FN}]$$

$$= r_f + \sum_{n=1}^{N} \beta_s^{Fn} E[R_{Fn}] \quad (13.9)$$

7. As carteiras mais normalmente utilizadas em um modelo multifatorial são a carteira de mercado (Mkt), a carteira *small-minus-big* (SMB), a carteira *high-minus-low* (HML), e a carteira *prior one-year momentum* (PR1YR). Este modelo é conhecido como a especificação de fator de Fama-French-Carhart:

$$E[R_s] = r_f + \beta_s^{Mkt}(E[R_{Mkt}] - r_f) + \beta_s^{SMB} E[R_{SMB}]$$

$$+ \beta_s^{HML} E[R_{HML}] + \beta_s^{PR1YR} E[R_{PR1YR}] \quad (13.10)$$

8. Os modelos de retornos de variáveis características associam o risco e retorno da empresa com os retornos atribuíveis a características mensuráveis da empresa.

    a. Dados os pesos das características w_s^i para cada grupo de ações s, o retorno associado a cada característica é inferido a partir da regressão:

    $$R_s = w_s^1 R_{c1} + w_s^2 R_{c2} + \cdots + w_s^N R_{cN} + \varepsilon_s \quad (13.11)$$

    b. O retorno esperado e o beta da empresa podem ser calculados interpretando a empresa como uma carteira de características e utilizando os retornos estimados e as covariâncias das características.

Termos fundamentais

betas fatoriais *p. 430*
carteira autofinanciadora *p. 430*
carteira *high-minus-low* (HML) *p. 431*
carteira *prior one-year momentum* (PR1YR) *p. 432*
carteira *small-minus-big* (SMB) *p. 431*
carteiras fatoriais, *p. 429*
efeito tamanho *p. 422*
especificação de fator de Fama-French-Carhart (FFC) *p. 433*

estratégia de *momentum* *p. 425*
índice *book-to-market* *p. 422*
modelo de fator único *p. 430*
modelo de variáveis característica *p. 435*
modelo multifatorial *p. 430*
problema de *data snooping* *p. 423*
regressão múltipla *p. 429*
Teoria da Precificação por Arbitragem (APT) *p. 430*

Leituras recomendadas

Maiores detalhes sobre a relação teórica entre tamanho da empresa e retornos podem ser encontrados em J. B. Berk, "Does Size Really Matter?" *Financial Analysts Journal* (September/October 1997): pp. 12-18.

Um resumo das evidências empíricas sobre a relação entre retorno de risco corrigido e valor de mercado pode ser encontrado no seguinte artigo: N. Jegadeesh e S. Titman, "Returns to Buying Winners and Selling Losers: Implications for Stock Market Efficiency", *Journal of Finance* 48 (March 1993): pp. 65-91.

Os dois artigos a seguir fornecem detalhes sobre a especificação de fator FFC: E. F. Fama e K. R. French, "Common Risk Factors in the Returns on Stocks and Bonds", *Journal of Financial Economics* 33 (1993): pp. 3-56; e M. Carhart, "On Persistence in Mutual Fund Performance", *Journal of Finance* 52 (March 1997): pp. 57-82.

A primeira evidência de que os modelos de variáveis características poderia ser útil para prever os betas das empresas foi mostrada por W. H. Beaver, P. Kettler e M. Scholes, "The Association between Market Determined and Accounting Determined Risk Measures", *Accounting Review* 45 (October 1970), pp. 654-682. Os leitores interessados em como os administradores de investimentos utilizam o modelo das variáveis características devem consultar o seguinte livro: R. C. Grinold e R. N. Kahn, *Active Portfolio Management*, 2ª ed. (New York: McGraw-Hill, 1999).

Problemas

Os números destacados com ■ indicam problemas disponíveis no MyFinanceLab. Um asterisco (*) indica problemas com um nível mais alto de dificuldade.

A eficiência da carteira de mercado

1. Explique o que é o efeito tamanho.
2. Se os retornos passados pudessem ser usados para prever os alfas, o que isso implicaria?
3. O que uma estratégia de negociação com alfa positivo implica?
4. Explique como construir uma estratégia de negociação com alfa positivo se as ações que tiveram retornos relativamente altos no passado tendem a ter alfas positivos, e as ações que tiveram retornos relativamente baixos no passado tendem a ter alfas negativos.
*5. Se é possível utilizar retornos passados para construir uma estratégia de negociação que gere dinheiro (tenha um alfa positivo), isto é uma evidência de que a carteira de mercado não é eficiente. Explique por quê.
*6. Suponha que todas as empresas tenham os mesmos dividendos esperados. Se elas possuem retornos esperados diferentes, qual será a relação entre seus valores de mercado e retornos esperados? E quanto à relação entre seus rendimentos de dividendos e seus retornos esperados?

7. Espera-se que cada uma das seis empresas na tabela abaixo realize o pagamento de dividendo listado todo ano em perpetuidade.

Empresa	Dividendo ($ milhões)	Custo de capital (%/Ano)
S1	10	8
S2	10	12
S3	10	14
B1	100	8
B2	100	12
B3	100	14

a. Utilizando o custo de capital da tabela, calcule o valor de mercado de cada empresa.

b. Classifique as três empresas S por valor de mercado e observe a ordenação de seu custo de capital. Qual seria o retorno esperado de uma carteira autofinanciadora que tivesse uma posição comprada na empresa com maior valor de mercado e uma posição vendida na empresa com menor valor de mercado? (O retorno esperado de uma carteira autofinanciadora é o retorno médio ponderado dos títulos constituintes.) Repita utilizando as empresas B.

c. Classifique todas as seis empresas por valor de mercado. Como esta classificação ordena o custo de capital? Qual seria o retorno esperado de uma carteira autofinanciadora que tivesse uma posição comprada na empresa com maior valor de mercado e uma posição vendida na empresa com menor valor de mercado?

d. Repita a parte (c), mas classifique as empresas por rendimento de dividendos em vez de por valor de mercado. Que conclusões podem ser tiradas sobre a classificação do rendimento de dividendos em comparação à classificação por valor de mercado?

Implicações dos alfas positivos

8. Explique por que se pode esperar que ações tenham alfas diferentes de zero se a carteira *proxy* não tiver uma alta correlação com a carteira de mercado real, mesmo que esta seja eficiente.

9. Explique por que um funcionário que se importa somente com retorno esperado e volatilidade provavelmente terá uma baixa concentração de investimentos nas ações de sua própria empresa em relação a um investidor que não trabalha para esta empresa?

Modelos multifatoriais de risco

10. Deduza a Equação 13.8 utilizando três carteiras a partir das quais a carteira eficiente possa ser construída.

11. Utilizando as estimativas de betas fatoriais na Tabela 13.4 abaixo e as estimativas de retornos esperados na Tabela 13.1, calcule o prêmio de risco das ações da General Electric (símbolo: GE) utilizando a especificação de fator FFC.

TABELA 13.4	Betas fatoriais estimados		
Fator	MSFT	XOM	GE
MKT	1,068	0,243	0,747
SMB	−0,374	0,125	−0,478
HML	−0,814	0,144	−0,232
PR1YR	−0,226	−0,185	−0,147

Capítulo 13 Modelos Alternativos de Risco Sistemático **443**

EXCEL **12.** Você está considerando um investimento em um projeto no setor de energia. O investimento possui o mesmo grau de risco que as ações da Exxon Mobil (símbolo XOM). Utilizando os dados das Tabelas 13.1 e 13.4, calcule o custo de capital utilizando a especificação de fator FFC se a taxa de juros livre de risco atual é de 6% ao ano.

EXCEL **13.** Você trabalha para a Microsoft Corporation (símbolo: MSFT) e está considerando se deve ou não desenvolver um novo *software*. O risco do investimento é o mesmo que o risco da empresa. Utilizando os dados das Tabelas 13.1 e 13.4, calcule o custo de capital utilizando a especificação de fator FFC se a taxa de juros livre de risco atual é de 5,5% ao ano.

Modelos de retornos esperados de variáveis características

14. Você percebeu que os betas das empresas variam, isto é, que o risco das empresas varia com o tempo. Explique como um modelo baseado em características que supõe que o retorno esperado associado a cada característica não varia (permanece constante com o passar do tempo) pode captar esta variação e avaliar corretamente o risco.

15. Que variáveis são tomadas como observáveis (isto é, não são inferidas a partir dos dados) no modelo de retornos esperados de características? E em um fator de retornos esperados?

PARTE V

Estrutura de Capital

A ligação com a Lei do Preço Único. Uma das questões fundamentais de finanças empresarias é a escolha do conjunto de valores mobiliários que a empresa irá emitir para levantar capital junto aos investidores. Esta decisão determina a estrutura de capital da empresa, que é o montante total de títulos de dívida, ações e outros valores mobiliários que a empresa tem em circulação. A escolha da estrutura de capital afeta o valor da empresa? No Capítulo 14, consideraremos esta questão em um mercado de capitais perfeito. Aplicaremos a Lei do Preço Único para mostrar que, contanto que os fluxos de caixa gerados pelos ativos da empresa permaneçam inalterados, o valor da empresa – que é o valor total de seus valores mobiliários em circulação – não depende de sua estrutura de capital. Portanto, se a estrutura de capital possui algum papel na determinação do valor de uma empresa, ele será proveniente de importantes imperfeições de mercado que exploraremos nos capítulos subsequentes. No Capítulo 15, analisaremos o papel do capital de terceiros na redução dos impostos pagos por uma empresa ou por seus investidores, enquanto no Capítulo 16 consideraremos os custos das dificuldades financeiras e mudanças nos incentivos gerenciais que resultam da alavancagem. Finalmente, no Capítulo 17, consideraremos a escolha da política de *payout* da empresa e perguntaremos: qual é o melhor método para a empresa retornar capital a seus investidores? Novamente, a Lei do Preço Único implica que a escolha da empresa de realizar pagamentos de dividendos ou de recomprar suas ações não afetará seu valor em um mercado de capitais perfeito. Examinaremos, então, como as imperfeições de mercado afetam esta importante ideia e moldam a política de *payout* ótima da empresa.

Capítulo 14
Estrutura de Capital em um Mercado Perfeito

Capítulo 15
Endividamento e Impostos

Capítulo 16
Dificuldades Financeiras, Incentivos Gerenciais e Informação

Capítulo 17
Política de *Payout*

CAPÍTULO 14

Estrutura de Capital em um Mercado Perfeito

Quando uma empresa precisa levantar novos fundos para empreender seus investimentos, tem que decidir que tipo de valor mobiliário emitirá aos investidores. Mesmo na ausência de necessidade de novos fundos, as empresas podem emitir novos valores mobiliários e utilizar os fundos para saldar dívidas ou recomprar ações. Que considerações devem guiar essas decisões?

Consideremos o caso de Dan Harris, Principal Executivo Financeiro da Electronic Business Services (EBS), que tem analisado planos para uma grande expansão da empresa. Para realizar a expansão, a EPS planeja levantar $50 milhões junto a investidores externos. Uma possibilidade é levantar esses fundos vendendo ações da empresa. Devido ao risco da empresa, Dan estima que os investidores em ações exigirão um prêmio de risco de 10% sobre a taxa de juros livre de risco de 5%. Isto é, o custo de capital próprio da empresa é de 15%.

Alguns altos executivos da EBS, porém, argumentaram que a empresa deveria considerar a contração de um empréstimo de $50 milhões, alternativamente. A EBS nunca contraiu empréstimos antes e, dado seu forte balanço patrimonial, ela deverá ser capaz de conseguir uma taxa de juros de 6% sobre o valor emprestado. A baixa taxa de juros da dívida torna a contração de empréstimo uma melhor escolha de financiamento para a EBS? Se a empresa vier a contrair este empréstimo, esta escolha afetará o NPV da expansão, e, portanto, alterará o valor da empresa e o preço de suas ações?

Exploraremos estas questões neste capítulo em um cenário de *mercados de capitais perfeitos*, em que todos os títulos são precificados justamente, não há impostos ou custos de transação, e os fluxos de caixa totais dos projetos de uma empresa não são afetados por como a empresa os financia. Apesar de, na realidade, os mercados de capitais não serem perfeitos, este cenário fornece um *benchmark* importante. O que talvez seja uma surpresa é que, com os mercados de capitais perfeitos, a Lei do Preço Único implica que a escolha de financiamento por endividamento ou com capital próprio *não afeta* o valor total da empresa, o preço de suas ações, ou seu custo de capital. Assim, em um mundo perfeito, a escolha entre modos de financiamento para sua expansão será indiferente para a EBS.

notação

PV	valor presente
NPV	valor presente líquido
E	valor de mercado de ações alavancadas
D	valor de mercado do capital de terceiros
U	valor de mercado de ações não-alavancadas
A	valor de mercado dos ativos da empresa
R_D	retorno sobre dívida
R_E	retorno sobre ações alavancadas
R_U	retorno sobre ações não-alavancadas
r_D	retorno esperado (custo de capital) de dívida
r_E	retorno esperado (custo de capital) de ações alavancadas
r_U	retorno esperado (custo de capital) de ações não-alavancadas
r_A	retorno esperado (custo de capital) dos ativos da empresa
r_{wacc}	custo médio ponderado de capital
β_E	beta de ações alavancadas
β_U	beta de ações não-alavancadas
β_D	beta de dívida
EPS	rendimentos por ação

14.1 Financiamento com capital próprio *versus* por endividamento

As proporções relativas de títulos de dívida, ações e outros valores mobiliários que uma empresa possui em circulação constitui sua **estrutura de capital**. Quando as corporações levantam fundos junto a investidores externos, elas precisam escolher que tipo de título emitir. As escolhas mais comuns são o financiamento somente através de capital próprio e o financiamento através de uma combinação de endividamento e capital próprio. Começaremos nossa discussão considerando ambas essas opções.

Financiando uma empresa com capital próprio

Consideremos um investidor com a seguinte oportunidade de investimento. Para um investimento inicial de $800 neste ano, um projeto irá gerar fluxos de caixa de ou $1.400, ou $900 no próximo ano. Os fluxos de caixa dependem de a economia estar forte ou fraca, respectivamente. Ambas as situações são igualmente prováveis, e são exibidas na Tabela 14.1.

TABELA 14.1 — Os fluxos de caixa do projeto

Data 0	Data 1	
	Economia forte	Economia fraca
−$800	$1.400	$900

Como os fluxos de caixa do projeto dependem da economia geral, eles carregam um risco de mercado. Consequentemente, suponhamos que os investidores exijam um prêmio de risco acima da taxa de juros corrente de 5% para investir nesse projeto. Suponhamos que, dado o risco de mercado do investimento, o prêmio de risco adequado seja de 10%.

Qual é o NPV desta oportunidade de investimento? Dada uma taxa de juros livre de risco de 5% e um prêmio de risco de 10%, o custo de capital deste projeto será de 15%. Como o fluxo de caixa esperado em um ano é $\frac{1}{2}$ ($1.400) + $\frac{1}{2}$ ($900) = $1.150, temos

$$NPV = -\$800 + \frac{\$1.150}{1,15} = -\$800 + \$1.000$$
$$= \$200$$

Assim, o investimento possui um NPV positivo.

Se este projeto for financiado utilizando somente capital próprio, quanto os investidores estariam dispostos a pagar pelas ações da empresa? Lembremos, do Capítulo 3, que na ausência de arbitragem o preço de um título é igual ao valor presente de seus fluxos de caixa. Como a empresa não possui outras obrigações, os acionistas receberão todos os fluxos de caixa gerados pelo projeto na data 1. Logo, o valor de mercado das ações da empresa hoje será

$$PV \text{ (fluxos de caixa das ações)} = \frac{\$1.150}{1,15} = \$1.000$$

Então, o empreendedor pode levantar $1.000 vendendo as ações da empresa. Após pagar o custo de investimento de $800, pode ficar com os $200 restantes – o NPV do projeto – como lucro. Em outras palavras, o NPV do projeto representa o valor para os proprietários iniciais da empresa (neste caso, o empreendedor) criado pelo projeto.

Quais são os fluxos de caixa e os retornos para os acionistas que comprarem ações da empresa? Ações de uma empresa sem endividamento são chamadas de **ações não-alavancadas**. Como não há

TABELA 14.2	Fluxos de caixa e retornos de ações não-alavancadas				
	Data 0	Data 1: fluxos de caixa		Data 1: retornos	
	Valor inicial	Economia forte	Economia fraca	Economia forte	Economia fraca
Ações não-alavancadas	$1.000	$1.400	$900	40%	−10%

dívida, os fluxos de caixa das ações não-alavancadas na data 1 são iguais aos do projeto. Dado o valor inicial das ações de $1.000, os retornos para os acionistas são ou 40%, ou −10%, como mostra a Tabela 14.2.

Os resultados em uma economia forte ou fraca são igualmente prováveis, então o retorno esperado sobre as ações não-alavancadas é $\frac{1}{2}$ (40%) + $\frac{1}{2}$ (−10%) = 15%. Como o risco das ações não-alavancadas é igual ao risco do projeto, os acionistas estão obtendo um retorno adequado para o risco que estão assumindo.

Financiando uma empresa por endividamento e capital próprio

Financiar a empresa exclusivamente com capital próprio não é a única opção do empreendedor. Ele também pode levantar parte do capital inicial contraindo uma dívida. Suponhamos que ele decida tomar emprestados $500 inicialmente, além de vender ações. Como o fluxo de caixa do projeto sempre será suficiente para pagar a dívida, ela não apresenta risco. Assim, a empresa pode contrair empréstimos à taxa de juros livre de risco de 5%, e deverá aos titulares da dívida 500 × 1,05 em um ano.

Ações de uma empresa que também possui dívida a pagar são chamadas de **ações alavancadas**. Os pagamentos prometidos aos titulares de dívidas têm que ser feitos antes de ser distribuído qualquer pagamento aos acionistas. Dada a obrigação de $525 da empresa, os acionistas receberão apenas $1.400 − $525 = $875 se a economia estiver forte, e $900 − $525 = $375 se a economia estiver fraca. A Tabela 14.3 mostra os fluxos de caixa da dívida, das ações alavancadas, e os fluxos de caixa totais da empresa.

Por que preço E as ações alavancadas devem ser vendidas, e qual é a melhor escolha de estrutura de capital para o empreendedor? Em um importante artigo, os pesquisadores Franco Modigliani e Merton Miller propuseram uma resposta para esta pergunta que surpreendeu os pesquisadores e profissionais da época.[1] Eles disseram que, com mercados de capitais perfeitos, o valor total de uma empresa não deve depender de sua estrutura de capital. Seu raciocínio: os fluxos de caixa totais da empresa ainda são iguais aos fluxos de caixa do projeto, e portanto têm o mesmo valor presente de $1.000 calculados anteriormente (ver a última linha da Tabela 14.3). Como os fluxos de caixa de dívida e ações se somam aos fluxos de caixa do projeto, pela Lei do Preço Único o valor conjunto de capital de terceiros e capital próprio tem que ser de $1.000. Portanto, se o valor da dívida é de $500, o valor das ações alavancadas será E = $1.000 − $500 = $500.

Como os fluxos de caixa das ações alavancadas são menores do que os das ações não-alavancadas, elas serão vendidas por um preço menor ($500 *versus* $1.000). Entretanto, o fato de as ações valerem menos com alavancagem não significa que o empreendedor esteja em uma situação pior. Ele levantará um total de $1.000 emitindo tanto títulos de dívida quanto ações, assim como fez somente com capital próprio. Consequentemente, essas duas escolhas para a estrutura de capital da empresa lhe serão indiferentes.

---

[1] F. Modigliani e M. Miller, "The Cost of Capital, Corporation Finance and the Theory of Investment", *American Economic Review* 48(3) (1958): pp. 261-297.

TABELA 14.3 — Valores e fluxos de caixa da dívida e das ações da empresa alavancada

	Data 0	Data 1: fluxos de caixa	
	Valor inicial	Economia forte	Economia fraca
Dívida	$500	$525	$525
Ações alavancadas	E = ?	$875	$375
Empresa	$1.000	$1.400	$900

O efeito da alavancagem sobre o risco e o retorno

A conclusão de Modigliani e Miller foi contra a visão comum, que afirmava que mesmo com mercados de capitais perfeitos a alavancagem afetaria o valor de uma empresa. Em particular, pensava-se que o valor das ações alavancadas excederia $500, porque o valor presente de seu fluxo de caixa esperado a 15% é

$$\frac{\frac{1}{2}(\$875) + \frac{1}{2}(\$375)}{1,15} = \$543$$

O motivo pelo qual isso *não* está correto é que a alavancagem aumenta o risco das ações de uma empresa. Portanto, é inadequado descontar os fluxos de caixa das ações alavancadas à mesma taxa de desconto de 15% que utilizamos para as ações não-alavancadas. Os investidores em ações alavancadas exigem um retorno esperado mais alto para compensá-los por seu maior risco.

A Tabela 14.4 compara os retornos de ações se o empreendedor escolher um financiamento por ações não-alavancadas com o caso em que ele contrai um empréstimo de $500 e levanta outros $500 utilizando ações alavancadas. Observe que os retornos aos acionistas são muito diferentes com e sem alavancagem. As ações não-alavancadas têm um retorno de 40% ou −10%, o que gera um retorno esperado de 15%. Mas as ações alavancadas têm um risco maior, com um retorno de 75% ou −25%. Para compensar por este risco, seus acionistas recebem um retorno esperado mais alto de 25%.

TABELA 14.4 — Retornos das ações com e sem alavancagem

	Data 0	Data 1: fluxos de caixa		Data 1: retornos		
	Valor inicial	Economia forte	Economia fraca	Economia forte	Economia fraca	Retorno esperado
Dívida	$500	$525	$525	5%	5%	5%
Ações alavancadas	$500	$875	$375	75%	−25%	25%
Ações não-alavancadas	$1.000	$1.400	$900	40%	−10%	15%

Podemos avaliar esta relação entre risco e retorno mais formalmente calculando a sensibilidade do retorno de cada valor mobiliário ao risco sistemático da economia. (Em nosso exemplo simples com dois estados da economia, esta sensibilidade determina o beta do título; lembremos também nossa discussão sobre risco no Capítulo 3.) A Tabela 14.5 mostra a sensibilidade do retorno e o prêmio de risco de cada título. Como o retorno da dívida não possui risco sistemático, seu prêmio de risco é zero. Neste caso em particular, porém, as ações alavancadas têm o dobro de risco sistemático que as ações não-alavancadas. Consequentemente, seus acionistas recebem o dobro de prêmio de risco.

TABELA 14.5 Risco sistemático e prêmios de risco para dívida, ações não-alavancadas e ações alavancadas

	Sensibilidade do retorno (risco sistemático)	Prêmio de risco
	$\Delta R = R\,(\text{forte}) - R\,(\text{fraca})$	$E[R] - r_f$
Dívida	5% − 5% = 0%	5% − 5% = 0%
Ações não-alavancadas	40% − (−10%) = 50%	15% − 5% = 10%
Ações alavancadas	75% − (−25%) = 100%	25% − 5% = 20%

Em resumo, no caso de mercados de capitais perfeitos, se a empresa for 100% financiada com capital próprio, os acionistas exigirão um retorno esperado de 15%. Se a empresa for 50% financiada por endividamento e 50% com capital próprio, os titulares de dívidas receberão um retorno mais baixo de 5%, enquanto os acionistas alavancados exigirão um retorno esperado mais alto, de 25%, devido ao seu risco maior. Como mostra o exemplo a seguir, *a alavancagem aumenta o risco das ações mesmo quando não há risco de que a empresa seja inadimplente*. Assim, apesar de o endividamento ter custos menores considerados isoladamente, ele aumenta o custo de capital próprio. Considerando ambas as fontes de capital conjuntamente, o custo de capital médio de uma empresa com alavancagem é $\frac{1}{2}(5\%) + \frac{1}{2}(25\%) = 15\%$, o mesmo que o da empresa não-alavancada.

EXEMPLO 14.1 — A alavancagem e o custo de capital próprio

Problema
Suponha que o empreendedor tome apenas $200 emprestados ao financiar o projeto. Segundo Modigliani e Miller, qual deve ser o valor das ações? Qual é o retorno esperado?

Solução
Como o valor dos fluxos de caixa totais da empresa ainda é de $1.000, se a empresa contrair um empréstimo de $200, suas ações valerão $800. A empresa deverá $200 × 1,05 = $210 em um ano. Assim, se a economia estiver forte, os acionistas receberão $1.400 − $210 = $1.190, o que significa um retorno de $1.190 / $800 − 1 = 48,75%. Se a economia estiver fraca, os acionistas receberão $900 − $210 = $690, o que significa um retorno de $690 / $800 − 1 = −13,75%. As ações terão um retorno esperado de $\frac{1}{2}(48,75\%) + \frac{1}{2}(-13,75\%) = 17,5\%$.

Observe que o retorno das ações tem uma sensibilidade de 48,75% − (−13,75%) = 62,5%, que é 62,5% / 50% = 125% da sensibilidade das ações não-alavancadas. Seu prêmio de risco é de 17,5% − 5% = 12,5%, que também é 125% do prêmio de risco das ações não-alavancadas, sendo, então, uma compensação adequada para o risco.

FIXAÇÃO DE CONCEITOS

1. Por que o valor e os fluxos de caixa das ações alavancadas são menores do que quando a empresa emitiu somente ações não-alavancadas?

2. Compare o risco e o custo de capital das ações alavancadas ao das ações não-alavancadas. Qual é a melhor escolha de estrutura de capital?

14.2 Modigliani-Miller I: alavancagem, arbitragem e valor da empresa

No exemplo anterior, a Lei do Preço Único implicava que a alavancagem não afetaria o valor total da empresa (a quantia de dinheiro que o empreendedor pode levantar). Em vez disso, ela meramente altera a alocação dos fluxos de caixa entre capital de terceiros e capital próprio, sem alterar os fluxos de caixa totais da empresa. Modigliani e Miller (ou simplesmente MM) mostraram que este resultado é válido de maneira mais geral sob um conjunto de condições chamado de **mercados de capitais perfeitos**:

1. Os investidores e as empresas podem negociar o mesmo conjunto de valores mobiliários a preços de mercados competitivos iguais ao valor presente de seus fluxos de caixa futuros.
2. Não há impostos, custos de transação ou custos de emissão associados às negociações de valores mobiliários.
3. As decisões de financiamento da empresa não mudam os fluxos de caixa gerados por seus investimentos, nem revelam novas informações sobre eles.

Sob estas condições, MM demonstraram o seguinte resultado em relação ao papel da estrutura de capital na determinação do valor da empresa:[2]

Primeira Proposição de MM: *Em um mercado de capitais perfeito, o valor total de uma empresa é igual ao valor de mercado dos fluxos de caixa totais gerados por seus ativos e não é afetado por sua escolha de estrutura de capital.*

MM e a Lei do Preço Único

MM estabeleceram seu resultado com o seguinte argumento. Na ausência de impostos ou outros custos de transações, o fluxo de caixa total pago a todos os portadores de valores mobiliários da empresa é igual ao fluxo de caixa total gerado pelos ativos da empresa. Portanto, pela Lei do Preço Único, os valores mobiliários da empresa e seus ativos têm que ter o mesmo valor de mercado total. Assim, contanto que a escolha de valores mobiliários da empresa não altere os fluxos de caixa gerados por seus ativos, esta decisão não alterará o valor total da empresa ou o montante de capital que ela pode levantar.

Também podemos ver o resultado de MM em termos do Princípio da Separação introduzido no Capítulo 3: se os valores mobiliários são precificados corretamente, então comprar ou vender valores mobiliários possui um NPV igual a zero, e portanto não deve mudar o valor de uma empresa. Os repagamentos futuros que a empresa precisa fazer para saldar sua dívida têm o mesmo valor que o montante do empréstimo que ela recebe à vista. Assim, não há ganho ou perda líquidos com o uso da alavancagem, e o valor da empresa é determinado pelo valor presente dos fluxos de caixa de seus investimentos correntes e futuros.

Alavancagem feita em casa

MM mostraram que o valor da empresa não é afetado por sua escolha de estrutura de capital. Mas suponhamos que os investidores preferissem uma estrutura de capital alternativa àquela que a empresa escolheu. MM demonstraram que, neste caso, os investidores podem contrair ou conceder empréstimos por conta própria e alcançar o mesmo resultado. Por exemplo, um investidor que gostaria de mais alavancagem do que a empresa escolheu pode contrair um empréstimo pessoal e adicionar alavancagem à sua própria carteira. Quando os investidores utilizam alavancagem em sua própria carteira para ajustar a escolha de alavancagem feita pela empresa, dizemos que estão utilizando **alavancagem feita em casa**. Contanto que os investidores possam contrair ou conceder

---

[2] Apesar de não ter sido apreciada na época, a ideia de que o valor de uma empresa não depende de sua estrutura de capital já fora discutida anteriormente por John Burr Williams em seu livro pioneiro, *The Theory of Investment Value* (North Holland Publishing, 1938; reimpresso por Fraser Publishing, 1997).

MM e o mundo real

Os alunos geralmente questionam por que os resultados de Modigliani e Miller são importantes se, afinal, os mercados de capitais não são perfeitos no mundo real. Apesar de ser verdade que os mercados de capitais não são perfeitos, *todas* as teorias científicas começam com um conjunto de suposições idealizadas a partir das quais podem ser tiradas conclusões. Quando aplicamos a teoria temos então que avaliar o quão rigorosamente as suposições são válidas, e considerar as consequências de quaisquer desvios importantes.

Como uma analogia útil, consideremos a Lei dos Corpos em Queda, de Galileu. Galileu subverteu o pensamento convencional mostrando que, sem resistência, corpos em queda livre caem com a mesma aceleração, independentemente de sua massa. Se testarmos esta lei, provavelmente acharemos que ela não é válida exatamente. O motivo, é claro, é que, a menos que estejamos no vácuo, a resistência do ar tende a desacelerar alguns objetos mais que outros.

Os resultados de MM são similares. Na prática, veremos que a estrutura de capital pode ter certo efeito sobre o valor da empresa. Mas, assim como a Lei dos Corpos em Queda de Galileu revela que para explicar as diferenças nas velocidades dos objetos em queda temos que observar a resistência do ar, em vez de qualquer propriedade subjacente da gravidade, a proposição de MM revela que quaisquer efeitos da estrutura de capital têm, similarmente, que ser devidos às resistências existentes nos mercados de capitais. Após explorar o significado completo dos resultados de MM neste capítulo, veremos, nos capítulos subsequentes, fontes importantes dessas resistências e suas consequências.

empréstimos à mesma taxa de juros que a empresa,[3] a alavancagem feita em casa é um substituto perfeito para o uso de alavancagem pela empresa.

Para ilustrar, suponhamos que o empreendedor não utilize alavancagem e crie uma empresa não-alavancada. Um investidor que preferisse manter ações alavancadas poderia fazê-lo utilizando alavancagem em sua própria carteira – isto é, pode comprar as ações na margem, como ilustra a Tabela 14.6.

TABELA 14.6 Replicando ações alavancadas utilizando alavancagem feita em casa

	Data 0	Data 1: fluxos de caixa	
	Custo inicial	Economia forte	Economia fraca
Ações não-alavancadas	$1.000	$1.400	$900
Empréstimo na margem	−$500	−$525	−$525
Ações alavancadas	$500	$875	$375

Se os fluxos de caixa de ações não-alavancadas servem de garantia para o empréstimo na margem, então o empréstimo é livre de risco e o investidor deve ser capaz de contrair empréstimos pela taxa de 5%. Apesar de a empresa não ser alavancada, utilizando alavancagem feita em casa o investidor replica os pagamentos às ações alavancadas ilustradas na Tabela 14.3, por um custo de $500. Novamente, pela Lei do Preço Único, o valor das ações alavancadas também tem que ser de $500.

Agora suponhamos que o empreendedor utilize capital de terceiros, mas que o investidor preferisse manter ações não-alavancadas. O investidor pode recriar os pagamentos de ações não-alavancadas comprando títulos de dívida *e* ações da empresa. Associar os fluxos de caixa dos dois títulos produz fluxos de caixa idênticos aos das ações não-alavancadas, por um custo total de $1.000, como vemos na Tabela 14.7.

---

[3] Esta suposição decorre dos mercados de capitais perfeitos, porque a taxa de juros sobre um empréstimo deve depender somente de seu risco.

TABELA 14.7 — Replicando ações não-alavancadas com títulos de dívida e ações

	Data 0	Data 1: fluxos de caixa	
	Custo inicial	Economia forte	Economia fraca
Dívida	$500	$525	$525
Ações alavancadas	$500	$875	$375
Ações não-alavancadas	$1.000	$1.400	$900

Em cada caso, a escolha de estrutura de capital feita pelo empreendedor não afeta as oportunidades disponíveis aos investidores. Os investidores podem alterar a escolha de alavancagem da empresa para atender a seus gostos pessoais, contraindo um empréstimo e adicionando mais alavancagem, ou comprando títulos de dívida e reduzindo a alavancagem. Com mercados de capitais perfeitos, como diferentes escolhas de estrutura de capital não oferecem nenhum benefício aos investidores, elas não afetam o valor da empresa.

EXEMPLO 14.2 — Alavancagem feita em casa e arbitragem

Problema

Suponha que haja duas empresas, cada uma com fluxos de caixa na data 1 de $1.400 ou $900 (como na Tabela 14.1). As empresas são idênticas exceto por sua estrutura de capital. Uma empresa é não-alavancada e seu patrimônio líquido tem um valor de mercado de $990. A outra empresa contraiu um empréstimo de $500 e seu patrimônio líquido tem um valor de mercado de $510. A Primeira Proposição de MM ainda é válida? Que oportunidade de arbitragem está disponível utilizando-se alavancagem feita em casa?

Solução

A Primeira Proposição de MM afirma que o valor total de cada empresa deve ser igual ao valor de seus ativos. Como essas empresas mantêm ativos idênticos, seus valores totais devem ser os mesmos. Entretanto, o problema supõe que a empresa não-alavancada tem um valor de mercado total de $990, enquanto que a empresa alavancada tem um valor de mercado total de $510 (ações) + $500 (dívida) = $1.010. Portanto, esses preços violam a Primeira Proposição de MM.

Como essas duas empresas idênticas estão negociando por diferentes preços totais, a Lei do Preço Único é violada e existe uma oportunidade de arbitragem. Para explorá-la, podemos tomar $500 emprestados e comprar as ações da empresa não-alavancada por $990, recriando as ações da empresa alavancada através da utilização de alavancagem feita em casa por um custo de apenas $990 − $500 = $490. Podemos então vender as ações da empresa alavancada por $510 e desfrutar de um lucro de arbitragem de $20.

	Data 0	Data 1: fluxos de caixa	
	Custo inicial	Economia forte	Economia fraca
Contrair empréstimo	$500	−$525	−$525
Comprar ações não-alavancadas	−$990	$1.400	$900
Vender ações alavancadas	$510	−$875	−$375
Fluxo de caixa total	$20	$0	$0

Observe que as atividades dos arbitradores comprando ações da empresa não-alavancada e vendendo ações da empresa alavancada fará com que o preço daquelas suba e o preço destas caia até os valores da empresa serem iguais e a Primeira Proposição de MM ser válida.

O balanço patrimonial a valor de mercado

Na Seção 14.1, consideramos apenas duas escolhas para a estrutura de capital de uma empresa. A Primeira Proposição de MM, porém, se aplica muito mais amplamente a qualquer escolha de capital de terceiros e capital próprio. Na verdade, ela se aplica até mesmo quando a empresa emite outros tipos de volores mobiliários, como títulos conversíveis ou *warrants*, um tipo de opção de ações que discutiremos posteriormente. A lógica é a mesma: como os investidores podem comprar ou vender valores mobiliários por conta própria, nenhum valor é criado quando a empresa compra ou vende valores mobiliários por eles.

Uma aplicação da Primeira Proposição de MM é o útil instrumento conhecido como balanço patrimonial a valor de mercado da empresa. Um **balanço patrimonial a valor de mercado** é similar a um balanço patrimonial contábil, com duas importantes distinções. Em primeiro lugar, *todos* os ativos e passivos da empresa são incluídos – mesmo os ativos intangíveis como reputação, nome de marca ou capital humano, que não entram em um balanço patrimonial contábil padrão. Em segundo lugar, todos os valores são valores correntes de mercado, em vez de custos históricos. No balanço patrimonial a valor de mercado, ilustrado na Tabela 14.8, o valor total de todos os valores mobiliários emitidos pela empresa tem que ser igual ao valor total dos ativos da empresa.

TABELA 14.8 — O balanço patrimonial a valor de mercado da empresa

Ativos	Passivos
Coleção de ativos e investimentos empreendidos pela empresa:	Coleção de valores mobiliários emitidos pela empresa:
Ativos tangíveis	Dívida
Dinheiro	Dívida de curto prazo
Instalações, propriedades e equipamentos	Dívida de longo prazo
Estoque	Dívida conversível
(entre outros)	
Ativos intangíveis	Ações
Propriedade intelectual	Ações comuns
Reputação	Ações preferenciais
Capital humano	*Warrants* (opções)
(entre outros)	
Valor de mercado total dos ativos da empresa	**Valor de mercado total dos valores mobiliários da empresa**

O balanço patrimonial a valor de mercado capta a ideia de que a escolha de ativos e investimentos da empresa cria valor. A empresa pode aumentar seu valor escolhendo projetos com NPV positivo que valem mais do que seu investimento inicial. Mantendo fixos os fluxos de caixa gerados pelos ativos da empresa, porém, a escolha da estrutura de capital não muda o valor da empresa. Em vez disso, ela meramente divide o valor da empresa em diferentes valores mobiliários. Utilizando o balanço patrimonial a valor de mercado, podemos calcular o valor das ações como a seguir:

Valor de mercado das ações =
Valor de mercado dos ativos − Valor de mercado da dívida e outros passivos   (14.1)

EXEMPLO 14.3

Avaliando as ações quando há múltiplos valores mobiliários

Problema

Suponha que nosso empreendedor decida vender a empresa dividindo-a em três valores mobiliários: ações, $500 em dívida, e um terceiro valor mobiliário chamado *warrant*, que paga $210 quando os fluxos de caixa da empresa estão altos e nada quando estão baixos. Suponha que este terceiro valor mobiliário seja corretamente precificado a $60. Qual será o valor das ações em um mercado de capitais perfeito?

Solução

Segundo a Primeira Proposição de MM, o valor total de todos os valores mobiliários emitidos devem ser iguais ao valor dos ativos da empresa, que é $1.000. Como a dívida vale $500 e o novo valor mobiliário vale $60, o valor das ações tem que ser $440. (Você pode checar este resultado verificando que, a este preço, as ações têm um prêmio de risco proporcional a seu risco em comparação aos valores mobiliários da Tabela 14.5.)

Aplicação: uma recapitalização alavancada

Até agora vimos a estrutura de capital a partir da perspectiva de um empreendedor que está considerando financiar uma oportunidade de investimento. Na verdade, a Primeira Proposição de MM se aplica a decisões de estrutura de capital tomadas a qualquer momento durante a vida da empresa.

Consideremos um exemplo. A Harrison Industries é atualmente uma empresa não-alavancada que opera em um mercado de capitais perfeito, com 50 milhões de ações em circulação que estão sendo negociadas a $4 por ação. A Harrison planeja aumentar sua alavancagem contraindo um empréstimo de $80 milhões e utilizando os fundos para recomprar 20 milhões de suas ações em circulação. Quando uma empresa recompra uma porcentagem significativa de suas ações em circulação dessa maneira, a transação é chamada de **recapitalização alavancada**.

Podemos ver esta transação em duas etapas. Primeiro, a Harrison vende títulos de dívida para levantar $80 milhões em dinheiro. Depois, usa o dinheiro para recomprar as ações. A Tabela 14.9 mostra o balanço patrimonial a valor de mercado após cada uma dessas etapas.

Inicialmente, a Harrison é uma empresa não-alavancada. Isto é, o valor de mercado de suas ações, que é 50 milhões de ações × $4 por ação = $200 milhões, é igual ao valor de mercado de seus ativos existentes. Após contrair o empréstimo, seus passivos crescem em $80 milhões, que também é igual ao montante em dinheiro levantado pela empresa. Como ativos e passivos crescem no mesmo valor, o valor de mercado das ações permanece inalterado.

TABELA 14.9 Balanço patrimonial a valor de mercado após cada etapa da recapitalização alavancada da Harrison ($ milhões)

Inicial		Após contração de empréstimo		Após recompra de ações	
Ativos	Passivos	Ativos	Passivos	Ativos	Passivos
		Dinheiro 80	Dívida 80	Dinheiro 0	Dívida 80
Ativos existentes 200	Ações 200	Ativos existentes 200	Ações 200	Ativos existentes 200	Ações 120
200	**200**	**280**	**280**	**200**	**200**
Ações em circulação (milhões)	50	Ações em circulação (milhões)	50	Ações em circulação (milhões)	30
Valor por ação	$4,00	Valor por ação	$4,00	Valor por ação	$4,00

Para realizar a recompra de ações, a Harrison gasta os $80 milhões em dinheiro emprestado para recomprar $80 milhões ÷ $4 por ação = 20 milhões de ações. Como os ativos da empresa diminuem em $80 milhões e sua dívida permanece inalterada, o valor de mercado das ações também terá que cair em $80 milhões, de $200 milhões para $120 milhões, para que os ativos e passivos permaneçam em equilíbrio. O preço das ações, porém, não é alterado – com 30 milhões de ações restantes, as ações valem $120 milhões ÷ 30 milhões de ações = $4 por ação, exatamente como antes.

O fato de o preço por ação não ter mudado não deve ser nenhuma surpresa. Como a empresa vendeu $80 milhões em uma nova dívida e comprou $80 milhões em ações existentes, esta transação de NPV zero (benefícios = custos) não altera o valor aos acionistas.

FIXAÇÃO DE CONCEITOS
1. Que escolha de alavancagem maximiza o valor de mercado total das ações?
2. Esta escolha de alavancagem é a melhor estrutura de capital para os acionistas? Explique.

14.3 Modigliani-Miller II: alavancagem, risco e custo de capital

Modigliani e Miller mostraram que a escolha de tipo de financiamento de uma empresa não afeta seu valor. Mas como podemos conciliar esta conclusão com o fato de que o custo de capital difere para diferentes valores mobiliários? Consideremos novamente nosso empreendedor da Seção 14.1. Quando o projeto é financiado exclusivamente através de capital próprio, os acionistas exigem um retorno esperado de 15%. Como alternativa, a empresa pode contrair empréstimos pela taxa de juros livre de risco de 5%. Nesta situação, a dívida não é uma fonte de capital melhor e mais barata do que as ações?

Apesar de a dívida ter um custo de capital mais baixo do que as ações, não podemos considerar este custo isoladamente. Como vimos na Seção 14.1, apesar de o endividamento propriamente dito ser barato, ele aumenta o risco e, portanto, o custo de capital próprio da empresa. Nesta seção, calcularemos o impacto da alavancagem sobre o retorno esperado das ações de uma empresa, ou o custo de capital próprio. Consideraremos, então, como estimar o custo de capital dos ativos da empresa e mostraremos que ele não é afetado pela alavancagem. No final, as economias provenientes do baixo retorno esperado sobre a dívida, o custo de capital de terceiros, são exatamente contrabalançadas por um custo de capital próprio mais alto, e não há economias líquidas para a empresa.

Alavancagem e custo de capital próprio

Podemos utilizar a Primeira Proposição de Modigliani e Miller para deduzir uma relação explícita entre alavancagem e o custo de capital próprio. Sejam E e D o valor de mercado do capital próprio e do capital de terceiros se a empresa é alavancada, respectivamente; seja U o valor de mercado do capital próprio se a empresa é não-alavancada; e seja A o valor de mercado dos ativos da empresa. Então, a Primeira Proposição de MM afirma que

$$E + D = U = A \qquad (14.2)$$

Isto é, o valor de mercado total dos títulos da empresa é igual ao valor de mercado de seus ativos, seja a empresa alavancada ou não-alavancada.

Podemos interpretar a primeira igualdade na Equação 14.2 em termos de alavancagem feita em casa: mantendo uma carteira contendo títulos de dívida e ações da empresa, podemos replicar os fluxos de caixa de se manter ações não-alavancadas. Como o retorno de uma carteira é igual à média ponderada dos retornos dos títulos nela contidos, esta igualdade implica a seguinte relação entre os retornos de ações alavancadas (R_E), dívida (R_D) e ações não-alavancadas (R_U):

$$\frac{E}{E+D}R_E + \frac{D}{E+D}R_D = R_U \qquad (14.3)$$

Se solucionarmos a Equação 14.3 em R_E, obteremos a seguinte expressão para os retornos de ações alavancadas:

$$R_E = \underbrace{R_U}_{\text{Risco sem alavancagem}} + \underbrace{\frac{D}{E}(R_U - R_D)}_{\text{Risco adicional devido à alavancagem}} \quad (14.4)$$

Esta equação revela o efeito da alavancagem sobre o retorno das ações alavancadas. O retorno das ações alavancadas é igual ao retorno não-alavancado mais um "empurrãozinho" extra devido à alavancagem. Este efeito extra empurra o retorno de ações alavancadas ainda mais para cima quando a empresa está com bom desempenho ($R_U > R_D$), mas o faz cair ainda mais quando a empresa está com desempenho ruim ($R_U < R_D$). O grau de risco adicional depende do grau de alavancagem, medido pelo índice do valor de mercado de dívida/ações da empresa, D/E.

Como a Equação 14.4 é válida para os retornos realizados, também vale para os retornos *esperados* (denotados por r em vez de R). Esta observação leva à Segunda Proposição de Modigliani e Miller:

Segunda Proposição de MM: *O custo de capital de ações alavancadas é igual ao custo de capital de ações não-alavancadas mais um prêmio que é proporcional ao índice do valor de mercado de dívida/ações.*

Custo de capital de ações alavancadas

$$r_E = r_U + \frac{D}{E}(r_U - r_D) \quad (14.5)$$

Podemos ilustrar a Segunda Proposição de MM para o projeto do empreendedor da Seção 14.1. Lembremos que se a empresa for financiada exclusivamente com capital próprio, o retorno esperado sobre ações não-alavancadas é de 15% (ver Tabela 14.4). Se a empresa é financiada com $500 em dívida, o retorno esperado da dívida é a taxa de juros livre de risco de 5%. Portanto, de acordo com a Segunda Proposição de MM, o retorno esperado sobre as ações da empresa alavancada é

$$r_E = 15\% + \frac{500}{500}(15\% - 5\%) = 25\%$$

Este resultado corresponde ao retorno esperado calculado na Tabela 14.4.

EXEMPLO 14.4

Calculando o custo de capital próprio

Problema

Suponha que o empreendedor da Seção 14.1 tome somente $200 emprestados ao financiar o projeto. De acordo com a Segunda Proposição de MM, qual será o custo de capital próprio da empresa?

Solução

Como os ativos da empresa têm um valor de mercado de $1.000, pela Segunda Proposição de MM as ações terão um valor de mercado de $800. Então, utilizando a Equação 14.5,

$$r_E = 15\% + \frac{200}{800}(15\% - 5\%) = 17,5\%$$

Este resultado corresponde ao retorno esperado calculado no Exemplo 14.1.

Orçamento de capital e custo médio ponderado de capital

Se uma empresa é não-alavancada, todos os fluxos de caixa livres gerados por seus ativos são pagos a seus acionistas. O valor de mercado, risco e custo de capital dos ativos da empresa e seu patrimônio líquido coincidem, e portanto

$$r_U = r_A \tag{14.6}$$

A Equação 14.6 é muito útil para o orçamento de capital. Ao avaliar qualquer projeto de investimento potencial, temos que utilizar uma taxa de desconto adequada dado o seu risco do fluxo de caixa livre. Este custo de capital do projeto deve ser igual ao retorno disponível sobre outros investimentos com risco similar. Se pudermos identificar uma empresa comparável cujos ativos tenham o mesmo risco que o projeto em avaliação, e se a empresa for não-alavancada, a Equação 14.6 implica que podemos utilizar seu custo de capital próprio como o custo de capital do projeto.

É claro que a Equação 14.6 se aplica somente se a empresa de comparação for não-alavancada. Se a empresa de comparação possuir dívidas, o risco maior devido à alavancagem tornará seu custo de capital próprio maior do que o custo de capital dos ativos e, portanto, do projeto. Como estimamos r_A neste caso?

A resposta para esta pergunta segue do mesmo argumento da alavancagem feita em casa que utilizamos para deduzir a Equação 14.3: a carteira das ações e dívidas de uma empresa replica os retornos que obteríamos se ela fosse não-alavancada. Consequentemente, podemos calcular o custo de capital dos ativos da empresa calculando a média ponderada do custo de capital das ações e dívidas da empresa, que chamamos de **custo médio ponderado de capital (WACC)** da empresa. Introduzimos o WACC informalmente no Capítulo 9 como o custo de capital adequado a ser utilizado no desconto do fluxo de caixa livre da empresa. Agora temos a seguinte definição formal:

Custo médio ponderado de capital (sem impostos)

$$r_{wacc} \equiv \left(\begin{array}{c} \text{Fração do valor da empresa} \\ \text{financiado por ações} \end{array} \right) \left(\begin{array}{c} \text{Custo de} \\ \text{capital próprio} \end{array} \right) + \left(\begin{array}{c} \text{Fração do valor da empresa} \\ \text{financiado por dívidas} \end{array} \right) \left(\begin{array}{c} \text{Custo de capital} \\ \text{de terceiros} \end{array} \right)$$

$$= \frac{E}{E+D} r_E + \frac{D}{E+D} r_D \tag{14.7}$$

Substituindo os retornos na Equação 14.3 por suas esperanças, e utilizando a Equação 14.6, obtemos a seguinte relação:

$$r_{wacc} = r_U = r_A \tag{14.8}$$

Isto é, *com mercados de capitais perfeitos, o WACC de uma empresa é independente de sua estrutura de capital e é igual ao seu custo de capital próprio se ela for não-alavancada, o que corresponde ao custo de capital de seus ativos.* Portanto, se o risco de um projeto corresponde ao risco dos ativos de uma empresa, podemos utilizar seu WACC para estimar o custo de capital adequado ao projeto.

A Figura 14.1 ilustra o efeito de aumentar o grau de alavancagem na estrutura de capital de uma empresa sobre seu custo de capital próprio, seu custo de capital de terceiros e seu WACC. Na figura, medimos a alavancagem da empresa em termos de seu **índice capital de terceiros/valor da empresa** (*debt-to-value ratio*), $D/(E+D)$, que é a fração do valor total da empresa que corresponde a dívidas. Sem dívidas, o WACC é igual ao custo de capital próprio não-alavancado. Quando a empresa contrai empréstimos pelo baixo custo de capital do endividamento, seu custo de capital próprio aumenta, segundo a Equação 14.5. O efeito final é que o WACC da empresa permanece inalterado. É claro que, à medida que o grau de endividamento aumenta, a dívida se torna mais arriscada, pois há uma chance de que a empresa seja inadimplente; consequentemente, o custo de capital de terceiros também aumenta. Com 100% de endividamento, a dívida seria tão arriscada quanto os próprios ativos (similar às ações não-alavancadas). Mas apesar de os custos de capital de terceiros e próprio aumentarem quando a alavancagem é alta, como é colocado mais peso sobre a dívida de menor custo, o WACC permanece constante.

Lembremos do Capítulo 9 que podemos calcular o valor da empresa descontando seu fluxo de caixa futuro utilizando o WACC. Assim, a Equação 14.8 fornece a seguinte interpretação intuitiva da Primeira Proposição de MM: apesar de o endividamento ter um custo de capital menor do que o uso de capital próprio, a alavancagem não diminui o WACC de uma empresa. Consequentemente, o valor do fluxo de caixa livre da empresa avaliado utilizando o WACC não muda, e então o valor da empresa não depende de suas escolhas de financiamento. Esta observação nos permite responder à

FIGURA 14.1

WACC e alavancagem com mercados de capitais perfeitos

À medida que aumenta a fração da empresa financiada com dívida, tanto as ações quanto as dívidas tornam-se mais arriscadas e seu custo de capital aumenta. Contudo, como é colocado mais peso na dívida de menor custo, o custo médio ponderado de capital permanece constante.

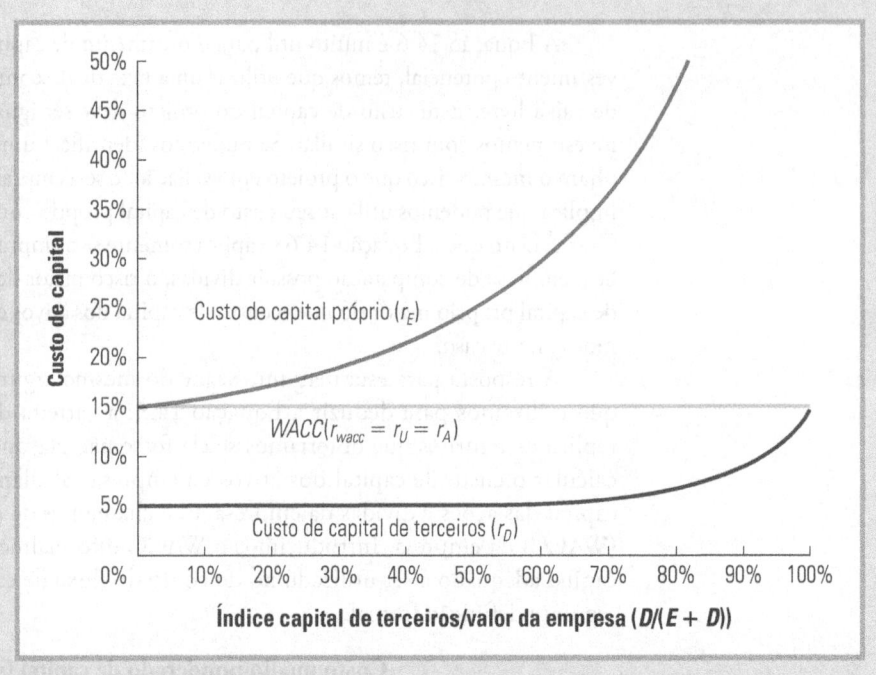

(a) Custos de capital próprio, de terceiros e médio ponderado para diferentes graus de alavancagem. A taxa de crescimento de r_D e r_E, e, portanto, a forma das curvas, depende das características dos fluxos de caixa da empresa.

E	D	r_E	r_D	$\dfrac{E}{E+D}r_E + \dfrac{D}{E+D}r_D$	$= r_{wacc}$
1.000	0	15,0%	5,0%	$1{,}0 \times 15{,}0\% + 0{,}0 \times 5{,}0\%$	= 15%
800	200	17,5%	5,0%	$0{,}8 \times 17{,}5\% + 0{,}2 \times 5{,}0\%$	= 15%
500	500	25,0%	5,0%	$0{,}5 \times 25{,}0\% + 0{,}5 \times 5{,}0\%$	= 15%
100	900	75,0%	8,3%	$0{,}1 \times 75{,}0\% + 0{,}9 \times 8{,}3\%$	= 15%

(b) Calculando o WACC para estruturas de capital alternativas. Os dados nesta tabela correspondem ao exemplo da Seção 14.1.

ERRO COMUM

O capital de terceiros é melhor do que o capital próprio?

Como o endividamento possui um custo de capital mais baixo do que o uso de capital próprio, é um erro comum supor que uma empresa pode reduzir seu WACC geral aumentando o montante de financiamento por endividamento. Se esta estratégia funcionasse, as empresas não deveriam assumir o máximo de dívidas possível, pelo menos enquanto elas não forem arriscadas?

Este argumento ignora o fato de que mesmo se a dívida for livre de risco e a empresa não for ser inadimplente, adicionar alavancagem aumenta o risco das ações. Dado o aumento no risco, os acionistas exigirão um prêmio de risco mais alto e, portanto, um retorno esperado mais alto. O aumento no custo de capital próprio contrabalança exatamente o benefício de uma maior dependência de capital de terceiros mais barato, de modo que o custo de capital geral da empresa permanece inalterado.

pergunta feita ao CFO da EBS no início deste capítulo: com mercados de capitais perfeitos, o custo médio ponderado de capital da empresa e, portanto, o NPV da expansão não são afetados por como a EBS escolhe financiar o novo investimento.

EXEMPLO 14.5 — Reduzindo a alavancagem e o custo de capital

Problema

A El Paso Corporation (EP) é uma empresa de gás natural com um índice capital de terceiros/capital próprio (*debt-equity ratio*) a valor de mercado igual a 2. Suponha que seu custo de capital de terceiros seja de 6% e seu custo de capital próprio seja de 12%. Suponha também que se a EP emitir ações e utilizar os rendimentos para pagar sua dívida e reduzir seu índice capital de terceiros/capital próprio para 1, ela diminuirá seu custo de capital de terceiros para 5,5%. Com mercados de capitais perfeitos, que efeito esta transação terá sobre o custo de capital próprio e o WACC da EP?

Solução

Podemos calcular o WACC inicial da EP utilizando a Equação 14.7:

$$r_{wacc} = \frac{E}{E+D}r_E + \frac{D}{E+D}r_D = \frac{1}{1+2}(12\%) + \frac{2}{1+2}(6\%) = 8\%$$

Com mercados de capitais perfeitos, o WACC da EP não será alterado por uma mudança em sua estrutura de capital. Assim, o custo de capital não-alavancado $r_U = 8\%$. Podemos então utilizar a Equação 14.5 para calcular o custo de capital próprio da EP após a redução na alavancagem:

$$r_E = r_U + \frac{D}{E}(r_U - r_D) = 8\% + \frac{1}{1}(8\% - 5{,}5\%) = 10{,}5\%$$

A redução em alavancagem fará com que o custo de capital próprio da EP caia para 10,5%. Com mercados de capitais perfeitos, o WACC da EP permanece inalterado em $8\% = \frac{1}{2}(10{,}5\%) + \frac{1}{2}(5{,}5\%)$, e não há nenhum ganho líquido com esta transação.

Calculando o WACC com múltiplos valores mobiliários

Calculamos o WACC na Equação 14.7 supondo que a empresa tenha emitido apenas dois tipos de valores mobiliários (ações e dívida). Se a estrutura de capital é mais complexa, porém, calcula-se o WACC calculando-se o custo médio ponderado de capital de todos os valores mobiliários da empresa.

Betas alavancados e não-alavancados

O efeito da alavancagem sobre o risco dos valores mobiliários de uma empresa também pode ser expresso em termos do beta.[4] Sejam β_E o beta das ações alavancadas, β_U o beta das ações não-alavancadas, e β_D o beta da dívida. Como ações não-alavancadas são equivalentes a uma carteira de títulos de dívida e ações alavancadas, e como o beta de uma carteira é a média ponderada dos betas dos valores mobiliários nela contidos, temos a seguinte relação:

$$\beta_U = \frac{E}{E+D}\beta_E + \frac{D}{E+D}\beta_D \qquad (14.9)$$

Quando calculamos β_U segundo a Equação 14.9, o chamamos de beta não-alavancado da empresa. O **beta não-alavancado** mede o risco de mercado da empresa sem alavancagem, o que é equivalente ao beta dos ativos da empresa. O beta não-alavancado, portanto, mede o risco de mercado das atividades da empresa, ignorando qualquer risco devido à alavancagem. Da mesma maneira que utilizamos o WACC para estimar o custo de capital de um projeto, *se estivermos tentando estimar*

---

[4] A relação entre alavancagem e betas de ações foi desenvolvida por R. Hamada em "The Effect of the Firm's Capital Structure on the Systematic Risk of Common Stocks", *Journal of Finance* 27(2) (1972): pp. 435-452, e por M. Rubinstein em "A Mean-Variance Synthesis of Corporate Financial Theory", *Journal of Finance* 28(1) (1973): pp. 167-181.

EXEMPLO 14.6 — WACC com múltiplos valores mobiliários

Problema

Calcule o WACC do projeto do empreendedor com a estrutura de capital descrita no Exemplo 14.3.

Solução

Como a empresa possui três tipos de valores mobiliários em sua estrutura de capital (dívida, ações e o *warrant*), seu custo médio ponderado de capital é o retorno médio que ela deve pagar a esses três grupos de investidores:

$$r_{wacc} = \frac{E}{E+D+W} r_E + \frac{D}{E+D+W} r_D + \frac{W}{E+D+W} r_W$$

Do Exemplo 14.3, sabemos que $E = 440$, $D = 500$, e $W = 60$. Quais são os retornos esperados de cada título? Dados os fluxos de caixa da empresa, a dívida é livre de risco e possui um retorno esperado de $r_D = 5\%$. O *warrant* possui um *payoff* esperado de $\frac{1}{2}(\$210) + \frac{1}{2}(\$0) = \$105$, então seu retorno esperado é de $r_W = \$105/\$60 - 1 = 75\%$. As ações têm um *payoff* de ($\$1.400 - \$525 - \$210$) = $\$665$ quando os fluxos de caixa são altos, e de ($\$900 - \$525$) = $\$375$ quando os fluxos de caixa são baixos; assim, seu pagamento esperado é de $\frac{1}{2}(\$665) + \frac{1}{2}(\$375) = \$520$. O retorno esperado das ações é, então, de $r_E = \$520/\$440 - 1 = 18,18\%$. Agora podemos calcular o WACC:

$$WACC = \frac{\$440}{\$1.000}(18,18\%) + \frac{\$500}{\$1.000}(5\%) + \frac{\$60}{\$1.000}(75\%) = 15\%$$

Novamente, o WACC é igual ao custo de capital não-alavancado da empresa, ou seja, 15%.

---

o beta não-alavancado de um projeto de investimento, devemos basear nossa estimativa nos betas não-alavancados das empresas com investimentos comparáveis.

Quando uma empresa muda sua estrutura de capital sem mudar seus investimentos, seu beta não-alavancado permanece inalterado. Entretanto, seu beta das ações mudará para refletir o efeito da mudança da estrutura de capital sobre seu risco. Reordenemos a Equação 14.9 para solucionar em β_E:

$$\beta_E = \beta_U + \frac{D}{E}(\beta_U - \beta_D) \qquad (14.10)$$

A Equação 14.10 é análoga à Equação 14.5, com o beta substituindo os retornos esperados. Se a dívida da empresa é livre de risco, então seu beta é igual a zero e a Equação 14.10 passa a ser

$$\beta_E = \beta_U + \frac{D}{E}\beta_U = \left(1 + \frac{D}{E}\right)\beta_U \qquad (14.11)$$

Podemos ver, da Equação 14.11, que a alavancagem amplia o risco de mercado dos ativos de uma empresa, β_U, elevando o risco de mercado de suas ações. Este efeito da alavancagem sobre o beta explica por que empresas de uma mesma indústria, mas com diferentes estruturas de capital, podem ter betas de ações muito diferentes mesmo se os riscos de mercado de suas atividades empresariais forem muito similares.

É claro que a Equação 14.11 só é estritamente correta quando a dívida da empresa é livre de risco. Se a dívida da empresa for muito arriscada, então seu beta geralmente será maior que zero, já que as empresas têm mais chances de serem inadimplentes durante uma retração econômica. Os betas de títulos de dívida podem ser substanciais para empresas com alta alavancagem.[5] Neste caso, as Equações 14.9 e 14.10 devem ser utilizadas.

---

[5] A princípio, os betas de títulos de dívida poderiam ser estimados utilizando os mesmos métodos de regressão que desenvolvemos para os betas de ações no Capítulo 12. Na prática, porém, é muito mais difícil obter dados dos retornos históricos de títulos de dívida, tornando problemático um cálculo direto para tais títulos. Consequentemente, os betas de títulos de dívida geralmente são aproximações grosseiras obtidas através de outros meios. Por exemplo, dado um retorno esperado da dívida r_D (com base em sua rentabilidade, mas ajustado para menos para refletir a possibilidade de inadimplência), podemos estimar o beta de títulos de dívida utilizando a linha do mercado de títulos do CAPM. Como alternativa, pode ser utilizada uma abordagem de precificação de opções, como explicaremos no Capítulo 20.

EXEMPLO 14.7

Betas de empresas aéreas

Problema

Estimativas de betas de ações e índices de capital de terceiros/capital próprio a valor de mercado de vários grupos de ações de empresas aéreas no outono de 2005 são exibidas abaixo:

Símbolo	Nome	Beta das ações	Índice capital de terceiros/capital próprio (*debt-equity ratio*)	Beta da dívida
LUV	Southwestern Airlines Co.	1,13	0,15	0,00
ALK	Alaska Air Group, Inc.	1,80	1,06	0,15
SKYW	SkyWest, Inc.	1,69	1,05	0,15
MESA	Mesa Air Group, Inc.	3,27	3,52	0,30
CAL	Continental Airlines, Inc.	3,76	5,59	0,40

As grandes diferenças nos betas das ações dessas empresas refletem grandes diferenças no risco de mercado de suas operações? Que beta aproximado você utilizaria para avaliar projetos na indústria de empresas aéreas?

Solução

O risco de mercado das ações é ampliado pela alavancagem da empresa. Para avaliar o risco de mercado das operações das linhas aéreas, devemos considerar seus betas não-alavancados, que calculamos utilizando a Equação 14.9:

Símbolo	β_E	$E/(E+D)$	β_D	$D/(E+D)$	β_U
LUV	1,13	87%	0,00	13%	0,98
ALK	1,80	49%	0,15	51%	0,96
SKYW	1,69	49%	0,15	51%	0,90
MESA	3,27	22%	0,30	78%	0,95
CAL	3,76	15%	0,40	85%	0,90

Apesar de os betas das ações das linhas aéreas variarem consideravelmente, seus betas não-alavancados são similares. Assim, as diferenças no risco de mercado de suas ações são principalmente devidas às diferenças em suas estruturas de capital. Com base nestes dados, um beta não-alavancado na faixa de 0,90–0,98 seria uma estimativa razoável do risco de mercado de projetos nesta indústria.

Dinheiro e dívida líquida

Os ativos no balanço patrimonial de uma empresa incluem quaisquer montantes de dinheiro ou valores mobiliários livres de risco. Como esses montantes são livres de risco, eles reduzem o risco – e, portanto, o prêmio de risco exigido – dos ativos da empresa. Por este motivo, manter dinheiro tem o efeito oposto da alavancagem sobre o risco e retorno. Na verdade, podemos ver dinheiro como o equivalente a dívidas negativas. Se uma empresa mantém $1 em dinheiro e possui $1 de dívida livre de risco, então os juros obtidos sobre o dinheiro serão iguais aos juros pagos sobre a dívida. Os fluxos de caixa de cada fonte se equilibram, exatamente como se a empresa não mantivesse nenhum dinheiro e nenhuma dívida.

Assim, quando estamos tentando avaliar os ativos de uma empresa separadamente de quaisquer montantes em dinheiro, medimos a alavancagem da empresa em termos de sua **dívida líquida**:

$$\text{Dívida líquida} = \text{Dívida} - \text{Dinheiro e valores mobiliários livres de risco} \quad (14.12)$$

Por exemplo, medimos o valor de mercado dos ativos de uma empresa utilizando seu valor de empresa, que é igual ao valor de mercado de suas ações mais sua dívida líquida. Da mesma maneira, utilizamos o valor de mercado da dívida líquida da empresa ao calcular seu WACC e beta não-alavancado a fim de medir o custo de capital e o risco de mercado dos ativos da empresa.

Dividendos, dinheiro e beta da Microsoft

Em meados de 2004, a Microsoft possuía uma capitalização de mercado de mais de $300 bilhões e aproximadamente $60 bilhões em dinheiro e investimentos de curto prazo, sem nenhuma dívida a pagar. Em novembro de 2004, a empresa utilizou parte de seu dinheiro para pagar um dividendo único de $32 bilhões. Ao pagar este valor, a Microsoft *aumentou* sua dívida líquida de −$60 bilhões para −$28 bilhões. O efeito do dividendo é equivalente a um aumento na alavancagem: pagar o dinheiro fará com que o beta das ações da Microsoft seja maior do que seria caso contrário.

EXEMPLO 14.8 — Dinheiro e beta

Problema

Em meados de 2005, a Cisco Systems tinha uma capitalização de ações de $110 bilhões, um beta de 2,2, e nenhuma dívida. Incluídos nos ativos da Cisco estavam $16 bilhões em dinheiro e títulos mobiliários livres de risco. Qual era o valor de mercado dos ativos da Cisco excluindo seu dinheiro – isto é, seu valor de empresa – nesta época, e qual era o beta desses ativos?

Solução

Como a Cisco não possuía dívida e tinha $16 bilhões em dinheiro, sua dívida líquida era = 0 − $16 bilhões = −$16 bilhões. Seu valor de empresa era, portanto, de $110 bilhões − $16 bilhões = $94 bilhões. Para determinar o beta de seus ativos, podemos aplicar a Equação 14.9 para calcular o beta não-alavancado da Cisco (utilizando o fato de que, como o dinheiro da empresa é livre de risco, sua dívida líquida possui um beta igual a zero):

$$\beta_U = \frac{E}{E+D}\beta_E + \frac{D}{E+D}\beta_D$$

$$= \frac{110}{110-16}(2,20) + \frac{-16}{110-16}(0)$$

$$= 2,57$$

Em outras palavras, a capitalização de mercado da Cisco consiste em ativos no valor de $94 bilhões mais $16 bilhões em dinheiro. Os ativos têm um beta de 2,57. Como o dinheiro possui um beta de 0, as ações da empresa têm um risco de mercado menor do que seus ativos, com um beta de 2,20. Para verificar este resultado, observe que a carteira dos ativos da Cisco mais seu dinheiro possui um beta de (94 / 110)(2,57) + (16 / 110) (0) = 2,20.

FIXAÇÃO DE CONCEITOS

1. Como calculamos o custo médio ponderado de capital de uma empresa?
2. Com mercados de capitais perfeitos, quando uma empresa aumenta sua alavancagem, como muda seu custo de capital de terceiros? E seu custo de capital próprio? E seu custo médio ponderado de capital?

14.4 As falácias da estrutura de capital

A Primeira e a Segunda Proposição de MM afirmam que, com mercados de capitais perfeitos, a alavancagem não possui nenhum efeito sobre o valor da empresa ou sobre seu custo de capital geral. Faremos aqui uma análise crítica de dois argumentos incorretos que às vezes são citados a favor da alavancagem.

Alavancagem e lucros por ação

A alavancagem pode aumentar os lucros esperados por ação de uma empresa. Um argumento às vezes defendido é que dessa forma a alavancagem também deveria aumentar o preço das ações da empresa.

Consideremos o seguinte exemplo. A Levitron Industries (LVI) é atualmente uma empresa não-alavancada. Ela espera gerar lucros antes de juros e impostos (EBIT) de $10 milhões no próximo ano. Atualmente, a LVI possui 10 milhões de ações em circulação, e suas ações são negociadas pelo preço de $7,50 por ação. A LVI está considerando mudar sua estrutura de capital contraindo um empréstimo de $15 milhões a uma taxa de juros de 8% e utilizando o dinheiro para recomprar 2 milhões de ações a $7,50 por ação.

Consideremos as consequências desta transação em um cenário de mercados perfeitos. Suponha que a LVI não possua dívidas. Como a LVI não paga juros, e como em mercados de capitais perfeitos não há impostos, os lucros da LVI seriam iguais a seu EBIT. Portanto, sem dívida, a LVI esperaria lucros por ação de

$$EPS = \frac{\text{Lucros}}{\text{Número de ações}} = \frac{\$10 \text{ milhões}}{10 \text{ milhões}} = \$1$$

A nova dívida obrigará a LVI a fazer pagamentos de juros a cada ano de

$$\$15 \text{ milhões} \times 8\% \text{ juros / ano} = \$1,2 \text{ milhão / ano}$$

Consequentemente, a LVI terá lucros esperados após os juros de

$$\text{Lucros} = \text{EBIT} - \text{Juros} = \$10 \text{ milhões} - \$1,2 \text{ milhão} = \$8,8 \text{ milhões}$$

Os pagamentos de juros sobre a dívida farão com que os lucros totais da LVI diminuam. Mas como o número de ações em circulação também terá caído para 10 milhões − 2 milhões = 8 milhões de ações após a recompra, os lucros esperados por ação da LVI serão de

$$EPS = \frac{\$8,8 \text{ milhões}}{8 \text{ milhões}} = \$1,10$$

Como podemos ver, os lucros esperados por ação da LVI aumentam com a alavancagem. Este aumento pode parecer deixar os acionistas em melhor situação e poderia potencialmente levar a um aumento no preço das ações. Contudo, sabemos, pela Primeira Proposição de MM, que se os valores mobiliários forem precificados corretamente, essas transações financeiras terão um NPV igual a zero e não oferecerão nenhum benefício aos acionistas. Como podemos conciliar esses resultados aparentemente contraditórios?

A resposta é que o risco dos lucros mudou. Até agora, consideramos apenas os lucros *esperados* por ação. Não consideramos as consequências desta transação sobre o risco dos lucros. Para fazê-lo, temos que determinar o efeito do aumento na alavancagem sobre os lucros por ação em uma variedade de situações.

Suponhamos que os lucros antes do pagamento de juros sejam de apenas $4 milhões. Sem o aumento na alavancagem, o EPS seria de $4 milhões ÷ 10 milhões de aões = $0,40. Com a nova dívida, porém, os lucros após o pagamento de juros seriam de $4 milhões − $1,2 milhões = $2,8 milhões, levando a lucros por ação de $2,8 milhões ÷ 8 milhões de ações = $0,35. Então, quando os lucros são baixos, a alavancagem fará com que o EPS diminua ainda mais do que faria caso contrário. A Figura 14.2 apresenta várias outras situações.

Como mostra a Figura 14.2 (a), se os lucros antes dos juros excederem $6 milhões, então o EPS será maior com alavancagem. Quando os lucros caem abaixo de $6 milhões, porém, o EPS é menor com alavancagem do que sem. Na verdade, se os lucros antes dos juros caírem abaixo de $1,2 milhões (o nível de despesas com juros), então, após os juros, a LVI terá um EPS negativo.

Apesar de o EPS esperado da LVI aumentar com a alavancagem, o risco de seu EPS também aumenta. O risco aumentado pode ser visto porque a linha que mostra o EPS com alavancagem na Figura 14.2 (b) é mais inclinada do que a linha sem alavancagem, o que implica que a mesma flutuação no EBIT levará a flutuações maiores no EPS, uma vez que a alavancagem tenha sido introduzida. Feitas em conjunto, essas observações são consistentes com a Primeira Proposição de MM. Apesar de o EPS aumentar em média, este aumento é necessário para compensar os acionistas pelo risco extra que estão assumindo, então o preço das ações da LVI não aumentam em consequência da transação. Verifiquemos este resultado em um exemplo.

Como os lucros por ação e o índice preço-lucro da empresa são afetados pela alavancagem, não podemos comparar confiavelmente essas medidas entre diferentes empresas com diferentes estruturas de capital. Por este motivo, a maioria dos analistas prefere utilizar medidas de desempenho e múltiplos de avaliação que são baseados nos lucros da empresa antes de os juros terem sido deduzidos. Por exemplo, a relação entre valor de empresa e EBIT (ou EBITDA) é mais útil ao analisar empresas com estruturas de capital muito diferentes do que seus índices P/E (preço-lucro).

FIGURA 14.2

Lucros por ação da LVI com e sem alavancagem
A sensibilidade do EPS ao EBIT é maior para uma empresa alavancada do que para uma empresa não-alavancada. Assim, dados ativos com o mesmo risco, o EPS de uma empresa alavancada é mais volátil.

EBIT ($ milhões)	EPS não-alavancado ($)	EBIT − Juros ($ milhões)	EPS alavancado ($)
0	0,00	−1,2	−0,15
4	0,40	2,8	0,35
6	0,60	4,8	0,60
10	1,00	8,8	1,10
16	1,60	14,8	1,85
20	2,00	18,8	2,35

(a) Calculando os lucros por ação.

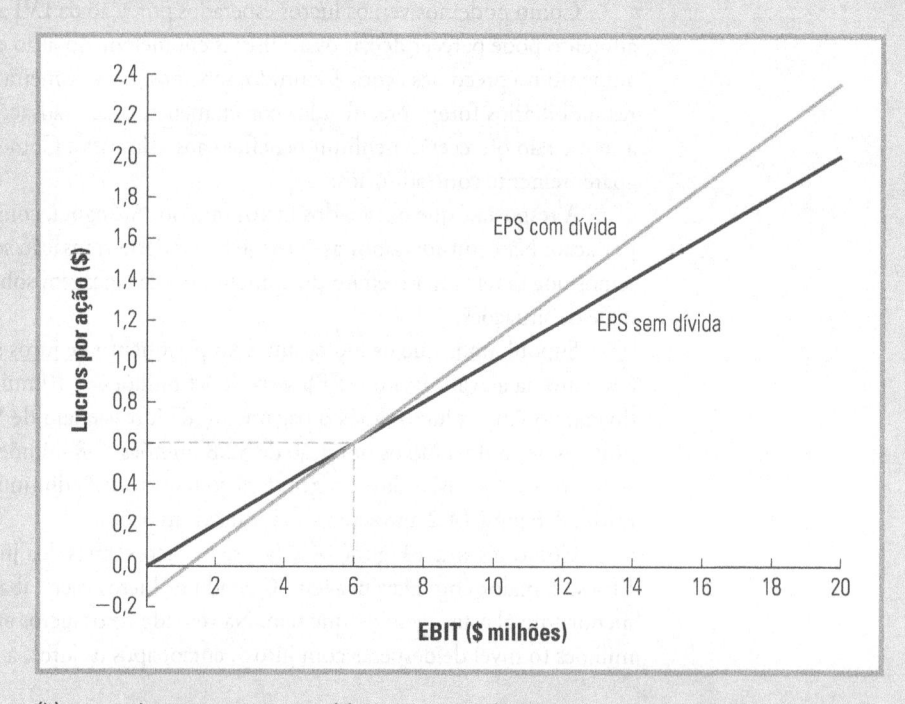

(b) Lucros da LVI por ação para diferentes níveis de EBIT.

EXEMPLO 14.9 — As Proposições de MM e os lucros por ação

Problema

Suponha que não se espera que o EBIT da LVI vá crescer no futuro e que todos os lucros serão pagos como dividendos. Utilize a Primeira e a Segunda Proposição de MM para mostrar que o aumento no EPS esperado do LVI não levará a um aumento no preço das ações.

Solução

Sem alavancagem, os lucros esperados por ação, e portanto os dividendos, são de $1 por ano, e o preço das ações é $7,50. Seja r_U o custo de capital sem alavancagem da LVI. Então, podemos avaliar a LVI como uma perpetuidade:

$$P = 7,50 = \frac{Div}{r_U} = \frac{EPS}{r_U} = \frac{1,00}{r_U}$$

Portanto, o preço corrente das ações da LVI implica que $r_U = 1 / 7,50 = 13,33\%$.

O valor de mercado das ações sem alavancagem da LVI é de $7,50 por ação × 10 milhões de ações = $75 milhões. Se a LVI utiliza dívida para recomprar $15 milhões em ações da empresa (isto é, 2 milhões de ações), então as ações restantes valerão $75 milhões − $15 milhões = $60 milhões, segundo a Primeira Proposição de MM. Após a transação, o índice capital de terceiros/capital próprio (*debt-equity ratio*) da LVI é de $15 milhões ÷ $60 milhões = $\frac{1}{4}$. Utilizando a Segunda Proposição de MM, o custo de capital próprio com alavancagem da empresa será

$$r_E = r_U + \frac{D}{E}(r_U - r_D) = 13,33\% + \frac{1}{4}(13,33\% - 8\%) = 14,66\%$$

Dado que o EPS esperado agora é igual a $1,10 por ação, o novo valor das ações é igual a

$$P = \frac{1,10}{r_E} = \frac{1,10}{14,66\%} = \$7,50 \text{ por ação}$$

Assim, apesar de o EPS ser maior, devido ao risco extra os acionistas exigirão um retorno mais alto. Esses efeitos cancelam um ao outro, então o preço por ação permanece inalterado.

Emissões de ações e diluição

Outra falácia que geralmente se ouve é a de que emitir ações irá diluir a participação dos acionistas existentes, então, em vez disso, deve-se utilizar financiamento por endividamento. Por **diluição** os proponentes dessa falácia querem dizer que se a empresa emitir novas ações, os fluxos de caixa gerados pela empresa terão que ser divididos entre um número maior de ações, reduzindo assim o valor de cada ação individual. O problema desta linha de raciocínio é que ela ignora o fato de que o dinheiro levantado pela emissão de novas ações aumenta os ativos da empresa. Consideremos um exemplo.

Suponhamos que a Jet Sky Airlines (JSA) seja uma empresa aérea bem-sucedida que atende o sudeste dos Estados Unidos com tarifas com descontos. Atualmente, a empresa não possui dívida e tem 500 milhões de ações em circulação. Essas ações estão sendo negociadas por $16 cada. No mês passado, a empresa anunciou que expandiria suas operações para o nordeste. A expansão exigirá a compra de $1 bilhão em novas aeronaves, o que será financiado pela emissão de novas ações. Como o preço das ações será afetado quando as novas ações forem emitidas hoje?

Com base no preço atual das ações da empresa (antes da emissão), as ações e, portanto, os ativos da empresa têm um valor de mercado de 500 milhões de ações × $16 por ação = $8 bilhões. Como a decisão da expansão já foi tomada e anunciada, em mercados de capitais perfeitos esse valor incorpora o NPV associado à expansão.

Suponhamos que a JSA venda 62,5 milhões de novas ações pelo preço corrente de $16 para levantar o $1 bilhão extra necessário para a compra das aeronaves.

Ativos ($ milhões)	Antes da emissão das ações	Após a emissão das ações
Dinheiro		1.000
Ativos existentes	8.000	8.000
	8.000	9.000
Ações em circulação (milhões)	500	562,5
Valor por ação	$16,00	$16,00

Duas coisas acontecem quando a JSA emite ações. Primeiro, o valor de mercado de seus ativos cresce devido ao $1 bilhão adicional em dinheiro que a empresa levantou. Segundo, cresce o número de ações. Apesar de o número de ações ter crescido para 562,5 milhões, o valor por ação permanece o mesmo: $9 bilhões ÷ 562,5 milhões de ações = $16 por ação.

Em geral, se a empresa vender as novas ações *a um preço justo*, não haverá para os acionistas ganhos ou perdas associados à emissão de ações propriamente dita. O dinheiro recebido pela empresa como resultado da emissão de ações contrabalança exatamente a diluição das ações. *Qualquer ganho ou perda associado à transação terá sido resultante do NPV dos investimentos que a empresa faz com os fundos levantados.*

FIXAÇÃO DE CONCEITOS

1. Se uma mudança na alavancagem aumenta os lucros por ação de uma empresa, essa mesma mudança deve fazer o preço de suas ações subir em um mercado perfeito?

2. Verdadeiro ou falso: quando uma empresa emite ações, ela aumenta a oferta de suas ações no mercado, o que deverá fazer seu preço cair.

14.5 MM: além das proposições

Desde a publicação de seu artigo original, as ideias de Modigliani e Miller influenciaram muito a pesquisa e a prática de finanças. Talvez mais importante do que as proposições específicas propriamente ditas tenha sido a abordagem que MM adotaram para deduzi-las. A Primeira Proposição foi um dos primeiros argumentos a mostrar que a Lei do Preço Único podia ter fortes implicações sobre os preços de títulos e valores de empresas em um mercado competitivo; ela marca o início da moderna teoria das finanças empresariais.

O trabalho de Modigliani e Miller formalizou uma maneira nova de pensar sobre os mercados financeiros que foi primeiramente desenvolvida por John Burr Williams em seu livro de 1938, *The Theory of Investment Value* [A Teoria do Valor de Investimento]. Nele, Williams argumenta:

> Se o valor de investimento de um empreendimento como um todo é por definição o valor presente de todas as suas distribuições futuras aos portadores de valores mobiliários, sejam devidas a juros ou a dividendos, então este valor de maneira nenhuma depende da capitalização da empresa. Claramente, se um único indivíduo ou um único investidor institucional possuísse todos os títulos de dívida, ações e *warrants* emitidos pela empresa, não importaria para ele qual é a capitalização da empresa (exceto por detalhes relativos ao imposto de renda). Quaisquer lucros recebidos como juros não poderiam ser recebidos como dividendos. Para tal indivíduo, seria perfeitamente óbvio que o poder de pagamento total de juros ou dividendos de maneira alguma depende do tipo de valor imobiliário emitido ao proprietário da empresa. Além do mais, nenhuma mudança no valor de investimento do empreendimento como um todo seria resultante de uma mudança em sua capitalização. Títulos de dívida poderiam ser extintos com emissões de ações, ou dois tipos de valores mobiliários júnior poderiam ser associados, formando um só, sem mudar o valor de investimento da empresa como um todo. Tal constância do valor de investimento é análoga à indestrutibilidade de matéria ou energia; leva-nos a falar em uma Lei da Conservação do Valor de Investimento, assim como os físicos falam na Lei da Conservação de Matéria ou Lei da Conservação de Energia.

Prêmio Nobel   Franco Modigliani e Merton Miller

Franco Modigliani e Merton Miller, os autores das Proposições de Modigliani e Miller, receberam o Prêmio Nobel de economia por seu trabalho em economia financeira, incluindo suas proposições sobre estrutura de capital. Modigliani recebeu o Prêmio Nobel em 1985 por seu trabalho sobre economias pessoais e por seus teoremas sobre estrutura de capital com Miller. Miller recebeu seu prêmio em 1990 por sua análise da teoria de carteiras e estrutura de capital.

Miller certa vez descreveu as proposições de MM em uma entrevista desta maneira:

> As pessoas sempre perguntam: o senhor poderia resumir sua teoria rapidamente? Bem, eu digo, você compreende o teorema de M&M se compreender por que o seguinte é uma piada: o entregador de pizza chega para Yogi Berra depois do jogo e diz: "Yogi, como você quer que eu corte esta pizza, em quatro ou oito fatias?". E Yogi diz: "Corte em oito fatias, estou com fome esta noite".

Todos reconhecem que isto é uma piada porque obviamente o número e a forma das fatias não afetam o tamanho da pizza. E da mesma maneira, ações, títulos de dívida, warrants etc. emitidos não afetam o valor agregado da empresa. Eles só fatiam os lucros de maneiras diferentes.*

Modigliani e Miller receberam o Prêmio Nobel em grande parte por sua observação de que o valor de uma empresa não deve ser afetado por sua estrutura de capital em mercados de capitais perfeitos. Apesar de a intuição por trás das proposições de MM poderem ser tão simples quanto o ato de fatiar uma pizza, suas implicações para as finanças empresariais são extensas. As proposições implicam que o verdadeiro papel da política financeira de uma empresa é lidar com (e potencialmente explorar) as imperfeições do mercado financeiro, como impostos e custos de transações. O trabalho de Modigliani e Miller deu início a uma longa linha de pesquisa sobre essas imperfeições de mercado, que veremos nos próximos capítulos.

*Peter J. Tanous, *Investment Gurus* (New York: Institute of Finance, 1997).

Assim, os resultados deste capítulo podem ser interpretados mais amplamente como o **princípio da conservação de valor** dos mercados financeiros: *com mercados de capitais perfeitos, as transações financeiras nem criam, nem destroem valor, mas, em vez disso, representam uma redistribuição do risco (e, portanto, do retorno)*.

O princípio da conservação de valor se estende para muito além das questões de capital de terceiros *versus* próprio, ou mesmo de estrutura de capital. Ele implica que qualquer transação financeira que parece ser um bom negócio em termos de agregar valor ou é boa demais para ser verdade, ou está explorando algum tipo de imperfeição de mercado. Para ter certeza de que o valor não é ilusório, é importante identificar que imperfeição de mercado é a fonte do valor. Nos próximos capítulos examinaremos diferentes tipos de imperfeições de mercado e as fontes potenciais de valor que elas introduzem para a escolha de estrutura de capital da empresa e para outras transações financeiras.

FIXAÇÃO DE CONCEITOS

1. Considere as questões enfrentadas por Dan Harris, CFO da EBS, no início deste capítulo. Que respostas você daria com base nas Proposições de Modigliani e Miller? Em que considerações deve ser baseada a decisão da estrutura de capital?
2. Enuncie o princípio da conservação de valor dos mercados financeiros.

Resumo

1. A coleção de valores mobiliários que uma empresa emite para levantar capital junto aos investidores chama-se estrutura de capital. Ações e dívida são os valores mobiliários mais amplamente utilizados pelas empresas. Quando são utilizadas ações sem dívida, diz-se que a empresa é não-alavancada. Caso contrário, o montante de dívida determina a alavancagem da empresa.
2. O proprietário de uma empresa deve escolher a estrutura de capital que maximiza o valor total dos valores mobiliários emitidos.
3. Diz-se que os mercados de capital são perfeitos se eles satisfizerem as três condições abaixo:

a. Os investidores e as empresas podem negociar o mesmo conjunto de valores mobiliários a preços de mercados competitivos iguais ao valor presente de seus fluxos de caixa futuros.

　　b. Não há impostos, custos de transação ou custos de emissão associados à negociação de valores mobiliários.

　　c. As decisões financeiras de uma empresa não mudam os fluxos de caixa gerados por seus investimentos, nem revelam novas informações sobre eles.

4. De acordo com a Primeira Proposição de MM, com mercados de capitais perfeitos o valor de uma empresa é independente de sua estrutura de capital.

　　a. Com mercados de capitais perfeitos, a alavancagem feita em casa é um substituto perfeito para a alavancagem da empresa.

　　b. Se empresas cuja única diferença entre si é sua estrutura de capital tivessem valores diferentes, a Lei do Preço Único seria violada e haveria uma oportunidade de arbitragem.

5. O balanço patrimonial do valor de mercado mostra que o valor de mercado total dos ativos de uma empresa é igual ao valor de mercado total de seus passivos, incluindo todos os valores mobiliários emitidos aos investidores. Mudar a estrutura de capital, portanto, altera como o valor dos ativos é dividido entre os valores mobiliários, mas não o valor total da empresa.

6. Uma empresa pode mudar sua estrutura de capital a qualquer momento emitindo novos títulos e utilizando os fundos para realizar pagamentos a seus investidores existentes. Um exemplo é a recapitalização alavancada, em que a empresa contrai empréstimos (emite títulos de dívida) e recompra ações (ou paga um dividendo). A Primeira Proposição de MM implica que tais transações não mudam o preço das ações.

7. De acordo com a Segunda Proposição de MM, o custo de capital de ações alavancadas é

$$r_E = r_U + \frac{D}{E}(r_U - r_D) \tag{14.5}$$

8. O endividamento é menos arriscado do que a emissão de ações, logo, possui um custo de capital menor. Porém, a alavancagem aumenta o risco das ações, elevando o custo de capital próprio. O benefício do menor custo de capital de terceiros (da dívida) é contrabalançado pelo maior custo de capital próprio, deixando o custo médio ponderado de capital da empresa (ou WACC) inalterado em mercados de capitais perfeitos:

$$r_{wacc} = \frac{E}{E+D}r_E + \frac{D}{E+D}r_D = r_U = r_A \tag{14.7, 14.8}$$

9. O risco de mercado dos ativos de uma empresa pode ser estimado por seu beta não-alavancado:

$$\beta_U = \frac{E}{E+D}\beta_E + \frac{D}{E+D}\beta_D \tag{14.9}$$

10. A alavancagem aumenta o beta das ações de uma empresa:

$$\beta_E = \beta_U + \frac{D}{E}(\beta_U - \beta_D) \tag{14.10}$$

11. A dívida líquida de uma empresa é igual à sua dívida menos suas posses de dinheiro e outros valores mobiliários livres de risco. Podemos calcular o custo de capital e o beta dos ativos da empresa, excluindo o dinheiro, utilizando sua dívida líquida ao calcular seu WACC ou beta não-alavancado.

12. A alavancagem pode elevar os lucros esperados por ação, mas também eleva a volatilidade dos lucros por ação. Consequentemente, os acionistas não melhoram de situação e o valor das ações permanece inalterado.

13. Se as ações forem vendidas aos investidores por um preço justo, não haverá custo de diluição associado à emissão de ações. Apesar de o número de ações aumentar quando são emitidas novas ações, os ativos da empresa também aumentam devido ao dinheiro levantado, e o valor por ação permanece inalterado.

14. Com mercados de capitais perfeitos, as transações financeiras são atividades com NPV igual a zero que nem agregam, nem destroem valor por si sós, mas, em vez disso, redistribuem o risco e retorno da empresa. A estrutura de capital – e as transações financeiras, de maneira mais geral – afetam o valor de uma empresa somente devido a seu impacto sobre algum tipo de imperfeição de mercado.

Termos fundamentais

ações alavancadas *p. 449*
ações não-alavancadas *p. 448*
alavancagem feita em casa *p. 452*
balanço patrimonial a valor de mercado *p. 455*
beta não-alavancado *p. 461*
custo médio ponderado de capital (WACC) *p. 459*
diluição *p. 467*

dívida líquida *p. 463*
estrutura de capital *p. 448*
índice capital de terceiros/valor da empresa (*debt-to-value ratio*) *p. 459*
mercados de capitais perfeitos *p. 452*
princípio da conservação de valor *p. 469*
recapitalização alavancada *p. 456*

Leituras recomendadas

Para maiores detalhes sobre o argumento de MM, especialmente sobre seu uso da Lei do Preço Único para deduzir seus resultados, ver o artigo original de MM: F. Modigliani e M. H. Miller, "The Cost of Capital, Corporation Finance and the Theory of Investment", *American Economic Review* 48(3) (1958): pp. 261 – 297.

Para uma visão retrospectiva sobre o trabalho de Modigliani e Miller e sua importância para as finanças empresariais, ver a coleção de artigos no Volume 2, Edição 4 do *Journal of Economic Perspectives* (1988), que inclui: "The Modigliani-Miller Propositions After Thirty Years", por M. Miller (pp. 99-120), "Comment on the Modigliani-Miller Propositions", por S. Ross (pp. 127-133), "Corporate Finance and the Legacy of Modigliani and Miller", por S. Bhattacharya (pp. 135-147) e "MM – Past, Present, Future", por F. Modigliani (pp. 149-158).

Para uma interessante entrevista com Merton Miller sobre seu trabalho, ver P. J. Tanous, *Investment Gurus* (New York: Prentice Hall Press, 1997).

Para uma discussão mais recente sobre a contribuição de MM para o desenvolvimento da teoria da estrutura de capital, ver R. Cookson, "A Survey of Corporate Finance ('The Party's Over' and 'Debt Is Good for You')", *The Economist* (January 27, 2001): pp. 5-8.

Uma explicação histórica do resultado de Miller-Modigliani é fornecida nas fontes: P. L. Bernstein, *Capital Ideas: The Improbable Origins of Modern Wall Street* (Free Press, 1993); e M. Rubinstein, "Great Moments in Financial Economics: II. Modigliani-Miller Theorem", *Journal of Investment Management* 1(2) (2003).

Problemas

Todos os problemas deste capítulo estão disponíveis no MyFinanceLab. Um asterisco (*) indica problemas com maior nível de dificuldade.

Financiamento com capital próprio *versus* por endividamento

1. Considere um projeto com fluxos de caixa livres daqui a um ano de $130.000 ou $180.000, com cada resultado tendo igual probabilidade de ocorrência. O investimento inicial necessário para o projeto é de $100.000 e o custo de capital é de 20%. A taxa de juros livre de risco é de 10%.

    a. Qual é o NPV deste projeto?

    b. Suponha que para levantar os fundos para o investimento inicial, o projeto seja vendido a investidores exclusivamente através de ações. Os acionistas receberão os fluxos de caixa do projeto daqui a um ano. Quanto dinheiro pode ser levantado desta maneira – isto é, qual é o valor de mercado inicial das ações não-alavancadas?

    c. Agora suponha que os $100.000 iniciais sejam levantados através da contração de um empréstimo pela taxa de juros livre de risco. Quais são os fluxos de caixa das ações alavancadas e qual é seu valor inicial de acordo com MM?

2. Você é um empreendedor abrindo uma empresa de biotecnologia. Se sua pesquisa for bem-sucedida, a tecnologia pode ser vendida por $30 milhões. Se sua pesquisa não tiver êxito, a tecnologia não

valerá nada. Para financiar sua pesquisa, você precisa levantar $2 milhões. Os investidores estão dispostos a lhe fornecer os $2 milhões em capital inicial em troca de 50% das ações não-alavancadas da empresa.

   a. Qual é o valor de mercado total da empresa sem alavancagem?

   b. Suponha que você contraia um empréstimo de $1 milhão. De acordo com MM, que fração das ações da empresa você precisará vender para levantar o outro $1 milhão de que você precisa?

   c. Qual é o valor de sua fração das ações da empresa nos casos (a) e (b)?

3. A Acort Industries possui ativos que têm uma probabilidade de 80% de ter um valor de mercado de $50 milhões daqui a um ano. Há uma chance de 20% de que os ativos valham apenas $20 milhões. A taxa de juros livre de risco atual é de 5%, e os ativos da Acort têm um custo de capital de 10%.

   a. Se a Acort é não-alavancada, qual é o valor de mercado corrente de suas ações?

   b. Suponha agora que a Acort tenha uma dívida com um valor de face de $20 milhões a ser paga daqui a um ano. De acordo com MM, qual é o valor das ações da Acort neste caso?

   c. Qual é o retorno esperado das ações da Acort sem alavancagem? E com alavancagem?

   d. Qual é o menor retorno realizado possível das ações da Acort com e sem alavancagem?

Modigliani-Miller I: alavancagem, arbitragem e valor da empresa

EXCEL 4. Suponha que não haja impostos. A empresa ABC não possui dívida e a empresa XYZ possui uma dívida de $5.000, sobre a qual paga juros de 10% ao ano. Ambas as empresas têm projetos idênticos que geram fluxos de caixa livres de $800 ou $1.000 por ano. Após pagarem quaisquer juros sobre a dívida, ambas as empresas utilizam todos os fluxos de caixa livres restantes para pagar dividendos todo ano.

   a. Preencha a tabela abaixo mostrando os pagamentos que os titulares de dívida e de ações de cada empresa receberão dado cada um dos dois possíveis níveis de fluxos de caixa livres.

	ABC		XYZ	
FCF	Pagamentos de dívida	Dividendos das ações	Pagamentos de dívida	Dividendos das ações
$800				
$1.000				

   b. Suponha que você possua 10% das ações da ABC. Que outra carteira você poderia manter que geraria os mesmos fluxos de caixa?

   c. Suponha que você possua 10% das ações da XYZ. Se você pode contrair empréstimos a 10%, qual é uma estratégia alternativa que forneceria os mesmos fluxos de caixa?

5. Suponha que a Alpha Industries e a Omega Technology possuam ativos idênticos que geram fluxos de caixa idênticos. A Alpha Industries é uma empresa não-alavancada, com 10 milhões de ações em circulação negociadas por $22 cada. A Omega Technology possui 20 milhões de ações em circulação além de uma dívida de $60 milhões.

   a. De acordo com a Primeira Proposição de MM, qual é o preço das ações da Omega Technology?

   b. Suponha que as ações da Omega Technology estejam sendo negociadas por $11 cada. Que oportunidade de arbitragem está disponível? Que suposições são necessárias para explorar esta oportunidade?

6. A Cisoft é uma empresa de tecnologia extremamente lucrativa que atualmente possui $5 bilhões em dinheiro. A empresa decidiu utilizar este dinheiro para recomprar ações dos investidores, e já anunciou esses planos. Atualmente, a Cisoft é uma empresa não-alavancada com 5 bilhões de ações em circulação. Essas ações estão sendo negociadas por $12 cada. A Cisoft não emitiu nenhum outro valor mobiliário, exceto opções de ações oferecidas a seus funcionários. O valor de mercado atual dessas opções é de $8 bilhões.

a. Qual é o valor de mercado dos ativos da Cisoft, exceto dinheiro?

b. Com mercados de capitais perfeitos, qual é o valor de mercado das ações da Cisoft após a recompra de ações? Qual é o valor por ação?

EXCEL 7. A Zetatron é uma empresa não-alavancada com 100 milhões de ações em circulação, que estão sendo negociadas por $7,50 cada. Há um mês, a Zetatron anunciou que iria mudar sua estrutura de capital contraindo um empréstimo de $100 milhões em dívida de curto prazo, um empréstimo de $100 milhões em dívida de longo prazo, e emitindo $100 milhões em ações preferenciais. Os $300 milhões levantados pelas emissões, mais outros $50 milhões em dinheiro que a Zetatron já possui, serão utilizados para recomprar ações existentes. A transação está marcada para ocorrer hoje. Suponha mercados de capitais perfeitos.

a. Qual é o balanço patrimonial a valor de mercado da Zetatron

   i. antes desta transação?

   ii. após os novos títulos terem sido emitidos, mas antes da recompra de ações?

   iii. após a recompra de ações?

b. Ao término desta transação, quantas ações em circulação a Zetatron possuirá, e qual será o valor delas?

Modigliani-Miller II: alavancagem, risco e custo de capital

8. Explique o que está errado no seguinte argumento: "Se uma empresa emitir títulos de dívida livre de risco, como não há possibilidade de inadimplência, o risco das ações da empresa não mudará. Portanto, um endividamento livre de risco permite que a empresa obtenha o benefício de um baixo custo de capital de terceiros sem elevar seu custo de capital próprio".

9. Considere o empreendedor descrito na Seção 14.1 e referenciado nas Tabelas 14.1–14.3. Suponha que ele financie o projeto contraindo uma dívida de $750, em vez de $500.

a. De acordo com a Primeira Proposição de MM, qual é o valor das ações? Quais são seus fluxos de caixa quando a economia está forte? Quais são seus fluxos de caixa quando a economia está fraca?

b. Qual é o retorno das ações em cada caso? Qual é seu retorno esperado?

c. Qual é o prêmio de risco das ações em cada caso? Qual é a sensibilidade do retorno das ações alavancadas ao risco sistemático? Como sua sensibilidade pode ser comparada à das ações não-alavancadas? Como seu prêmio de risco pode ser comparado ao das ações não-alavancadas?

d. Qual é o índice capital de terceiros/capital próprio (*debt-equity ratio*) da empresa neste caso?

e. Qual é o WACC da empresa neste caso?

10. A Hardmon Enterprises é atualmente uma empresa não-alavancada com um retorno esperado de 12%. Está considerando uma recapitalização alavancada em que contrairia um empréstimo e recompraria ações existentes.

a. Suponha que a Hardmon contraia empréstimos até o ponto em que seu índice capital de terceiros/capital próprio (*debt-equity ratio*) seja de 0,50. Com esta proporção de dívida, o custo de capital de terceiros é de 6%. Qual será o retorno esperado das ações após esta transação?

b. Suponha agora que a Hardmon contraia empréstimos até o ponto em que seu índice capital de terceiros/capital próprio (*debt-equity ratio*) seja de 1,50. Com esta proporção de dívida, a dívida da empresa será muito mais arriscada. Consequentemente, o custo de capital de terceiros será de 8%. Qual é o retorno esperado das ações neste caso?

c. Um gerente sênior argumenta que é do interesse dos acionistas escolher a estrutura de capital que leve ao maior retorno esperado sobre as ações. Como você responderia a este argumento?

11. A Global Pistons (GP) possui ações comuns com um valor de mercado de $200 milhões e uma dívida com um valor de $100 milhões. Os investidores esperam um retorno de 15% sobre as ações e um retorno de 6% sobre a dívida. Suponha mercados de capitais perfeitos.

a. Suponha que a GP emita $100 milhões em novas ações para recomprar sua dívida. Qual é o retorno esperado das ações após esta transação?

b. Suponha agora que a GP emita $50 milhões em novos títulos de dívida para recomprar ações.

   i. Se o risco da dívida não mudar, qual será o retorno esperado das ações após esta transação?

   ii. Se o risco da dívida aumentar, o retorno esperado será mais alto ou mais baixo do que na parte (i)?

12. A Hubbard Industries é uma empresa não-alavancada cujas ações têm um retorno esperado de 10%. A Hubbard realiza uma recapitalização alavancada emitindo títulos de dívida e recomprando ações, até seu índice capital de terceiros/capital próprio (*debt-equity ratio*) ser de 0,60. Devido ao maior risco, os acionistas agora esperam um retorno de 13%. Supondo que não haja impostos e que a dívida da Hubbard seja livre de risco, qual é a taxa de juros sobre a dívida?

13. A Hartford Mining possui 50 milhões de ações em circulação sendo negociadas por $4 por ação, e $200 milhões em endividamento. A dívida é livre de risco é possui uma taxa de juros de 5%, e o retorno esperado das ações da Hartford é de 11%. Suponha que uma greve dos mineradores faça o preço das ações da empresa cair em 25%, para $3 por ação. O valor da dívida livre de risco permanece inalterado. Supondo que não haja impostos e que o beta não-alavancado dos ativos da Hartford não tenha mudado, o que acontece com o custo de capital próprio da empresa?

*14. As ações da Indell possuem um valor de mercado atual de $120 milhões e um beta de 1,50. A Indell atualmente possui também uma dívida livre de risco. A empresa decide alterar sua estrutura de capital emitindo $30 milhões em títulos de dívida livre de risco adicionais, e então utilizando esses $30 milhões mais outros $10 milhões em dinheiro para recomprar ações. Com mercados de capitais perfeitos, qual será o beta das ações da Indell após esta transação?

As falácias da estrutura de capital

EXCEL 15. A Yerba Industries é uma empresa não-alavancada cujas ações possuem um beta de 1,2 e um retorno esperado de 12,5%. Suponha que ela emita mais títulos de dívida livres de risco com uma rentabilidade de 5% e recompre 40% de suas ações. Suponha mercados de capitais perfeitos.

   a. Qual é o beta das ações da Yerba após esta transação?

   b. Qual é o retorno esperado das ações da Yerba após esta transação?

   Suponha que, antes desta transação, a Yerba esperasse lucros por ação no ano que vem de $1,50, com um índice preço-lucro *forward* (isto é, o preço de uma ação dividido pelos lucros esperados do ano seguinte) igual a 14.

   c. Quais são os lucros esperados por ação da Yerba após esta transação? Esta mudança beneficia os acionistas? Explique.

   d. Qual é o índice preço-lucro da empresa após esta transação? Esta mudança no índice é razoável? Explique.

16. Você é o CEO de uma empresa de tecnologia de grande crescimento. Você planeja levantar $180 milhões para financiar uma expansão emitindo ou novas ações, ou novos títulos de dívida. Com a expansão, você espera lucros de $24 milhões no próximo ano. A empresa atualmente possui 10 milhões de ações em circulação, com um preço de $90 por ação. Suponha mercados de capitais perfeitos.

   a. Se você levantar os $180 milhões vendendo novas ações, qual será a previsão para os lucros por ação do próximo ano?

   b. Se você levantar os $180 milhões emitindo uma nova dívida com uma taxa de juros de 5%, qual será a previsão para os lucros por ação do próximo ano?

   c. Qual é o índice preço-lucro *forward* da empresa (isto é, o preço de uma ação dividido pelos lucros esperados do próximo ano) se ela emitir ações? E se ela emitir títulos de dívida? Como você pode explicar a diferença?

17. A Zelnor, Inc., é uma empresa não-alavancada com 100 milhões de ações em circulação sendo negociadas a $8,50 por ação. Suponha que a Zelnor decida conceder um total de 10 milhões de novas ações a seus funcionários como parte de um novo plano de remuneração. A empresa argumenta que este novo plano de remuneração irá motivar os funcionários e é uma estratégia melhor do que oferecer bônus salariais, pois terá custo zero para a empresa.

a. Se o novo plano de remuneração não possui nenhum efeito sobre os ativos da Zelnor, qual será o preço das ações uma vez que este plano seja implementado?

b. Qual é o custo deste plano para os investidores da Zelnor? Por que emitir ações é custoso neste caso?

Caso simulado

Você trabalha na divisão de finanças empresariais da The Home Depot e seu chefe lhe pediu para analisar a estrutura de capital da empresa. Especificamente, seu chefe está considerando mudar o nível de endividamento da empresa. Seu chefe se lembra de algo de seu programa de MBA sobre a estrutura de capital ser irrelevante, mas não sabe ao certo o que isso significa. Você sabe que a estrutura de capital é irrelevante sob a condição de mercados perfeitos e irá demonstrar esta questão para seu chefe mostrando que o custo médio ponderado de capital permanece constante para vários níveis de endividamento. Agora, por enquanto, suponha que os mercados de capitais sejam perfeitos enquanto você prepara as respostas para seu chefe.

Você gostaria de analisar mudanças relativamente modestas na estrutura de capital da Home Depot. Você gostaria de considerar duas situações: a empresa emite $1 bilhão em novos títulos de dívida para recomprar ações, e a empresa emite $1 bilhão em novas ações para refinanciar uma dívida. Utilize o Excel para responder as perguntas a seguir utilizando as Equações 14.5 e 14.7 deste capítulo, e supondo um custo de capital de ações não-alavancadas (r_U) de 12%.

1. Obtenha as informações financeiras necessárias sobre a Home Depot.

    a. Vá a Nasdaq.com (www.nasdaq.com), clique em "Summary Quotes" [Resumo das cotações] do lado esquerdo e digite o símbolo das ações da Home Depot (HD). Clique em "Go". Na página do "Summary Quotes", obtenha o preço atual das ações e o número de ações em circulação da empresa.

    b. Clique em "Company Financials" [Finanças da empresa] e o demonstrativo de resultados anuais deverá aparecer. Coloque o cursor no meio do demonstrativo, clique com o botão direito de seu mouse e selecione "Export to Microsoft Excel" [Exportar para o Microsoft Excel] (você não precisará do demonstrativo até o Capítulo 15, mas colete todos os dados de base de uma única vez). Vá ao *site* da Nasdaq e selecione o balanço patrimonial, ou *balance sheet*. Exporte-o para o Excel também e então copie e cole o balanço patrimonial para a mesma planilha que o demonstrativo de resultados.

    c. Para obter o custo da dívida da Home Depot, vá a NASD BondInfo (http://cxa.marketwatch.com/finra/BondCenter/Default.aspx). Procure por símbolo e digite o símbolo da Home Depot. A página seguinte conterá informações sobre todos os títulos de dívida da empresa em circulação e vencidos recentemente. Selecione a última rentabilidade de um título de dívida em circulação com o menor vencimento futuro (a data de vencimento se encontra sobre a linha que descreve cada emissão; às vezes a lista também contém títulos de dívida recentemente extintos, então tome cuidado para não utilizar um desses).

2. Calcule o índice capital de terceiros/capital próprio (*debt-equity ratio*) a valor de mercado da Home Depot. Aproxime o valor de mercado da dívida pelo valor contábil da dívida líquida; inclua dívidas de longo e curto prazo/fração corrente de dívida de longo prazo retiradas do balanço patrimonial, e subtraia quaisquer posses de dinheiro. Utilize o preço das ações e o número de ações em circulação para calcular o valor de mercado das ações.

3. Calcule o preço das ações alavancadas (r_E) da Home Depot utilizando seu índice capital de terceiros/capital próprio (*debt-equity ratio*) e a Equação 14.5 deste capítulo.

4. Calcule o custo médio ponderado de capital (WACC) da Home Depot utilizando a Equação 14.7 e a rentabilidade existente sobre os títulos de dívida em circulação como r_D, dado seu índice capital de terceiros/capital próprio (*debt-equity ratio*).

5. Repita os passos 3 e 4 para as duas situações que você gostaria de analisar, emitindo $1 bilhão em dívida para recomprar ações, e emitindo $1 bilhão em ações para recomprar dívida. (Apesar de você perceber que o custo de capital (r_D) pode mudar com mudanças na alavancagem, para estas

mudanças modestamente pequenas você prefere supor que r_D permanecerá constante. Exploraremos a relação entre mudança na alavancagem e mudança no r_D mais aprofundadamente no Capítulo 16. Qual é o índice capital de terceiros/capital próprio (*debt-equity ratio*) em cada um desses casos?

6. Prepare uma explicação escrita para seu chefe explicando a relação entre estrutura de capital e o custo de capital neste exercício.

7. Que suposições implícitas neste exercício geram os resultados encontrados na questão 5? Como seus resultados difeririam no "mundo real"?

CAPÍTULO 15

Endividamento e Impostos

Em um mercado de capitais perfeito, a Lei do Preço Único implica que todas as transações financeiras têm um NPV igual a zero e nem criam, nem destroem valor. Consequentemente, no capítulo anterior vimos que a escolha de financiamento através de capital de terceiros ou de capital próprio não afeta o valor de uma empresa: os fundos levantados pela emissão de títulos de dívida é igual ao valor presente dos juros futuros e dos pagamentos de principal que a empresa fará. Apesar de a alavancagem aumentar o risco e o custo de capital próprio da empresa, seu custo médio ponderado de capital (WACC), seu valor total e o preço de suas ações permanecem inalterados em consequência de tal mudança. Isto é, *em um mercado de capitais perfeitos, a escolha de estrutura de capital de uma empresa não é importante*.

Esta afirmativa diverge, porém, da observação de que as empresas investem recursos significativos, tanto em termos de tempo e esforço gerencial quanto em termos de taxas cobradas por bancos de investimentos, ao gerenciar suas estruturas de capital. Em muitos casos, a escolha da alavancagem é de importância crucial para o valor e o futuro sucesso de uma empresa. Como mostraremos, há grandes e sistemáticas variações nas estruturas de capital típicas de diferentes indústrias. Por exemplo, no final de 2004, a Amgen, uma empresa de biotecnologia e medicamentos, tinha uma dívida de $5 bilhões e uma capitalização de mercado de mais de $81 bilhões, o que gerava um índice capital de terceiros/capital próprio (*debt-equity ratio*) de 0,06. Ao contrário, a Navistar International, uma fabricante de automóveis e caminhões, tinha um índice capital de terceiros/capital próprio de 0,95. Os fabricantes de caminhões em geral têm índices de endividamento mais altos do que empresas de biotecnologia e medicamentos. Se a estrutura de capital não é importante, por que vemos diferenças tão consistentes entre empresas e indústrias? Por que os gerentes dedicam tanto tempo, esforço e despesas à escolha da estrutura de capital?

notação

Int	despesa com juros
PV	valor presente
r_f	taxa de juros livre de risco
D	valor de mercado da dívida
r_E	custo de capital próprio
τ_c	alíquota marginal corporativa de impostos
E	valor de mercado de ações
r_{wacc}	custo médio ponderado de capital
r_D	custo de capital de terceiros
V^U	valor da empresa não-alavancada
V^L	valor da empresa com alavancagem
τ_i	alíquota marginal de impostos pessoais sobre rendimentos provenientes de títulos de dívida
τ_e	alíquota marginal de impostos pessoais sobre rendimentos provenientes de ações
τ^*	vantagem tributária efetiva do endividamento
τ^*_{ex}	vantagem tributária efetiva sobre juros acima do EBIT

Como Modigliani e Miller deixaram claro em seu trabalho original, a estrutura de capital não importa em mercados de capitais *perfeitos*.[1] Lembremos do Capítulo 14 que um mercado de capitais perfeito existe sob as seguintes suposições:

1. Os investidores e as empresas podem negociar o mesmo conjunto de títulos a preços de mercados competitivos iguais ao valor presente de seus fluxos de caixa futuros.

2. Não há impostos, custos de transação ou custos de emissão associados à negociação de títulos.

3. As decisões de financiamento de uma empresa não mudam os fluxos de caixa gerados por seus investimentos, nem revelam novas informações sobre eles.

Assim, se a estrutura de capital *realmente* faz diferença, então esta diferença deve ser proveniente de uma *imperfeição* de mercado. Neste capítulo, focalizaremos uma destas imperfeições – os impostos. As empresas e os investidores têm que pagar impostos sobre os rendimentos que obtêm com seus investimentos. Como veremos, uma empresa pode aumentar seu valor utilizando alavancagem para minimizar os impostos que ela e seus investidores pagam.

15.1 A dedução das despesas com juros dos impostos

As empresas têm que pagar impostos sobre os rendimentos que obtêm. Como pagam impostos sobre seus lucros após o pagamento de juros serem deduzidos, as despesas com juros reduzem o valor em impostos pagos pela empresa. Este elemento do código fiscal cria um incentivo ao uso do capital de terceiros.

Consideremos o impacto das despesas com juros sobre os impostos pagos pela Safeway, Inc., uma cadeia de supermercados. A Safeway teve lucros antes dos juros e impostos de aproximadamente $1,25 bilhão em 2005, e despesas com juros de aproximadamente $400 milhões. Dada a alíquota marginal corporativa de impostos de 35%,[2] o efeito da alavancagem sobre os rendimentos da Safeway é exibido na Tabela 15.1.

Como podemos ver a partir da Tabela 15.1, o lucro líquido da Safeway em 2005 foi menor com alavancagem do que teria sido sem ela. Assim, as obrigações com dívidas da empresa reduziram o valor de seu patrimônio líquido. Mas o que é mais importante é que o montante *total* disponível a todos os investidores foi maior com alavancagem:

	Com alavancagem	Sem alavancagem
Juros pagos a titulares de dívidas	400	0
Rendimentos disponíveis aos acionistas	552	812
Total disponível a todos os investidores	**$952**	**$812**

Com alavancagem, a Safeway conseguiu pagar um total de $952 milhões a seus investidores, *versus* apenas $812 milhões sem alavancagem, representando um aumento de $140 milhões.

---

[1] Ver F. Modigliani e M. H. Miller, "The Cost of Capital, Corporation Finance and the Theory of Investment", *American Economic Review* 48 (June 1958): pp. 261-297. Em seu artigo de 1963, "Corporate Income Taxes and the Cost of Capital: A Correction", *American Economic Review* 53 (June 1963): pp. 433-443, Modigliani e Miller adaptaram sua análise para incluir impostos.

[2] A Safeway pagou uma alíquota de impostos média de aproximadamente 33,9% em 2004, após considerar outros créditos e diferimentos. Como estamos interessados no impacto de uma mudança na alavancagem, a alíquota marginal corporativa de impostos da Safeway – a alíquota de impostos aplicável a rendimentos extras tributáveis – é relevante para nossa discussão.

TABELA 15.1 — Rendimentos da Safeway, com e sem alavancagem, 2005 ($ milhões)

	Com alavancagem	Sem alavancagem
EBIT	$1.250	$1.250
Despesas com juros	−400	0
Rendimentos antes dos impostos	850	1.250
Impostos (35%)	−298	−438
Rendimentos líquidos	$552	$812

Pode parecer estranho que uma empresa possa estar em uma melhor situação com alavancagem apesar de seus rendimentos serem menores. Mas lembremos do Capítulo 14 que o valor de uma empresa é o montante total que ela consegue levantar junto a todos os investidores, e não somente junto aos acionistas. Então, se com alavancagem a empresa pode pagar mais no total, ela também será capaz de levantar mais capital total inicialmente.

De onde vêm esses $140 milhões extras? Observando a Tabela 15.1, podemos ver que este ganho é igual à redução em impostos com a alavancagem: $438 milhões − $298 milhões = $140 milhões. Como a Safeway não deve impostos sobre os $400 milhões em rendimentos que utilizou para fazer pagamentos de juros, esses $400 milhões são *dispensados* dos impostos, gerando a economia tributária de 35% × $400 milhões = $140 milhões.

Em geral, o ganho para os investidores proveniente da dedutibilidade de pagamentos de juros dos impostos é chamado de **dedução tributária das despesas com juros**. A dedução tributária das despesas com juros é o montante extra que uma empresa teria pago em impostos se não tivesse alavancagem. Podemos calcular seu valor anual como a seguir:

Dedução tributária das despesas com juros = Alíquota corporativa × Pagamentos de juros   (15.1)

EXEMPLO 15.1 — Calculando a dedução tributária das despesas com juros

Problema

Abaixo temos o demonstrativo de resultados da D. F. Builders (DFB). Dada sua alíquota marginal corporativa de impostos de 35%, qual é o valor da dedução tributária das despesas com juros da DFB nos anos de 2003 a 2006?

Demonstrativo de resultados da DFB ($ milhões)	2003	2004	2005	2006
Total em vendas	$3.369	$3.706	$4.077	$4.432
Custo das vendas	−2.359	−2.584	−2.867	−3.116
Despesas com vendas, gerais e administrativas	−226	−248	−276	−299
Depreciação	−22	−25	−27	−29
Receita operacional	762	849	907	988
Outras receitas	7	8	10	12
EBIT	769	857	917	1.000
Despesa com juros	−50	−80	−100	−100
Lucros antes dos impostos	719	777	817	900
Impostos (35%)	−252	−272	−286	−315
Lucro líquido	$467	$505	$531	$585

Solução

Da Equação 15.1, a dedução tributária das despesas com juros é a alíquota corporativa de 35% multiplicada pelos pagamentos de juros a cada ano:

($ milhões)	2003	2004	2005	2006
Despesa com juros	−50	−80	−100	−100
Dedução tributária das despesas com juros (35% × despesa com juros)	17,5	28	35	35

FIXAÇÃO DE CONCEITOS

1. Com impostos de renda, explique por que o valor de uma empresa pode ser maior com alavancagem apesar de seus rendimentos serem menores.
2. O que é a dedução tributária das despesas com juros?

15.2 Avaliando a dedução tributária das despesas com juros

Quando uma empresa utiliza financiamento por endividamento, a dedução tributária das despesas com juros fornece um benefício sobre os impostos todo ano. Para determinar o benefício da alavancagem para o valor da empresa, temos que calcular o valor presente da sequência de futuras deduções tributárias das despesas com juros que a empresa receberá.

A dedução tributária das despesas com juros e o valor da empresa

A cada ano que uma empresa faz pagamentos de juros, os fluxos de caixa pagos aos investidores serão mais altos do que seriam sem alavancagem no valor da dedução tributária das despesas com juros:

$$\begin{pmatrix} \text{Fluxos de caixa para os} \\ \text{investidores com alavancagem} \end{pmatrix} = \begin{pmatrix} \text{Fluxos de caixa para os} \\ \text{investidores sem alavancagem} \end{pmatrix} + \begin{pmatrix} \text{Dedução tributária} \\ \text{das despesas com juros} \end{pmatrix}$$

A Figura 15.1 ilustra esta relação. Aqui podemos ver como cada dólar dos fluxos de caixa antes dos impostos é dividido. A empresa utiliza uma fração para pagar impostos e paga o resto aos investidores. Aumentando o valor pago aos titulares de dívida através de pagamentos de juros, o valor dos fluxos de caixa antes dos impostos que tem que ser pago como impostos diminui. O ganho em fluxos de caixa totais para os investidores é a dedução tributária das despesas com juros.

Como os fluxos de caixa da empresa alavancada são iguais à soma dos fluxos de caixa da empresa não-alavancada mais a dedução tributária das despesas com juros, pela Lei do Preço Único o mesmo deve valer para os valores presentes desses fluxos de caixa. Assim, sendo V^L e V^U os valores da empresa com e sem alavancagem, respectivamente, temos a seguinte alteração da Primeira Proposição de MM na presença de impostos:

O valor total da empresa alavancada excede o valor da empresa sem alavancagem devido ao valor presente dos benefícios fiscais sobre dívidas:

$$V^L = V^U + PV(\text{Dedução tributária das despesas com juros}) \qquad (15.2)$$

Claramente, há uma importante vantagem tributária para o uso de financiamento através da contração de dívida. Mas qual é a magnitude dessa dedução tributária? Para calcular o aumento no valor total da empresa associado à dedução tributária das despesas com juros, precisamos prever como a dívida da empresa – e, portanto, seus pagamentos de juros – irão variar com o tempo. Dada uma previsão dos pagamentos futuros de juros, podemos determinar a dedução tributária das despesas com juros e calcular seu valor presente descontando-a a uma taxa que corresponda a seu risco.

FIGURA 15.1

Os fluxos de caixa da empresa não-alavancada e da empresa alavancada

Aumentando os fluxos de caixa pagos aos titulares de dívidas através do pagamento de juros, uma empresa reduz o valor pago em impostos. O aumento em fluxos de caixa totais pagos aos investidores é a dedução tributária das despesas com juros. (O cálculo supõe uma alíquota marginal corporativa de impostos de 40%.)

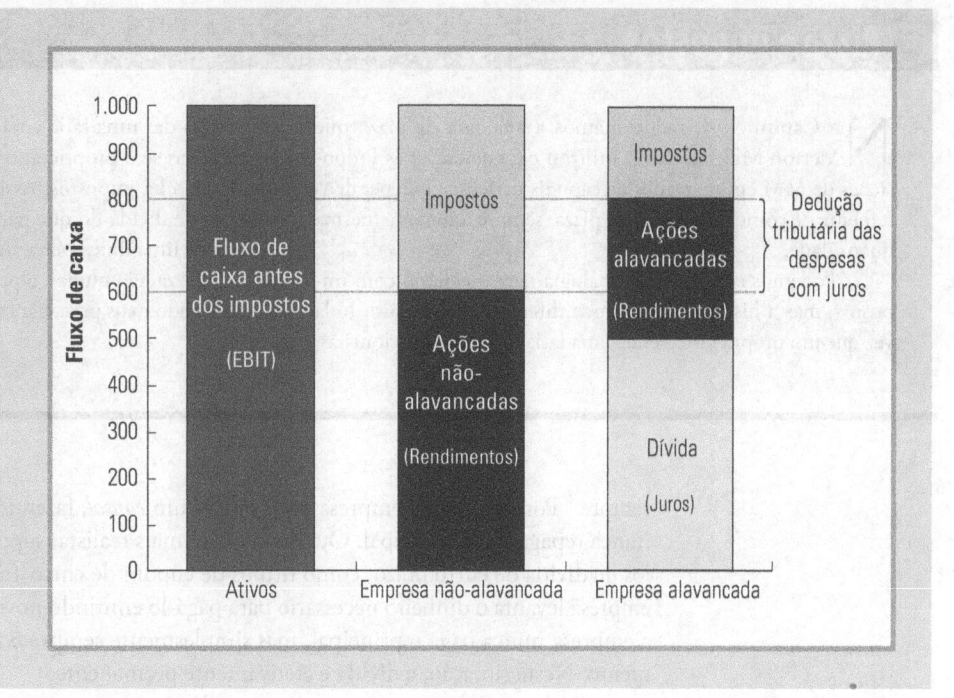

EXEMPLO 15.2

Avaliando a dedução tributária das despesas com juros sem risco

Problema

Suponha que a DFB planeje pagar $100 milhões em juros todo ano pelos 10 próximos anos, e então repague o principal de $2 bilhões no ano 10. Esses pagamentos são livres de risco, e a alíquota marginal corporativa de impostos permanecerá a 35% durante todo este período. Se a taxa de juros livre de risco é de 5%, em quanto a dedução tributária das despesas com juros aumentará o valor da DFB?

Solução

Neste caso, a dedução tributária das despesas com juros é de 35% × $100 milhões = $35 milhões por ano pelos 10 próximos anos. Portanto, podemos avaliá-la como uma anuidade de 10 anos. Como a economia tributária é conhecida e livre de risco, podemos descontá-la à taxa de juros livre de risco de 5%:

$$PV(\text{Dedução tributária das despesas com juros}) = \$35 \text{ milhões} \times \frac{1}{5\%}\left(1 - \frac{1}{1,05^{10}}\right)$$

$$= \$270 \text{ milhões}$$

O repagamento final do principal no ano 10 não é dedutível, então não contribui com a dedução tributária.

A dedução tributária das despesas com juros com dívida permanente

No Exemplo 15.2, conhecemos as economias tributárias futuras da empresa com certeza. Na prática, este caso é raro. Tipicamente, o nível de pagamentos futuros de juros varia devido a mudanças que a empresa faz no montante de dívida a pagar, mudanças na taxa de juros sobre esta dívida, e o risco de que a empresa possa ser inadimplente e deixe de fazer um pagamento de juros. Além disso, a alíquota marginal de impostos pode flutuar devido a mudanças no código fiscal e na faixa de tributação da empresa.

Em vez de tentar englobar todas as possibilidades aqui, consideraremos o caso especial em que a empresa emite títulos de dívida e planeja manter o valor da dívida em dólar constante para

Pizza e impostos

No Capítulo 14, mencionamos a analogia da pizza que Merton Miller uma vez utilizou para descrever as Proposições de MM em mercados de capitais perfeitos: independentemente de como fatiamos uma pizza, sempre teremos a mesma quantidade.

Podemos estender esta analogia para o cenário com impostos, mas a história é um pouco diferente. Neste caso, toda vez que um proprietário vende uma fatia de pizza aos acionistas, ele precisa dar uma fatia ao Tio Sam como pagamento de impostos. Mas se o proprietário vender uma fatia aos titulares de dívida, não há impostos. Assim, vendendo mais fatias para os titulares de dívida do que para os acionistas, as receitas provenientes de uma única pizza aumentam. Apesar de a quantidade total de pizza não mudar, o proprietário dará menos em impostos, deixando mais pizza para vender para os clientes.

sempre.[3] Por exemplo, a empresa pode emitir um *consol*, fazendo apenas pagamentos de juros, mas nunca repagando o principal. Ou, de maneira mais realista, suponhamos que a empresa emita títulos de dívida de curto prazo, como títulos de cupom de cinco anos. No vencimento do principal, a empresa levanta o dinheiro necessário para pagá-lo emitindo novos títulos de dívida. Dessa maneira, a empresa nunca paga o principal, mas simplesmente sempre o refinancia na ocasião de seu vencimento. Nesta situação, a dívida é efetivamente permanente.

Muitas grandes empresas têm uma política de manter certo montante de dívida em seus balanços patrimoniais. À medida que títulos de dívida e empréstimos antigos vencem, ocorrem novas contrações de dívidas. O que é especial aqui é que estamos considerando o valor da dedução tributária das despesas com juros com uma quantia em dólares *fixa* de dívida a pagar, em vez de uma quantia que muda com o tamanho da empresa.

Suponhamos que uma empresa contraia a dívida D e mantenha-a permanentemente. Se a alíquota marginal corporativa de impostos é τ_c, e se a dívida é livre de risco com uma taxa de juros livre de risco de r_f, então a dedução tributária das despesas com juros todo ano é de $\tau_c \times r_f \times D$, e podemos avaliar o benefício como uma perpetuidade:

$$PV(\text{Dedução tributária das despesas com juros}) = \frac{\tau_c \times \text{Juros}}{r_f} = \frac{\tau_c \times (r_f \times D)}{r_f}$$
$$= \tau_c \times D$$

Este cálculo supõe que a dívida é livre de risco e que a taxa de juros livre de risco é constante. Porém, essas suposições não são necessárias. Se a dívida tiver um preço justo, a ausência de arbitragem implica que o valor de mercado tem que ser igual ao valor presente dos pagamentos de juros futuros:[4]

$$\text{Valor de mercado da dívida} = D = PV(\text{Pagamentos de juros futuros}) \quad (15.3)$$

Se a alíquota marginal corporativa de impostos da empresa for constante,[5] então temos a seguinte fórmula geral:

---

[3] Discutiremos como valorar a dedução tributária das despesas com juros com políticas de alavancagem mais complicadas, como manter constantes uma relação dívida/ações ou um índice de cobertura de juros, no Capítulo 18.

[4] A Equação 15.3 é válida mesmo se as taxas de juros flutuarem e a dívida for arriscada, contanto que qualquer dívida nova também tenha um preço justo. É necessário apenas que a empresa nunca repague o principal sobre a dívida (ou refinancie, ou seja inadimplente sobre o principal). O resultado segue do mesmo argumento que utilizamos no Capítulo 9 para mostrar que o preço das ações deve ser igual ao valor presente dos dividendos futuros.

[5] A alíquota de impostos pode não ser constante se a renda tributável da empresa flutuar suficientemente para mudar sua faixa de tributação (discutiremos esta possibilidade de maneira mais aprofundada na Seção 15.5). Se a renda tributável da empresa caísse em uma faixa de tributação menor por um período extenso, o valor da dedução tributária seria reduzido.

Valor da dedução tributária das despesas com juros de dívida permanente

$$PV(\text{Dedução tributária das despesas com juros}) = PV(\tau_c \times \text{Pagamentos de juros futuros})$$
$$= \tau_c \times PV(\text{Pagamentos de juros futuros})$$
$$= \tau_c \times D \quad (15.4)$$

Esta fórmula mostra a magnitude da dedução tributária das despesas com juros. Dada uma alíquota corporativa de 35%, ela implica que, para cada $1 em nova dívida permanente que a empresa emite, o valor da empresa aumente em $0,35.

O custo médio ponderado de capital com impostos

A dedução tributária da alavancagem também pode ser expressa em termos do custo médio ponderado de capital. Quando uma empresa utiliza financiamento por endividamento, o custo dos juros que ela tem que pagar é contrabalançado até certo ponto pela economia tributária proveniente da dedução tributária das despesas com juros. Por exemplo, suponhamos que uma empresa com uma alíquota de impostos de 35% contraia uma dívida de $100.000 a 10% de juros ao ano. Então, seu custo líquido no final do ano é

		Final do ano
Despesa com juros	$r \times \$100.000 =$	10.000
Economia tributária	$-\tau_c \times r \times \$100.000 =$	-3.500
Custo efetivo da dívida após os impostos	$r \times (1 - \tau_c) \times \$100.000 =$	$\$6.500$

O custo efetivo da dívida é de apenas $6.500 / $100.000 = 6,50% do montante do empréstimo, em vez dos 10% integrais de juros. Assim, a dedutibilidade dos juros do imposto diminui o custo efetivo do financiamento por endividamento para a empresa. De maneira mais geral,

Com juros dedutíveis dos impostos, a taxa de empréstimo efetiva após os impostos é $r(1 - \tau_c)$.[6]

No Capítulo 14, calculamos o custo médio ponderado de capital, que é o retorno médio que a empresa tem que pagar a seus investidores (acionistas e titulares de dívidas). O WACC representa o custo de capital do fluxo de caixa livre gerado pelos ativos da empresa. Como o fluxo de caixa livre da empresa é calculado sem considerar a alavancagem da empresa, incluímos a dedução tributária das despesas com juros calculando o WACC utilizando o custo da dívida após os impostos:

Custo médio ponderado de capital com impostos[7]

$$r_{wacc} = \frac{E}{E+D} r_E + \frac{D}{E+D} r_D (1 - \tau_c) \quad (15.5)$$

Se igualarmos a alíquota de impostos a zero na Equação 15.5, teremos exatamente a fórmula do WACC sem impostos que definimos no Capítulo 14. Em relação àquele caso, os impostos da empresa diminuem o custo efetivo do financiamento por dívida, o que significa uma redução no custo médio ponderado de capital. Na verdade, a Equação 15.5 implica

$$r_{wacc} = \underbrace{\frac{E}{E+D} r_E + \frac{D}{E+D} r_D}_{\text{WACC antes dos impostos}} - \underbrace{\frac{D}{E+D} r_D \tau_c}_{\text{Redução devido a dedução tributária das despesas com juros}} \quad (15.6)$$

---

[6] Deduzimos este mesmo resultado no Capítulo 5 ao considerarmos as implicações dos juros dedutíveis de impostos para indivíduos (por exemplo, com uma hipoteca de uma casa).

[7] O Apêndice 18A.1 do Capítulo 18 contém uma dedução formal desta fórmula. A Equação 15.5 supõe que os juros sobre a dívida e seu retorno esperado, r_D, sejam iguais, o que é uma aproximação razoável se a dívida tiver um risco muito baixo e estiver sendo negociada próxima ao par. Caso contrário, a expressão mais precisa para o custo de capital de terceiros após os impostos é $(r_D - \tau_c \bar{r}_D)$, onde $\bar{r}_D$ = (despesa atual com juros) / (valor de mercado da dívida).

Assim, a redução no WACC aumenta com a quantidade de financiamento por endividamento. Quanto maior for a alavancagem de uma empresa, mais ela explorará a vantagem tributária da dívida e menor será seu WACC. A Figura 15.2 ilustra este declínio no WACC com o aumento da alavancagem. O gráfico também mostra o WACC antes dos impostos, calculado sem impostos.

A dedução tributária das despesas com juros com um índice capital de terceiros/capital próprio (*debt-equity ratio*) pré-determinado

O declínio do WACC com o aumento da alavancagem é uma maneira alternativa de ver os benefícios fiscais associados ao financiamento por endividamento. Como discutiremos adiante no Capítulo 18, quando uma empresa ajusta sua alavancagem para manter um índice capital de terceiros/capital próprio (*debt-equity ratio*) pré-determinado em vez de manter um nível permanente de dívida, podemos calcular seu valor com alavancagem, V^L, descontando seu fluxo de caixa livre utilizando o custo médio ponderado de capital. O valor da dedução tributária das despesas com juros pode ser encontrado comparando-se V^L ao valor não-alavancado, V^U, do fluxo de caixa livre descontado do custo de capital não-alavancado da empresa, o WACC antes dos impostos.[8]

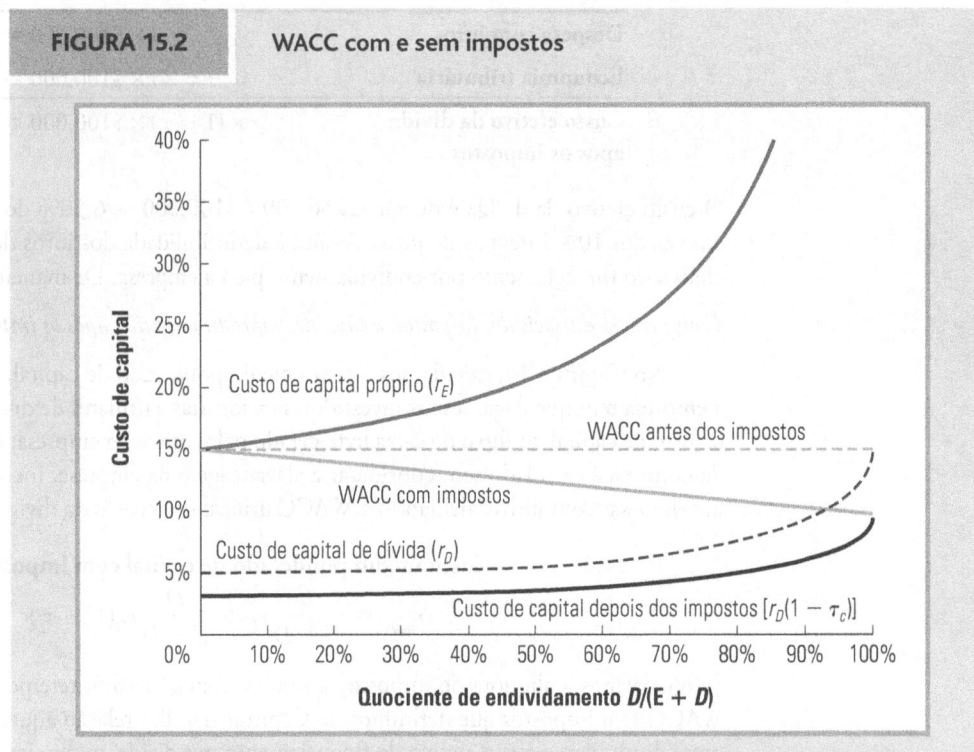

FIGURA 15.2   WACC com e sem impostos

Calculamos o WACC como uma função de índice-alvo do capital de terceiros/valor da empresa usando a Equação 15.5. Sem impostos, o WACC é constante, conforme exibido na Figura 14.1. Com impostos, o WACC se reduz à medida que a firma eleva a sua dependência de financiamento por dívidas e a dedução fiscal aumenta. O gráfico assume uma alíquota marginal corporativa de imposto de renda igual a $\tau_c = 35\%$.

---

[8] Como mostraremos no Capítulo 18, se a empresa ajusta sua alavancagem para manter um índice capital de terceiros/capital próprio (*debt-equity ratio*) ou índice de cobertura de juros pré-determinada, então seu WACC antes dos impostos permanece constante e igual ao seu custo de capital não-alavancado. Ver Capítulo 18 para uma discussão completa da relação entre os custos de capital alavancado e não-alavancado da empresa.

EXEMPLO 15.3

Avaliando a dedução tributária das despesas com juros com um índice capital de terceiros/capital próprio (*debt-equity ratio*) pré-determinado

Problema

A Western Lumber Company espera ter um fluxo de caixa livre no próximo ano de $4,25 milhões, e espera-se que ele cresça a uma taxa de 4% ao ano daí em diante. A Western Lumber possui um custo de capital próprio de 10% e um custo de capital de terceiros de 6%, e paga uma alíquota de impostos corporativos de 35%. Se a Western Lumber mantiver um índice capital de terceiros/capital próprio (*debt-equity ratio*) de 0,50, qual será o valor de sua dedução tributária das despesas com juros?

Solução

Podemos estimar o valor da dedução tributária das despesas com juros da Western Lumber comparando seu valor com e sem alavancagem. Calculamos seu valor não-alavancado descontando seu fluxo de caixa livre de seu WACC antes dos impostos:

$$\text{WACC antes dos impostos} = \frac{E}{E+D}r_E + \frac{D}{E+D}r_D = \frac{1}{1+0,5}10\% + \frac{0,5}{1+0,5}6\% = 8,67\%$$

Como esperamos que o fluxo de caixa livre da Western Lumber vá crescer a uma taxa constante, podemos avaliá-lo como uma perpetuidade de crescimento constante:

$$V^U = \frac{4,25}{8,67\% - 4\%} = \$91 \text{ milhões}$$

Para calcular o valor alavancado da Western Lumber, calculamos seu WACC:

$$\text{WACC} = \frac{E}{E+D}r_E + \frac{D}{E+D}r_D(1-\tau_c)$$

$$= \frac{1}{1+0,5}10\% + \frac{0,5}{1+0,5}6\%(1-0,35) = 7,97\%$$

Assim, o valor da Western Lumber incluindo a dedução tributária das despesas com juros é

$$V^L = \frac{4,25}{7,97\% - 4\%} = \$107 \text{ milhões}$$

O valor da dedução tributária das despesas com juros é, portanto,

$$PV(\text{Dedução tributária das despesas com juros}) = V^L - V^U = 107 - 91 = \$16 \text{ milhões}$$

FIXAÇÃO DE CONCEITOS

1. Com impostos como a única imperfeição de mercado, como o valor da empresa com alavancagem difere de seu valor sem alavancagem?

2. Como a alavancagem afeta o custo médio ponderado de capital da empresa?

15.3 Recapitalizando para captar a dedução tributária

Quando uma empresa faz uma mudança significativa em sua estrutura de capital, a transação é chamada de recapitalização (ou simplesmente "recap"). No Capítulo 14, introduzimos uma recapitalização alavancada em que a empresa emite uma grande quantidade de títulos de dívida e utiliza os resultados para pagar um dividendo especial ou para recomprar ações. As recapitalizações alavancadas eram especialmente populares de meados ao fim da década de 1980, quando muitas empresas achavam que essas transações podiam reduzir seus pagamentos de impostos.

Vejamos como tal transação poderia beneficiar os acionistas atuais. A Midco Industries possui 20 milhões de ações em circulação, com um preço de mercado de $15 por ação, e nenhuma dívida. A Midco tem tido rendimentos consistentemente constantes, e paga uma alíquota de impostos de 35%. A gerência planeja contrair um empréstimo de $100 milhões permanentemente através de uma recapitalização alavancada em que os fundos tomados emprestados seriam utilizados para recomprar ações em circulação. Sua expectativa é de que os benefícios fiscais provenientes desta transação aumentem o preço das ações da Midco e beneficie os acionistas. Vejamos se esta expectativa é realista.

A dedução tributária

Primeiro, examinemos as consequências fiscais da recapitalização alavancada da Midco. Sem alavancagem, seu valor de mercado total é o valor de suas ações não-alavancadas. Supondo que o preço atual das ações seja justo para as ações sem alavancagem:

$$V^U = (20 \text{ milhões de ações}) \times (\$15/\text{ação}) = \$300 \text{ milhões}$$

Com alavancagem, a Midco reduzirá seus pagamentos de impostos anuais. Se a Midco contrair um empréstimo de $100 milhões utilizando dívida permanente, o valor presente das economias tributárias futuras da empresa será de

$$PV(\text{dedução tributária das despesas com juros}) = \tau_c D = 35\% \times \$100 \text{ milhões} = \$35 \text{ milhões}$$

Assim, o valor da firma alavancada será

$$V^L = V^U + \tau_c D = \$300 \text{ milhões} + \$35 \text{ milhões} = \$335 \text{ milhões}$$

Este valor total representa o valor combinado da dívida e das ações após a recapitalização. Como o valor da dívida é de $100 milhões, o valor das ações é de

$$E = V^L - D = \$335 \text{ milhões} - \$100 \text{ milhões} = \$235 \text{ milhões}$$

Eanquanto o valor total da empresa aumentou, o valor das ações caiu após a recapitalização. Como os acionistas se beneficiam desta transação?

Apesar de o valor das ações em circulação ter caído para $235 milhões, os acionistas também receberão os $100 milhões que a Midco pagará através da recompra de ações. No total, eles receberão os $335 milhões integralmente, um ganho de $35 milhões acima do valor de suas ações sem alavancagem. Tracemos os detalhes da recompra de ações e vejamos como ela leva a um aumento no preço das ações.

A recompra de ações

Suponhamos que a Midco recompre suas ações por seu preço atual de $15 por ação. A empresa recomprará $100 milhões ÷ $15 por ação = 6,67 milhões de ações, e então terá 20 − 6,67 = 13,33 milhões de ações em circulação. Como o valor total das ações é $235 milhões, seu novo preço é

$$\frac{\$235 \text{ milhões}}{13,33 \text{ milhões de ações}} = \$17,625$$

Os acionistas que mantiverem suas ações obterão um ganho de capital de $17,625 − $15 = $2,625 por ação, o que significa um ganho total de

$$\$2,625/\text{ação} \times 13,33 \text{ milhões de ações} = \$35 \text{ milhões}$$

Neste caso, os acionistas que permanecerem após a recapitalização receberão a dedução tributária. Entretanto, podemos perceber algo estranho nos cálculos anteriores. Supomos que a Midco fosse capaz de recomprar as ações pelo preço inicial de $15 por ação, e então demonstramos que as ações valeriam $17,625 após a transação. Por que um acionista concordaria em vender as ações por $15 quando elas valem $17,625?

Precificação na ausência de arbitragem

A situação anterior representa uma oportunidade de arbitragem. Os investidores poderiam *comprar* ações por $15 imediatamente antes da recompra, e poderiam vendê-las imediatamente após por um preço mais alto. Mas esta atividade elevaria o preço das ações para acima de $15 antes mesmo da recompra: uma vez que os investidores soubessem que a recapitalização iria acontecer, o preço das ações subiria imediatamente até um nível que refletisse o valor de $35 milhões da dedução tributária das despesas com juros que a empresa receberá. Isto é, o valor das ações da Midco subiriam *imediatamente* de $300 milhões para $335 milhões. Com 20 milhões de ações em circulação, o preço das ações subiria para

$$\$335 \text{ milhões} \div 20 \text{ milhões de ações} = \$16{,}75 \text{ por ação}$$

A Midco tem que oferecer pelo menos este preço para recomprar as ações.

Com um preço de recompra de $16,75, os acionistas que oferecerem suas ações e aqueles que as mantiverem ganharão ambos $16,75 − $15 = $1,75 por ação como consequência da transação. A dedução tributária vai para todas as 20 milhões de ações em circulação originais, o que significa um benefício total de $1,75 × 20 milhões de ações = $35 milhões. Em outras palavras,

Quando os valores mobiliários têm um preço justo, os acionistas originais de uma empresa obtêm integralmente a dedução tributária das despesas com juros que resulta de um aumento na alavancagem.

EXEMPLO 15.4

Preços alternativos de recompra

Problema

Suponha que a Midco anuncie um preço pelo qual ela vá recomprar $100 milhões em suas próprias ações. Mostre que $16,75 é o menor preço que ela poderia oferecer e esperar que os acionistas oferecessem suas ações. Como os benefícios serão divididos se a Midco oferecer mais do que $16,75 por ação?

Solução

Para cada preço de recompra, podemos calcular o número de ações que a Midco irá recomprar, além do número de ações que permanecerão após a recompra. Dividindo o valor total das ações de $235 milhões pelo número de ações restantes, obtemos o novo preço das ações da Midco após a transação. Nenhum acionista estará disposto a vender suas ações a menos que o preço de recompra seja pelo menos tão alto quanto o preço das ações após a transação; caso contrário, eles prefeririam esperar para vender suas ações. Como mostra a tabela, o preço de recompra tem que ser pelo menos $16,75 para que os acionistas estejam dispostos a vender em vez de esperar para receber um preço mais alto.

Preço de recompra ($/ação)	Ações recompradas (milhões)	Ações restantes (milhões)	Novo preço das ações ($/ação)
P_R	$R = 100/P_R$	$N = 20 - R$	$P_N = 235/N$
15,00	6,67	13,33	$17,63
16,25	6,15	13,85	16,97
16,75	5,97	14,03	16,75
17,25	5,80	14,20	16,55
17,50	5,71	14,29	16,45

Se a Midco oferecer um preço acima de $16,75, então todos os acionistas existentes estarão ansiosos para vender suas ações, pois as ações terão um valor menor após a transação ser concluída. Neste caso, a oferta da Midco para recompra de ações terá uma demanda maior do que a quantidade a ser recomprada, e assim a empresa terá que fazer uso de sorteio ou algum outro mecanismo de racionamento para escolher de quem ela irá recomprar as ações. Neste caso, uma parte maior dos benefícios da recapitalização irá para os acionistas que tiverem sorte suficiente para serem selecionados para a recompra.

Analisando a recapitalização: o balanço patrimonial a valor de mercado

Podemos analisar a recapitalização utilizando o balanço patrimonial a valor de mercado, uma ferramenta que desenvolvemos no Capítulo 14. Ela afirma que o valor de mercado total dos títulos de uma empresa tem que ser igual ao valor de mercado total dos ativos da empresa. Na presença de impostos, *temos que incluir a dedução tributária das despesas com juros como um dos ativos da empresa.*

Analisamos a recapitalização alavancada quebrando esta transação em passos menores, como mostra a Tabela 15.2. Primeiro, a recapitalização é anunciada. Neste ponto, os investidores prevêem a dedução tributária futura das despesas com juros, elevando o valor dos ativos da Midco em $35 milhões. Então, a Midco emite $100 milhões em novos títulos de dívida, aumentando tanto o valor em caixa quanto os passivos da empresa neste valor. Finalmente, a Midco utiliza o caixa para recomprar ações por seu preço de mercado de $16,75. Neste passo, o caixa da empresa diminui, assim como seu número de ações em circulação.

Observe que o preço das ações aumenta na ocasião em que é anunciada a recapitalização. Este aumento no preço das ações é devido somente ao valor presente da dedução tributária das despesas com juros (previsto). Assim, apesar de a alavancagem reduzir o valor total das ações, os acionistas obtêm a dedução tributária das despesas com juros à vista.[9]

TABELA 15.2 Balanço patrimonial a valor de mercado dos passos da recapitalização alavancada da Midco

Balanço patrimonial a valor de mercado ($ milhões)	Inicial	Passo 1: Recapitalização anunciada	Passo 2: Emissão de dívida	Passo 3: Recompra de ações
Ativos				
Dinheiro	0	0	100	0
Ativos originais (V^U)	300	300	300	300
Dedução tributária das despesas com juros	0	35	35	35
Total de ativos	300	335	435	335
Passivos				
Dívida	0	0	100	100
Patrimônio líquido = Ativos − Passivos	300	335	335	235
Ações em circulação (milhões)	20	20	20	14,03
Preço por ação	$15,00	$16,75	$16,75	$16,75

FIXAÇÃO DE CONCEITOS

1. Como os acionistas se beneficiam de uma recapitalização alavancada quando ela reduz o valor total das ações?
2. Como a dedução tributária das despesas com juros entra no balanço patrimonial a valor de mercado?

15.4 Impostos pessoais

Até agora, vimos os benefícios da alavancagem com relação aos impostos que uma empresa tem que pagar. Ao reduzir a obrigação de impostos de uma empresa, o endividamento permite à empresa pagar mais de seus fluxos de caixa aos investidores.

Infelizmente para estes, após receberem os fluxos de caixa, eles geralmente são tributados novamente. Para indivíduos, os pagamentos de juros sobre dívidas recebidos são tributados como renda. Os acionistas também têm que pagar impostos sobre dividendos e ganhos de capital. Quais são as consequências para o valor da empresa desses impostos extras?

---

[9] Estamos ignorando outros efeitos colaterais potenciais da alavancagem, como custos de futuras dificuldades financeiras. Discutiremos tais custos no Capítulo 16.

Incluindo impostos sobre a pessoa física na dedução tributária das despesas com juros

O valor de uma empresa é igual ao montante de dinheiro que a empresa consegue levantar emitindo valores mobiliários. A quantia de dinheiro que um investidor pagará por um título depende, em última análise, dos benefícios que o investidor receberá – a saber, os fluxos de caixa que o investidor receberá *após todos os impostos terem sido pagos*. Assim, exatamente como com os impostos sobre a pessoa jurídica, os impostos sobre a pessoa física reduzem os fluxos de caixa para os investidores e diminuem o valor da empresa. Consequentemente, a dedução tributária das despesas com juros real depende da redução nos impostos totais (tanto sobre a pessoa jurídica quanto sobre a pessoa física) que são pagos.[10]

Os impostos sobre a pessoa física têm o potencial de contrabalançar alguns dos benefícios fiscais da pessoa jurídica da alavancagem que descrevemos. Em particular, nos Estados Unidos e em muitos outros países, os rendimentos provenientes de juros têm tido uma tributação historicamente mais pesada do que os ganhos de capital provenientes de ações. A Tabela 15.3 mostra as alíquotas mais altas de impostos federais recentes nos Estados Unidos. A alíquota média sobre rendimentos provenientes de ações listada na tabela é uma média dos mais altos ganhos de capital e alíquotas de impostos sobre dividendos.

Para determinar a verdadeira dedução tributária da alavancagem, precisamos avaliar o efeito combinado de impostos corporativos e pessoais. Considere uma empresa com $1 de lucro antes dos juros e impostos. A empresa pode ou pagar este $1 a seus titulares de dívida como juros, ou pagar o $1 aos acionistas diretamente, como dividendo ou indiretamente, retendo-o, de modo que os acionistas recebam o $1 através de ganhos de capital. A Figura 15.3 mostra as consequências fiscais de cada opção.

TABELA 15.3 Alíquotas de impostos federais mais altas nos Estados Unidos, 1971-2005

Ano	Alíquota de impostos corporativos[†]	Alíquotas de impostos pessoais*			
		Rendimentos de juros	Alíquota média sobre rendimentos de ações	Dividendos	Ganhos de capital
1971-1978	48%	70%	53%	70%	35%
1979-1981	46%	70%	49%	70%	28%
1982-1986	46%	50%	35%	50%	20%
1987	40%	39%	33%	39%	28%
1988-1990	34%	28%	28%	28%	28%
1991-1992	34%	31%	30%	31%	28%
1993-1996	35%	40%	34%	40%	28%
1997-2000	35%	40%	30%	40%	20%
2001-2002	35%	39%	30%	39%	20%
2003-2005	35%	35%	15%	15%	15%

* Os rendimentos provenientes de juros são tributados como renda comum. Até 2003, os dividendos também eram tributados como renda comum. A alíquota de impostos média sobre rendimentos provenientes de ações é uma média das alíquotas de impostos sobre dividendos e ganhos de capital (consistente com uma taxa de pagamento de dividendos de 50% e uma realização anual de ganhos de capital), onde a alíquota de impostos sobre ganhos de capital é a taxa de longo prazo aplicável a ativos mantidos por mais de um ano).

[†] A alíquota corporativa exibida é para corporações C com o nível mais alto de renda. Alíquotas marginais podem ser mais altas para faixas de tributação mais baixas. (Por exemplo, desde 2000, a alíquota de impostos de 35% se aplica a níveis de rendimentos acima de $18,3 milhões, enquanto que a alíquota de níveis de rendimentos entre $100.000 e $335.000 é de 39%.)

---

[10] Esta questão foi defendida com ainda mais força em outro artigo inovador de Merton Miller, "Debt and Taxes", *Journal of Finance* 32 (1977): pp. 261-275. Ver também Merton H. Miller e Myron S. Scholes, "Dividends and Taxes", *Journal of Financial Economics* (December 1978): pp. 333-364.

FIGURA 15.3

Fluxos de caixa de um investidor após os impostos resultantes de $1 em EBIT

Os rendimentos provenientes de juros são tributados à alíquota τ_i para o investidor. Os rendimentos provenientes de dividendos ou ganhos de capital são tributados à alíquota τ_c para a empresa, e novamente à alíquota τ_e para o investidor.

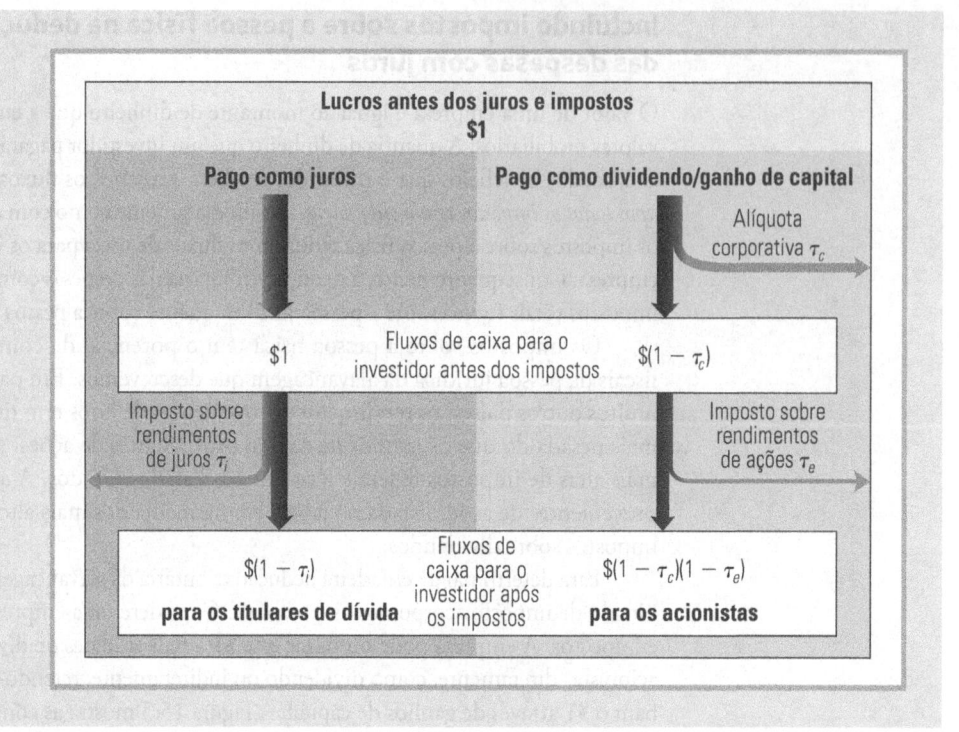

[Diagrama: Lucros antes dos juros e impostos $1 → Pago como juros: $1 → Imposto sobre rendimentos de juros τ_i → $(1-\tau_i)$ para os titulares de dívida. Pago como dividendo/ganho de capital: Alíquota corporativa τ_c → $(1-\tau_c)$ → Imposto sobre rendimentos de ações τ_e → $(1-\tau_c)(1-\tau_e)$ para os acionistas.]

Utilizando as alíquotas de impostos de 2005, a dívida oferece uma clara vantagem tributária no que diz respeito aos impostos corporativos: para cada $1 em fluxos de caixa antes dos impostos que os titulares de dívida recebem, os acionistas recebem $\tau_c = 35\%$ a menos sob a alíquota de impostos atual. Mas, no nível pessoal, a alíquota de imposto sobre rendimentos provenientes de juros é de $\tau_i = 35\%$, enquanto a alíquota sobre rendimentos provenientes de ações é de apenas $\tau_e = 15\%$. Combinar impostos corporativos e pessoais leva à seguinte comparação:

	Fluxos de caixa após os impostos	Utilizando as alíquotas de impostos atuais
Aos titulares de dívida	$(1-\tau_i)$	$(1-0,35) = 0,65$
Aos acionistas	$(1-\tau_c)(1-\tau_e)$	$(1-0,35)(1-0,15) = 0,5525$

Apesar de ainda haver uma vantagem tributária para a dívida, ela não é tão grande quanto quando calculamos com base somente nos impostos corporativos. Para expressar a comparação em termos relativos, observe que os acionistas receberão

$$\tau^* = \frac{0,65 - 0,5525}{0,65} = 15\%$$

a menos após os impostos do que os titulares de dívida. Neste caso, os impostos pessoais reduzem a vantagem tributária da dívida de 35% para 15%.

Em geral, cada $1 recebido após os impostos pelos titulares de dívida proveniente de pagamentos de juros custa aos acionistas $(1 - \tau^*)$ após os impostos, onde

Vantagem tributária efetiva do endividamento

$$\tau^* = \frac{(1-\tau_i) - (1-\tau_c)(1-\tau_e)}{(1-\tau_i)} = 1 - \frac{(1-\tau_c)(1-\tau_e)}{(1-\tau_i)} \tag{15.7}$$

Quando não há impostos pessoais, ou quando as alíquotas de impostos pessoais sobre rendimentos provenientes de títulos de dívida e de ações são iguais ($\tau_i = \tau_e$), esta fórmula se reduz a $\tau^* = \tau_c$. Mas quando os rendimentos provenientes de ações sofrem uma tributação mais leve $\tau_i > \tau_e$, então τ^* é menor do que τ_c.

EXEMPLO 15.5 — Calculando a vantagem tributária efetiva do endividamento

Problema

Qual era a vantagem tributária efetiva do endividamento em 1980? E em 1990?

Solução

Utilizando a Equação 15.7 e as alíquotas de impostos da Tabela 15.3, podemos calcular

$$\tau^*_{1980} = 1 - \frac{(1 - 0{,}46)(1 - 0{,}49)}{(1 - 0{,}70)} = 8{,}2\%$$

$$\tau^*_{1990} = 1 - \frac{(1 - 0{,}34)(1 - 0{,}28)}{(1 - 0{,}28)} = 34\%$$

Dadas as alíquotas de impostos da época, a vantagem tributária efetiva do endividamento era muito menor em 1980 do que em 1990.

A Figura 15.4 ilustra a vantagem tributária efetiva do endividamento desde 1971 nos Estados Unidos. Ela variou muito com o passar do tempo com mudanças na legislação tributária.

Avaliando a dedução tributária das despesas com juros com impostos pessoais

Como a análise precedente de impostos pessoais afeta nossa avaliação da dedução tributária da dívida? Adiaremos uma resposta detalhada a esta pergunta até o Capítulo 18, e limitaremos nossa

FIGURA 15.4

A vantagem tributária efetiva do endividamento com e sem impostos pessoais, 1971-2005

Após ajustar para passar a incluir impostos pessoais, a vantagem tributária da dívida τ^* é geralmente menor do que τ_c, mas ainda positiva. Ela também variou muito com mudanças na legislação tributária.

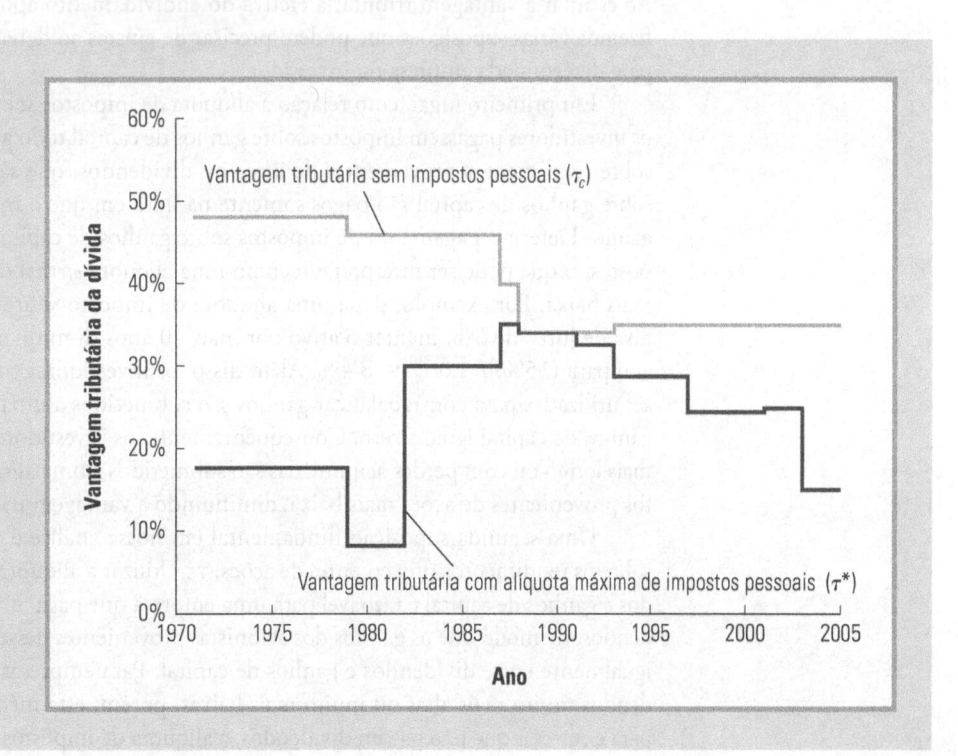

discussão aqui a algumas observações importantes. Em primeiro lugar, contanto que $\tau^* > 0$, então, apesar de qualquer desvantagem tributária da dívida no nível pessoal, ainda há uma vantagem tributária líquida para a alavancagem. No caso da dívida permanente, o valor da empresa com alavancagem passa a ser

$$V^L = V^U + \tau^* D \qquad (15.8)$$

Como a desvantagem tributária pessoal da dívida geralmente implica $\tau^* < \tau_c$, ao compararmos a Equação 15.8 com a Equação 15.4, vemos que o benefício da alavancagem é reduzido.

Os impostos pessoais têm um efeito similar, mas indireto, sobre o custo médio ponderado de capital da empresa. Apesar de ainda calcularmos o WACC utilizando a alíquota de impostos corporativos τ_c, como na Equação 15.5, com impostos pessoais os custos de capital próprio e de terceiros da empresa serão ajustados para compensar os investidores por seus respectivos encargos fiscais. O resultado final é que uma desvantagem tributária pessoal da dívida faz com que o WACC diminua mais lentamente com alavancagem do que faria sem ela.

EXEMPLO 15.6 Estimando a dedução tributária das despesas com juros com impostos pessoais

Problema

Estime o valor da Midco após sua recapitalização alavancada de $100 milhões, considerando impostos pessoais, em 2005.

Solução

Dado $\tau^* = 15\%$ em 2005, e dado o valor corrente da Midco de $V^U = \$300$ milhões, estimamos $V^L = V^U + \tau^* D = \$300$ milhões $+ 15\%(\$100$ milhões$) = \$315$ milhões. Com 20 milhões de ações originais em circulação, o preço das ações aumentaria em $15 milhões ÷ 20 milhões de ações = $0,75 por ação.

Determinando a vantagem tributária real da dívida

Ao estimar a vantagem tributária efetiva do endividamento após considerar os impostos pessoais, fizemos várias suposições que podem precisar de ajustes ao determinar-se a dedução tributária real para determinada empresa ou investidor.

Em primeiro lugar, com relação à alíquota de impostos sobre ganhos de capital, supomos que os investidores pagassem impostos sobre ganhos de capital todo ano. Mas ao contrário dos impostos sobre rendimentos provenientes de juros ou dividendos, que são pagos anualmente, os impostos sobre ganhos de capital são pagos somente na hora em que o investidor vende as ações e realiza o ganho. Deferir o pagamento de impostos sobre ganhos de capital diminui o valor presente dos impostos, o que pode ser interpretado como uma alíquota *efetiva* de imposto sobre ganhos de capital mais baixa. Por exemplo, dada uma alíquota de imposto sobre ganhos de capital de 15% e uma taxa de juros de 6%, manter o ativo por mais 10 anos diminui a alíquota de imposto efetiva deste ano para $(15\%) / 1,06^{10} = 8,4\%$. Além disso, os investidores com perdas acumuladas que podem ser utilizadas para contrabalançar ganhos são submetidos a uma alíquota efetiva de imposto sobre ganhos de capital igual a zero. Consequentemente, os investidores com horizontes de investimento mais longo ou com perdas acumuladas são submetidos a uma alíquota de impostos sobre rendimentos provenientes de ações mais baixa, diminuindo a vantagem tributária efetiva do endividamento.

Uma segunda suposição fundamental em nossa análise é o cálculo da alíquota de impostos sobre os rendimentos provenientes de ações, τ_e. Utilizar a alíquota de impostos média sobre dividendos e ganhos de capital é razoável para uma empresa que paga 50% de seus rendimentos como dividendos, de modo que os ganhos dos acionistas provenientes desses rendimentos extras são divididos igualmente entre dividendos e ganhos de capital. Para empresas com taxas de pagamento de dividendos muito mais altas ou muito mais baixas, porém, esta média não seria precisa. Por exemplo, para empresas que não pagam dividendos, a alíquota de impostos sobre ganhos de capital deveria ser utilizada como a alíquota de impostos sobre rendimentos provenientes de ações.

Cortando a alíquota de impostos sobre dividendos

Em janeiro de 2003, o presidente George Bush divulgou uma proposta para estimular a economia dos EUA com um plano de cortes fiscais de $674 bilhões, metade dos quais viriam da eliminação de impostos sobre dividendos. A partir do momento em que foi anunciado, este corte fiscal gerou uma enorme controvérsia.

Os proponentes defendiam que reduzir a mordida do leão sobre os rendimentos provenientes de dividendos pagos aos investidores incentivaria o mercado de ações e estimularia a economia enfraquecida. Os críticos rapidamente denunciaram isso como um corte de impostos para os ricos. Mas um dos motivos por trás do plano, de autoria principalmente do economista R. Glenn Hubbard, era acabar com a atual distorção nas leis fiscais, que encorajavam as empresas a acumular dívidas porque os juros são dedutíveis dos impostos de renda, mas os pagamentos de dividendos, não.

O ato de cobrar impostos tanto sobre rendimentos da empresa quanto sobre os dividendos ou ganhos capitais pagos aos investidores é conhecido como *dupla tributação*. As alíquotas mais baixas sobre os ganhos de capital forneceram certo alívio na dupla tributação. Em 2002, porém, os dividendos ainda eram tributados à mesma alíquota que a renda comum, levando a uma alíquota de impostos combinada de mais de 60% sobre dividendos – uma das maiores de qualquer nação industrializada. Como vimos, esta dupla tributação resulta em uma vantagem tributária para o financiamento por endividamento.

Em última análise, os formuladores de políticas públicas concordaram com um acordo que reduzia a alíquota de impostos para indivíduos tanto sobre dividendos (para ações mantidas por mais de 60 dias) quanto sobre ganhos de capital (para ativos mantidos por mais de um ano) para 15%. Este compromisso, estabelecido para expirar em 2008, ainda fornece uma vantagem tributária para a dívida, mas em um nível mais baixo do que nos anos anteriores (ver Figura 15.4).

Finalmente, em nossa suposição selecionamos as alíquotas de impostos de renda federais marginais mais altas possíveis para o investidor. Na realidade, as alíquotas variam para os investidores individuais, e muitos investidores são submetidos a alíquotas baixas. (Também ignoramos os impostos estaduais, que variam amplamente de um estado para outro e têm um impacto adicional.) Com alíquotas mais baixas, os efeitos dos impostos pessoais são menos substanciais. Além disso, *muitos investidores não são submetidos a impostos pessoais*. Consideremos investimentos feitos em planos de aposentadoria ou fundos de pensão que não são sujeitos a impostos.[11] Para estes investidores, a vantagem tributária efetiva do endividamento é $\tau^* = \tau_c$, a alíquota de impostos corporativos integral. Esta vantagem tributária integral também se aplicaria a negociantes de valores mobiliários cujos juros, dividendos e ganhos de capital são todos tributados equivalentemente como renda.

Qual é o resultado final? Calcular a vantagem tributária efetiva do endividamento com precisão é extremamente difícil, e esta vantagem varia de uma empresa para outra (e de um investidor para o outro). Uma empresa precisa considerar a faixa de tributação de seus titulares de dívidas típicos para estimar o τ_i, e a faixa de tributação e o horizonte de investimento de seus acionistas típicos para estimar o τ_e. Se, por exemplo, os investidores de uma empresa mantiverem ações primordialmente através de seus planos de aposentadoria, $\tau^* \approx \tau_c$. Apesar de τ^* provavelmente ser um pouco menor do que τ_c para a empresa típica, exatamente o quanto menor permanece aberto para discussão. Nosso cálculo de τ^* na Figura 15.4 deve ser interpretado como um guia muito aproximado, na melhor das hipóteses.[12]

FIXAÇÃO DE CONCEITOS
1. Por que existe uma desvantagem tributária pessoal da dívida?
2. Como a desvantagem tributária pessoal da dívida muda o valor da alavancagem para a empresa?

---

[11] Evidências de meados da década de 1990 sugerem que o crescimento nos fundos de pensão diminuiu a alíquota marginal média de impostos para os investidores para aproximadamente metade das alíquotas exibidas na Tabela 15.3. Ver James Poterba, "The Rate of Return to Corporate Capital and Factor Shares: New Estimates Using Revised National Income Accounts and Capital Stock Data", NBER working paper no. 6263 (1997).

[12] Para uma discussão sobre os métodos de estimação de τ^* e sobre a necessidade de incluir impostos pessoais, ver John R. Graham, "Do Personal Taxes Affect Corporate Financing Decisions?" *Journal of Public Economics* 73 (August 1999): pp. 147-185.

15.5 Estrutura de capital ótima com impostos

No cenário de mercados de capitais perfeitos de Modigliani e Miller, as empresas podiam utilizar qualquer combinação de dívida e ações para financiar seus investimentos sem mudar o valor da empresa. Com efeito, qualquer estrutura de capital era ótima. Neste capítulo, vimos que os impostos mudam esta conclusão porque os pagamentos de juros criam uma dedução tributária valiosa. Mesmo após considerarmos os impostos pessoais, o valor de uma empresa com alavancagem excede o valor de uma empresa não-alavancada, e há uma vantagem tributária no uso de financiamento por endividamento.

As empresas preferem o endividamento?

Na prática, as empresas mostram uma preferência pelo endividamento? A Figura 15.5 ilustra as novas emissões líquidas de ações e títulos de dívida pelas corporações norte-americanas. Para ações, a figura mostra a quantidade total de novas ações emitidas, menos a quantidade extinta através de recompras e aquisições. Para os títulos de dívida, a figura mostra o montante total de novos empréstimos contraídos menos o montante de empréstimos pagos.

A Figura 15.5 deixa claro que quando as empresas levantam capital novo junto aos investidores, elas o fazem primordialmente através da emissão de títulos de dívida. Na verdade, na maioria dos anos as emissões agregadas de ações são negativas, o que significa que as empresas estão reduzindo a quantidade de ações em circulação através de recompras. (Esta observação não significa que *todas* as empresas levantem fundos utilizando capital de terceiros. Muitas empresas preferem vender ações para levantar fundos. Entretanto, ao mesmo tempo, outras empresas compram ou recompram uma quantidade igual, de modo que, ao todo, não ocorre nenhum novo financiamento por ações.) Os dados mostram uma clara preferência pelo endividamento como fonte de financiamento externo para a população total das empresas dos EUA.

Apesar de as empresas parecerem preferir o endividamento ao levantar fundos externos, nem todos os investimentos são financiados dessa maneira. Como a Figura 15.5 também mostra, os desembolsos de capital excedem enormemente o financiamento externo das empresas, o que implica que a maior parte dos investimentos e do crescimento é financiada por fundos gerados interna-

FIGURA 15.5

Financiamento externo líquido e desembolsos de capital de empresas norte-americanas, 1975-2005
Ao todo, as empresas levantaram capital externo primordialmente emitindo títulos de dívida. Esses fundos têm sido utilizados para extinguir ações e financiar investimentos, mas a vasta maioria de desembolsos de capital é financiada através de recursos internos.

Fonte: Reserva Federal, *Flow of Funds Accounts of the United States*, 2005.

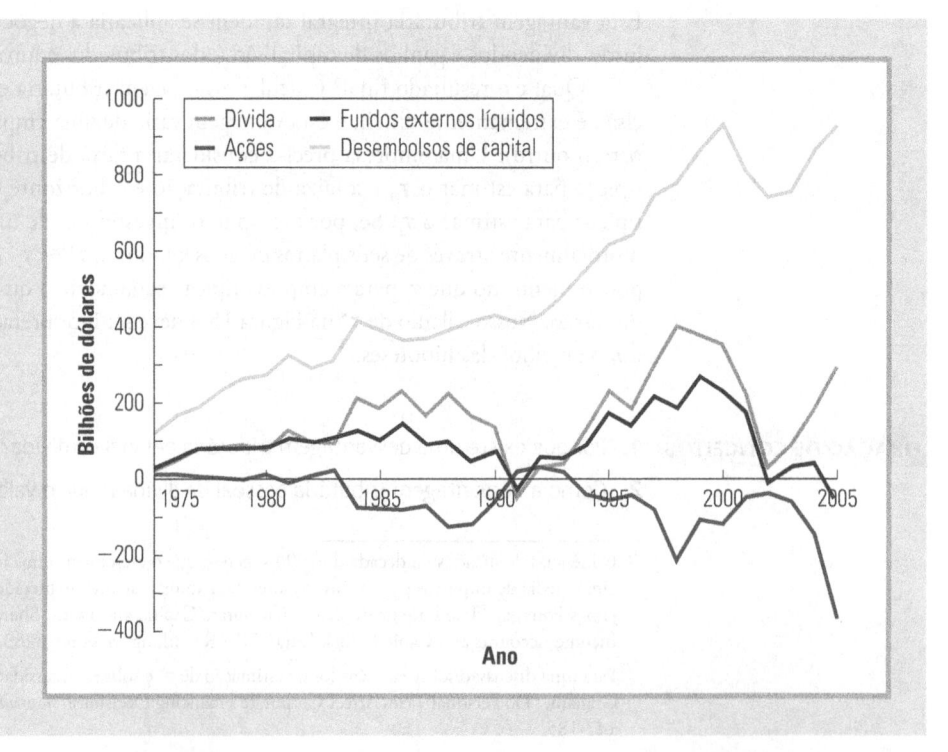

mente, como lucros retidos. Assim, apesar de as empresas não terem *emitido* novas ações, o valor de mercado das ações aumenta com o tempo à medida que as empresas crescem. Na verdade, como mostra a Figura 15.6, o endividamento como uma fração do valor da empresa tem variado na faixa de 30-45% para a empresa típica. O índice capital de terceiros/valor da empresa (*debt-to-value ratio*) médio caiu durante o *bull market* ou mercado em alta da década de 1990, com a tendência sendo revertida somente com a queda da bolsa e das taxas de juros de 2000 a 2003.

Apesar de o endividamento representar aproximadamente 36% da estrutura de capital da empresa típica em 2005, o uso de capital de terceiros também variava enormemente de uma indústria para outra. A Figura 15.7 mostra o endividamento como uma fração do valor da empresa para várias indústrias e para o mercado em geral. Claramente, há uma grande diferença entre as indústrias. As empresas em indústrias em crescimento, como a de biotecnologia ou a de alta tecnologia, possuem muito pouca dívida, enquanto empresas aéreas, fabricantes de automóveis, empresas de utilidade pública e empresas financeiras possuem altos índices de alavancagem. Assim, as diferenças nos índices de alavancagem da Amgen e da Navistar International observados na introdução deste capítulo não são exclusivas dessas empresas, mas, em vez disso, são típicas de suas respectivas indústrias.

Estes dados levantam importantes questões. Se o endividamento fornece uma vantagem tributária que diminui o custo médio ponderado de capital de uma empresa e aumenta o seu valor, por que ele representa menos da metade da estrutura de capital da maioria das empresas? E por que a escolha por alavancagem varia tanto de uma indústria para outra? Para começar a responder a estas perguntas, consideremos com um pouco mais de atenção qual é a estrutura de capital ótima do ponto de vista fiscal.

Limites à dedução tributária da dívida

Para receber os benefícios fiscais integrais da alavancagem, uma empresa não precisa utilizar 100% do financiamento por endividamento. Uma empresa recebe uma dedução tributária somente se estiver pagando impostos. Isto é, a empresa tem que ter rendimentos tributáveis. Esta restrição pode limitar o montante de dívida necessário como dedução tributária.

Para determinar o nível ótimo de endividamento, compare as três escolhas de alavancagem exibidas na Tabela 15.4 para uma empresa com lucros antes dos juros e dos impostos (EBIT) igual

FIGURA 15.6
Índice capital de terceiros/valor da empresa [$D / (E + D)$] das empresas norte-americanas, 1975-2005
Apesar de as empresas terem emitido primordialmente títulos de dívida em vez de ações, a proporção média de endividamento em suas estruturas de capital não aumentou devido ao crescimento em valor das ações existentes.
Fonte: Compustat e Reserva Federal, *Flow of Funds Accounts of the United States*, 2005.

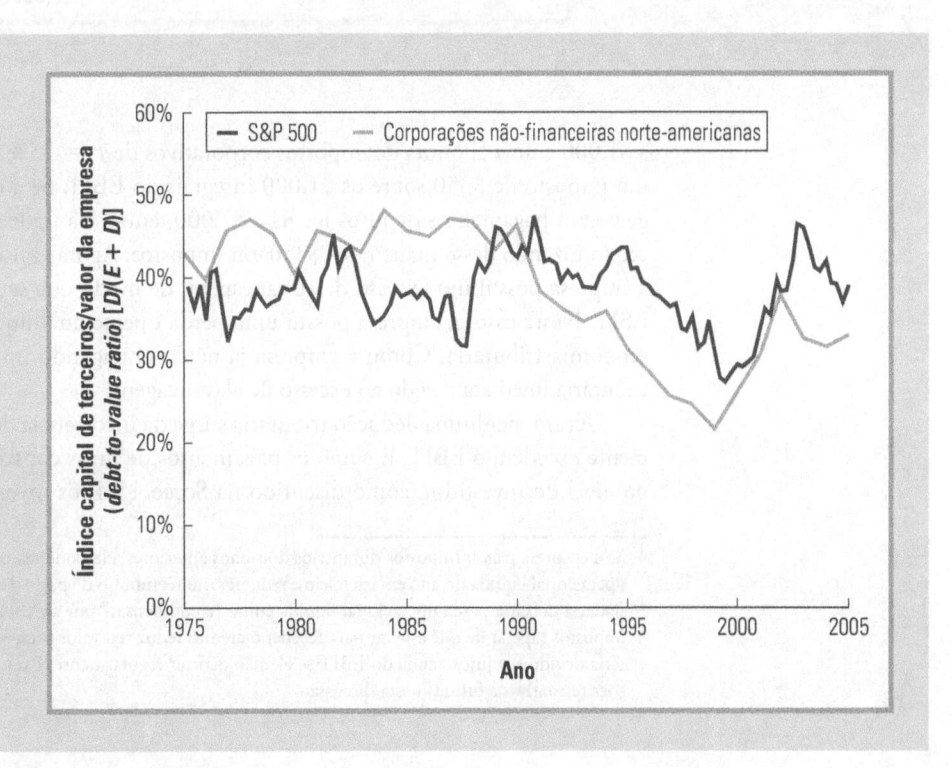

FIGURA 15.7

Índice capital de terceiros/valor da empresa, [D / (E + D)], de indústrias selecionadas

Os níveis de endividamento são determinados por valores contábeis e de ações a valores de mercado. O financiamento médio por endividamento de todas as ações dos EUA foi de aproximadamente 36%, mas observe as grandes diferenças de uma indústria para outra.
Fonte: Reuters, 2005.

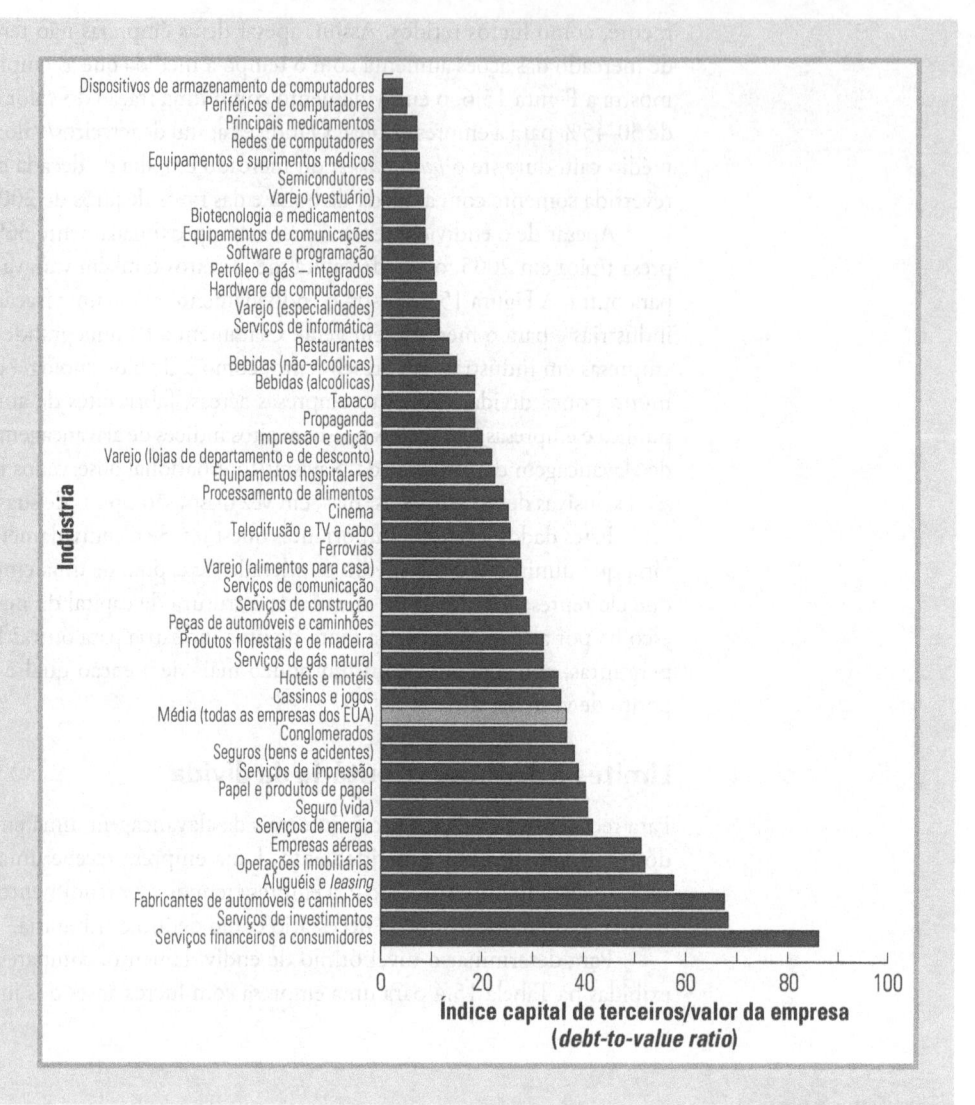

Indústrias (de cima para baixo):
- Dispositivos de armazenamento de computadores
- Periféricos de computadores
- Principais medicamentos
- Redes de computadores
- Equipamentos e suprimentos médicos
- Semicondutores
- Varejo (vestuário)
- Biotecnologia e medicamentos
- Equipamentos de comunicações
- Software e programação
- Petróleo e gás – integrados
- Hardware de computadores
- Varejo (especialidades)
- Serviços de informática
- Restaurantes
- Bebidas (não-alcoólicas)
- Bebidas (alcoólicas)
- Tabaco
- Propaganda
- Impressão e edição
- Varejo (lojas de departamento e de desconto)
- Equipamentos hospitalares
- Processamento de alimentos
- Cinema
- Teledifusão e TV a cabo
- Ferrovias
- Varejo (alimentos para casa)
- Serviços de comunicação
- Serviços de construção
- Peças de automóveis e caminhões
- Produtos florestais e de madeira
- Serviços de gás natural
- Hotéis e motéis
- Cassinos e jogos
- Média (todas as empresas dos EUA)
- Conglomerados
- Seguros (bens e acidentes)
- Serviços de impressão
- Papel e produtos de papel
- Seguro (vida)
- Serviços de energia
- Empresas aéreas
- Operações imobiliárias
- Aluguéis e *leasing*
- Fabricantes de automóveis e caminhões
- Serviços de investimentos
- Serviços financeiros a consumidores

Eixo X: Índice capital de terceiros/valor da empresa (*debt-to-value ratio*), 0 a 100.

---

a $1.000 e uma alíquota de impostos corporativos de $\tau_c = 35\%$. Sem alavancagem, a empresa deve um imposto de $350 sobre os $1.000 integrais do EBIT. Se a empresa possui uma alta alavancagem com pagamentos de juros iguais a $1.000, então ela pode proteger seus lucros dos impostos, economizando dessa maneira os $350 em impostos. Agora consideremos um terceiro caso, em que a empresa possui um excesso de alavancagem, de modo que seus pagamentos de juros excedam o EBIT. Neste caso, a empresa possui uma perda operacional líquida, mas não há aumento em sua economia tributária. Como a empresa já não está pagando impostos, não há nenhuma dedução tributária imediata devido ao excesso de alavancagem.[13]

Assim, nenhuma dedução tributária surge da incorrência de pagamentos de juros que regularmente excedem o EBIT. E como os pagamentos de juros constituem uma desvantagem tributária no nível do investidor, como discutido na Seção 15.4, os investidores pagarão impostos pessoais

---

[13] Se a empresa pagou impostos durante os dois anos anteriores, ela pode realizar uma "compensação retroativa" da perda operacional líquida do ano em exercício e requerer um reembolso de parte desses impostos. Como alternativa, a empresa poderia deixar a perda operacional líquida como "a compensar" por até 20 anos para proteger futuros rendimentos de impostos (apesar de que esperar para receber o crédito reduz seu valor presente). Assim, pode haver uma dedução tributária devido aos juros acima do EBIT se ele não ocorrer regularmente. Para maior simplicidade, ignoramos compensações retroativas e futuras nesta discussão.

TABELA 15.4	Economias tributárias com diferentes graus de alavancagem		
	Sem alavancagem	Alta alavancagem	Excesso de alavancagem
EBIT	$1.000	$1.000	$1.000
Despesa com juros	0	−1.000	−1.100
Rendimentos antes dos impostos	1.000	0	0
Impostos (35%)	−350	0	0
Rendimentos líquidos	650	0	−100
Economias tributárias da alavancagem	$0	$350	$350

mais altos com excesso de alavancagem, deixando-os em uma situação pior.[14] Podemos quantificar a desvantagem tributária por pagamento de juros em excesso igualando $\tau_c = 0$ (supondo que não haja nenhuma redução no imposto da empresa devido aos pagamentos de juros em excesso) na Equação 15.7 para encontrar τ^*:

$$\tau^*_{ex} = 1 - \frac{(1 - \tau_e)}{(1 - \tau_i)} = \frac{\tau_e - \tau_i}{(1 - \tau_i)} < 0 \qquad (15.9)$$

Observe que τ^*_{ex} é negativo porque as ações sofrem tributação mais leve do que os juros para os investidores ($\tau_e < \tau_i$). Com as alíquotas de impostos de 2005, esta desvantagem é de

$$\tau^*_{ex} = \frac{15\% - 35\%}{(1 - 35\%)} = -30,8\%$$

Portanto, o nível ótimo de alavancagem do ponto de vista da economia tributária é o nível para o qual os juros são iguais ao EBIT. A empresa protege todo o seu rendimento tributável e não possui juros em excesso que sofram desvantagem tributária. A Figura 15.8 mostra a economia tributária para diferentes níveis de pagamentos de juros quando o EBIT é com certeza igual a $1.000. Neste caso, um pagamento de juros de $1.000 maximiza a economia tributária.

É claro que é improvável que a empresa possa prever seu EBIT futuro com precisão. Se há incerteza em relação ao EBIT, então com uma despesa com juros mais alta há um risco maior de que os juros excedam o EBIT. Consequentemente, a economia tributária para níveis mais altos de juros diminui, possivelmente reduzindo o nível ótimo de pagamento de juros, como mostra a Figura 15.8.[15] Em geral, à medida que a despesa com juros de uma empresa se aproxima de seus rendimentos tributáveis esperados, a vantagem tributária marginal da dívida diminui, limitando o nível de endividamento que a empresa deve utilizar.

Crescimento e endividamento

Em uma estrutura de capital ótima em termos de impostos, o nível de pagamentos de juros depende do nível do EBIT. O que esta conclusão nos diz sobre a proporção ótima de endividamento na estrutura de capital de uma empresa?

---

[14] É claro que um outro problema pode surgir do fato de a empresa ter excesso de alavancagem: ela pode não ser capaz de arcar com os juros em excesso e pode ser forçada a ser inadimplente no empréstimo. Discutiremos dificuldades financeiras (e seus custos potenciais) no Capítulo 16.

[15] Detalhes de como calcular o nível ótimo da dívida quando os rendimentos são arriscados podem ser encontrados em um artigo de John Graham, "How Big Are the Tax Benefits of Debt?" *Journal of Finance* 55(5) (October 2000): pp. 1901-1941.

FIGURA 15.8

Economias tributárias para diferentes níveis de juros
Quando o EBIT é conhecido com certeza, as economias tributárias são maximizadas se a despesa com juros for igual ao EBIT. Quando o EBIT é incerto, as economias tributárias diminuem para altos níveis de juros devido ao risco de que o pagamento de juros seja acima do EBIT.

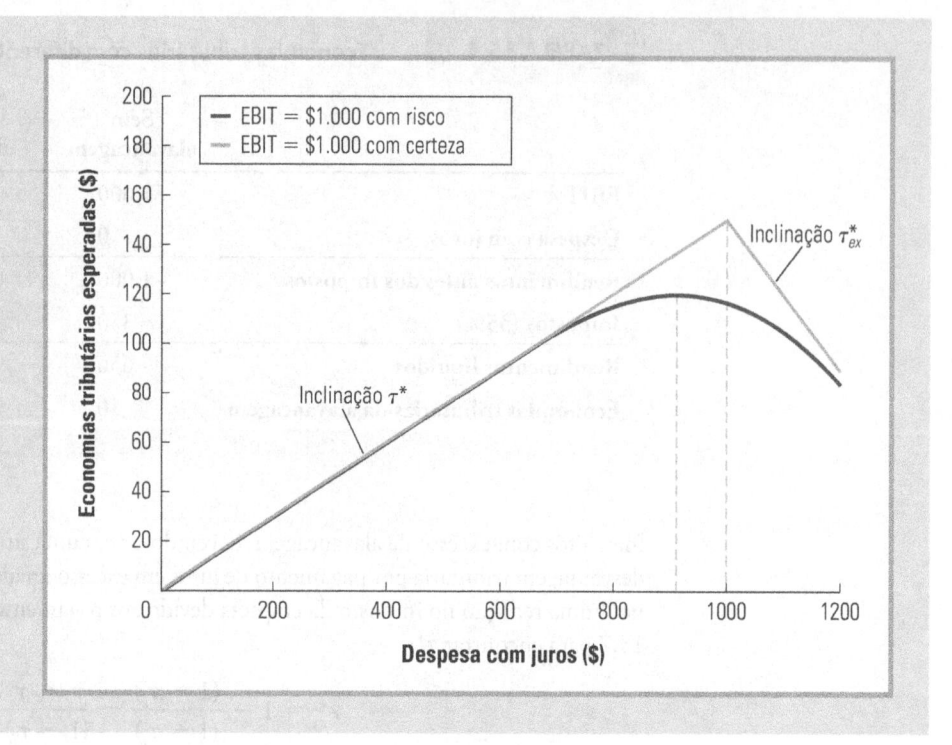

[Gráfico: Economias tributárias esperadas ($) vs Despesa com juros ($). Linhas mostrando EBIT = $1.000 com risco e EBIT = $1.000 com certeza, com Inclinação τ^*_{ex} e Inclinação τ^*.]

Se examinarmos empresas de novas tecnologias ou de biotecnologia, geralmente descobrimos que estas empresas não possuem nenhum rendimento tributável. Seu valor vem principalmente da possibilidade de que elas produzam altos lucros futuros. Uma empresa de biotecnologia pode estar desenvolvendo medicamentos com um enorme potencial, mas ainda está por receber qualquer receita proveniente destes medicamentos. Tal empresa não possui rendimentos tributáveis. Neste caso, uma estrutura de capital ótima em termos de impostos não inclui endividamento. Esperaríamos que tal empresa financiasse seus investimentos exclusivamente com capital próprio. Somente mais tarde, quando a empresa amadurecer e se tornar lucrativa, é que ela terá fluxos de caixa tributáveis. Neste momento, ela deverá adicionar o endividamento à sua estrutura de capital.

Mesmo para uma empresa com rendimentos positivos, o crescimento afetará o índice de alavancagem ótimo. Para evitar juros em excesso, este tipo de empresa deve ter uma dívida com pagamentos de juros que estejam abaixo de seus rendimentos tributáveis esperados:

$$\text{Juros} = r_D \times \text{Dívida} \leq \text{EBIT} \quad \text{ou} \quad \text{Dívida} \leq \text{EBIT} / r_D$$

Isto é, do ponto de vista fiscal, o nível de dívida ótimo da empresa é proporcional aos seus rendimentos atuais. Entretanto, o valor das ações da empresa dependerá da taxa de crescimento dos rendimentos: quanto maior for a taxa de crescimento, maior será o valor das ações (e, equivalentemente, maior será o múltiplo preço-lucro da empresa). Consequentemente, *a proporção ótima de dívida na estrutura de capital da empresa [D / (D + E)] será tanto menor quanto maior for sua taxa de crescimento*.[16]

Outros benefícios fiscais

Até este momento, supomos que os juros são o único meio através do qual as empresas podem proteger seus rendimentos dos impostos corporativos. Mas existem inúmeras outras provisões nas leis fiscais para deduções e créditos de impostos, como depreciação, créditos fiscais de investimento, compensação futura ou retroativa de perdas operacionais passadas, entre outros. Por exemplo,

---

[16] Esta explicação para a baixa alavancagem de empresas de alto crescimento é desenvolvida em um artigo por J. L. Berens e C. J. Cuny, "The Capital Structure Puzzle Revisited", *Review of Financial Studies* 8(4) (Winter 1995): pp. 1185-1208.

muitas empresas de alta tecnologia pagavam pouco ou nenhum imposto no final da década de 1990 devido a deduções nos impostos relacionadas a opções de ações para funcionários (ver quadro na próxima página). Na medida em que uma empresa possui outros benefícios fiscais, seus rendimentos tributáveis serão reduzidos e ela dependerá menos da dedução tributária das despesas com juros.[17]

O quebra-cabeça da baixa alavancagem

As empresas escolhem estruturas de capital que exploram totalmente as vantagens fiscais da dívida? Os resultados desta seção implicam que, para avaliar esta questão, devemos comparar o nível de pagamentos de juros das empresas a seus rendimentos tributáveis, em vez de simplesmente considerar a fração de endividamento em suas estruturas de capital. A Figura 15.9 compara as despesas com juros e o EBIT de empresas no S&P 500. Ela revela dois importantes padrões. Primeiro, as empresas têm utilizado endividamento para proteger dos impostos uma maior porcentagem de seus rendimentos nos últimos anos do que na década de 1970 e no início da década de 1980. Este padrão reflete o aumento na vantagem tributária efetiva do endividamento exibida na Figura 15.4. Em segundo lugar, as empresas protegem apenas aproximadamente um terço de seus rendimentos dessa maneira. Isto é, as empresas têm muito menos alavancagem do que nossa análise da dedução tributária das despesas com juros poderia prever.[18]

Este baixo nível de alavancagem não é exclusivo das empresas dos EUA. A Tabela 15.5 mostra níveis de alavancagem internacionais de um estudo de 1995 realizado por Raghuram Rajan e Luigi Zingales utilizando dados de 1990. Observe que as empresas em todo o mundo têm proporções similarmente baixas de financiamento por endividamento, com as empresas do Reino Unido exi-

FIGURA 15.9

Pagamentos de juros como porcentagem do EBIT para empresas do S&P 500, 1975-2005

Apesar de as empresas terem aumentado seu uso da dedução tributária das despesas com juros desde a década de 1970, elas ainda protegem menos de 50% de seus rendimentos tributáveis desta maneira.

Fonte: Compustat.

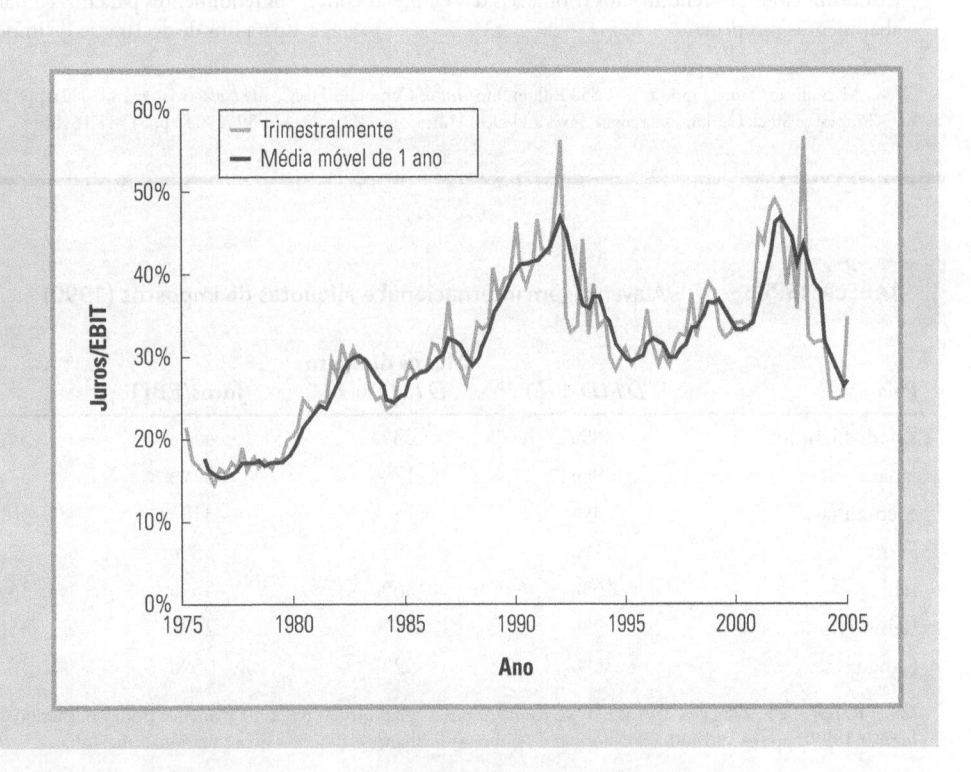

---

[17] Ver H. DeAngelo e R. Masulis, "Optimal Capital Structure Under Corporate and Personal Taxation", *Journal of Financial Economics* 8 (March 1980): pp. 3-27. Para uma discussão sobre os métodos para estimar a alíquota fiscal marginal de uma empresa para considerar esses efeitos, ver John R. Graham, "Proxies for the Corporate Marginal Tax Rate", *Journal of Financial Economics* 42 (April 1996): pp. 187-221.

[18] Outras evidências são fornecidas por John Graham em "How Big are the Tax Benefits of Debt?" *Journal of Finance* 55(5) (October 2000): pp. 1901-1941, onde ele estima que a empresa típica explora menos do que a metade dos potenciais benefícios fiscais da dívida.

Opções de ações para funcionários

As opções de ações para funcionários podem servir como uma importante dedução tributária para algumas empresas. A opção de ações típica permite que os funcionários de uma empresa comprem ações da empresa por um preço com desconto (geralmente o preço das ações quando eles foram contratados). Quando um funcionário exerce uma opção de ações, a empresa está essencialmente lhe vendendo ações com desconto. Se o desconto for grande, o funcionário poderá exercer a opção e obter um lucro alto.

O valor do desconto é um custo para os acionistas da empresa, pois vender ações a um preço abaixo do valor de mercado dilui o valor das ações da empresa. Para refletir este custo, o IRS* permite que as empresas deduzam o valor do desconto de seus rendimentos para fins de declaração de imposto de renda. (O IRS tributa os funcionários sobre os ganhos, então o encargo fiscal não desaparece, mas passa da empresa para os funcionários.) Ao contrário da dedução tributária das despesas com juros, a dedução dos impostos de opções de ações para funcionários não aumenta o valor da empresa. Se as mesmas quantias fossem pagas aos funcionários através de salários em vez de opções, a empresa também poderia deduzir o salário extra de seus rendimentos tributáveis. Até recentemente, porém, as opções de ações para funcionários não afetavam o EBIT, de modo que o EBIT aumentava os rendimentos tributáveis das empresas com abatimentos de opções.

Durante o *boom* da bolsa de valores do final da década de 1990, muitas empresas de tecnologia e outras empresas que emitiram um grande número de opções de ações para seus funcionários foram capazes de reivindicar essas deduções e diminuir seus impostos em relação ao que se poderia ingenuamente ter atribuído ao EBIT. Em 2000, algumas das empresas mais lucrativas dos Estados Unidos (com base no lucro líquido), como a Microsoft, a Cisco Systems, a Dell e a QUALCOMM, *não* possuíam rendimentos tributáveis – utilizando a dedução das opções de ações, elas puderam divulgar uma perda para fins de declaração de impostos de renda.[†] Um estudo recente realizado por J. R. Graham, M. H. Lang e D. A. Shackelford[††] divulgou que em 2000 as deduções de opções de ações de toda a Nasdaq 100 excederam os rendimentos conjuntos antes dos impostos. Para essas empresas, não haveria vantagem tributária associada ao endividamento – o que pode ajudar a explicar por que elas utilizaram pouco ou nada deste tipo de financiamento.

Sob novas regras de contabilidade, as empresas são obrigadas a abater do seu patrimônio as opções de ações dos funcionários. Entretanto, as regras para abater as opções não são as mesmas que as de dedução de imposto. Consequentemente, mesmo depois desta mudança de regras, as opções de ações podem continuar resultando em uma diferença significativa entre os rendimentos para fins contábeis da empresa e os rendimentos para fins de declaração de imposto de renda.

[†] Ver M. Sullivan "Stock Options Take $50 Billion Bite Out of Corporate Taxes", *Tax Notes* (March 18, 2002): pp. 1396-1401.
[††] "Employee Stock Options, Corporate Taxes and Debt Policy", *Journal of Finance* 59 (2004): pp. 1585-1618.

TABELA 15.5 — Alavancagem internacional e alíquotas de impostos (1990)

País	$D/(D+E)$	Menos dinheiro $D/(D+E)$	Juros/EBIT	τ_e	τ^*
Estados Unidos	28%	23%	41%	34,0%	34,0%
Japão	29%	17%	41%	37,5%	31,5%
Alemanha	23%	15%	31%	50,0%	3,3%
França	41%	28%	38%	37,0%	7,8%
Itália	46%	36%	55%	36,0%	18,6%
Reino Unido	19%	11%	21%	35,0%	24,2%
Canadá	35%	32%	65%	38,0%	28,9%

Fonte: R. Rajan e L. Zingales, "What Do We Know About Capital Structure? Some Evidence from International Data", *Journal of Finance* 50(5) (December 1995): pp. 1421-1460. Os dados são de empresas medianas e alíquotas fiscais marginais mais altas.

* N. de T.: IRS é o acrônimo do equivalente norte-americano à Receita Federal, o Internal Revenue Service.

ENTREVISTA COM
Andrew Balson

Andrew Balson é Diretor Executivo da Bain Capital, uma empresa líder em investimentos privados com aproximadamente $40 bilhões em ativos sob gerência. Antes de entrar para a empresa em 1996, Andrew era consultor da Bain & Company. A Bain Capital é especializada em transações de compra alavancada (LBO), em que uma empresa é comprada e recapitalizada com índices capital de terceiros/valor da empresa (debt-to-value ratio) que geralmente excedem os 70%. A Bain Capital tem investido em muitas empresas famosas, como a Domino's Pizza, Burger King, Dunkin' Brands, Sealy Mattress Company, Michael's Stores, Toys'R Us e muitas outras. A Bain Capital participa do LBO proposto de $33 bilhões da HCA Inc., a maior LBO da história.

PERGUNTA: *Qual é o papel das empresas de investimento privado como a Bain Capital, e que tipos de empresas são as melhores candidatas a LBO?*

RESPOSTA: Nossos negócios servem como um mercado de capitais alternativo para empresas que não são exatamente de capital aberto, seja durante um período de transição ou permanentemente, e não se encaixam logicamente em outra corporação maior. Neste contexto, já realizamos compras para empresas de muitas indústrias e tipos diferentes. Realmente não existe um tipo que seja melhor. Procuramos empresas que estejam bem posicionadas em suas indústrias, que tenham vantagens em relação às suas concorrentes e que ofereçam um valor real a seus clientes. Algumas podem estar abaixo de seu desempenho ideal, mas mudanças podem permitir que elas virem o jogo. Outras podem ter um bom desempenho, mas poderiam se sair ainda melhor. Talvez a equipe de gerência não tenha recebido os incentivos adequados, ou a empresa não tenha sido otimizada ou administrada com rigor suficiente. Ocasionalmente, encontramos uma empresa que podemos comprar por um preço baixo em relação a seu valor inerente. Esta era uma grande parte de nossos negócios há 10 anos, mas hoje ela é menor. Pagamos avaliações praticamente integrais em relação aos rendimentos correntes da empresa. O que faz a coisa funcionar é nossa capacidade de melhorar os rendimentos ou o fluxo de caixa corrente.

PERGUNTA: *Como a alavancagem afeta o risco e o retorno dos investidores?*

RESPOSTA: Com base em minha experiência, se encontramos empresas interessantes onde podemos mudar a trajetória de lucros, a alavancagem servirá, em última análise, para ampliar tanto o impacto dos investimentos que fazemos quanto os retornos para nossos investidores. Nos últimos 20 anos, a carteira da Bain Capital teve um desempenho superior a qualquer *benchmark* de ações. Este desempenho vem de lucros operacionais maiores que são ampliados pela alavancagem. O crescimento é um importante impulsionador de nosso sucesso, então nos esforçamos para criar estruturas de capital eficientes que complementem nossa estratégia e nos permitam investir em oportunidades de negócios. Porém, a linha entre o excessivo e o insuficiente não é nítida. Tentamos utilizar o máximo de endividamento que podemos sem mudar a maneira como nossas equipes de gerenciamento dirigem nossos negócios.

PERGUNTA: *Quais são as vantagens fiscais potenciais do endividamento, e as decisões relativas à alavancagem também podem ser estratégicas, afetando a posição competitiva da empresa no mercado de produtos?*

RESPOSTA: Nos mercados de capitais de hoje, consideramos o endividamento uma forma mais barata de obtenção de capital do que o capital próprio – mesmo antes dos impostos. A dedutibilidade fiscal dos juros torna o custo líquido da dívida ainda menor. Apesar de o grau de endividamento fazer diferença, pode-se dizer o mesmo dos termos da dívida. Desde o final da década de 1980, os termos da dívida mudaram para exigir menos amortização e também menos cláusulas, colocando menos pressão financeira sobre as empresas. Assim, podemos criar valor operacional com uma alavancagem que os mercados tradicionais considerariam relativamente alta. A maior parte dos retornos altos que podemos obter é de lucros mais altos, e não de engenharia financeira. Uma estrutura de dívida flexível nos permite investir em nossos negócios, enquanto ao mesmo tempo aproveitamos os benefícios dos retornos sobre ações trazidos pela alavancagem.

Vemos a alavancagem de uma maneira diferente dos mercados abertos. Dirigimos muitas empresas com êxito empregando altos níveis de alavancagem. Quando tornamos a empresa de capital aberto, porém, somos aconselhados a quitar grande parte da dívida primeiramente e administrá-la praticamente sem alavancagem. Ou estávamos errados tendo este nível de endividamento, ou os mercados abertos estão errados ao avaliar empresas com base em uma alavancagem mais baixa. Acreditamos que muitas empresas de capital aberto estejam mal capitalizadas. Nossa capacidade para utilizar alavancagem em muitas situações torna nosso custo de capital geral menor do que o dos mercados aberto, apesar de nossos retornos sobre ações serem mais altos.

bindo uma alavancagem especialmente baixa. Além disso, à exceção da Itália e Canadá, as empresas protegem menos da metade de seus rendimentos tributáveis utilizando pagamentos de juros. Os códigos fiscais empresariais são similares em todos os países em termos da dedução tributária da dívida. As alíquotas de impostos pessoais variam mais significativamente, porém, levando a uma maior variação no τ^*.

Por que as empresas têm baixa alavancagem? Ou as empresas estão satisfeitas em pagar mais impostos do que o necessário em vez de maximizar o valor para o acionista, ou há mais na história da estrutura de capital do que descobrimos até agora. Apesar de algumas empresas poderem deliberadamente escolher uma estrutura de capital sub-ótima, é difícil aceitar que a maioria das empresas esteja agindo desta maneira. O consenso de tantos gerentes em escolher baixos níveis de alavancagem sugere que o financiamento por endividamento possui outros custos que evitam que as empresas utilizem integralmente os benefícios da dedução tributária das despesas com juros.

Se falarmos com gerentes financeiros, eles rapidamente irão ressaltar um custo fundamental do endividamento que está faltando em nossa análise: aumentar o nível de endividamento aumenta a probabilidade de falência. Além dos impostos, uma outra diferença importante entre financiamento por contração de dívida e por emissão de ações é que os pagamentos da dívida *têm que* ser realizados para evitar a falência, enquanto as empresas não têm obrigação similar de pagar dividendos ou de realizar ganhos de capital. Se a falência é dispendiosa, esses custos devem contrabalançar as vantagens fiscais do financiamento por contração de dívida. Exploraremos o papel dos custos da falência financeira e outras imperfeições de mercado no Capítulo 16.

FIXAÇÃO DE CONCEITOS

1. Como a taxa de crescimento de uma empresa afeta a fração ótima de endividamento na estrutura de capital?

2. As empresas escolhem estruturas de capital que exploram totalmente as vantagens fiscais do endividamento?

Resumo

1. Como as despesas com juros são dedutíveis dos impostos, a alavancagem aumenta o montante total de rendimentos disponíveis para todos os investidores.

2. O ganho para os investidores devido à dedutibilidade fiscal dos pagamentos de juros é chamado de dedução tributária das despesas com juros.

$$\text{Dedução tributária das despesas com juros} = \text{Alíquota corporativa} \times \text{Pagamentos de juros} \quad (15.1)$$

3. Quando consideramos os impostos corporativos, o valor total de uma empresa alavancada é igual ao valor de uma empresa não-alavancada mais o valor presente da dedução tributária das despesas com juros.

$$V^L = V^U + PV(\text{Dedução tributária das despesas com juros}) \quad (15.2)$$

4. Quando a alíquota fiscal marginal de uma empresa é constante e não há impostos pessoais, o valor presente da dedução tributária das despesas com juros da dívida permanente é igual à alíquota fiscal vezes o valor da dívida, $\tau_c D$.

5. O custo médio ponderado de capital com impostos corporativos é

$$r_{wacc} = \frac{E}{E+D}r_E + \frac{D}{E+D}r_D(1-\tau_c) \quad (15.5)$$

Na ausência de outras imperfeições de mercado, o WACC diminui com a alavancagem da empresa.

6. Quando os títulos têm um preço justo, os acionistas originais de uma empresa captam o benefício integral da dedução tributária das despesas com juros provenientes de um aumento na alavancagem.

7. Os impostos pessoais contrabalançam parte dos benefícios fiscais corporativos da alavancagem. Cada $1 recebido após os impostos pelos titulares de dívida proveniente de pagamentos de juros custa aos acionistas $(1 − τ*)$ após os impostos, onde

$$\tau^* = 1 - \frac{(1 - \tau_c)(1 - \tau_e)}{(1 - \tau_i)} \tag{15.7}$$

8. O nível de alavancagem ótimo a partir da perspectiva da economia tributária é o nível no qual os juros são iguais ao EBIT. Neste caso, a empresa tira proveito total da dedução de juros dos impostos corporativos, mas evita a desvantagem tributária de alavancagem em excesso no nível pessoal.

9. A fração ótima de endividamento, como uma proporção da estrutura de capital de uma empresa, diminui com a taxa de crescimento da empresa.

10. A despesa com juros de uma empresa típica é bem menor do que seus rendimentos tributáveis, o que implica que as empresas não exploram totalmente as vantagens fiscais do endividamento.

Termos fundamentais

dedução tributária das despesas com juros p. 479

Leituras recomendadas

Estes são trabalhos clássicos sobre como a tributação afeta o custo de capital e a estrutura de capital ótima: M. King, "Taxation and the Cost of Capital", *Review of Economic Studies* 41 (1974): pp. 21-35; M. H. Miller, "Debt and Taxes", *Journal of Finance* 32(2) (1977): pp. 261-275; M. H. Miller e M. S. Scholes, "Dividends and Taxes", *Journal of Economics* 6 (December 1978): pp. 333-364; F. Modigliani and M. H. Miller, "Corporate Income Taxes and the Cost of Capital: A Correction", *American Economic Review* 53 (June 1963): pp. 433-443; e J. Stiglitz, "Taxation, Corporate Financial Policy, and the Cost of Capital", *Journal of Public Economics* 2 (1973): pp. 1-34.

Para uma análise de como as empresas respondem a incentivos fiscais, ver J. MacKie-Mason, "Do Taxes Affect Corporate Financing Decisions?", *Journal of Finance* 45(5) (1990): pp. 1471-1493.

Para uma análise recente da literatura sobre impostos e finanças empresariais, ver J. R. Graham, "Taxes and Corporate Finance: A Review", *Review of Financial Studies* 16(4) (2003): pp. 1075-1129.

Esses artigos analisam com profundidade vários assuntos relativos a tributação e estrutura de capital: M. Bradley, G. A. Jarrell e E. H. Kim, "On the Existence of an Optimal Capital Structure: Theory and Evidence", *The Journal of Finance* 39(3) (1984): pp. 857-878; M. J. Brennan e E. S. Schwarz, "Corporate Income Taxes, Valuation, and the Problem of Optimal Capital Structure", *Journal of Business* 51(1) (1978): pp. 103-114; H. DeAngelo e R. Masulis, "Optimal Capital Structure Under Corporate and Personal Taxation", *Journal of Financial Economics* 8 (March 1980): pp. 3-29; e S. Titman e R. Wessels, "The Determination of Capital Structure Choice", *Journal of Finance* 43(1) (1988): pp. 1-19.

Os seguintes artigos contêm informações sobre o que os gerentes dizem sobre suas decisões relativas à estrutura de capital: J. R. Graham e C. Harvey, "How Do CFOs Make Capital Budgeting and Capital Structure Decisions?" *Journal of Applied Corporate Finance* 15 (2002): 8-23; R. R. Kamath, "Long-Term Financing Decisions: Views and Practices of Financial Managers of NYSE Firms", *Financial Review* 32(2) (May 1997): pp. 331-356; E. Norton, "Factors Affecting Capital Structure Decisions", *Financial Review* 26 (August 1991): pp. 431-446; e J. M. Pinegar e L. Willbricht, "What Managers Think of Capital Structure Theory: A Survey", *Financial Management* 18(4) (Winter 1989): pp. 82-91.

Para outras ideias sobre decisões relativas a estrutura de capital internacionalmente, ver também F. Bancel e U. R. Mittoo, "Cross-Country Determinants of Capital Structure Choice: A Survey of European Firms", *Financial Management* 33 (Winter 2004): pp. 103-132; R. La Porta, F. Lopez-de-Silanes, A. Shleifer e R. Vishny, "Legal Determinants of External Finance", *Journal of Finance* 52 (1997): pp. 1131-1152; e L. Booth, V. Aivazian, A. Demirguq-Kunt e V. Maksimovic, "Capital Strucutres in Developing Countries", *Journal of Finance* 56 (2001): pp. 87-130.

Problemas

Todos os problemas deste capítulo estão disponíveis no MyFinanceLab. Um asterisco (*) indica problemas com maior nível de dificuldade.

A dedução das despesas com juros dos impostos

1. A Pelamed Pharmaceuticals teve um EBIT de $325 milhões em 2006. Além disso, a Pelamed possui despesas com juros de $125 milhões e uma alíquota corporativa de impostos de 40%.

    a. Qual foi o lucro líquido da Pelamed em 2006?

    b. Qual foi o total de lucro líquido e pagamentos de juros da Pelamed em 2006?

    c. Se a Pelamed não tivesse tido despesas com juros, qual teria sido seu lucro líquido? Compare este resultado com sua resposta na parte (b).

    d. Qual foi o valor da dedução tributária das despesas com juros da Pelamed em 2006?

2. A Grommit Engineering espera ter um lucro líquido no próximo ano de $20,75 milhões e um fluxo de caixa livre de $22,15 milhões. A alíquota marginal corporativa de impostos da empresa é de 35%.

    a. Se a Grommit aumentar a alavancagem de modo que suas despesas com juros aumentem em $1 milhão, como isso afetará seu lucro líquido?

    b. Para o mesmo aumento em despesas com juros, qual será a mudança no fluxo de caixa livre?

3. Suponha que a alíquota corporativa de impostos seja de 40%. Considere uma empresa que obtém $1.000 antes dos juros e impostos todo ano sem risco. Os desembolsos de capital da empresa são iguais às suas despesas com depreciação todo ano, e não haverá mudanças em seu capital de giro líquido. A taxa de juros livre de risco é de 5%.

    a. Suponha que a empresa não possua dívida e pague seu lucro líquido como dividendo todo ano. Qual é o valor das ações da empresa?

    b. Suponha agora que a empresa faça pagamentos de juros de $500 ao ano. Qual é o valor das ações? Qual é o valor da dívida?

    c. Qual é a diferença entre o valor total da empresa com alavancagem e sem alavancagem?

    d. A diferença na parte (c) é igual a que porcentagem do valor da dívida?

EXCEL 4. A Braxton Enterprises atualmente possui uma dívida a pagar de $35 milhões e uma taxa de juros de 8%. A Braxton planeja reduzir sua dívida pagando $7 milhões em principal no final de cada ano pelos próximos cinco anos. Se a alíquota marginal corporativa de impostos é de 40%, qual é a dedução tributária das despesas com juros da dívida da Braxton em cada um dos próximos cinco anos?

Avaliando a dedução tributária das despesas com juros

EXCEL 5. Sua empresa atualmente possui $100 milhões em dívida a pagar com uma taxa de juros de 10%. Os termos do empréstimo exigem que a empresa pague $25 milhões do saldo pendente todo ano. Suponha que a alíquota marginal corporativa de impostos seja de 40%, e que as deduções tributárias das despesas com juros tenham o mesmo risco que o empréstimo. Qual é o valor presente das deduções tributárias das despesas com juros desta dívida?

6. A Arnell Industries possui $10 milhões em dívida a pagar. A empresa pagará juros somente sobre esta dívida. Espera-se que a alíquota marginal de impostos da Arnell seja de 35% por um futuro próximo.

    a. Suponha que a Arnell pague juros de 6% ao ano sobre sua dívida. Qual é a dedução tributária anual das despesas com juros?

    b. Qual é o valor presente da dedução tributária das despesas com juros, supondo que seu risco seja o mesmo do que seu empréstimo?

    c. Suponha agora que a taxa de juros sobre a dívida seja de 5%. Qual é o valor presente da dedução tributária das despesas com juros, neste caso?

7. A Bay Transport Systems (BTS) atualmente possui $30 milhões em dívida a pagar. Além dos juros de 6,5%, ela planeja pagar 5% do saldo restante todo ano. Se a BTS possui uma alíquota marginal corporativa de impostos de 40%, e se as deduções tributárias das despesas com juros têm o mesmo risco do que o empréstimo, qual é o valor presente da dedução tributária das despesas com juros da dívida?

8. A Rumolt Motors possui 30 milhões de ações em circulação, com um preço de $15 por ação. Além disso, a Rumolt emitiu títulos de dívida com um valor de mercado corrente de $150 milhões. Suponha que o custo de capital próprio da empresa seja de 10% e seu custo de capital de terceiros seja de 5%.

   a. Qual é o custo médio ponderado de capital antes dos impostos da Rumolt?

   b. Se a alíquota corporativa de impostos da empresa é de 35%, qual é seu custo médio ponderado de capital após os impostos?

9. A Summit Builders possui um índice capital de terceiros/capital próprio (*debt-equity ratio*) a valor de mercado de 0,65, uma alíquota corporativa de impostos de 40%, e paga 7% de juros sobre sua dívida. Em quanto a dedução tributária das despesas com juros de sua dívida diminui o WACC da Summit?

10. A Restex mantém um índice capital de terceiros/capital próprio (*debt-equity ratio*) de 0,85 e possui um custo de capital próprio de 12% e um custo de capital de terceiros de 7%. A alíquota corporativa de impostos da Restex é de 40% e sua capitalização de mercado é de $220 milhões.

    a. Se o fluxo de caixa livre esperado da Restex será de $10 milhões daqui a um ano, que crescimento futuro constante esperado é consistente com o valor de mercado corrente da empresa?

    b. Estime o valor da dedução tributária das despesas com juros da Restex.

11. A Acme Storage possui uma capitalização de mercado de $100 milhões e uma dívida a pagar de $40 milhões. A Acme planeja manter este mesmo índice capital de terceiros/capital próprio (*debt-equity ratio*) no futuro. A empresa paga uma taxa de juros de 7,5% sobre sua dívida e possui uma alíquota corporativa de impostos de 35%.

    a. Se o fluxo de caixa livre esperado é de $7 milhões no próximo ano e espera-se que ele cresça a uma taxa de 3% ao ano, qual é o WACC da Acme?

    b. Qual é o valor da dedução tributária das despesas com juros da Acme?

Recapitalizando para captar a dedução tributária

12. A Milton Industries espera um fluxo de caixa livre de $5 milhões todo ano. A alíquota corporativa de impostos da empresa é de 35%, e seu custo de capital não-alavancado é de 15%. A empresa também possui uma dívida a pagar de $19,05 milhões, e espera manter este nível de dívida permanentemente.

    a. Qual é o valor da Milton Industries sem alavancagem?

    b. Qual é o valor da Milton Industries com alavancagem?

13. A Kurz Manufacturing é atualmente uma empresa não-alavancada com 20 milhões de ações em circulação e um preço de $7,50 por ação. Apesar de os investidores atualmente esperarem que a Kurz permaneça uma empresa não-alavancada, a empresa planeja divulgar que contrairá um empréstimo de $50 milhões e utilizará os fundos para recomprar ações. A Kurz pagará juros somente sobre esta dívida e não possui outros planos para aumentar ou diminuir o nível de endividamento. A Kurz está sujeita a uma alíquota corporativa de impostos de 40%.

    a. Qual é o valor de mercado dos ativos existentes da Kurz antes da divulgação de seus planos?

    b. Qual é o valor de mercado dos ativos da Kurz (incluindo qualquer dedução tributária) logo após a dívida ser emitida, mas antes de ações serem recompradas?

    c. Qual é o preço das ações da Kurz logo antes da recompra de ações? Quantas ações a Kurz irá recomprar?

    d. Qual é o balanço patrimonial a valor de mercado e o preço das ações a Kurz após a recompra das ações?

14. A Rally, Inc., é uma empresa não-alavancada com ativos no valor de $25 bilhões e 10 bilhões de ações em circulação. A Rally planeja contrair um empréstimo de $10 bilhões e utilizar esses fundos para recomprar ações. A alíquota corporativa de impostos da empresa é de 35%, e a Rally planeja manter sua dívida a pagar igual a $10 bilhões permanentemente.

    a. Sem o aumento na alavancagem, qual seria o preço das ações da Rally?

    b. Suponha que a Rally ofereça $2,75 por ação para recomprar suas ações. Os acionistas estariam dispostos a vender suas ações por este preço?

c. Suponha que a Rally ofereça $3,00 por ação e os acionistas ofereçam suas ações a este preço. Qual será o preço das ações da empresa após a recompra?

d. Qual é o preço mais baixo que a Rally pode oferecer para que os acionistas estejam dispostos a oferecer suas ações? Qual será o preço de suas ações após a recompra de ações neste caso?

Impostos pessoais

15. Suponha que a alíquota corporativa de impostos seja de 40% e que os investidores paguem uma alíquota de 15% sobre rendimentos provenientes de dividendos ou ganhos de capital e uma alíquota de 33,3% sobre rendimentos provenientes de juros. Sua empresa decide aumentar a dívida de modo que ela pagará $15 milhões a mais em juros por ano. Ela pagará esta despesa com juros cortando seu dividendo.

    a. Quanto os titulares de dívida receberão após pagar impostos sobre os juros recebidos?

    b. Em quanto a empresa terá que cortar seu dividendo todo ano para pagar esta despesa com juros?

    c. Em quanto este corte no dividendo irá reduzir os rendimentos após os impostos anuais dos acionistas?

    d. Quanto a menos o governo irá receber em receitas fiscais totais por ano?

    e. Qual é a vantagem tributária efetiva do endividamento τ^*?

16. A Markum Enterprises está considerando adicionar uma dívida permanente de $100 milhões à sua estrutura de capital. A alíquota corporativa de impostos da Markum é de 35%.

    a. Na ausência de impostos pessoais, qual é o valor da dedução tributária das despesas com juros da nova dívida?

    b. Se os investidores pagam uma alíquota de 40% sobre os rendimentos provenientes de juros, e uma alíquota de 20% sobre rendimentos provenientes de dividendos e ganhos de capital, qual é o valor da dedução tributária das despesas com juros da nova dívida?

*17. A Garnet Corporation está considerando emitir um título de dívida livre de risco ou ações preferenciais livres de risco. A alíquota de impostos sobre os rendimentos provenientes de juros é de 35%, e a alíquota de impostos sobre os dividendos e ganhos de capital das ações preferenciais é de 15%. Entretanto, os dividendos sobre as ações preferenciais não são dedutíveis dos impostos corporativos, e a alíquota corporativa de impostos é de 40%.

    a. Se a taxa de juros livre de risco da dívida é de 6%, qual é o custo de capital das ações preferenciais sem risco?

    b. Qual é o custo de capital de terceiros da empresa após os impostos? Que título é mais barato para a empresa?

    c. Mostre que o custo de capital de terceiros da empresa após os impostos é igual ao custo de capital das ações preferenciais multiplicado por $(1 - \tau^*)$.

*18. Suponha que a alíquota fiscal sobre rendimentos provenientes de juros seja de 35% e a alíquota fiscal média sobre rendimentos provenientes de ganhos de capital e de dividendos seja de 10%. De quanto deve ser a alíquota marginal corporativa de impostos para que a dívida ofereça uma vantagem tributária?

Estrutura de capital ótima com impostos

19. Com sua alavancagem atual, a Impi Corporation terá um lucro líquido no próximo ano de $4,5 milhões. Se a alíquota corporativa de impostos da Impi é de 35% e ela paga 8% de juros sobre sua dívida, que valor adicional de dívida a Impi pode emitir este ano e ainda receber a dedução tributária das despesas com juros no próximo ano?

*20. A Colt Systems possui um EBIT de $15 milhões no próximo ano. Ela também gastará $6 milhões em dispêndios de capital total e aumentos do capital de giro, e terá $3 milhões em despesas com depreciação. A Colt atualmente é uma empresa não-alavancada com uma alíquota corporativa de impostos de 35% e um custo de capital de 10%.

    a. Se a expectativa é de que a Colt cresça a 8,5% por ano, qual é o valor de mercado de suas ações hoje?

    b. Se a taxa de juros sobre sua dívida é de 8%, quanto a Colt pode tomar emprestado agora e ainda não ter um lucro líquido negativo no próximo ano?

c. Existe um incentivo fiscal para a Colt escolher um índice capital de terceiros/valor da empresa (*debt-to-value ratio*) que exceda 50%? Explique.

EXCEL *21. A PMF, Inc., tem as mesmas chances de ter um EBIT no próximo ano de $10 milhões, $15 milhões ou $20 milhões. Sua alíquota corporativa de impostos é de 35%, e os investidores pagam uma alíquota fiscal de 15% sobre rendimentos provenientes de ações e uma alíquota de 35% sobre rendimentos provenientes de juros.

   a. Qual é a vantagem tributária efetiva do endividamento se a PMF possui despesas com juros de $8 milhões no próximo ano?

   b. Qual é a vantagem tributária efetiva do endividamento para despesas com juros acima de $20 milhões (ignore compensações futuras)?

   c. Qual é a vantagem tributária efetiva esperada da dívida para despesas com juros entre $10 milhões e $15 milhões (ignore compensações futuras)?

   d. Que nível de despesa com juros fornece à PMF a maior dedução tributária?

Caso simulado

Seu chefe gostou de sua apresentação relativa à irrelevância da estrutura de capital realizada no capítulo anterior, mas, como esperado, percebeu que as imperfeições de mercado, como os impostos, precisam ser levadas em consideração. Agora ele lhe pediu que incluísse impostos em sua análise. Seu chefe sabe que os juros são dedutíveis e decidiu que o preço das ações da Home Depot deve aumentar se a empresa aumentar seu uso de capital de terceiros. Assim, seu chefe deseja propor um programa de recompra de ações utilizando os recursos de uma nova emissão de títulos de dívida e quer apresentar este plano ao CEO e talvez ao Conselho de Diretoria.

Seu chefe gostaria que você examinasse o impacto de duas situações diferentes, adicionando um modesto nível de endividamento e adicionando um nível mais alto de endividamento. Em particular, seu chefe gostaria de considerar emitir $1 bilhão ou $5 bilhões em novos títulos de dívida. Em qualquer um dos casos, a Home Depot utilizaria tais recursos para recomprar ações.

1. Utilizando os demonstrativos financeiros da Home Depot que você baixou no Capítulo 14, determine a alíquota corporativa de impostos média da Home Depot nos quatro últimos anos dividindo o Imposto de Renda pelos Rendimentos antes dos Impostos para cada um destes anos.

2. Comece analisando a situação com $1 bilhão em uma nova dívida. Supondo que a empresa planeje manter esta nova dívida a pagar para sempre, determine o valor presente da dedução tributária da nova dívida. Que outras suposições você precisou fazer para este cálculo?

3. Determine o novo preço das ações se o $1 bilhão em dívida for utilizado para recomprar ações.

   a. Utilize o valor de mercado corrente das ações da Home Depot que você calculou no Capítulo 14.

   b. Determine o novo valor de mercado das ações se a recompra ocorrer.

   c. Determine o novo número de ações e o preço por ação após a recompra ser divulgada.

4. Qual será o índice capital de terceiros/capital próprio (*debt-equity ratio*) da Home Depot com base em valores contábeis após ela emitir a nova dívida e recomprar as ações? Qual será seu índice capital de terceiros/capital próprio (*debt-equity ratio*) a valor de mercado?

5. Repita os passos 2-4 para a situação em que a Home Depot emite $5 bilhões em novos títulos de dívida e recompra ações.

6. Com base no preço das ações, o aumento da dívida e a recompra de ações parecem ser uma boa ideia? Por quê, ou por que não? Que questões os executivos da Home Depot devem levantar que não foram considerados em sua análise?

CAPÍTULO 16

Dificuldades Financeiras, Incentivos Gerenciais e Informação

notação

E valor de mercado das ações

D valor de mercado da dívida

PV valor presente

V^U valor da empresa não-alavancada

V^L valor da empresa com alavancagem

τ^* vantagem tributária efetiva da dívida

Modigliani e Miller demonstraram que a estrutura de capital não importa em um mercado de capitais perfeitos. No Capítulo 15, vimos que a alavancagem oferece uma dedução tributária, pelo menos até o ponto em que o EBIT da empresa excede os pagamentos de juros sobre a dívida. Contudo, vimos que a empresa típica norte-americana protege apenas um terço de seus rendimentos dessa maneira. Por que as empresas não utilizam um maior nível de endividamento?

Podemos ter uma ideia observando a United Airlines (UAL Corporation). No período de cinco anos de 1996 a 2000, a UAL teve despesas com juros de $1,7 bilhão em relação a um EBIT de mais de $6 bilhões. Durante este período, a empresa divulgou em seu demonstrativo de resultados uma provisão total para impostos que excedia $2,2 bilhões. A empresa parecia ter um nível de endividamento que não explorava totalmente sua dedução tributária. Mesmo assim, como consequência dos altos custos de combustível e mão-de-obra, da diminuição nas viagens após os ataques terroristas do 11 de setembro de 2001, e da crescente concorrência representada pelas empresas de tarifas com descontos, a UAL pediu proteção judicial contra falência em dezembro de 2002. Como este caso demonstra, empresas como as aéreas, cujos fluxos de caixa futuros são instáveis e extremamente sensíveis a choques na economia, correm o risco de falência se utilizarem níveis muito altos de endividamento. Os custos da falência podem contrabalançar pelo menos parcialmente as deduções tributárias das despesas com juros, estimulando as empresas a utilizar menos alavancagem do que se fossem motivadas exclusivamente pelas economias tributárias.

Quando uma empresa não consegue cumprir suas obrigações de dívidas, dizemos que está em **dificuldades financeiras**. Neste capítulo, consideraremos como a escolha da estrutura de capital de uma empresa pode, devido a imperfeições de mercado, afetar seus custos de dificuldades financeiras, alterar os incentivos aos gerentes e sinalizar informações aos investidores. Cada uma destas consequências da decisão relativa à estrutura de capital pode ser significativa, e cada uma delas pode contrabalançar os benefícios fiscais da alavancagem quando esta é alta. Assim, estas imperfeições podem ajudar a explicar os níveis de dívida que geralmente observamos. Além disso, como seus efeitos provavelmente variam enormemente entre diferentes tipos de empresa, elas podem ajudar a explicar as grandes discrepâncias nas escolhas de alavancagem existentes de uma indústria para outra, como documentado no capítulo anterior na Figura 15.7.

16.1 Inadimplência e falência em um mercado perfeito

O financiamento através de endividamento cria uma obrigação para a empresa. Uma empresa que deixa de realizar os pagamentos exigidos dos juros ou do principal da dívida se encontra em **inadimplência**. Após uma empresa ser inadimplente, aos titulares de dívida são dados certos direitos sobre os ativos da empresa. Em um caso extremo, os titulares de dívida assumem o controle legal dos ativos da empresa através de um processo chamado falência. Lembremos que o financiamento com capital próprio não apresenta este risco. Apesar de os acionistas esperarem receber dividendos, a empresa não é legalmente obrigada a pagá-los.

Assim, parece que uma importante consequência da alavancagem é o risco de falência. Este risco representa uma desvantagem para a utilização de capital de terceiros? Não necessariamente. Como ressaltamos no Capítulo 14, os resultados de Modigliani e Miller continuam valendo em um mercado perfeito mesmo quando a dívida é arriscada e a empresa pode vir a ser inadimplente. Revisemos este resultado considerando um exemplo hipotético.

Armin Industries: alavancagem e o risco de inadimplência

A Armin Industries enfrenta um futuro incerto em um ambiente de negócios desafiador. Devido ao aumento da concorrência de produtos importados, suas receitas diminuíram drasticamente no ano passado. Os gerentes da Armin esperam que um novo produto restaure seu sucesso. Apesar de o novo produto representar um avanço significativo sobre os produtos dos concorrentes da Armin, ainda permanece incerto se o produto fará sucesso entre os consumidores. Se fizer, as receitas e lucros crescerão, e a Armin valerá $150 milhões no final do ano. Caso contrário, a Armin valerá apenas $80 milhões.

A Armin Industries pode empregar uma dentre duas estruturas de capital alternativas: (1) ela pode utilizar financiamento exclusivamente com capital próprio ou (2) pode contrair uma dívida com vencimento no final do ano no valor total de $100 milhões. Vejamos as consequências destas escolhas de estrutura de capital quando o novo produto fizer sucesso e quando não fizer, em um cenário de mercados de capitais perfeitos.

Situação 1: o novo produto faz sucesso. Se o novo produto fizer sucesso, a Armin valerá $150 milhões. Sem alavancagem, os acionistas têm direito ao valor integral. Com alavancagem, a Armin tem que fazer o pagamento da dívida de $100 milhões e seus acionistas têm direito aos $50 milhões restantes.

Mas e se a Armin não possuir $100 milhões em dinheiro disponíveis no final do ano? Apesar de seus ativos valerem $150 milhões, grande partes deste valor pode vir de lucros *futuros* antecipados provenientes do novo produto, em vez de dinheiro no banco. Neste caso, se a Armin contrair dívida, ela será forçada a ser inadimplente?

Com mercados de capitais perfeitos, a resposta é não. Contanto que o valor dos ativos da empresa exceda seus passivos, a Armin conseguirá pagar a dívida. Mesmo que não tenha dinheiro disponível imediatamente, a empresa poderá levantar o dinheiro obtendo um novo empréstimo ou emitindo novas ações.

Por exemplo, suponhamos que a Armin possua atualmente 10 milhões de ações em circulação. Como o valor de suas ações é de $50 milhões, estas ações valem $5 cada. A este preço, a Armin pode levantar $100 milhões emitindo 20 milhões de novas ações e utilizar os recursos levantados para quitar a dívida. Após a dívida ser paga, as ações da empresa valem $150 milhões. Como agora há um total de 30 milhões de ações, o preço de cada ação permanece inalterado a $5.

Esta situação mostra que se uma empresa tiver acesso a mercados de capitais e puder emitir novos títulos a um preço justo, *então ela não precisa ser inadimplente contanto que o valor de mercado de seus ativos exceda o de seus passivos*. Isto é, a ocorrência ou não de inadimplência dependerá dos valores relativos dos ativos e passivos da empresa, e não de seus fluxos de caixa. Muitas empresas enfrentam anos de fluxos de caixa negativos e, contudo, continuam solventes.

Situação 2: o novo produto fracassa. Se o novo produto fracassar, a Armin valerá somente $80 milhões. Se a empresa tiver um financiamento feito exclusivamente com capital próprio, os acionistas não ficarão felizes, mas não haverá consequências legais imediatas para a empresa. Ao contrário, se a Armin tiver $100 milhões em dívidas a pagar, ela entrará em dificuldades financeiras. A empresa não será capaz de realizar o pagamento de sua dívida de $100 milhões e não terá escolha senão ser inadimplente. Na falência, os titulares de dívida recebem o controle legal dos ativos da empresa, deixando seus acionistas sem nada. Como os ativos que os titulares de dívida recebem têm um valor de $80 milhões, eles sofrem uma perda de $20 milhões em relação aos $100 milhões que lhes eram devidos. Os acionistas de uma empresa têm responsabilidade limitada, então os titulares de dívida não podem processá-los por esses $20 milhões – eles têm que aceitar a perda.

Comparando as duas situações. A Tabela 16.1 compara o resultado de cada situação sem alavancagem e com alavancagem. Tanto os titulares de dívida quanto os acionistas ficam em uma situação financeira pior se o produto fracassar. Sem alavancagem, se o produto falhar, os acionistas perderão $150 milhões – $80 milhões = $70 milhões. Com alavancagem, eles perderão $50 milhões e os titulares de dívida perderão $20 milhões, *mas a perda total será a mesma – $70 milhões. De maneira geral, se o novo produto fracassar, os investidores da Armin ficarão igualmente insatisfeitos se a empresa for alavancada e declarar falência ou se ela for não-alavancada e o preço das ações diminuir.*[1]

TABELA 16.1	Valor da dívida e das ações com e sem alavancagem ($ milhões)			
	Sem alavancagem		**Com alavancagem**	
	Sucesso	Fracasso	Sucesso	Fracasso
Valor da dívida	—	—	100	80
Valor das ações	150	80	50	0
Total para todos os investidores	150	80	150	80

Esta questão é importante. Quando uma empresa declara falência, a notícia geralmente chega às manchetes. Presta-se muita atenção aos maus resultados da empresa e às perdas dos investidores. Mas a diminuição do valor não é *causada* pela falência: a diminuição é a mesma, tenha a empresa alavancagem ou não. Isto é, se o novo produto fracassar, a Armin passará por **dificuldades econômicas**, o que é uma diminuição significativa no valor dos ativos de uma empresa, esteja ela ou não passando por dificuldades financeiras devido à alavancagem.

Falência e estrutura de capital

Com mercados de capitais perfeitos, a Primeira Proposição de Modigliani e Miller (MM) é aplicável: o valor total para todos os investidores não depende da estrutura de capital da empresa. Os investidores, pensados como um grupo, *não* perdem porque uma empresa possui alavancagem. Apesar de ser verdade que a falência seja resultante do fato de uma empresa possuir alavancagem, a falência exclusivamente não leva a uma maior redução no valor total para os investidores. Assim, não há nenhuma desvantagem no financiamento por endividamento, e uma empresa terá o mesmo valor total e será capaz de levantar a mesma quantia inicialmente junto aos investidores com qualquer que seja sua escolha de estrutura de capital.

---

[1] Há uma tentação em olharmos apenas para os acionistas e dizer que eles têm piores resultados quando a Armin possui alavancagem porque suas ações não valem nada. Na verdade, os acionistas têm $50 milhões a menos do que quando o produto tem sucesso quando a empresa é alavancada *versus* $70 milhões sem alavancagem. O que realmente importa é o valor total para todos os investidores, o que determinará o valor total de capital que a empresa pode levantar inicialmente.

EXEMPLO 16.1 Risco de falência e valor da empresa

Problema

Suponha que a taxa de juros livre de risco seja de 5% e o novo produto da Armin tenha iguais chances de fazer sucesso ou de fracassar. Para maior simplicidade, suponha que os fluxos de caixa da Armin não estejam relacionados ao estado da economia (isto é, o risco é diversificável), de modo que o projeto possui um beta igual a 0 e o custo de capital é igual à taxa de juros livre de risco. Calcule o valor dos títulos da Armin no início do ano com e sem alavancagem, e mostre que a Primeira Proposição de MM é válida.

Solução

Sem alavancagem, as ações valerão ou $150 milhões, ou $80 milhões no final do ano. Como o risco é diversificável, não é necessário nenhum prêmio de risco e podemos descontar o valor esperado da empresa à taxa de juros livre de risco para determinar seu valor no início do ano:[2]

$$\text{Ações (não-alavancada)} = V^U = \frac{\frac{1}{2}(150) + \frac{1}{2}(80)}{1,05} = \$109,52 \text{ milhões}$$

Com alavancagem, os acionistas receberão $50 milhões ou nada, e os titulares de dívida receberão $100 milhões ou $80 milhões. Assim,

$$\text{Ações (alavancada)} = \frac{\frac{1}{2}(50) + \frac{1}{2}(0)}{1,05} = \$23,81 \text{ milhões}$$

$$\text{Dívida} = \frac{\frac{1}{2}(100) + \frac{1}{2}(80)}{1,05} = \$85,71 \text{ milhões}$$

Portanto, o valor da empresa alavancada é $V^L = E + D = 23,81 + 85,71 = \$109,52$ milhões. Com ou sem alavancagem, o valor total dos títulos é o mesmo, verificando a Primeira Proposição de MM. A empresa é capaz de levantar a mesma quantia junto aos investidores utilizando qualquer uma das estruturas de capital.

FIXAÇÃO DE CONCEITOS
1. Com mercados de capitais perfeitos, sob que condições uma empresa alavancada é inadimplente?
2. O risco de inadimplência reduz o valor da empresa?

16.2 Os custos da falência e das dificuldades financeiras

Com mercados de capitais perfeitos, o *risco* de falência não é uma desvantagem do endividamento – a falência simplesmente transfere o controle da empresa das mãos dos acionistas para as dos titulares de dívidas sem mudar o valor total disponível a todos os investidores.

Esta descrição da falência é realista? Não. A falência raramente é simples e direta – os acionistas não "entregam as chaves" simplesmente para os titulares de dívida no momento em que a empresa deixa de realizar o pagamento de uma dívida. Em vez disso, a falência é um processo longo e complicado que impõe custos diretos e indiretos à empresa e a seus investidores, custos que são ignorados pela suposição dos mercados de capitais perfeitos.

A lei de falência

Sabemos que quando uma empresa deixa de realizar um pagamento exigido aos titulares de dívida, ela está em inadimplência. Os titulares de dívida podem então mover uma ação legal contra a empresa para receber o pagamento desapropriando os ativos da empresa. Como a maioria das empresas possui múltiplos credores, sem coordenação é difícil garantir que cada um deles seja tratado de maneira justa. Além disso, como os ativos da empresa podem ser mais valiosos se mantidos juntos, a desapropriação fragmentada destes pode destruir grande parte do valor restante da empresa.

---

[2] Se o risco não fosse diversificável e fosse necessário um prêmio de risco, os cálculos aqui se tornariam mais complicados, mas o resultado final não mudaria.

A lei de falência dos EUA foi criada para organizar este processo de modo que os credores sejam tratados de maneira justa e o valor dos ativos não seja destruído sem motivos. Segundo as provisões da Lei de Reforma da Falência de 1978, as empresas norte-americanas podem pedir duas formas de proteção contra falência: Capítulo 7 ou Capítulo 11.

Na **liquidação pelo Capítulo 7** da lei de falência norte-americana, um agente fiduciário é nomeado para supervisionar a liquidação dos ativos da empresa através de um leilão. Os recursos da liquidação são utilizados para pagar os credores da empresa, e a empresa deixa de existir.

Na forma mais comum de falência de grandes empresas, a **reorganização pelo Capítulo 11** da lei de falência norte-americana (ou concordata), todas as tentativas de recebimento pendentes são automaticamente suspensas e a gerência existente da empresa tem a oportunidade de propor um plano de reorganização. Enquanto está desenvolvendo o plano, a gerência continua a operar os negócios. O plano de reorganização especifica o tratamento de cada credor da empresa. Além de pagamentos em dinheiro, os credores podem receber novos títulos de dívida ou ações da empresa. O valor em dinheiro e dos títulos é geralmente menor do que a quantia devida a cada credor, mas maior do que aquilo que eles receberiam se a empresa fosse fechada imediatamente e liquidada. Os credores têm que votar para aceitar o plano, e ele tem que ser aprovado pelo tribunal de falência.[3] Caso não seja apresentado um plano aceitável, o tribunal pode, em último caso, forçar uma liquidação da empresa pelo Capítulo 7.

Custos diretos da falência

A lei de falência foi criada para possibilitar um processo sistemático de pagamento das dívidas da empresa. Entretanto, o processo ainda é complexo e consome muito tempo e dinheiro. Quando uma empresa está em dificuldades financeiras, profissionais externos, como especialistas legais e contábeis, consultores, avaliadores, leiloeiros e outros com experiência em vender ativos em dificuldades financeiras, geralmente são contratados. Banqueiros de investimento também podem auxiliar em uma possível reestruturação financeira.

Estes especialistas externos são caros. Quando a Enron entrou no Capítulo 11 da lei de falência, ao que consta a empresa gastou um valor recorde de $30 milhões por mês em honorários legais e contábeis, e o custo total excedeu os $750 milhões. A WorldCom pagou a seus consultores $657 milhões como parte de sua reorganização para se transformar na MCI. Entre 2003 e 2005, a United Airlines pagou a uma equipe de mais de 30 empresas de consultoria uma média de $8,6 milhões por mês por serviços legais e profissionais relacionados à sua reorganização pelo Capítulo 11.[3]

Além do dinheiro gasto pela empresa, os credores também podem incorrer em custos durante o processo de falência. No caso da reorganização pelo Capítulo 11, os credores têm sempre que esperar por vários anos até que um plano de reorganização seja aprovado e eles recebam o pagamento. Para garantir que seus direitos e interesses sejam respeitados, e para auxiliar na avaliação de suas reivindicações em uma reorganização proposta, os credores podem procurar representação legal e consultoria profissional independentemente.

Sejam eles pagos pela empresa ou pelos credores, estes custos diretos da falência reduzem o valor dos ativos que os investidores da empresa receberão no final. No caso da Enron, os custos de reorganização podem se aproximar de 10% do valor dos ativos. Estudos relatam que os custos diretos médios da falência tipicamente são aproximadamente de 3% a 4% do valor de mercado pré-falência do total de ativos.[5] É provável que os custos sejam mais altos para empresas com operações mais

---

[3] Especificamente, a gerência tem o direito exclusivo de propor um plano de reorganização nos 120 primeiros dias, e este período pode ser estendido indefinidamente pelo tribunal da falência. Daí em diante, qualquer parte interessada pode propor um plano. Os credores que receberão pagamento integral ou que terão suas reivindicações integralmente restabelecidas sob o plano são considerados não-prejudicados, e não votam no plano de reorganização. Todos os credores prejudicados são agrupados de acordo com a natureza de suas reivindicações. Se o plano for aprovado pelos credores que detêm dois terços da quantia reivindicada em cada grupo e uma maioria no número de reivindicações em cada grupo, o tribunal confirmará o plano. Mesmo se nenhum grupo aprovar o plano, o tribunal pode ainda impô-lo (em um processo normalmente conhecido como aprovação forçada, ou "*cram down*") se considerá-lo justo no que diz respeito a cada grupo que objetou.

[4] Julie Johnsson, "UAL a Ch. 11 Fee Machine", *Crain's Chicago Business*, 27 de junho de 2005.

complicadas e para empresas com um grande número de credores, pois pode ser mais difícil chegar a um acordo entre muitos credores em relação à disposição final dos ativos da empresa. Como muitos aspectos do processo de falência são independentes do tamanho da empresa, os custos são tipicamente mais altos, em termos percentuais, para empresas menores. Um estudo da liquidação pelo Capítulo 7 de pequenas empresas revelou que os custos diretos médios da falência eram de 12% do valor dos ativos da empresa.[6]

Dados os substanciais custos legais e outros custos diretos da falência, as empresas em dificuldades financeiras podem evitar pedir falência em primeiro lugar através de uma negociação direta com os credores. Quando uma empresa em dificuldades financeiras tem êxito em se reorganizar sem pedir falência, diz-se que ela fez uma **renegociação amigável** (ou "*workout*"). Consequentemente, os custos diretos da falência não devem exceder substancialmente o custo de uma renegociação amigável. Uma outra abordagem é a **falência programada** (ou "*prepack*"), em que uma empresa *primeiro* desenvolve um plano de reorganização com o consentimento de seus principais credores para *então* entrar no Capítulo 11 e implementar o plano (e pressionar quaisquer credores que tentem conseguir termos melhores). Com uma falência programada, a empresa sai da falência rapidamente e com custos diretos mínimos.[7]

Custos indiretos das dificuldades financeiras

Além dos custos diretos legais e administrativos da falência, muitos outros custos *indiretos* são associados às dificuldades financeiras (tenha a empresa pedido falência formalmente ou não). Apesar de estes custos serem difíceis de medir com precisão, eles geralmente são muito maiores do que os custos diretos da falência.

Perda de clientes. Como a falência pode permitir que a empresa se desobrigue de futuros compromissos com seus clientes, estes podem não estar dispostos a comprar produtos cujo valor dependa de suporte ou serviços futuros da empresa. Este problema afeta muitas empresas de tecnologia porque os clientes podem hesitar em se prender a um *hardware* ou *software* que não vá oferecer suporte ou sofrer upgrade no futuro. As empresas aéreas enfrentam problemas similares: os bilhetes são vendidos antecipadamente, então os clientes se sentirão relutantes em comprá-los se acreditarem que a empresa poderá cessar suas operações ou deixar de honrar sua milhagem acumulada de passageiros frequentes. Os fabricantes de bens duráveis podem perder clientes potenciais que estejam preocupados que garantias não sejam honradas ou que não haja peças sobressalentes disponíveis. Ao contrário, é provável que a perda de clientes seja pequena para produtores de matérias-primas (como açúcar ou alumínio), já que o valor destes bens, uma vez entregues aos clientes, não dependem do sucesso continuado do vendedor.[8]

---

[5] Ver Jerold Warner, "Bankruptcy Costs: Some Evidence", *Journal of Finance* 32 (1977): pp. 337-347; Lawrence Weiss, "Bankruptcy Resolution: Direct Costs and Violation of Priority of Claims", *Journal of Financial Economics* 27 (1990): pp. 285-314; Edward Altman, "A Further Empirical Investigation of the Bankruptcy Cost Question", *Journal of Finance* 39 (1984): pp. 1067-1089; e Brian Betker, "The Administrative Costs of Debt Restructurings: Some Recent Evidence", *Financial Management* 26 (1997): pp. 56-68. Lynn LoPucki e Joseph Doherty relatam que os custos diretos da falência podem ter caído em mais de 50% durante a década de 1990 devido à redução no tempo gasto na falência; estes autores estimam que os custos diretos da falência representem aproximadamente 1,5% do valor da empresa ("The Determinants of Profesional Fees in Large Bankruptcy Reorganization Cases", *Journal of Empirical Legal Studies* 1(2004): pp. 111-141).

[6] Robert Lawless e Stephen Ferris, "Professional Fees and Other Direct Costs in Chapter 7 Business Liquidations", *Washington University Law Quarterly* (Fall 1997): pp. 1207-1236. Para dados comparativos internacionais, ver K. Thorburn, "Bankruptcy Auctions: Costs, Debt Recovery and Firm Survival", *Journal of Financial Economics* 58 (2000): pp. 337-368, e A. Raviv e S. Sundgren, "The Comparative Efficiency of Small-firm Bankruptcies: A Study of the U.S. and the Finnish Bankruptcy Codes", *Financial Management* 27 (1998): pp. 28-40.

[7] Ver E. Tashjian, R. C. Lease e J. J. McConnell, "An Empirical Analysis of Prepackaged Bankruptcies", *Journal of Financial Economics* 40 (1996): pp. 135-162.

[8] Este argumento foi desenvolvido por Sheridan Titman, "The Effect of Capital Structure on a Firm's Liquidation Decision", *Journal of Financial Economics* 13 (1984): pp. 137-151. Timothy Opler e Sheridan Titman relatam um crescimento de vendas 17,7% menor para empresas com alta alavancagem em comparação a suas concorrentes menos alavancadas em indústrias onde a P&D é intensa durante períodos de retração econômica.

Perda de fornecedores. Os clientes não são os únicos que fogem de uma empresa em dificuldades financeiras. Os fornecedores podem não estar dispostos a fornecer estoque a uma empresa se temerem não ser pagos. Por exemplo, a Kmart Corporation pediu proteção contra falência em janeiro de 2002 em parte porque a diminuição no preço de suas ações assustou os fornecedores, que então passaram a se recusar a enviar mercadorias. Da mesma maneira, a Swiss Air foi forçada a fechar as portas porque seus fornecedores se recusavam a abastecer seus aviões. Este tipo de contratempo é um importante custo de dificuldades financeiras para empresas que dependem fortemente de crédito comercial.

Perda de funcionários. Como as empresas em dificuldades financeiras não podem oferecer segurança no emprego com contratos de longo prazo, elas podem ter dificuldade para contratar novos funcionários, e os funcionários existentes podem pedir demissão ou ser contratados por outras empresas. Reter funcionários fundamentais pode ser caro: a Pacific Gas and Electric Corporation implementou um plano de retenção que custou mais de $80 milhões para reter 17 funcionários fundamentais durante a falência.[9] Este tipo de custo de dificuldades econômicas provavelmente é mais alto para empresas cujo valor depende fortemente de seus recursos humanos.

Perda de contas a receber. As empresas em dificuldades financeiras tendem a ter dificuldade para cobrar dinheiro que lhes é devido. Segundo um dos advogados de falência da Enron: "Muitos clientes que devem quantias menores estão tentando se esconder de nós. Eles devem achar que a Enron nunca irá se preocupar com eles porque as quantias não são particularmente altas em nenhum caso individual".[10] Por saber que os recursos da empresa já estão muito dispersos, os devedores supõem ter uma oportunidade de evitar suas obrigações para com a empresa.

Queima dos ativos. As empresas em dificuldades financeiras podem ser forçadas a vender ativos rapidamente para levantar dinheiro. É claro em que vender ativos rapidamente pode não ser uma situação ótima, o que significa aceitar um preço mais baixo do que os ativos realmente valem. Um estudo de linhas aéreas realizado por Todd Pulvino mostra que as empresas em falência ou em dificuldades financeiras vendem suas aeronaves por preços de 15% a 40% abaixo daqueles recebidos por empresas financeiramente saudáveis.[11] Também são observados descontos quando empresas em dificuldades financeiras tentam vender subsidiárias. Os custos da venda de ativos abaixo de seu valor são maiores para empresas com ativos que não tenham mercados líquidos e competitivos.

Liquidação diferida. A proteção contra falência pode ser utilizada pela gerência para diferir a liquidação de uma empresa que deveria ser fechada. Um estudo realizado por Lawrence Weiss e Karen Wruck estima que a Eastern Airlines tenha perdido mais de 50% de seu valor durante a falência porque a gerência pôde continuar a fazer investimentos com NPV negativo.[12]

Custos para os credores. Além dos custos legais diretos em que os credores podem incorrer quando uma empresa é inadimplente, pode haver outros custos indiretos para eles. Se o empréstimo concedido à empresa for um ativo significativo para o credor, a inadimplência da

---

[9] Rick Jurgens, "PG&E to Review Bonus Program", *Contra Costa Times*, 13 de dezembro de 2003.

[10] Kristen Hays, "Enron Asks Judge to Get Tough on Deadbeat Customers", *Associated Press*, 19 de agosto de 2003.

[11] "Do Asset Fire-Sales Exist? An Empirical Investigation of Commercial Aircraft Transactions", *Journal of Finance* 53 (1998): pp. 939-978, e "Effects of Bankruptcy Court Protection on Asset Sales", *Journal of Financial Economics* 52 (1999): pp. 151-186. Para exemplos de outras indústrias, ver Timothy Kruse, "Asset Liquidity and the Determination of Asset Sales by Poorly Performing Firms", *Financial Management* 31 (2002): pp. 107-129.

[12] "Information Problems, Conflicts of Interest, and Asset Stripping: Ch. 11's Failure in the Case of Eastern Airlines", *Journal of Financial Economics* 48, pp. 55-97.

[13] Apesar de ser o credor e não a empresa quem arca com estes custos, o credor considerará estes custos potenciais ao determinar a taxa de juros sobre o empréstimo concedido.

empresa pode levar a dificuldades financeiras custosas *para o credor*.[13] Por exemplo, em 1998 a inadimplência da Rússia sobre seus títulos de dívida levou ao colapso do fundo Long Term Capital Management (LTCM), e fez surgir o temor de que alguns credores da LTCM pudessem também vir a sofrer dificuldades financeiras.

Impacto geral dos custos indiretos. Ao todo, os custos indiretos das dificuldades financeiras podem ser substanciais. Ao estimá-los, porém, temos que lembrar de duas questões importantes. Primeiramente, temos que identificar perdas sobre o valor total da empresa (e não somente as perdas dos acionistas ou dos titulares de dívidas, ou de transferências entre eles). Em segundo lugar, precisamos identificar as perdas incrementais associadas às dificuldades financeiras, acima e além de quaisquer perdas que ocorreriam devido às dificuldades financeiras da empresa.[14] Um estudo de empresas com alta alavancagem realizado por Gregor Andrade e Steven Kaplan estimou uma perda potencial devido a dificuldades financeiras de 10% a 20% do valor da empresa.[15] Na próxima seção, consideraremos as consequências destes custos potenciais da alavancagem para o valor da empresa.

FIXAÇÃO DE CONCEITOS

1. Se uma empresa pedir falência sob o Capítulo 11 da lei da falência norte-americana, que parte interessada terá a primeira oportunidade de propor um plano para a reorganização da empresa?

2. Por que as perdas dos titulares de dívida cujas reivindicações não serão integralmente pagas não são um custo das dificuldades financeiras, enquanto que as perdas de clientes que temem que a empresa pare de honrar suas garantias o são?

16.3 Custos das dificuldades financeiras e valor da empresa

Os custos das dificuldades financeiras descritos na seção anterior representam um importante distanciamento da suposição de mercados de capitais perfeitos de Modigliani e Miller. MM supunham que os fluxos de caixa dos ativos de uma empresa não dependiam da escolha de sua estrutura de capital. Como discutimos, porém, as empresas alavancadas correm o risco de incorrer em custos de dificuldades financeiras que reduzem os fluxos de caixa disponíveis para os investidores.

Armin Industries: o impacto dos custos de dificuldades financeiras

Para ilustrar como estes custos de dificuldades financeiras afetam o valor da empresa, consideremos novamente o exemplo da Armin Industries. Com financiamento exclusivamente pela emissão de ações, os ativos da Armin valerão $150 milhões se o novo produto fizer sucesso e $80 milhões se ele falhar. Ao contrário, com dívida de $100 milhões, a Armin será forçada à falência se o novo produto falhar. Neste caso, parte do valor dos ativos da Armin será perdida para os custos de falência e das dificuldades financeiras. Consequentemente, os titulares de dívida receberão menos de $80 milhões. Mostraremos o impacto destes custos na Tabela 16.2, onde supomos que os titulares de dívida recebem apenas $60 milhões após considerar os custos das dificuldades financeiras.

Como mostra a Tabela 16.2, o valor total para todos os investidores é ainda menor com alavancagem do que sem ela quando o novo produto fracassa. A diferença de $80 milhões − $60 milhões = $20 milhões é devida aos custos das dificuldades financeiras. Estes custos diminuem o valor total da empresa com alavancagem, e a Primeira Proposição de MM não é mais válida, como ilustra o Exemplo 16.2.

---

[14] Para uma criteriosa discussão sobre este assunto, ver Robert Haugen e Lemma Senbet, "Bankruptcy and Agency Costs: Their Significance to the Theory of Optimal Capital Structure", *Journal of Financial and Quantitative Analysis* 23 (1988): pp. 27-38, onde eles também ressaltam que a magnitude dos custos das dificuldades financeiras não pode ser maior do que os custos de reestruturar a empresa antes que os custos sejam incorridos.

[15] Gregor Andrade e Steven Kaplan, "How Costly Is Financial (Not Economic) Distress? Evidence from Highly Leveraged Transactions That Became Distressed", *Journal if Finance* 53 (1998): pp. 1443-1493.

TABELA 16.2 Valor da dívida e das ações com e sem alavancagem ($ milhões)

	Sem alavancagem		Com alavancagem	
	Sucesso	Fracasso	Sucesso	Fracasso
Valor da dívida	—	—	100	60
Valor das ações	150	80	50	0
Total para todos os investidores	150	80	150	60

EXEMPLO 16.2 — Valor da empresa quando as dificuldades financeiras são custosas

Problema

Compare o valor corrente da Armin Industries com e sem alavancagem, considerando os dados da Tabela 16.2. Suponha que a taxa de juros livre de risco seja de 5%, que o novo produto tenha chances iguais de fazer sucesso ou fracassar, e que o risco seja diversificável.

Solução

Com e sem alavancagem, os pagamentos aos acionistas são os mesmos que no Exemplo 16.1. Nesse exemplo, calculamos o valor das ações não-alavancadas como $109,52 milhões e o valor das ações alavancadas como $23,81 milhões. Mas, devido aos custos de falência, o valor da dívida agora é de

$$\text{Dívida} = \frac{\frac{1}{2}(100) + \frac{1}{2}(60)}{1,05} = \$76,19 \text{ milhões}$$

O valor da empresa alavancada é $V^L = E + D = 23,81 + 76,19 = \$100$ milhões, o que é menos do que o valor da empresa não-alavancada, $V^U = \$109,52$ milhões. Assim, devido aos custos de falência, o valor da empresa alavancada é de $9,52 milhões a menos do que seu valor sem alavancagem. Esta perda é igual ao valor presente dos $20 milhões em custos de dificuldades financeiras que a empresa irá pagar se o produto fracassar:

$$PV(\text{Custos de dificuldades financeiras}) = \frac{\frac{1}{2}(0) + \frac{1}{2}(20)}{1,05} = \$9,52 \text{ milhões}$$

Quem paga os custos das dificuldades financeiras?

Os custos das dificuldades financeiras na Tabela 16.2 reduzem os pagamentos aos titulares de dívida quando o novo produto fracassa. Neste caso, os acionistas já perderam seu investimento e não têm mais nenhum interesse na empresa. Pode parecer que estes custos sejam irrelevantes na perspectiva dos acionistas. Por que eles se importariam com custos arcados pelos titulares de dívida?

É verdade que após uma empresa entrar em falência, os acionistas pouco se importam com os custos da falência. Mas os titulares de dívida não são bobos – eles reconhecem que, se a empresa for inadimplente, eles não conseguirão obter o valor integral dos ativos. Consequentemente, eles pagarão menos pela dívida inicialmente. Quanto a menos? Precisamente o valor do qual desistirão no final – o valor presente dos custos de falência.

Mas se os titulares de dívida pagam menos pela dívida, há menos dinheiro disponível para a empresa pagar dividendos, recomprar ações e fazer investimentos. Isto é, a diferença é dinheiro a menos no bolso dos acionistas. Esta lógica leva ao seguinte resultado geral:

Quando os títulos têm preços justos, os acionistas originais de uma empresa pagam o valor presente dos custos associados à falência e às dificuldades financeiras.

> **EXEMPLO 16.3** Custos de dificuldades financeiras e o preço das ações
>
> **Problema**
>
> Suponha que, no início do ano, a Armin Industries tenha 10 milhões de ações em circulação e nenhuma dívida. A Armin então divulga planos de emitir um título de dívida de um ano com um valor de face de $100 milhões e utilizar os recursos obtidos para recomprar ações. Considerando os dados da Tabela 16.2, qual será o novo preço das ações? Como nos exemplos anteriores, suponha que a taxa de juros livre de risco seja de 5%, que o novo produto tenha chances iguais de fazer sucesso ou de fracassar, e que o risco seja diversificável.
>
> **Solução**
>
> Do Exemplo 16.1, o valor da empresa sem alavancagem é $109,52 milhões. Com 10 milhões de ações em circulação, este valor corresponde a um preço inicial por ação de $10,952. No Exemplo 16.2 vimos que, com alavancagem, o valor total da empresa é de apenas $100 milhões. Prevendo esta diminuição no valor da empresa, o preço das ações deve cair para $100 milhões ÷ 10 milhões de ações = $10,00 por ação após a divulgação da recapitalização.
>
> Vamos verificar este resultado. Do Exemplo 16.2, devido aos custos de falência, a nova dívida vale $76,19 milhões. Assim, a um preço de $10 por ação, a Armin irá recomprar 7,619 milhões de ações, deixando 2,381 milhões de ações em circulação. No Exemplo 16.1, calculamos o valor das ações alavancadas como $23,81 milhões. Dividindo pelo número de ações, temos um preço após a transação igual a
>
> $$\$23{,}81 \text{ milhões} \div 2{,}381 \text{ milhões de ações} = \$10{,}00 \text{ por ação}$$
>
> Assim, a recapitalização custará aos acionistas $0,952 por ação, ou $9,52 milhões no total. Este custo corresponde ao valor presente dos custos de dificuldades financeiras calculados no Exemplo 16.2. Assim, apesar de os titulares de dívida arcarem com estes custos no final, os acionistas pagam o valor presente dos custos das dificuldades financeiras à vista.

FIXAÇÃO DE CONCEITOS

1. Nos Exemplos 16.1 a 16.3, a Armin incorreria em custos de dificuldades financeiras somente no evento de o novo produto fracassar. Por que a Armin incorreria em custos de dificuldades financeiras mesmo *antes* de se saber se o novo produto irá fazer sucesso ou fracassar?
2. Por que os acionistas devem se preocupar com os custos de dificuldades financeiras que serão arcados pelos titulares de dívida?

16.4 Estrutura de capital ótima: a teoria do *tradeoff*

Agora podemos associar nosso conhecimento da dedução tributária das despesas com juros devido à alavancagem (discutido no Capítulo 15) aos custos das dificuldades financeiras para determinar o valor da dívida que uma empresa deve emitir para maximizar seu valor. A análise apresentada nesta seção é chamada de **teoria do *tradeoff*** porque contrabalança os benefícios da dívida que resultam da proteção de fluxos de caixa e os custos das dificuldades financeiras associados à alavancagem.

Segundo esta teoria, *o valor total de uma empresa alavancada é igual ao valor da empresa sem alavancagem mais o valor presente da economia tributária proveniente da contração de dívida, menos o valor presente dos custos de dificuldades financeiras*:

$$V^L = V^U + PV\begin{pmatrix} \text{Dedução tributária} \\ \text{das despesas com juros} \end{pmatrix} - PV\begin{pmatrix} \text{Custos de dificuldades} \\ \text{financeiras} \end{pmatrix} \quad (16.1)$$

A Equação 16.1 mostra que a alavancagem possui custos, além de benefícios. As empresas têm um incentivo para aumentar a alavancagem a fim de explorar os benefícios fiscais da dívida. Mas com dívida demais, as empresas correm maior risco de terem que ser inadimplentes e incorrer em custos de dificuldades financeiras.

Determinantes do valor presente dos custos das dificuldades financeiras

Além destes exemplos simples, calcular o valor presente exato dos custos das dificuldades financeiras é bastante complicado. Dois fatores qualitativos fundamentais determinam o valor presente dos custos das dificuldades financeiras: (1) a probabilidade de ocorrência de dificuldades financeiras e (2) a magnitude dos custos quando uma empresa está com problemas. No Exemplo 16.3, quando a Armin é alavancada, o valor presente de seus custos de dificuldades financeiras depende da probabilidade de que o novo produto vá fracassar (50%) e da magnitude dos custos se ele vier a fracassar ($20 milhões).

O que determina cada um destes fatores? A magnitude dos custos das dificuldades financeiras irá depender da importância relativa das fontes destes custos discutidas na Seção 16.2, e provavelmente varia de uma indústria para outra. Por exemplo, as empresas de tecnologia têm grandes chances de incorrer em altos custos quando estão em dificuldades financeiras devido à perda potencial de clientes e de pessoal, além de uma falta de ativos tangíveis que possam ser facilmente liquidados. Ao contrário, as empresas imobiliárias têm grandes chances de terem baixos custos de dificuldades financeiras, já que grande parte de seu valor é proveniente de ativos que podem ser vendidos com relativa facilidade.

A probabilidade de ocorrência de dificuldades financeiras depende da probabilidade de que uma empresa seja incapaz de cumprir seus compromissos de dívida, ou seja, de que ela seja inadimplente. Esta probabilidade aumenta com a quantidade de passivos de uma empresa (em relação a seus ativos). Ela aumenta também com a volatilidade dos fluxos de caixa da empresa e dos valores dos ativos. Assim, empresas com fluxos de caixa estáveis e confiáveis, como empresas de utilidade pública, são capazes de utilizar altos níveis de endividamento e ainda assim terem uma probabilidade muito baixa de inadimplência. Empresas cujo valor e fluxos de caixa são muito voláteis (por exemplo, empresas de semicondutores) têm que ter níveis de endividamento muito mais baixos para evitar um risco significativo de inadimplência.

Alavancagem ótima

A Figura 16.1 mostra como o valor de uma empresa alavancada, V^L, varia com o nível de dívida permanente, D, segundo a Equação 16.1. Sem endividamento, o valor da empresa é V^U. Para níveis baixos de endividamento, o risco de inadimplência permanece baixo e o principal efeito de um

FIGURA 16.1

Alavancagem ótima com impostos e custos de dificuldades financeiras

À medida que o nível de dívida, D, aumenta, os benefícios fiscais do endividamento aumentam em τ^*D até as despesas com juros excederem o EBIT da empresa. A probabilidade de inadimplência, e portanto, o valor presente dos custos das dificuldades financeiras, também aumenta com D. O nível ótimo de dívida, D^*, ocorre quando esses efeitos se equilibram e V^L é maximizado. D^* será menor para empresas com custos mais altos de dificuldades financeiras.

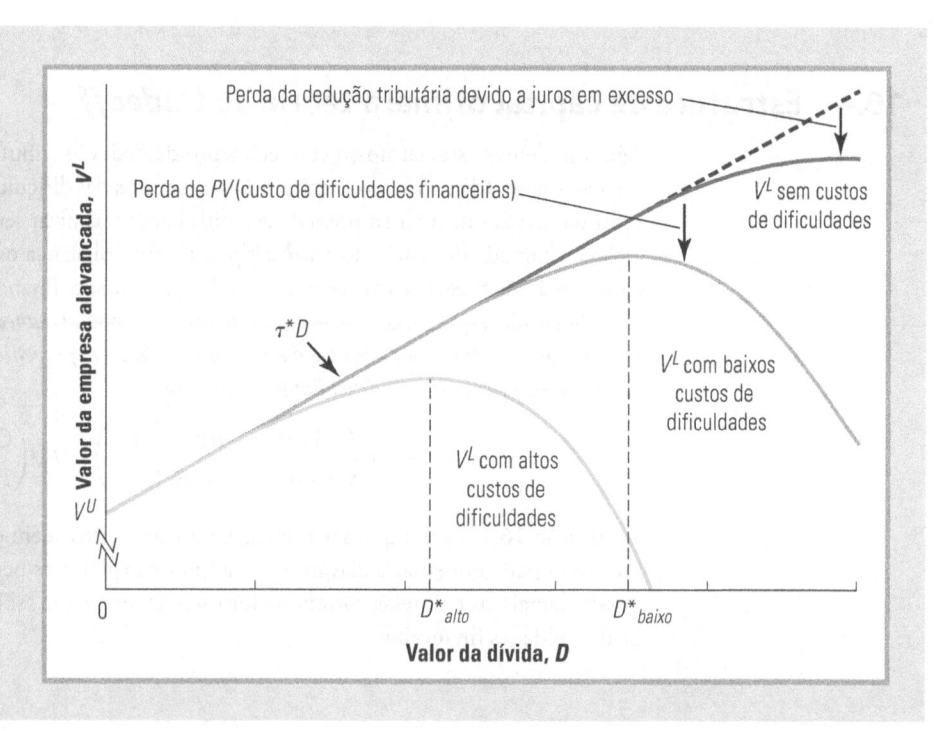

aumento na alavancagem é um aumento na dedução tributária das despesas com juros, que possui valor presente τ^*D, onde τ^* é a vantagem tributária efetiva da dívida calculada no Capítulo 15. Se não houvesse custos de dificuldades financeiras, o valor continuaria a aumentar a esta taxa até os juros sobre a dívida excederem os lucros da empresa antes dos juros e dos impostos e a dedução tributária ser exaurida.

Os custos das dificuldades financeiras reduzem o valor da empresa alavancada, V^L. O valor da redução aumenta com a probabilidade de inadimplência, que por sua vez aumenta com o nível de endividamento D. A teoria do *tradeoff* afirma que as empresas devem aumentar sua alavancagem até chegar ao nível D^* para o qual V^L é maximizado. Neste ponto, as economias tributárias que resultam do aumento na alavancagem são contrabalançadas pela maior probabilidade de incorrência de custos de dificuldades financeiras.

A Figura 16.1 também ilustra as escolhas de níveis ótimos de dívida para dois tipos de empresa. A escolha de nível ótimo de dívida de uma empresa com baixos custos de dificuldades financeiras é indicada por D^*_{baixo}, e a de uma empresa com altos custos de dificuldades financeiras, por D^*_{alto}. Não é nenhuma surpresa que, com custos mais altos, a escolha ótima da empresa seja menos alavancagem.

A teoria do *tradeoff* ajuda a resolver dois enigmas relativos à alavancagem que surgiram no Capítulo 15. Em primeiro lugar, a presença de custos de dificuldades financeiras pode explicar por que as empresas escolhem níveis de endividamento baixos demais para explorar integralmente a dedução tributária das despesas com juros. Em segundo lugar, as diferenças na magnitude dos custos de dificuldades financeiras e a volatilidade dos fluxos de caixa podem explicar as diferenças no uso de alavancagem de uma indústria para outra. Além disso, a teoria do *tradeoff* pode ser facilmente ampliada para incluir outros efeitos da alavancagem – que podem ser ainda mais importantes do que os custos de dificuldades financeiras – que discutiremos a seguir.

EXEMPLO 16.4

Escolhendo um nível ótimo de endividamento

Problema

A Greenleaf Industries está considerando adicionar alavancagem à sua estrutura de capital. Os gerentes da Greenleaf acreditam que eles possam adicionar $35 milhões em dívida e explorar as deduções tributárias (para as quais estimam $\tau^* = 15\%$). Porém eles também reconhecem que um endividamento maior aumenta o risco de dificuldades financeiras. Baseado em simulações dos fluxos de caixa futuros da empresa, o CFO fez as seguintes estimativas (em milhões de dólares):[16]

Dívida	0	10	20	25	30	35
PV(Dedução tributária das despesas com juros)	0,00	1,50	3,00	3,75	4,50	5,25
PV(Custos de dificuldades financeiras)	0,00	0,00	0,38	1,62	4,00	6,38

Qual é a escolha ótima de nível de dívida para a Greenleaf?

Solução

Da Equação 16.1, a dedução líquida da dívida é determinada subtraindo-se *PV*(Custos de dificuldades financeiras) de *PV*(Dedução tributária das despesas com juros). A dedução líquida para cada nível de dívida é

Dívida	0	10	20	25	30	35
Dedução líquida	0,00	1,50	2,62	2,13	0,50	−1,13

O nível de endividamento que leva à maior dedução líquida é $20 milhões. A Greenleaf terá um ganho de $3 milhões devido a deduções tributárias e uma perda de $0,38 milhões devido ao valor presente dos custos de dificuldades financeiras, o que a levará a um ganho líquido de $2,62 milhões.

---

[16] O PV da dedução tributária das despesas com juros é calculado como τ^*D. O PV dos custos de dificuldades financeiras é difícil de se estimar e exige técnicas de avaliação de opções que introduziremos na Parte VII deste livro.

FIXAÇÃO DE CONCEITOS

1. Descreva a teoria do *tradeoff*.
2. De acordo com a teoria do *tradeoff*, se todos os outros fatores permanecerem iguais, que tipo de empresa possui um nível ótimo de endividamento mais alto: uma empresa com fluxos de caixa muito voláteis ou uma empresa com fluxos de caixa muito seguros e previsíveis?

16.5 Explorando os titulares de dívida: os custos de agência da alavancagem

Nesta seção, consideraremos uma outra maneira através da qual a estrutura de capital pode afetar os fluxos de caixa de uma empresa: alterar os incentivos aos gerentes e mudar suas decisões de investimentos. Se estas mudanças tiverem um NPV negativo, elas serão custosas para a empresa.

O tipo de custos que descrevemos nesta seção são exemplos de **custos de agência** – custos que surgem quando há conflitos de interesse entre os envolvidos. Como os altos gerentes geralmente detêm ações da empresa e são contratados e mantidos com a aprovação do conselho de diretoria, que é, por sua vez, eleito por acionistas, geralmente eles tomam decisões que aumentam o valor das ações da empresa. Quando uma empresa possui alavancagem, haverá conflito de interesses se as decisões de investimento tiverem diferentes consequências para o valor das ações e para o valor da dívida. Tal conflito tem maiores chances de acontecer quando o risco de ocorrência de dificuldades financeiras é alto. Em algumas circunstâncias, os gerentes podem agir de maneira a beneficiar os acionistas mas prejudicar os credores da empresa, diminuindo seu valor total.

Ilustraremos esta possibilidade considerando uma empresa que está enfrentando dificuldades financeiras, a Baxter, Inc. A Baxter possui um empréstimo de $1 milhão com vencimento no final do ano. Sem uma mudança em sua estratégia, o valor de mercado de seus ativos será então de apenas $900.000, e a Baxter será inadimplente em sua dívida.

Superinvestimento

Os executivos da Baxter estão considerando uma nova estratégia que inicialmente parecia promissora, mas que parece arriscada após uma análise mais aprofundada. A nova estratégia não exige nenhum investimento à vista, mas possui uma chance de sucesso de apenas 50%. Se for bem-sucedida, aumentará o valor dos ativos da empresa para $1,3 milhões. Se fracassar, o valor dos ativos da empresa cairá para $300.000. Portanto, o valor esperado dos ativos da empresa com a nova estratégia é de 50% × $1,3 milhões + 50% × $300.000 = $800.000, uma diminuição de $100.000 de seu valor de $900.000 com a estratégia antiga. Apesar de um pagamento esperado negativo, alguns dentro da empresa sugeriram que a Baxter deveria ir adiante com a nova estratégia, pois atenderia melhor aos interesses de seus acionistas. Como os acionistas poderiam se beneficiar desta decisão?

Como mostra a Tabela 16.3, se a Baxter não fizer nada, ela será inadimplente no final das contas e os acionistas não obterão nada com certeza. Assim, os acionistas não têm nada a perder se a Baxter tentar a estratégia arriscada. Se for bem-sucedida, os acionistas receberão $300.000 após pagar a dívida. Dada uma chance de sucesso de 50%, o pagamento esperado aos acionistas é de $150.000.

TABELA 16.3 Resultados da dívida e ações da Baxter com cada estratégia (milhares de $)

	Estratégia antiga	Nova estratégia arriscada		
		Sucesso	Fracasso	Esperado
Valor dos ativos	900	1.300	300	800
Dívida	900	1.000	300	650
Ações	0	300	0	150

Claramente, os acionistas ganham com esta estratégia, apesar de ela ter um pagamento esperado negativo. Quem perde? Os titulares de dívida: se a estratégia fracassar, eles arcam com a perda. Como mostra a Tabela 16.3, se o projeto for bem-sucedido, eles receberão apenas $300.000. De maneira geral, o pagamento esperado dos titulares de dívida é de $650.000, uma perda de $250.000 em relação aos $900.000 que eles iriam receber com a estratégia antiga. Esta perda corresponde à perda esperada de $100.000 da estratégia arriscada e ao ganho de $150.000 dos acionistas. Os acionistas estão efetivamente apostando com o dinheiro dos titulares de dívida.

Este exemplo ilustra uma questão geral: *quando uma empresa enfrenta dificuldades financeiras, os acionistas podem sair ganhando fazendo investimentos suficientemente arriscados, mesmo se estes tiverem um NPV negativo.*[17] Este resultado leva a um **problema de superinvestimento**: os acionistas têm um incentivo para investir em projetos arriscados com NPV negativo. Mas um projeto com NPV negativo destrói valor para a empresa de modo geral. Prevendo este mau comportamento, os portadores de títulos pagam menos pela empresa inicialmente. Este custo provavelmente é mais alto para empresas que podem facilmente aumentar o risco de seus investimentos.

Subinvestimento

Suponhamos que a Baxter não adote a estratégia arriscada. Em vez disso, os gerentes da empresa consideram uma atraente oportunidade de investimento que irá exigir um investimento inicial de $100.000 e gerar um retorno livre de risco de 50%. Isto é, ela possui os seguintes fluxos de caixa (em milhares de dólares):

```
    0           1
    |-----------|
  -100         150
```

Se a taxa de juros livre de risco corrente é de 5%, este investimento possui claramente um NPV positivo. O único problema é que a Baxter não possui o dinheiro à disposição para fazer o investimento.

A Baxter poderia levantar os $100.000 emitindo novas ações? Infelizmente não. Suponhamos que os acionistas contribuíssem com os $100.000 para o novo capital necessário. Seu pagamento no final do ano é exibido na Tabela 16.4.

Assim, se os acionistas contribuíssem com $100.00 para financiar o projeto, eles receberiam de volta apenas $50.000. Os outros $100.000 do projeto iriam para os titulares de dívida, cujo pagamento aumenta de $900.000 para $1 milhão. Como os titulares de dívida recebem a maior parte do benefício, este projeto é uma oportunidade de investimento com NPV negativo para os acionistas, apesar de oferecer um NPV positivo para a empresa.

TABELA 16.4	Resultados da dívida e ações da Baxter com e sem o novo projeto (milhares de $)	
	Sem o novo projeto	Com o novo projeto
Ativos existentes	900	900
Novo projeto		150
Valor total da empresa	900	1.050
Dívida	900	1.000
Ações	0	50

---

[17] Este problema também é chamado de *substituição de ativos*: após emitir títulos de dívida, os acionistas têm um incentivo para substituir investimentos seguros por investimentos arriscados. Ver Michael Jensen e William Meckling, "Theory of the Firm: Managerial Behavior, Agency Costs and Ownership Structure", *Journal of Financial Economics* 3 (1976): pp. 305-360.

Este exemplo ilustra uma outra questão geral: *quando uma empresa enfrenta dificuldades financeiras, ela pode escolher não financiar novos projetos com NPV positivo.*[18] Neste caso, há um **problema de subinvestimento**: os acionistas decidem não investir em um projeto com NPV positivo. Deixar de investir custa caro para os titulares de dívida e para o valor geral da empresa, pois ela está abrindo mão do NPV das oportunidades perdidas. O custo é mais alto para empresas com grandes chances de ter oportunidades futuras de crescimento lucrativas que exijam grandes investimentos.

Fazendo um *cash-out**

Quando uma empresa enfrenta dificuldades financeiras, os acionistas têm um incentivo para não investir e para retirar dinheiro da empresa, se possível. Como exemplo, suponhamos que a Baxter tenha equipamentos que possam ser vendidos por $25.000 no início do ano. A empresa precisa que estes equipamentos continuem com suas operações normais durante o ano; sem eles, a Baxter terá que encerrar algumas operações e a empresa valerá somente $800.000 no final do ano. Apesar de a venda dos equipamentos reduzir o valor da empresa em $100.000, se é provável que a Baxter vá ser inadimplente no final do ano, este custo seria arcado pelos titulares de dívida. Então, os acionistas têm um ganho se a Baxter vender os equipamentos e utilizar os $25.000 para pagar um dividendo imediato em dinheiro. Este incentivo para liquidar ativos a preços abaixo de seu valor real é uma outra forma de subinvestimento que ocorre quando uma empresa enfrenta dificuldades financeiras.

Custos de agência e o valor da alavancagem

Esses exemplos ilustram como a alavancagem pode encorajar os gerentes e os acionistas a agir de maneiras que reduzem o valor da empresa. Em cada caso, os acionistas se beneficiam às custas dos titulares de dívida. Mas, assim como com os custos de dificuldades financeiras, são os acionistas da empresa que acabam arcando com estes custos de agência. Quando uma empresa escolhe inicialmente adicionar alavancagem à sua estrutura de capital, a decisão tem dois efeitos sobre o preço das ações. Em primeiro lugar, o preço das ações se beneficia da capacidade dos acionistas de explorar os titulares de dívida em épocas de crise. Em segundo lugar, os titulares de dívida reconhecem esta possibilidade e pagam menos pelo título de dívida quando ele é emitido, reduzindo a quantia que a empresa pode distribuir aos acionistas. Como os titulares de dívida perdem mais do que os acionistas ganham com estas atividades, o efeito líquido é uma redução no preço inicial das ações da empresa. O valor desta redução corresponderá ao NPV negativo das decisões.

Estes custos de agência do endividamento só podem surgir se houver alguma chance de que a empresa vá ser inadimplente e impor perdas a seus titulares de dívida. A magnitude destes custos aumenta com o risco e, portanto, com o valor da dívida da empresa. Os custos de agência, portanto, representam um outro custo do aumento da alavancagem da empresa que afetará a escolha de sua estrutura de capital ótima.

Vencimento da dívida e cláusulas

Várias coisas podem ser feitas para mitigar os custos de agência do endividamento. Primeiro, observemos que a magnitude dos custos de agência provavelmente depende do vencimento da dívida. Com dívidas de longo prazo, os acionistas têm mais oportunidades de lucrar às custas dos titulares de dívida antes de a dívida vencer. Assim, os custos de agência são menores para dívidas de curto prazo.[19] Por exemplo, se a dívida da Baxter vencesse hoje, a empresa seria forçada a ser inadimplente ou renegociar com os titulares de dívida antes que ela pudesse aumentar o risco,

---

[18] Este custo da dívida, também chamado de *debt overhang*, foi formalizado por Stewart Myers, "Determinants of Corporate Borrowing", *Journal of Financial Economics* 5 (1977): pp. 147-175.

* N. de T.: O termo *cash out*, no jogo de pôquer, significa deixar o jogo e converter as fichas em dinheiro. No caso de uma empresa, significa vender seus ativos por preços provavelmente abaixo do mercado para convertê-los em dinheiro imediato.

[19] Ver Shane Johnson, "Debt Maturity and the Effects of Growth Opportunities and Liquidity on Leverage", *Review of Financial Studies* 16 (March 2003): pp. 209-236, para evidências empíricas que sustentam esta hipótese.

EXEMPLO 16.5

Custos de agência e nível de alavancagem

Problema

Os custos de agência descritos anteriormente surgiriam se a Baxter tivesse menos alavancagem e devesse $400.000 em vez de $1 milhão?

Solução

Se a Baxter não fizer novos investimentos ou mudar sua estratégia, a empresa valerá $900.000. Assim, a empresa permanecerá solvente e suas ações valerão $900.000 − $400.000 = $500.000.

Se a Baxter adotar a estratégia arriscada, seus ativos valerão ou $1,3 milhões ou $300.000, então os acionistas receberão $900.000 ou $0. Neste caso, o pagamento esperado dos acionistas com o projeto arriscado é de apenas $450.000. Assim, os acionistas rejeitarão a estratégia arriscada.

E quanto a um subinvestimento? Se a Baxter levantar $100.000 dos acionistas para financiar um novo investimento que aumenta o valor dos ativos em $150.000, as ações valerão

$$\$900.000 + \$150.000 - \$400.000 = \$650.000$$

Este é um ganho de $150.000 além dos $500.000 que os acionistas receberiam sem o investimento. Como seu pagamento subiu em $150.000 com um investimento de $100.000, eles estarão dispostos a investir no novo projeto.

Da mesma maneira, a Baxter não tem nenhum incentivo para realizar um *cash-out* e vender equipamentos para pagar um dividendo. Se a empresa pagar o dividendo, os acionistas receberão $25.000 hoje. Mas seu pagamento futuro diminui para $800.000 − $400.000 = $400.000. Assim, eles abririam mão de $100.000 em um ano por $25.000 hoje. Para qualquer taxa de desconto razoável, este é um mau negócio e os acionistas rejeitarão o dividendo.

---

deixar de investir, ou ter que fazer um *cash-out*. Entretanto, ao depender de dívidas de curto prazo, a empresa será obrigada a pagar ou refinanciar sua dívida mais frequentemente. Dívidas de curto prazo também podem aumentar o risco da empresa de enfrentar dificuldades financeiras e seus custos associados.

Em segundo lugar, como uma condição para conceder o empréstimo, os credores geralmente impõem restrições à atuação da empresa. Tais restrições geralmente são chamadas de **cláusulas restritivas**. Cláusulas podem limitar a possibilidade de a empresa pagar grandes dividendos ou limitar o tipo de investimento que a empresa pode fazer. Essas cláusulas geralmente são criadas para evitar que a gerência explore os titulares de dívida, de modo que elas possam ajudar a reduzir os custos de agência. Inversamente, como as cláusulas impedem a flexibilidade da gerência, elas têm o potencial de atrapalhar oportunidades com NPV positivo e, dessa maneira, podem ter seus custos próprios.[20]

FIXAÇÃO DE CONCEITOS

1. Qual é o propósito das cláusulas restritivas em um contrato de título de dívida?
2. Por que os titulares de dívida desejariam cláusulas que restringem a possibilidade de a empresa pagar dividendos, e por que os acionistas também se beneficiariam desta restrição?

16.6 Motivando os gerentes: os benefícios de agência da alavancagem

Na Seção 16.5, defendemos que os gerentes agem segundo os interesses dos acionistas da empresa e consideramos os potenciais conflitos de interesse que podem surgir entre os titulares de dívida e os acionistas quando uma empresa possui alavancagem. É claro que os gerentes também têm seus próprios interesses pessoais, que podem diferir tanto dos interesses dos acionistas quanto dos titulares

---

[20] Para uma análise dos custos e benefícios de cláusulas de títulos de dívidas, ver C. W. Smith e J. B. Warner, "On Financial Contracting: An Analysis of Bond Covenants", *Journal of Financial Economics* (June 1979): pp. 117-161.

de dívida. Apesar de os gerentes muitas vezes possuírem ações da empresa, na maioria das grandes empresas eles detêm apenas uma fração muito pequena das ações em circulação. E apesar de os acionistas, através do conselho de diretoria, terem o poder de demitir os gerentes, eles raramente o fazem, a menos que o desempenho da empresa seja excepcionalmente fraco.[21]

Esta separação de propriedade e controle cria a possibilidade do **entrincheiramento da gerência**; enfrentando pouca ameaça de serem demitidos e substituídos, os gerentes sentem-se livres para administrar a empresa de acordo com seus próprios interesses. Consequentemente, podem tomar decisões que beneficiem a si próprios às custas dos investidores. Nesta seção, consideraremos como a alavancagem pode fornecer incentivos para que os gerentes administrem a empresa com mais eficiência e eficácia. Os benefícios que descreveremos nesta seção, além das deduções tributárias da alavancagem, fornecem à empresa um incentivo para utilizar financiamento por endividamento em vez de com capital próprio.

Concentração proprietária

Uma vantagem de utilizar alavancagem é que ela permite que os proprietários originais da empresa mantenham sua participação acionária. Como acionistas majoritários, eles terão um forte interesse em fazer o que é melhor para a empresa. A seguir, consideraremos um exemplo de tal situação.

Ross Jackson é o proprietário de uma bem-sucedida loja de móveis. Ele planeja expandir seus negócios abrindo várias novas lojas. Ross pode ou tomar os fundos necessários para a expansão emprestados, ou levantar o dinheiro vendendo ações da empresa. Se emitir ações, ele precisará vender 40% da empresa para levantar os fundos necessários.

Se Ross utilizar capital de terceiros, ele reterá a propriedade de 100% das ações da empresa. Contanto que não seja inadimplente, qualquer decisão tomada por Ross que aumente o valor da empresa em $1 aumentará o valor de sua própria participação em $1. Mas se Ross emitir ações, ele reterá apenas 60% delas. Assim, Ross terá um ganho de apenas $0,60 para cada aumento de $1 no valor da empresa.

A diferença na participação proprietária de Ross muda seus incentivos para administrar a empresa. Suponhamos que o valor da empresa dependa amplamente do esforço pessoal de Ross. Ele provavelmente trabalhará mais e a empresa valerá mais se ele receber 100% dos ganhos em vez de apenas 60%.

Um outro efeito da emissão de ações é a tentação de Ross de ceder a privilégios, como um grande escritório com obras de arte extravagantes, uma limusine com motorista, um jatinho, ou despesas altíssimas. Com alavancagem, Ross é o proprietário individual e arcará com o custo integral desses privilégios. Mas com ações Ross arcará apenas com 60% do custo; os outros 40% serão pagos pelos novos acionistas. Assim, ao utilizar financiamento por emissão de ações, é mais provável que ele gaste demais com esses luxos.

Os custos dos esforços reduzidos e dos gastos excessivos em privilégios são uma outra forma de custo de agência. Estes custos de agência surgem neste caso devido à diluição da propriedade que ocorre quando se utiliza financiamento por emissão de ações. Quem paga esses custos de agência? Como sempre, se os títulos tiverem um preço justo, os proprietários originais da empresa pagam o custo. Em nosso exemplo, Ross verá que se ele decidir emitir ações, os novos investidores descontarão o preço que eles pagarão para refletir os menores esforços e maiores gastos em privilégios. Neste caso, utilizar alavancagem pode beneficiar a empresa preservando sua concentração proprietária e evitando esses custos de agência.[22]

---

[21] Ver, por exemplo, Jerold Warner, Ross Watts e Karen Wruck, "Stoc Prices and Top Management Changes", *Journal of Financial Economics* 20 (1988): pp. 461-492.

[22] Este benefício potencial da alavancagem é discutido por Michael Jensen e William Meckling, "Theory of the Firm: Managerial Behavior, Agency Costs and Ownership Structure", *Journal of Financial Economics* 3 (1976): pp. 305-360. Observemos também que, como os gerentes que detêm um grande bloco de ações são mais difíceis de serem substituídos, uma maior concentração proprietária também pode levar a um maior entrincheiramento e reduzir os incentivos; ver Randall Morck, Andrei Shleifer e Robert W. Vishny, "Management Ownership and Market Valuation", *Journal of Financial Economics* 20 (1988): pp. 293-315.

Redução de investimentos esbanjadores

Apesar de a propriedade geralmente ser concentrada nas empresas pequenas e jovens, ela tipicamente se torna diluída com o passar do tempo à medida que a empresa cresce. Em primeiro lugar, os proprietários originais da empresa podem se aposentar, e os novos gerentes provavelmente não deterão uma grande participação proprietária. Em segundo lugar, as empresas geralmente precisam levantar mais capital para investimento do que pode ser sustentado utilizando exclusivamente capital de terceiros (lembremos da discussão sobre capacidade de endividamento e crescimento do Capítulo 15). Em terceiro lugar, os proprietários geralmente escolhem vender sua participação e investir em uma carteira bem diversificada para reduzir o risco.[23] Consequentemente, nas grandes empresas norte-americanas, a maioria dos CEOs detém menos de 1% das ações de suas empresas.

Com uma participação proprietária tão baixa, o potencial do surgimento de conflitos de interesse entre os gerentes e os acionistas é alto. São necessários um monitoramento adequado e padrões de prestação de contas para evitar abusos. Apesar de a maioria das empresas bem-sucedidas ter implementado mecanismos adequados para proteger os acionistas, a cada ano são revelados novos escândalos em que os gerentes agiram contra os interesses dos acionistas.

Apesar de os gastos excessivos em privilégios pessoais poderem ser um problema para grandes empresas, estes custos provavelmente são baixos em relação ao valor da empresa como um todo. Uma preocupação mais séria para grandes empresas é que os gerentes possam fazer grandes investimentos não-lucrativos: más decisões de investimento já destruíram muitas empresas que poderiam ter sido bem-sucedidas. Mas o que motivaria os gerentes a fazer investimentos com NPV negativos?

Alguns economistas financeiros explicam a disposição de um gerente para se envolver em investimentos com NPV negativo como um impulso pela *construção de impérios*. Segundo esta visão, os gerentes preferem administrar grandes empresas em vez de pequenas, então eles fazem investimentos que aumentam o tamanho da empresa – em vez de sua lucratividade. Um possível motivo para esta preferência é que os gerentes de grandes empresas tendem a ganhar salários mais altos e podem também ter mais prestígio e obter maior publicidade do que os gerentes de pequenas empresas. Consequentemente, os gerentes podem expandir (ou deixar de fechar) divisões não-lucrativas, pagar preços altos demais por aquisições, fazer dispêndios de capital desnecessários ou contratar funcionários desnecessários.

Um outro motivo que pode levar os gerentes a superinvestir é eles serem excessivamente confiantes. Mesmo quando tentam agir a favor dos interesses dos acionistas, os gerentes podem cometer erros. Eles tendem a ser otimistas obstinados quanto ao futuro da empresa, e então podem acreditar que novas oportunidades são melhores do que elas realmente são. Eles também podem se comprometer com investimentos que a empresa já fez e continuar a investir em projetos que deveriam ser cancelados.[24]

Para os gerentes se envolverem em investimentos esbanjadores, eles têm que ter o dinheiro para investir. Esta observação é a base da **hipótese do fluxo de caixa livre**, a ideia de que gastos esbanjadores são mais prováveis de ocorrer quando as empresas têm altos níveis de fluxo de caixa acima do que é necessário para fazer todos os investimentos com NPV positivo e todos os pagamentos aos titulares de dívida.[25] Somente quando o dinheiro está contado é que os gerentes se sentem motivados a administrar a empresa o mais eficientemente possível. Segundo esta hipótese, a

---

[23] Segundo um estudo recente, os proprietários originais tendem a reduzir sua participação em mais de 50% dentro de nove anos após a empresa passar a ser de capital aberto (Branko Urošević, "Essays on Optimal Dynamic Risk Sharing in Equity and Debt Markets", Tese de Ph.D., 2002, University of California, Berkeley).

[24] Para evidências sobre a relação entre confiança excessiva dos CEOs e distorções nos investimentos, ver Ulrike Malmendier e Geoffrey Tate, "CEO Overconfidence and Corporate Investment", *Journal of Finance* 60 (2005): pp. 2261-2700. Ver também J. B. Heaton "Managerial Optimism and Corporate Finance", *Financial Management* 31 (2002): pp. 33-45; e Richard Roll, "The Hubris Hypothesis of corporate Takeovers", *Journal of Business* 59 (1986): pp. 197-216.

[25] A hipótese de que o fluxo de caixa em excesso induz a construção de império foi levantada por M. Jensen, "Agency Costs of Free Cash Flow, Corporate Finance, and Takeovers", *American Economic Review* 76 (1986): pp. 323-329.

Privilégios excessivos e escândalos corporativos

Apesar de a maioria dos CEOs e gerentes exercer uma moderação adequada ao gastar o dinheiro dos acionistas, já ocorreram algumas exceções nos escândalos corporativos que foram revelados.

Ao que consta, o antigo CFO da Enron, Andrew Fastow, utilizou complicadas transações financeiras para enriquecer com pelo menos $30 milhões do dinheiro dos acionistas. O ex-CEO da Tyco Corporation, Dennis Kozlowski, será lembrado por sua cortina de chuveiro de $6.000, sua cesta de costura de $6.300 e seu apartamento de $17 milhões na Quinta Avenida, todos pagos com fundos da Tyco. Ao todo, ele e o antigo CFO Mark Schwarz foram condenados pelo roubo de $600 milhões dos cofres da empresa.* O antigo CEO da WorldCom, Bernie Ebbers, que foi condenado por sua participação no escândalo contábil de $11 bilhões da empresa, tomou emprestado mais de $400 milhões da empresa a termos favoráveis do final de 2000 ao início de 2002. Entre outras coisas, ele utilizou o dinheiro destes empréstimos para dar presentes para amigos e membros da família, além de construir uma casa.[†] John Rigas e seu filho Timothy, antigos CEO e CFO da Adelphia Communications, foram condenados por roubar $100 milhões da empresa, além de esconder $2 bilhões em dívidas corporativas.

Mas estes certamente são casos excepcionais. E eles não foram, em si mesmos, a causa do declínio das empresas envolvidas, mas antes um sintoma de um problema mais amplo de uma falta de supervisão e prestação de contas dentro dessas empresas, juntamente com uma atitude oportunista dos gerentes envolvidos.

---
* Melanie Warner, "Exorcism at Tyco", *Fortune Magazine*, 28 de abril de 2003, p. 106.
† Andrew Backover, "Report Slams Culture at WorldCom", *USA Today*, 5 de novembro de 2002, p. 1B.

---

alavancagem aumenta o valor da empresa porque a faz se comprometer a fazer pagamentos de juros futuros, reduzindo, dessa forma, os fluxos de caixa em excesso e o investimento esbanjador por parte dos gerentes.[26]

Uma ideia relacionada é a de que a alavancagem pode reduzir o grau de entrincheiramento da gerência porque é mais provável que os gerentes sejam demitidos quando uma empresa enfrenta dificuldades financeiras. Os gerentes menos entrincheirados podem estar mais preocupados com seu desempenho e têm menos chances de se envolver em investimentos esbanjadores. Além disso, quando a empresa possui um alto grau de alavancagem, os próprios credores monitoram de perto as ações dos gerentes, fornecendo um nível adicional de supervisão da gerência.[27]

Alavancagem e compromisso

A alavancagem também pode atar as mãos dos gerentes e torná-los comprometidos a perseverar em certas estratégias com mais vigor do que o fariam sem a ameaça das dificuldades financeiras. Por exemplo, quando a American Airlines estava em negociações trabalhistas com seus sindicatos em abril de 2003, a empresa conseguiu obter concessões salariais explicando que custos mais altos a levariam à falência. (Uma situação similar permitiu que a Delta Airlines convencesse seus pilotos a aceitar um corte salarial de 33% em novembro de 2004.) Sem a ameaça de dificuldades financeiras, os gerentes da American poderiam não ter chegado a um acordo com o sindicato tão rapidamente ou conseguido as mesmas concessões salariais.[28]

---

[26] É claro que se a empresa não gerasse um fluxo de caixa suficiente, os gerentes também poderiam levantar novos capitais para investimentos esbanjadores. Mas os novos investidores seriam relutantes em contribuir com tal empreendimento e ofereceriam termos desfavoráveis. Além disso, levantar fundos externos provavelmente atrairia maior escrutínio e crítica pública no que diz respeito ao investimento.

[27] Ver, por exemplo, M. Harris e A. Raviv, "Capital Structure and the Informational Role of Debt", *Journal of Finance* 45 2 (1990): pp. 321-349.

[28] Ver E. C. Perotti e K. E. Spier, "Capital Structure as a Bargaining Tool: The Role of Leverage in Contract Renegotiation", *American Economic Review* (December 1993): pp. 1131-1141. O endividamento também pode afetar o poder de negociação de uma empresa com seus fornecedores; ver S. Dasgupta e K. Sengupta, "Sunk Investment, Bargaining and Choice of Capital Str srael, "Capital Structure and the Market for Corporate Control: The Defensive Role of Debt Financing", *Journal of Finance* (September 1991): pp. 1391-1409.

Uma empresa com maior alavancagem também pode se tornar uma concorrente mais voraz e agir mais agressivamente na proteção de seus mercados porque não pode arriscar a possibilidade de falência. Este comprometimento com um comportamento agressivo pode amedrontar possíveis rivais. (Este argumento poderia funcionar ao contrário: uma empresa enfraquecida por alavancagem excessiva poderia se tornar tão financeiramente frágil que desmoronaria diante da concorrência, permitindo que outras empresas erodissem seus mercados.)[29]

FIXAÇÃO DE CONCEITOS

1. De que maneiras os gerentes podem se beneficiar com gastos excessivos em aquisições?
2. Como os acionistas podem utilizar a estrutura de capital da empresa para evitar este problema?

16.7 Custos de agência e a teoria do *tradeoff*

Agora podemos ajustar a Equação 16.1 do valor da empresa para incluir os custos e benefícios dos incentivos que surgem quando a empresa possui alavancagem. Esta equação mais completa é exibida abaixo:

$$V^L = V^U + PV(\text{Dedução tributária das despesas com juros}) \\ - PV(\text{Custos de dificuldades financeiras}) - PV(\text{Custos de agência da dívida}) \\ + PV(\text{Benefícios de agência da dívida}) \quad (16.2)$$

O efeito líquido dos custos e benefícios da alavancagem sobre o valor de uma empresa é ilustrado na Figura 16.2. Sem dívida, o valor da empresa é V^U. À medida que o nível de endividamento aumenta, a empresa se beneficia das deduções tributárias das despesas com juros (que têm valor presente igual a τ^*D). A empresa também se beneficia de maiores incentivos à gerência, o que reduz os investimentos esbanjadores e os privilégios. Se o nível de dívida for alto demais, porém, o valor da empresa é reduzido devido à perda das deduções tributárias (quando os juros excedem o EBIT), de custos de dificuldades financeiras e de custos de agência da alavancagem. O nível ótimo de dívida, D^*, equilibra os custos e benefícios da alavancagem.

O nível ótimo de endividamento

É importante observar que as magnitudes relativas dos diferentes custos e benefícios do endividamento variam com as características da empresa. Da mesma maneira, o nível ótimo de endividamento varia. Como exemplo, contrastemos a escolha ótima de estrutura de capital de dois tipos de empresas.

Empresas com P&D intensiva. Empresas com altos custos de P&D e futuras oportunidades de crescimento tipicamente mantêm baixos níveis de endividamento. Essas empresas tendem a ter baixos fluxos de caixa livres correntes, de modo que precisam de pouca dívida para obter uma dedução tributária ou para controlar os gastos gerenciais. Além disso, tendem a ter um alto capital humano, de modo que haverá grandes custos em consequência de dificuldades financeiras. Também, essas empresas podem achar fácil aumentar o risco de sua estratégia de negócios (buscando uma tecnologia mais arriscada) e geralmente precisam levantar mais capital para financiar novas oportunidades de investimento. Assim, seus custos de agência do endividamento também são altos. As empresas de biotecnologia e de tecnologia geralmente mantêm menos de 10% de alavancagem.

Empresas maduras de baixo crescimento. Empresas maduras e de baixo crescimento com fluxos de caixa estáveis e ativos tangíveis geralmente caem na categoria de altos níveis de endivida-

---

[29] Esta ideia foi formalizada por James Brander e Tracy Lewis, "Oligopoly and Financial Strucutre: The Limited Liability Effect", *American Economic Review* 76 (1986): pp. 956-970. Em um estudo empírico, Judy Chevalier revela que a alavancagem reduz a competitividade das empresas de supermercados ["Capital Structure and Product-Market Competition: Empirical Evidence from the Supermarket Industry", *American Economic Review* 85 (1995): pp. 415-435]. Patric Bolton e David Scharfstein discutem os efeitos de não se ter grandes recursos em "A Theory of Predation Based on Agency Problems in Financial Contracting", *American Economic Review* 80 (1990): pp. 93-106.

FIGURA 16.2

Alavancagem ótima com impostos, dificuldades financeiras e custos de agência

À medida que o nível de dívida, D, aumenta, o valor da empresa aumenta a partir da dedução tributária das despesas com juros além de apresentar melhorias nos incentivos gerenciais. Se a alavancagem for alta demais, porém, o valor presente dos custos de dificuldades financeiras, além dos custos de agência provenientes de conflitos de interesse entre titulares de dívida e acionistas, domina e reduz o valor da empresa. O nível ótimo de dívida, D^*, equilibra estes benefícios e custos da alavancagem.

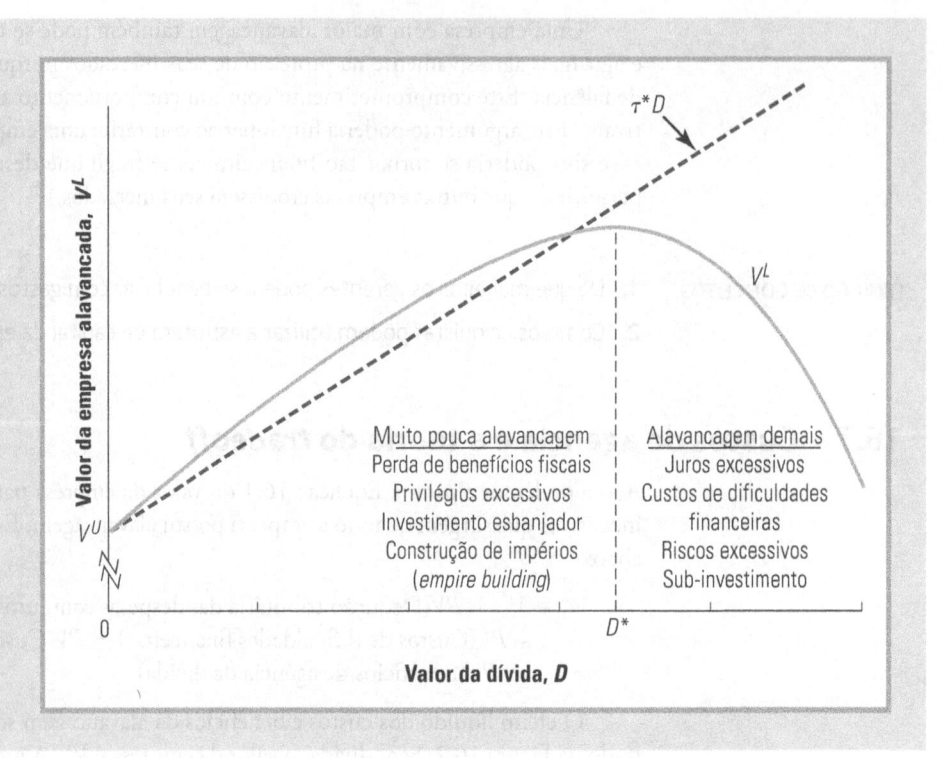

Gráfico: eixo vertical "Valor da empresa alavancada, V^L", eixo horizontal "Valor da dívida, D". Linha tracejada $\tau^* D$. Curva V^L partindo de V^U, crescendo até o máximo em D^* e depois decrescendo.

- **Muito pouca alavancagem**: Perda de benefícios fiscais; Privilégios excessivos; Investimento esbanjador; Construção de impérios (*empire building*)
- **Alavancagem demais**: Juros excessivos; Custos de dificuldades financeiras; Riscos excessivos; Sub-investimento

---

mento. Essas empresas tendem a ter grandes volumes de fluxos de caixa com poucas boas oportunidades de investimento. Assim, as deduções tributárias e os incentivos da alavancagem têm grandes chances de serem altos. Com ativos tangíveis, os custos de dificuldades financeiras da alavancagem provavelmente são baixos, já que eles podem ser liquidados por um valor próximo ao seu valor integral. Exemplos de indústrias de baixo crescimento em que as empresas tipicamente mantêm uma alavancagem maior do que 20% incluem empresas do ramo imobiliário, empresas de utilidades públicas e cadeias de supermercados.

Níveis de endividamento na prática

A teoria do *tradeoff* explica como as empresas *deveriam* escolher suas estruturas de capital para maximizar o valor para os acionistas atuais. Entretanto, estes resultados não necessariamente coincidem com o que as empresas realmente *fazem* na prática. Tenhamos em mente que, assim como as decisões de investimento, as decisões de estrutura de capital são tomadas por gerentes que têm seus próprios incentivos. Os proponentes da **teoria do entrincheiramento da gerência** acreditam que os gerentes escolhem uma estrutura de capital para evitar a disciplina da dívida e manter a segurança de seu próprio emprego. Assim, os gerentes procuram *minimizar* a alavancagem para evitar a perda do emprego que acompanharia as dificuldades financeiras. Os gerentes são forçados a não utilizar muito pouca dívida, porém, para deixar os acionistas felizes. Se os gerentes sacrificarem demais o valor da empresa, acionistas decepcionados podem tentar substituí-lo ou vender a empresa a um comprador. Nesta hipótese, as empresas terão um nível de alavancagem que é menor do que o nível ótimo D^* da Figura 16.2, e o aumentarão em direção a D^* somente em resposta a uma ameaça de aquisição de controle ou à ameaça de ativismo dos acionistas.[30]

---

[30] Ver Jeffrey Zwiebel, "Dynamic Capital Strcuture Under Managerial Entrenchment", *American Economic Review* 86 (1996): pp. 1197-1215; Luigi Zingales e Walter Novaes, "Capital Structure Choice When Managers are in Control: Entrenchment *versus* Efficiency", *Journal of Business* 76 (2002): pp. 49-82; e Erwan Morellec, "Can Managerial Discretion Explain Observed Leverage Ratios", *Review of Financial Studies* 17 (2004): pp. 257-294. Jonathan Berk, Richard Stanton e Josef Zechner "Human Capital, Bankruptcy and Capital Structure", working paper, 2006.

FIXAÇÃO DE CONCEITOS

1. Descreva como o entrincheiramento da gerência pode afetar o valor da empresa.
2. A Coca-Cola Enterprises é quase 50% financiada por meio de dívida, enquanto que a Amgen, uma empresa de biotecnologia, é menos de 10% financiada por meio de dívida. Por que estas empresas escolhem estruturas de capital tão diferentes?

16.8 Informações assimétricas e estrutura de capital

Em todo este capítulo, supomos que os gerentes, os acionistas e os credores têm acesso às mesmas informações. Supomos também que os títulos têm um preço justo: que as ações e a dívida da empresa são precificadas de acordo com seu verdadeiro valor subjacente. Estas suposições podem nem sempre ser precisas na prática. As informações dos gerentes sobre a empresa e seus fluxos de caixa futuros provavelmente são superiores às dos investidores externos – existem **informações assimétricas** entre gerentes e investidores. Nesta seção, consideraremos como as informações assimétricas podem motivar os gerentes a alterar a estrutura de capital de uma empresa.

Alavancagem como um sinal de credibilidade

Consideremos o empenho de Kim Smith, CEO da Bertran International, que acredita que as ações de sua empresa estão sendo subavaliadas. Analistas de mercado e investidores estão preocupados com o fato de que várias das principais patentes da Beltran irão expirar em breve, e que a nova concorrência forçará a empresa a cortar os preços ou perder clientes. Smith acredita que as inovações recentes de produtos e as melhorias na fabricação que estão para ser introduzidas manterão a Beltran à frente de seus concorrentes e a permitirão sustentar sua lucratividade atual ainda durante um bom tempo. Ela procura convencer os investidores do futuro promissor da Beltran e aumentar o preço atual das ações da empresa.

Uma estratégia possível é lançar uma campanha publicitária para os investidores. Smith pode emitir *press releases* descrevendo os méritos das inovações recentes e das melhorias na fabricação. Mas Smith sabe que os investidores podem manter-se céticos a respeitos desses *press releases* se suas declarações não puderem ser verificadas. Afinal, os gerentes, assim como os políticos, têm incentivos para soarem otimistas e confiantes sobre o que podem conseguir.

Como os investidores esperam que ela seja tendenciosa, para convencer o mercado Smith tem que agir de maneira a dar sinais de credibilidade sobre seu conhecimento da empresa. Isto é, ela tem que agir de um modo que o mercado acredite que ela não estaria disposta a agir a menos que suas declarações fossem verdadeiras. Esta ideia é mais geral do que a comunicação gerente-investidor; está no cerne de grande parte da interação humana. Chamamos este princípio de **princípio da credibilidade**:

Declarações a favor de seu interesse próprio somente terão credibilidade se forem sustentadas por ações que seriam custosas demais caso as declarações não fossem verdadeiras.

Este princípio é a essência por trás do provérbio "uma ação vale mais do que mil palavras".

Uma maneira de a empresa expressar sua força com credibilidade aos investidores é fazer declarações sobre suas expectativas futuras que os investidores e analistas possam, em última análise, verificar. Como as multas por enganar intencionalmente os investidores são altas,[31] os investidores geralmente acreditam nestas declarações.

Por exemplo, suponha que Smith anuncie que contratos pendentes de longo prazo com os governos norte-americano, britânico e japonês irão aumentar as receitas para a Beltran em 30% no próximo ano. Como esta declaração pode ser verificada após o fato, seria custoso fazê-la se ela não fosse verdadeira. Por uma representação falsa deliberada, a Comissão de Valores Mobiliários dos

---

[31] Ahei Sarbanes-Oxley de 2002 aumentou as multas por fraude em valores mobiliários, passando a incluir até dez anos de prisão.

EUA (SEC) provavelmente multaria a empresa e abriria um processo contra Smith. A empresa também poderia ser processada por seus investidores. Estes grandes custos provavelmente superariam qualquer possível benefício para Smith e para a Beltran por enganar temporariamente os investidores e impulsionar o preço das ações. Assim, é provável que os investidores vejam a declaração como dotada de credibilidade.

Mas e se a Beltran ainda não pudesse revelar detalhes específicos sobre suas expectativas futuras? Talvez os contratos com os governos ainda não tenham sido assinados ou não possam ser revelados por outros motivos. Como Smith pode comunicar com credibilidade suas informações positivas a respeito da empresa?

Uma estratégia é comprometer a empresa com grandes pagamentos de dívida futuros. Se Smith estiver certa, a Beltran não terá problemas em cumpri-los. Mas se Smith estiver fazendo declarações falsas e a empresa não crescer, a Beltran terá problemas para pagar seus credores e enfrentará dificuldades financeiras. Estas dificuldades serão custosas para a empresa e também para Smith, que provavelmente perderá seu emprego. Assim, Smith pode utilizar alavancagem como uma maneira de convencer os investidores de que ela possui informações de que a empresa irá crescer, mesmo que ela não possa fornecer detalhes verificáveis sobre as fontes do crescimento. Os investidores sabem que a Beltran estaria em risco de inadimplência sem oportunidades de crescimento, então interpretarão a alavancagem adicional como um sinal digno de credibilidade da confiança da CEO. O uso de alavancagem como maneira de sinalizar boas informações aos investidores é conhecido como **teoria da sinalização da dívida**.[32]

EXEMPLO 16.6

O endividamento sinaliza força

Problema

Suponha que a Beltran atualmente utilize financiamento exclusivamente por capital próprio e que o valor de mercado da empresa daqui a um ano seja ou de $100 milhões, ou de $50 milhões, dependendo do sucesso da nova estratégia. Atualmente, os investidores vêem os resultados como igualmente prováveis, mas Smith possui informações de que o sucesso é praticamente certo. Uma alavancagem de $25 milhões dará credibilidade às declarações de Smith? E quanto a uma alavancagem de $55 milhões?

Solução

Se a alavancagem for substancialmente menor do que $50 milhões, a Beltran não correrá nenhum risco de entrar em dificuldades financeiras, independentemente do resultado. Consequentemente, não há custo de alavancagem mesmo se Smith não tiver informações positivas. Assim, uma alavancagem de $25 milhões não seria um sinal de força que daria credibilidade aos investidores.

Porém, uma alavancagem de $55 milhões provavelmente seria um sinal que daria credibilidade. Se Smith não tiver informações positivas, há uma grande chance de que a Beltran vá entrar em falência com esta sobrecarga de dívida. Assim, não é provável que Smith concordasse com este nível de alavancagem a menos que ela tivesse certeza sobre o futuro da empresa.

Emissão de ações e seleção adversa

Suponha que um vendedor de carros usados lhe diga que está querendo lhe vender um belo carro esporte por $5.000 a menos do que seu preço típico. Em vez de se sentir com sorte, talvez sua primeira reação seja de descrença: se o vendedor está querendo vendê-lo por um preço tão baixo, deve haver algo errado com o carro – ele provavelmente está "bichado"*.

---

[32] Tal teoria é desenvolvida por Stephen Ross, "The Determination of Financial Structure: The Incentive-Signalling Approach", *Bell Journal of Economics* 8 (1977): pp. 23-40.

* N. de T.: No original, o termo utilizado é "*lemon*", ou limão, que é gíria para carro "bichado", ou com problemas visualmente imperceptíveis.

A ideia de os compradores se sentirem descrentes sobre a motivação de um vendedor para uma venda foi formalizada por George Akerlof.[33] Akerlof mostrou que se o vendedor tiver informações privadas sobre a qualidade do carro, então seu *desejo de vender* revela que o carro é provavelmente de baixa qualidade. Os compradores, portanto, sentem-se relutantes em comprar, exceto por preços com grandes descontos. Proprietários de carros de alta qualidade sentem-se relutantes em vendê-los porque sabem que os compradores acharão que ele está vendendo um carro "bichado" e só oferecerão preços baixos. Consequentemente, a qualidade e os preços de carros vendidos no mercado de carros usados são ambos baixos. Este resultado é chamado de **seleção adversa**: a seleção de carros vendidos no mercado de carros usados é pior do que a média.

A seleção adversa se estende para além do mercado de carros usados. Na verdade, ela se aplica em qualquer situação em que o vendedor possua mais informações do que o comprador. A seleção adversa leva ao **modelo de limões de Akerlof**:*

Quando um vendedor possui informações privadas sobre o valor de um bem, os compradores farão um desconto sobre o preço que estão dispostos a pagar devido à seleção adversa.

Podemos aplicar este modelo ao mercado de ações.[34] Suponhamos que o proprietário de uma empresa iniciante lhe diga que sua empresa é uma ótima oportunidade de investimento – e então ofereça lhe vender 70% de sua participação na empresa. Ele afirma que está vendendo *somente* porque deseja diversificar. Apesar de você compreender este desejo, você também suspeita que o proprietário possa estar ávido por vender tamanha participação na empresa porque possui informações negativas sobre suas expectativas futuras. Isto é, ele pode estar tentando fazer um *cash-out* antes que a má notícia se espalhe.[35]

Assim como com o vendedor de carros usados, o desejo do proprietário de uma empresa de vender ações pode levá-lo a questionar o quanto esta é realmente uma boa oportunidade de inves-

---

Prêmio Nobel   O Prêmio Nobel de Economia de 2001

Em 2001, George Akerlof, Michael Spence e Joseph Stiglitz receberam conjuntamente o Prêmio Nobel de Economia por suas análises de mercados com informações assimétricas e seleção adversa. Neste capítulo, discutimos as implicações de sua teoria para a estrutura de capital de uma empresa. Esta teoria, porém, possui aplicações muito mais amplas. Como descrito no site do Prêmio Nobel (www.nobelprize.org):

Muitos mercados são caracterizados por informações assimétricas: atores de um lado do mercado têm informações muito melhores do que os do outro lado. Mutuários sabem mais do que mutuantes sobre suas expectativas de repagamentos, gerentes e conselhos de diretoria sabem mais do que os acionistas sobre a lucratividade da empresa, e clientes potenciais sabem mais do que a empresa de seguros sobre seu risco de acidentes. Durante a década de 1970, os laureados deste ano criaram os fundamentos para uma teoria geral dos mercados com informações assimétricas. As aplicações têm sido abundantes, indo desde mercados agrícolas tradicionais até mercados financeiros modernos. As contribuições dos laureados formam o cerne a da economia da informação moderna.

© Fundação Nobel

---

[33] "The Market for Lemons: Quality, Uncertainty, and the Market Mechanism", *Quarterly Journal of Economics* 84 (1970): pp. 488-500.

* N. de T.: Aqui, novamente, a palavra limão refere-se ao carro "bichado", pois o modelo de Akerlof foi desenvolvido com base neste exemplo do mercado de carros usados.

[34] Esta observação foi feita por Hayne Leland e David Pyle, "Information Asymmetries, Financial Structure and Financial Intermediation", *Journal of Finance* 32 (1977): pp. 371-387.

[35] Novamente, se o proprietário da empresa (ou do carro, no exemplo anterior) possuir informações muito específicas que possam ser verificadas retrospectivamente, há possíveis consequências legais por não revelá-las a um comprador. Entretanto, de maneira geral, há muitas informações sutis que o vendedor pode ter e que seriam impossíveis de serem verificadas.

timento. Baseando-nos no modelo de limões de Akerlof, reduzimos, portanto, o preço que estamos dispostos a pagar. Este desconto do preço devido à seleção adversa é um custo potencial da emissão de ações, e pode levar os proprietários com boas informações a evitar fazê-lo.

EXEMPLO 16.7

Seleção adversa em mercados de ações

Problema

As ações da Zycor valem $100, $80 ou $60 por ação. Os investidores acreditam que cada caso é igualmente provável, e o preço atual é igual ao valor médio de $80.

Suponha que o CEO da Zycor declare que ele venderá a maior parte de suas ações para diversificar. A diversificação vale 10% do preço das ações – isto é, o CEO estaria disposto a receber 10% a menos do que as ações valem para alcançar os benefícios da diversificação. Se os investidores acreditam que o CEO conhece o verdadeiro valor das ações, como seu preço irá mudar se ele tentar vendê-las? O CEO venderá pelo novo preço das ações?

Solução

Se o valor real das ações fosse $100, o CEO não estaria disposto a vender pelo preço de mercado de $80 por ação, que estaria 20% abaixo de seu verdadeiro valor. Então, se o CEO tentar vender, os acionistas poderão concluir que as ações valem ou $80, ou $60. Neste caso, o preço das ações cairia para o valor médio de $70 por ação. Mas novamente, se o valor verdadeiro fosse $80, o CEO estaria dispostos a vender por $72, mas não por $70 por ação. Então, se ele ainda tentar vender, os investidores saberão que o verdadeiro valor das ações é de $60 cada. Assim, o CEO só venderá se o verdadeiro valor for o preço mais baixo possível, $60 por ação. Se o CEO souber que as ações da empresa valem $100 ou $80 por ação, ele não irá vender.

Ao explicar a seleção adversa, consideramos um proprietário de uma empresa vendendo suas *próprias* ações. E se o gerente de uma empresa decidir vender títulos em nome *da empresa*? Se os títulos forem vendidos a um preço abaixo de seu valor verdadeiro, o *windfall** do comprador representa um custo para os acionistas atuais da empresa. Agindo em nome dos acionistas atuais, o gerente pode não estar disposto a vender.[36]

Consideremos um simples exemplo. A Gentec é uma empresa de biotecnologia sem endividamento, e suas 20 milhões de ações em circulação estão sendo negociadas correntemente por $10 por ação, somando um valor de mercado total de $200 milhões. Com base nas expectativas de uma das novas drogas da Gentec, a gerência acredita que o verdadeiro valor da empresa seja de $300 milhões, ou $15 por ação. A gerência acredita que o preço das ações irá refletir este valor mais alto após os experimentos clínicos da droga serem concluídos no próximo ano.

A Gentec já divulgou planos de levantar $60 milhões junto aos investidores para construir um novo laboratório de pesquisa. A empresa pode levantar os fundos hoje emitindo 6 milhões de novas ações pelo preço corrente de $10 por ação. Neste caso, após a boa notícia ser divulgada, o valor dos ativos da empresa será de $300 milhões (dos ativos existentes) mais $60 milhões (do novo laboratório), somando um total de $360 milhões. Com 26 milhões de ações em circulação, o novo preço das ações será de $360 milhões ÷ 26 milhões de ações = $13,85 por ação.

Mas suponhamos que a Gentec espere que a boa notícia seja divulgada e que o preço das ações aumente para $15 *antes* de emitir as novas ações. Neste momento, a empresa será capaz de levantar $60 milhões vendendo 4 milhões de ações. Os ativos da empresa novamente valerão um total de $360 milhões, mas a Gentec só terá 24 milhões de ações em circulação, o que é consistente com o preço de $360 milhões ÷ 24 milhões de ações = $15 por ação.

---

* N. de T.: Como já definimos anteriormente, um *windfall* é uma sorte inesperada, como, por exemplo, um ganho excepcional com algum investimento.

[36] Stewart Myers e Nicholas Maijluf demonstraram este resultado e diversas de suas implicações para a estrutura de capital em um influente artigo chamado "Corporate Financing and Investment Decisions When Firms Have Information that Investors Do Not Have", *Journal of Financial Economics* 13 (1984): pp. 187-221.

Assim, emitir novas ações quando a gerência sabe que as ações estão subvalorizadas é custoso para os acionistas originais. Suas ações valerão apenas $13,85, em vez de $15. Consequentemente, se os gerentes da Gentec se importarem primordialmente com os acionistas da empresa, eles relutarão em vender títulos a um preço que está abaixo de seu verdadeiro valor. Se eles acreditarem que as ações estão subvalorizadas, os gerentes irão preferir esperar até depois de o preço das ações subir para emitir novas ações.

Esta preferência por não emitir ações que estejam subvalorizadas nos leva ao mesmo problema dos carros usados (limões) que descrevemos antes: os gerentes que sabem que os títulos estão com um valor alto não irão querer vendê-los, e aqueles que sabem que os títulos estão com um valor baixo irão querer vendê-los. Devido a esta seleção adversa, os investidores estarão dispostos a pagar somente um preço baixo pelos títulos. O "problema dos limões" cria um custo para as empresas que precisam levantar capital junto aos investidores para financiar novos investimentos. Se elas tentarem emitir ações, os investidores irão descontar o preço que estão dispostos a pagar para refletir a possibilidade de que os gerentes estejam guardando más notícias em segredo.

Implicações da emissão de ações

A seleção adversa possui diversas implicações importantes para a emissão de ações. Em primeiro lugar, o modelo de limões de Akerlof implica diretamente que

1. *O preço das ações diminui mediante a divulgação de uma emissão de ações.*

Quando uma empresa emite ações, ela sinaliza para os investidores que suas ações podem estar supervalorizadas. Consequentemente, os investidores ficam dispostos a pagar menos pelas ações, e seu preço diminui. Inúmeros estudos confirmaram este resultado, descobrindo que o preço das ações cai em aproximadamente 3% em média mediante a divulgação de uma emissão de ações por uma empresa de capital aberto nos Estados Unidos.[37]

Da mesma forma que para a Gentec, os gerentes que emitem ações têm um incentivo para postergar a emissão até que quaisquer notícias que possam afetar positivamente o preço das ações venham a ser publicadas. Ao contrário, não há nenhum incentivo para postergar a emissão se os gerentes esperam que notícias negativas sejam publicadas. Estes incentivos levam ao seguinte padrão:

2. *O preço das ações tende a subir no período anterior à divulgação de uma emissão de ações.*

Este resultado também é sustentado empiricamente, como a Figura 16.3 ilustra utilizando dados de um estudo de Deborah Lucas e Robert McDonald.[38] Eles descobriram que os grupos de ações com emissões de novas ações tinham um desempenho quase 50% superior ao do mercado no período de um ano e meio antes da divulgação da emissão.

Os gerentes também podem tentar evitar a queda no preço associada à seleção adversa emitindo ações naqueles momentos em que eles têm menos vantagem informacional em relação aos investidores. Por exemplo, como uma grande quantidade de informações é passada aos investidores na época da divulgação dos rendimentos, emissões de ações geralmente são sincronizadas para ocorrer imediatamente após essas divulgações. Isto é:

3. *As empresas tendem a emitir ações quando as assimetrias de informação são minimizadas, como logo após divulgações de rendimentos.*[39]

---

[37] Ver, por exemplo, Paul Asquith e David Mullins, "Equity Issues and Offering Dillution", *Journal of Financial Economics* 15 (1986): pp. 61-89; Ronald Masulis e Ashok Korwar, "Seasoned Equity Offerings: An Empirical Investigation", *Journal of Financial Economics* 15 (1986): pp. 91-118; e Wayne Mikkelson e Megan Partch, "Valuation Effects of Security Offerings and the Issuance Process", *Journal of Financial Economics* 15 (1986): pp. 31-60.

[38] "Equity Issues and Stock Price Dynamics", *Journal of Finance* 45 (1990): pp. 1019-1043.

[39] Em um estudo de 1991, Robert Korajczyk, Deborah Lucas e Robert McDonald confirmaram esta sincronização e relataram que a reação negativa do preço das ações é menor imediatamente após divulgações de rendimentos e vai se tornando maior à medida que o tempo decorrido desde a última divulgação de rendimentos aumenta ["The Effect of Information Releases on the Pricing and Timing of Equity Issues", *Review of Financial Studies* 4 (1991): pp. 685-708].

FIGURA 16.3

Retornos de ações antes e depois de uma emissão de novas ações

As ações tendem a subir (em relação ao mercado) antes de uma emissão de ações ser divulgada. Logo após a divulgação, os preços das ações caem em média. Esta figura mostra o retorno médio relativo ao mercado antes e depois de divulgações, utilizando dados do artigo de Deborah Lucas e Robert McDonald, "Equity Issue and Stock Price Dynamics", *Journal of Finance* 45 (1990): pp. 1019-1043.

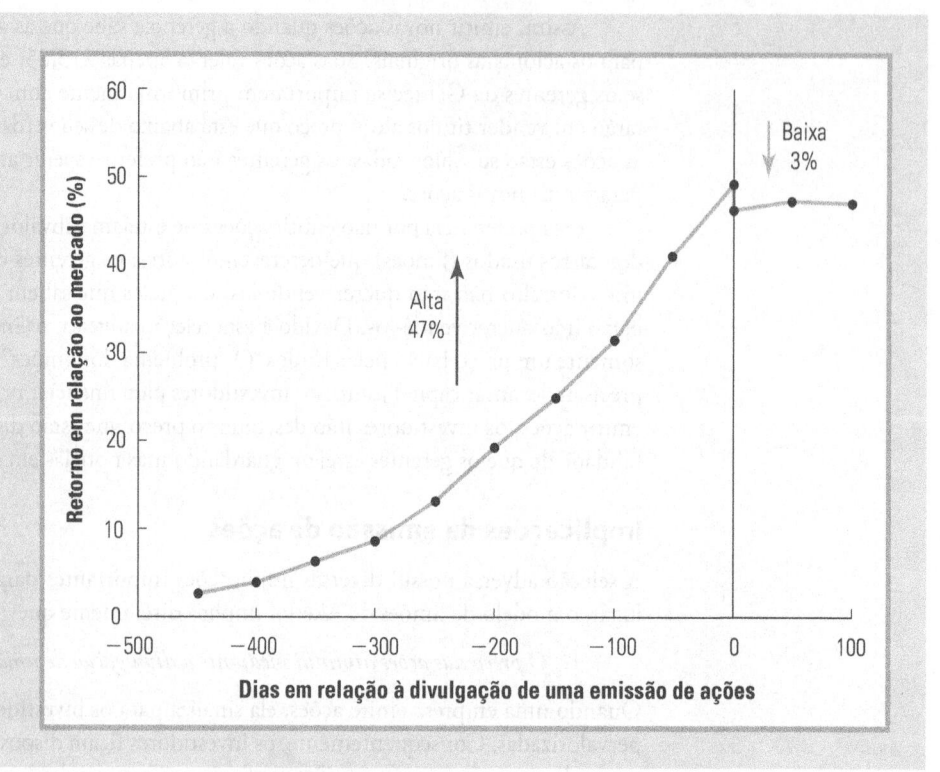

Implicações para a estrutura de capital

Como os gerentes acham custoso emitir ações que estejam subvalorizadas, eles podem procurar formas alternativas de financiamento. Apesar de emissões de títulos de dívida também poderem sofrer seleção adversa, como o valor do endividamento de baixo risco não é muito sensível às informações privadas dos gerentes sobre a empresa (mas, em vez disso, é determinado principalmente por taxas de juros), o grau de subvalorização tende a ser menor para títulos de dívida do que para ações. É claro que uma empresa pode evitar totalmente a subvalorização financiando investimentos com seu próprio dinheiro (lucros retidos), quando possível. Assim,

Os gerentes que percebem que as ações da empresa estão subvalorizadas darão preferência para financiar investimentos utilizando lucros retidos ou capital de terceiros, em vez de ações.

O oposto desta afirmação também é verdadeiro: os gerentes que percebem que as ações da empresa estão supervalorizadas darão preferência a emitir ações, em oposição a emitir títulos de dívida ou a utilizar lucros retidos, para financiar investimentos. Entretanto, devido à reação negativa do preço das ações mediante a emissão de novas ações, é menos provável que as ações sejam supervalorizadas. Na verdade, se não houver outros motivos para que sejam emitidas ações, se gerentes e investidores se comportarem racionalmente, a queda de preço logo após a divulgação da emissão pode ser suficiente para impedir que os gerentes emitam novas ações, a não ser como um último recurso.

A ideia de que os gerentes preferem utilizar lucros retidos primeiro e emitir novas ações somente como um último recurso geralmente é chamado de **hipótese do *pecking order***, desenvolvida por Stewart Myers.[40] Apesar de difícil de ser testada diretamente, esta hipótese é consistente com os dados agregados sobre finanças empresariais na Figura 16.4, que mostra que as empresas tendem a recomprar mais ações do que emitir, mas são emissoras de títulos de dívida. Além disso, a grande maioria dos investimentos é financiada por lucros retidos, com o financiamento externo líquido

---

[40] Stewart Myers, "The Capital Structure Puzzle", *Journal of Finance* 39 (1984): pp. 575-592.

FIGURA 16.4

Fontes agregadas de financiamento para dispêndios de capital, empresas norte-americanas
Ao todo, as empresas tendem a recomprar ações e emitir títulos de dívida. Mas mais de 70% dos dispêndios de capital são financiados com lucros retidos.
Fonte: Fluxo de Fundos do Federal Reserve.

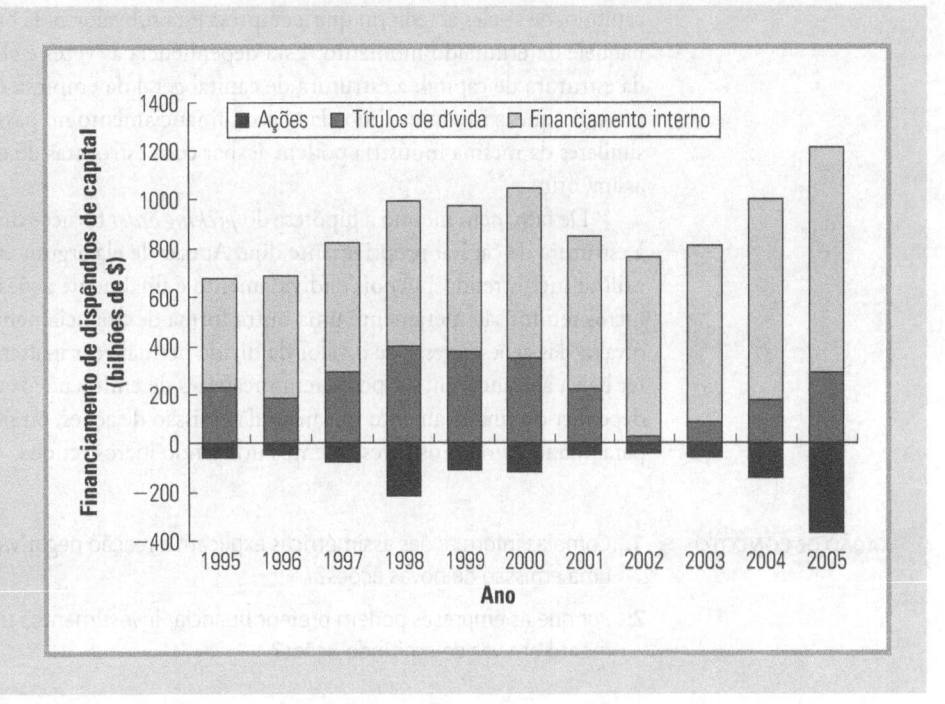

somando menos de 30% dos dispêndios de capital na maioria dos anos. Estas observações também podem ser consistentes com a teoria do *tradeoff* da estrutura de capital, porém, e há evidências substanciais de que as empresas não seguem uma ordem de captação *estrita*, já que as empresas geralmente emitem ações mesmo quando a contração de empréstimos é possível.[41]

Além de uma preferência geral pelo uso de lucros retidos ou endividamento como fonte de financiamento em vez de ações, os custos de seleção adversa não levam a uma previsão clara em relação à estrutura de capital geral de uma empresa. Em vez disso, estes custos implicam que a escolha de financiamento dos gerentes dependerá, além de outros custos e benefícios discutidos neste

EXEMPLO 16.8

A ordem de captação de alternativas de financiamento

Problema

A Axon Industries precisa levantar $10 milhões para um novo projeto de investimento. Se a empresa emitir um título de dívida de um ano, ela pode ter que pagar uma taxa de juros de 7%, apesar de os gerentes da Axon acharem que 6% seria uma taxa justa, dado o nível de risco da empresa. Entretanto, se a empresa emitir ações, eles acreditam que elas possam estar subvalorizadas em 5%. Qual é o custo para os acionistas atuais de financiar o projeto com lucros retidos, títulos de dívida ou ações?

Solução

Se a empresa gastar $10 milhões de lucros retidos, em vez de pagar este dinheiro aos acionistas como dividendo, o custo para os acionistas é de $10 milhões. Utilizar endividamento custa à empresa $10 × (1,07) = $10,7 milhões daqui a um ano, que possui um valor presente baseado na visão da gerência do risco da empresa de $10,7 ÷ (1,06) = $10,094 milhões. Finalmente, se as ações estiverem subvalorizadas em 5%, então, para levantar $10 milhões, a empresa terá que emitir $10,5 milhões em novas ações. Assim, o custo para os acionistas existentes é de $10,5 milhões. Comparando os três, utilizar lucros retidos é a fonte de financiamento mais barata, seguida pelo endividamento e finalmente pela emissão de ações.

---

[41] Ver, por exemplo, Mark Leary e Michael Roberts, "Financial Slack and Tests of the Pecking Order's Financing Hierarchy", working paper, University of Pennsylvania, 2004.

capítulo, de se eles acreditam que a empresa está subvalorizada ou supervalorizada pelos investidores naquele determinado momento. Esta dependência às vezes é chamada de visão de **market timing** da estrutura de capital: a estrutura de capital geral da empresa depende em parte das condições de mercado que existiam quando ela buscou financiamento no passado. Consequentemente, empresas similares da mesma indústria podem acabar com estruturas de capital muito diferentes, mas, ainda assim, ótimas.[42]

De fato, nem mesmo a hipótese do *pecking order* fornece uma previsão clara no que diz respeito à estrutura de capital propriamente dita. Apesar de ela argumentar que as empresas devem preferir utilizar lucros retidos, depois endividamento e finalmente ações como fontes de financiamento, os lucros retidos são meramente uma outra forma de financiamento com capital próprio (aumentam o valor das ações, apesar de o valor da dívida permanecer inalterado). Portanto, as empresas podem ter baixa alavancagem ou por serem incapazes de emitir novos títulos de dívida e serem forçadas a depender do financiamento por meio da emissão de ações, ou por serem suficientemente lucrativas para financiar todos os investimentos utilizando lucros retidos.

FIXAÇÃO DE CONCEITOS

1. Como as informações assimétricas explicam a reação negativa do preço das ações à divulgação de uma emissão de novas ações?
2. Por que as empresas podem preferir financiar investimentos utilizando lucros retidos ou endividamento em vez de emitindo ações?

16.9 Estrutura de capital: a palavra final

Nos três últimos capítulos, examinamos diversos fatores que podem influenciar a escolha da estrutura de capital de uma empresa. Qual é a palavra final para um gerente financeiro?

A ideia mais importante em relação à estrutura de capital remonta a Modigliani e Miller: com mercados de capitais perfeitos, a escolha de títulos de uma empresa altera o risco de seu patrimônio líquido, mas não altera seu valor ou a quantia que ela consegue levantar junto a investidores externos. Assim, a estrutura de capital ótima depende das imperfeições do mercado, como impostos, custos de dificuldades financeiras, custos de agência, e informações assimétricas.

De todas as diferentes imperfeições possíveis que guiam a estrutura de capital, a mais nítida e possivelmente a mais significativa é a dos impostos. A dedução tributária das despesas com juros permite que as empresas repaguem aos investidores e evitem os impostos sobre a pessoa jurídica. Cada dólar de financiamento por endividamento permanente fornece à empresa um benefício fiscal no valor de τ^* dólares, onde τ^* é a vantagem tributária efetiva da dívida. É importante que empresas com rendimentos tributáveis consistentes considerem este benefício da alavancagem.

Apesar de ser uma boa ideia as empresas utilizarem a alavancagem para proteger seus rendimentos dos impostos, quanto de seus rendimentos eles devem proteger? Se a alavancagem for alta demais, há um risco maior de que a empresa não consiga cumprir suas obrigações e seja forçada a ser inadimplente. Apesar de o risco de inadimplência não ser em si mesmo um problema, as dificuldades financeiras podem levar a outras consequências que reduzem o valor da empresa. Portanto, as empresas têm que equilibrar as deduções tributárias da dívida com os custos das dificuldades financeiras.

Os custos de agência e os benefícios da alavancagem também são determinantes importantes da estrutura de capital. Um endividamento alto demais pode motivar os gerentes e os acionistas a assumir riscos excessivos ou a subinvestir em uma empresa. Quando os fluxos de caixa livres são altos, muito pouca alavancagem pode encorajar gastos esbanjadores. Este efeito pode ser especialmente importante para empresas em países sem fortes proteções aos investidores contra gerentes que

---

[42] Para evidências sugestivas da ideia de que as estruturas de capital das empresas resultam de tentativas passadas de marcar o tempo do mercado de ações, ver Jeffrey A. Wurgler e Malcolm P. Baker, "Market Timing and Capital Structure", *Journal of Finance* 57 (2002): pp. 1-32.

só pensam em seus próprios interesses.[43] Quando os custos de agência são significativos, dívidas de curto prazo podem ser a forma mais atraente de financiamento externo.

Uma empresa também tem que considerar as consequências de possíveis sinalizações e da seleção adversa de sua escolha de financiamento. Como a falência é custosa para os gerentes, aumentar a alavancagem pode sinalizar a confiança dos gerentes na capacidade da empresa de cumprir suas obrigações. Quando os gerentes têm diferentes visões a respeito do valor dos títulos, eles podem beneficiar os acionistas atuais emitindo títulos que sejam, em sua maioria, supervalorizados. Entretanto, os investidores respondem a este incentivo diminuindo o preço que eles estão dispostos a pagar pelos títulos que a empresa emitir, levando a uma reação negativa do preço das ações quando uma nova emissão é divulgada. Este efeito é mais pronunciado em emissões de ações, pois o valor das ações é mais sensível às informações privadas dos gerentes. Para evitar este "custo de limões",* as empresas devem recorrer primeiramente a lucros retidos, depois ao endividamento e finalmente à emissão de novas ações. Esta ordem de captação das alternativas de financiamento será mais importante quando os gerentes tiverem uma grande quantidade de informações privadas no que diz respeito ao valor da empresa.

Finalmente, é importante reconhecer que, como mudar ativamente a estrutura de capital de uma empresa (por exemplo, vendendo ou recomprando ações ou títulos de dívida) acarreta custos de transação, é improvável que as empresas mudem suas estruturas de capital a menos que elas se desviem significativamente do nível ótimo. Consequentemente, é provável que a maioria das mudanças no índice capital de terceiros/capital próprio (*debt-equity ratio*) de uma empresa ocorra passivamente, à medida que o valor de mercado do patrimônio líquido da empresa flutue com as mudanças no preço das ações da empresa.

FIXAÇÃO DE CONCEITOS

1. Considere as diferenças em alavancagem entre as indústrias exibidas na Figura 15.7. Até que ponto podemos explicar tais diferenças?
2. Quais são alguns motivos pelos quais as empresas podem se desviar de sua estrutura de capital ótima, pelo menos no curto prazo?

NO BRASIL

Analisando a estrutura de capital de empresas brasileiras

As restrições impostas pela falta de desenvolvimento do mercado de capitais no Brasil afeta a forma como as empresas brasileiras compõem sua estrutura de capital e restringe a capacidade de crescimento das empresas. Aqui, conforme destacado por Leal e Saito (2003), o endividamento de longo prazo apresenta-se limitado, sendo a retenção de lucros a principal fonte de recursos usada pelas empresas.

Uma relação de estudos acadêmicos brasileiros sobre estrutura de capital pode ser visto no trabalho apresentado por Leal e Saito (2003):

- Glen e Pinto (1994) e Demirguç-Kunt e Maksimovic (1995) analisaram diversos países nos anos 80 e início da década de 90. Os resultados evidenciam que as empresas brasileiras de capital aberto usam mais os lucros retidos e menos o endividamento de longo prazo do que as empresas de outros mercados emergentes.
- Rodrigues Jr. e Melo (1999) estudaram o fluxo de caixa de empresas de capital aberto entre 1987 e 1996. Os resultados indicaram financiamento médio de 64% das necessidades por meio de lucros retidos, 30% com endividamento e somente 6% com emissão de ações. Zonenschain (1998) evidenciou resultados similares.
- Soares e Procianoy (2000) evidenciaram um maior uso de endividamento depois do Plano Real, predominantemente de curto prazo.

---

[43] Ver Joseph Fan, Sheridan Titman e Garry Twite, "An International Comparison of Capital Structure and Debt Maturity Choices", working paper, University of Texas-Austin, 2003.

* N. de T.: Aqui novamente faz-se referência ao modelo de limões de Akerlof, descrito na Seção 16.8 deste capítulo.

- Moreira e Puga (2001), Rocca *et al.* (1998) e Leal (2001) estudaram a composição da estrutura de capitais de um grupo abrangente de empresas brasileiras, analisando as decisões de financiamento de uma vasta amostra de firmas industriais brasileiras. Os resultados indicam que as empresas brasileiras dependem mais do financiamento por meio de recursos próprios do que a média de outras nações em desenvolvimento. Pequenas empresas usam mais financiamento via recursos próprios do que grandes empresas que, por sua vez, usavam mais financiamento via ações do que empresas de porte menor. Alguns resultados evidenciaram uma maior utilização do endividamento do que em estudos anteriores, o que reflete a expansão do mercado de debêntures depois do Plano Real.
- Pereira (2000) alerta que, apesar de limitado, o uso de endividamento de longo prazo cria valor no Brasil uma vez que o endividamento pode reduzir os conflitos de interesse entre os administradores e os acionistas.
- Leal (2001) e Rocca *et al.* (1998) sugerem que um pequeno número de grandes empresas de capital aberto tem acesso aos mercados de crédito e de capitais com despesas de juros relativamente baixas. As empresas menores usam mais dívida de curto prazo do que de longo prazo. As dívidas de curto prazo podem ser mais caras para as empresas menores do que as de longo prazo. O financiamento de longo prazo pode, simplesmente, não estar disponível para estas empresas. A emissão de ações é mínima. O retorno sobre os ativos é muito menor que o custo de financiamento. As empresas de capital fechado têm um nível de endividamento bem menor que o das empresas de capital aberto. O custo do passivo oneroso é menor para as empresas de capital aberto e para empresas maiores. O problema crítico identificado aqui é a escassez de financiamento de passivo de longo prazo para uma ampla gama de empresas.

Posteriormente à revisão apresentada por Leal e Saito (2003), outros acadêmicos estudaram as implicações da análise da Estrutura de Capital de empresas brasileiras:

- O trabalho de Perobelli, Silveira, Barros e Rocha (2005) buscou verificar quais os fatores indutores do grau de endividamento das empresas de capital brasileiras, considerando a qualidade da governança corporativa da empresa emissora de títulos. Os resultados obtidos e a sua comparação com o trabalho de Perobelli e Famá (2002), indicam que a escolha da estrutura de capital pelas empresas parece ser antes influenciada por atributos teóricos próprios do que uma escolha única. Conforme já verificado por Perobelli e Famá (2002) para o período 1995-2000, em 2002 o grau de alavancagem das empresas continuou sendo influenciado pelos atributos teóricos "crescimento" e "rentabilidade", além de ter se mostrado também dependente dos atributos "singularidade", "volatilidade" e "qualidade da governança corporativa", sendo coerentes com a *pecking order theory*. Outro resultado importante indicou que o grau de endividamento das empresas brasileiras em 2002 mostrou-se positivamente relacionado à "qualidade da governança corporativa" e negativamente correlacionado tanto ao atributo "singularidade" quanto ao atributo "volatilidade", indicando que empresas que apresentam menor volatilidade em seus resultados operacionais deveriam ser menos propensas a dificuldades financeiras, o que tornaria mais barato o custo do endividamento e, portanto, as tornaria mais propensas à contração de dívidas. Da mesma forma, empresas que comercializem produtos muito singulares, cujo valor de mercado residual seja passível de sofrer grandes perdas em um evento de falência por não se tratarem de commodities facilmente intercambiáveis, deveriam enfrentar maiores custos de endividamento, o que desestimularia seu endividamento. O atributo "governança corporativa" apresentou relação positiva com o grau de alavancagem, indicando que empresas que primam pela governança tenderiam a ser mais endividadas.
- Costa Junior e Lemes Júnior (2006) estudaram os principais fatores que influenciam a estrutura de capital das empresas brasileiras da Bolsa de Valores de São Paulo - BOVESPA e integrantes do IBX-100, durante o ano de 2000 a 2004. O porte, a rentabilidade e o crescimento foram analisados. O porte apresentou-se como fator mais relevante. A rentabilidade e a tangibilidade apresentaram relevância em metade dos modelos e a variável crescimento não demonstrou nenhuma relevância nos modelos testados. A presente pesquisa também corroborou a *pecking order theory*.
- Correa, Basso, Nakamura (2007) analisaram o nível de endividamento das maiores empresas brasileiras à luz da *pecking order theory* e da teoria de *trade-off*, testando seus determinantes. Os resultados demonstraram relação negativa entre o nível de endividamento das empresas, o grau de tangibilidade dos ativos e a rentabilidade, bem como relação positiva do endividamento com o risco. Demonstraram ainda que empresas de capital estrangeiro são mais endividadas que empresas nacionais. De

um modo geral, os resultados sugerem que a *pecking order theory* é mais consistente do que a teoria de *trade-off* para explicar a estrutura de capital das maiores empresas brasileiras. A análise dinâmica demonstrou baixa velocidade do processo de ajuste da estrutura de capital em direção ao nível-alvo, sugerindo a existência de elevados custos de transação e confirmando o comportamento de *pecking order* dos administradores.

- Futema, Basso e Kayo (2007) analisaram as relações conjuntas da estrutura de capital, dividendos e juros sobre o capital próprio das empresas brasileiras para o período de 1995 a 2004, comparando os seus resultados com as previsões estabelecidas pelas teorias de *trade-off* estática e *pecking order*. Em linhas gerais, os resultados confirmam boa parte das previsões das teorias, embora a distribuição de lucros no Brasil ainda seja muito baixa, comparada com a americana. A lucratividade demonstrou ser a variável explicativa de maior peso e influência tanto para a distribuição de lucros como para a alavancagem.

- Rocha e Amaral (2007) investigaram a determinação da estrutura de capital através de um modelo dinâmico de *trade-off* com ajuste parcial avaliando uma uma amostra de 72 empresas brasileiras de capital aberto, entre os anos de 2000 e 2005. Os resultados para o prazo de um ano sugerem uma grande relevância dos atributos de lucratividade, tangibilidade e oportunidades de investimento com VPL positivo. Além disso, revelam que a empresa ajusta cerca de 40% a 50% do *gap* para o endividamento ótimo e 40% dos efeitos do desempenho acionário. No curto prazo, os indícios são totalmente favoráveis aos modelos de trade-off, em detrimento das abordagens de pecking order e momento do mercado. Entretanto, a tendência de realização de ajustes não persiste a longo prazo, sugerindo uma possível má especificação dos modelos de trade-off no Brasil.

Sobre os determinantes da estrutura de capital no Brasil, os trabalhos revisados por Leal e Saito (2003) destacam que empresas menores, menos intensivas em capital, mais lucrativas e que apresentam maior crescimento usam mais financiamento via recursos próprios do que junto ao mercado de capitais. As evidências brasileiras apontam que o financiamento via mercado de capitais, considerando endividamento ou ações, é mais importante para empresas maiores, mais intensivas em capital, menos lucrativas e com crescimento mais lento.

Em um dos mais amplos trabalhos feitos sobre a prática de Finanças de Brasil, Eid Jr. (1996) indicou que as empresas brasileiras parecem preferir o endividamento à emissão de ações para financiar novos projetos e grandes empresas mostram um comportamento oportunista quando se financiam, ao invés de procurar uma estrutura de capital ideal. Um grande percentual das empresas de capital aberto no estudo considera suas ações subvalorizadas.

Leal e Saito (2003) apontam que os estudos que só consideram empresas de capital aberto mostram que elas usam mais endividamento (tanto de curto prazo quanto total) quando elas são menores, têm um crescimento mais lento, têm mais ativos tangíveis e maior participação dos acionistas controladores.

Assim, em linhas gerais, a revisão de trabalhos brasileiros apresentada originalmente por Leal e Saito (2003) e complementada com trabalhos posteriores remete à existência de evidências consistentes com a teoria do *pecking order*, destacando o uso de lucros retidos, dívidas e, então, ações, nesta ordem.

Resumo

1. No cenário descrito por Modigliani-Miller, a alavancagem pode resultar em falência, mas a falência sozinha não reduz o valor da empresa. Com mercados de capitais perfeitos, a falência transfere a propriedade dos acionistas para os titulares de dívida sem mudar o valor total disponível para todos os investidores.

2. As empresas norte-americanas podem pedir proteção contra falência sob as provisões da Lei de Reforma da Falência de 1978.

    a. Na liquidação pelo Capítulo 7, um agente fiduciário é nomeado para supervisionar a liquidação dos ativos da empresa.

    b. Na reorganização pelo Capítulo 11 (ou concordata), a gerência tenta desenvolver um plano de reorganização que melhore as operações e maximize o valor para os investidores. Se a empresa não conseguir se reorganizar com sucesso, ela pode ser liquidada sob o Capítulo 7 da lei de falência.

3. A falência é um processo custoso que impõe custos diretos e indiretos a uma empresa e seus investidores.

    a. Os custos diretos incluem os custos de especialistas e consultores, como advogados, contadores, avaliadores e banqueiros de investimento contratados pela empresa ou por seus credores durante o processo de falência.

    b. Os custos indiretos incluem a perda de clientes, fornecedores, funcionários, ou contas a receber durante a falência. As empresas também podem incorrer em custos indiretos quando precisam vender ativos a preços abaixo de seu valor por motivo de dificuldades financeiras.

4. Quando os títulos têm um preço justo, os acionistas originais de uma empresa pagam o valor presente dos custos associados à falência e às dificuldades financeiras.

5. Segundo a teoria do *tradeoff*, o valor total de uma empresa alavancada é igual ao valor de uma empresa sem alavancagem mais o valor presente das economias tributárias do endividamento, menos o valor presente dos custos das dificuldades financeiras:

$$V^L = V^U + PV(\text{Dedução tributária das despesas com juros}) - PV(\text{Custos de dificuldades financeiras}) \qquad (16.1)$$

   A alavancagem ótima é o nível de endividamento que maximiza V^L.

6. Custos de agência surgem quando há conflitos de interesse entre os envolvidos. Quando uma empresa enfrenta dificuldades financeiras:

    a. os acionistas podem obter ganhos empreendendo um projeto com NPV negativo se ele for suficientemente arriscado.

    b. ela pode ser incapaz de financiar novos projetos com NPV positivo.

    c. os acionistas têm um incentivo para liquidar ativos a preços abaixo de seus valores de mercado e distribuir os resultados como dividendos.

7. A alavancagem possui benefícios de agência e podem aumentar os incentivos para que um gerente administre uma empresa com mais eficiência e eficácia.

    a. A alavancagem pode beneficiar uma empresa preservando a concentração proprietária. Gerentes com maior concentração proprietária têm maiores chances de trabalhar duro e menos chances de consumir privilégios.

    b. A alavancagem reduz a probabilidade de que uma empresa faça investimentos esbanjadores.

    c. A ameaça de dificuldades financeiras pode envolver os gerentes mais integralmente na busca de estratégias que aprimorem as operações.

8. A teoria do *tradeoff* pode ser ampliada para incluir custos de agência. O valor de uma empresa, incluindo custos e benefícios de agência, é

$$V^L = V^U + PV(\text{Dedução tributária das despesas com juros}) \\ - PV(\text{Custos de dificuldades financeiras}) \\ - PV(\text{Custos de agência da dívida}) \\ + PV(\text{Benefícios de agência da dívida}) \qquad (16.2)$$

   A alavancagem ótima é o nível de endividamento que maximiza V^L.

9. Quando os gerentes possuem informações melhores do que as dos investidores, dizemos que há informações assimétricas. Dada esta assimetria de informações, os gerentes podem utilizar a alavancagem como um sinal para os investidores da credibilidade de que a empresa irá gerar fluxo de caixa livre no futuro.

10. Segundo o modelo de limões de Akerlof, quando os gerentes têm informações privadas sobre o valor de uma empresa, os investidores farão um desconto sobre o preço que estão dispostos a pagar por uma nova emissão de ações devido à seleção adversa.

11. É mais provável que os gerentes vendam ações quando eles sabem que uma empresa está supervalorizada. Consequentemente,

a. o preço das ações diminui quando uma empresa divulga uma emissão de ações.
b. o preço das ações tende a subir no período anterior à divulgação de uma emissão de ações porque os gerentes tendem a postergar as emissões até que boas notícias sejam publicadas.
c. as empresas tendem a emitir ações quando as assimetrias de informação estão minimizadas.
d. os gerentes que percebem que as ações da empresa estão subvalorizadas darão preferência a financiar investimentos utilizando lucros retidos, ou endividamento, em vez de novas ações. Este resultado é chamado de hipótese do *pecking order*.

Termos fundamentais

cláusulas restritivas *p. 523*
custos de agência *p. 520*
dificuldades econômicas *p. 510*
dificuldades financeiras *p. 508*
entrincheiramento da gerência *p. 524*
falência programada *p. 513*
hipótese do *pecking order* *p. 534*
hipótese do fluxo de caixa livre *p. 525*
inadimplência *p. 509*
informações assimétricas *p. 529*
liquidação pelo Capítulo 7 *p. 512*

market timing *p. 536*
modelo dos limões de Akerlof *p. 531*
princípio da credibilidade *p. 529*
problema de subinvestimento *p. 522*
problema de superinvestimento *p. 521*
renegociação amigável (*workout*) *p. 513*
reorganização pelo Capítulo 11 *p. 512*
seleção adversa *p. 531*
teoria da sinalização da dívida *p. 530*
teoria do entrincheiramento da gerência *p.528*
teoria do *tradeoff* *p. 517*

Leituras recomendadas

Para uma pesquisa sobre teorias alternativas sobre estrutura de capital, ver M. Harris e A. Raviv, "The Theory of Capital Structure", *Journal of Finance* 46 (1991): pp. 197-355. Para uma abordagem de livro didático, ver J. Tirole, *The Theory of Corporate Finance*, Princeton University Press, 2005.

Neste capítulo não discutimos como as empresas gerenciam dinamicamente suas estruturas de capital. Apesar de este assunto estar fora do escopo deste livro, leitores interessados podem consultar os seguintes artigos: R. Goldstein, N. Ju e H. Leland, "An EBIT-Based Model of Dynamic Capital Structure", *Journal of Business* 74 (2001): pp. 483-512; O. Hart e J. Moore, "Default and Renegotiation: A Dynamic Model of Debt", *Quarterly Journal of Economics* 113(1) (1998): pp. 1-41; C. A. Hennessy e T. M. Whited, "Debt Dynamics", *Journal of Finance* 60(3) (2005): pp. 1129-1165; e H. Leland, "Agency Costs, Risk Management, and Capital Structure", *Journal of Finance* 53(4) (1998): pp. 1213-1243.

Para um estudo empírico de como a estrutura de capital das empresas evolui em resposta a mudanças no preço de suas ações, e como essa dinâmica se relaciona a teorias existentes, ver I. Welch, "Capital Structure and Stock Returns", *Journal of Political Economy* 112(1) (2004): pp. 106-131. Ver também I. Strebulaev, "Do Tests of Capital Structure Theory Mean What They Say?" working paper, Stanford University, 2006, para uma análise da importância dos custos de ajuste na interpretação das escolhas de estrutura de capital das empresas.

Os leitores interessados nos resultados de testes empíricos da teoria do *pecking order* podem consultar E. Fama e K. R. French, "Testing Tradeoff and Pecking Order Predictions About Dividends and Debt", *Review of Financial Studies* 15(1): pp. 1-33; M. Z. Frank e V. K. Goyal, "Testing the Pecking Order Theory of Capital Structure", *Journal of Financial Economics* 67(2) (2003): pp. 217-248; e L. Shyam-Sunder and S. C. Myers, "Testing Static Tradeoff Against Pecking Order Models of Capital Structure", *Journal of Financial Economics* 51(2) (1999): pp. 219-244.

Leituras recomendadas no Brasil

CORREA, Carlos Alberto, BASSO, Leonardo Fernando Cruz; NAKAMURA, Wilson Toshiro. A Estrutura de Capital das Maiores Empresas Brasileiras: Análise Empírica das Teorias de Pecking Order e Trade-Off, usando Panel Data. XXXI ENANPAD, Rio de Janeiro, Anais, 2007 (em CD-ROM).

DA COSTA JUNIOR, Atair Ferreira; LEMES JÚNIOR, Antônio Barbosa. Estrutura de capital das Empresas Integrantes do Índice Ibx-100 da Bolsa de Valores de São Paulo de 2000 a 2004. XXX ENANPAD, Salvador, Anais, 2006 (em CD-ROM).

DEMIRGUÇ-KUNT, Asli; MAKSIMOVIC, Vojislav. Capital structure in developing countries: evidence from ten country cases. World Bank working paper, 1995.

EID JR., William. Custo e estrutura de capital: o comportamento das empresas brasileiras. *Revista de Administração de Empresas*, v. 36, n. 4, p. 51-59, 1996.

FUTEMA, Mariano Seikitsi; BASSO, Leonardo Fernando Cruz; KAYO, Eduardo Kazuo. A Estrutura de Capital, os Dividendos e os Juros Sobre o Capital Próprio: Evidências Empíricas no Caso brasileiro de 1995 a 2004. XXXI ENANPAD, Rio de Janeiro, Anais, 2007 (em CD-ROM).

GLEN, Jack; PINTO, Brian. Debt or equity? How firms in developing countries choose. Washington: International Finance Corporation, Discussion Paper 22, 1994.

LEAL, Ricardo P. C. A descriptive analysis of the capital structure of a broad sample of Brazilian firms. World Bank working paper, 2001.

LEAL, Ricardo P. C.; SAITO, Richard. FINANÇAS CORPORATIVAS NO BRASIL. RAE-eletrônica, v. 2, n. 2, jul-dez/2003. Disponível em: <www.rae.com.br/eletronica/index.cfm?FuseAction=Artigo&ID=1469&Secao=FINANÇAS&Volume=2&Numero=2&Ano=2003>. Acesso em: 04 mar. 2008.

MOREIRA, Maurício M.; PUGA, Fernando P. Como a indústria financia o seu crescimento – uma análise do Brasil pós-real. *Revista de Economia Contemporânea*, v. 5, p. 35-67, 2001.

PEREIRA, Sônia B. C. Análise de relação entre valor e alavancagem no mercado brasileiro. In: 24o ENANPAD. (2000: Florianópolis). Anais Rio de Janeiro: Associação Nacional de Programas de Pós-Graduação em Administração, 2000 (CD-ROM).

PEROBELLI, Fernanda Finotti Cordeiro; DA SILVEIRA, Alexandre Di Miceli; BARROS, Lucas Ayres Barreira de Campos; ROCHA; Flávio Dias. Investigação dos Fatores Determinantes da Estrutura de Capital e da Governança Corporativa: um Enfoque Abordando a Questão da Endogeneidade. XXIX ENANPAD, Brasília, Anais, 2005 (em CD-ROM).

ROCCA, Carlos A.; SILVA, Marcos E.; DE CARVALHO, A. Gledson. Sistema financeiro e a retomada do crescimento econômico. FIPE/Bovespa. 1998.

ROCHA, Flávio Dias; AMARAL, Hudson Fernandes. A Explicação da Escolha da Estrutura de Capital por Modelos de Ajuste Parcial: Uma Aplicação no Brasil. XXXI ENANPAD, Rio de Janeiro, Anais, 2007 (em CD-ROM).

RODRIGUES, Euchério L.; RAMOS, Patricia B.; BARBOSA, Andreza P. Maior Visibilidade ou integração do mercado de capitais brasileiro? Os efeitos da listagem de ações de empresas brasileiras no mercado norte-americano através do mecanismo de recibos de depósitos de ações. *Revista Eletrônica de Administração*, v. 5, n. 1, 1999 (disponível em <http://read.adm.ufrgs.br>.

SOARES, Karina T. C.; PROCIANOY, Jairo L. O perfil de endividamento das empresas negociadas na bolsa de valores de São Paulo após o Plano Real. XXIV ENANPAD, Salvador, Anais, 2000 (em CD-ROM).

ZONENSCHAIN, Claudia N. Estrutura de capital das empresas no Brasil. Revista do BNDES 5(10), p. 63-92, 1998.

Problemas

Todos os problemas deste capítulo estão disponíveis no MyFinanceLab. Um asterisco (*) indica problemas com maior nível de dificuldade.

Inadimplência e falência em um mercado perfeito

EXCEL 1. A Gladstone Corporation está para lançar um novo produto. Dependendo do seu sucesso, a Gladstone pode ter um dentre quatro valores no próximo ano: $150 milhões, $135 milhões, $95 milhões e $80 milhões. Estes resultados são todos igualmente prováveis, e este risco é diversificável. A Gladstone não fará pagamentos aos investidores durante o ano. Suponha que a taxa de juros livre de risco seja de 5% e assuma mercados de capitais perfeitos.

    a. Qual é o valor inicial das ações da Gladstone sem alavancagem?

Agora suponha que a Gladstone tenha um título de dívida de cupom zero com um valor de face de $100 milhões com vencimento no próximo ano.

    b. Qual é o valor inicial da dívida da Gladstone?

    c. Qual é a rentabilidade até o vencimento da dívida? Qual é seu retorno esperado?

    d. Qual é o valor inicial das ações da Gladstone? Qual o valor total da Gladstone com alavancagem?

2. A Baruk Industries não possui dinheiro e tem uma obrigação de $36 milhões que vence agora. O valor de mercado dos ativos da Baruk é de $81 milhões e a empresa não possui outros passivos. Suponha mercados de capitais perfeitos.

    a. Suponha que a Baruk possua 10 milhões de ações em circulação. Qual é o preço corrente das ações da empresa?

    b. Quantas novas ações a Baruk tem que emitir para levantar o capital necessário para pagar sua dívida?

    c. Após repagar a dívida, qual será o preço das ações da Baruk?

Os custos da falência e das dificuldades financeiras

3. Quando uma empresa deixa de pagar sua dívida, os titulares de dívida geralmente recebem menos de 50% da quantia que lhes é devida. A diferença entre a quantia devida aos titulares de dívida e a quantia que eles recebem é um *custo* da falência?

4. Que tipo de empresa tem mais chances de passar por uma perda de clientes no evento de dificuldades financeiras:

    a. a Campbell Soup Company (uma empresa de alimentos enlatados) ou a Intuit, Inc., (uma fabricante de *software* de contabilidade)?

    b. a Allstate Corporation (uma empresa de seguros) ou a Reebok International (uma empresa de calçados e vestuário)?

5. Que tipo de ativo tem mais chances de ser liquidado por um valor próximo a seu valor de mercado no evento de dificuldades financeiras:

    a. um edifício comercial ou um nome de marca?

    b. estoques de um produto ou matérias-primas?

    c. direitos de patentes ou *know-how* de engenharia?

Custos das dificuldades financeiras e valor da empresa

EXCEL 6. Assim como no Problema 1, a Gladstone Corporation está para lançar um novo produto. Dependendo do sucesso do novo produto, a empresa pode ter um dentre quatro valores no próximo ano: $150 milhões, $135 milhões, $95 milhões e $80 milhões. Estes resultados são todos igualmente prováveis, e este risco é diversificável. Suponha que a taxa de juros livre de risco seja de 5% e que, no evento de inadimplência, 25% do valor dos ativos da Gladstone sejam perdidos para custos de falência. (Ignore todas as outras imperfeições de mercado, como impostos.)

    a. Qual é o valor inicial das ações da Gladstone sem alavancagem?

Agora suponha que a Gladstone tenha um título de dívida de cupom zero com um valor de face de $100 milhões com vencimento no próximo ano.

b. Qual é o valor inicial da dívida da Gladstone?

c. Qual é a rentabilidade até o vencimento da dívida? Qual é seu retorno esperado?

d. Qual é o valor inicial das ações da Gladstone? Qual é o valor total da Gladstone com alavancagem?

Suponha que a Gladstone tenha 10 milhões de ações em circulação e nenhuma dívida no início do ano.

e. Se a empresa não emitir títulos de dívida, qual será o preço de suas ações?

f. Se a empresa emitir $100 milhões em títulos de dívida com vencimento no próximo ano e utilizar os resultados para recomprar ações, qual será o preço de suas ações? Por que sua resposta é diferente da resposta da parte (e)?

7. A Kohwe Corporation planeja emitir ações para levantar $50 milhões para financiar um novo investimento. Após fazer o investimento, a Kohwe espera obter fluxos de caixa livres de $10 milhões por ano. Suponha que a taxa de desconto adequada para os fluxos de caixa futuros da empresa seja de 8%, e que as únicas imperfeições do mercado de capitais sejam os impostos corporativos e os custos de dificuldades financeiras.

a. Qual é o NPV do investimento da Kohwe?

b. Qual é o preço das ações da Kohwe hoje?

Suponha agora que a Kohwe contraia um empréstimo de $50 milhões em vez de emitir ações. A empresa pagará juros todo ano somente sobre este empréstimo e manterá um saldo pendente de $50 milhões sobre o empréstimo. Suponha que a alíquota fiscal corporativa da Kohwe seja de 40% e que os fluxos de caixa livres ainda sejam de $10 milhões por ano.

c. Qual é o preço das ações da Kohwe hoje se o investimento for financiado por meio de endividamento?

Agora suponha que, com alavancagem, os fluxos de caixa livres esperados da empresa caiam para $9 milhões por ano devido a vendas reduzidas e outros custos de dificuldades financeiras. Suponha que a taxa de desconto adequada para os fluxos de caixa livres futuros da Kohwe ainda seja de 8%.

d. Qual é o preço das ações da empresa hoje dados os custos de dificuldades financeiras da alavancagem?

Estrutura de capital ótima: a teoria do *tradeoff*

8. A Hawar International é uma empresa de navegação com 10 milhões de ações em circulação, com um preço de $5,50 cada. Suponha que a Hawar anuncie planos para baixar seus impostos corporativos contraindo um empréstimo de $20 milhões e recomprar ações.

a. Com mercados de capitais perfeitos, qual será o preço das ações após esta divulgação?

Suponha que a Hawar pague uma alíquota fiscal corporativa de 30% e que os acionistas esperem que a mudança no endividamento seja permanente.

b. Se a única imperfeição são os impostos corporativos, qual será o preço das ações após esta divulgação?

c. Suponha que as únicas imperfeições sejam impostos corporativos e custos de dificuldades financeiras. Se o preço das ações subir para $5,75 após esta divulgação, qual é o PV dos custos das dificuldades financeiras em que a Hawar incorrerá como resultado desta nova dívida?

9. A Marpor Industries não possui dívida e espera gerar fluxos de caixa livres de $16 milhões todo ano. A Marpor acredita que, se aumentar permanentemente seu nível de dívida para $40 milhões, o risco de dificuldades financeiras pode fazê-la perder alguns clientes e receber termos menos favoráveis de seus fornecedores. Como resultado, os fluxos de caixa livres esperados com dívida da Marpor será de apenas $15 milhões por ano. Suponha que a alíquota fiscal da empresa seja de 35%, a taxa de juros livre de risco seja de 5%, e o retorno esperado do mercado seja de 15%, e que o beta dos fluxos de caixa livres da Marpor seja de 1,10 (com ou sem alavancagem).

a. Estime o valor da Marpor sem alavancagem.

b. Estime o valor da Marpor com a nova alavancagem.

Capítulo 16 Dificuldades Financeiras, Incentivos Gerenciais e Informação   **545**

10. As compras de imóveis geralmente são financiadas com uma dívida de pelo menos 80%. A maioria das corporações, porém, tem um financiamento de menos de 50%. Forneça uma explicação para esta diferença utilizando a teoria do *tradeoff*.

Explorando os titulares de dívida: os custos de agência da alavancagem

11. A principal atividade de negócios da Dynron Corporation é o transporte de gás natural utilizando sua vasta rede de gasodutos. Os ativos da Dynron atualmente possuem um valor de mercado de $150 milhões. A empresa está explorando a possibilidade de levantar $50 milhões vendendo parte de sua rede de gasodutos e investindo $50 milhões em uma rede de fibras óticas para gerar receitas vendendo redes de banda larga de alta velocidade. Apesar de se esperar que este novo investimento aumente os lucros, ele também aumentará substancialmente o risco da Dynron. Se a Dynron for alavancada, este investimento seria mais ou menos atraente para os acionistas do que se a Dynron não tivesse nenhuma dívida?

12. Considere uma empresa cujo único ativo é um lote de terra vazio e cujo único passivo seja uma dívida de $15 milhões devidos daqui a um ano. Se deixado vazio, o terreno valerá $10 milhões em um ano. Como alternativa, a empresa pode trabalhar a terra por um custo à vista de $20 milhões. A terra trabalhada valerá $35 milhões em um ano. Suponha que a taxa de juros livre de risco seja de 10%, que todos os fluxos de caixa sejam livres de risco, e que não haja impostos.

    a. Se a empresa decidir não trabalhar a terra, qual é o valor do patrimônio líquido da empresa hoje? Qual é o valor da dívida hoje?
    b. Qual é o NPV de se trabalhar a terra?
    c. Suponha que a empresa levante $20 milhões dos acionistas para trabalhar a terra. Se a empresa o fizer, qual será o valor de seu patrimônio líquido hoje? Qual será o valor da dívida da empresa hoje?
    d. Dada a sua resposta na parte (c), os acionistas estariam dispostos a fornecer os $20 milhões necessários para trabalhar a terra?

EXCEL 13. A Zymase é uma empresa iniciante de biotecnologia. Os pesquisadores da empresa precisam escolher uma dentre três diferentes estratégias. Os *payoffs* (após os impostos) e sua probabilidade para cada estratégia são exibidos abaixo. O risco de cada projeto é diversificável.

Estratégia	Probabilidade	Payoff ($ milhões)
A	100%	75
B	50%	140
	50%	0
C	10%	300
	90%	40

    a. Que projeto possui o maior *payoff* esperado?
    b. Suponha que a Zymase tenha uma dívida de $40 milhões com vencimento na mesma época do *payoff* do projeto. Que projeto possui o maior *payoff* esperado para os acionistas?
    c. Suponha que a Zymase tenha uma dívida de $110 milhões com vencimento na mesma época do *payoff* do projeto. Que projeto possui o maior *payoff* esperado para os acionistas?
    d. Se a gerência escolher a estratégia que maximiza o *payoff* aos acionistas, qual é o custo de agência esperado para a empresa por ter $40 milhões em dívida a pagar? Qual é o custo de agência esperado para a empresa por ter $110 milhões em dívida a pagar?

Motivando os gerentes: os benefícios de agência da alavancagem

14. Você é dono de sua própria empresa e quer levantar $30 milhões para financiar uma expansão. Atualmente, você possui 100% das ações da empresa e nenhuma dívida. Para levantar os $30 milhões somente

através de ações, você precisará vender dois terços da empresa. Entretanto, você preferiria manter uma participação de pelo menos 50% na empresa para reter o controle.

   a. Se você contrair um empréstimo de $20 milhões, que fração das ações você precisará vender para levantar os $10 milhões restantes? (Suponha mercados de capitais perfeitos.)

   b. Qual é a menor quantia que você pode tomar emprestada para levantar $30 milhões sem abrir mão do controle? (Suponha mercados de capitais perfeitos.)

15. A Empire Industries prevê um rendimento líquido no próximo ano como mostra a tabela abaixo (em milhares de dólares):

EBIT	$1.000
Despesas com juros	0
Lucros antes dos impostos	1.000
Impostos	−350
Lucro líquido	$650

Serão necessários aproximadamente $100.000 dos rendimentos da Empire para fazer novos investimentos com NPV positivo. Infelizmente, espera-se que os gerentes da Empire gastem 10% de seu lucro líquido em privilégios desnecessários, projetos pessoais (ou *pet projects*), e outros dispêndios que não contribuem com a empresa. Todos os rendimentos restantes serão retornados aos acionistas através de dividendos e recompras de ações.

   a. Quais são os dois benefícios do financiamento por endividamento da Empire?

   b. Em quanto cada $1 em despesas com juros reduziria o dividendo e as recompras de ações da empresa?

   c. Qual é o aumento nos fundos *totais* que a Empire pagará aos investidores para cada $1 em despesas com juros?

EXCEL 16. A Ralston Enterprises possui ativos que em um ano terão os valores de mercado exibidos na tabela abaixo:

Probabilidade	1%	6%	24%	38%	24%	6%	1%
Valor ($ milhões)	70	80	90	100	110	120	130

Isto é, há uma chance de 1% de que os ativos valerão $70 milhões, uma chance de 6% de que os ativos valerão $80 milhões, e assim por diante. Suponha que a CEO esteja contemplando uma decisão que a beneficiará pessoalmente, mas que reduzirá o valor dos ativos da empresa em $10 milhões. A CEO provavelmente prosseguirá com esta decisão a menos que ela aumente substancialmente o risco de a empresa entrar em falência.

   a. Se a Ralston possuir uma dívida de $75 milhões em um ano, a decisão da CEO aumentará a probabilidade de falência em que porcentagem?

   b. Que nível de dívida fornece à CEO o maior incentivo para não prosseguir com a decisão?

Custos de agência e a teoria do *tradeoff*

EXCEL 17. Se for gerenciada eficientemente, a Remel Inc. terá ativos com um valor de mercado de $50 milhões, $100 milhões ou $150 milhões no próximo ano, com cada resultado sendo igualmente provável. Entretanto, os gerentes podem se envolver em uma esbanjadora construção de impérios, o que reduzirá o valor de mercado da empresa em $5 milhões em todos os casos. Os gerentes também podem aumentar o risco da empresa, mudando a probabilidade de cada resultado para 50%, 10% e 40%, respectivamente.

   a. Qual é o valor esperado dos ativos da Remel se ela for administrada eficientemente?

Suponha que os gerentes se envolvam em construção de impérios a menos que este comportamento aumente a probabilidade de falência. Eles escolherão o risco da empresa para maximizar o *payoff* esperado para os acionistas.

b. Suponha que a Remel tenha uma dívida com vencimento em um ano como exibido abaixo. Para cada caso, indique se os gerentes se envolverão em construção de impérios e se eles aumentarão o risco. Qual é o valor esperado dos ativos da Remel em cada caso?

    i. $44 milhões   iii. $90 milhões

    ii. $49 milhões   iv. $ 99 milhões

c. Suponha que as economias tributárias devidas ao endividamento, após incluir os impostos dos investidores, sejam iguais a 10% do *payoff* esperado da dívida. Os resultados da dívida, além do valor de quaisquer economias tributárias, serão pagos aos acionistas imediatamente como dividendo quando o título de dívida for emitido. Que nível de dívida na parte (b) é ótimo para a Remel?

18. Quais das seguintes indústrias possuem baixos níveis ótimos de dívida segundo a teoria do *tradeoff*? Quais possuem altos níveis ótimos de dívida?

    a. Empresas de tabaco

    b. Empresas de contabilidade

    c. Cadeias de restaurantes maduras

    d. Madeireiras

    e. Fabricantes de telefones celulares

19. Segundo a teoria do entrincheiramento da gerência, os gerentes escolhem a estrutura de capital de modo a preservar seu controle da empresa. Por um lado, a dívida é custosa para os gerentes, pois eles arriscam perder o controle no evento de inadimplência. Por outro lado, se eles não tirarem proveito da dedução tributária proporcionada pelo endividamento, eles arriscam perder o controle através de uma compra hostil.

Suponha que uma empresa espere gerar fluxos de caixa livres de $90 milhões por ano, e que a taxa de desconto para estes fluxos de caixa seja de 10%. A empresa paga uma alíquota fiscal de 40%. Um investidor agressivo (ou *raider**) está pronto para tomar o controle da empresa e financiá-la com $750 milhões em dívida permanente. O *raider* irá gerar os mesmos fluxos de caixa livres, e a tentativa de tomada de controle acionário será bem sucedida se ele puder oferecer um prêmio de 20% acima do valor corrente da empresa. Que nível de dívida permanente a empresa irá escolher, segundo a hipótese do entrincheiramento da gerência?

Informações assimétricas e estrutura de capital

20. A Info Systems Technology (IST) fabrica chips microprocessadores para o uso em utensílios e outras aplicações. A IST possui 100 milhões de ações em circulação e nenhuma dívida. O preço correto destas ações é de $14,50 ou $12,50 por ação. Os investidores vêem ambas as possibilidades como igualmente prováveis, então as ações estão sendo negociadas atualmente por $13,50.

A IST tem que levantar $500 milhões para construir novas instalações de produção. Como a empresa sofreria uma grande perda tanto de clientes quanto de talentos da engenharia no evento de dificuldades financeiras, os gerentes acreditam que se a IST contrair uma dívida de $500 milhões, o valor presente dos custos das dificuldades financeiras excederia quaisquer benefícios fiscais em $20 milhões. Ao mesmo tempo, como os investidores acreditam que os gerentes sabem o preço correto das ações, a IST enfrentará um "problema dos limões" se tentar levantar os $500 milhões emitindo ações.

    a. Suponha que, se a IST emitir ações, o preço das ações permanecerá a $13,50. Para maximizar o preço de longo prazo das ações da empresa uma vez que seu verdadeiro valor seja conhecido, os gerentes escolheriam emitir ações ou tomar os $500 milhões emprestados se

        i. eles soubessem que o valor correto das ações é $12,50?

        ii. eles soubessem que o valor correto das ações é $14,50?

    b. Dada a sua resposta na parte (a), o que os investidores concluiriam se a IST emitisse ações? O que aconteceria com o preço das ações?

---

* N. de T.: Investidor agressivo, ou *raider*, é um especulador que articula tomadas de controle acionário agressivas.

c. Dada a sua resposta na parte (a), o que os investidores concluiriam se a IST emitisse títulos de dívida? O que aconteceria com o preço das ações neste caso?

d. Como suas respostas difeririam se não houvesse custos de dificuldades financeiras, mas somente os benefícios fiscais da alavancagem?

21. Durante o *boom* da Internet do final da década de 1990, o preço das ações de muitas empresas de Internet subiram astronomicamente. Como CEO de tal empresa, se você acreditasse que suas ações estivessem significativamente supervalorizadas, seria uma boa ideia utilizar suas ações para adquirir ações de empresas de ramos não ligados à Internet, mesmo se você tivesse que pagar um pequeno ágio sobre seu justo valor de mercado para realizar a aquisição?

*22. A "We R Toys" (WRT) está considerando expandir-se para novos mercados geográficos. A expansão terá o mesmo risco que os ativos existentes da WRT. A expansão exigirá um investimento inicial de $50 milhões, e espera-se que vá gerar um EBIT perpétuo de $20 milhões por ano. Após o investimento inicial, espera-se que os futuros dispêndios de capital sejam iguais à depreciação, e não são previstas outras adições ao capital de giro líquido.

A estrutura de capital existente da WRT é composta de $500 milhões em capital próprio e $300 milhões em capital de terceiros (valores de mercado), com 10 milhões de ações em circulação. O custo de capital não-alavancado é de 10%, e a dívida da WRT é livre de risco, com uma taxa de juros de 4%. A alíquota fiscal corporativa é de 35%, e não há impostos pessoais.

a. Inicialmente, a WRT propõe financiar a expansão emitindo ações. Se os investidores não estivessem esperando esta expansão, e se eles compartilharem a visão da WRT sobre a lucratividade da expansão, qual será o preço das ações uma vez que a empresa divulgue o plano de expansão?

b. Suponha que os investidores achem que o EBIT da expansão da WRT será de apenas $4 milhões. Qual será o preço das ações neste caso? Quantas ações a empresa precisará emitir?

c. Suponha que a WRT emita ações como na parte (b). Logo após a emissão, surgem novas informações que convencem os investidores de que a gerência estava, na verdade, correta em relação aos fluxos de caixa da expansão. Qual será o preço das ações agora? Por que ele difere do valor encontrado na parte (a)?

d. Suponha que a WRT, alternativamente, financie a expansão com uma emissão de $50 milhões em dívida permanente livre de risco. Se a WRT empreender a expansão utilizando dívida, qual será o novo preço de suas ações uma vez que esta nova informação seja divulgada? Comparando sua resposta com a resposta da parte (c), quais são as duas vantagens do financiamento por endividamento neste caso?

CAPÍTULO 17

Política de *Payout*

Durante muitos anos, a Microsoft Corporation preferiu distribuir dinheiro aos investidores primordialmente pela recompra de suas próprias ações. Durante os cinco anos fiscais que terminaram em junho de 2004, por exemplo, a Microsoft gastou uma média de $5,4 bilhões por ano em recompras de ações. A Microsoft começou pagando dividendos a seus investidores em 2003, com o que o CFO John Connors chamou de "um dividendo inicial" de $0,08 por ação. Então, em 20 de julho de 2004, a empresa impressionou os mercados financeiros divulgando planos de realizar o maior pagamento individual de dividendo da história, um dividendo único de $32 bilhões, ou $3 por ação, para todos os acionistas que estavam registrados em 17 de novembro de 2004. Além deste dividendo, a Microsoft divulgou planos de recomprar até $30 bilhões de suas próprias ações ao longo dos quatro anos seguintes e pagar dividendos regulares trimestrais a uma taxa anual de $0,32 por ação.

Quando os investimentos de uma empresa geram um fluxo de caixa livre, a empresa tem que decidir como utilizar este dinheiro. Se tiver oportunidades de investimento com NPV positivo, a empresa pode reinvestir o dinheiro e aumentar seu valor. Muitas empresas jovens e com crescimento rápido reinvestem 100% de seus fluxos de caixa desta maneira. Mas empresas maduras e lucrativas como a Microsoft geralmente acham que geram mais dinheiro do que precisam para financiar todas as suas oportunidades de investimento atraentes. Quando uma empresa tem excesso monetário, ela pode reter estes fundos como parte de suas reservas de caixa ou pagar os acionistas. Se a empresa decidir seguir esta última abordagem, terá duas opções: pagar um dividendo ou recomprar ações dos portadores atuais. Estas decisões representam a política de *payout* da empresa.

Neste capítulo, mostraremos que, assim como com a estrutura de capital, a política de *payout* de uma empresa é moldada por imperfeições de mercado tais como impostos, custos de agência, custos de transação e informações assimétricas entre gerentes e investidores. Veremos por que algumas empresas preferem pagar dividendos enquanto outras não pagam nenhum dividendo e dependem exclusivamente da recompra de ações. Além disso, examinaremos por que algumas empresas retêm caixa e acumulam grandes reservas enquanto outras tendem a utilizar seu excesso monetário para realizar pagamentos.

notação

PV	valor presente
P_{cum}	preço das ações cum-dividendo
P_{ex}	preço das ações ex-dividendo
P_{rep}	preço das ações com recompra
τ_d	alíquota de impostos sobre dividendo
τ_g	alíquota de impostos sobre ganhos de capital
τ_d^*	alíquota efetiva de impostos sobre dividendos
τ_c	alíquota corporativa de impostos
P_{retain}	preço das ações no caso de haver retenção de excesso de caixa
τ_i	alíquota de impostos sobre rendimentos provenientes de juros
τ_{retain}^*	alíquota efetiva de impostos sobre caixa retido

17.1 Distribuições aos acionistas

A Figura 17.1 ilustra os usos alternativos do fluxo de caixa livre.[1] A maneira como uma empresa escolhe entre essas alternativas é chamada de **política de** *payout*. Começaremos nossa discussão sobre a política de *payout* de uma empresa considerando a escolha entre pagar dividendos e recomprar ações. Nesta seção, examinaremos os detalhes destes métodos de realização de pagamentos em dinheiro aos acionistas.

Dividendos

O conselho de diretoria de uma empresa de capital aberto determina o valor do dividendo da empresa. O conselho estabelece um valor que será pago por ação e decide quando o pagamento irá ocorrer. A data em que o conselho autoriza o dividendo é chamada de **data de declaração**. Depois de o conselho declarar o dividendo, a empresa é legalmente obrigada a realizar o pagamento.

A empresa pagará o dividendo a todos os acionistas registrados em determinada data, especificada pelo conselho de diretoria, chamada de **data de registro**. Como leva três dias úteis para as ações serem registradas, somente aqueles acionistas que compraram as ações pelo menos três dias antes da data de registro recebem o dividendo. Consequentemente, a data de dois dias úteis antes da data de registro é conhecida como **data ex-dividendo**; aquele que comprar ações neste dia ou depois dele não receberá o dividendo. Finalmente, na **data de pagamento** (ou **data de distribuição**), que é geralmente em torno de um mês após a data de registro, a empresa envia cheques de pagamento de dividendo aos acionistas registrados. A Figura 17.2 mostra essas datas para o dividendo de $3,00 da Microsoft.

A maioria das empresas que paga dividendos os paga a intervalos trimestrais regulares. As empresas tipicamente ajustam o valor de seus dividendos gradualmente, com pouca variação no valor do dividendo de um trimestre para o outro. Ocasionalmente, uma empresa pode pagar um único **dividendo especial**, que normalmente é muito maior do que um dividendo regular, como o de $3,00 da Microsoft, em 2004. A Figura 17.3 mostra os dividendos pagos pela GM de 1983 a 2006. Além dos dividendos regulares, a GM pagou dividendos especiais em dezembro de 1997 e novamente em maio de 1999 (associados a cisões de subsidiárias, que serão discutidas mais adiante na Seção 17.7).

Observe que a GM fez um desdobramento de suas ações em março de 1989 de modo que cada portador de uma ação recebesse uma segunda ação. Este tipo de transação chama-se desdobramento

FIGURA 17.1

Usos do fluxo de caixa livre
Uma empresa pode reter seu fluxo de caixa livre, investindo-o ou acumulando-o, ou desembolsá-lo para realizar pagamento de dividendos ou recompras de ações. A escolha entre estas opções é determinada pela política de *payout* da empresa.

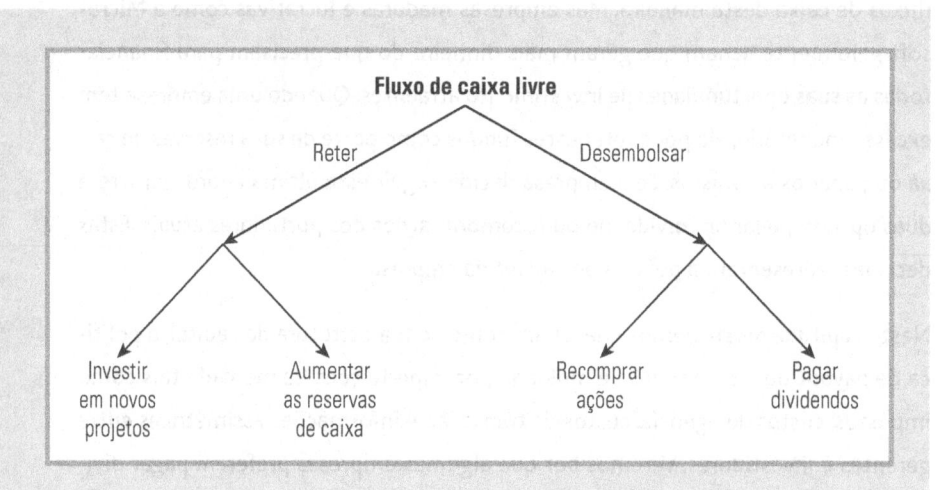

---

[1] Estritamente falando, a Figura 17.1 representa uma empresa não-alavancada. Para uma empresa alavancada, começaríamos com o fluxo de caixa do acionista (FCA ou FCFE, de *free cash flow to equity*, no original), que definiremos no Capítulo 18 como um fluxo de caixa livre menos pagamentos (após os impostos) feitos aos titulares de dívidas.

FIGURA 17.2 Datas importantes do dividendo especial da Microsoft

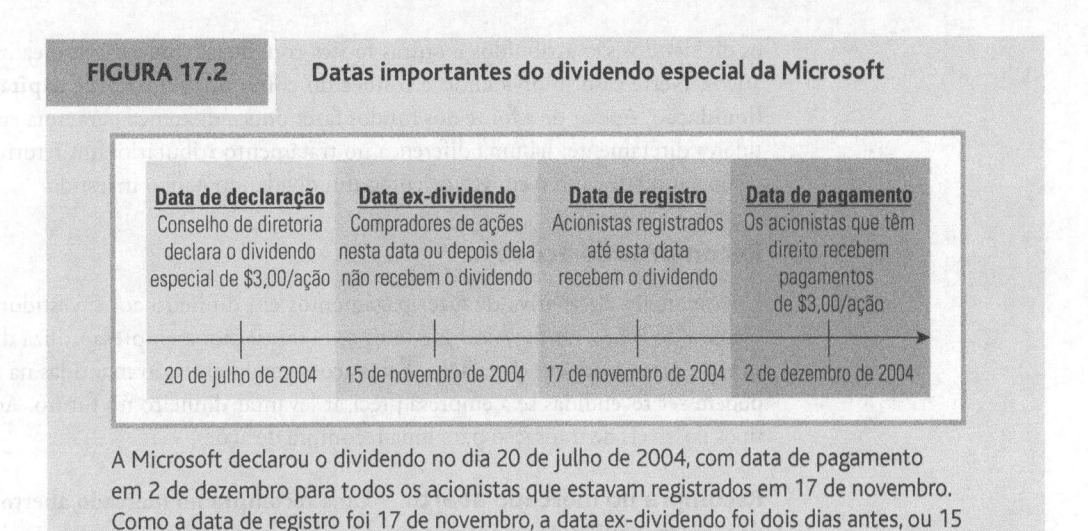

Data de declaração
Conselho de diretoria declara o dividendo especial de $3,00/ação
20 de julho de 2004

Data ex-dividendo
Compradores de ações nesta data ou depois dela não recebem o dividendo
15 de novembro de 2004

Data de registro
Acionistas registrados até esta data recebem o dividendo
17 de novembro de 2004

Data de pagamento
Os acionistas que têm direito recebem pagamentos de $3,00/ação
2 de dezembro de 2004

A Microsoft declarou o dividendo no dia 20 de julho de 2004, com data de pagamento em 2 de dezembro para todos os acionistas que estavam registrados em 17 de novembro. Como a data de registro foi 17 de novembro, a data ex-dividendo foi dois dias antes, ou 15 de novembro de 2004.

de ações na proporção de 2 por 1. De maneira mais geral, em um **desdobramento de ações** (*stock split*) ou **bonificação em ações** (*stock dividend*), a empresa emite ações adicionais em vez de dinheiro para seus acionistas. No caso do desdobramento das ações da GM, o número de ações dobrou, mas o dividendo por ação foi cortado pela metade (de $1,50 para $0,75 por ação), de modo que a quantia total paga pela GM foi a mesma logo antes e logo depois do desdobramento. (Discutiremos desdobramentos de ações e bonificações em ações mais adiante, na Seção 17.7.) Apesar de a GM ter elevado seus dividendos durante toda a década de 1980, ela os cortou durante a recessão no início da década de 1990. A GM elevou novamente seus dividendos no final da década de 1990, mas foi forçada a cortá-los novamente no início de 2006, quando entrou em dificuldades financeiras.

Os dividendos são uma saída de caixa para a empresa. Do ponto de vista contábil, os dividendos geralmente reduzem os lucros retidos (ou acumulados) correntes da empresa. Em alguns casos,

FIGURA 17.3

História de dividendos das ações da GM, 1983-2006

Desde 1983, a GM tem pago um dividendo regular a cada trimestre. A GM pagou dividendos especiais adicionais em dezembro de 1997 e em maio de 1999, e fez um desdobramento de ações na proporção de 2 por 1 em março de 1989.

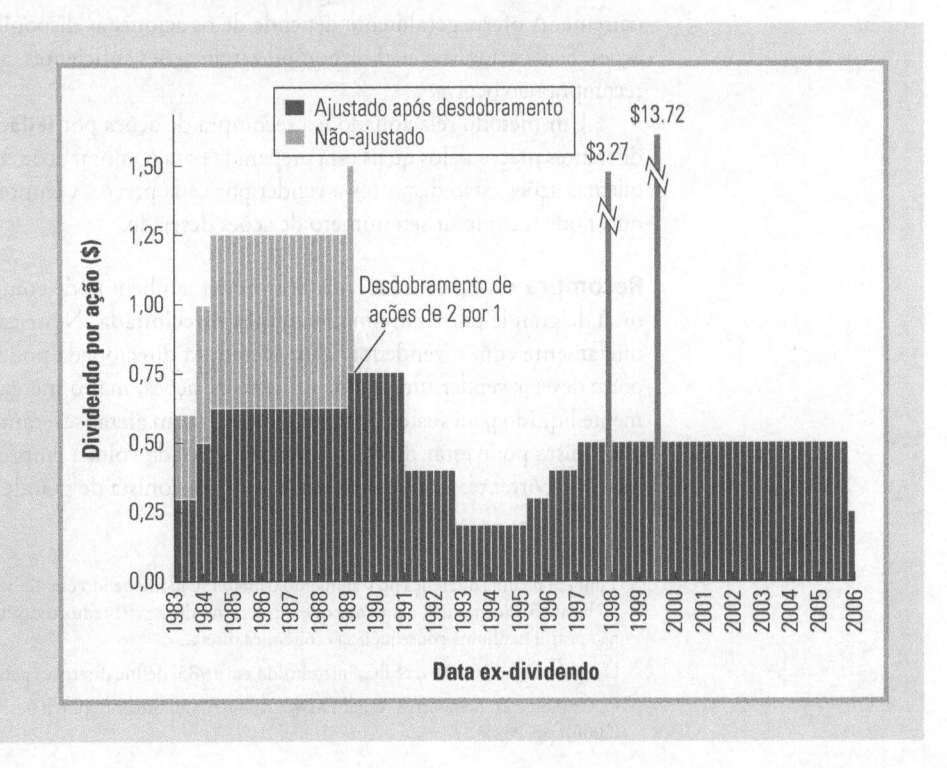

os dividendos são atribuídos a outras fontes contábeis, como capital realizado ou a liquidação de ativos. Neste caso, o dividendo é conhecido como um **retorno de capital** ou um **dividendo de liquidação**. Apesar de a fonte dos fundos fazer pouca diferença para uma empresa ou para os investidores diretamente, há uma diferença no tratamento tributário: um retorno de capital é tributado como ganho de capital em vez de como um dividendo para o investidor.[2]

Recompras de ações

Uma maneira alternativa de fazer pagamentos em dinheiro aos investidores é através de uma recompra de ações, ou *buyback*. Neste tipo de transação, a empresa utiliza dinheiro para recomprar suas próprias ações em circulação. Estas ações geralmente são mantidas na tesouraria da empresa e podem ser revendidas se a empresa precisar levantar dinheiro no futuro. Agora examinaremos três tipos possíveis de transação para uma recompra de ações.

Recompra no mercado aberto. Uma **recompra no mercado aberto** é a forma de recompra de ações mais utilizada pelas empresas. Uma empresa divulga sua intenção de comprar suas próprias ações no mercado aberto e então começa a fazê-lo ao longo do tempo como qualquer outro investidor. A empresa pode levar um ano ou mais para comprar as ações, e ela não é obrigada a recomprar a quantidade integral que declarou inicialmente. Além disso, a empresa não deve comprar suas ações de uma forma que possa parecer estar manipulando o preço. Por exemplo, as diretrizes da SEC recomendam que a empresa não compre mais de 25% do volume diário médio de negociações de suas ações em um único dia, nem faça compras no momento de abertura do mercado nem dentro dos 30 minutos anteriores ao encerramento das negociações.[3]

Apesar de as recompras no mercado aberto representarem aproximadamente 95% de todas as transações de recompra,[4] há outros métodos disponíveis para uma empresa que queira recomprar suas ações. Estes métodos são utilizados quando uma empresa deseja recomprar uma porção substancial de suas ações, geralmente como parte de uma recapitalização.

Oferta pública de compra (*tender offer*). Uma empresa pode recomprar ações através de uma **oferta pública de compra (*tender offer*)** em que ela oferece comprar ações a um preço pré-especificado durante um curto período de tempo – geralmente dentro de 20 dias. O preço normalmente é estabelecido com um ágio substancial (tipicamente 10%-20%) acima do preço de mercado corrente. A oferta geralmente depende de os acionistas disponibilizarem um número suficiente de ações. Se os acionistas não disponibilizarem ações suficientes, a empresa pode cancelar a oferta e a recompra não ocorre.

Um método relacionado é a recompra de ações por **leilão holandês**, em que a empresa lista diferentes preços pelos quais está preparada para comprar ações e os acionistas, um por um, indicam quantas ações estão dispostos a vender por cada preço. A empresa, então, paga o menor preço pelo qual pode recomprar seu número de ações desejado.

Recompra direcionada. Uma empresa também pode comprar ações diretamente de um acionista de grande porte em uma **recompra direcionada**. Neste caso, o preço de compra é negociado diretamente com o vendedor. Uma recompra direcionada pode ocorrer se um acionista de grande porte desejar vender um grande número de ações, mas o mercado das ações não estiver suficientemente líquido para sustentar tamanha venda sem afetar severamente o preço. Nestas circunstâncias, o acionista pode estar disposto a vender ações de volta à empresa a um desconto sobre o preço de mercado corrente. Como alternativa, se um acionista de grande porte estiver ameaçando fazer uma

---

[2] Também há uma diferença no tratamento contábil. Um dividendo em dinheiro reduz o caixa e os lucros retidos exibidos no balanço patrimonial, enquanto que um retorno de capital reduz o capital realizado. Porém, esta diferença contábil não possui nenhuma consequência econômica direta.

[3] O regulamento 10b-18 da SEC, introduzido em 1983, define diretrizes para a recompra de ações no mercado aberto.

[4] G. Grullon e D. Ikenberry, "What Do We Know About Stock Repurchases?" *Journal of Applied Corporate Finance* 13(1) (2000): pp. 31-51.

compra hostil e remover a gerência de uma empresa, a empresa pode decidir eliminar a ameaça recomprando todas as ações do acionista – geralmente com um grande ágio sobre o preço de mercado corrente. Este tipo de transação chama-se **greenmail**.*

FIXAÇÃO DE CONCEITOS

1. Como é determinada a data ex-dividendo de um grupo de ações, e qual é a sua importância?
2. O que é uma recompra de ações por leilão holandês?

17.2 Comparação de dividendos e recompras de ações

Se uma empresa decide realizar pagamentos em dinheiro aos acionistas, ela pode fazê-lo através de pagamentos de dividendos ou de recompras de ações. Como as empresas escolhem entre estas alternativas? Nesta seção, mostraremos que no cenário de mercados de capitais perfeitos de Modigliani e Miller, o método de pagamento não importa.

Consideremos o caso da Genron Corporation, uma empresa hipotética. A Genron possui $20 milhões em dinheiro em excesso e nenhuma dívida. A empresa espera gerar fluxos de caixa livres adicionais de $48 milhões por ano nos anos subsequentes. Se o custo de capital não-alavancado da Genron é de 12%, então o valor de empresa de suas operações existentes é

$$\text{Valor de empresa} = PV(\text{FCA futuros}) = \frac{\$48 \text{ milhões}}{12\%} = \$400 \text{ milhões}$$

Incluindo o dinheiro, o valor de mercado total da Genron é de $420 milhões.

O conselho de diretoria da Genron irá se reunir para decidir como realizar o pagamento dos $20 milhões em excesso monetário aos acionistas. Alguns membros da diretoria defenderam utilizar os $20 milhões para pagar um dividendo em dinheiro de $2 para cada uma das 10 milhões de ações em circulação da empresa. Outros sugeriram recomprar ações em vez de pagar um dividendo. Outros ainda propuseram que a Genron levantasse mais dinheiro e pagasse um dividendo ainda maior hoje, prevendo os altos fluxos de caixa livres futuros que ela espera receber. O valor do dividendo corrente afetará o preço das ações da Genron? Que política os acionistas prefeririam?

Analisemos as consequências de cada uma destas três políticas alternativas e as comparemos em um cenário de mercados de capitais perfeitos.

Política alternativa 1: pagar dividendo com excesso monetário

Suponhamos que a diretoria opte pela primeira alternativa e utilize todo o excesso monetário para pagar um dividendo. Com 10 milhões de ações em circulação, a Genron poderá pagar um dividendo de $2 imediatamente. Como a empresa espera gerar fluxos de caixa livres futuros de $48 milhões por ano, ela prevê pagar um dividendo de $4,80 por ação a cada ano dali em diante. A diretoria declara o dividendo e estabelece a data de registro como 14 de dezembro, de modo que a data ex-dividendo é 12 de dezembro. Calculemos o preço das ações da Genron logo antes e logo depois de elas virarem ex-dividendo.

O preço justo para as ações é o valor presente dos dividendos esperados dado o custo de capital próprio da Genron. Como a Genron não possui dívida, seu custo de capital próprio é igual ao seu custo de capital não-alavancado de 12%. Logo antes da data ex-dividendo, diz-se que as ações são negociadas **cum-dividendo** ("com o dividendo") porque aquele que as comprar terá direito ao dividendo. Neste caso,

$$P_{cum} = \text{Dividendo corrente} + PV(\text{Dividendos futuros}) = 2 + \frac{4,80}{0,12} = 2 + 40 = \$42$$

---

* N. de T.: O *greenmail* consiste na recompra com ágio de ações detidas por determinados acionistas de uma empresa com a intenção de eliminar a ameaça de uma compra hostil. Essa prática é considerada nociva por representar o uso indevido de recursos da empresa. O *greenmail* é proibido por lei em alguns estados norte-americanos, desestimulado por meio da legislação tributária, ou então simplesmente vedado por disposição estatutária.

Depois de as ações virarem ex-dividendo, novos compradores não receberão o dividendo corrente. Neste momento, o preço das ações refletirá os dividendos em anos subsequentes:

$$P_{ex} = PV(\text{Dividendos futuros}) = \frac{4,80}{0,12} = \$40$$

O preço das ações cairá na data ex-dividendo, 12 de dezembro. O valor da queda do preço é igual ao valor do dividendo corrente, $2. Também podemos determinar esta mudança no preço das ações utilizando o balanço patrimonial a valor de mercado (valores em milhões de dólares):

	11 dezembro (cum-dividendo)	12 de dezembro (ex-dividendo)
Dinheiro	20	0
Outros ativos	400	400
Valor de mercado total	420	400
Ações (milhões)	10	10
Preço das ações	$42	$40

Como mostra o balanço patrimonial a valor de mercado, o preço das ações cai quando um dividendo é pago porque a redução em dinheiro diminui o valor de mercado dos ativos da empresa. Apesar de o preço das ações cair, os portadores das ações da Genron não incorrem em uma perda de modo geral. Antes do dividendo, suas ações valiam $42. Após o dividendo, suas ações valem $40 e eles detêm $2 em dinheiro provenientes do dividendo, somando um valor de $42.[5]

O fato de o preço das ações cair no valor do dividendo também segue da suposição de que não há oportunidade de arbitragem. Se ele caísse em menos do que o valor do dividendo, um investidor poderia lucrar comprando as ações logo antes de elas virarem ex-dividendo e vendendo-as logo após, já que o dividendo mais do que cobriria a perda de capital sobre as ações. Da mesma forma, se o preço das ações caísse em mais do que o valor do dividendo, um investidor poderia lucrar vendendo as ações logo antes de elas virarem ex-dividendo e comprando-as logo após. Portanto, a ausência de arbitragem implica que

Em um mercado de capitais perfeito, quando um dividendo é pago, o preço das ações cai no valor do dividendo quando as ações começam a ser negociadas ex-dividendo.

Política alternativa 2: recompra de ações (sem dividendos)

Suponhamos que a Genron não pague um dividendo este ano, mas em vez disso utilize os $20 milhões para recomprar suas ações no mercado aberto. Como a recompra irá afetar o preço das ações?

Com um preço inicial de $42, a Genron irá recomprar $20 milhões ÷ $42 por ação = 0,476 milhões de ações, deixando apenas 10 − 0,476 = 9,524 milhões de ações em circulação. Novamente, podemos utilizar o balanço patrimonial a valor de mercado da Genron para analisar esta transação:

	11 dezembro (cum-dividendo)	12 de dezembro (ex-dividendo)
Dinheiro	20	0
Outros ativos	400	400
Valor de mercado total dos ativos	420	400
Ações (milhões)	10	9,524
Preço das ações	$42	$42

---

[5] Para maior simplicidade, ignoramos o pequeno retardo entre a data ex-dividendo e a data de pagamento do dividendo. Na realidade, os acionistas não recebem o dividendo imediatamente, mas, em vez disso, a *promessa* de recebê-lo dentro de algumas semanas. O preço das ações é ajustado pelo valor presente desta promessa, que é efetivamente igual ao valor do dividendo a menos que as taxas de juros sejam extremamente altas.

Neste caso, o valor de mercado dos ativos da Genron cai quando a empresa realiza um pagamento em dinheiro, mas o número de ações em circulação também cai. As duas mudanças se contrabalançam, então o preço das ações permanece o mesmo.

Dividendos futuros da Genron. Também podemos ver por que o preço das ações não cai após a recompra de ações considerando o efeito dos dividendos futuros da Genron. Em anos futuros, a Genron espera ter $48 milhões em fluxo de caixa livre, que podem ser utilizados para pagar um dividendo de $48 milhões ÷ 9,524 milhões de ações = $5,04 por ação todo ano. Assim, com uma recompra de ações, o preço das ações da Genron hoje é

$$P_{rep} = \frac{5,04}{0,12} = \$42$$

Em outras palavras, não pagando o dividendo hoje e recomprando ações em vez disso, a Genron pode elevar seus dividendos *por ação* no futuro. O aumento nos dividendos futuros compensa os acionistas pelo dividendo do qual abrem mão hoje. Este exemplo ilustra a seguinte conclusão geral sobre recompras de ações:

Em mercados de capitais perfeitos, uma recompra de ações no mercado aberto não possui nenhum efeito sobre o preço das ações, e o preço das ações é o mesmo que o preço cum-dividendo se um dividendo fosse pago.

Preferências do investidor. Um investidor iria preferir que a Genron realizasse um pagamento de dividendo ou que ela recomprasse suas ações? Ambas as políticas levam ao mesmo preço *inicial* de $42. Mas há uma diferença no valor ao acionista *após* a transação? Consideremos um investidor que atualmente detenha 2.000 ações da Genron. Supondo que ele não vá negociá-las, suas ações em carteira após o pagamento de um dividendo ou uma recompra de ações são:

Dividendo	Recompra
$40 × 2.000 = $80.000 em ações	$42 × 2.000 = $84.000 em ações
$2 × 2.000 = $4.000 em dinheiro	

Em qualquer um dos casos, o valor da carteira do investidor é de $84.000 imediatamente após a transação. A única diferença é a distribuição entre dinheiro e ações em carteira. Assim, pode parecer que o investidor iria preferir uma abordagem à outra dependendo de sua necessidade ou não de dinheiro.

Mas, se a Genron recomprar ações e o investidor quiser dinheiro, ele pode levantá-lo vendendo ações. Por exemplo, ele pode vender $4.000 ÷ $42 por ação = 95 ações para levantar aproximadamente $4.000 em dinheiro. Ele então deterá 1.905 ações, ou 1.905 × $42 ≈ $80.000 em ações. Assim, no caso de uma recompra de ações, ao vender ações um investidor pode criar um *dividendo feito em casa*.

Da mesma maneira, se a Genron pagar um dividendo e o investidor não quiser o dinheiro, ele pode utilizar os $4.000 do dividendo para comprar 100 ações adicionais pelo preço ex-dividendo de $40 por ação. Consequentemente, ele deterá 2.100 ações, que valerão 2.100 × $40 = $84.000.[6]

Resumimos estes dois casos abaixo:

Dividendo + comprar 100 ações	Recompra + vender 95 ações
$40 × 2.100 = $84.000	$42 × 1.905 ≈ $80.000 em ações
	$42 × 95 ≈ $4.000 em dinheiro

---

[6] Na verdade, muitas empresas permitem que os investidores se registrem em um programa de reinvestimento de dividendo, ou *DRIP* (*Dividend ReInvestmet Plan*), que automaticamente reinveste quaisquer dividendos em novas ações.

> ### ERRO COMUM — Recompras e a oferta de ações
>
> Existe um conceito errôneo de que quando uma empresa recompra suas próprias ações, o preço se eleva devido à diminuição na oferta de ações em circulação. Esta intuição decorre naturalmente da análise padrão da oferta e procura ensinada em microeconomia. Por que esta análise não se aplica aqui?
>
> Quando uma empresa recompra suas próprias ações, duas coisas acontecem. Em primeiro lugar, a oferta de ações é reduzida. Ao mesmo tempo, porém, o valor dos ativos da empresa diminui quando ela gasta seu dinheiro para comprar as ações. Se a empresa recomprar suas ações pelo preço de mercado, estes dois efeitos se contrabalançam, deixando o preço das ações inalterado.
>
> Este resultado é similar à falácia da diluição discutida no Capítulo 14: quando uma empresa emite ações pelo seu preço de mercado, o preço não cai devido ao aumento da oferta. O aumento da oferta é contrabalançado pelo aumento nos ativos da empresa que resultam do dinheiro que ela recebe da emissão.

Vendendo ações ou reinvestindo dividendos, o investidor pode criar qualquer combinação de dinheiro e ações desejada. Consequentemente, são indiferentes ao investidor os vários métodos de *payout* que a empresa pode empregar:

Em mercados de capitais perfeitos, é indiferente para os investidores se a empresa distribuirá fundos através de dividendos ou de recompras de ações. Ao reinvestir os dividendos ou vender ações, eles podem replicar por si sós qualquer método de payout.

Política alternativa 3: dividendo alto (emissão de ações)

Vejamos uma terceira possibilidade para a Genron. Suponhamos que a diretoria deseje realizar um pagamento de um dividendo ainda maior do que $2 por ação neste momento. Isto é possível, e, caso seja, o dividendo mais alto deixará os acionistas em uma situação melhor?

A Genron planeja pagar $48 milhões em dividendos a começar do próximo ano. Suponhamos que a empresa queria começar a pagar esta quantia hoje. Como ela só possui $20 milhões em dinheiro hoje, a Genron precisa de outros $28 milhões para realizar o pagamento do dividendo mais alto neste momento. Ela poderia levantar dinheiro diminuindo seus investimentos. Mas se os investimentos têm NPV positivo, reduzi-los diminuiria o valor da empresa. Uma maneira alternativa de levantar mais dinheiro é contrair um empréstimo ou vender novas ações. Consideremos uma emissão de ações. Dado o preço corrente das ações de $42, a Genron poderia levantar $28 milhões vendendo $28 milhões ÷ $42 por ação = 0,67 milhões de ações. Como esta emissão de ações irá aumentar o número total de ações em circulação para 10,67 milhões, o valor do dividendo por ação a cada ano será de

$$\frac{\$48 \text{ milhões}}{10{,}67 \text{ milhões de ações}} = \$4{,}50 \text{ por ação}$$

Sob esta nova política, o preço das ações cum-dividendo da Genron é

$$P_{cum} = 4{,}50 + \frac{4{,}50}{0{,}12} = 4{,}50 + 37{,}50 = \$42$$

Como nos exemplos anteriores, o valor inicial das ações não é alterado por esta política, e aumentar o dividendo não traz nenhum benefício aos acionistas.

Modigliani-Miller e a irrelevância da política de dividendos

Em nossa análise, consideramos três possíveis políticas de dividendos para a empresa: (1) realizar um pagamento de todo o dinheiro como dividendo, (2) não pagar nenhum dividendo e utilizar o dinheiro para, em vez disso, recomprar ações, ou (3) emitir ações para financiar um dividendo mais alto. Estas políticas são ilustradas na Tabela 17.1.

EXEMPLO 17.1

Dividendo feito em casa

Problema

Suponha que a Genron não adote a terceira política alternativa e, em vez disso, pague um dividendo de $2 por ação hoje. Mostre como um investidor que detém 2.000 ações poderia criar um dividendo feito em casa de $4,50 por ação × 2.000 ações = $9.000 por ano independentemente.

Solução

Se a Genron pagar um dividendo de $2, o investidor receberá $4.000 em dinheiro e deterá o resto em ações. Para receber $9.000 no total hoje, ele pode levantar outros $5.000 vendendo 125 ações a $40 por ação logo após o dividendo ser pago. Em anos futuros, a Genron pagará um dividendo de $4,80 por ação. Como ele deterá 2.000 − 125 = 1.875 ações, o investidor receberá dividendos de 1.875 × $4,80 = $9.000 por ano a partir de então.

TABELA 17.1 Dividendos da Genron por ação por ano sob as três políticas alternativas

	Preço inicial das ações	Dividendo pago ($ por ação)			
		Ano 0	Ano 1	Ano 2	...
Política 1:	$42,00	2,00	4,80	4,80	...
Política 2:	$42,00	0	5,04	5,04	...
Política 3:	$42,00	4,50	4,50	4,50	...

A Tabela 17.1 mostra um importante *tradeoff*: se a Genron pagar um dividendo *corrente* mais alto por ação, ela pagará dividendos *futuros* mais baixos por ação. Por exemplo, se a empresa elevar o dividendo corrente emitindo ações, ela terá mais ações e, portanto, fluxos de caixa livre menores por ação para pagar dividendos no futuro. Se a empresa diminuir o dividendo corrente e recomprar suas ações, ela terá menos ações no futuro, e então poderá pagar um dividendo mais alto por ação. O efeito líquido deste *tradeoff* é deixar o valor presente total de todos os futuros dividendos e, logo, o preço corrente das ações, inalterado.

A lógica desta seção corresponde à de nossa discussão sobre estrutura de capital no Capítulo 14. Lá, explicamos que, em mercados de capitais perfeitos, comprar e vender ações e títulos de dívida são transações com NPV igual a zero que não afetam o valor da empresa. Além disso, qualquer escolha de alavancagem por uma empresa poderia ser replicada por investidores utilizando alavancagem feita em casa. Consequentemente, a escolha da estrutura de capital da empresa é irrelevante.

Aqui, estabelecemos o mesmo princípio para a escolha de um dividendo de uma empresa. Independentemente da quantia em dinheiro que a empresa possui disponível, ela pode pagar um dividendo mais baixo (e utilizar o dinheiro restante para recomprar ações) ou um dividendo mais alto (vendendo ações para levantar dinheiro). Como comprar ou vender ações é uma transação com NPV igual a zero, tais transações não têm nenhum efeito sobre o preço inicial das ações. Além disso, os acionistas podem criar um dividendo feito em casa de qualquer magnitude comprando ou vendendo ações independentemente.

Modigliani e Miller desenvolveram esta ideia em outro artigo influente publicado em 1961.[7] Assim como com seu resultado sobre estrutura de capital, este artigo ia contra o pensamento con-

---

[7] Ver M. Modigliani e M. Miller, "Dividend Policy, Growth, and the Valuation of Shares", *Journal of Business* 34(4) (1961): pp.441-433. Ver também J. B. Williams, *The Theory of Investment Value* (Cambridge, MA: Harvard University Press, 1938).

> ### ERRO COMUM — A falácia do pássaro na mão
>
> *"Mais vale um pássaro na mão do que dois voando."*
>
> A **hipótese do pássaro na mão** afirma que as empresas que escolhem pagar dividendos correntes mais altos desfrutarão de preços de ações mais altos porque os acionistas preferem dividendos correntes a futuros (com o mesmo valor presente). Segundo esta visão, a política alternativa 3 levaria ao preço mais alto para as ações da Genron.
>
> A resposta de Modigliani e Miller a esta visão é que, com mercados de capitais perfeitos, os acionistas podem geram um dividendo feito em casa equivalente a qualquer momento vendendo ações. Assim, a escolha do dividendo da empresa não deveria importar.*
>
> ---
> * A hipótese do pássaro na mão é proposta pelos estudos iniciais de Lintner e Gordon sobre política de dividendos. Ver M. J. Gordon, "Optimal Investment and Financing Policy", *Journal of Finance* 18(2) (1963): pp. 264-272, e J. Lintner, "Dividends, Earnings, Leverage, Stock Prices and the Supply of Capital to Corporations", *Review of Economics and Statistics* 44(3) (1962): pp. 243-269.

vencional de que a política de dividendos poderia mudar o valor de uma empresa e deixar seus acionistas em uma situação melhor mesmo na ausência de imperfeições de mercado. Declaramos aqui sua importante proposição:

Irrelevância do Dividendo de MM: *Em mercados de capitais perfeitos, mantendo-se fixa a política de investimentos de uma empresa, a escolha da empresa da política de dividendos é irrelevante e não afeta o preço inicial das ações.*

Política de dividendos com mercados de capitais perfeitos

Os exemplos nesta seção ilustram a ideia de que, ao utilizar recompras ou emissões de ações, uma empresa pode facilmente alterar seus pagamentos de dividendos. Como essas transações não alteram o valor da empresa, a política de dividendos também não o faz.

Este resultado pode à primeira vista parecer contradizer a ideia de que o preço de uma ação deveria ser igual ao valor presente de seus dividendos futuros. Como nossos exemplos mostraram, porém, a escolha de dividendo de uma empresa hoje afeta os dividendos que ela poderá pagar no futuro de maneira que uma coisa contrabalança a outra. Assim, apesar de os dividendos *determinarem* os preços das ações, a escolha da política de dividendos de uma empresa não o faz.

Como Modigliani e Miller deixam claro, o valor de uma empresa deriva, em última análise, de seu fluxo de caixa livre subjacente. O fluxo de caixa livre de uma empresa determina o nível de *payouts* que ela pode realizar aos investidores. Em um mercado de capitais perfeito, não importa se esses *payouts* são feitos através de dividendos ou de recompras de ações. É claro que, na realidade, os mercados de capitais não são perfeitos. Assim como com a estrutura de capital, são as imperfeições nos mercados de capitais que devem determinar a política de *payout* da empresa.

FIXAÇÃO DE CONCEITOS

1. Explique o conceito errôneo de que quando uma empresa recompra suas próprias ações, o preço sobe devido à diminuição da oferta de ações em circulação.
2. Em um mercado de capitais perfeito, qual é a importância da decisão da empresa de pagar dividendos *versus* recomprar ações?

17.3 A desvantagem tributária dos dividendos

Assim como com a estrutura de capital, os impostos são uma importante imperfeição de mercado que influencia a decisão de uma empresa de pagar dividendos ou recomprar ações.

| TABELA 17.2 | Ganhos de capital de longo prazo *versus* alíquotas de impostos sobre dividendos nos Estados Unidos, 1971-2005 |

Ano	Ganhos de capital	Dividendos
1971-1978	35%	70%
1979-1981	28%	70%
1982-1986	20%	50%
1987	28%	39%
1988-1990	28%	28%
1991-1992	28%	31%
1993-1996	28%	40%
1997-2000	20%	40%
2001-2002	20%	39%
2003-*	15%	15%

* As alíquotas de impostos correntes estão estabelecidas para expirar em 2008, a menos que sejam estendidas pelo Congresso. As alíquotas de impostos exibidas são de ativos financeiros mantidos por um ano. Para ativos mantidos por menos de um ano, os ganhos de capital são tributados à alíquota de impostos do imposto de renda comum (atualmente 35% para a faixa de tributação mais alta); o mesmo é válido para dividendos se os ativos forem mantidos por menos de 61 dias. Como o imposto sobre ganhos de capital não é pago até o ativo ser vendido, para ativos mantidos por mais de um ano a alíquota de impostos *efetiva* sobre ganhos de capital é igual ao valor presente da alíquota exibida, quando descontada pela taxa de juros livre de risco após os impostos para o número de anos adicionais pelos quais o ativo é mantido.

Impostos sobre dividendos e ganhos de capital

Os acionistas tipicamente têm que pagar impostos sobre os dividendos que recebem. Eles também têm que pagar impostos sobre ganhos de capital quando vendem suas ações. A Tabela 17.2 mostra a história das alíquotas de impostos nos EUA aplicadas a dividendos e ganhos de capital de longo prazo para investidores na faixa de tributação mais alta.

Os impostos afetam as preferências dos investidores por dividendos *versus* recompras de ações? Quando uma empresa paga um dividendo, os acionistas são tributados de acordo com a alíquota de impostos sobre dividendos. Se a empresa recomprar ações, em vez disso, e os acionistas venderem ações para criar um dividendo feito em casa, este será tributado de acordo com a alíquota de impostos sobre ganhos de capital. Se os dividendos forem tributados a uma alíquota mais alta do que a dos ganhos de capital, o que era fato até a mais recente mudança na lei fiscal, os acionistas irão preferir recompras de ações a dividendos.[8] Como vimos no Capítulo 15, mudanças recentes no código fiscal igualaram as alíquotas de impostos sobre dividendos e sobre ganhos de capital. Mas como os investidores de longo prazo podem deferir o imposto sobre os ganhos de capital até eles venderem, ainda há uma vantagem fiscal para as recompras de ações sobre os dividendos.

A alíquota de impostos mais alta sobre os dividendos também torna indesejável para uma empresa levantar fundos para pagar um dividendo. Na ausência de impostos e custos de emissão, se uma empresa levantar dinheiro emitindo ações e então devolver este dinheiro aos acionistas como um dividendo, os acionistas não estariam em uma situação melhor nem pior – eles receberiam de volta o dinheiro que investiram. Quando os dividendos são tributados a uma alíquota mais alta do que a dos ganhos de capital, porém, esta transação fere os acionistas porque eles receberão menos do que seu investimento inicial.

---

[8] Nem todos os países tributam os dividendos a uma alíquota mais alta do que a de ganhos de capital. Na Alemanha, por exemplo, os dividendos são tributados a uma taxa menor do que a de ganhos de capital para a maioria das classes de investidores.

EXEMPLO 17.2 Emitir ações para pagar um dividendo

Problema

Suponha que uma empresa levante $10 milhões junto aos acionistas e utilize este dinheiro para lhes pagar $10 milhões em dividendos. Se o dividendo é tributado a uma alíquota de 40% e se os ganhos de capital são tributados a uma alíquota de 15%, quanto os acionistas receberão após os impostos?

Solução

Os acionistas deverão 40% de $10 milhões, ou $4 milhões em impostos sobre dividendos. Como o valor da empresa cairá quando o dividendo for pago, o ganho de capital dos acionistas sobre as ações será de $10 milhões a menos quando eles venderem, diminuindo os impostos sobre ganhos de capital em 15% de $10 milhões, ou $1,5 milhão. Assim, ao todo, os acionistas pagarão $4 milhões − $1,5 milhões = $2,5 milhões em impostos, e receberão de volta apenas $7,5 milhões de seu investimento de $10 milhões.

Política de dividendos ótima com impostos

Quando a alíquota de impostos sobre dividendos excede a alíquota de impostos sobre ganhos de capital, os acionistas pagarão impostos menores se uma empresa utilizar recompra de ações para todos os *payouts* em vez de dividendos. Estas economias tributárias aumentarão o valor de uma empresa que utiliza recompras de ações em vez de dividendos.

Também podemos expressar as economias tributárias em termos do custo de capital próprio de uma empresa. Empresas que utilizam dividendos terão que pagar um retorno antes dos impostos mais alto para oferecer aos seus investidores o mesmo retorno após os impostos que oferecem as empresas que utilizam recompras de ações.[9] Consequentemente, a política de dividendos ótima quando a alíquota de impostos sobre dividendos excede a alíquota de impostos sobre ganhos de capital é *não pagar nenhum dividendo*.

FIGURA 17.4

O declínio do uso de dividendos

Esta figura mostra a porcentagem de empresas norte-americanas que todo ano fazem *payouts* para seus acionistas. As regiões sombreadas mostram as empresas que utilizaram dividendos exclusivamente, recompras exclusivamente, ou ambos. Observe a tendência que se distancia do uso de dividendos com o passar do tempo, com empresas que faziam *payouts* mostrando maior uso de recompras de ações, juntamente com uma forte diminuição na porcentagem de empresas que fazem *payouts* de qualquer tipo.

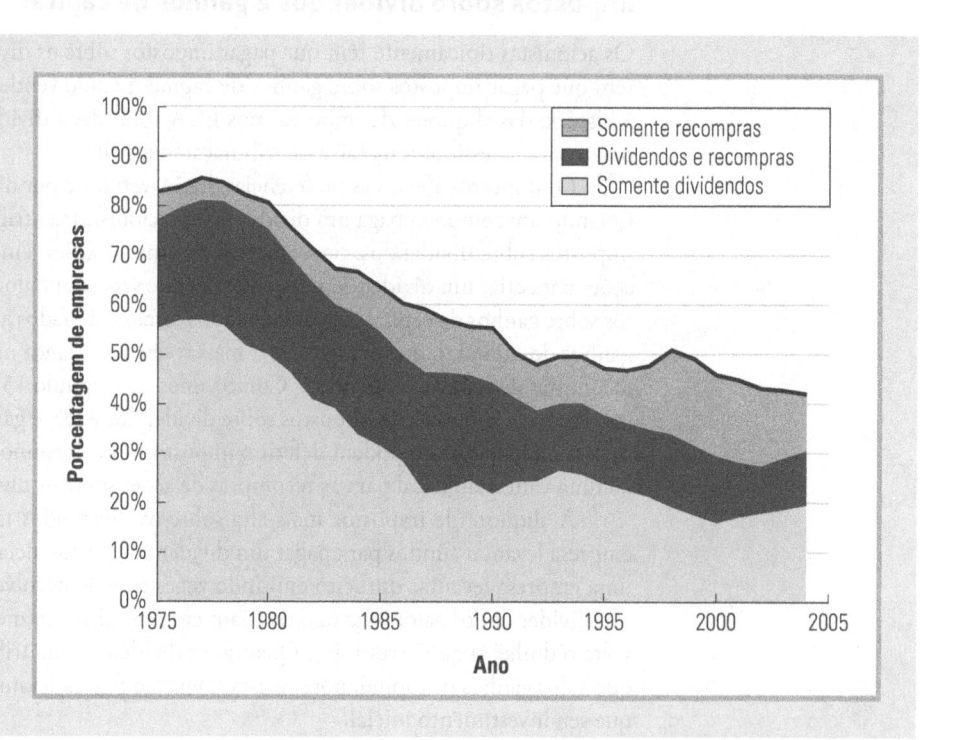

---

[9] Para uma extensão do CAPM que inclui impostos dos investidores, ver M. Brennan, "Taxes, Market Valuation and Corporation Financial Policy", *National Tax Journal* 23(4) (1970): pp. 417-427.

Apesar de as empresas ainda pagarem dividendos, evidências substanciais mostram que muitas delas têm reconhecido sua desvantagem fiscal. Por exemplo, antes de 1980, a maioria das empresas utilizava dividendos exclusivamente para distribuir dinheiro aos acionistas (ver Figura 17.4). Mas em 2000, apenas 16% das empresas o fazia. Ao mesmo tempo, 30% de todas as empresas (e mais de 65% das empresas que realizam *payouts* aos seus acionistas) utilizavam recompras de ações exclusivamente ou em associação com dividendos. A tendência ao afastamento dos dividendos tem se revertido levemente, porém, desde 2000.[10]

Vemos uma tendência mais drástica se considerarmos as magnitudes relativas de ambas as formas de *payouts* corporativos. A Figura 17.5 mostra a importância relativa das recompras de ações como uma proporção dos *payouts* totais aos acionistas. Apesar de os dividendos representarem mais de 80% dos *payouts* corporativos até o início da década de 1980, a importância da recompra de ações cresceu drasticamente em meados dessa mesma década. A atividade de recompra diminuiu durante a recessão de 1990-1991, mas no final da década de 1990 as recompras excediam o valor dos pagamentos de dividendos para as empresas norte-americanas.[11]

Apesar de estas evidências serem indicativas da crescente importância da recompra de ações como uma parte das políticas de *payout* das empresas, elas também mostram que os dividendos permanecem sendo uma forma fundamental de *payout* aos acionistas. O fato de que as empresas continuam a emitir dividendos apesar de sua desvantagem fiscal geralmente é chamado de o **enigma dos dividendos**.[12]

FIXAÇÃO DE CONCEITOS

1. Qual é a política de dividendos ótima quando a alíquota de impostos sobre dividendos excede a alíquota de impostos sobre ganhos de capital?
2. O que é o enigma dos dividendos?

17.4 Captura de dividendo e clientela tributária

Apesar de muitos investidores terem uma preferência tributária por recompras de ações em vez de dividendos, a força desta preferência depende da diferença entre a alíquota de impostos sobre dividendos e a alíquota de impostos sobre ganhos de capital a que eles são sujeitos. As alíquotas de impostos variam de acordo com a renda, de uma jurisdição para outra, e se as ações estão ou não em uma conta de aposentadoria. Devido a essas diferenças, as empresas podem atrair diferentes grupos de investidores dependendo de sua política de dividendos. Nesta seção, veremos detalhadamente as consequências fiscais dos dividendos, além das estratégias dos investidores que podem reduzir o impacto dos impostos sobre dividendos no valor da empresa.

A alíquota efetiva de impostos sobre dividendos

Para comparar as preferências dos investidores, temos que quantificar os efeitos combinados dos impostos sobre dividendos e sobre ganhos de capital para determinar uma alíquota efetiva de impostos sobre dividendos que é cobrada de um investidor. Para maior simplicidade, consideremos um investidor que compre ações hoje logo antes de elas virarem ex-dividendo e as venda logo depois.[13]

---

[10] Ver G. Grullon e R. Michaely, "Dividends, Share Repurchases, and the Substitution Hypothesis", *Journal of Finance* 57(4) (2002): pp. 1649-1684, e E. Fama e K. French, "Disappearing Dividends: Changing Firm Characteristics or Lower Propensity to Pay?" *Journal of Financial Economics* 60(3) (2001): pp. 3-43. Para um exame da mudança na tendência desde 2000, ver B. Julio e D. Ikenberry, "Reappearing Dividends", *Journal of Applied Corporate Finance* 16(4) (2004): pp. 89-100.

[11] Para maiores evidências de que as recompras estão substituindo os dividendos, ver A. Dittmar e R. Dittmar, "Stock Repurchase Waves: Na Examination of the Trends in Aggregate Corporate Payout Policy", Working Paper, 2006, University of Michigan.

[12] Ver F. Black, "The Dividend Puzzle", *Journal of Portfolio Management* 2 (1976): pp. 5-8.

[13] Poderíamos igualmente considerar um investidor de longo prazo decidindo entre vender as ações logo antes ou logo depois da data ex-dividendo. A análise seria idêntica (apesar de as alíquotas de impostos aplicáveis dependerem do período de detenção).

FIGURA 17.5 A mudança da composição dos *payouts* aos acionistas

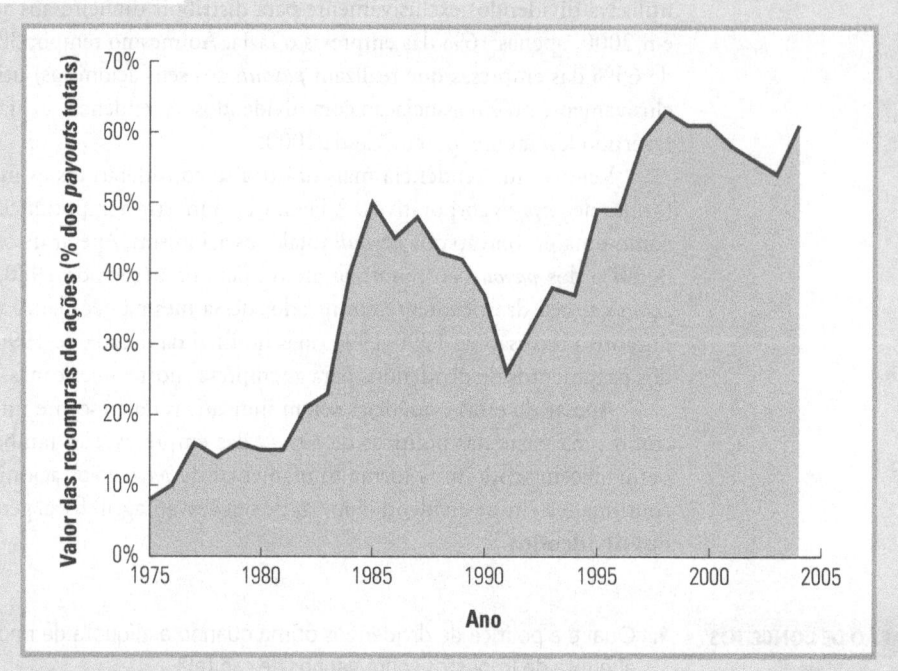

Esta figura mostra o valor das recompras de ações como uma porcentagem dos *payouts* totais aos acionistas (dividendos e recompras). Apesar de inicialmente baixas, as quantias em dólar das recompras de ações cresceram mais rapidamente do que as dos dividendos, de modo que no final da década de 1990 as recompras de ações ultrapassaram os dividendos e passaram a ser a maior forma de *payouts* corporativos das empresas industriais norte-americanas.

Fonte: Dados da Compustat/CRSP de empresas norte-americanas, excluindo empresas financeiras e empresas de utilidades públicas. Dados fornecidos por A. Dittmar e R. Dittmar, "Stock Repurchase Waves: Na Examination of the Trends in Aggregate Corporate Payout Policy", Working Paper, 2006, University of Michigan.

Ao fazê-lo, o investidor terá direito ao dividendo e o captará. Se as ações pagarem um dividendo de valor *Div*, e a alíquota de impostos sobre dividendos do investidor for τ_d, então seu fluxo de caixa após os impostos proveniente do dividendo será de $Div(1 - \tau_d)$.

Além disso, como o preço logo antes das ações virarem ex-dividendo, P_{cum}, excede o preço logo depois, P_{ex}, o investidor irá esperar sofrer uma perda de capital em sua negociação. Se sua alíquota de impostos sobre ganhos de capital for τ_g, sua perda após os impostos será de $(P_{cum} - P_{ex})(1 - \tau_g)$.

O investidor, portanto, obtém um lucro negociando para captar o dividendo se o dividendo após os impostos exceder a perda de capital após os impostos. Inversamente, se a perda de capital após os impostos exceder o dividendo após os impostos, os investidor se beneficiará vendendo as ações logo antes de elas virarem ex-dividendo e comprando-a depois, evitando, dessa maneira, o dividendo. Em outras palavras, haverá uma oportunidade de arbitragem a menos que a queda de preço e o dividendo sejam iguais após os impostos:

$$(P_{cum} - P_{ex})(1 - \tau_g) = Div(1 - \tau_d) \tag{17.1}$$

Podemos escrever a Equação 17.1 em termos da queda no preço das ações como

$$P_{cum} - P_{ex} = Div \times \left(\frac{1 - \tau_d}{1 - \tau_g}\right) = Div \times \left(1 - \frac{\tau_d - \tau_g}{1 - \tau_g}\right) = Div \times (1 - \tau_d^*) \tag{17.2}$$

onde definimos τ_d^* como a **alíquota efetiva de impostos sobre dividendos**:

$$\tau_d^* = \left(\frac{\tau_d - \tau_g}{1 - \tau_g}\right) \qquad (17.3)$$

A alíquota efetiva de impostos sobre dividendos τ_d^* mede o imposto adicional pago pelo investidor por dólar de rendimentos provenientes de ganhos de capital após os impostos que, em vez disso, é recebido como um dividendo.[14]

EXEMPLO 17.3

Mudanças na alíquota efetiva de impostos sobre dividendos

Problema

Considere um investidor individual na faixa de tributação mais alta dos EUA que planeja deter ações por um ano. Qual foi a alíquota efetiva de impostos sobre dividendos para este investidor em 2002? Como a alíquota efetiva de impostos sobre dividendos mudou em 2003? (Ignore os impostos estaduais.)

Solução

Da Tabela 17.2, em 2002 temos $\tau_d = 39\%$ e $\tau_g = 20\%$. Assim,

$$\tau_d^* = \frac{0,39 - 0,20}{1 - 0,20} = 23,75\%$$

Isso indica uma desvantagem fiscal significativa dos dividendos; cada \$1 em dividendos vale somente \$0,7625 em ganhos de capital. Entretanto, após o corte tributário de 2003, $\tau_d = 15\%$, $\tau_g = 15\%$, e

$$\tau_d^* = \frac{0,15 - 0,15}{1 - 0,15} = 0\%$$

Portanto, o corte tributário de 2003 eliminou a desvantagem fiscal dos dividendos para um investidor que detivesse as ações por um ano.

Diferenças tributárias entre investidores

A alíquota efetiva de impostos sobre dividendos τ_d^* para um investidor depende das alíquotas de impostos sobre dividendos e ganhos de capital a que o investidor é sujeito. Estas alíquotas diferem entre os investidores por uma variedade de motivos.

Nível de renda. Investidores com diferentes níveis de renda caem em diferentes faixas de tributação e são sujeitos a diferentes alíquotas de impostos.

Horizonte de investimento. Os ganhos de capital sobre ações detidas por menos de um ano, e os dividendos sobre ações detidas por menos de 61 dias, são tributados a alíquotas de impostos de renda comuns. Investidores de longo prazo podem deferir o pagamento de impostos sobre ganhos de capital (diminuindo sua alíquota efetiva de impostos sobre ganhos de capital ainda mais). Os investidores que planejam legar ações em testamento a seus herdeiros evitam totalmente os impostos sobre ganhos de capital.

Jurisdição fiscal. Os investidores norte-americanos são sujeitos a impostos estaduais que diferem de um estado para outro. Por exemplo, New Hampshire cobra um imposto de 5% sobre rendas provenientes de juros e dividendos, mas não cobra imposto algum sobre ganhos de capital. Investidores estrangeiros em ações norte-americanas são sujeitos a uma retenção de 30%

---

[14] Elton e Gruber foram os primeiros a identificar e encontrar suporte empírico para a Equação 17.2. Ver E. Elton e M. Gruber, "Marginal Stockholder Tax Rates and the Clientele Effect", *Review of Economics and Statistics* 52(1) (1970): pp. 68-74. Para ver a reação dos investidores a importantes mudanças na lei fiscal, ver J. L. Koski, "A Microstructure Analysis of Ex-Dividend Stock Price Behavior Before and After the 1984 and 1986 Tax Reform Acts", *Journal of Business* 69 (1996): pp. 313-338.

sobre dividendos que eles recebam (a menos que essa alíquota seja reduzida por algum tratado fiscal com seu país de residência). Não há retenção similar para ganhos de capital.

Tipo de investidor ou conta de investimento. Ações mantidas por investidores individuais em uma conta de aposentadoria não estão sujeitas a impostos sobre dividendos ou ganhos de capital.[15] Da mesma maneira, ações mantidas através de fundos de pensão ou fundos de doações não-lucrativos não estão sujeitas a impostos sobre dividendos ou ganhos de capital. As empresas que mantêm ações podem excluir 70% dos dividendos que recebem dos impostos corporativos, mas não podem excluir ganhos de capital.[16]

Para ilustrar, consideremos quatro investidores diferentes: (1) um investidor que utiliza a estratégia de "compra e manutenção", que detém as ações em uma conta tributável e planeja transferi-las a seus herdeiros, (2) um investidor que detém as ações em uma conta tributável, mas planeja vendê-las em um ano, (3) um fundo de pensão, e (4) uma corporação. Sob as alíquotas de impostos federais máximas vigentes nos EUA, a alíquota efetiva de impostos sobre dividendos de cada um deles seria

1. Investidor individual com estratégia de "compra e manutenção": $\tau_d = 15\%$, $\tau_g = 0$ e $\tau_d^* = 15\%$
2. Investidor individual de um ano: $\tau_d = 15\%$, $\tau_g = 15\%$ e $\tau_d^* = 0$
3. Fundo de pensão: $\tau_d = 0$, $\tau_g = 0$ e $\tau_d^* = 0$
4. Empresa: dada uma alíquota corporativa de 35%, $\tau_d = (1 - 70\%) \times 35\% = 10,5\%$, $\tau_g = 35\%$ e $\tau_d^* = -38\%$

Como resultado de suas diferentes alíquotas de impostos, esses investidores têm preferências variáveis no que diz respeito aos dividendos. Investidores de mais longo prazo sofrem maior tributação sobre dividendos, então eles preferem recompras de ações a pagamentos de dividendos. Investidores de um ano, fundos de pensão e outros investidores isentos de impostos não têm preferências por recompras de ações ou dividendos; eles preferem a política de *payout* que corresponda melhor às suas necessidades monetárias. Por exemplo, um investidor isento de impostos que desejasse uma renda corrente preferiria altos dividendos de modo a evitar as taxas de corretagem e outros custos de transação decorrentes da venda das ações.

Finalmente, a alíquota efetiva de impostos sobre dividendos negativa para as empresas implica em uma *vantagem* tributária associada aos dividendos. Por este motivo, uma empresa que decidir investir seu dinheiro preferirá deter ações com altos rendimentos de dividendos.

Efeitos de clientela

A Tabela 17.4 resume as diferentes preferências entre os diferentes grupos de investidores. Essas diferenças nas preferências tributárias criam **efeitos de clientela**, em que a política de dividendos de uma empresa é otimizada de acordo com a preferência tributária de sua clientela de investidores. Os indivíduos nas faixas de tributação mais altas têm preferência por ações que não pagam dividendos ou que pagam dividendos baixos, enquanto que investidores isentos de impostos e corporações têm preferência por ações com altos dividendos. Neste caso, a política de dividendos de uma empresa é otimizada de acordo com a preferência tributária de sua clientela de investidores.

Evidências sustentam a existência de clientelas tributárias. Por exemplo, Franklin Allen e Roni Michaely[17] relatam que em 1996 os investidores individuais detinham 54% de todas as ações por valor de mercado, contudo recebiam apenas 35% de todos os dividendos pagos, o que

---

[15] Apesar de poderem ser cobrados impostos (ou multas) quando o dinheiro é retirado da conta de aposentadoria, estes impostos não dependem de se o dinheiro é proveniente de dividendos ou ganhos de capital.

[16] As empresas podem excluir 80% se elas possuírem mais de 20% das ações da empresa que está pagando o dividendo.

[17] F. Allen e R. Michaelly, "Payout Policy", in *Handbook of the Economics of Finance: Corporate Finance Volume* 1A, Chapter 7, Elsevier, Amsterdam, The Netherlands (2003) (orgs.: G. M. Constantinides, M. Harris, R. M. Stulz).

TABELA 17.3 Diferentes preferências por políticas de dividendos entre diversos grupos de investidores

Grupo de investidores	Preferência por política de dividendos	Proporção de investidores
Investidores individuais	Desvantagem tributária para dividendos. Preferem recompras de ações	~52%
Instituições, fundos de pensão, contas de aposentadoria	Não há preferência tributária. Preferem política de dividendos que corresponda às suas necessidades de renda	~47%
Empresas	Vantagem tributária para dividendos	~1%

Fonte: Proporções baseadas no *Federal Reserve Flow of Funds Accounts*, 2003.

indica que os indivíduos tendem a deter ações com baixos rendimentos de dividendos. É claro que o fato de investidores que pagam impostos altos não receberem nenhum dividendo implica que as clientelas não são perfeitas – os impostos sobre dividendos não são os únicos determinantes das carteiras dos investidores.

Uma outra estratégia de clientela é um efeito de clientela dinâmica, também chamado de **teoria da captura de dividendos**.[18] Esta teoria afirma que, na ausência de custos de transação, os investidores podem negociar ações na ocasião do dividendo de modo que os investidores isentos de impostos recebam o dividendo. Isto é, os investidores isentos de impostos não precisam deter ações que pagam dividendos altos o tempo todo; é necessário apenas que eles as detenham quando o dividendo for realmente pago.

Uma implicação desta teoria é que devemos ver grandes volumes de negociação em um grupo de ações perto da data ex-dividendo, quando os investidores que pagam impostos altos vendem e os investidores que pagam impostos baixos compram as ações prevendo o dividendo, e então revertem essas negociações logo após a data ex-dividendo. Consideremos a Figura 17.6, que ilustra o preço e volume das ações da Value Line, Inc., durante 2004. No dia 23 de abril, a Value Line divulgou que utilizaria seu caixa acumulado para pagar um dividendo especial de $17,50 por ação, sendo 20 de maio a data ex-dividendo.

Observe o aumento substancial no volume de negociações perto da ocasião do dividendo especial. O volume de negociações no mês seguinte à divulgação do dividendo especial foi mais de 25 vezes maior do que o volume no mês anterior à divulgação. Nos três meses seguintes à divulgação do dividendo especial, o volume cumulativo excedeu 65% do total de ações disponíveis para negociação.

Apesar de esta evidência sustentar a teoria da captura de dividendos, também é verdade que muitos investidores que pagam impostos altos continuam a deter ações mesmo quando os dividendos já foram pagos. Para um pequeno dividendo comum, os custos de transação e os riscos de negociação das ações provavelmente contrabalançam os benefícios associados à sua captura.[19] Grandes

---

[18] Esta ideia é desenvolvida por A. Kalay, "The Ex-Dividend Day Behavior Of Stock Prices: A Reexamination of the Clientele Effect", *Journal of Finance* 37(4) (1982): pp. 1059-1070. Ver também J. Boyd e R. Jagannathan, "Ex-Dividend Price Behavior of Common Stocks", *Review of Financial Studies* 7(4) (1994): pp. 711-741, que discutem as complicações que surgem com múltiplas clientelas tributárias.

[19] O risco da estratégia de captação de dividendos é o risco de que o preço das ações possa flutuar por motivos não relacionados ao dividendo antes da transação poder ser concluída. Ver J. Koski e R. Michaely, "Prices, Liquidity, and the Information Content of Trades", *Review of Financial Studies* 13(3) (2000): pp. 659-696, que demonstram que em alguns casos o risco pode ser eliminado através da negociação de uma compra e uma venda simultaneamente, mas com datas de pagamento antes e depois da data ex-dividendo. Neste caso, o nível do volume relacionado ao dividendo aumenta muito.

FIGURA 17.6 Efeitos de volume e preço das ações do dividendo especial da Value Line

Na divulgação do dividendo especial de $17,50 por ação, o preço das ações da Value Line subiu, assim como seu volume de negociações. O preço das ações caiu em $17,91 na data ex-dividendo, e o volume diminuiu gradualmente durante as semanas seguintes. Este padrão de volume é consistente com a compra das ações por investidores isentos de impostos antes da data ex-dividendo e com a venda das mesmas após esta data. (Consideraremos os motivos para o salto no preço das ações na divulgação do dividendo nas Seções 17.5 e 17.6.)

aumentos no volume, como no caso da Value Line, tendem a ser associados a grandes dividendos especiais. Assim, apesar de os efeitos de clientela e as estratégias de captura de dividendos reduzirem a desvantagem tributária relativa dos dividendos, ela não é eliminada.[20]

FIXAÇÃO DE CONCEITOS

1. Sob que condições os investidores terão uma preferência tributária por recompra de ações em vez de dividendos?
2. O que a teoria da captura de dividendos implica sobre o volume de negociações de um grupo de ações em torno da data ex-dividendo?

---

[20] Estes efeitos são um dos motivos pelos quais é difícil encontrar evidências de que o custo de capital próprio aumenta proporcionalmente aos rendimentos de dividendos, como seria de se esperar caso os investidores de longo prazo sejam uma clientela importante. Apesar de R. Litzenberger e K. Ramaswamy terem encontrado evidências ["The Effects of Personal Taxes and Dividends on Capital Asset Prices: Theory and Empirical Evidence", *Journal of Financial Economics* 7(2) (1979): pp. 163-195], estas evidências contradizem os resultados de F. Black e M. Scholes ["The Effects of Dividend Yield and Dividend Policy on Common Stock Prices and Returns", *Journal of Financial Economics* 1(1) (1974): pp. 1-22]. A. Kalay e R. Michaely fornecem uma explicação para os diferentes resultados desses estudos e não encontram um impacto significativo dos rendimentos de dividendos sobre os retornos esperados ["Dividends and Taxes: A Reexamination", *Financial Management* 29(2) (2000): pp. 55-75].

17.5 *Payout versus* retenção de dinheiro

Observando novamente a Figura 17.1, consideramos até agora somente um aspecto da política de *payout* de uma empresa: a escolha entre pagar dividendos ou recomprar ações. Mas como uma empresa deve decidir o valor que ela deve pagar aos acionistas e o valor que ela deve reter?

Para responder esta pergunta, temos primeiramente que considerar o que a empresa fará com o dinheiro que retém. Ela pode investi-lo em novos projetos ou em instrumentos financeiros. Demonstraremos que, no contexto de mercados de capitais perfeitos, uma vez tendo a empresa feito todos os seus investimentos com NPV positivo, passa a lhe ser indiferente economizar o excesso monetário ou utilizá-lo para realizar *payouts*. Mas, uma vez levadas em consideração as imperfeições de mercado, há um *tradeoff*: reter dinheiro pode reduzir os custos de levantar capital no futuro, mas também pode aumentar os impostos e os custos de agência.

Retenção de dinheiro com mercados de capitais perfeitos

Se uma empresa retém dinheiro, ela pode utilizar estes fundos para investir em novos projetos. Se houver novos projetos com NPV positivo disponíveis, esta decisão é claramente a decisão correta. Fazer investimentos com NPV positivo cria valor para os investidores da empresa, enquanto que economizar o dinheiro ou realizar *payouts* não o fazem. Entretanto, se a empresa já fez todos os seus investimentos com NPV positivo, qualquer projeto adicional que ela empreender serão projetos com NPV zero ou negativo. Empreender projetos com NPV negativo reduz o valor ao acionista, já que os benefícios de tais investimentos não excedem seus custos.

É claro que em vez de desperdiçar o excesso monetário em projetos com NPV negativo, uma empresa pode mantê-lo no banco ou utilizá-lo para adquirir ativos financeiros. A empresa pode então pagar o dinheiro aos acionistas em uma ocasião futura ou investi-lo quando houver disponíveis oportunidades de investimento com NPV positivo.

Quais são as vantagens e as desvantagens de se reter dinheiro ou investir em títulos financeiros? Em mercados de capitais perfeitos, comprar e vender títulos é uma transação com NPV igual a zero, que não deve, portanto, afetar o valor da empresa. Os acionistas podem fazer por si sós qualquer investimento que uma empresa faz se esta realizar o *payout*. Assim, não deve ser nenhuma surpresa que, com mercados de capitais perfeitos, a decisão de retenção *versus payout* – assim como a decisão de dividendo *versus* recompra de ações – seja irrelevante.

Como ilustra o Exemplo 17.4, não há nenhuma diferença para os acionistas entre a empresa pagar o dinheiro imediatamente ou retê-lo e pagá-lo em uma data futura. Este exemplo fornece uma outra ilustração da ideia fundamental de Modigliani e Miller no que diz respeito à irrelevância da política de *payout* em mercados de capitais perfeitos:

EXEMPLO 17.4 — **Postergando dividendos com mercados perfeitos**

Problema

A Barston Mining possui $100.000 em excesso monetário. A Barston está considerando investir o dinheiro em *Treasury bills* de um ano que pagam 6% de juros, e então utilizar o dinheiro para pagar um dividendo no próximo ano. Como alternativa, a empresa pode pagar um dividendo imediatamente e os acionistas podem investir o dinheiro independentemente. Em um mercado de capitais perfeito, que opção os acionistas irão preferir?

Solução

Se a Barston pagar um dividendo imediato, os acionistas receberão $100.000 hoje. Se a empresa retiver o dinheiro, ao final de um ano ela poderá pagar um dividendo de

$$\$100.000 \times (1{,}06) = \$106.000$$

Este *payoff* é como se os acionistas tivessem investido os $100.000 em *Treasury bills* por si sós. Em outras palavras, o valor presente deste dividendo futuro é exatamente $106.000 \div (1,06) = \$100.000$. Assim, é indiferente para os acionistas se a empresa pagará o dividendo imediatamente ou reterá o dinheiro.

Irrelevância do **Payout** *de* **MM**: *Em mercados de capitais perfeitos, se uma empresa investe fluxos de caixa em excesso em títulos financeiros, a escolha da empresa entre payout versus retenção é irrelevante e não afeta o valor inicial da empresa.*

Assim, a decisão entre reter ou não dinheiro depende das imperfeições de mercado, às quais nos dedicaremos a seguir.

Impostos e retenção de dinheiro

O Exemplo 17.4 supõe mercados de capitais perfeitos, e portanto ignora o efeito dos impostos. Como nosso resultado mudaria com impostos?

EXEMPLO 17.5 | **Retendo dinheiro com impostos da empresa**

Problema

Suponha que a Barston tenha que pagar impostos corporativos a uma alíquota de 35% sobre os juros que receberá do *Treasury bill* de um ano, que paga 6% de juros. Os investidores de fundos de pensão (que não pagam impostos sobre os rendimentos de seus investimentos) prefeririam que a Barston utilizasse seu excesso monetário para pagar o dividendo de $100.000 imediatamente ou que ela retivesse o dinheiro por um ano?

Solução

Se a Barston pagar um dividendo imediato, os acionistas receberão $100.000 hoje. Se a Barston retiver o dinheiro por um ano, ela receberá um retorno após os impostos sobre os *Treasury bills* de

$$6\% \times (1 - 0{,}35) = 3{,}90\%$$

Assim, ao final de um ano a Barston pagará um dividendo de $100.000 × (1,039) = $103.900.

Este valor é menos do que os $106.000 que os investidores teriam obtido se tivessem investido os $100.000 em *Treasury bills* por si sós. Como a Barston tem que pagar impostos sobre os juros que recebe, a retenção de dinheiro apresenta uma desvantagem tributária. Os investidores de fundos de pensão prefeririam, portanto, que a Barston pagasse o dividendo agora.

Como mostra o Exemplo 17.5, os impostos da empresa tornam a retenção de dinheiro custosa para uma empresa. Este efeito é exatamente o mesmo efeito que identificamos no Capítulo 15 com relação à alavancagem: quando uma empresa paga juros, recebe uma dedução tributária por eles, enquanto que quando uma empresa recebe juros, passa a dever impostos sobre eles. Como discutimos no Capítulo 14, dinheiro é equivalente a uma alavancagem *negativa*, então a vantagem tributária da alavancagem implica uma desvantagem tributária para a retenção de dinheiro.

Ajustes para incluir os impostos do investidor

A decisão de realizar um *payout versus* reter dinheiro também pode afetar os impostos pagos pelos acionistas. Apesar de os fundos de pensão e de aposentadoria serem isentos de impostos, a maioria dos investidores individuais tem que pagar impostos sobre juros, dividendos e ganhos de capital. Como os impostos do investidor afetam a desvantagem tributária da retenção de dinheiro?

Ilustraremos o impacto tributário com um exemplo simples. Consideremos uma empresa cujo único ativo seja $100 em dinheiro, e suponhamos que todos os investidores sejam sujeitos a impostos idênticos. Comparemos a opção de realizar um *payout* deste dinheiro como um dividendo imediato de $100 com a opção de reter os $100 permanentemente e utilizar os juros obtidos para pagar dividendos.

Suponhamos que a empresa realize o *payout* de um dividendo imediatamente e encerre suas atividades. Como o preço ex-dividendo da empresa é zero (ela encerrou suas atividades), utilizando a Equação 17.2 temos que, antes de o dividendo ser pago, o preço das ações da empresa é

EXEMPLO 17.6 O dividendo especial da Microsoft

Problema

Na introdução deste capítulo, descrevemos o dividendo especial da Microsoft de $3 por ação, ou $32 bilhões, no final de 2004. Se a Microsoft tivesse retido este dinheiro permanentemente, qual seria o valor presente dos impostos adicionais pagos?

Solução

Se a Microsoft tivesse retido o dinheiro, os juros obtidos sobre ele estariam sujeitos a uma alíquota de impostos de 35%. Como os pagamentos de juros são livres de risco, podemos descontar os pagamentos de impostos à taxa de juros livre de risco supondo que a alíquota marginal de impostos da Microsoft vá permanecer constante (ou que qualquer mudança que ela sofra tenha um beta igual a zero). Assim, o valor presente dos pagamentos de impostos sobre os rendimentos adicionais da Microsoft provenientes de juros seria de

$$\frac{\$32 \text{ bilhões} \times r_f \times 35\%}{r_f} = \$32 \text{ bilhões} \times 35\% = \$11{,}2 \text{ bilhões}$$

Então, as economias tributárias por ação da Microsoft por ter feito um *payout* em vez de ter retido o dinheiro é de $3 × 35% = $1,05.

$$P_{cum} = P_{ex} + Div_0 \times \left(\frac{1 - \tau_d}{1 - \tau_g}\right) = 0 + 100 \times \left(\frac{1 - \tau_d}{1 - \tau_g}\right) \tag{17.4}$$

Este preço reflete o fato de que o investidor pagará impostos sobre o dividendo a uma alíquota de τ_d, mas receberá um crédito fiscal (à alíquota de impostos sobre ganhos de capital de τ_g) pela perda de capital quando a empresa fechar as portas.

Como alternativa, a empresa pode reter o dinheiro e investi-lo em *Treasury bills*, obtendo juros à taxa anual de r_f. Após pagar impostos da empresa sobre estes juros à alíquota τ_c, a empresa pode pagar um dividendo perpétuo de

$$Div = 100 \times r_f \times (1 - \tau_c)$$

todo ano e reter os $100 em dinheiro permanentemente. Que preço um investidor pagará pela empresa neste caso? O custo de capital do investidor é o retorno após os impostos que ele poderia obter investindo em *Treasury bills* por si só: $r_f \times (1 - \tau_i)$, onde τ_i é a alíquota de impostos do investidor sobre os rendimentos de juros. Como o investidor também tem que pagar impostos sobre os dividendos, o valor da empresa, se ela retiver os $100, é[21]

$$P_{retain} = \frac{Div \times (1 - \tau_d)}{r_f \times (1 - \tau_i)} = \frac{100 \times r_f \times (1 - \tau_c) \times (1 - \tau_d)}{r_f \times (1 - \tau_i)}$$

$$= 100 \times \frac{(1 - \tau_c)(1 - \tau_d)}{(1 - \tau_i)} \tag{17.5}$$

Comparando as Equações 17.5 e 17.4,

$$P_{retain} = P_{cum} \times \frac{(1 - \tau_c)(1 - \tau_g)}{(1 - \tau_i)} = P_{cum} \times (1 - \tau^*_{retain}) \tag{17.6}$$

onde τ^*_{retain} mede a desvantagem tributária efetiva da retenção de dinheiro:

---

[21] Não há consequência tributária dos ganhos de capital neste caso porque o preço das ações permanecerá o mesmo todos os anos.

$$\tau^*_{retain} = \left[1 - \frac{(1 - \tau_c)(1 - \tau_g)}{(1 - \tau_i)} \right] \tag{17.7}$$

Como o imposto sobre o dividendo será pago, realize a empresa um *payout* imediatamente ou retenha ela o dinheiro e pague juros ao longo do tempo, a alíquota de impostos sobre dividendos não afeta o custo da retenção do dinheiro na Equação 17.7.[22] A intuição por trás da Equação 17.7 é que quando uma empresa retém dinheiro, ela tem que pagar impostos da empresa sobre os juros que recebe. Além disso, o investidor deverá ganhos de capital sobre o maior valor da empresa. Em essência, os juros sobre dinheiro retido são tributados duas vezes. Se a empresa tivesse realizado um *payout* aos seus acionistas em vez de reter o dinheiro, eles poderiam investi-lo e ser tributados só uma vez sobre os juros que obtiveram. O custo da retenção de dinheiro, portanto, depende do efeito combinado dos impostos da empresa e dos impostos sobre ganhos de capital, comparados ao imposto único sobre rendimentos provenientes de juros. Utilizando as alíquotas de impostos de 2005 (ver Tabela 15.3), $\tau_c = \tau_i = 35\%$ e $\tau_g = 15\%$, temos uma desvantagem tributária efetiva da retenção de dinheiro de $\tau^*_{retain} = 15\%$. Assim, após ajustar os cálculos para incluir os impostos do investidor, ainda há uma *desvantagem* substancial para a empresa reter dinheiro em excesso.

Custos de emissão e de dificuldades financeiras

Se há uma desvantagem tributária na retenção de dinheiro, por que algumas empresas acumulam grandes saldos de caixa? De maneira geral, elas os retêm para cobrir possíveis déficits financeiros futuros. Por exemplo, se há uma probabilidade razoável de que os rendimentos futuros sejam insuficientes para financiar futuras oportunidades de investimento com NPV positivo, uma empresa pode começar a acumular dinheiro para cobrir a diferença. Esta motivação é especialmente relevante para as empresas que possam precisar financiar projetos de pesquisa e desenvolvimento de grande escala ou grandes aquisições.

A vantagem de reter dinheiro para cobrir possíveis necessidades futuras é que esta estratégia permite que uma empresa evite os custos de transação de levantar mais capital (através de novas dívidas ou emissões de ações). Os custos diretos de emissões variam de 1% a 3% para títulos de dívida e de 3,5% a 7% para ações. Levantar capital também pode gerar custos indiretos substanciais devido aos custos de agência e de seleção adversa ("custo de limões") discutidos no Capítulo 16. Uma empresa precisa, portanto, equilibrar os custos tributários da retenção de dinheiro com os possíveis benefícios de não ter que levantar fundos externos no futuro. As empresas com rendimentos muito voláteis também podem criar reservas de dinheiro para permiti-las superar períodos temporários de perdas operacionais. Retendo dinheiro suficiente, essas empresas podem evitar as dificuldades financeiras e seus custos associados.

Custos de agência da retenção de dinheiro

Não há benefício aos acionistas quando uma empresa retém dinheiro acima e além de suas necessidades futuras de investimento ou de liquidez, porém. Na verdade, além do custo tributário, é provável que haja custos de agência associados a ter dinheiro demais na empresa. Como discutido no Capítulo 16, quando as empresas têm excesso monetário, os gerentes podem utilizar os fundos

---

[22] A Equação 17.7 também é válida se a empresa utilizar recompras de ações em vez de dividendos em ambos os casos ou utilizar a mesma combinação de dividendos e recompras de ações. Entretanto, se a empresa inicialmente retiver dinheiro cortando somente as recompras de ações e então utilizar o dinheiro para pagar uma combinação de dividendos e recompras, então substituiríamos τ_g na Equação 17.7 pela alíquota de impostos média sobre dividendos e ganhos de capital, $\tau_e = \alpha \tau_d + (1 - \alpha) \tau_g$, onde α é a proporção de dividendos *versus* recompras. Neste caso, τ^*_{retain} é igual à desvantagem tributária efetiva da dívida τ^* que deduzimos na Equação 15.7, onde implicitamente supusemos que a dívida era utilizada para financiar uma recompra de ações (ou para evitar uma emissão de ações), e que os pagamentos de juros futuros deslocaram uma combinação de dividendos e recompras de ações. O uso de τ_g aqui às vezes é chamado de "nova visão" ou visão das "*trapped-equity*" dos lucros retidos; ver, por exemplo, A. J. Auerbach, "Tax Integration and the 'New View' of the Corporate Tax: A 1980s Perspective", *Proceedings of the National Tax Association – Tax Institute of America* (1981): pp. 21-27. O uso de de τ_e corresponde à "visão tradicional"; ver, por exemplo, J. M. Porteba e L. H. Summers, "Dividend Taxes, Corporate Investment, and 'Q'", *Journal of Public Economics*, 22 (1983): pp. 135-167.

ineficientemente, dando continuidade a projetos pessoais que estão perdendo dinheiro, pagando privilégios executivos excessivos ou pagando preços excessivos por aquisições. A alavancagem é uma maneira de reduzir o excesso monetário de uma empresa; os dividendos e as recompras de ações desempenham um papel similar, levando dinheiro para fora da empresa.

Assim, realizar *payouts* através de dividendos ou recompras de ações pode impulsionar o preço destas reduzindo a capacidade e a tentação dos gerentes de desperdiçar recursos. Por exemplo, o aumento de aproximadamente $10 no valor do preço das ações da Value Line na ocasião da divulgação de seu dividendo especial, mostrado na Figura 17.6, provavelmente corresponde aos benefícios tributários percebidos e aos custos de agência reduzidos que resultariam da transação.

EXEMPLO 17.7

Fazendo cortes no crescimento com NPV negativo

Problema

A Rexton Oil é uma empresa não-alavancada com 100 milhões de ações em circulação. A Rexton possui $150 milhões em dinheiro e espera fluxos de caixa livres futuros de $65 milhões por ano. A gerência planeja utilizar o dinheiro para expandir as operações da empresa, o que, por sua vez, aumentará os fluxos de caixa livres futuros em 12%. Se o custo de capital dos investimentos da Rexton é de 10%, como a decisão de utilizar o dinheiro para uma recompra de ações em vez de para a expansão mudaria o preço das ações?

Solução

Se a Rexton utilizar o dinheiro para se expandir, seus fluxos de caixa livres futuros aumentarão em 12%, para $65 milhões × 1,12 = $72,8 milhões por ano. Utilizando a fórmula da perpetuidade, seu valor de mercado será de $72,8 milhões ÷ 10% = $728 milhões, ou $7,28 por ação.

Se a Rexton não se expandir, o valor de seus fluxos de caixa livres futuros será de $65 milhões ÷ 10% = $650 milhões. Somando o dinheiro, o valor de mercado da Rexton será de $800 milhões, ou $8,00 por ação. Se a empresa recomprar ações, não haverá mudança no preço das ações: ela irá recomprar $150 milhões ÷ $8,00/ação = 18,75 milhões de ações, portanto ela terá ativos no valor de $650 milhões com 81,25 milhões de ações em circulação, com um preço de $650 milhões / 81,25 milhões de ações = $8,00/ação.

Neste caso, fazer cortes nos investimentos e no crescimento para financiar uma recompra de ações aumenta o preço destas em $0,72 por ação. O motivo é que a expansão possui um NPV negativo: ela custa $150 milhões, mas aumenta os fluxos de caixa livres futuros em apenas $7,8 milhões, gerando um NPV de

$$-\$150 \text{ milhões} + \$7,8 \text{ milhões} / 10\% = -\$72 \text{ milhões, ou} -\$0,72 \text{ por ação.}$$

Em última análise, as empresas devem escolher reter dinheiro pelos mesmos motivos pelos quais elas utilizariam baixa alavancagem[23] – preservar uma reserva financeira para futuras oportunidades de crescimento e evitar custos de dificuldades financeiras. Essas necessidades precisam ser equilibradas contra a desvantagem da retenção de dinheiro e do custo de agência de investimentos esbanjadores. Não é nenhuma surpresa, então, que as empresas de alta tecnologia e de biotecnologia, que tipicamente escolhem utilizar um baixo endividamento, também tendam a reter e acumular grandes saldos de caixa. Ver Tabela 17.4 para uma lista de algumas empresas norte-americanas com grandes saldos em dinheiro.

Assim como com as decisões relativas à estrutura de capital, porém, as políticas de *payout* geralmente são determinadas por gerentes cujos incentivos podem diferir daqueles dos acionistas. Os gerentes podem preferir reter e manter o controle sobre o dinheiro da empresa em vez de realizar *payouts*. O dinheiro retido pode ser utilizado para financiar investimentos que são custosos para os acionistas, mas que beneficiam os gerentes (por exemplo, projetos pessoais e salários excessivos), ou ele pode simplesmente ser retido como um meio de reduzir a alavancagem e o risco de dificuldades financeiras que poderia ameaçar a segurança do emprego dos gerentes. Segundo a teoria do

---

[23] Como discutido no Capítulo 14, podemos ver o excesso monetário como uma dívida negativa. Consequentemente, os *tradeoffs* de reter excesso monetário são muito similares àqueles envolvidos na decisão relativa à estrutura de capital.

TABELA 17.4 — Empresas com grandes saldos de dinheiro

Símbolo	Empresa	Dinheiro ($ bilhões)	Porcentagem de capitalização de mercado
MSFT	Microsoft	34,7	12%
PFE	Pfizer	22,2	12%
MRK	Merck	15,6	21%
MOT	Motorola	14,8	25%
INTC	Intel	12,8	11%
HPQ	Hewlett-Packard	12,0	13%

Fonte: Yahoo! Finance, abril de 2006.

entrincheiramento da gerência da política de *payout*, os gerentes somente realizam *payouts* quando pressionados a fazê-lo pelos investidores da empresa.[24]

FIXAÇÃO DE CONCEITOS

1. Em mercados de capitais perfeitos, existe alguma vantagem para uma empresa reter seu dinheiro em vez de realizar um *payout* aos acionistas?
2. Como os impostos da empresa afetam a decisão de uma empresa de reter o excesso monetário?

17.6 Sinalização com a política de *payout*

Uma imperfeição de mercado que ainda não consideramos foram as informações assimétricas. Quando os gerentes têm informações melhores do que os investidores no que diz respeito ao potencial futuro da empresa, suas decisões relativas ao *payout* podem sinalizar estas informações. Nesta seção, veremos as motivações dos gerentes ao estabelecer a política de *payout* de uma empresa, e avaliaremos o que essas decisões podem comunicar aos investidores.

Uniformização de dividendos

As empresas podem mudar os dividendos a qualquer momento, mas, na prática, elas variam o valor de seus dividendos com uma frequência relativamente baixa. Por exemplo, a General Motors (GM) mudou o valor de seu dividendo regular apenas sete vezes ao longo de um período de 20 anos. Contudo, durante este mesmo período, os rendimentos da GM variaram amplamente, como mostra a Figura 17.7.

O padrão visto com a GM é típico da maioria das empresas que pagam dividendos. Elas ajustam os dividendos com uma frequência relativamente baixa, e os dividendos são muito menos voláteis do que os rendimentos. Esta prática de manter dividendos relativamente constante é chamada de **uniformização de dividendos** *(dividend smoothing)*. As empresas também aumentam os dividendos com muito mais frequência do que elas os cortam. Por exemplo, de 1971 a 2001, apenas 5,4% das mudanças em dividendos foram diminuições.[25] Em uma clássica

---

[24] Lembremos da Seção 16.7 que a teoria do entrincheiramento da gerência da estrutura de capital argumentava que os gerentes escolhiam uma baixa alavancagem para evitar a disciplina da dívida e preservar a segurança de seu emprego. Aplicada à política de *payout*, a mesma teoria implica que os gerentes reduzirão a alavancagem ainda mais fazendo uma retenção excessiva de dinheiro.

[25] F. Allen e R. Michaely, "Payout Policy", in G. Constantinides, M. Harris e R. Stulz, orgs., *Handbook of the Economics of Finance* (2003).

FIGURA 17.7

Rendimentos e dividendos por ação da GM, 1985-2006

Comparados aos rendimentos da GM, seus pagamentos de dividendos permaneceram relativamente estáveis. (Dados ajustados para incluir desdobramentos; rendimentos excluem itens extraordinários.)

Fonte: Compustat e CapitalIQ.

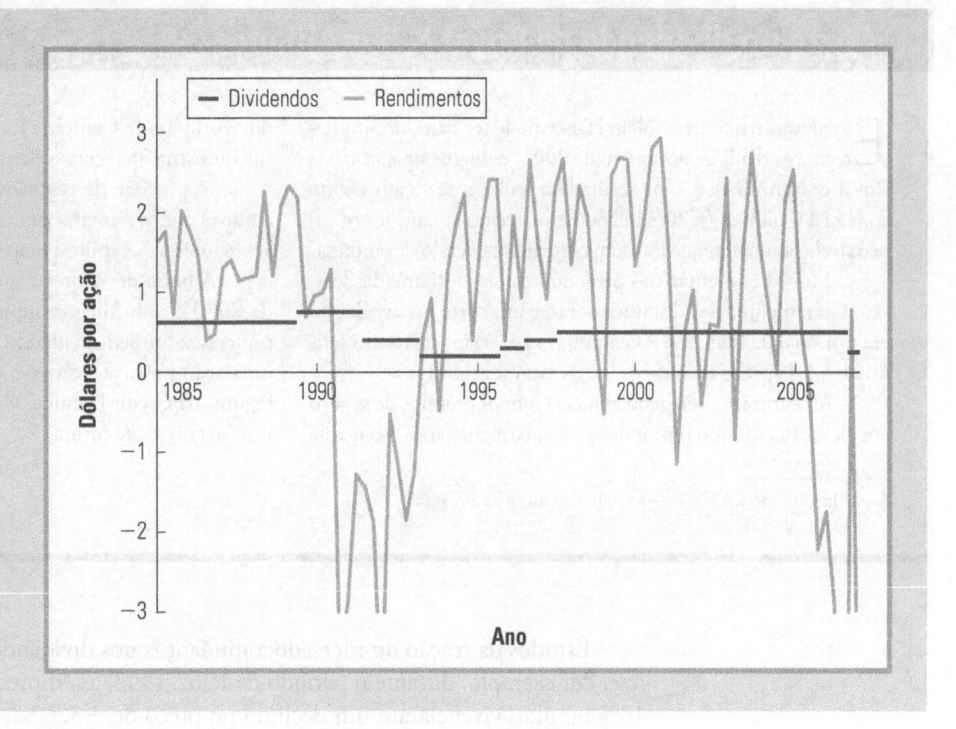

pesquisa sobre executivos, John Lintner[26] sugeriu que essas observações resultavam (1) da crença da gerência de que os investidores preferem dividendos estáveis com crescimento constante, e (2) no desejo da gerência de manter um nível-alvo de longo prazo dos dividendos como uma fração dos rendimentos. Assim, as empresas elevam seus dividendos somente quando percebem um aumento sustentável a longo prazo no nível esperado de rendimentos futuros, e somente os corta como último recurso.[27]

Como as empresas conseguem manter os dividendos uniformes quando os rendimentos variam? Como já discutimos, as empresas conseguem manter quase qualquer nível de dividendos no curto prazo ajustando o número de ações que elas recompram ou emitem e o nível de dinheiro que elas retêm. Entretanto, devido aos custos tributários e de transação do financiamento de um dividendo com a emissão de novas ações, os gerentes não desejam se comprometer com um dividendo que a empresa não possa pagar a partir dos rendimentos regulares. Por este motivo, as empresas geralmente estabelecem os dividendos em um nível que elas esperam ser capazes de manter com base nos rendimentos potenciais da empresa.

Sinalização dos dividendos

Se as empresas uniformizam os dividendos, a escolha de dividendos da empresa conterá informações relativas às expectativas da gerência quanto a seus rendimentos futuros. Quando uma empresa aumenta seu dividendo, ela envia um sinal positivo aos investidores de que a gerência espera ser capaz de arcar com um dividendo mais alto em um futuro próximo. Inversamente, quando os gerentes fazem um corte no dividendo, ele pode sinalizar que eles perderam as esperanças de que os rendimentos voltarão a subir no curto prazo, e então precisam reduzir o dividendo para economizar dinheiro. A ideia de que o dividendo reflete as visões dos gerentes sobre os rendimentos potenciais futuros de uma empresa chama-se **hipótese da sinalização dos dividendos**.

---

[26] J. Lintner, "Distribution of Incomes of Corporations Among Dividends, Retained Earnings and Taxes", *American Economic Review* 46 (1956): pp. 97-113.

[27] Apesar de esta ser talvez uma boa descrição de como as empresas *realmente* estabelecem seus dividendos, como mostramos neste capítulo, não há um motivo claro por que as empresas *deveriam* uniformizar seus dividendos, nem evidências convincentes de que os investidores preferam esta prática.

Corte no dividendo da Royal & SunAlliance

Em alguns trimestres, Julian Hance pode ter parecido um herege. No dia 8 de novembro de 2001, o diretor financeiro da Royal & SunAlliance, uma seguradora sediada no Reino Unido com £12,6 bilhões (€20,2 bilhões) em receitas anuais, fez o impensável – anunciou que faria um corte no dividendo da empresa.

Muitos comentaristas perderam o fôlego diante da decisão. Certamente, eles discutiram, fazer um corte no dividendo era um sinal de fraqueza. As empresas não faziam cortes em seus dividendos apenas quando os lucros estavam caindo?

Ao contrário, retrucou Hance. Com os prêmios de seguro em elevação em todo o mundo, particularmente após a tragédia do World Trade Center, a Royal & SunAlliance acreditava que sua indústria oferecia excelentes oportunidades de crescimento.

"A previsão de negócios para além de 2002 torna imprescindível que se reinvista capital na empresa em vez de retorná-lo aos acionistas", explica Hance.

A bolsa de valores concordou com ele, fazendo as ações da Royal & SunAlliance subirem em 5% após a divulgação das notícias sobre seu dividendo. "Fazer um corte no dividendo é uma ação positiva", observa Matthew Wright, um analista de seguros da Credit Lyonnais. "Mostra que a empresa espera uma boa lucratividade futura."

Fonte: Justin Wood, CFO Europe.com, dezembro de 2001.

Estudos da reação do mercado a mudanças nos dividendos são consistentes com esta hipótese. Por exemplo, durante o período de 1967-1993, as empresas que elevaram seu dividendo em 10% ou mais vivenciaram um declínio no preço de −3,71%.[28] O tamanho médio da reação no preço das ações aumenta proporcionalmente à magnitude da mudança do dividendo, e é maior para cortes de dividendos.[29]

A sinalização dos dividendos é similar ao uso de alavancagem como um sinal, que discutimos no Capítulo 16. Aumentar o endividamento sinaliza que a gerência acredita que a empresa poderá arcar com os futuros pagamentos de juros, da mesma maneira que elevar o dividendo sinaliza que a empresa poderá arcar com a manutenção dos dividendos no futuro. Entretanto, apesar de fazer cortes nos dividendos ser custoso para os gerentes em termos de sua reputação e da reação dos investidores, não é, de maneira alguma, tão custoso quanto deixar de realizar pagamentos de dívidas. Consequentemente, é de se esperar que as mudanças nos dividendos sejam um sinal um tanto mais fraco do que mudanças na alavancagem. De fato, estudos empíricos revelaram aumentos médios de mais de 10% nos preços das ações quando as empresas substituem ações por dívida, e quedas de 4% a 10% quando as empresas substituem dívida por ações.[30]

Apesar de um aumento no dividendo de uma empresa poder sinalizar o otimismo da gerência em relação a seus fluxos de caixa futuros, também pode sinalizar uma falta de oportunidades de investimento. Por exemplo, a ação da Microsoft para iniciar dividendos em 2003 foi vista como resultado de um declínio em seu potencial de crescimento, e não como um sinal de uma maior lucratividade futura.[31] Inversamente, uma empresa pode fazer um corte em seu dividendo para explorar novas oportunidades de investimento com NPV positivo. Neste caso, a diminuição do dividendo pode levar a uma reação positiva – em vez de negativa – no preço das ações (ver o quadro sobre o corte do dividendo da Royal & SunAlliance). Em geral, temos que interpretar o que os dividendos sinalizam no contexto do tipo de novas informações que os gerentes provavelmente detêm.

---

[28] Ver G. Grullon, R. Michaely e B. Swaminathan, "Are Dividend Changes a Sign of Firm Maturity?" *Journal of Business* 75(3) (2002): pp. 387-424. Os efeitos são ainda maiores para inícios (+3,4%) e omissões (−7%) de dividendos, segundo estudos de R. Michaely, R. Thaler e K. Womack, "Price Reactions to Dividend Initiations and Omissions", *Journal of Financial Economics* 21(2) (1988): pp. 149-176.

[29] Nem todas as evidências são consistentes com a sinalização dos dividendos, porém. Por exemplo, tem sido difícil documentar uma relação entre mudanças nos dividendos e rendimentos realizados futuros [S. Benartzi, 52(3) (1997): 1007-1034].

[30] C. Smith, "Raising Capital: Theory and Evidence", in D. Chew, org., *The New Corporate Finance* (McGraw-Hill, 1993).

[31] Ver "An End To Growth?" *The Economist* (22 de julho de 2004): p. 61.

Sinalização e recompra de ações

As recompras de ações, assim como os dividendos, também podem sinalizar informações dos gerentes ao mercado. Entretanto, várias diferenças importantes distinguem as recompras de ações e os dividendos. Em primeiro lugar, os gerentes sentem-se muito menos comprometidos com recompras de ações do que com pagamentos de dividendos. Como observamos anteriormente, quando as empresas divulgam a autorização para uma recompra de ações no mercado aberto, elas geralmente divulgam o valor máximo que planejam gastar nas recompras. A quantia real gasta, porém, pode ser muito menor. Além disso, podem passar vários anos até que a recompra de ações seja concluída.[32] Em segundo lugar, ao contrário dos dividendos, as empresas não uniformizam sua atividade de recompra de um ano para outro. Consequentemente, divulgar uma recompra de ações hoje não necessariamente representa um compromisso de longo prazo de recomprá-las. Neste sentido, as recompras de ações podem representar um sinal em menor escala do que os dividendos sobre os rendimentos futuros de uma empresa fazem.

Uma terceira diferença fundamental entre dividendos e recompras de ações é que o custo de uma recompra depende do preço de mercado das ações. Se os gerentes acreditam que em determinado momento as ações estão supervalorizadas, uma recompra será custosa para a empresa. Isto é, comprar as ações a seu preço corrente (supervalorizado) é um investimento com NPV negativo. Ao contrário, recomprar ações quando os gerentes acham que as ações estão subvalorizadas é um investimento com NPV positivo. Claramente, é mais provável que os gerentes recomprem ações se eles acreditarem que elas estejam subvalorizadas.

Assim, as recompras de ações podem sinalizar que os gerentes acreditam que a empresa esteja subvalorizada (ou pelo menos não severamente supervalorizada). As recompras de ações são um sinal confiável de que as ações estão abaixo do preço de mercado, porque se estivessem acima, a recompra seria custosa para os acionistas atuais. Se os investidores acreditarem que os gerentes têm melhores informações em relação ao potencial futuro da empresa e que estão agindo em nome dos acionistas atuais, eles reagirão a favor das divulgações da recompra de ações.

Em uma pesquisa de 2004, 87% dos CFOs concordaram que as empresas deveriam recomprar ações quando seu preço estiver com um bom valor em relação a seu valor real.[33] Os investidores também parecem interpretar as recompras de ações como um sinal positivo. A reação do preço de mercado médio à divulgação de um programa de recompra de ações no mercado aberto é de aproximadamente 3% (com a magnitude da reação aumentando em proporção às ações em circulação almejadas).[34] A reação é muito maior para ofertas de compra de preço fixo (12%) e recompras de ações por leilão holandês (8%).[35] Lembremos que estes métodos de recompra geralmente são utilizados para recompras muito grandes realizadas em um espaço de tempo muito curto, e geralmente são parte de uma recapitalização generalizada. Além disso, as ações são recompradas com um ágio sobre o preço de mercado corrente. Assim, as ofertas de compra e as recompras por leilão holandês são sinais ainda mais fortes do que as recompras no mercado aberto de que a gerência acredita que o preço corrente esteja subvalorizado.

---

[32] Ver C. Stephens e M. Weisbach, "Actual Share Reacquisitions in Open-Market Repurchase Programs", *Journal of Finance* 53(1) (1998): pp. 313-333, para uma análise de como as recompras reais das empresas podem ser comparadas a seus planos divulgados. Para maiores detalhes sobre como são implementados os programas de recompra de ações, ver D. Cook, L. Krigman e J. Leach, "On the Timing and Execution of Open Market Repurchases", *Review of Financial Studies* 17(2) (2004): pp. 463-498.

[33] A. Brav, J. Graham, C. Harvey e R. Michaely, "Payout Policy in the 21st Century", *Journal of Financial Economics* 77(3) (2005): pp. 483-527.

[34] Ver D. Ikenberry, J. Lakonishok e T. Vermaelen, "Market Underreaction to Open Market Share Repurchases", *Journal of Financial Economics* 39(2) (1995): pp. 181-208, e G. Grullon e R. Michaely, "Dividends, Share Repurchases, and the Substitution Hypothesis", *Journal of Finance* 57(4) (2002): pp. 1649-1684.

[35] R. Comment e G. Jarrell, "The Relative Signalling Power of Dutch-Auction and Fixed-Price Self-tender Offers and Open-Market Share Repurchases", *Journal of Finance* 46(4) (1991): pp. 1243-1271.

EXEMPLO 17.8 — Recompras de ações e *market timing*

Problema

A Clark Industries possui 200 milhões de ações em circulação, um preço corrente de $30 por ação, e nenhum endividamento. A gerência da Clark acredita que as ações estejam subvalorizadas e que o valor real seja de $35 por ação. A Clark planeja pagar $600 milhões em dinheiro a seus acionistas recomprando ações pelo preço de mercado corrente. Suponha que logo após a transação ser concluída, surja uma nova informação que faz os investidores revisarem sua opinião sobre a empresa e concordarem com a avaliação de seu valor feita pela gerência. Qual é o preço das ações da Clark após as novas informações serem divulgadas? Como o preço das ações mudaria se a Clark esperasse até após as novas informações serem divulgadas, para só então recomprar as ações?

Solução

A capitalização de mercado inicial da Clark é de $30/ação × 200 milhões de ações = $6 bilhões, dos quais $600 milhões são em dinheiro e $5,4 bilhões correspondem a outros ativos. Pelo preço corrente, a Clark irá recomprar $600 milhões ÷ 30/ação = 20 milhões de ações. O balanço patrimonial a valor de mercado antes e depois da transação é exibido abaixo (em milhões de dólares):

	Antes da recompra	Após a recompra	Após as novas informações
Dinheiro	600	0	0
Outros ativos	5.400	5.400	6.400
Valor de mercado total dos ativos	6.000	5.400	6.400
Ações (milhões)	200	180	180
Preço das ações	**$30**	**$30**	**$35,56**

Segundo a gerência, a capitalização de mercado inicial da Clark deveria ser de $35/ação × 200 milhões de ações = $7 bilhões, dos quais $6,4 bilhões corresponderiam a outros ativos. Como mostra o balanço patrimonial a valor de mercado, após as novas informações serem divulgadas, o preço das ações da Clark subirá para $35,56.

Se a Clark esperasse que as novas informações fossem divulgadas para então realizar a recompra de ações, ela compraria ações ao preço de mercado de $35 por ação. Assim, ela recompraria somente 17,1 milhões de ações. O preço das ações após a recompra seria de $6,4 bilhões ÷ 182,9 ações = $35.

Logo, ao recomprar as ações enquanto elas estão subvalorizadas, o preço final seria $0,56 mais alto, gerando um ganho total de $0,56 × 180 milhões de ações = $100 milhões. Este ganho é igual ao ganho que se obtém com a compra de 20 milhões de ações a $5 abaixo de seu valor real. Ele ocorre às custas dos acionistas que venderam ações por $30/ação como parte da recompra.

Como este exemplo mostra, o ganho proveniente da compra de ações quando elas estão subvalorizadas leva a um aumento de longo prazo no preço das ações da empresa. Da mesma maneira, comprar ações quando elas estão supervalorizadas reduz o preço das ações a longo prazo. A empresa pode, portanto, tentar determinar adequadamente o momento oportuno de suas recompras. Prevendo esta estratégia, os acionistas podem interpretar uma recompra de ações como um sinal de que a empresa está subvalorizada.

FIXAÇÃO DE CONCEITOS

1. Que sinais possíveis uma empresa emite quando faz um corte em seu dividendo?
2. Os gerentes estariam mais dispostos a recomprar ações se eles acreditassem que elas estivessem sub ou supervalorizadas?

17.7 Bonificações em ações, desdobramentos de ações e cisões

Neste capítulo, nos focamos na decisão de uma empresa de realizar pagamentos em dinheiro a seus acionistas. Mas uma empresa pode pagar um outro tipo de dividendo que não envolve dinheiro: uma bonificação em ações. Neste caso, cada acionista que possui as ações antes de elas virarem ex-dividendo recebe novas ações da própria empresa (um desdobramento de ações) ou de uma subsidiária (uma cisão). Veremos brevemente estes dois tipos de transação.

Bonificações em ações e desdobramentos

Se uma empresa declarar uma bonificação em ações de 10%, cada acionista receberá uma nova ação para cada 10 ações já possuídas. Bonificações em ações de 50% ou mais geralmente são chamadas de desdobramentos de ações. Por exemplo, com uma bonificação em ações de 50%, cada acionista receberá uma nova ação para cada duas ações que ele possua. Como o portador de duas ações acabará com três ações, esta transação também é chamada de desdobramento de ações de 3:2 ("3 por 2"). Da mesma maneira, uma bonificação em ações de 100% é equivalente a um desdobramento de ações de 2:1.

Com uma bonificação em ações, uma empresa não paga nenhum valor em dinheiro aos acionistas. Consequentemente, o valor de mercado total dos ativos e passivos da empresa e, portanto, de seu patrimônio líquido, permanece inalterado. A única coisa que é diferente é o número de ações em circulação. Portanto, o preço das ações irá cair porque o mesmo valor total do patrimônio líquido será dividido por um número maior de ações.

Ilustremos uma bonificação em ações da Genron. Suponhamos que a Genron pague uma bonificação em ações de 50% (um desdobramento de 3:2) em vez de um dividendo em dinheiro. A Tabela 17.5 mostra o balanço patrimonial a valor de mercado e o preço resultante das ações antes e depois da bonificação em ações.

Um acionista que detém 100 ações antes da bonificação possui um valor em carteira de $42 × 100 = $4.200. Após a bonificação, o acionista deterá 150 ações no valor de $28, o que gera um valor em carteira de $28 × 150 = $4.200. (Observe a importante diferença entre um desdobramento de ações e uma emissão de novas ações: quando a empresa emite novas ações, o número de ações aumenta, mas a empresa também levanta dinheiro para adicionar a seus ativos existentes. Se as ações forem vendidas por um preço justo, seu preço não deverá mudar.)

Ao contrário dos dividendos em dinheiro, as bonificações em ações não são tributadas. Assim, do ponto de vista tanto da empresa quanto dos acionistas, uma bonificação em ações não traz nenhuma consequência real. O número de ações aumenta proporcionalmente e o preço por ação diminui proporcionalmente, de modo que não haja nenhuma mudança no valor total.

Por que então as empresas pagam bonificações em ações ou desdobram suas ações? A motivação típica por trás de um desdobramento é manter o preço das ações em uma faixa considerada

TABELA 17.5	Preços das ações da Genron cum-dividendo e ex-dividendo com uma bonificação em ações de 50% ($ milhões)	
	11 de dezembro (cum-dividendo)	12 de dezembro (ex-dividendo)
Dinheiro	20	20
Outros ativos	400	400
Valor de mercado total dos ativos	420	420
Ações (milhões)	10	15
Preço das ações	$42	$28

atraente para investidores de pequeno porte. Grupos de ações geralmente são negociados em lotes de 100 ações, e de qualquer maneira não são negociadas em unidades menores do que uma ação. Consequentemente, se o preço das ações subir significativamente, pode ser difícil para investidores de pequeno porte arcar com uma ação, que dirá com 100. Tornar as ações mais atraentes para investidores de pequeno porte pode aumentar a demanda e a liquidez das ações, o que pode, por sua vez, elevar seu preço. Em média, as divulgações de desdobramentos de ações são associadas a um aumento de 2% no preço das mesmas.[36]

A maioria das empresas utiliza desdobramentos para evitar que o preço de suas ações exceda $100. De 1990 a 2000, a Cisco Systems desdobrou suas ações nove vezes, de modo que uma ação comprada na oferta pública inicial (IPO) se desdobrou em 288 ações. Se a Cisco não tivesse realizado tais desdobramentos, o preço de suas ações na ocasião do último deles, em março de 2000, seria 288 × $72,19, ou $20.790,72.

As empresas também não querem que o preço de suas ações caia demais. Em primeiro lugar, preços muito baixos elevam os custos de transação para os investidores. Por exemplo, o *spread* entre os preços de compra e de venda de uma ação possui o tamanho mínimo de um *tick size** ($0,01 nas bolsas de valores NYSE e Nasdaq), independentemente do preço das ações. Em termos percentuais, o *tick size* é maior para ações com um preço baixo do que para ações com um preço alto. Além disso, as bolsas exigem que os grupos de ações mantenham um preço mínimo para permanecerem listadas em uma bolsa (por exemplo, a NYSE e a Nasdaq exigem que as empresas listadas mantenham um preço de pelo menos $1 por ação).

Ações A e B da Berkshire Hathaway

Muitos gerentes desdobram suas ações para manter o preço acessível para investidores de pequeno porte, facilitando sua compra e venda. Warren Buffett, diretor-presidente e principal executivo da Berkshire Hathaway, discorda. Como ele comentou no relatório anual de 1983 da Berkshire: "Sempre nos perguntam por que a Berkshire não desdobra suas ações... queremos [acionistas] que se vejam como proprietários de um negócio com a intenção de permanecer por muito tempo. E queremos aqueles que se mantêm concentrados nos resultados da empresa, e não nos preços de mercado". Em seus 40 anos de história, a Berkshire Hathaway nunca desdobrou suas ações.

Como resultado do forte desempenho da empresa e da ausência de desdobramentos de ações, o preço das ações subiu. Em 1996, excedia $30.000 por ação. Como este preço era caro demais para alguns investidores de pequeno porte, vários intermediários financeiros criaram *unit investment trusts* cujo único investimento era as ações da Berkshire. (*Unit investment trusts* são similares a fundos mútuos, mas sua carteira de investimentos é fixa.) Os investidores podiam adquirir participações menores nesses fundos, tornando-se proprietários efetivos das ações da Berkshire com um investimento inicial muito menor.

Em resposta, em fevereiro de 1996 Buffett anunciou a criação de uma segunda classe de ações da empresa, as ações Classe B. A cada proprietário das ações originais (agora chamadas de ações Classe A) era oferecida a oportunidade de converter cada ação A em 30 ações B. "Daremos aos acionistas um 'desdobramento faça-você-mesmo', se eles quiserem fazê-lo", disse Buffett. Através das ações B, os investidores poderiam ter ações da Berkshire com um investimento menor, e eles não teriam que pagar os custos de transação extra necessários para comprar ações através dos *unit trusts*.

Em maio de 2006, o preço de uma ação Classe A da Berkshire Hathaway era mais de $92.000 por ação.*

---

* Devemos observar que a lógica de Buffett para não desdobrar as ações é um pouco enigmática. Por que deixar o preço das ações se elevar a um nível tão alto deveria atrair uma clientela de investidores "melhor" em comparação a desdobrar as ações e manter seu preço em uma faixa mais típica? E se um preço extremamente alto fosse vantajoso, Buffett poderia tê-lo obtido muito antes através de um grupamento de ações (*split* reverso).

---

[36] S. Nayak e N. Prabhala, "Disentangling the Dividend Information in Splits: A Decomposition Using Conditional Event-Study Methods", *Review of Financial Studies* 14(4) (2001): pp. 1083-1116. Para encontrar evidências de que os desdobramentos de ações têm êxito em atrair investidores individuais, ver R. Dhar, W. Goetzmann, e N. Zhu, "The Impact of Clientele Changes: Evidence from Stock Splits", *Yale ICF Working Paper* no. 03-14 (2004). Apesar de os desdobramentos parecerem aumentar o número de acionistas, evidências sobre seu impacto sobre a liquidez são ambíguas; ver, por exemplo, T. Copeland, "Liquidity Changes Following Stock Splits", *Journal of Finance* 34(1) (1979): pp. 115-141, e J. Lakonishok e B. Lev, "Stock Splits and Stock Dividends: Why, Who and When", *Journal of Finance* 24(4) (1987): pp. 913-932.

* N. de T.: Um *tick size* é uma medida da variação mínima do preço, que nas bolsas NYSE e Nasdaq é de $0,01.

ENTREVISTA COM
John Connors

John Connors foi Vice-Presidente Sênior e Principal Executivo Financeiro da Microsoft. Aposentou-se em 2005 e hoje é um dos sócios da Ignition Partners, uma sociedade de capital de risco de Seattle.

PERGUNTA: *A Microsoft declarou um dividendo pela primeira vez em 2003. O que leva uma empresa a decidir iniciar um dividendo?*

RESPOSTA: A Microsoft estava em uma posição singular. A empresa nunca tinha pago um dividendo e estava enfrentando a pressão dos acionistas no sentido de fazer algo com seu acúmulo de $60 bilhões em dinheiro. A empresa considerou cinco questões fundamentais ao desenvolver sua estratégia de distribuição:

1. A empresa pode sustentar o pagamento de um dividendo em dinheiro em perpetuidade e aumentá-lo com o tempo? A Microsoft estava confiante de que poderia manter este compromisso e elevar o dividendo no futuro.
2. Um dividendo em dinheiro é um retorno melhor para os acionistas do que um programa de recompra de ações? Estas são decisões sobre a estrutura de capital: queremos reduzir o número de nossas ações em circulação? Nossas ações têm um preço atraente para uma recompra, ou queremos distribuir o dinheiro como um dividendo? A Microsoft tinha toda a capacidade de emitir um dividendo e continuar um programa de recompra.
3. Qual é o efeito tributário de um dividendo em dinheiro em comparação a uma recompra para a empresa e para os acionistas? Do ponto de vista tributário para os acionistas, era uma decisão bastante neutra no caso da Microsoft.
4. Qual é o impacto psicológico de um dividendo em dinheiro sobre os investidores, e como ele se encaixaria na história das ações da empresa para os investidores? Este é um fato mais qualitativo. Um dividendo regular colocaria a Microsoft no caminho de se tornar um investimento atraente para investidores em renda.
5. Quais são as implicações de um programa de dividendo para as relações públicas da empresa? Os investidores não vêem a Microsoft como uma empresa que retém dinheiro, mas como uma líder em desenvolvimento de *software* cujas ações estão crescendo. Então, tiveram uma visão favorável do programa de dividendos.

PERGUNTA: *Como uma empresa decide se ela deve aumentar seu dividendo, fazer um dividendo especial, ou recomprar suas ações para retornar capital aos investidores?*

RESPOSTA: A decisão de aumentar o dividendo é uma função das projeções de fluxo de caixa. Você tem certeza de que terá um fluxo de caixa adequado para sustentar este e futuros aumentos? Uma vez aumentado um dividendo, os investidores esperam aumentos futuros também. Algumas empresas estabelecem critérios explícitos para aumentos de dividendos. Na minha experiência como CFO, a estrutura analítica envolve um conjunto de comparáveis relativas. Quais são os *payouts* de dividendo e rendimentos de dividendo do mercado em geral e de seu grupo de empresas similares, e qual é a nossa posição em relação a eles? Falamos com investidores significativos e consideramos o que é melhor para aumentar o valor ao acionista no longo prazo.

Um dividendo especial é uma forma muito eficiente de distribuição de dinheiro que geralmente envolve uma situação não-recorrente, como a venda de uma divisão empresarial ou uma adjudicação em dinheiro de um problema legal. Além disso, as empresas sem uma estratégia de distribuição abrangente utilizam dividendos especiais para reduzir grandes acúmulos de dinheiro. Para a Microsoft, o dividendo especial de 2004 e a divulgação do programa de dividendo e de recompra de ações resolveu a questão de o que fazer com todo o dinheiro e deixou claro que estávamos caminhando para a frente.

PERGUNTA: *Que outros fatores entram nas decisões relativas a dividendos?*

RESPOSTA: Ferramentas poderosas de finanças e contabilidade nos ajudam a tomar decisões melhores e mais amplas. Mas estas decisões envolvem tanto psicologia e pensamento sobre mercados quanto matemática. É necessário considerar fatores não-quantificáveis, como a psicologia dos investidores. Há pouco tempo, todos queriam ações de crescimento; ninguém queria ações que pagassem dividendos. Agora elas estão na moda. Também se deve considerar sua indústria e o que a concorrência está fazendo. Em muitas empresas de tecnologia, a participação acionária dos funcionários na forma de programas de opções representa uma porcentagem bastante significativa de ações totalmente diluídas. As distribuições de dividendos reduzem a volatilidade das ações e, portanto, o valor das opções.

No final das contas, queremos ter certeza de que nossa estratégia de distribuição ajuda nossa história geral com os investidores.

Se o preço das ações cair demais, uma empresa pode se envolver em um **grupamento de ações (*split* reverso)** e reduzir o número de ações em circulação. Por exemplo, em um grupamento de ações de 1:10, cada 10 ações são substituídas por uma única ação. Como resultado, o preço das ações aumenta dez vezes. Os grupamentos de ações tornaram-se necessários para muitas empresas "ponto-com" após o estouro da bolha da Internet em 2000. A Infospace.com, por exemplo, fez desdobramentos de ações de 2:1 três vezes de 1999 a 2000, mas foi forçada a implementar um grupamento de ações de 1:10 em 2002 quando o preço de suas ações caiu para menos de $0,40.

Por meio de uma combinação de desdobramentos e grupamentos de ações, as empresas podem manter o preço de suas ações em qualquer faixa que elas desejarem. Como mostra a Figura 17.8, quase todas as empresas têm ações a preços abaixo de $100 cada, sendo que o preço da maioria das empresas se encontra entre $5 e $60 por ação.

Cisões (*spin-offs*)

Em vez de pagar um dividendo utilizando dinheiro ou suas próprias ações, uma empresa também pode distribuir ações de uma subsidiária, em uma transação chamada de **cisão (*spin-off*)**. Frequentemente são utilizados dividendos especiais que não são pagos em dinheiro para realizar a cisão de ativos ou de uma subsidiária, que passam a funcionar como uma empresa separada. Por exemplo, após vender 15% da Monsanto Corporation em uma oferta pública inicial em outubro de 2000, a Pharmacia Corporation anunciou em julho de 2002 que faria a cisão de seus 85% restantes da Monsanto Corporation. A cisão foi realizada através de um dividendo especial em que cada acionista da Pharmacia Corporation recebeu 0,170593 ação da Monsanto por cada ação da Pharmacia que ele detivesse. Após receber as ações da Monsanto, os acionistas da Pharmacia podiam negociá-las separadamente das ações da empresa controladora.

Na data de distribuição, 13 de agosto de 2002, as ações da Monsanto estavam sendo negociadas por um preço médio de $16,21. Assim, o valor do dividendo especial foi de

$$0,170593 \text{ ação da Monsanto} \times \$16,21 \text{ por ação} = \$2,77 \text{ por ação}$$

Um acionista que inicialmente possuísse 100 ações da Pharmacia receberia 17 ações da Monsanto, mais $0,0593 \times \$16,21 = \$0,96$ em dinheiro em troca das ações fracionárias.

Como alternativa, a Pharmacia poderia ter vendido as ações da Monsanto e distribuído o dinheiro aos acionistas como um dividendo. A transação que a Pharmacia escolheu oferece duas vantagens em relação à outra estratégia: (1) evita os custos de transação associados a tal venda, e (2) o dividendo especial não é tributado como uma distribuição de dinheiro. Em vez disso, os acionistas da Pharmacia que receberam ações da Monsanto só sofrerão tributação sobre ganhos de capital quando eles venderem as ações desta empresa.[37]

Aqui, consideramos apenas os métodos de distribuir as ações da empresa que sofreu a cisão, seja pagando um dividendo em dinheiro, seja vendendo as ações diretamente e então distribuindo (ou retendo) o dinheiro. A decisão de realizar ou não a cisão em primeiro lugar levanta uma nova pergunta: quando é melhor para duas empresas operar como entidades separadas, em vez de como uma única empresa combinada? As questões que surgem ao tentarmos responder esta pergunta são as mesmas que surgem na decisão de realizar a fusão de duas empresas, que discutiremos mais adiante no Capítulo 28.

FIXAÇÃO DE CONCEITOS

1. Qual é a diferença entre uma bonificação em ações (*stock dividend*) e um desdobramento de ações (*stock split*)?
2. Qual é o principal propósito de um grupamento de ações (*split* reverso)?

---

[37] O ganho de capital é calculado alocando-se uma fração da base de custo das ações da Pharmacia às ações recebidas da Monsanto. Como as ações da Pharmacia estavam sendo negociadas a um preço ex-dividendo de $42,54 na data de distribuição, o dividendo especial chegou a 6,1% = 2,77 / (2,77 + 42,54) do valor total. Assim, a base de custo original das ações da Pharmacia foi dividida alocando-se 6,1% às ações da Monsanto e os 93,9% restantes às ações da Pharmacia.

FIGURA 17.8

Distribuição do preço das ações das empresas da NYSE (abril de 2005)

Utilizando desdobramentos e grupamentos de ações, a maioria das empresas mantêm o preço de suas ações entre $5 e $60 para reduzir os custos de transação para os investidores.

Fonte: Reimpresso da Reuters, 2005.

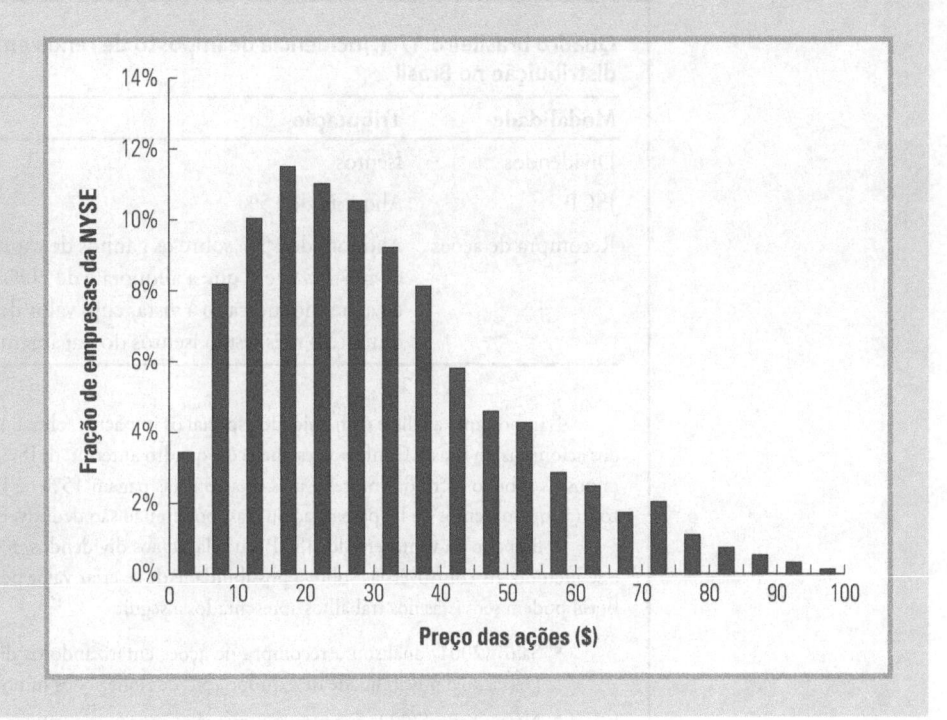

NO BRASIL

Políticas de dividendos no Brasil

A análise das políticas de dividendos conduzidas por empresas brasileiras precisa ser feita mediante a compreensão das nossas particularidades legais. No Brasil, a Lei nº 6.404, de 15 de dezembro de 1976, prevê um dividendo mínimo obrigatório. A companhia pode definir em seu estatuto qual será o dividendo mínimo a ser pago aos seus acionistas. Caso o estatuto não possua nenhuma definição a esse respeito, o dividendo mínimo obrigatório passará a ser 50% do lucro líquido com os acréscimos e deduções estabelecidos no artigo 202 da Lei nº 6.404. Porém, no caso de o estatuto ser omisso, a assembléia geral poderá alterar o dividendo obrigatório para um percentual menor do que 50% do lucro, porém com a limitação de que ele deverá ser de, no mínimo, 25%. Já para as empresas de capital fechado, a assembléia poderá deliberar, caso não haja oposição de qualquer acionista presente, a distribuição de dividendo menor do que 25% do lucro. Em ambas as situações, os administradores só poderão ter participação nos lucros se o estatuto fixar o dividendo obrigatório em no mínimo 25% do lucro.

De forma mais recente, a Lei nº 9.249, de dezembro de 1995, criou a figura dos juros sobre capital próprio (JSCP) como um incentivo para compensar o fim da correção monetária dos balanços das firmas. Parte dos dividendos pagos sob a forma de JSCP podem ser considerados como despesa financeira, reduzindo a base de cálculo do imposto de renda incidente sobre o lucro das empresas. Posteriormente, a Lei nº 9.430, de 27 de dezembro de 1996, estendeu essa dedução à base de cálculo da contribuição social sobre o lucro, a partir do exercício de 1997, condicionando a dedução ao efetivo pagamento ou crédito aos acionistas. Assim, no Brasil, os JSCP podem ser utilizados para o cumprimento do dividendo mínimo obrigatório. Porém, para o seu pagamento poder ser enquadrado como despesa dedutível da base de cálculo de imposto de renda e contribuição social, não deve exceder a TJLP (taxa de juros de longo prazo) aplicada ao Patrimônio Líquido, limitado a 50% das reservas de lucros ou do lucro líquido, o que for maior (MOTA; EID JUNIOR, 2007).

Em relação às recompras de ações no Brasil, estas podem ser de dois tipos: (a) oferta pública de ações (OPA), que corresponde a uma oferta a preço fixo, podendo possui diversas modalidades (cancelamento de registro de companhia aberta, aquisição do controle, alienação do controle, aumento da participação do controlador) e sendo irrevogável e irretratável; (b) recompra de ações a mercado, em que a empresa recompra as ações a preços de mercado como qualquer outro investidor. No Brasil, a segunda alternativa é geralmente utilizada em uma política de distribuição aos acionistas. A tributação das diferentes alternativas pode ser vista no quadro a seguir.

Quadro brasileiro 17.1. Incidência de imposto de renda em políticas de distribuição no Brasil

Modalidade	Tributação
Dividendos	Isentos
JSCP	Alíquota de 15%
Recompra de ações	Alíquota de 15% sobre os ganhos de capital, com exceção das operações de *day-trade*, em que a alíquota é de 20%. Os ganhos obtidos com a venda de ações no mercado à vista, cujo valor de alienação é inferior a R$ 20 mil durante o mês, estão isentos do pagamento de IR.

É importante analisar com cuidado especial os impactos sobre fluxo de caixa da forma de remuneração dos acionistas no Brasil. Conforme estabelece o quadro anterior, os JSCP são dedutíveis da base de cálculo de impostos sobre o lucro da empresa, mas os acionistas pagam 15% de IR na distribuição. Os dividendos, ao contrário, são isentos de IR para os acionistas, porém não são dedutíveis para a empresa.

A despeito da vantagem dos JSCP em relação aos dividendos, não são todas as empresas que utilizam esse método. As controvérsias sobre a possibilidade de se criar valor por meio de políticas de dividendos no Brasil podem ser vistas nos trabalhos apresentados a seguir.

- Saito (2001) analisou a recompra de ações enfatizando os direitos dos investidores minoritários. Destacou a possibilidade de expropriação de riqueza dos minoritários com as recompras.

- Neto e Saito (2002) encontraram retornos anormais positivos após o pagamento de dividendos.

- Moreira e Procianoy (2000) e Gabrielli e Saito (2003): encontraram retornos anormais positivos após o anúncio de programas de recompra de ações. O primeiro estudo confirmou que a hipótese de substituição dos dividendos no caso brasileiro reflete a tributação diferenciada, onde os ganhos de capital são tributados e os dividendos estão isentos, situação inversa dos estudos em países anglo-saxões. Haveria assim, um incentivo fiscal para a recompra, principalmente como substituto para dividendos extraordinários.

- Carvalho (2003): apresentou os JSCP como mais vantajosos como forma de distribuição do que os dividendos, já que para um mesmo recebimento por parte do acionista, as empresas que utilizam os JSCP tem um desembolso de recursos menor, muitas empresas que possuem disponibilidade para distribuir JSCP não os utilizam, o que leva à destruição de valor. As empresas que mais distribuem JSCP são as mais antigas na Bolsa de Valores e que possuem os maiores payouts. As recompras de ações são utilizadas como complemento aos dividendos, quando as ações possuem liquidez e não é certo que a distribuição seja sustentável no futuro, propiciando flexibilidade financeira.

- Gabrielli e Saito (2003) destacaram a forte concentração e baixa liquidez do mercado brasileiro, o que dificulta a transferência de caixa via recompra de ações. A baixa liquidez seria demonstrada pelo fato de que 77,4% das ações negociadas na Bovespa possuem uma média inferior a 5 negócios diários e 60,2% possuem uma média inferior a 1 negócio diário. Essa baixa liquidez do mercado acionário brasileiro exerce influência no resultado das recompras de ações, pois para que haja uma efetiva transferência de caixa da empresa para os acionistas, as ações recompradas devem ser canceladas, o que impactaria a liquidez da ação pela redução da quantidade de ações em circulação. Isso poderia ocasionar uma

- Bellato, Da Silveira e Savóia (2006) investigaram a existência de uma possível relação entre o excesso de poder de voto em posse do acionista controlador e a taxa de pagamento de dividendos de 153 empresas no período de 1998 a 2003 companhias abertas brasileiras. Os resultados indicaram uma relação negativa significante entre o excesso de poder de votos em posse dos controladores e a taxa de dividendo das empresas, o que reforçaria os argumentos dos códigos de boas práticas de governança de que o distanciamento do princípio uma ação - um voto é prejudicial para os acionistas minoritários.

- Iquiapaza, Lamounier e Amaral (2006) avaliaram o efeito da assimetria de informações, os custos de agência e a estrutura de propriedade sobre a determinação do pagamento de proventos em dinheiro. Analisaram amostra de 178 empresas de capital aberto cotadas na Bovespa, no período de 2000-

2004. Constatou-se que a probabilidade de pagamento de proventos aumenta com as possibilidades de crescimento, o porte, o resultado de caixa, a diminuição do endividamento da empresa e a adesão da empresa aos níveis de governança. Empresas com ADRS na NYSE, ou menor assimetria de informações, pagam menores proventos, o que é consistente com a hipótese de sinalização. Verificou-se uma relação negativa do pagamento de proventos com as oportunidades de crescimento e positiva com o fluxo de caixa, como previsto pela hipótese de hierarquia das fontes. Finalmente, após o controle da assimetria de informações, a concentração de propriedade pelo controlador (*insider*) apresentou uma relação negativa com a política de proventos, contradizendo a teoria de custos de agência.

- Perobelli e Santos (2006) analisaram se a política de distribuição de resultados, a exemplo da de investimento e da de financiamento, seria capaz de alterar os preços das ações de uma empresa e em que direção. O trabalho teria como objetivo discutir se deveria haver preferência no mercado brasileiro por ações que pagam maiores dividendos e/ou juros sobre capital próprio, comumente denominadas ações *high yield*. Os resultados do trabalho parecem revelar que a estratégia de curto prazo de comprar ações na última data com, vender na primeira data ex e embolsar os dividendos não tem sido vantajosa no mercado brasileiro. As perdas de capital decorrentes de tal estratégia superam em cerca de 60% o ganho decorrente do provento embolsado.

- Mota e Eid Junior (2007) analisaram as motivações envolvidas na definição da política de distribuição das empresas listadas na Bolsa de Valores de São Paulo, no período de 2000 a 2005, avaliando-se como é feita a escolha entre os seus instrumentos: dividendos, juros sobre capital próprio e recompra de ações. A estabilidade dos fluxos de caixa, o não comprometimento com endividamento, a preocupação com a governança coorporativa e a existência de poucas oportunidades de investimento são fatores que levam as empresas a distribuírem uma maior parte dos seus lucros na forma de dividendos ou juros sobre capital próprio. Embora os JSCP sejam mais vantajosos como forma de distribuição do que os dividendos, muitas empresas que possuem disponibilidade não os utilizam, o que leva à destruição de valor. As empresas que mais distribuem JSCP são as mais antigas na Bolsa de Valores, e que possuem os maiores *payouts*. As recompras de ações são utilizadas como complemento aos dividendos, quando as ações possuem liquidez e não é certo que a distribuição seja sustentável no futuro, propiciando flexibilidade financeira.

- Fiorati, Garcia, Tambosi Filho (2007) analisaram se as distribuições de dividendos e juros sobre o capital próprio representam sinalizadores ao mercado quanto a lucratividade futura das empresas. Concluem que não é possível corroborar a teoria financeira tradicional, não confirmando relação relevante entre o aumento ou diminuição da distribuição de proventos aos acionistas com a evolução dos lucros futuros.

- Decourt, Procianoy e de Pietro Neto (2007) testaram a teoria da sinalização através das alterações nos índices de payouts das empresas listadas na BOVESPA em comparação com a variação no lucro líquido, do ano anterior e posterior em que ocorreu a distribuição dos proventos. A amostra compreendeu as distribuições de proventos realizadas no período de 1997 a 2005. Foram utilizadas todas as empresas com lucro nos 9 anos estudados que possuíam as informações necessárias, sobre os proventos pagos, para o período em análise. Os resultados encontrados indicam que aumento no *payout* não sinalizam lucros futuros, entretanto reduções no payout sinalizam lucros futuros maiores.

Os resultados apresentados de um modo geral destacam que a política de distribuição pode ser uma forma de criação de valor para as empresas no mercado brasileiro.

Resumo

1. Quando uma empresa deseja distribuir dinheiro aos seus acionistas, ela pode pagar um dividendo em dinheiro ou recomprar ações.
    a. A maioria das empresas paga dividendos trimestrais regulares. Às vezes as empresas anunciam um único dividendo especial.
    b. As empresas recompram ações utilizando uma recompra no mercado aberto, uma oferta pública de compra (*tender offer*), recompra por leilão holandês, ou uma recompra direcionada.

2. Na data de declaração, as empresas anunciam que pagarão dividendos a todos os acionistas registrados na data de registro. A data ex-dividendo é o primeiro dia em que as ações são negociadas sem dar direito a um dividendo iminente; normalmente ela é dois dias úteis antes da data de registro. Na data do pagamento os acionistas recebem seus cheques de pagamento de dividendos.

3. Em um desdobramento de ações ou uma bonificação em ações, uma empresa distribui ações adicionais aos acionistas, em vez de dinheiro.

4. Em mercados de capitais perfeitos, o preço das ações cai no valor do dividendo quando um dividendo é pago. Uma recompra de ações no mercado aberto não possui nenhum efeito sobre o preço das ações, e este é o mesmo que o preço cum-dividendo caso fosse pago um dividendo.

5. A proposição da irrelevância da política de dividendos de Modigliani-Miller afirma que, em mercados de capitais perfeitos, mantendo-se fixa a política de investimentos de uma empresa, a escolha da política de dividendos desta empresa é irrelevante e não afeta o preço inicial das ações.

6. Na realidade, os mercados de capitais não são perfeitos, e imperfeições de mercado afetam a política de dividendos da empresa.

7. Os impostos são uma importante fricção de mercado que afeta a política de dividendos.

   a. Considerando os impostos como única imperfeição de mercado, quando a alíquota de impostos sobre dividendos excede a alíquota de impostos sobre os ganhos de capital, a política de dividendos ótima é as empresas não pagarem nenhum dividendo. As empresas devem, então, utilizar recompras para todos os seus *payouts*.

   b. A alíquota efetiva de impostos sobre dividendos, τ_d^*, mede o custo tributário líquido para o investidor por dólar de renda recebida de dividendos.

   $$\tau_d^* = \left(\frac{\tau_d - \tau_g}{1 - \tau_g} \right) \tag{17.3}$$

   A alíquota efetiva de impostos sobre dividendos varia de um investidor para outro por diversos motivos, entre eles o nível de renda, o horizonte de investimento, a jurisdição fiscal, e o tipo de conta de investimento.

   c. Diferentes impostos para o investidor criam efeitos de clientela, em que a política de dividendos de uma empresa é adequada à preferência tributária de sua clientela de investidores.

8. A proposição da irrelevância da política de dividendos de Modigliani-Miller afirma que, em mercados de capitais perfeitos, se uma empresa investir fluxos de caixa em excesso em títulos financeiros, a escolha da empresa de realizar um *payout versus* reter dinheiro é irrelevante e não afeta o preço inicial das ações.

9. Os impostos tornam custoso para uma empresa reter excesso monetário. Mesmo após realizar ajustes que levam em consideração os impostos dos investidores, reter excesso monetário traz uma desvantagem tributária substancial para a empresa.

10. Apesar de haver uma desvantagem tributária para a retenção de dinheiro, algumas empresas acumulam saldos de caixa. Saldos de caixa ajudam as empresas a minimizar os custos de transação de levantar mais capital quando elas têm possíveis futuras necessidades financeiras. Entretanto, isso não traz nenhum benefício para os acionistas.

11. Além da desvantagem tributária de se reter dinheiro, podem surgir custos de agência, pois os gerentes podem se sentir tentados a gastar excessivamente em investimentos ineficientes e em privilégios. Sem pressão por parte dos acionistas, os gerentes podem escolher acumular dinheiro para gastar dessa maneira ou como um meio de reduzir a alavancagem da empresa e aumentar a segurança de seu emprego.

12. Os dividendos e as recompras de ações ajudam a minimizar o problema de agência dos gastos esbanjadores quando uma empresa possui excesso monetário.

13. As empresas tipicamente mantêm dividendos relativamente constantes. Esta prática é chamada de uniformização de dividendos.

14. A ideia de que mudanças nos dividendos refletem a visão dos gerentes sobre os possíveis rendimentos futuros de uma empresa é chamada de hipótese da sinalização dos dividendos.

    a. Os gerentes normalmente só aumentam os dividendos quando eles se sentem confiantes de que a empresa será capaz de arcar com dividendos mais altos em um futuro próximo.

    b. Quando os gerentes fazem cortes nos dividendos, eles podem estar sinalizando que perderam as esperanças de que os rendimentos possam melhorar.

15. As recompras de ações podem ser utilizadas para sinalizar informações positivas, já que as recompras são mais atraentes se a gerência acreditar que as ações estejam subvalorizadas a seu preço corrente.

16. Com uma bonificação em ações, os acionistas recebem ou ações adicionais das ações da própria empresa (um desdobramento de ações, ou *stock split*), ou ações de uma subsidiária (uma cisão, ou *spin-off*). O preço das ações geralmente cai proporcionalmente ao tamanho do desdobramento.

17. Um grupamento de ações (*split* reverso) diminui o número de ações em circulação, e portanto resulta em um preço mais alto das ações restantes.

Termos fundamentais

alíquota efetiva de impostos sobre dividendos p. 563
bonificação em ações p. 551
cisão (*spin-off*) p. 580
cum-dividendo p. 553
data de declaração p. 550
data de pagamento (data de distribuição) p. 550
data de registro p. 550
data ex-dividendo p. 550
desdobramento de ações (*stock split*) p. 551
dividendo especial p. 550
dividendos de liquidação p. 552
efeito de clientela p. 564

enigma dos dividendos p. 561
greenmail p. 553
grupamento de ações (*split* reverso) p. 580
hipótese da sinalização dos dividendos p. 573
hipótese do pássaro na mão p. 558
leilão holandês p. 552
oferta pública de compra (*tender offer*) p. 552
política de *payout* p. 550
recompra direcionada p. 552
recompra no mercado aberto p. 552
retorno de capital p. 552
teoria da captação de dividendos p. 565
uniformização de dividendos p. 572

Leituras recomendadas

Os leitores interessados em ir mais a fundo nas questões abordadas neste capítulo podem querer começar com o seguinte panorama completo da literatura sobre política de *payout*: F. Allen e R. Michaely, "Payout Policy", in G. Constantinides, M. Harris e R. Schulz, orgs. *Handbook of the Economics of Finance*, Capítulo 7, (Elsevier, 2003).

A literatura sobre política de *payout* é extensa. É impossível, dadas as exigências de espaço, indicar todas as leituras sugeridas relevantes aqui. No entanto, os leitores interessados em questões específicas podem achar os seguintes artigos interessantes:

Sobre o conteúdo informativo da política de *payout*: K. L. Dewenter e V. A. Warther, "Dividends, Asymmetric Information, and Agency Conflicts: Evidence from a Comparison of the Dividend Policies of Japanese and U.S. Firms", *Journal of Finance* 53(3) (1998): pp. 879-904; E. Dyl e R. Weigand, "The Information Content of Dividend Initiations: Additional Evidence", *Financial Management* 27(3) (1998): pp. 27-35; e G. Grullon e R. Michaely, "The Information Content of Share Repurchase Programs", *Journal of Finance* 59(2) (2004): pp. 651-680.

Sobre a decisão que as empresas tomam entre dividendos e recompra de ações: L. S. Bagwell e J. B. Shoven, "Cash Distributions to Shareholders", *Journal of Economic Perspectives* 3(3) (1989): pp. 129-140; M. J. Barclay e C. W. Smith, "Corporate Payout Policy: Cash Dividends Versus Open-Market Repurchases", *Journal of Financial Economics* 22(1) (1988): pp. 61-82; A. Dittmar, "Why Do Firms Repurchase Stock?" *Journal of Business* 73(3) (2000): pp. 331-355; G. W. Fern e N. Liang, "Corporate Payout Policy and Managerial Stock Incentives", *Journal of Financial Economics* 60(1) (2001): pp. 45-72; W. Guay e J. Harford, "The Cash-Flow Permanence and Information Content of Dividend Increases Versus Repurchases", *Journal of Financial Economics* 57(3) (2000): pp. 385-415; M. Jagannathan, C. P. Stephens e M. Weisbach, "Financial Flexibility and the Choice Between dividends and Stock Repurchases", *Journal of Financial Economics* 57(3) (2000): pp. 355-384; K. Kahle, "When a Buyback Isn't a Buyback: Open Market Repurchases and Employment Options", *Journal of Financial Economics* 63(2) (2002): pp. 235-261; e M. Rozeff, "How Companies Set Their Dividend Payout Ratios", in Joel M. Stern e Donald H. Chew, orgs., *The Revolution in Corporate Finance* (New York: Basil Blackwell, 1986).

Sobre clientelas tributárias: F. Allen, A. E. Bernardo e I. Welch, "A Theory of Dividends Based on Tax Clienteles", *Journal of Finance* 55(6) (2000): pp. 2499-2536.

Sobre o momento oportuno para as recompras de ações: P. Brockman e D. Y. Chung, "Managerial Timing and Corporate Liquidity: Evidence from Actual Share Repurchases", *Journal of Financial Economics* 61(3) (2001): pp. 417-448; e D. O. Cook, L. Krigman e J. C. Leach, "On the Timing and Execution of Open Market Repurchases", *Review of Financial Studies* 17(2) (2004): pp. 463-498.

Leitura recomendada no Brasil

BELLATO, Leticia Lancia Noronha; DA SILVEIRA, Alexandre Di Miceli; SAVÓIA, José Roberto Ferreira. Influência da Estrutura de Propriedade sobre a Taxa de Pagamento de Dividendos das Companhias Abertas Brasileiras. XXX ENANPAD, Salvador, Anais ..., 2006 (em CD-ROM).

CARVALHO, Emerson R. A. Política de dividendos e juros sobre capital próprio: um modelo com informações assimétricas. Dissertação (Mestrado, Administração de Empresas) – FGV/Escola de Administração de Empresas de São Paulo, São Paulo, 2003.

DECOURT, Roberto Frota; PROCIANOY, Jairo Laser; DE PIETRO NETO, José. As Variações nas Distribuições dos Proventos em Dinheiro Sinalizam Variações nos Lucros Futuros? XXXI ENANPAD, Rio de Janeiro, Anais ..., 2007 (em CD-ROM).

FIORATI, Alexandre Ribeiro dos Santos; GARCIA, Fabio Gallo; TAMBOSI FILHO, Elmo. DIVIDENDOS E JUROS SOBRE CAPITAL PRÓPRIO: SINALIZAÇÃO DE LUCRATIVIDADE FUTURA? ESTUDO NO MERCADO BRASILEIRO 1999/2004. XXXI ENANPAD, Rio de Janeiro, Anais ..., 2007 (em CD-ROM).

GABRIELLI, Marcio Fernandez; SAITO, Richard. Recompra de ações: regulamentação e proteção dos minoritários. RAE, v. 44, n. 4, p. 54-67, 2004.

IQUIAPAZA, Robert Aldo; LAMOUNIER, Wagner Moura; AMARAL, Hudson Fernandes. Assimetria de Informações e Pagamento de Proventos em Dinheiro na Bovespa. XXX ENANPAD, Salvador, Anais ..., 2006 (em CD-ROM).

MOREIRA, L. F.; PROCIANOY, Jairo L. Recompra de Ações na BOVESPA. Congresso ABAMEC, Anais ..., 2000.

MOTA, Daniel C.; EID JÚNIOR, William. Dividendos, juros sobre capital próprio e recompra de ações: um estudo empírico sobre a política de distribuição no Brasil. In: 31o ENANPAD. (2007: Rio de Janeiro). Anais ... Rio de Janeiro: Associação Nacional de Programas de Pós-Graduação em Administração, 2007 (CD-ROM).

NETO, Jorge Augusto Novis; SAITO, Richard. Dividend yield e persistência de retornos anormais das ações: evidência do mercado brasileiro. Dissertação (Mestrado, Administraçãode Empresas) – FGV/Escola de Administração de Empresas de São Paulo, São Paulo, 2002.

NETO, Jorge Augusto Novis; SAITO, Richard. Pagamento de dividendos e persistência de retornos anormais das ações: evidência do mercado brasileiro. *Revista de Administração*, São Paulo, v. 38, n. 2, 135-143, abr./jun. 2003.

NOVIS NETO, Jorge; SAITO, Richard. Dividend Yield e Persistência dos Retornos Anormais: Evidência do Brasil. Working Paper, EAESP/Fundação Getúlio Vargas, 2002.

PEROBELLI, Fernanda Finotti Cordeiro; DOS SANTOS, Aline Barreto. Vale a Pena Investir em Ações High Yield? Novas Evidências sobre o Efeito do Pagamento de Dividendos e Juros sobre Capital Próprio sobre os Preços das Ações Brasileiras. XXX ENANPAD, Salvador, Anais ..., 2006 (em CD-ROM).

POLI, Beatriz T. C. A resposta das empresas à modificação tributária brasileira em 1989: dividendos *versus* ganhos de capital. 105 f. Dissertação (Mestrado em Administração) – Programa de Pós-Graduação em Administração, Escola de Administração, Universidade Federal do Rio Grande do Sul, Porto Alegre, 1993.

PROCIANOY, Jairo L.; POLI, Beatriz T. C. A política de dividendos como geradora de economia fiscal e do desenvolvimento do mercado de capitais: uma proposta criativa. Revista de Administração de Empresas, São Paulo, v.33, n.4, p. 6-15, julho/agosto, 1993.

PROCIANOY, Jairo L. Dividendos e tributação: o que aconteceu após 1988 – 1989. Revista de Administração, São Paulo, v.31, n.2, p. 7-18, abril/junho, 1996.

SAITO, Richard. Share Repurchase Rules and Expropriation of Minority Shareholders: Evidence from Brazil. XXV ENANPAD, Campinas, Anais ..., 2001 (em CD-ROM).

VIEIRA, Kelmara. M.; PROCIANOY, Jairo L.. Investidores reagem a splits e bonificações. ABAMEC, São Paulo, Ano IX, n.81, p.14-17, 2000.

Problemas

Todos os problemas deste capítulo estão disponíveis no MyFinanceLab.

Distribuições aos acionistas

1. A ABC Corporation anunciou que pagará um dividendo a todos os acionistas registrados a partir de segunda-feira, dia 3 de abril de 2006. São necessários três dias úteis após a compra para que os novos proprietários de ações sejam registrados.

   a. Qual é o último dia em que um investidor pode comprar ações da ABC e ainda obter o pagamento de dividendo?

   b. Qual é o dia ex-dividendo?

2. Descreva os diferentes mecanismos disponíveis que uma empresa pode utilizar para recomprar de ações.

Comparação de dividendos e recompras de ações

3. A Natsam Corporation possui $250 milhões em excesso monetário. A empresa não possui nenhuma dívida e possui 500 milhões de ações em circulação, com um preço de mercado atual de $15 por ação. O conselho de diretoria da Natsam decidiu utilizar este dinheiro para distribuir um dividendo único.

   a. Qual é o preço ex-dividendo de uma ação em um mercado de capitais perfeito?

   b. Se o conselho de diretoria decidir, ao contrário, utilizar o dinheiro para uma única recompra de ações, qual será o preço das ações em um mercado de capitais perfeito, uma vez que a recompra esteja concluída?

   c. Em um mercado de capitais perfeito, que política (na parte (a) ou (b)) deixa os investidores em melhor situação?

4. Suponha que o conselho de diretoria da Natsam Corporation tenha decidido fazer a recompra de ações do Problema 3(b), mas que você, como investidor, teria preferido receber um pagamento de dividendo. Como você pode se colocar na mesma situação que estaria se o conselho tivesse decidido fazer o pagamento de dividendo?

5. Suponha que você trabalhe para a Oracle Corporation, e parte de sua remuneração assuma a forma de opções de ações. O valor das opções de ações é igual à diferença entre o preço das ações da Oracle e um preço de exercício de $10 por ação no momento em que você exercer a opção. Como portador de uma opção, você preferiria que a Oracle utilizasse dividendos ou recompras de ações para distribuir dinheiro aos acionistas? Explique.

A desvantagem tributária dos dividendos

6. A HNH Corporation pagará um dividendo constante de $2 por ação, todo ano, em perpetuidade. Suponha que todos os investidores paguem um imposto de 20% sobre dividendos e que não haja imposto sobre ganhos de capital. O custo de capital de se investir nas ações da HNH é de 12%.

    a. Qual é o preço de uma ação da HNH?

    b. Suponha que a gerência faça uma divulgação surpresa de que a HNH não mais pagará dividendos, mas, em vez disso, utilizará o dinheiro para recomprar ações. Qual será o preço de uma ação da HNH agora?

Captação de dividendo e clientela tributária

7. Qual era a alíquota efetiva de impostos sobre dividendos para um investidor norte-americano na faixa de tributação mais alta que planejasse deter ações por um ano em 1981? Como a alíquota efetiva de impostos sobre dividendos mudou em 1982, quando os cortes de impostos do governo Reagan passaram a vigorar? (Ignore os impostos estatais.)

8. O corte de impostos sobre dividendos, aprovado em 2003, levou a alíquota efetiva de impostos sobre dividendos para um investidor norte-americano na faixa de tributação mais alta a uma baixa histórica. Durante que outros períodos nos 35 últimos anos esta alíquota foi tão baixa?

9. Na segunda-feira, dia 15 de novembro de 2004, a TheStreet.com relatou: "Um experimento sobre a eficiência dos mercados financeiros irá terminar na segunda-feira após a expiração do privilégio de um dividendo de $3,08 para os portadores de ações da Microsoft". A matéria continuava: "As ações estão sendo negociadas ex-dividendo tanto para o *payout* especial de $3 quanto para o dividendo trimestral regular da Microsoft de 8 centavos, o que significa que um comprador não receberá o dinheiro se ele comprar as ações agora". As ações da Microsoft, em última análise, abriram para negociações a $27,34 na data ex-dividendo (15 de novembro), uma queda de $2,63 em relação a seu valor no fechamento anterior.

    a. Supondo que esta queda de preço tenha resultado apenas do pagamento de dividendo (ou seja, que nenhuma outra informação tenha afetado o preço das ações naquele dia), o que esta queda no preço implica sobre a alíquota efetiva de impostos sobre dividendos da Microsoft?

    b. Com base nestas informações, que investidores têm mais chances de serem os investidores marginais (aqueles que determinam o preço) das ações da Microsoft?

        i. Investidores individuais de longo prazo

        ii. Investidores individuais de um ano

        iii. Fundos de pensão

        iv. Empresas

10. Com as alíquotas de impostos correntes, que investidores têm mais chances de deterem ações que tenham um alto rendimento de dividendos?

    a. Investidores individuais

    b. Fundos de pensão

    c. Fundos mútuos

    d. Empresas

11. Um grupo de ações que você sabe ser detido por investidores individuais de longo prazo paga um dividendo único grande. Você percebe que a queda de preço na data ex-dividendo é aproximadamente do tamanho do pagamento de dividendo. Você acha esta relação surpreendente, dada a desvantagem tributária dos dividendos. Explique como a teoria da captação de dividendos poderia explicar este comportamento.

Payout versus retenção de dinheiro

12. Suponha que os mercados de capitais sejam perfeitos. A Kay Industries atualmente possui $100 milhões investidos em títulos do Tesouro de curto prazo que pagam 7% e distribui os pagamentos de juros sobre

esses títulos como um dividendo. O conselho de diretoria está considerando vender os títulos do Tesouro e distribuir os resultados como um pagamento de dividendo único.

a. Se o conselho de diretoria levasse este plano adiante, o que aconteceria com o valor das ações da Kay na ocasião da divulgação de uma mudança de política?

b. O que aconteceria com o valor das ações da Kay na data ex-dividendo do dividendo único?

c. Dadas essas reações de preços, esta decisão beneficiaria os investidores?

EXCEL 13. Refaça o Problema 12, mas suponha que a Kay tenha que pagar uma alíquota corporativa de impostos de 35% e que os investidores não paguem impostos.

EXCEL 14. Refaça o Problema 12, mas suponha que os investidores paguem uma alíquota de impostos sobre dividendos de 15% mas não paguem impostos sobre ganhos de capital ou imposto de renda.

15. Utilize os dados na Tabela 15.3 para calcular a desvantagem tributária do dinheiro retido em
a. 1998.
b. 1976.

Sinalização com a política de *payout*

16. Explique sob que condições um aumento no pagamento de dividendos pode ser interpretado como um sinal de
a. boas notícias.
b. más notícias.

17. Por que a divulgação de uma recompra de ações é considerada um sinal positivo?

EXCEL *18. A AMC Corporation possui um valor de empresa corrente de $400 milhões e $100 milhões em excesso monetário. A empresa possui 10 milhões de ações em circulação e nenhuma dívida. Suponha que a AMC utilize seu excesso monetário para recomprar ações. Após a recompra de ações, será divulgada uma notícia que mudará o valor de empresa da AMC ou para $600 milhões, ou para $200 milhões.

a. Qual é o preço das ações da AMC antes da recompra de ações?

b. Qual é o preço das ações da AMC após a recompra se o valor de empresa subir? E se o valor de empresa diminuir?

c. Suponha que a AMC espere até que a notícia seja divulgada para realizar a recompra de ações. Qual será o preço das ações da AMC após a recompra se seu valor de empresa subir? E se ele diminuir?

d. Suponha que a gerência da AMC espere que uma boa notícia seja divulgada. Com base em suas respostas nas partes (b) e (c), se a gerência deseja maximizar o preço das ações da AMC, eles empreenderão a recompra antes ou depois da notícia ser divulgada? Quando a gerência empreenderia a recompra se ela esperasse que uma má notícia fosse ser divulgada?

e. Dada a sua resposta na parte (d), que efeito você espera que a divulgação de uma recompra de ações tenha sobre o preço das ações? Por quê?

Bonificações em ações, desdobramentos de ações e cisões

EXCEL 19. Suponha que as ações da Host Hotels & Resorts estejam sendo negociadas por $20 por ação.

a. Se a Host emitisse uma bonificação em ações de 20%, qual seria o novo preço de suas ações?

b. Se a Host fizesse um desdobramento de ações de 3:2, qual seria o novo preço de suas ações?

c. Se a Host fizesse um grupamento de ações de 1: 3, qual seria o novo preço de suas ações?

20. Explique por que a maioria das empresas escolhe pagar bonificações em ações (fazer um desdobramento de suas ações).

21. Quando pode ser vantajoso empreender um grupamento de ações?

22. Após o fechamento do mercado no dia 11 de maio de 2001, a Adaptec, Inc., distribuiu uma bonificação em ações de sua divisão de *software*, a Roxio, Inc. Cada acionista da Adaptec recebeu 0,1646

ação da Roxio por ação detida da Adaptec. Ao mesmo tempo, as ações da Adaptec estavam sendo negociadas ao preço de $10,55 por ação (cum-dividendo), e o preço das ações da Roxio era de $14,23 cada. Em um mercado de capitais perfeito, qual seria o preço ex-dividendo das ações da Adaptec após esta transação?

Caso simulado

Em seu papel como consultor em uma empresa de *wealth management*, lhe foi atribuído um cliente muito poderoso que possui um milhão de ações da Amazon.com adquiridas no dia 28 de fevereiro de 2003. Ao pesquisar a Amazon.com, você descobriu que a empresa retém uma grande soma em dinheiro, o que foi uma surpresa, já que a empresa só relativamente recentemente começou a operar no lucro. Além disso, seu cliente está insatisfeito com o fato de o preço das ações da Amazon ter estado um tanto estagnado ultimamente. O cliente está considerando abordar o conselho de diretoria com um plano para a metade do dinheiro que a empresa tem acumulado, mas não consegue decidir se a melhor solução seria uma recompra de ações ou um dividendo especial. Pediram-lhe que você determinasse qual iniciativa geraria a maior soma em dinheiro após os impostos, supondo que com uma recompra de ações seu cliente manteria a mesma participação proprietária. Como tanto os dividendos quanto os ganhos de capital são tributados à mesma alíquota (15%), seu cliente supôs que não há diferença entre a recompra e o dividendo. Para confirmar, você precisa "checar os números" para cada situação.

1. Vá ao *site* da Nasdaq (www.nasdaq.com), entre com o símbolo da Amazon (AMZN), e clique sobre "Summary Quote" [Resumo das cotações].
    a. Registre o preço corrente ("Last sale") e o número de ações em circulação ("Shares outstanding").
    b. Clique em "Company Financials" [Dados financeiros da empresa] e então selecione "Balance Sheets" [Balanço patrimonial]. Clique com o botão direito do mouse enquanto o cursor estiver no meio da planilha e selecione "Export to Microsoft Excel" [Exporte para o Microsoft Excel].
2. Utilizando metade do dinheiro e equivalentes relatados no balanço patrimonial (em milhares de dólares), calcule o seguinte:
    a. O número de ações que seriam recompradas dado o preço de mercado corrente.
    b. O dividendo por ação que poderia ser pago dado o número total de ações em circulação.
3. Vá ao Yahoo!Finance (http://finance.yahoo.com) para obter o preço pelo qual seu cliente adquiriu as ações em 28 de fevereiro de 2003.
    a. Entre com o símbolo da Amazon e clique em "Get Quotes" [Buscar cotações].
    b. Clique em "Historical Prices" [Preços históricos], digite a data em que seu cliente adquiriu as ações como a data de início ("start date") e data de fim ("end date"), e aperte "Enter". Registre o preço ajustado de fechamento (na coluna "Adj* Close").
4. Calcule o total em dinheiro que seria recebido por seu cliente no caso da recompra e do dividendo, tanto antes quanto depois dos impostos.
5. O cálculo do último passo reflete o fluxo de caixa imediato e as obrigações tributárias de seu cliente, mas não considera o resultado final para o cliente após quaisquer ações não-vendidas em uma recompra serem liquidadas. Para incorporar este elemento, você primeiro decide ver o que acontece se o cliente vender todas as ações restantes imediatamente após o dividendo ou a recompra. Suponha que o preço das ações caia no valor do dividendo, caso algum seja pago. Quais são os fluxos de caixa totais do cliente após os impostos (considerando tanto o *payout* quanto o ganho de capital) para uma recompra ou um dividendo neste caso?
6. Sob qual programa seu cliente ganharia mais antes dos impostos? Qual programa é melhor após os impostos, supondo que as ações remanescentes sejam vendidas imediatamente após o dividendo ser pago?

7. Como é improvável que seu cliente venda todas as 1 milhão de ações hoje, na ocasião do dividendo/recompra, você decide considerar dois períodos maiores de detenção das ações: suponha que sob ambos os planos o cliente venda todas as ações restantes cinco anos depois, ou que o cliente as venda dez anos depois. Suponha que as ações terão um retorno de 10% ao ano daí em diante. Suponha também que a Amazon não vá pagar outros dividendos nos dez próximos anos.

    a. Qual seria o preço das ações após cinco anos ou dez anos se um dividendo fosse pago agora?

    b. Qual seria o preço das ações após cinco anos ou dez anos se a Amazon recomprasse ações agora?

    c. Calcule os fluxos de caixa totais após os impostos em ambos os pontos no tempo (quando ocorre o pagamento de dividendo ou a recompra de ações, e quando o resto das ações é vendido) para seu cliente se as ações restantes forem vendidas em cinco anos em ambas as iniciativas. Calcule a diferença entre os fluxos de caixa sob ambas as iniciativas em cada ponto no tempo. Repita supondo que as ações sejam vendidas em dez anos.

8. Repita a Questão 7 supondo que as ações tenham um retorno de 20% ao ano daí em diante. O que você percebe sobre a diferença nos fluxos de caixa sob as duas iniciativas quando o retorno é de 20% e de 10%?

9. Calcule o NPV da diferença nos fluxos de caixa sob ambos os períodos de detenção das ações supostos para uma variedade de taxas de desconto. Com base em sua resposta na Questão 8, qual é a taxa de desconto correta a ser utilizada?

PARTE VI

Avaliação

A ligação com a Lei do Preço Único. Nesta parte do livro retornaremos ao assunto da avaliação e integraremos nossa compreensão de risco, retorno e escolha da estrutura de capital da empresa. O Capítulo 18 associa o conhecimento das cinco primeiras partes do livro e desenvolve os três principais métodos para a determinação do orçamento de capital com alavancagem e imperfeições de mercado: o método do custo médio ponderado de capital (WACC), o método do valor presente ajustado (APV), e o método do fluxo de caixa do acionista (FTE). Apesar de a Lei do Preço Único garantir que todos os três métodos levam, em última análise, à mesma avaliação de valor, identificaremos condições que possam tornar um método mais fácil de ser aplicado. O Capítulo 19 aplica os métodos de avaliação do Capítulo 18 para avaliar uma empresa no contexto de uma aquisição alavancada. O caso descrito no Capítulo 19 serve, assim, como uma espécie de clímax que ilustra como todos os conceitos desenvolvidos até então no livro são utilizados para tomar complexas decisões financeiras no mundo real.

Capítulo 18
Orçamento de Capital e Avaliação com Alavancagem

Capítulo 19
Avaliação e Modelagem Financeira: Estudo de Caso

CAPÍTULO 18

Orçamento de Capital e Avaliação com Alavancagem

Em meados de 2006, a General Electric Company possuía uma capitalização de mercado de aproximadamente $350 bilhões. Com uma dívida próxima de $370 bilhões, o valor de empresa total da GE era de $720 bilhões, tornando a empresa o negócio mais valioso do mundo, com quase o dobro do valor de sua rival mais próxima. Os negócios da GE incluem equipamentos de geração de energia e de transporte aéreo, equipamentos das áreas de saúde e médica, aparelhos eletrodomésticos, financiamentos e seguros pessoais e comerciais, além de entretenimento através de sua empresa afiliada, a NBC Universal. Com um índice capital de terceiros/capital próprio (*debt-equity ratio*) excedendo os 50%, a alavancagem claramente faz parte da estratégia empresarial da GE. Como uma empresa que utiliza alavancagem, como a GE, deve incorporar os custos e benefícios a ela associados às suas decisões de orçamento de capital? E como uma empresa deve incorporar as diferenças em risco e capacidade de endividamento associados às suas diferentes atividades empresariais?

Introduzimos orçamento de capital no Capítulo 7. Lá, descrevemos o seguinte procedimento básico: primeiro estimamos o fluxo de caixa livre incremental gerado pelo projeto; então descontamos o fluxo de caixa livre baseado no custo de capital do projeto para determinar o NPV. Apesar de este procedimento estar correto, neste capítulo discutiremos as complexidades que estavam ausentes em nossa análise anterior, integrando as lições das Partes IV e V do livro à nossa estrutura do orçamento de capital. Em particular, abordaremos como estimar o custo de capital adequado de um projeto e exploraremos como a decisão de financiamento da empresa pode afetar tanto o custo de capital quanto o conjunto de fluxos de caixa que, em última análise, descontamos.

Neste capítulo, introduziremos os três principais métodos para a determinação do orçamento de capital com alavancagem e imperfeições de mercado: o método do custo médio ponderado de capital (WACC), o método do valor presente ajustado (APV), e o método do fluxo de caixa do acionista (FTE). Apesar de seus detalhes diferirem, quando adequadamente aplicado cada método produz a mesma estimativa do valor de um investimento (ou de uma empresa). A escolha do método é, assim, guiada por qual deles é o mais simples de ser utilizado em cada situação.

notação

FCF_t	fluxos de caixa livres na data t
r_{wacc}	custo médio ponderado de capital
r_E, r_D	custos de capital próprio e de terceiros
r_D^*	custo de capital de terceiros equivalente ao capital próprio
E	valor de mercado do capital próprio
D	valor de mercado do capital de terceiros (menos dinheiro)
τ_c	alíquota marginal corporativa de impostos
D_t	dívida incremental do projeto na data t
V_t^L	valor de um investimento alavancado na data t
d	índice capital de terceiros/valor da empresa (*debt-to-value ratio*)
r_U	custo de capital não-alavancado
V^U	valor do investimento não-alavancado
T^s	valor de deduções tributárias pré-determinadas
k	índice de cobertura de juros
Int_t	despesa com juros na data t
D^s	dívida menos deduções tributárias pré-determinadas
Φ	permanência do nível de dívida
τ_e, τ_i	alíquota de impostos sobre renda proveniente de ações e de juros
τ^*	vantagem tributária efetiva da dívida

Em todo este capítulo, nos focaremos na intuição por trás dos principais métodos de orçamento de capital e em sua implementação. O apêndice do capítulo fornecerá detalhes adicionais sobre a justificativa e as suposições por trás de alguns dos resultados que utilizaremos no capítulo. Ele introduzirá também técnicas computacionais avançadas que podem ser utilizadas no Excel para encontrar soluções para alavancagem e valor simultaneamente.

18.1 Panorama

Introduziremos os três principais métodos para a determinação do orçamento de capital nas Seções 18.2 a 18.4. Para ilustrar estes métodos e as relações entre eles com mais clareza, aplicaremos cada método a um único exemplo em que fizemos algumas suposições simplificadoras:

1. *O projeto possui um risco médio.* Suporemos inicialmente que o risco de mercado do projeto é equivalente ao risco de mercado médio dos investimentos da empresa. Neste caso, o custo de capital do projeto pode ser avaliado com base no risco da empresa.

2. *O índice capital de terceiros/capital próprio (debt-equity ratio) é constante.* Inicialmente consideraremos uma empresa que ajusta sua alavancagem continuamente para manter um índice capital de terceiros/capital próprio constante em termos de valores de mercado. Esta política determina o valor da dívida que a empresa irá assumir quando aceitar um novo projeto. Ela implica também que o risco do capital próprio e do capital de terceiros da empresa e, portanto, seu custo médio ponderado de capital, não sofrerá flutuações devido a mudanças na alavancagem.

3. *Os impostos da empresa são a única imperfeição.* Suporemos inicialmente que no índice capital de terceiros/capital próprio *(debt-equity ratio)* da empresa, o principal efeito da alavancagem sobre a avaliação seja devido à dedução tributária. Ignoraremos impostos pessoais e custos de emissão, e suporemos que outras imperfeições (como dificuldades financeiras ou custos de agência) não sejam significativas no nível do endividamento escolhido.

Apesar de essas suposições serem especiais, elas também são uma aproximação razoável para muitos projetos e empresas. A primeira suposição provavelmente é adequada a projetos típicos de empresas com investimentos concentrados em uma única indústria. Neste caso, o risco de mercado tanto do projeto quanto da empresa dependerá primordialmente da sensibilidade da indústria em relação à economia de uma maneira geral. A segunda suposição, apesar de improvável de ser válida exatamente nesses termos, reflete o fato de que as empresas tendem a aumentar seus níveis de endividamento à medida que crescem; algumas podem até mesmo ter um alvo explícito para seu índice capital de terceiros/capital próprio *(debt-equity ratio)*. Finalmente, para empresas sem níveis muito altos de endividamento, a dedução tributária das despesas com juros é provavelmente a mais importante imperfeição de mercado que afeta a decisão de orçamento de capital. Logo, a terceira suposição é um ponto de partida razoável para iniciar nossa análise.

É claro que, apesar de essas três suposições poderem ser uma aproximação razoável em muitas situações, certamente há projetos e empresas aos quais elas não se aplicam. O restante do capítulo, portanto, afrouxa essas suposições e mostra como generalizar os métodos para situações mais complicadas. Na Seção 18.5, ajustamos esses métodos para projetos cujo risco ou capacidade de endividamento é substancialmente diferente do resto da empresa. Esses ajustes são especialmente importantes para empresas multidivisionais, como a GE. Na Seção 18.6, consideraremos políticas de alavancagem alternativas para a empresa (em vez de manter um índice capital de terceiros/capital próprio *[debt-equity ratio]* constante) e adaptaremos o método do APV para lidar com tais casos. Na Seção 18.7, consideraremos as consequências de outras imperfeições de mercado, como emissões, dificuldades financeiras e custos de agência, sobre a avaliação. Finalmente, na Seção 18.8, investigaremos diversos tópicos avançados, incluindo políticas de alavancagem com ajuste periódico e o efeito da incidência de impostos sobre os investidores.

FIXAÇÃO DE CONCEITOS

1. Descreva as três suposições simplificadoras que fazemos ao avaliar um projeto.
2. Em que situação é provável que o risco de um projeto corresponda ao risco da empresa como um todo?

18.2 O método do custo médio ponderado de capital

O custo de capital de um projeto depende de seu risco. Quando o risco de mercado do projeto é similar ao risco de mercado médio dos investimentos da empresa, então seu custo de capital é equivalente ao custo de capital de uma carteira contendo todos os títulos da empresa; isto é, o custo de capital do projeto é igual ao custo médio ponderado de capital (WACC, ou *weighted average cost of capital*, no original) da empresa. Como mostramos no Capítulo 15, o WACC incorpora o benefício da dedução tributária das despesas com juros utilizando o custo de capital de terceiros *após os impostos*:

$$r_{wacc} = \frac{E}{E+D} r_E + \frac{D}{E+D} r_D (1 - \tau_c) \tag{18.1}$$

Nesta fórmula,

E = valor de mercado do capital próprio $\qquad r_E$ = custo de capital próprio

D = valor de mercado do capital de terceiros (menos dinheiro) $\quad r_D$ = custo de capital de terceiros

τ_c = alíquota marginal corporativa de impostos

Por enquanto, suporemos que a empresa mantenha um índice capital de terceiros/capital próprio (*debt-equity ratio*) constante e que o WACC calculado na Equação 18.1 permaneça constante com o passar do tempo.[1] Como o WACC incorpora as economias tributárias provenientes do endividamento, podemos calcular o *valor alavancado* de um investimento, que é seu valor incluindo o benefício das deduções tributárias das despesas com juros dada a política de alavancagem da empresa, descontando seu fluxo de caixa livre futuro utilizando o WACC. Especificamente, se FCF_t é o fluxo de caixa livre esperado de um investimento no final do ano t, então o valor alavancado inicial do investimento, V_0^L, é[2]

$$V_0^L = \frac{FCF_1}{1 + r_{wacc}} + \frac{FCF_2}{(1 + r_{wacc})^2} + \frac{FCF_3}{(1 + r_{wacc})^3} + \cdots \tag{18.2}$$

A intuição por trás do método do WACC é que o custo médio ponderado de capital da empresa representa o retorno médio que a empresa tem que pagar a seus investidores (tanto aos titulares de dívida quanto aos acionistas) após os impostos. Assim, para ser lucrativo, um projeto deve gerar um retorno esperado pelo menos igual ao custo médio ponderado de capital da empresa.

Utilizando o WACC para avaliar um projeto

Apliquemos o método do WACC para avaliar um projeto. A Avco, Inc., é uma fabricante de produtos de embalagem por encomenda. A Avco está considerando introduzir uma nova linha de embalagem, a série RFX, que incluirá uma etiqueta com um sistema integrado de identificação por frequência de rádio (RFID), que é uma antena de rádio e um transpondedor em miniatura que permite que uma embalagem seja rastreada com muito mais eficiência e com muito menos erros do que os códigos de barras padrão.

Os engenheiros da Avco esperam que a tecnologia utilizada nesses produtos se torne obsoleta após quatro anos. Durante os quatro próximos anos, porém, o grupo de *marketing* espera vendas anuais de $60 milhões por ano para esta linha de produtos. Espera-se que os custos de fabricação e as despesas operacionais sejam de $25 milhões e $9 milhões por ano, respectivamente. Desenvolver

---

[1] Na Seção 18.8, consideraremos o caso em que o WACC muda com o passar do tempo devido a mudanças na alavancagem.

[2] Ver a Seção 18A.1 do Apêndice para uma justificativa formal deste resultado.

o produto exigirá despesas à vista com P&D e com *marketing* de $6,67 milhões, juntamente com um investimento de $24 milhões em equipamentos. Os equipamentos se tornarão obsoletos em quatro anos e serão depreciados através do método da depreciação em linha reta ao longo deste período. A Avco cobra a maioria de seus clientes em adiantamento, e a empresa não espera nenhuma exigência de capital de giro líquido (NWC) para o projeto. A Avco paga uma alíquota de impostos de 40%. Utilizando essas informações, a planilha na Tabela 18.1 projeta o fluxo de caixa livre esperado do projeto.

TABELA 18.1 PLANILHA — Fluxo de caixa livre esperado do projeto RFX da Avco

Ano		0	1	2	3	4
Previsão da rentabilidade incremental ($ milhões)						
1	Vendas	—	60,00	60,00	60,00	60,00
2	Custo das mercadorias vendidas	—	(25,00)	(25,00)	(25,00)	(25,00)
3	**Lucro bruto**	—	35,00	35,00	35,00	35,00
4	Despesas operacionais	(6,67)	(9,00)	(9,00)	(9,00)	(9,00)
5	Depreciação	—	(6,00)	(6,00)	(6,00)	(6,00)
6	**EBIT**	(6,67)	20,00	20,00	20,00	20,00
7	Imposto de renda a 40%	2,67	(8,00)	(8,00)	(8,00)	(8,00)
8	**Renda líquida não-alavancada**	(4,00)	12,00	12,00	12,00	12,00
Fluxo de caixa livre						
9	Mais: Depreciação	—	6,00	6,00	6,00	6,00
10	Menos: Dispêndios de capital	(24,00)	—	—	—	—
11	Menos: Aumentos no NWC	—	—	—	—	—
12	**Fluxo de caixa livre**	(28,00)	18,00	18,00	18,00	18,00

Espera-se que o risco de mercado do projeto RFX seja similar ao das outras linhas de produtos da empresa. Assim, podemos utilizar o capital próprio e o capital de terceiros da Avco para determinar o custo médio ponderado de capital do novo projeto. A Tabela 18.2 mostra o balanço patrimonial a valor de mercado corrente da Avco e os custos de capital próprio e de terceiros. A Avco acumulou $20 milhões em dinheiro para necessidades de investimentos, de modo que sua dívida *líquida* é de $D = 320 - 20 = \$300$ milhões. O valor de empresa da Avco, que é o valor de mercado de seus ativos que não estão em dinheiro, é $E + D = \$600$ milhões. A Avco pretende manter um índice capital de terceiros/capital próprio *(debt-equity ratio)* (líquido) similar em um futuro próximo, incluindo qualquer financiamento relacionado ao projeto RFX.

Com esta estrutura de capital, o custo médio ponderado de capital da Avco é

$$r_{wacc} = \frac{E}{E+D}r_E + \frac{D}{E+D}r_D(1-\tau_c) = \frac{300}{600}(10,0\%) + \frac{300}{600}(6,0\%)(1-0,40)$$
$$= 6,8\%$$

TABELA 18.2 — Balanço patrimonial a valor de mercado corrente da Avco ($ milhões) e custo de capital sem o projeto RFX

Ativos		Passivos		Custo de capital	
Dinheiro	20	Capital de terceiros	320	Capital de terceiros	6%
Ativos existentes	600	Capital próprio	300	Capital próprio	10%
Total de ativos	620	Total de passivos e capital próprio	620		

Podemos determinar o valor do projeto, incluindo a dedução tributária proveniente do endividamento, calculando o valor presente de seus fluxos de caixa livres futuros, V_0^L, utilizando o WACC:

$$V_0^L = \frac{18}{1,068} + \frac{18}{1,068^2} + \frac{18}{1,068^3} + \frac{18}{1,068^4} = \$61,25 \text{ milhões}$$

Como o custo à vista de lançar a linha de produtos é de apenas $28 milhões, este projeto é uma boa ideia – empreendê-lo resultaria em um NPV de 61,25 − 28 = $33,25 milhões para a empresa.

Resumo do método do WACC

Em resumo, os passos fundamentais do método de avaliação do WACC são os seguintes:

1. Determinar o fluxo de caixa livre do investimento.
2. Calcular o custo médio ponderado de capital utilizando a Equação 18.1.
3. Calcular o valor do investimento, incluindo a dedução tributária proveniente da alavancagem, descontando o fluxo de caixa livre do investimento utilizando o WACC.

Em muitas empresas, o tesoureiro corporativo realiza o segundo passo, calculando o WACC da empresa. Este valor pode então ser utilizado em toda a empresa como o custo de capital geral para novos investimentos *que possuem um risco comparável ao do resto da empresa e não alterarão o índice capital de terceiros/capital próprio (debt-equity ratio) da empresa*. Empregar o método do WACC dessa maneira é muito simples e direto. Consequentemente, ele é o método mais utilizado na prática para fins de orçamento de capital.

Implementando um índice capital de terceiros/capital próprio constante

Até agora nós simplesmente supusemos que a empresa adotava uma política de manter seu índice capital de terceiros/capital próprio (*debt-equity ratio*) constante. Na verdade, uma importante vantagem do método do WACC é que não é necessário saber como esta política de alavancagem é implementada para tomar a decisão de orçamento de capital. No entanto, manter o índice capital de terceiros/capital próprio constante traz implicações para como o endividamento total da empresa irá mudar com o novo investimento. Por exemplo, atualmente a Avco possui um índice capital de

---

EXEMPLO 18.1

Avaliando uma aquisição utilizando o método do WACC

Problema

Suponha que a Avco esteja considerando a aquisição de uma outra empresa de sua indústria que seja especializada em embalagens sob encomenda. Espera-se que a aquisição aumente o fluxo de caixa livre da Avco em $3,8 milhões no primeiro ano, e que esta contribuição cresça a uma taxa de 3% ao ano daí em diante. A Avco negociou um preço de aquisição de $80 milhões. Após a transação, a Avco ajustará sua estrutura de capital para manter seu índice capital de terceiros/capital próprio atual. Se a aquisição possui um risco similar ao do resto da Avco, qual é o valor desta transação?

Solução

Os fluxos de caixa livres da aquisição podem ser avaliados como uma perpetuidade crescente. Como seu risco corresponde ao risco do resto da empresa, e como a Avco manterá o mesmo índice capital de terceiros/capital próprio daí em diante, podemos descontar esses fluxos de caixa utilizando o WACC de 6,8%. Assim, o valor da aquisição é

$$V^L = \frac{3,8}{6,8\% - 3\%} = \$100 \text{ milhões}$$

Dado o preço de aquisição de $80 milhões, a aquisição possui um NPV de $20 milhões.

terceiros/capital próprio de 300 / 300 = 1 ou, equivalentemente, um índice capital de terceiros/valor da empresa (*debt-to-value ratio*) [$D / (E + D)$] de 50%. Para manter este índice, os novos investimentos da empresa têm que ser financiados com um endividamento igual a 50% de seu valor de mercado.

Ao empreender o projeto RFX, a Avco adiciona novos ativos à empresa com valor de mercado inicial V^L_0 = $61,25 milhões. Portanto, para manter seu índice capital de terceiros/valor da empresa, a Avco precisa adicionar uma nova dívida no valor de 50% × 61,25 = $30,625 milhões.[3] A Avco pode adicionar esta dívida reduzindo a quantidade de dinheiro retida ou tomando um empréstimo e aumentando seu endividamento. Suponhamos que a Avco decida gastar seus $20 milhões em dinheiro e tomar emprestados outros $10,625 milhões. Como são necessários apenas $28 milhões para financiar o projeto, a Avco pagará o restante, 30,625 − 28 = $2,625 milhões, aos acionistas através de um dividendo (ou de uma recompra de ações). A Tabela 18.3 mostra o balanço patrimonial a valor de mercado da Avco, agora incluindo o projeto RFX.

TABELA 18.3 — Balanço patrimonial a valor de mercado corrente da Avco ($ milhões) com o projeto RFX

Ativos		Passivos	
Dinheiro	–	Capital de terceiros	330,625
Ativos existentes	600.000		
Projeto RFX	61,25	Capital próprio	330,625
Total de ativos	661,25	Total de passivos e capital próprio	661,25

Este plano de financiamento mantém o índice capital de terceiros/valor da empresa de 50% da Avco. O valor de mercado do capital próprio da Avco aumenta em 330,625 − 300 = $30,625 milhões. Somando o dividendo de $2,625 milhões, o ganho total dos acionistas é 30,625 + 2,625 = $33,25 milhões, que é exatamente o NPV que calculamos para o projeto RFX.

Em geral, definimos a **capacidade de endividamento** de um investimento, D_t, como o montante de dívida na data t que é necessário para manter o índice capital de terceiros/valor da empresa alvo da empresa, d. Se V^L_t é o valor alavancado de continuação na data t — isto é, o valor alavancado de seu fluxo de caixa livre após a data t — então

$$D_t = d \times V^L_t \tag{18.3}$$

Calculamos a capacidade de endividamento do projeto RFX na planilha da Tabela 18.4. Começando com o fluxo de caixa livre do projeto, calculamos seu valor alavancado de continuação em cada data (linha 2) descontando o fluxo de caixa livre futuro pelo WACC, como na Equação 18.2. Como o valor de continuação em cada data inclui o valor de todos os fluxos de caixa subsequentes, é ainda mais fácil calcular o valor em cada data partindo-se retrospectivamente do período 4, descontando o fluxo de caixa livre e o valor de continuação do período seguinte:

---

[3] Também podemos avaliar o endividamento do projeto como a seguir: dos $28 milhões à vista de custo do projeto, 50% ($14 milhões) serão financiados com capital de terceiros. Além disso, o projeto gera um NPV de $33,25 milhões, que aumentará o valor de mercado da empresa. Para manter um índice capital de terceiros/capital próprio (*debt-equity ratio*) de 1, a Avco tem que adicionar um endividamento de 50% × $33,25 = $16,625 milhões no momento em que o NPV da empresa for previsto (o que poderia ocorrer antes de o novo investimento ser feito). Assim, o valor total da nova dívida é de 14 + 16,625 = $30,625 milhões.

Valor de FCF no ano $t+2$ e a partir de então

$$V_t^L = \frac{FCF_{t+1} + \overbrace{V_{t+1}^L}}{1 + r_{wacc}} \quad (18.4)$$

Uma vez tendo calculado o valor do projeto V_t^L em cada data, aplicamos a Equação 18.3 para calcular a capacidade de endividamento do projeto em cada data (linha 3). Como mostra a planilha, a capacidade de endividamento do projeto diminui a cada ano, e cai a zero no final do ano 4.

TABELA 18.4 PLANILHA — Valor de continuação e capacidade de endividamento do projeto RFX ao longo do tempo

	Ano	0	1	2	3	4
	Capacidade de endividamento do projeto ($ milhões)					
1	Fluxo de caixa livre	(28,00)	18,00	18,00	18,00	18,00
2	Valor alavancado, V^L (com r_{wacc} = 6,8%)	61,25	47,41	32,63	16,85	—
3	**Capacidade de endividamento (com d = 50%)**	**30,62**	**23,71**	**16,32**	**8,43**	—

EXEMPLO 18.2 — Capacidade de endividamento de uma aquisição

Problema

Suponha que a Avco prossiga com a aquisição descrita no Exemplo 18.1. Que nível de endividamento a Avco deve utilizar para financiar a aquisição e ainda manter seu índice capital de terceiros/valor da empresa? Quanto do custo da aquisição deve ser financiado com capital próprio?

Solução

A partir da solução do Exemplo 18.1, o valor de mercado dos ativos adquiridos na aquisição, V^L, é de $100 milhões. Assim, para manter um índice capital de terceiros/valor da empresa de 50%, a Avco tem que aumentar sua dívida em $50 milhões. Os outros $30 milhões dos $80 milhões do custo de aquisição serão financiados com novas ações. Além dos $30 milhões em novas ações, o valor das ações existentes da Avco aumentará no valor do NPV de $20 milhões da aquisição; então, ao todo, o valor de mercado do patrimônio líquido da Avco aumentará em $50 milhões.

FIXAÇÃO DE CONCEITOS
1. Descreva os passos fundamentais do método de avaliação do WACC.
2. Qual é a intuição por trás do uso do método do WACC para avaliar um projeto?

18.3 O método do valor presente ajustado

O método do **valor presente ajustado** (**APV**, ou *adjusted present value*, no original) é um método de avaliação alternativo em que determinamos o valor alavancado V^L de um investimento calculando primeiramente seu valor não-alavancado V^U, que é seu valor sem nenhuma alavancagem, e então somando o valor da dedução tributária das despesas com juros e deduzindo quaisquer custos que surjam de outras imperfeições de mercado:

A fórmula do APV

$$V^L = APV = V^U + PV(\text{Dedução tributária das despesas com juros})$$
$$- PV(\text{Custos de dificuldades financeiras, de agência e de emissão}) \quad (18.5)$$

O método do APV é a abordagem que descrevemos no Capítulo 16 para determinar o nível ótimo de endividamento de acordo com a teoria do *tradeoff*.[4] Por enquanto, nos focaremos somente nas deduções tributárias provenientes do endividamento, e deixaremos a discussão de outras consequências da alavancagem para a Seção 18.7. Como mostra a Equação 18.5, o método do APV incorpora o valor da dedução tributária das despesas com juros diretamente, em vez de fazer um ajuste pela taxa de desconto como no método do WACC. Demonstraremos agora o método do APV retornando ao projeto RFX da Avco.

O valor não-alavancado do projeto

A partir das estimativas do fluxo de caixa livre da Tabela 18.1, o projeto RFX possui um custo à vista de $28 milhões e gerará $18 milhões por ano em fluxos de caixa livres pelos próximos quatro anos. O primeiro passo no método do APV é calcular o valor desses fluxos de caixa livres utilizando o custo de capital do projeto caso ele seja financiado sem alavancagem.

Qual é o custo de capital não-alavancado do projeto? Como o projeto RFX possui um risco similar aos outros investimentos da Avco, seu custo de capital não-alavancado é o mesmo que o da empresa como um todo. Demonstramos no Capítulo 14 que, com mercados de capitais perfeitos, podíamos desfazer a alavancagem de uma empresa recombinando suas ações e seus títulos de dívida em uma carteira. Neste caso, o **custo de capital não-alavancado** da Avco é uma média ponderada de seus custos de capital próprio e de terceiros:

Custo de capital não-alavancado com um grau de alavancagem-alvo

$$r_U = \frac{E}{E+D}r_E + \frac{D}{E+D}r_D = \text{WACC antes dos impostos} \tag{18.6}$$

No Capítulo 14, deduzimos a Equação 18.6 em um mundo sem impostos; na Seção 18A.2 do Apêndice deste capítulo, mostraremos que *a Equação 18.6 é válida com impostos para empresas que ajustam seu endividamento para manter um grau de alavancagem-alvo*. Um **grau de alavancagem-alvo** significa que a empresa ajusta seu endividamento proporcionalmente ao valor do projeto ou a seus fluxos de caixa, de modo que um índice capital de terceiros/capital próprio (*debt-equity ratio*) constante é um caso especial.[5]

A Equação 18.6 afirma que o custo de capital não-alavancado da empresa é igual a seu custo médio ponderado de capital *antes dos impostos* – isto é, utilizando o custo do endividamento antes dos impostos, r_d, em vez de seu custo após os impostos, $r_d(1 - \tau_c)$. Como avaliaremos a dedução tributária separadamente, com o método do APV não incluímos o benefício da dedução tributária na taxa de desconto, como no método do WACC.

Aplicando a Equação 18.6 à Avco, vemos que seu custo de capital não-alavancado é de

$$r_U = 0,50 \times 10,0\% + 0,50 \times 6,0\% = 8,0\%$$

O custo de capital não-alavancado da Avco é menor do que seu custo de capital próprio de 10,0% (que inclui o risco financeiro da alavancagem), mas é maior do que seu WACC de 6,8% (que incorpora a dedução tributária proveniente da alavancagem).

Dada a nossa estimativa do custo de capital não-alavancado r_U e dos fluxos de caixa livres do projeto, calculamos o valor do projeto sem alavancagem:

$$V^U = \frac{18}{1,08} + \frac{18}{1,08^2} + \frac{18}{1,08^3} + \frac{18}{1,08^4} = \$59,62 \text{ milhões}$$

---

[4] Para a aplicação do APV ao orçamento de capital, ver C. S. Myers, "Interactions of Corporate Financing and Investment Decisions – Implications for Capital Budgeting", *Journal of Finance* 29(1) (1974): pp. 1-25.

[5] Com frequência, podemos mudar o grau-alvo ao longo do tempo. Ver Seção 18A.2 do Apêndice deste capítulo para maiores detalhes.

Avaliando a dedução tributária das despesas com juros

O valor do projeto não-alavancado, V^U, calculado acima não inclui o valor da dedução tributária fornecida pelos pagamentos de juros sobre a dívida. Dada a capacidade de endividamento do projeto da Tabela 18.4, podemos estimar os pagamentos de juros esperados e a dedução tributária como mostra a planilha da Tabela 18.5. Os juros pagos no ano t são estimados com base no valor de dívida a pagar no final do ano anterior:

$$\text{Juros pagos no ano } t = r_D \times D_{t-1} \tag{18.7}$$

A dedução tributária das despesas com juros é igual aos juros pagos multiplicados pela alíquota corporativa de impostos τ_c.

TABELA 18.5 PLANILHA — Capacidade de endividamento esperada, pagamentos de juros e dedução tributária das despesas com juros do projeto RFX da Avco

Ano	0	1	2	3	4
Dedução tributária das despesas com juros ($ milhões)					
1 **Capacidade de endividamento**, D_t	30,62	23,71	16,32	8,43	—
2 Juros pagos (a $r_D = 6\%$)	—	1,84	1,42	0,98	0,51
3 **Dedução tributária das despesas com juros** (a $\tau_c = 40\%$)	—	0,73	0,57	0,39	0,20

Para calcular o valor presente da dedução tributária das despesas com juros, precisamos determinar o custo de capital adequado. Como a Avco mantém um índice capital de terceiros/ capital próprio fixo, o nível real de endividamento do projeto depende do seu valor de continuação, que flutuará continuamente com as condições do mercado. Assim, as deduções tributárias das despesas com juros exibidas na Tabela 18.5 são valores esperados, e seu valor real a cada ano irá variar de acordo com os fluxos de caixa do projeto. Se o projeto tiver um bom desempenho, seu valor será mais alto, ele suportará mais dívida, e a dedução tributária das despesas com juros será mais alta. Se o projeto tiver um desempenho ruim, seu valor irá cair, a Avco reduzirá seu nível de endividamento, e sua dedução tributária das despesas com juros será mais baixa. Na Seção 18A.2 do Apêndice deste capítulo mostraremos como a dedução tributária flutua com o crescimento do projeto:

Quando a empresa mantém um grau de alavancagem-alvo, suas deduções tributárias das despesas com juros futuras terão risco similar aos fluxos de caixa do projeto, então elas devem ser descontadas pelo custo de capital não-alavancado do projeto.

Para o projeto RFX da Avco, temos

$$PV(\text{Dedução tributária das despesas com juros}) = \frac{0{,}73}{1{,}08} + \frac{0{,}57}{1{,}08^2} + \frac{0{,}39}{1{,}08^3} + \frac{0{,}20}{1{,}08^4} = \$1{,}63 \text{ milhões}$$

Apesar de termos utilizado o custo de capital não-alavancado r_U para descontar a dedução tributária neste caso, a taxa de desconto correta para a dedução tributária das despesas com juros depende criticamente da política de alavancagem da empresa. Na Seção 18.5, consideraremos o caso em que os níveis de endividamento são fixados antecipadamente (e, dessa forma, não flutuam com os fluxos de caixa do projeto), o que implica que a dedução tributária possui um risco menor do que o do projeto propriamente dito.

Para determinar o valor do projeto com alavancagem, adicionamos o valor da dedução tributária das despesas com juros ao valor não-alavancado do projeto:[6]

$$V^L = V^U + PV(\text{Dedução tributária das despesas com juros}) = 59{,}62 + 1{,}63 = \$61{,}25 \text{ milhões}$$

Novamente, dado o investimento inicial exigido de $28 milhões, o projeto RFX possui um NPV com alavancagem de 61,25 − 28 = $33,25 milhões, o que corresponde exatamente ao valor que calculamos na Seção 18.2 utilizando a abordagem do WACC.

Resumo do método do APV

Para determinar o valor de um investimento alavancado utilizando o método do APV, procedemos da seguinte maneira:

1. Determinar o valor do investimento sem alavancagem, V^U, descontando seus fluxos de caixa livres pelo custo de capital não-alavancado, r_U. Com um índice capital de terceiros/capital próprio constante, r_U pode ser estimado utilizando a Equação 18.6.

2. Determinar o valor presente da dedução tributária das despesas com juros.

    a. Determinar a dedução tributária das despesas com juros esperada: dado um grau de endividamento D_t na data t, a dedução tributária das despesas com juros na data $t + 1$ é $\tau_c r_D D_t$.[7]

    b. Descontar a dedução tributária das despesas com juros. Se for mantido um índice capital de terceiros/capital próprio constante, é adequado utilizar r_U.

3. Adicionar o valor não-alavancado, V^U, ao valor presente da dedução tributária das despesas com juros para determinar o valor do investimento com alavancagem, V^L.

O método do APV é mais complicado do que o método do WACC porque temos que calcular duas avaliações separadamente: o projeto não-alavancado e a dedução tributária das despesas com juros. Além disso, neste exemplo dependemos do cálculo da Tabela 18.4, *que dependia do valor do projeto*. Assim, precisamos saber o grau de endividamento para calcular o APV, mas, com um índice capital de terceiros/capital próprio constante, temos que conhecer o valor do projeto para calcular o grau de endividamento. Consequentemente, implementar a abordagem do APV com um índice capital de terceiros/capital próprio constante exige encontrar o grau de endividamento e o valor do projeto *simultaneamente*. (Ver Seção 18A.3 do Apêndice deste capítulo para um exemplo deste cálculo.)

Apesar de sua complexidade, o método do APV possui algumas vantagens. Como veremos na Seção 18.5, ele pode ser mais fácil de aplicar do que o método do WACC quando a empresa não mantém um índice capital de terceiros/capital próprio constante. A abordagem do APV também avalia explicitamente as imperfeições de mercado e, portanto, permite aos gerentes medir sua contribuição para o valor. No caso do projeto RFX da Avco, o benefício da dedução tributária das despesas com juros é relativamente pequeno. Mesmo se as alíquotas de impostos mudassem, ou se a Avco decidisse por outros motivos não aumentar seu grau de endividamento, a lucratividade do projeto não seria comprometida. Entretanto, esse nem sempre é necessariamente o caso. Consideremos novamente a aquisição do Exemplo 18.1, onde o método do APV deixa claro que o ganho da aquisição depende crucialmente da dedução tributária das despesas com juros.

---

[6] Como estamos utilizando a mesma taxa de desconto para o fluxo de caixa livre e para a dedução tributária, os fluxos de caixa do projeto e a dedução tributária podem ser combinados primeiro e então descontados pela taxa r_U. Os fluxos de caixa combinados também são chamados de fluxos de caixa de capital (CCF, ou *capital cash flows,* no original): CCF = FCF + dedução tributária das despesas com juros. Este método é conhecido como o método do CCF ou do "APV comprimido" [ver S. Kaplan e R. Ruback, "The Valuation of Cash Flow Forecasts: An Empirical Analysis", *Journal of Finance* 50(4) (1995): pp.1059-1093; e R. Ruback, "Capital Cash Flows: A Simple Approach to Valuing risky Cash Flows", *Financial Management* 31(2) (2002): pp. 85-103].

[7] O retorno sobre a dívida não precisa necessariamente vir somente dos pagamentos de juros, então este valor é uma aproximação. A mesma aproximação está implícita na definição do WACC (ver também nota de rodapé 26 na Seção 18A.1 do Apêndice deste capítulo).

EXEMPLO 18.3 — Utilizando o método do APV para avaliar uma aquisição

Problema

Considere novamente a aquisição da Avco dos Exemplos 18.1 e 18.2. A aquisição irá contribuir com $3,8 milhões em fluxos de caixa livres no primeiro ano, que crescerão em 3% ao ano a partir de então. O custo de $80 milhões da aquisição será financiado inicialmente com uma nova dívida no valor de $50 milhões. Calcule o valor da aquisição utilizando o método do APV, supondo que a Avco vá manter um índice capital de terceiros/capital próprio constante para a aquisição.

Solução

Primeiro, calculamos o valor sem alavancagem. Dado o custo de capital não-alavancado da Avco de $r_U = 8\%$, temos

$$V^U = 3,8 / (8\% - 3\%) = \$76 \text{ milhões}$$

A Avco adicionará uma dívida de $50 milhões inicialmente para financiar a aquisição. A uma taxa de juros de 6%, a despesa com juros no primeiro ano será de $6\% \times 50 = \$3$ milhões, o que fornece uma dedução tributária das despesas com juros de $40\% \times 3 = \$1,2$ milhões. Como se espera que o valor da aquisição cresça em 3% ao ano, espera-se também que o grau de endividamento que a aquisição suporta – e, portanto, a dedução tributária das despesas com juros – cresça segundo a mesma taxa. O valor presente da dedução tributária das despesas com juros é

$$PV(\text{Dedução tributária das despesas com juros}) = 1,2 / (8\% - 3\%) = \$24 \text{ milhões}$$

O valor da aquisição com alavancagem é dado pelo APV:

$$V^L = V^U + PV(\text{Dedução tributária das despesas com juros}) = 76 + 24 = \$100 \text{ milhões}$$

Este valor é idêntico ao valor calculado no Exemplo 18.1 e implica um NPV de $100 - 80 = \$20$ milhões para a aquisição. Sem o benefício da dedução tributária das despesas com juros, o NPV seria de $76 - 80 = -\$4$ milhões.

FIXAÇÃO DE CONCEITOS

1. Descreva o método do valor presente ajustado (APV).
2. Por que taxa devemos descontar a dedução tributária das despesas com juros quando uma empresa mantém um grau de alavancagem-alvo?

18.4 O método do fluxo de caixa do acionista

Nos métodos do WACC e do APV, avaliamos um projeto com base em seu fluxo de caixa livre, que é calculado ignorando-se os pagamentos de juros e da dívida. Alguns alunos acham esses métodos confusos porque, se a meta é determinar o benefício do projeto para os acionistas, lhes parece que deveríamos nos focar nos fluxos de caixa que os *acionistas* irão receber.

No método de avaliação do **fluxo de caixa do acionista** (**FTE**, ou *flow-to-equity*, no original), calculamos explicitamente o fluxo de caixa livre disponível aos acionistas *levando em consideração todos os pagamentos dos titulares de dívida e para eles*. Os fluxos de caixa para os acionistas são então descontados utilizando o custo de capital *próprio*.[8] Apesar desta diferença na implementação, o método do FTE produz a mesma avaliação do valor do projeto que os métodos do WACC ou do APV.

Calculando o fluxo de caixa livre do acionista

O primeiro passo no método do FTE é determinar o **fluxo de caixa livre do acionista** (**FCFE**, ou *free cash flow to equity*, no original). O FCFE é o fluxo de caixa livre que sobra após descontar-se

---

[8] A abordagem do FTE é muito similar ao método do *payout* total para avaliar uma empresa que foi descrito no Capítulo 9. Neste método, avaliamos os dividendos e recompras totais que a empresa paga aos acionistas.

pagamentos de juros, emissões de títulos de dívida, e pagamento de dívidas. A planilha exibida na Tabela 18.6 calcula o FCFE do projeto RFX da Avco.

TABELA 18.6 PLANILHA — Fluxos de caixa livres esperados dos acionistas do projeto RFX da Avco

	Ano	0	1	2	3	4
Previsão da rentabilidade incremental ($ milhões)						
1	Vendas	—	60,00	60,00	60,00	60,00
2	Custo das mercadorias vendidas	—	(25,00)	(25,00)	(25,00)	(25,00)
3	**Lucro bruto**	—	35,00	35,00	35,00	35,00
4	Despesas operacionais	(6,67)	(9,00)	(9,00)	(9,00)	(9,00)
5	Depreciação	—	(6,00)	(6,00)	(6,00)	(6,00)
6	**EBIT**	(6,67)	20,00	20,00	20,00	20,00
7	Despesas com juros	—	(1,84)	(1,42)	(0,98)	(0,51)
8	**Renda antes dos impostos**	(6,67)	18,16	18,58	19,02	19,49
9	Imposto de renda a 40%	2,67	(7,27)	(7,43)	(7,61)	(7,80)
10	**Renda líquida**	(4,00)	10,90	11,15	11,41	11,70
Fluxo de caixa livre do acionista						
11	Mais: Depreciação	—	6,00	6,00	6,00	6,00
12	Menos: Dispêndios de capital	(24,00)	—	—	—	—
13	Menos: Aumentos no NWC	—	—	—	—	—
14	Mais: Contração de empréstimos líquida	30,62	(6,92)	(7,39)	(7,89)	(8,43)
15	**Fluxo de caixa livre do acionista**	**2,62**	**9,98**	**9,76**	**9,52**	**9,27**

Comparando as estimativas do FCFE da Tabela 18.6 com as estimativas dos fluxos de caixa livre da Tabela 18.1, observamos duas mudanças. Em primeiro lugar, deduzimos as despesas com juros (calculadas na Tabela 18.5) na linha 7, antes dos impostos. Consequentemente, calculamos a renda líquida incremental do projeto na linha 10, em vez de sua renda líquida *não-alavancada*, como ao calcular fluxos de caixa livres. A segunda mudança aparece na linha 14, onde adicionamos os resultados da atividade de contração de empréstimos da empresa. Esses resultados são positivos quando a empresa emite títulos de dívida; eles são negativos quando a empresa reduz sua dívida repagando o principal. Para o projeto RFX, a Avco contrai inicialmente uma dívida de $30,62 milhões. Na data 1, porém, a capacidade de endividamento do projeto cai para $23,71 milhões (ver Tabela 18.4), de modo que a Avco tem que repagar 30,62 − 23,71 = $6,91 milhões da dívida.[9] Em geral, dada a capacidade de endividamento do projeto, D_t,

$$\text{Contração de empréstimos líquida na data } t = D_t - D_{t-1} \qquad (18.8)$$

Como uma alternativa à Tabela 18.6, podemos calcular o FCFE de um projeto diretamente de seu fluxo de caixa livre. Como os pagamentos de juros são deduzidos antes dos impostos na linha 7, ajustamos o FCFE da empresa pelo seu custo após os impostos. Adicionamos então a contração de empréstimos líquida para determinar o FCFE:

Fluxo de caixa livre do acionista

$$FCFE = FCF - \underbrace{(1 - \tau_c) \times (\text{Pagamentos de juros})}_{\text{Despesas com juros após os impostos}} + (\text{Contração de empréstimos líquida}) \qquad (18.9)$$

Ilustramos este cálculo alternativo do projeto RFX da Avco na Tabela 18.7. Observe que o FCFE do projeto é menor do que seu FCF nos anos 1 a 4 devido aos pagamentos de juros e do principal da dívida. No ano 0, porém, os resultados do empréstimo mais do que contraba-

---

[9] A diferença de $0,01 milhão na planilha deve-se ao arredondamento.

lançam o fluxo de caixa livre negativo, então o FCFE é positivo (e igual ao dividendo calculado na Seção 18.2).

TABELA 18.7 PLANILHA Calculando o FCFE a partir do FCF para o projeto RFX da Avco

Ano	0	1	2	3	4
Fluxo de caixa do acionista ($ milhões)					
1 Fluxo de caixa livre	(28,00)	18,00	18,00	18,00	18,00
2 Despesas com juros após os impostos	—	(1,10)	(0,85)	(0,59)	(0,30)
3 Empréstimos líquidos	30,62	(6,92)	(7,39)	(7,89)	(8,43)
4 **Fluxo de caixa do acionista**	**2,62**	**9,98**	**9,76**	**9,52**	**9,27**

Avaliando fluxos de caixa do acionista

O fluxo de caixa livre do acionista do projeto mostra a quantia esperada de dinheiro adicional que a empresa terá disponível para pagar dividendos (ou realizar recompras de ações) a cada ano. Como esses fluxos de caixa representam pagamentos aos acionistas, eles devem ser descontados pelo custo de capital próprio do projeto. Dado que o risco e a alavancagem do projeto RFX são os mesmos que para a Avco em geral, podemos utilizar seu custo de capital próprio de $r_E = 10,0\%$ para descontar o FCFE do projeto:

$$NPV(FCFE) = 2,62 + \frac{9,98}{1,10} + \frac{9,76}{1,10^2} + \frac{9,52}{1,10^3} + \frac{9,27}{1,10^4} = \$33,25 \text{ milhões}$$

O valor do FCFE do projeto representa o ganho do projeto para os acionistas. Ele é idêntico ao NPV que calculamos utilizando os métodos do WACC e do APV.

Por que o NPV do projeto não é menor agora que deduzimos os pagamentos de juros e de dívida dos fluxos de caixa? Lembremos que esses custos da dívida são contrabalançados pelo dinheiro recebido quando a dívida é contraída. Observando novamente a Tabela 18.6, os fluxos de caixa da dívida nas linhas 7 e 14 têm um NPV igual a zero, supondo-se que a dívida tenha um preço justo.[10] No final das contas, o único efeito sobre o valor vem de uma redução nos pagamentos de impostos, gerando o mesmo resultado que foi obtido com os outros métodos.

Resumo do método do fluxo de caixa do acionista

Os passos fundamentais do método do fluxo de caixa do acionista para avaliar um investimento alavancado são os seguintes:

1. Determinar o fluxo de caixa livre do acionista do investimento utilizando a Equação 18.9.
2. Determinar o custo de capital próprio, r_E.
3. Calcular o valor do capital próprio, E, descontando o fluxo de caixa livre do acionista utilizando o custo de capital próprio.

---

[10] Os pagamentos de juros e do principal do projeto RFX são os seguintes:

Ano	0	1	2	3	4
1 Empréstimos líquidos	30,62	(6,92)	(7,39)	(7,89)	(8,43)
2 Despesas com juros	—	(1,84)	(1,42)	(0,98)	(0,51)
3 **Fluxo de caixa da dívida**	**30,62**	**(8,76)**	**(8,81)**	**(8,87)**	**(8,93)**

Como esses fluxos de caixa têm o mesmo risco que a dívida, eles são descontados pelo custo de capital de terceiros de 6% para calcular seu NPV:

$$30,62 + \frac{-8,76}{1,06} + \frac{-8,81}{1,06^2} + \frac{-8,87}{1,06^3} + \frac{-8,93}{1,06^4} = 0$$

A aplicação do método do FTE foi simplificada em nosso exemplo porque o risco e a alavancagem de nosso projeto correspondiam aos da empresa, e porque se esperava que o custo de capital da empresa permanecesse constante. Assim como com o WACC, porém, esta suposição só é razoável se a empresa mantiver um índice capital de terceiros/capital próprio (*debt-equity ratio*) constante. Se este índice variar com o passar do tempo, o risco do capital próprio – e, portanto, seu custo de capital – também mudará.

Nesta situação, a abordagem do FTE possui a mesma desvantagem associada à abordagem do APV: precisamos calcular a capacidade de endividamento do projeto para determinar os juros e o empréstimo líquido antes de podermos tomar uma decisão sobre o orçamento de capital. Por este motivo, na maioria das situações o WACC é mais fácil de ser aplicado. O método do FTE pode oferecer uma vantagem ao calcular o valor do capital próprio de toda a empresa, se a estrutura de capital da empresa for complexa e os valores de mercado de outros títulos na estrutura de capital não forem conhecidos. Neste caso, o método do FTE nos permite calcular o valor do capital próprio diretamente. Ao contrário, os métodos do WACC e do APV calculam o valor de empresa, de modo que é necessária uma avaliação separada de outros componentes da estrutura de capital da empresa para determinar o valor do capital próprio. Finalmente, ao enfatizar o que um projeto implica para o capital próprio, o método do FTE pode ser visto como um método mais transparente para se discutir o benefício de um projeto para os acionistas – uma preocupação da gerência.

FIXAÇÃO DE CONCEITOS

1. Descreva os passos fundamentais do método do fluxo de caixa do acionista para avaliar um investimento alavancado.
2. O método do fluxo de caixa do acionista produz a mesma avaliação do valor do projeto que os métodos do WACC e do APV?

EXEMPLO 18.4

Utilizando o método do FTE para avaliar uma aquisição

Problema

Considere novamente a aquisição da Avco dos Exemplos 18.1 a 18.3. A aquisição contribuirá com $3,8 milhões em fluxos de caixa livres no primeiro ano, que crescerão em 3% ao ano daí em diante. O custo da aquisição de $80 milhões será financiado com uma nova dívida de $50 milhões inicialmente. Qual é o valor desta aquisição utilizando o método do FTE?

Solução

Como a aquisição está sendo financiada com uma nova dívida no valor de $50 milhões, os outros $30 milhões do custo da aquisição devem vir do capital próprio:

$$FCFE_0 = -80 + 50 = -\$30 \text{ milhões}$$

Em um ano, os juros sobre a dívida serão de 6% × 50 = $3 milhões. Como a Avco mantém um índice capital de terceiros/capital próprio (*debt-equity ratio*) constante, espera-se que a dívida associada à aquisição também cresça a uma taxa de 3%: 50 × 1,03 = $51,5 milhões. Portanto, a Avco tomará emprestado outro 51,5 − 50 = $1,5 milhão em um ano.

$$FCFE_1 = +3,8 - (1 - 0,40) \times 3 + 1,5 = \$3,5 \text{ milhões}$$

Após o ano 1, o FCFE também crescerá à taxa de 3%. Utilizando o custo de capital próprio $r_E = 10\%$, calculamos o NPV:

$$NPV(FCFE) = -30 + 3,5 / (10\% - 3\%) = \$20 \text{ milhões}$$

Este NPV corresponde ao resultado que obtivemos com os métodos do WACC e do APV.

O que conta como "dívida"?

As empresas geralmente têm muitos tipos de dívida, além de outros passivos, como *leasings*. Os profissionais utilizam diferentes diretrizes para determinar quais incluir como dívida ao calcular o WACC. Alguns utilizam apenas dívidas de longo prazo. Outros utilizam dívidas tanto de longo quanto de curto prazo, além de obrigações de pagamentos de *leasings*. Os estudantes geralmente confundem essas diferentes abordagens e ficam se perguntando: que passivos devem ser incluídos como dívida?

Na verdade, qualquer escolha funcionará se feita corretamente. Podemos ver os métodos do WACC e do FTE como casos especiais de uma abordagem mais geral em que *avaliamos os fluxos de caixa depois dos impostos de um conjunto de ativos e passivos de uma empresa descontando-os pelo custo médio ponderado de capital após os impostos dos ativos e passivos restantes*. No método do WACC, o FCF não inclui os pagamentos de juros e do principal da dívida, então se inclui a dívida no cálculo do custo médio ponderado de capital. No método do FTE, o FCFE incorpora os fluxos de caixa após os impostos de e para os titulares de dívida, então se exclui a dívida do custo médio ponderado de capital (que é simplesmente o custo de capital próprio).

Outras combinações também são possíveis. Por exemplo, dívidas de longo prazo podem ser incluídas no custo médio ponderado de capital, e dívidas de curto prazo podem ser incluídas como parte dos fluxos de caixa. Da mesma maneira, outros ativos (como dinheiro) ou passivos (como *leasings*) podem ser incluídos ou no custo médio ponderado de capital, ou como parte dos fluxos de caixa. Todos estes métodos, se aplicados consistentemente, levarão a uma avaliação equivalente. Tipicamente, a escolha mais conveniente é aquela para a qual a suposição de um índice capital de terceiros/capital próprio (*debt-equity ratio*) constante é uma aproximação razoável.

18.5 Custos de capital baseados em projetos

Até este momento supusemos que tanto o risco quanto a alavancagem do projeto em questão correspondiam aos da empresa como um todo. Esta suposição nos permitia, por sua vez, supor que o custo de capital de um projeto correspondia ao custo de capital da empresa.

No mundo real, projetos específicos frequentemente diferem do investimento médio feito pela empresa. Consideremos a General Electric Company, discutida na introdução deste capítulo. É muito provável que os projetos de sua divisão de saúde tenham um risco de mercado diferente do risco de projetos de equipamentos de transportes aéreos ou da NBC Universal. Os projetos também podem variar no grau de alavancagem que suportam – por exemplo, aquisições de imóveis ou equipamentos importantes geralmente têm um alto grau de alavancagem, enquanto que investimentos em propriedade intelectual não o possuem. Nesta seção, mostraremos como calcular o custo de capital dos fluxos de caixa de um projeto quando o risco e a alavancagem do projeto diferem daqueles da empresa de maneira geral.

Estimando o custo de capital não-alavancado

Começaremos explicando como calcular o custo de capital não-alavancado de um projeto com um risco de mercado diferente do risco do resto da empresa. Suponhamos que a Avco lance uma nova divisão de produção de produtos de plástico que enfrente riscos de mercado diferentes de sua principal linha de negócios de embalagens. Que custo de capital não-alavancado seria adequado para esta divisão?

Podemos estimar r_U para a divisão de produtos de plástico observando as outras divisões de empresas de produtos similares com riscos similares. Por exemplo, suponhamos que duas empresas sejam comparáveis à divisão de produtos de plástico e tenham as seguintes características:

Empresa	Custo de capital próprio	Custo de capital de terceiros	Índice capital de terceiros/valor da empresa (*debt-to-value ratio*) $D / (E + D)$
Empresa comparável #1	12,0%	6,0%	40%
Empresa comparável #2	10,7%	5,5%	25%

Supondo que ambas as empresas mantenham um grau de alavancagem-alvo, podemos estimar o custo de capital não-alavancado de cada concorrente utilizando o WACC antes dos impostos da Equação 18.6:

$$\text{Concorrente 1: } r_U = 0{,}60 \times 12{,}0\% + 0{,}40 \times 6{,}0\% = 9{,}6\%$$

$$\text{Concorrente 2: } r_U = 0{,}75 \times 10{,}7\% + 0{,}25 \times 5{,}5\% = 9{,}4\%$$

Com base nas empresas comparáveis, estimamos um custo de capital não-alavancado para a divisão de produtos de plástico de aproximadamente 9,5%.[11] Com esta taxa em mãos, podemos utilizar a abordagem do APV para calcular o valor do investimento da Avco na fabricação de plásticos. Para utilizarmos ou o método do WACC, ou o do FTE, porém, precisamos estimar o custo de capital próprio do projeto, o que dependerá da dívida incremental que a empresa assumirá como consequência do projeto.

A alavancagem do projeto e o custo de capital próprio

Suponhamos que a empresa vá financiar o projeto de acordo com um grau de alavancagem-alvo. Este grau de alavancagem pode diferir do grau de alavancagem geral da empresa, assim como diferentes divisões ou tipos de investimentos podem ter diferentes capacidades ótimas de endividamento. Podemos reordenar os termos da Equação 18.6 para obter a seguinte expressão do custo de capital próprio:[12]

$$r_E = r_U + \frac{D}{E}(r_U - r_D) \qquad (18.10)$$

A Equação 18.10 mostra que o custo de capital próprio do projeto depende de seu custo de capital não-alavancado, r_U, e do índice capital de terceiros/capital próprio (*debt-equity ratio*) do financiamento incremental que será feito para sustentar o projeto. Por exemplo, suponhamos que a Avco planeje manter um mesmo mix de financiamento com capital próprio e capital de terceiros à medida que se expande para a fabricação de produtos de plástico, e que ela espere que seu custo de empréstimo permaneça a 6%. Dado seu custo de capital não-alavancado de 9,5%, o custo de capital próprio da divisão de produtos de plástico é de

$$r_E = 9{,}5\% + \frac{0{,}50}{0{,}50}(9{,}5\% - 6\%) = 13{,}0\%$$

Uma vez tendo o custo de capital próprio, podemos utilizar a Equação 18.1 para determinar o WACC da divisão:

$$r_{WACC} = 0{,}50 \times 13{,}0\% + 0{,}50 \times 6{,}0\% \times (1 - 0{,}40) = 8{,}3\%$$

Com base nessas estimativas, a Avco deve utilizar um WACC de 8,3% para a divisão de produtos de plástico, em comparação ao WACC de 6,8% para a divisão de embalagens calculado na Equação 18.2.

Na verdade, podemos associar as Equações 18.1 e 18.10 para obter uma fórmula direta para o WACC quando a empresa mantém um grau de alavancagem-alvo para o projeto. Se d é o índice capital de terceiros/valor da empresa (*debt-to-value ratio*) do projeto, $D/(E+D)$, então[13]

---

[11] Se estivermos utilizando o CAPM para estimar retornos esperados, este procedimento é equivalente a desalavancar os betas de empresas comparáveis utilizando a Equação 14.9:

$$\beta_U = [E/(E+D)]\beta_E + [D/(D+E)]\beta_D$$

[12] No cenário do CAPM, a Equação 18.10 é equivalente a realavancar o beta de acordo com a Equação 14.10.

[13] Podemos deduzir a Equação 18.11 de maneira ainda mais simples comparando o WACC e o WACC antes dos impostos nas Equações 18.1 e 18.6. Esta fórmula para o WACC foi proposta por R. Harris e J. Pringle, "Risk Adjusted Discount Rates: Transition from the Average Risk Case", *Journal of Financial Research* 8(3) (1985): pp. 237-244.

Fórmula do WACC baseado em um projeto

$$r_{wacc} = r_U - d\tau_c r_D \qquad (18.11)$$

Por exemplo, no caso da divisão dos produtos de plástico da Avco:

$$r_{wacc} = 9,5\% - 0,50 \times 0,40 \times 6\% = 8,3\%$$

EXEMPLO 18.5 — Calculando custos de capital divisionais

Problema

A Hasco Corporation é uma fornecedora multinacional de madeira de construção e equipamentos de fresagem. Atualmente, o custo de capital próprio da Hasco é de 12,7% e seu custo de concessão de empréstimo é de 6%. A Hasco tem mantido tradicionalmente um índice capital de terceiros/valor da empresa (*debt-to-value ratio*) de 40%. Seus engenheiros desenvolveram um sistema de controle de estoque que a empresa está considerando desenvolver comercialmente como uma divisão distinta. A gerência vê o risco deste investimento como similar aos investimentos de outras empresas de tecnologia, com empresas comparáveis tendo tipicamente um custo de capital não-alavancado de 15%. Suponha que a Hasco planeje financiar a nova divisão utilizando 10% de financiamento por endividamento (um índice capital de terceiros/valor da empresa [*debt-to-value ratio*] constante de 10%) com uma taxa de concessão de empréstimo de 6%, e que sua alíquota de impostos seja de 35%. Estime os custos de capital não-alavancado, próprio e médio ponderado de cada divisão.

Solução

Para a divisão de madeira de construção e equipamentos de fresagem, podemos utilizar o custo de capital próprio atual $r_E = 12,7\%$ e o índice capital de terceiros/valor da empresa de 40%. Então,

$$r_{wacc} = 0,60 \times 12,7\% + 0,40 \times 6\% \times (1 - 0,35) = 9,2\%$$

$$r_U = 0,60 \times 12,7\% + 0,40 \times 6\% = 10,0\%$$

Para a divisão de tecnologia, estimamos seu custo de capital não-alavancado utilizando empresas comparáveis: $r_U = 15\%$. Como a divisão de tecnologia da Hasco irá suportar 10% de financiamento por endividamento,

$$r_E = 15\% + \frac{0,10}{0,90}(15\% - 6\%) = 16\%$$

$$r_{wacc} = 15\% - 0,10 \times 0,35 \times 6\% = 14,8\%$$

Observe que o custo de capital é bem diferente nas duas divisões.

Determinando a alavancagem incremental de um projeto

Para determinar o custo de capital próprio ou o custo médio ponderado de capital de um projeto, precisamos conhecer o grau de endividamento a ser associado a ele. Para fins de orçamento de capital, o financiamento do projeto é o financiamento *incremental* que resulta se a empresa o empreende. Isto é, é a mudança no endividamento total da empresa (menos dinheiro) com o projeto *versus* sem ele.

O financiamento incremental de um projeto não necessariamente corresponde ao financiamento que está diretamente ligado ao projeto. Como exemplo, suponhamos que um projeto envolva comprar um novo armazém e esta compra seja financiada com uma hipoteca de 90% de seu valor. Entretanto, se a empresa possui uma política geral de manter um índice capital de terceiros/valor da empresa (*debt-to-value ratio*) de 40%, ela reduzirá o endividamento em algum outro lugar da empresa uma vez que o armazém seja comprado, no esforço de manter este índice. Neste caso,

> ### ERRO COMUM — Realavancando o WACC
>
> Ao calcular o WACC utilizando sua definição na Equação 18.1, devemos sempre nos lembrar de que os custos de capital próprio e de terceiros, r_E e r_D, mudarão para diferentes escolhas do grau de alavancagem da empresa. Por exemplo, consideremos uma empresa com um índice capital de terceiros/valor da empresa (*debt-to-value ratio*) de 25%, um custo de capital de terceiros de 6,67%, um custo de capital próprio de 12% e uma alíquota de impostos de 40%. Da Equação 18.1, seu WACC corrente é
>
> $$r_{wacc} = 0{,}75(12\%) + 0{,}25(6{,}67\%)(1 - 0{,}40)$$
> $$= 10\%$$
>
> Suponhamos que a empresa aumente seu índice capital de terceiros/valor para 50%. É tentador concluir que seu WACC cairá para
>
> $$0{,}50(12\%) + 0{,}50(6{,}67\%)(1 - 0{,}40) = 9\%$$
>
> Na verdade, quando a empresa aumenta a alavancagem, seu custo de capital próprio e seu custo de capital de terceiros também aumentam. Para calcular o novo WACC corretamente, temos primeiro que determinar o custo de capital não-alavancado da empresa a partir da Equação 18.6:
>
> $$r_U = 0{,}75(12\%) + 0{,}25(6{,}67\%) = 10{,}67\%$$
>
> Se o custo de capital de terceiros da empresa sobe para 7,34% com o aumento na alavancagem, então, a partir da Equação 18.10, seu custo de capital próprio também subirá:
>
> $$r_E = 10{,}67\% + \frac{0{,}50}{0{,}50}(10{,}67\% - 7{,}34\%) = 14\%$$
>
> Utilizando a Equação 18.1, com o novo custo de capital próprio e de terceiros podemos calcular o novo WACC corretamente:
>
> $$r_{wacc} = 0{,}50(14\%) + 0{,}50(7{,}34\%)(1 - 0{,}40)$$
> $$= 9{,}2\%$$
>
> Também podemos calcular o novo WACC utilizando a Equação 18.11:
>
> $$r_{wacc} = 10{,}67 - 0{,}50(0{,}40)(7{,}34\%) = 9{,}2\%$$
>
> Observe que se deixarmos de incorporar o efeito de um aumento na alavancagem nos custos de capital próprio e de terceiros da empresa, estaremos superestimando a redução em seu WACC.

o índice capital de terceiros/valor da empresa adequado para ser utilizado ao se avaliar o projeto do armazém é de 40%, e não 90%.

Aqui temos alguns conceitos importantes a serem lembrados ao determinar o financiamento incremental do projeto.

Dinheiro é dívida negativa. A alavancagem de uma empresa deve ser avaliada com base em sua dívida menos qualquer valor em dinheiro. Assim, se um investimento reduzir a quantidade de dinheiro retido de uma empresa, isso será equivalente à empresa adicionar alavancagem. Da mesma maneira, se o fluxo de caixa livre positivo de um projeto aumentar a quantidade de dinheiro retido da empresa, então este aumento no dinheiro será equivalente a uma redução em sua alavancagem.

Uma política de *payout* fixa implica um financiamento por endividamento de 100%. Consideremos uma empresa cujos pagamentos de dividendos e dispêndios com recompras de ações sejam estabelecidos antecipadamente e não sejam afetados pelo fluxo de caixa livre de um projeto. Neste caso, a única fonte de financiamento é o *endividamento* – qualquer exigência de caixa do projeto será financiada utilizando o dinheiro da empresa ou contraindo empréstimos, e qualquer caixa que o projeto produza será utilizado para repagar dívida ou aumentar o caixa retido da empresa. Consequentemente, o efeito incremental do projeto sobre o financiamento da empresa é alterar o grau de endividamento, de modo que este projeto seja 100% financiado por endividamento (isto é, seu índice capital de terceiros/valor da empresa [*debt-to-value ratio*] $d = 1$). Se a política de *payout* da empresa é fixa por toda a vida de um projeto, o WACC adequado para tal projeto é $r_U - \tau_c r_D$. Este caso pode ser relevante para uma empresa com alto nível de alavancagem que dedique seu fluxo de caixa livre ao pagamento de sua dívida, ou para uma empresa que esteja acumulando dinheiro.

O grau de alavancagem ótimo depende das características do projeto e da empresa.

Projetos com fluxos de caixa mais seguros podem suportar mais dívida antes de aumentarem o risco de a empresa enfrentar dificuldades financeiras. Mas, como discutimos na Parte V do livro, a probabilidade que uma empresa tem de enfrentar dificuldades financeiras depende da magnitude de custos de dificuldades, de agência, e de informações assimétricas que ela pode enfrentar. Estes custos não são específicos a um projeto, mas, em vez disso, dependem das características de toda a empresa. Consequentemente, o grau ótimo de alavancagem de um projeto dependerá das características tanto do projeto quanto da empresa.

Fluxos de caixa seguros podem ter um financiamento 100% por endividamento.

Quando um investimento possui fluxos de caixa livres de risco, uma empresa pode contrabalançar estes fluxos de caixa 100% com dívida e manter seu risco geral inalterado. Se ela o fizer, a taxa de desconto adequada para fluxos de caixa seguros será de $r_D(1 - \tau_c)$.

EXEMPLO 18.6

Financiamento por endividamento na Cisco Systems

Problema

Em meados de 2005, a Cisco Systems retinha mais de $16 bilhões em dinheiro e títulos e não possuía nenhuma dívida. Considere um projeto com um custo de capital não-alavancado de $r_U = 12\%$. Suponha que a política de *payout* da Cisco seja fixa durante a vida deste projeto, de modo que seu fluxo de caixa livre afete somente o saldo de caixa da empresa. Se a Cisco obtiver 4% de juros sobre seu dinheiro retido e pagar uma alíquota de impostos de 35%, que custo de capital ela deve utilizar para avaliar o projeto?

Solução

Como as entradas e as saídas do projeto mudam o saldo de caixa da Cisco, o projeto é financiado 100% por endividamento; isto é, $d = 1$. O custo de capital adequado para o projeto é

$$r_{wacc} = r_U - \tau_c r_D = 12\% - 0{,}35 \times 4\% = 10{,}6\%$$

Observe que o projeto é efetivamente 100% financiado por endividamento, apesar de a própria Cisco não possuir nenhuma dívida.

FIXAÇÃO DE CONCEITOS

1. Como estimamos o custo de capital não-alavancado de um projeto quando o risco do projeto é diferente do risco da empresa?
2. O que é a dívida incremental associada a um projeto?

18.6 APV com outras políticas de alavancagem

Até agora, supusemos que a dívida incremental de um projeto é determinada de modo a manter um índice capital de terceiros/capital próprio (*debt-equity ratio*) (ou, equivalentemente, um índice capital de terceiros/valor da empresa [*debt-to-value ratio*]) constante. Apesar de um índice capital de terceiros/capital próprio constante ser uma suposição conveniente que simplifica a análise, nem todas as empresas adotam esta política de alavancagem. Nesta seção, consideraremos duas políticas de alavancagem alternativas: cobertura de juros constante e graus de endividamento pré-determinados.

Quando relaxamos a suposição de um índice capital de terceiros/capital próprio constante, o custo de capital próprio e o WACC de um projeto mudam com o passar do tempo de acordo com as mudanças do índice capital de terceiros/capital próprio. Consequentemente, os métodos do WACC e do FTE são difíceis de se implementar (ver Seção 18.8 para maiores detalhes). O método do APV, porém, é relativamente fácil de utilizar e, portanto, é o método preferido para políticas de alavancagem alternativas.

Índice constante de cobertura de juros

Como discutido no Capítulo 15, se uma empresa está utilizando alavancagem para proteger seus rendimentos de impostos, então ela irá ajustar seu grau de endividamento de modo que as despesas com juros aumentem de acordo com seus rendimentos. Neste caso, é natural especificar os pagamentos de juros incrementais da empresa como uma fração alvo, k, do fluxo de caixa livre do projeto:[14]

$$\text{Juros pagos no ano } t = k \times FCF_t \qquad (18.12)$$

Quando a empresa mantém seus pagamentos de juros iguais a uma fração alvo de seu FCF, dizemos que ela possui um **índice constante de cobertura de juros**.

Para implementar a abordagem do APV, temos que calcular o valor presente da dedução tributária sob esta política. Como a dedução tributária é proporcional ao fluxo de caixa livre do projeto, ela possui o mesmo risco que o fluxo de caixa do projeto, e portanto deve ser descontada à mesma taxa – isto é, pelo custo de capital não-alavancado, r_U. Mas o valor presente do fluxo de caixa do projeto à taxa r_U é o valor não-alavancado do projeto. Assim,

$$PV(\text{Dedução tributária das despesas com juros}) = PV(\tau_c k \times FCF) = \tau_c k \times PV(FCF)$$
$$= \tau_c k \times V^U \qquad (18.13)$$

Ou seja, com uma política de juros constante, o valor da redução tributária dos juros é proporcional ao valor não-alavancado do projeto. Usando o método APV, o valor do projeto com alavancagem é dado pela seguinte fórmula:

Valor alavancado com uma taxa de cobertura de juros constante

$$V^L = V^U + PV(\text{Dedução tributária dos juros}) = V^U + \tau_c k \times V^U$$
$$= (1 + \tau_c k)V^U \qquad (18.14)$$

Por exemplo, calculamos o valor não-alavancado do projeto RFX da Avco como $V^U = \$59,62$ milhões na Seção 18.3. Se a Avco determinar que a taxa de juros alvo será de 20% de seu fluxo de caixa livre, o valor com alavancagem será de $V^L = [1 + 0,4(20\%)]\ 59,62 = \$64,39$ milhões. (Este resultado difere do valor de $61,25 milhões para o projeto que calculamos na Seção 18.3, onde supusemos uma política de alavancagem diferente com um índice capital de terceiros/valor da empresa [*debt-to-value ratio*] de 50%).

A Equação 18.14 fornece uma regra simples para determinar o valor alavancado de um investimento com base em uma política de alavancagem que pode ser adequada para muitas empresas.[15] Observe também que, caso se espere que os fluxos de caixa livres do investimento cresçam a uma taxa constante, então a suposição da cobertura constante de juros e índice capital de terceiros/capital próprio (*debt-equity ratio*) constante são equivalentes, como no Exemplo 18.7.

Níveis de endividamento pré-determinados

Em vez de determinar o grau de endividamento com base em um índice capital de terceiros/capital próprio ou um nível de cobertura de juros alvos, uma empresa pode ajustar seu grau de endivida-

---

[14] Pode ser ainda melhor especificar os juros como uma fração dos rendimentos tributáveis. Tipicamente, porém, os rendimentos tributáveis e os fluxos de caixa livres são aproximadamente proporcionais, de modo que as duas especificações são muito similares. Além disso, para que a Equação 18.12 seja exatamente válida, a empresa tem que ajustar o endividamento continuamente ao longo do ano. Relaxaremos esta suposição na Seção 18.8 para um cenário em que a empresa ajusta seu endividamento periodicamente com base em seu nível esperado de fluxo de caixa futuro (ver Exemplo 18.10).

[15] J. Graham e C. Harvey relatam que a maioria das empresas pré-determina um índice de solvência geral ao emitir títulos de dívida ["The Theory and Practice of Corporate Finance: Evidence from the Field", *Journal of Financial Economics* 60 (2001)]. Os índices de cobertura de juros são importantes determinantes dos índices de solvência geral. As empresas e as agências de classificação de risco também consideram o índice capital de terceiros/capital próprio *contábil*, que geralmente flutua em conjunto com os fluxos de caixa de uma empresa, em vez de com seu valor de mercado. (Por exemplo, o capital próprio contábil aumenta quando a empresa investe em capital físico para expandir, o que geralmente resulta em maiores fluxos de caixa.)

> ### EXEMPLO 18.7
> **Avaliando uma aquisição com cobertura de juros-alvo**
>
> **Problema**
>
> Considere novamente a aquisição da Avco dos Exemplos 18.1 e 18.2. A aquisição contribuirá com $3,8 milhões em fluxos de caixa livres no primeiro ano, crescendo em 3% ao ano daí em diante. O custo da aquisição de $80 milhões será financiado inicialmente com uma nova dívida de $50 milhões. Calcule o valor da aquisição utilizando o método do APV supondo que a Avco vá manter um índice constante de cobertura de juros para a aquisição.
>
> **Solução**
>
> Dado o custo de capital não-alavancado da Avco de $r_U = 8\%$, a aquisição possui um valor não-alavancado de
>
> $$V^U = 3,8 / (8\% - 3\%) = \$76 \text{ milhões}$$
>
> Com uma nova dívida de $50 milhões e uma taxa de juros de 6%, a despesa com juros no primeiro ano é de $6\% \times 50 = \$3$ milhões, ou $k = \text{Juros} / \text{FCF} = 3 / 3,8 = 78,95\%$. Como a Avco manterá esta cobertura de juros, podemos utilizar a Equação 18.14 para calcular o valor alavancado:
>
> $$V^L = (1 + \tau_c k) V^U = [1 + 0,4 (78,95\%)] \, 76 = \$100 \text{ milhões}$$
>
> Este valor é idêntico ao valor calculado utilizando o método do WACC no Exemplo 18.1, onde supusemos um índice capital de terceiros/capital próprio constante.

mento de acordo com um programa de repagamento da dívida previamente conhecido. Suponhamos, por exemplo, que a Avco planeje contrair um empréstimo de $30,62 milhões e então reduz seu grau de endividamento com um programa fixo de repagamento da dívida de $20 milhões após um ano, $10 milhões após dois anos, e zero após três anos. O projeto RFX não terá nenhuma outra consequência para a alavancagem da Avco, independentemente de seu sucesso. Como podemos avaliar um investimento como este quando seus *graus de endividamentos* futuros, em vez de o índice *capital de terceiros/capital próprio*, são previamente conhecidos?

Como os níveis de endividamento são conhecidos, podemos imediatamente calcular os pagamentos de juros e a dedução tributária das despesas com juros correspondentes, como mostra a Tabela 18.8.

TABELA 18.8 PLANILHA Pagamentos de juros e dedução tributária das despesas com juros dado um programa fixo de repagamento da dívida para o projeto RFX da Avco

Ano	0	1	2	3	4
Dedução tributária das despesas com juros					
1 Capacidade de endividamento, D_t	30,62	20,00	10,00	—	—
2 Juros pagos (a $r_D = 6\%$)		1,84	1,20	0,60	—
3 **Dedução tributária das despesas com juros** (a $\tau_c = 40\%$)		0,73	0,48	0,24	—

Por que taxa devemos descontar essa dedução tributária para determinar o valor presente? Na Seção 18.3, utilizamos o custo de capital não-alavancado do projeto porque o valor da dívida – e, portanto, a dedução tributária – flutuava com o valor do próprio projeto, e portanto, tinha um risco similar. Entretanto, com um programa fixo de repagamento da dívida, o valor da dívida não irá flutuar. Neste caso, a dedução tributária é menos arriscada do que o projeto, então deve ser descontada por uma taxa menor. De fato, o risco da dedução tributária é similar ao risco dos pagamentos da dívida. Portanto, aconselhamos seguir a seguinte regra geral:[16]

Quando os graus de endividamento são determinados de acordo com um programa fixo de repagamento da dívida, podemos descontar as deduções tributárias das despesas com juros pré-determinadas utilizando o custo de capital de terceiros, r_D.

No caso da Avco, $r_D = 6\%$:

$$PV(\text{Dedução tributária das despesas com juros}) = \frac{0{,}73}{1{,}06} + \frac{0{,}48}{1{,}06^2} + \frac{0{,}24}{1{,}06^3} = \$1{,}32 \text{ milhão}$$

Combinamos então o valor da dedução tributária com o valor não-alavancado do projeto (que já calculamos na Seção 18.3) para determinar o APV:

$$V^L = V^U + PV(\text{Dedução tributária das despesas com juros}) = 59{,}62 + 1{,}32 = \$60{,}94 \text{ milhões}$$

O valor da dedução tributária das despesas com juros calculado aqui, $1,32 milhão, difere do valor de $1,63 que calculamos na Seção 18.3 com base em um índice capital de terceiros/capital próprio constante. Comparando a dívida da empresa nos dois casos, vemos que ela é quitada mais rapidamente na Tabela 18.8 do que na Tabela 18.4. Além disso, como o índice capital de terceiros/capital próprio do projeto muda com o passar do tempo neste exemplo, o WACC do projeto também muda, tornando difícil – apesar de não impossível – aplicar o método do WACC a este caso. Mostraremos como fazê-lo, e verificaremos que se obtém o mesmo resultado, como parte dos tópicos avançados na Seção 18.8.

Um exemplo particularmente simples de um grau de endividamento pré-determinado ocorre quando a empresa possui uma dívida permanente fixa, mantendo o mesmo nível de dívida para sempre. Discutimos esta política de endividamento na Seção 15.2 e mostramos que se a empresa mantiver um nível fixo de dívida, D, o valor da dedução tributária será $\tau_c \times D$.[17] Logo, o valor do projeto alavancado neste caso é

Valor alavancado com dívida permanente

$$V^L = V^U + \tau_c \times D \qquad (18.15)$$

Nota de advertência. Quando os graus de endividamento são pré-determinados, a empresa não ajusta sua dívida com base nas flutuações de seus fluxos de caixa ou de seu valor. Portanto, não estamos mais em um cenário em que a empresa mantém um grau de alavancagem-alvo, então as Equações 18.6, 18.10 e 18.11 não se aplicam. Por exemplo, se calcularmos o WACC utilizando a Equação 18.11 e a aplicarmos no caso de dívida permanente, o valor que estimaremos *não será consistente* com a Equação 18.15. Para obter o resultado correto, temos que utilizar uma versão mais geral da Equação 18.11, que forneceremos na Equação 18.21 na Seção 18.8.

Uma comparação de métodos

Introduzimos três métodos para avaliar investimentos alavancados: WACC, APV e FTE. Como decidimos que método utilizar em quais circunstâncias?

Quando utilizados consistentemente, cada método produz a mesma avaliação para o investimento. Assim, a escolha do método é uma mera questão de conveniência. Como regra geral, o método do WACC é o mais fácil de utilizar quando a empresa mantém um índice capital de terceiros/valor da empresa (*debt-to-value ratio*) fixo por toda a vida do investimento. Para políticas de alavancagem alternativas, o método do APV é normalmente a abordagem mais fácil. O método do

---

[16] O risco da dedução tributária não é literalmente equivalente ao risco dos pagamentos da dívida, pois é baseado somente na porção dos juros dos pagamentos e está sujeito ao risco das flutuações na alíquota marginal corporativa de impostos da empresa. No entanto, esta suposição é uma aproximação razoável na ausência de informações muito mais detalhadas.

[17] Como a dedução tributária das despesas com juros é $\tau_c r_D D$ em perpetuidade, utilizando a taxa de desconto r_D obtemos $PV(\text{Dedução tributária das despesas com juros}) = \tau_c r_D D / r_D = \tau_c D$.

FTE tipicamente só é utilizado em cenários complicados para os quais os valores e outros títulos na estrutura de capital da empresa ou a dedução tributária das despesas com juros são, por si sós, difíceis de determinar.

FIXAÇÃO DE CONCEITOS

1. A que condição a empresa tem que atender para ter uma política de cobertura de juros constante?
2. Qual é a taxa de desconto adequada para deduções tributárias quando o programa de repagamento da dívida é previamente fixado?

18.7 Outros efeitos do financiamento

Os métodos do WACC, APV e FTE determinam o valor de um investimento incorporando as deduções tributárias associadas à alavancagem. Entretanto, como discutimos no Capítulo 16, algumas outras imperfeições possíveis são associadas à alavancagem. Nesta seção, investigaremos maneiras de ajustar nossa avaliação para incorporar imperfeições, como custos de emissão, má precificação de títulos, impostos pessoais, e dificuldades financeiras e custos de agência.

Custos de emissão e outros custos de financiamento

Quando uma empresa contrai um empréstimo ou levanta capital emitindo títulos, os bancos que concedem o empréstimo ou subscrevem a venda dos títulos cobram taxas. A Tabela 18.9 lista as taxas típicas de transações comuns. As taxas associadas ao financiamento do projeto são um custo que deve ser incluído como parte do investimento necessário de um projeto, reduzindo o NPV do projeto.

TABELA 18.9 Custos de emissão típicos de diferentes títulos, como porcentagem dos resultados financeiros

Tipo de financiamento	Taxas de subscrição
Empréstimos bancários	< 2%
Títulos de dívida da empresa	
Com grau de investimento	1-2%
Sem grau de investimento	2-3%
Emissões de ações	
Oferta pública inicial	8-9%
Oferta sazonal de ações	5-6%

Fonte: Dados baseados em taxas típicas de subscrição, legais e contábeis, por cada $50 milhões em transações. Ver, por exemplo, I. Lee, S. Lochhead, J. Ritter e Q. Zhao, "The Cost of Raising Capital", *Journal of Financial Research* 19(1) (1996): pp. 59-74.

Por exemplo, suponhamos que um projeto tenha um valor alavancado de $20 milhões e exija um investimento inicial de $15 milhões. Para financiar o projeto, a empresa contrairá um empréstimo de $10 milhões e financiará os $5 milhões restantes reduzindo os dividendos. Se o banco que irá conceder o empréstimo cobrar taxas (após quaisquer deduções tributárias) totalizando $200.000, o NPV do projeto será de

$NPV = V^L - $ (Investimento) $-$ (Custos de emissão após os impostos) $= 20 - 15 - 0,2 = \$4,8$ milhões

Garantias de empréstimo a companhias aéreas após o 11 de setembro de 2001

No dia 22 de setembro de 2001, o Presidente George W. Bush transformou em lei o Ato de Segurança e Estabilização de Sistema nos Transportes Aéreos, que estabeleceu o Comitê de Estabilização dos Transportes Aéreos (ATSB, Air Transportation Stabilization Board). O ATSB foi autorizado a distribuir $5 bilhões em dinheiro e emitir até $10 bilhões em garantias de empréstimos federais. O propósito das garantias de empréstimo era possibilitar que as companhias aéreas obtivessem crédito em uma época em que era difícil para elas fazê-lo sem tais garantias, de modo que elas pudessem fazer os investimentos necessários para manter um sistema de aviação comercial seguro, eficiente e viável nos Estados Unidos após a tragédia do 11 de setembro. A U.S. Airways recebeu a maior garantia de empréstimo, no valor de $900 milhões, e a America West Airlines recebeu a segunda maior, no valor de $380 milhões. Essas garantias de empréstimo protegiam os credores no evento da inadimplência de uma companhia aérea, e portanto possibilitavam que tais companhias obtivessem empréstimos a taxas mais baixas do que conseguiriam sem a garantia. Devido à taxa de juros mais baixa, os empréstimos obtidos com ajuda da garantia federal tiveram um NPV positivo para as companhias aéreas.

Má precificação de títulos

Com mercados de capitais perfeitos, todos os títulos são precificados corretamente, e emitir títulos é uma transação cujo NPV é igual a zero. Entretanto, como foi discutido no Capítulo 16, às vezes a gerência pode acreditar que os títulos que está emitindo estejam precificados abaixo (ou acima) de seu valor real. Se estiverem, o NPV da transação, que é a diferença entre o valor real do dinheiro levantado e o valor real dos títulos vendidos, deve ser incluído no valor do projeto. Por exemplo, se o financiamento do projeto envolve uma emissão de ações, e se a gerência acredita que as ações serão vendidas a um preço menor do que seu valor real, esta má precificação é um custo do projeto para os acionistas *existentes*.[18] Ele pode ser deduzido do NPV do projeto juntamente com outros custos de emissão.

Quando uma empresa toma fundos emprestados, surge uma situação de má precificação se a taxa de juros cobrada for diferente da taxa que é adequada dado o risco real do empréstimo. Por exemplo, uma empresa pode pagar uma taxa de juros alta demais se notícias que melhorariam seu índice de solvência geral ainda não tiverem sido divulgadas. Com o método do WACC, o custo da taxa de juros mais alta resultará em um custo médio ponderado de capital mais alto e um valor mais baixo para o investimento. Com o método do APV, temos que somar ao valor do projeto o NPV dos fluxos de caixa do empréstimo quando avaliado com a taxa "correta" que corresponde a seu risco real.[19]

Dificuldades financeiras e custos de agência

Como discutido no Capítulo 16, uma consequência do financiamento por endividamento é a possibilidade de dificuldades financeiras e custos de agência. Como esses custos afetam os fluxos de caixa livres futuros que serão gerados pelo projeto, eles podem ser incorporados diretamente às estimativas dos fluxos de caixa livres esperados do projeto. Quando o grau de endividamento – e portanto a probabilidade de enfrentar dificuldades financeiras – é alto, o fluxo de caixa livre esperado será reduzido pelos custos esperados associados às dificuldades financeiras e aos problemas de agência. Inversamente, como discutido no Capítulo 16, graus de endividamento mais baixos podem melhorar os incentivos à gerência e aumentar o fluxo de caixa livre da empresa.

As dificuldades financeiras e os custos de agência também têm consequências para o custo de capital. Por exemplo, é mais provável que se enfrentem dificuldades financeiras quando a situação econômica vai mal. Consequentemente, os custos associados às dificuldades financeiras fazem o valor da empresa cair ainda mais em uma retração do mercado. Os custos associados às dificuldades

---

[18] Novos acionistas, é claro, se beneficiam ao receber as ações por um preço baixo.

[19] Temos também que utilizar a taxa correta para r_D ao alavancar ou desalavancar o custo de capital.

EXEMPLO 18.8

Avaliando um empréstimo

Problema

A Gap, Inc., está considerando contrair um empréstimo de $100 milhões para financiar uma expansão de suas lojas. Dada a incerteza do investidor em relação a suas perspectivas futuras, a Gap pagará uma taxa de juros de 6% sobre este empréstimo. A gerência da empresa sabe, porém, que o risco real do empréstimo é extremamente baixo e que a taxa de juros adequada sobre o empréstimo é de 5%. Suponha que o empréstimo seja por cinco anos, com o principal sendo reembolsado no quinto ano. Se a alíquota marginal de impostos da Gap é de 40%, qual é o resultado final do empréstimo sobre o valor da expansão?

Solução

Abaixo são exibidos os fluxos de caixa (em $ milhões) e as deduções tributárias das despesas com juros de um empréstimo justo, a uma taxa de juros de 5%, e do empréstimo com taxa acima do valor de mercado que a Gap receberá, de 6%. Para cada empréstimo, calculamos tanto o NPV dos fluxos de caixa do empréstimo quanto o valor presente das deduções tributárias das despesas com juros, utilizando a taxa correta $r_D = 5\%$.

	Ano	0	1	2	3	4	5
1	Empréstimo justo	100,00	(5,00)	(5,00)	(5,00)	(5,00)	(105,00)
2	Dedução tributária das despesas com juros		2,00	2,00	2,00	2,00	2,00
3	A $r_D = 5\%$:						
4	*NPV*(Fluxos de caixa do empréstimo)	0,00					
5	*PV*(Dedução tributária das despesas com juros)	8,66					
6	Empréstimo real	100,00	(6,00)	(6,00)	(6,00)	(6,00)	(106,00)
7	Dedução tributária das despesas com juros		2,40	2,40	2,40	2,40	2,40
8	A $r_D = 5\%$:						
9	*NPV*(Fluxos de caixa do empréstimo)	(4,33)					
10	*PV*(Dedução tributária das despesas com juros)	10,39					

Para o empréstimo justo, observe que o NPV dos fluxos de caixa do empréstimo é zero. Assim, o benefício do empréstimo para o valor do projeto é o valor presente da dedução tributária das despesas com juros de $8,66 milhões. Para o empréstimo real, a taxa de juros mais alta aumenta o valor da dedução tributária das despesas com juros, mas implica um NPV negativo para os fluxos de caixa do empréstimo. O efeito combinado do empréstimo sobre o valor do projeto é

$$NPV(\text{Fluxos de caixa do empréstimo}) + PV(\text{Dedução tributária das despesas com juros}) =$$
$$-4,33 + 10,39 = \$6,06 \text{ milhões}$$

Apesar de a alavancagem ainda ser valiosa devido às deduções tributárias, pagar as taxas de juros mais altas reduz seu benefício para a empresa em $8,66 - 6,06 = \$2,60$ milhões.

---

financeiras tendem, portanto, a aumentar a sensibilidade do valor da empresa ao risco de mercado, elevando o custo de capital *não-alavancado* para empresas com um alto grau de endividamento.

Como incorporamos esses efeitos aos métodos de avaliação descritos neste capítulo? Em primeiro lugar, temos que ajustar o fluxo de caixa livre para incluir custos associados a dificuldades financeiras e custos de agência. Em segundo lugar, como esses custos também afetam o risco sistemático dos fluxos de caixa, o custo de capital não-alavancado, r_U, não será mais independente da alavancagem da empresa.[20] Consideremos um exemplo.

Um método alternativo de incorporar os custos de dificuldades financeiras e de agência é primeiro avaliar o projeto ignorando-os, e então avaliar os fluxos de caixa incrementais associados às dificuldades financeiras e aos problemas de agência separadamente. Como esses custos tendem a

---

[20] De fato, chamar r_U de custo de capital *não-alavancado* é, neste caso, fazer um uso um tanto inadequado de um nome. Ele é a taxa de desconto adequada para os fluxos de caixa livres ignorando-se quaisquer benefícios tributários da alavancagem, mas incluindo as dificuldades financeiras e as conseqüências de agência da alavancagem.

> ### EXEMPLO 18.9 Avaliando os custos de dificuldades financeiras
>
> **Problema**
>
> Atualmente sua empresa não possui alavancagem, e espera gerar fluxos de caixa livres de $10 milhões por ano em perpetuidade. O custo de capital (não-alavancado) corrente da empresa é de 10%, e sua alíquota marginal de impostos é de 35%. Você gostaria de determinar se adicionar alavancagem aumentaria o valor da empresa. Simulando os fluxos de caixa livres futuros da empresa, você estimou a probabilidade e o custo de dificuldades financeiras com diferentes níveis de dívida permanente e produziu as seguintes estimativas:
>
> | Grau de endividamento, D | 0 | 20 | 40 | 60 | 80 |
> |---|---|---|---|---|---|
> | $E(FCF)$ | 10,0 | 9,9 | 9,8 | 9,5 | 9,0 |
> | r_U | 10,0% | 10,5% | 11,0% | 11,8% | 13,0% |
>
> Com base nessas informações, que grau de endividamento é ótimo para a empresa?
>
> **Solução**
>
> Como o grau de endividamento é conhecido, o caminho mais simples é aplicar o método do APV. O valor não-alavancado da empresa pode ser calculado como uma perpetuidade, $V^U = E(FCF) / r_U$. Com dívida permanente, o valor da dedução tributária é $\tau_c D$. Somando esses dois resultados, temos a estimativa do valor alavancado da empresa:
>
> | Grau de endividamento, D | 0 | 20 | 40 | 60 | 80 |
> |---|---|---|---|---|---|
> | $V^U = E(FCF) / r_U$ | 100,0 | 94,3 | 89,1 | 80,5 | 69,2 |
> | $PV(ITS) = \tau_c D$ | 0,0 | 7,0 | 14,0 | 21,0 | 28,0 |
> | $V^L = V^U + \tau_c D$ | 100,0 | 101,3 | 103,1 | 101,5 | 97,2 |
>
> Dos graus de endividamento exibidos aqui, o valor da empresa é maximizado com $D = \$40$ milhões. Este grau de endividamento fornece o melhor *tradeoff* de benefícios tributários *versus* custos de dificuldades financeiras e de agência.

ocorrer somente quando uma empresa está em (ou perto da) inadimplência, a melhor maneira de avaliá-los é utilizar as técnicas de avaliação de opções introduzidas na Parte VII deste livro.

FIXAÇÃO DE CONCEITOS

1. Como lidamos com os custos de emissão e com os custos de má precificação de títulos em nossa avaliação do valor de um projeto?
2. Como os custos de dificuldades financeiras e de agência afetariam o uso de alavancagem por uma empresa?

18.8 Tópicos avançados em orçamento de capital

Nas seções anteriores, ressaltamos os métodos mais importantes para determinar o orçamento de capital com alavancagem e demonstramos sua aplicação em cenários comuns. Nesta seção, consideraremos vários outros cenários mais complicados e mostraremos como nossas ferramentas podem ser estendidas para esses casos. Em primeiro lugar, consideraremos políticas de alavancagem em que as empresas mantêm a dívida fixa no curto prazo, mas a ajustam para um índice de alavancagem-alvo no longo prazo. Em segundo lugar, veremos a relação entre o capital próprio da empresa e o custo de capital não-alavancado para políticas de alavancagem alternativas. Em terceiro lugar, implementaremos os métodos do WACC e do FTE quando o índice capital de terceiros/capital próprio (*debt-equity ratio*) muda com o tempo. Concluiremos a seção, então, incorporando os efeitos dos impostos pessoais.

Ajuste periódico da dívida

Até este momento, consideramos políticas de alavancagem em que a dívida ou é ajustada continuamente segundo um índice de alavancagem-alvo,[21] ou é determinada de acordo com um programa fixo que nunca mudará. Como mostra a Figura 18.1, a maioria das empresas do mundo real não parece, na verdade, ajustar os graus de endividamento continuamente para manter um índice de alavancagem-alvo o tempo todo. (Ver também a Figura 15.6 no Capítulo 15 para ver o comportamento de índices de alavancagem agregados ao longo do tempo.) Em vez disso, a maioria das empresas permite que o índice capital de terceiros/capital próprio (*debt-equity ratio*) da empresa se desvie do alvo e periodicamente ajusta a alavancagem para alinhá-la de volta com o alvo. Consideraremos a seguir o efeito de tal política de endividamento.

Suponhamos que a empresa ajuste sua alavancagem a cada s períodos, como mostra a Figura 18.2. Então, as deduções tributárias das despesas com juros da empresa até a data s são pré-determinadas, de modo que elas devem ser descontadas à taxa r_D. Ao contrário, as deduções tributárias das despesas com juros que ocorrem após a data s dependem de ajustes futuros que a empresa fará em sua dívida, de modo que elas são arriscadas. Se a empresa irá ajustar a dívida de acordo com um índice capital de terceiros/capital próprio alvo ou um índice de cobertura de juros alvo, então as futuras deduções tributárias das despesas com juros devem ser descontadas à taxa r_D para os períodos em que elas são conhecidas, mas à taxa r_U para todos os períodos anteriores em que elas ainda são arriscadas.

Um caso especial importante é quando a dívida é ajustada anualmente. Neste caso, a despesa com juros esperada na data t, Int_t, é conhecida a partir da data $t-1$. Portanto, descontamos a dedução tributária das despesas com juros à taxa r_D para um período, da data t até $t-1$ (pois ela será conhecida neste momento), e então a descontamos da data $t-1$ à data 0 pela taxa r_U:

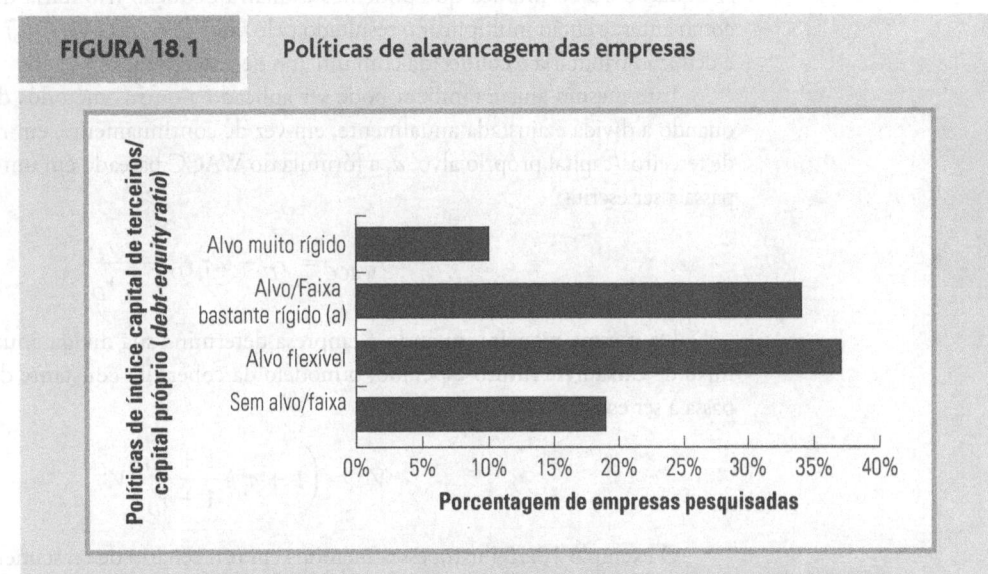

FIGURA 18.1 Políticas de alavancagem das empresas

De 392 CFOs pesquisados pelos professores J. Graham e C. Harvey, 81% relataram ter um alvo para o índice capital de terceiros/capital próprio. Entretanto, apenas 10% dos participantes viam o alvo como imutável. A maioria estava disposta a deixar o índice capital de terceiros/capital próprio da empresa se desviar do alvo e ajustar a alavancagem periodicamente para alinhá-la novamente ao alvo.

Fonte: J. R. Graham e C. Harvey, "The Theory and Practice of Corporate Finance: Evidence from the Field", *Journal of Financial Economics* 60(2001): pp. 187-243.

---

[21] Apesar de termos simplificado nossa exposição anteriormente neste capítulo calculando a dívida e os pagamentos de juros em base anual, as fórmulas que utilizamos no caso de um índice capital de terceiros/capital próprio ou um índice de cobertura de juros constantes baseiam-se na suposição de que a dívida muda durante o ano.

> **FIGURA 18.2** Descontando a dedução tributária com ajustes periódicos
>
> [Diagrama: linha do tempo de 0 a 2s, com marcações em s. "Deduções tributárias conhecidas hoje" de 0 a s; "Dívida realinhada ao alvo" em s; "Deduções tributárias conhecidas após a data s" de s a 2s; "Dívida realinhada ao alvo" em 2s. "Desconto à taxa r_D" de 0 a s; "Desconto à taxa r_U" de 0 a s; "Desconto à taxa r_D" de s a 2s.]
>
> Se a dívida é realinhada ao índice de alavancagem-alvo a cada *s* períodos, então as deduções tributárias das despesas com juros dentro dos *s* primeiros períodos são conhecidas e devem ser descontadas à taxa r_D. As deduções tributárias das despesas com juros que ocorrem após a data *s* ainda não são conhecidas, então devem ser descontadas à taxa r_D para os períodos em que elas serão conhecidas e à taxa r_U para períodos anteriores.

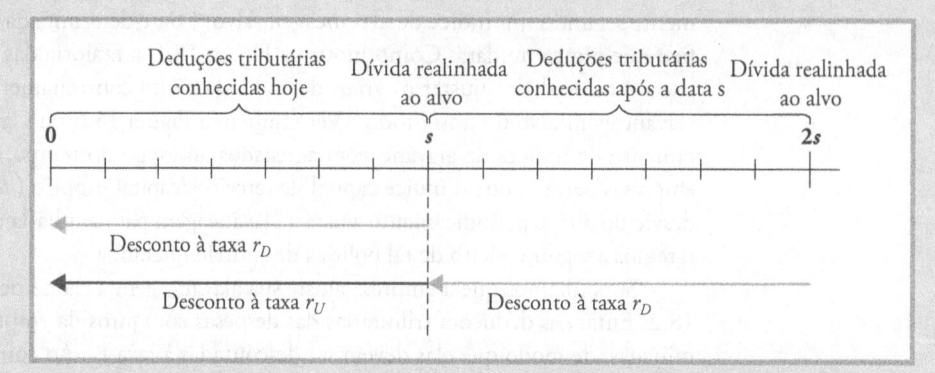

$$PV(\tau_c \times Int_t) = \frac{\tau_c \times Int_t}{(1+r_U)^{t-1}(1+r_D)} = \frac{\tau_c \times Int_t}{(1+r_U)^t} \times \left(\frac{1+r_U}{1+r_D}\right) \tag{18.16}$$

A Equação 18.16 implica que podemos avaliar a dedução tributária descontando-a pela taxa r_U como antes, e então multiplicar o resultado pelo fator $(1+r_U)/(1+r_D)$ para explicar o fato de que a dedução tributária é conhecida com um ano de antecedência.

Este mesmo ajuste também pode ser aplicado a outros métodos de avaliação. Por exemplo, quando a dívida é ajustada anualmente, em vez de continuamente, em relação a um índice capital de terceiros/capital próprio alvo, *d*, a fórmula do WACC baseado em um projeto da Equação 18.11 passa a ser escrita[22]

$$r_{WACC} = r_U - d\tau_c r_D \frac{1+r_U}{1+r_D} \tag{18.17}$$

Da mesma maneira, quando a empresa determina sua dívida anualmente com base em seu fluxo de caixa livre futuro esperado, o modelo da cobertura constante de juros da Equação 18.14 passa a ser escrito

$$V^L = \left(1 + \tau_c k \frac{1+r_U}{1+r_D}\right) V^U \tag{18.8}$$

O exemplo 18.10 ilustra esses métodos em um cenário de crescimento constante.

Alavancagem e o custo de capital

A relação entre a alavancagem e os custos de capital do projeto nas Equações 18.6, 18.10 e 18.11 dependem da suposição de que a empresa manterá um grau de alavancagem-alvo. Esta relação é válida porque neste caso as deduções tributárias das despesas com juros têm o mesmo risco que os fluxos de caixa da empresa. Mas quando a dívida é determinada de acordo com um programa fixo por algum período de tempo, as deduções tributárias das despesas com juros da dívida programada

---

[22] Esta fórmula para o WACC foi proposta por J. A. Miles e J. R. Ezzell, "The Weighted Average Cost of Capital, Perfect Capital Markets and Project Life: A Clarification", *Journal of Financial and Quantitative Analysis* 15(3) (1980): pp. 719-730.

EXEMPLO 18.10 — Determinação anual do grau de endividamento alvo

Problema

A Celmax Corporation espera fluxos de caixa livres neste ano de $7,36 milhões e uma taxa de crescimento futura de 4% ao ano. A empresa atualmente possui $30 milhões em dívidas a pagar. Esta alavancagem permanecerá fixa durante o ano, mas no final de cada ano a Celmax aumentará ou diminuirá sua dívida para manter um índice capital de terceiros/capital próprio (*debt-equity ratio*) constante. A Celmax paga 5% de juros sobre sua dívida, paga uma alíquota de impostos de 40%, e possui um custo de capital não-alavancado de 12%. Estime o valor da Celmax com esta política de alavancagem.

Solução

Utilizando a abordagem do APV, o valor não-alavancado é $V^U = 7{,}36 / (12\% - 4\%) = \$92{,}0$ milhões. No primeiro ano, a Celmax terá uma dedução tributária das despesas com juros de $\tau_c r_D D = 0{,}40 \times 5\% \times \$30$ milhões $= \$0{,}6$ milhão. Como a Celmax ajustará sua dívida após um ano, espera-se que as deduções tributárias cresçam a 4% ao ano com a empresa. O valor presente da dedução tributária das despesas com juros é, portanto,

$$PV(\text{Dedução tributária das despesas com juros}) = \underbrace{\frac{0{,}6}{(12\% - 4\%)}}_{PV \text{ à taxa } r_U} \times \underbrace{\left(\frac{1{,}12}{1{,}05}\right)}_{\text{Dívida é determinada com um ano de antecedência}} = \$8{,}0 \text{ milhões}$$

Portanto, $V^L = V^U + PV(\text{Dedução tributária das despesas com juros}) = 92{,}0 + 8{,}0 = \$100{,}0$ milhões.

Também podemos aplicar o método do WACC. Da Equação 18.17, o WACC da Celmax é

$$r_{wacc} = r_U - d\tau_c r_D \frac{1 + r_U}{1 + r_D} = 12\% - \frac{30}{100}(0{,}40)(5\%)\frac{1{,}12}{1{,}05}$$

$$= 11{,}36\%$$

Portanto, $V^L = 7{,}36 / (11{,}36\% - 4\%) = \$100$ milhões.

Finalmente, o modelo da cobertura constante de juros pode ser aplicado (neste cenário com crescimento constante, um índice capital de terceiros/capital próprio constante implica um índice constante de cobertura de juros). Dados os juros de $5\% \times \$30$ milhões $= \$1{,}50$ milhão neste ano, da Equação 18.18

$$V^L = \left(1 + \tau_c k \frac{1 + r_U}{1 + r_D}\right) V^U$$

$$= \left(1 + 0{,}40 \times \frac{1{,}50}{7{,}36} \times \frac{1{,}12}{1{,}05}\right) 92{,}0 = \$100 \text{ milhões}$$

---

são fluxos de caixa conhecidos e relativamente seguros. Estes fluxos de caixa seguros reduzirão o efeito da alavancagem sobre o risco do capital próprio da empresa. Para dar conta deste efeito, devemos deduzir o valor dessas deduções tributárias "seguras" do valor da dívida – da mesma maneira que deduzimos dinheiro – ao avaliarmos a alavancagem de uma empresa. Isto é, se T^s é o valor presente das deduções tributárias das despesas com juros de uma dívida pré-determinada, o risco do capital próprio de uma empresa dependerá de sua *dívida menos as deduções tributárias pré-determinadas*:

$$D^s = D - T^s \tag{18.19}$$

Mostramos, na Seção 18A.2 do Apêndice deste capítulo, que as Equações 18.6 e 18.10 continuam sendo válidas com D substituído por D^s, de modo que a relação mais geral entre os custos de capital não-alavancado e próprio seja a seguinte:

Alavancagem e o custo de capital com um programa fixo de reembolso da dívida

$$r_U = \frac{E}{E + D^s} r_E + \frac{D^s}{E + D^s} r_D \quad \text{ou, equivalentemente,} \quad r_E = r_U + \frac{D^s}{E}(r_U - r_D) \tag{18.20}$$

Também podemos combinar a Equação 18.20 com a definição do WACC da Equação 18.1 e generalizar a fórmula do WACC baseado em um projeto da Equação 18.11:

WACC de um projeto com um programa fixo de reembolso da dívida

$$r_{wacc} = r_U - d\tau_c[r_D + \phi(r_U - r_D)] \qquad (18.21)$$

onde $d = D/(D+E)$ é o índice capital de terceiros/valor da empresa e $\Phi = T^s/(\tau_c D)$ é uma medida da permanência do grau de endividamento, D. Aqui temos três casos normalmente utilizados na prática, que diferem de acordo com a frequência com a qual se supõe que a dívida se ajusta ao crescimento do investimento:[23]

1. Dívida ajustada continuamente: $T^s = 0$, $D^s = D$ e $\Phi = 0$
2. Dívida ajustada anualmente: $T^s = \dfrac{\tau_c r_D D}{1 + r_D}$, $D^s = D\left(1 - \tau_c \dfrac{r_D}{1 + r_D}\right)$, e $\phi = \dfrac{r_D}{1 + r_D}$
3. Dívida permanente: $T^s = \tau_c D$, $D^s = D(1 - \tau_c)$, e $\Phi = 1$

Finalmente, observe que, a menos que d e Φ permaneçam constantes com o tempo, o WACC e o custo de capital próprio têm que ser calculados período por período.

EXEMPLO 18.11

APV e WACC com dívida permanente

Problema

A International Paper Company está considerando a aquisição de novas áreas florestais no sudeste dos Estados Unidos. A madeira extraída da terra irá gerar fluxos de caixa livres de $4,5 milhões por ano, com um custo de capital não-alavancado de 7%. Como resultado desta aquisição, a International Paper irá aumentar permanentemente sua dívida em $30 milhões. Se a alíquota de impostos da International Paper é de 35%, qual é o valor desta aquisição utilizando-se o método do APV? Verifique este resultado utilizando o método do WACC.

Solução

Utilizando o método do APV, o valor não-alavancado das terras é $V^U = FCF/r_U = 4,5 / 0,07 = \$64,29$ milhões. Como a dívida é permanente, o valor da dedução tributária é $\tau_c D = 0,35(30) = 10,50$. Portanto, $V^L = 64,29 + 10,50 = \$74,79$ milhões.

Para utilizar o método do WACC, aplicamos a Equação 18.21 com $\Phi = T^s/\tau_c D = 1$ e $d = 30/74,79 = 40,1\%$. Portanto, o WACC do investimento é

$$r_{wacc} = r_U - d\tau_c r_U = 7\% - 0,401 \times 0,35 \times 7\% = 6,017\%$$

e $V^L = 4,5 / 0,06017 = \$74,79$ milhões.

O método do WACC ou do FTE com alavancagem variável

Quando uma empresa não mantém um índice capital de terceiros/capital próprio constante para um projeto, o método do APV é geralmente o mais fácil de ser aplicado. Os métodos do WACC e do FTE passam a ser mais difíceis de serem utilizados porque quando a proporção de financiamento por endividamento muda, o custo de capital próprio e o WACC do projeto não permanecem constantes com o passar do tempo. Com um pouco de cuidado, porém, estes métodos ainda podem ser utilizados (e, obviamente, levarão ao mesmo resultado obtido através do método do APV).

Como exemplo, a planilha da Tabela 18.10 calcula o custo de capital próprio e o WACC do projeto RFX a cada ano dado o programa fixo de repagamento da dívida exibido na linha 3. O valor do

---

[23] O Caso 1 se reduz à fórmula de Harris-Pringle (ver nota de rodapé 13), o Caso 2 é a fórmula de Miles-Ezzell (ver nota de rodapé 22) e o Caso 3 é equivalente à fórmula de Modigliani-Miller-Hamada com dívida permanente. Ver F. Modigliani e M. Miller, "Corporate Income Taxes and the Cost of Capital: A Correction", *American Economic Review* 53(3) (1963): pp. 433-443; e R. Hamada, "The Effect of a Firm's Capital Structure on the Systematic Risks of Common Stocks", *Journal of Finance* 27(2) (1972): pp. 435-452.

projeto com alavancagem utilizando-se o método do APV é calculado na linha 7 como o total do valor não-alavancado e o valor da dedução tributária. De posse do valor do capital próprio do projeto e de seu endividamento líquido, D^s, podemos utilizar a Equação 18.20 para calcular o custo de capital próprio do projeto em cada ano (linha 11). Observe que o custo de capital próprio diminui com o tempo à medida que o grau de alavancagem do projeto, D^s/E, diminui. No ano 3, a dívida terá sido integralmente quitada e o custo de capital próprio será igual ao custo de capital não-alavancado de 8%.

Dado o custo de capital próprio do projeto, calculamos seu WACC utilizando a Equação 18.1 na linha 12. Por exemplo, no início do projeto,

$$r_{wacc} = \frac{E}{E+D}r_E + \frac{D}{E+D}r_D(1-\tau_c)$$

$$= \frac{30,32}{60,94}9,93\% + \frac{30,62}{60,94}6\%(1-0,40) = 6,75\%$$

Observe que à medida que a alavancagem do projeto diminui, seu WACC aumenta, até no fim se igualar ao custo de capital não-alavancado de 8% quando a dívida do projeto é integralmente quitada no ano 3.

Uma vez tendo calculado o WACC ou o custo de capital próprio, podemos avaliar o projeto utilizando o método do WACC ou do FTE. Como o custo de capital muda com o tempo, ao aplicarmos estes métodos temos que utilizar uma taxa de desconto diferente a cada ano. Por exemplo, se utilizarmos o método do WACC, o valor alavancado a cada ano será calculado como

$$V_t^L = \frac{FCF_{t+1} + V_{t+1}^L}{1 + r_{wacc}(t)} \qquad (18.22)$$

onde $r_{wacc}(t)$ é o WACC do projeto no ano t. Este cálculo é exibido na Tabela 18.11. Observe que o valor alavancado corresponde ao resultado pelo método do APV (linha 7 na Tabela 18.10). A mesma abordagem pode ser utilizada ao aplicarmos o método do FTE.[24]

TABELA 18.10 PLANILHA Valor presente ajustado e custo de capital do projeto RFX da Avco com um programa fixo de reembolso da dívida

	Ano	0	1	2	3	4
Valor não-alavancado ($ milhões)						
1	Fluxo de caixa livre	(28,00)	18,00	18,00	18,00	18,00
2	Valor não-alavancado, V^U (a r_u = 8,0%)	59,62	46,39	32,10	16,67	—
Dedução tributária das despesas com juros						
3	Programa de repagamento da dívida, D_t	30,62	20,00	10,00	—	—
4	Juros pagos (a r_D = 6%)	—	1,84	1,20	0,60	—
5	Dedução tributária das despesas com juros (a τ_c = 40%)	—	0,73	0,48	0,24	—
6	Valor da dedução tributária, T^s (a r_D = 6,0%)	1,32	0,67	0,23	—	—
Valor presente ajustado						
7	**Valor alavancado, $V^L = V^U + T^s$**	**60,94**	**47,05**	**32,33**	**16,67**	**—**
Alavancagem e custo de capital efetivos						
8	Capital próprio, $E = V^L - D$	30,32	27,05	22,33	16,67	—
9	Dívida efetiva, $D^s = D - T^s$	29,30	19,33	9,77	—	—
10	Índice efetivo capital de terceiros/capital próprio, D^s/E	0,966	0,715	0,438	0,000	—
11	**Custo de capital próprio, r_E**	**9,93%**	**9,43%**	**8,88%**	**8,00%**	
12	**WACC, r_{wacc}**	**6,75%**	**6,95%**	**7,24%**	**8,00%**	

---

[24] Podemos observar, porém, que utilizamos o APV para calcular o índice capital de terceiros/capital próprio (*debt-equity ratio*) a cada período, o que precisávamos para calcular r_E e r_{wacc}. Se ainda não tivéssemos solucionado o APV, teríamos que determinar o valor do projeto e seu WACC simultaneamente, utilizando a abordagem descrita no Apêndice deste capítulo, Seção 18A.3.

TABELA 18.11 PLANILHA — Método do WACC para o projeto RFX da Avco com um programa fixo de reembolso da dívida

Ano	0	1	2	3	4
Método do WACC ($ milhões)					
1 Fluxo de caixa livre	(28,00)	18,00	18,00	18,00	18,00
2 WACC, r_{wacc}		6,75%	6,95%	7,24%	8,00%
3 **Valor alavancado, V^L (pela r_{wacc})**	60,94	47,05	32,33	16,67	—

Impostos pessoais

Como discutimos no Capítulo 15, a alavancagem possui consequências tributárias tanto para os investidores quanto para as empresas. Para os indivíduos, os rendimentos provenientes de juros sobre dívida geralmente sofre uma tributação mais pesada do que rendimentos provenientes de ações (ganhos de capital e dividendos). Então, como os impostos pessoais afetam nossos métodos de avaliação?

Se são cobrados impostos dos investidores sobre os rendimentos que eles recebem por deter ações ou títulos de dívida, isso eleva o retorno que eles exigem para deter tais títulos. Isto é, o custo de capital próprio e de terceiros do mercado *já* reflete os efeitos dos impostos que incidem sobre o investidor. Como resultado, *o método do WACC não muda na presença de impostos cobrados dos investidores*; podemos continuar a calcular o WACC de acordo com a Equação 18.1 e calcular o valor alavancado como na Seção 18.2.

A abordagem do APV, porém, exige modificações na presença de impostos cobrados dos investidores, pois ela exige que calculemos o custo de capital não-alavancado. Este cálculo *é* afetado pela presença de impostos cobrados dos investidores. Seja τ_e a alíquota de impostos que os investidores pagam sobre rendimentos provenientes de ações (dividendos) e τ_i a alíquota de impostos que os investidores pagam sobre rendimentos provenientes de juros. Então, dado um retorno esperado sobre a dívida, r_D, definimos r_D^* como o retorno esperado sobre os rendimentos provenientes de ações que daria aos investidores o mesmo retorno após os impostos:

$$r_D^*(1 - \tau_e) = r_D(1 - \tau_i)$$

Então

$$r_D^* \equiv r_D \frac{(1 - \tau_i)}{(1 - \tau_e)} \tag{18.23}$$

Como o custo de capital não-alavancado é de uma empresa hipotética que não possui endividamento, as alíquotas de impostos dos investidores de tal empresa são as alíquotas do capital próprio, então temos que utilizar a alíquota r_D^* ao calcular o custo de capital não-alavancado. Portanto, a Equação 18.20 passa a ser

Custo de capital não-alavancado com impostos pessoais

$$r_U = \frac{E}{E + D^s} r_E + \frac{D^s}{E + D^s} r_D^* \tag{18.24}$$

Então, temos que calcular a dedução tributária das despesas com juros utilizando a vantagem tributária efetiva da dívida, τ^*, em vez de τ_c. A vantagem tributária efetiva da dívida, τ^*, incorpora a alíquota de impostos do investidor sobre rendimentos provenientes de ações, τ_e, e sobre rendimentos provenientes de juros, τ_i, e foi definida no Capítulo 15 como a seguir:

$$\tau^* = 1 - \frac{(1 - \tau_c)(1 - \tau_e)}{(1 - \tau_i)} \tag{18.25}$$

Calculamos então a dedução tributária das despesas com juros utilizando a alíquota de impostos τ^* e a taxa de juros r_D^*:

$$\text{Dedução tributária das despesas com juros no ano } t = \tau^* \times r_D^* \times D_{t-1} \quad (18.26)$$

Finalmente, descontamos as deduções tributárias das despesas com juros pela taxa r_U se a empresa mantiver um grau de alavancagem-alvo ou pela taxa r_D^* se a dívida for determinada de acordo com um programa pré-determinado de repagamento.[25]

Como o Exemplo 18.12 ilustra, o método do WACC é muito mais simples de ser aplicado do que o método do APV no caso em que há impostos para o investidor. O que é mais significativo é que a abordagem do WACC não exige o conhecimento das alíquotas de impostos que incidem

EXEMPLO 18.12 — Utilizando o método do APV com impostos pessoais

Problema

A Apex Corporation possui um custo de capital próprio de 14,4% e um custo de capital de terceiros de 6%, e a empresa mantém um índice capital de terceiros/capital próprio (*debt-equity ratio*) de 1. A Apex está considerando uma expansão que contribuirá com $4 milhões em fluxos de caixa livres no primeiro ano, crescendo a 4% ao ano daí em diante. A expansão custará $60 milhões e será financiada com a contração de uma nova dívida no valor de $40 milhões inicialmente, com um índice capital de terceiros/capital próprio constante mantido a partir de então. A alíquota de impostos da Apex é de 40%; a alíquota de impostos sobre rendimentos provenientes de juros é de 40%, e a alíquota de impostos sobre rendimentos provenientes de ações é de 20%. Calcule o valor da expansão utilizando o método do APV.

Solução

Primeiramente, calculamos o valor sem alavancagem. Da Equação 18.23, o custo de capital de terceiros de 6% é equivalente a uma alíquota de capital próprio de

$$r_D^* = r_D \frac{1-\tau_i}{1-\tau_e} = 6\% \times \frac{1-0,40}{1-0,20} = 4,5\%$$

Como a Apex mantém um índice capital de terceiros/capital próprio (*debt-equity ratio*) constante, $D^s = D$ e seu custo de capital não-alavancado é, utilizando-se as Equações 18.23 e 18.24,

$$r_U = \frac{E}{E+D^s}r_E + \frac{D^s}{E+D^s}r_D^* = 0,50 \times 14,4\% + 0,50 \times 4,5\% = 9,45\%$$

Portanto, $V^U = 4 / (9,45\% - 4\%) = \$73,39$ milhões.

Da Equação 18.25, a vantagem tributária efetiva da dívida é

$$\tau^* = 1 - \frac{(1-\tau_c)(1-\tau_e)}{(1-\tau_i)} = 1 - \frac{(1-0,40)(1-0,20)}{(1-0,40)} = 20\%$$

A Apex adicionará uma nova dívida de $40 milhões inicialmente, então, da Equação 18.26, a dedução tributária das despesas com juros é de 20% × 4,5% × 40 = $0,36 milhão no primeiro ano (observe que utilizamos r_D^* aqui). Com uma taxa de crescimento de 4%, o valor presente da dedução tributária das despesas com juros é

$$PV(\text{Dedução tributária das despesas com juros}) = 0,36 / (9,45\% - 4\%) = \$6,61 \text{ milhões}$$

Portanto, o valor da expansão com alavancagem é dado pelo APV:

$$V^L = V^U + PV(\text{Dedução tributária das despesas com juros}) = 73,39 + 6,61 = \$80 \text{ milhões}$$

Dado o custo de $60 milhões, a expansão possui um NPV de $20 milhões.

---

[25] Se a dívida for permanente, por exemplo, o valor da dedução tributária será $\tau^* r_D^* D / r_D^* = \tau^* D$, como definido no Capítulo 15.

> Verifiquemos este resultado utilizando o método do WACC. Observe que a expansão possui o mesmo índice capital de terceiros/valor da empresa (*debt-to-value ratio*) de 40/80 = 50% que a empresa de maneira geral. Assim, seu WACC é igual ao WACC da empresa:
>
> $$r_{wacc} = \frac{E}{E+D} r_E + \frac{D}{E+D} r_D (1 - \tau_c)$$
>
> $$= 0{,}50 \times 14{,}4\% + 0{,}50 \times 6\% \times (1 - 0{,}40) = 9\%$$
>
> Portanto, $V^L = 4 / (9\% - 4\%) = \$80$ milhões, como antes.

sobre os investidores. Este fato é importante porque na prática, estimar a alíquota marginal de impostos do investidor pode ser muito difícil.

Se a alavancagem ou o risco do investimento não corresponderem aos da empresa, então as alíquotas de impostos dos investidores são necessárias mesmo com o método do WACC uma vez que devemos calcular o custo do capital não-alavancado usando a Equação 10.24. Quando a alíquota de impostos dos investidores sobre os rendimentos provenientes de juros excede a dos rendimentos provenientes de ações, um aumento na alavancagem levará a uma redução menor no WACC (ver Problema 25).

FIXAÇÃO DE CONCEITOS

1. Quando uma empresa possui deduções tributárias pré-determinadas, como medimos seu endividamento líquido ao calcular seu custo de capital não-alavancado?

2. Se o índice capital de terceiros/capital próprio da empresa muda com o tempo, o método do WACC ainda pode ser aplicado?

Resumo

1. Os passos fundamentais do método de avaliação do WACC são os seguintes:

    a. Determinar os fluxos de caixa livres não-alavancados do investimento.

    b. Calcular o custo médio ponderado de capital:

    $$r_{wacc} = \frac{E}{E+D} r_E + \frac{D}{E+D} r_D (1 - \tau_c) \qquad (18.1)$$

    c. Calcular o valor com alavancagem, V^L, descontando os fluxos de caixa livres do investimento utilizando o WACC.

2. Para determinar o valor de um investimento alavancado utilizando o método do APV, proceda da seguinte maneira:

    a. Determinar o valor sem alavancagem, V^U, descontando seus fluxos de caixa livres pelo custo de capital não-alavancado, r_U.

    b. Determinar o valor presente da dedução tributária das despesas com juros.

        i. Dada a dívida D_t na data t, a dedução tributária na data $t + 1$ é $\tau_c r_D D_t$.

        ii. Se o grau de endividamento varia com o valor do investimento ou com seu fluxo de caixa livre, utilize a taxa de desconto r_U. Se a dívida for pré-determinada, desconte a dedução tributária pela taxa r_D.

    c. Adicionar o valor não-alavancado V^U ao valor presente da dedução tributária das despesas com juros para determinar o valor do investimento com alavancagem, V^L.

3. Os passos fundamentais do método do fluxo de caixa do acionista para avaliar um investimento alavancado são os seguintes:

    a. Determinar o fluxo de caixa livre do acionista do investimento:

    $FCFE = FCF - (1 - \tau_c) \times (\text{Pagamentos de juros}) + (\text{Contração de empréstimos líquida}) \qquad (18.9)$

b. Calcular o valor do capital próprio, E, descontando o fluxo de caixa livre do acionista utilizando o custo de capital próprio.

4. Os custos de capital não-alavancado e próprio estão relacionados da seguinte maneira:

$$r_U = \frac{E}{E + D^s} r_E + \frac{D^s}{E + D^s} r_D \text{ ou, equivalentemente, } r_E = r_U + \frac{D^s}{E}(r_U - r_D)$$

onde

a. $D^s = D$, o endividamento líquido da empresa, se a empresa mantiver um grau de alavancagem-alvo (ver Equações 18.6 e 18.10).

b. Se parte da dívida da empresa for pré-determinada, então $D^s = D - T^s$, onde T^s é o valor das deduções tributárias das despesas com juros predeterminadas (ver Equação 18.20).

5. Se o risco de um projeto é diferente do da empresa como um todo, temos que estimar seu custo de capital separadamente do custo de capital da empresa. Estimamos o custo de capital não-alavancado do projeto observando o custo de capital não-alavancado de outras empresas com risco de mercado similar ao do projeto.

6. Se $d = D / (D + E)$ é o índice capital de terceiros/valor da empresa do projeto:

a. Seu WACC é igual a $r_{wacc} = r_U - d\tau_c r_D$, se a empresa mantiver um grau de alavancagem-alvo (ver Equação 18.11).

b. Se parte das deduções tributárias for pré-determinada, então

$$r_{wacc} = r_U - d\tau_c[r_D + \phi(r_U - r_D)] \qquad (18.21)$$

onde $\Phi = T^s / (\tau_c D)$ reflete a permanência do grau de endividamento.

7. Ao avaliarmos a alavancagem associada a um projeto, temos que considerar seu impacto incremental sobre a dívida, menos os saldos de caixa, da empresa em geral, e não somente do financiamento específico utilizado para aquele investimento.

8. Uma empresa possui uma política de cobertura constante de juros se ela determinar a dívida de modo a manter suas despesas com juros como uma fração, k, do fluxo de caixa livre. O valor alavancado de um projeto com tal política de alavancagem é $V^L = (1 + \tau_c k) V^U$.

9. Se uma empresa decidir manter o grau de endividamento em um nível constante, D, permanentemente, então o valor alavancado de um projeto com tal política de alavancagem é $V^L = V^U + \tau_c \times D$.

10. Em geral, o método do WACC é o mais fácil de ser utilizado quando uma empresa possui um índice capital de terceiros/capital próprio (*debt-equity ratio*) alvo que ela planeja manter durante a vida do investimento. Para outras políticas de alavancagem, o método do APV é normalmente o método mais fácil.

11. Os custos de emissão e quaisquer custos ou ganhos provenientes da má precificação de títulos emitidos devem ser incluídos na avaliação do valor de um projeto.

12. Se uma empresa ajustar sua dívida anualmente a um grau de alavancagem-alvo, o valor da dedução tributária das despesas com juros será aumentado pelo fator $(1 + r_U) / (1 + r_D)$.

13. É provável que os custos de dificuldades financeiras (1) diminuam o fluxo de caixa livre esperado de um projeto e (2) elevem seu custo de capital não-alavancado. Levar estes efeitos em consideração, juntamente com outros custos de agência e de informações assimétricas, pode limitar o uso de alavancagem por uma empresa.

14. O método do WACC não precisa ser modificado para incorporar impostos cobrados dos investidores. Para o método do APV, utilizamos a taxa de juros

$$r_D^* \equiv r_D \frac{(1 - \tau_i)}{(1 - \tau_e)} \qquad (18.23)$$

em vez de rD e substituímos τ_c pela alíquota de impostos efetiva:

$$\tau^* = 1 - \frac{(1 - \tau_c)(1 - \tau_e)}{(1 - \tau_i)} \qquad (18.25)$$

Termos fundamentais

capacidade de endividamento *p. 600*
custo de capital não-alavancado *p. 602*
fluxo de caixa do acionista (FTE) *p. 605*
fluxo de caixa livre do acionista (FCFE) *p. 606*

grau de alavancagem-alvo *p. 602*
índice constante de cobertura de juros *p. 614*
valor presente ajustado (APV) *p. 601*

Leituras recomendadas

Para uma outra abordagem da avaliação com alavancagem, ver: T. Copeland, T. Koller e J. Murrin, *Valuation: Measuring and Managing the Value of Companies*, 3ª ed. (Nova York: McGraw-Hill, 2000); e S. P. Pratt, R. F. Reilly, e R. P. Schweihs, *Valuing a Business: The Analysis and Appraisal of Closely Held Companies*, 4ª ed. (Nova York: McGraw-Hill, 2000).

Para uma abordagem mais detalhada das questões discutidas neste capítulo, o leitor interessado achará os seguintes artigos úteis: E. R. Arzac e L. R. Glosten, "A Reconsideration of Tax Shield Valuation", *European Financial Management* 11(4) (2005): pp. 453-461; R. S. Harris e J. J. Pringle, "Risk-Adjusted Discount Rates – Extensions from the Average-Risk Case", *Journal of Financial Research* 8(3) (1985): pp. 237-244; I. Inselbag e H. Kaufold, "Two DCF Approaches in Valuing Companies Under Alternative Financing Strategies (and How to Choose Between Them)", *Journal of Applied Corporate Finance* 10(1) (1997): pp. 114-122; T. A. Luehrman, "Using APV: A Better Tool for Valuing Operations", *Harvard Business Review* 75 (May-June 1997): pp. 145-154; J. A. Miles e J. R. Ezzell, "The Weighted Average Cost of Capital, Perfect Capital Markets, and Project Life: A Clarification", *Journal of Financial and Quantitative Analysis* 15(3) (1980): pp. 719-730; J. A. Miles e J. R. Ezzell, "Reformulation Tax Shield Valuation: A Note", *Journal of Finance* (40(5) (1985): pp. 1485-1492; R. Ruback, "Capital Cash Flows: A Simple Approach to Valuing Risky Cash Flows", *Financial Management* 31(2) (2002): pp. 85-104; e R. A. Taggart, "Consistent Valuation and Cost of Capital Expressions with Corporate and Personal Taxes", *Financial Management* 20(3) (1991): pp. 8-20.

Problemas

Todos os problemas deste capítulo estão disponíveis no MyFinanceLab. Um asterisco (*) indica problemas com maior nível de dificuldade.

Panorama

1. Explique se cada um dos projetos a seguir pode ter risco similar ao risco médio da empresa.

    a. A Clorox Company está considerando lançar uma nova versão do Armor All projetada para limpar e proteger computadores notebook.

    b. A Google, Inc., planeja comprar imóveis para expandir sua central.

    c. A Target Corporation decide expandir o número de lojas que possui no sudeste dos Estados Unidos.

    d. A GE decide abrir um novo parque temático da Universal Studios na China.

2. Suponha que a Caterpillar, Inc., possua 665 milhões de ações em circulação com um preço de $74,77 cada, e $25 bilhões em dívidas. Se em três anos a Caterpillar possuir 700 milhões de ações em circulação sendo negociadas a $83 por ação, qual será o valor de sua dívida se a empresa mantiver um índice capital de terceiros/capital próprio (*debt-equity ratio*) constante?

3. Em 2006, a Intel Corporation possuía uma capitalização de mercado de $112 bilhões, uma dívida de $2,2 bilhões, $9,1 bilhões em dinheiro, e um EBIT de mais de $11 bilhões. Se a Intel aumentasse sua dívida em $1 bilhão e utilizasse o dinheiro para uma recompra de ações, que imperfeições de mercado seriam mais relevantes para compreender as consequências no valor da Intel? Por quê?

O método do custo médio ponderado de capital

4. Suponha que a Goodyear Tire and Rubber Company esteja considerando se desfazer de uma de suas fábricas. Espera-se que a fábrica gere fluxos de caixa livres de $1,5 milhões por ano, crescendo a uma taxa

de 2,5% ao ano. A Goodyear possui um custo de capital próprio de 8,5%, um custo de capital de terceiros de 7%, uma alíquota marginal de impostos de 35% e um índice capital de terceiros/capital próprio de 2,6. Se a fábrica possui um risco médio e a Goodyear planeja manter um índice capital de terceiros/capital próprio constante, que valor após os impostos ela tem que receber pela fábrica para que o desinvestimento seja lucrativo?

5. Suponha que a Lucent Technologies possua um custo de capital próprio de 10%, uma capitalização de mercado de $10,8 bilhões e um valor de empresa de $14,4 bilhões. Suponha que o custo de capital de terceiros da Lucent seja de 6,1% e que sua alíquota marginal de impostos seja de 35%.

   a. Qual é o WACC da Lucent?

   b. Se a Lucent mantiver um índice capital de terceiros/capital próprio constante, qual será o valor de um projeto com risco médio e os seguintes fluxos de caixa livres esperados?

Ano	0	1	2	3
FCF	−100	50	100	70

   c. Se a Lucent mantiver seu índice capital de terceiros/capital próprio, qual será a capacidade de endividamento do projeto na parte (b)?

6. A Acort Industries possui 10 milhões de ações em circulação e um preço corrente de $40 por ação. A empresa também possui uma dívida de longo prazo pendente. Esta dívida é livre de risco, está a quatro anos do vencimento, possui cupons anuais com taxas de 10% e um valor de face de $100 milhões. O primeiro dos pagamentos de cupom restantes vencerá daqui a exatamente um ano. As taxas de juros livres de risco de todos os vencimentos são constantes a 6%. A Acort possui um EBIT de $106 milhões, que deve permanecer constante todos os anos. Espera-se que os novos dispêndios de capital sejam iguais à depreciação e iguais a $13 milhões por ano, apesar de não ser esperada nenhuma mudança no capital de giro líquido no futuro. A alíquota de impostos é de 40% e espera-se que a Acort mantenha seu índice capital de terceiros/capital próprio constante no futuro (ou emitindo novos títulos de dívida, ou recomprando parte de sua dívida com o passar do tempo).

   a. Com base nessas informações, estime o WACC da Acort.

   b. Qual é o custo de capital próprio da Acort?

O método do valor presente ajustado

7. Suponha que a Goodyear Tire and Rubber Company possua um custo de capital próprio de 8,5%, um custo de capital de terceiros de 7%, uma alíquota marginal de impostos de 35% e um índice capital de terceiros/capital próprio de 2,6. Suponha que a Goodyear mantenha um índice capital de terceiros/capital próprio constante.

   a. Qual é o WACC da Goodyear?

   b. Qual é seu custo de capital não-alavancado?

   c. Explique, intuitivamente, por que o custo de capital não-alavancado da Goodyear é menor do que seu custo de capital próprio e maior do que seu WACC.

8. Você é um consultor que foi contratado para avaliar uma nova linha de produtos para a Markum Enterprises. O investimento à vista necessário para lançar a linha de produtos é de $10 milhões. Os produtos gerarão um fluxo de caixa livre de $750.000 no primeiro ano, e espera-se que este fluxo de caixa livre cresça a uma taxa de 4% ao ano. A Markum possui um custo de capital próprio de 11,3%, um custo de capital de terceiros de 5% e uma alíquota de impostos de 35%, e mantém um índice capital de terceiros/capital próprio de 0,40.

   a. Qual é o NPV da nova linha de produtos (incluindo quaisquer deduções tributárias propiciadas pela alavancagem)?

   b. Qual é o valor da dívida que a Markum contrairá inicialmente como resultado do lançamento desta linha de produtos?

   c. Quanto do valor da linha de produtos é atribuível ao valor presente das deduções tributárias das despesas com juros?

9. Considere o projeto da Lucent do Problema 5.

    a. Qual é o custo de capital não-alavancado da empresa?

    b. Qual é o valor não-alavancado do projeto?

    c. Quais são as deduções tributárias das despesas com juros do projeto? Qual é seu valor presente?

    d. Mostre que o APV do projeto da Lucent corresponde ao valor calculado utilizando o método do WACC.

O método do fluxo de caixa do acionista

10. Considere o projeto da Lucent do Problema 5.

    a. Qual é o fluxo de caixa livre do acionista deste projeto?

    b. Qual é o NPV calculado utilizando o método do FTE? Compare-o com o NPV baseado no método do WACC.

11. No ano 1, a AMC obterá $2.000 antes de juros e impostos. O mercado espera que esses rendimentos cresçam a uma taxa de 3% ao ano. A empresa não fará nenhum investimento líquido (os gastos de capital serão equivalentes à depreciação) nem nenhuma mudança no capital de giro líquido. Suponha que a alíquota corporativa de impostos seja igual a 40%. Neste momento, a empresa possui uma dívida livre de risco no valor de $5.000. Ela planeja manter um índice capital de terceiros/capital próprio constante todo ano, de modo que em média a dívida também cresça em 2% ao ano. Suponha que a taxa de juros livre de risco seja de 5% e que o retorno esperado sobre o mercado seja igual a 11%. O beta dos ativos desta indústria é igual a 1,11.

    a. Se a AMC fosse uma empresa não-alavancada, qual seria seu valor de mercado?

    b. Supondo que a dívida esteja justamente precificada, quanto a AMC pagará em juros no próximo ano? Se a dívida da AMC crescerá em 3% ao ano, a que taxa espera-se que seus pagamentos de juros cresçam?

    c. Apesar de a dívida da AMC ser *livre de risco* (a empresa não será inadimplente), o crescimento futuro de sua dívida é incerto, então o valor exato dos pagamentos de juros futuros é arriscado. Supondo que os pagamentos de juros futuros tenham o mesmo beta que os ativos da AMC, qual é o valor presente da dedução tributária das despesas com juros da AMC?

    d. Utilizando o método do APV, qual é o valor de mercado total da AMC, V^L? Qual é o valor de mercado do capital próprio da AMC?

    e. Qual é o WACC da AMC? (*Dica:* trabalhe de trás para frente a partir do FCF e do V_L.)

    f. Utilizando o método do WACC, qual é o retorno esperado para as ações da AMC?

    g. Mostre que a fórmula a seguir é válida para a AMC: $\beta_A = \dfrac{E}{D+E}\beta_E + \dfrac{D}{D+E}\beta_D$.

    h. Supondo que os resultados de quaisquer aumentos na dívida sejam pagos aos acionistas, que fluxos de caixa os acionistas esperam receber em um ano? A que taxa espera-se que esses fluxos de caixa cresçam? Utilize essas informações mais a sua resposta na parte (f) para deduzir o valor de mercado do capital próprio utilizando o método do FTE. Compare este resultado à sua resposta na parte (d).

Custos de capital baseados em projetos

12. A Procter & Gamble (PG) tem historicamente mantido um índice capital de terceiros/capital próprio (*debt-equity ratio*) de aproximadamente 0,20. O preço atual de suas ações é $50 por ação, com 2,5 bilhões de ações em circulação. A empresa desfruta de uma demanda muito estável por seus produtos e, consequentemente, possui um beta das ações baixo, de 0,50, e consegue contrair empréstimos pela taxa de juros de 4,20%, somente 20 centésimos de ponto percentual acima da taxa de juros livre de risco de 4%. O retorno esperado do mercado é de 10% e a alíquota de impostos da PG é de 35%.

    a. Este ano, espera-se que a PG tenha fluxos de caixa livres de $6,0 bilhões. Que taxa de crescimento constante esperada do fluxo de caixa livre é consistente com o preço atual de suas ações?

b. A PG acredita que pode aumentar seu endividamento sem nenhum risco sério de gerar custos de dificuldades financeiras ou outros. Com um índice capital de terceiros/capital próprio mais alto de 0,50, ela acredita que seus custos de contração de empréstimo subirão levemente para 4,50%. Se a PG anunciar que elevará seu índice capital de terceiros/capital próprio para 0,5 através de uma recapitalização alavancada, determine o aumento no preço das ações que resultaria das economias tributárias previstas.

13. A Amarindo, Inc. (AMR), é uma empresa que recentemente passou a ser de capital aberto e que possui 10 milhões de ações em circulação. Você está fazendo uma análise para avaliar a AMR. Você estima que seu fluxo de caixa livre no próximo ano será de $15 milhões e espera que os fluxos de caixa livres da empresa cresçam em 4% por ano nos anos subsequentes. Como a empresa só foi listada na bolsa de valores há pouco tempo, você não possui uma avaliação precisa do beta das ações da AMR. Entretanto, você possui dados sobre o beta da UAL, uma outra empresa na mesma indústria.

	Beta das ações	Beta da dívida	Índice capital de terceiros/capital próprio
UAL	1,5	0,30	1

A AMR possui um índice capital de terceiros/capital próprio muito mais baixo, de 0,30, que espera-se que permaneça estável, e sua dívida é livre de risco. A alíquota corporativa de impostos da AMR é de 40%, a taxa de juros livre de risco é de 5%, e o retorno esperado sobre a carteira de mercado é de 11%.

a. Estime o custo de capital próprio da AMR.

b. Estime o preço das ações da AMR.

EXCEL 14. A Remex (RMX) atualmente não possui dívida em sua estrutura de capital. O beta de suas ações é 1,50. Para cada ano em um futuro indefinido, espera-se que o fluxo de caixa livre da Remex seja igual a $25 milhões. A Remex está considerando mudar sua estrutura de capital emitindo títulos de dívida e utilizando os resultados para recomprar ações. Ela o fará de modo a ter um índice capital de terceiros/capital próprio de 30% após a mudança, e manterá este índice para sempre. Suponha que o custo de capital de terceiros da Remex seja de 6,5%. A alíquota corporativa de impostos da Remex é de 35%. Exceto por este imposto, não há imperfeições de mercado. Suponha que o CAPM seja válido, que a taxa de juros livre de risco seja de 5% e que o retorno esperado sobre o mercado seja de 11%.

a. Utilizando as informações fornecidas, complete a tabela abaixo:

	Índice capital de terceiros/capital próprio	Custo de capital de terceiros	Custo de capital próprio	Custo médio ponderado de capital
Antes da mudança na estrutura de capital	0	N/A		
Após a mudança na estrutura de capital	0,30	6,5%		

b. Utilizando as informações fornecidas e seus cálculos na parte (a), determine o valor da dedução tributária adquirida pela Remex se a empresa mudar sua estrutura de capital da maneira como está considerando.

APV com outras políticas de alavancagem

15. A Tybo Corporation ajusta sua dívida de modo que suas despesas com juros representem 20% de seu fluxo de caixa livre. A Tybo está considerando uma expansão que irá gerar fluxos de caixa livres de $2,5 milhões este ano, e espera-se que eles cresçam a uma taxa de 4% ao ano daí em diante. Suponha que a alíquota marginal corporativa de impostos da Tybo seja de 40%.

a. Se o custo de capital não-alavancado desta expansão é de 10%, qual é seu valor não-alavancado?

b. Qual é o valor alavancado da expansão?

c. Se a Tybo paga 5% de juros sobre sua dívida, que valor a empresa contrairá inicialmente para a expansão?

d. Qual é o índice capital de terceiros/valor da empresa desta expansão? Qual é seu WACC?

e. Qual é o valor alavancado da expansão utilizando o método do WACC?

EXCEL 16. Você está a caminho de uma importante reunião sobre orçamento. No elevador, você revê a análise de avaliação que você pediu a seu estagiário de verão para preparar para um dos projetos a serem discutidos:

Ano	0	1	2	3	4
EBIT		10,0	10,0	10,0	10,0
Juros (5%)		−4,0	−4,0	−3,0	−2,0
Lucros antes dos impostos		6,0	6,0	7,0	8,0
Impostos		−2,4	−2,4	−2,8	−3,2
Depreciação		25,0	25,0	25,0	25,0
Dispêndio de capital	−100,0				
Adições ao NWC (capital de giro líquido)	−20,0				20,0
Novas dívidas líquidas	80,0	0,0	−20,0	−20,0	−40,0
FCFE	−40,0	28,6	8,6	9,2	9,8
NPV com custo de capital próprio a 11%	5,9				

Observando a planilha, você percebe que, apesar de todas as estimativas de fluxo de caixa estarem corretas, seu estagiário utilizou o método de avaliação do fluxo de caixa do acionista e descontou os fluxos de caixa utilizando o custo de capital próprio *da empresa*, de 11%. Entretanto, a alavancagem incremental do projeto é muito diferente do índice capital de terceiros/capital próprio histórico da empresa de 0,20: para este projeto, a empresa irá contrair $80 milhões à vista e irá repagar $20 milhões no ano 2, $20 milhões no ano 3 e $40 milhões no ano 4. Assim, o custo de capital próprio *do projeto* provavelmente é mais alto do que o da empresa e não constante com o passar do tempo – o que invalida o cálculo de seu estagiário.

Claramente, o método do FTE não é a melhor maneira de analisar este projeto. Felizmente, você está com sua calculadora e com alguma sorte você poderá utilizar um método melhor antes da reunião começar.

a. Qual é o valor presente da dedução tributária das despesas com juros associada a este projeto?

b. Quais são os fluxos de caixa livres do projeto?

c. Qual é a melhor estimativa do valor do projeto a partir das informações dadas?

17. Sua empresa está considerando construir uma fábrica de $600 milhões para produzir circuitos de HDTV. Você espera lucros operacionais (EBITDA) de $145 milhões por ano pelos próximos dez anos. A fábrica será depreciada por depreciação em linha reta ao longo de dez anos (supondo que não haja nenhum valor residual para fins tributários). Após dez anos, a fábrica terá um valor residual de $300 milhões (que, como ela será totalmente depreciada, poderão, então, ser tributáveis). O projeto exige um capital de giro de $50 milhões no início, que serão recuperados no ano 10, quando o projeto for encerrado. A alíquota corporativa de impostos é de 35%. Todos os fluxos de caixa ocorrem no final do ano.

a. Se a taxa de juros livre de risco é de 5%, o retorno esperado do mercado é de 11% e o beta dos ativos da indústria de produtos eletrônicos é de 1,67, qual é o NPV do projeto, incluindo benefícios fiscais e alavancagem?

b. Suponha que você possa financiar $400 milhões do custo da fábrica utilizando títulos de dívida de cupom de dez anos, a 9%, vendidos ao par. Este valor é uma nova dívida incremental associada especificamente a este projeto e não alterará outros aspectos da estrutura de capital da empresa. Qual é o valor do projeto, incluindo a dedução tributária da dívida?

Outros efeitos do financiamento

EXCEL **18.** A DFS Corporation é atualmente uma empresa não-alavancada, com ativos com um valor de mercado de $100 milhões e com 4 milhões de ações em circulação. A DFS está considerando uma recapitalização alavancada para impulsionar o preço de suas ações. A empresa planeja contrair uma quantia fixa de dívida permanente (isto é, o principal devido permanecerá constante) e utilizar os resultados para recomprar ações. A DFS paga uma alíquota corporativa de impostos de 35%, então uma motivação para contrair a dívida é reduzir os impostos que incidem sobre a empresa. Entretanto, as taxas bancárias do investimento à vista associado à recapitalização serão de 5% do valor da dívida contraída. Adicionar alavancagem também criará a possibilidade de futuros custos de dificuldades financeiras ou de agência; abaixo vemos as estimativas da DFS para diferentes graus de endividamento:

Valor da dívida ($ milhões)	0	10	20	30	40	50
Valor presente dos custos esperados de dificuldades financeiras e de agência ($ milhões)	0,0	−0,3	−1,8	−4,3	−7,5	−11,3

a. Com base nestas informações, que grau de endividamento é a melhor escolha para a DFS?

b. Estime o preço das ações uma vez que esta transação seja divulgada.

19. Sua empresa está considerando um investimento de $150 milhões para lançar uma nova linha de produtos. Espera-se que o projeto gere um fluxo de caixa livre de $20 milhões por ano, e seu custo de capital não-alavancado é de 10%. Para financiar o investimento, sua empresa contrairá uma dívida permanente de $100 milhões.

a. Suponha que a alíquota marginal corporativa de impostos seja de 35%. Ignorando os custos de emissão, qual é o NPV do investimento incluindo quaisquer benefícios fiscais de alavancagem?

b. Suponha que a sua empresa vá pagar uma taxa de subscrição de 2% ao emitir os títulos de dívida. Ela levantará os outros $50 milhões emitindo ações. Além da taxa de subscrição de 5% para a emissão das ações, você acredita que o preço corrente das ações de sua empresa, de $40, esteja em $5 a menos do que seu valor real. Qual é o NPV do investimento neste caso? (Suponha que todas as taxas sejam cobradas após os impostos.)

20. Considere o projeto RFX da Avco da Seção 18.3. Suponha que a Avco esteja recebendo garantias de empréstimo do governo que a permitam contrair empréstimos pela taxa de juros de 6%. Sem essas garantias, a Avco pagaria 6,5% sobre sua dívida.

a. Qual é o custo de capital não-alavancado da Avco dado seu custo de capital de terceiros real de 6,5%?

b. Qual é o valor não-alavancado do projeto RFX neste caso? Qual é o valor presente da dedução tributária das despesas com juros?

c. Qual é o NPV das garantias de empréstimo? (*Dica:* como os valores reais do empréstimo irão flutuar com o valor do projeto, desconte as economias esperadas com juros pelo custo de capital não-alavancado.)

d. Qual é o valor alavancado do projeto RFX, incluindo a dedução tributária das despesas com juros e o NPV das garantias de empréstimo?

Tópicos avançados em orçamento de capital

21. A Arden Corporation está considerando um investimento em um novo projeto com um custo de capital não-alavancado de 9%. A alíquota marginal corporativa de impostos da Arden é de 40% e seu custo de capital de terceiros é de 5%.

a. Suponha que a Arden ajuste sua dívida continuamente para manter um índice capital de terceiros/capital próprio constante de 50%. Qual é o WACC adequado para o novo projeto?

b. Suponha que a Arden ajuste sua dívida uma vez ao ano para manter um índice capital de terceiros/capital próprio constante igual a 50%. Qual é o WACC adequado para o novo projeto agora?

c. Suponha que o projeto tenha fluxos de caixa livres de $10 milhões por ano, e que espera-se que eles diminuam a uma taxa de 2% ao ano. Qual é o valor do projeto nas partes (a) e (b) agora?

22. A XL Sports espera gerar fluxos de caixa livres de $10,9 milhões por ano. A XL possui uma dívida permanente, uma alíquota de impostos de 40% e um custo de capital não-alavancado de 10%.

   a. Qual é o valor das ações da XL utilizando-se o método do APV?

   b. Qual é o WACC da XL? Qual é o valor das ações da XL utilizando o método do WACC?

   c. Se o custo de capital de terceiros da XL é de 5%, qual é o custo de capital próprio da XL?

   d. Qual é o valor das ações da XL utilizando-se o método do FTE?

EXCEL *23. A Propel Corporation planeja fazer um investimento de $50 milhões, inicialmente financiado integralmente com capital de terceiros. Os fluxos de caixa livres do investimento e da dívida incremental do projeto são exibidos abaixo:

Ano	0	1	2	3
Fluxos de caixa livres	−50	40	20	25
Dívida	50	30	15	0

A dívida incremental do projeto da Propel será paga de acordo com o programa pré-determinado exibido. O custo de capital de terceiros da Propel é de 8%, e sua alíquota de impostos é de 40%. A Propel também estima um custo de capital não-alavancado de 12% para o projeto.

   a. Utilize o método do APV para determinar o valor alavancado do projeto em cada data e seu NPV inicial.

   b. Calcule o WACC deste projeto em cada data. Como o WACC muda com o passar do tempo? Por quê?

   c. Calcule o NPV do projeto utilizando o método do WACC.

   d. Calcule o custo de capital próprio deste projeto em cada data. Como o custo de capital próprio muda com o passar do tempo? Por quê?

   e. Calcule o valor do capital próprio do projeto utilizando o método do FTE. Compare o valor do capital próprio inicial com o NPV calculado nas partes (a) e (c).

*24. A Gartner Systems não possui dívida e possui um custo de capital próprio de 10%. A capitalização de mercado corrente da Gartner é de $100 milhões, e espera-se que seus fluxos de caixa livres cresçam a 3% ao ano. A alíquota corporativa de impostos da empresa é de 35%. Os investidores pagam impostos de 40% sobre rendimentos provenientes de juros e 20% sobre rendimentos provenientes de ações.

   a. Suponha que a Gartner adicione uma dívida permanente de $50 milhões faça a recompra das ações. Qual será o valor alavancado da Gartner neste caso?

   b. Suponha, em vez disso, que a Gartner decida manter um índice capital de terceiros/valor da empresa de 50% a partir de então. Se o custo de capital de terceiros da empresa é de 6,67%, qual será seu valor alavancado neste caso?

EXCEL *25. A Revtek, Inc., possui um custo de capital próprio de 12% e um custo de capital de terceiros de 6%. A Revtek mantém um índice capital de terceiros/capital próprio constante igual a 0,5, e sua alíquota de impostos é de 35%.

   a. Qual é o WACC da Revtek dado seu atual índice capital de terceiros/capital próprio?

   b. Supondo que não haja impostos pessoais, como o WACC da Revtek mudará se ela aumentar seu índice capital de terceiros/capital próprio para 2 e seu custo de capital de terceiros permanecer em 6%?

   c. Agora suponha que os investidores paguem alíquotas de impostos de 40% sobre rendimentos provenientes de juros e de 15% sobre rendimentos provenientes de ações. Como o WACC da Revtek irá mudar se ela aumentar seu índice capital de terceiros/capital próprio para 2 neste caso?

   d. Dê uma explicação intuitiva para a diferença em suas respostas nas partes (b) e (c).

Caso simulado

A Toyota Motor Company está expandindo a produção de seus sistemas de direção híbridos a gás/elétrico e planeja começar a produção nos Estados Unidos. Para possibilitar a expansão, ela está contemplando investir $1,5 bilhão em uma nova fábrica com uma vida esperada de dez anos. Os fluxos de caixa livres previstos da nova fábrica seriam de $220 milhões no primeiro ano de operação, com um crescimento de 10% para cada um dos dois anos seguintes, e então de 5% por ano para os sete anos restantes. Como aluno de MBA recém-contratado na divisão de orçamento de capital, pediram que você avaliasse o novo projeto utilizando os métodos do WACC, do valor presente ajustado e do fluxo de caixa do acionista. Você calculará os custos de capital e valores presentes líquidos adequados com cada método. Como esta é a sua primeira grande tarefa na empresa, querem que você demonstre ser capaz de lidar com diferentes métodos de avaliação. Você terá que buscar as informações necessárias para avaliar os fluxos de caixa livres, mas receberá algumas diretrizes a serem seguidas. (Esta é uma tarefa que exige envolvimento, mas pelo menos você não terá que calcular os fluxos de caixa reais do projeto!)

1. Vá ao *site* da MarketWatch.com (www.marketwatch.com) e obtenha a cotação da Toyota (símbolo: TM).

    a. Clique sobre "Financials" [Dados financeiros]. Os demonstrativos de resultados dos quatro últimos anos fiscais aparecerão. Coloque o cursor no meio dos demonstrativos e clique com o botão direito do mouse. Selecione "Export to Microsoft Excel" [Exportar para o Microsoft Excel].

    b. Volte à página e selecione "Balance Sheets" [Balanços patrimoniais] no alto da página. Repita o procedimento de *download* para os balanços patrimoniais e então os copie e cole na mesma planilha em que você colocou os demonstrativos de resultados.

    c. Clique sobre "Historical Quote" [Cotação histórica] na coluna da esquerda e encontre o preço das ações da Toyota para o última dia do mês do final de cada um dos quatro últimos anos fiscais. Registre o preço das ações de cada data em sua planilha.

2. Crie um diagrama de fluxos de caixa no Excel com os fluxos de caixa livres para os dez anos do projeto.

3. Determine o WACC utilizando a Equação 18.1.

    a. Para o custo da dívida, r_D:

        i. Vá ao *site* da NasdBondInfo.com (http://cxa.marketwatch.com/finra/BondCenter/Default.aspx) e clique para buscar por símbolo. Entre com o símbolo da Toyota e pressione Enter.

        ii. Encontre a rentabilidade do título de dívida da Toyota Motor Credit Corp. com vencimento em 1/25/2016 (25 de janeiro de 2016). Digite a rentabilidade em sua planilha como uma estimativa para o custo de capital de terceiros da Toyota.

    b. Para o custo do capital próprio, r_E:

        i. Obtenha a rentabilidade do *Treasury bond* de dez anos no *site* do Yahoo! Finance (http://finance.yahoo.com). Desça até "Market Summary" [Resumo do mercado]. Digite esta rentabilidade como a taxa de juros livre de risco.

        ii. Encontre o beta da Toyota no *site* da Nasdaq.com. Digite o símbolo da Toyota e clique em "Summary Quote" [Resumo das cotações]. O beta da Toyota estará listado lá.

        iii. Utilize um prêmio de risco de mercado de 4,50% para calcular r_E utilizando o CAPM.

    c. Determine os valores de E e D a partir da Equação 18.1 e os índices capital de terceiros/capital próprio e capital de terceiros/valor da empresa para a Toyota.

        i. Para calcular a dívida líquida da Toyota, adicione a dívida de longo prazo e a dívida de curto prazo e subtraia dinheiro e equivalentes para cada ano no balanço patrimonial.

        ii. Multiplique os preços históricos das ações pelos dados das "Basic Weighted Shares Outstanding" [Média ponderada das ações em circulação] no demonstrativo de resultados para calcular a capitalização de mercado da Toyota no final de cada ano fiscal.

        iii. Calcule o valor de empresa da Toyota no final de cada ano fiscal combinando os valores obtidos para sua capitalização de mercado e sua dívida líquida.

iv. Calcule o índice capital de terceiros/valor da empresa (*debt-to-value ratio*) da Toyota no final de cada ano dividindo sua dívida líquida por seu valor de empresa. Utilize o índice médio dos quatro últimos anos como uma estimativa para o índice capital de terceiros/valor da empresa alvo da Toyota.

d. Determine a alíquota de impostos da Toyota dividindo a alíquota de impostos pelos rendimentos antes dos impostos para cada ano. Tire a média das quatro alíquotas para obter a alíquota marginal corporativa de impostos da Toyota.

e. Calcule o WACC da Toyota utilizando a Equação 18.1.

4. Calcule o NPV da expansão do motor híbrido dados os fluxos de caixa livres que você calculou utilizando o método de avaliação do WACC.

5. Determine o NPV utilizando o método do valor presente ajustado, e também utilizando o método do fluxo de caixa do acionista. Em ambos os casos, suponha que a Toyota mantenha o grau de alavancagem-alvo que você calculou na Questão 3(c).

6. Compare os resultados segundo os três métodos e explique como os NPVs resultantes são obtidos segundo cada um dos três diferentes métodos.

APÊNDICE DO CAPÍTULO 18

Fundamentos e mais detalhes

Neste apêndice veremos os fundamentos do método do WACC e procuraremos estabelecer a relação entre os custos de capital alavancado e não-alavancado de uma empresa. Também abordaremos como podemos encontrar a política de alavancagem e o valor de uma empresa simultaneamente.

18A.1 Deduzindo o método do WACC

O WACC pode ser utilizado para avaliar um investimento alavancado, como na Equação 18.2 na página 597. Consideremos um investimento que é financiado tanto por capital de terceiros quanto por capital próprio. Como os acionistas exigem um retorno esperado de r_E sobre seu investimento e os titulares de dívida exigem um retorno de r_D, a empresa terá que pagar aos investidores um total de

$$E(1 + r_E) + D(1 + r_D) \tag{18A.1}$$

no ano seguinte. Qual é o valor do investimento no ano seguinte? O projeto gera fluxos de caixa livres de FCF_1 no final do ano. Além disso, a dedução tributária das despesas com juros sobre a dívida fornece uma economia tributária de $\tau_c \times$ (juros sobre a dívida) $\approx \tau_c r_D D$.[26] Finalmente, se o investimento irá continuar para além do próximo ano, ele terá um valor de continuação de V_1^L. Assim, para satisfazer os investidores, os fluxos de caixa do projeto têm que ser tais que

$$E(1 + r_E) + D(1 + r_D) = FCF_1 + \tau_c r_D D + V_1^L \tag{18A.2}$$

Como $V_0^L = E + D$, podemos escrever a definição do WACC na Equação 18.1 como

$$r_{wacc} = \frac{E}{V_0^L} r_E + \frac{D}{V_0^L} r_D (1 - \tau_c) \tag{18A.3}$$

Se movermos a dedução tributária das despesas com juros para o lado esquerdo da Equação 18A.2, podemos utilizar a definição do WACC para reescrever a Equação 18A.2 como a seguir:

$$\underbrace{E(1 + r_E) + D[1 + r_D(1 - \tau_c)]}_{V_0^L(1 + r_{wacc})} = FCF_1 + V_1^L \tag{18A.4}$$

Dividindo por $(1 + r_{wacc})$, podemos expressar o valor do investimento hoje como o valor presente dos fluxos de caixa livres e o valor de continuação do próximo período:

$$V_0^L = \frac{FCF_1 + V_1^L}{1 + r_{wacc}} \tag{18A.5}$$

---

[26] O retorno sobre a dívida r_D não precisa necessariamente ser proveniente apenas de pagamentos de juros. Se C_t é o cupom pago e D_t é o valor de mercado da dívida no período t, então, no período t, r_D é definido como

$$r_D = \frac{E[\text{Pagamento de cupom + Ganho de capital}]}{\text{Preço corrente}} = \frac{E[C_{t+1} + D_{t+1} - D_t]}{D_t}$$

O retorno que determina a despesa com juros da empresa é

$$\bar{r}_D = \frac{E[C_{t+1} + \bar{D}_{t+1} - \bar{D}_t]}{D_t}$$

onde $\bar{D}_t$ é o valor da dívida na data t de acordo com um programa fixo determinado pela lei fiscal com base na diferença entre o preço inicial do título de dívida e seu valor de face, que é chamado de *desconto de emissão original* (OID, ou *original issue discount*, no original). (Se o título de dívida é emitido ao par e a empresa não será inadimplente no próximo cupom, então $\bar{D}_t = \bar{D}_{t+1}$ e $\bar{r}_D = C_{t+1} / D_t$, que é o *rendimento corrente* do título de dívida.) Assim, o verdadeiro custo do capital de terceiros após os impostos é $(r_D - \tau_c \bar{r}_D)$. Na prática, a distinção entre r_D e $\bar{r}_D$ geralmente é ignorada, e o custo do capital de terceiros após os impostos é calculado como $r_D(1 - \tau_c)$. Além disso, o rendimento do título de dívida até o vencimento é geralmente utilizado no lugar de r_D. Como o rendimento até o vencimento ignora o risco de inadimplência, ele geralmente exagera o r_D e, portanto, o WACC.

Da mesma maneira, podemos escrever o valor em um ano, V_1^L, como o valor descontado dos fluxos de caixa livres e o valor de continuação do projeto no ano 2. Se o WACC for o mesmo no ano seguinte, então

$$V_0^L = \frac{FCF_1 + V_1^L}{1 + r_{wacc}} = \frac{FCF_1 + \frac{FCF_2 + V_2^L}{1 + r_{wacc}}}{1 + r_{wacc}} = \frac{FCF_1}{1 + r_{wacc}} + \frac{FCF_2 + V_2^L}{(1 + r_{wacc})^2} \quad (18A.6)$$

Substituindo repetidamente cada valor de continuação, e *supondo que o WACC permaneça constante*, podemos deduzir a Equação 18.2:[27]

$$V_0^L = \frac{FCF_1}{1 + r_{wacc}} + \frac{FCF_2}{(1 + r_{wacc})^2} + \frac{FCF_3}{(1 + r_{wacc})^3} + \cdots \quad (18A.7)$$

Isto é, *o valor de um investimento alavancado é o valor presente de seus fluxos de caixa livres futuros utilizando o custo médio ponderado de capital.*

18A.2 Os custos de capital alavancado e não-alavancado

Neste apêndice, deduzimos a relação entre o custo de capital alavancado e não-alavancado da empresa. Suponhamos que um investidor detenha uma carteira com todas as ações e títulos de dívida da empresa. Então, o investidor receberá os fluxos de caixa livres da empresa mais as economias tributárias provenientes das deduções das despesas com juros. Estes são os mesmos fluxos de caixa que um investidor receberia de uma carteira da empresa não-alavancada (que gera os fluxos de caixa livres) e um título de "dedução tributária" separado que pagasse ao investidor o valor da dedução tributária de cada período. Como essas duas carteiras geram os mesmos fluxos de caixa, pela Lei do Preço Único elas têm os mesmos valores de mercado:

$$V^L = E + D = V^U + T \quad (18A.8)$$

onde T é o valor presente da dedução tributária das despesas com juros. A Equação 18A.8 é a base do método do APV. Como essas carteiras têm fluxos de caixa iguais, elas também têm que ter retornos esperados idênticos, o que implica que

$$Er_E + Dr_D = V^U r_U + T r_T \quad (18A.9)$$

onde r_T é o retorno esperado associado às deduções tributárias das despesas com juros. A relação entre r_E, r_D e r_U dependerá do retorno esperado r_T, que é determinado pelo risco da dedução tributária das despesas com juros. Consideremos os dois casos discutidos anteriormente no texto.

Grau de alavancagem-alvo

Suponhamos que a empresa ajuste sua dívida continuamente para manter um índice capital de terceiros/valor da empresa (*debt-to-value ratio*) alvo, ou uma proporção alvo de juros por fluxo de caixa livre. Mostraremos abaixo que neste caso o risco da dedução tributária das despesas com juros será igual ao do fluxo de caixa livre da empresa, portanto $r_T = r_U$. Com esta observação, a Equação 18A.9 passa a ser

$$Er_E + Dr_D = V^U r_U + T r_U = (V^U + T) r_U$$
$$= (E + D) r_U \quad (18A.10)$$

Dividindo por $(E + D)$, chegamos à Equação 18.6 da página 602.

---

[27] Esta expansão adota a mesma abordagem que adotamos no Capítulo 9 para deduzir a fórmula do dividendo descontado do preço das ações.

Programa pré-determinado de repagamento da dívida

Suponhamos que parte da dívida da empresa seja determinada de acordo com um programa pré-determinado independente do crescimento da empresa. Suponhamos que o valor da dedução tributária do repagamento programado da dívida seja T^s, e que o valor restante da dedução tributária $T - T^s$ seja da dívida que será ajustada de acordo com um grau de alavancagem-alvo. Como o risco da dedução tributária das despesas com juros da dívida programada é similar ao risco da própria dívida, a Equação 18A.9 passa a ser

$$Er_E + Dr_D = V^U r_U + Tr_T = V^U r_U + (T - T^s) r_U + T^s r_D \qquad (18A.11)$$

Subtraindo $T^s r_D$ de ambos os lados, e utilizando-se $D^s = D - T^s$,

$$Er_E + D^s r_D = (V^U + T - T^s) r_U = (V^L - T^s) r_U$$
$$= (E + D^s) r_U \qquad (18A.12)$$

Dividindo por $(E + D^s)$, chegamos à Equação 18.20 da página 623.

Risco da dedução tributária com um grau de alavancagem-alvo

A análise anterior dependia do fato de que, com um grau de alavancagem-alvo, é razoável supor que $r_T = r_U$. Por que se faria isso?

Definimos um grau de alavancagem-alvo como um cenário em que a empresa ajusta sua dívida na data t para que ela seja igual a uma proporção $d(t)$ do valor do investimento, ou igual a uma proporção $k(t)$ de seu fluxo de caixa livre. (O grau de alavancagem-alvo para qualquer das políticas não precisa necessariamente ser constante ao longo do tempo, mas pode variar de acordo com um programa pré-determinado.)

Com qualquer das políticas, o valor na data t da dedução tributária incremental do fluxo de caixa livre do projeto em uma data posterior s, FCF_s, é proporcional ao valor do fluxo de caixa $V_t^L (FCF_s)$. A suposição $r_T = r_U$, portanto, é válida contanto que todos os fluxos de caixa tenham o mesmo risco de mercado entre $t - 1$ e t; ou seja, descontado $V_t^L (FCF_s)$ para o período $t - 1$, o custo de capital não depende de s (suposição padrão na orçamentação de capital).[28]

18A.3 Encontrando alavancagem e valor simultaneamente

Quando utilizamos o método do APV, precisamos saber o grau de alavancagem para calcular a dedução tributária das despesas com juros e determinar o valor do projeto. Mas se a empresa mantiver um índice capital de terceiros/valor da empresa (*debt-to-value ratio*) constante, precisaremos saber o valor do projeto para determinar o grau de alavancagem. Como podemos aplicar o método do APV neste caso?

Quando uma empresa mantém um grau de alavancagem constante, para utilizar o método do APV temos que encontra o grau de alavancagem e o valor do projeto simultaneamente. Apesar de complicado de ser feito à mão, (felizmente) é fácil fazê-lo no Excel. Começaremos com a planilha exibida na Tabela 18A.1, que ilustra o cálculo padrão do APV descrito na Seção 18.3 deste livro. Por enquanto, acabamos de inserir valores arbitrários para a capacidade de endividamento do projeto na linha 3.

Observemos que a capacidade de endividamento especificada na linha 3 não é consistente com o índice capital de terceiros/valor da empresa de 50% do projeto. Por exemplo, dado o valor de $60,98 milhões no ano 0, a capacidade de endividamento inicial deveria ser de 50% × $60,98 milhões = $30,49 milhões no ano 0. Mas se mudarmos cada capacidade de endividamento da linha 3 para um *valor numérico* que é 50% do valor na linha 7, a dedução tributária das despesas com juros e o valor do projeto mudarão, e ainda não teremos um índice capital de terceiros/valor da empresa de 50%.

---

[28] Se o risco dos fluxos de caixa individuais diferir, então r_T será uma média ponderada dos custos de capital não-alavancado dos fluxos de caixa individuais, com os pesos dependendo do programa d ou k. Ver P. DeMarzo, "A Note on Discounting Tax Shields and the Unlevered Cost of Capital", working paper, 2006.

TABELA 18A.1 PLANILHA — Valor presente ajustado do projeto RFX da Avco com graus de endividamento arbitrários

Ano	0	1	2	3	4
Valor não-alavancado ($ milhões)					
1 Fluxo de caixa livre	(28,00)	18,00	18,00	18,00	18,00
2 Valor não-alavancado, V^U (a $r_u = 8,0\%$)	59,62	46,39	32,10	16,67	—
Dedução tributária das despesas com juros					
3 Capacidade de endividamento (arbitrária)	30,00	20,00	10,00	5,00	—
4 Juros pagos (a $r_d = 6\%$)	—	1,80	1,20	0,60	0,30
5 Dedução tributária das despesas com juros (a $\tau_c = 40\%$)	—	0,72	0,48	0,24	0,12
6 Valor da dedução tributária, T (a $r_u = 8,0\%$)	1,36	0,75	0,33	0,11	—
Valor presente ajustado					
7 **Valor alavancado**, $V^L = V^U + T$	**60,98**	**47,13**	**32,42**	**16,78**	—

A solução é inserir na linha 3 uma *fórmula* que determine a capacidade de endividamento como 50% do valor do projeto na linha 7, criando uma referência circular na planilha (e você provavelmente receberá uma mensagem de erro). Mudando a opção de cálculo no Excel para calcular a planilha iterativamente (Tools > menu Options, Calculation Tab, e marcar a caixa Iteration) [Ferramentas > menu Opções, selecionar a aba "Cálculo" e marcar a caixa "Iteração"], o Excel continuará calculando até os valores nas linhas 3 e 7 da planilha serem consistentes, como exibido na Tabela 18A.2.

TABELA 18A.2 PLANILHA — Valor presente ajustado do projeto RFX da Avco com graus de endividamento solucionados iterativamente

Ano	0	1	2	3	4
Valor não-alavancado ($ milhões)					
1 Fluxo de caixa livre	(28,00)	18,00	18,00	18,00	18,00
2 Valor não-alavancado, V^U (a $r_u = 8,0\%$)	59,62	46,39	32,10	16,67	—
Dedução tributária das despesas com juros					
3 Capacidade de endividamento (a $d = 50\%$)	30,62	23,71	16,32	8,43	—
4 Juros pagos (a $r_d = 6\%$)	—	1,84	1,42	0,98	0,51
5 Dedução tributária das despesas com juros (a $\tau_c = 40\%$)	—	0,73	0,57	0,39	0,20
6 Valor da dedução tributária, T (a $r_u = 8,0\%$)	1,63	1,02	0,54	0,19	—
Valor presente ajustado					
7 **Valor alavancado**, $V^L = V^U + T$	**61,25**	**47,41**	**32,63**	**16,85**	—

O mesmo método pode ser aplicado ao se utilizar o método do WACC com graus de endividamento conhecidos. Neste caso, precisamos saber o valor do projeto para determinar o índice capital de terceiros/valor da empresa (*debt-to-value ratio*) e calcular o WACC, e precisamos saber o WACC para calcular o valor do projeto. Novamente, podemos utilizar a iteração dentro do Excel para determinar simultaneamente o valor do projeto e o índice capital de terceiros/valor da empresa.

CAPÍTULO 19

Avaliação e Modelagem Financeira: Estudo de Caso

A meta deste capítulo é aplicar as ferramentas financeiras que desenvolvemos até este momento para demonstrar como elas são utilizadas na prática na construção de um modelo de avaliação de uma empresa. Neste capítulo, avaliaremos uma empresa hipotética, a Ideko Corporation. A Ideko é uma empresa de capital fechado que projeta e produz óculos esportivos especializados, sediada em Chicago. Em meados de 2005, seu proprietário e fundador, June Wong, decidiu vender a empresa após ter renunciado ao controle da gerência aproximadamente quatro anos antes. Como sócio da PKK Investimentos, você está investigando adquirir a empresa. Se um acordo puder ser fechado, a aquisição ocorrerá no final do ano fiscal corrente. Quando isso acontecer, a PKK planeja implementar melhorias operacionais e financeiras na Ideko pelos cinco próximos anos, após os quais ela pretende vender a empresa.

A Ideko possui um total de ativos de $87 milhões e vendas anuais de $75 milhões. A empresa também é bastante lucrativa, com rendimentos neste ano de quase $7 milhões, gerando uma margem de lucro líquido de 9,3%. Você acredita poder fechar o negócio comprando o patrimônio da Ideko no final deste ano fiscal por um preço de aquisição de $150 milhões, que é quase o dobro de seu valor contábil corrente. Este preço é razoável?

Começaremos o capítulo estimando o valor da Ideko utilizando dados de empresas comparáveis. Analisaremos então as estratégias operacionais da PKK de administração da empresa após a aquisição para identificar áreas de possíveis melhorias. Construiremos um modelo financeiro para projetar fluxos de caixa que reflitam essas melhorias operacionais. Essas previsões de fluxo de caixa nos permitem avaliar a Ideko utilizando o modelo do APV introduzido no Capítulo 18 e estimar o retorno sobre o investimento da PKK. Finalmente, exploraremos a sensibilidade das estimativas de avaliação às nossas principais suposições.

notação

R_s	retorno sobre o título s
r_f	taxa de juros livre de risco
α_s	alfa do título s
β_s	beta do título s
R_{mkt}	retorno da carteira de mercado
$E[R_{mkt}]$	retorno esperado da carteira de mercado
ε_s	termo de erro da regressão
β_U	beta de uma empresa não-alavancada
β_D	beta da dívida de uma empresa alavancada
r_U	custo de capital não-alavancado
V_t^L	valor de continuidade do projeto na data t
FCF_t	fluxo de caixa livre na data t
r_{wacc}	custo médio ponderado de capital
g	taxa de crescimento
V^U	valor não-alavancado
T^s	valor da dedução tributária pré-determinada
r_D	custo de capital de terceiros

19.1 Avaliação utilizando comparáveis

Como resultado de conversas preliminares com o fundador da Ideko, você possui estimativas dos rendimentos e das informações do balanço patrimonial da empresa para o ano fiscal corrente, exibidas na Tabela 19.1. A Ideko possui atualmente uma dívida pendente de $4,5 milhões, mas também possui um saldo de caixa substancial. Para obter sua primeira estimativa do valor da Ideko, você decide avaliá-la examinando empresas comparáveis.

TABELA 19.1 PLANILHA — Dados estimados da declaração de rendimentos e do balanço patrimonial de 2005 da Ideko Corporation

Declaração de rendimentos (milhares de $)	Ano 2005
1 Vendas	75.000
2 Custo dos bens vendidos	
3 Matérias-primas	(16.000)
4 Custos diretos de mão-de-obra	(18.000)
5 **Lucro bruto**	41.000
6 Vendas e marketing	(11.250)
7 Administrativo	(13.500)
8 **EBITDA**	16.250
9 Depreciação	(5.500)
10 **EBIT**	10.750
11 Despesas com juros (líquida)	(75)
12 **Rendimentos antes dos juros**	10.675
13 Imposto de renda	(3.736)
14 **Lucro líquido**	6.939

Balanço patrimonial (milhares de $)	Ano 2005
Ativos	
1 Dinheiro e equivalentes	12.664
2 Contas a receber	18.493
3 Estoques	6.165
4 **Total de ativos circulantes**	37.322
5 Propriedades, instalações e equipamentos	49.500
6 Ativo intangível	—
7 **Total de ativos**	86.822
Passivos e patrimônio dos acionistas	
8 Contas a pagar	4.654
9 Dívida	4.500
10 **Total de passivos**	9.154
11 **Patrimônio dos acionistas**	77.668
12 **Total de passivos e patrimônio**	86.822

Uma maneira rápida de avaliar a racionalidade do preço proposto para a Ideko é compará-lo ao de outras empresas de capital aberto utilizando o método de empresas comparáveis introduzido no Capítulo 9. Por exemplo, por um preço de $150 milhões, o índice preço-lucro (P/E) da Ideko é 150.000 / 6.939 = 21,6, aproximadamente igual ao índice P/E de mercado médio em meados de 2005.

É ainda mais informativo comparar a Ideko a empresas em uma linha de negócios similar. Apesar de nenhuma empresa ser exatamente comparável à Ideko em termos de sua linha de produtos geral, três empresas às quais ela é similar são a Oakley, Inc., o Luxottica Group e a Nike, Inc. O concorrente mais direto é a Oakley, que também projeta e produz óculos esportivos. O Luxottica Group é um produtor de óculos italiano, mas grande parte de seus negócios é de óculos de grau; o grupo também é proprietário e opera várias cadeias de varejo de óculos. A Nike é uma fabricante de produtos esportivos especializados, mas se concentra em calçados. Você também decide comparar a Ideko a uma carteira de empresas da indústria de artigos esportivos.

A Tabela 19.2 mostra uma comparação do valor da Ideko ao valor desse grupo de "colegas", além de à empresa típica da indústria de artigos esportivos. A tabela não somente lista índices P/E, mas também mostra o valor de cada empresa (EV) como um múltiplo das vendas e do EBITDA (lucros antes dos juros, impostos, depreciação e amortização). Lembremos que o valor de empresa é o valor total do patrimônio mais a dívida líquida, onde a dívida líquida é a dívida menos dinheiro e investimentos em títulos negociáveis na bolsa de valores que não são necessários como parte das operações normais. A Ideko possui uma dívida de $4,5 milhões e você estima que a empresa detenha $6,5 milhões em dinheiro além do necessário para o capital de giro. Assim, o valor de empresa da Ideko pelo preço de aquisição proposto é de 150 + 4,5 − 6,5 = $148 milhões.

Pelo preço proposto, o índice P/E da Ideko é baixo em relação aos da Oakley e do Luxottica, apesar de estar um tanto acima dos índices P/E da Nike e da indústria como um todo. O mesmo

TABELA 19.2	Comparação dos índices financeiros da Ideko, meados de 2005				
Índice	Ideko (proposto)	Oakley, Inc.	Luxottica Group	Nike, Inc.	Indústria de artigos esportivos
P/E	21,6×	24,8×	28,0×	18,2×	20,3×
EV/Vendas	2,0×	2,0×	2,7×	1,5×	1,4×
EV/EBITDA	9,1×	11,6×	14,4×	9,3×	11,4×
EBITDA/Vendas	21,7%	17,0%	18,5%	15,9%	12,1%

pode ser dito sobre a avaliação da Ideko como um múltiplo das vendas. Assim, com base nestas duas medidas, a Ideko parece "barata" em comparação à Oakley e ao Luxottica, mas está precificada com um ágio em relação à Nike e à empresa típica de artigos esportivos. A transação se sobressai, porém, se compararmos o valor de empresa da Ideko em relação ao EBITDA. O preço de aquisição de apenas nove vezes o EBITDA está abaixo do de todas as empresas comparáveis e também do da média da indústria. O baixo múltiplo do EBITDA da Ideko é um resultado de suas altas margens de lucro: a 16.250 / 75.000 = 21,7%, sua margem de EBITDA excede a de todas as comparáveis.

Apesar de a Tabela 19.2 restaurar um pouco a confiança de que o preço da aquisição é razoável em relação a outras empresas da indústria, de maneira alguma ela comprova que a aquisição seja uma boa oportunidade de investimento. Assim como com qualquer comparação, os múltiplos da Tabela 19.2 variam substancialmente. Além disso, eles ignoram diferenças importantes, como a eficiência operacional e as perspectivas de crescimento das empresas, e eles não refletem os planos da PKK para aprimorar as operações da Ideko. Para avaliar se este investimento é atraente, precisamos de uma análise cuidadosa tanto dos aspectos operacionais da empresa quanto dos fluxos de caixa definitivos que se espera que a transação gere e o retorno que deve ser exigido.

EXEMPLO 19.1

Avaliação por comparáveis

Problema

Que faixa de preços de aquisição da Ideko está implícita pela faixa de múltiplos de P/E, EV/Vendas e EV/EBITDA da Tabela 19.2?

Solução

Para cada múltiplo, podemos encontrar os valores máximo e mínimo para todas as três empresas e para a carteira da indústria. Aplicar cada múltiplo aos dados da Ideko contidos na Tabela 19.1 gera os seguintes resultados:

	Faixa		Preço ($ milhões)	
Múltiplo	Mínimo	Máximo	Mínimo	Máximo
P/E	18,2×	28,0×	126,3	194,3
EV/Vendas	1,4×	2,7×	107,0	204,5
EV/EBITDA	9,3×	14,4×	153,1	236,0

Por exemplo, a Nike possui o múltiplo P/E mais baixo, de 18,2. Multiplicando este P/E pelo lucro da Ideko de $6,94 milhões, obtemos um valor de 18,2 × 6,94 = $126,3 milhões. O múltiplo mais alto de valor de empresa sobre vendas é 2,7 (Luxottica); com este múltiplo, o valor de empresa da Ideko é 2,7 × 75 = $202,5 milhões. Somando o excesso monetário e subtraindo a dívida da Ideko, temos um preço de aquisição de 202,5 + 6,5 − 4,5 = $204,5 milhões. A tabela acima demonstra que, apesar de as comparáveis fornecerem um útil *benchmark*, elas não podem ser tomadas como base para uma estimativa precisa do valor da empresa.

FIXAÇÃO DE CONCEITOS

1. Qual é o propósito da avaliação utilizando comparáveis?
2. Se a avaliação utilizando comparáveis indica que o preço de aquisição é razoável em comparação a outras empresas da indústria, ela confirma se a aquisição é uma boa oportunidade de investimento?

19.2 O plano de negócios

Apesar de as comparáveis fornecerem um útil ponto de partida, a aquisição ser um investimento bem-sucedido para a PKK irá depender do desempenho da Ideko pós-aquisição. Assim, é necessário observar detalhadamente as operações, investimentos e a estrutura de capital da Ideko, e avaliar seu potencial para melhorias e crescimento futuro.

Melhorias operacionais

Do lado operacional, você está bastante otimista em relação às perspectivas da empresa. Espera-se que o mercado cresça em 5% ao ano, e que a Ideko produz um produto de qualidade superior. A fração de mercado da Ideko não cresceu nos últimos anos porque a gerência atual dedicou recursos insuficientes ao desenvolvimento de produtos, vendas e *marketing*. Ao contrário, a Ideko teve gastos administrativos excessivos. De fato, a Tabela 19.1 revela que suas despesas administrativas atuais representam 13.500 / 75.000 = 18% das vendas, uma taxa que excede suas despesas com vendas e *marketing* (15% das vendas). Este números contrastam fortemente com as suas rivais, que gastam menos em despesas gerais administrativas do que em vendas e *marketing*.

A PKK planeja cortar os custos administrativos imediatamente e redirecionar recursos para o desenvolvimento de novos produtos, vendas e *marketing*. Ao fazê-lo, você acredita que a Ideko possa aumentar sua fração de mercado de 10% para 15% nos próximos cinco anos. A maior demanda de vendas pode ser atendida a curto prazo utilizando as linhas de produção existentes aumentando-se as horas extras e fazendo alguns turnos nos finais de semana. Uma vez que o crescimento no volume exceda os 50%, porém, a Ideko precisará empreender uma grande expansão para aumentar sua capacidade de produção.

A planilha da Tabela 19.3 mostra as suposições feitas sobre o custo de vendas e o custo operacional dos próximos cinco anos baseadas neste plano. Na planilha, os números em azul-claro representam dados que já foram fornecidos, enquanto que os números em preto são calculados com base nos dados fornecidos. Por exemplo, dado o tamanho do mercado atual de 10 milhões de unidades e uma taxa de crescimento esperada de 5% ao ano, a planilha calcula o tamanho esperado do mercado nos anos 1 a 5. Também é exibido o crescimento esperado na fração de mercado da Ideko.

Observe que espera-se que o preço médio de venda da Ideko aumente devido a uma inflação de 2% a cada ano. Da mesma maneira, espera-se que os custos de produção subam. A previsão é de

TABELA 19.3 PLANILHA — Suposições sobre os custos de vendas e custos operacionais da Ideko

	Ano		2005	2006	2007	2008	2009	2010
Dados das vendas	Crescimento/Ano							
1 Tamanho do mercado	(mil unidades)	5,0%	10.000	10.500	11.025	11.576	12.155	12.763
2 Fração de mercado		1,0%	10,0%	11,0%	12,0%	13,0%	14,0%	15,0%
3 Preço médio das vendas	($/unidade)	2,0%	75,00	76,50	78,03	79,59	81,18	82,81
Dados sobre custos das mercadorias								
4 Matérias-primas	($/unidade)	1,0%	16,00	16,16	16,32	16,48	16,65	16,82
5 Custos diretos de mão-de-obra	($/unidade)	4,0%	18,00	18,72	19,47	20,25	21,06	21,90
Despesas operacionais e dados sobre impostos								
6 Vendas e marketing	(% vendas)		15,0%	16,5%	18,0%	19,5%	20,0%	20,0%
7 Administrativas	(% vendas)		18,0%	15,0%	15,0%	14,0%	13,0%	13,0%
8 Alíquota de impostos			35,0%	35,0%	35,0%	35,0%	35,0%	35,0%

que as matérias-primas aumentem a uma taxa de 1%, e, apesar de você esperar alguns ganhos em produtividade, os custos de mão-de-obra subirão a uma taxa de 4% devido às horas extras adicionais. A tabela também mostra a realocação dos recursos da administração para vendas e *marketing* ao longo do período de cinco anos.

EXEMPLO 19.2

Exigências de capacidade de produção

Problema

Com base nos dados da Tabela 19.3, que capacidade de produção a Ideko irá exigir por ano? Quando será necessária uma expansão?

Solução

O volume de produção em cada ano pode ser estimado multiplicando-se o tamanho de mercado total e a fração de mercado da Ideko na Tabela 19.3:

	Ano	2005	2006	2007	2008	2009	2010
	Volume de produção (mil unidades)						
1	Tamanho do mercado	10.000	10.500	11.025	11.576	12.155	12.763
2	Fração de mercado	10,0%	11,0%	12,0%	13,0%	14,0%	15,0%
3	Volume de produção (1 × 2)	1.000	1.155	1.323	1.505	1.702	1.914

Com base nesta previsão, o volume de produção irá exceder seu nível atual em 50% em 2008, necessitando, a partir de então, de uma expansão.

Desembolsos de capital: uma expansão necessária

A planilha da Tabela 19.4 mostra a previsão dos desembolsos de capital da Ideko ao longo dos próximos cinco anos. Com base nas estimativas de desembolsos de capital e depreciação, esta planilha acompanha o valor contábil das instalações, propriedades e equipamentos da Ideko, começando por seu nível no início de 2005. Observemos que espera-se que o investimento permaneça no mesmo nível atual pelos próximos dois anos, o que é aproximadamente igual ao nível de depreciação. A Ideko irá expandir sua produção durante este período utilizando as instalações existentes mais eficientemente. Em 2008, porém, será necessária uma grande expansão das instalações, o que levará a um grande aumento nos desembolsos de capital em 2008 e 2009.

As entradas de depreciação da Tabela 19.4 baseiam-se no programa de depreciação adequado a cada tipo de propriedade. Esses cálculos são bastante específicos à natureza da propriedade e não serão detalhados aqui. A depreciação exibida será utilizada com fins tributários.[1]

TABELA 19.4 PLANILHA — Suposições sobre o desembolso de capital da Ideko

	Ano	2005	2006	2007	2008	2009	2010
	Ativos fixos e investimento de capital ($ mil)						
1	Valor contábil de abertura	50.000	49.500	49.050	48.645	61.781	69.102
2	Investimento de capital	5.000	5.000	5.000	20.000	15.000	8.000
3	Depreciação	(5.500)	(5.450)	(5.405)	(6.865)	(7.678)	(7.710)
4	Valor contábil de fechamento	49.500	49.050	48.645	61.781	69.102	69.392

---

[1] As empresas geralmente mantêm registros separados para contabilidade e para fins tributários, e podem utilizar diferentes suposições de depreciação em cada um deles. Como a depreciação afeta os fluxos de caixa através de suas consequências tributárias, a depreciação tributária é mais relevante para a avaliação.

Gerenciamento do capital de giro

Para compensar suas fracas vendas e esforços de *marketing*, a Ideko tem procurado reter a fidelidade de seus varejistas em parte mantendo uma política de crédito muito frouxa. Esta política afeta as exigências de capital de giro da empresa: para cada dia extra que os clientes levam para pagar, a receita das vendas de um outro dia é adicionada às contas a receber (em vez de ser recebida em dinheiro). A partir do demonstrativos dos resultados e do balanço patrimonial da Ideko (Tabela 19.1), podemos estimar o número de dias de prazo de recebimento:

$$\text{Prazo de recebimento em dias} = \frac{\text{Contas a receber (\$)}}{\text{Receita de vendas (\$ /ano)}} \times 365 \text{ dias/ano}$$

$$= \frac{18.493}{75.000} \times 365 \text{ dias} = 90 \text{ dias} \quad (19.1)$$

O padrão da indústria é 60 dias, e você acredita que a Ideko possa tornar sua política de crédito mais rígida para alcançar esta meta sem sacrificar as vendas.

Você também espera melhorar o gerenciamento de estoque da Ideko. O balanço patrimonial da empresa na Tabela 19.1 lista um estoque de $6,164 milhões. Deste valor, aproximadamente $2 milhões correspondem a matérias-primas, apesar de o resto ser bens acabados. Dado os desembolsos com matérias-primas de $16 milhões para o ano, a Ideko detém atualmente um valor correspondente a $(2 / 16) \times 365 = 45,6$ dias em estoque de materiais. Apesar de manter determinada quantidade de estoque ser necessário para evitar paralisações na produção, você acredita que com um controle mais rígido do processo de produção um valor de estoque correspondente a 30 dias será adequado.

Mudanças na estrutura de capital: aumentando a alavancagem

Com pouca dívida, excesso monetário e rendimentos substanciais, a Ideko parece estar significativamente sub-alavancada. Você planeja aumentar consideravelmente o grau de endividamento da empresa e obteve compromissos de empréstimos bancários de $100 milhões caso se chegue a um acordo. Esses empréstimos a prazo terão uma taxa de juros de 6,8% e a Ideko pagará juros somente durante os cinco próximos anos. A empresa buscará um financiamento adicional em 2008 e 2009 associado à expansão de suas instalações de produção, como exibido na planilha da Tabela 19.5. Apesar de a qualidade do crédito da empresa provavelmente melhorar com o tempo, a inclinação excessiva da curva de rentabilidade sugere que as taxas de juros podem aumentar, então, na média, você espera que a taxa de juros sobre empréstimos da Ideko permaneça em 6,8%.

Dada a dívida pendente da Ideko, sua despesa com juros por ano é calculada como[2]

$$\text{Juros no ano } t = \text{Taxa de juros} \times \text{Saldo final no ano } (t-1) \quad (19.2)$$

Os juros sobre a dívida fornecerão uma valiosa dedução tributária para contrabalançar os rendimentos tributáveis da Ideko.

TABELA 19.5 PLANILHA — Dívida planejada e pagamentos de juros da Ideko

Ano	2005	2006	2007	2008	2009	2010
Tabela de dívida e juros ($ mil)						
1 Dívida pendente		100.000	100.000	100.000	115.000	120.000	120.000
2 Juros sobre o empréstimo a prazo	6,80%		(6.800)	(6.800)	(6.800)	(7.820)	(8.160)

---

[2] A Equação 19.2 supõe que mudanças na dívida ocorrem no final do ano. Se a dívida mudar durante o ano, será mais preciso calcular as despesas com juros com base no grau médio de endividamento durante o ano.

Além do benefício fiscal, o empréstimo permitirá que a PKK limite seu investimento na Ideko e preserve seu capital para outros investimentos e aquisições. As fontes e os usos de fundos para a aquisição são exibidos na planilha da Tabela 19.6. Além do preço de compra de $150 milhões do patrimônio da Ideko, $4,5 milhões serão utilizados para repagar a dívida existente da empresa. Com $5 milhões em consultoria e outros honorários associados à transação, a aquisição exigirá um total de fundos de $159,5 milhões. As fontes de fundos da PKK incluem o novo empréstimo de $100 milhões, além do excesso monetário da própria Ideko (ao qual a PKK terá acesso). Assim, a contribuição exigida do patrimônio da PKK à transação é de 159,5 − 100 − 6,5 = $53 milhões.

TABELA 19.6 PLANILHA — Fontes e usos de fundos para a aquisição da Ideko

Financiamento da aquisição ($ mil)

	Fontes		Usos	
1	Novo empréstimo a prazo	100.000	Aquisição do patrimônio da Ideko	150.000
2	Excesso monetário da Ideko	6.500	Repagar dívida existente da Ideko	4.500
3	Investimento no patrimônio da PKK	53.000	Consultoria e outros honorários	5.000
4	Fonte total de fundos	159.500	Uso total dos fundos	159.500

FIXAÇÃO DE CONCEITOS

1. Quais são as diferentes melhorias operacionais que a PKK planeja fazer?
2. Por que é necessário considerar essas melhorias para avaliar se a aquisição é atraente?

19.3 Construindo o modelo financeiro

O valor de qualquer oportunidade de investimento surge dos fluxos de caixa futuros que ele irá gerar. Para estimar os fluxos de caixa resultantes desse investimento na Ideko, começamos projetando os rendimentos futuros da Ideko. Consideraremos então o capital de giro e as necessidades de investimento da Ideko, e estimaremos seu fluxo de caixa livre. Com esses dados nas mãos, podemos prever o balanço patrimonial e o demonstrativo dos fluxos de caixa da empresa.

Previsão dos resultados

Podemos prever o demonstrativo de resultados da Ideko pelos cinco anos seguintes à aquisição com base nas mudanças propostas na estrutura operacional e na estrutura de capital da empresa. Este demonstrativo de resultados é frequentemente chamado de demonstrativo de resultados *pro forma*, porque não é baseado em dados reais, mas, em vez disso, representa as finanças da empresa segundo determinado conjunto de suposições hipotéticas. O demonstrativo de resultados *pro forma* traduz nossas expectativas em relação às melhorias operacionais que a PKK pode alcançar na Ideko em consequências para os rendimentos da empresa.

Para construir o demonstrativo de resultados *pro forma*, começaremos com as vendas da Ideko. A cada ano, as vendas podem ser calculadas a partir das estimativas da Tabela 19.3 como a seguir:

$$\text{Vendas} = \text{Tamanho do mercado} \times \text{Fração de mercado} \times \text{Preço de venda médio} \quad (19.3)$$

Por exemplo, em 2006, a Ideko projetou vendas de 10,5 milhões × 11% × 76,5 = $88,358 milhões. A planilha da Tabela 19.7 mostrou as vendas correntes (2005) da Ideko, além de projeções por cinco anos após a aquisição (2006 − 2010).

Os itens a seguir no demonstrativo de resultados detalham o custo de mercadorias vendidas. O custo de matérias-primas pode ser calculado a partir das vendas como

$$\text{Matérias-primas} = \text{Tamanho de mercado} \times$$
$$\text{Fração de mercado} \times \text{Matérias-primas por unidade} \quad (19.4)$$

Em 2006, o custo das matérias primas é de 10,5 milhões × 11% × 16,16 = $18,665 milhões. O mesmo método pode ser aplicado para determinar os custos diretos de mão-de-obra. Os custos associados a vendas, *marketing* e despesas administrativas podem ser calculados diretamente como uma porcentagem das vendas. Por exemplo:

$$\text{Vendas e } marketing = \text{Vendas} \times (\text{Vendas e } marketing \text{ \% das Vendas}) \tag{19.5}$$

Portanto, a previsão é que os custos de venda e de *marketing* somem $88,358 milhões × 16,5% = $14,579 milhões em 2006.

TABELA 19.7 PLANILHA Demonstrativos de rendimentos *pro forma* da Ideko, 2005-2010

	Ano	2005	2006	2007	2008	2009	2010
	Demonstrativo de rendimentos ($ mil)						
1	**Vendas**	75.000	88.358	103.234	119.777	138.149	158.526
2	Custo dos bens vendidos						
3	Matérias-primas	(16.000)	(18.665)	(21.593)	(24.808)	(28.333)	(32.193)
4	Custos diretos de mão-de-obra	(18.000)	(21.622)	(25.757)	(30.471)	(35.834)	(41.925)
5	**Lucro bruto**	41.000	48.071	55.883	64.498	73.982	84.407
6	Vendas e *marketing*	(11.250)	(14.579)	(18.582)	(23.356)	(27.630)	(31.705)
7	Administrativo	(13.500)	(13.254)	(15.485)	(16.769)	(17.959)	(20.608)
8	**EBITDA**	16.250	20.238	21.816	24.373	28.393	32.094
9	Depreciação	(5.500)	(5.450)	(5.405)	(6.865)	(7.678)	(7.710)
10	**EBIT**	10.750	14.788	16.411	17.508	20.715	24.383
11	Despesas com juros (líquida)	(75)	(6.800)	(6.800)	(6.800)	(7.820)	(8.160)
12	**Rendimentos antes dos juros**	10.675	7.988	9.611	10.708	12.895	16.223
13	Imposto de renda	(3.736)	(2.796)	(3.364)	(3.748)	(4.513)	(5.678)
14	**Lucro líquido**	**6.939**	**5.193**	**6.247**	**6.960**	**8.382**	**10.545**

Deduzindo essas despesas operacionais das vendas da Ideko, prodemos projetar o EBITDA pelos cinco próximos anos como mostrado na Tabela 19.7. Subtraindo as despesas com depreciação que estimamos na Tabela 19.4, chegamos aos rendimentos da Ideko antes dos juros e dos impostos. Então, deduzimos as despesas com juros de acordo com o programa fornecido na Tabela 19.5.[3] A despesa final é o imposto de renda da empresa, que calculamos utilizando a alíquota de impostos da Tabela 19.3 como

$$\text{Imposto de renda} = \text{Rendimentos antes dos impostos} \times \text{Alíquota de impostos} \tag{19.6}$$

Após o imposto de renda, ficamos com o lucro líquido *pro forma* projetado da Ideko como o resultado final da Tabela 19.7. Com base em nossas projeções, o lucro líquido aumentará em 52% de $6,939 milhões para $10,545 milhões no final de cinco anos, apesar de cair no curto prazo devido ao grande aumento nas despesas com juros provenientes da nova dívida.

Exigências de capital de giro

A planilha da Tabela 19.8 lista as exigências atuais de capital de giro da Ideko e prevê as futuras necessidades de capital de giro da empresa. (Ver o Capítulo 26 da versão estendida de *Finanças Empresariais* para uma maior discussão sobre as exigências de capital de giro e seus determinantes.) Esta previsão inclui os planos para tornar mais rígida a política de crédito da Ideko, acelerar os pagamentos dos clientes e reduzir o estoque de matérias-primas da empresa.

---

[3] Estas despesas com juros devem ser contrabalançadas por quaisquer juros obtidos sobre investimentos. Como discutiremos mais adiante neste capítulo, supomos que a Ideko não invista seus saldos de caixa em excesso, mas, em vez disso, que a empresa as pague para sua proprietária, a PKK. Assim, as despesas líquidas com juros são devidas somente à dívida pendente da Ideko.

EXEMPLO 19.3 Previsão dos rendimentos

Problema

Em que porcentagem espera-se que o EBITDA da Ideko cresça ao longo dos próximos cinco anos? Em quanto ele cresceria se a fração de mercado da Ideko permanecesse a 10%?

Solução

O EBITDA aumentará de $16,25 milhões para $32,09 milhões, ou (32,09 / 16,25) − 1 = 97%, ao longo dos cinco anos. Com uma fração de mercado de 10% em vez de 15%, as vendas seriam de apenas (10% / 15%) = 66,7% da previsão da Tabela 19.7. Como as despesas operacionais da Ideko são proporcionais às suas vendas, suas despesas e EBITDA também serão 66,7% das estimativas atuais. Assim, o EBITDA crescerá para 66,7% × 32,09 = $21,40 milhões, o que é um aumento de apenas (21,40 / 16,25) − 1 = 32%.

Com base nessas exigências de capital de giro, a planilha da Tabela 19.9 prevê o capital de giro líquido (NWC) durante os próximos cinco anos. Os itens de cada linha da planilha são determinados calculando-se o número em dias adequado correspondente ao valor da receita ou despesa retirada do demonstrativo de resultados (Tabela 19.7). Por exemplo, as contas a receber em 2006 são calculadas como[4]

$$\text{Contas a receber} = \text{Dias necessários} \times \frac{\text{Vendas anuais}}{365 \text{ dias/ano}}$$

$$= 60 \text{ dias} \times \frac{\$88,358 \text{ milhões/ano}}{365 \text{ dias/ano}} = \$14,525 \text{ milhões} \qquad (19.7)$$

Da mesma maneira, o estoque de bens acabados da Ideko será de 45 × (18,665 + 21,622) / 365 = $4,967 milhões.

A Tabela 19.9 também lista o saldo de caixa mínimo da Ideko a cada ano. Este saldo representa o nível mínimo de dinheiro necessário para manter os negócios funcionando tranquilamente, dando espaço às variações diárias na sincronização de rendimentos e despesas. As empresas geralmente obtêm pouco ou nenhum juros sobre esses saldos, que são mantidos em dinheiro ou em uma conta-corrente ou conta poupança de curto prazo. Consequentemente, incluímos este custo de oportunidade incluindo o saldo de caixa mínimo como parte do capital de giro da empresa.

Supomos que a Ideko não obtenha nenhum juro sobre esse saldo de caixa mínimo. (Se ela o fizesse, esses juros reduziriam as despesas líquidas com juros da empresa no demonstrativo de

TABELA 19.8 PLANILHA — Exigências de capital de giro da Ideko

Capital de giro em número de dias		Ano 2005	>2005
Ativos	**Baseados em:**	**Dias**	**Dias**
1 Contas a receber	Receita de vendas	90	60
2 Matérias-primas	Custos de matérias-primas	45	30
3 Bens acabados	Matérias-primas + Custos de mão-de-obra	45	45
4 Saldo de caixa mínimo	Receita de vendas	30	30
Passivos			
5 Salários a pagar	Mão-de-obra direta + Custos administrativos	15	15
6 Outras contas a pagar	Matérias-primas + Vendas e *marketing*	45	45

---

[4] Se os produtos forem altamente sazonais, podem ocorrer grandes flutuações no capital de giro no decorrer do ano. Quando esses efeitos são importantes, é melhor desenvolver previsões trimestrais ou mensais, de modo que os efeitos sazonais possam ser acompanhados.

TABELA 19.9 PLANILHA — Previsão do capital de giro líquido da Ideko

Ano	2005	2006	2007	2008	2009	2010
Capital de giro ($ mil)						
Ativos						
1 Contas a receber	18.493	14.525	16.970	19.689	22.709	26.059
2 Matérias-primas	1.973	1.534	1.775	2.039	2.329	2.646
3 Bens acabados	4.192	4.967	5.838	6.815	7.911	9.138
4 Saldo de caixa mínimo	6.164	7.262	8.485	9.845	11.355	13.030
5 Total de ativos circulantes	30.822	28.288	33.067	38.388	44.304	50.872
Passivos						
6 Salários a pagar	1.294	1.433	1.695	1.941	2.211	2.570
7 Outras contas a pagar	3.360	4.099	4.953	5.938	6.900	7.878
8 Total do passivo circulante	4.654	5.532	6.648	7.879	9.110	10.448
Capital de giro líquido						
9 Capital de giro líquido (5 − 8)	26.168	22.756	26.419	30.509	35.194	40.425
10 Aumento no capital de giro líquido		(3.412)	3.663	4.089	4.685	5.231

resultados.) Também supomos que a Ideko vá pagar como dividendos todo o dinheiro que não for necessário como parte do capital de giro. Portanto, a Ideko não deterá saldos de caixa em excesso ou investimentos de curto prazo acima do nível mínimo informado na Tabela 19.9. Se a Ideko fosse reter fundos em excesso, esses saldos seriam incluídos como parte de sua estratégia de financiamento (reduzindo sua dívida líquida), e não como parte do capital de giro.[5]

O capital de giro líquido de cada ano é calculado na Tabela 19.9 como a diferença entre os ativos correntes e os passivos correntes previstos. Aumentos no capital de giro líquido representam um custo para a empresa. Observe que, como um resultado das melhorias nas contas a pagar e gerenciamento de estoques, a Ideko reduzirá seu capital de giro líquido em mais de $3,4 milhões em 2006. Após essas economias iniciais, as necessidades de capital de giro aumentarão em conjunção com o crescimento da empresa.

Previsão do fluxo de caixa livre

Agora temos os dados necessários para prever o fluxo de caixa livre da Ideko pelos próximos cinco anos. Os rendimentos da Ideko estão disponíveis no demonstrativo de resultados (Tabela 19.7), assim como suas despesas com depreciação e com juros. Os desembolsos de capital estão disponíveis na Tabela 19.4, e mudanças no capital de giro líquido podem ser encontradas na Tabela 19.9. Combinamos esses itens para estimar os fluxos de caixa livres na planilha da Tabela 19.10.

Para calcular o fluxo de caixa livre da Ideko, que exclui fluxos de caixa associados a alavancagem, primeiramente ajustamos o lucro líquido somando de volta os pagamentos de juros após os impostos associados à dívida líquida em sua estrutura de capital:[6]

Despesas com juros após os impostos =
   (1 − Alíquota de impostos) × (Juros sobre a dívida − Juros sobre excesso monetário)   (19.8)

---

[5] As empresas geralmente retêm excesso monetário prevendo futuras necessidades de investimentos ou possíveis faltas de caixa. Como a Ideko pode contar com a PKK para fornecer o capital necessário, não são necessárias reservas de excesso monetário.

[6] Se a Ideko tivesse rendimentos provenientes de juros ou despesas provenientes do capital de giro, *não* incluiríamos esses juros aqui. Ajustaríamos os valores apenas para incluir os juros relacionados ao *financiamento* da empresa – isto é, juros associados à dívida e ao *excesso monetário* (dinheiro não incluído como parte do capital de giro).

TABELA 19.10 PLANILHA — Previsão do fluxo de caixa livre da Ideko

	Ano	2005	2006	2007	2008	2009	2010
	Fluxo de caixa livre ($ mil)						
1	Lucro líquido		5.193	6.247	6.960	8.382	10.545
2	Mais: Despesas com juros após os impostos		4.420	4.420	4.420	5.083	5.304
3	**Lucro líquido não-alavancado**		9.613	10.667	11.380	13.465	15.849
4	Mais: Depreciação		5.450	5.405	6.865	7.678	7.710
5	Mais: Aumentos no NWC		3.412	(3.663)	(4.089)	(4.685)	(5.231)
6	Menos: Desembolsos de capital		(5.000)	(5.000)	(20.000)	(15.000)	(8.000)
7	**Fluxo de caixa livre da empresa**		13.475	7.409	(5.845)	1.458	10.328
8	Mais: Empréstimos líquidos		—	—	15.000	5.000	—
9	Menos: Despesas com juros após os impostos		(4.420)	(4.420)	(4.420)	(5.083)	(5.304)
10	**Fluxo de caixa livre do acionista**		9.055	2.989	4.735	1.375	5.024

Como a Ideko não possui excesso monetário, sua despesa com juros após os impostos em 2006 é $(1 - 35\%) \times 6,8 = \$4,42$ milhões, fornecendo um lucro líquido não-alavancado de $5,193 + 4,42 = \$9,613$ milhões. Também poderíamos calcular o lucro líquido não-alavancado da Tabela 19.10 começando com o EBIT e deduzindo os impostos. Em 2006, por exemplo, o EBIT é previsto como 14.788 milhões, o que gera $14.788 \times (1 - 35\%) = \$9,613$ milhões após os impostos.

Para calcular o fluxo de caixa livre da Ideko a partir de seu lucro líquido não-alavancado, somamos de volta a depreciação (que não é uma despesa de capital) e subtraímos os aumentos no capital de giro líquido e desembolsos de capital da empresa. O fluxo de caixa livre da linha 7 da Tabela 19.10 mostra o dinheiro que a empresa irá gerar para seus investidores, tanto os titulares de dívida quanto os acionistas. Apesar do fato de que a Ideko irá gerar um fluxo de caixa livre substancial nos próximos cinco anos, o nível de fluxo de caixa livre varia substancialmente de ano para ano. Ele é mais alto em 2006 (devido principalmente à grande redução no capital de giro) e é previsto como negativo em 2008 (quando a expansão da fábrica irá começar).

Para determinar o fluxo de caixa livre do acionista, precisamos primeiro adicionar os empréstimos líquidos da Ideko (isto é, aumentos na dívida líquida):

Empréstimos líquidos no ano t = Dívida líquida no ano t − Dívida líquida no ano $(t - 1)$ (19.9)

A Ideko contrairá empréstimos em 2008 e 2009 como parte de sua expansão. Deduzimos então os pagamentos de juros após os impostos que foram somados na linha 2.

Como mostra a última linha da Tabela 19.10, durante os próximos cinco anos espera-se que a Ideko gere um fluxo de caixa do acionista positivo, que será utilizado para pagar dividendos para a PKK. O fluxo de caixa livre do acionista será mais alto em 2006; em 2010, a PKK irá recuperar uma fração significativa de seu investimento inicial.

O balanço patrimonial e demonstrativo dos fluxos de caixa (opcional)

As informações que calculamos até agora podem ser utilizadas para projetar o balanço patrimonial e o demonstrativo de fluxos de caixa da Ideko até 2010. Apesar destes demonstrativos não serem críticos para nossa avaliação, eles geralmente são úteis para nos fornecer um quadro mais completo de como uma empresa cresce durante o período previsto. Esses demonstrativos da Ideko são exibidos nas planilhas das Tabelas 19.11 e 19.12.

No balanço patrimonial (Tabela 19.11), os ativos e passivos circulantes são provenientes da planilha do capital de giro líquido (Tabela 19.9). A entrada de estoques no balanço patrimonial inclui tanto matérias-primas quanto bens acabados. As informações sobre instalações, propriedades e equipamentos vêm da planilha de desembolso de capital (Tabela 19.4), e a dívida vem da Tabela

EXEMPLO 19.4

Alavancagem e fluxo de caixa livre

Problema

Suponha que a Ideko não adicione alavancagem em 2008 e 2009, mas em vez disso mantenha sua dívida fixa em $100 milhões até 2010. Como esta mudança em sua política de alavancagem afetaria seu fluxo de caixa livre esperado? Como ela afetaria o fluxo de caixa livre do acionista?

Solução

Como o fluxo de caixa livre é baseado no lucro líquido não-alavancado, ele não será afetado pela política de alavancagem da Ideko. O fluxo de caixa livre do acionista será afetado, porém. Os empréstimos líquidos serão zero a cada ano, e as despesas com juros após os impostos permanecerão no nível de 2006, de $4,42 milhões.

	Ano	2005	2006	2007	2008	2009	2010
	Fluxo de caixa livre ($ mil)						
1	Fluxo de caixa livre da empresa		13.475	7.409	(5.845)	1.458	10.328
2	Mais: Empréstimos líquidos		—	—	—	—	—
3	Menos: Despesas com juros após os impostos		(4.420)	(4.420)	(4.420)	(4.420)	(4.420)
4	**Fluxo de caixa livre do acionista**		9.055	2.989	(10.265)	(2.962)	5.908

Neste caso, a Ideko terá um fluxo de caixa livre do acionista negativo em 2008 e 2009. Isto é, sem empréstimos adicionais, a PKK terá que investir capital adicional na empresa para financiar a expansão.

19.5. As entradas de ativo intangível vêm da diferença entre o preço de aquisição da Ideko e o valor contábil inicial de seu patrimônio da Tabela 19.1:[7]

Novo ativo intangível = Preço de aquisição − Valor contábil do patrimônio existente   (19.10)

Dado o preço de aquisição de $150 milhões, o novo ativo intangível é de 150 − 77,668 = $72,332 milhões. O patrimônio dos acionistas de $48 milhões em 2005 surge da contribuição inicial do patrimônio da PKK de $50 milhões (o preço de aquisição de $150 milhões menos os $100 milhões financiados com dívida) menos os $2 milhões em dividendos pagos ($6,5 milhões em excesso monetário menos $4,5 milhões em dívida quitada). O patrimônio dos acionistas aumenta a cada ano através de lucros retidos (lucro líquido menos dividendos) e novas contribuições de capital. Após 2005, os dividendos são tirados do fluxo de caixa livre do acionista dado na Tabela 19.10. (Se o fluxo de caixa livre do acionista fosse negativo em qualquer ano, ele apareceria como uma contribuição de capital na linha 14 do balanço patrimonial.) Como uma verificação nos cálculos, observe que o balanço patrimonial alcança, de fato, um equilíbrio: o total de ativos é igual ao total de passivos e patrimônio.[8]

O valor contábil do patrimônio da Ideko diminuiu em 2006, pois a Ideko reduziu seu capital de giro e realizou um *payout* com economias como parte de um grande dividendo. O valor contábil da empresa irá então aumentar à medida que ela expande. O índice capital de terceiros/capital próprio (*debt-equity ratio*) contábil da Ideko irá diminuir de 100.000/48.000 = 2,1 para 120.000/62.149 = 1,9 durante o período de cinco anos.

---

[7] Há diversas complicações potenciais que podem ocorrer no cálculo do ativo intangível, e que ignoraremos aqui. Em particular, taxas de transação diretamente atribuíveis à aquisição (mas não à emissão dos títulos de dívida) geralmente seriam incluídas no preço de aquisição. Além disso, em alguns casos uma parte do preço de aquisição pode ser alocada a ativos tangíveis, em oposição ao ativo intangível.

[8] Na Tabela 19.11, supõe-se que o fundo de comércio permaneça constante. Se a transação fosse estruturada como uma aquisição de ativos (em oposição à aquisição de ações), o ativo intangível seria amortizável em 15 anos para fins de declaração de impostos, como especificado na seção 197 do Internal Revenue Code (Código Fiscal da Receita Interna dos EUA). Para fins de contabilidade financeira, o fundo de comércio não é amortizado, mas é sujeito a um teste de recuperabilidade pelo menos uma vez por ano como especificado na FASB 142, portanto o montante do ativo intangível pode mudar com o passar do tempo (apesar de quaisquer mudanças no ativo intangível devido a danos não terem nenhuma consequência contábil para os impostos).

TABELA 19.11 PLANILHA — Balanço patrimonial *pro forma* da Ideko, 2005-2010

Ano	2005	2006	2007	2008	2009	2010
Balanço patrimonial ($ mil)						
Ativos						
1 Dinheiro e equivalentes	6.164	7.262	8.485	9.845	11.355	13.030
2 Contas a receber	18.493	14.525	16.970	19.689	22.709	26.059
3 Estoques	6.165	6.501	7.613	8.854	10.240	11.784
4 **Total de ativos circulantes**	30.822	28.288	33.067	38.388	44.304	50.872
5 Propriedades, instalações e equipamentos	49.500	49.050	48.645	61.781	69.102	69.392
6 Ativo intangível	72.332	72.332	72.332	72.332	72.332	72.332
7 **Total de ativos**	152.654	149.670	154.044	172.501	185.738	192.597
Passivos						
8 Contas a pagar	4.654	5.532	6.648	7.879	9.110	10.448
9 Dívida	100.000	100.000	100.000	115.000	120.000	120.000
10 **Total de passivos**	104.654	105.532	106.648	122.879	129.110	130.448
Patrimônio dos acionistas						
11 Patrimônio dos acionistas inicial		48.000	44.138	47.396	49.621	56.628
12 Lucro líquido		5.193	6.247	6.960	8.382	10.545
13 Dividendos	(2.000)	(9.055)	(2.989)	(4.735)	(1.375)	(5.024)
14 Contribuições de capital	50.000	—	—	—	—	—
15 **Patrimônio dos acionistas**	48.000	44.138	47.396	49.621	56.628	62.149
16 **Total de passivos e patrimônio**	152.654	149.670	154.044	172.501	185.738	192.597

O demonstrativo dos fluxos de caixa da Tabela 19.12 começa com lucro líquido. O dinheiro proveniente de atividades operacionais inclui a depreciação, além de mudanças nos itens do capital de giro (outras que não dinheiro) da Tabela 19.9. O dinheiro proveniente de atividades de investimento inclui os desembolsos de capital da Tabela 19.4. O dinheiro proveniente das atividades de financiamento inclui os empréstimos líquidos da Tabela 19.10 e dividendos ou contribuições de capital determinados pelo fluxo de caixa livre do acionista da Tabela 19.10. Como uma verificação

TABELA 19.12 PLANILHA — Demonstrativo *pro forma* dos fluxos de caixa da Ideko, 2005-2010

Ano	2005	2006	2007	2008	2009	2010
Demonstrativo dos fluxos de caixa ($ mil)						
1 **Lucro líquido**		5.193	6.247	6.960	8.382	10.545
2 Depreciação		5.450	5.405	6.865	7.678	7.710
3 Mudanças no capital de giro						
4 Contas a receber		3.968	(2.445)	(2.719)	(3.020)	(3.350)
5 Estoque		(336)	(1.112)	(1.242)	(1.385)	(1.544)
6 Contas a pagar		878	1.116	1.231	1.231	1.338
7 **Dinheiro das atividades operacionais**		15.153	9.211	11.095	12.885	14.699
8 Desembolsos de capital		(5.000)	(5.000)	(20.000)	(15.000)	(8.000)
9 Outros investimentos		—	—	—	—	—
10 **Dinheiro das atividades de investimento**		(5.000)	(5.000)	(20.000)	(15.000)	(8.000)
11 Empréstimos líquidos		—	—	15.000	5.000	—
12 Dividendos		(9.055)	(2.989)	(4.735)	(1.375)	(5.024)
13 Contribuições de capital		—	—	—	—	—
14 **Dinheiro das atividades de financiamento**		(9.055)	(2.989)	10.265	3.625	(5.024)
15 **Mudanças no montante de dinheiro (7 + 10 + 14)**		1.098	1.223	1.360	1.510	1.675

final nos cálculos, observe que a mudança em dinheiro e equivalentes na linha 15 é igual à mudança no saldo de caixa mínimo exibido no balanço patrimonial (Tabela 19.11).

FIXAÇÃO DE CONCEITOS

1. O que é um demonstrativo de resultados *pro forma*?
2. Como calculamos o fluxo de caixa livre da empresa e o fluxo de caixa livre do acionista?

19.4 Estimando o custo de capital

Para avaliar o investimento da PKK na Ideko, precisamos avaliar o risco associado à Ideko e estimar um custo de capital adequado. Como a Ideko é uma empresa de capital fechado, não podemos utilizar seus próprios retornos passados para avaliar seu risco, mas, em vez disso, temos que contar com empresas comparáveis que sejam de capital aberto. Nesta seção, utilizaremos dados das empresas comparáveis identificadas anteriormente para estimar um custo de capital para a Ideko.

Nossa abordagem é a seguinte. Primeiro, utilizaremos as técnicas desenvolvidas na Parte IV do livro para estimar o custo de capital próprio da Oakley, do Luxottica Group e da Nike. Estimaremos então o custo de capital não-alavancado de cada empresa com base em sua estrutura de capital. O custo de capital não-alavancado das empresas comparáveis serão então utilizados para estimar o custo de capital não-alavancado da Ideko. Uma vez tendo esta estimativa, poderemos utilizar a estrutura de capital da Ideko para determinar seu custo de capital próprio ou seu WACC, dependendo do método de avaliação empregado.

Estimação baseada no CAPM

Para determinar um custo de capital adequado, temos primeiro que determinar a medida de risco adequada. O investimento da PKK na Ideko representará uma grande fração de sua carteira. Consequentemente, a própria PKK não estará bem diversificada. Mas seus investidores são primordialmente fundos de pensão e grandes investidores institucionais que são, por si sós, bem diversificados, e que avaliam seu desempenho em relação ao mercado como um *benchmark*. Assim, você decide que é justificável estimar o risco de mercado utilizando a abordagem do CAPM.

Utilizando o CAPM, podemos estimar o custo de capital próprio de cada empresa comparável com base no beta de suas ações. Como descrito no Capítulo 12, a abordagem padrão para estimar um beta de ações é determinar a sensibilidade histórica dos retornos das ações aos retornos do mercado utilizando regressão linear para estimar o coeficiente da inclinação na equação:

$$\underbrace{R_s - r_f}_{\substack{\text{Retorno em excesso} \\ \text{das ações } s}} = \alpha_s + \beta_s \underbrace{(R_{mkt} - r_f)}_{\substack{\text{Retorno em excesso da} \\ \text{carteira de mercado}}} + \varepsilon_s \qquad (19.11)$$

Como um *proxy* da carteira de mercado, utilizaremos uma carteira ponderada por valor de todas as ações da NYSE, AMEX e Nasdaq. Com dados de 2000 a 2004, calcularemos o retorno em excesso – o retorno realizado menos a rentabilidade de um título do Tesouro dos EUA de um mês – para cada empresa e para a carteira de mercado. Estimaremos então o beta das ações de cada empresa fazendo a regressão de seu retorno em excesso sobre o retorno em excesso da carteira de mercado. Realizaremos a regressão para retornos tanto mensais quanto de dez dias. Os betas de ações estimados, juntamente com seu intervalo de confiança de 95%, são exibidos na Tabela 19.13.

Apesar de queremos avaliar o risco e, portanto, estimar o beta com base em retornos de horizontes mais longos (consistentes com o horizonte de investimento de nossos investidores), os intervalos de confiança que obtemos utilizando dados mensais são extremamente amplos. Os intervalos de confiança se estreitam um pouco quando utilizamos retornos de dez dias. De qualquer maneira, os resultados deixam claro que persiste um bom grau de incerteza quando estimamos o beta de uma empresa individual.

TABELA 19.13 — Betas de ações com intervalos de confiança de empresas comparáveis

Empresa	Retornos mensais		Retornos de dez dias	
	Beta	I.C. 95%	Beta	I.C. 95%
Oakley	1,99	1,2 a 2,8	1,37	0,9 a 1,9
Luxottica	0,56	0,0 a 1,1	0,86	0,5 a 1,2
Nike	0,48	−0,1 a 1,0	0,69	0,4 a 1,0

Desalavancando o beta

Dada uma estimativa do beta de ações de cada empresa, "desalavancamos" então o beta com base na estrutura de capital da empresa. Aqui utilizamos a Equação 14.9 (que é equivalente, em termos de retornos, a calcular o WACC antes dos impostos como na Equação 18.6):

$$\beta_U = \left(\frac{\text{Valor do patrimônio}}{\text{Valor da empresa}}\right)\beta_E + \left(\frac{\text{Valor da dívida líquida}}{\text{Valor da empresa}}\right)\beta_D \quad (19.12)$$

Lembremos que temos que utilizar a dívida *líquida* da empresa – isto é, temos que subtrair qualquer dinheiro do grau de endividamento – portanto utilizaremos o valor da empresa como a soma do capital de terceiros com o capital próprio na fórmula.[9] A Tabela 19.14 mostra a estrutura de capital de cada empresa comparável. A Oakley não possui dívida, enquanto que o Luxottica possui aproximadamente 17% de dívida em sua estrutura de capital. A Nike detém um montante em dinheiro que excede sua dívida, levando a uma dívida líquida negativa em sua estrutura de capital.

TABELA 19.14 — Estrutura de capital e estimativas do beta não-alavancado de empresas comparáveis

Empresa	$\frac{E}{E+D}$	$\frac{D}{E+D}$	β_E	β_D	β_U
Oakley	1,00	0,00	1,50	—	1,50
Luxottica	0,83	0,17	0,75	0	0,62
Nike	1,05	−0,05	0,60	0	0,63

A Tabela 19.14 também estima o beta não-alavancado de cada empresa. Aqui utilizamos um beta de ações para cada empresa dentro dos resultados da Tabela 19.13. Dados os níveis de endividamento baixos ou negativos de cada empresa, supor um beta de dívida de zero é uma aproximação razoável. Calculamos então um beta não-alavancado para cada empresa de acordo com a Equação 19.12.

---

[9] Lembremos, do Capítulo 18, que a Equação 19.12 supõe que a empresa manterá um grau de alavancagem-alvo. Se for esperado que a dívida permaneça fixa por um determinado período, também temos que deduzir o valor das deduções tributárias pré-determinadas da dívida líquida da empresa.

A faixa de betas não-alavancados dessas três empresas é ampla. Tanto a Luxottica quanto a Nike têm betas relativamente baixos, presumivelmente refletindo o fato de seus negócios principais (óculos de grau para a Luxottica e calçados atléticos para a Nike) serem relativamente acíclicos. A Oakley possui um beta não-alavancado muito mais alto, talvez porque os sofisticados óculos esportivos especializados que ela produz sejam uma despesa opcional para a maioria dos consumidores.

O custo de capital não-alavancado da Ideko

Os dados das empresas comparáveis nos fornecem um guia para estimar o custo de capital não-alavancado da Ideko. Os produtos da Ideko não são tão sofisticados quanto os óculos da Oakley, então é improvável que as vendas daquela variem tanto com o ciclo de negócios quanto as vendas desta. Entretanto, a Ideko não possui uma divisão de óculos de grau, como a Luxottica. Os produtos da Ideko também são artigos de moda em vez de artigos esportivos, logo, espera-se que o custo de capital da Ideko seja mais próximo do da Oakley do que do da Nike ou da Luxottica. Portanto, utilizamos 1,20 como nossa estimativa preliminar para o beta não-alavancado da Ideko, que é um pouco acima da média das comparáveis na Tabela 19.14.

Utilizamos a linha do mercado de títulos do CAPM para traduzir este beta em um custo de capital para a Ideko. Em meados de 2005, as taxas dos títulos do Tesouro dos EUA de um ano eram de aproximadamente 4%; utilizamos esta taxa como taxa de juros livre de risco. Também precisamos de uma estimativa do prêmio de risco de mercado. Desde 1960, o retorno anual médio da carteira de mercado ponderada por valor das ações norte-americanas excedeu a dos títulos do Tesouro de um ano em aproximadamente 5%. Entretanto, esta estimativa é um número que se refere ao passado. Como mencionamos no Capítulo 12, alguns pesquisadores acreditam que é provável que os retornos em excesso futuros das bolsas de valores sejam menores do que esta média histórica. Para sermos conservadores em nossa avaliação da Ideko, utilizaremos 5% como o prêmio de risco de mercado.

Baseados nestas escolhas, nossa estimativa do custo de capital não-alavancado da Ideko é

$$r_U = r_f + \beta_U(E[R_{mkt}] - r_f) = 4\% + 1,20(5\%)$$
$$= 10\%$$

É claro que, como nossa discussão já deixou claro, esta estimativa contém um grande grau de incerteza. Assim, incluiremos uma análise de sensibilidade com relação ao custo de capital não-alavancado em nossa análise.

EXEMPLO 19.5

Estimando o custo de capital não-alavancado

Problema

Utilizando as estimativas mensais do beta de ações de cada empresa da Tabela 19.13, que faixa de estimativas é possível para o custo de capital não-alavancado?

Solução

A Oakley possui o beta de ações mais alto, de 1,99, que também é seu beta não-alavancado (ela não possui dívida). Com este beta, o custo de capital não-alavancado seria $r_U = 4\% + 1,99(5\%) = 13,95\%$. No outro extremo, dada sua estrutura de capital, o beta de ações da Luxottica de 0,56 implica um beta não-alavancado de $(0,56)(0,83) = 0,46$. Com este beta, o custo de capital não-alavancado seria $r_U = 4\% + 0,46(5\%) = 6,3\%$.

Assim como em qualquer análise baseada em comparáveis, são necessários experiência e discernimento para produzir uma estimativa razoável do custo de capital não-alavancado. Neste caso, nossa escolha será guiada por normas da indústria, por uma avaliação de qual comparável estaria mais próxima em termos de risco de mercado, e possivelmente pelo conhecimento de o quanto as receitas da Ideko têm sido cíclicas historicamente.

FIXAÇÃO DE CONCEITOS

1. Como estimamos o custo de capital não-alavancado de uma empresa utilizando dados de empresas de capital aberto comparáveis?
2. Qual é a abordagem padrão para estimar um beta de ações?

19.5 Avaliando o investimento

Até agora fizemos previsões dos cinco primeiros anos dos fluxos de caixa do investimento da PKK na Ideko, e estimamos o custo de capital não-alavancado do investimento. Nesta seção, combinaremos esses *inputs* para estimar o valor da oportunidade. O primeiro passo é desenvolver uma estimativa do valor da Ideko ao final de nosso horizonte de previsão de cinco anos. Para fazê-lo, consideraremos tanto a abordagem dos múltiplos quanto uma avaliação pelo modelo do fluxo de caixa descontado (DCF) utilizando o método do WACC. Dados o fluxo de caixa livre e o valor de continuação da Ideko, podemos então estimar seu valor de empresa total em 2005 utilizando o método do APV. Subtraindo o valor da dívida e o investimento inicial da PKK de nossa estimativa do valor de empresa da Ideko, temos o NPV da oportunidade de investimento. Além do NPV, veremos algumas outras medidas, incluindo a IRR e múltiplos de caixa.

A abordagem dos múltiplos para calcular o valor de continuação

Os profissionais geralmente estimam o valor de continuação de uma empresa (também chamado de valor terminal) no final do horizonte de previsão utilizando um múltiplo de avaliação. Apesar de prever fluxos de caixa explicitamente ser útil para captar aqueles aspectos específicos de uma empresa que a distinguem de suas concorrentes no curto prazo, no longo prazo as empresas em uma mesma indústria tipicamente têm taxas de crescimento, lucratividade e risco similares. Consequentemente, é provável que os múltiplos sejam relativamente homogêneos de uma empresa para outra. Assim, aplicar um múltiplo é potencialmente tão confiável quanto estimar o valor com base em uma previsão explícita de fluxos de caixa distantes.

Dos diferentes múltiplos de avaliação disponíveis, o múltiplo do EBITDA é o mais frequentemente utilizado na prática. Na maioria das situações, o múltiplo do EBITDA é mais confiável do que os múltiplos de vendas ou de rendimentos porque leva em consideração a eficiência operacional da empresa e não é afetado pelas diferenças de alavancagem entre as empresas. Estimamos o valor de continuação utilizando um múltiplo do EBITDA como a seguir:

$$\text{Valor de continuação da empresa no horizonte de previsão} = \text{EBITDA no horizonte} \times \text{Múltiplo do EBITDA no horizonte} \quad (19.13)$$

A partir do demonstrativo de resultados da Tabela 19.7, o EBITDA da Ideko em 2010 é previsto como $32,09 milhões. Se supusermos que seu múltiplo do EBITDA em 2010 não mudará em relação ao valor de 9.1 que calculamos na época da aquisição original, então o valor de continuação da Ideko em 2010 é 32,09 × 9,1 = $292,05 milhões. Este cálculo é exibido na planilha da Tabela 19.15. Dada a dívida pendente da Ideko de $120 milhões em 2010, esta estimativa corresponde a um patrimônio líquido de $172,05 milhões.

A Tabela 19.15 também mostra os múltiplos de vendas e de P/E com base neste valor de continuação. O valor de continuação é 1,8 vezes o valor das vendas da Ideko em 2010, e o valor do patrimônio líquido é 16,3 vezes o valor dos rendimentos da Ideko em 2010. Como o múltiplo P/E é afetado pela alavancagem, também informamos o **índice P/E não-alavancado**, que é calculado como o valor de continuação da empresa dividido por seu lucro líquido não-alavancado em 2010 (listado na Tabela 19.10). A Ideko teria este índice P/E se ela não tivesse nenhuma dívida em 2010, então esta informação é útil ao compará-la a empresas não-alavancadas de sua indústria.

Podemos utilizar os vários múltiplos para avaliar o quão razoável é nossa estimativa do valor de continuação. Apesar de o índice valor-vendas ser alto em comparação à indústria de artigos esportivos em geral, esses múltiplos são baixos em relação às comparáveis da Tabela 19.2, e consideraríamos esta estimativa do valor de continuação da Ideko como razoável (se não relativamente conservadora).

TABELA 19.15 PLANILHA — Estimativa do valor de continuação da Ideko

	Estimativa do valor de continuação da Ideko		Múltiplos comuns	
1	EBITDA em 2010	32.094		
2	Múltiplo do EBITDA	9,1×	EV*/Vendas	1,8×
3	**Valor de continuação da empresa**	**292.052**	P/E** (alavancado)	16,3×
4	Dívida	(120.000)	P/E (não-alavancado)	18,4×
5	**Valor de continuação do patrimônio líquido**	**172.052**		

A abordagem do fluxo de caixa descontado para calcular o valor de continuação

Depender unicamente de comparáveis ao fazer previsões de um valor de continuação traz a dificuldade de estarmos comparando múltiplos *futuros* da empresa com múltiplos *atuais* de suas concorrentes. Em 2010, os múltiplos da Ideko e das comparáveis que escolhemos podem ser todos muito diferentes, especialmente se a indústria estiver atualmente passando por um crescimento anormal. Para evitar tal tendenciosidade, é prudente verificar nossa estimativa do valor de continuação baseando-se em fundamentos que utilizem a abordagem do fluxo de caixa descontado.

Para estimar um valor de continuação no ano T utilizando fluxos de caixa descontados, supomos uma taxa de crescimento esperado constante, g, e um índice capital de terceiros/capital próprio (*debt-equity ratio*) constante. Como explicamos no Capítulo 18, quando o índice capital de terceiros/capital próprio é constante, o método de avaliação do WACC é o mais simples de ser aplicado:

$$\text{Valor de empresa no ano } T = V_T^L = \frac{FCF_{T+1}}{r_{wacc} - g} \qquad (19.14)$$

Para estimar o fluxo de caixa livre no ano $T+1$, lembremos que o fluxo de caixa livre é igual ao lucro líquido não-alavancado mais depreciação, menos desembolsos de capital e aumentos no capital de giro líquido (ver Tabela 19.10):

$$FCF_{T+1} = \text{Lucro líquido não-alavancado}_{T+1} + \text{Depreciação}_{T+1}$$
$$- \text{Aumentos no NWC}_{T+1} - \text{Desembolsos de capital}_{T+1} \qquad (19.15)$$

Suponhamos que se espere que as vendas da empresa cresçam a uma taxa nominal g. Se as despesas operacionais da empresa permanecerem como uma porcentagem fixa das vendas, então seu lucro líquido não-alavancado também crescerá à taxa g. Da mesma maneira, as contar a receber e a pagar e outros elementos do capital de giro líquido crescerão segundo a taxa g.

E quanto aos desembolsos de capital? A empresa precisará de capital para contrabalançar a depreciação; também precisará adicionar capacidade à medida que seu volume de produção crescer. Dada uma taxa de crescimento de vendas g, podemos esperar que a empresa precise expandir seu investimento em ativos fixos segundo a mesma taxa. Neste caso,[10]

$$\text{Desembolsos de capital}_{T+1} = \text{Depreciação}_{T+1} + g \times \text{Ativos fixos}_T$$

---

* N. de T.: EV = Valor da empresa, ou *enterprise value*, no original.

** N. de T.: P/E = Índice preço-lucro, ou *price-earnings ratio*, no original.

[10] Aqui, ativos fixos são medidos de acordo com seu valor contábil menos a depreciação acumulada. Este nível de desembolsos de capital é necessário para manter o índice de vendas/ativos fixos da empresa (também chamado de índice de rotatividade dos ativos fixos). Entretanto, inúmeros fatores poderiam afetar o nível exigido de desembolsos de capital necessários para sustentar determinada taxa de crescimento. Por exemplo, certo nível de crescimento de receitas pode ser acomodado através de ganhos na produtividade (ou ser o resultado de inflação), em vez de um aumento nos ativos fixos. Além disso, o valor contábil dos ativos fixos da empresa pode representar mal o custo de adicionar novos ativos (pode-se considerar o valor de mercado, em vez dele). No desconhecimento desses detalhes, a abordagem adotada aqui produz uma estimativa razoável.

Assim, dada uma taxa de crescimento g para a empresa, podemos estimar seu fluxo de caixa livre como

$$FCF_{T+1} = (1 + g) \times \text{Lucro líquido não-alavancado}_T + g \times \text{Capital de giro líquido}_T - g \times \text{Ativos fixos}_T \tag{19.16}$$

Juntas, as Equações 19.14 e 19.16 nos permitem estimar o valor de continuação de uma empresa com base em sua taxa de crescimento de longo prazo.

EXEMPLO 19.6 — Uma estimativa por DCF do valor de continuação

Problema

Estime o valor de continuação da Ideko em 2010 supondo uma taxa de crescimento esperado futura de 5%, um índice capital de terceiros/valor da empresa (*debt-to-value ratio*) futuro de 40% e um custo de capital de terceiros de 6,8%.

Solução

Em 2010, o lucro líquido não-alavancado da Ideko é previsto como $15,849 milhões (Tabela 19.10), com um capital de giro de $40,425 milhões (Tabela 19.9). A empresa possui ativos fixos de $69,392 milhões (Tabela 19.4). Da Equação 19.16, podemos estimar o fluxo de caixa livre da Ideko em 2011:

$$FCF_{2011} = (1{,}05)(15{,}849) - (5\%)(40{,}425) - (5\%)(69{,}392) = \$11{,}151 \text{ milhões}$$

Esta estimativa representa aproximadamente um aumento de 8% acima do fluxo de caixa livre de 2010 da Ideko, de $10,328 milhões. Ela excede a taxa de crescimento de 5% das vendas devido ao declínio nas adições exigidas ao capital de giro líquido à medida que sua taxa de crescimento diminui.

Com um índice capital de terceiros/valor da empresa de 40%, o WACC da Ideko pode ser calculado a partir da Equação 18.11:

$$r_{wacc} = r_U - d\tau_c r_D = 10\% - 0{,}40(0{,}35)\, 6{,}8\% = 9{,}05\%$$

Dada a estimativa do fluxo de caixa livre e do WACC da Ideko, podemos estimar seu valor de continuação em 2010:

$$V^L_{2010} = \frac{11{,}151}{9{,}05\% - 5\%} = \$275{,}33 \text{ milhões}$$

Este valor de continuação representa um múltiplo do EBITDA terminal de 275,33/32,09 = 8,6.

Tanto a abordagem dos múltiplos quanto a abordagem do fluxo de caixa descontado são úteis para deduzir uma estimativa realista do valor de continuação. Nossa recomendação é combinar ambas as abordagens, como fizemos na Tabela 19.16. Como foi mostrado na planilha, nosso múltiplo do EBITDA projetado de 9,1 pode ser justificado de acordo com o método do fluxo de caixa descontado com uma taxa de crescimento de longo prazo nominal de aproximadamente 5,3%.[11] Dada uma taxa de inflação de 2%, esta taxa nominal representa uma taxa de crescimento real de aproximadamente 3,3%. Esta taxa de crescimento implícita é outro importante "teste" para nossa estimativa do valor de continuação. Se ela for muito mais alta do que nossas expectativas de crescimento no longo prazo para a indústria como um todo, devemos nos manter mais céticos sobre a estimativa que está sendo utilizada.

Avaliação do patrimônio líquido da Ideko pelo método do APV

Nossa estimativa do valor de continuação da Ideko resume o valor do fluxo de caixa livre da empresa para além do horizonte de previsão. Podemos combiná-la com nossa previsão do fluxo de caixa livre

---

[11] A taxa de crescimento nominal exata necessária para corresponder a um múltiplo do EBITDA de 9,1 é 5,33897%, valor que pode ser encontrado utilizando o "Solver" no Excel.

TABELA 19.16 PLANILHA — Estimativa por fluxo de caixa descontado do valor de continuação com múltiplo do EBITDA implícito

Valor de continuação: DCF e múltiplo do EBITDA ($ mil)

1	Taxa de crescimento de longo prazo	5,3%		
2	D / (E + D) alvo	40,0%		
3	WACC projetado	9,05%		
Fluxo de caixa livre em 2011				
4	Lucro líquido não-alavancado	16.695	Valor de continuação da empresa	292.052
5	Menos: Aumento no NWC	(2.158)		
6	Menos: Aumento em ativos fixos*	(3.705)	Múltiplo do EBITDA implícito	9,1×
7	Fluxo de caixa livre	10.832		

* O aumento em ativos fixos é igual à diferença entre desembolsos de capital e depreciação, e portanto subtrair esta quantia é equivalente a somar de volta a depreciação e subtrair os desembolsos de capital.

até 2010 (Tabela 19.10, linha 7) para estimar o valor da Ideko hoje. Lembremos, do Capítulo 18, que como a dívida é paga segundo um programa fixo durante o período previsto, o método do APV é o método de avaliação mais fácil de ser aplicado.

Os passos para estimarmos o valor da Ideko utilizando o método do APV são exibidos na planilha da Tabela 19.17. Primeiro, calculamos o valor não-alavancado, V_U, da Ideko, que é o valor da empresa se a operássemos sem alavancagem durante o período previsto e a vendêssemos por seu valor de continuação ao final do horizonte de previsão. Assim, o valor final em 2010 seria o valor de continuação que estimamos na Tabela 19.15. O valor em períodos anteriores inclui os fluxos de caixa livres pagos pela empresa (da Tabela 19.10) descontados pelo custo de capital não-alavancado, r_U, que estimamos na Seção 19.4:

$$V_{t-1}^U = \frac{FCF_t + V_t^U}{1 + r_U} \qquad (19.17)$$

ERRO COMUM — Valores de continuação e crescimento de longo prazo

O valor de continuação é uma das estimativas mais importantes para a avaliação de uma empresa. Um erro comum é utilizar um valor de continuação extremamente otimista, o que levará a um valor corrente estimado da empresa tendenciosamente superior ao real. Aqui há várias armadilhas com as quais se deve tomar cuidado:

Utilizar múltiplos com base em altas taxas de crescimento atuais. As estimativas do valor de continuação geralmente baseiam-se em múltiplos de avaliação atuais de empresas existentes. Mas se essas empresas estiverem atualmente passando por um alto crescimento que eventualmente diminuirá, pode-se esperar que seus múltiplos diminuam com o passar do tempo. Nesta situação, se estimarmos um valor de continuação com base nos múltiplos de hoje sem levar em consideração este declínio à medida que o crescimento diminuir, a estimativa será tendenciosa para mais.

Ignorar o investimento necessário para o crescimento. Ao utilizar o método do fluxo de caixa descontado, não podemos supor que $FCF_{T+1} = FCF_T(1 + g)$ se a taxa de crescimento da empresa mudou entre T e $T + 1$. Sempre que a taxa de crescimento mudar, os desembolsos de capital de giro e fixo serão afetados, e temos que levar este efeito em consideração como fizemos na Equação 19.16.

Utilizar taxas de crescimento de longo prazo insustentáveis. Ao utilizar o método do fluxo de caixa descontado, temos que escolher uma taxa de crescimento de longo prazo para a empresa. Escolhendo uma taxa alta, podemos tornar a estimativa do valor de continuação alta demais. A longo prazo, porém, as empresas não podem continuar a crescer mais rapidamente do que a economia em geral. Assim, devemos suspeitar de taxas de crescimento de longo prazo que excedam a taxa esperada do crescimento do PIB, que tem apresentado uma média de 3% a 4% em termos *reais* (isto é, não incluindo a inflação) nos Estados Unidos nas últimas décadas.

Depois, incorporamos a dedução tributária das despesas com juros da Ideko durante o horizonte de previsão. A dedução tributária das despesas com juros é igual à alíquota de impostos de 35% (Tabela 19.3) multiplicada pelos pagamentos de juros programados da empresa (ver Tabela 19.5). Como os níveis de endividamento são pré-determinados, calculamos o valor T^s da dedução tributária descontando as economias tributárias pela taxa de juros da dívida, $r_D = 6{,}80\%$:

$$T^s_{t-1} = \frac{\text{Dedução tributária das despesas com juros}_t + T^s_t}{1 + r_D} \tag{19.18}$$

Combinando o valor não-alavancado e o valor da dedução tributária, temos o APV, que é o valor de empresa da Ideko dada a política de alavancagem planejada. Deduzindo a dívida, obtemos nossa estimativa do valor do patrimônio líquido da Ideko durante o período previsto.

TABELA 19.17 PLANILHA — Estimativa do APV do valor inicial do patrimônio líquido da Ideko

	Ano	2005	2006	2007	2008	2009	2010
	Método do APV ($ mil)						
1	Fluxo de caixa livre		13.475	7.409	(5.845)	1.458	10.328
2	**Valor não-alavancado** V^U	202.732	209.530	223.075	251.227	274.891	292.052
3	Dedução tributária das despesas com juros		2.380	2.380	2.380	2.737	2.856
4	**Valor da dedução tributária** T^s	10.428	8.757	6.972	5.067	2.674	—
5	**APV:** $V^L = V^U + T^s$	213.160	218.287	230.047	256.294	277.566	292.052
6	Dívida	(100.000)	(100.000)	(100.000)	(115.000)	(120.000)	(120.000)
7	**Valor do patrimônio líquido**	113.160	118.287	130.047	141.294	157.566	172.052

Assim, nossa estimativa para o valor de empresa inicial da Ideko é de $213 milhões, com um valor de patrimônio líquido de $113 milhões. Como o custo inicial para a PKK adquirir a Ideko é de $53 milhões (ver Tabela 19.6), com base nessas estimativas o negócio parece atraente, com um NPV de $113 milhões − $53 milhões = $60 milhões.

Um "teste"

Neste momento, é prudente dar um passo atrás para verificar se os resultados de nossa avaliação fazem sentido. Um valor de empresa inicial de $213 milhões para a Ideko parece razoável em comparação aos valores de outras empresas na mesma indústria?

ERRO COMUM — **Ativos ou passivos pendentes**

Ao calcular o valor de empresa de uma empresa a partir de seus fluxos de caixa livres, lembremos que estamos avaliando somente aqueles ativos e passivos cujas consequências de fluxos de caixa estão incluídas em nossas projeções. Quaisquer responsabilidades pendentes têm que ser adicionadas à estimativa do APV para determinar o valor do patrimônio líquido. Neste caso, subtraímos a dívida da empresa e somamos qualquer excesso monetário ou outros títulos negociáveis que não tenham sido incluídos (para a Ideko, o excesso monetário já foi pago aos acionistas e permanecerá em zero, então não é necessário nenhum ajuste). Também ajustamos quaisquer outros ativos ou passivos que não tenham sido explicitamente considerados. Por exemplo, se uma empresa é proprietária de terrenos ociosos, ou se ela possui patentes ou outros direitos cujos fluxos de caixa potenciais não foram incluídos nas projeções, o valor desses ativos tem que ser contado separadamente. O mesmo é válido para passivos como concessões de opções de ações, possíveis obrigações legais, *leasings* (se os pagamentos de *leasings* não foram incluídos nos resultados), ou falta de provisões para pagar pensões.

TABELA 19.18	Comparação dos índices financeiros da Ideko, meados de 2005, com base na estimativa do fluxo de caixa descontado *versus* preço de aquisição proposto					
Índice	Ideko (valor estimado)	Ideko (valor de aquisição)	Oakley, Inc.	Luxottica Group	Nike, Inc.	Artigos esportivos
P/E	31,0×	21,6×	24,8×	28,0×	18,2×	20,3×
EV/Vendas	2,8×	2,0×	2,0×	2,7×	1,5×	1,4×
EV/EBITDA	13,1×	9,1×	11,6×	14,4×	9,3×	11,4×

Mais uma vez, os múltiplos são úteis. Calculemos os múltiplos de avaliação inicial que nosso valor de empresa estimado em $213 milhões implicaria e comparemo-los aos concorrentes mais próximos à Ideko como fizemos na Tabela 19.2. A Tabela 19.18 fornece nossos resultados.

Naturalmente, os múltiplos de avaliação baseados no valor de empresa estimado em $213 milhões, que corresponderiam a um preço de aquisição de $215 milhões, dada a dívida e o excesso monetário existentes da Ideko, são mais altos do que aqueles baseados em um preço de aquisição de $150 milhões. Agora eles estão na extremidade mais alta ou um pouco acima da faixa de valores das outras empresas que utilizamos para comparação. Apesar de esses múltiplos não serem absurdos, dadas as melhorias operacionais que a PKK planeja implementar, eles indicam que nossas projeções podem estar bastante otimistas e dependem criticamente da capacidade da PKK de alcançar as melhorias operacionais que planeja.

Nosso múltiplo do EBITDA estimado inicial de 13,1 também excede o múltiplo de 9,1 que supusemos para o valor de continuação. Assim, nossa estimativa prevê um declínio no múltiplo do EBITDA, que é adequado dada a nossa expectativa de que o crescimento será maior a curto prazo. Se o múltiplo não diminuísse, deveríamos nos questionar se nosso valor de continuação não está otimista demais.

IRR e múltiplos de caixa

Apesar de o método do NPV ser o mais confiável para avaliar uma transação como a aquisição da Ideko pela PKK, os profissionais do mundo real geralmente utilizam a IRR e o *múltiplo de caixa* (ou múltiplo de dinheiro) como medidas alternativas de avaliação. Discutiremos ambos estes métodos nesta seção.

Para calcular a IRR, temos que calcular os fluxos de caixa da PKK ao longo da vida da transação. O investimento inicial da PKK na Ideko, a partir da Tabela 19.6, é de $53 milhões. A PKK irá então receber dividendos da Ideko com base no fluxo de caixa livre do acionista informado na Tabela 19.10. Finalmente, supomos que a PKK irá vender as ações da Ideko ao final de cinco anos, recebendo seu valor de continuação. Combinamos esses dados para determinar os fluxos de caixa da PKK na planilha da Tabela 19.19. Dados os fluxos de caixa, calculamos a IRR da transação, que é de 33,3%.

Apesar de uma IRR de 33,3% poder soar atraente, ela não é fácil avaliar neste contexto. Para fazê-lo, temos que compará-la ao custo de capital adequado ao investimento da PKK. Como a PKK possui ações da Ideko, devemos utilizar o custo de capital próprio da Ideko. É claro que o índice de alavancagem da Ideko muda ao longo do período de cinco anos, o que mudará o risco de seu capital próprio. Assim, não há um único custo de capital ao qual comparar a IRR.[12]

A planilha da Tabela 19.19 também calcula o múltiplo de caixa da transação. O **múltiplo de caixa** (também chamado de múltiplo de dinheiro ou retorno absoluto) é a razão entre o caixa total recebido e o caixa total investido. O múltiplo de caixa para o investimento da PKK na Ideko é

---

[12] Ver apêndice deste capítulo para um cálculo do custo de capital próprio anual da Ideko.

TABELA 19.19 PLANILHA — IRR e múltiplo de caixa para o investimento da PKK na Ideko

	Ano	2005	2006	2007	2008	2009	2010
	IRR e múltiplo de caixa						
1	Investimento inicial	(53.000)					
2	Fluxo de caixa livre do acionista		9.055	2.989	4.735	1.375	5.024
3	Valor de continuação						172.052
4	Fluxos de caixa da PKK	(53.000)	9.055	2.989	4.735	1.375	177.077
5	**IRR**	33,3%					
6	**Múltiplo de caixa**	3,7×					

$$\text{Múltiplo de caixa} = \frac{\text{Caixa total recebido}}{\text{Caixa total investido}}$$

$$= \frac{9.055 + 2.989 + 4.735 + 1.375 + 177.077}{53.000} = 3,7 \qquad (19.19)$$

Isto é, a PKK espera receber um retorno de 3,7 vezes seu investimento na Ideko. O múltiplo de caixa é uma medida comum utilizada pelos investidores em transações como esta. Ele possui um óbvio ponto fraco: o múltiplo de caixa não depende do tempo que se leva para receber o dinheiro, nem leva em consideração o risco do investimento. Portanto, é útil apenas para comparar negócios com horizontes de tempo e riscos similares.

FIXAÇÃO DE CONCEITOS

1. Quais são os principais métodos de estimação do valor de continuação da empresa no final do horizonte de previsão?
2. Quais são as possíveis armadilhas de se analisar uma transação com esta com base em sua IRR ou seu múltiplo de caixa?

19.6 Análise de sensibilidade

Qualquer avaliação financeira é tão precisa quanto as estimativas sobre as quais se baseia. Antes de concluirmos nossa análise, é importante avaliarmos a incerteza de nossas estimativas e determinarmos seu impacto potencial sobre o valor da transação.

Uma vez tendo desenvolvido o modelo de planilha para o investimento da PKK na Ideko, é fácil realizar uma análise de sensibilidade para determinar o impacto das mudanças de diferentes parâmetros sobre o valor da transação. Por exemplo, a planilha da Tabela 19.20 mostra a sensibilidade de nossas estimativas do valor do investimento da PKK a mudanças em nossas suposições em relação ao múltiplo do EBITDA final que a PKK obtém quando a Ideko é vendida, além do custo de capital não-alavancado da Ideko.

Em nossa análise inicial, supusemos um múltiplo do EBITDA final de 9,1. A Tabela 19.20 mostra que cada aumento de 1,0 no múltiplo representa aproximadamente $20 milhões de valor inicial.[13] A PKK chegará ao ponto de equilíbrio em relação ao seu investimento de $53 milhões na Ideko com um múltiplo final de pouco mais de 6,0. A tabela também mostra, porém, que um múltiplo final de 6,0 é consistente com uma taxa de crescimento futura para a Ideko de menos de 2%, o que é ainda menos do que a taxa de inflação esperada e provavelmente tão baixa que chega a não ser realista.

A Tabela 19.20 também ilustra o efeito de uma mudança em nossa suposição sobre o custo de capital não-alavancado da Ideko. Um custo de capital não-alavancado mais alto reduz o valor do

---

[13] Na verdade, podemos calcular isso diretamente como o valor presente do EBITDA projetado da Ideko em 2010: ($32,094 milhões) / $(1,10^5)$ = $19,928 milhões.

ENTREVISTA COM Joseph L. Rice, III

Joseph L. Rice é membro fundador e Presidente da Clayton, Dubilier & Rice (CD&R). Desde sua formação, em 1978, a empresa já investiu mais de $6 bilhões em 38 negócios com um valor agregado de transação de mais de $40 bilhões.

PERGUNTA: *Como os negócios de* **private equity** *mudaram desde que você começou na indústria?*

RESPOSTA: O termo "*private equity*" é muito amplo e hoje pode abranger praticamente todo tipo de investimento, exceto os investimentos na bolsa de valores ou em mercados de títulos de dívidas. O negócio de aquisição de controle acionário de empresas (*buyout*) representa um componente significativo do mercado de *private equity*. Desde que eu comecei, em 1966, já presenciei muitas mudanças à medida que esta classe de ativos amadurecia. Nas décadas de 1960 e 1970, este negócio tinha relativamente poucos seguidores. A disponibilidade de capital limitada mantinha as transações pequenas, e dependíamos de fontes de financiamento não-convencionais. O preço de aquisição total de minha primeira transação foi de aproximadamente $3 milhões, financiados através de uma linha segura de crédito bancário e de indivíduos que contribuíram com quantias que variavam de $25.000 a $50.000. Ao contrário, recentemente compramos a Hertz da Ford por aproximadamente $5 bilhões.

À medida que a indústria foi evoluindo, os atraentes retornos gerados pelos investimentos de aquisição de controle acionário de empresas passou a atrair um interesse maior, tanto de instituições quanto de indivíduos com um alto valor líquido a investir. As empresas de aquisição de controle acionário (*buyout*) aplicam uma variedade de modelos de criação de valor, como engenharia financeira, arbitragem múltipla e apostas em setores de certas indústrias, como os de tecnologia ou saúde. Hoje há um foco maior sobre a geração de retornos provenientes da melhoria do desempenho empresarial – o que sempre foi a abordagem de investimento por trás da CD&R. A natureza das empresas que adquirimos também mudou. Tradicionalmente, este sempre foi um meio com ativos de peso, com grande parte do financiamento sendo proveniente de bancos que concediam empréstimos em troca de porcentagens de estoques e contas a receber e do valor de liquidação de ativos de peso. Hoje se tornou um negócio mais de fluxos de caixa.

PERGUNTA: *O que torna uma empresa uma boa candidata a ser adquirida em um* **buyout**?

RESPOSTA: Procuramos adquirir boas empresas a preços justos. Adquirir divisões não-centrais e com baixo desempenho de grandes empresas e torná-las mais eficazes tem sido uma fértil área de investimento para a CD&R. Essas compras de ativos em liquidação tendem a ser complexas e exigem experiência e paciência para serem executadas. Por exemplo, já estávamos em discussão com a gerência da Ford há três anos antes de ocorrer a aquisição da divisão Hertz.

Após realizar uma série de projeções baseadas em informações da gerência, desenvolvemos uma estrutura de capital projetada para garantir a viabilidade da candidata à aquisição. Estamos relativamente despreocupados com o EPS (rentabilidade por ação), mas estamos de olhos abertos para a questão dos retornos, nos focando no caixa e criando um valor de longo prazo para o acionista. Também temos que acreditar que podemos gerar um retorno sobre o patrimônio líquido que atenda a nossos padrões e que justifique o compromisso de nossos investidores para conosco.

Também adquirimos empresas que estão enfrentando problemas estratégicos e às quais nossa experiência operacional possa agregar valor, como a Kinko's, uma grande marca de franquia que reorganizamos e expandimos. Preferimos empresas de serviços e distribuição a grandes fabricantes devido ao diferencial de salários entre a Ásia e os Estados Unidos e a Europa. Também preferimos empresas com uma diversidade de fornecedores e clientes e nas quais haja múltiplas "alavancas" sob nosso controle para que possamos melhorar o desempenho operacional.

PERGUNTA: *Após a aquisição, qual é o papel da empresa de* **private equity**?

RESPOSTA: A CD&R traz para a empresa um estilo de participação "com a mão na massa" e capital. Após fechar uma transação, avaliamos a capacidade da atual gerência de realizar o trabalho de que nosso caso de investimento precisa. Se necessário, montamos e fortalecemos a equipe de gerência. Então trabalhamos com eles para determinar a estratégia adequada para produzir resultados excelentes. Finalmente, vamos agressivamente em busca de produtividade, redução de custos, e iniciativas de crescimento para melhorar o desempenho operacional e financeiro. Na Kinko's, reestruturamos 129 empresas S separadas em uma empresa centralizada e instalamos uma nova equipe de gerência. Nossa decisão estratégica fundamental foi transformar a Kinko de uma confederação descuidada de lojas de fotocópias orientadas ao consumidor e a trabalhos de pequeno porte em uma empresa altamente interligada que atende grandes empresas. No final, foi isso que tornou a empresa uma aquisição atraente para a FedEx em 2004.

TABELA 19.20 PLANILHA — Análise de sensibilidade do investimento da PKK na Ideko

Múliplo do EBITDA final	6,0	7,0	8,0	9,1	10,0	11,0
Taxa de crescimento de longo prazo implícita	1,60%	3,43%	4,53%	**5,34%**	5,81%	6,21%
Valor de empresa da Ideko ($ milhões)	151,4	171,3	191,2	**213,2**	231,1	251,0
Valor do patrimônio líquido da PKK ($ milhões)	51,4	71,3	91,2	**113,2**	131,1	151,0
IRR da PKK	14,8%	22,1%	28,0%	**33,3%**	37,1%	40,8%

Custo de capital não-alavancado	9,0%	10,0%	11,0%	12,0%	13,0%	14,0%
Taxa de crescimento de longo prazo implícita	3,86%	**5,34%**	6,81%	8,29%	9,76%	11,24%
Valor de empresa da Ideko ($ milhões)	222,1	**213,2**	204,7	196,7	189,1	181,9
Valor do patrimônio líquido da PKK ($ milhões)	122,1	**113,2**	104,7	96,7	89,1	81,9

investimento da PKK; contudo, mesmo com uma taxa tão alta quanto 14%, o valor do patrimônio líquido excede o investimento inicial da PKK. Entretanto, se o custo de capital não-alavancado exceder 12%, a taxa de crescimento de longo prazo implícita que justifica o suposto múltiplo do EBITDA final de 9,1 provavelmente é tão alto que não é realista. Assim, se acreditarmos que o custo de capital não-alavancado cai dentro desta faixa, devemos baixar nossa previsão do múltiplo do EBITDA final, o que reduzirá ainda mais o valor do patrimônio líquido da PKK. Ao contrário, se estivermos confiantes na nossa estimativa do múltiplo final, esta análise dará ainda maior força à nossa escolha do custo de capital não-alavancado.

Os exercícios no final deste capítulo continuam a análise de sensibilidade considerando diferentes níveis de crescimento da fração de mercado e mudanças na administração do capital de giro.

FIXAÇÃO DE CONCEITOS

1. Qual é o propósito da análise de sensibilidade?
2. A Tabela 19.20 mostra a análise de sensibilidade do investimento da PKK na Ideko. Com base no múltiplo do EBITDA final, a aquisição da Ideko é recomendável?

Resumo

1. A avaliação utilizando comparáveis pode ser utilizada como maneira preliminar de estimar o valor de uma empresa.
2. O valor de um investimento depende, em última análise, dos fluxos de caixa futuros da empresa. Para estimar os fluxos de caixa, primeiro é necessário analisar as operações, investimentos e estrutura de capital de uma empresa alvo para avaliar o potencial de melhorias e crescimento.
3. Um modelo financeiro pode ser utilizado para projetar os fluxos de caixa futuros de um investimento.
    a. Um demonstrativo de resultados *pro forma* projeta os resultados da empresa sob determinado conjunto de suposições hipotéticas.
    b. O modelo financeiro também deve considerar as necessidades futuras de capital de giro e de desembolsos de capital para estimar os fluxos de caixa futuros.
    c. Com base nestas estimativas, podemos prever o balanço patrimonial e o demonstrativo de fluxos de caixa.
4. Para avaliar um investimento, precisamos avaliar seu risco e estimar um custo de capital adequado. Um método para fazê-lo é utilizar o CAPM.

a. Utilizar o CAPM para estimar o custo de capital próprio de empresas comparáveis, com base em seus betas de ações.

b. Dada uma estimativa do beta de ações de cada empresa comparável, desalavancar o beta com base na estrutura de capital da empresa.

c. Utilizar o CAPM e as estimativas de betas não-alavancados de empresas comparáveis para estimar o custo de capital não-alavancado do investimento.

5. Além de prever os fluxos de caixa por alguns anos, precisamos estimar o valor de continuação da empresa ao final do horizonte de previsão.

   a. Um método é utilizar o múltiplo de avaliação com base em empresas comparáveis.

   b. Para estimar um valor de continuação no ano T utilizando fluxos de caixa descontados, é uma prática comum supor um crescimento esperado constante g e um índice capital de terceiros/capital próprio (*debt-equity ratio*) constante:

$$\text{Valor de empresa no ano } T = V_T^L = \frac{FCF_{T+1}}{r_{wacc} - g} \tag{19.14}$$

6. Dados os fluxos de caixa previstos e uma estimativa do custo de capital, o último passo é combinar esses *inputs* para estimar o valor da oportunidade. Podemos utilizar os métodos de avaliação descritos no Capítulo 18 para calcular o valor da empresa.

7. Apesar de o método do NPV ser a abordagem mais confiável para avaliar um investimento, os profissionais geralmente utilizam a IRR e o múltiplo de caixa como medidas alternativas de avaliação.

   a. Utilizamos os fluxos de caixa ao longo da vida do investimento para calcular a IRR.

   b. O múltiplo de caixa de um investimento é a razão entre o caixa total recebido e o caixa total investido:

$$\text{Múltiplo de caixa} = \frac{\text{Caixa total recebido}}{\text{Caixa total investido}} \tag{19.19}$$

8. A análise de sensibilidade é útil para avaliar a incerteza das estimativas utilizadas para avaliação e o impacto desta incerteza sobre o valor da transação.

Termos fundamentais

índice P/E não-alavancado *p. 659*
múltiplo de caixa (múltiplo de dinheiro, retorno absoluto) *p. 664*
pro forma *p. 649*

Leituras recomendadas

Os livros a seguir são boas referências para os leitores que quiserem se aprofundar nas questões envolvidas na avaliação e modelagem financeira de empresas e projetos: T. Copeland, T. Koller e J. Murrin, *Valuation: Measuring and Managing the Value of Companies*, 3ª ed. (Hoboken, NJ: John Wiley & Sons, 2000); S. Z. Benninga e O. Sarig, *Corporate Finance: A Valuation Approach* (New York: McGraw-Hill/Irwin, 1996); E. R. Arzac, *Valuation for Mergers, Buyouts and Restructuring* (Hoboken, NJ: John Wiley & Sons, 2004); e S. P. Pratt, R. F. Reilly e R. P. Schweihs, *Valuing a Business: The Analysis and Appraisal of Closely Held Companies*, 4ª ed. (New York: McGraw-Hill, 2000).

Problemas

Um asterisco (*) indica problemas com um maior nível de dificuldade.

Avaliação utilizando comparáveis

1. Você gostaria de comparar a lucratividade da Ideko com a de suas concorrentes utilizando o múltiplo EBITDA/vendas. Dadas as vendas atuais da Ideko de $75 milhões, utilize as informações da Tabela 19.2 para calcular uma faixa do EBITDA para a Ideko, supondo que ela seja administrada tão lucrativamente quanto suas concorrentes.

O plano de negócios

2. Suponha que a fração de mercado da Ideko aumente em 0,5% por ano, em vez do 1% utilizado no capítulo. Que capacidade de produção a Ideko exigirá a cada ano? Quando se tornará necessária uma expansão (quando o volume de produção excederá o nível atual em 50%)?

3. Supondo que a fração de mercado da Ideko irá aumentar em 0,5% por ano, você determina que a fábrica exigirá uma expansão em 2010. O custo desta expansão será de $15 milhões. Supondo que o financiamento da expansão seja adiado em conformidade, calcule os pagamentos de juros projetados e o valor das deduções tributárias projetadas (supondo que as taxas de juros sobre os empréstimos a termo sejam iguais às do capítulo) até 2010.

Construindo o modelo financeiro

EXCEL 4. Supondo que a fração de mercado da Ideko irá aumentar em 0,5% por ano (e o investimento e financiamento serão ajustados conforme descrito no Problema 3), você projeta a seguinte depreciação:

Ano	2005	2006	2007	2008	2009	2010
Ativos fixos e investimento de capital ($ mil)						
2 Novos investimentos	5.000	5.000	5.000	5.000	5.000	20.000
3 Depreciação	(5.500)	(5.450)	(5.405)	(5.365)	(5.328)	(6.795)

Utilizando estas informações, projete o lucro líquido até 2010 (isto é, reproduza a Tabela 19.7 sob as novas suposições).

EXCEL 5. Supondo que a fração de mercado da Ideko irá aumentar em 0,5% por ano (o que implica que o investimento, o financiamento e a depreciação serão ajustados conforme descrito nos Problemas 3 e 4) e que as previsões da Tabela 19.8 permaneçam as mesmas, calcule as exigências de capital de giro da Ideko até 2010 (isto é, reproduza a Tabela 19.9 sob as novas suposições).

EXCEL 6. Supondo que a fração de mercado da Ideko irá aumentar em 0,5% por ano (o que implica que o investimento, o financiamento e a depreciação serão ajustados conforme descrito nos Problemas 3 e 4) mas supondo que as melhorias projetadas no capital de giro não ocorram (e então os números da Tabela 19.8 permaneçam em seus níveis de 2005 até 2010), calcule as exigências de capital de giro da Ideko até 2010 (isto é, reproduza a Tabela 19.9 sob estas suposições).

EXCEL 7. Preveja o fluxo de caixa livre da Ideko (reproduza a Tabela 19.10), supondo que a fração de mercado da Ideko vá aumentar em 0,5% ao ano; considerando que investimento, financiamento e depreciação serão ajustados como for necessário; e que as melhorias projetadas no capital de giro ocorrerão (isto é, sob as suposições do Problema 5).

EXCEL 8. Preveja o fluxo de caixa livre da Ideko (reproduza a Tabela 19.10), supondo que a fração de mercado da Ideko vá aumentar em 0,5% ao ano; considerando que investimento, financiamento e depreciação serão ajustados como for necessário; e que as melhorias projetadas no capital de giro *não* ocorrerão (isto é, sob as suposições do Problema 6).

EXCEL *9. Reproduza o balanço patrimonial e o demonstrativo de fluxos de caixa da Ideko supondo que sua fração de mercado vá aumentar em 0,5% ao ano; considerando que investimento, financiamento e depreciação serão ajustados como for necessário; e que as melhorias projetadas no capital de giro ocorrerão (isto é, sob as suposições do Problema 5).

EXCEL *10. Reproduza o balanço patrimonial e o demonstrativo de fluxos de caixa da Ideko supondo que sua fração de mercado vá aumentar em 0,5% ao ano; considerando que investimento, financiamento e depreciação serão ajustados como for necessário; e que as melhorias projetadas no capital de giro *não* ocorrerão (isto é, sob as suposições do Problema 6).

Estimando o custo de capital

11. Calcule o custo de capital não-alavancado da Ideko quando seu beta não-alavancado é igual a 1,1 em vez de 1,2, e supondo que todas as outras estimativas necessárias permaneçam iguais às do capítulo.

12. Calcule o custo de capital não-alavancado da Ideko quando seu prêmio de risco de mercado é igual a 6% em vez de 5%, a taxa livre de risco é 5% em vez de 4%, e supondo que todas as outras estimativas necessárias permaneçam iguais às do capítulo.

Avaliando o investimento

13. Utilizando as informações produzidas no demonstrativo de resultados no Problema 4, utilize o EBITDA como múltiplo para estimar o valor de continuação em 2010, supondo que o valor atual permaneça inalterado (reproduza a Tabela 19.15). Infira o EV/vendas e os índices P/E alavancado e não-alavancado implícitos pelo valor de continuação que você continuou.

14. Como a suposição de melhorias futuras no capital de giro afeta sua resposta para o Problema 13?

15. Aproximadamente que taxa de crescimento futuro de longo prazo esperada forneceria o mesmo múltiplo do EBITDA em 2010 que a Ideko possui hoje (isto é, 9,1)? Suponha que o índice capital de terceiros/valor da empresa (*debt-to-value ratio*) futuro seja mantido constante a 40%; que o custo de capital de terceiros seja 6,8%; que a fração de mercado da Ideko vá aumentar em 0,5% ao ano até 2010; que investimento, financiamento e depreciação serão ajustados como for necessário; e que as melhorias projetadas no capital de giro ocorrerão (isto é, as suposições do Problema 5).

16. Aproximadamente que taxa de crescimento futuro de longo prazo esperada forneceria o mesmo múltiplo do EBITDA em 2010 que a Ideko possui hoje (isto é, 9,1)? Suponha que o índice capital de terceiros/valor da empresa (*debt-to-value ratio*) futuro seja mantido constante a 40%; que o custo de capital de terceiros seja 6,8%; que a fração de mercado da Ideko vá aumentar em 0,5% ao ano até 2010; que investimento, financiamento e depreciação serão ajustados como for necessário; e que as melhorias projetadas no capital de giro *não* ocorrerão (isto é, as suposições do Problema 6).

17. Utilizando o método do APV, estime o valor da Ideko e o NPV da transação utilizando o valor de continuação que você calculou no Problema 13 e a estimativa do custo de capital não-alavancado da Seção 19.4. Suponha que o custo de capital de terceiros seja 6,8%; que a fração de mercado da Ideko vá aumentar em 0,5% ao ano até 2010; e que as melhorias projetadas no capital de giro ocorrerão (isto é, as suposições do Problema 5).

18. Utilizando o método do APV, estime o valor da Ideko e o NPV da transação utilizando o valor de continuação que você calculou no Problem 13 e a estimativa do custo de capital não-alavancado da Seção 19.4. Suponha que o custo de capital de terceiros seja 6,8%; que a fração de mercado da Ideko vá aumentar em 0,5% ao ano até 2010; e que as melhorias projetadas no capital de giro *não* ocorrerão (isto é, as suposições do Problema 6).

19. Utilize suas respostas dos Problemas 17 e 18 para inferir o valor hoje das melhorias projetadas no capital de giro sob as suposições de que a fração de mercado da Ideko vá aumentar em 0,5% ao ano e que investimento, financiamento e depreciação serão ajustados como for necessário.

APÊNDICE DO CAPÍTULO 19

notação

r_E custo de capital próprio

Recompensas à gerência

O sucesso do investimento da PKK depende criticamente de sua capacidade de executar as melhorias operacionais detalhadas em seu plano de negócios. A PKK aprendeu com a experiência que é muito mais provável que ela alcance suas metas se a equipe de gerência responsável por implementar as mudanças receber um forte incentivo para ter êxito. A PKK, portanto, considera alocar 10% do patrimônio líquido da Ideko a um plano de incentivo à gerência. Este direito de propriedade seria legalmente garantido pelos cinco próximos anos daria aos executivos sênior da Ideko um forte interesse no sucesso do empreendimento. Qual é o custo para a PKK fornecer esta participação à equipe de gerência? Como este plano de incentivos afeta o NPV da aquisição?

Para determinar o valor da aquisição para a PKK, temos que incluir o custo da participação acionária concedida à gerência. Como a concessão se torna exercível após cinco anos, a gerência não receberá nenhum dos dividendos pagos pela Ideko durante este período. Em vez disso, a gerência receberá as ações depois de cinco anos, ponto em que estimamos o valor do patrimônio líquido da Ideko em $172 milhões (ver Tabela 19.15). Assim, o custo da participação acionária da gerência em 2010 é igual a 10% × $172 milhões = $17,2 milhões, segundo nossa estimativa. Temos que determinar o valor presente desta quantia hoje.

Como o pagamento aos gerentes é um *equity claim**, para calcular seu valor presente temos que utilizar um custo de capital próprio. Adotamos uma abordagem de avaliação de FTE para estimar o custo da participação da gerência na Ideko, exibido na planilha da Tabela 19A1.

Para calcular o custo de capital próprio da Ideko, r_E, utilizamos a Equação 18.20, que se aplica quando os níveis de endividamento da empresa seguem um programa conhecido:

$$r_E = r_U + \frac{D - T^s}{E}(r_U - r_D)$$

Utilizando os valores do capital de terceiros, do capital próprio e das deduções tributárias da planilha da Tabela 19.17 para calcular o índice de alavancagem efetivo $(D - T^s) / E$, calculamos r_E a cada ano como mostra a planilha. Calculamos, então, o custo da participação acionária da gerência descontando a esta taxa:

$$\text{Custo da participação da gerência}_t = \frac{\text{Custo da participação da gerência}_{t+1}}{1 + r_E(t)} \quad (19A.1)$$

Uma vez que tenhamos determinado o custo da participação acionária da gerência, o deduziremos do valor total do patrimônio líquido da Ideko (da Tabela 19.17) para determinar o valor da participação acionária da PKK na Ideko, exibida na última linha da planilha. Dado o custo inicial da aquisição de $53 milhões para a PKK, o NPV de seu investimento, incluindo o custo das recompensas à gerência, é de $103,58 milhões − $53 milhões = $50,58 milhões.

TABELA 19A.1 PLANILHA Estimativa FTE** do custo da participação acionária da gerência e o valor do patrimônio líquido da PKK

	Ano	2005	2006	2007	2008	2009	2010
	Participação da gerência/PKK ($ mil)						
1	*Payoff* da gerência (participação de 10%)						17.205
2	Alavancagem efetiva $(D - T^s)/E$	0,792	0,771	0,715	0,778	0,745	
3	Custo de capital próprio r_E	12,53%	12,47%	12,29%	12,49%	12,38%	
4	**Custo da participação da gerência**	(9.576)	(10.777)	(12.120)	(13.610)	(15.309)	(17.205)
5	Valor do patrimônio líquido da Ideko	113.160	118.287	130.047	141.294	157.566	172.052
6	**Patrimônio líquido da PKK**	103.583	107.511	117.927	127.684	142.256	154.847

---

* N. de T.: Um *equity claim* é um direito a parte dos lucros após obrigações com dívidas terem sido honradas.

** N. de T.: FTE refere-se, aqui, ao método do fluxo de caixa do acionista, definido no Capítulo 18.

Glossário

10-K O relatório anual que as empresas norte-americanas utilizam para arquivar seus demonstrativos financeiros junto à Comissão de Valores Mobiliários dos EUA (SEC – U.S. Securities and Exchange Commission).

10-Q O formulário de relatório trimestral que as empresas norte-americanas utilizam para arquivar seus demonstrativos financeiros junto à Comissão de Valores Mobiliários dos EUA (SEC – U.S. Securities and Exchange Commission).

acionista (também titular de ações) Um proprietário de uma ação ou de um grupo de ações de uma corporação.

ações alavancadas Ações de uma empresa com dívidas.

ações de crescimento Empresas com altos índices *market-to-book*.

ações não-alavancadas Ações de uma empresa sem dívida.

aditividade de valor Uma relação determinada pela Lei do Preço Único em que o preço de um ativo que consiste em outros ativos tem que ser igual à soma dos preços desses outros ativos.

alavancagem A quantidade de dívida em uma carteira ou emitida por uma empresa. *Ver também* comprar ações na margem.

alavancagem feita em casa Quando os investidores utilizam alavancagem em suas próprias carteiras para corrigir a escolha de alavancagem feita por uma empresa.

alfa A diferença entre o retorno esperado de uma ação e seu retorno exigido segundo a linha do mercado de títulos.

alíquota efetiva de impostos sobre dividendos A alíquota efetiva de impostos sobre dividendos mede a alíquota adicional paga pelo investidor por dólar de renda de ganhos de capital após os impostos que, em vez disso, é recebida como dividendo.

alíquota marginal corporativa de impostos A alíquota de impostos que uma empresa irá pagar sobre um dólar incremental de renda antes dos impostos.

amortização Uma taxa que captura a mudança no valor de ativos adquiridos. Assim como a depreciação, a amortização não é um desembolso de caixa propriamente dito.

análise de cenário Uma importante ferramenta de orçamento de capital que determina como o NPV varia quando múltiplos parâmetros são alterados simultaneamente.

análise de sensibilidade Uma importante ferramenta de orçamento de capital que determina como o NPV varia se apenas um parâmetro for alterado.

análise do ponto de equilíbrio Um cálculo do valor de cada parâmetro para o qual o NPV de um projeto é igual a zero.

anuidade Uma sequência de fluxos de caixa periódicos iguais ao longo de determinado período de tempo. Esses fluxos de caixa podem ser entradas de retornos obtidos sobre investimentos ou saídas de fundos investidos para obter retornos futuros.

anuidade crescente Uma sequência de fluxos de caixa pagos a intervalos regulares e crescente a uma taxa constante até uma data final.

APR *Ver* taxa percentual anual.

APT *Ver* Teoria da Precificação por Arbitragem.

APV *Ver* valor presente ajustado.

aquisição hostil Uma situação em que um indivíduo ou organização, às vezes chamado de especulador agressivo, compra uma grande fração das ações de uma corporação alvo e, ao fazê-lo, obtém votos suficientes para substituir o conselho de diretoria da empresa alvo e seu CEO.

arbitragem A prática de comprar e vender bens ou carteiras equivalentes para tirar proveito de uma diferença de preço.

ativos O dinheiro, estoque, propriedades, instalações e equipamentos, e outros investimentos que uma empresa fez.

ativos circulantes Dinheiro ou ativos que poderiam ser convertidos em dinheiro dentro de um ano. Esta categoria inclui títulos negociáveis, contas a receber, estoques, e despesas pré-pagas como aluguel e seguros.

auditor Uma terceira parte neutra que as corporações são obrigadas a contratar para verificar os demonstrativos financeiros anuais com o intuito de garantir que estes tenham sido preparados de acordo com os GAAP, e de verificar se as informações são confiáveis.

aversão a risco Quando os investidores preferem ter um pagamento futuro seguro em vez de um incerto na mesma quantia esperada.

balanço patrimonial Uma lista dos ativos e passivos de uma empresa que fornece um quadro da posição financeira da empresa em determinado momento.

balanço patrimonial a valor de mercado Similar a um balanço patrimonial contábil, com duas distinções essenciais: primeiro, todos os ativos e passivos da empresa são incluídos, mesmo ativos intangíveis como reputação, nome de marca ou capital humano que não aparecem em um balanço patrimonial contábil comum; segundo, todos os valores são valores de mercado correntes em vez de custos históricos.

benefício fiscal da depreciação incentivada As economias tributárias que resultam da capacidade de deduzir a depreciação.

beta (β) A mudança percentual esperada no retorno em excesso de um título para uma mudança de 1% no retorno em excesso da carteira de mercado (ou outro *benchmark*).

beta fatorial A sensibilidade do retorno em excesso das ações ao retorno em excesso de uma carteira fatorial, como calculado em uma regressão múltipla.

beta não-alavancado Mede o risco de uma empresa se ela não fosse alavancada; Beta dos ativos da empresa; mede o risco de mercado das atividades comerciais da empresa, ignorando qualquer risco adicional devido à alavancagem.

betas corrigidos Um beta que foi corrigido para 1 para incluir erros de estimação.

bolsas de valores (mercados de ações) *Ver* mercados de ações.

bonificação em ações *Ver* desdobramento de ações (*stock split*).

canibalização Quando as vendas do novo produto de uma empresa substituem as vendas de um de seus produtos existentes.

capacidade de endividamento O montante de dívida em determinada data que é necessário para manter o índice capital de terceiros/valor da empresa (*debt-to-value ratio*).

capital de giro líquido A diferença entre os ativos circulantes e os passivos circulantes de uma empresa que representa o capital disponível no curto prazo para dirigir os negócios.

capital próprio   A soma do valor de todas as ações em circulação de uma corporação.

capitalização   Cálculo do retorno sobre um investimento durante um longo horizonte multiplicando os fatores do retorno associados a cada período interveniente.

capitalização contínua   A capitalização de juros a cada instante (um número infinito de vezes por ano).

capitalização de mercado   O valor de mercado total das ações de uma empresa; igual ao preço de mercado por ação vezes o número de ações.

CAPM   *Ver* Modelo de Precificação de Ativos Financeiros.

carteira autofinanciadora   Uma carteira que não custa nada para ser construída.

carteira de igual participação   Uma carteira contendo uma fração igual do número total de ações em circulação de cada título contido na carteira. Equivalente a uma carteira ponderada por valor.

carteira de mercado   Uma carteira ponderada por valor de todas as ações de todos os grupos de ações e títulos do mercado.

carteira eficiente   Uma carteira que contém apenas risco sistemático. Uma carteira eficiente não pode ser ainda mais diversificada; não existe maneira de reduzir a volatilidade da carteira sem diminuir seu retorno esperado. A carteira eficiente é a carteira tangente, a carteira com o maior índice de Sharpe na economia.

carteira *high-minus-low* (HML)   Uma carteira atualizada anualmente com posição vendida com altos índices *book-to-market* e com posição comprada com baixos índices *book-to-ratio*.

carteira HML   *Ver* carteira *high-minus-low*.

carteira igualmente ponderada   Uma carteira em que o mesmo montante em dólares é investido em cada grupo de ações.

carteira ineficiente   Descreve uma carteira para a qual é possível encontrar uma outra carteira com retorno esperado mais alto e volatilidade mais baixa.

carteira passiva   Uma carteira que não é re-equilibrada em resposta a mudanças nos preços.

carteira ponderada por preço   Uma carteira que detém um número igual de ações de cada grupo de ações, independentemente de seu tamanho.

carteira ponderada por valor   Uma carteira em que cada título é mantido em proporção à sua capitalização de mercado. Também chamada de carteira de igual participação, pois consiste na mesma fração de ações em circulação de cada título.

carteira *prior one-year momentum* (PR1YR)   Uma carteira autofinanciadora que assume posição comprada nos 30% superiores de ações com os maiores retornos no ano anterior e posição vendida nos 30% inferiores com os retornos mais baixos no ano anterior, todo ano.

carteira *small-minus-big* (SMB)   Uma carteira resultante de uma estratégia de negociação que todo ano compra uma carteira de ações de baixa capitalização e financia esta posição vendendo a descoberto uma carteira de ações de alta capitalização.

carteira SMB   *Ver* carteira *small-minus-big*.

carteira tangente   Uma carteira com o maior índice de Sharpe; o ponto de tangência com a fronteira eficiente de uma linha traçada a partir do ativo livre de risco; a carteira de mercado quando o CAPM é válido.

carteiras fatoriais   Carteiras que podem ser combinadas para formar uma carteira eficiente.

certificado de título de dívida   Declara os termos de um título de dívida além dos montantes e datas de todos os pagamentos a serem feitos.

cisão (*spin-off*)   Quando uma empresa vende uma subsidiária vendendo ações da subsidiária independentemente.

classificação de crédito   Uma classificação atribuída por uma agência de *rating* que avalia a probabilidade de um mutuário ser inadimplente.

cláusulas restritivas da dívida   Condições para fazer um empréstimo em que os credores impõem restrições sobre as ações que uma empresa pode realizar.

CML   *Ver* linha do mercado de capitais.

compensação retroativa ou futura   *Ver* parcela de prejuízos passível de compensação com lucros de exercícios passados ou futuros.

comprar ações na margem (alavancagem)   Tomar dinheiro emprestado para investir em ações.

conselho de diretoria   Um grupo eleito pelos acionistas que possui a autoridade máxima na tomada de decisões na corporação.

contas a pagar   O montante devido aos credores por produtos ou serviços comprados a crédito.

contas a receber   O montante devido a uma empresa pelos clientes que compraram bens ou serviços a crédito.

contrato futuro   Um contrato futuro que é negociado em uma bolsa de valores.

corporação   Um "ser" artificial legalmente definido separado de seus proprietários.

corporação "S"   Corporações que optam pelo subcapítulo S do regime tributário e são permitidos, pelo Código Interno da Receita norte-americano (IRS), uma isenção da dupla tributação.

corporações "C"   Corporações que não têm restrições quanto a quem detém suas ações ou ao número de acionistas e, portanto, não podem se qualificar ao tratamento do subcapítulo S e estão sujeitas à tributação direta.

correlação   A covariância dos retornos dividida pelo desvio padrão de cada retorno; uma medida do risco comum compartilhado por ações que não dependem de sua volatilidade.

covariância   O produto médio do desvio de cada retorno para a sua média.

crédito comercial   A diferença entre contas a receber e contas a pagar que é o montante líquido do capital consumido de uma empresa resultante dessas transações de crédito; o crédito que uma empresa estende a seus clientes.

crédito perene   Uma linha de crédito rotativa sem vencimento fixo.

cum dividendo   Quando ações são negociadas antes da data ex-dividendo, dando a qualquer pessoa que compre as ações o direito ao dividendo.

cupons   Os pagamentos de juros prometidos de um título de dívida.

curva de rentabilidade   Um gráfico de rentabilidades de títulos de dívida em função da data de vencimento dos títulos.

curva de rentabilidade de cupom zero   Um gráfico da rentabilidade de títulos de cupom zero livres de risco (STRIPS) em função da data de vencimento do título de dívida.

curva de rentabilidade de títulos de dívida que pagam cupom   Um gráfico da rentabilidade de títulos de dívida de cupom com diferentes vencimentos.

custo de capital   O retorno esperado disponível em títulos com risco e prazo equivalente a determinado investimento.

custo de capital da dívida O custo de capital, ou retorno esperado, que uma empresa paga sobre sua dívida.

custo de capital não-alavancado O custo de capital de uma empresa se ela não fosse alavancada; para uma empresa que mantém um grau de alavancagem-alvo, pode ser estimado como o custo médio ponderado de capital calculado sem levar em consideração os impostos contábeis (WACC antes dos impostos).

custo de capital próprio A taxa de retorno esperada disponível no mercado sobre outros investimentos com risco equivalente ao risco das ações da empresa.

custo de oportunidade O valor que um recurso poderia ter fornecido em seu melhor uso alternativo.

custo de oportunidade de capital O melhor retorno esperado disponível oferecido no mercado sobre um investimento de risco e prazo comparáveis ao fluxo de caixa sendo descontado; o retorno do qual um investidor abre mão sobre um investimento alternativo de risco e prazo equivalentes quando o investidor empreende um novo investimento.

custo de transação Na maioria dos mercados, uma despesa como uma comissão de corretor e o *spread* de compra e venda que os investidores têm que pagar a fim de negociar títulos.

custo histórico Qualquer custo irrecuperável pelo qual a empresa já é responsável.

custo médio ponderado de capital (WACC) A média do capital próprio de uma empresa e custo de capital após os impostos, ponderado pela fração do valor de empreendimento da empresa que corresponde a capital próprio e a capital de terceiros, respectivamente. Ao descontarmos os fluxos de caixa livres utilizando o WACC, calculamos seu valor incluindo a dedução tributária das despesas com juros.

custos de agência Custos que surgem quando há conflitos de interesse entre os diversos interessados de uma empresa.

data de declaração A data em que o conselho de diretoria de uma empresa de capital aberto autoriza o pagamento de um dividendo.

data de distribuição *Ver* data de pagamento.

data de pagamento (data de distribuição) Uma data, geralmente dentro de um mês após a data de registro, em que uma empresa envia cheques de dividendos a seus acionistas registrados.

data de registro Quando uma empresa paga um dividendo, apenas acionistas já registrados nesta data recebem o dividendo.

data de vencimento A data final de quitação de um título de dívida.

data ex-dividendo Uma data, dois dias antes da data de registro de um dividendo, na qual ou após a qual qualquer um que compre as ações não terá direito ao dividendo.

dedução tributária das despesas com juros A redução nos impostos pagos devido à dedutibilidade dos pagamentos de juros.

demonstrativo da equivalência patrimonial Um demonstrativo contábil que divide o patrimônio líquido dos acionistas calculado no balanço patrimonial em valor proveniente da emissão de novas ações versus lucros retidos.

demonstrativo de fluxos de caixa Um demonstrativo contábil que mostra como uma empresa utilizou o dinheiro que ganhou durante determinado período.

demonstrativo de resultados Uma lista das receitas e despesas de uma empresa ao longo de um período de tempo.

demonstrativos financeiros Relatórios contábeis emitidos pela empresa (normalmente trimestralmente e anualmente) com informações sobre o desempenho passado da empresa.

depreciação Uma dedução anual que uma empresa realiza a partir do valor de seus ativos fixos (exceto terras) ao longo do tempo de acordo com um esquema de depreciação que depende do tempo de vida do ativo.

depreciação em linha reta Um método de depreciação em que o custo de um ativo é dividido igualmente ao longo de sua vida.

depreciação por MACRS O sistema de recuperação de custo mais acelerado permitido pelo IRS. Baseado no período de recuperação, as tabelas de depreciação por MACRS determinam uma fração do preço de compra que a empresa pode depreciar a cada ano.

descontar Encontrar o valor equivalente hoje de um fluxo de caixa futuro multiplicando por um fator de desconto, ou, equivalentemente, dividindo por 1 mais a taxa de desconto.

desconto O montante pelo qual um fluxo de caixa excede seu valor presente.

desdobramento de ações (bonificação em ações) Quando uma empresa emite um dividendo em ações em vez de em dinheiro para seus acionistas.

desembolsos de capital Compras de novas propriedades, instalações e equipamentos.

despesas gerais As despesas associadas às atividades que não são diretamente atribuíveis a uma única atividade de negócios, mas que, em vez disso, afetam muitas áreas diferentes de uma corporação.

desvio padrão Um método comum utilizado para medir o risco de uma distribuição de probabilidade, é a raiz quadrada da variância, a média dos desvios em torno da média ao quadrado.

diagrama de fluxo de caixa Uma representação linear da cronologia de (possíveis) fluxos de caixa.

dificuldades econômicas Um declínio significativo no valor do ativos de uma empresa, esteja ou não a empresa enfrentando dificuldades financeiras devido à alavancagem.

dificuldades financeiras Quando uma empresa enfrenta dificuldades de cumprir suas obrigações de dívida.

diluição Um aumento no número total de ações que dividirá um montante fixo de lucros; geralmente ocorre quando opções de ações são exercidas ou quando título de dívida conversíveis são convertidos.

distribuição de probabilidade Um gráfico que fornece a probabilidade de cada estado discreto possível.

distribuição empírica Um gráfico mostrando a frequência de resultados baseados em dados históricos.

diversificação O nivelamento pela média de riscos independentes em uma grande carteira.

dívida de longo prazo Qualquer empréstimo ou obrigação de dívida com um vencimento de mais de um ano.

dívida líquida Dívida a pagar total menos quaisquer saldos de caixa.

dividendo especial Um pagamento de dividendo único realizado por uma empresa, que é normalmente muito maior do que um dividendo regular.

dividendos de liquidação Um retorno de capital para os acionistas de uma operação empresarial que está sendo extinta.

duração A sensibilidade do preço de um título de dívida a mudanças nas taxas de juros. A média ponderada do vencimento dos fluxos de caixa de um título de dívida.

EAR *Ver* taxa efetiva anual.

EBIT Os lucros de uma empresa antes de juros e impostos serem deduzidos.

EBITDA O cálculo dos lucros de uma empresa antes de juros, impostos, depreciação e amortização serem deduzidos.

efeito de clientela Quando a política de dividendos de uma empresa reflete a preferência tributária de sua clientela de investidores.

efeito tamanho A observação de que ações de baixa capitalização (ou ações com um alto índice *book-to-market*) têm retornos mais altos.

empresa de capital fechado Uma empresa cujas ações não são negociadas em um mercado público.

empresa de responsabilidade limitada (LLC) Uma parceria limitada sem um sócio solidário.

empresa individual Um negócio cuja propriedade e administração cabe a uma única pessoa.

empresas de capital aberto Corporações cujas ações são negociadas em um mercado de ações ou bolsa de valores, fornecendo aos acionistas a capacidade de rápida e facilmente converter seus investimentos em dinheiro.

empréstimo de amortização Um empréstimo sobre os quais o mutuário faz pagamentos mensais que incluem juros sobre o empréstimo mais alguma parte do saldo do empréstimo.

entrincheiramento da gerência Uma situação que surge como resultado da separação entre propriedade e controle em que os gerentes podem tomar decisões que beneficiam a si próprios às custas dos investidores.

EPS diluído A publicação por uma empresa de seu potencial de diluição de opções que por ela concedidas que mostra os lucros por ação que a empresa teria se as opções de ações fossem exercidas.

EPS *Ver* lucros por ação.

erro padrão O desvio padrão do valor estimado da média da distribuição real em torno de seu valor real; isto é, é o desvio padrão do retorno médio.

especialistas Indivíduos que trabalham no salão da NYSE promovendo a ligação entre vendedores e compradores; também chamados de *market makers* ou formadores de mercado.

especificação de fator de Fama-French-Carhart (FFC) Um modelo multi-fatorial de risco e retorno em que as carteiras fatoriais são as carteiras de mercado, a carteira *small-minus-big*, a carteira *high-minus-low* e a carteira PR1YR identificadas por Fama, French e Carhart.

especificação de fator FFC *Ver* especificação de fator de Fama-French-Carhart.

estoque em dias A expressão do estoque de uma empresa em termos do valor ou custo das mercadorias vendidas em número de dias que o estoque representa.

estoques As matérias-primas de uma empresa, além de seu trabalho em andamento e bens acabados.

estratégia de *momentum* Comprar ações que já tiveram altos retornos no passado e vender (a descoberto) ações que já tiveram baixos retornos no passado.

estrutura a termo A relação entre o prazo de investimento e a taxa de juros.

estrutura de capital As proporções relativas de dívida, ações e outros títulos que uma empresa possui em circulação.

EVA® *Ver* Valor Econômico Agregado.

exchange-traded fund Um título negociado diretamente em uma bolsa de valores, assim como ações, mas que representa participação em uma carteira de ações.

expectativas homogêneas Uma situação teórica em que todos os investidores têm as mesmas estimativas em relação aos retornos sobre investimentos futuros.

expectativas racionais A ideia de que os investidores podem ter diferentes informações no que diz respeito aos retornos esperados, correlações e volatilidades, mas interpretam corretamente essas informações e as informações contidas nos preços de mercado e corrigem suas estimativas de retornos esperados de uma maneira racional.

externalidades de projeto Efeitos indiretos de um projeto que podem aumentar ou diminuir os lucros de outras atividades de negócios de uma empresa.

falácia da diluição A ideia de que emitir ações irá, por si só, reduzir o valor das ações existentes.

falência programada Um método para evitar muitos dos custos legais e diretos de falência em que uma empresa primeiro desenvolve um plano de reorganização com o acordo de seus principais credores e então entra no Capítulo 11 para implementar o plano.

fator da taxa de juros Um mais a taxa de juros, é a taxa de câmbio entre dólares hoje e dólares no futuro.

fator de desconto O valor hoje de um dólar recebido no futuro.

FCFE *Ver* fluxo de caixa livre do acionista.

fluxo de caixa do acionista (FTE) Um método de avaliação que calcula o fluxo de caixa livre disponível aos acionistas levando em consideração todos os pagamentos de e para os titulares de dívida. Os fluxos de caixa do acionista são, então, descontados utilizando o custo de capital próprio.

fluxo de caixa livre O efeito incremental de um projeto sobre o dinheiro disponível de uma empresa.

fluxo de caixa livre do acionista (FCFE) O fluxo de caixa livre que permanece após corrigir incluindo os pagamentos de juros, emissão de títulos de dívida e quitações de dívidas.

fronteira eficiente O conjunto de carteiras que pode ser formado a partir de dado conjunto de investimentos com a propriedade de que cada carteira possui o retorno esperado mais alto possível que pode ser alcançado sem aumentar sua volatilidade.

FTE *Ver* fluxo de caixa do acionista.

fundo de comércio A diferença entre o preço pago por uma empresa e o valor contábil atribuído a seus ativos. Ativo intangível.

fundos de índice Fundos mútuos que investem em ações em proporção à sua representação em um índice publicado, como o S&P 500 ou o Wilshire 50000.

GAAP *Ver* Princípios Contábeis Geralmente Aceitos.

ganho de capital O montante pelo qual o preço de venda de um ativo excede seu preço de compra inicial.

garantia genérica *Ver* garantia flutuante.

grau de alavancagem-alvo Quando uma empresa ajusta sua dívida proporcionalmente ao valor ou aos fluxos de caixa de um projeto (onde a proporção não precisa necessariamente permanecer constante). Um índice capital de terceiros/capital próprio (*debt-equity ratio*) de mercado é um caso especial.

greenmail Quando uma empresa evita uma ameaça de aquisição de controle hostil e a remoção de sua gerência por um grande acionista comprando todas as ações deste, geralmente por um grande prêmio sobre o preço de mercado corrente.

grupamento de ações Quando o preço das ações de uma empresa caem a um nível excessivamente baixo e a empresa reduz o número de ações em circulação.

grupo de ações A propriedade ou patrimônio líquido de uma corporação dividida em ações.

hipótese da sinalização dos dividendos A ideia de que mudanças nos dividendos refletem as ideias dos gerentes sobre a perspectiva de futuros lucros da empresa.

hipótese de mercados eficientes A ideia de que a concorrência entre investidores funciona no sentido de eliminar todas as oportunidades de negociação com NPV igual a zero. Implica que os títulos serão precificados justamente, com base em seus fluxos de caixa futuros, dadas todas as informações disponíveis aos investidores.

hipótese de ordem de captação A ideia de que os gerentes irão preferir financiar investimento primeiro utilizando lucros retiros, depois dívida e ações somente como último recurso.

hipótese do fluxo de caixa livre A ideia de que gastos esbanjadores são mais prováveis de ocorrer quando as empresas têm altos níveis de fluxo de caixa acima do que é necessário para fazer todos os investimentos com NPV positivo e todos os pagamentos aos titulares de dívida.

hipótese do pássaro na mão A tese de que as empresas que decidem pagar dividendos correntes mais altos desfrutará de preços de ações mais altos porque os acionistas preferem dividendos correntes a dividendos futuros (com o mesmo valor presente).

impostos diferidos Um ativo ou passivo que resulta da diferença entre as despesas com impostos de uma empresa como declarado para fins contábeis e o valor real pago às autoridades fiscais.

inadimplência Quando uma empresa deixa de fazer o pagamento exigido de juros ou do principal sobre sua dívida, ou viola uma cláusula restritiva da dívida.

índice *book-to-market* O quociente entre valor contábil do patrimônio e o valor de mercado do mesmo.

índice capital de terceiros/capital próprio (*debt-equity ratio*) O quociente entre o montante total de dívidas de curto e longo prazo (incluindo vencimentos correntes) de uma empresa e o valor de seu capital próprio, que pode ser calculado baseado nos valores de mercado ou contábil.

índice capital de terceiros/valor da empresa (*debt-to-value ratio*) A fração do valor de empreendimento de uma empresa que corresponde a dívidas.

índice constante de cobertura de juros Quando uma empresa mantém seus pagamentos de juros iguais a uma fração alvo de seus fluxos de caixa livre.

índice de alavancagem Uma medida de alavancagem obtida ao vermos a dívida como uma proporção do valor, ou os pagamentos de juros como uma proporção dos fluxos de caixa.

índice de cobertura de juros Uma avaliação feita pelos credores da alavancagem de uma empresa. Índices comuns consideram a receita operacional, o EBIT, ou o EBITDA como um múltiplo das despesas com juros da empresa.

índice de liquidez corrente O quociente entre os ativos circulantes e os passivos circulantes.

índice de liquidez seca O quociente entre os ativos circulantes, exceto estoque, e passivos circulantes.

índice de lucratividade Mede o NPV por unidade de recurso consumido.

índice de mercado O valor de mercado de uma carteira de títulos de base ampla.

índice de Sharpe O retorno em excesso de um ativo dividido pela volatilidade do retorno de um ativo; uma medida da recompensa por unidade de risco.

índice *market-to-book* (índice *price-to-book* [PB]) É o quociente entre a divisão da capitalização de mercado de uma empresa e o valor contábil do patrimônio dos acionistas.

índice P/E não-alavancado O valor de empreendimento de uma empresa dividido por seu lucro líquido não-alavancado em determinado ano.

índice preço-lucro (P/E) O quociente entre o valor de mercado do patrimônio líquido e os rendimentos da empresa, ou do preço de suas ações e seus lucros por ação.

índice *price-to-book* (PB) *Ver* índice *market-to-book*.

informações assimétricas Uma situação em que partes têm diferentes informações. Pode surgir quando, por exemplo, os gerentes tiverem informações superiores às dos investidores no que diz respeito aos fluxos de caixa futuros da empresa.

intervalo de confiança de 95% Um intervalo de confiança fornece uma faixa de valores que provavelmente inclui um parâmetro desconhecido. Se amostras independentes forem tomadas repetidamente da mesma população, o parâmetro real se encontrará fora do intervalo de confiança de 95% em 5% das vezes. Para uma distribuição normal, o intervalo corresponde a aproximadamente dois desvios padrão de cada lado da média.

IRR *Ver* taxa interna de retorno.

juros compostos O efeito de obter "juros sobre juros".

juros simples Juros obtidos sem o efeito da capitalização.

***leasing* de bens do imobilizado (financeiro)** Contrato de *leasing* de longo prazo que obriga uma empresa a fazer pagamentos de *leasing* regulares em troca do uso de um ativo. Visto como uma aquisição para fins contábeis, o contratado lista o ativo em seu balanço patrimonial e incorre em despesas de depreciação. O contratado também lista o valor presente dos pagamentos de *leasing* futuros como um passivo, e deduz a porção dos juros do pagamento de *leasing* como uma despesa com juros.

***leasing* não-tributável** Um tipo de *leasing* em que o contratado recebe as deduções de depreciação para fins fiscais e também pode deduzir a porção dos juros dos pagamentos de *leasing* como uma despesa com juros. A porção dos juros do pagamento de *leasing* é receita proveniente de juros para o contratante.

Lei do Preço Único Em mercados competitivos, títulos ou carteiras com os mesmos fluxos de caixa têm que ter o mesmo preço.

leilão holandês Um método de recompra de ações em que a empresa lista diferentes preços pelos quais está preparada para comprar ações, e os acionistas, por sua vez, indicam quantas ações estão dispostos a vender por cada preço. A empresa então, paga o preço mais baixo pelo qual pode recomprar o número de ações que deseja.

linha do mercado de capitais (CML) Ao traçar o gráfico dos retornos esperados versus volatilidade, a linha do investimento livre de risco que cruza a carteira eficiente de ações arriscadas (a carteira que possui o Índice de Sharpe mais alto possível). No contexto do CAPM, é a linha do investimento livre de risco que cruza a carteira de mercado. Mostra o retorno esperado mais alto possível que pode ser obtido para qualquer volatilidade dada.

linha do mercado de títulos (SML) A implicação do CAPM sobre o preço, a SML especifica uma relação linear entre o prêmio de risco de um título e seu beta com a carteira de mercado.

liquidação Fechar as portas de uma empresa e vender todos os seus ativos; geralmente o resultado de uma empresa ter declarado falência.

liquidação pelo Capítulo 7 Uma provisão do código de falência norte-americano em que um fiduciário é nomeado para supervisionar a liquidação dos ativos de uma empresa através de um leilão. Os resultados financeiros da liquidação são utilizados para pagar os credores da empresa e a empresa, então, deixa de existir.

líquido Descreve um investimento que pode facilmente ser convertido em dinheiro porque pode ser vendido imediatamente a um preço de mercado competitivo.

LLC *Ver* empresa de responsabilidade limitada.

lucro bruto A terceira linha de um demonstrativo de resultados que representa a diferença entre a receita de vendas de uma empresa e seus custos.

lucro econômico A diferença entre a receita e o custo de oportunidade de todos os recursos consumidos na produção desta receita, inclusive a custo de oportunidade de capital.

lucro líquido não-alavancado Lucro líquido mais despesas com juros após os impostos.

lucro ou renda líquida A última linha do demonstrativo de resultados de uma empresa que é a medida da renda da empresa ao longo de determinado período de tempo.

lucros incrementais O montante pelo qual se espera que os lucros de uma empresa mudem como resultado de uma decisão de investimento.

lucros por ação (EPS) A lucro líquido de uma empresa dividido pelo número total de ações em circulação.

lucros retidos A diferença entre o lucro líquido de uma empresa e a quantia que ela gasta em dividendos.

margem de lucro líquido O quociente entre lucro líquido e receitas, mostra a fração de cada dólar em receitas que estará disponível para os acionistas depois de a empresa pagar juros e impostos.

margem operacional O quociente entre receita operacional e as receitas, a margem operacional revela quanto uma empresa ganhou com cada dólar em vendas antes dos juros e impostos serem deduzidos.

***market makers* ou formadores de mercado** Indivíduos que trabalham no salão da bolsa de valores promovendo a ligação entre vendedores e compradores.

MD&A *Ver* Relatório da Administração.

mercado competitivo Um mercado em que as mercadorias podem ser compradas e vendidas pelo mesmo preço.

mercado de capital eficiente Quando o custo de capital de um investimento depende somente de seu risco sistemático, e não de seu risco diversificável.

mercado normal Um mercado competitivo em que não há oportunidades de arbitragem.

mercados de ações (também bolsas de valores) Mercados organizados em que ações de muitas corporações são negociadas.

mercados de capitais perfeitos Um conjunto de condições em que os investidores e as empresas podem negociar o mesmo conjunto de títulos por preços de mercado competitivos sem fricções como impostos, custos de transações, custos de emissão, informações assimétricas ou custos de agência.

método de comparáveis Uma estimativa do valor de uma empresa baseada no valor de outras empresas comparáveis ou de outros investimentos que espera-se gerarem fluxos de caixa muito similares no futuro.

modelo de desconto de dividendos Um modelo que avalia as ações de uma empresa de acordo com o valor presente dos dividendos futuros que a empresa irá pagar.

modelo de fator único Um modelo que utilize uma carteira eficiente, captando todo o risco sistemático sozinha.

modelo de *payout* total Os pagamentos (*payouts*) totais de uma empresa aos acionistas (i.e., todo o dinheiro distribuído como dividendos e recompras de ações) são descontados e então divididos pelo número corrente de ações em circulação para determinar o preço das ações.

Modelo de Precificação de Ativos Financeiros (ou Modelo CAPM) Um modelo de equilíbrio da relação entre risco e retorno que caracteriza o retorno esperado de um título baseado em seu beta com a carteira de mercado.

modelo do fluxo de caixa livre descontado Um método para estimar o valor de empreendimento de uma empresa descontando seus fluxos de caixa livres futuros.

modelo dos dividendos de crescimento constante Um modelo par avaliar ações vendo seus dividendos como uma perpetuidade de crescimento constante.

modelo dos limões de Akerlof Quando um vendedor possui informações privadas sobre o valor de um bem, os compradores descontam o preço que estão dispostos a pagar devido à seleção adversa.

modelo multifatorial Um modelo que utiliza mais do que um fator de risco para captar riscos. Também chamado de Teoria da Precificação por Arbitragem (APT).

modelos de variáveis características Uma abordagem de medição de risco que vê as empresas como uma carteira de diferentes características mensuráveis que, juntas, determinam o risco e o retorno da empresa.

múltiplo de avaliação Um quociente entre o valor de uma empresa e alguma medida da escala ou fluxo de caixa da empresa.

múltiplo de dinheiro *Ver* múltiplo de caixa.

NPV *Ver* valor presente líquido.

oferta pública de compra Uma divulgação pública de uma oferta a todos os portadores de títulos existentes para comprar de volta uma quantidade específica de títulos em circulação por um preço pré-determinado ao longo de um período de tempo pré-determinado.

opção financeira Um contrato que dá a seu proprietário o direito (mas não a obrigação) de comprar ou vender um ativo por um preço fixo em alguma data futura.

opções de ações Uma forma de remuneração que uma empresa oferece a seus funcionários que lhes dá o direito de comprar certo número de ações até uma data específica por um preço específico.

oportunidade de arbitragem Qualquer situação em que é possível obter lucro sem correr nenhum risco ou fazer nenhum investimento.

orçamento de capital O processo de analisar oportunidades de investimento e decidir quais aceitar.

orçamento de investimento Lista todos os projetos que uma empresa planeja empreender durante o período seguinte.

P/E *Ver* índice preço-lucro.

P/E futuro O índice preço-lucro (P/E) de uma empresa calculado utilizando resultados futuros.

P/E passado O cálculo do P/E de uma empresa utilizando seus resultados passados.

pagamentos de dividendos Pagamentos feitos aos acionistas segundo os critérios da corporação.

par Um preço pelo qual títulos de dívida de cupom são negociados que é igual ao seu valor de face.

passivos As obrigações de uma empresa junto aos seus credores.

passivos circulantes Passivos que serão satisfeitos dentro de um ano. Incluem contas a pagar, notas a pagar, dívidas de curto prazo, vencimentos correntes de dívidas de longo prazo, salário ou impostos devidos, e receitas deferidas ou não recebidas.

patrimônio do acionista Uma medida contábil do valor líquido de uma empresa que representa a diferença entre seus ativos e os passivos.

período de *payback* Um período de tempo especificado utilizado na regra de investimento do *payback*. Somente investimentos que geram retorno de seu investimento inicial dentro deste período de tempo são empreendidos.

perpetuidade Uma sequência de fluxos de caixa iguais que ocorrem a intervalos regulares e duram para sempre.

perpetuidade crescente Uma sequência de fluxos de caixa que ocorre a intervalos regulares e cresce a uma taxa constante para sempre.

pesos de carteira A fração do investimento total em uma carteira mantida em cada investimento individual na carteira.

planilha de anuidade Uma planilha do Excel que pode calcular qualquer uma das cinco variáveis de *NPER, RATE, PV, PMT*, e *FV* [NPER, TAXA, VP, PGTO e VF no Excel em Português]. Dadas quaisquer quatro variáveis de entrada, a planilha calcula a quinta.

política de *payout* A maneira de uma empresa escolher dentre as várias maneiras alternativas de realizar pagamentos em dinheiro aos acionistas.

ponto de equilíbrio O nível para o qual um investimento possui NPV igual a zero.

ponto de equilíbrio do EBIT O nível de vendas para o qual o EBIT de um projeto é zero.

posição comprada Um investimento positivo em um título.

posição vendida Uma quantia negativa investida em um grupo de ações.

PR1YR *Ver* carteira *prior one-year momentum*.

prazo O tempo restante até a data de quitação final de um título de dívida.

prazo de pagamento em dias A expressão das contas a pagar de uma empresa em termos do valor do custo das mercadorias vendidas representado em número de dias.

prazo de recebimento em dias A expressão das contas a receber de uma empresa em termos das vendas representadas em número de dias.

preço de compra O preço pelo qual um *market maker* ou especialista está disposto a comprar um título.

preço de fatura *Ver* preço sujo.

preço de venda O preço pelo qual um *market maker* ou especialista está disposto a vender um título.

preço limpo O preço em dinheiro de um título de dívida menos uma correção de juros acumulados, o montante do próximo pagamento de cupom que já se acumulou.

preço na ausência de arbitragem Em um mercado normal, quando o preço de um título é igual ao valor presente dos fluxos de caixa pagos pelo título.

preço sujo (preço de fatura) O preço real em dinheiro de um título de dívida.

prejuízo fiscal a compensar e compensação retroativa de prejuízos fiscais Dois elementos da legislação fiscal norte-americano que permitem que as corporações peguem as perdas durante um ano corrente e as contrabalancem com ganhos em anos próximos. Desde 1997, as empresas podem fazer "compensação retroativa" das perdas até dois anos antes e "compensação futura" das perdas até 20 anos depois.

prêmio Um preço pelo qual títulos de dívida de cupom são negociados, que é maior do que seu valor de face. Além disso, o preço que uma empresa paga para comprar seguros, permitindo à empresa trocar uma perda futura aleatória por determinada despesa à vista.

prêmio de risco Representa o retorno adicional que os investidores esperam obter para compensá-los pelo risco de um título.

principal executivo ou CEO A pessoa encarregada de dirigir a corporação instituindo as regras e políticas determinadas pelo conselho de diretoria.

principal ou valor de face O montante nominal utilizado para calcular os pagamentos de juros de um título de dívida; em muitos casos, também é o pagamento final do principal na data de vencimento de um título de dívida.

princípio da conservação de valor Com mercados de capitais perfeitos, as transações financeiras nem criam, nem destroem valor, mas, em vez disso, representam uma re-distribuição do risco (e, portanto, do retorno).

princípio da credibilidade O princípio de que declarações a favor de seu interesse próprio somente darão credibilidade se forem sustentadas por ações que seriam custosas demais caso as declarações não fossem verdadeiras.

Princípio da Separação Em um Mercado perfeito, o NPV de uma decisão de investimento pode ser avaliado separadamente de qualquer transação financeira que a empresa esteja considerando.

Princípios Contábeis Geralmente Aceitos (GAAP) Um conjunto de regras comuns e um formato padrão para empresas de capital aberto utilizarem quando estiverem preparando seus relatórios financeiros.

problema de agência Um problema que surge quando os funcionários no controle (os agentes) agem em seu interesse próprio em vez de no interesse dos proprietários (os principais).

problema de *data snooping* A ideia de que dadas características suficientes, sempre será possível encontrar alguma característica que por puro acaso está correlacionada com o erro de estimação de uma regressão.

problema de subinvestimento Uma situação em que os acionistas decidem não investir em um projeto com NPV positivo porque a empresa está enfrentando dificuldades financeiras, e o valor de empreender a oportunidade de investimento irá se acumular para os portadores de títulos de dívida em vez de para eles mesmos.

problema de superinvestimento Quando uma empresa enfrenta dificuldades financeiras, os acionistas podem obter ganhos às custas dos portadores de títulos de dívida empreendendo um projeto com NPV negativo, se ele for suficientemente arriscado.

pro forma Descreve uma declaração que não é baseada em dados reais, mas em vez disso, representa as finanças de uma empresa sob determinado conjunto de suposições hipotéticas.

projetos mutuamente excludentes Projetos que concorrem um com o outro; ao aceitar um, os outros não poderão ser aceitos.

***proxy* de mercado** Uma carteira cujo retorno acredita-se acompanhar de perto a verdadeira carteira de mercado.

PV *Ver* valor presente.

quebra-cabeças dos dividendos Quando as empresas continuam a emitir dividendos apesar de sua desvantagem tributária.

recapitalização alavancada Quando uma empresa utiliza fundos emprestados para realizar um pagamento de um grande dividendo especial ou recomprar uma quantidade significativa de suas ações em circulação.

receita operacional O lucro bruto de uma empresa menos suas despesas operacionais.

recompra de ações Uma situação em que uma empresa utilize dinheiro para comprar de volta suas próprias ações.

recompra direcionada Quando uma empresa compra ações diretamente de um acionista específico.

recompra no mercado aberto Quando uma empresa recompra ações comprando suas próprias ações no mercado aberto.

regra de decisão do NPV Ao escolher entre alternativas de investimento, aceite a alternativa com o NPV mais alto. Escolher esta alternativa equivalente a receber seu NPV em dinheiro hoje.

regra de investimento da IRR Ver regra de investimento da taxa interna de retorno

regra de investimento da IRR incremental Aplica a regra da IRR à diferença entre os fluxos de caixa de duas alternativas mutuamente excludentes (o *incremento* aos fluxos de caixa de um investimento sobre o outro).

regra de investimento da taxa interna de retorno (IRR) Uma regra de decisão que aceita qualquer oportunidade de investimento em que a IRR exceda o custo de capital da oportunidade. Esta regra só é ótima em circunstâncias especiais, e geralmente leva a erros se for mal aplicada.

regra de investimento do EVA Aceitar qualquer oportunidade de investimento em que o valor presente de todos os EVAs futuros é positivo.

regra de investimento do NPV Ver regra de investimento do valor presente líquido.

regra de investimento do *payback* A regra de investimento mais simples. Somente projetos que geram retorno de seu investimento inicial dentro do período de *payback* são empreendidos.

regra de investimento do valor presente líquido (NPV) Ao tomar uma decisão de investimento, aceite a alternativa com maior NPV. Escolher esta alternativa é equivalente a receber seu NPV em dinheiro hoje.

regressão Uma técnica estatística que estima uma relação linear entre duas variáveis (a variável dependente e a variável independente) encontrando uma linha que minimiza o quadrado da distância entre os dados e a linha.

regressão linear A técnica estatística que identifica a linha de melhor ajuste através de um conjunto de pontos.

regressão múltipla Uma regressão com mais de uma variável independente.

relatório anual O resumo anual dos negócios enviado por empresas norte-americanas de capital aberto a seus acionistas, que acompanham ou incluem o demonstrativo financeiro.

Relatório da Administração (MD&A) Um prefácio aos demonstrativos financeiros em que a gerência de uma empresa discute o ano recente (ou trimestre), fornecendo um histórico sobre a empresa e quaisquer eventos significativos que possam ter ocorrido.

renegociação amigável (*workout*) Um método para evitar a declaração de falência em que uma empresa em dificuldades financeiras negocia diretamente com seus credores para se reorganizar.

rentabilidade até o vencimento (YTM) A IRR de um investimento em um título de dívida que é mantido até a data de seu vencimento.

rentabilidade do dividendo O dividendo anual esperado de ações dividido por seu preço corrente. A rentabilidade do dividendo é o retorno percentual que um investidor espera obter do dividendo pago pelas ações.

reorganização pelo Capítulo 11 Uma forma comum de falência para grandes corporações em que toda a cobrança pendente é automaticamente suspensa e a gerência existente da empresa tem a oportunidade de propor um plano de reorganização. Enquanto desenvolve o plano, a gerência continua a operar os negócios normalmente. Os credores têm que votar para aceitar o plano, e ele tem que ser aprovado pelo tribunal de falência. Se um plano aceitável não for apresentado, o tribunal pode finalmente forçar uma liquidação da empresa pelo Capítulo 7.

responsabilidade limitada Quando a responsabilidade de um investidor é limitada a seu investimento inicial.

resultados futuros Os lucros esperados de uma empresa nos 12 meses seguintes.

resultados passados Os resultados de uma empresa nos 12 últimos meses.

retorno A diferença entre o preço de venda e o preço de compra de um ativo mais quaisquer distribuições de dinheiro expressas como um percentual do preço de compra.

retorno absoluto Ver múltiplo de caixa.

retorno anual médio A média aritmética dos retornos realizados de um investimento em cada ano.

retorno de capital Quando uma empresa, em vez de pagar dividendos a partir dos lucros correntes (ou lucros retidos acumulados), paga dividendos a partir de outras fontes, como de capital pago à empresa ou da liquidação de ativos.

retorno em excesso A diferença entre o retorno médio de um investimento e o retorno médio de um investimento livre de risco.

retorno esperado (médio) Um cálculo do retorno de um título baseado no *payoff* médio esperado.

retorno exigido O retorno esperado de um investimento que é necessário para compensar pelo risco de empreendê-lo.

retorno realizado O retorno que realmente ocorre ao longo de determinado período de tempo.

retorno sobre ativo fixo (ROA) O quociente entre o lucro líquido e o valor contábil total dos ativos da empresa.

retorno sobre patrimônio líquido (ROE) O quociente entre o lucro líquido e o valor contábil das ações da empresa.

retorno total A soma da rentabilidade de um grupo de ações e sua taxa de ganhos de capital.

risco comum Risco com correlação perfeita.

risco de crédito O risco de inadimplência por parte do emissor de qualquer título de dívida que não seja livre de risco; é uma indicação de que os fluxos de caixa do título de dívida não são conhecidos ao certo.

risco de mercado Ver risco sistemático.

risco diversificável Ver risco específico à empresa.

risco específico à empresa, idiossincrático, não-sistemático, único ou diversificável Flutuações do retorno de ações devido a notícias específicas à empresa e que são riscos independentes, não relacionados entre os grupos de ações.

risco idiossincrático Ver risco específico à empresa.

risco independente Riscos que não têm nenhuma relação um com o outro. Se os riscos são independentes, então, conhecer o resultado de um não fornece nenhuma informação sobre o outro. Riscos independentes sempre são não-correlacionados, mas o inverso não é necessariamente verdade.

risco não-diversificável *Ver* risco sistemático.

risco não-sistemático *Ver* risco específico à empresa.

risco sistemático, não-diversificável ou de mercado Flutuações do retorno de um grupo de ações que ocorrem devido a notícias que afetam todo o mercado e que representam risco comum.

risco único *Ver* risco específico à empresa.

ROA *Ver* retorno sobre ativo fixo.

ROE *Ver* retorno sobre patrimônio líquido.

seleção adversa A ideia de que quando compradores e vendedores têm diferentes informações, a qualidade média dos ativos em um mercado diferirá da qualidade média em geral.

sequência de fluxos de caixa Uma série de fluxos de caixa que dura vários períodos.

short interest O número de ações vendidas a descoberto.

SML *Ver* linha do mercado de títulos.

sociedade por quotas Uma empresa com mais de um proprietário.

spread **de compra e venda ou** *bid-ask spread* O montante pelo qual o preço de venda excede o preço de compra.

spread **de crédito** A diferença entre a taxa de juros livre de risco sobre notas do Tesouro norte-americano e as taxas de juros sobre todos os outros empréstimos. A magnitude do *spread* de crédito depende da avaliação, por parte dos investidores, da probabilidade de que determinada empresa venha a ser inadimplente.

spread **de inadimplência** *Ver spread* de crédito.

taxa de cupom Determina o montante de cada pagamento de cupom de um título. a taxa de cupom, expressa como uma APR, é determinada pelo emissor e declarada no certificado do título.

taxa de desconto A taxa utilizada para descontar uma sequência de fluxos de caixa; o custo de capital de uma sequência de fluxos de caixa.

taxa de fundos federais A taxa de empréstimo *overnight* cobrada pelos bancos com reservas em excesso em um banco da Reserva Federal (chamados de fundos federais) para bancos que precisem de fundos adicionais para atender a exigências de reserva. A taxa de fundos federais é influenciada pela política monetária da Reserva Federal e influencia, por sua vez, outras taxas de juros do mercado.

taxa de ganho de capital Uma expressão do ganho de capital como uma porcentagem do preço inicial do ativo.

taxa de juros após os impostos Reflete o quanto de juros um investidor pode manter após os impostos terem sido deduzidos.

taxa de juros livre de risco A taxa de juros pela qual um empréstimo pode ser tomado ou concedido sem risco durante determinado período.

taxa de juros real A taxa de crescimento do poder aquisitivo após correção para incluir a inflação.

taxa de pagamento de dividendos A fração dos lucros de uma empresa que esta paga como dividendos a cada ano.

taxa de retenção A fração dos lucros correntes de uma empresa que ela retém.

taxa efetiva anual (EAR) O montante total de juros que serão obtidos ao final de um ano.

taxa interna de retorno (IRR) A taxa de juros que iguala a zero o valor presente líquido dos fluxos de caixa.

taxa mínima de atratividade Uma taxa de desconto maior criada pela regra da taxa mínima de atratividade. Se um projeto puder superar este obstáculo, esta taxa de desconto mais alta, com um NPV positivo, então ele deve ser empreendido.

taxa percentual anual (APR) Indica o montante de juros obtidos em um ano sem o efeito da composição.

taxas de juros nominais Taxas de juros cotadas por bancos e outras instituições financeiras que indicam a taxa pela qual o dinheiro irá crescer se investido por certo período de tempo.

taxas de juros *spot* Rentabilidades de cupom zero livres de inadimplência.

Teoria da Precificação por Arbitragem (APT) Um modelo que utiliza mais do que uma carteira para capturar riscos sistemáticos. As próprias carteiras podem ser pensadas como ou o fator de risco propriamente dito ou uma carteira de ações correlacionadas a um fator de risco não observável. Também chamada de modelo multifatorial.

teoria da sinalização da dívida O uso de alavancagem como uma maneira de sinalizar informações aos investidores.

teoria do entrincheiramento da gerência Uma teoria que sugere que os gerentes escolhem uma estrutura de capital para evitar a disciplina da dívida e manter a segurança de seu próprio emprego.

teoria do *tradeoff* A empresa escolhe sua estrutura de capital contrabalançando os benefícios da dedução tributária das despesas com dívida com os custos de dificuldades financeiras e os custos de agência.

termo de erro Representa o desvio da linha de melhor ajuste em uma regressão. É igual a zero em média e não é correlacionado a nenhum regressor.

titular de ações (também acionista) Um proprietário de uma ação ou ações de uma corporação.

titulares de dívida Indivíduos ou instituições que emprestaram dinheiro a uma empresa.

título de dívida "*on-the-run***"** O título do tesouro emitido mais recentemente com determinado vencimento original.

título de dívida corporativos Títulos de dívida emitidos por uma corporação.

título de dívida de cupom zero Um título de dívida que faz apenas um pagamento no vencimento.

título de dívida de desconto puro Títulos de cupom zero.

título de dívida Um título vendido pelos governos e corporações para levantar dinheiro dos investidores hoje em troca da promessa de pagamento futuro.

título financeiro Uma oportunidade de investimento negociável em um mercado financeiro.

título perpétuo ou "consol" Um título de dívida que promete a seu proprietário um fluxo de caixa livre todo ano, para sempre.

títulos de agência Títulos emitidos por agências do governo norte-americano ou por empreendimentos por este patrocinados.

títulos de dívida com grau de investimento Títulos de dívida nas quatro primeiras categorias de solvência com um baixo risco de inadimplência.

títulos de dívida conversíveis Títulos de dívida corporativos com uma provisão que oferece ao portador uma opção de converter cada título em sua posse em um número fixo de ações ordinárias.

títulos de dívida de alta rentabilidade Títulos de dívida abaixo do grau de investimento que são negociáveis com uma alta rentabilidade até o vencimento para remunerar os investidores por seu alto risco de inadimplência.

títulos de dívida de cupom Títulos de dívida que fazem pagamentos de juros de cupom regulares até o vencimento, quando o valor de face também é pago.

títulos de especulação títulos de dívida em uma das cinco últimas categorias de solvência que têm um alto risco de inadimplência.

títulos negociáveis Investimentos de curto prazo e baixo risco que podem ser facilmente vendidos e convertidos em dinheiro (como investimentos no mercado aberto, como títulos de dívida do governo, que vencem em menos de um ano).

títulos podres Títulos de dívida em uma das cinco últimas categorias de solvência (abaixo do grau de investimento) que apresentam um grande risco de inadimplência.

transações fora do balanço patrimonial Transações ou acordos que podem ter um impacto material sobre o desempenho futuro de uma empresa, mas que não aparecem no balanço patrimonial.

Treasury bills Títulos de dívida de cupom zero, emitidos pelo Tesouro norte-americano, com um vencimento de até um ano.

Treasury bonds Um tipo de título de cupom do Tesouro norte-americano negociado correntemente em mercados financeiros, com vencimentos originais de mais de dez anos.

Treasury notes Um tipo de título de cupom do Tesouro norte-americano negociado correntemente em mercados financeiros, com vencimentos originais de um a dez anos.

uniformização de dividendos A prática de manter dividendos relativamente constantes.

valor contábil O custo de aquisição de um ativo menos sua depreciação acumulada.

valor contábil do patrimônio A diferença entre o valor contábil dos ativos e dos passivos de uma empresa; também chamado de patrimônio do acionista, representa o valor líquido de uma empresa a partir de uma perspectiva contábil.

valor de continuação O valor corrente de todo o fluxo de caixa livre de um projeto ou investimento contínuo.

valor de empresa O valor de mercado total do patrimônio líquido de uma empresa, mais dívida, menos o valor de seu caixa e títulos negociáveis. Mede o valor dos negócios subjacentes da empresa.

valor de face O montante nocional de um título de dívida utilizado para calcular seus pagamentos de juros. O valor de face do título de dívida é geralmente devido no vencimento do título. Também chamado de valor ao par ou montante principal.

valor de liquidação O valor de uma empresa após seus ativos terem sido vendidos e seus passivos, pagos.

valor do dinheiro no tempo A diferença em valor entre dinheiro hoje e dinheiro no futuro; também, a observação de que dois fluxos de caixa em dois pontos diferentes no tempo têm diferentes valores.

Valor Econômico Agregado (EVA) Os fluxos de caixa de um projeto menos um encargo de capital que reflete o custo de oportunidade do capital investido, além de qualquer capital consumido.

valor futuro O valor de um fluxo de caixa que é movimentado para um ponto no futuro.

valor presente (PV) O valor de um custo ou benefício calculado em termos de dinheiro hoje.

valor presente ajustado (APV) Um método de avaliação para determinar o valor alavancado de um investimento calculando primeiramente seu valor não-alavancado (seu valor sem nenhuma alavancagem) e então somando o valor dedução tributária das despesas com juros e deduzindo quaisquer custos que surjam de outras imperfeições de mercado.

valor presente líquido (NPV) A diferença entre o valor presente de um projeto ou benefícios de um investimento e o valor presente de seus custos.

valor terminal (Ver também valor de continuação) O valor dos fluxos de caixa livres restantes de um projeto além do horizonte de previsão. Este montante representa o valor de mercado (a partir do último período de previsão) do fluxo de caixa livre do projeto em todas as datas futuras.

value stocks **ou ações de valor** Empresas com baixos índices *market-to-book*.

variância Um método para medir o risco de uma distribuição de probabilidade, é o quadrado do desvio da média esperado.

variável característica Uma característica observável de uma empresa, como seu preço de mercado, índice preço-lucro, ou índice *book-to-market*, que implicitamente captura fatores de risco que afetam os retornos futuros da empresa.

venda a descoberto Venda de um título que não possuímos.

volatilidade O desvio padrão de um retorno.

WACC *Ver* custo médio ponderado de capital.

WACC antes dos impostos O custo médio ponderado de capital calculado utilizando o custo de capital de terceiros antes dos impostos; pode ser utilizado para estimar o custo de capital não-alavancado para uma empresa que mantenha um grau de alavancagem-alvo.

YTM *Ver* rentabilidade até o vencimento.

Índice

Números de página em negrito referem-se a palavras em negrito no texto. Figuras, tabelas, exemplos e textos em caixas são indicados pelas letras *f*, *t*, *e* e *c* em itálico.

A (valor de mercado dos ativos da empresa), 457–458
Abel, A., 175
Acionista(s), **41, 43**. *Ver também* Investidor(es)
   ativismo dos, 50–51*c*
   considerações fiscais das distribuições de dividendos aos, 558–567
   distribuição de dividendos aos, 550–552
   distribuição de dividendos aos, comparada à recompra de ações, 552–559
   fazendo *cash out*, 521–522
   método de avaliação do fluxo de caixa do acionista e, 604–608
   mudando a composição dos *payouts* para os, 561–562*f* (*Ver também* Política de *payout*)
   processo de aquisição e aprovação pelos, 899–902
Ações. *Ver também* Grupos de ações
   ações A e B da Berkshire Hathaway, 577–578*c*
   dividendos sobre [*Ver* Dividendo(s)]
   ofertas subsequentes de ações, 786–787
   recompra de ações e oferta de, 555–556*c*
   rendimentos por [*Ver* Rendimentos por ação (EPS)]
Ações alavancadas, **448–450**
   alavancagem feita em casa e réplica de, 452–453*t*
   risco sistemático e prêmio de riscos para dívida, ações não-alavancadas, e, 450–451*t*
Ações da eBay, 405–407
Ações de alta capitalização. *Ver também* Standard e Poor's 500, retorno médio anual da (1926–2004), 320–321*t*
   distribuição empírica de (1926–2004), 318–320*f*
   retornos realizados de (1996–2004), 317–319*t*
   valor de investimentos (1925–2005), 312–313*f*
   volatilidade de (1926–2004), 321–322*t*
   volatilidade *versus* retorno em excesso de (1926–2004), 324–325*t*
Ações de baixa capitalização, 312
   distribuição empírica de (1926–2004), 318–320*f*
   efeito tamanho e retornos de, 422–425
   retorno anual médio de (1926–2004), 320–321*t*
   valor de investimentos em (1925–2005), 312–313*f*
   volatilidade de (1926–2004), 321–322*t*
   volatilidade *versus* retorno em excesso de (1926–2004), 324–325*t*
Ações de crescimento, **62–63**
Ações de valores, **62–63**
Ações não-alavancadas, **448**–450
   replicando, com títulos de dívida e ações, 453–454*t*
   risco sistemático e prêmio de riscos para dívida, ações alavancadas, e, 450–451*t*
Adelphia Communications, escândalo na, 525–526*c*
Aditividade de Valor, **101**–103, 133–134 n.4
   arbitragem de índices das bolsas de valores e, 101–102*c*
   equação, 101–102
αi (alfa do título *i*), 401, 403–404
Aivazian, V., 503
Ajuste periódico da dívida, 620–623
Akerlof, George, 531–532*c*
Alavancagem, **62–63**, **370–371**. *Ver também* Dívida; Dívida e impostos
   A. Balson sobre, 501*c*
   ações alavancadas, 448–450
   alíquotas de impostos e alavancagem internacional, 499–500, 502*t*
   arbitragem, valor da empresa, e, 451–457
   baixo grau de, em empresas norte-americanas, 497–501
   benefícios de agência da, 523–527
   betas alavancados, 461–464
   como sinal de credibilidade, 529–531
   compromisso e, 525–527
   custo de capital e, 622–625
   custo de capital próprio e, 450–452*e*, 456–459, 609–611
   custo médio ponderado de capital e, com mercados de capitais perfeitos, 459–460*f*
   custos de agência de, 519–524
   dedução tributária das despesas com juros e (*Ver* Dedução tributária das despesas com juros)
   economias tributárias com diferentes graus de, 496–497*t*
   efeitos da, sobre o risco e retorno para o acionista, 449–452
   encontrando simultaneamente valor e, 640–642
   falácia dos rendimentos por ação e, 464–467
   feita em casa, 452–455
   fluxo de caixa livre e, 653–654*e*
   ótima, com impostos, dificuldades financeiras, e custos de agência, 527–528*f*
   ótima, com impostos e custos de dificuldades financeiras, 517–520, 518–519*f*
   reduzindo o custo de capital e, 459–462*e*
   rendimentos por ação e, 464–467, 466–467*f*
   risco de inadimplência e, 509–510
   tomando emprestadas e comprando ações na margem, 370–371
Alavancagem e o Custo de capital com um programa fixo de repagamento da dívida, equação, 623–624
Alavancagem feita em casa, **452–455**
   arbitragem e, 453–454*e*
Alexander, G.J., 264
Alfa das ações, **393**–395, 403–405
   de Jensen, 403–404 n.7
   implicação de um alfa positivo, 425–429
Alíquota de impostos (τ), 171–173
   alavancagem internacional e (1990), 499–500, 502*t*
   alíquota corporativa marginal, 212–215
   sobre dividendos, 559–560*t*, 561–564
Alíquota efetiva de impostos sobre dividendos, **561–563**
   mudanças na, 563–564*e*
Alíquota marginal corporativa de impostos (τc), **212–213**, 220–221
Alíquotas de impostos federais, U.S., 488–489, 489–490*t*
Allen, F., 564 n.17, 572 n.25, 585, 586
Alternativas de fabricação, avaliando, 221–223
Altman, Edward I., 512–513 n.5
American Airlines, 66–67, 525–527
American Stock Exchange (AMEX), 51–54
Amgen, empresa, 477
Amortização, **60–61**, 64–66 n.4
   lucros antes da, 67–68
Análise de cenário, **229**
   de estratégias de precificação alternativas, 229–230*t*
Análise de sensibilidade, **228**–229
   avaliação de ações, 287–290*e*
   avaliação financeira, 664–665, 667–668
   utilizando IRR, 183, 184*f*
Análise do balanço patrimonial, 62–66
   amostra, 60*t*
   dificuldades financeiras, e custos de, 511–515

índice capital de terceiros/capital próprio (*debt-equity ratio*), 62–64
índice *market-to-book*, 62–63
índices de liquidez corrente e seca, 63–66
valor de empreendimento, 63–64
Análise do demonstrativo de resultados, 66–68
Análise do ponto de equilíbrio, 227–228
Analogia da pizza, proposições de MM, mercados de capitais perfeitos e, 468–469c, 481–482c
Andrade, Gregor, 514-515
Anheuser-Busch Companies, 311, 335–337
    mudanças nos retornos esperados da, 393–395
Annema, A., 409–410 n.14
Anuidade crescente, **138–139**
    plano de aposentadoria com, 139–140e
    valor presente de uma, 138–139
Anuidade de prêmio de loteria, valor presente da, 134–135e
Anuidade de vida, 134–135 n.6
Anuidade(s), **133**–136
    crescentes, 138–141
    de plano de aposentadoria, 135–136e
    erro de utilizar a equação de, quando as taxas de desconto variam, 167–168c
    valor futuro de, 135–136
    valor presente de, 133–135
    valor presente do prêmio da loteria, 134–135e
Aplicações
    empréstimos livres de risco e, 369–373
    taxas de empréstimo *versus* taxas de aplicação, 401, 403–407
Aplicações e empréstimos livres de risco, 369–373
    contraindo empréstimos e comprando ações na margem, 370–371
    identificando carteiras tangentes, 371–373
    investindo em títulos livres de risco, 369–370, 370–371f
Apólices de seguro contra roubo, risco comum *versus* risco independente em, 325–329
Apple Computer, 98–99c
APR. *Ver* Taxa percentual anual (APR)
APR com composição continua de uma EAR, equação, 180
Aprovação forçada ou "*cram down*", plano de reorganização, 511–512 n.3
APV, fórmula do, 601–602
APV. *Ver* Valor presente ajustado (APV), método de avaliação
Arbitragem, 85, 94–97
    alavancagem, valor da empresa, e, 451–457
    alavancagem feita em casa e, 453–455e
    com custos de transação, 107–109
    definição, **95–96**
    índices da bolsa de valores, 101–102c

Lei do Preço Único e, 95–97
preços de títulos e ausência de arbitragem, 96–103
taxas de rentabilidade e arbitragem de título, 252–257
título de dívida, 252–257
Arbitragem de índices da bolsa de valores, 101–102c
Armin Industries
    alavancagem e risco de inadimplência das, 509–510, 511e
    impacto do custo de dificuldades financeiras para as, 515–517
    valor do capital próprio e do capital de terceiros das, com e sem alavancagem, 510t
Arzac, E.R., 630, 668
αs (alfa das ações s), 428–429
αs (alfa do título s), 656–657
Asquith, Paul, 533–534 n.37
Associação de *Leasing* de Equipamentos (Equipment Leasing Association), 818 n.1
Atividade de financiamento, demonstrativos de fluxos de caixa, 70–72
Atividade de investir, demonstrativo de fluxos de caixa, 70–71
Atividade operacional, demonstrativo de fluxos de caixa, 69–71
Ativo ocioso, custo de oportunidade de, 214–215c
Ativo(s), **59**–61
    avaliando, em carteiras, 102–103e
    circulantes, 59–60
    custo de oportunidade de um, ocioso 214–215c
    de longo prazo, 60–61
    dificuldades financeiras ligada à queima de, 513–514
    pendentes, em processo de avaliação, 663–664c
    retorno sobre, 67–68
Ativos circulantes, **59**–60
Ativos de longo prazo, 60–61
Atkins, A.B., 152
Ato de Estabilização da Segurança e Sistema de Transportes Aéreos, 618–619c
Ato Sarbanes-Oxley, (SOX), 58c, 73, 75–76, 529–530 n.31
Auditor, **59**
Auerbach, A. J, 570 n.22
Ausência de arbitragem
    diversificação de carteira, prêmio de risco, e, 330–334
    hipótese dos mercados eficientes *versus*, 298–301
Ausência de arbitragem, preços de títulos e, 96–103
    avaliando carteiras, 101–103
    avaliando títulos, 96–98

determinando a taxa de juros a partir de preços de títulos, 99–100
determinando preços na ausência de arbitragem, 97–99
NPV da negociação de títulos, 99–101
Avaliação. *Ver* Avaliação de Títulos de Dívida
    da dedução tributária das despesas com juros, 480–485
    de ações (*Ver* Avaliação de ações)
    de carteira, 101–103
    de custos e benefícios, 85–88
    de oportunidades de investimento (*Ver* Orçamento de capital)
    de títulos, 96–98
    de uma sequência de fluxos de caixa, 126–130
    estudo de caso, modelagem e (*Ver* Modelagem financeira, estudo de caso de)
    Lei do Preço Único e, 274, 275, 602–603
    orçamento de capital e (*Ver* Orçamento de capital; Orçamento de capital com alavancagem e imperfeições de mercado)
    utilizando comparáveis para, 644–647
Avaliação de ações, 274–308
    avaliação baseada em empresas comparáveis, 289–294
    caso simulado, 306–308
    emissão de ações e, 533–534, 534–535f
    informações, concorrência e preços de ações, 294–301
    Lei do Preço Único e, 274, 275
    M. Fedak sobre, 281–282c
    modelo de desconto de dividendos, 277–285
    modelos de avaliação do *payout* total e do fluxo de caixa livre, 283–290
    preços de ações, retornos, e horizonte de investimento, 275–278
    problemas, 303–307
    resumo, 299–302
    técnicas de avaliação, resumo, 293, 294f
Avaliação de títulos de dívida, 241–273
    caso simulado, 267–269
    comportamento dinâmico dos preços dos títulos de dívida, 246–254
    curva de rentabilidade e arbitragem de títulos, 252–257
    descontos e prêmios, 246–248
    L. Black sobre, 259c
    problemas, 263–268
    resumo, 260, 262–263
    taxas de juros *forward* e, 270–273
    terminologia, 242
    títulos corporativos, 257–260, 262
    títulos de dívida de cupom, 243–247, 250–251c [*Ver também* Título(s) de dívida de cupom]
    títulos de dívida de cupom zero, 242–244 [*Ver também* Título(s) de dívida de cupom zero)]

Avco, Inc., exemplo de avaliação, 597–598, 598–599e
Aversão a risco, **103**–105

Bagwell, L.S., 585
Baily, J.V., 264
Baker, Malcolm P., 536 n.42
Baker, Nardin, 437
Balanço patrimonial, **59**–66
  análise do, 62–64
  ativos, 59–61
  passivos, 60–62
  patrimônio dos acionistas, 61–63
  utilizando a construção de modelos financeiros, 653–656
Balanço patrimonial a valor de mercado, **454**–457, 487–489, 597–598t, 599–600t
Ball, R., 302
Balson, Andrew, 501c
Bancel, F., 503
Banz, Rolf, 422–424
Banz, Rolf, 423, 424
Barca, F., 55
Barclay, M.J., 585
Beaver, W.H., 441
Becht, M., 55
Benartzi, Shlomo, 428c, 574 n.29
Benefício fiscal da depreciação incentivada, **220–221**
Benefício tributário
  da dívida, 490–491e, 491–492f, 492–498
  recapitalizando para captar a dedução tributária e, 485–486
Benefícios sobre conflitos de agência da alavancagem, 523–527
Benninga, S.Z., 668
Berens, J. L., 497–499 n.16
Berk, J. B., 341 n.18, 423 n.3, 435 n.16, 441
Berkshire Hathaway, Classe A e Classe B ações, da 577–578c
Bernanke, B., 175
Bernard, V.L., 78
Bernardo, A.E., 586
Bernstein, P.L., 471
Beta (β), **334–335**, 400–404
  ajustado, 408–409
  alavancado, e não-alavancado, 461–464
  da Microsoft Corporation, dividendos, dinheiro e, 463–464c
  das ações do S&P 500, 335–336t
  de ações de empresas aéreas, 461–464e
  de dívida, 461–463 n.5
  de uma carteira, 391–392, 394, 461–463
  desalavancando o, 656–658
  estimando a partir de retornos históricos, 400–401, 403
  estimando o, 332–336

previsão, 408–410
retorno exigido e, 372–375
retornos esperados e, 337–338e
risco de mercado e, 389–390, 390–391e
utilizando regressão linear para estimar, 401, 403–404
Beta ajustado, **408–409**
Beta β_D (beta da dívida), 461–463, 656–657
Beta β_E (beta das ações alavancadas), 461–463, 656–657
Beta β_I^{Mkt} (beta do título I em relação à carteira de mercado), 389–391, 400–401
Beta β_I^i (beta das ações com carteira i), 430–431
Beta β^P_I (beta ou sensibilidade do investimento I a flutuações da carteira P), 373–374
Beta β_s (beta de ações), 656–657
Beta β_U (beta de ações não-alavancadas), 461–463, 643
Beta da carteira i com a carteira P equação, 373–374
Beta não-alavancado, **461–463**, 657–658t
Betas alavancados, 461–464
  desalavancagem, 656–658
Betas da dívida, 461–463
Betas fatoriais, **429–430**
Betker, Brian, 512–513 n.5
Bhattacharya, S., 471
Bid-ask spread ou *spread* de compra e venda, **51–54**
Black, Fischer, 403–404 n.7, 405–407 n.10, 561–562 n.12, 565–567 n.20
Black, Lisa, 259c
Bliss, Robert R., 272 n.5
Bloomberg, estimação dos métodos utilizados por, 408–409t
Blume, M., 408–409 n.13, 422–423 n.2
Bodie, Z., 264
Boeing Company, 119, 746
Bogle, John, 399c
Bolsa de Valores de Londres (LSE), 51–54
Bolsa de Valores de Nova York (NYSE), 51–54, 52f, 578, 580
  distribuição do preço das ações de empresas da, 580–581f
  Índice Composto, 408–409, 678
Bolsa de Valores de Tóquio (TSE), 51–54
Bolsas de valores. *Ver* Mercados de ações
Bolton, Patric, 525–527 n.29
Bonificação em ações, **550–551**. *Ver também* Dividendo(s)
  desdobramento de ações e, 576–578, 580
Booth, L., 503
Boyd, J., 564–566 n.18
Bradley, M., 503
Brander, James, 525–527 n.29
Brav, Alon, 574–575 n.33

Brennan, M., 405 n.9, 503, 560 n.9
Brockman, P., 586
Brown, F. E., 341 n.17
Brown, K.C., 343
Brown, S.J., 343
Bruner, F., 385 n.1
Bruner, Robert, 410–411 n.15
Buffett, Warren, 577–578c
Burton, Jonathan, 413–415 n.
Bush, George W., 84c, 618–619c

C. *Ver* Fluxo de caixa (C)
CAGR. *Ver* Retornos com composição anual
Caixa/dinheiro. *Ver também* Fluxo(s) de caixa (C); Valores em dinheiro
  como ativo circulante, 59–60
  como dívida negativa, 611–612
  dívida líquida e, 463–465
  dividendo da Microsoft Corporation, beta, e, 463–464c
  dividendos pagos com excesso de, 552–554
  empresas com grandes saldos de, 571–572t
  retenção de, *versus payout*, 565–572
  valor presente líquido como equivalente a, 92e
Cálculos dos rendimentos (lucros), 64–66
  antes dos impostos e renda líquida, 65–66
  despesas operacionais, 64–66
  lucro bruto, 64–66
  lucros antes dos juros e dos impostos, 64–66
California Public Employees' Retirement System (Calpers), 50–51
Campbell, John Y., 272 n.5
Candidatos a *buyout*, avaliando. *Ver* Modelagem financeira, estudo de caso, 916–917 n.2
Canibalização, **214–215**
Capacidade de endividamento, **599**–601
  esperada, 602–603t
CapEx. *Ver* Desembolsos de capital (CapEx)
Capital
  calculando custos de, divisionais, 610–611e
  custo de (*Ver* Custo de capital)
  custo de oportunidade de, 172–174
  de giro líquido, 60–61, 218–220
  humano, 427–428
  investimento de, 189, 191–193 (*Ver também* Orçamento de capital)
Capital de giro. *Ver também* Capital de giro líquido (NWC)
  exigências de, e modelagem financeira, 650–652
Capital de giro com base em número de dias, 66–68

Capital de giro líquido (NWC), **60–61**, 218–220
   aumento do, no ano t, 219–220
   gerenciamento do (*Ver* Gerenciamento de capital de giro)
   vendas inconstantes e necessidade de, 219–220e
Capital de investimento
   EVA e capital de investimento constante, 189, 191–192
   EVA e mudanças no, 191–193
Capital humano, 427–428
Capital próprio, **41, 43**. *Ver também* Grupos de ações
   alavancado, 448–450 (*Ver também* Ações alavancadas)
   alavancagem e custo de capital próprio, 456–459
   calculando o valor de mercado do, 455–457
   demonstrativo da equivalência patrimonial, 72, 74
   do acionista, 59, 61–63, 72, 74
   efeitos da alavancagem sobre risco e retornos para o acionista, 449–452
   emissão de (*Ver* Emissão de ações)
   erro comum em relação a capital de terceiros *versus*, 81–82c
   falácia da emissão de, e diluição, 466–468
   financiando empresas com, 448–450
   financiando empresas com capital de terceiros e, 448–450
   não-alavancado, 448–450 (*Ver também* Ações não-alavancadas)
   risco e valor de mercado do, 424–425e
   valor contábil de, 61–62
   valor de mercado *versus* valor contábil do, 61–62e, 62–64
Capitalização de mercado, **61–62, 395–396**
Capitalização de mercado, equação, 395–396
CAPM. *Ver* Modelo de Precificação de Ativos Financeiros (CAPM)
Carhart, Mark, 341 n.19, 433, 434, 434 n.15, 441
Carteira alavancada, 370–371
Carteira autofinanciadora, **430–431**
Carteira com dois grupos de ações
   calculando a covariância e a correlação, 353–354t
   carteira eficientes com dois grupos de ações, 360–363
   retornos sobre, 351–352t
Carteira de igual participação, **396–397**
Carteira de mercado, **334–335, 385–386**
   com diferentes taxas para aplicação e empréstimo, 404–406f, 405–407
   determinando o prêmio de risco da, 389–396
   eficiência da, 385–390, 422–426
   identificando a, 395–398, 400
   informações financeiras e carteira ineficiente, 408
   linha do mercado de títulos e, 404–407
Carteira de Sharpe, 371 n.9
Carteira *high-minus-low* (HMLM), **431–433**
Carteira igualmente ponderada, **357–358**
   diversificação da, 357–359
Carteira ineficiente, **361–362**
Carteira mundial, 312
   valor de investimentos em (1925–2005), 312–313f
Carteira ótima, 349–384
   aplicações e empréstimos livres de risco, 369–373
   carteira eficiente, custo de capital e, 372–379
   carteira eficiente, risco *versus* retorno e, 360–369
   caso simulado, 383–384
   exemplo de, identificando a escolha da, 372–373e
   H. Markowitz e J. Tobin sobre, 376, 378c
   problemas, 381–383
   resumo, 378–380
   retornos esperados, 350–351
   volatilidade de grandes carteiras, 357–360
   volatilidade de uma carteira com dois grupos de ações, 350–358
Carteira passiva, **396–397**
Carteira ponderada por preço, **397–398**
Carteira *small-minus-big* (SMB), **431–433**
Carteira tangente
   com diferentes taxas de aplicação e empréstimo, 404–405f
   identificando a, **371**–373
Carteira(s), 349–384
   alavancada, 370–371
   aplicações e empréstimos livres de risco e, 369–373
   avaliação de, 101–103
   beta de, 391–392, 394
   calculando retornos de, 350–350–351e
   caso simulado, 383–384
   com dois grupos de ações, 350–358, 360–363
   de igual participação, 396–397
   de mercado, 334–335, 385–390
   diversificação em, de ações (*Ver* Diversificação em carteiras de ações)
   eficiente, 334–335, 372–373 [*Ver também* Carteira(s) eficiente(s)]
   fatoriais, 428–430
   gerais, diversificação com, 359–360
   grandes (*Ver* Grandes carteiras)
   high-minus-low (HML), 431–433
   igualmente ponderadas, 357–359
   ineficiente, 361–362
   múltipla (*Ver* Carteiras com múltiplos grupos de ações)
   passiva, 396–397
   ponderada por preço, 397–398
   ponderada por valor, 395–398
   prior one-year momentum (PR1YR), 431–433
   problemas, 381–383
   resumo, 378–380
   retorno esperado de, 350–351
   retornos de grandes, 324–325
   selecionando, para modelo multifatorial de risco, 430–433
   small-minus-big (SMB), 431–433
   tangente, 371–373
   volatilidade de, 330–332e
   volatilidade de carteiras com dois grupos de ações, 350–358
   volatilidade de grandes, 357–360
Carteira(s) eficiente(s), **334–335, 372–373**
   aprimorando os retornos com, 361–363e
   custo de capital e, 372–379
   identificando, 385, 374–376e
   retornos esperados e, 374–376
   risco *versus* retorno, e escolha de, 360–369
Carteiras com dois grupos de ações, volatilidade de, 350–358
   calculando a variância e a volatilidade, 355–358
   determinando a covariância e a correlação, 351–356
   risco e, 351–352
Carteiras com múltiplos grupos de ações, 364, 366–369
   fronteira eficiente com, 367–369f
   volatilidade e retorno esperado de, 367–368f
Carteiras de ações. *Ver* Diversificação em carteiras de ações; Carteira(s)
Carteiras fatoriais, **428–430**
Carteiras gerais, diversificação com, 359–360
Carteiras ponderadas por valor, **395–398**
   calculando, 396–397e
   mantendo, 397–398e
CCC. *Ver* Ciclo de conversão monetária (CCC)
Celmax Corporation, 622–623e
Certificado do título de dívida, **242**
Chevalier, Judy, 341 n.18, 527 n.29
Chew, D., 573–574 n.30
Chief executive officer ou principal executivo (CEO), 45–46, **48–49**
   desempenho do, 49–51
Choudhry, M., 175
Chung, D., 586
Cisão (*spin-off*), 578, 580–581
Cisco Systems, 182, 578, 580
   dinheiro e beta da, 464–465e
   estimando o beta a partir de retorno históricos, 400–401, 402f, 403–404
   financiamento de dívidas na, 612–613e

Classificação de títulos de dívida da Standard and Poor's, 258, 260, 261*t*
Classificação dos títulos de dívida da Moody's, 258, 260, 261*t*
Cláusulas, vencimento de dívida e, 522–524
Cláusulas restritivas, **523–524**
Clayton, Dubilier & Rice (CDR), 666
Clements, Jonathan, 377*c*
Clientela, impostos e investidores em, 564–567
Clientes, dificuldades financeiras e perda de, 512–515
CML. *Ver* Linha do mercado de capitais (CML)
Cn (fluxo de caixa na data *n*), 127–128, 189, 191–192
Coca Cola Company, 350
  carteira com dois grupos de ações incluindo a Intel Corporation e, 360–369
Collins, D.W., 78
Colocação privada, **802–803**
Comitê de Estabilização dos Transportes Aéreos (ATSB, Air Transportation Stabilization Board), 618–619*c*
Comment, R., 575–576 n.35
Comparáveis, avaliação utilizando, 644–647
Composição, **121–122**, 125–127
  a potência da, 126–127*f*
  regra dos 72 e, 149–150*c*
Composição contínua, **160–161**
Comprar ações na margem, **370–371**
Compromisso, alavancagem e, 525–527
Concorrência
  entrincheiramento da gerência, 921–923
  evidências empíricas sobre, no mercado de capitais, 339, 341
  informações, preços de ações e, 294–301
  mercados eficientes e, 295–298
Connors, John, 579*c*
Conselho de administração, 45–46, **48–49**
Conservação de valor, princípio da, **468–469**
Consol ou título perpétuo, **130**
Consolidated Edison, Inc. (ConEd), avaliação da, 278–279*e*
Constantinides, G. M., 564 n.17, 572 n.25, 585
Constituição, EUA, proteções para corporações sob a, 39– 41, 43
Construção de impérios pelos gerentes, 525–526
Contabilidade
  manipulação de, 74–76
Contas a pagar, **60–61**
Contas a receber
  dificuldades financeiras e perda de, 513–514
Contas a receber, **60**
Continuação, valor de (valor terminal), **225**
  abordagem do fluxo de caixa descontado para calcular o, 659–662

abordagem dos múltiplos para calcular o, 658–660
capacidade de endividamento e, 600–601*t*
com crescimento perpétuo, 225*e*
erros em relação ao crescimento no longo prazo e, 661–663*c*
estimativa do, por fluxo de caixa descontado, 660–662*e*
Contrato de taxa de juros *forward*, **270**
Cook, D., 575 n.32, 586
Cookson, R., 471
Cooper, M., 433–435 n.13
Copeland, T., 302, 578 n.36, 630, 668
Copele, T., 578, 580, n.36
Core, J.E., 55
Corporações, 37, 39–56. *Ver também* Empresa(s)
  D. Viniar sobre parcerias e, 42*c*
  definição de, **41, 43**
  financiamento externo líquido e desembolsos de capital de corporações norte-americanas, 494–495*f*
  formação de, 41, 43
  índice capital de terceiros/valor da empresa (*debt-to-value*) dos EUA (1975–2005), 495–497*f*
  mercados de ações e, 50–52
  problemas, 55–56
  propriedade de, 41, 43–45
  propriedade *versus* controle de, 45–46, 48–51
  quarto tipos de empresas incluindo, 40–46, 48
  resumo, 54–55
  tributação de, 44–46, 48
Corporações "C", **45–46, 48**
Corporações "S", **45–46, 48**
$Corr(R_i, R_j)$ (correlação entre os retornos de i e j), 352–356, 390–392
Correlação, **352–353**
  calculando a covariância a partir da, 355–356*e*
  carteira eficiente e, 362–364
  determinando a covariância e a, 351–356
  volatilidade da carteira e efeitos da, 362–364
  volatilidades anuais históricas e, entre grupos de ações selecionados, 354–355*t*
$Cov(R_i, R_j)$ (covariância entre os retornos de i e j), 352–355, 391–392, 394, 400–401
Covariância, **352–353**
  calculando a partir da correlação, 355–356*e*
  determinando a correlação e a, 351–356
Covariância entre os retornos R_i e R_j, equação, 352–353
CPN (pagamento de cupom de um título de dívida), 242, 254–255
Crédito comercial, **218–219**

Credores
  custos das dificuldades financeiras da empresa para os, 514–515
  falência e, 511–513
  restrições (cláusulas restritivas) impostas pelos, 523–524
Crescimento
  avaliando empresas com duas taxas de crescimento diferentes, 281–284*e*
  endividamento e, 497–499
  modelo simples de, 278–280
  não rentável, 280–281*e*
  reduzindo os dividendos para um crescimento rentável, 279–281*e*
  rentável, 279–281
  taxas variáveis de, 280–284
  valor de continuação e crescimento de longo prazo, 661–663*c*
  valor de continuação e crescimento perpétuo, 225*e*
Crick, T., 202
Cronologia dos fluxos de caixa, 196, 196–197*f*, 223–224
Cum-dividendo, **553–554**, 556–557
Cuny, C. J., 497–499 n.16
Cupons, **242**
Curva de rentabilidade, **165–168**
  arbitragem de títulos de dívida e, 252–257
  economia norte-americana e, 168–171
  taxa de descontos e, 165–168
  títulos corporativos, 258, 260, 260, 262*f*
  Títulos de dívida do tesouro, 255–256
Curva de rentabilidade de títulos de dívida de cupom zero, **243–244**
Curva de rentabilidade de títulos de dívida que pagam cupom, **255–256**
Custo de capital, **173–174**. *Ver também* Custo de oportunidade de capital
  alavancado e não-alavancado, 639–641
  alavancagem e, 622–625
  baseado em projetos, 608–613
  calculando, 338–339*e*, 378–379*e*
  CAPM e [*Ver* Modelo de Precificação de Ativos Financeiros (CAPM)]
  carteira eficiente e, 375–379
  Fama-French-Carhart (FFC), fator de especificação de, e cálculo de, 431–433, 433–435*e*
  linha do mercado de títulos e estimação do, 409–412
  médio ponderado [*Ver* Custo médio ponderado de capital (WACC)]
  modelos para calcular, 438–439*f*
  não-alavancado, 657–659
  próprio (*Ver* Custo de capital próprio)
  estimando, 608–610, 655–659
  reduzindo a alavancagem e, 459–462*e*
  risco e, 337–339, 341

Custo de capital alavancado, 639–641
Custo de capital de ações alavancadas, equação, 457–458
Custo de capital de um investimento i, equação, 376, 378
Custo de capital de um projeto, equação, 337–338
Custo de capital não-alavancado, **601**–603, 639–641
  dificuldades financeiras e, 618–619
  estimando o, 608–610, 657–658, 658–659e
  impostos pessoais e, 625–628
Custo de capital não-alavancado com impostos pessoais, equação, 626–627
Custo de capital não-alavancado com um grau de alavancagem-alvo, equação, 601–602
Custo de capital próprio (r_E), 275, 276–277 n.1
  alavancagem de um projeto e, 609–611
  alavancagem e, 450–452e, 456–459
  calculando, 458–459e
  equação, 609–610
Custo de mercadorias vendidas (COGS), 218–219
Custo de oportunidade, **213–215**
  de ativos ociosos, 214–215c
  de capital, **172–174**
  de utilizar ativo existente, 213–215 n.3
Custo histórico, **215–216**
Custo histórico, falácia do, 216–217c
Custo médio ponderado de capital (sem impostos), equação, 458–459
Custo médio ponderado de capital (WACC), **287–288**, **458–459**
  alavancagem e, com mercados de capitais perfeitos, 459–460f
  avaliando a dedução tributária das despesas com juros utilizando, 484–485e
  baseado em projetos, 610–611
  calculando, com múltiplos títulos, 461–462
  com alavancagem variável, 624–626
  com impostos, 482–485
  dívida permanente e, 623–625f
  método de avaliação utilizando (Ver Custo médio ponderado de capital, método de avaliação)
  orçamento de capital e, 458–462
Custo médio ponderado de capital, método de avaliação, 597–601, 660–661
  aplicação de, 597–599
  comparar APV e FTE, métodos para, 616–617
  deduzindo, 639–640
  dívida e, 608–609c
  fórmula do, 597
  implementando um WACC com índice capital de terceiros/capital próprio constante, 599–601
  realavancando o WACC, erros de, 611–612c
  resumo do, 598–599
Custo médio ponderado de capital com impostos, equação, 482–483
Custo(s)
  avaliando benefícios e, 85–88
  comparando, em diferentes pontos no tempo, 89–90e
  de agência (Ver Custos de agência)
  de capital (Ver Custo de capital)
  de crédito comercial, 848–849, 849–850e
  de dificuldades financeiras, indiretos, 512–515
  de dificuldades financeiras, valor da empresa e, 514–515-516–517
  de falência, 511–513
  de financiamento, 616–617
  de oportunidade, 172–174, 213–215
  de transações [Ver Custos de transações]
  estimativas de, 210
  históricos, 215–216, 216–217b
  sensibilidade a custos de *marketing* e de suporte, 229e
Custo(s) de transações, **51–54, 107**–109
  arbitragem com, 107–109
Custos de agência, **519–520**, 618–619
  de alavancagem, 519–524
  de retenção de caixa, 570–572
  teoria do *tradeoff* e, 527–529
Custos de dificuldades financeiras
  alavancagem ótima com impostos, e custos de agência e, 527–528f
  alavancagem ótima com impostos e, 518–519f
  avaliando, 619–620e
  determinantes do valor presente dos, 517–519
  indiretos, 512–515
  preços de ações e, 516–517e
  retenção de caixa e, 570
  valor da empresa e, 514–517
Custos de financiamento, 616–617
Custos de *marketing*, sensibilidade a, 229e
Custos de suporte, sensibilidade a, 229e
Custos e benefícios, avaliando, 85–87–88
  quando preços de mercado não estão disponíveis, 86–87
  utilizando preços de mercado para determinar valores em dinheiro, 85–87

d (índice capital de terceiros/valor da empresa, *debt-to-value*), 599–600
D (valor de mercado da dívida), 456–460, 481–482, 517–519, 527–528, 597, 616
D.F. Builders (DFB), 478–480e
Dartmouth College, 39
Dasgupta, S., 525–527 n.28
Data de declaração, **550**
Data de distribuição (data de pagamento), **550**
Data de pagamento (data de distribuição), **550**
Data de registro, **550**
Data de vencimento, **242**
Data ex-dividendo, **550**
Data snooping, problema de, **423–424**
Dean, J., 232
DeAngelo, H., 499 n.17, 503
Debt overhang, 521–522 n.18
Dedução das despesas com juros dos impostos, 478–480
Dedução tributária, 497–499. *Ver também* Dedução tributária das despesas com juros
  risco da, com grau de alavancagem-alvo, 640–641
Dedução tributária das despesas com juros, **478–479**
  avaliando, com impostos pessoais, 491–493
  avaliando, sem risco, 481e
  avaliando, utilizando método do valor presente ajustado, 602–604
  avaliando, utilizando WACC, 484–485e
  calculando, 478–480e
  com dívida permanente, 481–483
  custo médio ponderado de capital com impostos e, 482–485
  impostos pessoais incluídos na, 488–491
  recapitalizando para captar, 485–489
  valor da empresa e, 480–481
deFinetti, B., 343
Dell Inc., 107–108, 356–357
Delphi Automotive Systems, 317–318 n.1
Delta Air Lines, 365c, 525–527
Delta ΔNWC (aumentos no capital de giro líquido entre os anos t e $t-1$), 219–220
Demanda, eficiência da carteira de mercado e oferta, igualdade, 386–388
DeMarzo, P., 407–408 n.11, 640–641 n.28
Demeulemeester, E., 202
Demirguq-Kunt, 503
Demonstrativo de resultados, 59, **64**–71
  amostra, 65–66t
  análise do, 66–68
  cálculos dos lucros, 64–66
  pro forma, 648–651
Demonstrativo do patrimônio do acionista, 59, **72, 74**
Demonstrativo dos fluxos de caixa, 59, **69**–72
  amostra, 70–71t
  atividade de financiamento, 70–72
  atividade de investimento, 70–71
  atividade operacional, 69–71
  construindo um modelo financeiro construindo e, 653–656
Demonstrativo(s) financeiro(s), 57–83
  análise gerencial dos resultados nos, 72, 74
  balanço patrimonial nos, 59–66
  caso simulado, 82–83

definição de, **58**
demonstrativo da equivalência patrimonial nos, 72, 74
demonstrativo de fluxos de caixa, 69–72
demonstrativo de resultados, 64–71
divulgação de informações financeiras nos, 58–59
manipulação contábil e abusos no relatório dos, 74–76
notas dos, 72, 74
padrões internacionais de relatórios financeiros, 58c
preparação dos, 58–59
problemas, 78–83
resumo, 75–77
S. Frieden sobre, 73c
tipos de, 59
Depreciação, **60**
acelerada, 223–224
em linha reta, 212
fluxo de caixa livre e, 217–218
impacto da, sobre os fluxos de caixa, 71–72e
por MACRS, 223–224, 239–240
previsão de lucros incrementais, desembolsos de capital e, 212
Depreciação em linha reta, **212**
Descontar, **122**–124
fluxos de caixa arriscados, 171–172e
Desconto(s), títulos de dívida, **242**, 246–248
Desdobramento de ações, **550–551**, 576–578, 580
Desembolsos. *Ver* Despesas
Desembolsos de capital (CapEx), **70–71**
equação, 660–661
fluxo de caixa livre e, 217–218
fontes agregadas de financiamento para, corporações norte-americanas, 535–536f
para expansão, plano de negócios e, 646–648
previsão dos rendimentos e, 212
Despesas
gerais fixas, 215–216
passadas com pesquisa e desenvolvimento, 215–216
Despesas com juros
previsão de lucros incrementais e, 212–213
sobre dívida, calculando, 647–648
Despesas gerais, **215–216**
Despesas operacionais, 64–66
Desvio padrão, **314–317**
Desvio padrão, equação, 314–315, 327–328
Deutsche Bank Securities, 84
Dewenter, K.L., 585
Dhar, R., 578, 580 n.36
Diagrama de fluxo de caixa, 119, **120–121**
construindo, 120–121e
de moeda, 958–959f
três regras para a comparação de sequências de fluxos de caixa em, 120–126

Dificuldades. *Ver* Dificuldades financeiras
Dificuldades econômicas, **510**
Dificuldades financeiras, **508**–548, 618–620
benefícios de agência da alavancagem e motivação dos gerentes, 523–527
custos de (*Ver* Custos de dificuldades financeiras)
custos de agência de alavancagem, 519–524
custos de agência e teoria do *tradeoff*, 527–529
estrutura de capital ótima e teoria do *tradeoff*, 517–520
estrutura de capital revisada, 536–537, 539–540
inadimplência e falência em mercados perfeitos, 509–511
informações assimétricas e estrutura de capital, 527–536
problemas, 541, 543–548
resumo, 537, 539–541
Diluição, **65–66**, **466–467**
falácia das ações, emissão de ações e, 466–468
Dimensional Fund Advisors, 431–432
Dimson, E., 343
Dinheiro, no tempo, valor do. *Ver* Valor do dinheiro no tempo
Direito de voto dos acionistas, 50–51c
Discussão e análise da gerência (MD&A), **72, 74**
Disney. *Ver* Walt Disney Company
variância e desvio padrão, 314–317
Distribuição empírica, **318–320**
Dittmar, A., 561 n.11, 562, 585
Dittmar, R., 561 n.11, 562
Div (dividendo), 692–694
Diversificação, **327–328**
como compensação mútua de riscos independentes, 327–329
falácia do longo prazo, 332–333c
jogos de azar e, 328–329e
R. Lert sobre, 340c
Diversificação em carteiras de ações, 329–334
ausência de arbitragem, prêmio de risco e, 330–334
com carteira igualmente ponderada de muitas ações, 357–359
com carteiras gerais, 359–360
falácia do longo prazo, 332–333c
risco específico à empresa *versus* risco sistemático e, 329–332
risco *versus* retorno e carteira eficiente, 364, 366–369
utilizando diferentes tipos de ações, 359e
Dívida. *Ver também* Dívida e impostos; Financiamento de dívidas; Alavancagem
A. Balson sobre vantagens fiscais (tributárias) de, 501c
ajuste periódico da, 620–623

calculando o WACC e definindo a, 608–609c
capacidade de contrair (*Ver* Capacidade de endividamento)
como sinal de força, 530–531e
crescimento e, 497–499
de longo prazo, 60–61
dedução tributária das despesas com juros de dívidas permanentes, 481–483
determinando a dedução tributária real da, 492–494
dinheiro e dívida líquida, 463–465
empréstimos e [*Ver* Empréstimo(s)]
erro comum em relação a capital próprio *versus*, 459–461c
limites à dedução tributária da, 495–498
métodos do APV e do WACC com dívida permanente, 623–625e
níveis pré-determinados de, 614–616
nível ótimo de, 518–520e, 527–529
planejada, e aumento da alavancagem, 647–649
preferência das empresas por, 492–497
quociente entre valor e (*Ver* Índice capital de terceiros/valor da empresa, *debt-to-value ratio*)
risco sistemático e prêmios de risco de ações não-alavancadas, ações alavancadas e, 450–451t
teoria do *tradeoff*, 527–529
títulos de agência, 804–805
valor de mercado da, 63–64 n.3
vantagem tributária efetiva da, 490–491e, 491–492f
Dívida de longo prazo, **60–61**
Dívida e impostos, 477–507
avaliando a dedução tributária das despesas com juros, 480–485
caso simulado, 507
dedução tributária das despesas com juros, 478–480
estrutura de capital ótima com, 492–501
pessoal, 488–494
problemas, 503–507
recapitalizando para captar a dedução tributária, 485–489
resumo, 502–503
Dívida líquida, dinheiro e, **463–465**
Dividendo de liquidação, **551–552**
Dividendo especial, **550**, 550–551f
Dividendo(s), 41, 43, 550–551
alíquota efetiva de impostos sobre, 561–563, 563–564e
cortando a alíquota de impostos sobre, 492–493c
cum-dividendo, 553–554
da Microsoft Corporation, dinheiro e beta, 463–464c

de liquidação, 551–552
declínio do uso de, 560–561f
emissão de ações para pagar, 559–560e
especiais, 550, 550–551f
exercício precoce de opções de ações que pagam, 692–696
fórmula de Black & Scholes para ações que pagam, 716–717, 719–720
impostos sobre, 558–567
investimento e crescimento *versus*, 278–281
mercados de capitais perfeitos com políticas em relação a, 558–559
modelo de crescimento constante, 277–279
Modigliani-Miller sobre a irrelevância da política de distribuição em relação aos, 556–558
mudando as taxas de crescimento, 280–284
política de sinalização em relação a, 572–575
política ótima em relação aos, com impostos, 559–562
promessa de, 553–554 n.5
recompras de ações comparadas a, 552–559
reduzindo, para um crescimento rentável, 279–281e
uniformização de, 571–573
Dividendos de crescimento constante, 277–279, 281–282
Div_t (dividendos pagos no ano *t*), 275, 277–279, 316–317
Doherty, Joseph, 512–513 n.5
Dólares
convertendo entre dólares hoje e dólares futuros com risco, 107–108f
convertendo entre ouro, euros, ou dólares futuros, e, 90–91f
Dow Jones Industrial Average, 101–102c, 397–398
D_s (dívida menos deduções tributárias pré-determinadas), 623–624
D_t (dívida incremental do projeto na data *t*), 599–600
Dupla tributação, 492–493c
Duração, **250–252**
Duração de Macaulay, 965–966 n.17
Dyl, E.A., 152, 585

E (valor de mercado do capital próprio), 456–460, 482–486, 597, 601–602
$E[R]$ (esperança do retorno *R*), 313–315, 350–351
$E[R_i]$ (retorno esperado do título *i*), 385–386, 389–390, 403–404
Eades, K., 385 n.1
EAR (taxa anual efetiva) com composição contínua, 180
EAR. *Ver* Taxa efetiva anual (EAR)
EAR para uma APR com Composição Contínua APR, equação, 180

Ebbers, Bernie, 525–526c
EBIT (lucros antes dos juros e dos impostos), **64–66**
pagamentos de juros como um percentual do, 497–499, 499–500, 502f
ponto de equilíbrio, 228
EBITDA (lucros antes dos juros, impostos, depreciação e amortização), **67–68**
valor de continuação utilizando múltiplos de EBITDA, 659–662
EBITDA, 67–68
capital de giro em número de dias, 66–68
índice de alavancagem, 67–68
índices de avaliação, 67–69
índices de lucratividade, 66–68
retornos sobre investimentos, 67–68
Economia. *Ver Economia norte-americana*
Economia norte-americana
curva de rentabilidade e, 168–171
taxas de juros, e taxas de inflação na (1955–2005), 165–166f
Efeito clientela, **564–565**
Efeito Concorde, 216–217c
Efeito tamanho, **422–425**
Eficiência, noções de, 339, 341
Ehbar, A., 202
El Paso Corporation, 459–462e
Electronic Business Services (EBS), 447
Ellison, G., 341 n.18
Elton, E., 343, 563 n.14
Emissão. *Ver Emissão de ações*
Emissão de ações
custos de, 616–617t
para pagar dividendos, 559–560e
seleção adversa e, 530–534
Empresa de responsabilidade limitada (LLC), **41, 43**
Empresa(s)
alavancagem, arbitragem, e valor da, 451–457
avaliação de ações baseada em empresas comparáveis, 289–294
com grandes saldos de dinheiro, 571–572t
custos de dificuldades financeiras e valor da, 514–517
de capital aberto (*Ver* Empresas de capital aberto)
de capital fechado (*Ver* Empresas de capital fechado)
dedução tributária das despesas com juros e valor da, 480–481
financiamento com capital próprio e por endividamento, 448–452
fluxos de caixa de empresas alavancadas e não-alavancadas, 481f
políticas relativas ao índice capital de terceiros/capital próprio (*debt-equity ratio*) da, 620–621f

preferência da, por dívida, 492–495
quatro tipos de, 40–46, 48
risco de falência e valor da, 511e
Empresas aéreas. *Ver também nomes de empresas aéreas individuais*
betas de ações e índices *debt-equity* de mercado de ações de, 461–463–464e
custos indiretos de dificuldades financeiras, 512–514
garantias de empréstimo para, após os ataques terroristas de 11 de setembro de 2001, 618–619c
Empresas de capital aberto, **50–51**
financiamento por, nos EUA, 769–770f
Empresas de capital fechado, **51–54**
Empresas individuais, **40–4**
Empréstimo de amortização, **162–164**
Empréstimo(s)
aplicações livres de risco e, 369–373
taxas de aplicações *versus* taxas de, 404–407
Empréstimo(s)
avaliando, 618–619e
calculando o saldo do, 162–164e
calculando os pagamentos do, 142–143, 143–144e, 144–145, 162–164
encontrando o valor dos pagamentos de empréstimo, 142–145, 143–144e,
estoque como colateral, 878–881
garantido, para empresas de linhas aéreas, 618–619c
taxa de descontos e, 162–164
Enron Corporation
abusos nos relatórios financeiros pela, 57, 74–75
custos de falência, 511–513
privilégios gerenciais excessivos na, 525–526c
Entrevistas
A. Balson, 501c
D. Grannis, 211
D. Viniar, 42
J. Bogle, 399
J. Clements, 377
J. Connors, 579
J. M. Stern, 190
J. Rice, III, 666
L. Black, 259
L. Harris, 925c
M. Fedak, 281–282
R. Lert, 340
R. Sinquefield, 431–432
S. Frieden, 73
Entrincheiramento da gerência, **523–524**
EPS. *Ver* Rendimentos por ação (EPS)
EPS diluído, **65–66**
EPS37 (rendimentos por ação na data *t*), 290–291
Epsilon ε_i (termo de erro), 401, 403

Índice **691**

Epsilon ε, (risco residual do grupo de ações s), 428–430
Epsilon ε, (termo de erro da regressão), 656–657
Equação do beta ajustado, 408–409
Equação dos juros após os impostos, 652–653
Equações do beta de uma carteira, 391–392, 394, 461–463
Equações e fórmulas
  Aditividade de valor, 101–102
  Alavancagem e o custo de capital com um programa fixo de repagamento da dívida, 623–624
  alfa das ações, 393–394
  alíquota efetiva de impostos sobre dividendos, 561–563
  APR de composição contínua para EAR, 180
  Beta ajustado, 408–409
  Beta da carteira, 391–392, 394, 461–463
  Beta da Carteira i com a Carteira P, 373–374
  capacidade de endividamento, 599–601
  Capital de giro líquido, 218–219
  capitalização de mercado, 395–396
  convertendo ARP para EAR, 160–161
  Covariância entre os retornos Ri e Rj, 352–353
  Custo de capital de ações alavancadas, 457–458
  Custo de capital de um projeto, 337–338
  Custo de capital do investimento i, 376, 378
  custo de capital não-alavancado, 658–659
  Custo de capital não-alavancado com impostos pessoais, equação, 626–627
  Custo de capital não-alavancado com um grau de alavancagem-alvo, 601–602
  Custo de capital próprio, 609–610
  desembolsos de capital, 660–661
  despesa com imposto de renda incremental, 212–213
  despesa com juros sobre dívida, 647–648
  desvio padrão, 314–315, 327–328
  EAR para APR de composição contínua, 180
  Effective Tax Advantage of Debt, 490–491
  Erro padrão da estimativa do retorno esperado, 322–323
  Especificação de Fator de Fama-French-Carhart, 431–433
  estimação do beta das ações, 656–657
  Estimando o retorno esperado de um título negociado a partir de seu beta, 335–337
  Estimativa da Covariância a partir de Dados Históricos, 352–353
  Estimativa da variância utilizando retornos realizados, 320–321

EVA no período n (Quando o capital deprecia), 191–192
EVA no período n (Quando o capital dura para sempre), 189, 191
Fluxo de caixa livre, 220–221
Fluxo de caixa livre do acionista, 605–606
Igualdade do balanço patrimonial, 59
Índice capital de terceiros/capital próprio (*Debt-Equity ratio*), 62–63
Índice de lucratividade, 198–199
Índice de Sharpe, 371
Índice *Market-To-Book*, 62–63
Índice preço/lucro, 67–68, 290–291
Juros após os impostos, 652–653
Lucros retidos, 71–72
Margem de lucro líquido, 66–67
Margem operacional, 66–67
Modelo da Variável Característica de Retornos, 436–437
Modelo de desconto de dividendos, 276–278
Modelo de desconto de dividendos com crescimento de longo prazo constante, 281–283
Modelo de *Payout* Total, equação, 285–286
Modelo de Risco Multifatorial, 430–431
Modelo de Risco Multifatorial com carteiras auto-financiadoras, 430–431
Modelo do Fluxo de caixa livre descontado, equação, 286–288
Modelo dos Dividendos de crescimento constante, 277–279
Múltiplo de caixa, 664–665, 667
Múltiplos do valor de empreendimento, 291–292
Pagamento de Cupom, 242
Pagamentos de empréstimo, 143–144
Peso de carteira, 350
Prazo de Recebimento em Dias, 66–67, 647–648
Preço das ações, 275
Preço de um título de dívida de cupom, 254–255
Preço de um título na ausência de arbitragem, 98–99
prêmio de risco, 335–337
recompra de ações e valor das ações, 283–285
renda líquida não-alavancada, 213–215
Rendimentos por ação, 65–66
Rentabilidade de títulos de dívida a partir de taxas *forward*, 271
Retorno Anual Médio de um Título, 318–320
retorno do título de dívida, 99–100
Retorno esperado, 313–314, 350–351, 369–370
retorno esperado de investimentos arriscados, 104–105

Retorno esperado de um título, 374–375, 385–386
Retorno exigido do investimento i dada a carteira atual P, 373–374
retorno realizado, 316–317
retorno sobre ações, 276
Retorno sobre investimentos, 67–68
taxa de desconto do título s (r_s), 106–108
Taxa de juros livre de risco com vencimento n, 243–244
Taxa de pagamento de dividendos, 278–280
Taxas de juros após os impostos, 171–172
taxas de juros *forward*, 270
Valor alavancado com dívida permanente, equação, 616
Valor alavancado com um índice de cobertura constante de juros, 613–614
Valor da dedução tributária das despesas com juros de dívida permanente, 482–483
Valor de empreendimento, 63–64
Valor de face de um título de dívida, 243
Valor de liquidação/residual, 223–225
Valor de mercado das ações, 455–457
Valor futuro de um fluxo de caixa, 121–122
Valor futuro de uma anuidade, 135–136e
Valor futuro de uma sequência de fluxos de caixa, com valor presente de PV, 128–129
Valor presente ajustado, 601–602
Valor presente da anuidade, 134–135
Valor presente de uma anuidade crescente, 138–139
Valor presente de uma perpetuidade, 131
Valor presente de uma perpetuidade crescente, 137–138
Valor presente de uma perpetuidade crescente contínua, 180
Valor presente de uma sequência de fluxos de caixa, 127–129
Valor presente de uma sequência de fluxos de caixa utilizando uma estrutura a termo de taxas de descontos, 167–168
Valor presente do fluxo de caixa, 123–124
Valor presente líquido, 90–91, 196
Valor total da empresa alavancada, 517–519
Variância de uma carteira com dois grupos de ações, 355–356
Variância de uma carteira igualmente ponderada de n grupos de ações, 357–359
Variância e desvio padrão da distribuição do retorno, 314–315
Volatilidade de uma carteira com pesos arbitrários, equação, 360
WACC baseado em um projeto, 610–611
WACC de um projeto com um programa fixo de repagamento da dívida, 623–624
Equipe de gerenciamento corporativo, 48–49
Ernst & Young, 73
Erro de *proxy*, 426–427

Erro padrão, **322–324**
Erro padrão da Estimativa do retorno esperado, equação, 322–323
Erros comuns
 ativos ou passivos pendentes, 663–664c
 confusão nos índices, 67–68c
 custo de oportunidade de um ativo ocioso, 214–215c
 descontar uma vez a mais, perpetuidades e, 133c
 falácia da diversificação de longo prazo, 332–333c
 falácia do pássaro na mão, 557–558c
 funções NPV (ou VPL) e IRR (ou TIR) do Excel, 148–149c
 investidor em ações da própria empresa, 427–428c
 o capital de terceiros é melhor do que o capital próprio?, 459–461c
 realavancar o WACC, 611–612c
 recompras e a oferta de ações, 555–556c
 utilizar a formula de anuidade quando as taxas de desconto variam, 167–168c
 valores de continuação e crescimento no longo prazo, 661–663c
Escala, diferenças em oportunidades de investimento, 192–196
 escala idêntica, 192–195
 mudanças de escala, 194–196
 retorno percentual *versus* impacto do dólar sobre o valor e, 194–196
Escândalos. *Ver* Escândalos corporativos
Escândalos corporativos
 manipulação contábil e abusos nos relatórios, 74–76
 privilégios excessivos e, 525–526c
Especialistas, **51–54**
Especificação de fator de Fama-French-Carhart (FFC), **431–433**
 calculando custo de capital utilizando, 431–433, 433–435e
Especificação de fator de Fama-French-Carhart, equação, 431–433
Especulador, **901–902**
Especuladores agressivos, 49–51
Estimação
 beta, 334–336e, 408–410
 da covariância, 352–353
 de retornos passados e futuros, e erro, 321–325
 do custo de capital não-alavancado, 608–610
 do prêmio de risco, 335–338
 do retorno esperado, 332–338
 linha do mercado de títulos e custo de capital, 409–412
Estimação do beta das ações, equação, 656–657

Estimando o retorno esperado de um título negociado a partir de seu beta, equação, 335–337
Estimativa da covariância a partir de dados históricos, equação, 352–353
Estimativa da variância utilizando retornos históricos, equação, 320–321
Estimativas de receita, 210
Estoque(s), **60**
Estratégia de *momentum*, **425–426**
Estratégias de precificação, análise de cenário de, 229–230t
Estrutura a termo das taxas de juros, **165–168**
 calculando valores presentes utilizando, 167–168e
 taxas de juros livres de risco nos EUA, 166–167f
Estrutura de capital, 445, **448**
 dívida e dificuldades e (*Ver* Dificuldades financeiras)
 dívidas e impostos e [*Ver* Dívida e impostos; Alavancagem; Imposto(s)]
 emissão de ações e, 533–536
 falácias da, 464–468
 falência e, 510
 informações assimétricas e, 527–536
 Lei do Preço Único e, 445, 447
 ótima, com impostos, 492–501
 política de *payout* (*Ver* Política de *payout*)
 revisão, 536–537, 539–540
 teoria do entrincheiramento da gerência, 527–529
 teoria do *tradeoff* e estrutura de capital ótima 517–520
Estrutura de capital em mercados perfeitos, 447–476
 caso simulado, 474–476
 facilidades da estrutura de capital e, 464–468
 financiamento com capital próprio *versus* com endividamento e, 448–452
 problemas, 471–475
 proposição 2 de Modigliani-Miller sobre alavancagem, risco, e custo de capital, 456–465
 proposição 37 de Modigliani-Miller sobre alavancagem, arbitragem, e valor da empresa, 451–457
 proposições de Modigliani-Miller, influência das, 467–469
 resumo, 469–471
Estrutura de capital ótima com impostos, 492–501
 teoria do *tradeoff* e, 517–520
ETF. *Ver Exchange traded fund* (ETF)
EVA, regra de investimento do, **189, 191**
EVA. *Ver* Valor econômico agregado (EVA)
EVA no período *n* (Quando o capital deprecia), equação, 191–193

EVA no período *n* (Quando o capital dura para sempre), equação, 189, 191
EVAn (Valor econômico agregado na data *n*), 189, 191–192
Excel, planilha. *Ver* Microsoft Excel, planilha
Exchange-traded fund (ETF), **398, 400**
 J. Bogle sobre, 399c
Exigências de capacidade de produção, 646–647e
Expectativas homogêneas, **386–387**
Expectativas racionais, 405, **407–408**
Externalidades de projeto, **213**–216
Exxon Mobile, 390–392
 Mudanças nos retornos esperados da, 393–395
Ezzell, J. R., 622 n.22, 624 n.23, 630

Fabozzi, F. J., 264
Falência, 49–51, 499–502
 custos de, 511–513, 894–895
 estrutura de capital e, 510
 inadimplência e, em mercado perfeito, 509–510
 valor da empresa e risco de, 511e
Falência programada, **512–513**
Fama, Eugene, 272 n.5, 411–412 n.18, 411–412 n.19, 412–413 n.20, 422, 431–433, 441, 541, 560–561 n.10.
Fan, Joseph, 537, 539–540 n.43
Fastow, Andrew, 74–75, 525–526c
Fator da taxa de juros, **88–89**
Fator de desconto, **89–90**
Fazer um *cash-out*, 521–522
FCFE. *Ver* Fluxo de caixa livre do acionista (FCFE)
FCF_t (fluxo de caixa livre no ano *t*), 220–221, 286–287, 597, 600–601, 660–661
Fedak, Marilyn G., 281–282c
Fenn, G.W., 587
Ferramentas. *Ver* Taxa(s) de juros; Regras de decisão de investimento; Valor do dinheiro no tempo
Ferris, Stephen, 512–513 n.6
Ferson, W.E., 417
FFC. *Ver Especificação de fator de* Fama-French-Carhart (FFC)
Financiamento
 com capital de terceiros e com capital próprio, 448–450
 com capital próprio, 448–450
 de curto prazo (*Ver* Gerenciamento de capital de giro)
 de longo prazo (*Ver* Financiamento de dívidas)
 efeitos da alavancagem sobre risco e retornos para o acionista e, 449–452
 separando investimentos e, 100–102e

Financiamento de dívidas, 796–817
 com ações, 448–450
 na Cisco Systems, 612–613e
 política de *payout* e, 611–613
Finetti, Bruno de, 376, 378c
Fisher, Irving, 111, 232
Fluxo de caixa descontado, estimativa do valor de continuação e, 660–661e, 661–662t
Fluxo de caixa do acionista (FTE), método de avaliação, **604**–608
 avaliando fluxos de caixa do acionista, 606–607
 calculando o fluxo de caixa livre do acionista, 605–607
 com alavancagem variável, 624–626
 comparação dos métodos APV e WACC ao, 616–617
 dívida e, 608–609c
 exemplo, 607–608e
 resumo, 607–608
Fluxo de caixa livre (FCF), **217**–226, 286–287
 alavancagem e, 653–654e
 alternativas de fabricação que afetam o, 221–223
 calculando, a partir dos rendimentos, 217–220
 calculando diretamente, 219–221
 calculando NPV e, 220–222
 do acionista, avaliação do, 606–607
 equação, 220–221
 esperado, 597–598t
 fatores que afetam as estimativas do, de um projeto, 222–226
 modelo do fluxo de caixa livre descontado, 286–290
 no ano t, 220–221
 prevendo, e modelagem financeira, 652–654
 somando o valor residual ao, 223–225e
 usos do, 550f (*Ver também* Política de *payout*)
Fluxo de caixa livre do acionista (FCFE), **605**–607
 cálculo do, método do valor presente ajustado e, 605–607
Fluxo de caixa livre do acionista, equação, 605–606
Fluxo(s) de caixa (C)
 arriscado, *versus* livre de risco, 103–104
 avaliando fluxos de caixa mensais, 159–160e
 avaliando projetos com fluxos de caixa contínuos, 180–181e
 comparando e combinando valores do, 120–121
 crescentes, 135–141
 cronologia dos, 196–197f

 da dívida e das ações de empresas alavancadas, 448–450t
 de ações não-alavancadas, 448–450t
 de empresas alavancadas e não-alavancadas, 481f
 de títulos de dívida de cupom, 244–245e
 demonstrativo de (*Ver* Demonstrativo de fluxo de caixas)
 descontando fluxos de caixa arriscados, 171–172e
 dos investidores, após os impostos, 489–490f
 encontrando o, 142–145
 equação do valor futuro do, 121–122
 equação do valor presente do, 123–124
 fluxo de caixa livre de um projeto e cronologia dos, 223–224
 impacto da depreciação sobre, 71–72e
 livre [*Ver* Fluxo de caixa livre (FCF)]
 movimentando, para um ponto no futuro, 121–122
 movimentando, para um ponto no passado, 122–124
 que chegam continuamente, 180–181
 regra da IRR e cronologia dos, 196
 sequência de (*Ver* Sequência de fluxo de caixas)
 venda a descoberto e, 365c
Fluxos de caixa de capital (CCF), 604 n.6
Fluxos de caixa do acionista, avaliando, 606–607
fn (taxa de câmbio *forward* de um ano para o ano *n*), 270
Fora do balanço patrimonial, transações, **72, 74**
Fórmula. *Ver* Equações e fórmulas
Fórmula do WACC baseado em projetos, 610–611
Formulário 10-K, **58**
Formulário 10-Q, **58**
Fornecedores, dificuldades financeiras e perda de, 513–514
Forrester, J. R., Jr., 184
Francis, J.C., 343
Frank, M<.Z., 541
French, Kenneth, 411–412 n.18, 412 n.20, 422–423, 431–433, 422, 561 n.10.
Fricções de mercado
 custos de transação como [*Ver* Custo(s) de transações]
Frieden, Sue, 73c
Friend, I., 341 n.17
Fronteira eficiente, **367**–**369**
 com diferentes taxas de aplicação e empréstimo, 404–406
FTE. *Ver* Fluxo de caixa do acionista (FTE), método de avaliação
Função NPER (notação da planilha de anuidade para número de períodos ou datas do último fluxo de caixa), 140–141

Função NPV, Excel, 148–149c
Função PMT (ou PGTO, notação da planilha de anuidade para fluxo de caixa), 140–141
Função PV (ou VP) (valor presente), 140–141
Função RATE (ou TAXA) (notação da planilha de anuidade para taxa de juros), 140–141
Funcionário(s)
 dificuldades financeiras e perda de, 513–514
 opções de ações para, 499–500, 502c, 718c
Fundo de comércio (intangível)
 amortização do, 654–655 n.8
 cálculo do, 653–655
 como ativo, **60–61**
Fundos de índice, **398, 400**
 J. Bogle sobre, 399c
FV (valor de face de um título de dívida), 243
FV, função (notação da planilha de anuidade para pagamento final extra), 140–141
FV. *Ver* Valor futuro (FV)
FV*n* (valor futuro na data *n*), 121–122

g (taxa de crescimento), 136–141, 660–661
g (taxa esperada de crescimento de dividendos), 277–280
Galileo, 452–453c
Ganhadores de Prêmios Nobel
 F. Modigliani e M. Miller, 468–469c
 G. Akerlof, M. Spence, e J. Stiglitz, 531–532c
 H. Markowitz e J. Tobin, 376, 378c
 W. Sharpe, 413–415c
Ganho de capital, **276**
 impostos sobre, 558–559, 559–560t
 sobre ações, 276
 tributando, como renda, 223–225
Gap, Inc., 618–619e
General Electric (GE) Company, 595, 608–609
General Motors Corporation (GM), 62–63
 história de dividendos (1983–2006), 550–551f
 mudanças nos retornos esperados da, 393–395
 rendimentos e dividendos por ação (1985–2006), 572–573f
 retornos realizados (1996–2004) da, 317–319t
 retornos realizados da, 317–318e, 317–319
Gerenciamento de capital de giro
 plano de negócios e, 647–648
Gerente(s)
 concorrência baseada em informações sobre ações e implicações para os gerentes corporativos, 298–299
 privilégios excessivos para os, escândalos e, 525–526c
 redução de investimentos esbanjadores pelos, 524–527

g_{FCF} (taxa esperada de crescimento do fluxo de caixa livre), 287–288, 290–292
Gibbons, M.R., 417
Gitman, L. J., 184 n.1
Global Financial, dados da, 312 n.1
Glosten, L.R., 630
Goedhart, M. H., 409–410 n.14
Goetzmann, W., 132c, 151, 343, 578 n.36
Goff, John, 50–51 n.
Goldman Sachs, 42
Goldstein, R., 541
Google, 62–63, 407–408
Gordon, M. J., 557–558 n.
Gordon, R.H., 55
Goyal, V.K., 541
Graham, John, 184, 192–193b, 385 n.1, 411–412 n.17, 438, 493 n.12, 497 n.15, 499 n.17, 500, 502 n.18, 503, 574–575 n.33, 614 n.15, 837–838 n.17
Grandes carteiras
  retornos de, 324–325
  tradeoff entre risco e retorno em (1926–2004), 324–325f
  volatilidade de, 357–360
Grannis, Dick, 211c
Grau de alavancagem-alvo, **601–602**, 639–641
  risco de dedução tributária com, 640–641
Grau(s) de alavancagem, 67–68
  alvo, 601–602, 639–641
Green, R.C., 341 n.18, 435 n.16
Greenmail, **552–553**
Grinblatt, M., 433–435 n.14
Grinold, R.C., 441
Gruber, M. J., 341 n.18, 561–563 n.14
Grullon, G., 552 n.4, 561 n.10, 574 n.28, 575 n.34, 585
Grupamento de ações, **578, 580**
Grupos de ações(s), **41, 43**. *Ver também* Capital próprio; Ações
  ações de baixa capitalização (*Ver* Ações de baixa capitalização)
  alfa, 393–395
  carteira de [*Ver* Carteira(s)]
  comprando na margem, 370–371
  de alta capitalização (*Ver* Ações de alta capitalização; Standard and Poor's 500)
  de crescimento, 62–63
  dividendos [*Ver* Dividendo(s)]
  índices de grupos de ações comuns (*Ver Média Industrial* Dow Jones; Standard and Poor's 500)
  investir na própria empresa, 427–428c
  preço (*Ver* Preços de ações)
  propriedade de ações corporativas, 44–45
  recompra de ações (*Ver* Recompra de ações)
  retorno históricos de, 316–325

retornos grupos de ações individuais, 324–326
  valor, 62–63 (*Ver também* Avaliação de ações)
Guay, W., 55, 586
Gutierrez, R., Jr., 433–435 n.13
Guy, J., 417

H.J. Heinz, calculando a categoria de vendas por produto, 72, 74–75e
Halley, Edmond, 134–135 n.5
Hamada, R., 461–462 n.4, 623–624 n.23
Hance, Julian, 573–574c
Harris, Dan, 447
Harris, M., 525–527 n.27, 525–527 n.28, 564 n.17, 572 n.25, 585
Harris, R., 385 n.1, 610–611 n.13, 623–624 n.23
Hart, O. D., 541
Harvey, Campbell, 184, 192–193c, 385 n.1, 411 n.17, 417, 438–439, 503, 574–575 n.33, 613–614 n.15
Haugen, Robert, 437, 514–515 n.14
Hays, Kristen, 513–514 n.10
Healy, P., 78, 573–574 n.28
Heaton, J. B., 525–526 n.24
Hendricks, D. J., 433–435 n.14
Hennessy, C.A., 541
Herman, E. S., 341 n.17
Herroelen, W., 202
Hewlett-Packard (HP), 84
Higgins, R., 385 n.1
Hipótese da sinalização dos dividendos, **573–574**
Hipótese de ordem de captação, **534–535**
Hipótese do fluxo de caixa livre, **525**–527
Hipótese do pássaro na mão, **557–558**
Hipótese dos mercados eficientes, **295–296**, 339, 341
  ausência de arbitragem *versus*, 298–301
  eficiência do Mercado de capitais, 339, 341
HML. *Ver* Carteira *high-minus-low* (HML)
HomeNet, exemplo de orçamento de capital, 210, 212–225, 227–230
Homer, S., 175
Horowitz, I., 341 n.17
Hubbard, R. Glenn, 492–493c
Husic, F., 422–423 n.2

I (investimento inicial), 189, 191
i (taxa de inflação), 165–166f
IBM corporation, 57
  mudanças nos retornos esperados da, 393–395
Ideko Corporation, avaliação hipotética da. *Ver* Modelagem financeira, estudo de caso de
Igualdade do Balanço Patrimonial, 59
Ikenberry, D., 551–552 n.4, 560–561 n.10, 575–576 n.34

Imposto(s), 477–507
  alavancagem ótima com custos de dificuldades financeiras e, 518–519f
  alavancagem ótima com dificuldades financeiras, custos de agência, e, 527–528f
  alíquota de [*Ver* Alíquota de impostos (τ)]
  avaliando a dedução tributária das despesas com juros, 480–485
  corporações e, 44–46, 48
  cortando a alíquota sobre dividendos, 492–493c
  custo de capital ponderado com, 482–485
  dedução das despesas com juros dos, 478–480
  diferenças nos, entre diferentes grupos de investidores, 563–567
  diferidos, 61–62
  estrutura de capital ótima com, 492–501
  juros e, 171–172 n.7, 172–173 n.8
  limites aos benefícios tributários da dívida, 495–498
  lucros antes dos, 64–68
  pessoais (*Ver* Impostos pessoais)
  recapitalizando para captar a dedução tributária, 485–489
  retenção de caixa e, 567–570
  risco e, 170–173
  sobre dividendos, 558–560, 561–567
  sobre ganhos de capital, 558–560
Impostos corporativos, 44–46, 48. *Ver também* Imposto(s)
  custo médio ponderado de capital com e sem, 483–484t
  dupla tributação e, 492–493c
Impostos diferidos, **61–62**
Impostos sobre a pessoa física, 488–494
  avaliando a dedução tributária das despesas com juros com, 491–493
  determinando a vantagem tributária efetiva do endividamento e, 491–494
  na dedução tributária das despesas com juros, 488–491
  orçamento de capital e, 625–628
In (capital comprometido com o projeto na data *n*), 191–192
Inadimplência, **509**
  certa, 257
  falência e, em mercados perfeitos, 509–511
  risco de, 257–258, 260
Inadimplência certa em títulos de dívida, 257–258
Índice *book-to-market*, **422–423**
Índice capital de terceiros/capital próprio (*debt-equity ratio*), **62–64**
  contábil, 613–614 n.15
  equação, 62–63

implementação de índice constante, 599–601
pesquisa do índice das empresas, 620–621f
Índice capital de terceiros/valor da empresa (*debt-to-value ratio*), **459–460**
  de empresas norte-americanas (1975–2005), 494–495, 495–497f
  de indústrias selecionadas, 496–497f
Índice constante de cobertura de juros, **613–6**15
Índice de cobertura de juros, **67–68**
Índice de liquidez corrente, **63–64**
Índice de liquidez seca, **63–64**
Índice de lucratividade, **198**–201
  com restrições em recursos humanos, 198–201e
  deficiências do, 199–201
  equação, 198–199
Índice de solvência, pré-determinando um, e emissão de dívida, 613–614 n.15
Índice *market-to-book* (índice *price-to-book*[PB]), **62–63**
Índice P/E não-alavancado, **659–660**
Índice preço-lucro (P/E), **67–68**
  múltiplos de avaliação e, 290–292
  não-alavancado, 659–660
Índice preço-lucro, equação, 290–291
Índice *price-to-book* [PB] (índice *market-to-book*), **62–63**
Índice(s)
  alavancagem, 67–68
  avaliação de, 67–69
  book-to-market, 422–423
  calculando a lucratividade e avaliação de, 68–69e
  capital de terceiros/capital próprio (*debt-equity ratio*), 62–64
  comparação de índices financeiros, avaliações e, 663–664, 664–665t
  confusão nos, 67–68c
  correntes, 63–64
  de liquidez seca, 63–64
  lucratividade, 66–69
  market-to-book, 62–63
  preço-lucro (Ver Índice preço-lucro (P/E))
Índices de avaliação, 67–69
  calculando, 68–69e
  confusão dos, 67–68c
Índices de mercado, 312, **397**–398, 400
Índices financeiros. Ver Índice(s)
Inflação
  real *versus* taxas de juros nominais, 163–166
  taxa de (*i*), 165–166f
Informações
  abusos nos relatórios de informações financeiras, 74–76
  assimétricas, e estrutura de capital, 527–536
  como evitar que nos "passem a perna" quando nos faltar acesso a, 407–408e

divulgação de informações financeiras, 58–59
expectativas racionais e investidor, 405–408
padrões internacionais de relatórios financeiros, 58c
preços de ações, concorrência entre investidores e, 294–301
Informações assimétricas, **527**–536
  alavancagem como sinal de credibilidade, 529–531
  emissão de ações, implicações de, 533–534
  emissão de ações e seleção adversa, 530–534
  estrutura de capital com, implicações para, 533–536
Informações financeiras. Ver Informações
Informações privadas, preços de ações e, 296–297, 297–298e
Informações públicas, preços de ações e, 295–297
Iniciativas dos acionistas, 50–51c
Inselbag, I., 630
Intel Corporation, 385
  carteira com dois grupos de ações incluindo a Coca-Cola e a, 360–369
Internal Revenue Service (IRS), regulamentação 90–92
International Accounting Standards Board, 58c
International Accounting Standards Committee, 58c
International Business Machines (IBM), 57. Ver também IBM Corporation
Intervalo de confiança de 95%, **322–323**
Intt (despesa com juros na data *t*), 602–603
Investidor(es). Ver também Acionista(s)
  clientela de, e política de *payout*, 564–567
  concorrência baseada em informações sobre ações e consequências para os, 298–299
  diferenças tributárias entre, 563–565
  fluxos de caixa de, após os impostos, 489–490f
  fluxos de caixa e valor das ações para investidores de múltiplos anos, 276–278
  fluxos de caixa e valor das ações para investidores de um ano, 264–265
  impostos sobre, e clientela de, 564–567
  impostos sobre, e políticas de *payout versus* de retenção de caixa, 568–570
  informações para os (Ver Informações)
  preferência dos, por dividendos *versus* recompra de ações, 554–556
  sinalização dos, 529–531, 571–577
Investimento na margem, 370–371e
Investimento(s). Ver também Oportunidades de investimento; Projeto(s)
  adiado, e regra de investimento da IRRs, 185–187
  arriscado, 102–108 (Ver também Risco; Risco e retorno)

avaliação de (Ver Avaliação)
dividendos *versus* investimento e crescimento, 278–281
líquidos, 50–51
política da taxa de juros e, 164–166
redução de investimentos esbanjadores, 524–527
regra de decisão para realizar [Ver Regras de decisão de investimento)]
retorno [Ver Retorno(s)]
retorno exigido sobre novos, 373–375e
separando financiamento de, 100–102e
subinvestimento, 520–522
superinvestimento, 519–521
valor presente líquido de, 129–130e [Ver também valor presente líquido (NPV)]
Investimentos adiados, regra de decisão da taxa interna de retorno e, 185–187
Investir
  em ações da própria empresa, 427–428c
  em títulos livres de risco, 369–370, 370–371f
  investimento ótimo, linha do mercado de capitais e, 387–388–388–389
  linha do mercado de capitais e investimento ótimo, 387–389
  na margem, 370–371e
IRR, função do Excel, 148–149c
IRR. Ver Taxa interna de retorno (IRR)
Israel, R., 525–527 n.28
Itens não de caixa, fluxo de caixa livre e, 222–224
Ittelson, T.R., 78

Jagannathan, Ravi, 411–412 n.18, 413–414 n.21, 427–428 n.8, 564–566 n.18
Jarrell, G. A., 575–576 n.35, 503
Jegadeesh, Narishiman, 425–426, 441
Jensen, Michael, 55, 403–404 n.7, 520–521 n.17, 524–525 n.22, 525–526 n.25
Jet Sky Airlines (JSA), 466–468
Jogos de azar, diversificação e, 328–329e
Johnson, Shane, 522–523 n.19
Johnson, W.B., 78
Johnsson, Julie, 511–512 n.4
Ju, N., 541
Julio, B., 560–561 n.10
Jurgens, Rick, 513–514 n.9
Juros. Ver também Taxa(s) de juros (*r*)
  acumulados, 244–245 n.3
  como percentual do EBIT para empresas da S&P, 499–500, 502f
  composição, 125–127
  economias tributárias para diferentes níveis de, 497–498f
  impostos e, 171–172 n.7, 172–173 n.8
  lucros antes dos, 64–68
  regra dos 72, 149–150c
  short interest, 365c

Juros compostos, **121–122**
Juros simples, **159–160**
"Juros sobre juros," 125–126

k (número de períodos de composição por ano), 160–161
Kahle, K., 586
Kahn, R.N., 441
Kalay, A., 565 n.18, 566 n.20
Kamarth, R.R., 503
Kane, A., 264
Kaplan, Steven N., 274, 514–515, 604 n.6
Kaufold, H., 630
Kellogg, empresa, 210
Kenneth Cole Productions, 274
    exemplo de avaliação de ações, 287–289*e*, 287–290*e*, 294*f*
Kettler, P., 441
Kim, E. H., 503
Kim, Seung H., 202
Kim, Suk H., 202
King, M., 503
Kmart Corporation, 513–514
Koller, T., 302, 630, 668
Korajczyk, Robert, 533–534 n.39
Korea First Bank, 132*c*
Korwar, Ashok, 533–534 n.37
Koski, J., 561–563 n.14, 565–567 n.19
Kothari, S.P., 417
Kozlowski, Dennis, 525–526*c*
Krigman, L., 574–575 n.32, 586
Kroger, John R., 74–75 n.7
Kruse, Timothy, 513–514 n.11

Lakonishok, J., 575–576 n.34, 578, 580 n.36
Lang, M. H., 499–500, 502
Larker, D.F., 55
Lawless, Robert, 512–513 n.6
LBO. *Ver* Aquisição alavancada (LBO)
Leach, J. C., 574–575 n.32, 586
Leary, Mark, 534–535 n.41
Leasing, R. C., 512–513 n.7
Leasing de bens do imobilizado, **60–61, 825–826**
    leasing operacional *versus*, 825–827*e*
Leasing de bens do imobilizado, **61**
Lee, I., 616–617 n.
Lei da falência, 511–512
Lei de Reforma da Falência de 1978, 511–512
Lei do Preço Único, **95**-97, 104–105, 131 n.3, 885
    argumento da ausência de arbitragem, e prêmio de risco, 330–333
    avaliação e, 274, 275, 593
    em mercados de capitais perfeitos, 477
    estrutura de capital e, 445, 447

Proposições de Modigliani e Miller e, 451–454
    risco e retorno, 309
    taxas de juros *forward* e, 270
Leilão holandês, **552–553**
Leland, Hayne, 531 n.34, 541
Lele, Hayne, 531–532 n.34
Lemmon, M., 837–838 n.17. 920–921 n.10
Leonardo de Pisa (Fibonacci), 151
Lert, Randall P., 340*c*
Leuhrman, T.A., 630
Lev, B., 578, 580 n.36
Levitron Industries (LVI), 464–467
Levy, R.A., 417
Lewellen, Wi0–822 n.3
Lewis, Tracy, 525–527 n.29
Liang, N., 585
"Linha de melhor ajuste," 401, 403
Linha do Mercado de capitais (CML), **387**–389
    escolhendo uma carteira CML, 388–389*e*, 389–390*f*
    linha do mercado de títulos e, 390–393*f*
Linha do mercado de títulos (SML), **390**–392, 394
    alfa das ações e, 393–395
    com diferentes taxas de juros, 404–407
    desvios da, 394–395*f*
    empírica, *versus* SML prevista pelo CAPM, 412–413*f*
    estimando custo de capital a partir da, 409–412
    linha do mercado de capitais e, 390–393*f*
Linha do tempo, 130, **136**
Linksys Group, 182
Lintner, J., 385, 417, 557–558 n., 572–573 n.26
Lintner, L., 338–339 n.15
Liquidação, **49–51**
    dificuldades financeiras e liquidação diferida, 514–515
Liquidação pelo Capítulo 7, **511–512**
Liquidez das corporações, 50–51
Líquido, **50–51**
Litzenberger, R., 565–567 n.20
Lochhead, S., 616–617 n.
Lopez de Silanes, F., 55, 503
LoPucki, Lynn, 512–513 n.5
Lucas, Deborah, 533–534
Lucro antes dos impostos, 65–66
Lucro bruto, **64–66**
Lucro econômico, **188**-189, 191. *Ver também* Valor Econômico Agregado (EVA)
Lucro líquido não-alavancado, **212–213**
    previsão de lucros incrementais e, 213–215
Lucro líquido ou rendimentos, **64–66**
Lucro(s). *Ver também* Rendimentos; Retorno(s)

Lucros incrementais, **210**
    complexidades do mundo real e, 215–216
    custo histórico e, 215–216
    efeitos indiretos sobre, 213–216
    prevendo os, 212–215, 216–217*e*
Lucros retidos, **71–72**

MacBeth, James, 411–412 n.19
MacKie-Mason, J.K., 55, 503
MACRS (Sistema de Recuperação de Custo Acelerado Modificado), depreciação utilizando, **223–224**, 239, 240*t*
Majluf, Nicholas, 532–533 n.36
Maksimovic, V., 503
Malkiel, B., 302
Malmendier, Ulrike, 525–526 n.24
Marcum, B., 433–435 n.13
Marcus, A.J., 264
Margem de lucro líquido, **66–67**
Margem operacional, **66–67**
Margem operacional, equação, 66–67
Market makers ou criadores de mercado, **51–54**
Market timing, **536**
    recompras de ações e, 575–577*e*
Market timing, 536, 575–577*e*
Markowitz, Henry, 328 n.11, 343, 349, 376*c*, 381
Marsh, P.R., 343
Marshall, Alfred, 188–189
Marshall, John, 39, 40 n.1, 55
Masulis, Ronald, 497–499 n.17, 486, 533–534 n.37
Maytag Corporation, 84
McConnell, J.J., 55, 513 n.7
McDonald, Robert L., 533
McDonald's Corporation, 388–390*e*
McGrattan, Ellen, 412 n.18
Meckling, William, 520–521 n.17, 524–525 n.22
Média aritmética dos retornos, 323–324*c*
Melhorias operacionais, plano de negócios e, 645–647
Mercado competitivo, **85–86**
Mercado de capitais eficiente, **339, 341**
Mercado financeiro, **96–97**
Mercado líquido, 296–297 n.9
Mercado normal, **95–96**
Mercado(s). *Ver também* Mercado de capitais eficientes, 95–96 n.6
    risco em relação ao mercado de maneira geral, 105–108
Mercados de ações, **50–52**
    índices comuns, 397–398, 400
    maiores, 51–54, 52*f*
    Nasdaq, 51–54 (*Ver também* NASDAQ)
    NYSE, 51–54 [*Ver também Bolsa de Valores de* Nova York (NYSE)]

Pesos relativos de bolsas de valores internacionais, por capitalização de mercado, 413–414f
Mercados de ações, seleção adversa em, 531–533e
Mercados de capitais perfeitos, 447, **451–452**. *Ver também* Estrutura de capital em mercados perfeitos
   analogia da pizza, proposições de Modigliani-Miller, e, 468–469c, 481–482c
   custo médio ponderado de capital e alavancagem com, 459–460f
   inadimplência e falência in, 509–511
   Lei do Preço Único e, 477
   política de dividendos com, 558–559
   postergando dividendos com, 567–568e
   preferência dos investidores pelo *payout* em, 555–556
   recompra de ações em, 554–555
   retenção de caixa com, 565–568
   suposições dos, 478–479
Mercados eficientes, 95–96 n.6
   concorrência e, 295–298
Merton, Robert, 429–430
Método de comparáveis, **290–291**
   comparação com o método do fluxo de caixa descontado, 291–293
   limitações dos múltiplos, 291–292, 293t
   múltiplos de avaliação, 290–292
Michaely, R., 560–561 n.10, 564–565 n.17, 565–567 n.19, 565–567 n.20, 572–573 n.25, 573–574 n.28, 573–574 n.29, 574–575 n.33, 575–576 n.34, 585–586
Microsoft Corporation, 44–45, 356–357
   dividendo, dinheiro e beta da, 463–464c
   dividendos pagos pela, 549, 550–551f, 568–569e
   J. Connors sobre dividendos pagos pela, 549, 579c
   recompras de ações realizadas pela, 549
Microsoft Excel, planilha, 140–142. *Ver também* Planilha de anuidade; Planilhas
   calculando taxa interna de retorno na, 146–147e
   calculando valor futuro na, 141e
   calculando variância, covariância e correlação na, 355–356c
   erros envolvendo as funções NPV (ou VPL) e IRR (ou TIR) do, 148–149e
   função IRR (ou TIR), 227
   função NPV (ou VPL), 220–222
   funções, 140–141
   proposições de (*Ver* Proposições de Modigliani-Miller (MM))
Mikkelson, Wayne, 533–534 n.37
Miles, J. A., 622 n.22, 624 n.23, 630
Miller, Merton, 448–450, 453c, 471, 478–479, 488–489 n.10, 503, 557–558 n., 623–624 n.23

Mittoo, U.R., 503
MM. *Ver* Modigliani-Miller (MM) proposições
Modelagem. *Ver* Modelagem financeira, estudo de caso de Modigliani, Franco, 448–450, 478–479, 557–558 n.7, 623–624 n.23
   como vencedor de Prêmio Nobel, 468–469c
   modelo multi-períodos, 709–712
   proposições de (*Ver Proposições de* Modigliani-Miller (MM))
Modelagem financeira, estudo de caso de, 643–671
   análise de sensibilidade, 664–668
   avaliação utilizando comparáveis e, 644–647
   combinando entradas para avaliar a oportunidade de investimento, 658–665, 667
   construindo, com balanço patrimonial e demonstrativos de fluxo de caixa, 653–656
   construindo, determinando exigências de capital de giro, 650–652
   construindo, prevendo fluxo de caixa livre, 652–654
   construindo, prevendo lucros, 648–651
   estimando custo de capital, 655–659
   plano de negócios e, 645–649
   problemas, 668–670
   remuneração da gerência, 671
   resumo, 665, 667–669
Modelo da MSCI Barra, 435–436
   características da empresa utilizadas pelo, 436–437t
   pesos e estimativas de retorno, 437t
Modelo de desconto de dividendos, **276**–285
   dividendos de crescimento constante e, 277–279
   dividendos *versus* investimento e crescimento e, 278–281
   limitações de, 283–285
   mudando as taxas de crescimento e, 280–284
   Teoria do Valor de Investimento de J. B. *Williams sobre*, 283–284c
Modelo de desconto de dividendos, equações, 276–278
Modelo de desconto de dividendos com crescimento de longo prazo constante, equação, 281–283
Modelo de fator único, **429–430**
Modelo de Precificação (CAPM); Modelo da variável característica de retornos esperados; Modelos multifatoriais de risco
Modelo de Precificação de Ativos Financeiros (CAPM), **338–339**, 341, 385–420
   caso simulado, 419–420
   com dois grupos de ações, 386–388e

   como é mais utilizado, 438–440
   determinando o beta, 400–404
   determinando o prêmio de risco, 389–396
   estendendo, 403–408
   estimações do custo de capital baseadas em, 655–657
   estimando o custo de capital utilizando, 655–657
   evidências em relação ao, 411–414
   identificando a carteira de mercado e uso do, 395–398, 400
   identificando a eficiência da carteira de mercado, 385–390
   importantes conclusões do, 394–396
   linha do mercado de títulos e, 390–392, 394, 409–412
   na prática, 408–415
   prevendo o beta, 408–410
   problemas, 417–419
   resumo, 415–417
   suposições do, 385–387
   W. Sharpe sobre, 413–415c
Modelo de Variáveis Características do Retorno de Ações, equação, 436–437
Modelo de variáveis características dos retornos esperados, 433–438
   descrição, **435–436**
   MSCI Barra, modelo da, 435–436, 436–437t, 437t
   retornos de carteiras classificados pelo, 438f
Modelo do fluxo de caixa livre descontado, **286**–290
   avaliação do empreendimento e, 286–287
   comparação de, a múltiplos de avaliação, 291–293
   equação, 286–288
   implementação de, 286–289
   ligação ao orçamento de capital, 287–289
   valor de continuação e, 659–662
Modelo do *payout* total, 604–605 n.8
   recompra de ações e, **283–286**
Modelo do *payout* total, equação, 285–286
Modelo dos Dividendos de Crescimento Constante, equação, 277–279
Modelo multifatorial de risco, equação, 430–431
Modelo multifatorial de risco com carteiras autofinanciadoras, equação, 430–431
Modelos multifatoriais, **429–430**. *Ver também* Capital Ativo
Modelos multifatoriais de risco, 421, 428–435
   calculando o custo de capital utilizando a especificação de fator de Fama-French-Carhart, 431–435
   construindo um modelo multi-fatorial, 430–431
   selecionando carteiras, 430–433
   utilizando carteiras fatoriais, 428–430

Modigliani, Franco, 449, 469c, 471, 503, 557 n.7, 624 n.23
Monsanto Corporation, 578, 580–581
Montie, Jeff, 210
Moore, J., 541
Morck, Randall, 524–525 n.22
Morellec, Erwan, 527–529 n.30
Morgan Stanley Capital International, Índice Mundial, 312 n.1
Mossin, Jan, 385, 417
Mullins, David, 533–534 n.37
Múltiplo de caixa (múltiplo de dinheiro, retorno absoluto), **664–665, 667**
    taxa interna de retorno e, 664–665, 667
Múltiplo de caixa, equação do, 664–665, 667
Múltiplos, avaliação de ações utilizando, 290–292
    limitações dos, 291–292, 293t
Múltiplos, de caixa, 664–665, 667
Múltiplos, valor de continuação e, 658–660
Múltiplos de avaliação, **290–292**
Múltiplos do valor de empreendimento, 291–292
    avaliação utilizando, 291–292e
Múltiplos do valor de empreendimento, equação, 291–292
Múltiplos títulos
    avaliando ações com, 455–457e
    calculando o WACC com, 461–462
Murrin, J., 302, 630, 668
MVi (capitalização de mercado total do título *i*), 395–396
Myers, Stewart, 521–522 n.18, 532–533 n.36, 534–535, 541, 601–602 n.4

N (data do último fluxo de caixa em uma sequência de fluxos de caixa), 126–128
N (data terminal do horizonte de previsão), 277–278
n (número de períodos), 243–244. *Ver também* Períodos de tempo
    encontrando, 147–150
N37 (número de ações em circulação do título *i*), 395–396
Naik, V., 433–435 n.15
NASDAQ, 51–54, 52f, 578, 580
    SOES bandits na, 98–99c
Navistar International, 477
Nayak, S., 578, 580 n.36
NBC Universal, 595, 608–609
Neiman Marcus, 66–67
Níveis de endividamento, pré-determinados, 614–616
Norton, E., 503
Notas em demonstrativos financeiros, 72, 74
Novaes, Walter, 527–529 n.30
NPV, regra de decisão do, **91–93**
    aceitando/rejeitando projetos e, 91–92
    escolhendo dentre projetos e, 92–93

NPV, regra de investimento do, **182**. *Ver também* Valor presente líquido (NPV) e Regra de investimento do valor presente líquido (NPV)
NPV. *Ver* Valor presente líquido (NPV)
NWC (capital de giro líquido no ano *t*), 219–220

Oferta, eficiência da carteira de mercado e igualdade em relação à demanda, 386–388
Oferta pública de compra (*tender offer*), **551**–553
Olstein, Robert, 75–76 n.9
Opções. *Ver* Opções financeiras
Opções de ações, **65–66**. *Ver também* Opções financeiras
    interpretando cotações de, 676–678
    para funcionários, 499–500, 502c, 718c
Opções financeiras
    grupos de ações, 65–66, 499–500, 502c
    (*Ver também* Opções de ações)
Opler, Timothy, 513–514 n.8
Oportunidade de arbitragem, 94–**96**
    Lei do Preço Único e, 95–97
    piada sobre, 95–96c
    recompra de ações como uma, 485–487
Oportunidades de investimento. *Ver também* Projeto(s)
    avaliando, 658–665, 667 (*Ver também* Orçamento de capital)
    com restrições orçamentárias, 197–201
    mutuamente exclusivas, 192–198
    NPV e projetos individuais, 183–184
    regras alternativas para avaliar regras de avaliação, 184–194
Orçamento de capital, **210–240**
    analisando projetos e, 227–230
    caso simulado, 237–238
    custo médio ponderado de capital e, 458–462
    D. Grannis sobre, 211c
    depreciação por MACRS e, 223–224, 239–240
    determinando o fluxo de caixa livre e o NPV, 217–226
    modelo do fluxo de caixa livre descontado e, 287–290
    previsão de rendimentos, 210–217
    problemas, 231–237
    resumo, 230–231
    suposições simplificadoras do, aplicadas à avaliação, 596–597
    tópicos avançados em, 619–628
Orçamento de capital com alavancagem e imperfeições de mercado, 595–642
    APV com outras políticas de alavancagem, 612–617
    caso simulado, 636–638

    custo médio ponderado de capital, 597–601, 639–642
    custos de capital baseados em projetos e, 608–613
    efeitos do financiamento, incorporar, 616–620
    método de avaliação do fluxo de caixa do acionista, 604–608
    método de avaliação do valor presente ajustado, 600–605
    panorama, 596–597
    problemas, 630–637
    resumo, 628–630
    tópicos avançados em orçamento de capital e, 619–628
Orçamento de investimento, 210
Organization for Economic Co-operation and Development (OECD, ou Organização para a Cooperação e Desenvolvimento Econômico), 45–46, 48
Ouro
    valor do, em diferentes mercados, 94–96
    valor em dinheiro do, 85–86
Outliers, estimativas de beta e, 408–409, 409–410f

P (principal inicial do empréstimo, depósito inicial, ou investimento inicial), 133–134
P/E (preço/lucro), índice, equação, 67–68. *Ver também* Índice preço-lucro (P/E)
P/E futuro, **290–291**
P/E passado, **290–291**
Pacific Gas e Electric Corporation, 513–514
Padrões Internacionais de Relatórios Financeiros (IFRS), 58c, 73
Pagamento de dividendos, **41, 43**
Palacios, Miguel, 427–428 n.7
Palacios-Huerta, Ingacio, 427–428 n.8
Palepu, K., 573–574 n.28
Par, **246–247**
Parâmetros, melhor e pior caso, 228t, 229f
Parceria limitada, **40–41**
Parcerias, **40–41**, 43
Paridade coberta da taxa de juros, equação, **959–960**
Partch, Megan, 533–534 n.37
Passivos, **59**, 60–61–61–62
    de longo prazo, 60–62
    pendentes, processo de avaliação e, 663–664c
Passivos circulantes, **60–61**
Patel, J., 433–435 n.14
Patrimônio dos acionistas, **59**, 61–63
    demonstrativo do, 72, 74
P_{cum} (preço das ações cum-dividendo), 553–554, 556–557, 561–563
Período. *Ver* Períodos de tempo
Período de *payback*, **184–185**

Períodos de tempo
  ajustando a taxa de desconto para diferentes, 159–160
  calculando, em um plano de aplicações, 149–150e
  encontrando o número de, 147–150
Perotti, E. C., 525–527 n.28
Perpetuidade crescente, **136–137**
  doação de uma, 138–139e
  valor presente de uma, 137–138
Perpetuidade(s), **130**–133
  crescentes, 136–139
  doando, 132e
  erros comuns na determinação do valor de, 133c
  exemplos históricos de, 132c
  valor presente de, 130–131
  valor presente de perpetuidades com crescimento contínuo, 180
  valor presente de perpetuidades crescentes, 137–138
Pesos de carteira, **350**
Pesos de carteira, equação, 350
Pesquisa e desenvolvimento, despesas com, 215–216
Pesquisa e desenvolvimento, empresas com P&D intensas, grau ótimo de endividamento e, 527–529
P_{ex} (preço das ações ex-dividendo), 553–554, 561–563
Pharmacia Corporation, 578, 580–581
Phi (ϕ) (permanência do grau de endividamento), 623–624
P_i (preço por ação do título i), 395–396
Pinegar, J.M., 503
Planilha de anuidade, **141**. *Ver também* Planilhas
  calculando a taxa interna de retorno com, 146–147e
  calculando o preço de um título de dívida a partir da rentabilidade até o vencimento, 246–247
  encontrando outras variáveis além do valor presente ou valor futuro, 141–150
  encontrando rentabilidades de títulos de dívida de cupom, 255–256
  notação, 119
  preços de títulos de dívida, 245–247
  regra da taxa interna de retorno, 185–186
  utilizando a, 141–142e
Planilhas. *Ver também* Planilha de anuidade; Microsoft Excel, planilha
  análise de sensibilidade do investimento, 664–665, 667t
  balanço patrimonial *pro forma*, 654–655t
  calculando o fluxo de caixa livre do acionista a partir do fluxo de caixa livre, 606–607t

cálculo da depreciação acelerada, 223–224
cálculo da IRR, 227
cálculo da previsão de lucros incrementais, 212, 214–217
cálculo das exigências de capital de giro, 218–220, 650–651t
cálculo do fluxo de caixa livre, 217–218, 223–225
cálculo do valor presente líquido (NPV), 221—225
capacidade de endividamento esperada, pagamentos de juros e dedução tributária das despesas com juros, 602–603t
dados do demonstrativo de resultados e balanço patrimonial, 644t
demonstrativo de fluxos de caixa *pro forma*, 655–656t
demonstrativo de resultados *pro forma*, 649–650t
dívida planejada e pagamentos de juros, 648–649t
estimativa do APV do valor inicial do patrimônio líquido, 663–664t
estimativa do valor de continuação, 659–660t
estimativa por fluxo de caixa descontado do valor de continuação, com múltiplo do EBITDA implícito, 661–662t
fluxo de caixa livre do acionista esperado, 605–606t
fluxo de caixa livre esperado, 597–598t
fontes e usos de fundos, 648–649t
IRR e múltiplos de caixa de um investimento, 664–665t
método WACC, com programa fixo de repagamento da dívida, 625–626t
pagamentos de juros e dedução tributária das despesas com juros, 614–615t
previsão do capital de giro líquido, 651–652t
previsões do fluxo de caixa livre, 652–653t
solucionando problemas utilizando, 140–142
suposições sobre o desembolso de capital, 647–648t
suposições sobre os custos de vendas e custos operacionais, 646–647t
valor de continuação e capacidade de endividamento, 600–601t
valor presente ajustado, com níveis de endividamento arbitrários, 641–642t
valor presente ajustado, com níveis de endividamento encontrados iterativamente, 641–642t
valor presente ajustado e custo de capital, com programa fixo de repagamento de dívida, 624–625t

Plano de aplicações, encontrando o número de períodos em, 149–150e
Plano de aposentadoria
  anuidade, 135–136e
  anuidade crescente, 139–140e
Plano de negócios, 645–649
  desembolsos de capital para expansão necessária, 646–647, 647–648t
  melhorias operacionais, 645–647
  mudanças na estrutura de capital, aumentando a alavancagem, 647–649
Planos de reorganização, C1914 11, 511–512 n.3
Política
  de *payout*, 549–591
  investimento e taxa de juros, 164–166
Política de *payout*, 549–591
  bonificações em ações, desdobramentos de ações e cisões, 576–581
  captação de dividendos e clientelas tributárias, 561–567
  caso simulado, 589–591
  definição, **550**
  desvantagem tributária dos dividendos, 558–562
  distribuições aos acionistas, 550–553
  dividendos e recompra de ações, 552–559
  fixa, financiamento de dívidas e, 611–613
  payout versus retenção de caixa, 565–572
  problemas, 585–590
  resumo, 583–585
  sinalização, 571–577
Ponto de equilíbrio, **227**
  EBIT, 228
Ponto de equilíbrio do EBIT, **228**
Posição comprada, **363–364**
Posição vendida, **363–364**
  em um contrato de opção, 680–680, 682
Poterba, James, 492–494 n.11, 570 n.22
P_r (probabilidade do retorno R), 313–314
Prabhala, N., 578, 580 n.36
Pratt, J., 78
Pratt, S.P., 630, 668
Prazo, título de dívida, **242**
Prazo de recebimento em dias, **66–67**
  cálculo do, 66–67, 647–648
Preço de compra, **51–54**, 107–108 n.8
Preço de fatura (preço sujo) de títulos de dívida, **250–251**c
Preço de um título de dívida de cupom, equação, 254–255
Preço de venda, **51–54**, 107–108 n.8
Preço limpo de títulos de dívida, 244–245 n.3, **250–251**c
Preço na ausência de arbitragem, **97–99**, 486–488
  calculando a variação do, 108–109e
  calculando o, 98–99e

de títulos arriscados, 104–106
equação, 98–99
Preço sujo, **250–251**
Preço(s)
adoção de produto e mudanças de, 216–217e
competitivos, 107–108
de compra, e de venda, 51–54, 107–108 n.8
de títulos (*Ver* Preços de títulos de dívida)
de títulos, 96–103
de títulos arriscados e na ausência de arbitragem, 104–106
determinando valores em dinheiro utilizando preços de mercado, 85–87
na ausência de arbitragem, 97–99
risco, retorno e preços de mercado, 106–108
Preços de ações
custos de dificuldades financeiras e, 516–517e
distribuição de, para empresas na Bolsa de NY, 580–581f
emissão de ações e, 533–534
informações, concorrência entre os investidores e, 294–301
informações privadas e, 297–298e
informações públicas e, 296–297e
modelo de desconto de dividendos (*Ver* Modelo de desconto de dividendos)
rentabilidades de dividendos, ganhos de capital e retornos totais, 276
Preços de mercado. *Ver também* Preço(s)
determinando valores em dinheiro utilizando, 85–87
risco, retorno, e, 106–108
Preços de títulos, 96–103
determinando, na ausência de arbitragem, 97–99
valor de um título, 96–98
Preços de títulos de dívida, 246–254
limpos, e sujos, 250–251c
logo após um pagamento de cupom, 247–248t
mudanças na taxa de juros e, 250–254
o tempo e, 247–251
prêmio de risco e, 106–108e
rentabilidades e, 252–257
Preferências
calculando valor dependendo das, 87–88e
valor presente líquido e individual, 93–96
Preferências individuais, valor presente líquido (NPV) e, 93–96
Prejuízo fiscal a compensar e compensação retroativa de prejuízos fiscais, **226**
cálculo do prejuízo fiscal a compensar, 226e
Prêmio de risco, **104–105**
dependência do, do risco, 105–106
determinando, utilizando linha do mercado de títulos, 410–412

diversificação carteira, ausência de arbitragem e, 330–334
estimando, 335–338
Modelo CAPM e determinação do, 389–396
negativo, 105–106e
risco e, para diferentes títulos, 106–108t
risco sistemático e, para dívida, ações não-alavancadas e ações alavancadas, 450–451t
Prêmio de risco, equação, 335–337
Prêmio(s), títulos de dívida, **246**–248
Prep (preço das ações com recompra de ações), 554–555
Pretain (preço das ações se houver retenção de dinheiro em excesso), 568–570
Princípio da credibilidade, **529–530**
Princípio da Separação, **100–101**
aplicado a investimentos e financiamentos, 100–102e
avaliação de projetos e o, 212–213 n.2
proposições de Modigliani e Miller e, 451–452
Princípios Contábeis Geralmente Aceitos (GAAP), **58**
Pringle, J., 610–611 n.13, 630
Prior one-year momentum (PR1YR)
carteira, **431–433**
Problema de agência, **48–51**
Problema de subinvestimento, 520–**522**
Problema de superinvestimento, 519–**521**
Produto interno bruto (PIB), 44–45
Produto(s), vendas por categoria de, 72, 74–75
Pró-forma
balanço patrimonial, 654–655t, 655–656t
demonstrativo de resultados, **648**–651
Programa de reinvestimento de dividendos (DRIP), 555–556 n.6
Programa pré-determinado de repagamento da dívida, 640–641
Projeto(s). *Ver também* Oportunidades de investimento
análise de, 227–230
avaliando, com fluxos de caixa contínuos, 180–181e
comparando, utilizando valor presente líquido, 91–93, 93–94f, 94–96
custo de capital baseado em, 608–613
estrangeiros (*Ver* Finanças corporativas internacionais)
seleção de, com restrições de recursos, 197–201
Projetos mutuamente excludentes, **192–194**
cronologia dos fluxos de caixa e, 196, 196–197f
diferenças em escala, 192–196
Regra de investimento da IRR incremental e, 196–198

Proposições de Modigliani-Miller (MM), 508, 514–515, 536
analogia da pizza e, 481–482c
condições do mundo real e, 452–453c
influência das, 467–469
Lei do Preço Único e, 451–452
proposição I sobre alavancagem, arbitragem e valor da empresa, 451–457, 510
proposição II sobre alavancagem, risco, e custo de capital, 456–465
rendimentos por ação e, 466–467e
sobre a irrelevância das políticas de dividendos, 556–558, 567–568
Proprietários, 523–525
Prospecto preliminar (*red herring*), **776–777**
Proxy de mercado, **398, 400**
erro de carteira, 426–427
precisão do, 413–414
prevendo o beta e o, 408–409
Pt (preço das ações no final do ano *t*), 275, 276
Pulvino, Todd, 513–514
PV. Ver Valor presente (PV)
PV*n* (valor presente na data *n*), 133–134
Pyle, David, 531–532 n.34

QUALCOMM Incorporated, 211c
Quebra-cabeças dos dividendos, **561–562**

r (custo de capital de uma oportunidade de investimento), 337–338
$\bar{R}$ (retorno médio), 318–320, 320–321 n.6
r (taxa de desconto). *Ver* Taxa de desconto (*r*)
r (taxa de juros). *Ver* Taxa(s) de juros (*r*)
r_D^* (custo de capital de terceiros equivalente ao capital próprio), 626–627
r_A (retorno esperado/custo de capital dos ativos da empresa), 458–459
Radcliffe, R.C., 343
Ramaswamy, K., 565–567
Raviv, A., 512–513 n.6, 525–527 n.27, 525–527 n.28, 541
r_D (retorno esperado/custo de capital de terceiros), 457–458, 482–484, 497–499, 597, 616, 620–621, 639
R_D (retorno sobre dívida), 457–458
r_E (custo de capital próprio), 482–484
r_E (retorno esperado/custo de capital de ações não-alavancadas), 457–459, 597, 609–610
R_E (retorno sobre ações alavancadas), 457–458
r_E *Ver* Custo de capital próprio (*rE*)
Recapitalização
alavancada, **455–457**, 456–457t
balanço patrimonial a valor de mercado e, 487–488t, 488–489
para captar a dedução tributária, 485–489

Receita. *Ver também* Rendimentos; Retorno(s)
  antes dos impostos, e líquida, 65–66
  líquida, 64–66
  não-alavancada líquida, 212–215
  prevendo a, 650–651e
Receita operacional, **64–66**
Recessões, curto prazo *versus* longo prazo
  taxas de juros e recessões econômica, 168–169f
Recompra de ações, **283**–286, 551–553
  avaliação com, 285–286e
  direcionada, 552–553
  dividendos comparados à, 552–559
  market timing e, 575–577e
  mercado aberto, 551–552
  oferta pública de compra (*tender offer*), 551–553
  preço das ações, equação, 283–285
  preços de recompra alternativos, 486–488e
  recapitalizando para captar a dedução tributária e, 485–487
  sinalização e, 574–577
Recompra direcionada, **552–553**
Recompra no mercado aberto, **551–552**
Recursos humanos, índice de lucratividade e restrições de, 198–201e
Regra da IRR. *Ver Regra de investimento da taxa interna de retorno*
Regra de investimento da IRR incremental, **196**–198
  aplicação da, 196–197
  deficiências da, 197–198
Regra de investimento da taxa interna de retorno (IRR), **184**–189
  investimentos adiados e, 185–187
  IRR não existente e, 186–187
  IRR *versus*, 188–189
  múltiplas IRRs e, 187–189
Regra de investimento do *payback*, **184**–185
  utilizando, 184–185e
Regra de investimento do valor presente líquido (NPV), **182**
  IRRs múltiplas e, 187–188, 188–189f
  modelo do fluxo de caixa livre descontado e, 287–289
  persistência de regras diferentes da, 192–193c
  projetos individuais e, 183–184
Regra do índice de lucratividade, **752**–754
  aplicando, com a regra da taxa mínima de atratividade e, 754–756
Regra dos 72, 149–150c
Regras de decisão de investimento, 182–206
  caso simulado, 205–206
  lucro econômico (EVA) como, 188–194
  oportunidades de investimento mutuamente exclusivas, 192–198
  persistência de alternativas ao NPV, 192–193c

problemas, 202–205
regra de *payback* como alternativa, 184–185
resumo, 199–202
seleção de projeto com restrições de recursos, 197–201
taxa interna de retorno como alternativa, 184–189
valor presente líquido e projetos individuais, 183–184
Regras de decisão de investimento alternativas, 184–194
Regressão linear, **401, 403**
  identificando a linha de melhor ajuste para identificar o beta a partir de retornos históricos, 401, 403–404
Regressão múltipla, **428–429**
Regulamentação
  Ato Sarbanes-Oxley e, 58c, 73, 75–76, 529–530 n.31
  Comissão de Cadbury, 924, 926–927
  sobre *insider trading*, 926–928
Reilly, Frank K., 343
Reilly, R.F., 630
Relatório anual, **58**
Remuneração, gerência, 671, 917–920
Renda proveniente de juros, 171–172 n.7
Rendimento efetivo anual (EAY), 159 n.1. *Ver também* Taxa efetiva anual (EAR)
Rendimentos (lucros), **64–66**
  antes dos juros, impostos depreciação e amortização (*Ver* EBITDA)
  antes dos juros e dos impostos (*Ver* EBIT)
  calculando fluxo de caixa livre a partir de, 217–220
  incrementais (*Ver* Lucros incrementais)
  por ação [*Ver* Rendimentos por ação (EPS)]
  previsão de, 210–217
  previsão de, em modelos financeiros, 648–651
  quociente entre preço e, 290–292
  retidos, 71–72
Rendimentos por ação (EPS), **65–66**
  alavancagem e, 464–467, 466–467f
  equação, 65–66
Renegociação amigável, **512–513**
Rentabilidade até o vencimento (YTM), **243**
  de títulos de dívida de cupom, 245–246e, 244–247, 255–256
  de títulos de dívida de cupom zero, 243–244
  flutuações dos preços de títulos de dívida com o tempo e, 252–253f
  taxas de juros *forward* e, 271
  títulos corporativos, 257–258, 260
Rentabilidade até o vencimento de um título de dívida de cupom, equação, 244–245
Rentabilidade até o vencimento de um título de dívida de cupom zero de *n*-anos, equação, 243–244

Rentabilidade do dividendo, ações, **276**
Rentabilidade percentual anual (APY), 159 n.1. *Ver também* taxa anual efetiva (EAR)
Reorganização pelo Capítulo 11, **511–512**
Repagamento da dívida, programa pré-determinado, 640–641
Responsabilidade limitada, **40–41**
Responsabilidades de gerenciamento de risco de preços, 74–75 n.8
Restrições de recursos
  avaliação de projetos com, 197–199
  índice de lucratividade e, 198–201
Resultados futuros, **290–291**
Resultados passados, **290–291**
Retenção de caixa
  com mercados de capitais perfeitos, 565–568
  custos de agência de, 570–572
  custos de dificuldades financeiras e, 570
  impostos e, 567–570
Retorno anual médio, **318**–321
  para ações de baixa capitalização, de alta capitalização, títulos de dívida corporativos e *Treasury bills* (1926–2004), 320–321t
Retorno Anual Médio de um Título
  equação do, 318–320
Retorno com composição anual, também conhecido como taxa de crescimento anual composta, 323–324c
Retorno de capital, **551–552**
Retorno esperado (médio), **104–105, 313**–315
  beta e, 337–338e
  calculando a volatilidade e, 315–317e
  calculando o, das ações, 390–391e
  carteira eficiente e, 374–376
  de carteira, 350, 350–351e, 391–392, 394e
  erro padrão da estimativa do, 322–323
  estimando, 332–338
  modelos de variável característica do, 433–438
  precisão das estimativas do, 324–325e
  prevendo o futuro com base no, 321–325
  volatilidade e, para carteiras com dois grupos de ações, 360–361t, 361–362f
  volatilidade e, para carteiras com múltiplos grupos de ações, 367–368f
Retorno esperado (médio), equação, 313–314, 350–351, 369–370
Retorno esperado de um título, equação, 374–375, 385–386
Retorno exigido, **373–374**
  beta e, 372–375
  índice de Sharpe e, para diferentes investimentos, 375–376t
Retorno exigido do investimento *i* dada a carteira corrente *P*, equação, 373–374

Retorno históricos sobre ações e títulos de dívida, 316–325
  calculando, 316–320
  erro de estimação, 321–325
  retornos anuais médios, 318–321
  variância e volatilidade dos retornos, 320–322
Retorno realizado, **316–318**
  da S&P 500, GM, e *Treasury bills*, 317–319*t*
Retorno realizado, equação, 316–317
Retorno sobre ativo fixo (ROA), **67–68**
Retorno sobre patrimônio líquido (ROE), **67–68**
Retorno total, **276, 317–318**
Retorno(s), 67–68, **99–100**. *Ver também* Risco e retorno
  aprimorando, com uma carteira eficiente, 361–363*e*
  beta e retorno exigido, 372–375
  calculando retornos de carteira, 350–351*e*
  carteira com alfa positivo e retornos passados, 425–426
  de ações não-alavancadas, 448–450*t*
  de grandes carteiras, 324–326
  de grupos de ações individuais, 324–325, 325–326*f*
  de uma venda a descoberto, 363–364*e*
  distribuição empírica de, 318–320
  distribuições de probabilidade do, 313–314, 314–315*f*, 316–317*f*
  eficiência da carteira de mercado e retornos passados, 425–426
  em excesso (*Ver* Retornos em excesso)
  esperado, 104–105 [*Ver também* Retorno esperado (médio)]
  estimação direta de, 401, 403*c*
  estimações do beta a partir de retornos históricos, 400–401, 403
  exigido, 372–375
  histórico, de ações e títulos de dívida, 316–325
  média aritmética, *versus* retorno com composição anual, 323–324*c*
  percentual, *versus* impacto do dólar sobre o valor, 194–196
  por deter opções financeiras até a data de vencimento, 682–683, 683–684*f*
  relação entre risco e (*Ver* Risco e retorno)
  risco, preços de mercado, e, 106–108 (*Ver* Risco; Risco e retorno)
  sobre ações, 276, 316–326
  sobre ações e sem alavancagem, 449–450*t*
  sobre títulos de dívida, 99–100 [*Ver também* Rentabilidade até o vencimento (YTM)]
  taxa interna de, 144–148 [*Ver também* Taxa interna de retorno (IRR)]
  total, 317–318

utilizando retornos passados para prever retornos futuros, 321–325
variância e volatilidade do, 320–322
Retornos de uma distribuição independente e identicamente distribuída (IID), 322–323
Retornos em excesso, **324–325**
  de carteira *book-to-market*, 422–423, 423–424*f*
  de grandes carteiras (1926–2005), 422, 422–423*f*
  retornos em excesso históricos de, comparados a títulos do Tesouro, 410–411*t*
  volatilidade *versus* retorno em excesso de títulos corporativos (1926–2004), 324–325*t*
Retornos sobre investimentos, 67–68. *Ver também* Retorno(s)
Reuters, métodos de estimação utilizados pela, 408–409*t*
Reversão média, 332–333*c*
Revsine, L., 78
r_f (taxa de juros livre de risco), **88–89**, 369–370, 385–386, 428–429, 481–482, 554–555
R_i (retorno exigido; retorno do título *i*), 350, 373–374, 376, 378, 385–386
Rice, Joseph L. III, 666*c*
Richardson, M., 302
Rigas, John e Timothy, 525–526*c*
Riqueza não-negociável, 426–429
Risco, modelos multifatoriais de, 428–435
  calculando custo de capital utilizando a especificação de fator de Fama-French-Carhart, 431–435
  construindo um modelo multifatorial, 430–431
  selecionando carteiras, 430–433
  utilizando carteiras fatoriais, 428–430
Risco, preço do, 102–108. *Ver também* Risco e retorno
  aversão a risco e prêmio de risco, 103–105
  é relativo ao mercado em geral, 105–108
  fluxos de caixa e, 103–104
  preço de títulos arriscados na ausência de arbitragem, 104–106
  risco, retorno, e preços de mercado, 106–108
Risco. *Ver também* Risco e retorno
  avaliando a dedução tributária das despesas com juros sem, 481*e*
  beta e risco de mercado, 389–391
  custo de capital e, 337–339, 341
  de inadimplências sobre títulos de dívida, 257–258, 260
  é relativo ao mercado em geral, 105–108
  em carteiras com dois grupos de ações, 351–352
  impostos e, 170–173

  medindo o risco sistemático, 334–337
  modelos multifatoriais de, 428–435
  prêmio de riscos e, 105–106, 106–108*t* (*Ver também* Prêmio de risco)
  retorno, preços de mercado, e, 106–108
  sistemático (*Ver* Risco sistemático)
  taxas de juros e, 170–172
  valor de mercado de ações e, 424–425*e*
  volatilidade e risco independente, 359*e*
Risco comum, **327–328**
  risco independente *versus*, 325–329
Risco da taxa de juros, 170–172
Risco de crédito, **257**
  de rentabilidade de títulos de dívida, 257
Risco e retorno, 311–348
  carteira eficiente e, 360–369
  caso simulado, 346–348
  diversificação de carteiras de ações e, 329–334
  efeitos da alavancagem sobre, 449–452
  eficiência do mercado de capitais e, 339, 341
  escolha ótima de carteira [*Ver* Carteira ótima; Carteira(s)]
  estimando o retorno esperado, 332–338
  medidas comuns de, 313–317
  modelos de risco (*Ver* Modelo de Precificação de Ativos Financeiros; Risco sistemático, modelos alternativos de)
  problemas, 343–347
  R. Lert sobre diversificação de carteira e, 340*c*
  resumo, 341–343
  retornos, média aritmética *versus* retorno com composição anual, 323–324*c*
  retornos históricos de ações e títulos de dívida, e, 316–325
  risco comum *versus* risco independente e, 325–329
  risco diversificável *versus* risco sistemático, 332–333, 332–334*e*
  risco e custo de capital, 337–339, 341
  tradeoff histórico entre, 324–326
  um primeiro olhar sobre, 312–313
Risco específico à empresa, idiossincrático, não-sistemático, único ou diversificável, **329–330**
Risco específico à empresa *versus* risco sistemático em carteiras de ações, 329–332
Risco independente, **327–328**
  risco comum *versus*, 325–329
Risco sistemático
  diversificável *versus* sistemático, 332–334*e*
  medindo o, 334–337
  prêmio de risco e, 332–333
  prêmios de risco e, de dívida, ações não-alavancadas e ações alavancadas, 450–451*t*
  versus risco específico à empresa em carteiras de ações, 329–332

Risco sistemático, modelos alternativos de, 421–443
  eficiência da carteira de mercado e, 422–426
  implicações de alfas positivos, 425–429
  métodos utilizados na prática, 438–440
  modelos de variáveis características dos retornos esperados, 433–438
  modelos multifatoriais de risco, 428–435
  problemas, 441–443
  resumo, 439–441
Risco sistemático, não-diversificável ou de mercado, **329–330**
Ritter, Jay R., 616–617 n.
r_L (custo de capital de uma perda segurada), 944
R_{mkt} (retorno da carteira de mercado), 656–657
r_n (taxa de juros ou taxa de desconto de um prazo de n anos), 166–168, 243–244
Roberts, Michael, 534–535 n.41
Roll, Richard, 381, 413–414 n.21, 426–427 n.5, 426–427 n.6, 525–526 n.24
Rosenberg, B., 417
Ross, Stephen, 111, 330–332 n.13, 426–427 n.5, 429–430, 471, 530–531 n.32, 706
Rouwenhorst, Geert, 132c, 151
Roy, Andrew, 343, 376, 378c
Royal & SunAlliance, corte no dividendo da, 573–574c
Rozeff, M., 586
R_p (retorno da carteira P), 350
r_r (taxa de juros real), 164–166, 165–166f
R_s (retorno sobre ações), 428–429, 436–437
r_s (retorno sobre título), 656–657
r_s (taxa de desconto do título s), 106–108
R_t (retorno realizado ou total de um título da data $t-1$ à data t), 317–318
r_U (custo de capital não-alavancado), 833–834
R_U (não-alavancado custo de capital), 601–602, 613–614, 618–619 n.20, 640–641
R_U (retorno sobre ações não-alavancadas), 457–458
r_U (retorno sobre custo de capital), 658–659
Ruback, R. S., 302, 604 n.6, 630
Rubinstein, Mark, 111, 151, 232, 381, 405–407 n.10, 461 n.4, 471
Russell Investment Group, 340
r_{wacc} (custo médio ponderado de capital), 287–288, 458–459, 482–483, 483–484, 597, 610–611, 621–626, 639, 660–661
R_{xP} (retorno da carteira com fração x investida na carteira P e $(1-x)$ investida no título livre de risco), 369–370

S (taxa de câmbio *spot*), 958–959
Safeway Inc., 478–479
Sarig, O. H., 525–527 n.28, 668

Scharfstein, David, 525–527 n.29
Scherbina, Anna, 411–412 n.18
Scholes, Myron, 403–404 n.7, 422, 488–489 n.10, 503, 566 n.20
Schwartz, E.S., 503
Schweihs, R.P., 630, 668
$SD(R)$ (desvio padrão do retorno R), 314–315, 352–356, 358–359
$SD(Ri)$ [desvio padrão (volatilidade) do retorno do título i], 400–401
Securities e Exchange Commission (SEC), U.S., 58, 529–530
Seguros
  risco comum *versus* independente em roubos e terremotos, 325–329
Seleção adversa, **530–531**
  emissão de ações e, 530–534
Senber, Lemma, 514–515 n.14
Sengupta, K., 525–527 n.28
Sensibilidade
  a custos de marketing e de suporte, 229e
  da taxa de juros, de títulos de dívida, 250–253e
  medindo a, com IRR, 183, 184f
SEO. *Ver* Oferta subsequente de ações (SEO)
Sequência de fluxos de caixa, **120**
  avaliação de uma, presente e futura, 126–130
  comparando e combinando valores de fluxo de caixa, 120–121
  encontrando outras variáveis, 141–150
  linhas do tempo mostrando, 120–121
  movimentando para um ponto no futuro, 121–122
  movimentando para um ponto no passado, 122–124
  valor futuro de uma, com valor presente do PV, 128–129
  valor presente de uma, 127–129e
  valor presente líquido de uma, 129–130
Série geométrica, 131 n.2
Shackelford, D. A., 499–500, 502
Shanken, Jay, 417
Sharpe, William F., 235, 338–339 n.15, 371 n.8, 373–378, 385, 417, 414, 417
Sherwin, Henry, 134–135 n.5
Shiller, Robert J., 272 n.5
Shleifer, Andrei, 55, 111, 503, 524–525 n.22
Sholes, M., 565–567 n.20
Short interest, **365**
Shoven, J.B., 585
Shulz, R., 585–586
Shyam-Sunder, L., 541
Siegel, Jeremy, 412 n.18
Sigler, Laurence, 151
Sinal, alavancagem como sinal de credibilidade, 529–531

Sinalização, política de *payout* como método de, 571–577
  dividendos e, 572–575
  recompra de ações e, 574–577
  uniformização de dividendos e, 571–573
Sinquefield, Rex A., 431–432c
Sirri, E. R., 341 n.18
Sistema de Execução de Pedidos Pequenos (SOES)
  "SOES *bandits*", 98–99c
Skiadas, C., 407–408 n.11
SMB. *Ver* Carteira *small-minus-big* (SMB)
Smith, C. W., 523–524 n.20, 573–574 n.30, 585
Smith, J.E., 55
SML. *Ver* Linha do mercado de títulos (SML)
Southwest Airlines, 66–67
Spence, Michael, 531–532c
Spier, K. E., 525–527 n.28
Spread de crédito, **170–171, 258, 260**
Spread de inadimplência, **258, 260**
Standard and Poor's 500, 101–102c, 312, 398, 400. *Ver também* Ações de alta capitalização
  betas relativos às ações da, 335–336t
  retorno histórico em excesso da, comparado ao de títulos do Tesouro, 410–411t
Staunton, M., 343
Stephens, C., 574–575 n.32, 586
Stern, Joel M., 190c, 189, 191, 586
Stewart, Bennett, 190c
Stickney, C., 78
Stiglitz, Joseph, 503, 531–532c
Strebulaev, I., 541
Stulz, R., 857–858 n.6, 889–890 n.3
Stulz, R. M., 564–565 n.17, 572–573 n.25
Subalavancagem, 647–649
Subprecificação, IPOs e existência de, 780–782
Substituição de ativos, 520–521 n.17
Sullivan, M., 499–500, 502
Summers, L. H., 570 n.22
Sundgren, S., 512–513 n.6
Supremo Tribunal norte-americano, decisão que estabelece os direitos do patrimônio de corporações (1819), 39–40
Swaminathan, B., 573–574 n.28
Swartz, Mark, 525–526c
Swiss Air, 513–514

T (opção ou data de expiração *forward*), 961–962, 964–965
Taggart, R.A., 630
Tanous, P.J., 471
Tashjian, E., 512–513 n.7
Tate, Geoffrey, 525–526 n.24
Tau τ (alíquota de impostos), 171–173
Tau τ^* (vantagem tributária efetiva da dívida), 490–494, 517–519, 626–627

Tau τ^*_d (alíquota de impostos efetiva sobre dividendos), 561-564
Tau τ^*_{ex} (vantagem tributária efetiva sobre juros em excesso do EBIT), 497-498
Tau τ^*_{retain} (alíquota efetiva de impostos sobre caixa retido), 568-570
Tau τ_c (alíquota corporativa de impostos), 212-213, 220-221, 286-287, 481-482, 489-494, 568-570, 597, 616
Tau τ_d (alíquota de impostos sobre dividendos), 561-563
Tau τ_e (alíquota marginal pessoal de impostos sobre renda proveniente de ações), 489-493, 626-627
Tau τ_g (alíquota de impostos sobre ganhos de capital), 561-563
Tau τ_i (alíquota de impostos sobre renda proveniente de juros), 568-570, 626-627
Tau τ_i (alíquota marginal pessoal de impostos sobre renda proveniente de dívida), 489-491
Taxa de cupom, **242**
Taxa de desconto (r), **89-90**
  ajustando a, a diferentes períodos de tempo, 159-160
  convertendo uma APR a uma, 161-162e
  curva de rentabilidade e, 165-168
  de uma APR de composição contínua, 180
  do valor presente da sequência de fluxos de caixa utilizando estrutura a termo de, 167-168
  empréstimos e, 162-164
  erro comum em relação a utilizar a fórmula de anuidade com taxa de desconto variável, 167-168c
  gráfico do NPV traçado em função da, 183, 184f, 185-186, 186-187f
Taxa de desconto para o título s (rs), 106-108
Taxa de fundos federais, **168-169**
Taxa de ganho de capital, **276**
Taxa de juros livre de risco (rf), **88-89**
  títulos de dívida de cupom zero e, 243-244
Taxa de juros livre de risco com vencimento n, equação, 243-244
Taxa de juros nominal, **163**-166
Taxa de juros real, **163**-166
Taxa de pagamento de dividendos, **278-279**
Taxa de Pagamento de Dividendos, equações, 278-280
Taxa de retenção, **279-280**
Taxa efetiva anual (EAR), **159**
  convertendo uma APR à, 160-161
  para uma APR de composição contínua, 180
Taxa interna de retorno (IRR), **144**-148
  calculando, com planilha de anuidade do Excel, 146-147e
  calculando diretamente, 147-148e
  função, da planilha do Excel, 148-149c
  Medindo a sensibilidade utilizando a, 183, 184f
  múltipla, e Regra de investimento da IRR, 187-189
  múltiplos de caixa e, 664-665, 667
  não existente, e Regra de investimento da IRR, 186-187
  Regra da IRR versus, 188-189
Taxa mínima de atratividade, 211c. Ver também Taxa de desconto (r)
Taxa percentual anual (APR), 159 n.1, **159**-162
  com composição contínua, de uma EAR, 180
  convertendo, em uma EAR, 160-161
  convertendo a, a uma taxa de desconto, 161-162e
  taxas de desconto para, com composição contínua, 180
Taxa(s) de câmbio
  calculando valores em dinheiro utilizando preços de mercado, 86-87e
Taxa(s) de juros (r), 87-90, 158-181
  comparando, no curto prazo, e no longo prazo, 168-170e
  cotações e correções das, 159-164
  determinando, a partir dos preços de títulos de dívida, 99-100
  determinantes da, 163-171
  efetiva anual, 159
  estrutura a termo da, 165-168
  inflação e, 163-166
  linha do mercado de títulos com diferentes, 404-407
  livre(s) de risco, 88-89, 243-244, 410-411
  [Ver também Taxa de desconto (r)]
  nominal, 163-164
  para uma APR de composição contínua, 180
  preços dos títulos de dívida e mudanças nas, 250-254
  problemas, 175-179
  real, 163-166, 165-166f
  recessões na economia norte-americana e, de longo prazo versus de curto prazo, 168-169f
  resumo, 173-175
  risco e, 170-172 (Ver também Risco da taxa de juros)
  sobre títulos de dívida (cupom), 242
  spot, 243-244
  taxa de descontos para uma APR de composição contínua, 180
  taxas forward e futuras, 271-272
  taxas percentuais anuais (APR) das, 159-162
  [Ver também Taxa percentual anual (APR)]
  valor do dinheiro no tempo e, 87-90

Taxas de câmbio de moeda. Ver Taxa(s) de câmbio
Taxas de juros após os impostos, **171**-173
  comparando, 172-173e
Taxas de juros forward (taxas forward), **270**-273
  calculando, 270-271
  calculando rentabilidades de títulos de dívida a partir de, 271
  taxas de juros futuras e, 271-272
Taxas de juros spot, **243-244**
Taymuree, John, 436-437 n.17
Teachers Insurance and Annuity Association, 259c
Tempo
  preços de títulos de dívida e, 247-251
  prevendo o beta e, 408
Teoria da captura de dividendos, **564**-567
Teoria da Precificação por Arbitragem (APT), **429-430**
Teoria da sinalização da dívida, **530-531**
Teoria do entrincheiramento da gerência, **527-529**
Teoria do tradeoff, **517**-520
  alavancagem ótima e, 517-520
  custos de agência e, 527-529
  determinantes do valor presente de custos de dificuldades financeiras e, 517-519
Teoria do valor de investimento (J. B. Williams), 283-284c, 451-452 n.2, 467-468
Termo de erro, **401, 403**
Terremotos e furacões, seguros contra risco comum versus independente em, 325-329
Thaler, R., 573-574 n.28, 573-574 n.29
The Independent, 924, 926
Thorburn, K., 512-513 n.6
Titman, Sheridan, 425-426, 433-435 n.14, 441, 503, 513-514 n.8, 537, 539-540 n.43
Titulares de ações, **41, 43**. Ver também Acionista(s)
Titulares de dívida, explorando, 519-524
Título de dívida de desconto puro, **242**. Ver também Títulos de dívida de cupom zero
Título(s), **96-97**. Ver também Título(s) de dívida; Ações
  avaliando, 96-98
  calculando custo médio ponderado de capital com múltiplos grupos de, 461-462
  investindo em títulos livres de risco, 369-370, 370-371f
  má precificação de, 618-619
  negociáveis, 59
  preço de títulos arriscados na ausência de arbitragem, 104-106
  valor presente líquido (NPV) of, 99-101
Título(s) de dívida, **96-97**

Título(s) de dívida corporativo(s), **257**–260, 262, 312
  classificações, 258, 260, 261*t*
  curvas de rentabilidade, 258, 260, 262*f*
  distribuição empírica de (1926–2004), 318–320*f*
  L. Black sobre avaliação de, 259*c*
  mercados de títulos de dívida, 801–803
  rentabilidades, 257, 260
  retorno anual médio para (1926–2004), 320–321*t*
  valor dos investimentos em, 312, 312–313*f*
  volatilidade de (1926–2004), 321–322*t*
  volatilidade *versus* retorno em excesso de (1926–2004), 324–325*t*
Título(s) de dívida de cupom, **243**–247
  avaliando, utilizando rentabilidades de cupom zero, 254–256
  calculando o preço de, a partir da rentabilidade até o vencimento, 245–247*e*
  determinando o desconto ou prêmio de, 246–247, 247–248*e*
  efeito do tempo sobre o preço de, 248–249, 249–250*f*
  fluxo de caixas de, 244–245*e*
  Preços dos títulos de dívida após o pagamento de um cupom, 247–248*t*
  preços limpos e sujos de, 250–251*c*
  rentabilidade até o vencimento, 244–245, 245–246*e*, 255–256
  replicando fluxo de caixas de, 252–255
Título(s) de dívida de cupom zero, **242**–244
  avaliando títulos de dívida de cupom utilizando as rentabilidades de, 254–256
  efeito do tempo sobre, 249–250*f*
  rentabilidade até o vencimento, 243, 243–244*e*
  rentabilidades e preços de, 254–255*t*
  taxas de juros livres de risco e, 243–244
Título(s) de dívida do governo. *Ver também* Título(s) de dívida; Títulos de dívida do Tesouro
  console (títulos de dívida perpétuos), 130
Título(s) do governo
  avaliação de (*Ver* Avaliação de títulos de dívida)
  classificações de, 258, 260, 261*t*
  com grau de investimento, 258, 260
  conversíveis, 65–66
  cupons (pagamentos de juros) sobre, 242
  data de vencimento, prazo, e valor de face de, 242
  de alta rentabilidade, 258, 260
  de cupom [*Ver* Título(s) de dívida de cupom]
  de cupom zero [*Ver* Título(s) de dívida de cupom zero]
  determinando a taxa de juros a partir de preços de, 99–100

duração, 250–252
equação para retornos sobre, 99–100
especulativos, 258, 260
fluxos de caixa e preços de mercado de títulos do governo livres de risco, 103–104*t*
perpétuos, 130, 132*c*
podres, 258, 260
retornos históricos de, 316–325
sensibilidade dos, às taxas de juros 250–253*e*
utilizando prêmio de risco para calcular o preço de, 106–108*e*
Títulos de alta rentabilidade, **258, 260**
Títulos de dívida "*on-the-run*", **255–256**
Títulos de dívida com grau de investimento, **258, 260**
Títulos de dívida conversíveis, **65–66**, 749–750
Títulos de dívida do tesouro, **244–245**
  curvas de rentabilidade, 255–256
  L. Black sobre avaliação de, 259*c*
  retornos históricos em excesso da S&P 500 comparados a, 410–411*t*
Títulos de especulação, **258, 260**
Títulos livres de risco, 257
Títulos negociáveis, **59**
Títulos perpétuos, 130, 132*c*
Títulos podres, **258, 260**
Tobin, James, 353*c*, 358
Tolerância a risco, 377*c*
Tomada de decisões. *Ver* Tomada de decisões financeiras; Regras de decisão de investimento
Tomada de decisões financeiras, 84–115. *Ver também* Regras de decisão de investimento
  arbitragem com custos de transação, 107–109
  arbitragem e Lei do Preço Único, 94–97
  ausência de arbitragem e preços de títulos, 96–103
  avaliando custos e benefícios, 85–88
  preço do risco, 102–108
  problemas, 110–115
  resumo, 109–111
  taxas de juros e valor do dinheiro no tempo, 87–91
  valor presente e regra de decisão do NPV, 90–96
Transações
  fora do balanço patrimonial, 72, 74
Treasury bills, **242**, 312, 410–411
  distribuição empírica de (1926–2004), 318–320*f*
  retornos anuais médios de (1926–2004), 320–321*t*
  retornos históricos em excesso da S&P 500 comparados a, 410–411*t*

retornos realizados de (1996–2004), 317–319*t*
valor de investimentos em (1925–2005), 312–313*f*
volatilidade de (1926–2004), 321–322*t*
volatilidade *versus* retorno em excesso de (1926–2004), 324–325*t*
Treasury notes, **244–245**
Treynor, Jack, 385, 417
Tríade avaliação, 294–295*f*
Tributação
  de corporações S, 45–46, 48*e*
  de lucros corporativos, 44–45*e*, 492–493*c*
  de perdas de projetos em empresas lucrativas, 212–213*e*
  dupla, 492–493*c*
Tuckman, B., 264
Tufano, P., 341 n.18
Twite, Garry, 537, 539–540 n.43
Tyco Corporation, escândalo na, 525–526*f*

U (valor de mercado de ações não-alavancadas), 456–458
União Europeia, 58
Uniformização de dividendos, **571–573**
United Airlines (UAL Corporation)
  falência da, 508, 511–512
Urošević, Branko, 524–525 n.23

Valor alavancado com dívida permanente, equação, 616
Valor alavancado com um índice constante de cobertura de juros, equação, 613–614
Valor alavancado de um investimento, 597
Valor contábil, **60**
Valor contábil do patrimônio, **61–63**
  valor de mercado *versus*, 61–62*e*
Valor da dedução tributária das despesas com juros de dívida permanente, equação, 482–483
Valor de empreendimento, **63–64**
  calculando, 63–64*e*
  equação, 63–64
  modelo do fluxo de caixa livre descontado e, 286–287
Valor de face, **242**
Valor de face de um título, equação, 243
Valor de liquidação, **62–63**, 223–225
Valor de mercado das ações, equação, 455–457
Valor de um projeto não-alavancado, 601–603
Valor do dinheiro no tempo, **87**–90, 119–157
  caso simulado, 155–157
  definição de, **121–122**
  perpetuidades, anuidades, e outros casos especiais, 130–141
  planilhas utilizadas para solucionar problemas de, 140–142

potência de composição, 125–127
problemas, 152–156
resumo, 150–152
sequência de fluxos de caixa, avaliação de, 126–130
sequência de fluxos de caixa, encontrando outras variáveis, 141–150
sequência de fluxos de caixa, linhas do tempo de, 120–121
sequência de fluxos de caixa, valor presente líquido de, 129–130
três regras relevantes para o, 120–126

Valor Econômico Agregado (EVA) (continuação)
equação do EVA com capital investido constante, 189, 191
J. Stern sobre, 190c

Valor Econômico Agregado (EVA), **188–194**
capital investido constante e, 189, 191–192
equação do EVA com mudanças no capital investido, 191–192
lucro econômico e, 188–189, 191
mudanças no capital investido e, 191–193

Valor futuro (FV), **121–122**
calculando, em uma planilha do Excel, 141
de um fluxo de caixa, 121–126e

Valor presente (PV), **90–96**. *Ver também* Valor presente líquido (NPV)
ajustado [*Ver* Valor presente ajustado (APV), método de avaliação]
calculando, utilizando a estrutura a termo das taxas de juros, 167–168e
de um fluxo de caixa, 123–124e
de uma anuidade crescente, 138–139
de uma perpetuidade, 130–131
de uma perpetuidade com crescimento contínuo, 180–181
de uma perpetuidade crescente, 136–139
de uma sequência de fluxos de caixa, 127–129e
valor de uma oportunidade de investimento, 744–745

Valor presente ajustado (APV), método de avaliação, **600**–605
avaliando a dedução tributária das despesas com juros, 602–604
com impostos pessoais, 626–628e
com políticas de alavancagem alternativas, 612–617
comparação dos métodos do WACC e do ao, 616–617
dívida permanente e, 623–625e
exemplo, 604–605e
Ideko, estudo de caso do valor do patrimônio da, 661–664
resumo do, 604–605
valor não-alavancado do projeto e, 601–603

Valor presente de uma perpetuidade com crescimento contínuo, equação, 180

Valor presente líquido (NPV), 85, **90**–92
cronologia de fluxos de caixa e, 196, 196–197f
de títulos negociáveis, 99–101
de uma sequência de fluxos de caixa, 129–130
em função da taxa de desconto, 183, 184f
equação, 90–91, 196
fazendo cortes no crescimento com NPV negativo, retenção de caixa e, 571e
fluxo de caixa livre e, 220–222
função NPV (ou VPL) da planilha do Excel, 148–149c
preferências individuais e, 93–96
Regra de decisão do NPV e, 91–93

Valor residual, 223–225. *Ver também* Valor de liquidação
somando o, ao fluxo de caixa livre, 223–225e

Valor terminal (de continuação), **225**. *Ver também* Valor de continuação (terminal)

Valor(es). *Ver também* Avaliação
alavancagem, arbitragem, e valor da empresa, 451–457
comparando e combinando, em linhas do tempo, 120–121
custos de dificuldades financeiras e valor da empresa, 514–517
da alavancagem, e custos de agência, 521–546
da dívida e das ações de empresas alavancadas, 448–450t
de continuação [*Ver* Valor de continuação (terminal)]
de custos de dificuldades financeiras, 517–519
dedução tributária das despesas com juros e valor da empresa, 480–481
dependência de, das preferências, 87–88e
encontrando simultaneamente a alavancagem e, 640–642
futuros [*Ver* Valor futuro (FV)]
impacto do dólar sobre o, *versus* retorno percentual, 194–196
preços competitivos de mercado e, determinação de, 85–87e
presente [*Ver* Valor presente (PV)]
presente líquido [*Ver* Valor presente líquido (NPV)]
quociente entre dívida e [*Ver* Índice capital de terceiros/valor da empresa (*debt-to-value ratio*)]
risco de falência e valor da empresa, 511e
valor de empreendimento, 63–64
valor do dinheiro no tempo (*Ver* Valor do dinheiro no tempo)

Valores em dinheiro
calculando, quando preços de mercado competitivos não estão disponíveis, 86–87
calculando, utilizando preços de mercado, 85–87
utilizando preços de mercado para determinar, 85–86, 86–87e
valor presente e valor presente líquido, 90–96

Value Line, Inc.
efeitos de volume e preço das ações do dividendo especial da, 564–566f
métodos de estimação utilizados pela, 408–409t

Van Horn, J.C., 175
Vanguard Group, 399c
Vanhoucke, M., 202
Vantagem tributária efetiva do endividamento, equação, 490–491
Var (R) (variância do retorno R), 314–315, 320–321, 355–359

Variância, **314**–317
calculando a variância de uma carteira, 355–358
de uma carteira igualmente ponderada com muitos grupos de ações, 357–359
dos retornos, 320–322

Variância de uma carteira com dois grupos de ações, equação, 355–356

Variância de uma carteira igualmente ponderada de *n grupos de ações*, equação, 357–359

Variância e desvio padrão da distribuição do retorno, equação, 314–315

Vencimento de dívida, cláusulas e, 522–524

Venda a descoberto, **97–98**, **363–364**, 366
carteira com dois grupos de ações e, 366–367f
mecanismos de, 365c
retornos de uma, 363–364e
volatilidade com, 364, 366e

Venda(s)
calculando, por categoria de produto, 72, 74–75e
exigências de capital de giro líquido com vendas inconstantes, 219–220e

Vermaelen, T., 575–576 n.34
Veronesi, P., 302
Vickers, D., 341 n.17
Viniar, David, 42c
Vishny, Robert W., 111, 503, 524–525 n.22
V^L_T (valor de continuação de um projeto na data T), 660–661
V^L_t (valor de um investimento alavancado na data t), 480, 484–486, 517–519, 527–528, 599–602, 621–622, 625–626, 640–641

Volatilidade, **315–317**
    calculando a, 330–332*e*
    calculando a volatilidade histórica, 321–322*e*
    calculando o retorno esperado e, 315–317*e*
    de grandes carteiras, 357–360
    de grupos de ações do Tipo S e I, 330–331*f*
    de retornos, 320–321, 321–322*t*
    de uma carteira com dois grupos de ações, 350–358
    quando os riscos são independentes, 359
    retorno esperado e, de carteiras com dois grupos de ações, 360–361*t*, 361–362*f*
    retorno esperado e, de uma carteira de múltiplas ações, 367–368*f*
    volatilidades anuais históricas e correlações entre grupos de ações selecionados, 354–355*t*
Volatilidade de uma carteira com pesos arbitrários, equação, 360
V_t (valor de empreendimento na data *t*), 274
V_U (valor de uma empresa não-alavancada), 480, 484–486, 517–519, 527–528, 600–603

WACC. *Ver* Custo médio ponderado de capital
WACC de um projeto com um programa fixo de repagamento de dívida, equação, 623–624

Wal-Mart, lojas, 66–67
    calculando a lucratividade e os índices de avaliação da, 68–69*e*
Walt Disney Company, 50–51*c*, 350
Wang, Zhenu, 413–414 n.22, 427–428 n.8
Warner, Jerold B., 523 n.20, 513 n.5, 523–524 n.21
Warther, V.A., 585
Watts, Ross, 523–524 n.21
Weigand, R., 585
Weil, R., 78
Weingartner, H.M., 202
Weisbach, M., 574–575 n.32, 586
Weiss, Lawrence, 512–513 n.5, 514–515
Welch, Ivo, 411–412 n.17, 541, 586
Wermers, R., 339, 341 n.16
Wessels, R., 503
Whirlpool Corporation, 84
Whited, T.M., 541
Willbricht, L., 503
Williams, John Burr, 284*c*, 451–452 n.2, 467–468, 557–558 n.7
Wilshire 500, índice, 398, 400, 408–409
wis (peso padronizado da *i*-ésima característica da empresa *s*), 436–437
Womack, K., 573–574 n.

Wood, Justin, 573–574 n.
World Bank, Indicadores, 44–45 n.3
WorldCom
    abusos nos relatórios financeiros pela, 75–76
    custos de falência, 511–512
    privilégios gerenciais excessivos na, 525–526*c*
Wright, Matthew, 573–574*c*
Wruck, Karen, 514–515, 523–524 n.21
Wurgler, Jeffrey A., 536 n.42

x_i (fração investida no título *i*), 350
x_i (peso de carteira do investimento em *i*), 428–429

Yahoo!, 335–338
YTM_n (rentabilidade até o vencimento de um título de dívida de cupom zero com *n* períodos até o vencimento), 243–244

Zechner, J., 527–529 n.30
Zeckhauser, R., 433–435 n.14
Zhao, Q., 616–617 n.
Zhu, N., 578, 580 n.36
Zingales, Luigi, 527–529 n.30
Zwiebel, Jeffrey, 527–529 n.30

SÍMBOLOS COMUNS E NOTAÇÃO

A	valor de mercado de ativos, valor total da empresa aquisitora antes da fusão	P_i	preço do título i
APR	taxa percentual anual	P/E	índice preço-lucro
B	investimento livre de risco na carteira réplica	PMT	notação da planilha de anuidade para fluxo de caixa
C	fluxo de caixa, preço da opção de compra	PV	valor presente, notação da planilha de anuidade para montante inicial
$Corr(R_i, R_j)$	correlação entre os retornos de i e de j	q	rentabilidade do dividendo
$Cov(R_i, R_j)$	covariância entre os retornos de i e de j	P	probabilidade neutra a riscos
CPN	pagamento de cupom	r	taxa de juros, taxa de desconto do custo de capital
D	valor de mercado da dívida		
d	índice capital de terceiros/valor da empresa (*debt-to-value ratio*)	R_i	retorno do título i
		R_{mkt}	retorno da carteira de mercado
Div_t	dividendos pagos no ano t	R_P	retorno da carteira P
dis	desconto do valor de face	RATE	notação da planilha de anuidade para taxa de juros
E	valor de mercado do capital próprio		
EAR	taxa efetiva anual	r_E, r_D	custos de capital próprio e de terceiros
EBIT	lucros antes de juros e de impostos	r_f	taxa de juros livre de risco
EBITDA	lucros antes de juros, impostos, depreciação e amortização	r_i	retorno exigido ou custo de capital do título i
		r_U	custo de capital não-alavancado
EPS_t	rendimentos por ação na data t	r_{wacc}	custo médio ponderado de capital
$E[R_i]$	retorno esperado do título i	S	preço das ações, taxa de câmbio *spot*, valor de todas as sinergias
F, F_T	taxa de câmbio *forward* em 1 ano e em T anos		
FCF_t	fluxos de caixa livres na data t	$SD(R_i)$	desvio padrão (volatilidade) do retorno do título i
FV	valor futuro, valor de face de um título de dívida		
		T	data de expiração da opção (ou *forward*), data de vencimento, valor de mercado da empresa alvo
g	taxa de crescimento		
I	investimento inicial ou capital inicial comprometido com o projeto		
		U	valor de mercado de ações não-alavancadas
Int_t	despesa com juros na data t	V_t	valor de empreendimento na data t
IRR	taxa interna de retorno	$Var(R)$	variância do retorno R
K	preço de realização	x_i	fração investida no título i
k	índice de cobertura de juros, períodos de composição por ano	YTC	rentabilidade até o resgate de um título de dívida resgatável
L	pagamentos de *leasing*, valor de mercado de passivos	YTM	rentabilidade até o vencimento de um título de dívida
ln	logaritmo natural	α_i	alfa do título i
MV_i	capitalização de mercado total do título i	β_D, β_E	beta de dívida ou de ações
N	número de fluxos de caixa, data terminal ou horizonte previsto, principal notacional de um contrato de permuta acionária	β_i	beta do título i em relação à carteira de mercado
		β_s^P	beta do título i em relação à carteira P
N_i	número de ações em circulação do título i	β_U	beta de uma empresa não-alavancada
NPER	notação da planilha de anuidade para o número de períodos ou datas do último fluxo de caixa	Δ	ações na carteira réplica; sensibilidade do preço da opção ao preço das ações
NPV	valor presente líquido	σ	volatilidade
P	preço, principal inicial ou depósito, ou valor presente equivalente, preço da opção de venda	τ	alíquota de impostos
		τ_c	alíquota marginal corporativa de impostos

EQUAÇÕES FUNDAMENTAIS

EQ. #	TÍTULO DA EQUAÇÃO	PÁGINA	EQ. #	TÍTULO DA EQUAÇÃO	PÁGINA
(2.1)	A igualdade do balanço patrimonial	59	(5A.1)	EAR para uma APR com composição contínua	180
(3.1)	Valor presente líquido	91	(5A.2)	APR com composição contínua de uma EAR	180
(3.3)	Preço de um título sem possibilidade de arbitragem	99	(5A.3)	Valor presente de uma perpetuidade crescente contínua	180
(3.5)	Aditividade de valor	101	(6.1)	EVA no período n (quando o capital dura para sempre)	191
(4.1)	Valor futuro de um fluxo de caixa	122	(6.2)	EVA no período n (quando o capital deprecia)	191
(4.2)	Valor presente de um fluxo de caixa	123	(6.4)	Índice de lucratividade	199
(4.3)	Valor presente de uma sequência de fluxos de caixa	127	(7.5)	Fluxo de caixa livre	220
(4.4)	Valor futuro de uma sequência de fluxos de caixa com um valor presente de PV	129	(8.1)	Pagamento de cupom	242
			(8.3)	Rentabilidade até o vencimento de um título de dívida de cupom zero de n anos	243
(4.5)	Valor presente de uma perpetuidade	131	(8.4)	Taxa de juros livre de risco com vencimento n	244
(4.7)	Valor presente de uma anuidade	134	(8.5)	Rentabilidade até o vencimento de um título de dívida de cupom	245
(4.8)	Valor futuro de uma anuidade	135			
(4.9)	Valor presente de uma perpetuidade crescente	138			
(4.10)	Valor presente de uma anuidade crescente	139	(8.6)	Preço de um título de dívida de cupom	254
(4.12)	Pagamento de empréstimo	143	(9.2)	Retorno total	276
(5.3)	Convertendo uma APR em uma EAR	161	(9.4)	Modelo de desconto de dividendos	277
(5.5)	A taxa de juros real	164	(9.6)	Modelo de dividendos de crescimento constante	278
(5.7)	Valor presente de uma sequência de fluxos de caixa utilizando uma estrutura a termo de taxas de desconto	167	(9.14)	Modelo de desconto de dividendos com crescimento de longo prazo constante	282
(5.8)	Taxa de juros após os impostos	172	(9.16)	Modelo de *payout* total	285

EQUAÇÕES FUNDAMENTAIS

EQ. #	TÍTULO DA EQUAÇÃO	PÁGINA	EQ. #	TÍTULO DA EQUAÇÃO	PÁGINA
(9.19)	Modelo do fluxo de caixa livre descontado	287	(13.9)	Modelo multifatorial de risco com carteiras autofinanciadoras	431
(10.1)	Retorno esperado (médio)	314	(13.10)	Especificação de fator de Fama-French-Carhart	433
(10.2)	Variância e desvio padrão da distribuição do retorno	315	(13.11)	O modelo de variáveis características dos retornos de ações	436
(10.6)	Retorno anual médio de um papel	320	(14.5)	Custo de capital de ações alavancadas	458
(10.7)	Estimativa da variância utilizando retornos realizados	321	(14.7)	Custo médio ponderado de capital (sem impostos)	459
(10.8)	Erro padrão da estimativa do retorno esperado	322	(15.4)	Valor da dedução tributária das despesas com juros de dívida permanente	483
(10.10)	Estimando o retorno esperado de um título negociado a partir de seu beta	337	(15.5)	Custo médio ponderado de capital com impostos	483
(10.11)	Custo de capital de um projeto	338	(15.7)	Vantagem tributária efetiva do endividamento	490
(11.4)	Covariância entre os retornos R_i e R_j	352	(18.5)	A fórmula do APV	601
(11.5)	Estimativa da covariância a partir de dados históricos	352	(18.6)	Custo de capital não-alavancado com um grau de alavancagem-alvo	602
(11.8)	A variância de uma carteira com dois grupos de ações	356	(18.9)	Fluxo de caixa livre do acionista	606
(11.12)	Variância de uma carteira igualmente ponderada de n grupos de ações	358	(18.11)	Fórmula do WACC baseado em um projeto	611
(11.13)	Volatilidade de uma carteira com pesos arbitrários	360	(18.14)	Valor alavancado com um índice de cobertura constante de juros	614
(11.19)	Beta do investimento i com a carteira P	374	(18.15)	Valor alavancado com dívida permanente	616
(11.20)	Retorno exigido do investimento i dada a carteira atual P	374	(18.20)	Alavancagem e o custo de capital com um programa fixo de reembolso da dívida	623
(11.21)	Retorno esperado de um título	375	(18.21)	WACC de um projeto com um programa fixo de reembolso da dívida	624
(11.22)	Custo de capital do investimento i	376	(18.24)	Custo de capital não-alavancado com impostos pessoais	626
(13.8)	Modelo multifatorial de risco	430			